DICTIONNAIRE

DE

PROCÉDURE CIVILE

ET COMMERCIALE.

———

TOME II.

D.—E.

Chaque volume de cette édition sera numéroté, revêtu du cachet de l'administration, et signé par l'auteur, comme il suit.

N° *669.* Cachet de l'administration, Signature de l'auteur.

On ne reconnaîtra pour non contrefaits que les volumes ainsi numérotés, timbrés et signés.

DICTIONNAIRE
DE PROCÉDURE
CIVILE ET COMMERCIALE;

CONTENANT LA JURISPRUDENCE, L'OPINION DES AUTEURS, LES USAGES DU PALAIS,
LE TIMBRE ET L'ENREGISTREMENT DES ACTES, LEUR TARIF, LEURS FORMULES ;
ET TERMINÉ PAR UN RECUEIL DE TOUTES LES LOIS SPÉCIALES QUI COMPLÈTENT
OU MODIFIENT LE CODE DE PROCÉDURE, ET PAR UNE TABLE DE CONCORDANCE
DU DICTIONNAIRE AVEC LES ARTICLES DE CE CODE ET LES LOIS SPÉCIALES;

PAR M. BIOCHE,
Docteur en droit, Avocat à la Cour royale de Paris;

M. GOUJET, avocat à la Cour royale de Paris,

ET PLUSIEURS MAGISTRATS ET JURISCONSULTES.

———

DEUXIÈME ÉDITION revue, corrigée et augmentée.

———

TOME SECOND.

PARIS,

VIDECOQ, LIBRAIRE-ÉDITEUR,
PLACE DU PANTHÉON, Nº 6.

1859.

CET OUVRAGE SE TROUVE AUSSI

A Bordeaux. : Chez Theycheney, Lawalle.
Strasbourg. . .   Desriveaux, Lagier.
Marseille. . .   Mossy.
Dijon. . . . .   Lamarche, Decailly, Benoist.
Toulouse. . .   Lebon, Dagalier.
Rennes. . . .   Molliex, Mad. Duchêne.
Aix. . . . . .   Aubin.
Nantes. . . .   Forest.
Rouen. . . . .   Edet, Legrand.
Grenoble. . .   Prud'homme.
Le Mans. . .   Belon.
Besançon. . . .   Bintot.
Caen. . . . . .   Clerisse, Huet-Cabourg.
Poitiers. . . .   Bources, Fradet.
Colmar. , . . .   Reiffenger.
Bruxelles. . .   Berthot.

IMPRIMERIE DE J.-B. GROS, SUCCESSEUR DE J. GRATIOT,
Rue du Foin-Saint-Jacques, 18, Maison de la Reine Blanche.

DICTIONNAIRE

DE

PROCÉDURE CIVILE

ET COMMERCIALE.

D.

DATE. C'est l'indication du temps, et quelquefois du lieu, où un acte a été passé.

1. La date est en général nécessaire dans les actes publics : ainsi elle est prescrite, *à peine de nullité*, 1° dans l'*ajournement*, (C. pr. 61. — *V.* ce mot, n° 8); 2° dans l'acte d'*appel*. (—*V.* ce mot, n° 166); 3° dans les actes notariés. L. 25 vent. an 11, art. 12 et 68.

Pour les *exploits* et les *jugemens*. — *V.* ces mots.

2. Elle n'est pas indispensable à la validité du jugement arbitral. — V. *Arbitrage*, n° 332.

3. Pour le procès-verbal par lequel les arbitres nommés précédemment se constituent en trib. arbitral, il faut distinguer : Si les délais de l'arbitrage courent du jour de la nomination des arbitres, la date n'est pas nécessaire; si, au contraire, ces délais ne commencent à courir que du jour de la constitution du trib. arbitral, la date est indispensable.

4. Les commerçans, les agens de change et les courtiers sont tenus d'indiquer sur leurs livres la date de chacune de leurs opérations. C. comm. 8, 13, 84.

5. *Temps.* La date du temps comprend l'année, le mois et le quantième. — *V. Exploit.*

6. On suit le *Calendrier* grégorien. — V. ce mot.

7. L'indication du jour de la semaine est quelquefois utile à l'égard des actes qui ne peuvent être faits un jour férié. (— V. *Fête.*) Il est d'usage de l'énoncer dans les inventaires et les procès-verbaux de comparution.

8. La date par *heure* n'est nécessaire qu'autant que la loi la prescrit : dans ce cas, le délai se compte par heures.

9. Elle est en général exigée dans toutes les opérations où les parties intéressées sont appelées : — Telles que comparution devant le juge. C. pr. 1. — V. *Citation*, n° 11; — *Descente sur les lieux.* C. pr. 28, 297; — *Enquête, ib.* 259, 267, 407; — *Ex-*

pertise, ib. 29, **315, 517** ; — *Interrogatoire sur faits et articles, ib.* 327 ; — *Offres réelles.* C. civ. 1259 ; — *Reddition de comptes.* C. pr. 558 ; — *Scellés, ib.* 916, 951 ; — *Vente de meubles saisis, ib.* 617, 618 ; — *Vérification d'écriture, ib.* 201, 204, 208. — Il en est de même dans le cas de présentation de caution en matière de commerce. C. pr. 440 ; — V. *Trib. de commerce;* — de délivrance de grosse, *ib.* 844. — V. *Copie,* n° 43 ; — de sommation pour être présent aux rapports d'experts, et d'assignation données en vertu du jugement de jonction. C. pr. 1054 ; — V. *Expertise, Jugement.*

10. La mention de l'heure est encore indispensable pour les procès-verbaux d'*enquêtes* et de *scellés.* C. pr. 269 et 914, 1°.— V. ces mots.

11. Dans les inventaires, ventes aux enchères, procès-verbaux et actes dont la confection peut exiger plusieurs séances, on doit indiquer à chaque séance l'heure du commencement et celle de la fin, pour établir la perception des droits d'enregistrement (Décr. 10 brum. an 14), et pour fixer les honoraires des notaires.

12. On énonce l'heure dans les transcriptions de saisies immobilières et *visa* de demandes en partage afin de déterminer à qui appartient la poursuite. C. pr. 678 et 967. — V. *Licitation, Saisie immobilière.*

13. Les juges de paix et de commerce, et le président des référés peuvent permettre d'assigner d'heure à heure. C. pr. 8, 417, 418, 808. — L'exploit d'assignation l'indique.

14. Il convient de mentionner la date en toutes lettres : cependant, la date en chiffres n'est pas une cause de nullité des exploits ordinaires. — V. *Exploit, Surcharge.*

Dans les actes notariés *la date doit être en toutes lettres,* à peine de 20 fr. (autrefois 100 fr.) d'amende. LL. 25 vent. an 11, art. 13, et 15 juin 1824, art. 27.

15. Dans la pratique, on met la date en tête de l'exploit.

16. L'antidate constitue un *faux.* — *V.* ce mot.

17. L'erreur dans la date d'un acte peut être réparée ou rectifiée d'après les énonciations que l'acte renferme, et d'après les faits constants qui se rattachent à ces énonciations. — V. *Appel,* n° 168 et suiv., *Exploit.*

18. Si les juges du fond ont décidé qu'un acte n'est pas suffisamment daté, quoique, par sa réunion avec d'autres actes, il ne puisse y avoir aucun doute raisonnable sur sa véritable date, la loi a été violée ; il y a ouverture à cassation. Arg. Cass. 30 nov. 1811, P. 9, 744. — V. *Jugement.*

19. Lorsque deux exploits ont été signifiés le même jour doivent-ils être réputés avoir été faits au même instant ? — La priorité de l'un de ces actes sur l'autre peut-elle, au contraire, être établie, soit d'après les énonciations contenues dans les exploits, soit d'après la preuve testimoniale, soit d'après la nature plus ou moins favorable de ces actes ?

Cette question a donné lieu à deux systèmes principaux :

Premier système. — On ne peut prouver *outre* le contenu aux actes, et l'exploit lui-même ne fait foi que des faits dont la constatation est confiée par la loi à l'officier ministériel. Or, les huissiers ne sont pas chargés de constater l'heure de leurs exploits. La mention de l'heure devrait donc être considérée comme non avenue. — On ne pourrait pas non plus recourir à la preuve testimoniale, ni aux présomptions pour prouver *outre* les énonciations régulières de l'acte (C. civ. 1341).

Dès lors restent deux actes qu'il faut nécessairement supposer faits au même instant.

Le législateur n'a pas voulu tenir compte des heures, mais seulement des jours. Cette intention résulte de l'art. 2147 C. civ., où l'on met sur la même ligne les hypothèques inscrites le même jour, sans avoir égard à l'heure de l'inscription.

Il serait inique de faire dépendre le sort des parties qui ont montré une égale vigilance, des accidents particuliers qui les auront retardées de quelques instants, de ce qu'un huissier était absent, de ce que le trajet était plus long, etc. ; c'est par ce motif que la loi ne veut pas que les actes d'huissiers soient datés de l'heure, mais seulement du jour.

Si on n'adopte pas cette doctrine, on est forcé d'admettre des énonciations irrégulières et hors de la mission des huissiers, et le plus souvent des présomptions ou des témoignages que la loi rejette ordinairement, et qui sont contraires, non seulement au système général des preuves, mais encore au système d'après lequel il faut des actes authentiques, et un officier ayant mission de constater les faits pour qu'ils soient regardés comme constans.

Il n'y a, du reste, rien à craindre de la fraude ; car, en cas de fraude, toutes les preuves sont admises. Mais au moins faut-il que la fraude soit articulée.

Ce système, présenté à l'appui d'un pourvoi contre un arrêt qui avait autorisé la preuve testimoniale, a été repoussé par la C. de cass. 15 juill. 1818, S. 19, 25.

Deuxième système. — Les actes font foi de l'heure quand elle est indiquée.

A défaut d'indication de l'heure sur les actes, les juges peuvent décider d'après les présomptions et recevoir la preuve par témoins. Cass. 6 août 1811, P. 9, 522 ; 15 juill. 1818, S. 19, 25 ; Montpellier, 17 nov. 1829, S. 30, 176. — On peut également prouver par témoins la date d'un acte, lorsque la loi n'exige point qu'il soit daté. Toullier, 9, n° 223.

Quand les deux actes indiquent chacun l'heure de la signification, on doit, jusqu'à inscription de faux, préférer l'acte indiqué comme antérieur. L'huissier n'est pas, il est vrai, obligé, pour la régularité de ses exploits, de mentionner l'heure, mais il ne suit pas de là qu'il ne puisse le faire surtout quand il y a utilité. Il a mission de constater le moment de la remise, et par cela même il a mission de préciser ce moment. Il doit donc être cru sur sa déclaration. MM. Merlin (*Rép.*, *v° Péremption*, 12, 362), et Coffinière (18, 439 et 469) sont de cet avis, qui n'est contredit par aucun auteur, mais dont l'application ne s'est trouvée dans aucune des espèces jugées.

Quid, si un seul acte indique l'heure ?

M. Coffinière avait pensé que cet acte devait prévaloir comme offrant une preuve de son existence à une époque déterminée, tandis que l'autre n'offre rien.

Mais MM. Merlin (*ib.*) et Carré (n° 1447) font très bien remarquer que l'on peut respecter l'acte indiquant l'heure, et soutenir en même temps que l'autre est antérieur ; qu'ainsi l'on se trouve dans la même position que si aucun ne contenait l'heure. Il n'y aura qu'une seule différence, c'est que l'heure d'un des actes sera constatée, et que l'autre seule pourra être recherchée ou contestée.

Ces auteurs pensent donc, pour ce cas, comme pour celui où aucun acte n'indiquerait l'heure, qu'il faut examiner les circonstances et admettre la preuve par témoins.

La défense de prouver outre le contenu aux actes, ne s'entend, que des preuves relatives aux mentions que l'acte devait contenir et qu'il ne contient pas. On serait alors inadmissible à prouver outre le contenu. Ainsi, dans le silence de l'exploit, l'huissier ne pourrait pas prouver que l'acte a été remis à la personne citée elle-même.

Mais ici la circonstance de l'heure, tout en pouvant être constatée, pouvait aussi être omise. C'est donc un fait en dehors de l'acte, et qui ne rentre pas dans la prohibition de l'art. 1341.

La loi, au contraire, admet à la preuve testimoniale tous ceux qui n'ont pas pu se procurer une preuve écrite.

Il n'est pas vrai de dire que les actes faits le même jour doivent concourir ou se neutraliser; le plus ancien est toujours préféré, et de tous temps on l'a reconnu ainsi *prioritas temporis intelligitur non solum de prioritate diei, sed etiam horæ........ si de horâ constat.*

Dans le doute, et à défaut de preuve contraire, la nature des actes peut seule établir un droit de préférence. — L'acte tendant au maintien de ce qui existe, prévaudra sur l'acte introductif d'un changement. — L'acte venant à l'appui du droit commun sera préféré à l'acte autorisant une prétention exorbitante, une prescription, — ou une péremption. Rennes, 26 janv. 1814; 10 juin 1816; Angers, 26 juill. 1827, S. 28, 97; Bordeaux, 18 mars 1850. S. 30, 371.

Le second système, qui d'ailleurs est conforme à la jurisprudence, nous paraît préférable.

Que doit-on décider lorsqu'une *saisie-arrêt* et un transport ont été signifiés le même jour? — *V.* ce mot.

20. La date certaine à l'égard des tiers résulte, pour les actes sous seing privé, de l'une des circonstances indiquées en l'art. 1528 C. civ. — *V. Enregistrement.*

Les actes publics font foi de leur date par eux-mêmes.

21. *Lieu.* La mention du lieu est nécessaire dans les actes publics : ils doivent porter avec eux-mêmes la preuve qu'ils ont été reçus par des officiers publics ayant le droit d'instrumenter dans le lieu où ils ont été rédigés.

Ainsi l'énonciation du lieu est prescrite, *à peine de nullité,* 1° dans les actes notariés. L. 25 vent. an 11, art. 12 et 68;

2° Dans les exploits d'huissiers. En effet, si l'exploit est fait au *domicile*, l'indication du lieu est essentielle : autrement la désignation du domicile serait incomplète. — Si c'est à la *personne,* le défaut d'indication du lieu ôterait les moyens : 1° d'établir la remise, ou de la contester si elle n'a pas été faite, par exemple, de prouver l'*alibi*; 2° de contester la compétence de l'huissier, s'il n'a pas agi dans son ressort.

22. La loi a déterminé le lieu où se rend la justice (— *V. Audience,* nᵒˢ 1 et 2), et tout acte émané du juge, doit également indiquer le lieu dans lequel il a été rendu. — *V. Jugement.*

25. Le vœu de la loi est rempli relativement à la mention du *lieu,* toutes les fois que l'acte énonce la commune où il a été reçu, à moins d'une disposition spéciale. Cass. 10 juin 1819; Favard, vᵒ *Date,* nᵒ 5.

— *V. Délai, Enregistrement.*

DÉBATS. — *V. Instruction, Reddition de compte.*

DÉBET. Reliquat d'un compte. — *V. ib.*

Certains actes sont susceptibles d'être enregistrés *en débet.* — *V. Enregistrement.*

DÉBITEUR. C'est celui qui doit une somme ou une chose quelconque.

1. Il est tenu de remplir son engagement sur tous ses biens meubles et immeubles présens et à venir (C. civ. 2092), sauf les choses déclarées insaisissables. — *V. Saisie.*

2. Les frais de paiement sont à sa charge. C. civ. 1248.

3. Le *créancier* ne peut exiger le paiement avant l'échéance du terme (C. civ. 1186); mais il a le droit de faire dans l'intervalle tout *acte conservatoire* (— *V.* ces mots) qui ne nuit point à la jouissance du débiteur.

4. Si le débiteur est un *étranger.* — *V.* ce mot.

DÉBITIS. Lettres qui contenaient un mandement au premier huissier de contraindre le débiteur de l'impétrant au paiement de sommes dues en vertu d'actes authentiques emportant exécution parée. — L'usage de ces lettres est aboli.

DÉBOURSÉS. Avances faites pour la gestion des affaires d'autrui.

1. Les déboursés des officiers ministériels ont ordinairement pour objet : — Les droits de timbre et d'enregistrement des actes ; — Le port des pièces et la correspondance ; — Les honoraires de l'avocat. — V. *Avoué ;* — Les frais d'affiches, d'annonces, d'insertion aux journaux judiciaires ; — Ceux de dépôt d'extraits d'actes aux greffes et chambres des notaires et des avoués ; — Les frais de légalisation ; — Ceux de transcription des contrats et d'inscription d'hypothèques, etc. — V. *Dépens, Tarif, Taxe.*

2. Les huissiers et les notaires peuvent-ils se faire rembourser une portion du timbre du répertoire où l'acte a été inscrit ? — La négative résulte de ce que l'obligation de tenir répertoire est une charge imposée à ces officiers ministériels, comme celle de verser un cautionnement. — *Contrà ,* Vernet, *Tarif des notaires,* p. 44.

3. Les frais de voyage ou de nouriture des officiers ministériels qui se transportent hors de leur résidence, sont une espèce de déboursés ; mais la loi les a assimilés aux honoraires, en établissant à leur égard une taxe par vacation. — Tar. 23, 66, 170.

4. Le tarif ne comprend que l'émolument net des avoués ; les déboursés sont payés en outre. Tar. 151, § 3. — Il y a des déboursés qui peuvent être compris dans les dépens mis à la charge de celui qui succombe, il y en a d'autres qui restent à la charge du client. — V. *Dépens, Taxe.*

Les états de frais sont formés en deux colonnes : l'une des déboursés, l'autre des honoraires. Tar. addit. § 4.

L'unique déboursé d'un état de frais, est le papier timbré sur lequel il est transcrit.

5. Les déboursés proprement dits ne doivent passer en taxe qu'autant que la somme que l'on justifie avoir payée, était légalement due. Sudraud-Desisles, 29, n° 77.

Les actes frustratoires, en tout ou en partie, peuvent être réduits ou même rejetés lors de la taxe. Ainsi, lorsque l'avoué, pour un acte permis, emploie plus de papier timbré qu'il n'était nécessaire, si l'acte avait eu de justes bornes, le juge doit rejeter l'excédant des frais qui en est résulté. Lorsque l'acte est inutile à la cause, tout l'article honoraires et déboursés doit être rejeté.

6. Toutefois, ce reproche ne saurait être fait à l'égard des avances de droits de timbre, d'enregistrement, de greffe

(— *Contrà*. Sudraud-Desisles, n°158) et d'hypothèques, dont le paiement provisoire est forcé, sauf la demande en restitution, s'il y a lieu. — V. *Enregistrement*.

7. Le remboursement des droits d'enregistrement est dû lors même que les parties allégueraient que l'officier ministériel aurait pu les éviter, en donnant à l'affaire une autre forme ou direction? — V. *Enregistrement*.

8. Celui qui succombe doit-il rembourser, tant en matière ordinaire qu'en matière sommaire, les frais faits pour obtenir les divers titres servant de fondement à la demande? — Tout dépend des circonstances : c'est au juge qu'il appartient d'examiner le dossier, et d'apprécier l'importance des actes produits. Mais le plus souvent il devra décider en faveur de celui qui gagne son procès : en effet, il est juste qu'il soit dédommagé des frais que le procès lui a causés (Arg. C. pr. 130); et il n'est guère présumable qu'une partie se détermine uniquement pour augmenter les frais, à lever des expéditions étrangères à la cause, et s'expose à des avances considérables, sans certitude de les recouvrer. — V. d'ailleurs *Dépens*.

9. Quelle est l'action des officiers ministériels en paiement de leurs déboursés? — V. *Avoué*, § 6 ; *Huissier*.

10. Les officiers publics peuvent poursuivre le remboursement des droits de timbre et d'enregistrement en vertu d'un *exécutoire* délivré par le juge de paix. — V. ce mot.

DÉBOUTÉ. Se dit de la partie dont la demande est rejetée. Si le défendeur qui a été condamné par défaut forme opposition, et qu'elle soit rejetée, on dit qu'il a été *débouté* : le défendeur est demandeur sur opposition. Le jugement se nomme *débouté d'opposition*.

1. Il ne faut pas confondre le *hors de cause* (ou *hors de Cour*, si l'affaire est portée devant une Cour) avec le *débouté*.

2. Le trib. prononce le hors de cause, lorsque les demandes qui lui sont soumises lui paraissent sans objet ou sans intérêt.

3. Le débouté entraîne toujours la condamnation aux dépens contre le demandeur, tandis qu'ils sont ordinairement compensés entre les parties dans le cas du hors de cause. C. pr. 130, 131.

4. Le hors de cause peut être prononcé par défaut, sauf à celui qui se croirait lésé à se pourvoir contre le jugement qui l'a ordonné. — V. *Jugement*.

DÉCÈS. **1.** Pour la preuve du décès. — V. *Actes de l'état civil*, § 2.

S'il y a impossibilité de parvenir jusqu'au lieu où se trouvent les corps des ouvriers qui ont péri pendant l'exploitation des mines, les directeurs et autres ayant-cause sont tenus de faire constater cette circonstance par le maire ou autre officier public.

qui en dresse procès-verbal, et le transmet au procureur du roi, à la diligence duquel, et sur l'autorisation du trib., cet acte est annexé au registre de l'état civil. Décr. 3 janv. 1813, art. 19.

— Il doit en être de même dans tous les autres cas où l'accident est tellement notoire, que, bien que le corps n'ait pas été retrouvé, il ne peut s'élever le moindre doute sur la mort de l'individu ; par exemple, s'il a été consumé dans un incendie, s'il s'est noyé, s'il a été englouti dans une carrière ou tourbière. Duranton, 1, n° 350.

2. Le décès de la partie ou de son avoué interrompt la procédure. — V. *Incident, Reprise d'instance.*

Quid, en matière d'*adoption*? — V. ce mot, n°ˢ 25, 26.

3. Le décès de l'un des signataires d'un acte sous seing privé donne à l'acte date certaine à l'égard des tiers. C. civ. 1328.

DÉCHARGE. Acte constatant la remise qu'un dépositaire quelconque a faite à l'ayant-droit des deniers, pièces ou autres objets qu'il détenait, à la différence de la *quittance* qui se donne au débiteur. — V. *Reddition de compte.*

1. *Enregistrement.* Les décharges pures et simples, et les récépissés de pièces sont soumis au droit fixe de 2 fr. L. 28 avr. 1816, art. 43, n° 8.

2. Le même droit de 2 fr. est dû pour les décharges de dépôts et consignations de sommes et effets mobiliers donnés aux officiers publics par les déposans et leurs héritiers. *Ib.* n° 11.

3. L'acte constatant la remise au failli, par les syndics, de l'universalité de ses biens, livres, papiers et effets, après l'homologation du concordat (C. comm. 519), ne donne ouverture qu'au droit de décharge, lors-même qu'ils lui comptent des sommes touchées pendant leur gestion. Cass. 26 nov. 1821.

4. La décharge que le propriétaire donne de ses effets trouvés dans une maison où les scellés ont été apposés, est passible du droit fixe, indépendamment de celui du procès-verbal de levée de scellés ou de l'inventaire.

DÉCHARGE DE PIÈCES. **1.** Sont déchargés des pièces les juges et avoués, cinq ans après le jugement du procès. C. civ. 2276. — V. *Avoué,* n° 94 ; *Juge.*

2. L'avocat à la Cour de cassation (— V. ce mot, n° 25.), cinq ans après le jour où il a retiré les pièces du greffe.

3. Les huissiers, après deux ans, depuis l'exécution de la commission ou la signification des actes dont ils étaient chargés *Ib.* — V. *Huissier.*

4. Les notaires, relativement aux papiers qui leur sont remis pour la rédaction d'un acte, sont soumis comme les mandataires, à la prescription ordinaire de 30 ans.

5. *Timbre.* Les décharges, soit de pièces, soit de sommes d'argent, déposées entre les mains des officiers publics, peuvent être rédigées à la suite des actes de dépôt, sans contravention aux lois sur le timbre Déc. minist. 23 fév. 1826 ; instr. rég. 16 juin 1826, n° 1189, § 8.

Décharge de pièces.

Je soussigné   , reconnais que M°   , avoué près le tribunal de
          , demeurant à   , m'a remis toutes les pièces relatives
à la procédure faite contre M.   , pour arriver au recouvrement de la
créance qu'il avait à exercer sur lui, résultant de son obligation passée devant
M°   , notaire à   , le   , notamment la grosse de cette obligation et le
bordereau de l'inscription, dont du tout décharge.   (*Signature de la partie.*)

NOTA. Tout dépositaire ou détenteur de pièces doit avoir soin d'exiger une décharge lors de leur remise. *Il est souvent utile de détailler les titres remis.*

DÉCHÉANCE. Perte d'un droit par le défaut d'exercice de ce droit dans le temps prescrit par la loi, ou d'accomplissement des formalités imposées par la loi ou par la convention.

DÉCIME. — Dixième ajouté aux droits d'*enregistrement.* — *V.* ce mot.

DÉCISION. Résolution prise par une autorité constituée ; se dit quelquefois d'une *consultation.* (— *V.* ce mot.) Les décisions des trib. prennent le nom de sentences, jugemens ou arrêts.

DÉCISION MINISTÉRIELLE. C'est un véritable jugement rendu sur la réclamation d'un citoyen par un ministre, dans la limite de son autorité, et sauf le pourvoi au Conseil-d'État. Il ne faut pas la confondre avec l'instruction ou la *circulaire ministérielle.* — *V.* ce mot.

DÉCISOIRE (SERMENT). — *V. Serment.*

DÉCLARATION. Acte par lequel on donne connaissance, soit d'une volonté, soit d'un fait ou d'une convention.

On distingue plusieurs espèces de déclarations : — Celle qui a pour but de s'opposer aux prétentions d'un tiers, se nomme *protestation.* — *V.* ce mot. — La déclaration d'*absence,* de *faillite.* — *V.* ces mots. — La déclaration affirmative. — *V. Saisie-arrêt.* — La déclaration au profit de bailleur de fonds d'un *cautionnement.* — *V.* ce mot, § 3. — La déclaration de cessation de fonctions. — *V. Ib.* § 4. — De *command.* — *V. Vente.* — De changement de *domicile.* — De *jugement* ou d'arrêt commun. — *V.* ces mots, et d'ailleurs, *Enquête, Enregistrement, Exécution, Patente, Vente de meubles, Vérification d'écriture.*

DÉCLINATOIRE. — *V. Exception.*

DÉCOMPTE. Établissement des déductions ou prélèvemens à faire sur une somme dont on est débiteur. — *V. Ordre.*

DÉCONFITURE. État d'insolvabilité d'un débiteur non commerçant.

1. Il y a *déconfiture* quand les biens d'un débiteur, tant

meubles qu'immeubles, ne suffisent pas à ses créanciers apparens. Art. 180, Coutume Paris.

2. L'état de déconfiture ne résulte pas uniquement d'un procès-verbal de carence, ni de simples protêts, ni même d'une insolvabilité notoire (Rennes, 24 mars 1812, P. 12, 246); mais de la preuve de l'insolvabilité du débiteur, après discussion de tous ses biens, tant meubles qu'immeubles. Cass., 21 mars 1822.

3. Toutefois, il n'est pas nécessaire que tous les biens aient été vendus, si, après la vente des meubles, le peu de facultés restant est évidemment inférieur aux dettes non acquittées.

4. La cession de biens *judiciaire* est une preuve de l'impuissance où se trouve le débiteur de remplir ses obligations (Arg. C. civ. 1268); mais la cession de bien *volontaire* peut ne pas donner le même résultat, surtout si elle décharge complétement le débiteur.

5. Il n'y a pas lieu de faire fixer par un jugement spécial l'époque à laquelle a commencé la déconfiture. Rennes, 24 mars 1812, P. 10, 247; Duranton, *Oblig.*, n° 431.

6. Elle a de l'analogie avec la faillite; mais elle en diffère sous plusieurs rapports. — V. *Faillite*.

7. Par l'état de déconfiture, le débiteur perd le bénéfice du terme de paiement. Arg. C. civ. 1188, 1913; C. pr. 124.

Il en est de même du délai de grâce (Boitard, 1, 489); mais ce cas est très rare, car il y aura alors saisie, poursuite, etc., et autres motifs pour ne pas accorder ou pour faire cesser le délai.

8. Il reste sous l'empire du droit commun; il conserve l'administration de ses biens, la liberté de sa personne, s'il n'a pas souscrit d'engagemens entraînant prise de corps.

9. Il ne peut être autorisé à demander sur ses biens un secours.

10. Ses créanciers ne peuvent demander l'annulation des ventes qu'il a consenties, par le seul motif qu'il les a faites pendant sa déconfiture. Cass. 2 sept. 1812, P. 10, 706.

11. L'abandon de ses biens ou l'atermoiement qu'il a fait avec une partie de ses créanciers ne lie pas la minorité qui n'y a pas concouru. Paris, 14 mai 1812, P, 10, 599.

12. Les discussions auxquelles donne lieu la déconfiture doivent être portées aux trib. civils; — à moins qu'il ne s'agisse d'un acte de commerce. C. comm. 631; Locré, *Esprit C. comm.* t. 5, p. 18.

DÉCRET. Se disait des actes de l'Assemblée constituante, avant qu'ils ne fussent convertis en lois par la sanction royale, et des actes de la Convention; ce mot désigne principalement les arrêtés du chef du gouvernement impérial.

Plusieurs décrets importans règlent la procédure; notamment celui de 1807 sur le tarif.

DÉCRET *d'immeubles*. — V. *Saisie immobilière.*

DÉFAILLANT. C'est celui qui ne comparaît pas sur l'assignation ou la sommation qui lui a été faite. On dit de lui qu'il *fait défaut. Donner défaut*, c'est donner acte de la non comparution.

DÉFAUT. — V. *Jugement par défaut.*

DÉFAUT *d'intérêt.* — Le défaut d'intérêt est une fin de non recevoir péremptoire. — L'intérêt est la base des actions. — *Point d'intérêt, point d'action.* — V. *Exception, Intérêt.*

DÉFAUT *de qualité.* Le défaut de qualité est une fin de non recevoir. —V. *Exception, Qualité.*

DÉFENDEUR. C'est celui contre lequel la demande est formée.

DÉFENSES sur *l'appel.* — V. *Appel*, n° 259 et suiv.

DÉFENSE. Moyen opposé à une demande.

1. Le mot *défense*, s'applique le plus ordinairement aux moyens présentés par le défendeur ; cependant il comprend aussi ceux invoqués par le demandeur pour justifier ses conclusions ; il devient en effet défendeur par rapport à la défense de son adversaire.

2. Il existe deux sortes de défenses : les défenses proprement dites, et les exceptions.

Par les premières on prétend que la demande est mal fondée, et l'on conclut à ce que celui qui l'a formée en soit débouté. Par les secondes, au contraire, on se borne à soutenir, sans s'occuper du fond de l'affaire, que le demandeur ne peut être admis à établir le mérite de ses prétentions, et l'on conclut à ce qu'il soit déclaré non recevable dans sa demande.—V. *Exception, Fins de non recevoir.*

3. Les défenses des parties sont présentées par écrit, et verbalement à l'audience.

4. Les défenses écrites sont proposées sous la forme de *requêtes* ou de *conclusions* motivées. — V. ces mots.

5. Devant les trib. de 1re inst. et les C. roy.; elles doivent être signées par un *avoué* (C. pr. 77, — V. ce mot), et signifiées par un huissier audiencier. — V. *Huissier.*

6. Le défendeur est tenu de signifier ses défenses dans la quinzaine du jour où il a constitué avoué. — V. *Constitution d'avoué.*

Elles doivent contenir offre de communiquer les pièces à l'appui, ou à l'amiable d'avoué à avoué, ou par la voie du greffe. C. pr. 12, 77. — V. *Exception.*

7. Dans la huitaine suivante, le demandeur est tenu de signifier sa réponse au défendeur. C. pr. 78.

8. Si le défendeur n'a point fourni ses défenses dans ce délai de quinzaine, le demandeur peut poursuivre l'audience sur un simple acte d'avoué à avoué (C. pr. 79) que l'on nomme *avenir*. — *V.* ce mot.

9. Après l'expiration du délai accordé au demandeur pour faire signifier sa réponse, la partie la plus diligente peut poursuivre l'audience sur un simple acte d'avoué à avoué ; le demandeur peut même poursuivre l'audience après la signification des défenses et sans y répondre. C. pr. 80.

10. Toutefois, la partie qui n'a pas signifié ses défenses dans le délai prescrit, peut réparer sa négligence après ce délai, tant que le jugement n'a pas été rendu.

11. Aucunes autres écritures ni significations n'entrent en taxe. C. pr. 81.

12. Les défenses verbales sont présentées à l'audience, soit par les parties elles-mêmes, soit par un avocat, ou, dans certains cas, par un avoué. — *V. Audience, Avocat, Avoué.*

DÉFENSEUR. C'est celui qui se charge de défendre une cause devant un tribunal. — V. *Avocat, Avoué.*

DÉFENSEUR OFFICIEUX. Titre donné aux particuliers qui se livraient habituellement à la défense des parties, à l'époque où les avocats et les avoués avaient été supprimés. — V. *Avocat*, n° 2.

DÉFINITIF (*Jugement*). — V. *Jugement.*

DÉFUNT. **1.** L'exploit signifié au défunt,—ou à la requête du défunt est-il valable ? — V. *Exploit.*

2. Les délais d'appel, suspendus par la mort de la partie condamnée, ne reprennent leur cours qu'après la signification du jugement faite au domicile du défunt. C. pr. 447. — V. *Appel*, nᵒˢ 153 à 156.

3. Les inscriptions à faire sur les biens d'une personne décédée peuvent être faites sous la simple désignation du défunt. C. civ. 2149.

DÉGRADATION. Celles commises par le fermier sont de la compétence du juge de paix. C. pr. 3-4°.—V. *Juge de paix.*

DÉGRADATION civique. Peine infamante, qui consiste dans la destitution et l'exclusion du condamné de toute fonctions ou emplois publics, et dans la privation de certains droits, comme d'être témoin, expert, etc. C. pén. 8, 34, 166, 167.

DEGRÉ. Se dit du grade que l'on obtient dans une Faculté. —V. *Docteur, Licencié.*

DEGRÉ DE PARENTÉ. Se dit de la distance qui sépare ceux qui sont unis par les liens du sang. —V. *Parenté.*

DEGRÉS DE JURIDICTION. Se dit des différents trib. auxquels

on a le droit de porter successivement la même affaire. — *Res-sort* est souvent synonyme de *degré de juridiction* : ainsi, connaître d'une affaire en *premier* ou en *dernier* ressort, c'est remplir le premier ou le second degré de juridiction.

1. *Historique.* Dans toutes les législations, on a senti la nécessité d'une autorité supérieure, destinée à réparer les erreurs échappées au premier juge. — V. *Appel*, Sect. I.

2. Le principe des deux degrés de juridiction, consacré pour les jugemens ordinaires, par les lois des 1er mai et 24 août 1790, a été étendu par le C. de pr. aux jugemens arbitraux. (C. pr. 1010; C. comm. 52. — V. *Arbitrage*, n° 469 et suiv.) — La loi du 24 août 1790, tit. 1, art. 4, 5, exigeait des parties une réserve formelle de l'appel et la désignation du trib. supérieur dans le compromis. Cette seconde condition fut implicitement abrogée par la loi du 27 vent. an 8. Cass. 19 vend. an 12, S. 4, 2, 45.

3. Les procès pendans par privilége, en premier ressort, aux anciens trib. supérieurs, lors de la promulgation des lois nouvelles, ont dû être repris selon l'ordre des juridictions actuel. L. 19 oct. 1790, art. 6; Cass. 25 pluv. an 6, 6 therm. an 7, 23 fruct. an 8; Bordeaux, 12 août 1812, S. 30, 112.

4. *Principes généraux.* Il n'existe aujourd'hui que deux degrés de juridiction.

La C. de cass. n'en constitue point un troisième. — V. *Cassation*, n° 7.

5. Les trib. de paix, de 1re inst. et de commerce, et les conseils de prud'hommes, forment en général le premier degré ; les C. roy. forment le second degré ou dernier ressort. —Toutefois les trib. de 1re inst. connaissent en dernier ressort des appels des justices de paix, et ceux de commerce des appels des conseils de prud'hommes.

— V. *Arbitrage, Cour royale, Juge de paix, Prud'hommes, Ressort, Tribunal de commerce, Tribunal de première instance.*

6. Le trib. d'appel compétent est celui dans le ressort duquel se trouve le trib. qui a rendu la sentence attaquée. L. 27 vent. an 8, tit. 3, art. 31; 20 avr. 1810, art. 2.

Toutefois, si la sentence rendue par le trib. compétent a été cassée, l'affaire est renvoyée à un autre trib. d'appel. — V. *Cassation*, n° 280.

7. Quant au point de savoir si une affaire est en premier ou en dernier *ressort.* — V. ce mot.

8. *Cas où il y a lieu aux deux degrés de juridiction.* En général, toute demande doit être soumise aux deux degrés de juridiction.

Cependant certaines affaires sont susceptibles du premier degré seulement.—V. *inf.* n°s 12, 16.

Et d'autres peuvent au contraire être portées *de plano* devant les juges du degré supérieur. — V. *inf.* n° 17, 24.

9. Pour jouir du second degré de juridiction, il faut que le premier degré ait été rempli.

10. Le premier degré est rempli : 1° par un jugement nul. (—V. *Appel*, n° 31.)—2° Par un jugement incompétemment rendu. — V. *Ib.* n°s 329, 330, 331.

11. Il en est autrement d'un jugement par défaut, susceptible d'opposition.—V. *Appel*, n° 32.

Cependant celui qui a interjeté appel d'un jugement par défaut, susceptible d'opposition, ou sur l'opposition duquel il n'a pas été statué, est non recevable à invoquer l'incompétence du trib. qu'il a saisi. Cass. 13 mars 1828, S. 28, 236.— V. *Exception.*

12. *Affaires susceptibles du premier degré seulement.* Ce sont : 1° la plupart des affaires d'un intérêt modique.—V. *Juge de paix, Prud'hommes, Ressort, Tribunal de commerce, Tribunal de première instance.*

13. 2° Les contestations relatives aux impôts indirects, et à l'enregistrement : il importe à l'intérêt public que le Trésor obtienne une solution prompte et peu coûteuse. Décr. 6 et 7 sept. 1790, art. 2 ; L. 22 frim. an 7, art. 65. — V. *Enregistrement.*

14. Toutefois, cette disposition exceptionnelle ne saurait s'étendre à des cas non prévus.

Elle n'a lieu qu'autant que le procès existe entre la Régie et les contribuables, et non pas lorsqu'il s'engage entre particuliers sur le point de savoir par qui sont dus les droits, ou lorsqu'il s'agit d'une demande en garantie, formée contre un tiers, à l'occasion du paiement de ces mêmes droits. Orléans, 1er juin 1821. — V. *Enregistrement.*

Elle ne s'applique pas à d'autres administrations : peu importe que la loi ait établi pour elles et pour l'administration des impôts indirects et de l'enregistrement, le même mode de procéder. LL. 19 déc. 1790, et 9 oct. 1791, art. 17 ; Cass. 12 mess. an 8, 2, 4 germ., 5 flor. et 13 mess. an 9, 13 prair. an 10, 22 niv., 20 flor., S. 3, 2, 323, et 15 mess. an 11, 19 vend. an 12, 23 mars 1808 ; déc. grand-juge, 4e jour complém. an 9, S. 2, 2, 1.

Ainsi est soumise à la règle générale la demande formée contre les communes, afin de réparation du préjudice causé par un délit commis sur leur territoire. L. 10 vend. an 4, tit. 5, art. 4 ; Cass. 14 mess. an 8, P. 1, 667.

15. 5° Les jugemens de défaut - congé. — V. *Appel*, n° 37.

16. 4° Les causes dans lesquelles les parties ont renoncé à l'appel. — Pour la renonciation antérieure au jugement. — V. *Jugement d'expédient, Prorogation de juridiction*. — Pour la renonciation postérieure, — V. *Acquiescement, Désistement*.

17. *Cas où le premier degré peut être franchi*. Certaines causes sont valablement soumises pour la première fois au juge supérieur.

18. Cela a lieu, 1° dans le cas de demande formée par un avoué, en paiement de frais ou en remboursement d'honoraires payés à l'avocat pour sa plaidoirie en appel.— V. *Avoué*, n° 180.

19. 2° Dans le cas de demandes accessoires, ou servant de défense à l'action principale. C. pr. 464, 465. — V. *Appel*, Sect. 8.

20. 3° Dans le cas d'évocation. C. pr. 473. —V. *ib*. Sect. 9.

21. 4° Dans le cas d'*intervention* en appel (C. pr. 400), ou de *tierce-opposition* devant un trib. de second degré. C. pr. 475. — V. ces mots.

22. Celui qui a le droit d'intervention et de tierce-opposition, peut être contraint à intervenir en appel, quoiqu'il déclare vouloir user du premier degré de juridiction : les art. 466 et 475 C. pr. n'établissent pas seulement une faculté en sa faveur, ils constituent pour lui une obligation. Cass. 20 brum. an 13; 18 août 1807, S. 8, 553; 13 oct. 1807, S. 8, 504; 17 fév. 1812, S. 12, 193; 26 juin 1826, S. 27, 95; 25 janv. 1832, S. 32, 153; Florence, 1ᵉʳ fév. 1811, S. 14, 388; Colmar, 9 nov. 1810; Besançon, 29 août 1817, D. vᵒ *Intervention*, p. 589; Bruxelles, 8 mai 1822, D. *ib*., Merlin, Rép. vᵒ *Intervention*, n° 3; Favard, *ib*; Carré, n° 1682. — *Contrà*, Rennes, 27 juill. 1818; Orléans, 25 août 1825, *D. ib*, p. 588; Bordeaux, 5 fév. 1835, S. 25, 96. —V. *Jugement commun*.

23. Au contraire, une demande en garantie ne peut, en général, avoir lieu pour la première fois en cause d'*appel*. Cass. 18 fév. 1834. — V. ce mot, n° 313.

Cette décision s'applique à plus forte raison à la demande en garantie formée contre un huissier à raison d'un acte argué de faux. En effet, d'après l'art. 73, décr. 14 juin 1813, *toute condamnation des huissiers à l'amende, à la restitution, et aux dommages-intérêts, pour des faits relatifs à leurs fonctions, doit être prononcée par le tribunal de première instance du lieu de leur résidence*. Décr. 14 juin 1813, art. 43 et 73; Bourges, 22 déc. 1828, S. 29, 127. — *Contrà*, Grenoble, 14 déc. 1832, S. 33, 443.

Peu importe que les faits qui donnent lieu à la garantie soient postérieurs ou antérieurs au jugement de première instance : en effet, dans les deux cas, la demande est nouvelle, et doit par conséquent subir deux degrés de juridiction. Cass. 20 juill. 1830, S. 30, 245.

Toutefois, la demande en garantie est recevable en cause d'appel, si le défendeur était partie en première instance, encore bien qu'il n'y figurât pas en qualité de garant.

Autant il serait injuste de contraindre un individu qui n'a eu aucune connaissance du procès de première instance à venir présenter pour la première fois en appel ses moyens de défense, autant il est conforme à l'équité et au droit d'exiger la discussion de ces moyens devant le juge supérieur, de la part de celui qui connaît toutes les phases du procès, et qui peut présenter facilement une défense complète. Vainement on oppose que, dans ce cas, la demande est nouvelle, car elle a été présentée, discutée et jugée en première instance. Cass. 24 janv. 1828, S. 29, 165; Paris, 15 janv. 1831, S. 31, 269. — V. *Appel,* n° 313, 315.

24. Le juge devant lequel on porte directement une affaire, dont il n'est pas appelé à connaître en premier ressort, doit-il, à peine de nullité, se déclarer incompétent? — D'un côté, l'on soutient que le système des juridictions est d'ordre public; qu'autrement il y aurait confusion dans le pouvoir judiciaire. — Mais on répond que les parties ayant le droit de renoncer au bénéfice du second degré (— V. *sup.* n° 16), rien ne s'oppose à ce qu'elles abandonnent le premier. Peu importe à l'ordre public qu'une affaire dans laquelle s'agitent des intérêts privés ait suivi la filière des différens degrés de juridiction, qu'elle ait été environnée de lenteurs et de formes introduites uniquement en faveur des justiciables. Pourquoi les parties ne pourraient-elles pas s'épargner des frais et des retards, en soumettant définitivement leurs contestations à des juges qui, sous le rapport du nombre et des lumières, offrent toute espèce de garantie? D'ailleurs, il n'en résulte aucun trouble dans l'ordre judiciaire: les trib. d'appel peuvent toujours renvoyer les parties devant les trib. de 1re inst., s'ils le jugent convenable.

25. Il résulte de ces principes, qu'une C. roy. peut connaître d'une action récursoire en garantie, formée pour la première fois en cause d'appel, lorsque d'ailleurs le garant a comparu, et n'a pas demandé son renvoi. Cass. 20 juill. 1830, S. 30, 245.— *Contrà*, Henrion, *Autorité judiciaire*, 258; Toullier, 1, 88; Berriat, 17; Poncet, *Jugement*, 1, 212.

26. Mais elle peut ordonner le renvoi du garant devant le trib. de 1re inst., quoique celui-ci ne l'ait pas demandé, et ait même conclu au fond. Cass. 20 mars 1811, S. 11, 199; 11 fév. 1819, S. 19, 505.

27. Ce renvoi doit nécessairement être prononcé, lorsque l'affaire est de nature à être jugée en dernier ressort par le trib.

inférieur. Dans 'ce cas, en effet, le trib. d'appel se trouve incompétent à raison de la matière; institué seulement pour juger les affaires d'une valeur déterminée, il n'a aucun principe de juridiction pour une contestation en dehors de cette limite. Et si les plaideurs peuvent renoncer à un recours devant un degré supérieur, il ne saurait leur appartenir d'attribuer aux juges un'pouvoir que la loi n'a pas voulu leur donner. Toulouse, 19 août 1837 (Art. 1020 J. Pr.) — V. *Appel*, n° 333; *Prorogation de juridiction.*— *Contrà*, Nîmes, 31 juill. 1832, D. 33, 80.

28. La violation de la règle des deux degrés de juridiction est une nullité d'ordre public, qui ne peut être couverte par aucune exécution subséquente, ni par aucun acquiescement. Cass. 9 oct. 1811, P. 9, 647. — Elle est proposable devant la C. de cassation. *Même arrêt.*—V. *Ressort*, et toutefois *sup.* n. 24.

DÉGUERPISSEMENT. Abandon fait par le détenteur d'un immeuble grevé de rente foncière, pour se soustraire à cette charge.

1. La charge d'une rente créée directement pour prix de la concession d'un fonds, était autrefois considérée comme réelle; le preneur ne contractait l'obligation de la payer que tant qu'il posséderait le fonds; il pouvait s'en libérer en déguerpissant. Loiseau, *Déguerpissement*; Pothier, *Bail à rente*, n° 123.

Aujourd'hui, à la différence de l'ancien droit, les rentes foncières sont essentiellement rachetables; le preneur ou ses héritiers ne peuvent se libérer que par le rachat. C. civ. 529, 530.

2. Le déguerpissement n'a plus lieu, excepté, 1° pour les immeubles achetés avant le Code. Arg. C. civ. art. 2; Merlin, *Rép.*, v° *Hypothèque*, § 2; — 2° pour ceux achetés même depuis le Code, si l'acquéreur à charge de rente s'est formellement réservé cette faculté. Arg. C. civ. 1134; Toullier, 3, n° 352.

3. Le déguerpissement diffère du délaissement par *hypothèque*, en ce qu'il a pour effet de reporter immédiatement la propriété sur la tête du vendeur, tandis que le délaissement investit seulement les créanciers auxquels il est fait, du droit de faire vendre aux enchères l'immeuble délaissé. — V. ce mot.

4. Le déguerpissement est *volontaire* ou *forcé*. — *Volontaire,* il est accepté par le vendeur, et n'est soumis à aucune formalité particulière; il a valablement lieu par acte authentique ou sous seing privé. — *Forcé*, il est fait par acte au greffe du trib. de 1re inst. de la situation de l'immeuble, avec notification au bailleur, et assignation pour voir déclarer le déguerpissement valable. Pothier, n°s 122 et 123; Merlin, *ib.* § 8.

5. Tant que le bailleur n'a point accepté le déguerpissement, le déguerpissant peut reprendre l'héritage.— S'il ne se rétracte pas, et que le bailleur n'accepte point, il doit être créé un curateur à l'immeuble. Merlin, *Rép.*, v° *Hypothèque*, § 9, n° 2.

6. Le déguerpissement a lieu aux frais de celui qui déguerpit. Pothier, n° 146.

7. *Enregistrement.* Le déguerpissement volontaire est, jusqu'à l'acceptation, sujet au droit fixe d'enregistrement de 2 fr.

Il donne lieu au droit proportionnel établi pour les ventes d'immeubles, du moment que l'on justifie de l'acceptation ou de la mise en possession du bailleur. Ce droit est liquidé sur le capital de la rente, qui est censé former le prix de la mutation.

8. Le droit de vente doit également être perçu sur les jugemens portant envoi en possession de biens immeubles, faute du paiement des rentes. Déc. min. fin., 6 pluv. an 13; Cass. 26 frim. an 14.

Acte de déguerpissement.

(Tarif, art. 92, par analogie. — Coût : 6 fr. par vacation.)

L'an   le   , au greffe du tribunal de
est comparu le sieur   (*profession et domicile*), assisté de Me
avoué près ledit tribunal, lequel nous a dit qu'il est propriétaire d'un immeuble
sis à   , grevé d'une rente foncière de   , au profit de
ainsi que cela résulte d'un acte du   , mais que, voulant s'affranchir
du paiement de ladite rente, il entend, comme par ces présentes il déclare formellement déguerpir dudit immeuble;

Desquelles comparution et déclaration il a requis acte à lui octroyé, et a signé avec le dit Me   et nous greffier.

(*Signature de la partie, de l'avoué et du greffier.*)

DÉLAI. Temps accordé par la loi, le juge ou les parties, pour faire un acte quelconque.

DIVISION.

§ 1. — *Des délais en général.*
§ 2. — *Délai d'augmentation.*
§ 3. — *Délai d'abréviation.*
§ 4. — *Délai de grâce.*

§ 1. — *Des délais en général.*

1. Les délais sont des espèces de prescriptions, et comme tels ils sont régis par les lois en vigueur à l'époque où ils ont commencé à courir. — V. *Rétroactif (effet).*

2. Le délai de la comparution doit être indiqué, *à peine de nullité*, dans l'exploit d'*ajournement* et dans l'*acte d'appel*. — V. ces mots.

3. On distingue le délai général, le délai d'augmentation, le délai d'abréviation, et le délai de grâce.

4. La durée des délais varie suivant les diverses procédures. — V. *Ajournement, Bénéfice d'inventaire, Citation, Saisie-arrêt.*

5. Quelquefois elle est fixée par le juge lui-même, à défaut de la loi, comme pour faire une option, remplir une certaine formalité.

6. Le juge a le droit de déclarer que l'expiration du délai emportera déchéance. — V. *Jugement.*

7. *Point de départ.* Le jugement contradictoire qui accorde un délai pour faire une option ou une chose quelconque, peut ordonner que le délai courra du jour de la prononciation. Arg. C. pr. 125 ; Cass. 9 févr. 1825, S. 25, 281.

Lorsque le jugement est par défaut (Arg. C. pr. 123), ou lorsque étant contradictoire, il n'indique pas que le délai accordé courra du jour de la prononciation, ce délai ne commence à courir que du jour de la signification du jugement même, — et s'il y a appel, du jour de la signification de l'arrêt confirmatif. Cass. 12 juin 1840, P. 8, 369 ; Paris, 24 août 1830, S. 32, 1, 669. — Surtout si le jugement n'est pas exécutoire par provision. Paris, 8 sept. 1830 (Art. 570 J. Pr.). — La première disposition de l'art. 125 ne s'applique qu'au jugement qui accorde un délai de grâce. — V. *inf.* n° 60.

8. Le délai ne court qu'en faveur de la partie qui a fait la signification et non pas contre elle. *Nul ne se forclot soi-même.* Personne n'est censé faire des actes qui lui soient préjudiciables. — V. *Appel,* n° 127 ; *Cassation,* n° 100.

9. Toutefois, les délais de l'enquête courent même contre celui qui a signifié le jugement qui l'ordonne. C. pr. 257. — V. *Enquête,* et d'ailleurs *Ordre.*

10. En général, on ne peut profiter des diligences d'un tiers. Ainsi, la signification d'un jugement, faite par un des demandeurs, ne fait pas courir en faveur des autres les délais d'appel, de requête civile, etc., contre le condamné. Cass. 17 prair. an 12, P. 4, 34 ; Metz, 15 avr. 1812, P. 10, 301. — Excepté en matière solidaire ou indivisible. — V. *Appel,* n° 127.

11. Le jour de l'acte (*dies à quo*), qui fait courir le délai, n'y est pas compris : *Dies termini non computatur in termino.* Cass. 27 fév. 1815 ; Berriat, 146 (Art. 1199. J. Pr.).

L'art. 1033 qui dispose que le jour de la signification ne sera jamais compté dans le délai général fixé pour les ajournements, les citations, sommations et autres actes faits à personne ou domicile, n'est que l'application d'une règle générale qui s'étend à tous les délais de la procédure.

Ainsi on ne peut comprendre : 1° dans la huitaine accordée avant comme depuis le Code pour former opposition à un jugement par défaut, le jour de la signification de ce jugement. Cass. 3 vent. an 4, P. 1, 101 ; Besançon, 24 août 1808, P. 7, 113 ; Cass. 9 juill. 1812, S. 12, 567 ;

2° Dans la huitaine pendant laquelle l'enquête doit être commencée, le jour de la signification par acte d'avoué à avoué de ce jugement. C. pr. 257; Cass. 7 mars 1814 ;

3° Dans la quinzaine fixée pour la transcription de la saisie au greffe le jour de la transcription au bureau des hypothèques. Cass. 6 janv. 1822, S. 22, 262 ;

4° Dans le délai fixé pour l'appel d'un jugement le jour de la signification de ce jugement à personne ou domicile. Bruxelles, 9 févr. 1808. P. 6, 495 ;

5° Dans le mois accordé aux créanciers pour contredire l'état de collocation, le jour de la notification du règlement provisoire. Cass. 27 févr. 1815, S. 15, 188. — Attendu, dit ce dernier arrêt, que tous les jours, toutes les heures, tous les instans de ce délai doivent appartenir aux créanciers, et qu'ils n'en jouiraient réellement pas si le jour de la sommation entrait dans la computation de ce délai; que ce jour doit être considéré comme étant compris dans la computation des trente jours qui doivent compléter le mois. »

12. La règle qui exclut du délai le *dies à quo* s'applique encore . — 1° Aux soixante jours accordés au cohéritier qui veut prendre inscription pour conserver son privilége : on ne doit pas compter dans le délai, le jour où l'acte de partage a été passé. Troplong, *Hypothèques*, n° 295 et suiv. — *Contrà*, Merlin, v° *Prescription*, t. 17 ;

2° Au délai de vingt jours de la date du contrat dans l'intervalle duquel vient à mourir le créancier d'une rente viagère. Rouen, 5 déc. 1821, D. 22, 97 ;

3° Au délai de dix ans fixé pour le renouvellement de l'inscription. Bruxelles, 20 fév. 1811; 26 juin 1813 ; 5 juin 1817; Caen, 19 fév. 1825, D. 25, 160 ; Cass. 5 avr. 1825, D. 25, 255. — *Contrà*, Colmar, 50 juill. 1813, D. v° *Hypothèque*, 305 ;

4° Au délai accordé par un jugement pour faire une option. Cass. 9 févr. 1825, D. 25, 154 ;

5° Au délai d'un an fixé pour requérir l'expertise, à l'effet de constater si le prix énoncé dans le contrat est inférieur à la valeur réelle des biens. Cass. 29 nov. 1822; Merlin, *Rép.*, v° *Prescription*, 440. — V. *Enregistrement, Expertise.*

Les mots *à dater, à compter du jour*, signifient à dater de l'expiration de ce jour, à moins d'une disposition contraire.

Cependant, quoique la loi ait dit que les vacances auraient lieu depuis le 1er sept., ce jour-là y est évidemment compris. — V. d'ailleurs C. civ. 26, 502, 1155 ; *Interdiction, Intérêts.*

13. La partie chargée d'une opération est libre de la faire pendant le jour *à quo*.

14. *Terme.* Le dernier jour du délai (*dies ad quem*) y est compris en entier. On peut, pendant tout ce jour, s'acquitter de ce dont on est chargé.

15. On a la même faculté pendant le jour suivant, dans les délais fixés pour la comparution, par les ajournemens, citations, ou autres actes faits à personne ou domicile ; les jours de l'échéance n'y sont point comptés (C. pr. 1033). On dit alors que ces délais sont *francs.* — V. *Ajournement*, n° 29 ; *Cassation*, n° 142.

16. L'art. 1033 s'applique sans difficulté aux délais de l'art. 51 C. pr., pour comparaître en conciliation, des art. 72, 193, 260 et 416 C. pr., pour comparaître en matière ordinaire et commerciale, ou en vérification d'écriture ou dans une enquête. Dans tous ces cas la partie est seulement assignée pour se présenter à l'expiration du délai.

Quid, au cas d'assignation à bref délai ? — V. *Ajournement*, n° 59.

17. Doit-on étendre l'art. 1033 aux délais qui courent en vertu d'une signification à personne ou domicile qui ne contiendrait pas sommation de comparaître ou de faire une chose, au délai de l'appel par exemple ?

La négative résulte des motifs suivans d'un arrêt de Gênes, du 25 juill 1809, P. 7, 711 : — « Attendu que l'art. 1033 ne parle que des actes faits par l'une des parties et à la suite desquels l'autre partie est tenue de faire une chose. Que, dans cette espèce d'actes, on ne peut ranger l'acte d'appel qui n'est qu'un acte volontaire et auquel l'appelant n'a été contraint par aucun acte de l'autre partie, et que par conséquent cet article n'a rien de commun au délai de trois mois pour interjeter appel ; qu'en effet si l'on voulait appliquer même à l'acte d'appel, l'art. 1033 il en résulterait que le délai de trois mois pour appeler pourrait être porté au-delà de trois mois, à proportion de la distance de celui qui veut interjeter appel, puisque le dit art. 1033 porte que le délai des actes dont il parle, sera augmenté d'un jour à raison de trois myriamètres, ce qui serait l'absurdité la plus frappante.» —De même un arrêt de Turin (19 mai 1806, P. 5, 341) a décidé que le jour de l'échéance du délai de trois mois devait y être compris, mais dans une espèce où il existait des raisons péremptoires pour déclarer, indépendamment de la question du délai, l'appel non recevable.

Cette doctrine admise par plusieurs cours royales a été rejetée par la C. de cass. L'art. 1033 est relatif à tous les délais qui ont pour point de départ une signification à personne ou domicile. Il peut être justifié par cette considération que la loi, quand elle donne un délai, l'accorde tout entier. Or, si celui contre lequel il court devait, à peine de déchéance, comparaître ; signifier, appeler, le dernier jour du délai, ce jour ne serait réellement point complet. L'art. 443 C. pr., n'exige pas que l'appel soit interjeté dans les trois mois du jour de la signification, mais il porte seulement que le *délai de l'appel sera de trois mois* à partir de cette époque ; d'où l'on peut conclure que le but de cette disposition n'a été que de fixer le temps pendant lequel les parties peuvent différer d'appeler. Si donc le lendemain du jour de l'échéance l'appel est formé l'appelant est encore recevable, car il n'a joui que du temps que la loi lui a accordé.

En admettant même que l'art. 1033 ne concernât que les actes faits à personne ou domicile qui contiennent sommation de comparaître ou de faire quelque chose, ne pourrait-on pas dire que la signification du jugement rendu en premier ressort faisant courir les délais de l'appel renferme tacitement sommation à la partie de l'interjeter à l'expiration des trois mois, sous peine de déchéance.

L'art. 443 C. pr. n'ayant pas dérogé à l'art. 1033, c'est ce dernier article qu'il faut appliquer au délai de l'appel. En vain, dirait-on que, par voie de conséquence, il serait nécessaire, contrairement à la jurisprudence, de l'augmenter à raison des distances, la disposition finale de l'article devant être suivie comme la première. S'il n'est point contrevenu à celle-ci au titre de l'appel, il en est autrement de la seconde. Les art. 445 et 446 en déterminant en effet les cas où le délai de l'appel doit être augmenté prouvent que toutes les fois que la partie est domiciliée en France, il ne faut point avoir égard à l'éloignement.

L'art. 1033, § 1, fût-il muet sur la question ne serait-il point naturel, dans le silence de la loi, de consulter les anciens principes ? — L'art. 5 L. 24 août 1790 et le C. de pr. ont restreint à trois mois le délai de l'appel porté à dix ans par l'ordonn. de 1667. Or, aux termes de l'art. 6, tit. 3, de cette ordonnance, il ne fallait compter, ni le jour de la signification, ni celui de l'échéance, tout délai accordé par la loi devant être franc. Cette règle a été appliquée au délai du pourvoi en cassation qui est aussi de trois mois à partir du jour de la signification (L. 27 nov. 1790). La C. suprême décidait d'abord sous l'empire de cette loi que le recours ne pouvait être exercé le lendemain de l'expiration du troisième mois ; que l'art. 5 tit. 1er du règlement de 1738 auquel elle se réfère n'était relatif qu'aux délais dont le point de départ dépend d'une signification tendant à obliger la partie, soit de comparaître, soit de faire quelque chose, et non au délai de la cassation qui comme celui de l'appel, de la requête civile ou de l'opposition à un jugement par défaut, commence à courir à partir d'une signification ayant pour but de donner à cette partie une connaissance de l'arrêt rendu contre elle.—La L. 1er frim. an 2 a repoussé cette interprétation comme contraire au véritable esprit du règlement de 1738. Aussi cette loi dispose-t-elle (art. 2.), qu'elle aura un effet rétroactif. « En matière civile, dit l'art. 1er, le délai pour se pourvoir en cassation est de trois mois francs, dans lesquels ne seront point compris, ni le jour de la signification du jugement à personne ou domicile, ni le jour de l'échéance. » Le motif de cette loi s'applique aussi bien à l'appel qu'au pourvoi en cassation. Il se fonde sur ce que l'ordonn. de 1738 ne distingue pas si la signification tend à obliger la partie à comparaître ou à faire un acte, ou si elle a seulement pour but de notifier un arrêt à la partie.

Aussi la C. de cass. par de nombreux arrêts (rapportés v° *Appel*, n° 91), a-t-elle décidé que le délai de l'art. 443 C. pr. était exclusif du jour de la signification et du jour de l'échéance. — V. dans le même sens, Turin, 19 mai 1806 et 10 déc. 1811, 9, 765 ; Bordeaux, 4 fév. 1830 ; Merlin, *Rép.*, v° *Appel*, sect. 1re, P. § 1er et 5, n°14 ; Thomine, art. 443 ; Favard, v° *Appel*, sect. 1re, § 2, n° 1er ; Berriat, p. 418 ; Boitard, 3, 501 ; Rauter, n° 251. — La C. de Riom avait jugé en l'an 12 que le jour de l'échéance était compris dans le délai, et en 1812 que le jour même de la signification en faisait partie ; mais par arrêt du 9 janv. 1830 elle est revenue à la doctrine de la C. suprême.

18. Toutefois, l'art. 1033, s'il concerne en général tous délais qui commencent à partir d'une signification à personne ou domicile, est inapplicable à ceux qui ont pour point de départ une signification par acte d'avoué à avoué. — Si en excluant du délai le jour *ad quem*, le législateur a voulu favoriser la partie qui a pu ignorer la manière précise de fixer le délai, elle n'agit plus de même quand la notification a été faite à l'avoué lui-même. Cass. 27 fév. 1815, S. 15, 188.

Ainsi le jour de l'échéance serait compris dans le délai, 1° des art. 77, 78 et 79, pour présenter les défenses ; — 2° de huitaine pour s'opposer à un jugement par défaut faute de plaider. Cass. 5 fév. 1811, P. 9, 80 : même décision avant le Code ; Cass. 21 nov. an 9, P. 2, 82 ; Besançon, 8 therm. an 12 et 24 août 1808, P. 4, 114 ; et 7, 113 ; — 3° de trois jours pour dénier ou reconnaître les faits articulés. C. pr. 252 ; — 4° de huitaine pour commencer l'enquête. C. pr. 257 ; — 5° de quinzaine pour interjeter appel d'un jugement qui statue sur des incidens de saisie immobilière. C. pr. 723 ; Cass. 8 août 1809, P. 7, 744 ; Metz, 12 fév. 1817, S. 18, 545 ; — 6° de dix jours pour appeler du jugement en matière de contestation d'ordre. C. pr. 765. Limoges, 15 nov. 1811, P. 9, 702 ; Aix, 22 nov. 1826 ; — V. Riom, 31 août 1816 ; — 7° de quatre jours pour l'*enregistrement* des exploits. — V. ce mot.

19. Il y a plus, lors même qu'il s'agirait d'un délai devant courir à partir d'une signification à personne ou domicile, si la

loi s'est servie d'expressions *inclusives*, si elle porte que tel acte, tel fait auront lieu *dans* ce délai, ce n'est plus la règle de l'art. 1033 qu'il faut suivre. Ainsi le jour *ad quem* fera nécessairement partie du délai de trois mois déterminé pour la requête civile. C. pr. 483. — Du délai de quinzaine pour appeler d'un jugement rendu sur une demande en distraction. C. pr. 730. — De la huitaine pour dénoncer et contre-dénoncer une saisie arrêt.— Dans ce cas d'ailleurs le délai court contre le saisissant, non à compter d'un acte qui lui a été notifié, mais à partir d'un acte qu'il a signifié lui-même. C. pr. 563 et 564; Turin, 14 mai 1808, cité par M. Berriat, 149. — De quarante jours pour la notification d'une *surenchère*.—V. ce mot.—De la quinzaine accordée par un jugement à une partie pour faire une option. Cass. 9 fév. 1825, S. 25, 281.

Mais l'art. 1033 sera-t-il applicable dans le cas de l'art. 261 C. pr. qui veut que la partie soit assignée au domicile de son avoué pour être présente à l'enquête, trois jours au moins avant l'audition? On pourrait penser que ne point comprendre dans ce délai le jour *ad quem*, ce serait méconnaître le but de célérité que l'art. 261 s'est proposé en exigeant que l'assignation fût donnée au domicile de l'avoué. Cependant la C. de cass., le 12 janv. 1815, S. 15, 255, a jugé qu'il y avait lieu dans ce cas à l'augmentation à raison des distances, l'art. 1033 étant applicable. Carré, n° 3410.—*Contrà*, Cass. 22 nov. 1810, P. 8, 653; Thomine, art. 261, Boitard, 3, 508.

20. Les délais dans lesquels doivent être faits des actes judiciaires et des significations, sont-ils, en général, augmentés de droit d'un jour, lorsque celui qui les termine se trouve être un jour de fête légale? — La négative, conforme à la loi romaine (L. 3 C. *de Dilat.*, et à l'ordonn. de 1667, tit. 3, art. 7), a été implicitement adoptée par l'art. 1037 C. pr. : en effet, cet article, en disant qu'aucune signification ni exécution ne pourra être faite les jours de fête légale, si ce n'est en vertu d'une permission du juge, dans le cas où il y aurait péril en la demeure, suppose évidemment que, lorsque le délai se termine par un jour de fête légale, les diligences qui doivent être faites dans l'espace de temps dont il se compose, le sont nécessairement le jour même, et qu'il y aurait déchéance si elles étaient remises au lendemain. Merlin, *Rép.*, v° *Délai*, sect. 1, § 3 ; Carré, n° 3416.

Spécialement le délai de dix jours pour l'appel, en matière d'ordre, n'est point augmenté, alors même que le dixième jour est férié. C. pr. 763. Bordeaux, 4 juin 1833 (Art. 233 J. Pr.).

En matière électorale, la notification au préfet doit avoir lieu avant le dimanche, si le dixième jour expire ce jour-là. Bastia, 8 déc. 1835 (Art. 527 J. Pr.).

21. Toutefois cette règle souffre plusieurs exceptions :

Ainsi, 1° Lorsque le lendemain du jour de l'échéance d'un effet de commerce est un jour férié légal, le protêt est fait le jour suivant. C. comm. 162.

2° Si le dernier jour du délai pour l'*enregistrement* d'un acte tombe un jour de fête, la formalité peut être remplie le lendemain.— V. ce mot.

3° Il en est de même pour le délai de la déclaration de command. Cass. 25 nov. 1823, S. 24, 121. — Spécialement une déclaration de command, faite le lundi, est réputée avoir eu lieu dans les vingt-quatre heures, lorsque la vente a été passée devant notaire le samedi. Trib. Seine, 8 juill. 1835 (Art. 350 J. Pr.) ; Cass. 15 nov. 1837 (Art. 1006 J. Pr.). — De même pour les adjudications faites devant un trib. le jeudi, les déclarations de command sont admises au greffe et à l'enregistrement le lundi, comme étant faites dans les trois jours.— Cependant la C. cass. a jugé le contraire le 1er déc. 1830, D. 30, 398. — Mais ce dernier arrêt ne fait pas jurisprudence. —V. d'ailleurs *Surenchère.*

22. *Espace intermédiaire.* Tous les jours autres que ceux des termes, sont continus et utiles : par conséquent, les jours de fêtes et de vacations comptent dans le délai.

23. *Jour bissextile.* Il est compté dans les délais de jours, mais non dans les délais de mois et d'années, parce qu'alors il est censé ne faire qu'un avec le jour précédent. Merlin, *Rép.*, v° *Jour bissextile.*

24. *Heures.* Les délais ne se comptent point ordinairement par heures, mais par jours. L. 8. D. *de Feriis;* C. civ. 2147, 2260 ; Cass. 8 nov. 1808.

25. Le jour s'entend de l'espace qui s'écoule de minuit à minuit. L. 8. D. *de Feriis.*

26. Il n'y a ni avantage ni inconvénient à faire un acte plutôt à une heure qu'à une autre du même jour, à moins que la loi ne l'ait décidé.

Ainsi, certains actes ne peuvent être faits que pendant une partie des heures de la journée : par exemple, les transcriptions au bureau des hypothèques, les exploits. C. pr. 1037.

Deux parties s'étant signifié le *même jour*, savoir : le défendeur, une demande en péremption, et le demandeur un acte de procédure, on a décidé, d'après les circonstances accessoires de cette notification, qu'elle était postérieure à la demande, et qu'en conséquence elle n'avait pu arrêter la péremption. — V. *Date,* n° 19.

Les juges de paix et de commerce et les juges de référés peuvent permettre d'assigner d'heure à heure. C. pr. 8, 417, 418.

27. Les délais par heures se comptent *de momento ad momentum* et non *de die ad diem.* Arg. Cass. 8 janv. 1807, P. 5,

619. — Ainsi jugé à l'égard du délai de vingt-quatre heures, fixé pour l'affirmation des procès-verbaux en matière de délits forestiers. Cass. 5 janv. 1809, S. 9, 131; Carré, n° 3415.

28. *Délais de mois.* On les compte d'un quantième à un autre, sans avoir égard au nombre de jours dont ils sont composés. Arg. C. civ. 2261; Paris, 9 août 1811; Grenoble, 12 mars 1812, P. 10, 206; 6 nov. 1815; Turin, 13 fév. 1813; Carré, *ib.* — V. *Appel,* n° 95.

Ainsi, le délai d'un mois, à partir du 1er février, expire le 1er mars, quoique le mois de février n'ait que 28 ou 29 jours. Cass. 12 mars 1816, 13 août 1817.

Jugé que, l'appel d'un jugement signifié le 18 février doit être interjeté le 19 mai au plus tard, quoique entre ces deux jours il y eût moins de trois fois trente jours. — Dans cette espèce, en effet, le 18 février étant le jour de la signification, le délai n'avait commencé que le lendemain 19 et le dernier jour des trois mois se trouvait être le 18 mai; mais l'art. 1033 excluant aussi ce jour, et en ajoutant un autre, le 19 était réellement le dernier jour du délai.

De même le pourvoi en cassation d'un arrêt signifié le 4 juin devrait être formé au plus tard le 5 septembre, comme celui d'un arrêt notifié le 30 juin le serait aussi le 1er octobre au plus tard. S'il était encore recevable le 6 septembre, ou le 2 octobre, on ne ferait pas suivre seulement le jour de l'échéance d'un seul jour, comme le veulent la loi du 1er frim. an 2 et l'art. 1033, mais de deux jours, car dans le premier cas les trois mois commencent au 5 juin et le jour de l'échéance est le 4 septembre, et dans le second cas ils courent depuis le 1er juillet jusqu'au 30 septembre inclusivement. Cass. 24 nov. 1825, S. 24, 45.—V. les arrêts cités, n° 94, v° *Appel,* qui consacrent ces décisions en matière d'appel.

29. *Suspension.* Le délai est suspendu pendant les événemens de force majeure. Cass. 24 janv. et 21 juin 1815.

Ainsi, les délais d'appel sont suspendus par la mort de la partie condamnée. — V. *Appel,* n° 155.

Celui de notification d'admission des pourvois en cassation est suspendu par une invasion. — V. ce mot, n° 233.

L'état de blocus peut faire relever de la déchéance du droit de surenchérir. Colmar, 9 nov. 1814.

Aucune prescription, expiration de délai, ou péremption d'instance, n'a pu être acquise, aucune expropriation prononcée contre les militaires avant la paix générale. LL. 6 brum. an 5 et 24 déc. 1814; Cass. 10 nov. 1818.

§ 2. — *Délai d'augmentation.*

30. Le délai d'augmentation est accordé pour le temps

qu'exige le transport des parties, ou la transmission de l'acte dont elles sont tenues de justifier.

31. L'augmentation est, en général, d'un jour par trois myriamètres de distance. C. civ. 411 et 459 ; C. comm. 511.—V. toutefois C. civ. 2061, 2185 ; C. comm. 165, 201.

32. Elle est de deux jours par trois myriamètres quand il y a lieu à voyage ou envoi et retour. C. pr. 5, 1033.

Le mot *voyage* ne doit pas s'entendre du simple déplacement qu'une partie est obligée d'effectuer pour se transporter d'un lieu à un autre : autrement il faudrait accorder l'augmentation du double toutes les fois que la loi prescrit une comparution personnelle. Or, dans ce cas, il suffit de la simple augmentation d'un jour par trois myriamètres.

Mais il est des circonstances dans lesquelles une partie est obligée de signifier un acte dans un délai déterminé, et de justifier ensuite de cette signification : il convient alors que le délai général soit augmenté à raison des distances, de manière que cette partie ait le temps d'envoyer un acte et de le recevoir. Ces mots, *lorsqu'il y a lieu à voyage ou envoi et retour*, doivent s'entendre comme s'il y avait voyage et retour ou envoi et retour.

L'art. 1003 du projet portait que le délai serait augmenté du double quand il y aurait lieu à voyage et retour : le mot envoi n'a été intercalé qu'afin d'expliquer le mot voyage, qui, s'il était resté seul, aurait pu faire supposer que l'augmentation n'aurait été accordée que pour les cas où la loi exigerait la comparution personnelle d'une partie. Discussion au tribunat ; Locré, *Esp. Cod. proc.* t. 5, p. 11 ; Carré, art. 1033.

Ainsi, un habitant de Caen est assigné pour comparaître devant le trib. de la Seine : il faudra joindre à la huitaine franche que la loi lui accorde pour se présenter, autant de jours qu'il y a de fois trois myriamètres entre Caen et Paris. De plus, si l'habitant de Caen est obligé d'appeler un Bordelais en garantie, il faudra le temps d'aller ou d'envoyer remettre l'assignation, et le temps de revenir. Le délai des distances pour *justifier* de cette assignation (avant que le demandeur principal puisse obtenir jugement) doit être double.

La dénonciation de la saisie-arrêt avec demande en validité (C. pr. 563.) admet encore une augmentation du double pour *voyage ou envoi et retour*. — V. *Saisie-arrêt*.

33. Mais les délais d'opposition, d'*appel* (—V. ce mot, n° 95), de *cassation* (—V. ce mot, n° 143), et autres du même genre ne sont pas susceptibles d'augmentation.

34. L'augmentation se compte du domicile réel, et non du domicile élu. Berriat, 212, note 13. — V. toutefois *Douanes*.

35. Quant à la distance, la loi prend, en général, pour point de départ : 1° le domicile de celui à qui l'on notifie, et le lieu de la comparution : par exemple, la commune du trib. où il est cité, celle où l'on doit vendre les meubles saisis, celle où on l'a nommé tuteur, celle où il doit fournir caution. C. pr. 1033, 175, 630, 602, 614, 882, 993.

2° Les deux communes dans lesquelles on doit s'occuper ou au moins prendre connaissance de deux opérations successives. S'agit-il, par exemple, d'une transcription au greffe d'une saisie immobilière, d'une publication de nouvelles annonces d'adjudication d'immeubles saisis, la distance se compte entre la commune du trib. et celle des immeubles. C. pr. 680 et 703.

36. S'il y a plusieurs défendeurs, on calcule d'après le domicile plus éloigné. C. pr. 97, 151 et 175.

37. Une distance moindre que celle déterminée par la loi ne donne lieu à aucune prolongation de délai. Gênes, 29 août 1812, S. 14, 272. — V. toutefois *Ajournement*, n° 47.

38. L'exploit qui n'indique que le délai général, sans énoncer l'augmentation à raison des distances, est-il valable?—V. *Ajournement*, n°s 38 et 40.

39. Le délai d'augmentation ne s'applique qu'au délai général des assignations, et non aux délais spéciaux.

Ainsi, le délai fixé en matière d'expropriation forcée, entre l'adjudication préparatoire et l'adjudication définitive, d'après l'art. 706 C. pr. civ. ou l'art. 1er décr. 2 fév. 1811, ne doit pas être augmenté à raison des distances. Cass. 21 août 1816, S. 18, 17. — V. *Saisie immobilière*.

40. *Prorogation.* La prorogation de certains délais peut être demandée pour cause d'insuffisance ; mais il faut, en général, le faire avant leur expiration. C. pr. 74, 179, 279.

§ 3. — *Délai d'abréviation.*

41. Le délai ne peut être abrégé par le juge qu'autant que la loi l'y autorise. — V. *Bref délai*.

42. Les délais de distance ne sont pas susceptibles d'abréviation. Paris, 26 vend. an 12, S. 4, 97 ; Dijon, 5 mars 1830, D. 30, 204. — V. *Ajournement*, n°s 60 et 61.

§ 4. — *Du délai de grâce.*

43. Le délai de grâce est celui que le juge peut, dans certains cas, accorder pour le paiement; il surseoit à l'exécution des poursuites, toutes choses demeurant en état. C. civ. 1244, 1655, 1656 ; C. pr. 122.

44. Ces mots, *toutes choses demeurant en état*, signifient que, s'il a été commencé une procédure qui soit sujette à des délais fatals, on ne compte pas dans ces délais le temps accordé par le juge pour le paiement ; à défaut de paiement à l'échéance, le créancier peut reprendre les poursuites au point où elles, en étaient lors de la concession du délai. — V. d'ailleurs *inf.* n⁰ˢ 56-1° et 62.

45. Cette faculté a lieu, même en matière de commerce. Argument *à contrario*, C. comm. 157, 187 ; Colmar, 22 nov. 1815 ; Pardessus, n° 183. — *Contrà*, Colmar, 24 janv. 1806, P. 5, 149 ; Dalloz, v° *Oblig.*, p., 558 ; Toullier, 6, n° 664. — V. toutefois *inf.* n⁰ˢ 54, 57.

46. Le juge n'est jamais forcé d'accorder un délai. Bourges, 14 avr. 1812, P. 10, 295 ; Cass. 26 mars 1817, S. 18, 2, 61.

Mais il peut le prononcer d'office. La loi prévoit, en effet, le cas où il est donné dans un jugement par défaut. C. pr. 123, 150 ; Boncenne, 2, 520 ; Thomine, art. 122. — *Contrà*, Pigeau, 1, 615 ; Carré, art. 122.

47. Le juge peut diviser les paiemens dans l'intérêt des deux parties. Le créancier aimera mieux, en général, recevoir des à-comptes de son débiteur gêné, que d'attendre l'expiration du terme accordé pour recevoir le tout à la fois. Duranton, 12, n° 88 ; Toullier, 6, n° 658 ; Delvincourt, 2, 555 ; Thomine, 1, 242.

Il en est autrement, si le créancier déclare ne vouloir recevoir qu'un seul paiement au terme que fixera le tribunal. Colmar, 18 août 1816, S. 18, 266 ; Duranton, *ib.*

48. Il ne doit accorder des délais qu'en considération de la personne du débiteur (C. civ. 1244) ; — après avoir vérifié sa position, — et sans que le délai soit obligatoire pour les autres créanciers. Colmar, 12 frim. an 14 ; Dalloz, v° *Jugement*, 644, note 2.

49. Le débiteur ne peut renoncer à l'avance au droit de demander un délai ; autrement la renonciation deviendrait de style. Delvincourt, 2, 556, notes ; Carré, art. 124. — *Contrà*, Toullier, 6, n° 658 ; Dalloz, v° *Obligation*, p. 556, n° 23 ; Malleville, art. 1244.

50. Les malheurs du créancier ne font pas obstacle à ce que le débiteur obtienne un délai. Paris, 18 déc. 1806, P. 5, 593.

51. Le juge doit user de son pouvoir avec une grande réserve, et n'accorder que des délais modérés. C. civ. 1244.

Il doit avoir l'espoir légitime que le délai relèvera le débiteur sans nuire à la sûreté du créancier, et la crainte qu'une exécution immédiate ne cause un tort grave au débiteur.

52. Dans le cas où les trib. peuvent accorder des délais pour l'exécution de leurs jugemens (— V. Toutefois, C. civ. 1900, 1656), ils doivent le faire par le jugement même qui statue sur la contestation. C. pr. 122.

53. Conséquemment, ils ne pourraient accorder un délai postérieurement au jugement qui statue sur la contestation, sans violer l'art. 122 C. pr., et le principe qui défend aux juges de modifier leurs décisions. On a voulu éviter les inconvéniens des anciennes *lettres de répit*. — *V.* ce mot.

Le débiteur condamné, sans avoir réclamé un délai, ne peut en obtenir un par la voie d'opposition aux poursuites. Colmar, 30 août 1809, S. 14, 249.—Ni par la voie de *référé*. Paris, 11 avr. 1810, S. 14, 216; Bourges, 9 mai 1812, P. 10, 585. — *V.* ce mot.

Peu importe que le jugement de condamnation ait été rendu par défaut, et que conséquemment aucun délai n'ait pu être demandé par la partie condamnée lors de ce jugement, si le délai d'opposition est expiré et si le jugement a acquis force de chose jugée. Bordeaux, 29 juin 1827, S. 28, 46.

54. Toutefois, l'exécution du jugement de condamnation *peut* être suspendue dans plusieurs cas :

1° S'il y a inscription de faux incident. C. civ. 1319. — *V. Faux.*

2° S'il y a *tierce-opposition.* C. p. 477, 478. — *V.* ce mot.

3° Si le débiteur justifie par baux authentiques que le revenu net et libre de ses immeubles, pendant une année, suffit pour le paiement de la dette en capital, intérêts et frais, et s'il en offre la délégation au créancier. C. civ. 2212. — *V. Saisie immobilière.*

4° Au moyen de défenses obtenues sur l'*Appel.* — *V.* ce mot, n°s 259 à 267. — Mais les C. roy. ne peuvent, en aucun cas, à peine de nullité, et même de dommages et intérêts des parties, s'il y a lieu, accorder des défenses ni surseoir à l'exécution du jugement des trib. de commerce, quand même ils sont attaqués d'incompétence. C. comm. 647.

55. Si le créancier a un titre notarié exécutoire, le juge a-t-il le droit d'accorder un délai?

La question peut se présenter dans deux hypothèses différentes.

1° Le débiteur forme opposition aux poursuites exercées contre lui; — la généralité des termes de l'art. 1244 C. civ., qui ne distingue pas si le titre est ou non exécutoire, qui parle *de poursuites à surseoir, de choses demeurant en état,* fournit un argument en faveur du délai; — mais l'acte recevant sa force exécutoire de la seule disposition de la loi, il n'est pas au pouvoir du juge, s'il n'y est autorisé par une disposition spéciale, d'arrêter cette exécution, et de se mettre ainsi au-dessus du pouvoir législatif: l'art. 1244 suppose le cas où le débiteur est poursuivi et condamné en vertu d'un acte non-exécutoire (— *V.* notamment *Saisie-arrêt*): on conçoit alors que le juge qui ac-

corde un titre exécutoire au créancier, puisse apporter quelque
tempérament en faveur du débiteur ; le créancier s'est abandonné à la bonne foi de son débiteur, il s'expose à la nécessité
de le poursuivre après le jour de l'échéance et d'obtenir des
juges des moyens d'exécution ; mais il en est autrement lorsque
ce titre existe déjà : si le titre est un jugement, la question est
tranchée par l'art. 122 C. pr. (— V. *sup.* n° 53)—Or, la loi,
soit au C. civ., dans les art. 1519, 2215, soit au C. de pr., au
titre *de l'exécution forcée des jugemens et actes*, assimile l'acte
notarié exécutoire au jugement : il fait la même foi ; il a la
même force exécutoire ; l'art. 2212 C. civ., en autorisant le
juge, par une disposition spéciale et pour un cas particulier, à
suspendre la poursuite de saisie immobilière, laquelle ne peut
être exercée qu'en vertu d'un titre exécutoire, suppose que le
juge n'avait pas cette faculté, de droit commun en vertu de
l'art. 1244. Pau, 26 nov. 1807 ; Bruxelles, 18 juin 1812, P.
6, 561, 10, 490 ; Colmar, 50 août 1809, 14 janv. 1815,
Pigeau, 1, 514 ; Toullier, 6, n° 660 ; Duranton, 12, n° 89 ;
Boncenne, 2, 518 ; Carré, n° 524.—*Contrà*, Turin, 12 déc.
1809 ; Metz, 14 juin 1812 ; Aix, 15 déc. 1813, S. 14, 257 ;
Bordeaux, 28 janv. 1814, S. 14, 373 ; Pau, 12 juin 1822,
S. 22, 315 ; Agen, 6 déc. 1824, D. 33, 75 ; Thomine,
art. 122.

Le débiteur ne pourrait pas davantage, dans la prévoyance
des poursuites que va exercer un créancier, réclamer un délai
par action principale. — V. d'ailleurs *Référé*.

2° Le créancier forme une demande en condamnation. — Ici
s'élève la question préjudicielle de savoir si ce créancier qui a
un titre notarié exécutoire peut, à l'échéance, actionner le
débiteur en paiement. Cette question a été résolue négativement
en principe.—V. *sup. Action*, n° 76. — Or, si le juge ne peut
être valablement saisi, il est évident que le délai ne saurait
être accordé. Delvincourt, 2, 556, note ; Pigeau, Toullier,
Duranton, Boncenne, *ib.*

56. La faculté d'accorder un délai cesse :

1° Si les biens du débiteur sont vendus à la requête d'autres
créanciers ; s'il est en état de faillite, de *contumace*, ou s'il est
constitué prisonnier ; ou enfin lorsque, par son fait, il a *diminué les sûretés* qu'il avait données par le contrat à son créancier.
C. pr. 124 ; C. civ. 1188.

De contumace. Ceci s'entend seulement du cas prévu par les
art. 465 et 470 C. inst. crim. — L'absence ôte au créancier
une partie de ses garanties. C'est désormais l'administration des
domaines qui possède ses biens.

Constitué prisonnier. Non pas comme prévenu d'un crime ou
d'un délit, mais pour dette civile ou commerciale.

Diminué les sûretés. Par exemple s'il dégrade l'immeuble hypothéqué.

Dans les mêmes cas, le débiteur perd le bénéfice du délai précédemment obtenu.

57. 2° S'il s'agit du paiement d'une lettre de change (C. comm. 157); — ou d'un billet à ordre. C. comm. 157, 187; Duranton, 12, n° 89.

Jugé, que l'art. 1244 peut être étendu aux lettres de change, surtout dans des circonstances calamiteuses, entre proches parens, et lorsque la dette a une origine non commerciale. Colmar, 22 nov. 1815, S. 16, 68. — *Contrà*, Colmar, 24 janv. 1806, S. 6, 974; Cass. 22 juin 1812, S. 12, 555.—Que si un billet à ordre a pour cause une dette non-commerciale, le juge peut, selon les circonstances, accorder un délai au débiteur. Cass. 31 juill. 1817, S. 18, 299.

Dans l'usage, le trib. de commerce accorde un délai (25 jours à Paris) *du consentement du créancier.*

58. Le jugement qui accorde le délai doit en indiquer le terme et les motifs. C. pr. 122.—Toutefois, la loi n'ayant pas prononcé la nullité, le défaut de motifs relativement au délai ne serait pas une cause de nullité du jugement, d'ailleurs motivé sur le fond. Thomine, art. 122.—Il y aurait seulement nullité du dispositif relatif au délai, selon Boitard, 1, 482.

59. Les juges peuvent-ils accorder un nouveau délai à la partie, si le premier s'est écoulé sans que l'acte ordonné ait eu lieu? — Non: proroger un délai, ce serait en accorder un nouveau par jugement postérieur à celui de condamnation; ce que prohibe l'art. 122. — V. *sup.* n° 6 et 53.

60. Le délai court de la prononciation, lorsque le jugement est contradictoire (à la différence du délai de droit, —V. *sup.* n° 7, C. pr. 123): la partie est censée le demander, et par conséquent être présente et bien le connaître; elle est dispensée de l'obligation où elle était autrefois, de faire expédier et signifier le jugement, si le juge n'avait ajouté ces mots : *A compter de ce jour, et sans intimation.*

61. Mais le délai ne court que de la signification :
1° S'il s'agit de l'exécution des sentences arbitrales : cette sentence n'est pas prononcée publiquement en présence des parties ou de leurs avoués ; elle n'acquiert d'authenticité et de force exécutoire que par le dépôt au greffe et par l'ordonnance d'*exequatur.* Bordeaux, 3 mars 1830, S 30, 1, 228.

2° S'il s'agit d'un jugement par défaut. C. pr. 123.

62. Le délai de grâce n'empêche ni les *Actes conservatoires* (C. pr. 125. — V. ce mot, n° 28 et suiv.), ni la *compensation.* C. civ. 1292, ni le cours des intérêts.

DÉLAISSEMENT pour fait d'assurance maritime. Abandon, fait par l'assuré à l'assureur, des objets assurés, pour être payé du montant de l'assurance.

1. Par le contrat d'assurance, l'assuré s'engage à répondre des objets assurés. — L'assuré peut, suivant les circonstances, réclamer soit une indemnité équivalente au dommage qu'il a souffert, soit la totalité de la somme portée dans l'assurance, en faisant à l'assureur le délaissement des objets assurés.

2. Le délaissement peut avoir lieu en cas de prise, de naufrage, d'échouement avec bris, d'innavigabilité par fortune de mer ; en cas d'arrêt d'une puissance étrangère ; en cas de perte ou détérioration des effets assurés, si la détérioration ou la perte va au moins à trois quarts ; en cas d'arrêt de la part du gouvernement après le voyage commencé (C. comm. 369) ; enfin, à défaut de nouvelles pendant un certain temps. *Id.* 375, 377. Il ne peut jamais être fait avant le voyage commencé.

3. Les délais dans lesquels le délaissement peut avoir lieu sont déterminés par les art. 373, 375, 376, 377, 387. C. comm.

4. Le délaissement ne peut être ni partiel ni conditionnel. Il ne s'étend qu'aux effets qui sont l'objet de l'assurance et du risque. C. comm. 372.

5. Il a lieu soit par acte authentique ou sous seing privé, soit par signification extrajudiciaire. Dans l'usage, il est notifié par un notaire ou un huissier. Delvincourt, 2, 405.
Il doit être accepté par l'assureur, ou jugé valable par le trib. de commerce. Arg. C. comm. 385.

6. Dans le cas où le délaissement est possible, l'assuré est tenu de signifier à l'assureur les avis qu'il a reçus, — dans les trois jours de la réception de ces avis. C. comm. 374.

7. L'assuré peut, par cette signification, ou faire le délaissement, avec sommation à l'assureur de payer la somme assurée dans le délai fixé par le contrat, ou se réserver de faire le délaissement dans les délais déterminés par la loi. C. comm. 378.

8. Dans le cas d'innavigabilité déclarée du navire, l'assuré sur le chargement est obligé d'en faire la notification dans le délai de trois jours de la réception de la nouvelle. C. comm. 390.

9. L'assuré est tenu, en faisant le délaissement, de déclarer toutes les assurances qu'il a faites ou fait faire, même celles qu'il a ordonnées, et l'argent qu'il a pris à la grosse, soit sur le navire, soit sur les marchandises. C. comm. 379.

10. Mais la peine de nullité n'est pas attachée à l'inobservation de cette formalité. Elle ne produit d'autre effet que de sus-

pendre le délai du paiement des sommes assurées, jusqu'à ce que le délaissement soit devenu régulier par la notification de la déclaration. *Ib.* Rennes, 24 août 1824, S. 27, 245.

11. En cas de déclaration frauduleuse, l'assuré est privé des effets de l'assurance, et tenu de payer les sommes empruntées, nonobstant la perte ou la prise du navire. C. comm. 380.

12. Au cas de simple erreur, il y a seulement lieu à réduction du montant de l'assurance.

13. Si l'époque du paiement n'est point fixée dans le contrat, l'assureur est tenu de payer l'assurance trois mois après la signification du délaissement. C. comm. 382.

14. Les actes justificatifs du chargement et de la perte sont signifiés à l'assureur avant qu'il puisse être poursuivi pour le paiement des sommes assurées. C. comm. 383.

15. Si le délaissement a lieu pour innavigabilité du navire, l'assuré doit nécessairement présenter une déclaration établissant les causes de cette innavigabilité : si elle provient d'un vice propre au navire, l'assureur n'en répond pas. Arg. C. comm. 353; Bordeaux, 9 fruct. an 8 ; Cass. 18 mai 1824.

16. L'assureur est admis à la preuve des faits contraires à ceux qui sont consignés dans les attestations.

L'admission à la preuve ne suspend pas la condamnation de l'assureur au paiement provisoire de la somme assurée, à la charge par l'assuré de donner caution.

L'engagement de la caution est éteint après quatre années révolues, s'il n'y a pas eu de poursuites. C. comm. 384.

17. L'effet du délaissement régulièrement fait est de transférer la propriété des objets assurés à l'assureur, à compter de l'époque où il a lieu. — L'assureur ne peut, sous prétexte du retour du navire, se dispenser de payer la somme assurée. C. comm. 385.

18. Toutefois, il est une espèce de délaissement qui n'est pas translative de propriété : c'est celle où le propriétaire d'un navire fait l'abandon du navire et du fret aux chargeurs (C. comm. 215). Ceux-ci n'ont que le droit de faire vendre le navire pour être indemnisés par sa valeur. Rennes, 12 août 1822.

19. L'action en délaissement se prescrit dans les délais portés en l'art. 373. C. comm., *ib.* 384.

20. *Enregistrement.* Le délaissement est assujetti au droit proportionnel de 1 p. 100 sur la valeur des objets abandonnés.

En temps de guerre il n'est dû qu'un demi droit. L. 28 avr. 1816, art. 51. — Peu importe que l'acte ne soit présenté à l'enregistrement qu'après la paix, si le délaissement a eu lieu pendant la guerre. Délib. Rég., 5 avr. 1823.

FORMULES.

FORMULE I.

Acte de délaissement sous seing privé.

Entre les soussignés
M.   (noms, demeure et profession.)   d'une part ;
Et M.   (noms, demeure et profession.)   d'autre part ;
A été dit et arrêté ce qui suit :
M.   a, par contrat passé sous seing privé le   , enregistré,
été obligé envers M.   à répondre de toutes pertes et dommages sur (*énoncer
les objets assurés*) appartenant audit M.   lesdits objets étant sur le navire
          commandé par le capitaine   parti du port de   le
pour la destination de
    Ledit navire ayant fait côte (*indiquer l'endroit*), s'est brisé, de telle sorte que
son chargement a été submergé ; en conséquence, les stipulations suivantes sont
intervenues entre les parties.

Art. 1.

M.   a déclaré par ces présentes faire délaissement pur et simple à
M.   des marchandises désignées au contrat d'assurance susénoncé et dont
était chargé ledit navire   , à la charge par le sieur M.   de payer la
somme de   , montant de ladite assurance.

Art. 2.

    Ledit sieur M.   a déclaré reconnaître la vérité des faits ci-dessus rap-
portés, et en conséquence accepter le délaissement des objets dont il s'agit.
    C'est pourquoi il a remis audit M.   , qui le reconnaît, et en donne, par
ces présentes, bonne et valable quittance, la somme de   , montant de
l'assurance desdits objets.

Art. 3.

    Au moyen du paiement susénoncé, ledit M.   a mis et subrogé ledit
M.   assureur, mais sans aucune espèce de garantie, dans tous ses droits
de propriété et autres dans lesdits objets, quant à ceux qui pourraient avoir échappé
au naufrage, comme aussi dans tout recours tel que de droit contre qui il appartiendra ; déclarant ledit M   qu'il n'avait précédemment traité d'aucune
assurance ni d'aucun prêt à la grosse sur lesdits objets.
    Fait double entre les parties, à   le   (*Signatures des parties.*)

FORMULE II.

*Signification à l'assureur des avis reçus par l'assuré, avec déclaration qu'il
entend délaisser.*

    C. comm. 374. — Tarif, 27. — Coût, 2 fr., orig., 50 c., par copie)
    L'an   le   , à la requête de   j'ai,   soussigné,
signifié avec celle des présentes, laissé copie à M   , en son domicile,
où étant et parlant à   —(*Enoncer les avis reçus par l'assuré,
et les actes justificatifs du chargement et de la perte.*)
    A ce qu'il n'en ignore : dont acte ;
    Et à mêmes requête, demeure, élection de domicile que dessus, j'ai, huissier
susdit et soussigné, étant et parlant comme dessus, déclaré à mondit sieur
que le requérant entend délaisser, comme par ces présentes il délaisse audit sieur
          les marchandises par lui chargées sur le dit navire   et assurées
par mondit sieur   par acte sous seing privé en date du
enregistré, à la charge par mondit sieur   de payer au requérant la
somme de   , montant de l'assurance susénoncée ;
    En conséquence j'ai toujours à même requête que dessus, fait sommation à
mondit sieur   de payer au requérant, dans le délai fixé par le contrat
d'assurance susénoncé, la somme de   , montant de ladite assurance,
lui déclarant qu'au moyen du paiement de ladite somme, le requérant offre de le
mettre et subroger, mais sans aucune espèce de garantie, dans tous ses droits de

propriété et autres dans lesdites marchandises, quant à celles qui pourraient avoir échappé au naufrage, comme aussi dans tout recours tel que de droit, contre qui il appartiendra : lui déclarant en outre que le requérant n'a précédemment traité d'aucune assurance ni d'aucun prêt à la grosse sur lesdites marchandises.

A ce qu'il n'en ignore, je lui ai, audit domicile, et parlant comme ci-dessus, laissé copie tant des pièces sus énoncées que du présent, dont le coût est de

DÉLAISSEMENT par *hypothèque*. — V. ce mot.

DÉLÉGATION *de créance*. — V. *Transport-cession*.

DÉLÉGATION *de juridiction*. Commission par laquelle un juge en charge un autre de remplir ses fonctions. — V. *Compétence*.

DÉLÉGATION *d'un notaire*. Le trib. commet un notaire dans les partages judiciaires (C. pr. 977, 981), et dans les ventes de biens de mineurs ou interdits, et de successions bénéficiaires ou vacantes. *Ib.*, 747, 904, 955 et suiv., 970, 988 et 1001. — Si le notaire vient à cesser ses fonctions, la délégation passe--telle à son successeur? —V. *Notaire*.

DÉLIBÉRATION. Résolution prise dans une assemblée. — V. *Conseil de famille, Discipline, Faillite, Jugement*.

DÉLIBÉRÉ (1). Jugement après la remise des pièces sur le bureau et le rapport d'un juge, mais sans nouvelle instruction. — Ce mot désigne encore la conférence dans laquelle les juges procèdent entre eux à l'examen de la cause, vont aux opinions, et arrêtent les dispositions du jugement.

1. On distingue deux espèces de délibéré, le délibéré *ordinaire*, dont parle l'art. 146, et le délibéré *avec rapport*, dont il est question dans les art. 93 et 94 C. pr.

2. Le délibéré ordinaire peut avoir lieu, soit à l'audience, soit en la chambre du conseil ; il est vidé de suite, à moins que le trib. n'use de la faculté qu'il a de continuer la cause à l'une des plus prochaines audiences pour le prononcé du jugement. **C. pr. 116.**

3. Si le délibéré est vidé de suite, il n'est pas nécessaire de porter le jugement qui l'ordonne sur la feuille : il en est autrement lorsque la cause est continuée à une prochaine audience. Toutefois ce jugement ne doit être ni levé ni signifié. Arg. C. pr. 94 ; Pigeau, 1, 580 ; Carré, n° 485.

4. Dans ce dernier cas, le trib. doit indiquer aux parties le jour où le jugement sera prononcé : cela est plus régulier ; cependant l'omission de cette formalité n'emporte pas nullité. Rennes, 51 juill. 1809, P. 7, 724, 51 août 1810, P. 8, 587 ; Cass. 24 juin 1818, S. 19, 256 ; Carré, n° 486 ; Pigeau, 1, 550.

5. Au jour indiqué, si le trib. n'est pas suffisamment éclairé, il peut continuer le délibéré et renvoyer la prononciation du

---

(1) Cet article est de M. Billequin, avocat à la Cour royale de Paris.

jugement à un autre jour. Dans tous les cas, il n'y a pas lieu à donner avenir. Tar. 70, 3e alin. ; Pigeau, 1, 380.

6. Le délibéré ordinaire peut avoir lieu, même dans les justices de paix. C. pr. 13 ; Berriat, 6e édition, 273, n° 10, *in fine.*

7. Quant au délibéré *avec rapport* qu'on désigne quelquefois sous le nom de *vu de bureau,* il ne faut pas le confondre, comme l'ont fait plusieurs auteurs, avec ce qu'on appelait jadis *appointement à mettre,* sorte d'instruction par écrit de premier degré. Boncenne, 2, 516. — V. *Instruction par écrit.*

Il est certain que, dans notre ancien droit, indépendamment des appointemens, on connaissait les *délibérés sur le registre,* qui ne sont autre chose que notre délibéré avec rapport. Serpillon, *Cod. civ.,* p. 58 ; Ferrière, *Introd. à la pratique,* v° *Délibéré ;* Procès-verbal de l'ordonnance, tit. 5, art. 3.

8. Le délibéré avec rapport peut être ordonné en toute matière, même sommaire : d'abord la loi ne le défend pas ; d'un autre côté à moins de vouloir que la justice prononce en aveugle, il est impossible de refuser à un trib. la faculté d'examiner à loisir les pièces dont une lecture rapide ne lui permet point de saisir les rapports et l'ensemble, et de commettre un de ses membres pour lui en rendre compte. Cela se pratiquait ainsi sous l'ordonnance, et tel est encore l'usage aujourd'hui. Boncenne, 2, 321 ; Locré, *Espr. C. pr.,* t. 2, p. 101 ; Demiau, 88. — *Contrà,* Pigeau, *Comm.,* 1, 251 ; Carré, n° 448, note 2 ; Berriat, p. 271, note 2, *in fine;* par argument de l'art. 405 C. pr. ; mais l'induction qu'on veut tirer de cet article ne nous semble justifiée par aucune considération plausible.

9. Les trib. de comm. peuvent-ils, comme les trib. civils, ordonner un délibéré avec rapport, conformément aux art. 93 et 94 C. pr. ?—Oui évidemment. En effet, du moment que la loi autorise le renvoi à des arbitres rapporteurs (C. pr. 429), il n'y a pas de raison pour qu'elle interdise le délibéré avec rapport. Au contraire ce dernier mode d'instruction offre bien plus de garantie que l'autre, puisque dans un cas ce sont des tiers qui examinent les pièces et qui donnent leur avis, tandis que dans le délibéré c'est un membre du tribunal qui se livre à cet examen et qui fait le rapport. Boncenne, 1, 322 et 323.

10. Dans le cas prévu par l'art. 150 C. pr., c'est-à-dire lorsque le défendeur fait défaut, le trib. peut-il ordonner un délibéré avec rapport ?—M. Carré, n° 448, note 2, est d'avis de la négative, et se fonde sur ce que l'art. 150 n'autorise qu'un délibéré ordinaire avec remise des pièces sur le bureau. C'est une opinion que nous ne pouvons partager, 1° parce qu'il nous semble que cet auteur donne à la disposition de l'art. 150 un sens restrictif qu'elle n'a certainement pas ; et 2° parce que nous ne voyons aucun motif raisonnable pour défendre au trib. d'éclair-

cir, à l'aide d'un rapport, une affaire qui peut être embrouillée quoiqu'elle ne soit pas contradictoire. Il y a plus, nous soutenons qu'il est conforme au vœu de la loi que le juge ordonne un délibéré avec rapport toutes les fois que ce mode d'instruction peut être utile à l'éclaircissement de la cause. L'art. 150, loin d'être contraire à ce sentiment le favorise, puisqu'il veut que les conclusions du demandeur ne lui soient adjugées qu'autant qu'elles auront *été trouvées justes et bien vérifiées.* Demiau, p. 89, paraît être du même avis.

11. Le jugement qui ordonne un délibéré ne peut être rendu qu'à l'audience (*à peine de nullité.* L. 20 avr. 1810, art. 7); et à la pluralité des voix (C. pr. 95. § 2; Rapp. au Corps-législ.: Pigeau, *Comment.* 1, 250; Berriat, 272, note 6). — Il doit nommer le rapporteur, et indiquer le jour auquel le rapport sera fait. C. pr. 93.

12. Le jugement qui ne contient pas indication du jour fixé pour le rapport, est-il nul? — L'affirmative n'eût pas été douteuse sous la loi du 3 brum. an 2 (Cass. 25 germ. an 7 et 13 mai 1806); mais aujourd'hui, et dans le silence du Code, il semble que la même solution ne peut plus être adoptée, surtout lorsqu'on considère que les défenseurs des parties ne peuvent avoir la parole, *sous aucun prétexte,* après le rapporteur. Le défaut d'indication du jour du rapport ne peut être considéré comme une violation des droits de la défense. Rennes, 31 juill. 1809, P. 7, 724 ; Carré, n. 486. — *Contrà,* Pigeau, *Comment.,* 1, 253; Boncenne, 2, 310. — V. d'ailleurs *instruction par écrit.*

13. A plus forte raison, en est-il ainsi lorsque, nonobstant le défaut d'indication du jour du rapport, les avoués ont assisté à l'audience où il a été fait et en ont entendu la lecture. Cass. 10 mai 1826, D. 26, 278 ; 17 juill. 1838 (Art. 1501 J. Pr.).

14. Au reste, l'indication du jour du rapport peut être faite par un jugement postérieur à celui qui a ordonné le délibéré. Elle peut également être changée contradictoirement avec les parties. Cass. 26 mars 1834, D. 34, 149.

15. Le jugement qui ordonne un délibéré n'est qu'un simple préparatoire, et ne peut être attaqué par la voie de l'appel (Cass. 12 févr. 1822, S. 22, 329; Carré, n° 459; Demiau, 89; Dalloz, 522, n° 5, et Lepage, 127). — Les parties et leurs défenseurs, qui ne peuvent l'ignorer, doivent l'exécuter, sans qu'il soit besoin de le lever et de le signifier, et sans aucune sommation. C. pr. 94 ; Boncenne, 2, 310.

16. Dans les délibérés il est d'usage que les pièces soient remises directement au rapporteur ; cependant la remise peut également être faite au greffe, mais sans aucun inventaire, acte de dépôt, ni récépissé. Carré, art. 109.

17. Si l'une des parties ne remet pas son dossier, la cause est jugée sur les pièces de l'autre. C. pr. 94, 113.

18. Le tarif alloue à chaque avoué une vacation pour la remise et le retrait des pièces. Décr. 16 fév. 1807, art. 90.

19. Le jugement qui ordonne un délibéré termine-t-il l'instruction ? — Carré, n° 441, note 1, distingue le délibéré ordinaire du délibéré avec rapport. Dans le premier cas, il est d'avis que la cause doit être jugée *en l'état*, et que l'instruction est complète ; mais dans le second, il croit que les parties peuvent prendre de nouvelles conclusions et produire de nouvelles pièces tant que le jugement n'est pas rendu. — Pigeau, *Comment.*, 1, 252 ; Favart, 149, et Demiau, pensent qu'en aucun cas le délibéré ne termine l'instruction ; et ils se fondent sur ce que les juges peuvent toujours, même après un délibéré avec rapport, ordonner une instruction par écrit. Cette dernière assertion est vraie ; mais elle prouve seulement que les juges, avant de faire droit, peuvent toujours rouvrir le débat et ordonner une nouvelle instruction, si celle qui a eu lieu ne les a pas suffisamment éclairés.

M. Boncenne, 2, 312 et suiv., s'élève avec raison contre le système de Pigeau et contre l'inconséquence de la distinction de Carré. L'annonce d'un délibéré, dit-il, est toujours l'annonce du *statu quo* de l'affaire : le rapport qui a lieu ne fait point partie de l'instruction proprement dite ; mais il est un élément du délibéré. Il faut un terme aux procès ; dans l'opinion contraire, ils ne finiraient jamais. — Telle était d'ailleurs la disposition formelle de l'ancien droit. « Les affaires mises en délibéré seront jugées dans les trois jours ; défenses sont faites aux procureurs *de former des demandes nouvelles et de signifier de nouveaux écrits.* » Lettr.-patent. 18 juin 1769 ; Cass. 27 fruct. an 8, P. 1, 754 ; Caen, 24 mars 1825, S. 27, 53 ; Pau, 5 mars 1833 ; Lepage, p. 127 ; Berriat, 271 et 273, note 12. — V. *Conclusions.*

De là plusieurs conséquences.

20. 1° Les parties, après que l'affaire a été mise en délibéré, ne peuvent plus former de demandes incidentes. Boncenne, 2, 514. — *Contrà*, Carré, n° 443 ; Pigeau, 1, 392 ; Merlin, *Rép.* v° *Délibéré*, p. 413.

21. 2° Les tiers ne peuvent plus intervenir au procès en état de délibéré : en effet, si les parties qui sont en cause n'ont pas la faculté de changer leur position par des conclusions nouvelles, comment admettre un tiers dans la lice ? comment lui permettre de rouvrir un débat terminé ? Sa présence ne pourrait avoir pour résultat que d'embrouiller l'affaire, ou de retarder le jugement ; ce qui est contraire au vœu de la loi. — V. cependant Carré, n° 444 ; Pigeau, 1, 417 ; Berriat, 1, 346, note 24, obs. 1re.

22. 3° Après un délibéré, le tiers saisi n'est plus à temps pour faire sa déclaration affirmative, et doit être déclaré débiteur pur et simple des causes de la saisie. Bourges, 12 fév. 1822, ch. 24, 49. — V. *Saisie-Arrêt.*

23. 4° Dans le même cas enfin, l'intimé ne peut plus interjeter appel incident. Amiens, 30 juin 1824; Berriat, 1, 273, note 12. — *Contrà,* Bourges, 19 fév. 1838 (Art. 1154 J. Pr.). — V. *Appel,* n° 421.

24. Toutefois il a été jugé que des conclusions par lesquelles une partie demande pour la première fois sur l'appel et après un arrêt qui a ordonné un délibéré, à être admise à une possession plus que trentenaire, ne peuvent être écartées comme tardives, alors qu'elles ne sont que le développement des conclusions prises avant l'arrêt de délibéré et sur lesquelles cette partie avait conclu à la confirmation du jugement qui l'admettait à cette preuve. Cass. 7 nov. 1827. D. 28, 13.

25. Les causes mises en délibéré sont distribuées par le président de la chambre entre les juges. Décr. 30 mars 1808, art. 32.

26. Si le rapporteur décède, se démet ou ne peut faire le rapport, il en est commis un autre par le président, sur une requête en brevet à lui présentée par la partie la plus diligente. C. pr. 110; Tar. 76, § 1er. — V. *Instruction par écrit*

27. Autrefois, dans les délibérés sur le registre, le rapport avait lieu en la *chambre du conseil*; mais aujourd'hui la loi veut que le rapport soit fait à l'*audience*. C. pr. art. 111. — Le jugement doit en faire mention *à peine de nullité.* Cass. 11 therm. an 9, 13 mai 1806, P. 11, 269; 5, 233; 3 janv. 1817; 26 fév. 1816, S. 17, 168, 378; 12 fév. 1819, P. 56, 316; 27 fév. 1822, S. 23, 96; 30 avr. 1822, S. 22, 439; 28 mai 1823, S. 24, 31; 2 juin 1823, D. 23, 419; 28 mars 1825, ch. 29, 189; 29 nov. 1831, Bulletin civil; Boncenne, 2, 310; Berriat, 272, note 8 *in fine,* Carré, art. 111, n° 475; Pigeau, *Comment.,* t. 1, 262; Dalloz, *ib.,* p. 525, n° 8.

Il en était de même sous l'empire du droit intermédiaire. Cass., 29 mess. an 2 et 13 mai 1806. Merlin, *Qu. dr.,* v° *Rapport,* § 1.

28. A l'audience, le rapporteur n'ouvre pas son avis (C. pr. 111); il se borne à résumer les faits et les moyens, et donne lecture des pièces qu'il croit essentielles pour la décision de la cause. Dans l'ancien droit, le rapporteur devait lire, à la suite du rapport, l'inventaire de production et toutes les pièces. Rebuffe, *Inventariis,* art. 3, gl. 1; Pigeau, *Procéd. du Châtelet,* 1, 336; Berriat, 272 note 4.

29. Si le rapport contient des omissions ou des inexactitudes, les avocats peuvent les signaler dans des notes remises au président ; mais ils ne peuvent obtenir la parole sous aucun prétexte. C. pr. 111 ; Berriat, 271 ; Boncenne, 2, 345 et suiv.

30. Dans les causes où il a été ordonné un délibéré, comme dans toutes les causes jugées sur rapport, le rapporteur opine le premier. Décr. 30 mars 1808, art. 35 et 73.

Il est d'usage que la taxe des frais soit réglée par lui.

31. Le jugement sur délibéré ne peut être rendu que par les magistrats qui ont assisté à toutes les audiences, et qui ont concouru à sa rédaction dans la chambre du conseil (L. 20 avr. 1810, art. 7; Cass. 26 vend. an 8, 7 therm. an 11, 30 mars 1812, P. 10, 26 ; 2 janv. 1816, S. 17, 191 ; 14 mars 1816, S. 16, 432 ; 24 avr. 1816, S. 16, 431 ; Carré, art. 3, 116).—La présence des juges qui ont concouru à la délibération est la seule garantie que le jugement sera prononcé tel qu'il a été arrêté en la chambre du conseil.

32. Cependant la présence d'un nouveau juge ne vicierait pas le jugement, si les conclusions avaient été reprises, et le rapport fait devant lui. (Cass. 25 avr. 1815, 14 mars 1816, 1er fév. 1820 (S. 20, 211), 10 mai 1826 (S. 26, 296); Berriat, 273, note 12; Pigeau, 1, 489; Pigeau, *Comment.* 1, 253; Carré, n° 479.

33. Le retrait des pièces se fait contradictoirement sur la sommation par un simple acte de l'avoué le plus diligent. Tar., 70 ; Carré, n. 484 ; Demian, 99; Favart, v° *Instruction par écrit,* 89, n° 11 ; Pigeau, 1, 382.—Dans l'usage la remise des pièces est faite par le greffier, sans sommation ni formalité.

34. Il est une foule de cas dans lesquels le jugement doit être précédé d'un rapport, quoiqu'il n'y ait pas de délibéré.—V. *Absence,* n°s 11 et 12 ; *Actes de l'état civil,* n° 59 ; *Conseil de famille,* 57 ; *Distribution par contribution, Enquête, Enregistrement, Faux, Femme mariée, Interdiction, Ordre, Partage, Récusation, Reddition de compte, Renvoi, Vérification d'écritures,* etc., etc.—En général, dans ces différens cas, le rapport fait partie de l'instruction, et l'on n'applique pas la disposition de l'art. 111 C. pr. Boncenne, 2, 347, note 1.

35. Du reste, il a été jugé, 1° que la nomination d'un rapporteur, dans les cas non prévus par la loi, ne lie pas les juges, et n'empêche pas de juger sans rapport. Cass. 10 août 1829, S. 29, 327.

36. 2° Qu'un arrêt rendu sur rapport ne peut être annulé par le motif qu'il n'a point été précédé d'un arrêt préparatoire, ordonnant ce délibéré, et nommant le rapporteur, lorsque les avoués ont, avant la prononciation de l'arrêt, pris leurs conclusions sans aucune réclamation. Cass. 22 janv. 1838 (Art. 1228 J. Pr.).

— V. *Instruction par écrit.*

DÉLIMITATION. Opération qui consiste à indiquer la ligne qui sépare des héritages contigus, et sur laquelle doivent être placées des bornes. — V. *Bornage, Expert, Juge de paix*.

DEMANDE. — V. *Action*, § 2, art. 2.

DEMANDE EN DISTRACTION D'OBJETS SAISIS. — V. *Saisie*.

DEMANDE *nouvelle*.

1. Les parties ne peuvent, en général, former en cause d'appel aucune nouvelle demande (C. pr. 464). C'est une conséquence de la règle des deux degrés de juridiction. — V. *Appel*, n° 275 et suiv., *Degré de juridiction*.

2. Ainsi, le demandeur, après avoir conclu en 1re inst. à la nullité de la libération de l'acquéreur, ne peut, sur l'appel, réclamer l'annulation du contrat de vente. Cette prétention est évidemment distincte de la première, Riom, 27 mars 1817, S. 18, 240.

3. Le mari qui a demandé la nullité du jugement prononçant la séparation de biens pour défaut d'exécution en temps utile, ne peut, sur l'appel, conclure à la réformation de ce même jugement pour mal jugé. Toulouse, 23 août 1827, S. 28, 211.

4. Le créancier qui, en 1re inst., a seulement demandé la validité d'une saisie-arrêt, comme mesure conservatoire, est non recevable à conclure pour la première fois en cause d'appel à la main-levée à son profit des sommes dues par le tiers saisi. Bordeaux, 10 fév. 1837. (Art. 960 J. Pr.).

5. On ne peut, sur l'appel d'un jugement relatif à la propriété d'une portion de terrain, demander le bornage de la partie de ce terrain, qui sera reconnue appartenir à chacune des parties. Rennes, 5 mai 1855, S. 56, 497.

6. Le demandeur qui a conclu en 1re inst. à l'exécution d'un contrat qu'il a dit être le renouvellement de contrats antérieurs, n'a pas le droit de conclure en appel à l'exécution des contrats antérieurs. Cass. 17 fév. 1824, S. 25, 243.

7. La femme qui a demandé en 1re inst. à être colloquée dans un ordre ouvert sur son mari, pour le prix de ses biens dotaux aliénés, ne peut pas, en appel, demander la révocation des aliénations de ces mêmes immeubles. Caen, 5 déc. 1856, S. 37, 161.

8. Celui qui a poursuivi un héritier bénéficiaire, en cette qualité, est non recevable à demander en appel sa condamnation comme héritier pur et simple. Cass. 29 janv. 1855, S. 55, 276.

9. Lorsque sur une demande en restitution de bail, pour obstacle apporté à la jouissance du preneur, le bailleur s'est borné à conclure à sa mise hors d'instance sur cette demande, sans prendre aucune conclusion contre les auteurs du trouble appelés en cause par le preneur, il ne peut pas, sur l'appel du jugement qui a prononcé la résiliation du bail, demander subsidiairement, contre les tiers possesseurs, le déguerpissement des immeubles. Cass. 7 juin 1837, S. 57, 970.

10. Celui qui, en 1re inst., a réclamé la restitution d'une somme d'argent payée sans cause valable, est non recevable à prétendre pour la première fois en appel que le défaut de cause valable provient de ce que le défendeur n'est pas enfant légitime, et à demander à prouver son illégitimité. Cass. 7 mars 1826, S. 26, 324.

11. Le créancier hypothécaire qui s'est borné en 1re inst. à demander sa collocation directe, ne peut, pour la première fois en appel, réclamer sa collocation en sous ordre contre la femme du saisi. Bordeaux, 24 janv. 1837, S. 37, 280.

12. On considère encore comme nouvelle la demande formée contre la même partie, pour le même objet, mais en une autre qualité. — V. *Appel*, n°s 287, 288.

13. Mais on peut restreindre en appel la demande formée en 1re inst. — V. *ib.* n° 289 et suiv.

14. Les *moyens nouveaux* ne constituent pas non plus une demande nouvelle. — V. *ib.* n° 295 et suiv. et ce mot.

Ainsi, 1° celui qui a conclu en 1re inst. au paiement d'intérêts du prix d'une adjudication, peut, devant la Cour, réclamer ces intérêts comme dus en conséquence de traites consenties par l'adjudicataire pour prix de son adjudication. Cass. 26 juill. 1825, S. 26, 148.

2° L'associé qui a demandé la nullité de l'acte social par d'autres motifs que celui du défaut de publicité, peut, en appel, invoquer ce dernier motif à l'appui de sa demande. Cass. 12 juill. 1825, S. 26, 403.

3° Un héritier est recevable à demander en appel la révocation d'un legs pour cause d'ingratitude, à raison d'un délit commis envers le testateur, lorsqu'en 1re inst. il avait provoqué cette révocation pour cause d'injure grave faite à la mémoire du testateur. Cass. 24 déc. 1827, S. 28, 256.

15. Le demandeur réclame encore valablement pour la première fois en appel les accessoires de la demande principale, tels que des intérêts, arrérages, loyers, etc., échus depuis le jugement de 1re inst., et les dommages-intérêts pour le préjudice souffert depuis le dit jugement. C. pr. 464. — V. *Appel*, n° 294; *Dommages-intérêts, Ressort.*

Il est même fondé à demander des intérêts échus avant le jugement de 1re inst., mais dont un jugement antérieur, formant un examen précis de la contestation, avait prononcé la condamnation implicite. Cass. 28 juin 1825, S. 26, 137.

A plus forte raison peut-il conclure pour la première fois en appel, à l'exécution provisoire du jugement de 1re inst.—V. *Appel*, n° 304.

16. Le défendeur peut former en cause d'appel toutes les demandes nouvelles qui ne sont que la défense à l'action principale. C. pr. 464. — V. *Appel*, n°° 506, 512.

17. Par exemple, 1° s'inscrire en faux contre la pièce qui a servi de base à la demande et au jugement de 1re inst. C. pr. 214 ; Cass. 8 mai et 25 juil. 1827 , S. 27, 505. — V. d'ailleurs *Appel*, n° 296.

18. 2° Contester les qualités en vertu desquelles le demandeur l'a actionné. Amiens, 15 juil. 1826, S. 29, 153, 1er avr. 1833, S. 33, 478 ; Caen, 11 déc. 1826, S. 32, 1, 225.

19. 3° Demander contre le donataire qui conclut à la radiation d'une inscription hypothécaire, la nullité de la donation comme consentie en fraude de ses droits. Grenoble, 5 mars 1825, S. 26, 143.

20. 4° Opposer pour la première fois au donataire qui poursuit, l'exécution d'une donation entre vifs que cette donation est à cause de mort et qu'elle a été révoquée par le prédécès du donataire, encore bien qu'en 1re inst. la nullité n'ait été réclamée que pour vice de forme. Cass. 24 janv. 1822, S. 22, 287.

21. 5° Former comme défense à une action en partage, une demande en délivrance de legs à lui fait par préciput, et en rapport des biens donnés au demandeur principal. Bordeaux , 14 mai 1831, S. 31, 316; Agen, 8 janv. 1824, S. 25, 210. Cass. 29 août 1826, S. 27, 186 ; Bourges, 5 mai 1824, S. 25, 210 ; Bastia, 14 avr. 1834, S. 34, 595. — *Contrà*, Bordeaux, 11 mars 1831, S. 31, 317.

22. Par suite des mêmes principes, la femme séparée de biens qui a demandé, en 1re inst., que l'on comprît dans la liquidation de ses reprises, une somme dont son mari prétend que la propriété lui est attribuée par la disposition d'une coutume, peut conclure pour la première fois en appel, à la révocation de la donation statutaire invoquée. Cass. 17 mars 1835, S. 35, 163.

23. La femme à laquelle une fin de non recevoir prise de sa qualité de commune a été opposée en 1re inst. est recevable, sur l'appel, à se prévaloir de la renonciation à la communauté par elle faite depuis le jugement. Grenoble, 12 fév. 1830, S. 32, 637.

24. Le débiteur qui en 1re inst. s'est borné à réclamer la réduction de l'obligation par lui contractée, peut provoquer pour la première fois en appel, la nullité du contrat comme entaché d'usure : il ne fait en réalité que proposer des exceptions contre le titre à l'exécution duquel il veut se soustraire et dès lors il doit être considéré comme défendeur ; d'ailleurs dans une instance en règlement de compte les parties sont réciproquement demanderesses et défenderesses. Cass. 31 déc. 1835, S. 34, 104.

25. Le défendeur a une action réelle ou possessoire qui articule une possession annale et simultanée, et se prétend en possession en vertu de titre, peut, pour la première fois en appel, se défendre au double titre d'usager ou de copropriétaire. Cass. 8 mai 1838; P. 1838, 1, 636.

26. Enfin, il a été jugé, que l'acquéreur de biens dotaux qui, pour repousser l'action du mari en nullité de la vente, s'est borné à soutenir que les biens n'étaient point dotaux, peut réclamer en appel le remboursement des prix avant toute dépossession. Agen, 10 juill. 1833, S. 34, 535.

27. Mais le défendeur ne saurait former en appel une demande en licitation, si la contestation a porté en 1re inst. uniquement sur la jouissance des biens indivis. Nanci, 20 fév. 1826, S. 26, 153.

28. De même la mère qui, en 1re inst., a défendu à la demande à fin de déchéance de l'usufruit légal des biens de ses enfans mineurs, ne peut, en appel, réclamer une pension alimentaire. Limoges, 23 juill. 1824, S. 26, 169.

29. Le défendeur peut encore opposer en cause d'appel toutes les exceptions qui n'ont pas été couvertes — V. *Appel*, n° 311 et 312. — Par exemple, invoquer devant la Cour la nullité de l'hypothèque en vertu de laquelle il est actionné. Cass. 16 oct. 1808, S. 9, 98, 3 fév. 1824, S. 24, 190. — Même après le renvoi par suite de cassation. Cass. 6 juin 1810, S. 10, 290.

Il peut également, après avoir soutenu en 1re inst. la nullité de l'inscription, conclure en appel à ce qu'elle soit déclarée prescrite. Toulouse, 21 mars 1821, S. 21, 248.

30. Le demandeur à l'action principale a les mêmes droits que le défendeur relativement aux demandes incidentes formées par celui-ci. — V. *Appel*, n° 316.

31. Pour la forme des demandes nouvelles. — V. *Appel*, n° 317, 318.

32. L'incompétence du juge supérieur, relativement aux demandes nouvelles, n'est pas d'ordre public; elle peut, en conséquence, être couverte. — V. *Appel*, n° 30.

— V. d'ailleurs *Cassation*, 135 à 138; *Préliminaire de conciliation*.

DEMANDEUR. On nomme ainsi, par opposition au défendeur, la partie qui forme une demande en justice.

DEMEURE. — V. *Domicile* et *Exploit*.

DEMEURE (mise en). — V. *Mise en demeure*.

DÉMISSION. Acte par lequel on déclare vouloir cesser les fonctions que l'on exerce.

1. La démission est ordinairement expresse; quelquefois

elle est tacite. — *Expresse* : elle est volontairement donnée par le titulaire. — *Tacite* : Elle résulte des circonstances. — V. *Des-titution, Discipline.*

2. Ainsi, est réputé démissionnaire, 1° l'officier ministériel qui accepte des fonctions incompatibles avec sa profession ; — 2° Celui qui n'obtempère pas à l'injonction de satisfaire à l'obligation de résidence : il lui est *enjoint* de présenter un suc-cesseur, ou l'on pourvoit d'office à son remplacement. — V. *Avoué*, n°˚ 88 et 96 ; *Huissier, Office.*

En est-il de même de l'officier ministériel qui ne rétablit pas, dans le délai qui lui est fixé, son *cautionnement* absorbé ou entamé par des condamnations pour faits de charge. — V. ce mot, n°˚ 16 à 20 : *Office.*

3. La déclaration de se démettre est ordinairement faite au greffe par l'officier ministériel, et reçue par le greffier, ou consignée dans un acte déposé au parquet.

4. Les avocats à la C. de cass., notaires, avoués, greffiers, huissiers, gardes du commerce, agens de change, courtiers et commissaires-priseurs, peuvent, depuis la loi du 28 avr. 1816, stipuler ostensiblement de leurs successeurs le prix de la dé-mission qu'ils donnent en leur faveur, excepté dans le cas de destitution. — V. *Office.*

Il en est autrement des autres fonctionnaires publics, spécia-lement du chancelier près d'un consulat. Paris, 18 nov. 1857 (Art. 712, 767, 999).

5. De ce qu'un titulaire a donné sa démission, il ne s'ensuit pas qu'il puisse ou doive quitter de suite ses fonctions : il est tenu de les remplir jusqu'à l'installation de son successeur, qui a lieu par le trib. à l'instant où ce dernier prête son serment ; jusque là, les effets de la démission sont suspendus, tant dans l'intérêt public que dans celui même du titulaire. Arg. L. 8 niv. an 2, art. 4 ; Rennes, 24 janv. 1821.

6. Le *cautionnement* de l'officier ministériel reste affecté à la garantie des faits de charge jusqu'à l'installation de son suc-cesseur. — V. ce mot, § 4.

7. Lorsque l'affaire n'est pas en état la démission de l'avoué constitué donne lieu à constitution de nouvel *avoué.* C. pr. 344. — V. ce mot, n°˚ 111 à 113 ; *Reprise d'instance.*

8. Pour ce qui est relatif à la démission des magistrats. — V. *Discipline, Organisation judiciaire.*

DÉNÉGATION d'écriture. — V. *Vérification d'écriture.*

DENI de justice. Refus par un juge de rendre la justice quand elle lui est demandée.

1. Il y a déni de justice, 1° au cas de refus de juger, sous prétexte du silence, de l'obscurité ou de l'insuffisance de la loi.

(C. civ. 4 ; C. pén. 185). — 2° Au cas de négligence de juger les affaires en état et en tour d'être jugées. C. pr. 506.

2. Le déni de justice est une cause de *prise à partie*. C. pr. 505, n° 4. — V. ce mot.

3. Tout juge coupable de déni de justice peut être poursuivi, et puni d'une amende de 200 fr. au moins, et de 500 fr. au plus, et de l'interdiction de l'exercice des fonctions publiques depuis cinq ans jusqu'à vingt. C. pén. 185.

4. Pour le mode de constater le déni de justice. — V. *Prise à partie.*

5. Sont coupables de forfaiture, et passibles de la dégradation civique, les fonctionnaires publics qui ont, par délibération, arrêté de donner des démissions dont l'objet ou l'effet est d'empêcher ou de suspendre, soit l'administration de la justice, soit l'accomplissement d'un service quelconque. C. pén. 126.

6. Un juge de paix compétent *ratione materiæ* peut-il, sans déni de justice, refuser de juger des parties qui ne sont pas ses justiciables, lorsqu'elles sont d'accord pour lui soumettre leur différend ? — V. *Juge de paix.*

7. Lorsqu'un officier ministériel, sans motifs légitimes, refuse de prêter son ministère aux actes pour lesquels il est requis et nécessaire, il convient de s'adresser d'abord à sa chambre de discipline.

Mais on peut obtenir contre lui une injonction du juge au bas d'une simple requête. — V. *Avoué*, n°ˢ 93 et 112 ; *Huissier*, etc.

L'officier est obligé d'y satisfaire, à peine de tous dépens, dommages-intérêts, et même d'interdiction. C. pr. 507.

L'injonction n'est pas nécessaire s'il s'agit de faire à un juge des sommations sur un déni de justice : s'il fallait alors une injonction particulière du juge, il serait aussi difficile de l'obtenir que d'avoir justice sur le fond du droit.

DÉNONCIATION. Signification faite à un tiers d'une procédure dans laquelle il n'est pas partie, afin qu'il n'en prétende cause d'ignorance, ou qu'il ait à intervenir. — Ce mot se prend aussi dans le sens de plainte. — V. *Discipline.*

1. L'usufruitier et le fermier sont tenus de dénoncer au propriétaire les usurpations commises sur les biens dont ils jouissent. C. civ. 614 et 1768.

— V. C. pr. 262, 263, 563, 575, 644, 663, 681 et 711.

— V. *Ordre, Saisie-arrêt, Saisie immobilière, Surenchère.*

2. Pour la dénonciation du protêt. — V. *Effet de commerce.*

DÉNONCIATION DE NOUVEL OEUVRE. — V. *Action possessoire,* § 1, art. 2.

DÉPARTAGER. C'est lever le partage occasioné par deux avis différens appuyés chacun par un égal nombre de voix. — V. *Arbitrage, Jugement.*

DÉPENS (1). Frais faits pour obtenir une décision de justice. — Le mot *frais* est plus général et comprend en outre les dépenses extrajudiciaires.

DIVISION.

§ 1. — *Des dépens en général.*

1. La condamnation pure et simple aux dépens, sans aucun détail des objets qui doivent y entrer, comprend implicitement : — 1° Les déboursés, c'est-à-dire les droits de timbre, de greffe et d'enregistrement des actes judiciaires ; — 2° Les droits et honoraires alloués aux officiers ministériels chargés de la rédaction et de la notification des actes. — V. *Déboursés, Tarif, Taxe.*

2. La partie condamnée aux dépens ne peut se refuser au paiement des droits et honoraires des officiers ministériels qui ont instrumenté ou occupé pour l'adversaire, sous prétexte que ces officiers ont prêté leur ministère gratuitement. Merlin, R. v° *Dépens*, n. 14 ; Berriat, 162.

3. Si des droits excessifs ont été perçus par un receveur de l'enregistrement ou par un greffier, ils doivent être remboursés par celui qui succombe, tels qu'ils ont été payés. C'est à lui à se pourvoir à fin de restitution. Metz., 26 avr. 1816 ; Chauveau, 2, 58 ; Rivoire, *Dictionnaire des frais et dépens*, 3° édition, v° *Dépens*, n° 2. — V. *Enregistrement.*

4. Dans les dépens n'entrent pas : — 1° Les faux frais, tels que ceux de consultations d'avocats ; ils restent à la charge de la partie qui les a faits. Grenoble, 18 déc. 1811, P. 9, 786 ; Carré, n° 172 ; Merlin, R. t. 3. p. 552. et t. 5, p. 712, 720 ; Demiau, 372 ; Delaporte, 1, 158 ; Favard, 2, 53.

5. 2° Les *frais frustratoires.* — V. ce mot.

6. 3° Les émolumens de l'avoué, dans les affaires où son ministère n'est pas obligatoire ; les dépens se réduisent alors aux frais de papier timbré. de signification et d'enregistrement. — Par exemple, lorsque des conclusions à fins civiles ont été prises,

_____

(1) Cet article est de M. Jules Hamelin, avocat, ancien avoué à la Cour royale de Paris.

soit en demandant, soit en défendant, par le ministère d'un avoué, devant les C. d'assises et les trib. correctionnels (*V. Avoué* n° 84) : ces émolumens, restent à la charge du client qui l'a constitué. Tel paraît être l'avis de M. Chauveau, *Tarif*, 1, 85, note. — *V.* d'ailleurs Limoges, 10 janv. 1835 (Art. 205 J. Pr.); Cass. 29 oct. 1824 (Art. 772, § 2, J. Pr.). — *Contrà*, Circulaire 10 avr. 1813 ; Orléans, 5 mai 1829, S. 30, 59 ; Favard, v° *Dépens*, n° 10; Chauveau, 9, 512.

7. *Quid* du pouvoir donné aux avoués (— V. *tarif*); — à l'*agréé*. — *V.* ce mot, n° 15.

8. Doit-on comprendre dans les déboursés les frais des divers titres qui ont servi de fondement à la demande ou à la défense? — La solution de cette question dépend beaucoup des circonstances. — Lorsque la production est inutile, les frais doivent être rejetés de la taxe comme frustratoires. — Lorsque la production est indispensable, le juge aura encore à examiner la bonne ou mauvaise foi des parties; jusqu'à quel point la partie pourra tirer parti des pièces produites, abstraction faite du procès, etc. — V. *Déboursés*, n° 8.

9. *Quid*, à l'égard de l'enregistrement des actes extrajudiciaires, tels que lettres et conventions, lorsque la production n'en est pas nécessitée par l'instance?—Le tarif de la chambre des avoués de la Seine, dont les termes ont été reproduits par M. le président, N. Carré, laisse la question indécise. Il est ainsi conçu, n° 41, « l'enregistrement du titre, lorsqu'il y a lieu. »

La C. d'Amiens, le 18 août 1838 (Art. 1215 J. Pr.), a jugé que la condamnation aux dépens comprenait les droits d'enregistrement des actes sous signature privée, non assujettis à cette formalité dans un délai déterminé, et signifiés à l'appui d'une demande ou produits dans le cours de l'instance, et que ces droits avaient dû passer en taxe contre celle des parties qui, par un refus mal fondé d'acquiescer à la demande formée contre elle, avait forcé l'autre partie de soumettre l'acte à l'enregistrement.

Le point de départ de la C. d'Amiens nous paraît inadmissible en principe, et nous pensons, avec les rédacteurs du Journal du palais (1838, 2, 256), que ces sortes de frais ne sont pas compris dans les dépens : — la formalité de l'enregistrement est un impôt bien plus encore qu'une mesure de précaution dictée par l'intérêt des parties. Ce n'est pas le procès qui crée l'obligation, car elle existait avant lui et indépendamment de lui; il ne fait que la rendre exigible; il ne change rien aux obligations du débiteur, de l'acquéreur, etc. — Aucune disposition de la loi de frim., ou de toute autre loi postérieure, ne met les droits d'enregistrement d'un acte sous seing privé produit en justice, à la charge de celui qui l'a mal à propos contesté. Loin de là, cette loi décide qu'en l'absence d'une stipulation contraire, ces droits doivent être supportés par le débiteur, l'acquéreur, le nouveau possesseur, ou celui auquel l'acte profite. — Dans le système contraire, celui des deux contractans qui, sans la moindre difficulté, eût été tenu du paiement des droits, si l'acte eût été passé devant notaire, serait déchargé de ce paiement, parce que, peut-être pour l'obliger, l'autre contractant se serait contenté d'un acte sous seing privé.

10. De notre doctrine résultent plusieurs conséquences :

1° Une clause particulière portant : — que les droits d'enregistrement seront supportés par la partie qui y donnera lieu, — est nécessaire, lorsque les contractans veulent faire dépendre le sort de ces frais de la condamnation aux dépens.

11. 2° Des conclusions particulières doivent être prises devant le trib. par la partie qui entend obtenir le remboursement de cette sorte de frais; en effet, cette réclamation donne lieu d'interpréter l'acte qui est la base de la perception; elle est indépendante de la question du fond du procès ; elle ne peut être l'objet que d'une demande principale ou reconventionnelle. — Les décisions rapportées *inf.* sous les n°s 19 à 21 ont été rendues dans l'un de ces deux cas.

12. 3° Le trib. doit statuer sur ces conclusions par un chef particulier.

13. 4° Le juge taxateur ne peut pas les comprendre dans la taxe, s'il n'y a dans le jugement qu'une condamnation pure et simple aux dépens, sans autre détail : — Une obligation, une reconnaissance, etc., ne sont pas des actes de procédure, et ce sont seulement les actes de procédure, alloués par le tarif, que le juge a le pouvoir de taxer ; — les déboursés, dont l'art. 151 autorise l'allocation en outre des émolumens, ne s'entendent que des déboursés inhérens à ces actes, tels que ceux de timbre, de greffe et d'enregistrement. — V. toutefois *Effet de commerce.*

14. Mais que doit décider le trib. saisi de la demande en remboursement de ces frais d'enregistrement, soit par une demande principale, soit par une demande reconventionnelle ? — Cette question peut être résolue à l'aide des distinctions suivantes :

15. Si l'acte porte que les droits d'enregistrement seront supportés par la partie qui y donnera lieu, la clause recevra son exécution, et le coût de l'enregistrement sera mis à la charge de la partie succombante.

En l'absence de cette convention particulière, il faut considérer quelle est la nature des actes.

16. Les droits d'enregistrement des actes assujettis à la formalité dans un délai déterminé, sous peine du double droit (art. 22 et 58 L. 22 frim. an 7), doivent évidemment être supportés par ceux à qui la loi en a imposé la charge : ces actes sont soumis par eux-mêmes à l'enregistrement, indépendamment de tout événement ultérieur, lors même qu'il n'y aurait pas eu de procès.

17. A l'égard des actes pour l'enregistrement desquels la loi n'a fixé aucun délai fatal (art. 23 L. 22 frim. an 7), il faut se demander quelle est celle des parties qui, d'après l'art. 31 L. 22 frim. an 7, est chargée de les acquitter. — En l'absence d'une convention particulière dérogeant à cette loi, c'est cette partie seule qui doit les supporter, si elle les a payés, ou les rembourser à l'autre, si celle-ci en a fait l'avance. — Il est inutile de rechercher quel est celui du demandeur ou du défendeur qui, par sa mauvaise contestation, a nécessité l'enregistrement de l'acte.

18 Les frais de l'enregistrement restent à la charge du créancier, lorsque le débiteur assigné en reconnaissance d'écriture avant l'échéance ou l'exigibilité de la dette, n'a pas dénié sa signature et que, depuis, il a payé à l'échéance. — V. *Vérification d'écriture.*

19. La jurisprudence a fait application de ces principes : ainsi, 1° l'enregistrement d'un contrat d'union a été mis à la charge de la masse, parce qu'il profitait à tous les créanciers du failli, bien qu'il eût été nécessité par la mauvaise contestation de l'un des signataires. Paris, 16 ou 19 déc. 1811, P. 1re édition, 1812, 1, 197. — L'appel incident des syndics qui se plaignaient de ce que le jugement de première inst. n'avait pas mis à la charge des adversaires les frais d'enregistrement, a été rejeté.

20. 2° Les droits d'enregistrement d'un acte de vente sous seing privé ont été considérés comme une charge de l'acquéreur, encore que ce fût le vendeur qui, sans aucune nécessité et uniquement pour vexer cet acquéreur, eût dénoncé l'acte de vente au receveur de l'enregistrement. Le jugement qui avait accueilli la demande en restitution formée par l'acquéreur a été cassé. 30 juin 1813, P. 11, 512.

21. 3° Même rejet de la demande en remboursement des droits d'enregistrement simple et double, formée par l'acquéreur contre le vendeur dans une espèce où l'acte contenait la clause expresse que les droits seraient à la charge de la partie qui y donnerait lieu par de mauvaises contestations : — attendu que la perception avait eu lieu par le fait ou la faute des deux parties, et que c'était le cas de rentrer dans le droit commun. Bourges, 10 mars 1830 ; Rejet, 16 août 1831, D. 31, 320.

22. La C. de Nîmes, le 30 déc. 1825, a également reconnu en principe que les frais de mutation sont à la charge de l'acheteur.

4.

Mais elle a pensé que certaines circonstances peuvent néces-
siter des exceptions à cette règle.

Spécialement, elle a déclaré, en fait, qu'un vendeur connaissait la nullité de l'acte de vente par lui consenti, lorsqu'il
n'était pas propriétaire, que, s'il avait payé les droits d'enregistrement, ce dommage lui était arrivé par sa faute; — et elle
a jugé, en droit, que ce dommage n'avait pu justifier, de sa part,
une action en recours contre l'acquéreur à qui il n'avait rien
transmis, et qu'il avait trompé. Le pourvoi a été rejeté. Cass.
20 juin 1827, D. 27, 279.

23. Le droit des trib. de modifier la rigueur du principe,
d'après les circonstances, semble avoir été consacré par un arrêt
de rejet du 9 fév. 1832, Palais, 1re et 2e édition, 1832, 2, 204,
ainsi motivé : — « Attendu qu'il est constaté par l'arrêt que
l'enregistrement de l'acte de vente n'a eu lieu qu'à cause du
procès ; — que d'ailleurs la faculté de compenser les dépens ou
de les faire supporter en totalité par l'une des parties est abandonnée à la prudence des juges. »

24. Le double droit sur un acte sous seing privé, indiqué
dans une sommation extrajudiciaire ou produit en justice avant
d'avoir été enregistré (L. 28 avr. 1816, art. 57), est perçu à
titre de peine, et ne peut être dû que par le demandeur ou le
défendeur qui a contrevenu à cet art. (— V. *Enregistrement*).
Cass. 9 fév. 1832, Palais, 1832, 2, 204 ; Rivoire, v° *Enregis-*
trement, n° 4 : — *Contrà*, Amiens, 18 août 1838. — Ces frais
auraient pu être évités.

Il en est autrement du double droit perçu en vertu de
l'art. 38 L. 22 frim. an 7. Il est dû par celui qui était tenu du
droit simple. Il a à s'imputer de n'avoir pas fait enregistrer
l'acte dans le délai qui lui était prescrit. C'est une conséquence
de l'arrêt de rejet du 16 août 1831, D. 31, 520. — Un jugement qui décidait le contraire a été cassé. Cass. 30 juin 1813,
P. 11, 512.

25. Le droit simple d'enregistrement du jugement entre évidemment dans les dépens; ce jugement est un acte de la procédure. — V. *inf.* n° 29.

26. Mais *quid* à l'égard du double droit perçu pour défaut
d'enregistrement de ce jugement dans les délais?

Selon M. Rivoire, v° *Enregistrement*, n° 5, ces frais sont encore à la charge de la partie condamnée : elle ne pouvait ignorer que cet enregistrement était prescrit dans un délai fixe ; elle
devait acquitter les droits avant son expiration. Si l'art. 57 L. 22
frim. an 7 dispose que le recouvrement sera poursuivi contre
les parties, et qu'elles supporteront, en outre, la peine du droit
en sus, cette disposition toute fiscale ne règle pas les rapports

des parties entre elles ; à cet égard, il faut s'en référer au droit commun.

La C. de cass. a décidé, au contraire, que ces frais sont à la charge de la partie au profit de laquelle la condamnation a été prononcée : attendu qu'elle était tenue d'acquitter le droit ; que, si elle a laissé passer le délai légal, elle doit payer personnellement à titre d'amende, et qu'elle n'a de recours que pour les droits simples contre la partie qui succombe en définitive. Cass. 30 avr. 1833, D. 33, 197.

Il faut distinguer entre le droit fixe et le droit proportionnel.

A l'égard du droit fixe, l'opinion de M. Rivoire est évidemment inadmissible, et, quant au droit proportionnel, nous croyons encore que la doctrine de la C. suprême doit être suivie en principe, toutefois avec quelques tempéramens d'équité.

Par exemple, si la partie qui a gagné son procès, immédiatement après la prononciation du jugement, a soin de prévenir son adversaire de l'impossibilité où elle se trouve de faire l'avance des droits d'enregistrement dans les vingt jours, nous pensons qu'il y a lieu d'affranchir cette partie du double droit que l'adversaire ainsi prévenu a laissé encourir.

En un mot, les juges pourraient, ce nous semble, apprécier la bonne ou mauvaise foi des parties, et se décider d'après les circonstances.

27. Les droits de timbre sont dus par celui des contractans qui est tenu des droits d'enregistrement : l'obligation d'acquitter ceux-ci entraîne nécessairement celle de payer ceux-là. — Ainsi jugé à l'égard du timbre des quittances. Cass. 11 fruct. an 9, 28 août 1809, P. 2, 293 ; 7, 810.—V. Toutefois Amiens, 18 août 1838 (Art. 1215 J. Pr.).

28. Les amendes dues pour toute contravention dans la rédaction des actes, restent à la charge des officiers publics qui les ont reçus et ne peuvent être répétées contre aucune des parties.

29. Les dépens comprennent, comme accessoires, les frais de levée du jugement et de signification à partie et à avoué. Metz, 12 mai 1821, S. 22, 157 ; Bordeaux, 19 juill. 1831, D. 32, 172.

30. Les *frais de mise* à *exécution*, bien qu'ils ne rentrent pas dans la dénomination des dépens proprement dits, sont cependant supportés par la partie qui succombe et comme tels, passent en taxe.

31. Sont considérés comme frais de mise à exécution ceux de commandemens, de saisies, et de ventes ; — peu importe que le débiteur ne se soit pas opposé à la vente. Bruxelles, 25 juin 1831.

32. *Quid*, des dépens faits postérieurement à la vente que le débiteur a valablement consentie de l'immeuble saisi, lorsque le poursuivant a ignoré cette vente ? — V. *Saisie immobilière.*

33. Les dépens doivent-ils être colloqués au même rang que la créance dont ils forment l'accessoire ? — V. *Ordre.*

34. Les intérêts du montant d'un exécutoire courrent-ils de plein droit ? — V. *Exécutoire.*

35. La condamnation aux dépens autorise à interjeter appel, n'eût-on pas d'autre grief à présenter. Cass. 8 août 1808, S. 8, 505.

36. Les dépens doivent-ils être calculés pour déterminer si une cause est en premier ou en dernier *ressort?* — V. ce mot.

37. Jugé que lorsqu'un jugement compense les dépens entre deux parties, un arrêt ne peut, sur l'appel d'un tiers, mettre la totalité des dépens à la charge d'une seule de ces parties, si ni l'une ni l'autre n'en a appelé. — Cass. 20 janv. 1830, S. 30, 74.

38. Lorsque l'exécution provisoire d'un jugement a été ordonnée, nonobstant appel, à la charge de fournir caution, la caution n'est tenue que de restituer les sommes perçues en vertu de la sentence des premiers juges : elle ne répond pas des dépens de la cause d'appel. Merlin, *ib,* n° 12.

39. Les décisions des tribunaux en matière de dépens sont-elles soumises à la censure de la C. de cassation ? — Il faut distinguer s'il y a eu examen d'une question de droit et violation de la loi, ou bien seulement appréciation des circonstances et mal jugé en fait.

Dans le premier cas la C. suprême peut en connaître. Conséquemment un jugement ou un arrêt donne lieu à cassation, s'il condamne une partie à supporter les frais frustratoires faits par son adversaire. Cass. 6 fév. 1828, D. 28, 165. — S'il condamne au paiement des frais envers la partie qui succombe, la partie qui a gagné son procès. Cass. 22 juillet 1818 ; 25 avril 1837, D. 37, 545. — S'il décharge l'acquéreur des frais d'enregistrement d'un acte de vente. Cass. 30 juin 1813, P. 11, 512.

Au contraire ne donne pas ouverture à cassation. L'arrêt ou le jugement qui décide que tels frais doivent être réputés frustratoires. Cass. 19 août 1855 (Art. 176 J. Pr.); — Qui fait le réglement des frais entre les parties succombantes. Cass. 12 août 1824 ; 24 juill. 1828, D. 28, 551 ; 8 nov. 1850, D. 50, 594 ; 51 janv. 1857 (Art. 875 J. Pr.); — Qui condamne l'une d'elles à tous les frais. Cass. 2 août 1856, D. 56, 454 ; — Bien qu'elle ait obtenu gain de cause sur un point. Cass. 14 mai 1838 (Art. 1254 J. Pr.); — V. d'ailleurs *sup.* n. 25, et *inf.* n. 124.

40. Les dépens adjugés par un jugement irrévocable forment une créance distincte, tellement qu'ils sont dus même après qu'une loi postérieure a éteint le droit adjugé. Cass. 4 germ. an 13, P. 4, 453 ; Merlin, *ib.* n°. 15.

41. Le paiement des dépens n'emporte pas toujours *acquiescement.* — *V.* ce mot, 70, 71, 81, 89 à 94.—Ainsi le paiement du droit d'enregistrement d'un jugement n'emporte pas nécessairement acquiescement à ce jugement. Cass. 30 mars 1838 (Art. 1252 J. Pr.). — V. *ib.* n°. 80.

§ 2. — *De la condamnation aux dépens.*

42. Les juges peuvent mettre tous les dépens à la charge d'une seule partie ; — ou bien ordonner qu'il sera fait masse des dépens et que chaque partie en supportera une quotité qu'ils déterminent ; c'est ce qu'on appelle la *compensation proportionnelle;* — ou enfin compenser les dépens entre les parties ; ce qu'on appelle *compensation simple.*

Art. 1. — *De la condamnation à la totalité des dépens.*

43. Les juges peuvent-ils prononcer d'office la condamnation aux dépens?

Pour l'affirmative on dit : L'art. 1er, titr. 31, ordonn. 1667, autorisait à faire taxer les dépens *en vertu de l'ordonnance* même, encore qu'ils n'eussent pas été adjugés. D'après ces expressions, les commentateurs estimaient que la condamnation en devait être prononcée par la seule force de la loi, sans qu'il fût nécessaire que les parties eussent pris à ce sujet des conclusions formelles (Bornier, *Conférence,* t. 2, p. 267). — Aujourd'hui, bien que les termes de l'art. 130 C. pr. ne soient pas ceux de l'ordonnance, les dépens n'en sont pas moins la peine du plaideur téméraire. L'ordre public est intéressé à ce que cette peine soit prononcée, malgré l'oubli des parties. Carré, n°. 555; Lepage, 159 ; Delaporte, 1, 145 ; Demiau, 117 ; Berriat, 157, note 2 ; Favart, 3, 161.

Pour la négative on répond : Non seulement la disposition de l'ordonnance de 1667 n'a pas été reproduite (C. pr. 1041); — mais l'art. 130 C. pr. porte : la partie qui succombe *sera condamnée* aux dépens; ce qui implique la nécessité d'une disposition spéciale dans le jugement, et d'ailleurs l'art. 480, § 3, défend aux trib. d'adjuger à un individu au-delà de ses conclusions. — La condamnation aux dépens n'est point une peine, mais la réparation d'un préjudice. Ne pas les demander, c'est y renoncer. Chauveau, *Tarif,* 1, 193; Victor Augier, v° *Dépens,* n° 11 ; Boncenne, 2, 561 ; Boitard, 1, 524. — Il peut arriver que la partie qui succombe ait fait des offres, que l'attaque ait été intempestive sous certains rapports.

44. Si le jugement n'a pas statué sur les dépens, bien que des conclusions aient été prises à cet égard, la partie qui a gagné sa cause ne peut, à la différence de ce qui avait lieu sous l'ordonnance de 1667, contraindre son adversaire à les payer. Les dépens étant compensables par le juge dans certains cas, la condamnation prononcée par la loi, en termes généraux, ne saurait être exécutée de plein droit. Il faut nécessairement, pour obtenir cette exécution, attaquer le jugement, soit par les voies ordinaires, soit par les voies extraordinaires, suivant les circonstances. Carré, art.150 ; Lepage, p. 159. — *Contrà*, Demiau, art. 150.

Si le jugement a été rendu en dernier ressort, la condamnation aux dépens, ou son omission, donne lieu à l'*appel*. Colmar, 27 mai 1855. — *V.* ce mot, n° 26.

Si le jugement est en dernier ressort, les juges n'ayant pas prononcé sur une chose demandée, il y a ouverture à *requête civile*. C. pr. 480-5°. — *V.* ce mot.

45. La disposition du jugement qui prononce les dépens n'a pas besoin d'être motivée, quand ils sont une conséquence de la condamnation principale. Cass. 26 janv. 1826 ; 7 nov. 1827, S. 28, 184 et 425. — *V.* toutefois *inf.* n° 52.

46. La condamnation *aux dépens*, sans autre désignation, prononcée par le juge supérieur, est censée comprendre les dépens de première instance comme ceux d'appel. Limoges, 6 mars 1812, P. 10, 185 ; Bordeaux, 26 janv. 1827 ; Berriat, p. 154 ; — Lors même que la partie condamnée sur le fond, aurait fait prononcer la nullité, quant à la forme, du jugement de 1re inst. Cass. 17 juin 1847, D. A. 5, 150.—Au reste, il est plus prudent de conclure à la condamnation aux dépens de 1re inst. et d'appel.

47. Celui qui a été, par arrêt, déchargé de toutes les condamnations prononcées contre lui, est par là même déchargé des dépens: il n'a succombé sur aucun point. Rennes, 1er avr. 1814, D. A. 9, 654.

48. Les juges peuvent condamner aux dépens par forme de dommages-intérêts. C. pr. 157 ; — Et même cumulativement aux dépens et aux dommages-intérêts. Cass. 3 mai 1856, S. 56, 1914 ; 11 janv. 1857 (Art. 869 J. Pr.). — Dans l'une et l'autre espèce, la partie condamnée avait élevé, de mauvaise foi, de nombreuses difficultés.

49. La contrainte par corps n'a pas lieu pour les dépens. — *V. Emprisonnement.*

50. La condamnation aux dépens doit être prononcée contre la partie qui succombe (C. pr. 130, 724, 766), comme indemnité des avances faites par la partie qui a été en but à une attaque ou à une défense injuste.

51. En général, l'acquiescement du défendeur à la demande ne le décharge pas de l'obligation de payer les frais faits anté-

rieurement. Metz, 9 déc. 1819; Cass. 6 fév. 1828, D. 28, 165.
— Il devait remplir ses engagemens avant de se laisser poursuivre; la demande est au surplus presque toujours précédée
d'une mise en demeure. — V. *Acquiescement,* n° 122 et toutefois *Rente quérable.*

Mais l'acquiescement empêche une condamnation aux dépens
faits postérieurement.

52. Des conclusions par lesquelles on déclare s'en rapporter
à justice, ne produisent pas en général ce dernier effet; elles
ne sont point un *acquiescement* à la demande. Cass. 12 juill. 1810,
P. 8, 455; Amiens, 12 janv. 1821; Lyon, 5 mars 1832, D. 33,
76; Pigeau, 1, 614; Carré, n° 550; Delaporte, 1, 138; Favard,
3, 160. — *V.* ce mot, n° 54.

53. Toutefois, il est utile de s'en rapporter à la prudence
des magistrats, — 1° pour éviter une condamnation à la totalité
des dépens. Arg. Cass. 15 avr. 1833, D. 33, 275. — Cet arrêt
est ainsi motivé : — « Attendu que si les défendeurs n'avaient
pas contesté la demande ou s'en étaient remis à justice, *ce pouvait
être un motif pour ne pas les condamner aux dépens envers l'appelant;*
mais qu'il n'y avait pas raison de leur accorder les dépens contre
la partie avec laquelle ils n'avaient pas eu de contestation. »

2° Pour échapper à une condamnation *personnelle,* lorsque
l'on agit comme représentant d'un incapable. — Aussi les tuteurs ou curateurs sont-ils dans l'usage de prendre ces sortes de
conclusions. — D'ailleurs ils ne peuvent acquiescer.

54. Des offres, suivant les circonstances, empêchent la condamnation à la totalité ou à une partie des dépens. — V. *Offres
réelles.*

55. Le désistement emporte soumission de payer les frais.
C. pr. 403. — V. *Désistement.*

56. Le successible qui a renoncé à la succession de son auteur est passible des dépens faits contre lui jusqu'à la notification de sa renonciation. Lyon, 21 mai 1831; Bordeaux, 6 août
1833.

57. L'art. 882 C. civ. ne s'oppose pas non plus à ce que l'héritier qui élève des contestations sur lesquelles il a succombé,
soit condamné aux dépens à l'égard d'un créancier qui est intervenu dans le partage. — Cass. 7 nov. 1827, S. 28, 425.

58. Bien que les parties soient convenues, dans le compromis, de supporter par moitié les dépens de l'arbitrage, celle qui
succombe sur un incident doit en supporter seule les frais. Cass.
24 fév. 1835 (Art. 267 J. Pr.).

59. Si c'est le demandeur principal qui succombe, il doit
être condamné aux dépens des demandes en garantie qu'il a nécessitées par son action. — Cass. 20 juill. 1832, S. 32, 494. —
V. *Exception.*

60. Le père qui succombe sur une opposition au mariage de son enfant, n'est pas déchargé des dépens, par cela seul qu'il avait le droit de former cette opposition sans en déduire les motifs (C. civ. 179). — *Contrà*, Amiens, 15 fév. 1806, P. 5, 187. — Mais les dépens peuvent être compensés, attendu la qualité des parties. *Même arrêt*; Duranton, 2, 217.

61. Le ministère public n'est jamais condamné aux dépens, même lorsqu'il est partie principale; s'il succombe, les frais faits par lui sont supportés par l'administration de l'enregistrement qui en a fait l'avance. Décr. 18 juin 1811. — Mais la partie adverse n'obtient aucune condamnation de dépens. Cass. 4 avr. 1855 (Art. 173 J. Pr.).

— *V.* d'ailleurs *Discipline, Élections.*

62. Le juge qui, sur la récusation dirigée contre lui, refuse de s'abstenir, ne peut être condamné aux dépens, bien qu'elle ait été admise. Il n'a fait qu'user de son droit de magistrat. Cass. 15 nov. 1809, S. 10, 80 ; — Quand le moyen de récusation n'était pas évidemment fondé. Cass. 30 juill. 1834, D. 34, 358.

63. Le propriétaire doit-il contribuer à l'imposition extraordinaire établie pour le paiement des frais d'un procès que la commune a perdu contre lui? — Cette question a été résolue négativement par l'art. 58, L. 18 juill. 1837. — V. *Commune*, n° 58.

64. Les frais de la vérification d'écriture sont à la charge de celui qui la rend nécessaire, en méconnaissant l'écriture de son auteur. Cass. 11 mai 1829; Poitiers, 5 fév. 1834, S. 34, 165. — V. *Vérification d'écriture.*

65. La C. de Nanci a jugé, le 15 flor. an 13, qu'un légataire universel qui succombait en soutenant la validité du testament, ne devait pas être condamné aux dépens, attendu que les frais avaient été occasionnés par la rédaction vicieuse du testament, et non par le fait du légataire. — Cette opinion est évidemment contraire à l'art. 130 C. pr., qui met les dépens à la charge de la partie qui succombe; le légataire doit d'ailleurs s'imputer de ne pas avoir assez pesé les termes du testament avant d'introduire sa demande. Arg. 4 fév. 1829; Carré, n° 549.

66. L'obligation de payer les dépens est personnelle, elle se divise entre les parties condamnées, et chacune d'elles n'est en général tenue que pour sa part. Carré, n° 553 ; Boncenne, 2, 541 ; Cass. 15 mai 1811, P. 9, 525. — Dans l'espèce les parties condamnées avaient acheté un immeuble aux enchères, et avaient succombé sur la défense à une surenchère.

Les juges ne peuvent même pas établir la solidarité pour les dépens, lorsque l'obligation principale est personnelle et divisible. Cass. 20 juill. 1814 ; Agen, 18 fév. 1849 ; **Cass.**

1ᵉʳ déc. 1819. — L'arrêt cassé avait condamné le père et le fils solidairement aux dépens sur une contestation relative à des dépens antérieurement payés par le fils pour le père; ce dernier en demandait la restitution, et le fils était intervenu dans la contestation.

La C. de Rouen a décidé que des héritiers ayant agi collectivement peuvent être condamnés solidairement aux dépens, lorsque les frais n'en sont pas plus considérables, et pour ne pas laisser à la charge du gagnant la part de l'insolvable. (17 mars 1808, P. 6, 563); cet arrêt, dit M. Berriat, p. 158, est tout-à-fait contraire aux principes, car dès qu'il n'existe entre les cohéritiers ni solidarité légale, ni solidarité conventionnelle, par quel motif pourrait-on la créer pour les dépens?

67. La condamnation solidaire aux dépens peut être prononcée lorsque la condamnation principale est elle-même solidaire : l'une est la suite de l'autre. Paris, 13 therm. an 13, P. 4, 695; 11 janv. 1825, S. 25, 285. — *Contrà*, Rennes, 30 août 1811, P. 9, 625. — Le dernier arrêt a infirmé un jugement qui condamnait solidairement aux dépens les propriétaires indivis vendeurs d'une coupe de bois, tout en laissant subsister la condamnation principale.

La caution solidaire condamnée en 1ʳᵉ inst. conjointement avec le débiteur principal peut, sur l'appel interjeté par le débiteur principal seul, lorsqu'elle a été mise en cause par l'intimé, être condamnée aux dépens solidairement avec l'appelant, quoique n'ayant elle-même interjeté aucun appel. Bourges, 25 mars 1829, S. 29, 2, 200.

La condamnation solidaire peut également être prononcée : — 1° En matière indivisible. Cass. 11 janv. 1825.

2° En matière de quasi-délit.

3° En matière de dommages-intérêts, lorsque cette condamnation solidaire aux dépens peut être considérée comme le supplément et le complément de la réparation civile du délit qui avait donné lieu à l'action. Cass. 6 sept. 1813, P. 11, 702.

Ainsi, les complices d'une collusion peuvent être condamnés solidairement aux dépens. Cass. 22 avr. 1835 (Art. 79 J. Pr.). — Dans l'espèce, une vente déclarée pignorative avait été annulée malgré une revente opérée par l'acquéreur primitif, et le second acquéreur s'était rendu coupable de collusion en achetant sciemment dans la vue d'empêcher le retrait.

En matière criminelle, tous les individus condamnés pour un même fait sont tenus solidairement des amendes, des restitutions, des dommages-intérêts et des frais. C. pén. 55.

68. En matière civile, alors même que la dette principale est solidaire, il faut conclure spécialement à la condamnation solidaire pour les dépens. Arg. Rennes, 30 août 1811, P. 9, 615,

Le juge qui , en l'absence de conclusions à cet égard , condamne solidairement aux dépens , alloue *ultrà petita.*

Les dépens faits sur l'appel des jugemens qui ont condamné solidairement au principal ne sont solidaires qu'autant que l'arrêt l'a ainsi prononcé. Paris, 15 therm. an 15, P. 4, 693.

69. La division des dépens entre les parties doit-elle avoir lieu par tête , *pro numero succumbentium ,* ou bien en proportion de l'intérêt que chacun avait de contester ? — Il faut distinguer.

Si les frais qui ont été faits l'eussent également été par chacune des parties dans son intérêt isolé , il est juste de diviser par tête ; le plus ou le moins d'intérêt est indifférent. Rennes, 7 mai 1818 , D. 666 ; Despeisses ; Ferrière ; Merlin, *Rép.* v° *Dépens,* § 7. — *Contrà,* Berriat, p. 158.

Mais si la présence et l'intérêt d'une partie ont occasionné des frais particuliers , elle seule doit les supporter.

70. Les frais d'un partage fait en justice, et ceux des opérations préliminaires de scellés , d'inventaire , d'expertise , ne sont pas compensés entre les parties (Nanci , 15 janv. 1828), mais bien prélévés sur la masse , et en conséquence supportés par les copartageans, *pro modo emolumenti.* Cass. 11 déc. 1834 (Art. 73 J. Pr.).

Mais si l'un deux élève quelque contestation mal fondée, il doit être condamné aux dépens faits sur son incident.

71. La C. de Rouen (21 fév. 1828) à mis les frais d'inventaire à la charge d'un cohéritier qui les avait occasionés , bien que la présence d'un légataire universel mineur les eût d'ailleurs rendus nécessaires. Le pourvoi contre cet arrêt a été rejeté. Cass. 17 janv. 1832, D. 32, 79.

72. Les frais de la demande en délivrance d'un legs sont à la charge de la succession , quoiqu'il puisse en résulter une réduction de la réserve légale , lorsque les héritiers légitimes ont mal à propos résisté à cette demande. Metz , 11 fév. 1820. Mais , le légataire pourrait être condamné à tous les dépens s'il avait élevé d'injustes contestations ; ici ne s'applique pas l'art. 1016 C. civ. Cass. , 4 fév. 1829, D. 29, 136.|

73. Jugé que lorsqu'un saisi et un tiers saisi ont été assignés en validité d'une opposition, et qu'il n'y a eu de contestation que de la part du tiers saisi relativement à sa déclaration, ce tiers , s'il succombe , ne doit supporter que les frais occasionés par la contestation. Metz , 29 mai 1818 , S. 19, 140.

Mais il doit tous ceux auxquels il a donné lieu par une résistance mal fondée et même ceux de première instance et d'appel , quand sa déclaration affirmative, contestée devant les premiers juges , n'a été régularisée que devant la Cour. Paris, 1er août 1825. — V. d'ailleurs *Saisie-arrêt.*

74. Jugé que la partie qui a succombé sur l'action dirigée contre elle peut être condamnée à tous les dépens , quoiqu'elle ait obtenu gain de cause sur une exception qu'elle a opposée. Cass. 26 avril 1852, D. 52, 167. — V. *Sup.* n° 59.

75. Celui qui exécute un jugement de première inst. , sans avoir égard à l'appel qui en a été interjeté par son adversaire , doit supporter tous les frais qu'il a faits depuis l'appel. Paris, 24 fév. 1825.

76. Celui qui succombe sur une fin de non recevoir *définitivement* jugée doit être condamné aux dépens , quel que soit le sort à venir de l'action principale. « Si, dans le cours du procès, disait l'art. 3, titre 31 de l'ordon. de 1667, il survient quelque incident qui soit jugé définitivement , les dépens en seront pareillement adjugés. » Rennes, 30 juil. 1817, 18 janv. 1819, D. 655 ; Boncenne, 2, 541.

77. S'il est fait appel d'un interlocutoire , il devient utile que le juge d'appel statue sur les dépens faits devant lui , parce que le sort de celui qui succombe est décidé par rapport à à cet objet particulier. Cass. 2 août 1831; Favard, v° *Jugement* sect. 1 , § 2; *Prat.*, t. 1, p 598 ; Carré, *ibid.*

78. Il convient également de ne pas réserver les dépens , et de les joindre au fond, quand le jugement statue sur une exception , ou bien sur un incident qui n'a pas pour objet l'instruction de la cause : ce jugement termine en effet une contestation, puisqu'il fait succomber l'une et l'autre partie sur cet objet. Colmar, 31 mai 1811 , S. 14, 257 ; Cass. 7 mai 1823 , S. 23, 375.

79. L'arrêt qui prononce définitivement sur le fond de la contestation, et qui renvoie devant des experts pour l'exécution de l'arrêt, spécialement pour opérer un bornage , peut , sans attendre le résultat de l'expertise , condamner aux dépens la partie qui succombe. Cass. 17 mai 1831, D. 33. 119.

80. Il est des cas où les incidens influant sur le jugement définitif s'identifient avec le fond du procès , et doivent y être joints.— V. *Incidens.*

81. Ainsi dans l'usage les dépens des jugemens préparatoires et interlocutoires sont réservés , et ne font l'objet d'une condamnation que dans le jugement définitif. Cet usage est fondé sur ce que les jugemens préparatoires ne lient point le magistrat, et laissent tout en suspens. Lepage , p. 137; Demiau et Carré, art. 150.

82. Il en est de même dans le cas de renvoi pour une cause de parenté ou de connexité : la partie qui a assigné n'était pas tenue de prévoir un pareil empêchement. Demiau et Carré , art. 150.

83. Quant au jugement de provision , quelquefois, l'on se borne à y réserver de statuer sur les dépens par le jugement définitif.

84. L'usage qui obligeait le défaillant à offrir les frais du défaut, et qui s'appelait *refondre* les dépens, avant de pouvoir former opposition, a été aboli par le C. de pr. (art. 1041), et en outre par cette disposition générale que l'opposition suspend tous les effets du jugement par défaut. Rome, 17 janv. 1811, P. 9, 58; Grenoble 50 juil. 1819, D. 655; Merlin, v° *Opposition*, § 5, art. 1er.

85. Mais le défaillant, qui sur l'opposition fait réformer le jugement, reste-t-il obligé, en définitive, de payer les frais du défaut?

Pour l'affirmative, on soutient qu'il doit imputer ce résultat à sa négligence. Rennes, 26 avr. 1814; Grenoble, 2 fév. 1818 (Dalloz, *ib.*, p. 655); Caen, 4 juil. 1826, D. 27, 47; Limoges, 4 juil. 1821, D. 22, 84; Berriat, p. 402, note. Argum. Nîmes, 15 nov. 1810, P. 8, 645.

Pour la négative, on argumente du retranchement de la disposition de l'ordonn. de 1667, qui admettait le système contraire, et de l'art. 130 C. pr., qui met les dépens, sans distinction, à la charge de celui qui succombe. Paris, 15 mars 1823. Coffinière, Chauveau, 9, 259.

Nous pensons qu'il faut distinguer : la non comparution du défaillant proviendra souvent de sa négligence ; mais il est possible qu'il n'ait pas eu connaissance de la demande : c'est sur cette présomption que la loi lui ouvre la voie de l'opposition. Les trib. doivent peser les circonstances, et, selon les cas, condamner le défaillant à tout ou partie des dépens. Carré, n° 671, note.

Ainsi en 1824, le juge de paix de Charenton, condamna aux dépens un plaideur sur l'opposition à un jugement par défaut, en admettant l'incompétence proposée, par le motif que le défendeur était présent à l'audience le jour où le jugement par défaut avait été prononcé.

86. Jugé de même que la partie qui, par un défaut, aggrave la position de son adversaire, peut être condamnée à une partie des dépens, quoiqu'elle obtienne gain de cause au fond. Caen, 1er fév. 1828.

87. On ne peut condamner aux dépens que ceux qui sont parties dans l'instance. Arg. C. pr. 150.

88. En conséquence, ceux faits sur l'appel d'une sentence rendue par un juge qui n'a pas été pris à partie, ne peuvent pas être mis à sa charge, sous prétexte qu'il s'est rendu coupable de négligence ou de partialité. Cass. 7 juin 1810, S. 10, 270; Thomine, art. 130. — V. *Prise à partie.*

89. Ne doivent pas être condamnés *personnellement* aux dépens, encore bien qu'ils succombent dans l'instance,

1° Les préfets, quant aux causes de l'État ;

2° L'administrateur. représentant le domaine privé du roi , la liste civile et la dotation de la couronne ;

3° Les commissaires de police, agissant dans les limites et à l'occasion de leurs fonctions. Cass. 5 sept. 1812, S. 13, 155.

4° Le maire, plaidant dans l'intérêt de sa commune, Cass. 6 vent. an 11, S. 2, 413; 21 janv. 1808, S. 9 ; 163; 29 juin 1809, S. 39, 450, à moins qu'il n'ait pas d'autorisation. — V. *Maire*.

5° Les tuteurs, curateurs, héritiers bénéficiaires ou autres administrateurs. Arg. C. pr. 132; Rennes, 19 mars 1814.

6° L'exécuteur testamentaire qui s'oppose au mode adopté par les héritiers et les légataires pour l'exécution du testament. Bourges, 28 flor. an 13, S. 6, 394.

Ces différentes personnes sont en nom dans l'instance; mais elles n'y figurent en réalité que pour le compte de ceux qu'elles représentent : il serait injuste de leur faire supporter les dépens d'un procès dont elles ne peuvent, dans aucun cas, retirer un avantage personnel; elles ne sont condamnées qu'en leur qualité de représentans.

90. Toutes les fois qu'un administrateur est constitué par la loi ou par le juge pour agir dans l'intérêt d'un être réel ou moral, il a le droit de répéter les dépens auxquels il a été condamné, en les portant dans son compte. C. civ. 797, 799, 804.

91. L'administrateur d'une société qui agit ou défend pour tous, a l'action *pro socio* contre les autres et contre chacun d'eux, dans la proportion de son intérêt à la chose. L. 52, § 4, D. *pro socio*.

92. Celui qui, n'étant que simple communiste ou copropriétaire, a intenté ou soutenu seul un procès concernant la chose commune, ne peut, s'il a succombé, demander le recouvrement des dépens contre les autres intéressés à la chose. Il n'a ce droit que dans le cas où il a gagné le procès, et où dès lors ses co-intéressés profitent de ce succès. Arg. C. civ. 1375; L. 6, § 3, D. *de negot.*; Merlin, *Rép.*, v° *Dépens*, n° 13; Proudhon, l'*Usufruit*, n° 1730 et suiv. — M. Chauveau, 9, 311, se fonde pour refuser dans tous les cas ce recours, sur ce que le jugement obtenu par un des communistes n'est qu'un préjugé en faveur de son consort.

93. La même distinction s'applique au nu-propriétaire et à l'usufruitier, lorsque l'un deux a soutenu un procès concernant le domaine entier. Arg. C. civ. 613, 1630 et 1640 ; Proudhon, *Usufruit*, n° 1740 et suiv. — Ils devaient mettre en cause les autres intéressés, s'ils craignaient d'avoir à supporter les frais.

94. Mais si les administrateurs compromettent les intérêts qui leur sont confiés, s'ils dépassent leur mandat, ils peuvent, en punition de leur faute, être condamnés personnellement aux dépens (C. pr. 152), au profit de l'adversaire qui triomphe, comme le supposent ces expressions, *sans répétition*, de cet article, dont la disposition est indépendante de celle de l'art. 1031. Boitard, p. 552.

95. La prudence suggère diverses précautions aux administrateurs pour mettre leur responsabilité à couvert.

Ainsi, l'héritier bénéficiaire donnera connaissance aux créanciers du procès qu'on lui intente; avant d'introduire une instance, il prendra l'avis de jurisconsultes éclairés. — *V.* d'ailleurs *sup.* n° 55.

96. Cet héritier étant le représentant des créanciers du défunt, la condamnation de dépens prononcée contre lui en cette qualité est censée l'être contre ceux-ci; elle doit donc être payée par préférence sur l'hérédité et non au marc le franc, comme la créance à raison de laquelle elle intervient.—Trib. Caen, 7 nov. 1836 (Art. 578 J. Pr.); Amiens, 17 août 1836 (Art. 906, J. Pr.)

97. La condamnation personnelle aux dépens a été appliquée, 1° au tuteur qui. — sans autorisation du Conseil de famille, interjette appel. Riom, 5 avr. 1806, P. 5, 265; — forme une action immobilière. Nanci, 21 nov. 1851; — intente un procès évidemment insoutenable. Turin, 25 juin 1810, S. 12, 417; — qui, par défaut d'acceptation d'une succession sous bénéfice d'inventaire, a donné lieu à des condamnations. Angers, 11 août 1809, P. 7, 764; — qui, par son refus d'adopter un mode d'éducation utile au mineur, a donné lieu au procès. Turin, 9 déc. 1808, S. 10, 540.

2° Au curateur qui interjette un appel auquel la masse qu'il représente n'a aucun intérêt. Besançon, 16 août 1808, P. 7, 92.

5° A celui qui s'est faussement attribué la qualité de syndic, et a plaidé en cette qualité. Cass. 19 août 1807, P. 6, 268.

4° Aux syndics qui intentent une instance évidemment mal fondée. Cass. 27 juin 1821, S. 22, 8, — ou compromettent leur administration par de mauvaises procédures. Cass. 25 mars 1823 (S. 24, 158), quoiqu'en principe tous les frais occasionés par une faillite doivent être mis à la charge du failli. Cass. 20 nov. 1827, S. 28, 98.

5° A l'héritier bénéficiaire qui a fait des procédures frustratoires au détriment de la succession. Bruxelles, 16 nov. 1851.

6° Aux préposés de la caisse des dépôts et consignations, si, sans aucun fondement, ils soulèvent des difficultés pour procurer une plus grande sûreté à l'Etat pour le paiement des som-

mes consignées entre leurs mains. Bordeaux, 6 sept. 1831,
D. 32, 11.

7° Au maire qui, n'étant point autorisé à représenter sa commune en justice, a succombé dans une instance introduite contre
lui en son nom personnel. Cass. 31 août 1836 (Art. 970
J. Pr.)

98. Dans tous ces cas, le jugement doit clairement exprimer
que la condamnation est *personnelle* à ceux contre lesquels elle
est prononcée. On se sert ordinairement de l'une de ces deux
expressions, *condamne personnellement*, ou *sans qu'il puisse répéter*.
Il convient en outre que le jugement réfère, dans ses considérans, les motifs de la condamnation personnelle. Carré,
art. 132.

Ainsi a été cassé un arrêt qui n'exprimait pas les motifs par
lesquels il condamnait personnellement le curateur d'une succession vacante aux dépens d'une instance concernant cette succession. Cass. 2 fév. 1831.

99. Le mari peut-il être condamné aux dépens dans un procès qui intéresse sa femme? — V. *Femme mariée*.

100. Les avoués et huissiers peuvent être condamnés personnellement aux dépens : 1° lorsqu'ils excèdent *les bornes* de
leur ministère, en intentant des poursuites qui ne leur étaient
pas demandées. C. pr. 132.

2° Lorsqu'ils contreviennent aux lois et règlemens. Décr.
30 mars 1808, art. 102. — V. *sup.* n° 97.

101. Que doit-on entendre par ces mots : *excéder les bornes
de leur ministère?* — V. *Avoué, Huissier, Responsabilité des officiers
ministériels*.

102. La condamnation personnelle aux dépens doit être prononcée sur les conclusions de la partie.

Les tribunaux ne peuvent pas plus l'ordonner d'office qu'ils
ne pourraient prononcer de leur chef une condamnation aux
dommages-intérêts. — Adjuger les dépens à celui qui obtient
gain de cause, c'est réparer le préjudice qui lui a été causé.
Boncenne, 2, 562. — *Contrà*, Carré, n° 563. — V. *sup.*
n° 45.

103. Si le procès intenté par un individu , en son nom personnel, ne l'a été que dans l'intérêt de l'officier ministériel, les
frais sont à la charge de ce dernier. — Ainsi jugé à l'égard de
l'avoué qui assigne, à la requête de son client, un huissier, sur
son refus de signifier un exploit, par le motif que les copies de
pièces ont été signées par l'avoué. Cass. 22 mai 1832, D. 32,
228. — V. *Huissier*.

104. Les administrateurs et les officiers ministériels peuvent
en outre, s'il y a lieu, être condamnés aux dommages-intérêts,
sans préjudice de l'interdiction contre les avoués et huissiers, et

de la destitution contre les tuteurs et autres, suivant la gravité des circonstances. C. pr. 152.

105. La peine disciplinaire peut être appliquée soit d'office, soit sur les conclusions du ministère public.

106. Mais l'héritier bénéficiaire ne peut pas être destitué ; les excès de pouvoir le feraient déclarer héritier pur et simple.

Art. 2. — *Condamnation de chaque partie à une portion des dépens.*

107. Lorsque les parties ont eu des torts respectifs, il est juste que chacune d'elles supporte les frais qu'elle a occasionés par sa prétention mal fondée.

Si les différens chefs de demande ont occasioné des procédures distinctes, chaque procédure est mise à la charge de la partie qui l'a provoquée. C'est ce que l'on voit souvent en appel où l'intimé principal, en obtenant la confirmation et les dépens sur l'appel principal, est condamné à l'amende et aux dépens de l'appel incident qu'il a interjeté.

108. La réformation sur appel d'une partie de la cause n'empêche pas de condamner l'appelant aux dépens sur les autres chefs qui demeurent décidés contre lui. Nîmes, 5 janv. 1820, S. 20, 98.

Jugé même que celui qui, après avoir fait annuler un jugement pour vice de forme ou pour incompétence, succombe devant la Cour sur l'action principale, peut être condamné à tous les dépens, même des jugemens annulés. Cass. 17 juin 1817, D. A. 5, 150; 26 avr. 1832, D. 52, 167.

109. Mais souvent la procédure a été complexe, et les mêmes actes ont servi à soutenir l'ensemble des prétentions, les unes bien, les autres mal fondées. — Alors les juges ordonnent qu'il sera fait masse des dépens, et fixent la quotité que chaque partie en supportera.

110. Les deux parties se trouvent dans ce cas débitrices, l'une envers l'autre, de la quotité de dépens à laquelle elles sont condamnées.

Il s'opérerait donc une compensation de plein droit jusqu'à due concurrence, si la distraction n'avait pas été ordonnée au profit des avoués.

Pour exécuter cette décision, il n'est pas nécessaire que tous les dépens soient réellement additionnés, et la masse fixée à un chiffre total.

Dans l'usage, chaque avoué fait taxer, à part, la totalité de ses frais, et obtient exécutoire pour la quotité à laquelle son adversaire est condamné. Pour le surplus, il n'a de recours que contre son propre client.

111. Ainsi peut être condamné à une portion des dépens : — 1° le plaideur qui exhibe seulement, sur l'appel, des pièces décisives. Paris, 9 flor. an 11; Aix, 27 mai 1808, P. 3, 262; 6, 714. — Il est juste qu'il supporte les frais faits jusqu'à leur production.

2° Celui qui propose, seulement sur l'appel, un moyen d'incompétence. Rennes, 26 déc. 1812, P. 10, 922; Metz, 19 avr. 1823, S. 23, 312.

3° Celui qui a contribué à la violation des formes donnant ouverture à cassation. Cass. 5 mars 1823, D. 23, 172.

4° Le défendeur qui a succombé dans une demande reconventionnelle, bien que l'autre partie ait été déboutée de sa demande principale. Cass. 25 janv. 1837, D. 27, 125; Carré, n° 559.

5° Le rendant compte, bien que les frais doivent être mis en général à la charge de l'oyant, si les deux parties ont respectivement succombé sur quelques-unes de leurs prétentions. Cass. 1er août 1852. — V. d'ailleurs, *Offres réelles*.

112. Lorsque, au sujet d'un bornage, une partie élève des contestations mal fondées, qui donnent lieu à des frais, elle doit supporter ceux qu'elle a occasionés; ils ne font pas partie des frais de *bornage* qui doivent être communs. Cass. 31 juill. 1828. — V. ce mot, n° 13.

113. Jugé que la partie qui est reconnue fondée dans le principal objet du procès ne peut, quoiqu'elle succombe sur quelques chefs accessoires, être condamnée en **tous les dépens.** Rennes, 21 juill. 1813, P. 11, 569.

Art. 3. — *Compensation des dépens.*

114. La compensation des dépens ne doit pas être confondue avec la condamnation de chaque partie à une portion des dépens, à la moitié des dépens, par exemple.

115. La compensation est souvent une mesure de convenance, plutôt qu'une disposition d'équité. Pour qu'elle soit ordonnée, il n'est pas indispensable que chaque partie succombe sur quelques chefs. — V. *inf.* n° 117.

116. Par la compensation chacun supporte les frais qu'il a faits, sans rien pouvoir répéter de son adversaire. — Il n'y a pas lieu alors d'ordonner la distraction au profit des avoués.

117. Les dépens peuvent être compensés en tout ou en partie: 1° à raison de la parenté entre conjoints, ascendans, descendans, frères et sœurs, ou alliés au même degré : — c'est afin de ne pas jeter dans les familles de nouveaux germes d'inimitiés, de ne pas choquer trop vivement l'amour-propre de celui qui succombe. — D'ailleurs celui qui obtient gain de cause ne pourrait, sans blesser les sentimens naturels, user des voies d'exécution que fournirait une condamnation aux dépens.

Dans ce cas, il n'y a point, à proprement parler, de compensation dans le sens légal (1289 C. civ.), car la partie qui

5.

gagne sur tous les points, n'est point évidemment, quant aux dépens, débitrice de l'autre.

118. 2° Entre toutes parties, lorsqu'elles succombent respectivement sur quelques chefs. C. pr. 131. — Cette seconde espèce de compensation diffère même de celle du C. civ., en ce qu'elle a lieu, — 1° pour dettes non liquides; — 2° en bloc, et non jusqu'à concurrence de la plus faible des deux créances; — 3° en vertu de la décision du juge et non de plein droit.

119. *Parenté.* L'art. 131 C. pr. est limitatif. Rennes, 14 juill. 1813. — Ainsi, les juges ne peuvent compenser les dépens, à raison de la parenté, entre cousins-germains. Aix, 1er mars 1817, S. 18, 237; — Entre oncle et neveu. Grenoble, 25 juil. 1827, S. 28, 139.

120. *Griefs respectifs.* En cas d'appel principal et d'appel incident, si les parties succombent respectivement sur leur appel, il y a lieu à compensation.

121. Peut-on compenser les dépens entre parties non parentes, quand une demande n'a qu'un seul chef? — La négative semble résulter de ces mots de l'art. 131 : Si les parties *succombent respectivement sur quelques chefs.* Néanmoins, cette compensation étant fondée sur la réciprocité des torts des parties, et cette réciprocité pouvant exister, même lorsqu'il n'y a qu'un seul chef, il y a lieu de décider de la même manière que lorsqu'il y en a plusieurs. Cass. 18 mai 1808, P. 6, 692.

122. Jugé en conséquence que la condamnation à une partie des dépens peut être prononcée contre le plaideur qui n'oppose qu'en appel un moyen péremptoire. Caen, 3 mai 1826, D. 55, 132. — Spécialement lorsqu'on a laissé par malice faire des actes d'instruction avant de produire une quittance. *Même arrêt*; — Ou avant d'opposer l'incompétence. Metz, 19 avr. 1825.— C'est plutôt alors par application de l'art. 1382 C. civ.

La partie condamnée par suite d'une production de titres valables, après avoir contesté sur des titres non-valables, ne supporte pas les frais antérieurs. Arg. Cass. 7 mai 1825; Berriat, p. 157, note 5.

123. Les dépens seraient valablement compensés, dans le cas où une partie formant une demande exagérée, la partie adverse lui ferait des offres inférieures à ce qu'elle devrait réellement. Cass. 18 mai 1808, S. 8, 515; Carré, 131.

124. Les juges peuvent ne pas compenser : l'art. 131 n'est pas obligatoire, mais facultatif. Rennes, 10 sept. 1813; Cass. 14 août 1817, S. 19, 29; 6 juin 1820, 6 déc. 1830, 2 juill. 1834, D. 31, 16; 34, 289.

125. Les frais d'expertise, de procès-verbal de descente de lieux, etautres semblables, restent à la charge de la partie qui en a fait l'avance, en cas de compensation.

Si, au contraire, il y a eu ce qu'on appelle improprement une *compensation proportionnelle* (V. sup. n° 42.), la partie qui a payé a le droit de répéter ses avances au *prorata* de la condamnation prononcée à son profit. Jousse, *Comm.*, t. 2, p. 227; Prat., t. 1, p. 399; Pigeau, t. 1, p. 621; Carré, art. 151.

Par exemple, si l'on suppose que le demandeur a été condamné au quart des dépens et le défendeur aux trois quarts, et que les avances aient été faites par le demandeur, il peut exiger de son adversaire les trois quarts de tous les frais, et notamment ceux d'expertise.

126. Lorsque chaque partie a été condamnée à une portion des dépens, le coût du jugement est supporté par chacune des parties, dans la même proportion que les autres frais.

127. Lorsqu'il y a compensation, la partie qui lève jugement en supporte les frais.

Souvent les juges, soit qu'ils aient condamné chaque partie à une portion des dépens, soit qu'ils aient prononcé la compensation pure et simple, mettent, par une disposition, les frais de levée et de signification du jugement à la charge de l'une d'elles, qu'il désigne, ou bien à la charge de celle qui occasionera ces frais.

§ 5. — *De la liquidation des dépens.*

128. Les dépens ne peuvent être exigés que d'après la taxe réglée par le tarif. — V. *Tarif, Taxe.*

129. En matière sommaire, ils sont *liquidés* par le jugement qui les adjuge. C. pr. 543. — V. *Taxe, Tribunal de commerce.*

En matière ordinaire, ils sont liquidés par un des membres du tribunal qui a concouru au jugement, et compris dans un exécutoire qui est délivré par le greffier. — V. *Exécutoire de dépens, Taxe, Arbitrage*, n° 222.

130. L'exécution provisoire ne peut être ordonnée pour les dépens, quand même ils sont adjugés pour tenir lieu de dommages et intérêts. C. pr. 137. — V. *Exécution.*

Quid, en matière de commerce? — V. *Tribunal de commerce.*

§ 4. — *De la distraction des dépens.*

131. La distraction des dépens est le droit accordé à un avoué de toucher ses déboursés et honoraires sur les dépens adjugés à la partie. C'est un transport que le mandant est censé faire à son avoué de la créance qu'il acquiert contre la partie condamnée; le juge supplée un consentement qui ne peut être refusé sans injustice. Pothier, *Mandat*, n° 135.

132. La distraction peut être prononcée en matière correctionnelle comme en matière civile. — Ainsi jugé à l'occasion

d'un *désistement*. Limoges, 10 janv. 1835 (Art. 205 J. Pr.). —
V. ce mot.

133. Si les parties ont été condamnées chacune à une portion des dépens, leurs avoués peuvent demander la distraction
de la portion des dépens mis à la charge de la partie adverse.
Pothier, *ib.*; Merlin, *Rép.*, v° *Distraction*; Berriat, n° 73, note.

Mais lorsque deux parties transigent avant le jugement sans
avoir payé les frais, l'avoué de l'une des parties ne peut agir
contre l'autre partie pour se faire payer ses frais, sous prétexte
qu'elle devait être condamnée, et que le jugement de condamnation lui aurait accordé la distraction des dépens.

Lorsqu'une affaire est au rôle, si l'avoué se refuse à en demander la radiation, après une transaction, par le motif qu'il n'est
pas payé de ses frais, la partie peut constituer un autre avoué
pour demander cette radiation; mais le premier sera en droit
de conserver *toutes* les pièces jusqu'au paiement. — V. d'ailleurs
Avoués, n° 169; et *inf.*, n° 164.

134. L'avoué d'appel peut obtenir, à son profit, la distraction des dépens de 1ʳᵉ inst., lorsqu'il les a remboursés. Amiens,
5 juin 1820; Lyon, 1ᵉʳ avr. 1830, D. 32, 189; Cass. 8 juill.
1828, S. 28, 385. — V. d'ailleurs *inf.* n° 143, 149.

Il est juste que cet avoué soit subrogé au droit qu'avait son
confrère. Sans cette subrogation la partie n'aurait peut-être pas
été en mesure de retirer des mains de l'avoué de 1ʳᵉ inst. les
pièces du procès.

135. *Demande en distraction.* Elle peut être faite verbalement
à l'audience; l'art. 133 n'exige pas de conclusions écrites.
Pigeau, 1, 618; Carré, n° 564.

136. Doit-elle, *à peine de nullité*, être formée avant le jugement? — La loi ne l'exige pas : l'art. 133 C. pr. dit seulement
que la distraction ne pourra être prononcée que par le jugement
qu portera condamnation.

L'usage de former cette demande sur la barre, immédiatement après la prononciation du jugement, est suivi dans un
grand nombre de tribunaux. Limoges, 27 août 1823.

Pour éviter toute difficulté, il convient de former la demande
avant le jugement.

137. Mais le lendemain du jugement, il n'y aurait plus lieu
à distraction. Le juge est dessaisi.

138. En l'absence de l'avoué, un confrère peut demander
pour celui-ci la distraction des dépens.

139. Jugé qu'un avoué à la Cour royale peut l'obtenir au
profit de l'avoué de 1ʳᵉ inst., lorsque ce dernier l'avait déjà demandé devant le trib. Limoges, 10 janv. 1835 (Art. 205 J. Pr.).

140. La distraction a même été accordée sur la demande de
l'avocat (Amiens, 27 mai 1823), quoiqu'il n'eût pas le droit de

conclure ; et la C. de cass. a rejeté le pourvoi contre cet arrêt, en déclarant que l'art. 133 C. pr. ne prononce pas de nullité. Cass. 14 fév. 1827, S. 27, 189. — V. *inf.* n° 141.

141. L'art. 133 C. pr. exige deux conditions pour que la distraction ait lieu ; — 1° que l'avoué affirme, lors de la prononciation du jugement, qu'il a fait la plus grande partie des avances ;

2° Que la distraction soit prononcée par le jugement qui porte condamnation des dépens.

L'affirmation peut être pure et simple. Le C. de pr. n'exige pas qu'elle soit faite sous serment ; — nulle loi ne l'exige. Delaporte, 1. 142; Carré, n° 566; Favard, v° *Jugement*, 162; Chauveau, *Tarif*, 1, 210; Boncenne, 2, 567. — *Contrà*, Rome, 22 janv. 1811, P. 9, 47. — V. *Serment*.

142. L'affirmation ne forme qu'une présomption qui peut être détruite par la preuve contraire. — Spécialement par la production de la quittance d'une somme suffisante pour le couvrir de la plus grande partie de ses avances. Rivoire, 10.

D'ailleurs, le juge, le client et la partie adverse (ce qui a lieu surtout si cette partie a une compensation à opposer) peuvent s'assurer de la véracité de la déclaration de l'avoué, en exigeant la représentation de son registre. Limoges, 27 août 1823; Pigeau, 1, 519; Carré, n° 567. — V. *Avoué*, n° 201 à 203.

143. Il n'est pas non plus nécessaire que l'affirmation ait lieu au moment même du jugement; le trib. peut ordonner la distraction des dépens à la charge de l'affirmation à faire ultérieurement. — Par exemple, une C. roy. ordonne valablement la distraction des dépens au profit d'un avoué de 1re inst., à la charge par lui de faire l'affirmation devant le trib. près lequel il exerce. Cass. 14 fév. 1827, S. 27, 187. —Lorsque la distraction n'est pas demandée par l'avoué même qui en profite, elle est prononcée à la charge de l'affirmation qu'il en doit faire, et les frais du jugement postérieur qui en donne acte restent à sa charge. Riom, 15 mars 1828, S. 28, 230; Bordeaux, 20 juin 1832, D. 33, 115.

144. L'affirmation peut précéder le jugement : ainsi, est valable celle contenue dans une requête signifiée pendant l'instance. Cass. 2 janv. 1828, D. 28, 78.

145. L'affirmation est-elle de rigueur? — L'art. 133 exige cette formalité ; mais comme il n'ajoute pas la peine de nullité, on ne saurait la suppléer. Cass. 8 juill. 1826, 6 nov. 1828, D. 28, 318, 435.—*Contrà*, Cass. 30 avr. 1811, P. 9, 289; Merlin, *Rép.*, v° *Distraction de dépens*, art. 6; Carré, n° 565; Berriat, 1, 72; Chauveau, 1, art. 133.

La mention de l'affirmation dans le jugement n'est pas non plus indispensable. *Mêmes arrêts.*

146. La loi n'exige pas que l'avoué ait fait la totalité des avances, il suffit qu'il en ait fait la plus grande partie, peu importe qu'il ait reçu des à-compte.

147. La distraction des dépens ne peut être prononcée que par le jugement qui en porte la condamnation (C. pr. 133). Lorsqu'il garde le silence à cet égard, la partie en faveur de laquelle les dépens ont été adjugés devient créancière de son adversaire et le transport judiciaire et forcé n'est plus possible. — On ajoute dans le jugement : *Dont distraction est faite au profit de M^e   avoué, qui affirme les avoir avancés de ses deniers.*

148. Peu importe qu'il ne s'agisse que du coût du jugement ou de l'arrêt.

Toutefois il a été jugé (à tort selon nous), que l'avoué qui a fait l'avance de ces frais peut depuis l'arrêt former par requête sa demande en distraction. Paris, 12 juill. 1812, P. 10, 571 ; Carré, art. 133, p. 317, note. — Dans l'espèce, la C. avait compensé les dépens entre les parties et désigné celle qui devait payer le coût de l'arrêt.

149. Les juges d'appel prononcent valablement la distraction des dépens dus à l'avoué de 1re inst. Cass. 14 fév. 1827, D. 28, 77. — Dans l'espèce, cet avoué n'avait pas obtenu la distraction devant les premiers juges, parce que son client avait succombé. Mais son droit était conservé pendant l'instance d'appel et subordonné à l'arrêt de la C. royale.

150. L'avoué qui a obtenu la distraction des dépens, peut comprendre dans son exécutoire les frais faits postérieurement à son affirmation, tel que le coût du jugement, de la signification tant à avoué qu'à domicile : ces frais ne sont qu'un accessoire des frais dont la distraction a été ordonnée, et doivent, par conséquent, s'y adjoindre. Bruxelles (et non pas Paris) 17 août 1812, P. 10, 657 ; Montpellier, 2 mai 1825 ; Dalloz, v° *Jugement*, 675 ; Chauveau, *Tarif*, 1, 216 ; Berriat, 73.

Ainsi, quand la partie poursuivie forme opposition à l'exécutoire délivré contre elle, les frais de l'incident sont dus en vertu de la distraction prononcée antérieurement ; seulement, on peut exiger de l'avoué une affirmation, Metz, 12 déc. 1810, P. 8, 699 ; Montpellier, 2 mai 1825.

151. Souvent les trib. prononcent la validité des offres avant que la consignation ait été effectuée. (—V. *inf.*, v° *Offres réelles.*) — Mais ils doivent avoir soin de n'accorder, par le même jugement, la distraction des dépens à l'avoué du débiteur, que sous la condition de la réalisation préalable des offres (—Ou même, d'autoriser seulement l'officier ministériel à prélever ses frais sur la somme dont ils ordonnent la consignation) ; — Autrement le créancier resterait exposé aux poursuites de l'avoué du débiteur, tandis que ce dernier pourrait disparaître avant d'avoir satisfait au jugement. — Cet incon-

vénient s'est présenté dans une affaire jugée par le trib. de la
Seine, 4ᵉ ch., le 24 déc. 1835. — Un précédent jugement,
avait prononcé la distraction au profit de l'avoué du débiteur,
sans y apposer pour condition la réalisation préalable des offres.
Le débiteur avait disparu avant d'effectuer la consignation, et
cependant son avoué poursuivait le créancier. — Dans l'intérêt
de ce dernier on soutenait que la distraction n'est qu'une garantie donnée à l'avoué contre la mauvaise foi de son client;
que cette garantie ne peut ni ne doit aggraver la position de la
partie condamnée; qu'elle ne donne pas à l'avoué plus de
droits que n'en aurait eus son client.—On répondait pour l'officier ministériel : La distraction accordée purement et simplement à l'avoué lui donne le droit de poursuivre pour les dépens,
sans qu'il résulte pour lui une fin de non-recevoir tirée du défaut
de réalisation des offres, qui est une charge imposée à son client
seul. C'est ainsi que la partie condamnée ne peut opposer à
l'avoué la compensation des sommes qui lui sont dues par le
client de cet avoué. — Ce dernier système a été accueilli par
le tribunal. (Art. 308 J. Pr.)

152. *Effet de la distraction.* Elle rend l'avoué cessionnaire
des frais, avec garantie contre ses cliens. De là, plusieurs conséquences.

153. 1° Le condamné ne peut payer directement les dépens
à l'adversaire.

Toutefois, à défaut de diligence de l'avoué, la partie à laquelle ces dépens ont été adjugés, peut en poursuivre elle-même
le recouvrement; elle continue d'être débitrice de son avoué,
et, créancière de la partie condamnée, elle a donc droit et intérêt à réclamer les dépens. Paris, 1ᵉʳ mess. an 13; Cass.
25 mai 1807, P. 6, 106; Merlin, *ib.*, § 5; Carré, n° 569. —
Mais il faut que le client ait mis son avoué en demeure de poursuivre l'adversaire.

154. 2° La partie qui a obtenu gain de cause ne peut, au
préjudice de l'avoué, ni céder sa créance des frais, ni compenser
ce qu'il doit maintenant, ni ce qu'il pourra devoir à l'avenir à
l'adversaire. Cette dérogation au principe, qui veut que le subrogé n'ait pas plus de droit que le subrogeant, se justifie par
des motifs d'équité et d'intérêt public. Cass. 11 déc. 1834 (Art.
73 J. Pr.); Pigeau, 1, 620; Merlin, v° *Distraction*, § 4; Berriat,
72, note 22, n° 2.

De même un créancier de la partie à laquelle les dépens ont
été adjugés, ne peut, au préjudice de l'avoué qui a obtenu la
distraction, saisir-arrêter les dépens sur cette partie, et entre les
mains de celui qui les doit. Metz, 12 déc. 1810, P. 8, 699;
Amiens, 5 mai 1820, D. v° *Jugement*, 674; Merlin, R., v° *Distraction*, § 2, n° 5.

155. 2° L'avoué qui n'est pas payé conserve son action contre la partie : la distraction n'est, pour lui, qu'une sûreté et une facilité de plus pour être payé ; elle n'opère pas novation de l'obligation contractée par le mandant. Cass. 13 juin 1837 (Art. 808 J. Pr.) ; Pigeau, *ib*.

L'avoué peut, en conséquence, les réclamer de son client, soit que la partie condamnée soit insolvable, soit même qu'étant solvable, il préfère s'adresser à son client.

Toutefois, si l'insolvabilité de la partie condamnée n'est survenue que depuis le temps où l'avoué aurait pu exercer des poursuites et se faire payer, il est juste qu'il supporte seul la peine de sa négligence. Carré, art. 133 ; Favard, v° *Jugement* ; Boncenne, 2, 571.

156. 4° L'avoué peut prendre, tant en son nom qu'en celui de son client, inscription hypothécaire sur les immeubles de la partie condamnée, en vertu du jugement qui prononce la distraction. C. civ. 2117, 2123 ; Demiau, art. 133. — V. *Hypothèque*.

L'avoué, qui a obtenu la distraction des frais de séparation de biens, dans l'intérêt de la femme, est subrogé aux droits qui résultent de son hypothèque légale pour le paiement de ces mêmes frais. Rouen, 25 janv. 1838 (Art. 1260 J. Pr.). On suppose que l'inscription prise par la femme mentionne la distraction.

Par suite, il peut surenchérir sur une vente d'immeubles du mari, bien qu'il n'ait pas été personnellement inscrit. *Même arrêt*.

157. 5° La taxe est poursuivie, et l'exécutoire délivré au nom de l'avoué. C. pr. 133.

L'avoué peut user contre le condamné des voies d'exécution ordinaires. Demiau, *ib*.

Mais la loi ne l'autorise pas à prendre un exécutoire contre son client, elle se contente de lui accorder une action. — V. *Avoué*, § 6.

158. Le chef relatif à la distraction des dépens fait corps avec l'ensemble du jugement.

159. Si la partie condamnée interjette appel, l'avoué ne peut exiger les dépens jusqu'à ce que le jugement ait été confirmé. L'appel est suspensif, et remet en question tout le procès. C. pr. 157 ; Cass. 12 avr. 1820, S. 20, 378. — De même, si le jugement est par défaut, l'opposition arrête les poursuites de l'avoué.

160. L'avoué qui a obtenu la distraction ne devient pas pour cela partie dans la cause ; il ne peut ni intervenir dans l'instance d'appel, ni faire revivre cette instance par tierce-opposition. Lyon, 2 juin 1831, D. 33, 33. — Spécialement l'a-

voué ne peut attaquer, par la voie de l'intervention, une transaction passée sur l'appel entre les parties, à la condition que
chacune sera tenue des dépens qu'elle a faits. *Même arrêt.*

La transaction faite de bonne foi entre les parties a toute la
force de la chose jugée.

Mais, si les parties, pour frustrer l'avoué de ses droits, ont
fait une transaction frauduleuse, la distraction prononcée d'office produit tous ses effets, l'officier ministériel conserve le
droit d'agir contre les deux parties par action principale, en
vertu du jugement. *Même arrêt.* — Une transaction entachée de
dol quant au chef qui le concerne est pour lui non avenue.
Dalloz, *ib.*

161. Si la distraction est prononcée par un jugement en dernier ressort et contradictoire, aucun recours ne peut suspendre
l'exécution de la chose jugée.

Dans le cas où la cassation ou la rétractation du jugement aurait lieu ultérieurement, l'avoué qui a touché les dépens adjugés à son client n'est pas tenu personnellement de les restituer;
il n'a reçu que ce qui lui reste dû, nonobstant la réformation
de la sentence. Si la distraction n'eût point été requise, les dépens auraient été payés par le perdant au gagnant, et celui-ci
les aurait remis à son avoué, qui, dans aucun cas, n'aurait été
tenu de les rendre. Or, la distraction évite ce circuit. L. 44,
C. de condict. indeb. C. civ. 1238 ; Cass. 16 mars 1807, P. 5,
737 ; Florence, 18 avr. 1810, D. 676 ; Boitard, 1, 541.

La question de restitution ne peut être agitée qu'entre les
parties. Parlem. de Rennes, 17 nov. 1695; *id.* Paris, 5 juill.
1768 ; Denisart, v° *Dépens*, n° 58; Cass. 16 mars 1807; Merlin, *ib.*, § 4 ; Favart, v° *Jugement*, sect. 1, § 2; Hautefeuille,
106 ; Poncet, *Jugement*, 1, 474; Boncenne, 2, 573.

162. L'avoué qui n'a pas demandé la distraction des dépens,
peut cependant, en formant opposition à leur remise entre les
mains de la partie condamnée, avant la compensation ou le
transport, avoir sur le montant un privilége qui les lui fasse attribuer préférablement aux autres créanciers de son client. Arg.
C. civ. 2102, 2103; Pigeau, 1, 619 ; Carré, n° 570; Glandaz,
Encyclopédie du droit, n° 33. — V. *Avoué*, n° 164.

163. Les huissiers peuvent-ils demander, à leur profit, la
distraction de la portion des dépens qu'ils ont déboursés? —
Pigeau (*Comm.*, 1, 316, note 1) leur reconnaît ce droit. « Ils
ont, dit-il, deux voies à prendre pour arriver à leur but : 1° si
le client consent, ils peuvent demander la distraction en ces
termes : — *Dont la distraction sera faite du consentement de... à...
huissier, pour significations à lui faites, en affirmant*, etc. ; 2° si le
client s'y refuse, l'huissier peut la demander par une simple
requête d'intervention, *dont les frais sont à la charge du client* —

Ce système, qui ne repose sur aucun texte de loi, et qui tendrait à conférer un privilége, exclusivement attribué aux avoués, à d'autres officiers ministériels, a été repoussé par une pratique universellement contraire. Rivoire, v° *Dépens*, n° 15.

L'intervention de l'huissier nécessiterait des frais de signification, de constitution et autres ; il lui suffit, pour conserver ses droits, d'une simple opposition entre les mains de la partie condamnée.

164. La partie qui paie les dépens auxquels elle a été condamnée peut exiger la remise, 1° de l'exécutoire. Nanci, 24 nov. 1825 (Art. 442 J. Pr.) ; — cette remise la dispense de conserver une quittance sous seing privé, ou de faire les frais d'une quittance authentique ; de même, l'acquéreur qui paie le prix d'un immeuble a le droit d'exiger la remise du bordereau de collocation (C. pr. 773) ; — 2° de la grosse du jugement ou de l'acte notarié faisant titre contre elle, si le paiement est intégral et que la dette soit entièrement éteinte ; — 3° des procédures de poursuites entamées en vertu de ces actes exécutoires ; ils pourraient servir de base à de nouvelles poursuites. (—V. *Commandement*, n° 3). Paris, 12 déc. 1820 (Art. 442 J. Pr.).

Mais cette partie ne peut exiger la remise des pièces de la procédure, qui ont servi à établir l'obligation et qui ont précédé le jugement de condamnation, bien qu'elles soient taxées par l'exécutoire. Paris, 12 déc. 1820 ; Trib. Seine, 3ᵉ ch., 15 avr. 1836 ; *Le Droit*, n° 135. — Ces pièces doivent rester entre les mains, soit des avoués, soit de la partie, pour le cas de requête civile, ou de l'exercice de toute autre voie légale. Paris, 3ᵉ ch., 26 janv. 1835 (Art. 442 J. Pr.). — Autrement, l'avoué qui est tenu d'occuper, sans nouveau pouvoir, dans le cas des art. 496 et 1038 C. pr., serait dans l'impuissance de défendre ses clients, s'il a remis les pièces, et il ne serait pas juste de subordonner le paiement qu'on lui offre à une condition qui le placerait dans cette impossibilité.

165. Quant à la partie qui paie les frais à son avoué elle peut exiger de lui la remise des titres des originaux, des actes faits à sa requête, et des copies d'actes signifiées à la requête de l'adversaire, à l'exception des pièces que l'adversaire serait en droit de réclamer, s'il était condamné à une partie des dépens.

Mais dans l'usage l'avoué conserve les pièces de pure procédure, autres que les titres, ou du moins celles qui, insignifiantes pour sa partie, peuvent lui servir comme renseignemens sur l'affaire à former un résidu, tels qu'un acte de constitution, des bulletins de remise, la copie des qualités du jugement, et surtout les procurations qui lui ont été données, dans la prévoyance d'une action en désaveu. —V. d'ailleurs C. pr. 496, 1038.

166. Celui qui a payé sans exiger la taxe peut répéter ce

qu'il aurait payé de trop, par suite d'erreur, de dol ou de fraude. — V. *Avoué*, n° 162.

Si donc un ou plusieurs actes de procédure avaient été supposés, ou bien si le coût ou l'émolument étaient portés à un taux plus élevé que celui du tarif, il y aurait lieu à répétition.

Mais pourrait-on, nonobstant le paiement, exiger la révision des articles sincères et sujets seulement à évaluation dans la taxe, comme les conclusions ou requêtes grossoyées? Pourrait-on revenir sur l'allocation des honoraires?

Nous ne le croyons pas, si l'on a payé en connaissance de cause sur un mémoire détaillé; on a dès lors reconnu la convenance de la demande. Il en serait autrement si l'on avait payé sans état, on pourrait toujours en exiger un et le critiquer dans tous ses détails.

§ 5. — *Des dépens en matière de cassation.*

167. Les dépens de cassation ne suivent pas le sort de ceux du fond.

Dépens de cassation. La C. de cass. condamne *définitivement* la partie qui succombe devant elle aux dépens faits à l'occasion du pourvoi (— V. *Cassation*, n° 271). Ils ne sont jamais restituables; aucun trib. ne pourrait, sans excès de pouvoir, réformer sur ce point un arrêt de la C. suprême. Cass. 4 août 1848, S. 19, 124.

168. La partie qui succombe ne paie que les frais composés des droits d'enregistrement, de greffe, de papier timbré et d'expédition et signification des mémoires et actes Ces dépens sont liquidés conformément au tarif fixé par le règlement de 1738. — Quant à l'action de *l'avocat à la Cour de cassation*, — V. ce mot, n°s 26 et 27.

169. Lorsqu'une radiation d'un nom patronymique a été ordonnée d'office par une C. roy., et que son arrêt est cassé, le défendeur, qui n'ayant aucun intérêt à la répression de l'abus fait défaut sur l'assignation qui lui a été donnée pour la forme, ne doit pas être condamné aux dépens. Cass. 6 avr. 1830.

170. *Dépens du fond.* Quel est le sort de ces dépens après une cassation?

La C. ordonne la restitution des dépens payés par celui qui avait succombé sur le fond (— V. *Cassation*, n° 280) : en effet, les choses doivent être remises au même état qu'avant l'arrêt cassé; du reste, la C. de cass. ne connaît que de ses propres dépens. Cass. 31 août 1826, D. 27, 17.

Ainsi le demandeur en cassation n'a droit, en vertu de l'arrêt de cassation, qu'à la restitution des sommes qu'il a payées en exécution de l'arrêt cassé; il ne peut se faire rembourser ses propres dépens.

171. Les frais d'un jugement cassé comme ne contenant ni le point de fait ni le point de droit, doivent être supportés, ainsi que ceux faits devant la Cour de cassation, par la partie qui l'a signifié, et au préjudice de laquelle il a été cassé, quoique cette partie ait reconnu en cassation les moyens du demandeur. Cass. de Belgique, 23 juin 1830.

172. Les sommes que l'avoué d'appel a touchées, en vertu de l'arrêt cassé, ne doivent pas être restituées par lui. —V. *sup.* n° 161 ; *Cassation,* n° 285.

173. Il n'est pas indispensable que l'arrêt de cassation ordonne expressément la restitution des dépens payés. Cass. 15 janv. 1812, P. 10, 36 ; 22 janv. 1822, S. 22, 152 ; Chauveau, *Tarif,* 1, 39.—V. *ib.* n° 283.

174. Les frais occasionés par une demande en interprétation d'arrêt de la C. de cass., par suite du refus de restituer les sommes payées en vertu de l'arrêt cassé, doivent être supportés par la partie qui a refusé la restitution. *Mêmes arrêts.*

175. Si, après la cassation, le nouvel arrêt statue comme le premier, les frais faits antérieurement à l'arrêt de cassation peuvent être mis à la charge de la partie qui a succombé définitivement. Cass. 31 août 1826, D. 27, 17. — La C. roy., qui statue définitivement peut, sans violer l'autorité de la décision de la C. suprême, régler le sort des dépens du fond.—V. d'ailleurs *sup.* n° 167.

176. L'action en remboursement des frais de la procédure, en matière criminelle, ne s'éteint pas par le décès du condamné arrivé avant qu'il ait été statué sur son pourvoi en cassation. — Ainsi jugé en faveur de la régie. Cass. 16 janv. 1811, P. 9, 32 ; Carnot, 1, 60, n° 24 ; Legraverend, 1, 67 ; avis du Cons.-d'Ét. 22 et 26 fruct. an 13. Délibération, 1 et 5 févr. 1828. — Il en serait de même à l'égard de la partie civile.

— V. *Déboursés, Exécutoire, Frais, Tarif, Taxe.*

DÉPENSES communes. — V. *Reddition de compte.*

DÉPLACEMENT. — V. *Voyage.*

DÉPLACEMENT de bornes. — V. *Bornage.*

DÉPLACEMENT de minutes. Il a lieu dans le cas d'inscription de *faux* ou de *vérification d'écriture.* — V. ces mots.

DÉPORT. *Se déporter.* C'est s'abstenir : ces mots s'appliquent au juge qui croit devoir s'abstenir de connaître d'une affaire ; au demandeur, qui peut, avant le jugement, se désister de l'instance pour en intenter une nouvelle. —V. *Arbitrage,* Sect. 6, § 1 ; *Désistement, Récusation.*

DÉPOSITAIRE public. — V. *Dépôt,* n° 3.

1. Les dépositaires de minutes d'actes publics sont tenus de les déposer au greffe du trib. dans les cas d'inscription de *faux* ou de *vérification d'écriture.* — V. ces mots.

2. Au cas de saisie-arrêt entre les mains d'un dépositaire de deniers publics, l'exploit doit être visé par lui ; mais il n'y a pas lieu de l'assigner en déclaration affirmative. C. pr. 561 569. —V. *Saisie-arrêt.*

DÉPOSITION. — V. *Enquête.*

DEPOT. Ce mot à plusieurs significations.

1. Il se dit de l'action de placer une chose en quelque endroit ou de remettre, de confier une chose à quelqu'un. — Pour le dépôt du cahier des charges au greffe, — V. *Vente judiciaire ;* — des extraits des contrats de mariage des commercans , — V. *mariage,* — des contrats de vente au greffe; —V. *purge ;* — des *minutes ;* —V. ce mot; — de pièces. — V. *Faux, Notaire ;* — des *répertoires,* — V. ce mot ; — des signatures et paraphes des notaires, — V. *Légalisation, Notaire ;* — de testament, —V. *Possession (Envoi en).*

— V. d'ailleurs *Dépôts et Consignations.*

2. Il désigne aussi la chose déposée.

3. Dépôt se dit par extension d'un lieu ou l'on dépose habituellement certains objets. — On entend par *dépôt public* le lieu où sont déposées : — des minutes , copies d'actes et jugemens , registres , etc. , dont la conservation intéresse la société, et dont le public peut prendre connaissance et lever des extraits , soit gratuitement , soit en payant un salaire. — V. *Acte de l'état civil*, 2, et 4 ; *Compulsoire*, n° 2 et toutefois, *ib.* n° 1 ; *Enregistrement ;* — ou bien des sommes d'argent , comme à la caisse des *dépôts et consignations*. — V. ce mot , n° 51.

4. Dépôt se dit également du contrat ou du quasi-contrat qui prend naissance, lorsque le déposant remet une chose entre les mains du dépositaire et qui oblige ce dernier à garder et à restituer la chose déposée.

On distingue le dépôt proprement dit et le *séquestre.* V. ce mot.

Le dépôt proprement dit est *volontaire ou nécessaire.* C. civ. 1920. —V. d'ailleurs *inf. dépôts et consignations*, § 1.

DÉPOTS et CONSIGNATIONS (1). La *consignation* est le dépôt fait entre les mains des préposés de la caisse des dépôts et consignations ; ou des personnes indiquées par le juge. Elle suppose une difficulté née ou à naître au sujet de l'objet consigné.

DIVISION.

§ 1.— *Des différentes espèces de consignations.*
Art. 1. — *Cas où il y a lieu à consignation volontaire.*
Art. 2. — *Cas où il y a lieu à consignation forcée.*

___

(1) Cet article est de M. Allenet, avocat, ancien principal clerc d'avoué , à Paris.

§ 2. — *Conditions requises pour la validité de la consignation.*
§ 3. — *Lieu où doit être faite la consignation.*
§ 4. — *Effets de la consignation.*
§ 5. — *Oppositions sur les sommes consignées.*
§ 6. — *Remise des sommes consignées.*
§ 7. — *Timbre et enregistrement.*
§ 8. — *Formules, renvoi.*

§ 1. — *Des différentes espèces de consignations.*

1. La consignation est *volontaire*, ou *forcée*.

2. *Volontaire*, toutes les fois qu'elle n'est ni ordonnée par la justice, ni prescrite par la loi. Tout débiteur a le droit de se libérer par la consignation. C. civ. 1257. — Quelquefois aussi cette faculté est accordée par une convention.

3. *Forcée*, quand elle est ordonnée par la justice ou prescrite par loi.

La consignation forcée doit être effectuée dans le délai fixé par la loi ou par le jugement qui l'a prescrite.

Toutefois, ce délai n'est pas de rigueur ; la consignation, bien que tardive, a toujours pour effet de mettre les fonds en sûreté.

Ainsi, la consignation que l'adjudicataire fait de son prix après l'expiration du délai fixé parle jugement d'adjudication n'est point nulle ; elle ne doit pas même être considérée comme consignation volontaire, et à ce titre assujettie à la formalité préalable d'offres réelles et de sommation. Toulouse, 22 nov. 1820. S. 21, 255.

4. Il ne faut pas confondre avec la consignation volontaire une espèce de prêt, connu sous le nom de dépôt volontaire.

5. Les *dépôts volontaires* faits par les particuliers et que la caisse des consignations est autorisée à recevoir (2ᵉ ordonnance 3 juill. 1816) ne peuvent avoir lieu qu'à Paris et seulement en monnaie ayant cours, d'après les lois et ordonnances, ou en billets de la Banque de France. *Ib* art. 2.

Ils portent intérêts à raison de deux pour cent. Art. 1ᵉʳ, ordonn. 19 janv. 1855. (Art. 44 J. Pr.). — V. d'ailleurs *inf.* n° 57.

Le remboursement n'est exigible que 45 jours après la demande qui en est formée par les ayant-droit, la caisse conserve la faculté d'anticiper ce terme selon ses convenances. Ordonn. 19 janv. 1855, art. 5.

6. La consignation peut avoir pour objet des sommes d'argent. (— V. *inf.* § 2.) ; — ou des corps certains,

7. Le débiteur d'un corps certain ou d'une quotité de choses fongibles, qui veut se libérer, doit faire sommation au créancier de l'enlever, par acte notifié à sa personne ou à son domicile , ou au domicile élu pour l'exécution de la convention. C. civ. 1264.

8. Si la chose est livrable au domicile du créancier, le débiteur doit s'y transporter avec cette chose, et faire dresser procès-verbal du refus du créancier de l'accepter. *Ib.* 1247.

9. Si le créancier n'enlève pas la chose ou refuse de la recevoir, le débiteur peut obtenir de la justice l'autorisation de la déposer dans un lieu qu'elle détermine. C. civ. 1264.

Il fait alors notifier le jugement au créancier, en lui indiquant le jour et l'heure où il le fera exécuter ; et s'il persiste à ne pas recevoir ou à ne pas enlever la chose , elle est transportée dans le lieu désigné, où elle demeure à ses risques et périls.

10. Du moment que le débiteur a fait au créancier sommation d'enlever ou de recevoir la chose, il est déchargé de la responsabilité des cas fortuits, s'il les avait pris à sa charge ; s'il était en demeure, la demeure est purgée.

S'il a continué à garder la chose chez lui, il ne peut, dans aucun cas, être tenu que de sa faute grave. Duranton, **12**, n° 220 ; Toullier, 7, n° 212.

Art. **1.** — *Cas où il y a lieu à consignation volontaire.*

11. Tout débiteur ou détenteur de deniers qui veut se libérer, ou se décharger de la responsabilité d'une somme d'argent, peut la consigner, à moins que cette faculté ne lui ait été interdite. L'interdiction résulte ou d'une défense expresse, ou de la clause , insérée dans un acte de prêt ou de vente , qui empêche le remboursement ou le paiement du prix avant telle époque.

12. Tout débiteur de billet à ordre, lettre de change, billet au porteur, ou autre effet négociable , dont le porteur ne s'est pas présenté dans les trois jours de l'échéance, est autorisé à consigner la somme portée au billet. L. 6 therm. an 3.

Cette disposition s'applique à tous les particuliers non négocians signataires de billets à ordre. Cass. 12 messid. an 9, P.2 , 232.

L'abrogation des anciennes lois touchant les matières commerciales régies par le C. de comm., prononcée par le décr. du 15 sept. 1807, a fait douter de la validité de cette consignation ; mais le Code ne s'est nullement occupé du cas prévu par la loi du 6 therm. an 3, et l'ordonn. du 3 juill. 1816 , art. 2-1° , suppose la loi dont il s'agit en vigueur.

13. L'acte de dépôt doit contenir la date du billet, celle de l'échéance , et le nom du propriétaire dépositaire. L. 6 therm. an 3 , art. 2.

Le dépôt consommé , le débiteur n'est tenu qu'à remettre l'acte de dépôt en échange du billet. *Ibid.*

Le débiteur ne peut valablement consigner que trois jours

après l'échéance ; mais il n'est pas astreint à consigner immédiatement après ces trois jours. Cass. 3 brum. an 8, S. 1, 252.

14. Toute personne obligée par la loi ou par jugement à fournir caution, a la faculté de donner en place un nantissement en argent : elle consigne alors à la caisse somme suffisante. C. civ. 2041 ; C. pr. 167 ; C. inst. crim. 117. — Cette option appartient au rendant compte (autre que le tuteur) qui se reconnaît reliquataire. C. pr. 542.

15. L'acquéreur des immeubles saisis postérieurement à la dénonciation de la saisie, a pu consigner, avant l'adjudication , somme suffisante pour acquitter, en principal , intérêts et frais, les créances inscrites, à la charge de signifier le procès-verbal de consignation aux créanciers inscrits. — V. *Saisie immobilière*.

Art. 2. — *Cas où il y a lieu à la consignation forcée.*

16. La consignation est prescrite aux officiers publics, détenteurs de deniers, dans plusieurs cas ; — aux gardes du commerce, huissiers, geôliers, en matière d'*emprisonnement*. Ordonn. 3 juill. 1816, art. 2, n° 3 et 4.—V. ce mot ;—aux huissiers, en matière d'*offres réelles*. C. pr. 814 ; — et de *saisie-exécution*. C. pr. 590 ; même ordonn. art. 2, n° 7 ; — V. ces mots ; — aux commissaires-priseurs , greffiers , huissiers , notaires, en matière de *vente mobilière*. C. pr. 657, 660 ; *même ordonn.* art. 8, — V. ce mot et *Distribution par contribution , Séquestre.*

17. Lorsque, à une apposition de scellés, ou à un inventaire, il se trouve des deniers comptans, le président, sur le référé provoqué par le juge de paix, ordonne la consignation des deniers. Ordonn. 3 juill. 1816, art. 2, n° 7. — V. *Inventaire , Scellés.*

Le juge de paix doit suivre cette marche, en cas de difficultés au sujet de ces deniers comptans (C. pr. 921), ou lorsque les circonstances l'exigent.

Le récépissé délivré par la caisse est alors inventorié avec les autres titres de la succession ou de la faillite.

18. Quand des sommes existent ou ont été recouvrées dans une succession bénéficiaire, le trib., sur la demande des créanciers ou de l'un d'eux, en ordonne la consignation. Ordonn., art. 2, n° 12. — A moins que l'héritier bénéficiaire ne donne caution. L'ordonn. du 3 juill. 1816 , n'a point dérogé à cette faculté que lui accorde le C. civ. Aix, 28 nov. 1831, S. 32, 131. — *V.* d'ailleurs *Curateur*, n° 16.

19. Les deniers provenant des ventes et des recouvremens des faillis, sous la déduction des sommes arbitrées par le juge commissaire, pour le montant des dépenses et frais, *doivent* être immédiatement consignés. L. 16 avr. 1838, art. 489 (Art. 1160 J. Pr.). — Cette consignation n'est plus facultative.

20. Souvent l'adjudicataire est tenu de consigner par le cahier des charges ; — toutefois, dans ce cas, il peut en être dispensé si tous les créanciers y consentent ; ils conservent leurs hypothèques sur le bien vendu ; et d'un autre côté, la caisse, d'après l'art. 7, L. 28 niv. an 13, n'a aucune action pour l'exécution des jugemens qui ordonnent des consignations. Merlin, *Rép., hoc verbo*, n° 10. — *V.* toutefois *inf.* n° 29.

21. La consignation peut être ordonnée, 1° lorsque l'adjudicataire des biens immeubles vendus sur saisie immobilière ou autrement, n'est pas autorisé par le cahier des charges à conserver le prix entre ses mains, et ce, sur la demande d'un ou de plusieurs créanciers. Ordonn. 3 juill. 1816, art. 2, n° 10.

2° Sur la demande de l'adjudicataire lui-même, ou de tout autre acquéreur ou débiteur qui ne peut se libérer immédiatement que par cette voie, et qui craint qu'une consignation volontaire ne soit contestée.

22. Quand un tiers-saisi est frappé de plusieurs oppositions, et que les opposans ne peuvent pas s'entendre dans le délai d'un mois, il consigne dans la huitaine suivante les sommes dont il s'est reconnu débiteur. Ordonn. 3 juill. 1816, art 2, n° 8 ; C. pr. 657.

Ce délai d'un mois, court du jour de la signification qui lui est faite du jugement qui fixe ce qu'il doit rapporter. *Même ordonn.* art. 8.

Toutefois, il n'est tenu de consigner qu'autant que le jugement l'a expressément ordonné : l'art. 657 C. pr. n'impose cette obligation qu'à l'officier ministériel détenteur de deniers provenant d'une vente. Tel est le sens de l'ordonn. du 3 juill. 1816, qui a placé cette consignation au nombre des consignations *judiciaires*, c'est-à-dire qui doivent être ordonnées par jugement. Arg. Bordeaux, 4 mai 1832, S. 32, 2, 426.

23. Le jugement qui fixerait ce que le tiers saisi doit rapporter, sans en ordonner la consignation, ne suffirait pas pour que l'on pût le contraindre à consigner. La consignation n'est *forcée* que lorsqu'elle est expressément ordonnée.

24. Toutefois, il suffirait que l'un des créanciers fît au tiers saisi sommation de consigner, pour faire courir les intérêts, dans le cas où ils ne courraient pas déjà. Le tiers saisi serait dès-lors assimilé au débiteur en retard de remplir son obligation, et les art. 1146 et 1153 lui seraient applicables. Peu importe que les ayant-droit ne soient pas en mesure de recevoir, puisque la consignation est un paiement fictif, et qu'on l'a mis en demeure de se libérer par cette voie.

25. L'ordonn. du 3 juill. 1816, art. 2, n° 9, prescrit la con-

6.

signation des fruits produits par l'immeuble saisi depuis la dénonciation de la saisie au débiteur, et qui, aux termes de l'art. 689 C. pr., doivent être immobilisés.

26. Lorsque l'adjudicataire d'un navire ne paie pas aux ayant-droit, dans les 24 heures, le prix de son adjudication, ce prix doit être consigné sans frais, à peine de contrainte par corps. C. comm. 209 ; ordonn. 5 juill. 1816, art. 2, n° 4.

27. *Voies ouvertes contre ceux qui sont en retard de consigner.*

Toute personne tenue d'effectuer une consignation forcée peut y être contrainte, à la requête des parties intéressées, par toutes voies d'exécution, et même par corps, dans certains cas déterminés. — V. *Emprisonnement.*

Mais ces voies d'exécution ne peuvent être exercées qu'en vertu du jugement qui a ordonné la consignation, et s'il s'agit d'un prix d'adjudication, en vertu d'une clause formelle du cahier des charges, rendue exécutoire par le jugement d'adjudication. — V. *Exécution.*

28. Tout officier ministériel, notaire, courtier, commissaire-priseur, huissier ou geôlier, qui, ayant reçu des sommes dont il doit faire le versement à la caisse des consignations, est en retard d'effectuer ce versement, peut être révoqué, il encourt de plus les peines prononcées par les lois contre les rétentionnaires de deniers publics. Ordonn. 5 juill. 1816, art. 6 et 10.

29. Le directeur-général de la caisse des consignations a le droit de décerner, ou, si c'est dans les départemens, de faire décerner par les préposés de la caisse, des contraintes contre les officiers publics, pour les obliger à effectuer les consignations dont ils sont tenus. Il est procédé, pour l'exécution de ces contraintes, comme pour celles qui sont décernées en matière d'enregistrement, et la procédure est communiquée au ministère public. Ordonn. 5 juill. 1816, art. 9.

30. Dans tous les autres cas, le directeur de la caisse des consignations et ses préposés ne peuvent exercer aucune action pour l'exécution des jugemens ou décisions qui ont ordonné des consignations. L. 28 niv. an 13, art. 6.

§ 2. — *Conditions requises pour la validité de la consignation.*

31. Pour être valable, la consignation doit réunir plusieurs conditions : il faut ; 1° qu'il y ait dessaisissement réel des deniers. C. civ. 1259, 2°.

2° Que la somme déposée soit exigible au moment de la consignation. — Ainsi, la consignation faite pour raison d'un *rapport* d'héritier avant partage des droits successifs, est nulle : l'obligation de rapporter et la fixation des rapports ne dérivent

Ꝗue de la liquidation des droits de chacun des héritiers. Cass. 18 prair. an 7, S. 1, 217.

3° Que la consignation soit de la totalité de la somme exigible en principal, intérêts et frais. Des paiemens à compte ne libéreraient pas le débiteur. C. civ. 1258-3°. — Mais lorsque la somme consignée surpasse la *totalité de la dette*, la consignation est valable et libératoire. Toullier, 7, n° 193. — V. *Offres réelles*.

4° Que les intérêts consignés comprennent la totalité de ceux courus jusqu'au jour du dépôt (C. civ. 1259-2°.), ou de la réalisation. C. pr. 816.

52. Doit-on entendre par ce mot *réalisation*, la réalisation du dépôt ou seulement des *offres réelles ?* — V. ce mot.

33. La mention de la nature des espèces consignées n'est pas nécessaire; aucun texte ne l'exige. D'ailleurs, la caisse devient propriétaire des objets consignés; elle n'est pas tenue de remettre les *mêmes espèces*, mais seulement la même valeur. Il en était ainsi dans l'ancien droit. Cass. 15 vent. an 12, S. 4, 288.

34. Une consignation insuffisante ne libère pas le consignateur vis-à-vis du propriétaire de la créance. — Mais elle peut être valable vis-à-vis des créanciers de ce dernier, si elle couvre le montant de leur créance, en capital, intérêts et frais. — En cas d'insuffisance, ils ne pourraient exiger que le supplément nécessaire. Cass. 17 niv. an 7, S. 1, 192.

35. La consignation doit être précédée d'*offres réelles*, dans certains cas (— V. ce mot.); des formalités spéciales sont alors prescrites. — V. *inf*. n. 56 à 49.

36. Ainsi, 1° sur le refus du créancier d'accepter les offres à lui faites, le débiteur doit lui faire signifier une sommation contenant l'indication du jour, de l'heure et du lieu où la chose offerte sera consignée. C. civ. 1259.

Il n'est pas nécessaire que cette sommation soit faite par un nouvel acte séparé. Pigeau, 2, 529.

37. La caisse où la somme offerte doit être consignée, est celle désignée pour le paiement, c'est-à-dire celle du domicile du créancier, s'il n'en a été autrement convenu. C. civ. 1247. Caen, 6 fév. 1826, S. 27, 222.

38. 2° Un officier ministériel dresse procès-verbal de la consignation, et mentionne le refus du créancier de recevoir, ou sa non comparution, ou le dépôt (C. civ. 1259). Il en fait deux copies, dont une pour le créancier, s'il est présent, et l'autre pour la caisse. Tarif, 60.

39. Le procès-verbal fait par le receveur des consignations, dans le cas où la loi prescrit l'intervention d'un officier ministériel, est nul : et emporte la nullité de la consignation. Nîmes, 22 août 1809, P. 7, 792; Delvincourt, 2, 45, note 3.

40. Quel est l'officier ministériel compétent pour dresser ce procès-verbal? — On pourrait induire de l'usage et de l'opinion de plusieurs auteurs, que les huissiers ont seuls caractère pour ces actes. — Toutefois, les notaires sont également compétens. Il en était ainsi sous l'ancien droit; et les lois nouvelles ne contiennent aucune disposition contraire : on voit même que le C. de comm., art. 173, est conforme à l'ordonn. de 1673, qui donnait aux notaires, comme aux huissiers, le droit de faire des protêts. Il s'agit d'un procès-verbal purement extrajudiciaire. Le but des art. 1258 et 1259 est uniquement de faire constater les offres ou la consignation par acte authentique; or, les notaires sont des officiers ministériels qui confèrent à tous les actes qu'ils reçoivent le plus grand caractère d'authenticité. Dalloz, v° *Obligation*, chap. 5, sect. 1re, art. 4, § 1er; Toullier, 7, 2, n° 20. — V. *Offres réelles.*

41. La consignation qui suit les offres réelles, doit-elle être faite dans un délai déterminé? — La négative résulte de ce que la loi n'en a fixé aucun; il s'agit d'une consignation volontaire, que le débiteur est libre d'effectuer ou de ne pas effectuer: c'est dans son intérêt qu'elle est autorisée; c'est donc à lui à profiter quand bon lui semble du moyen qui lui est offert de se libérer de sa dette, et d'arrêter le cours des intérêts.

42. 3° Enfin, en cas de non-comparution du créancier lors de la consignation, le procès-verbal qui en est dressé, doit lui être signifié, avec sommation de retirer la chose déposée. C. civ. 1259.

43. Cette dernière condition n'est pas indispensable pour la validité de la consignation. La loi n'a même pas déterminé le délai dans lequel cet acte devait être fait. — On oppose que la consignation n'est parfaite à l'égard du créancier, et qu'elle ne doit avoir d'effet contre lui, que du jour où il en a eu connaissance; — mais n'a-t-il pas déjà été mis en demeure par les offres réelles et la sommation d'être présent au dépôt? Après cette sommation, il n'a pu ignorer la consignation; il a donc dépendu de lui d'en éviter les conséquences, en acceptant la somme offerte.

Conséquemment, si la consignation est déclarée valable, les intérêts ont définitivement cessé de courir du jour du dépôt; on ne pourrait les exiger pour l'intervalle écoulé entre le jour du dépôt et le jour de la notification au créancier non comparant. L'art. 1259 est formel et ne permet pas le doute. Pigeau, 2, 530; — *Contrà*, Delvincourt, 2, 45, note 4.

Il suffit cependant que la question soit controversée, pour que la prudence prescrive de faire immédiatement la notification.

44. La consignation, ainsi que les actes qui l'ont précédée, peut, si elle n'a pas été acceptée, être contestée tant en la **forme** qu'au fond.

Il est donc nécessaire, pour la rendre complètement libératoire, qu'il soit statué par un jugement sur sa validité. Dans ce cas, ou c'est le creancier qui en demande la nullité, ou c'est le débiteur qui appelle le créancier devant le trib. pour voir prononcer la validité de la consignation.

45. La demande, soit en validité, soit en nullité, est principale ou incidente.

Incidente, elle se forme par requête d'avoué (C. pr. 815), qui peut être grossoyée (*Tarif*, 75). *Principale*, elle est introduite comme toutes les demandes de cette nature; c'est-à-dire par exploit. C. pr. 815. — V. *Offres réelles.*

46. Le débiteur n'est point obligé de faire statuer, dans un délai déterminé, sur la validité de sa consignation ; mais il est de son intérêt de provoquer ce jugement. Duranton, 12, n° 227.

47. Bien que la consignation libère le débiteur du jour de sa date, cependant cet effet libératoire n'est réellement définitif, que lorsqu'elle a été validée, ou par l'acceptation du créancier, ou par un jugement passé en force de chose jugée. Jusque là le dessaisissement des deniers n'est que conditionnel, ils appartiennent encore au débiteur.

Tous les créanciers indistinctement peuvent donc les frapper d'oppositions. — V. *Saisie-arrêt.*

Le créancier auquel ces deniers avaient été offerts n'y peut prétendre exclusivement à tous autres, que lorsqu'il a notifié son acceptation, ou qu'un jugement passé en force de chose jugée les lui a adjugés.

48. Toutefois, l'acceptation du créancier peut être contestée, s'il est prouvé qu'il a eu, avant cette acceptation, connaissance de la cessation des paiemens du débiteur. Arg. art. 447, L. 16 avr. 1858 (Art. 1160 J. Pr.). — V. *Faillite.*

49. La consignation du prix d'un immeuble, pour être libératoire, doit-elle être précédée ou suivie de certaines formalités? — V. *Purge des hypothèques inscrites.*

§ 3. — *Lieu où doit être faite la consignation.*

50. La consignation d'un corps certain ou d'une quotité de choses fongibles doit être faite dans le lieu que la justice détermine. — V. *sup.* n° 7.

Celle des sommes d'argent se fait à la caisse des dépôts et consignations.

51. Cette caisse est chargée de toutes les attributions de l'ancienne caisse d'amortissement (l'amortissement excepté), L. 28 avr. 1816, art. 110.

Elle doit seule recevoir toutes les consignations judiciaires (Ordonn. 5 juill. 1816, art. 1), et toutes les consignations ordonnées par des lois, soit que ces lois n'indiquent pas le lieu de la consignation, soit qu'elles désignent une autre caisse. Toutes consignations de sommes d'argent, faites en d'autres caisses ou dépôts publics, ou particuliers, sont nulles et non libératoires. *Ibid,* art. 2, n°s 14 et 5.

— V. d'ailleurs *sup.* n° 4.

52. L'administration de la caisse des dépôts et consignations est réglée par ordonn. du 22 mai 1816. Elle est placée sous la surveillance de commissaires, et soumise à un contrôle annuel des chambres législatives. L. 28 avr. 1826, art. 111, 112, 114.

53. Cette caisse a un préposé dans toutes les villes où siége un trib. de 1re inst. Ordonn. 5 juill. 1816, art. 11.—Dans les chefs-lieux de département, le directeur-général de la caisse est autorisé à se servir de l'intermédiaire des receveurs-généraux, qui sont alors comptables et responsables des recettes et dépenses qui leur sont confiées. Ordonn. 22 mai 1816, art. 28 et 29.

54. Tous les frais et risques relatifs à la garde, à la conservation et au mouvement des fonds consignés, sont à la charge de la caisse; les préposés, leurs commis ou employés, ne peuvent exiger aucun droit de garde, prompte expédition, travail extraordinaire, ou autre, à quelque titre que ce soit, à peine de destitution, et d'être poursuivis comme concussionnaires. Ordonn. 5 juill. 1816, art. 15; 2e ordonn. 5 juill. 1816, art. 5.

Si, dans l'intervalle de la consignation à la remise des sommes consignées, ces sommes ont diminué ou augmenté de valeur, la perte ou le gain est pour le compte de la caisse; elle fait valoir les fonds à son profit, et sous sa responsabilité. Ordonn. 5 juill. 1816, art. 13.

55. La caisse n'est pas, comme autrefois, simple dépositaire; elle devient, comme l'emprunteur, propriétaire des fonds qui lui sont confiés, à la charge de restituer une valeur équivalente: d'où il suit que les paiemens partiels qu'elle fait doivent, conformément aux dispositions de l'art. 1254 C. civ., être imputés d'abord sur les intérêts de la somme par elle due, puis sur le capital. Paris, 20 mars 1850, S. 30, 2, 212 ; 7 janv. 1851, S. 31, 2, 219.

56. La caisse paie l'intérêt de toute somme consignée, à raison de trois pour cent. Ordonn. 5 juill. 1816, art. 14; 2e ordonn. 5 juill. 1816, art. 5. — Ce taux a été maintenu en faveur des dépôts faits par les établissemens publics. Art. 4, ordonn. 19 janv. 1835 (Art. 44 J. Pr.); — et réduit à deux pour cent dans le cas de dépôts volontaires faits par les particuliers. *Ib.* art. 1er. — V. *sup.* n° 5.

57. Les fonds déposés ne portent intérêt qu'autant qu'ils sont restés à la caisse soixante jours. Il n'y a pas à distinguer sous ce rapport entre la consignation (ordonn. 3 juill. 1816, art. 14; ordonn. 19 janv. 1835, art. 2), et le dépôt volontaire.

58. L'intérêt court à dater du soixante-unième jour de la consignation jusqu'à celui du remboursement exclusivement.

Lorsque les sommes consignées sont retirées partiellement, l'intérêt des portions restantes continue de courir sans interruption. L. 18 janv. 1805 (28 niv. an 13), art. 2; ordonn. 3 juil. 1816, art. 14.

59. Le préposé de la caisse signe et délivre des récépissés contenant, 1° de la part du consignateur ou déposant, élection de domicile, attributive de juridiction. 2° ordonn. 3 juill. 1816.

2° L'énonciation sommaire des arrêts, jugemens, actes ou causes qui donnent lieu à la consignation; et, dans le cas où les deniers consignés proviennent d'un emprunt, et qu'il y a lieu à opérer une subrogation en faveur du prêteur, mention expresse de la déclaration faite par le déposant, conformément à l'art. 1250 C. civ.; cette déclaration opère la subrogation de même que si elle était passée devant notaires. ordonn. 3 juill. 1816, art. 12.

60. Ces récépissés ne sont valables et ne donnent droit contre l'administration qu'autant qu'ils sont visés par le directeur général, et soumis à la formalité de l'enregistrement dans les cinq jours du versement. Ordonn. 22 mai 1816, art. 19; L. 28 niv. an 13, art. 3; ordonn. 3 juill. 1816, art. 11; 2° ord. *ibid.* art. 4.

Le caissier est personnellement responsable envers les ayant-droit, des récépissés qui ne seraient revêtus que de sa signature. Ordonn. 22 mai 1816, art. 19.

§ 4. — *Effets de la consignation.*

61. La consignation volontaire ou forcée, faite régulièrement, libère du montant des sommes consignées celui qui en était débiteur, dépositaire ou responsable. C. civ. 1257.

Les espèces consignées cessent d'être aux risques de celui qui a consigné, et les ayant-droit deviennent alors créanciers directs de la caisse des consignations. — V. toutefois *sup.* n. 47.

Mais si la perte provient du fait de celui qui a consigné, par exemple, de l'oubli de l'enregistrement dans les cinq jours du récépissé constatant la consignation, il est responsable par application des principes généraux.

62. Mais si la consignation, lorsqu'elle est valable, libère définitivement le consignateur envers son créancier, il n'est pas également vrai qu'elle libère celui-ci envers ses propres créanciers, saisissans ou opposans, jusqu'à concurrence de la somme consignée; en conséquence, la perte ou la diminution de cette

somme ne doit pas retomber sur ces créanciers : en effet, ils n'en sont pas devenus propriétaires ; ils y ont seulement droit, chacun en déduction ou jusqu'à concurrence de sa créance. Cass. 17 niv. an 7, S. 1, 1, 192 ; Rouen, 18 germ. an 13, S. 5, 2, 138 ; Cass. 10 juin 1813, S. 15, 300. — *Contrà.* Merlin, *Rép.,* v° *Consignation,* n° 4.

63. Les frais de la consignation, par suite d'offres réelles, sont, ainsi que les frais desdites offres, à la charge du créancier (C. civ. 1260), lors même qu'il a déclaré accepter la somme consignée : il dépendait de lui d'éviter ces frais, en acceptant avant la consignation.

Quant aux frais de quittance, ils sont à la charge de la caisse. — V. *inf.* n° 96.

§ 5. — *Oppositions sur les sommes consignées.*

64. Toute consignation, soit volontaire, soit ordonnée, est toujours à la charge des oppositions, s'il en existe.

Celui qui consigne est, en conséquence, tenu de dénoncer au créancier ou à l'ayant-droit sur les fonds consignés celles qui ont été formées entre ses mains. C. pr. 817.

65. Mais dans quel délai doit-il faire cette dénonciation ? La loi, n'en ayant fixé aucun, lui laisse à cet égard toute latitude. Cependant un commentateur pense que si la dénonciation est trop différée, celui qui a consigné doit tenir compte de la perte d'intérêts résultant de ce retard. — V. d'ailleurs *Purge des hypothèques inscrites.*

66. Les sommes déposées ou consignées ne peuvent être saisies-arrêtées que dans le cas, dans les formes et sous les conditions prévus par les art. 557 et suiv. C. pr. — Le décr. du 18 août 1807 assujettit de plus à quelques formalités spéciales les saisies-arrêts ou oppositions entre les mains des receveurs ou administrateurs de caisses ou deniers publics. — V. L. 9 juill. 1836 ; 14 juill. 1837 ; ordonn. 19 et 21 sept. 1837 (Art. 527, 904, 921 J. Pr.) ; et *inf.* V. *Saisie-arrêt.*

67. Sont dispensées des formes légales les oppositions faites, 1° par le déposant qui déclare avoir perdu son récépissé ; 2° par les syndics d'un failli, comme il est dit dans l'art. 149 C. comm. ; 2° ordonn. 3 juill. 1816, art. 7.

68. L'opposition fondée sur la perte d'un récépissé doit être insérée par extrait dans le journal officiel, aux frais et diligence du réclamant : un mois après ladite insertion, la caisse est valablement libérée, en lui remboursant le montant du dépôt sur sa quittance motivée. *Ib.* art. 11.

69. Hors de ces deux cas, lorsqu'il est formé des oppositions sur les sommes consignées, la caisse ne peut rembourser que sur l'apport des main-levées prononcées par la justice ou consenties par acte notarié. (Av. Cons.-d'État 16 mai 1810.)

Toutefois il est des cas où ces oppositions sont tardives et ne peuvent pas arrêter le remboursement — V. *Saisie-arrêt.*

§ 6. — *Remise des sommes consignées.*

70. *Remise à celui qui a consigné.* L'effet libératoire de toute consignation volontaire étant contestable, et le dessaisissement de la somme, conditionnel jusqu'à l'acceptation du créancier ou du jugement qui en tient lieu (—V. *sup.* n. 47), tant qu'il n'y a ni acceptation ni jugement, le débiteur peut retirer le montant de sa consignation (C. civ. 1261 et 1262), alors même que la chose consignée aurait augmenté de valeur. Dalloz, v⁰ *Obligations*, chap. 5, section 1ʳᵉ, art. 5, § 1, n° 17.

71. Si la consignation est déclarée, par jugement, nulle ou insuffisante, le débiteur n'est pas libéré, et les intérêts n'ont pas cessé de courir en faveur du créancier.

Le débiteur peut alors retirer la somme consignée, à moins que le créancier n'ait fait ordonner par le jugement que ladite somme serait versée entre ses mains en déduction de sa créance.

72. Les codébiteurs ou cautions ne pourraient, en cette seule qualité, s'opposer à ce que le débiteur retirât sa consignation ; cette consignation ne les libère qu'autant qu'elle libère le débiteur lui-même. Tant que la libération n'est pas acquise, la chose consignée appartient au débiteur ; or, une caution, encore moins un codébiteur, ne peut, de sa propre autorité, employer telle ou telle chose du débiteur pour payer la dette. — D'ailleurs on ne peut former opposition que lorsqu'on est créancier ; et la caution n'est pas créancière tant qu'elle n'a pas payé. Il en est de même du codébiteur. Duranton, 12, n° 2. — *Contrà*, Pigeau, 2, 531.

73. Le jugement qui doit valider la consignation ne libère définitivement le débiteur, et n'équivaut à l'acceptation du créancier, qu'autant qu'il a acquis l'autorité de la chose jugée (C. civ. 1262), et que ce jugement a été notifié à la caisse.

La caisse rembourse valablement au débiteur le montant de sa consignation, tant qu'elle n'a pas reçu notification légale de ce jugement ou de cette acceptation. Il importe donc aux codébiteurs et cautions de faire des diligences pour que cette notification ait lieu sans retard.

74. Après cette notification, le débiteur peut encore retirer la somme par lui consignée, en produisant un consentement en forme du créancier. Mais ce consentement n'aurait pas pour effet de faire revivre la dette primitive ; s'il y avait des codébiteurs et cautions, ils sont irrévocablement libérés, et si le débiteur continue à être obligé, ce ne peut être qu'en vertu d'un nouveau contrat qui intervient entre lui et son créancier,

C. civ. 1262, 1263. — En conséquence celui-ci ne peut plus exercer les priviléges et hypothèques qui étaient attachés à sa créance.

Il n'a d'hypothèque qu'autant qu'il en est créé par la nouvelle convention en remplissant les formalités ordinaires. C. civ. 1263.

Quant au privilége, s'il en existait, il n'est pas au pouvoir des parties contractantes de le faire revivre ; le privilége ne dépend point, comme l'hypothèque, de la convention ; il tient à la nature de la créance ; il est donc irrévocablement éteint par la novation.

75. Dans les cas ci-dessus déterminés, comme dans tous ceux où la consignation volontaire n'est arrêtée par aucune opposition, celui qui a consigné peut, sur une simple réquisition verbale, obtenir la remise de la consignation ; et le préposé de la caisse ne peut exiger autre chose que son propre récépissé revêtu de la décharge de celui qui a consigné. Av. Cons. d'Ét. 16 mai 1810 ; 2ᵉ ordonn. 3 juill. 1816, art. 6.

En cas de perte de ce récépissé, il peut toucher, en remplissant les formalités ci-dessus prescrites, c'est-à-dire un mois après l'insertion de son opposition dans le journal officiel. — V. *sup.* n° 68.

76. Lorsque le consignateur qui réclame la remise a transporté valablement à un tiers une portion de la somme consignée, il peut également retirer le surplus sans autres formalités que celles qui viennent d'être indiquées ; et le cessionnaire touche alors directement, et sur sa simple quittance, la somme qui lui a été transportée.

77. L'usage de la caisse est de ne rembourser au cessionnaire que quand le transport a été fait par acte authentique ; si ce transport est sous seing privé, quoique enregistré, il ne vaut, aux yeux de la caisse, que comme opposition. Cette doctrine est susceptible d'une critique sérieuse. L'acte sous seing privé, qui a acquis une date certaine, a contre les tiers la même valeur que l'acte authentique (C. civ. 1328). Le transport peut, comme la vente, être fait sous seing privé, et il suffit de sa signification au débiteur, pour que le cessionnaire soit saisi même à l'égard des tiers (C. civ. 1690). — Vainement on objecte que la caisse ne peut payer que sur la représentation d'un jugement ou d'un acte authentique.—V. *inf.* n° 78.

78. Ce jugement ou cet acte authentique portant main-levée, consentement ou désistement, et autorisation de toucher, est exigé : — 1° Lorsqu'il s'agit de consignation forcée. L. 28 niv. an 13, art. 4.

2° En cas de consignation même volontaire, s'il y a eu opposition ou acceptation du créancier valablement notifiée. Av. Cons.-d'État, approuvé le 16 mai 1810.

79. Dans l'un et l'autre cas, si c'est en vertu d'un jugement que la remise de la consignation est requise, ce jugement doit être passé en force de chose jugée ; il faut en conséquence qu'il soit appuyé d'une pièce constatant sa signification au domicile de la partie condamnée, et d'un certificat du greffier, attestant qu'il n'a été formé dans les délais ni opposition ni appel. C. pr. 548.

80. Ce jugement n'est obligatoire pour la caisse, qu'autant qu'il a été rendu avec toutes les parties intéressées ; de simples jugemens rendus sur requête ne remplissent pas le vœu de la loi, et l'administration n'est pas tenue de les exécuter. Circ. grand-juge, 1er sept. 1812, S. 14, 2, 111.

81. Le directeur ou préposé de la caisse ne doit pas nécessairement être appelé au jugement. Si son refus de l'exécuter donne lieu à une instance dans laquelle il succombe, il doit être condamné aux dépens. Bordeaux, 6 sept. 1831, S. 31, 597.

82. Si la remise est requise en vertu d'un acte, ce ne peut être qu'un acte authentique : l'art. 4, L. 28 niv. an 13, ne s'en explique pas ; mais l'avis du Conseil-d'État du 16 mai 1810 dit positivement que, pour pouvoir retirer une consignation volontaire après opposition ou acceptation, il faut y être autorisé par *acte authentique*, portant consentement des tiers acceptans ou opposans ; il y a même raison de décider à l'égard de la consignation forcée.

83. Lorsque le montant des oppositions qui font obstacle à la remise est inférieur à celui de la consignation, le consignateur ou déposant peut obtenir un jugement qui, sans rien préjuger sur le mérite des oppositions, ordonne qu'en en laissant le montant provisoirement déposé à la caisse, plus une somme suffisante pour subvenir aux frais imprévus auxquels des discussions sur la validité desdites oppositions pourraient donner lieu, il retirera immédiatement le surplus de sa consignation, en attendant un règlement sur le reste à l'amiable ou en justice.

Cette autorisation peut être accordée par une ordonnance de référé : il ne s'agit ici que d'une mesure provisoire et de justice, d'une levée d'obstacles, qui, tout en profitant au consignateur, conserve aux créanciers la plénitude de leurs droits. C'est ainsi que l'on procède dans l'intérêt des colons de Saint-Domingue, lorsqu'il existe des oppositions au paiement de leur indemnité.

84. Le remboursement des sommes consignées est exigible dans les dix jours de la demande qui en est faite. Ordonn. 3 juill. 1816, art. 15. — V. toutefois *sup.* n° 5.

85. Lorsqu'il s'élève de la part de la caisse des difficultés pour la remise des sommes consignées, il est nécessaire, soit

qu'il s'agisse d'un dépôt ou d'une consignation volontaire, ou autre, de mettre la caisse en demeure, par une sommation. L. 28 niv. an 13, art. 4 ; ordonn. 3 juill. 1816, art. 15.

86. Cette sommation contient élection de domicile dans le lieu où demeure le préposé de la caisse. Elle est accompagnée de l'offre de remettre les pièces à l'appui de la demande, et la remise est mentionnée dans le visa que doit donner le préposé. *Même ordonnance.*

87. Si la caisse ou les préposés refusent d'obtempérer à cette réquisition, ils doivent donner connaissance des motifs de leur refus par notification au domicile élu dans la réquisition ;

Sinon, à l'expiration du délai fixé pour le remboursement, les préposés sont contraignables par corps, et la caisse responsable des sommes par eux reçues, ainsi que des intérêts.

88. Les préposés ne peuvent refuser les remises réclamées que dans les deux cas suivans : 1° sur le fondement d'opposition dans leurs mains, soit sur la généralité de la consignation, soit sur la portion réclamée, soit sur la personne requérante ; — 2° sur le défaut de régularité des pièces produites à l'appui de la réquisition.

89. Si la partie réclamante fait juger que le refus du préposé était mal fondé, il est condamné aux frais et dépens de la contestation, et il les supporte personnellement, à moins que son refus n'ait été approuvé par le directeur général.

Si, au contraire, il est jugé que le préposé était fondé dans son refus de payer, ou que la partie réclamante en apprécie les causes, c'est elle qui supporte les frais de la dénonciation, et tous autres qui ont pu en être la suite.

Les préposés ont alors un nouveau délai de dix jours, à partir de la signification qui leur est faite des main-levées ou du rapport des pièces régularisées. Ordonn. 3 juill. 1816, art. 16.

90. Les caissiers et autres préposés qui, sans motifs fondés, ont refusé de faire un remboursement, sont condamnés personnellement, et par corps, à payer la somme consignée et les intérêts courus jusqu'au jour du remboursement.

Lorsqu'il s'agit d'un dépôt volontaire, les préposés qui ont retardé le remboursement sans motifs, sont condamnés, à titre de dommages-intérêts, à bonifier à la partie prenante les intérêts sur le pied de 5 p. 100. Les mêmes dommages-intérêts sont applicables au cas de la consignation ordonnée : la caisse ou ses préposés ne doivent pas être traités alors plus favorablement qu'un débiteur ordinaire en retard de payer.

91. La caisse peut-elle opposer la prescription pour les sommes dont elle est dépositaire?—La négative résulte de l'art. 56 de l'édit de 1689, qui n'a été abrogé par aucune loi posté-

rieure et portant que les sommes consignées peuvent être perpétuellement réclamées.

92. Il a même été décidé, par suite de ce principe, que les déchéances prononcées par les lois, sur l'arriéré des divers ministères, ne sont point applicables aux dépôts et consignations nécessaires effectués dans les caisses du Trésor postérieurement aux lois des 24 frim. an 6 et 9 frim. an 7. Ordonn. en Cons. d'État, 9 nov. 1832, S. 33, 2, 167.

93. La prescription de cinq ans ne nous paraît pas non plus applicable aux intérêts des sommes déposées : aucune loi spéciale ne l'a établie (à la différence de ce qui a lieu pour les rentes sur l'État. L. 24 août 1793, art. 156). Et les motifs qui ont fait admettre l'art. 2277 C. civ., savoir : la présomption de libération, la négligence du créancier et la crainte d'une accumulation ruineuse pour le débiteur, ne sont point applicables. Souvent les sommes déposées restent long-temps sans pouvoir être touchées, par exemple, s'il s'agit d'un ordre ou d'une contribution. Enfin, l'art. 14 de l'ordonn. de 1816, porte que la caisse doit l'intérêt de toutes les sommes consignées depuis le 61e jour du dépôt, jusques et non compris celui du remboursement.

94. *Remise aux tiers.* Les créanciers ou opposans qui prétendent obtenir la remise d'une somme consignée, doivent signifier une réquisition de paiement au directeur de la caisse, à Paris, en la personne du chef du bureau du contentieux, et dans les départemens, en la personne et au bureau du préposé de la caisse. — V. *sup.* n° 85 et suiv.

95. S'ils produisent des pièces qui justifient de leurs droits, ils obtiennent la remise des sommes consignées dix jours après la réquisition de paiement. — V. *sup.* n°s 85 et suiv.

Le remboursement est effectué dans le même lieu que la consignation.

96. La caisse a long-temps exigé que ce remboursement fût constaté par acte ou quittance authentique, reçu par le notaire de la caisse. Trib. Seine, 5e ch., 11 août 1835 (Art. 186 J. Pr.).

Mais il a été décidé que les créanciers peuvent donner une quittance sous seing privé. — Ainsi jugé à l'égard de créanciers colloqués en vertu d'un règlement définitif. Cass. 14 avr. 1836 (Art. 429 J. Pr.).

Cette solution a été approuvée par le ministre des finances.

Toutefois, une circulaire ministérielle exige que la première quittance énonce la somme à distribuer et toutes les collocations, et qu'elle soit rédigée par le notaire de la caisse.

97. Mais lorsque la consignation du prix d'un immeuble n'a point été déclarée valable, les frais de quittances notariées données à la caisse par les créanciers du vendeur, sont à la charge de l'acquéreur, s'il ne s'est point opposé à la passation de ces quittances. — Spécialement, s'il a, dans l'une d'elles, signé décharge des titres de propriété. Arg. C. civ. 1248; Paris, 21 fév. 1837 (Art. 709 J. Pr.).

98. Les créanciers qui requièrent paiement, par suite d'ordre ou de contribution, justifient de leurs droits par la représentation des mandemens ou bordereaux de collocation qui leur sont délivrés par le greffier, conformément aux art. 671 et 771 C. pr.

99. Toutefois, la caisse ne peut être tenue de payer avant la remise d'un extrait du procès-verbal d'ordre ou de contribution, certifié par le greffier et contenant, 1° les noms et prénoms des créanciers colloqués; — 2° les sommes qui leur sont allouées; — 3° mention de l'ordonnance du juge qui, à l'égard des ordres, ordonne la radiation des inscriptions, et, à l'égard des contributions, fait main-levée des oppositions des créanciers forclos ou rejetés.

Cet extrait, dont le coût est compris dans les frais de poursuites, doit être remis, dans les dix jours de la clôture du procès-verbal d'ordre, à la caisse ou à ses préposés par l'avoué poursuivant, à peine de dommages-intérêts envers les créanciers, à qui ce retard serait préjudiciable. Ordonn. 3 juill. 1816, art. 17.

100. Le défaut de cette formalité ne peut cependant pas être opposé par la caisse aux créanciers qui présentent des bordereaux délivrés en vertu de l'art. 758 C. pr. Ordonn. 3 juill. 1816, art. 17. — Dans ce cas, le procès-verbal d'ordre n'est pas encore terminé, et ce serait multiplier les frais sans utilité, que d'exiger plusieurs extraits dans la même affaire.

§ 7. — *Timbre et Enregistrement.*

101. Les récépissés de dépôt, délivrés par les préposés de la caisse, doivent être sur papier timbré.

102. Ils doivent être enregistrés dans les cinq jours (—V. *sup.* n° 60); — au bureau de l'enregistrement du lieu de la consignation, au droit fixe de 1 fr. L. 28 niv. an 13, art. 3.

103. Les quittances constatant le remboursement total ou partiel sont enregistrées *gratis*, pourvu qu'elles ne contiennent qu'une décharge vis-à-vis de la caisse.

§ 8. — *Formules.*

— V. *Offres réelles.*

DÉPOUILLEMENT. Relevé d'un registre, d'un compte d'un inventaire.

DÉROGATION. Changement apporté à une loi, à une convention. — V. *Loi, Rétroactif (Effet).*

DÉSAVEU. Action tendante à faire juger qu'un acte ou un aveu, émané d'un officier ministériel ou d'un défenseur au nom d'une partie, a eu lieu sans l'autorisation de cette partie.

On nomme aussi *désaveu* l'acte contenant la déclaration de la partie, qu'elle désapprouve ce qui a été fait en son nom.

DIVISION.

§ 1. — *Cas dans lesquels il y a lieu à désaveu.*

1. Nul ne peut agir au nom d'autrui sans mandat. Le mandat extrajudiciaire ne se présume pas : le mandataire doit exhiber sa procuration aux tiers avec lesquels il traite en exécution du mandat. Pothier, *Mandat*, n° 127.

Tout acte fait par un tiers au nom d'une personne dont il n'a pas reçu de pouvoirs, est nul de plein droit (C. civ. 1989, 1998). Il n'est pas nécessaire, pour le faire tomber, de recourir à la voie du désaveu; il suffit de dénier l'acte lorsqu'on l'oppose.

2. Quant au mandat judiciaire ou *ad litem*, il faut distinguer.

L'officier ministériel est présumé avoir un mandat général de la partie au nom de laquelle il agit, et il l'oblige jusqu'au désaveu : cette présomption est fondée sur la confiance qu'il inspire par son caractère; s'il en était autrement, les trib. seraient forcés de passer à la vérification des pouvoirs une grande partie du temps qu'ils doivent consacrer à l'expédition des affaires.

Si le mandat général existe, il s'étend nécessairement aux actes ordinaires d'instruction, au développement des moyens utiles à la défense du client, aux incidens de la procédure. L'abus ou la négligence dans l'accomplissement de ce mandat implicite, donne lieu seulement à une action en dommages et intérêts contre l'officier ministériel. — V. *Avoué*, n° 30 à 35, 143, 144; *Responsabilité*.

3. Le mandat se présume encore à l'égard des *aveux*, des *offres* ou *consentemens* émanés de l'officier ministériel; mais ils peuvent être désavoués, s'ils ne sont autorisés par un pouvoir spécial.

4. Pour certains actes plus importans, le mandat ne se présume plus : l'absence d'un pouvoir spécial est une cause de nullité. Il n'est pas nécessaire de recourir au désaveu. Pigeau, 1, 498 ; Carré, art. 352 ; Berriat, 351.

Ainsi la signature de la partie elle-même est nécessaire, à peine de nullité, pour les déclarations dont parlent les art. 216 et 218 C. pr. en cas de *faux;* les actes de *récusation* d'experts ou de juges (*ib.*, 309 et 384); de *désistement* (402); de *prise à partie* (511); de *surenchère* (C. civ. 2185.—*V.* ces mots); de désaveu (C. pr. 355.—*V. inf.* n° 48); de demande en renvoi (370. **V.** *Exception*); les exploits d'opposition à mariage (C. civ. 66). —*V.* d'ailleurs *Avoué*, 103 à 105; *Vente.*

5. Il y a lieu à désaveu, contre les officiers ministériels, dans deux cas :

1° Lorsqu'ils font un acte quelconque au nom d'une partie, sans avoir reçu d'elle *aucun pouvoir*, soit tacite, soit exprès : par exemple, lorsqu'un avoué se constitue, ou qu'un huissier donne une assignation pour quelqu'un qui ne l'a nullement chargé de cette opération, et ne lui a remis aucune pièce à cet effet. Parlem. de Grenoble, 17 fév. 1662 et 30 janv. 1664 ; Pothier, *Mandat*, n°s 128 et 130; Dalloz, v° *Désaveu*, p. 93.

Ce cas de désaveu n'est pas, il est vrai, littéralement autorisé par le Code : il ne s'est occupé que des actes à raison desquels un officier ministériel pourrait être désavoué par une partie qui lui aurait donné un mandat général; mais il s'est implicitement référé, pour le cas dont il s'agit, à ce qui se pratiquait dans l'ancienne jurisprudence : on conçoit qu'une partie qui a accordé sa confiance à un officier ministériel, et l'a chargé de la défendre dans une instance, soit réputée s'en être rapportée à lui pour les actes ordinaires du procès, et ne puisse le désavouer que s'il a fait un acte très important sans son consentement, on ne peut exiger qu'un avoué se fasse donner par son client un pouvoir spécial pour chaque acte de la procédure ; mais il serait contraire à l'équité qu'une partie fût forcée de supporter les conséquences d'actes faits par un officier ministériel qu'elle ne connaît pas, et auquel elle n'a donné aucuns pouvoirs, ni généraux, ni spéciaux. Nîmes, 19 janv. 1822, D. 204 note; Demiau, art. 352; Boitard, 2, 296; Berriat, 350; —M. Carré, 1, 204 note, accorde alors une action en dommages-intérêts.

6. Spécialement le désaveu a été admis, contre un avoué, qui s'était constitué pour une partie, sur la remise de l'assignation qui lui avait été faite frauduleusement par l'adversaire. — Toutefois la condamnation aux dommages et intérêts a été prononcée, non contre l'avoué, mais seulement contre l'auteur du dol. Lyon, 1er avr. 1824, S. 25, 107.—V. dans le même sens, Paris, 31 janv. 1815, D. v° *Désaveu*, 115.

7. Le désaveu a encore été admis contre un avoué qui n'avait point eu commission d'occuper, et qui n'avait réellement point occupé, sur une instance de référé, pour la partie désavouante, bien qu'il fût mentionné sur le plumitif qu'il avait pris des conclusions, et que le greffier eût écrit sur le placet que le dispositif avait été passé d'accord. Paris, 27 mars 1806, P. 5, 253. — Il nous semble qu'il y avait lieu alors à une inscription de faux.

8. Si l'avoué, en paraissant pour le client, n'a fait qu'obéir aux ordres du trib.,—V. *Avoué*, n° 108.

9. L'avoué révoqué, mais non remplacé, peut être désavoué, s'il a continué de faire des actes de procédure, par exemple s'il a posé de nouvelles conclusions, s'il a pris jugement; en un mot, s'il a joué un rôle actif. Demiau, 72; Chauveau, 10, 400.

Mais les actes faits et les jugemens obtenus contre lui à la requête de l'adversaire sont valables (Arg. C. pr. 75) : en effet, la loi a voulu que ce dernier pût agir utilement contre l'*avoué* primitivement constitué, jusqu'à ce qu'il eût été remplacé. — V. ce mot, n°s 108 et 128.

10. Pour les actes dont résultent les pouvoirs de l'*avoué* (V. ce mot, n°s 139 et suiv.), ou de l'*huissier*,—V. ce mot.

11. Il y a lieu à désaveu contre les officiers ministériels lorsqu'ils font, donnent ou acceptent, sans un pouvoir spécial, des offres, aveux ou consentemens. C. pr. 352.—Le germe de cet article se trouve dans l'art. 34, tit. 35 de l'ordonn. de 1667.

12. Ce pouvoir peut résulter d'une simple lettre missive.

13. Il n'est pas nécessaire qu'il soit donné par écrit : la loi ne l'exige pas, et la preuve peut en être faite conformément aux règles générales, par titres, et même par témoins, si l'objet du procès n'excède pas 150 fr., ou s'il y a commencement de preuve. Rennes, 9 fév. 1822, D. *ib.* 99.

Toutefois, les officiers ministériels font prudemment en exigeant un pouvoir écrit et détaillé.

·14. La ratification subséquente, en général, tient lieu de mandat.

Ainsi, le désaveu n'est plus recevable, lorsque l'acte, fait sans pouvoir, a été ratifié *par la partie* ou son mandataire spécial. Pigeau, 1, 497; Carré, art. 552; — ou même par un mandataire ayant pouvoir de se désister et de transiger. Cass. 26 mars 1834, D. 34, 230.

Mais l'approbation donnée par un mandataire général est insuffisante. Cass. 26 avr. 1824, S. 24, 340.

15. La ratification est expresse ou tacite.

16. La ratification tacite résulte des faits dont l'appréciation est laissée aux trib. Cass. 15 août 1827, D. 27, 460.

Par exemple, 1° de l'exécution volontaire du jugement rendu depuis les actes sur lesquels porte le désaveu. Nanci, 27 août 1831. — V. *Acquiescement.*

17. 2° Du paiement des frais. Rennes, 27 août 1818 ; D., v° *Désaveu*, 115.

Toutefois, il faut distinguer : s'il s'agit du paiement des frais du procès que la partie a été condamnée à payer, il y a exécution du jugement, et par conséquent ratification.

Mais si la partie ne paie à son avoué que les frais faits dans son intérêt, on peut penser qu'elle ne le fait que pour retirer les pièces et examiner ses droits. La ratification ne doit pas être présumée trop légèrement. Paris, 22 juill. 1815, D. *ib.* 97 ; Thomine, art. 552.

18. 5° Du silence de la partie qui, présente à l'audience où l'offre est faite, ou le consentement donné, n'élève pas de réclamation. Besançon, 4 août 1808 ; Caen, 15 juin 1822 ; Cass. 1er avr. 1825, D. *ib.* 99 et 100. — V. toutefois Cass. 8 déc. 1829. — L'avoué est admis à faire la preuve de cette présence. Bruxelles, 29 juin 1808, D. *ib.*

Cependant on doit avoir égard au caractère et aux connaissances du client. La ratification suppose la connaissance du fait à ratifier : si le client était un homme simple et sans expérience des affaires, et que la déclaration fût assez compliquée pour qu'il ne pût d'abord en sentir l'importance, il serait contraire aux principes de déclarer le désaveu non recevable.

19. Peut-il y avoir lieu à désaveu pour d'autres causes que pour des *aveux, offres* ou *consentemens*? La négative résulte de ce que l'art. 552, qui n'existait pas dans le projet de Code, a été ajouté sur l'observation du Tribunat, qu'il fallait spécifier les cas de désaveu. La partie a seulement une action en dommages-intérêts contre l'officier ministériel qui a excédé ses pouvoirs ; mais l'acte reste obligatoire pour elle à l'égard de l'adversaire. Metz, 15 janv. 1812, P. 10, 57 ; Arg. motifs Cass. 23 juin 1835, S. 35, 412 ; Carré, n° 1297 ; Thomine, n° 405 ; Pigeau, 1, 497 ; Demiau, art. 552 ; Berriat, 550. — V. toutefois *sup.* n° 5.

20. Le désaveu n'a pas lieu pour les actes de la procédure que le client peut révoquer sans jugement : par exemple, si un avoué méconnaît une signature sans y être autorisé, fait un reproche calomnieux pour un témoin, il suffit de signifier au procès une rétractation de la méconnaissance ou de l'injure.

21. Du reste, les actes qui peuvent rentrer dans la classe des offres, aveux ou consentemens, exposent l'avoué à l'action en désaveu. — Par exemple, l'*acquiescement* à un jugement défini-

tif en premier ressort. Paris, 5 janv. 1810, P. 8, 8 ; Bordeaux,
23 nov. 1829, S. 30, 220 ; Carré, art. 552 ; Favard, v° *Dé-saveu*; Berriat, 561 ; — V. ce mot.

L'appel, dans ce cas, ne peut être interjeté par la partie,
tant qu'elle n'a pas fait admettre le désaveu. Arg. Aix, 14
juin 1825.

22. Mais il n'y a pas lieu au désaveu : — 1° contre l'avoué
qui, étant constitué par l'intermédiaire d'un huissier ayant
pouvoir à cet effet, a posé des conclusions au fond, au lieu de
demander le renvoi pour incompétence : son mandat général lui
donne le droit de conclure comme il le juge à propos. Orléans,
7 avr. 1813, P. 11, 279.

Peu importe que ces conclusions, prises dans l'origine en
faveur de son client, soient devenues, par des événemens postérieurs, contraires aux intérêts de ce dernier. Bruxelles, 24
therm. an 13 (D. v° *Désaveu*, 96).

23. 2° Contre celui qui fait un acte interruptif d'une péremption : il a le droit de suivre la procédure. Berriat, p. 557 ; Demiau, p. 291 ; Carré, n° 1442 ; Pigeau, Comm., t. 1er,
p. 688. — Au surplus, pour l'étendue du pouvoir de l'*avoué*,
— V. ce mot.

24. Pour fonder l'action en désaveu, dans les cas prévus par
la loi, il ne suffit pas que l'acte ait été fait sans mandat spécial ; il est en outre nécessaire qu'il ait causé un préjudice à la
partie qui forme le désaveu : *point d'intérêt, point d'action.* Arg.
Paris, 4 fév. 1808, P. 6, 487 ; Bruxelles, 25 oct. 1818, D. *ib.*
p. 98 ; Cass. 26 mars 1834, D. 34, 230.

25. Ainsi, celui qui désavoue un acte signifié dans une instance doit non seulement prouver qu'il n'avait pas donné pouvoir de faire cet acte, mais encore que cet acte a servi de base
au jugement. Besançon, 31 juill. 1811, p. 9, 504 ; Cass. 26
avr. 1824 (D. *ib.* 105) ; Thomine, art. 352.

26. Il n'y a plus lieu à l'action en désaveu lorsqu'une partie
déclare ne pas vouloir profiter des offres, aveux ou consentemens émanés de l'avoué de son adversaire.

27. De même, n'est point passible de désaveu :
1° L'avoué qui a reconnu que les prétentions de son client
étaient mal fondées, lorsqu'il est établi qu'elles étaient évidemment insoutenables. Besançon, 4 août 1808 ; Bruxelles,
29 oct. 1818, D. *ib.* 99 ; Cass. 1er avr. 1824 ; — ou qui a fait
une déclaration au nom de son client, lorsqu'elle constitue en sa
faveur le meilleur moyen de défense possible. Cass. 20 juin 1834,
D. 34, 366.

28. 2° Celui qui reconnaît des faits, constans d'après les
pièces, ou admis par un mandataire spécial. Colmar, 22 déc.
1820, S. 21, 256. — Surtout si cette reconnaissance isolée des

pièces mêmes ne peut préjudicier à la partie, et que, l'instance subsistant encore, il lui reste la faculté de détruire, avec d'autres actes, les pièces déjà produites, et les aveux auxquels elles ont donné lieu. Nîmes, 18 juill. 1827, S. 28, 317.

Toutefois, la C. de cass. a jugé que l'avoué, quoique porteur des pièces établissant le droit qu'il est chargé de contester, ne peut, sans pouvoir spécial, reconnaître ce droit, et qu'il s'expose à être désavoué, si c'est d'après son aveu, et non d'après l'appréciation des titres, que le trib. a prononcé. L'avoué ne peut en effet tourner contre son client des pièces que celui-ci lui a confiées pour sa défense. Cass. 26 avr. 1824, S. 24, 340.

29. 3° Celui qui s'en rapporte à la prudence des magistrats. Paris, 13 mars 1810, S. 14, 265; Carré, n° 1297; Berriat, p. 350, not. 5; Favard, 2, p. 73.—Ce n'est ni un aveu, ni un acquiescement.

30. 4° Celui qui ne dénie pas à l'audience un fait allégué par la partie adverse, surtout si son client était présent. Bourges, 10 août 1817.

31. 5° Celui qui, chargé d'intenter l'action en résolution d'une vente pour non paiement du prix, s'en désiste après avoir accepté l'offre faite par l'acheteur de laisser prélever la somme réclamée sur le prix à provenir de la vente des biens de celui-ci ; le paiement du prix étant assuré, l'action en résolution devient sans objet. Lyon, 30 juin 1831.

32. Le désaveu ne peut être dirigé que contre *un acte* de l'officier ministériel. L'avoué qui n'a point agi, mais qui, par négligence ou par dol, a laissé prendre un jugement par défaut, ne peut être désavoué; son client n'a contre lui qu'une action en dommages-intérêts. Pigeau, *Comm.*, p. 619.

33. Lorsque l'acte, objet du désaveu, a été notifié par un huissier, d'après les ordres de l'avoué, contre qui doit être formé le désaveu? — V. *Huissier.*

34. *Quid,* dans le cas inverse? — V. *Avoué,* n° 149.

35. La partie au nom de laquelle un acte a été fait peut seule le désavouer; la partie adverse n'en a pas le droit. Rennes, 21 mai 1814; Cass. 22 mai 1827 , D. 27, 247; Pigeau, 1, 498; Carré, art. 352.

§ 2. — *Personnes qui peuvent être désavouées.*

36. Le désaveu n'est textuellement admis par le Code que contre les avoués. C. pr. 354, 355. — Et par le règlement du 28 juin 1738, et le décret du 22 juill. 1806, contre les avocats à la Cour de cassation et aux Conseils du roi.

37. Toutefois, les huissiers qui excèdent les bornes de leur mandat sont aujourd'hui, comme sous l'ancienne jurisprudence (Pothier, *Mandat,* n°s 128, 129), passibles de désaveu. Les observations du Tribunat portent que le titre du désaveu est commun aux avoués et aux huissiers. — V. ce mot.

En est-il de même des gardes du commerce? — V. *Emprisonnement.*

38. Le notaire qui, sans mandat, ferait des actes respectueux, des offres, des protêts, pourrait être désavoué.

39. Mais dans tous les autres cas, ni les notaires , ni les greffiers ne sont soumis au désaveu : leurs actes ne peuvent être attaqués que — par l'inscription de faux, s'ils renferment des énonciations mensongères, — ou par une action en nullité, quand les formalités prescrites, à peine de nullité, n'ont pas été observées. Pigeau, 1, 496; Boitard, 2, 294. — V. *Greffier.*

40. Pour les avocats à la Cour royale, — V. *Avocat*, n° 50 à 52.

41. Tout individu qui se présente comme mandataire d'une partie devant une juridiction exceptionnelle, est tenu, si l'adversaire l'exige, de justifier du pouvoir qu'il a reçu; les actes qu'il ferait sans aucun pouvoir n'obligeraient point la partie qu'il prétend représenter.

Ainsi, nul doute que la voie du désaveu, suivant les formes prescrites par le C. de procédure, ne soit pas nécessaire pour faire annuler un jugement rendu par un trib. de commerce, qui condamne une personne au paiement d'une dette, sur la reconnaissance qu'un tiers en a faite en son nom sans *aucun pouvoir* de la défendre. — Quand même ce tiers serait un avoué.

Le jugement rendu contre elle est par défaut, et peut être attaqué par la voie d'opposition. Metz, 23 août 1822, J. P. 1824, 1,109.

Le pouvoir général du mandataire *ad litem* doit être donné par écrit, à moins que la partie ne l'autorise par sa présence.

42. Mais la qualité de mandataire *ad litem* une fois établie, celui qui en est investi est-il présumé avoir pouvoir pour les actes qu'il fait dans le cours de la procédure? Il y a-t-il nécessité pour le mandant, qui ne veut pas être obligé, par ces actes, de les désavouer dans la forme prescrite au C. de pr.? En d'autres termes : les simples fondés de pouvoirs, qui représentent les parties, soit devant les trib. de comm. , soit devant les justices de paix, les conseils de prud'hommes et autres juridictions où le ministère des avoués n'est pas admis, doivent-ils être désavoués, s'ils ont fait des offres, des aveux, ou donné un consentement sans un pouvoir *spécial?*

Pour la négative, on dit : — Les principes généraux du mandat (— V. *sup.* n° 1) semblent encore devoir être appliqués aux actes faits en vertu de ce pouvoir, et la nécessité de recourir à la voie exceptionnelle de l'action en désaveu paraît restreinte aux officiers ministériels. — C'est ce qui résulte de la proposi-

tion même du Tribunat, ainsi conçue : « Le mot *désaveu*, pris
généralement, peut s'appliquer à toute espèce de mandataire
qui a excédé ses pouvoirs; cependant, telle n'est pas l'acception
dans laquelle le désaveu est pris dans ce titre; il n'a trait qu'aux
officiers ministériels, qui ont nui à leur partie en excédant
leurs pouvoirs. » — Cette interprétation est confirmée par l'é-
conomie des articles qui composent le titre du désaveu, par la
place qu'il occupe dans le C. de pr., l'art. 356 veut que la demande en désaveu soit portée devant le trib. où a été faite la
procédure désavouée; et l'art. 359 qu'elle soit communiquée
au ministère public : or, ces règles ne pourraient pas être observées devant les juridictions où il n'y a pas de ministère public. Aussi les titres du Code qui règlent les procédures devant
les trib. exceptionnels ne font-ils aucune mention des procédures établies pour le désaveu. On conçoit le motif de cette différence : devant les tribunaux ordinaires, les parties doivent
plaider par le ministère des avoués qui sont nommés et dont le
nombre est fixé par l'autorité publique; c'est à cause de la confiance forcée que les plaideurs doivent avoir dans les avoués,
que la loi a voulu mettre un frein aux abus que ceux-ci pourraient en faire.

D'après ces principes, il a été jugé que le désaveu, dans les
formes voulues par le C. de pr., n'était pas nécessaire pour
écarter une déclaration faite par un avocat ou un avoué porteur
d'une procuration spéciale pour défendre une partie devant le
trib. de comm. Bruxelles, 7 déc. 1812, P. 10, 868, à la note;
Metz, 25 août 1822, S. 25, 73; Lyon, 9 janv. 1832, S. 32, 351;
Crivelli, sur Pigeau, 1, 497; Boitard, 2, 294.

Pour l'affirmative on répond : la nécessité du désaveu, résulte de la nature du mandat judiciaire (— V. *sup.* n° 2). Vainement on objecte que la procédure indiquée pour le désaveu
ne saurait être suivie à l'égard des mandataires ordinaires :
l'art. 356 a seulement réglé la compétence d'après ce qui arrive
le plus souvent; mais sa disposition ne fait pas obstacle à ce que le
désaveu contre un mandataire *ad litem* soit porté devant le trib.
civ.; c'est une action ordinaire, dont la connaissance ne saurait
appartenir à une juridiction exceptionnelle. Carré, art. 352;
Coffinières et Chauveau, v° *Désaveu*, n° 71.

Le désaveu était admis avant le rétablissement des avoués,
contre le fondé de pouvoir qui paraissait devant les tribunaux.
Paris, 12 avr. 1806, P. 5, 276.

43. Ce dernier système a été consacré par plusieurs arrêts
et par plusieurs auteurs à l'égard des agréés, par les motifs
suivans : — Bien qu'ils ne soient pas des officiers ministériels
proprement dits, néanmoins ils exercent en réalité un ministère de la même nature que celui de l'avoué, il est donc juste

que les parties qui les emploient soient liées par leurs actes,
comme elles le seraient par ceux d'un avoué. Rien ne s'oppose
à ce que le trib. civ. connaisse d'un désaveu formé contre un
acte fait devant un trib. de comm., comme il doit connaître de
l'exécution même des jugemens rendus par les juridictions con-
sulaires. — Rouen, 1er mars 1811, P. 9, 135; Nîmes, 22 juin
1824, S. 25, 176; Favard, v° *Désaveu*, § 1, n° 2; Coffinières, *ib.*;
Thomine, n° 402; Carré, n° 1296. — Ce dernier auteur cite
deux arrêts de la C. Rennes, du 19 juill. 1808 et 9 mai 1810,
qui auraient admis, dans ce cas, la compétence des trib. civ. —
V. d'ailleurs *Trib. de commerce.*

Si au lieu d'excéder les bornes d'un pouvoir réel ils s'attri-
buent un mandat qu'ils n'ont point reçu, Dalloz, v° *Désaveu*,
p. 108, pense que le jugement qu'ils auraient fait rendre, serait
considéré comme non-avenu à l'égard de leurs parties. A la différence des officiers ministériels, ils ne peuvent se présenter en
justice, de même que les autres fondés de pouvoir dont il a été
parlé, qu'en vertu d'une procuration écrite.

§ 3. — *Délai et forme du désaveu.*

44. *Délai.* La loi ne fixe aucun délai pour intenter l'action
en désaveu. Les parties peuvent la former, tant qu'elles n'ont
pas approuvé l'acte qu'elles veulent faire tomber. En effet, elles
ont pu ignorer ce qui a été fait en leur nom, et aucun délai ne
doit courir contre celui qui est dans l'impossibilité d'agir.
Pigeau, 1, 499; Thomine et Carré, art. 354.

Ainsi jugé sous l'empire de l'ordonn. de 1667. Cass. 18 août
1807, S. 7, 481; et Paris, 9 mai 1812, P. 10, 384.

45. Cependant, si le désaveu est formé à l'occasion d'un jugement *passé en force de chose jugée*, il ne peut être reçu après
la huitaine, à dater du jour où le jugement doit être réputé
exécuté, aux termes de l'art. 159 C. pr. 362.

46. Toutefois le délai ne court pas, lorsque c'est l'officier ministériel désavoué qui a fait l'acte d'exécution qui a pu être ignoré
de la partie. Bruxelles, 23 sept. 1821 (D. v° *Désaveu*, 123).

47. Le renvoi à l'art. 159 n'a d'autre objet que d'indiquer
les modes d'exécution qui rendront le désaveu non recevable.
L'art. 362 s'applique à tous les jugemens, ou contradictoires,
ou par défaut; il ne distingue pas : en effet, le but de la loi est
de fixer un terme fatal dans tous les cas; et l'on ne concevrait
pas comment un jugement par défaut ne pourrait plus, après
l'exécution, être attaqué par la voie du désaveu, tandis qu'un
jugement contradictoire pourrait l'être toujours. D'ailleurs,
l'art. 362 s'applique surtout aux jugemens contradictoires, le
désaveu ne pouvant être évidemment admis de la part de celui
qui a été condamné par défaut, s'il n'y a point eu d'avoué cons-

titué. Carré, art. 362; Dalloz, v° *Désaveu*, 117; Boitard, 1, 312.
— *Contrà*, Delaporte, 333.

Ces mots de l'art. 362 : *jugement passé en force de chose jugée*,
ne s'appliquent qu'au jugement contre lequel toutes les voies
légales ont été épuisées. Demiau, 269, et Dalloz, 117. — Il
serait injuste, en effet, de prononcer une déchéance contre celui
qui préfère n'employer la mesure du désaveu, qu'après le re-
recours en cassation ou la requête civile. Mais il est évident
qu'il est libre à la partie d'intenter l'action en désaveu avant de
recourir à ces voies extraordinaires, et même immédiatement
après la prononciation du jugement.

Le désaveu peut être formé en appel, contre l'avoué de
1ʳᵉ inst. Bruxelles, 17 oct. 1831.

48. *Forme.* Le désaveu se fait au greffe du trib. ou de la
C. qui doit en connaître (—V. *inf. § 4*), par acte signé de la partie
ou du porteur de sa procuration *spéciale et authentique*. C. pr. 353.
— La gravité de cette action, justifie cette mesure exceptionnelle.

49. La partie qui ne sait pas signer doit donner, devant notaire, une procuration spéciale à l'effet de désavouer, pour que
le mandataire signe l'acte de désaveu.

Le greffier n'a pas capacité pour déclarer que la partie ne
sait pas signer, et suppléer par cette déclaration au défaut de
signature. Pigeau, 1, 500; Carré, art. 353; Favard, Dalloz,
v° *Désaveu*, 115. — *Contrà*, Hautefeuille, 190; Lepage, 233.

50. Un fondé de procuration générale ne peut signer valablement l'acte de désaveu. Cass. 1ᵉʳ fév. 1820, S. 20, 546; Pigeau,
Comm., 1, 521; Favard, 2, 73, 74.

Quand même il serait chargé de suivre le procès, et de faire
tout acte nécessaire pour le conduire à sa fin : la loi ne distingue
pas Dalloz, *ib.* — *Contrà*, Pigeau, *ib.*

Mais un pouvoir de faire tout désaveu suffit, sans qu'il soit
besoin qu'il autorise à tel désaveu en particulier. Arg. C. civ. 933.
Pigeau, *ib.*

51. L'acte de désaveu doit contenir les moyens et les conclusions de la partie, et constitution d'avoué. C. pr. 355. — Il
faut qu'un acte aussi important que le désaveu ne soit pas fait
légèrement, que le désavoué connaisse ce qui lui est reproché, et
l'avoué à qui il peut signifier ses défenses. Thomine, art. 355.

52. Peut-on changer les conclusions prises dans l'acte de
désaveu, et substituer une nouvelle demande à la première? Le
doute vient des termes de l'art. 354, portant que le désaveu
sera signifié *sans autre demande.* — Mais la loi a seulement voulu
dire que l'acte de désaveu serait notifié purement et simplement,
sans requête ou autre formalité ; on peut, soit avant le jugement, soit sur l'opposition formée au jugement par défaut,
joindre de nouveaux moyens à ceux énoncés dans l'acte de dé-

saveu, en changer les conclusions, en un mot, réparer les irrégularités qui le vicieraient, Thomine, art. 355.

53. L'acte de désaveu une fois fait au greffe, le désavouant
doit en lever une expédition, et la signifier 1° au désavoué,
2° aux parties intéressées au maintien de l'acte attaqué, quand
bien même ce jugement aurait acquis l'autorité de la chose jugée. Carré, n° 1319 ; Demiau, 268.

Les formes de cette signification varient suivant les circonstances.

54. Le désaveu est principal ou incident.— *Principal*, lorsqu'il est formé directement contre un acte, sans qu'il existe
d'instance où il soit produit.— *Incident*, quand il a lieu contre
un acte employé dans une instance.

55. Si le désaveu est principal, il est signifié par exploit au
domicile de l'avoué et des parties intéressées, avec assignation
devant le trib. qui doit en connaître.—V. *inf.* n° 64.

56. Le désaveu est principal quoiqu'il soit formé dans l'année du jugement qui a terminé l'instance ; on ne peut considérer comme exécution du jugement l'acte qui tend à le faire
annuler. Favard, v° *Désaveu;* Dalloz, 116. —*Contrà*, Pigeau,
Comm., 633.—V. *Avoué*, n° 130.

57. Si le désaveu est incident, il est signifié, sans autre demande, par acte d'avoué à avoué, tant à l'avoué contre lequel
le désaveu est dirigé, qu'aux autres avoués de la cause, et cette
signification vaut sommation de défendre au désaveu. C. pr. 354.

58. Lorsque l'officier contre lequel le désaveu est dirigé
n'exerce plus ses fonctions, le désaveu formé dans le cours d'une
instance où il n'est plus partie, n'est pas incident à son égard ;
il doit lui être signifié par exploit avec assignation. — L'acte
d'avoué à avoué suffit pour les parties restées en cause. C. pr. 355.

Si dans une instance un désaveu est formé à raison d'un jugement rendu par un autre trib., la signification doit avoir lieu
avec assignation donnée à l'avoué. Dans ce cas, l'officier ministériel qu'on désavoue n'étant point en cause, on ne peut appliquer l'art. 354 C. pr.

Si l'officier est décédé, le désaveu est signifié à ses héritiers.
C. pr. 355.— Il n'est pas nécessaire que cette signification soit
individuelle. Arg. C. pr. 447, § 3 ; Boitard, 2, 301.—*Contrà*,
Pigeau, *Comm.*, 1, 634.

59. L'assignation doit être donnée par exploit, dans le cas
de désaveu incident dirigé contre un huissier, un agréé ou un
fondé de pouvoirs ; l'art. 354 ne s'applique qu'au désaveu formé
contre un avoué. Dalloz, *ib.*—V. *inf.* n. 70.

60. L'officier ministériel est toujours partie essentielle dans
une instance en désaveu. Bruxelles, 4 therm. an 13, D. 96.
En conséquence, l'appel interjeté par le désavouant contre l'ad-

versaire dans l'instance originaire, est non recevable, si, au lieu d'interjeter également appel contre l'avoué, il s'est borné à l'assigner en intervention dans l'instance d'appel. Agen, 21 nov. 1817; Dalloz, v° *Désaveu*, p. 130.

61. Il n'est pas nécessaire de répéter dans l'assignation, ou dans l'acte d'avoué à avoué, les moyens et conclusions contenus dans l'acte de désaveu, dont il est donné copie. Pigeau, 501.

62. La demande n'est pas soumise au préliminaire de conciliation : en effet, le désaveu intéresse l'ordre public; il peut entraîner des peines contre l'officier ministériel. C. pr. 49.7°, 560.

63. La procédure qui doit être observée à la C. de cass. est déterminée par le règlement du 28 juin 1738, 2ᵉ part., tit. 9.

§ 4. — *Tribunal compétent.*

64. Si l'action en désaveu est dirigée contre un acte sur lequel aucune procédure n'a été engagée, le désaveu constitue une demande principale soumise aux règles ordinaires de compétence; et doit être portée devant le trib. de 1ʳᵉ inst. du défendeur, c'est-à-dire de celui que l'on désavoue. C. pr. 358.

65. Si l'action est dirigée contre un acte de procédure, le désaveu doit toujours être porté au trib. devant lequel la procédure désavouée a été instruite, encore que l'instance dans le cours de laquelle il est formé soit pendante en un autre trib. : la connaissance qu'il a déjà prise de l'affaire le rend plus que tout autre capable d'apprécier l'acte désavoué. C. pr. 356.

S'il s'agit de faire tomber par le désaveu un jugement, bien qu'il n'y ait plus d'instance engagée, et que le désaveu soit par conséquent principal (— V. *sup.* n° 54), nous pensons que le trib. compétent est celui qui a rendu ce jugement : en effet, ce trib. doit connaître du désaveu dans le cas même où l'instance principale serait pendante devant d'autres juges. (C. pr. 556).—L'art. 358 nous paraît seulement applicable au cas où l'acte désavoué est purement extrajudiciaire. Tel serait une notification de titres, une sommation. Boitard, 2, 507; Dalloz, p. 116.

66. Il résulte de ces principes qu'une C. royale serait incompétente pour statuer incidemment sur une action en désaveu dirigée contre l'huissier relativement à l'exploit de signification du jugement dont est appel : en effet, la signification se rattache au jugement de 1ʳᵉ inst. Bruxelles, 24 mars 1810; S. 14, 343; Carré, art. 356.

67. Mais l'acte d'appel fait partie de la procédure devant la C. royale.—La demande en désaveu formée contre un huissier, pour avoir signifié sans pouvoir un acte de cette nature, doit donc être portée devant la C. saisie de l'appel, quoique l'huis-

sier soit immatriculé au trib. de 1re inst. Douai, 26 fév. 182 ;
J. P. 1821, 2, 180.

L'incompétence du trib. est, dans ce cas, *ratione materiæ*, et
ne peut être couverte par le consentement des parties. *Même
arrêt.*

68. Le désaveu d'un acte qui se rattache à un jugement de
1re inst. annulé ou infirmé sur l'appel, ne doit pas être porté
directement devant la C. roy. Peu importe que le trib., en admettant le désaveu, puisse faire tomber l'arrêt de la Cour : l'anéan-
tissement de l'arrêt n'est pas le résultat d'une censure exercée
par le trib. de 1re inst. sur la décision de la Cour, mais la conséquence nécessaire de l'admission du désaveu, qui entraîne la
chute des bases sur lesquelles reposait l'arrêt. C'est par ces motifs
que le Code n'a pas répété, au titre du désaveu, les dispositions
des art. 475 et 476, qui refusent aux trib. inférieurs le droit
de connaître de la tierce-opposition formée contre les arrêts des
trib. supérieurs, parce que, dans la tierce-opposition, le juge
examine le mérite de la décision attaquée, tandis qu'il en est
autrement en matière de désaveu. Dalloz, v° *Désaveu*, n° 116.
Contrà, Pigeau, comm., 1, 625.

69. La même solution s'applique, à plus forte raison, au
cas où la Cour n'a pas encore prononcé sur le mérite du jugement, ou bien, en annulant le jugement, a renvoyé les parties
devant un autre tribunal. Demiau, art. 556, Carré; 1, n° 832.

70. Le désaveu formé contre un huissier, un agréé ou un
fondé de pouvoirs, à raison d'un acte fait dans une instance
pendante devant un tribunal de commerce, peut-il être porté
à ce tribunal ?—Malgré la généralité des termes de l'art. 556,
portant que tout désaveu qui se rattache à une procédure doit
être jugé par le tribunal devant lequel cette procédure a été
faite, et l'analogie des motifs (— V. *sup.* n° 59), nous admet-
tons la négative. Les tribunaux de commerce n'ont qu'une juridiction exceptionnelle, qui ne saurait être étendue à une contestation civile que la loi n'a pas spécialement mise dans leurs
attributions ; et d'ailleurs. l'art. 359 C. pr. exige l'audition du
ministère public sur toute demande en désaveu, ce qui exclut
nécessairement la compétence des tribunaux de commerce.
Rennes, 9 mai 1810 (D. 97); Nîmes, 22 juin 1824 (S. 25,
176); Carré, art. 556.

Toutefois, la C. de Rouen, le 1er mars 1811 (D. v° Désaveu, 111), a implicitement décidé que l'instruction du désaveu contre un agréé n'était pas soumise aux mêmes formes
qu'à l'égard d'un avoué; elle a déclaré valable le désaveu formé
directement devant le tribunal de commerce contre un agréé
qui, autorisé à défendre à une demande en paiement, et à ré-
quérir la communication du compte du demandeur, n'avait pas

contesté la créance réclamée contre sa partie, et s'était borné à demander terme et délai pour le paiement. Thomine, art. 556.

71. Le désaveu incident est jugé en dernier ressort par le trib. saisi de l'action principale à laquelle il se rattache, lorsque la décision du trib. à l'égard de cette action n'est elle-même susceptible d'aucun recours. Le trib. compétent pour juger définitivement une demande principale, peut juger en dernier ressort toutes les demandes qui s'y rattachent. Vainement on opposerait que l'action en désaveu est toujours principale à l'égard de la personne désavouée, et comme telle soumise aux deux degrés de juridiction ; ce système est repoussé par l'art. 556, qui veut que le désaveu soit toujours porté devant le trib. où la procédure désavouée à été faite. Comment, en effet, concevoir cette attribution de juridiction lorsque la procédure a eu lieu devant une Cour, si cette Cour ne devait pas prononcer en dernier ressort ? Ajoutons que cette disposition est favorable aux officiers ministériels eux-mêmes, en empêchant qu'ils ne soient appelés devant des magistrats autres que ceux près desquels ils remplissent leurs fonctions. Cass. 5 therm. an 13, P. 4, 675 ; Berriat, p. 555 ; Merlin, *R.*, v° *Désaveu*, n° 8. — *Contrà*, Pigeau, 1, 507 ; **Carré**, n° 1317.

Mais il en est autrement, toutes les fois que le désaveu a pour objet non une procédure mais un acte extrajudiciaire : il constitue alors une demande principale ordinaire. — V. *sup.* n° 64.

72. Si la partie civile s'est fait représenter devant les trib. criminels par un officier ministériel, il lui est libre de le désavouer dans les cas prévus par la loi ; sans que cette procédure puisse influer sur l'action publique. Dalloz, 96.

§ 5. — *Instruction, Jugement.*

73. *Instruction.* Le désaveu s'instruit comme les affaires ordinaires.

Le défendeur peut, dans la quinzaine, faire signifier par requête ses moyens de défense. Tar. 75 ; Carré, art. 554.

Le demandeur répond dans la huitaine. *Ib.*

74. Lorsque le désaveu est incident, les parties en cause, intéressées au maintien de l'acte désavoué, peuvent aussi signifier des défenses : en effet, l'art. 554 veut que le désaveu leur soit signifié, et que la signification vaille sommation de défendre. Pigeau, 1, 504.

75. Toute demande en désaveu doit être communiquée au ministère public. C. pr. 359.

76. *Jugement.* Le désaveu doit toujours être jugé avant la cause principale. C. pr. 357. — V. *inf.* n° 80.

77. L'officier ministériel désavoué ne peut écarter l'action en désaveu, sous prétexte que l'exception, tirée de la pièce désavouée, n'ayant pas encore été accueillie, le désaveu peut devenir sans objet. Bruxelles, 25 sept. 1821 D. , v° *Désaveu*, 123.

78. Si le désaveu s'instruit devant le même trib. et que la cause principale soit en état, la loi ne défend pas de statuer par un même jugement sur le désaveu et sur le fond. Pigeau, 1, 505 ; Carré, art. 357. — Mais ce dernier auteur pense qu'il serait plus prudent de statuer par deux jugemens séparés, et de prononcer avant tout sur le désaveu.

Lorsqu'un jugement s'est borné à déclarer irrégulière une action en désaveu, les juges d'appel ne pourront statuer sur le fond : l'art. 473 C. pr. ne leur permet d'évoquer le fond des procès, que dans les cas où la matière est disposée à recevoir une décision définitive. Cass. 1er fév. 1820, S. 20, 546.

§ 6. — *Effets du désaveu.*

79. Les effets du désaveu sont de deux sortes : les uns sont produits par l'acte même inscrit sur les registres du greffe ; les autres ne résultent que du jugement qui admet ou rejette le désaveu.

80. Le désaveu une fois dénoncé, il est sursis à toute procédure et au jugement de l'instance principale (— V. *sup.* n° 76), jusqu'à celui du désaveu, *à peine de nullité.* C. pr. 357. L'action en désaveu fût-elle formée sur l'appel contre l'avoué de 1re instance. Bruxelles, 17 oct. 1821, D. v° *Désaveu*, p. 124.

81. Cette règle ne s'applique qu'au désaveu déjà formé, et non à la simple déclaration qu'on est dans l'intention d'intenter une action en désaveu. Grenoble, 30 janv. 1823, D., v° *Désaveu*, 125. — Jugé toutefois que la Cour, saisie de l'appel d'un jugement rendu sur des actes que l'appelant paraît être dans l'intention de désavouer, peut même avant faire droit sur les moyens proposés par l'intimé, fixer un délai dans lequel l'appelant sera tenu de s'expliquer sur sa menace de désaveu. Rennes, 14 juill. 1819, D. 125.

Si le désaveu exerce de l'influence sur une instance engagée devant un trib., autre que celui où il est porté, l'exhibition de l'acte d'avoué à avoué ou de l'exploit suffit, d'après Dalloz, p. 116, pour arrêter devant ce trib. la marche de la procédure.

82. Malgré les termes généraux de l'art. 357, les trib. ont le droit de refuser de surseoir, lorsque le désaveu, même admis, n'aurait aucune influence sur la cause principale. *Frustrà probatur quod probatum non relevat* : la partie peut avoir formé le désaveu seulement pour obtenir un délai. Delaporte, t. 1, p. 331. — *Contrà*, Carré, art. 357.

Jugé même que le trib. peut refuser de surseoir, lorsque le désaveu lui paraît inadmissible, dans le cas, par exemple, où il n'aurait pas pour objet l'un des actes dont parle l'art. 352 C. pr. Metz, 11 janv. 1812, D. *ib*. 124. — *Contrà*, Dalloz; Favard, 2, 75.

La partie, sur les conclusions de laquelle une demande en désaveu a été jointe à la demande principale, est non recevable à se plaindre de ce qu'il n'a point été sursis au jugement de celle-ci. Cass. 13 août 1827, D. 27, 460.

83. Dans tous les cas, l'obligation de surseoir, imposée au trib., ne doit pas l'empêcher d'autoriser des mesures conservatoires, qui, sans porter préjudice aux parties, requièrent célérité. Thomine, art. 359.

L'art. 357 n'est relatif qu'au désaveu formé dans le cours d'une instance. Le désaveu, postérieur au jugement, ne suffit pas pour en suspendre l'exécution. Paris, 16 mai 1835 (Art. 138 J. Pr.).

84. La demande en désaveu ne doit pas servir de prétexte à la mauvaise foi pour retarder indéfiniment le jugement du principal; le trib. peut ordonner que le désavouant fera juger le désaveu dans un délai fixé, sinon qu'il sera fait droit. C. pr. 357.

85. Le délai passé, le trib. a le droit de juger au fond, sans avoir égard à l'action de désaveu. Paris, 2 août 1813, P. 11, 598; Berriat, 555.

86. Toutefois, comme il ne dépend pas toujours de la partie d'obtenir jugement, il serait bien rigoureux de la déclarer déchue dans tous les cas: il y a là une question d'équité livrée à l'appréciation des magistrats.

87. Si, malgré la prohibition de la loi, la procédure a été continuée, soit par le désavoué, soit par l'adversaire, quelle voie doit-on prendre pour faire tomber les actes qui auraient eu lieu?

Il faut distinguer : si les actes n'ont pas été suivis de jugement, on doit en demander la nullité devant le trib. où ils ont été faits. Si, au contraire, un jugement a été rendu, on doit se pourvoir par opposition ou appel, si cela est possible, et autrement par requête civile. — Pigeau, 1, 506.

Au reste la partie qui désavoue les poursuites faites en son nom, renonce par cela même à s'en prévaloir. Paris, 3 juill. 1812, D. 124; — sauf à elle à en intenter de nouvelles, si elle est encore en temps utile. Dalloz, p. 124.

88. Si le désaveu est déclaré valable, les actes ou jugemens, ou les dispositions relatives aux chefs qui ont donné lieu au dé-

aveu, demeurent annulés et comme non-avenus (C. pr. 360),
sans qu'il soit besoin que la nullité en ait été prononcée par le
jugement. Berriat, 353; Carré, art. 360. — *Contrà*, Hautefeuille, 192; Pigeau, 1, 441.

89. Dans le cas où le jugement annulé aurait été suivi d'un
appel dont l'instance fût encore pendante, il faudrait produire
devant la C. roy. le jugement sur le désaveu, et conclure à ce
que, vu la nullité du jugement dont est appel, il fût dit qu'il
n'y a pas lieu à prononcer sur l'appel interjeté. Pigeau, 1, 506.

90. Lorsqu'un jugement renferme plusieurs chefs distincts
et indépendans l'un de l'autre, et que le désaveu n'a frappé
que l'un de ces chefs, l'admission du désaveu n'entraîne la
nullité que de cette disposition seule; les autres conservent toute
leur force; mais s'il y a indivisibilité ou connexité, tous les
chefs connexes et indivisibles tombent en même temps. C. pr.
360; Dalloz, v° *Désaveu*, p. 118.

91. L'officier ministériel peut être condamné à des dommages-intérêts envers le demandeur et les autres parties, et même
puni d'interdiction ou poursuivi extraordinairement, suivant la
gravité du cas ou la nature des circonstances. C. pr. 360; Paris,
31 janv. 1815, D. p. 105. — V. *Discipline.*

Jugé que sa bonne foi peut le garantir de la condamnation
aux dommages-intérêts. Cass. 27 août 1835 (Art. 147 J. Pr.
— Même de celle aux dépens de la cause. *Même arrêt.—Contrà*,
Paris, fév. 1824, D. *Ib.* 100. — Surtout s'il a été induit en
erreur par les machinations d'un tiers. Lyon, 1er avr. 1824,
D. 25, 42.

92. Il a été jugé, sous l'ancien droit, qu'il y avait lieu de surseoir à la demande de dommages-intérêts contre le désavoué,
tant que la partie n'avait pas tenté les voies de droit pour faire
réformer le jugement dont elle se plaignait. Paris, 12 avr. 1806,
S. 7, 901. — Mais l'art. 360 C. pr. repousse cette solution :
quoique d'autres voies soient ouvertes au désavouant, il n'en a
pas moins droit à des dommages-intérêts, soit pour l'alternative
à laquelle il s'est exposé en intentant l'action en désaveu, soit
pour le désagrément et les chances d'un nouveau procès. Pigeau,
Comm. 1, 632, note 1; Merlin, 3, 601.

93. Si le désaveu est rejeté, il est déclaré nul.

Mention est faite du jugement de rejet en marge de l'acte de
désaveu. C. pr. 361.

94. Le demandeur peut être condamné envers le désavoué,
et les autres parties en tels dommages-intérêts et réparations
qu'il appartient. *Ib.*

95. Il ne peut plus alors agir contre l'officier ministériel,
comme ayant excédé son mandat. Cass. 26 mars 1834, D. 34, 229

Mais le rejet du désaveu n'est pas exclusif d'une action en

dommages-intérêts du client, fondée sur ce que l'officier ministériel n'aurait pas suivi ses instructions et lui aurait causé un
préjudice : c'est précisément quand le désaveu n'est pas admis
que le préjudice peut être plus considérable.

96. Lorsqu'il est reconnu que le désaveu a causé préjudice
à l'avoué, il y a obligation pour les magistrats de lui accorder
des dommages-intérêts. Rennes, 9 mars 1818, S. 18, 276.

97. Si le désaveu contient des inculpations contre son honneur, et s'il a été rendu public, l'officier peut obtenir l'impression et l'affiche du jugement. Arg. C. pr. 1056.

98. Si le désaveu a été formé contre deux avoués, l'acquiescement donné par l'un d'eux au jugement qui rejette le désaveu
et leur alloue des dommages-intérêts, n'empêche pas l'autre d'interjeter appel, à fin d'obtenir une indemnité plus considérable.
Rennes, 17 août 1818, D. v° *Désaveu*, 113.

§ 7. — *Enregistrement.*

99. L'acte de désaveu est soumis au droit fixe de 3 fr., lorsqu'il a lieu devant un trib. de 1re instance (LL. 22 frim. an 7,
art. 68, § 2; 28 avr. 1816, tit. 7, art. 44, n° 10), — et de 5
fr., quand il est fait devant une C. royale. L. 1816, art. 45,
n° 6.

§ 8. — *Formules.*

FORMULE I.
Acte de désaveu.

(C. pr. 353. — Tarif, 92. — Coût, vacation 6 fr.)

L'an   le   , au greffe du tribunal de
Est comparu le sieur   , demeurant à
Lequel, assisté de Me   , avoué près ledit tribunal, qu'il constitue, et
qui occupera pour lui sur la demande en désaveu dont il va être parlé, a déclaré
qu'il désavoue Me   , avoué en ce tribunal, demeurant   , comme
ayant excédé les pouvoirs qui lui ont été donnés par le comparant, dans la cause
pendante en ce tribunal, entre lui et le sieur
    Qu'en effet (*rapporter les faits et les moyens à l'appui du désaveu.*)
    Pour quoi le comparant conclut à ce qu'il lui soit donné acte de ce qu'il dés-
avoue formellement ledit Me   , comme ayant, sans pouvoir ni ordre du
comparant, dans la requête signifiée de sa part, le   , donné un consentement au profit dudit   ; et attendu que le jugement rendu contradictoirement entre les parties, le   , est uniquement motivé sur ce
consentement, à ce que la requête dont il s'agit et le jugement sus énoncé, soient
déclarés nuls et de nul effet, et que les parties soient remises au même état où
elles étaient avant la signification de la requête dudit jour   ; à ce qu'il
soit fait défense au sieur   de mettre à exécution ledit jugement, et à ce
que M   soit condamné en   de dommages-intérêts envers le
comparant, et en outre aux dépens;
    De tout quoi, le comparant a requis acte, à lui octroyé, et a signé avec
Me   , son avoué, et nous greffier.
    (*Signatures de la partie, de l'avoué et du greffier.*)

FORMULE II.
Signification de l'acte de désaveu.

(C. pr. 354. — Tarif, 70. — Coût, 1 fr. orig., le quart par chaque copie.)

A la requête du sieur   soit signifié et avec celle des présentes donné copie :

1° A M⁰   , avoué près le tribunal de
2° Et à M⁰   , avoué près le même tribunal de   et du sieur
D'un acte fait au greffe du tribunal de   , en date du
enregistré, contenant dés aveu par le sieur   de M⁰   , avoué
qui a occupé pour lui dans l'instance, contre le sieur   et ledit sieur
à ce que du contenu audit acte les susnommés n'ignorent. D. A.

(Signature de l'avoué.)

FORMULE III.

Assignation en désaveu.

(C. pr. 355. — Tarif, 29. — Coût, 2 fr. orig., le quart pour chaque copie.)

L'an   le   , à la requête du sieur   demeuran
à   , lequel fait élection de domicile en la demeure de M⁰
avoué, lequel occupera sur la présente assignation,

J'ai, soussigné, signifié avec celle des présentes, donné copie au sieur
fils et unique héritier de M   , décédé, avoué, au tribunal de
ledit sieur   fils, demeurant a   , en son domicil
où étant et parlant,

De l'expédition d'un acte fait au greffe du tribunal de   le
enregistré, contenant désaveu par ledit sieur   de M⁰   , avou
au tribunal de   , qui a occupé pour lui dans l'instance existante
entre le sieur   et le sieur   , a ce que du contenu audit acte le
susnommé n'ignore, et à pareilles requête, demeure, élection de domicile et
constitution d'avoué que dessus, j'ai huissier susdit et soussigné, domicile et
parlant comme ci-dessus, donné assignation audit sieur   , à comparaître
d'aujourd'hui à

— V. Ajournement.

Pour (1) attendu que le défunt   père, avoué au tribunal de
et du requérant, dans une requête faite au nom de ce dernier, le
en défense à la demande formée contre lui à la requête du sieur   , par
exploit de   huissier, en date du   , a déclaré que le paiement
de la somme de   , due au sieur   par le défunt, a été effectué
des deniers du requérant, son fils;

Attendu que cette déclaration est fausse, et a été faite par ledit M⁰
sans aucun pouvoir, et même à l'insu dudit sieur ;

Attendu que cette déclaration erronée porte le plus grand préjudice au requérant, puisque sur le fondement du prétendu paiement dont s'agit, il a été
condamné, comme héritier pur et simple dudit sieur   son père, à payer
au sieur   , l'un des créanciers de la succession, par le jugement du
          , la somme de

Attendu que par acte du   , dûment enregistré, le sieur
a formellement désavoué ladite déclaration faite par M⁰   son avoué,

Voir donner acte audit sieur   de ce qu'il désavoue formellement ledit
M⁰   comme ayant, par sa déclaration fausse, et faite sans aucun pouvoir,
dans la requête signifiée de la part dudit   le   , donné un
consentement au profit dudit   ; et attendu que le jugement rendu contradictoirement entre les parties le   , est uniquement motivé sur ladite
déclaration, voir déclarer nuls et de nul effet la requête dont s'agit, ensemble
ledit jugement qui a suivi, et voir ordonner que les parties seront remises au
même et semblable état où elles étaient avant la signification de la requête dudit
jour ; qu'il sera fait défenses à M   de mettre a exécution ledit jugement;
se voir condamner en   fr. de dommages et intérêts envers le requérant, et
en outre aux dépens, et je lui ai, en son domicile et parlant comme ci-dessus, laissé
copie certifiée, tant de l'acte de désaveu sus énoncé que du présent, dont le coût
est de   (Signature de l'huissier.)

NOTA. L'acte de désaveu est signifié aux parties en cause par acte d'avoué à
avoué. — V. sup. Formule II.

(1) Au lieu de répéter les conclusions et les moyens on peut mettre simplement : Pour procéder sur et aux fins de l'acte de désaveu ci-dessus énoncé

DESCENTE sur les lieux, ou *accès de lieux*. Se dit du transport du juge sur les lieux contentieux, pour éclaircir une question, et constater dans un procès-verbal le résultat de son examen. — L'accès des lieux par un juge de paix prend le nom de *visite des lieux*.

DIVISION.

§ 1.—*Cas où l'on ordonne la descente sur les lieux.*
§ 2.— *Personnes qui peuvent y procéder.*
§ 3. — *Manière d'y procéder.*
§ 4.— *Enregistrement.*
§ 5. — *Formules.*

§ **1.** — *Cas où l'on ordonne la descente sur les lieux.*

1. La descente sur les lieux a pour objet spécial de donner aux juges des notions qu'ils ne pourraient recevoir ni des plaidoiries, ni même d'un rapport d'experts, et qui ne sauraient être fournies que par l'inspection des lieux ; par exemple, lorsqu'il s'agit d'entreprises sur des cours d'eau, clôture, limite, terre, arbres, haies, fossés, ou d'usurpations de servitudes ; surtout lorsqu'il est utile de comparer les titres avec les lieux.

Cette opération, à raison de l'éloignement des lieux, pouvant être très dispendieuse, il convient de ne l'ordonner que dans les cas où elle est indispensable.

S'agit-il d'un point où il faille des connaissances spéciales, par exemple, de l'appréciation de la nature d'un terrain, c'est une *expertise* qu'il convient d'ordonner. — V. ce mot.

2. La descente sur les lieux peut être ordonnée, soit d'office, soit sur la demande de l'une ou de l'autre des parties. C. pr. 295.

Néanmoins, la réquisition de l'une ou de l'autre des parties est nécessaire, dans le cas où il n'échoit qu'un simple rapport. *Ib.*—Si alors on l'autorise, c'est dans la crainte que les experts ne rencontrent des obstacles dans l'examen des lieux.

Toutefois, l'opportunité d'une descente de lieux est à peu près laissée à l'appréciation des tribunaux : en effet, le jugement qui l'ordonnerait d'office serait difficilement cassé ; la ligne de démarcation entre les attributions des juges et celles des experts, n'a pas été assez nettement établie. Berriat, 309, n° 3.

3. La réquisition des parties peut se faire par conclusions verbales à l'audience : le trib. en donne acte ; la loi ne prescrit aucune forme. Pigeau, 1, 435 ; Carré, n° 1140.

4. Malgré la réquisition des parties, l'opportunité de cette mesure est laissée à l'arbitrage du tribunal, qui peut la refuser s'il la juge inutile. (Cass. 26 avr. 1825 ; 11 déc. 1827, S. 26, 135 ; D. 27, 54), surtout s'il y a déjà un rapport d'experts.

Berriat, 309; Carré, art. 295 ; —Ou, s'il le préfère, ordonner la configuration des lieux litigieux.

Quelquefois le juge commissaire est chargé en même temps de faire une enquête sur les lieux contentieux.

5. Deux rapports d'experts contradictoires ne rendent pas nécessaire une descente de lieux : le juge peut se contenter de demander aux experts de s'expliquer sur certains points, ou d'admettre les parties à faire certaines preuves. Parl. Paris, 23 av. 1785; Merlin, *Quest.*, v° *Expertise.*

6. La descente peut être ordonnée par défaut : — La loi prévoit le cas où elle est requise par une seule des parties. Carré, art. 295; Lepage, p. 204, *Quest.* 2.

7. Quelques auteurs pensent que le jugement qui ordonne la descente ne doit pas en préciser l'objet ; d'après eux, il serait imprudent de découvrir aux parties ce qui arrête la décision , parce qu'elles pourraient faire disparaître des traces que l'on a dessein de remarquer (Thomine, art. 295).—Cependant, nous pensons qu'il est indispensable que le juge, lors de son opéra-tion, ait toujours sous les yeux les termes précis de la mission qui lui est confiée, pour qu'il ne s'en écarte pas.

8. Le jugement doit-il être levé et signifié à avoué et à do-micile?—Pour la négative, on soutient que ce n'est qu'un ju-gement préparatoire. Demiau , art. 297.—Mais on répond que ce jugement peut être interlocutoire (Cass. 25 juin 1823); l'expédition est d'ailleurs nécessaire au juge et aux parties pour savoir sur quoi doit porter l'examen : enfin, c'est le droit com-mun. C. pr. 447; Thomine, Carré, art. 297.— Toutefois, la descente pouvant avoir lieu le jour même du jugement, il n'y a pas même alors possibilité de signification , il suffit d'une simple sommation. — Dans ce cas, le jugement doit indiquer qu'il sera exécutoire sur la minute.

Si le jugement est par défaut, il doit être signifié à domicile, ainsi que l'ordonnance du juge-commissaire. Carré, p. 1147 , 1149.

9. Quand une descente de lieux a été ordonnée, le jugement peut-il être prononcé sans qu'elle ait été opérée?

Si elle a été ordonnée sur la demande d'une partie qui ne se met pas en mesure d'y faire procéder , on peut passer outre , parce qu'elle est censée reconnaître que ses allégations ne sont pas fondées. Toutefois , ce point est évidemment abandonné à l'appréciation du tribunal.—V. sup. n° 4, et *inf.* n° 25.

Il en est de même dans le cas où la descente a été ordonnée d'office.

10. Par qui doivent être supportés les frais du jugement qui ordonne la visite des lieux ? — *V. Dépens*, et *inf.* n° 45.

§ **2.** — *Personnes qui peuvent procéder à la descente.*

11. *Matière ordinaire.* Le jugement qui ordonne une descente sur les lieux indique par qui cette descente sera faite ; il peut décider que le trib. s'y transportera en entier (Cass. 9 fév. 1820, D. 5, 150). Mais ce cas est rare ; car il pourrait résulter de graves inconvéniens du déplacement de tous les magistrats.

12. Tous les juges peuvent-ils procéder à la visite, sans que le transport ait été ordonné ni demandé par les parties, et sans qu'un procès-verbal ait été dressé ? peuvent-ils donner dans le jugement le résultat de leur visite pour base de leur décision ?

La C. d'Agen (7 déc. 1809, P. 7, 911) a annulé un jugement rendu dans ces circonstances par les motifs que les juges avaient fait les fonctions d'experts, et que leurs observations n'avaient pu être contredites par les parties. — V. dans le même sens, Carré, art. 295 ; Berriat, 310.

Cet arrêt est critiqué avec raison par M. Dalloz. Comment empêcher les juges de prendre connaissance des lieux litigieux avant de prononcer, et d'épargner ainsi aux parties les frais d'une descente judiciairement constatée ? Cette visite se fait souvent dans la pratique, lorsque le lieu à visiter est près du siége du tribunal.

Il n'y a d'inconvénient que pour le cas où quelques-uns des juges, seulement, procèdent à la visite en l'absence des parties et de leurs collègues : ils peuvent alors apporter dans la délibération des élémens de décision, pris en dehors de la discussion contradictoire et ignorés des parties. Cass. 16 janv. 1839.

Une semblable visite, faite après une vérification par un expert commis, et après une enquête, avant le délibéré, a été déclarée illégale. Rouen, 25 mai 1838 (Art. 1243 J. Pr.).

Toutefois, on a jugé que cette circonstance n'entraînait pas la nullité du jugement définitif. *Même arrêt.*

13. Le jugement doit commettre, pour la descente, l'un des juges qui y ont assisté : il a pris part à la discussion ; il est plus à même d'examiner et de constater ce qui tend à résoudre la difficulté. C. pr. 296.

Quoique cette mesure soit insolite, on peut nommer plusieurs juges-commissaires. Rennes, 5 janv. 1812, P. 10, 3.

14. Le juge commis peut être récusé conformément à l'art. 383 C. pr. ; dans ce cas, on suit les règles prescrites aux art. 383, 387 et 391. — V. *Récusation.*

15. En cas d'instruction par écrit, le juge rapporteur ne pouvait jadis être commis pour une descente (Ordonn. 1667, tit. 4, art. 2). Mais cette prohibition n'existe pas dans notre droit ; ce point est abandonné à la prudence du tribunal. Merlin, *Rép.*, v° *Descente* ; Carré, art. 296, n° 1142 ; Favard, v° *Des-*

cente. — Par la même raison, le trib. n'est plus obligé de choisir le commissaire suivant l'ordre du tableau.

16. Le juge commis n'a pas le droit de se substituer un autre juge : il n'a pas mission à cet effet (Carré, art. 296). Si donc il ne peut procéder à l'opération, le trib. doit en commettre un autre qui ait pareillement assisté au jugement. Thomine, art. 296; Carré, n° 1145.

17. L'art. 296 C. pr. ne s'oppose pas à ce que le trib. commette un juge de paix ou un juge étranger à son ressort pour procéder à la descente. (Arg. art. 1035 C. pr. ; Bordeaux, 15 mars 1809). Mais alors c'est, selon nous, une simple commission rogatoire, et non plus une descente sur les lieux proprement dite (Carré, n° 1144; Favard, *ib.*; Thomine, n° 347). Toutefois, il n'y aurait aucune critique à élever contre une pareille décision, puisque rien n'astreint le juge à adopter tel ou tel mode d'instruction, et qu'il pourrait même refuser la descente sur les lieux. — V. *sup.* n° 4.

Il a été jugé que l'arrêt qui charge un juge de paix de visiter les lieux contentieux et d'en constater l'état peut lui donner en même temps mission de se faire représenter le plan de ces lieux et de dire, dans son procès-verbal, s'il est exact et présente le véritable aspect des lieux : ce n'est pas là lui confier une expertise. Cass. 10 juin 1835 (Art. 194 J. Pr.).

18. Si le trib. a renvoyé devant un autre trib. pour la nomination du juge-commissaire, la partie la plus diligente présente au président une requête pour demander cette nomination; elle y joint le jugement de renvoi. Une fois le juge commis, l'affaire se poursuit comme dans les cas ordinaires. — V. *inf.* n° 23.

19. Si le rapport du juge étranger a été annulé, il ne peut être commis pour procéder à la nouvelle descente qui serait ordonnée. Bordeaux, 15 mars 1810, P. 9, 175.

20. Comme il ne s'agit que d'une simple inspection de lieux, il n'est pas nécessaire que la descente de lieux soit accompagnée d'une visite d'experts; le juge commis peut faire la visite sans eux, si le cas n'exige pas leur concours. — V. Merlin, *Rép.*, v° *Descente.* — C'est d'ailleurs le jugement qui détermine la mission. — V. *sup.* n° 7.

21. *Matière de justice de paix.* S'il y a lieu à descente de lieux, le juge de paix ordonne que les lieux seront visités par lui en présence des parties. C. pr. 41.

22. Si l'objet de la visite exige des connaissances spéciales, il nomme des gens de l'art qui doivent l'accompagner pour lui donner les renseignemens nécessaires; il n'est pas tenu de s'en rapporter à l'indication des parties, fussent-elles unanimes, quoiqu'il y ait convenance à le faire. Lepage, p. 88.

§ 5. — *Manière de procéder à la descente.*

23. La partie *requérante* doit, avant de mettre le jugement à exécution, consigner au greffe les frais de transport. C. pr. 301.

24. Que doit-on entendre par la partie *requérante?* — Il faut distinguer entre la descente de lieux ordonnée d'office, et celle ordonnée sur la réquisition des parties. Dans le premier cas, la partie requérante est celle qui a le plus d'intérêt à ce que l'opération ait lieu, et qui en poursuit l'accomplissement ; dans le second, c'est celle qui a provoqué le jugement ordonnant la descente. Carré, art. 301; Pigeau, *Comm.*, 1, 155; Favard, v° *Descente.*

25. Mais si, dans cette dernière hypothèse, la partie requérante se refusait par caprice à déposer les frais et entravait ainsi l'opération, nous croyons que l'autre partie pourrait la prévenir en déposant elle-même ; et alors on devrait lui délivrer exécutoire contre son adversaire non consignataire. Arg. C. pr. 220 ; Pigeau, *ib.* — Au lieu de consigner, elle pourrait aussi se contenter de demander que ses conclusions lui fussent adjugées purement et simplement : en refusant d'aller en avant, l'autre partie reconnaît en quelque sorte le mal-fondé de ses prétentions.

26. Les frais de transport comprennent ceux de voyage, retour, nourriture et logement, du juge-commissaire et du greffier.

Les frais de transport du ministère public ne doivent pas être consignés quand il est *partie* au procès. — V. *inf.* n° 34.

Il en est autrement quand il agit comme représentant un mineur ou un interdit, etc. Pigeau, *ib.*

27. Quels frais doit-on allouer pour le transport et le séjour du juge, du greffier, ou des officiers du parquet?

Dans l'usage, les frais sont taxés par le juge. — M. Chauveau, *Tarif*, p. 296, n° 13, pense qu'il convient de suivre les bases fixées par les art. 88 et 89 décr. 18 juin 1811 sur les matières criminelles, étendu par l'ordonn. du 4 août 1824 au cas où le juge se transporte au domicile de l'interdit pour l'interroger, — tel est l'usage.

28. Si le juge-commissaire requiert l'assistance d'un huissier audiencier, on lui alloue, pour frais de tranport, l'indemnité déterminée par l'art. 66 du tarif.

29. Les frais de transport des parties ne doivent pas être consignés ; mais ils sont compris dans les dépens, et peuvent être répétés, après le jugement du procès, contre celui qui a succombé. Arg. Décr. 1807, art. 146, § 1; Pigeau, *Comm.*, 1, 555.

Dans aucun cas, les frais que la présence des avocats occasione ne doivent passer en taxe.

30. Le greffier fixe approximativement le montant de la consignation. Demiau, art. 297.

Quelquefois on rédige un acte de consignation des frais de transport. Cet acte est dressé par le greffier; mais il ne donne lieu à aucun émolument, ni pour lui, ni pour l'avoué, on n'alloue que les déboursés. Chauveau, *Tarif*, 1, 296, n° 12.

Le plus souvent, la somme est remise de confiance et sans formalités au greffier, où il en fait même quelquefois l'avance.

31. Celle des parties qui a effectué la consignation, et qui est dès-lors la plus diligente, présente requête au juge commis, à fin d'indication des jour, heure et lieu auxquels il procédera à la descente. C. pr. 297.

A cette requête, il est bon d'annexer l'expédition du jugement.

Cependant le juge qui a connaissance de l'affaire et de la nomination, ne l'exige pas.

32. Toutefois, le trib. peut ordonner que la visite aura lieu le jour même de son jugement : l'art. 297 n'est que comminatoire, et ne contient ni prohibition absolue, ni nullité. Cas. 9 fév. 1820. D. 5, 130.

33. Sur la requête, le juge-commissaire rend une ordonnance qui fixe les lieu, jour et heure de la descente. Copie de ces requête et ordonnance est signifiée par acte d'avoué à avoué, avec sommation pour le jour indiqué de faire trouver la partie sur les lieux. C. pr. 297 ; Tar. 92. — S'il n'y a pas d'avoué, c'est-à-dire si la partie est défaillante, la signification doit être faite par exploit à personne ou domicile. Carré, Demiau, art. 297 ; Pigeau, 1, 438.

Elle pourrait encore avoir lieu par exploit, dans le cas où le domicile réel serait plus rapproché du lieu de la descente, surtout si l'avoué n'avait pas le temps de donner connaissance de la sommation à son client. En effet, l'art. 297 ne prescrit pas la signification à l'avoué à peine de nullité. Carré, art. 297.

34. Le ministère public ne doit être appelé que dans les cas où il est partie dans l'instance, c'est-à-dire lorsqu'il est demandeur, défendeur ou intervenant. C. pr. 300.

35. Lorsque le trib. a commis un juge de paix, ou renvoyé les parties à un trib. étranger pour désigner le juge-commissaire, on suit les formes de l'art. 297. — En conséquence, dans le premier cas, on obtient l'ordonn. du juge de paix, que l'on signifie à la partie adverse; dans le second, on présente une requête au président du trib., à l'effet d'obtenir la nomination

d'un juge-commissaire. On procède ensuite de la manière indiquée *sup*. n° 23 ; Carré, art. 297, n° 1150.

36. La loi ne fixe pas le délai dans lequel le juge-commissaire est tenu de commencer ses opérations. — S'il indiquait
un jour trop éloigné, de sorte que l'intérêt des parties en fût
compromis, on pourrait se pourvoir par requête devant le trib.
pour faire procéder à son remplacement. Thomine, art. 297.

37. Le juge ne doit procéder à la descente, même lorsqu'elle
a été ordonnée d'office, qu'après en avoir été requis (Carré, *ib*.
n° 1148 ; Arg. C. pr. 297). — Néanmoins, si les deux parties
se rencontraient sur les lieux avec le juge, sans que celui-ci
eût été requis d'indiquer le jour et sans réclamation de leur
part, l'irrégularité serait couverte : la loi ne prononce pas la
peine de nullité.

38. Les parties qui ne veulent pas comparaître en personne
ont la faculté de se faire représenter par un mandataire. Elles
peuvent aussi se faire assister d'un conseil ; mais dans aucun
cas, ses honoraires ne doivent passer en taxe. — V. *Expertise*.

39. Le procès-verbal n'est pas ouvert par la réquisition de
l'ordonnance, comme dans l'*enquête* (— V. ce mot), parce que
la loi ne fixe pas, comme pour cette dernière instruction, le
délai dans lequel la procédure doit être commencée et l'ordonnance obtenue. Il suit de là que le procès-verbal n'est ouvert
qu'au lieu indiqué pour la descente. Pigeau , *Comm*. 1, 553.

En conséquence , nonobstant la règle posée en l'art. 1040 C.
pr., il est certain que le procès-verbal du juge doit être dressé
non au lieu où siège le trib., mais bien sur les lieux mêmes ;
car c'est là seulement qu'il a tous les renseignemens et que
toutes les parties présentes peuvent faire les dires et les observations nécessaires pour le rendre aussi complet que possible.
Arg. C. pr. 517 ; Favard, *ib*. § 3.

40. Après des significations régulières, si une ou plusieurs
parties ne comparaissent pas, le juge en fait mention sur son
procès-verbal, donne défaut contre elles, et ordonne qu'il sera
procédé tant en absence que présence.

41. Il ne peut outrepasser la mission qui lui est confiée :
ainsi, il ne saurait ordonner la levée d'un plan, et l'annexer à son
procès-verbal (Favard, *ib*.); il ne pourrait non plus adresser des
interpellations à des personnes étrangères pour en obtenir des
renseignemens. — Néanmoins, si les parties étaient présentes et
consentaient à ces actes, il n'y aurait pas de nullité dans le jugement qui les relaterait. — Très souvent le jugement autorise à
entendre tous ceux qui peuvent donner des renseignemens.

42. Le juge-commissaire fait mention sur son procès-verbal
des jours employés aux transport, séjour et retour, et des heures

pour la fixation des vacations (C. pr. 298). Ce procès-verbal, écrit par le greffier, énonce l'ordonnance du juge commis, la représentation de la signification d'icelle et de la sommation faite à la partie adverse, la présence ou l'absence des parties, la désignation des lieux, les faits et circonstances qui peuvent servir à l'éclaircissement de la cause, les dires des parties ou de leurs avoués, la réquisition de leur signature, ainsi que de celles du juge et du greffier.

43. Si l'opération n'est pas terminée le jour même, remise est indiquée à un jour postérieur, sans que cette remise puisse être notifiée : les parties doivent être présentes, et connaître par elles-mêmes la remise ordonnée. Arg. C. pr. 1034; Berriat, 340; Pigeau, 1, 373.

44. L'expédition du procès-verbal est levée au greffe par la partie la plus diligente, et signifiée aux avoués des autres parties; trois jours après cette signification, l'audience est poursuivie sur un simple acte (C. pr. 299). Ce délai est accordé pour donner le temps aux parties de préparer leur défense.

45. La descente étant un mode d'instruction, les frais doivent en être supportés par la partie qui succombe.

Lors même que la descente a été ordonnée sur la réquisition d'une partie, dans le cas où il n'échéait qu'un rapport d'expert, le trib. est toujours libre de refuser la descente; s'il l'ordonne, il y a présomption qu'elle était utile à l'instruction de l'affaire. Carré, n° 1139, note 1. — *Contrà*, Parlem. Paris, 22 fév. 1732; Carré, art. 295.

Si les dépens sont compensés proportionnellement, celle des parties qui a fait l'avance des frais de transport a recours contre l'autre ou les autres dans la même proportion. Thomine, art. 301. — V. *Dépens*, n° 110.

46. *Matière de justice de paix.* La modicité d'intérêt et l'économie des frais ont fait modifier les règles ordinaires: ainsi, l'on ne dresse pas de procès-verbal de la descente (C. pr. 43). Le jugement énonce seulement les noms des experts, la prestation de leur serment, et le résultat de leurs avis (C. pr. *ib.*). Néanmoins, s'il y avait un procès-verbal dressé, ce ne serait pas un cas de nullité; mais les parties pourraient se refuser à en payer les frais, à moins que ce ne fût sur leur demande expresse qu'il eût été rédigé.

47. Toutefois, dans les causes sujettes à l'appel, procès-verbal de la visite est dressé par le greffier, qui constate le serment prêté par les experts, s'il y en a de nommés. Ce procès-verbal est signé par le juge de paix, le greffier et les experts. Si ceux-ci ne peuvent signer, il en est fait mention. C. pr. 42. — V. *Juge de paix.*

§ 4. — *Enregistrement.*

48. Le coût de l'enregistrement des *requête, ordonnance, sommation* et *procès-verbaux*, en matière de descente de lieux, est le même que dans les matières ordinaires. — V. ces mots.

§ 5. — *Formules.*

FORMULE I.

Requête au juge-commissaire pour demander l'ordonnance portant indication des jour, lieu et heure d'une descente sur les lieux.

(C. pr. 297, Tarif. 76. Coût, 2 fr.)

A M.   , juge au tribunal de première instance de commis pour la descente des lieux ci-après relatés.

Le sieur   , demeurant à

A l'honneur de vous exposer, que par jugement contradictoirement rendu entre les parties, par la chambre du tribunal   , en la date du   , dûment enregistré, il a été ordonné avant faire droit, que la maison de l'exposant, sise à   serait par vous vue, visitée et sa position constatée.

Pour quoi il vous plaira, M.   indiquer les jour, lieu et heure, auxquels il vous plaira procéder aux dites opérations, et vous ferez justice.

(*Signature de l'avoué.*)

NOTA. *Pour la formule de* l'ORDONNANCE. — V. ce mot.

FORMULE II.

Signification de l'ordonnance du juge-commissaire portant indication.

(C. pr. 297. — Tarif, 70. — Coût, 1 fr.)

A la requête du sieur   soit signifié, et avec celle des présentes donné copie à Me   , avoué du sieur M.

D'une ordonnance de M.   juge au tribunal de première instance de   en date du   ; enregistrée, étant au bas de la requête, à lui présentée le même jour, ensemble de ladite requête, à ce que le dit Me   pour sa partie, n'en ignore ; lui faisant en conséquence sommation de comparaître et se trouver, et faire trouver sa partie, le   heure du matin, en une maison sise à Paris, rue   , pour être présent, si bon lui semble, à la descente qu'y fera mondit sieur   , juge commis à cet effet, et aux opérations ordonnées par le jugement du tribunal, en date du

Lui déclarant qu'il sera procédé auxdites opérations tant en absence qu'en présence.

A ce qu'il n'en n'ignore.

Dont acte.   (*Signature de l'avoué.*)

FORMULE III.

Procès-verbal de descente sur les lieux.

L'an, le   , heure   , nous   juge près le tribunal de   , assisté du greffier du tribunal,

Commis à l'effet de procéder à la visite d'une maison sise à Paris, rue par jugement de la seconde chambre du tribunal de

Nous sommes transportés sur les lieux où est située ladite maison ;

Et à l'instant est comparu le sieur   , assisté de Me   son avoué ; lequel nous a dit qu'en vertu de notre ordonnance, il avait fait faire sommation au sieur   de comparaître à ces jour, lieu et heure, et nous requérait de procéder tant en présence qu'en absence dudit sieur   aux opérations ordonnées par ledit jugement.

Et ont signé.   (*Signatures.*)

Et à l'instant est aussi comparu le sieur   , assisté de Me   , son avoué, lequel a dit qu'il ne s'opposait pas et même qu'il requérait, qu'il fût procédé auxdites opérations, et a signé avec ledit Me   son avoué.

(*Signatures.*)

Desquels dires, comparutions et réquisitions, nous avons donné acte aux parties ; en conséquence, sur leurs indications respectives, nous avons procédé à l'examen des lieux contentieux, ainsi qu'il suit. (*Il faut insérer ici la description des lieux contentieux, les observations et réquisitions des parties relatives à cette description.*— V. toutefois *sup.* nos 46, 47).

Ce fait, après avoir vaqué à tout ce que dessus, depuis *telle heure* jusqu'à *telle heure*, l'opération achevée, l'expédition du jugement susdaté, en vertu duquel il a été procédé, a été par nous remise à Me   avoué de M.   (*On fait aussi mention de la remise des autres pièces, si les parties en ont communiqué*), et ont les parties et avoués, signé avec nous et notre greffier.

(Signature du juge, du greffier, des avoués et des parties.)

FORMULE IV.

Signification du procès-verbal de descente sur les lieux litigieux.

(C. pr. 299. — Tarif, 70. — Coût 1 fr.)

A la requête du sieur

Soit signifié et, avec celle des présentes, donné copie à Me   , avoué près le tribunal de

D'un procès-verbal dûment signé et enregistré, dressé le   par-devant M.   , juge au tribunal de   , commissaire en cette partie, contenant rapport de la descente par lui faite en une maison sise à   , appartenant au sieur   , en exécution du jugement rendu contradictoirement entre les parties, en la chambre du tribunal de   le   , enregistré ; à ce que du contenu audit procès-verbal ledit Me   n'ignore. Dont acte.   (*Signature de l'avoué.*)

DESCRIPTION (PROCÈS - VERBAL DE). — V. *Inventaire, Scellés.*

DÉSISTEMENT (1). C'est la renonciation à un acte de procédure, à une instance ou à une action.

Le Code de procédure ne traite que du désistement d'instance.

DIVISION.

§ 1. — *Caractères du désistement ; ses différentes espèces.*
§ 2. — *Cas dans lesquels le désistement a lieu.*
§ 3. — *Matières susceptibles de désistement.*
§ 4. — *Personnes capables de se désister.*
§ 5. — *Forme du désistement.*

Art. 1. — *Du désistement exprès.*
Art. 2. — *Du désistement tacite.*

§ 6. — *De l'acceptation du désistement.*
§ 7. — *Effets du désistement.*
§ 8. — *Enregistrement.*
§ 9. — *Formules.*

§ 1. — *Caractères du désistement ; ses différentes espèces.*

1. Le désistement suit l'action, l'instance ou l'acte auquel il se réfère.

2. Il est amiable ou judiciaire, exprès ou tacite.

---

(1) Cet article est de M. Cauchois, avocat à la Cour royale de Paris.

Exprès. Il est constaté par é rit signé de la partie ou de son mandataire, par acte authentique ou par jugement.

Tacite. Il résulte soit d'un acte émané de la partie elle-même, soit de la péremption ou de la prescription. — V. *inf. n° 80 et suiv.*

3. Le désistement contient tout à la fois consentement à ne pas faire usage de l'action, de l'instance ou de l'acte auquel il se rapporte, aveu des vices qui s'y trouvent, et offre de payer les frais qu'on a causés. C. pr. 403.

4. Les effets du désistement varient selon l'objet auquel il se réfère.

Il éteint le procès : 1° s'il porte sur l'action elle-même ; — 2° si, portant sur une instance ou un acte de procédure interruptif de prescription, la prescription de l'action se trouve accomplie au jour où il intervient. C. civ. 2247. — V. *inf.* § 7.

5. C'est aux trib. qu'il appartient de décider si le désistement porte sur l'action, sur l'instance ou sur un acte de procédure.

Toutefois leur décision à cet égard peut donner ouverture à cassation, lorsqu'au lieu de dépendre d'une appréciation de fait, elle tient à l'interprétation d'un point de droit. — V. *Cassation*, n° 102-5°.

6. On doit prendre garde aux termes qu'on emploie dans les actes de désistement. Il faut veiller à ce que l'adversaire ne puisse pas les étendre au-delà de la volonté du désistant ; et que le désistement de l'un des actes de la procédure seulement, ne puisse pas être considéré plus tard comme une renonciation à l'instance, ou que celle-ci n'entraîne pas la perte de l'action.

7. Le désistement pur et simple de la demande, porte, en général, sur l'instance : il ne doit être étendu à l'action elle-même, ni restreint à quelque partie isolée de la procédure, qu'autant que les termes dont le désistant s'est servi, ou les circonstances, annoncent manifestement qu'il a entendu lui attribuer cet effet. Arg. C. pr. 403; Carré, n° 1455 ; Dalloz, v° *Désistement*, 147, 157.

8. Ainsi l'acte émané de la régie, portant qu'elle se désiste de *la demande* formée contre N. . . . par la contrainte du. . . . , avec offre de payer les frais, précédé d'une demande en nullité de contrainte par l'adversaire, et suivi, peu de temps après, d'une nouvelle demande, n'emporte point la renonciation à l'action, mais seulement à l'instance qui aurait pu être déclarée irrégulière. Cass. 16 mai 1821, S. 22, 6.

A plus forte raison le désistement d'une demande, avec réserve d'en former une nouvelle, n'emporte point renonciation à l'action, mais seulement à l'instance.

Et si, par suite d'un pareil désistement, un jugement passé en force de chose jugée, a déclaré le désistant non fondé dans sa demande, mais en lui réservant le droit de se pourvoir ainsi qu'il aviserait, ce jugement n'empêche pas qu'une nouvelle action ne puisse être intentée pour le même objet. Cass. 18 févr. 1823 (D. *ib.* 156).

9. Mais celui qui, sans aucune réserve, se désiste de sa *demande* avec offre de payer les dépens, lorsque la procédure n'était ni attaquée ni entachée d'aucun vice (surtout s'il n'introduit pas immédiatement après une nouvelle demande), est réputé se désister, non pas uniquement de l'instance, mais bien de l'action elle-même. Paris, 22 juill. 1813, S. 14, 354.

10. Le désistement a de l'analogie avec la *péremption*, la *prescription* (— V. ces mots); avec la transaction, l'acquiescement, l'expédient et la prorogation de juridiction ; mais il en diffère sous plusieurs rapports. — V. *Acquiescement*, n. 11.

11. Le désistement est en général révocable tant qu'il n'a pas été accepté. Pigeau, 546 ; Carré, art. 403. — V. *inf.* n° 84, et toutefois n°ˢ 86, 89.

Lorsqu'une partie a, par des actes ayant date certaine, révoqué la procuration à l'effet de se désister de son appel et rétracté son désistement, alors même que ces actes de révocation et de rétraction n'auraient été produits qu'à l'audience, après la signification du désistement par le tiers mandataire, la Cour peut annuler ce désistement comme rétracté et comme n'ayant été obtenu que par dol. Cass. 19 août 1835 (Art. 176 J. Pr.).

12. La renonciation à l'appel, à moins qu'il ne s'agisse du désistement d'un acte d'appel irrégulier (—V. *inf.* n° 46.), n'est pas un véritable désistement, mais un acquiescement au jugement de première instance. Cass. 17 août 1807, S. 7, 513 ; 16 juill. 1817, S. 18, 133 ; 2 janv. 1823, S. 23, 88 ; Caen, 15 déc. 1826, S. 27, 190 ; Merlin, v° *Jugement*, § 3, n° 6. — V. *inf.* n° 89.

§ 2. — *Cas dans lesquels a lieu le désistement.*

13. En général, tout demandeur principal, incident ou intervenant, soit en première instance, soit en appel, soit en cassation, peut se désister de sa procédure ou de son droit.

14. Il se désiste valablement en tout état de cause, c'est-à-dire jusqu'à la décision du juge. Arg. Angers, 8 déc. 1818 (D. v° *Désistement*, 166).

15. Peut-on se désister d'un jugement? — Il faut distinguer.

Celui qui a obtenu plein et entier gain de cause par un jugement en premier ressort, renonce valablement au *droit* que ce jugement a consacré en sa faveur.

Mais il ne peut renoncer à l'*instance* terminée par ce jugement, pour en intenter une nouvelle; il y a contrat judiciaire. Parlem. Paris, 24 mars 1712; Merlin, v° *Contrat judiciaire.*

Le demandeur ne peut se désister du jugement qui, en consacrant sa prétention, a établi en faveur de l'adversaire un droit corrélatif, à moins qu'il n'y ait appel interjeté par la partie condamnée. Merlin, *R.* v° *Désistement,* n° 5 ; Berriat, 567, note 2.

16. Quand une adjudication définitive a été fixée à jour certain, et qu'après plusieurs enchères reçues, elle est renvoyée à un autre jour, le dernier enchérisseur peut se désister de son enchère. Arg. C. civ. 1184. Riom, 15 avr. 1806, S. 6, 493.

Dans ce cas, le désistement de l'enchère peut avoir lieu après le renvoi de l'adjudication prononcé, sans que le silence du dernier enchérisseur au moment du renvoi puisse lui être opposé comme un acquiescement à la remise. *Même arrêt.*

17. Un créancier colloqué dans un ordre, et ayant droit d'être encore colloqué dans un autre ordre sur les biens du même débiteur, peut, avant le jugement sur le premier ordre, se désister de la collocation qu'il a obtenue, pour se faire colloquer dans l'autre ordre, si cette marche lui est plus avantageuse. Les créanciers qui souffrent du désistement sont non-recevables à l'attaquer. Arg. C. pr. 759; Paris, 31 août 1815, S. 16, 12.

18. Au contraire, lorsque de deux trib. également compétens pour connaître d'une action, l'un a été saisi, et a déjà rendu un jugement préjugeant le fond, le demandeur ne peut plus se désister de sa demande, pour la porter devant l'autre trib. : le demandeur, ayant lui-même fixé la juridiction du premier trib., ne saurait prolonger le procès en le portant devant l'autre trib. Trèves, 5 août 1809, S. 9, 921; Cass. 19 mars 1812, S. 12, 247.

19. Il convient de se désister : — D'un acte de procédure, lorsque cet acte est vicieux, pour prévenir des condamnations ou des frais en réparant les vices dont il est entaché ;

D'une instance, 1° lorsqu'elle a été engagée prématurément; — 2° lorsqu'elle est irrégulière en la forme ; — 5° lorsqu'elle a été portée devant un juge incompétent (Pigeau, 1, 543);

D'une action, lorsqu'elle est mal fondée.

§ 5. — *Matières susceptibles de désistement.*

20. Toute matière est, en général, susceptible de désistement.

21. Cependant, pour les matières qui intéressent l'ordre public ou les bonnes mœurs, on distingue le désistement de l'action de celui d'une instance, ou d'un simple acte de procédure.

Le désistement de l'*action* est nul (Arg. C. civ. 6, 1172; C. pr. 1004), — excepté lorsqu'il résulte du silence de la partie prolongé pendant le temps nécessaire pour la prescription de l'action; il est de l'intérêt public que les procès trouvent un terme. Le désistement de l'action produit au surplus les mêmes effets que l'acquiescement, et doit être soumis aux mêmes règles. — V. *Acquiescement*, n°s 16 à 25, et toutefois *ib.* n° 45.

22. Au contraire, le désistement d'un *acte de procédure* ou d'une *instance* peut toujours avoir lieu; ainsi l'on se désistait valablement d'une procédure irrégulière de divorce, pour en intenter une nouvelle. Cass. 10 mai 1809, S. 9, 264.

Toutefois, lorsque le désistement de l'action n'est pas recevable, celui de l'acte ou de l'instance ne saurait avoir pour effet de faire cesser une interruption de prescription, puisqu'il emporterait ainsi désistement de l'action.

§ 4. — *Personnes capables de se désister.*

23. La capacité varie selon que le désistement porte ou sur l'action elle-même, ou sur l'instance, ou sur quelque acte isolé de la procédure.

24. *Désistement d'action.* Il emporte aliénation du fond du droit, et n'est valablement donné que par des personnes capables de disposer du droit auquel il se réfère.

25. Ainsi, ne peuvent se désister d'une action : 1° le mineur, à moins qu'il ne soit émancipé, et qu'il ne s'agisse d'un objet relatif à son administration. Arg. C. civ. 481.

Le désistement du mineur donne lieu à restitution, par cela seul qu'il en résulte pour lui une simple lésion. Cass. 4 mars 1806, S. 6, 546.

2° *L'interdit.* (C. civ. 509.) — V. ce mot.

3° La personne pourvue d'un conseil judiciaire, à moins qu'il ne s'agisse d'un objet de son administration, ou qu'elle ne soit assistée de son conseil (C. civ. 513). — V. *Conseil judiciaire.*

4° La femme mariée: — même séparée de biens; elle ne peut, sans l'autorisation de son mari ou de la justice, se désister d'un appel par elle interjeté. C. civ. 215; Cass. 12 fév. 1818, S. 28, 356.

5° Tous ceux qui administrent pour autrui, tels que tuteurs, curateurs, envoyés en possession provisoire, maires, et administrateurs d'établissemens publics, à moins qu'il ne s'agisse d'objets relatifs à leur administration, ou qu'ils ne soient autorisés dans les formes légales.

Ainsi, le maire d'une commune ne peut se désister d'une action au nom de la commune, que lorsqu'il y a été autorisé par une délibération du conseil municipal, approuvée par le conseil de préfecture.

6° Le mandataire, dont le pouvoir n'est pas spécial (C. pr. 352 et 402; 1987 C. civ.). — Fût-il même l'avoué de la partie au nom de laquelle le désistement a lieu (Besançon, 20 fév.

1807 ; Bruxelles, 25 mai 1810 S. 14, 250 ; Pigeau, t. 1, p. 545, — le désistement serait nul, sans qu'il fût besoin de prendre la voie du désaveu. Carré, Thomine, art. 402.

26. Le désistement d'action fait par une partie, comme se portant fort pour ses cointéressés, n'est point valable à l'égard de ces derniers (C. civ. 1420), — à moins que ceux-ci n'aient ratifié le désistement par une exécution pleine et entière. C. civ. 1558.

27. De même, l'un des créanciers d'une obligation solidaire, ou indivisible, ne peut se désister de l'action que pour la part à lui appartenant dans l'obligation. C. civ. 1197, 1198, 1224.

Le désistement d'une demande en délivrance d'un immeuble est divisible comme l'action elle-même : en conséquence, si quelques-uns des demandeurs se sont désistés, l'immeuble ne peut plus être adjugé aux autres, que sous la déduction des parts afférentes aux désistans. Cass. 16 janv. 1811, S. 11, 143.

28. *Désistement d'instance.* En général, il ne peut être donné que par ceux qui ont la libre disposition de leurs droits. Carré, Demiau, art. 402 ; Favard, v° *Désistement*, n° 1 ; Berriat, 567. —V. toutefois *inf.* n° 36 et suiv.

D'après Pigeau (1, 544), au contraire, tout demandeur peut se désister de la demande, soit qu'il agisse pour lui-même, soit qu'en qualité d'administrateur il agisse pour autrui, parce qu'il n'abandonne pas l'action qui continue d'appartenir à l'administré, à moins que le désistement n'entraîne indirectement la perte de l'action, comme dans le cas où l'action qu'on pouvait exercer au moment de la demande se trouve prescrite lors du désistement.

29. C'est à l'adversaire à n'accepter le désistement qu'autant que l'administrateur a été autorisé à le donner dans la forme dans laquelle il était autorisé à intenter la demande. Rennes, 1ᵉʳ juin 1823 ; Bruxelles, 23 nov. 1806, S. 7, *addition*, 1242.

En obtenant cette autorisation, l'administrateur se met à l'abri de toute responsabilité.

30. Le créancier poursuivant dans un ordre n'a pas capacité pour accepter, au nom de tous les créanciers, le désistement que fait un des créanciers de son acte de production. Arg. Cass. 9 déc. 1824, S. 25, 293 — V. *Ordre.*

31. Lorsque, dans une poursuite de saisie immobilière, la notification de placards a été faite aux créanciers, et enregistrée au bureau de la conservation, conformément aux art. 695 et 696 C. pr., le désistement d'instance, donné par le poursuivant seul, est insuffisant ; il faut le concours des créanciers inscrits pour le rendre valable. Nancy, 2 mars 1818, S. 18, 2. —V. *Saisie immobilière.*

32. L'autorisation donnée pour former une demande, n'est point valable pour s'en désister. Ainsi la femme, quoique dûment autorisée à former une demande dans son intérêt personnel, ne peut s'en désister sans autorisation spéciale de son mari ou de justice. C. civ. 219 ; Cass. 4 mars 1806, 15 juill. 1807.

Spécialement, la femme, autorisée en justice à former une demande en séparation de biens contre son mari, ne peut se désister de cette demande sans une nouvelle autorisation de la justice. En pareil cas, l'autorisation du mari serait insuffisante, parce qu'il ne peut être *auctor in rem suam*. Cass. 14 fév. 1810, S. 10, 189 ; Duranton 2, 473.

53. De même, les tuteurs ou administrateurs ne peuvent se désister de la demande qu'ils ont été autorisés à introduire, sans une autorisation nouvelle. Pigeau, *Comment.*, 1, 690.

Si le tuteur peut se désister d'une demande mobilière, c'est parce qu'il peut l'intenter sans autorisation. Arg. C. civ. 464.

54. L'inspecteur des forêts, qui a qualité pour se pourvoir en cassation dans l'intérêt de l'administration, ne se désiste pas valablement de son pourvoi. Cass. 4 août 1827, D. 27, 452.

55. L'avoué ne peut valablement se désister d'un chef de conclusions sans pouvoir spécial, à moins que la partie, présente à l'audience, ne s'y soit pas opposée : alors le désistement est censé donné par la partie elle-même. Bruxelles, 29 juin 1808, S. 16, 2, 9. — V. d'ailleurs *inf.* n^{cs} 62 et 65.

56. La nécessité d'un mandat spécial cesse dans le cas où c'est moins l'intérêt de la partie elle-même que celui de ses représentans qui se trouve compromis.

Ainsi, l'administrateur qui a fait signifier des actes excédant sa capacité, peut s'en désister tant que les choses sont encore entières. Dalloz, v° *Désistement*, 147, n° 5.

57. S'il s'est glissé une nullité dans la procédure, l'avoué, qui est *dominus litis*, peut se désister de la procédure, soit pour éviter des frais qui pourraient retomber sur lui, soit pour prévenir une prescription qui pourrait atteindre le fond du droit lui-même, si la procédure était annulée.

Il en est de même si, hors des termes de son mandat, il a fait des aveux ou consentemens dont l'adversaire n'a point encore requis acte.

58. *Désistement d'un acte de procédure.* Le mandataire se désiste valablement d'un acte de procédure irrégulier. Favard, *ib.* n° 1.

Mais il ne peut répéter les frais si l'irrégularité procède de son propre fait.

59. Si le désistement ne tombe que sur quelque acte irrégulier de la procédure, l'avoué fait signifier un autre acte en déclarant qu'il n'entend tirer aucun avantage du premier. Carré, art. 402; Berriat, 471.

40. Le créancier peut demander la nullité d'un désistement consenti par son débiteur en fraude de ses droits. Rennes, 19 janv. 1814; Pigeau, *Comment.*, 694; Favard, 81; Carré, art. 402, n° 1483; D. *ib.* 173. —V. *Subrogation judiciaire.*

Spécialement, si le créancier, ayant eu connaissance d'une demande en rescision d'un contrat de vente, formée par le débiteur, a notifié à celui-ci une opposition à toute espèce d'arrangement, il a le droit de demander la nullité du désistement donné par le débiteur, comme fait en fraude de ses droits. Paris, 24 fév. 1806, D. *ib.* 174.

41. Une partie peut être restituée contre un désistement qui a eu pour cause le dol personnel de la partie adverse, et la rétention, de la part de celle-ci, de pièces décisives. Besançon, 16 fév. 1808, D. *ib.* 169.

§ 5. — *Formes du désistement.*

42. *Désistemen: amiable.* Il a lieu dans les formes et aux conditions qu'il convient aux parties d'adopter.

43. *Désistement judiciaire.* Il est exprès ou tacite.

44. Le désistement de l'*action* doit être pur et simple; il ne désintéresse l'adversaire que quand il contient renonciation entière et complète à la prétention mal à propos élevée, et qu'il lui ôte ainsi la crainte de voir renaître la contestation. Turin, 8 juill. 1807, S. 7, 683, Paris, 24 août 1810, S. 14, 438; Bordeaux, 22 août 1826, S. 28, 237; Thomine, Carré, art. 402.

45. Le désistement d'*instance* ne peut avoir lieu dans le cas où l'instance est, pour l'adversaire, l'origine d'un droit qu'il lui est avantageux de conserver.

Ainsi, le désistement de l'appel principal ne peut faire tomber l'appel incident. — V. *Appel*, n° 420.

Si un demandeur principal se désiste après que le défendeur a intenté une action en garantie, et qu'il offre de payer seulement les dépens en ce qui le concerne, sauf au demandeur en garantie à faire valoir ses droits contre son garant, ce désistement peut être refusé, comme incomplet et insuffisant. Hautefeuille, 212.

46. Le défendeur n'est tenu d'accepter le désistement de l'*instance* ou de la *procédure*, fait sous la réserve d'en intenter une nouvelle, qu'autant que cette instance ou cette procédure est irrégulière. —V. *inf.* n° 86.

47. Conséquemment, si la procédure est régulière, l'intimé est fondé à refuser le désistement d'un appel fait sous les réserves les plus expresses de tous les droits, actions et répétitions, tant dans la forme qu'au fond. Turin, 8 juill. 1807; Paris, 24 août 1810, D. *ib.* 155; Rennes, 16 fév. 1820; Amiens, 16 nov. 1821; Bourges, 1er déc. 1821, D. *ib.* 156, 159.

48. La partie à laquelle est signifié un désistement fondé sur l'irrégularité de la procédure, avec intention manifestée d'en recommencer une nouvelle, peut empêcher l'effet de ce désistement, en renonçant aux exceptions résultant en sa faveur de la procédure vicieuse. Pigeau, *Comment.*, 1, 692.

49. Si le défendeur n'est pas obligé d'accepter le désistement conditionnel, il n'a pas le droit de l'opposer au demandeur, lorsqu'il n'admet pas les conditions sous lesquelles celui-ci l'a donné. Rennes, 17 juill. 1809. — V. *inf.* n° 85.

50. Si les conditions du désistement font naître des explications entre les parties, ces explications peuvent être données par de simples actes d'avoué à avoué. Arg. C. pr. 402.

Cependant la partie qui veut contester le désistement à elle signifié, n'est pas tenue d'y répondre par un simple acte d'avoué à avoué; elle peut porter de suite la cause à l'audience; l'art. 402 C. pr. suppose l'acceptation. Bruxelles, 25 mai 1810, S. 14, 350.

51. Dans le cas de refus du désistement conditionnel, ou avec réserve, le refusant n'est passible d'aucuns dépens.

52. Le désistement est valable, lors même qu'il contient des motifs injurieux pour l'adversaire : seulement, les juges peuvent, en ce cas, ordonner la suppression des motifs sur la demande de la personne injuriée. Paris, 8 août 1809, S. 14, 437.

Art. 1. — *Du désistement exprès.*

53. Le désistement exprès a lieu par acte authentique, ou sous seing privé, même par lettre-missive, signée du désistant ou de son mandataire. — V. *inf.* n°ˢ 55 et suiv.

54. Si le défendeur a constitué avoué, le désistement peut être fait par un simple acte signifié d'avoué à avoué, signé de la partie ou de son mandataire. C. pr. 402. — V. *inf.* n° 67.

L'acte de désistement n'est pas distinct de l'acte de signification, et n'est pas soumis à un enregistrement particulier (—*Contrà*. Chauveau, t. 55, p. 683). Les art. 216, 218 et 309 C. pr. nous offrent des exemples d'actes d'avoué à avoué, signés tout à la fois de l'avoué et de la partie. Les dispositions des art. 71 du tarif, 402 C. pr., supposent que la même forme est suivie, en cas de désistement. — V. *inf.* n°ˢ 55 et 60.

55. La signature doit se trouver non seulement sur l'original, mais encore sur la copie : si l'original seul était signé, on pourrait, en le supprimant, ôter à l'adversaire le moyen de prouver que le désistement lui a été valablement proposé. Bruxelles, 25 mai 1810, S. 14, 350 ; Pigeau, 1, 554. — *Contrà*, Orléans, 5 mai 1822 ; Toulouse, 3 fév. 1832, P. 1833, 1, 340.

Il en est de même si le désistement a lieu par exploit. — V. *inf.* n° 68.

56. Peu importerait que la copie non signée mentionnât la signature apposée sur l'original ; le désistement n'en serait pas moins nul, et la nullité pourrait être demandée *de plano*, sans avoir besoin de s'inscrire en faux ; l'huissier n'a pas qualité pour attester le fait de la sincérité de la signature, il faut que l'adversaire puisse s'en assurer lui-même. — *Contrà*, Carré, n° 1457 ; Favard, v° *Désistement*, n° 4.

57. Au contraire, si l'original du désistement n'est pas signé, il n'en résulte pas de nullité ; la signature sur la copie signifiée forme preuve suffisante de l'existence du désistement. La signature sur l'original n'est point ici exigée à peine de nullité, comme elle l'est pour l'exploit de mise aux enchères. C. civ. 2185 ; Pigeau, 1, 544 ; Berriat, 567.

58. S'il y a plusieurs désistans, ils doivent tous signer. Conséquemment, si le mari qui plaide conjointement avec sa femme se désiste, tant en son nom qu'en celui de sa femme, le désistement doit être signé tout à la fois par le mari et par la femme. Besançon, 17 fév. 1820, D. v° *Désistement*, 151.

59. Jugé que l'omission de la signature peut être réparée par un acte subséquent. Arg. Aix, 3 mars 1807, S 14, 438.

60. Lorsque le désistement est signé par un mandataire, il est donné copie du pouvoir en tête de la signification du désistement. Pigeau, 1, 545.

Jugé que l'avoué n'a besoin ni d'insérer, ni d'indiquer l'acte par lequel les parties lui ont donné un pouvoir spécial de se désister. Il suffit de produire ce pouvoir à l'audience. Pau, 16 juin 1857 ; *Mémorial de Toulouse*, 410.

61. Le pouvoir doit être *spécial* Le texte de la loi ne l'exige pas ; mais l'importance de l'acte montre que telle a été l'intention du législateur. Berriat, 567, note 6 ; Carré, n° 1456. — *Contrà*, Hautefeuille, 212.

62. Le désistement fait par un avoué sans pouvoir *spécial* peut être refusé. La loi ayant exigé que le désistement fût signé par la partie ou par son mandataire, a nécessairement parlé d'un mandataire *ad hoc* ; autrement elle eût déclaré qu'à défaut de signature de la partie ; celle de l'avoué suffirait, ou plutôt elle n'aurait pas exigé la première. Pigeau, 1, 454 ; Carré, art. 402 ; Berriat, 567 ; Besançon, 20 fév. 1807, D. *ib.* 151.

63. La signature ne peut être suppléée par la mention que l'avoué ou l'huissier ferait de l'impossibilité de signer de la partie : ils n'ont aucune qualité à cet égard, et ne feraient qu'engager leur responsabilité. Lepage, 264 ; Carré, n°s 1456, 1462.

64. L'acceptation du désistement non signé du désistant en couvre la nullité à l'égard de l'acceptant.

65. Le désistement d'une simple procédure n'entraînant pas aliénation d'action peut être fait par l'avoué, sans pouvoir spécial, soit dans un dénoncé libellé qu'il signifie à l'avoué de la partie adverse, soit dans l'acte qu'il substitue à celui qu'il veut supprimer. Carré, Demiau, art. 402. — V. *sup.* n° 37.

Ainsi jugé, 1° à l'égard du désistement d'une opposition à jugement, contenu dans l'acte même d'appel. Douai, 3 juin 1835 (Art. 163 J. Pr.).

2° A l'égard d'une modification des conclusions primitives faite par acte d'avoué à avoué. Poitiers, 5 avr. 1837 (Art. 877 J. Pr.).

66. Lorsque la partie à laquelle le désistement est signifié l'exige, et qu'elle y a intérêt, le pouvoir doit être authentique, ou, s'il est sous seing privé, il doit être déposé chez un notaire, pour qu'il y ait toujours preuve existante du consentement au désistement.—V. *inf.* n°s 73-75-76.

67. La signification par acte extrajudiciaire à la partie n'empêche pas que l'avoué de celle-ci ne fasse régulièment des procédures. Montpellier, 31 juill. 1821, D. *ib.* 170.—*Contrà*, Besançon, 8 mai 1816.—Il a même été jugé que le désistement d'appel n'est pas valablement signifié à l'avoué qui occupait pour l'intimé en première instance, lorsque cet intimé a constitué un avoué d'appel. Nîmes, 20 mars 1812.

68. Quand le défendeur n'a pas constitué avoué, le désistement peut avoir lieu par exploit. Pigeau, 1, 544.

69. Cet exploit doit être signé de la partie ou de son mandataire : l'huissier n'est pas plus que l'avoué dispensé d'un pouvoir spécial. Bruxelles, 25 mai 1810, S. 14, 350.

70. La signature de la partie est nécessaire même en matière de commerce. Il y a même raison de décider. — *Contrà*, Paris, 25 mars 1813, S. 16, 86.

71. Le désistement peut aussi avoir lieu à l'audience, où les parties comparaissent, soit en personne, soit par leurs fondés de pouvoirs. Dans ce cas, il n'est pas besoin de la signature des parties, parce que foi est due au juge qui a mission d'attester leur présence et leur consentement. Cass. 3 oct. 1808 et 12 mai 1813, S. 8, 558, 14, 277 ; Pigeau, 1, 545 ; Berriat, 567, note 5.

72. Le désistement d'une saisie immobilière, fait par le premier créancier saisissant (sur la demande en subrogation de poursuites formées par le second créancier saisissant, tant contre le premier créancier saisissant que contre le débiteur saisi), est valable, soit qu'il ait été fait à la barre et en l'absence du débiteur saisi et de la partie civile désignée pour voir prononcer la subrogation de poursuite, peu lui importe qu'elle ait été prononcée par suite d'un désistement ou de toute autre manière. Cass. 12 mai 1813, S. 14, 277.

72. La partie à laquelle est signifié un désistement sous seing privé peut, toutes les fois qu'elle y a intérêt, exiger qu'il en soit passé acte authentique, ou qu'il soit constaté par jugement ou arrêt, *aux frais du désistant*. Vainement on oppose que ce serait faire des actes frustratoires. Autrement la copie du désistement pourrait se perdre, et avec elle la preuve du désistement. Bruxelles, 20 avr. 1809 et 25 mai 1810, S. 12, 338 — 14, 350; Riom, 7 juill. 1825, S. 26, 112; Bordeaux, 18 mars 1830, S. 30, 371; Toulouse, 29 nov. 1836 (Art. 800 J. Pr.); Favard, n° 4; Carré, art. 402, n° 1459; Amiens, 2 juin 1821; Dalloz, p. 154, § 4.— V. *Acquiescement*, n° 44.—*Contrà*, Pigeau, *Comm.* 693; Haute-feuille, 212.

74. Ainsi, la partie qui ne sait pas écrire ne pouvant accepter le désistement offert par son adversaire dans la forme de l'art. 402, a droit d'exiger jugement qui donne acte du désistement et de l'acceptation, aux frais du désistant. Ces mots de l'art. 403, *le désistement emportera de plein droit consentement.....* supposent qu'il n'est pas nécessaire que l'acceptation du désistement soit suivie d'un jugement qui donne acte de l'un et de l'autre; mais ils ne sont pas exclusifs d'un semblable jugement. Limoges, 17 juill. 1816; Dalloz, p. 154, § 3.

75. Lorsque l'intimé se désiste du jugement dont est appel, par un simple acte sous seing privé, l'appelant n'est pas tenu de s'en contenter; il peut requérir que ce désistement soit cons-taté, aux frais du désistant, par arrêt ou par acte authentique, dont il reste minute. Bruxelles, 20 avr. 1809, S. 12, 338; Caen, 19 fév. 1823, S. 25, 195; Riom, 7 juill. 1825, S. 26, 112; Toulouse, 30 janv. 1830; 26 nov. 1834; 19 fév. 1836.— V. *Acquiescement*, n° 44.

76. Mais si le désistement donné par acte d'avoué à avoué avait été accepté de la même manière sans réserves, il y aurait contrat formé; la partie qui occasionerait le retour devant le juge, dans son seul intérêt, devrait supporter les frais. Dalloz, v° *Désistement*, n° 8.

77. Lorsqu'un désistement n'a été signifié qu'au moment où les juges allaient prononcer, et en l'absence de la partie adverse qui n'avait point été appelée, les juges peuvent donner acte du désistement, aux frais du désistant, parce que son retard a rendu impossible l'acceptation de l'adversaire. Bordeaux, 18 mars 1830, S. 30, 371.

78. Le désistement consigné dans un procès-verbal dressé par un juge de paix incompétent, est valable lorsqu'il est signé des parties. C. pr. 402.

79. Au reste, le désistement fait et accepté verbalement se-rait valable, s'il était avoué. L'art. 402 C. pr. n'a point établi de forme sacramentelle. Dalloz, *ib.* n° 5.

Art. 2. — *Du désistement tacite.*

80. Le désistement tacite résulte, soit du silence de la partie, soit d'actes émanés d'elle contenant une renonciation implicite.

Le silence de la partie emporte désistement : 1° d'un acte de procédure, soit par une péremption particulière à cet acte (C. pr. 565), soit par la péremption de l'instance (C. pr. 597), soit par la prescription de l'action (C. civ. 2262, 2281); — 2° de l'instance, par la péremption;—5° de l'action, par la prescription.

81. L'acte émané de la partie emporte désistement d'un acte de procédure, d'une instance ou d'une action, lorsqu'il est exclusif de l'intention d'user de la procédure ou du droit.

82. Ainsi, lorsqu'une partie a désavoué les poursuites faites en son nom par un officier ministériel, elle est censée s'en être désistée, et ne peut ultérieurement les reprendre. Paris, 3 juill. 1812, S. 14, 42.

Lorsque le poursuivant d'une saisie immobilière renonce aux erremens de la procédure et se soumet à payer les dépens frustratoires sur la demande du saisi, qui attaque la procédure comme vicieuse, il n'y a pas de la part du poursuivant un véritable désistement, mais plutôt un acquiescement à la demande du saisi. Besançon, 24 fév. 1815, P. 11, 163.

83. Mais il y a désistement de l'*action* dans les cas suivans : 1° lorsque le demandeur déclare qu'ayant pris connaissance des titres qui lui sont opposés; il se désiste des fins et conclusions de sa requête. Cass. 21 germ. an 10.

2° Quand le débiteur, après avoir obtenu l'homologation d'un contrat d'atermoiement, et pendant l'instance d'appel du jugement homologatif, forme une demande en cession de biens : il est censé se désister du jugement d'homologation. Paris, 21 janv. 1808, S. 8, 57.

5° Lorsqu'une instance en réclamation d'état a été dirigée par un tuteur au nom de son pupille, et que le mineur, devenu majeur, désavoue les poursuites de son tuteur; il ne peut ultérieurement les reprendre; il est lié par son désaveu, qui équivaut alors à un désistement. Paris, 5 juill. 1812, S. 14, 42.

Mais le créancier d'une faillite, appelant du jugement qui fixe l'époque de l'ouverture, n'est point présumé s'être désisté de l'appel, par cela seul qu'il s'est rendu adjudicataire d'un immeuble du failli, et qu'il a figuré dans l'ordre ouvert sur le prix. Cass. 7 avr. 1819, S. 19, 432.

De même, le porteur d'un effet de commerce qui a assigné le tireur dans le délai prescrit par l'art. 165 C. comm., ne saurait être présumé s'être désisté de sa demande, par cela seul qu'il n'a point comparu au jour fixé par l'assignation, et qu'il a laissé l'instance sans poursuites, pendant deux années. C. pr. 397 et 1050; Cass. 28 juill. 1824, S. 25, 20.

La demande en séparation de biens, formée pendant l'instance en divorce, ne pouvait également être considérée comme un désistement tacite; ce n'était qu'un moyen d'assurer les droits que la femme entendait exercer après le divorce obtenu, Paris, 1er mess. an 12, S. 4, 61.—V. *Acquiescement*, sect. 4, § 2.

§ 6. — *Acceptation du désistement.*

84. L'acceptation est, en général, nécessaire pour rendre irrévocable le désistement d'*instance* ou d'*action;* jusque là il peut être rétracté : le contrat judiciaire n'est pas formé. Arg. C. pr. 403; Lyon, 14 déc. 1810; Cass. 4 juill. 1810, 9 déc. 1824; S. 25, 293; Pigeau, 1 546; Berriat, 368, note 8.

Si le désistement d'une action possessoire n'a pas été accepté par le défendeur, ou s'il n'en a pas été donné acte par le juge, le demandeur est non recevable à former une action au pétitoire; et c'est avec raison, qu'en pareil cas, le juge du pétitoire renvoie celui ci à faire préalablement régler le possessoire. pour éviter le cumul des deux actions. Cass. 3 mars 1856 (Art. 412 J. Pr.).

En matière indivisible, le défaut d'acceptation d'un désistement, de la part de quelques-unes des parties auxquelles il a été signifié, met obstacle à ce que le désistement produise effet, et forme contrat judiciaire à l'égard de ceux qui l'ont accepté isolément. Pau, 17 avr. 1837; Colmar, 3 août 1837; P. 1837, 2, 515; 1838, 1, 212.

Surtout lorsqu'il résulte des circonstances que l'offre de désistement était indivisible, et avait pour objet de faire cesser le litige entièrement, vis-à-vis toutes les parties. — *Mêmes arrêts.*

85. Le désistement n'est pas obligatoire si l'acceptation n'en est pas valable. Dijon, 17 déc. 1828; Chauveau, *Tarif*, 1, 391, note 8; Pau, 17 avr. 1837, P. 1837, 2, 515.

Le désistement fait sous la condition qu'il sera accepté dans un délai déterminé. ne peut valablement être accepté après l'expiration de ce délai. Rennes, 5 janv. 1858 (Art. 1505 J. Pr.).

86. Le défendeur est libre de refuser le désistement d'instance, lorsque la procédure est régulière et le juge-saisi compétent : autrement il dépendrait du demandeur, en sacrifiant quelques frais, de traîner le défendeur d'instance en instance, et de retarder indéfiniment le rejet d'une prétention injuste. — Aussi a-t-il été jugé que, lorsque l'instruction est consommée, le désistement de l'instance d'appel est non-recevable, et que la Cour doit rester saisie. Cass. 4 r juill. 1818, S. 19, 258; Berriat, 771. — Arg. Angers, 12 déc. 1820, D. 21, 89.

L'acceptation du défendeur peut être suppléée par la justice, lorsqu'il n'apparaît pas de cause légitime de son refus : autrement il dépendrait du défendeur de se soustraire à ses engage-mens par une force d'inertie, puisqu'il est possible que le demandeur ne s'aperçoive de la nullité de sa demande qu'au moment où la prescription du droit qu'il réclamait va s'accom-plir, et où il ne lui reste plus assez de temps pour recevoir l'ac-ceptation du défendeur. Cass. 12 déc. 1820, S. 21, 137; Ber-riat, 771. — *Contrà*, Pigeau, 1, 545.

La renonciation d'une partie à se servir d'un acte fraudu-leux, ne fait pas obstacle à ce que celui à qui on l'oppose ob-tienne des dommages-intérêts, si le désistement ne répare pas suffisamment le préjudice qu'il éprouve.

87. La partie qui refuse à tort le désistement est condamnée aux dépens du jugement qui le tient pour accepté. Arg. Nanci, 15 nov. 1831, D. 33, 210.

88. Lorsque le désistement a été consacré par un jugement non attaqué, l'instance irrégulière dont on s'est désisté est ré-putée avoir cessé dès le jour du désistement, et la nouvelle instance commencée avant le jugement, mais depuis le désiste-ment, est valable. Cass. 1er juill. 1823, Berriat, *ib.*

89. L'acceptation n'est pas nécessaire, 1° pour le désistement d'un simple acte de la procédure. Carré, art. 403.

2° Pour le désistement de l'ajournement, signifié avant la constitution du défendeur. Si le même demandeur cite son ad-versaire devant un autre tribunal, ce dernier ne peut opposer à cette nouvelle demande l'exception de litispendance, motivée sur la première citation. Bruxelles, 27 oct. 1824, D. *ib.* 159.

3° Pour le désistement, par la régie, d'une première con-trainte. Une simple opposition à une contrainte sans significa-tion ne constitue pas une litispendance. Liége, 15 oct. 1823, D. *ib.* 163.

4° Lorsqu'il s'agit du désistement pur et simple au droit d'appel : il y a alors un véritable acquiescement au jugement de 1re inst. Cass. 18 mars 1811, 21 déc. 1819, S. 20, 170; Rennes, 16 mai 1820; Besançon, 22 mars 1821; Montpel-lier, 23 mai 1828, S. 29, 26; Limoges, 31 déc. 1831, S. 32, 159; Toulouse 5 fév. 1832, Merlin, *Rép.*, v° *Désis-tement d'appel*, § 1; Berriat, 367; Carré, *Lois de la proc.*, 34, n° 1; Chauveau, *Tarif*, 1, 393, n° 12. — *Contrà*, Toulouse, 23 juin 1829; Bordeaux, 21 nov. 1823; 28 mars et 20 mai 1831, P. 1, 1830, 460, 2, 1829, 366; 3, 1831, 68.

Toutefois, il en est autrement, si le désistement est condi-tionnel, ou seulement relatif à la procédure, et que l'appelant soit encore dans les délais pour la renouveler. Lyon, 14 déc. 1810; Cass. 31 juill. 1817, D. *ib.* 162; Cass 16 mai 1821; Favard, v° *Désistement*, n° 8; Demiau, 292.

90. L'acceptation du désistement d'instance ou d'action ne

peut être faite que dans les matières susceptibles de désistement, par personnes capables de se désister, et dans les formes du désistement. Pigeau, 1, 454; Tarif, 71. — V. *sup.* n°* 20 et suiv.

Ainsi, une commune ne peut accepter un désistement qu'après y avoir été formellement autorisée. Pau, 17 avr. 1837: Colmar, 5 août 1837, P. 1837, 2, 515; 1838, 1, 242.

Lorsque la loi exige l'intervention de la justice, comme en matière de faux incident (C. pr. 249), le désistement n'a effet que du jour du jugement d'homologation. Observ. du tribunat, art. 402 et 403.

91. Les formes de l'acceptation amiable, sont, comme celles du désistement, abandonnées à la volonté des parties. —V. *sup.*, n° 42. Il n'y a point, à cet égard, de formalités sacramentelles.

Cependant, l'acceptation ne pourrait résulter de documens qui seraient tous en la possession de l'une des parties, et dont l'autre n'aurait pu avoir une connaissance légale. Bruxelles, 17 févr. 1832, D. 1834, 2, 56.

§ 7. — *Effets du désistement.*

92. Le désistement d'un *acte de procédure* annule cet acte et oblige le désistant à en payer le coût. C. pr. 403.

93. Le désistement d'*instance*, lorsqu'il a été accepté (ou jugé valable. — V. *sup.* n° 86), emporte de plein droit consentement à ce que les choses soient remises de part et d'autre au même état qu'elles étaient avant la demande. C. pr. 403.

En conséquence, il annule tous les actes de la procédure, et ces actes ne peuvent servir à interrompre la prescription; mais si elle n'est pas acquise, le demandeur est recevable à recommencer la procédure. C. civ. 2247; Berriat, 353, note 10-1°.

Il entraîne de plein droit main-levée des saisies et oppositions qui ont pu être formées par les parties respectivement. Observ. du tribunat sur les art. 402 et 403.

L'instance ne peut plus être invoquée ni pour faire courir les intérêts, ni comme mise en demeure. C. civ. 2247.

94. Le désistement d'*action* entraîne tout à la fois la renonciation à l'action et à la procédure, qui se trouve par cela même annulée.

Le désistement d'une action intentée contre un enfant naturel reconnu, en délaissement des biens de la succession du père, fondée sur la nullité de l'acte de reconnaissance émané de ce dernier, empêche de renouveler plus tard cette action même pour une autre cause, telle que la nullité de l'acte de naissance de l'enfant, alors que le désistement était fondé non sur des actes de procédure, mais sur la justification de la qualité de l'enfant naturel. Cass. 11 janv. 1837 (Art. 869 J. Pr.).

95. Le désistement de l'*appel* a l'effet de donner au jugement attaqué la force de chose jugée (Arg. C. pr. 469). En effet, il fait cesser le seul obstacle qui s'opposait à l'exécution du jugement, c'est-à-dire l'appel.

96. Un désistement d'appel, contenu dans un exploit d'offres réelles faites pour obéir aux condamnations prononcées par le jugement de première instance et acceptées par l'intimé, vaut acquiescement au jugement. Nimes, 27 mars 1817, D. *ib.* 165.

97. Mais le désistement *de la procédure en cause d'appel* n'éteint pas le droit de former un nouvel appel, si le désistant se trouve encore dans le délai. — V. *sup.* n° 89-4°.

98. Lorsque le désistement d'appel d'un jugement par défaut contient opposition à ce jugement, il dessaisit les juges d'appel pour faire statuer sur l'opposition par les juges de première instance. Cass. 21 déc. 1819, S. 20, 170.

99. Le désistement de l'appel principal enlève à l'intimé, qui l'accepte, le droit de former postérieurement appel incident. Ce droit ne peut être exercé qu'autant que la cause d'appel est en état. Rennes, 16 mai 1820. — V. *Appel*, n° 420.

Mais le désistement de l'appel principal n'ôte pas à l'intimé le droit de donner suite à l'appel incident formé antérieurement. Paris, 8 août 109, S. 14, 457. Cass. 25 nov. 1836, P. 1837, 1, 204.

Dans le cas où l'intimé donne suite à l'appel incident par lui interjeté, avant le désistement de l'appel principal, l'appelant rentre dans le droit de donner suite à son appel principal dont il s'est désisté.

100. Lorsque le désistement de l'appelant principal et l'appel incident de l'intimé ont été signifiés de part et d'autre le même jour, sans que rien prouve la priorité de l'un de ces actes, l'appel incident est recevable. Montpellier, 51 juill. 1821 (D. *ib.* 170), — V. *Date*, n° 19.

101. Le désistement donné par une des parties en cause ne préjudicie pas aux autres parties ayant un intérêt commun. — Ainsi, lorsque plusieurs cohéritiers d'une succession se sont désistés d'une action en délivrance d'immeubles, les autres cohéritiers peuvent poursuivre cette délivrance, chacun pour leur part et portion héréditaire. C. civ. 1217 et 1220. Cass. 16 janv. 1811, S. 11, 143.

102. Le désistement du poursuivant en matière de saisie immobilière, après l'enregistrement de la notification faite aux créanciers, conformément aux art. 695 et 696 C. pr., a pour effet d'ouvrir aux créanciers le droit de subrogation. Nanci, 2 mars 1818, S. 18, 289. — V. *Saisie-immobilière.*

105. L'action privée, anéantie par le désistement, ne peut

revivre par l'exercice d'une action publique qui la ferait présumer bien fondée. Cass. 21 germ. an 10, 22 janv. 1833.

Mais le désistement de la partie civile n'empêche pas la poursuite du ministère public (C. civ. 2046.) — excepté dans le cas d'adultère de la femme. *Ib.* 509.

104. L'amende est encourue si le désistement intervient après l'admission de la demande en inscription de *faux.* C. pr. 247. — V. ce mot.

105. L'appelant qui se désiste dans le cours de l'instance recouvre-t-il l'amende ? — V. *Appel,* n°s 248, 249.

106. *Quid,* en matière de *Cassation ?*—V. ce mot. n° 275.

107. Le désistement de la partie civile, s'il a lieu dans les vingt-quatre heures, peut la soustraire au paiement des frais ultérieurs. C. inst. crim. 66. — V. *Partie civile.*

108. Le désistement, soit d'instance, soit d'action, emporte encore de plein droit, et sans qu'il y ait besoin à cet égard d'une déclaration formelle, l'obligation pour le désistant de payer les frais du procès. C. pr. 403.

Le désistement de l'action principale emporte obligation de payer les frais de l'action en garantie, qui n'est que l'effet et l'accessoire forcé de la demande principale. Orléans, 29 avr. 1807, 13 janv. et 9 mars 1808, P. 6, 58.

Le désistement de l'appelant peut être déclaré nul, comme insuffisant, s'il se borne à offrir le paiement des frais, lorsque l'intimé avait droit d'obtenir l'emploi de ses dépens, comme accessoire de sa créance. Paris, 7 juin 1837 (Art. 844 J. Pr.).

109. Lorsque deux adversaires ont intenté chacun une action distincte, et que les deux actions sont jointes, s'il arrive que l'un des deux se désiste de son action propre, et obtienne son renvoi de l'action de l'adversaire, le désistant doit supporter les dépens de l'instance dont il s'est désisté. Cass. 6 fév. 1828, S. 28, 316.

110. La décision contraire donnerait ouverture à cassation, pour violation des art. 130 et 403 C. pr. *Même arrêt.*

111. L'intimé qui accepte un désistement d'appel conditionnel n'est pas fondé, comme s'il s'agissait d'un désistement pur et simple, à demander que les dépens par lui faits sur l'appel soient à la charge du désistant. Florence, 18 fév. 1811, P, 9, 117.

Vainement on oppose que l'art. 403 C. pr. ne distingue pas, entre le désistement pur et simple, et le désistement conditionnel. — Dans ce cas, il y a transaction judiciaire par expédient plutôt qu'un désistement.

112. *Liquidation des dépens.* Dans les différens cas où les juges sont appelés à prononcer sur le désistement, ils peuvent liquider de suite les dépens, comme en matière sommaire, par le jugement ou l'arrêt : l'intention évidente de la loi est de simplifier la procédure en matière de désistement. Arg. C. pr. 402 et 403.

115. Toutefois, la liquidation des frais ne peut, le plus souvent, être faite par le jugement; le désistement ayant précisément pour objet d'empêcher qu'un jugement n'intervienne; les frais sont alors liquidés par simple ordonnance du président. C. pr. 403, 533.

114. L'avoué qui requiert la taxe remet au greffier l'état des dépens avec les pièces justificatives (Décr. 16 fév. 1807), et présente au président une requête tendante à ce qu'il lui plaise taxer les dépens, et en rendre la taxe exécutoire contre le désistant. *Id.* 76.

115. La partie poursuivant la taxe fait sommation au désistant, par un simple acte d'avoué à avoué, de se trouver à jour et heure fixes en l'hôtel du président, ou du juge qui en remplit les fonctions, pour être présente à la taxe des dépens, qui doivent être à sa charge par suite du désistement. *Id.* art. 70.

116. Au jour fixé, le président, ou le juge qui le remplace, taxe les dépens, et rend, soit en présence, soit en l'absence du désistant, une ordonnance, soit contradictoire, soit par défaut, portant que le désistant sera contraint au paiement de la taxe par toutes les voies de droit.

117. Cette ordonnance est remise au greffier pour l'expédier dans la forme exécutoire, à moins qu'en cas d'absolue nécessité le juge n'ordonne l'exécution de son ordonnance sur minute. C. pr. 811.

118. L'ordonnance émanée du président d'un trib. de 1re inst. est exécutée, nonobstant opposition ou appel. C. pr. 403.

119. Elle est susceptible d'opposition, si elle a été rendue par défaut. Arg. Aix, 11 avr. 1832, D. 52, 181. Pigeau, 1, 548. —Cette opposition doit être formée dans les trois jours de la signification à avoué de l'ordonnance. Arg. Décr. 16 fév. 1807, art. 6. —Elle est portée devant le trib. ou la Cour dont le président a rendu l'ordonnance. Le président peut prendre part au jugement qui intervient sur l'opposition à l'ordonnance par lui rendue par défaut. En effet, un trib. entier, et à plus forte raison un seul juge, peut réformer la décision rendue par lui, sans avoir entendu les parties. Pigeau, 1, 548.

120. L'ordonnance est susceptible d'appel, si la demande en taxe de frais excède 1,500 fr. L. 11 avr. 1838, art. 1.

121. *Quid,* si l'ordonnance est rendue contradictoirement par le président d'une C. royale? — La décision est souveraine; il n'y a pas lieu à opposition devant la Cour. Demiau, 294.—*Contrà,* Pigeau, 1, 548; Carré, art. 403.

§ 8. — *Enregistrement.*

122. Le désistement pur et simple est passible du droit fixe de 2 fr. LL. frim. an 7, art. 68, § 2, n° 8, 28 avr. 1816, art. 43, n° 12.—V. d'ailleurs *sup.* n° 54.

123. Il donne lieu au droit proportionnel, s'il contient obligation de sommes ou transmission mobilière ou immobilière.— V. *Acquiescement*, n° 147 et suiv., *Enregistrement.*

§ 9. — *Formules.*

FORMULE I.

Acte de désistement.

(C. pr. 402. — Tarif, 71. — Coût, 5 fr.)

A la requête de M.

Soit signifié déclaré à M   , avoué près le tribunal de   et du sieur

Que ledit M   se désiste de la demande formée à sa requête par exploit de   , huissier à   en date du   , enregistré, ainsi que de toute la procédure qui a suivi ladite demande (1), sans cependant entendre préjudicier ni renoncer à ses droits relatifs à l'objet de ladite demande, se soumettant en conséquence, ledit M   , à payer tous les frais faits sur la demande dont il se désiste, conformément à la taxe qui en sera faite par qui de droit.

A ce que ledit M   n'en ignore, D. A. *Signature de l'avoué et de la partie, ou de son mandataire spécial.*) — V. *sup.* n° 55.

FORMULE II.

Acceptation du désistement.

(C. pr. 402. — Tarif, 71. — Coût, 5 fr.)

A la requête de M.

Soit signifié et déclaré à M   , avoué près le tribunal de   et du sieur

Que ledit M   accepte par ces présentes le désistement donné par le sieur   , suivant acte d'avoué à avoué signifié le   de la demande par lui formée par exploit de   , huissier à   , en date du   contre ledit M.   , se réservant de poursuivre la taxe et le paiement des frais faits sur ladite demande. A ce que mondit M   n'en ignore. D. A.

(**Signatures** *de l'avoué et de sa partie, ou de son mandataire spécial.*)

FORMULE III.

Requête pour faire taxer les frais de la procédure dont on s'est désisté.

(C. pr. 403. — Tarif, 76. — Coût, 2 fr.)

A M. le président du tribunal de

Le sieur   , demeurant à   , a l'honneur de vous exposer ce qui suit :

Le sieur   s'est désisté par acte d'avoué à avoué, signifié le   d'une demande formée à sa requête contre ledit sieur   , par exploit du ministère de   , huissier à   , en date du

Ce désistement a été accepté par l'exposant par acte également d'avoué à avoué, signifié le   , enregistré : en conséquence, il a été procédé à la taxe des frais de procédure faits sur ladite demande par M   , juge, et aujourd'hui il s'agit de rendre ladite taxe exécutoire ;

---

(1) *Si l'on ne se désiste que de quelques actes de la procédure, ou si au contraire on renonce au fond même du droit, on doit l'énoncer d'une manière précise.* — V. *sup.* n° 6 et suiv.

Pour quoi il vous plaira, M. le président, indiquer les jour, lieu et heure où le sieur   , sera cité devant vous pour voir rendre exécutoire contre lui la taxe desdits frais et dépens dont l'état est annexé aux présentes, et qui ont été faits sur la demande dont ledit sieur   s'est désisté ; et vous ferez justice.

(Signature de l'avoué.)

Nota. L'ordonnance du président et la sommation de se trouver aux jour, lieu et heure par lui indiqués pour voir rendre la taxe exécutoire, sont rédigées dans la forme ordinaire. — V. *Ordonnance, Sommation.*

Si le désistement ou l'acceptation a lieu par mandataire, Il est donné copie du pouvoir en tête de l'acte. —V. *sup.* n°ˢ 68 et 90.

DESSIN *de fabrique.* Dessin destiné à être imprimé sur une étoffe ou tissu, ou appliqué à tout autre produit, par un procédé mécanique.

1. Tout fabricant, inventeur d'un dessin, qui veut pouvoir en revendiquer, par la suite, la propriété, est tenu de déposer aux archives du conseil de prud'hommes, dans le ressort duquel est la fabrique, un échantillon du dessin par lui inventé, plié sous enveloppe, revêtue de ses cachets et signature, sur laquelle sera également apposé le cachet du conseil de prud'hommes. L. 18 mars 1806, art. 15.

2. Il déclare s'il entend se réserver la propriété exclusive pendant une, trois ou cinq années, ou à perpétuité. *Ib.,* art. 18.

3. Il acquitte entre les mains du receveur de la commune une indemnité qui est réglée par le conseil de prud'hommes.

Cette indemnité ne peut excéder 1 fr. pour chacune des années pendant lesquelles le déposant veut conserver la propriété exclusive de son dessin ; elle est de 10 fr. pour la propriété perpétuelle. *Ib.,* art. 19.

4. Les dépôts de dessins sont inscrits sur un registre tenu *ad hoc* par le conseil de prud'hommes, lequel délivre aux fabricans un certificat rappelant le numéro d'ordre du paquet déposé, et constatant la date du dépôt. *Ib.,* art. 16.

5. En cas de contestation entre deux ou plusieurs fabricans, sur la propriété d'un dessin, le conseil de prud'hommes procède à l'ouverture des paquets qui ont été déposés par les parties.

Il fournit un certificat indiquant le nom du fabricant qui a la priorité de date. *Ib.,* art. 17.

6. Quant aux fabriques situées hors d'un conseil de prud'hommes, le dépôt est reçu au greffe du trib. de comm., ou u greffe du trib. de 1ʳᵉ inst., dans les arrondissemens où les rib. civ. exercent la juridiction des trib. de comm. Ordonn. 17 août 1825, art. 1.

7. Dans ce cas, le dépôt se fait dans les formes prescrites aux art. 15, 16 et 18, L. 18 mars 1816. V. *sup.* n°ˢ 1 et 2. Et il est reçu gratuitement, sauf le droit du greffier, pour la délivrance du certificat constatant le dépôt. *Ib.,* art. 2.

8. Le dépôt n'est qu'une formalité exigée par la loi, pour

conférer à l'inventeur le droit de poursuivre en justice le contrefacteur. Il n'attribue pas la propriété du dessin qui résulte de l'invention même. Cass. 28 mai 1822; 14 janv. 1828; Paris, 29 déc. 1835, S. 22, 557; 28, 102; 56, 155.

9. La revendication du dessin contrefait est portée devant le trib. de comm. L. 18 mars 1806; Blanc, *de la Contrefaçon*, 597.

Mais en outre, la contrefaçon du dessin de fabrique constitue un délit punissable des peines portées en l'art. 425 C. pén., et qui peut être poursuivi devant les trib. correct. L'art. 15, L. 18 mars 1806, qui attribue au trib. de comm. la connaissance de la revendication, n'interdit pas la plainte en contrefaçon devant la juridiction correctionnelle. Trib. Seine, 25 déc. 1833; Colmar, 30 juin 1828, S. 29, 333; Paris, 19 fév. 1835 (Art. 259 J, Pr.); Blanc, *ib.*

DESTITUTION. C'est pour un officier public la privation de sa place, et l'interdiction de l'exercice des fonctions qui y sont attachées.

1. Elle diffère de la simple interdiction, en ce que celle-ci n'est que temporaire.

2. Quelles personnes peuvent encourir la destitution? Dans quels cas? Comment doit-elle être prononcée? — V. *Discipline*.

5. Le successeur désigné par un titulaire peut-il intervenir dans l'instance en destitution, dirigée contre ce dernier par le ministère public? — V. *Office*.

4. La destitution d'un officier ministériel ne produit d'effets que du jour où elle lui est légalement notifiée; jusqu'à cette époque, il continue valablement d'exercer ses fonctions, malgré les poursuites dirigées contre lui.

DÉSUÉTUDE. Se dit du non usage dans lequel se trouve une loi, une pratique. — V. *Usage*.

DETTE. Ce que l'on doit à quelqu'un. On distingue plusieurs espèces de dettes.

1. Les dettes sont *actives* ou *passives* (— V. *Faillite*), *personnelles* ou *réelles* (— V. *Action*, § 1, art. 1), *mobilières* ou *immobilières* (— V. *Action*, § 1, art. 2), *civiles* ou *commerciales*, — V. *Acte de commerce*, n° 1.

2. Les dettes sont ou pures et simples, ou soumises à un terme, ou subordonnées à une condition (— V. *Acte conservatoire*, n°ˢ 26 à 55), *indivisibles* ou *solidaires*, — V. ces mots.

5. On les nomme privilégiées, hypothécaires ou chirographaires, suivant qu'elles sont ou non garanties par un privilége ou une hypothèque. — V. *Inscription hypothécaire*.

4. Une dette est claire et liquide lorsque l'objet en est fixe et certain. — V. *Exécution*.

DICTUM. Dispositif d'un *jugement*. — V. ce mot.

DIFFAMATION. Toute allégation ou imputation d'un fait qui porte atteinte à l'honneur ou à la considération de la personne ou du corps auquel le fait est imputé, est une diffamation. L. 17 mai 1819, art. 13.

1. Le reproche adressé à un magistrat de ne pas remplir ses devoirs, ne contenant l'imputation d'aucun fait précis, ne constitue qu'une simple injure. Cass. 11 av. 1822.

Les motifs consignés dans l'avis d'une chambre d'avoué ou autre, pour justifier son refus de délivrer à un aspirant le certificat de moralité voulu par la loi, ne peuvent donner lieu, de la part de celui-ci, à une poursuite en calomnie ou diffamation, ni même à une demande en radiation de cet avis.

2. Nul n'est admis à prouver la vérité des faits diffamatoires, si ce n'est dans le cas d'imputation contre les dépositaires ou agens de l'autorité, ou contre toutes personnes ayant agi dans un caractère public, de faits relatifs à leurs fonctions. L. 26 mai 1819, art. 20.

3. Dans ce cas, les faits peuvent être prouvés devant la C. d'assises. *Ib.*

4. La diffamation contre les particuliers est de la compétence des trib. correctionnels. *Ib.* art., 13 et 14.

5. L'acte notifié d'avoué à avoué n'a aucun des caractères de publicité prévus par l'art. 18, L. 17 mai 1819 : si cet acte contient des expressions outrageantes tendant à inculper l'honneur ou la délicatesse d'un magistrat, il donne lieu à des poursuites devant la juridiction correctionnelle et non devant la C. d'assises. Cass. 21 sept. 1838 (Art. 1200 J. Pr.).

6. L'action publique, comme l'action privée, ne peut être intentée pour une plaidoirie prétendue diffamatoire, si les faits n'ont pas été déclarés étrangers à la cause par le trib. devant lequel la plaidoirie a été prononcée. Cass. 3 mars 1837 (Art. 1032 J. Pr.). — V. *Avoué*, 147 et 151.

— V. *Arbitre*, 15 ; *Audience*, 55 ; *Avoué*, 13.

DIGESTE. Recueil des décisions des jurisconsultes romains, composé par ordre de Justinien.

DILATOIRE (EXCEPTION). — V. *Exception*.

DILIGENTE (PARTIE LA PLUS). Partie qui a agi la première dans une poursuite dont le droit lui était commun avec d'autres. — V. *Licitation*.

DIMANCHE. — V. *Fête*.

DIMENSION (TIMBRE DE). — V. *Affiche*, *Timbre*.

DIRE. Observation, réquisition, ou contestation faite sur un procès-verbal, ou un cahier des charges. — V. *Distribution par contribution*, *Ordre*, *Vente*.

DIRE d'experts. — Déclaration d'experts sur un objet soumis à leur vérification. — V. *Expertise.*

DIRECTION de créanciers. — V. *Faillite.*

DISCIPLINE (1). C'est l'ensemble des devoirs auxquels sont soumis, à raison de leurs fonctions, les membres des différens corps institués ou reconnus par la loi ; c'est aussi l'application des peines encourues pour oubli de ces devoirs.

DIVISION.

Section I. — *Principes généraux.*

1. L'action disciplinaire a pour but principal de conserver l'honneur et la dignité du corps entier, en frappant quelques-

---

(1) Cet article est de M. Coppeaux, juge suppléant au tribuna lcivil de la Seine.

uns de ses membres. — V. *Avocat*, 118 et *inf.* n°s 9, 125 et suiv.

2. Le législateur, en cette matière, évite, autant que possible, la publicité, de peur que la répression n'ajoute encore au scandale de la faute commise. — V. *inf.* n°s 11, 30, 154.

3. Souvent aussi il n'admet qu'un seul degré de juridiction. — V. *inf.* n°s 84, 105, 157.

4. L'action disciplinaire est absolument indépendante de toute action devant les trib. civils et criminels.—V. *inf.* n°s 24, 25, 26, 79, 200.

La société, par l'une, demande qu'une *peine* sévère soit infligée à un citoyen pour un délit qui compromet la sûreté générale ;

Par l'autre, le corps auquel le fonctionnaire appartient réclame une *réparation* pour des infractions aux devoirs de son état, pour certaines fautes dont la loi ne demande pas compte aux autres citoyens. La punition qui intervient n'est pas une véritable peine ; la décision n'est pas un véritable jugement ; les décisions rendues par voie de discipline n'exercent évidemment aucune influence légale sur les poursuites judiciaires. La loi, en soumettant les officiers publics à une discipline spéciale, n'a pas pour objet de les soustraire à l'empire du droit commun ; elle veut atteindre des faits qui ne sont pas qualifiés par le Code pénal. Cass., ch. crim., 12 mai 1827, D. 27, 240.

Les décisions rendues par les trib. criminels ne lient pas non plus la juridiction disciplinaire.

S'il y a eu condamnation à une peine emportant privation des droits civiques, le condamné doit cesser ses fonctions publiques. C. pén. 34, 32.—Cette suspension n'est point une nouvelle peine du délit, mais la conséquence nécessaire, tant de la condamnation qui a établi contre le fonctionnaire public une grave cause de suspicion sous tous les rapports, que de l'impression et de l'affiche de cette condamnation qui lui ont enlevé la considération sans laquelle il ne peut remplir ses fonctions. — Motifs d'un arrêt de cass., ch. réun., 8 déc. 1809, 27 juill. 1810 ; req. 31 oct. 1811, D. v° *Chose jugée*, 2, 603.—Aussi, lorsque la condamnation n'est pas assez grave pour emporter de plein droit privation des droits civiques, la juridiction disciplinaire conserve-t-elle son droit d'examen. En effet, d'après l'art. 59 L. 20 avr. 1810, « tout jugement de condamnation rendu contre un juge à une peine de simple police, est transmis au ministre de la justice qui, après en avoir fait l'examen, dénonce à la C. de cass., s'il y a lieu, ce magistrat, qui peut être déchu ou suspendu de ses fonctions, suivant la gravité des faits. »

Malgré l'absolution de l'accusé, la C. d'assises conserve le droit d'accorder des dommages-intérêts à la partie civile (C. inst. crim. 366). De même, l'absolution et même l'acquittement de l'officier public n'empêchent pas la juridiction disciplinaire de donner à la société et au corps auquel cet officier public appartient la réparation qui leur est due. Si, d'après l'art. 360 C. inst. crim., l'individu acquitté ne peut plus être repris à raison du même fait, cette disposition ne concerne que la poursuite criminelle, et ne saurait empêcher l'exercice de l'action disciplinaire qui dérive d'une toute autre cause, et est régie par des principes différens. Nîmes, 19 juill. 1836 (Art. 695 J. Pr.); rejet, ch. requêtes, 12 avr. 1837 (Art. 747 J. Pr.); requêtes, 29 déc. 1836 (Art. 616 J. Pr.). — *Contrà*, ch. civ. 24 juill. 1822.

Ceux-là mêmes qui semblent attribuer aux décisions de la justice ordinaire l'autorité de la chose jugée à l'égard de la poursuite disciplinaire, exigent, du moins pour la plupart, que l'on ait déclaré d'une manière non équivoque la non-existence du fait matériel. — Ainsi, ils reconnaissent que la poursuite disciplinaire n'est point éteinte : 1° par un renvoi de la plainte, motivé sur la prescription du délit (rejet, ch. req., 30 déc. 1824, D. 25, 129);—2° par un arrêt de non lieu de la chambre d'accusation, basé sur l'absence de participation frauduleuse aux faits reconnus constans (ch. req., 5 mars 1824, D. *Chose jugée*, p. 606); — 5° par une absolution; — 4° par un acquittement, après une déclaration de l'accusé que les altérations par lui commises sur ses minutes n'avaient d'autre objet que d'épargner aux parties la totalité des droits de mutation (ch. req. rejet, 13 janv. 1823, D. 25, 129); — 5° par un acquittement à la suite d'une réponse négative du jury sur l'ensemble des questions (Toulouse, 22 mai 1826). — Dans les quatre premiers cas, l'existence du fait matériel, la violation des devoirs de la profession subsiste; dans le dernier cas, elle n'est pas nécessairement exclue. — Toutefois, des autorités graves pensent que la déclaration de non culpabilité, dans le dernier cas, embrasse, par sa généralité, toutes les inculpations relatives, soit à la moralité, soit à l'existence matérielle du fait; qu'elle ne peut pas être divisée; que, dans le doute, l'interprétation favorable doit être adoptée. — V. Merlin, *Rép.*, v° *Notaire*, n° 5, p. 590, note; req., rejet, 29 juin 1824, D. v° *Chose jugée*, p. 606; Colmar, 8 mars 1825; Montpellier, 29 juin 1825; rejet, chambre civile, 24 janv. 1857 (Art. 640 J. Pr.).

5. L'action disciplinaire s'exerce souvent sur des faits non définis à l'avance, mais dont l'appréciation est abandonnée à un pouvoir discrétionnaire. — V. *inf.* n°ˢ 9, 77.

Section II. — *Des membres des Cours et tribunaux.*

§ 1. — *Des conseillers, juges, juges de paix et suppléans.*

Art. 1. — *Des peines et de leur application.*

6. Les peines disciplinaires contre les magistrats , sont :

1° La censure simple.

2° La censure avec réprimande, qui emporte de droit privation de traitemeut pendant un mois.

3° La suspension provisoire, qui emporte privation de traitement pendant sa durée. L. 20 avr. 1810, art. 50. — V. *inf.* n° 21.

4° La déchéance. *Ib.*, art. 59. — V. *inf.* n° 18.

L'ordre dans lequel ces peines sont présentées indique le degré de gravité de chacune d'elles.

Ainsi , quoique la suspension provisoire , prononcée pour moins de huit jours , ne prive le magistrat de son traitement que pendant le même espace de temps , cette suspension , ne fût-elle que d'un jour, renferme un blâme plus significatif que la censure avec réprimande , bien que cette dernière peine entraîne, dans tous les cas , privation du traitement pendant un mois.

7. La suspension ne doit pas être prononcée pour un temps indéterminé : ce serait une destitution déguisée. Carnot , *Discipline judiciaire* , n° 62. — V. pourtant *inf.* n° 24.

Carré (*L. org. et comp.* art. 4, *quest.* 11), tout en reconnaissant qu'une suspension sans limitation serait contraire à l'esprit de la loi de 1810 , conclut, à regret, du silence du législateur , que , dans les cas prévus par l'art. 59 de ladite loi et 82 du sénatus-cons. de l'an 10, la C. de cass. n'est pas tenue de fixer la durée de la suspension : d'où il résulterait qu'un magistrat ainsi suspendu ne pourrait être remplacé, et cependant ne pourrait exercer ses fonctions qu'autant qu'il serait relevé de la peine encourue. — Mais quelle autorité serait compétente pour prononcer cette espèce de réhabilitation? Faudrait-il un second arrêt de la même Cour, un ordre du ministre, ou une ordonnance du roi? La difficulté seule de ces questions démontre que l'art. 59 doit se référer à l'art. 50, qui, en parlant de suspension *provisoire* , repousse l'idée d'une peine sans limite.

8. La sanction de la suspension se trouve dans l'art. 197 C. pén. — Tout fonctionnaire public suspendu , qui, après en avoir eu la connaissance officielle , continue l'exercice de ses fonctions , est passible d'un emprisonnement de six mois au moins, et de deux ans au plus, et d'une amende de 100 à 500 fr. Il peut être interdit de l'exercice de toute fonction publique pour cinq ans au moins, et dix ans au plus, à compter du jour où il aura subi sa peine.

9. La loi déclare punissable dans un magistrat tout fait qui *compromet la dignité de son caractère.* L. 20 avr. 1810, art. 49.

10. Cette règle s'applique aux suppléans, pour les fautes commises dans l'exercice de leurs fonctions (*Ib.* art. 55.), et même aux avocats ou avoués appelés accidentellement à siéger pour compléter le tribunal. Carnot, *Disc. jud.*, sect. 1, n° 26.

11. Tout magistrat qui compromet la dignité de son caractère doit être averti par le président de la C. ou du trib. dont il fait partie, soit d'office, soit sur la réquisition du ministère public. L. 20 avr. 1810, art. 49.

12. En cas de récidive après cet avertissement, il est passible d'une peine disciplinaire. *Ib.* art. 50.

13. Un magistrat cité à la requête du ministère public peut-il être renvoyé de la plainte, sur le fondement qu'il a suffisamment atténué dans ses réponses les faits allégués contre lui ? — La C. de cass. a décidé la négative, par le motif que des faits atténués n'en sont pas moins constans, et que s'ils peuvent commander une atténuation de peine, ils ne sauraient autoriser à n'en point prononcer. *Intér. de la loi*, 15 avr. 1826, J. P. 1826, 3, 489. — Cette décision semble bien rigoureuse, car les faits dont il s'agit avaient pu être atténués par les explications du magistrat inculpé, à tel point que la Cour ne les eût pas jugés de nature à compromettre la dignité de son caractère.

14. La C. de cass., sect. crim., dans l'intérêt de la loi (25 fév. 1826, D. 26, 259), adoptant les principes d'une circulaire ministérielle du 12 déc. 1821, a décidé que, lorsqu'il s'agit d'une faute grave, mais sans antécédens connus, auxquels elle puisse se rattacher, et qui aient autorisé un avertissement, cette faute peut être réprimée par l'application immédiate d'une peine de discipline. —V. aussi Limoges, 19 avr. 1833, J. P. 1833, 3, 312. — Cet arrêt nous semble ajouter à la loi, au lieu de l'interpréter : la loi exige, dans tous les cas, un avertissement préalable; et il n'est pas à craindre, comme le prétend la circulaire, qu'une interprétation rigoureuse de l'art. 49 ne devienne une cause d'impunité, puisque le ministre de la justice a toujours le droit de saisir directement la C. de cass. si la gravité des faits l'exige, et que, dans ce cas, la condition d'un avertissement préalable n'est pas exigée. — V. *inf.* n° 19.

15. Il n'est pas nécessaire que la seconde faute soit de la même espèce que celle qui a motivé l'avertissement ; il suffit qu'elle soit, comme la première, de nature à compromettre la dignité du caractère de magistrat.

L'art. 50 ne fixe aucun délai, passé lequel le premier avertissement deviendrait sans effet.

Peu importe que l'avertissement ait été donné lorsque le magistrat exerçait dans un autre ressort.

16. Cependant il serait dérisoire que la faute la plus grave, même celle qui présenterait les caractères d'un délit ou d'un crime , ne pût être réprimée par une peine disciplinaire, à moins que le magistrat n'eût été préalablement averti pour une autre faute. La loi a prévu ce cas par l'art. 58 , portant : « Tout juge qui se trouvera sous les liens d'un mandat d'arrêt, de dépôt , d'une ordonnance de prise de corps ou d'une condamnation correctionnelle , même pendant l'appel , sera suspendu provisoirement de ses fonctions. »

17. Il paraît résulter de cet article que la suspension durera, soit jusqu'à ce que le mandat de dépôt , d'arrêt ou l'ordonnance de prise de corps aient été annulés , ou bien jusqu'à ce que la condamnation ait été infirmée en appel, ou exécutée par le paiement de l'amende, ou par l'emprisonnement du condamné pendant le temps prescrit.

Quand la peine est une simple amende , le paiement immédiat peut donc faire cesser aussitôt l'effet de la suspension? et néanmoins il est possible que le fait soit de nature à entraîner une peine plus forte.

18. L'art. 59 offre encore , dans ce cas, un moyen de répression : « Tout jugement de condamnation , porte cet article, rendu contre un juge , à une peine même de simple police , sera transmis au ministre de la justice , qui, après en avoir fait l'examen , dénoncera à la C. de cass. , s'il y a lieu, le magistrat condamné ; et, sous la présidence du ministre de la justice , le magistrat pourra être déchu ou suspendu de ses fonctions , suivant la gravité des faits. »

Cette disposition a-t-elle été abrogée en ce qui concerne la déchéance, par l'art. 58 de la Charte de 1814, devenu l'art. 49 de la Charte de 1830 ? — La négative résulte de ce que la Charte ne pose qu'un principe général, qui ne forme point obstacle à des exceptions déterminées par des motifs particuliers.

L'art. 10. L. 11 avr. 1838 (Art. 1141 J. Pr.) renouvelle en quelque sorte cette peine de déchéance en déclarant que tout juge suppléant qui, sans motifs légitimes, refuse de faire le service auquel il est appelé, peut, après procès-verbal constatant sa mise en demeure et son refus, être considéré comme démissionnaire.

19. Enfin, si le fait dont le magistrat s'est rendu coupable, sans constituer ni crime, ni délit, ni contravention, réclame cependant une répression sévère, le ministre de la justice peut toujours, bien que le magistrat n'ait pas été préalablement averti, le déférer directement à la C. de cass. Sén. C. 16 therm. an 10, art. 82; L. 20 avr. 1810, art. 56.—V. *inf.*, nº 45.

20. « Le pouvoir disciplinaire, dit Favard (*Rép.*, vº *Cassation*, sect. 2, nº 6), ayant pour but de maintenir la dignité de la magistrature, en lui assurant la considération et le respect qui lui sont dus, doit s'étendre même aux actes de la vie privée qui seraient de nature à affaiblir dans l'esprit des justiciables ce respect et cette considération. »

21. La C. de cass. a prononcé différentes peines disciplinaires dans les cas suivans, savoir :

Une suspension de cinq ans contre un juge de 1ʳᵉ inst., pour avoir abandonné sa femme dont il avait un fils, avoir entretenu publiquement une concubine dans la ville même où siégeait son trib., et avoir fait inscrire sur les registres de l'état civil, comme ses enfans légitimes, trois bâtards adultérins. Cass. 6 pluv. an 13 ; Merlin, *Rép.*, vº *Censure*, nº 2 ;

La censure avec réprimande contre un conseiller de C. royale, pour avoir, sous prétexte d'être lié par un serment, refusé de fournir des renseignemens à la justice sur l'existence d'un gouvernement occulte dénoncé par lui à la Chambre des députés, et pour avoir, depuis la citation, aggravé ses torts par la publication de rapports faits, en sa qualité de président de C. d'ass., au ministre de la justice. Cass. 30 nov. 1820, J. P. 1821, 1, 404;

La même peine contre un juge du trib. de 1ʳᵉ inst. de la Seine, pour avoir publié dans un journal une lettre contenant des doctrines inconciliables avec les devoirs de son état. Cass. 30 mai 1832, J. P. 1833, 1, 407;

Une suspension de six mois contre un conseiller de C. royale, pour avoir signé une adresse destinée à la duchesse de Berri. Cass. 14 juill. 1833, J. P. 1833, 3, 67.

22. Le magistrat qui se rend cessionnaire de droits litigieux, contrairement à l'art. 1597 C. civ., indépendamment des dommages et intérêts, est passible d'une peine disciplinaire. Carnot, *Discipline judiciaire*.

23. Un magistrat suspendu de l'exercice de ses fonctions peut-il, pour une faute commise avant l'expiration de sa peine, être frappé d'une nouvelle suspension, dont la durée prolongerait celle de la première?— Pour la négative, on peut argumenter de ce qui a lieu pour les juges suppléans, qui ne sont, en quelque sorte, considérés comme magistrats que dans le moment où ils remplissent des fonctions judiciaires; mais l'affirmative résulte, *à contrario*, du caractère permanent imprimé au juge titulaire.

24. La condamnation d'un magistrat à une peine portée par le C. pénal, loin d'être un obstacle à l'action disciplinaire (— V. *sup.* n° 4.), est quelquefois une raison qui la détermine. L. 20 avr. 1810, art. 59.

Ainsi, une suspension illimitée a été prononcée, 1° contre un juge de paix condamné correctionnellement à l'emprisonnement et à l'amende, pour avoir, de concert avec un de ses justiciables, trahi la vérité dans un certificat ayant pour but de soustraire un jeune homme à la conscription : « La suspension n'est point une nouvelle peine du délit, mais la conséquence nécessaire, tant de la condamnation qui a établi contre ce juge une grave cause de suspicion sous tous les rapports, que de l'impression et de l'affiche de cette condamnation, qui lui ont enlevé la considération sans laquelle un juge ne peut utilement remplir ses fonctions. » Cass. 8 déc. 1809, S. 10, 202 ; Merlin, *Qu. dr.*, v° *Non bis in idem*, § 2.

2° Contre un autre juge de paix condamné correctionnellement pour escroquerie, et qui, après l'expiration de sa peine, avait repris ses fonctions. Cass. 27 juill. 1810, P. 8, 491 ; Merlin, *Qu. dr.*, v° *Suspension d'un fonctionnaire public.*

25. Réciproquement, l'application antérieure d'une peine de discipline n'arrête pas l'action publique intentée pour le même fait. Cass. 12 mai 1827, D. 27, 240, et 22 déc. 1827, D. 28, 67.

26. L'action disciplinaire n'ayant pas pour but de réprimer les crimes et les délits prévus par la loi pénale, elle peut être intentée contre un magistrat qui, traduit pour le même fait devant les trib. ordinaires, n'aurait été jugé passible d'aucune peine. — Ainsi, dans l'espèce de l'arrêt précité du 30 mai 1832 (— V. *sup.* n° 21), le juge inculpé avait été traduit devant la C. d'ass. pour délit de la presse, et acquitté sur la déclaration du jury.

27. Les membres d'un trib. ou d'une Cour sont-ils passibles de peines disciplinaires, à raison des jugemens ou arrêts qu'ils ont rendus ? — M. Carnot (*Disc. jud.*, n° 19, 20, 21 et 22) soutient la négative, et signale, comme portant atteinte à l'indépendance de la magistrature, les arrêts des 15 prair. an 11 et 9 mars 1809, rendus contre des C. crim., pour avoir cédé à la faiblesse, en acquittant des accusés de faux ayant pour but de soustraire des individus à la loi de la conscription. Il s'élève surtout contre la violation du secret des délibérations, commise par la C. de cass., qui s'est bornée à censurer ceux des magistrats qui avaient voté pour l'acquittement, malgré le principe, consacré plus tard par un arrêt de la même Cour, du 27 juin 1822,

que les opinions individuelles des juges doivent rester impéné-
trables , et que toute décision est réputée l'œuvre du trib. entier qui l'a rendue.

Cependant un magistrat pourrait être signalé par ses collègues eux-mêmes, pour la passion et la partialité qu'il aurait
montrées dans la délibération ; et il nous semble que ce serait
le cas de lui appliquer une peine disciplinaire. A plus forte raison devrait-il en être ainsi , dans le cas où cette partialité aurait
été manifestée à l'audience , quand même elle ne présenterait
pas les caractères de la forfaiture. C. pén. 183.

Art. 2. — *Compétence et procédure.*

28. *Compétence.* L'avertissement qui, dans les cas ordinaires,
précède l'application de toute peine disciplinaire, doit émaner
du président du trib. de 1re inst., si le magistrat inculpé est
juge-suppléant , juge de paix ou suppléant de la justice de paix
(Arg. L. 20 avr. 1810, art. 52); et du premier président de
la C. roy., s'il s'adresse à un membre de cette Cour, ou au président d'un trib. de 1re instance. —'V. *inf.* n° 30.

Si le président du trib. de 1re inst. néglige d'avertir un magistrat en faute, l'avertissement peut être donné par le premier
président de la Cour. Arg. art. 54.

Le même pouvoir appartient au président ou vice-président,
qui remplace provisoirement le premier président de la Cour ,
ou le président du trib. empêchés. Décr. 30 mars 1808, art. 2
et 47.

Si, malgré la réquisition du ministère public, le président
néglige ou refuse de donner l'avertissement, il peut être repris,
s'il y a lieu, par le ministre de la justice (Sénat. cons. 16 therm.
an 10, art. 81). — Carré (art. 66, n° 99) invoque mal à propos, pour ce cas, l'art. 27, tit. 5, ch. 5, de la constitution du
14 sept. 1791.

29. La réquisition du ministère public, ainsi que l'avertissement du président, peuvent se faire par lettres missives, la loi
n'ayant tracé aucune forme rigoureuse. — Carré (art. 66, *Qu.*
98) n'admet pas d'autre mode. — V. *inf.* n° 50.

Sont nuls pour excès de pouvoir :

1° L'arrêté par lequel le président d'une C. roy. donne un
avertissement aux juges d'un trib. de 1re inst. pour des faits
différens, avec injonction à l'un des trois juges d'en donner
connaissance à ses collègues. Cass. 5 mai 1835 (Art. 207
J. Pr.).

2° L'invitation donnée par le président de la C. roy. au président du trib. de transcrire l'arrêté sur les registres du trib.
Même arrêt.

3° La transcription de cet arrêté, surtout lorsqu'elle est faite par le président lui-même et non par le greffier. *Même arrêt.*

30. Lorsque cet avertissement préalable est resté sans effet, et qu'il y a lieu d'appliquer une peine disciplinaire proprement dite (— V. *sup.* n° 12), elle doit être prononcée, savoir : si le magistrat inculpé est membre d'une C. roy., par cette Cour , en la chambre du conseil. L. 20 avr. 1810, art. 52.

Il en doit être de même à l'égard du président d'un trib. Colmar, 11 fév. 1826, J. P. 1826, 1, 489.

S'il s'agit d'un juge de 1ʳᵉ inst. ou d'un juge de paix, ou d'un juge suppléant près l'un ou l'autre de ces trib., par le trib. de 1ʳᵉ inst. auquel il est attaché, ou dans le ressort duquel il exerce ses fonctions. L. 20 avr. 1810, art. 52 et 53.

31. Un trib. peut-il, en cette matière, agir d'office, et sans être provoqué par le ministère public ? — M. Carnot (*Disc. jud.* n°ˢ 9 et 10) voit dans l'art. 55 (L. 20 avr. 1810) la nécessité d'un *réquisitoire.* — Mais cet article ne parle que de *conclusions,* ce qui suppose que le ministère public peut n'être pas toujours partie poursuivante. — L'art. 54, en prévoyant le cas où un trib. négligerait d'exercer l'autorité disciplinaire, semble supposer, de la part des trib., une action spontanée et indépendante de toute impulsion étrangère. Il en doit être de même des C. royales. Cass. 23 mars 1826, S. 26, 437.

32. Les art. 52 et 53 (L. 20 avr. 1810) s'appliquent-ils aux juges et suppléans des trib. de commerce? — Non. Ces trib. n'ont pas de ministère public qui puisse prendre des conclusions, selon le vœu formel de l'art. 55 (L. 20 avr. 1810). D'ailleurs, l'art. 44 dispose qu'il n'est rien innové en ce qui concerne ces trib. ; ils sont donc uniquement régis par l'art. 630 C. comm. Le ministre de la justice se trouve seul chargé, à leur égard, d'une surveillance dépourvue de sanction (— V. *inf.* n° 52). Ils ne sont même pas soumis, comme le prétend Carnot (*Discip. jud.*, § 1, sect. 1, n° 49), à la censure des C. roy. pour les faits concernant l'exercice de leurs fonctions.

33. Les décisions prises par les trib. de 1ʳᵉ inst. doivent être transmises, avant de recevoir leur exécution, aux procureurs-généraux, par les procureurs du roi, et soumises aux C. roy. L. 20 avril 1810, art. 51.

Ce n'est pas, comme on le voit, un recours ouvert aux parties; c'est une procédure exigée dans tous les cas, et lors même que le trib. de 1ʳᵉ inst. n'aurait prononcé aucune peine.

34. S'il arrive qu'un trib. de 1ʳᵉ inst. néglige d'exercer, lorsqu'il y a lieu, le pouvoir disciplinaire qui lui appartient, la C. roy., dans le ressort de laquelle il se trouve, doit l'exercer à sa place, même d'office, et sans y être provoquée par le ministère public (Arr. précité du 25 mars 1826). La Cour peut, dans ce cas, donner à ce trib. un avertissement d'être plus exact à l'avenir. L. 1810, art. 54. — V. *sup.* n° 34.

35. Cette négligence s'induit de l'inaction où le tribunal est resté, et du silence gardé par son président sur des faits assez notoires pour être venus à la connaissance de la Cour, alors même qu'il n'y aurait ni réquisitions, ni communications du ministère public. — V. arrêt précité, 23 mars 1826.

36. Si une C. roy. se rendait coupable d'une semblable négligence, elle devrait être reprise par le ministère de la justice. Sénat.-cons. 16 therm. an 10, art. 81.

37. Les mesures disciplinaires doivent-elles être prises par toutes les chambres assemblées de la Cour ou du tribunal ? — Tel paraît être l'esprit de la loi, quoiqu'elle ne soit pas aussi formelle que l'art. 105 décr. 30 mars 1808 : en effet, par ces mots, *les tribunaux*, *les Cours*, elle désigne naturellement le tribunal entier, la Cour entière. — V. *Tribunal de 1re inst.*

Ainsi, la C. de cass. saisie par un pourvoi du ministère public dans l'intérêt de la loi, a cassé une décision disciplinaire de la C. d'Amiens, par le motif que la section de la Cour qui tenait les assises n'avait pas assisté à la délibération. 6 fév. 1823, S. 23, 178. — V. *inf.* sect. 5.

38. *Procédure.* Aucune décision disciplinaire ne peut être prise sans que le magistrat inculpé ait été entendu ou dûment appelé, et que le procureur-général, ou le procureur du roi, ait donné ses conclusions par écrit. L. 20 avr. 1810, art. 55.

La loi ne trace pas d'autre forme de procédure ; le surplus est abandonné à la prudence des juges.

Mais il faut induire de cette disposition que les conclusions écrites du ministère public doivent être communiquées au magistrat inculpé, et qu'il doit lui être laissé le temps nécessaire pour préparer sa défense. Carnot, *Disc. jud.*, n° 10.

39. Le magistrat inculpé peut-il se faire assister d'un conseil ? L'affirmative résulte du silence même de la loi : le droit commun réclame toute latitude pour la défense. — Toutefois, la C. de cass., par arrêt du 28 avr. 1820, a refusé à un magistrat inculpé le droit de se faire assister d'un défenseur. Mais cet arrêt, bien qu'il se fonde sur un usage constamment observé, paraît avoir été dicté par la position particulière du magistrat, auquel on demandait des révélations sur des faits dont il devait seul avoir connaissance. En matière criminelle, l'accusé doit toujours être pourvu d'un conseil, à peine de nullité de la procédure (art. 294 C. inst. crim.). Tout ce que l'on pourrait conclure du silence de la loi en matière de discipline, c'est que l'assistance d'un défenseur n'est pas nécessaire à la validité de l'arrêt; mais il n'en résulte pas que le magistrat inculpé puisse en être privé contre sa volonté. L. 1er déc. 1790, art. 12; Règl. 4 prair. an 8, art. 15; Carnot, *ib*. n°s 25 et 26.

Au surplus, la C. de cass. a sans difficulté laissé plaider un avocat dans l'affaire qui a donné lieu à l'arrêt du 14 janv. 1833. — V. *sup*. n° 21.

40. Le magistrat, frappé d'une peine disciplinaire, peut-il former opposition à la décision rendue contre lui, soit par le tribunal, soit par la Cour, s'il n'a pas été mis à portée de se défendre selon le vœu de l'art. 55? — Oui. L'opposition est une de ces voies de droit qui n'ont pas besoin d'être consacrées, mais seulement de n'être pas prohibées. (Av. Cons.-d'Ét. 11 et 18 fév. 1806; Cass. 21 avr. 1817, S. 19, 20, et 20 fév. 1823). L'art. 55 semble d'ailleurs l'admettre implicitement. En vain prétendrait-on, pour repousser le magistrat opposant, qu'il lui suffit de présenter ses moyens de défense, soit à la C. roy., soit au ministre : il importe à son honneur que la première décision soit annulée par ceux-là mêmes qui l'ont rendue. En outre, toutes les décisions des C. roy. ne doivent pas être soumises à l'approbation du ministre de la justice. Carnot, *ib*. n° 16. — V. *inf*. n° 41.

41. Quand la C. a prononcé ou confirmé la censure avec réprimande, ou la suspension provisoire, sa décision ne peut être mise à exécution qu'après l'approbation du ministre.

Néanmoins, en cas de suspension provisoire, le magistrat est tenu de s'abstenir de ses fonctions, jusqu'à ce que le ministre ait prononcé. L. 20 avr. 1810, art. 56.

42. Le pouvoir extraordinaire, conféré au ministre, seulement dans les cas les plus graves, est tout entier dans l'intérêt du magistrat inculpé ; car le ministre n'a que le droit d'approuver, de modérer ou d'annuler la peine, et non celui de l'aggraver. — V. Carnot, *ib*. n° 14.

Mais, comme cette révision souveraine, ne constitue pas réellement un troisième degré de juridiction, la loi n'exige pas qu'il s'établisse devant le ministre un débat contradictoire; elle n'assujettit le mode de son examen à aucune règle précise.

Jugé que le ministre de la justice peut faire transcrire les arrêtés disciplinaires sur le registre des délibérations des trib. qui ont connu des faits que les arrêtés concernent. — La délibération d'un trib. qui, à l'occasion d'une semblable transcription, enjoint au greffier de n'inscrire à l'avenir sur le registre des délibérations aucun arrêté du ministre, sans en avoir préalablement donné communication au président pour en référer au trib. doit être annulée, comme renfermant un excès de pouvoir, et comme statuant d'ailleurs par voie de disposition réglementaire. Cass. 29 déc. 1837 (Art. 1097 J. Pr.)

43. Le recours des parties devant la C. de cass. n'est jamais recevable contre les décisions disciplinaires des C. roy. rendues en chambre du conseil, elles ne sont pas de véritables arrêts. *Domestica potiùs catisgatio quàm publica quædam judicii forma* L. 3 *C. quor. appel. non recip*. Cass. 12 fév. 1813 S. 13, 29; 26 janv. 1830, D. 30, 93; 25 juin 1838, Gazette des tribunaux, des 25 et 26 juill. 1838; Merlin, *Rép.* v° *Discipline*; Carnot, *ib.* n° 13.

Surtout, dans les cas où ces décisions doivent être soumises au ministre de la justice. Ce serait en vain que, pour déterminer la compétence de la C. de cass., l'on invoquerait des motifs de suspicion légitime contre la Cour appelée à prononcer, ou que l'on signalerait des irrégularités dans les actes préparatoires : le ministre, seul compétent pour statuer souverainement sur le fond, a, par cela même, pouvoir pour statuer sur tous les incidens. Cass. 17 juill. 1825, S. 25, 402.

Toutefois, Carré (*L. org.* art. 75, *Quest.* 103) appuie le pourvoi tendant au renvoi devant une autre C. pour suspicion légitime, parce que ce renvoi ne porte nulle atteinte au pouvoir suprême du ministre, qui sera toujours appelé, en définitive, à donner son approbation, et parce que des motifs de suspicion légitime doivent être encore plus favorablement accueillis de la part d'un magistrat qui défend son honneur, que de la part d'un particulier dont la fortune seule est compromise.

Les magistrats ne peuvent pas non plus se pourvoir en cassation contre :

1° Les avertissemens donnés par les présidents, même en dehors des limites de leurs pouvoirs : ces actes ne peuvent être rangés dans la classe des jugemens et arrêts (V. *Cassation*, n° 59.) Cass. 6 août 1838 (Art. 1206 J. Pr);

2° La lettre d'un président relative à l'application de l'art. 49 L. 20 mars 1840. *Même arrêt.*

3° Le réquisitoire d'un procureur général; *même arrêt.*

44. Mais le ministre de la justice a toujours le droit de se pourvoir dans l'intérêt de la loi; Cass. 6 fév. 1823, 25 fév., 23 mars et 15 avr. 1826, 6 août 1838—V. *sup.* n°s 13, 14, 31, 35, 37.

Il est dans l'usage d'invoquer l'art. 441 C. instr. crim. Cependant il semble que ce serait plutôt le cas d'appliquer l'art. 80 L. 27 vent. an 8, qui détermine nettement le pouvoir de la C. de cass. sur tous les actes judiciaires.

45. Le ministre a toujours le droit, soit avant la décision des C. roy., soit après avoir annulé cette décision, de déférer la conduite du magistrat à la C. de cass., si la gravité du cas

l'exige (L. 20 avr. 1810 , art. 56.) L'art. 82 du sénatus-. cons. de l'an 10, auquel se réfère cet art. 56 , est ainsi conçu : — « Le trib. de cassation , présidé par le ministre , a droit de censure et de discipline *sur les tribunaux d'appel et les tribunaux criminels* ; il peut, pour cause grave , suspendre les juges de leurs fonctions. »

46. La rédaction de cet article a fait naître la question de savoir si la C. de cass. avait droit de suspendre tous les magistrats, à quelque juridiction qu'ils appartinssent, ou seulement les conseillers des C. roy. ou d'assises, qui remplacent aujourd'hui les trib. d'appel et les trib. criminels.

D'un côté, pour généraliser le sens du mot *juges* , on l'opposait aux mots , *les tribunaux d'appel et les tribunaux criminels.*

D'autre part , on disait : le premier membre de phrase, où il n'est question que des trib. d'appel et des trib. criminels , doit servir à interpréter la fin de l'article : ainsi le mot *juges* doit s'entendre uniquement des membres des trib. qui viennent d'être spécialement désignés ; le droit de suspension doit être la conséquence du droit de discipline , et s'exercer sur les mêmes personnes. Les magistrats de l'ordre inférieur se trouvent régis par l'art. 83 , et non par l'art 82 du sén.-cons.

Malgré la force de ces derniers argumens , M. Merlin a fait prévaloir le système contraire, en établissant que l'art. 83 ne conférait qu'un droit de surveillance dépourvu de sanction ; que , par conséquent, si l'art. 82 n'était pas applicable à tous les magistrats , l'impunité serait assurée aux juges des trib. inférieurs. Cass. 26 prair. an 11 et 10 brum. an 12 (— V. *inf.* n° 50); 8 déc. 1809, 27 juill. 1810, P. 8, 490 ; et 30 mai 1832 ; Carré , *L. org.*, art. 64, *Quest.* 95; Merlin, *Rép.* v° *Censure*, n° 2.

M. Carnot (*Discip. jud.*, n° 46) pense que, depuis la loi de 1810, les juges de paix ne peuvent plus être traduits, pour faits de discipline , que devant les trib. de 1re inst. , sauf la révision des C. roy. Cependant la disposition finale de l'art. 56 se réfère sans restriction à l'art. 82 du sénatus-cons. de l'an 10.

47. Les termes de l'art. 82 semblent faire de la présence du ministre une condition essentielle de la compétence de la C. de cass. Il est ainsi appelé à remplir successivement, dans une même affaire , les fonctions d'accusateur et de juge.

Toutefois , les deux arrêts précités , rendus depuis 1830 par la C. de cass. en matière de discipline , l'ont été hors la présence du ministre , et nous ne pensons pas que l'absence du président désigné par la loi soit de nature à vicier une décision.

48. Le ministre de la justice, dans le cas prévu par le sénatus-cons. de l'an 10, étant réputé concourir à l'exercice du pouvoir disciplinaire conféré à la C. de cass., il ne peut évidemment être chargé de réviser seul les décisions de cette Cour. — V. Carré, *ib.* art. 73, n° 45.

49. La C. de cass. statue en audience publique, et non en chambre du conseil, comme les C. et trib. : la loi n'a point ici dérogé au droit commun. L. 1er déc. 1790, art. 11; Cass. 12 juill. 1820.

Art. 3. — *Mesures d'ordre et de surveillance.*

50. Avant la loi du 20 avr. 1810, les C. roy. avaient seulement un droit de surveillance sur les trib. civ. de leur ressort, et les trib. civ. sur les juges de paix de leur arrondissement. (S.-C. 16 therm. an 10, art. 83.) — Cette surveillance devait se borner, selon M. Merlin, à des avertissemens consignés dans des lettres-missives, sauf, en cas de récidive, le droit d'en référer au ministre de la justice, qui seul pouvait reprendre officiellement les magistrats.

Ainsi, un trib. civ. ne pouvait, en infirmant le jugement d'un juge de paix, lui faire aucune injonction, ni ordonner la mention de sa décision en marge de celle de ce magistrat, ni à plus forte raison faire biffer sur la minute les motifs du jugement qu'il avait rendu. Cass. 19, 26 prair. an 11, et 10 brum. an 12, P. 3, 484; Merlin, *Qu. dr.*, v° *Hiérarchie judiciaire*, § 1 et 2, et *Huissiers des juges de paix*. § 2.

51. Il en serait de même aujourd'hui, puisque ces mesures ne figurent pas au nombre des peines disciplinaires autorisées par la loi.

Une C. roy. ne saurait également, sous prétexte d'exercer ce droit de surveillance qui subsiste toujours, prononcer d'une manière générale et réglementaire. C. civ. 5; Cass. 20 août 1812, P. 10, 664; Merlin, *Qu. dr.*, v° *Cour royale*, § 2.

Le trib. d'appel qui examine et blâme la conduite du juge inférieur, dont il réforme la sentence, commet un excès de pouvoir. Cass. 12 juill. 1836 (Art. 509 J. Pr.).

52. Le ministre de la justice, depuis la réorganisation de l'ordre judiciaire, a toujours été spécialement chargé de donner aux trib. tous les avertissemens nécessaires, et de veiller à ce que la justice fût bien administrée. L. 27 avr. 1791, art. 5; L. 10 vend. an 4, art. 5.

Il est encore aujourd'hui investi du droit de surveiller et de reprendre tous les corps judiciaires qui, en l'an 10, se trouvaient compris sous la dénomination générale de tribunaux, ainsi que les justices de paix, et les membres qui les composent. Sénat.-cons. 16 therm. an 10, art. 81; C. comm. 650.

53. Mais cette surveillance ne s'étend pas, même en ce qui concerne l'exercice du pouvoir judiciaire, aux trib. spéciaux placés, pour leur organisation, dans les attributions d'un autre ministre. Tels sont la C. des comptes, les C. et trib. des colonies, les trib. maritimes, les conseils de guerre, les conseils de préfecture. Carnot, *ib.* n°s 54, 56 et 57.

54. Les conseils de prud'hommes ressortissent, pour leur organisation, du ministère du commerce; ce qui doit les affranchir de la surveillance de tout autre ministre. — Toutefois , M. Carnot, n° 48, pense qu'ils sont soumis à la surveillance du ministre de la justice et à la censure des trib. de comm. , au moins pour les fautes qu'ils auraient commises dans l'exercice de leurs fonctions de juges. Arg. L. 18 mars 1820, art. 33.

55. Quant aux arbitres, ils ne forment pas un corps permanent dont il soit nécessaire de maintenir la dignité; ils tiennent leurs pouvoirs des parties qui les choisissent : le silence de la loi à leur égard doit les placer dans une indépendance absolue de toute autorité publique. — Cependant M. Carnot invoque l'art. 1009 C. pr., pour les soumettre à la surveillance du ministre de la justice, et à la censure des C. et trib. ordinaires. — V. *Arbitre*, n°s 14 et 15.

56. L'avertissement émané du ministre de la justice remplace-t-il celui qui serait donné par le président d'une C. ou d'un trib., de telle sorte que le magistrat, ainsi averti, puisse, à la première faute qu'il commet par la suite , être puni disciplinairement? — La négative semble résulter de ce que la loi de 1810 confie aux présidens seuls le soin d'avertir les magistrats. Si le ministre a négligé de requérir, par l'organe du ministère public, que cet avertissement fût donné, ou même si le président n'a pas déféré à cette réquisition, il y a lieu de présumer que la première faute n'était pas assez grave.

57. Sous l'empire du S.-C. de l'an 10, la C. de cass. seule pouvait mander les magistrats près du ministre de la justice, pour y rendre compte de leur conduite. Art. 82. — Aujourd'hui le ministre de la justice peut les mander lui-même, quand il le juge convenable. L. 20 avr. 1810, art. 57.

58. Il doit retenir le traitement des magistrats, même des membres de la C. de cass. (L. 27 vent. an 8, art. 5), pendant toute la durée des absences non autorisées par des congés réguliers. Il en est de même de toute prolongation d'absence au-delà du terme fixé par le congé. — Cette peine, résultant de l'art. 48, L. 20 avr. 1810, placé en tête du chapitre qui traite de la discipline, diffère cependant des peines disciplinaires proprement dites, en ce que son application n'est assujettie ni à la condition d'un avertissement préalable, ni à l'observation des règles de la compétence en pareille matière.

59. Elle est encourue par le fait seul d'une absence non autorisée. Lorsque l'état mensuel des paiemens ne présente pas, en marge du nom de chaque magistrat, sa signature ou celle du président qui a autorisé son absence, le préfet doit refuser de délivrer son mandat, jusqu'à ce que le ministre de la justice ait statué.

60. Si l'absence irrégulière dure plus de six mois, le magistrat peut être considéré comme démissionnaire ; quelque grave que soit la cause de son absence, il est toujours en faute de n'avoir pas sollicité un congé. Mais la loi n'ordonne pas le remplacement dans tous les cas ; elle laisse au ministre le soin d'apprécier les circonstances : le magistrat doit être mis à même de se justifier.

61. L'intérêt du service, surtout dans les trib. de trois juges, exige que l'on n'attende pas six mois pour le remplacement.

Après un mois d'absence irrégulière, le magistrat peut être requis, par le procureur-général, de se rendre à son poste, et faute par lui d'y revenir dans le mois qui suit cette injonction, il en est fait rapport au ministre de la justice, qui peut proposer au roi de le remplacer comme démissionnaire. L. 20 avr. 1810, art. 48; ordonn. 17 mars 1834, *Moniteur*, 19 suivant.

62. Néanmoins, pendant les vacances, les magistrats qui ne sont ni juges d'instruction, ni membres des C. d'assises, ou des chambres des vacations, d'accusation, de police correctionnelle, ou des appels de police correctionnelle, peuvent s'absenter sans congé. Décr. 6 juill. 1810, art. 28 ; 18 août 1810, art. 36.

63. Le défaut de résidence dans les limites fixées par les règlemens est considéré comme absence, même en cas d'assiduité aux audiences. Décr. 30 mars 1808, art. 100. — Quant aux règles sur la *résidence*,—V. ce mot.

64. Si un magistrat, tout en conservant la résidence qui lui est assignée, se refuse pendant plus de six mois à l'exercice de ses fonctions, il peut être réputé absent, et remplacé comme démissionnaire (Carré, *ib.* art. 56, n° 55), — sans préjudice des peines disciplinaires applicables même avant l'expiration de ce délai.—V. d'ailleurs *sup.* n° 18, pour les juges suppléans.

65. D'après les règlemens, les conseillers et les juges sont tenus d'assister assidûment aux audiences, sous peine de privation des droits d'assistance. Ces droits sont formés de la moitié du traitement fixe des premiers présidens, présidens, vice-présidens, conseillers, conseillers-auditeurs, juges, et se distribuent, non par jour, mais par séance, entre les membres présens. L. 27 vent. an 8, art. 19; Décr. 30 janv. 1811, art. 30 et 31.

A cet effet, chaque conseiller ou juge est tenu, avant l'heure fixée pour l'audience, de se faire inscrire sur le registre de pointe. Décr. 30 mars 1808, art. 11, 53.

Le magistrat qui ne se trouve pas au moment de la signature du registre de pointe perd son droit de présence à cette audience, lors même qu'il y aurait assisté. Art. 14.

Lorsque l'ouverture n'en a pas été faite à l'heure prescrite, le premier président ou le président ne peut être excusé par aucun motif. *Ib.* art. 15.

Sont aussi soumis à la pointe, comme s'ils avaient été absens d'une audience, les conseillers ou juges qui ne se rendent pas à une assemblée générale des membres de la Cour ou tribunal, convoquée pour ce qui tient au service intérieur ou à la discipline des officiers ministériels. *Ib.* art. 12 et 53.

Les absens, pour quelque cause que ce soit, même par congé, si ce n'est pour un service public, ne doivent pas jouir, pendant leur absence, des droits d'assistance, ni participer à ceux distribués à raison de l'absence des autres.

Les absens ne peuvent s'excuser sur ce que leurs collègues se seraient trouvés en nombre suffisant.

Néanmoins, les absens pour cause de maladie attestée par un officier de santé, dont le certificat doit demeurer déposé au greffe, ne perdent pas leur droit d'assistance ; mais ils ne participent à aucun accroissement. *Ib.* art. 14, 15, 53.

Le suppléant qui remplace un juge absent ou suspendu de ses fonctions, ou qui remplit une vacance, prend part aux droits d'assistance. L. 27 vent. an 8, art. 19 ; Décr. 30 janv. 1811, art. 28.

Si l'absence du juge provient d'une suspension de plus d'un mois, le traitement entier du juge appartient au suppléant qui l'a remplacé. Art. 9, L. 11 avr. 1838 (Art. 1141 et 1167 J. Pr.).

Des règles semblables sont prescrites pour la C. de cass. Règl. 4 prair. an 8, art. 25, 31.

Les registres de pointe sont adressés au ministre de la justice, auquel ils servent à constater la durée des absences.

Mais la répartition des droits d'assistance forme un objet de police intérieure des Cours et tribunaux sur lequel le ministre n'exerce aucun contrôle ; elle est généralement inobservée : les magistrats assidus se refusent à tirer un avantage pécuniaire de l'inexactitude de leurs collègues.

Les magistrats atteints d'infirmités graves et permanentes, qui les mettent hors d'état d'exercer leurs fonctions, peuvent être mis à la *retraite.* L. 16 juin 1824. —V. ce mot.

§ 2. — *Des officiers du ministère public.*

66. Le ministre de la justice exerce seul, à vrai dire, la plénitude de la juridiction disciplinaire sur les officiers du ministère public, qu'il peut déplacer et même révoquer à son gré, et sous sa seule responsabilité. Les procureurs-généraux n'agissent en cette matière que comme ses délégués.

En vertu de l'art. 84, non abrogé, du sénatus-cons. 16 therm. an 10, le procureur-général près la C. de cass., a un droit de surveillance sur les procureurs-généraux des C. royales.

Mais, dans le fait, cette surveillance est exercée directement par le ministre de la justice. — Les procureurs-généraux près les C. roy. sont chargés de surveiller leurs substituts près les trib. civ. *Ib.* Arg. L. 20 avr. 1810, art. 6.

67. Les officiers du ministère public dont la conduite est répréhensible, sont rappelés à leur devoir par le procureur-général du ressort; il en est rendu compte au ministre de la justice, qui, suivant la gravité des circonstances, leur fait faire, par le procureur général, les injonctions qu'il juge nécessaires, ou les mande près de lui.

Les C. roy. et les C. d'assises sont tenues d'instruire le ministre de la justice toutes les fois que les officiers du ministère public, exerçant leurs fonctions près de ces Cours, s'écartent des devoirs de leur état, en compromettent l'honneur, la délicatesse et la dignité.

Les trib. de 1re inst. doivent instruire le premier président et le procureur-général près la C. roy. des reproches qu'ils se croient en droit de faire aux officiers du ministère public, exerçant dans l'étendue de leur arrondissement. L. 20 avr. 1810, art. 60 et 61.

Dans ce dernier cas, comme dans le premier, il y a toujours lieu d'instruire le ministre. Arg. art. 60.

68. Un trib. qui, en jugeant une cause dans laquelle le ministère public aurait porté la parole, se permettrait de le censurer, de lui faire des injonctions, ou même de lui adresser un simple avertissement, commettrait un excès de pouvoir, et son jugement devrait être cassé. Cass. 7 août 1818, S. 18, 440; 24 sept. 1824; Cass. Inter. de la loi, 8 déc. 1826, D. 27, 356.

69. Les officiers du ministère public sont, comme les juges, soumis à la pointe et à la retenue de leurs traitemens, en cas d'absence irrégulière. L. 27 vent. an 8, art. 19; règl. 4 prair. an 8, art. 30; décr. 30 mars 1808, art. 89; décr. 30 janv. 1811, art. 28; L. 20 avr. 1810, art. 48. — V. *Ministère public*, et *sup.* nos 58 et 65.

§ 3. — *Des greffiers et commis-greffiers.*

70. Les greffiers sont membres des C. et trib. auxquels ils sont attachés; c'est à tort, selon nous, que Carré (*L. org. et comp.*, art. 118), et Favard (*Rep.* vo *Discipline*) les confondent avec les officiers ministériels. Arg. L. 20 avr. 1810, art. 65; Joye, *Annuaire génér. de la magistr.*, p. 151. — V. *Greffier.*

71. Ils sont avertis ou réprimandés par les présidens de **leurs**

C. et trib. respectifs, et dénoncés, s'il y a lieu, au ministre de la justice. L. 20 avr. 1810, art. 62.

Le ministre peut-il proposer au roi leur révocation? — V. *Greffier.*

72. Les commis-greffiers assermentés (— V. *Greffier*) sont avertis ou réprimandés, s'il y a lieu, dans les Cours, par le premier président ou par le procureur-général; dans les trib. de 1re inst., par le président ou le procureur du roi. Décr. 6 juill. 1810, art. 58; décr. 18 août 1810, art. 26.

Après une seconde réprimande, la C. ou le trib. peut, sur la réquisition du ministère public, et après avoir entendu le commis-greffier inculpé, ou lui dûment appelé, ordonner qu'il cessera ses fonctions sur-le-champ; et, dans ce cas, le greffier en chef ou le greffier est tenu de le faire remplacer dans le délai qui a été fixé par la C. ou par le trib. *Même art.*

A plus forte raison, dit Carré (art. 118, *quest.* 116), la C. ou le trib. pourrait-il se borner à suspendre le commis-greffier de ses fonctions pendant un temps déterminé.

73. Ces décisions des C. et des trib. sont nécessairement sans appel : si un recours était permis, il ne pourrait être adressé qu'au ministre : or, le ministre, qui ne prend aucune part à la nomination des commis-greffiers, n'exerce sur eux directement aucun pouvoir. Il peut seulement, dans l'intérêt du service, enjoindre à un greffier en chef ou à un greffier près d'un trib. de révoquer tel ou tel commis assermenté.

74. La faculté accordée par la loi aux C. et trib. de faire remplacer un commis-greffier n'est point un obstacle à ce que le greffier puisse seul, sans l'agrément de la C. et du trib., et même malgré leur opposition, révoquer ses commis assermentés, et en présenter d'autres au serment. Ce droit dérive des décr. 6 juill. 1810, art. 59, et 18 août 1810, art. 27, qui rendent les greffiers en chef des Cours ainsi que les greffiers des trib. solidairement responsables de toutes amendes, restitutions, dépens et dommages-intérêts, résultant des contraventions, délits ou crimes dont leurs commis se seraient rendus coupables dans l'exercice de leurs fonctions. Carré, *L. org.* art. 118, *quest.* 145.

La C. ou le trib. peut entraver l'exercice de ce droit, en refusant d'agréer le nouveau commis présenté par le greffier, mais le droit du greffier n'en subsiste pas moins; et si les magistrats, par une résistance mal fondée, s'exposaient à compromettre l'intérêt du service, ils devraient être réprimandés par le ministre de le justice. S.-C. 16 therm. an 10, art. 81.

75. Les greffiers et leurs commis de service aux audiences sont tenus de résider dans la ville où est établi la C. ou le trib. — Le défaut de résidence est considéré comme absence. Décr.

30 mars 1808, art. 100. L'inobservation de ce devoir essentiel motiverait l'application des mesures de discipline. — V. d'ailleurs *Greffier*.

Section III. — *Des officiers ministériels.*

§ 1. — *Pouvoir des chambres de discipline et formes de procéder devant elles.*

Art. 1. — *Règles communes à tous les officiers ministériels.*

76. Les officiers ministériels sont placés sous la surveillance du ministère public. L. 20 avr. 1810, art. 45.

77. Ils sont soumis, en matière disciplinaire, à l'autorité de leurs chambres de discipline respectives, à l'exception toutefois des gardes du commerce, pour lesquels une chambre semblable n'a pas été instituée. — V. néanmoins *inf.* art. 4.

Le pouvoir de ces chambres n'est restreint par les règlemens qu'en ce qui concerne la nature des peines ; quant à l'appréciation des faits qui tombent sous leur juridiction, elles exercent une autorité toute discrétionnaire.

78. Mais cette juridiction n'est pas exclusive de celle qu'exercent à leur égard les C. et trib. dans leur ressort. Cass. 27 avr. 1820, S. 20, 297.

79. L'exercice de la juridiction conférée aux chambres de discipline est entièrement indépendant des poursuites dirigées devant les trib. civils ou criminels.

Ainsi, l'envoi fait par le ministre de la justice ou par le ministère public, à la chambre des avoués, d'un écrit imprimé renfermant des inculpations graves contre plusieurs membres de la compagnie, avec invitation de vérifier les inculpations et d'appliquer, s'il y a lieu, des peines de discipline, ne constitue pas une litispendance devant cette chambre, qui empêche les avoués inculpés d'actionner en diffamation l'auteur de l'écrit devant le trib. correctionnel. Cass. 28 sept. 1815, S. 23, 352.

Cette décision, quoique spéciale pour la chambre des avoués, paraît devoir s'appliquer à toutes les chambres de discipline.

80. Les chambres de discipline peuvent d'office exercer leur juridiction. Merlin, *Rép.*, v° *Chambre des avoués;* Carré, art. 148, *qu.* 156.

Elles ont le droit de prendre d'office connaissance des faits antérieurs à la réception d'un officier ministériel, sur la provocation des trib., lorsque ces faits se lient à la conduite actuelle de l'officier inculpé, et décèlent en lui des habitudes répréhensibles. Merlin, *ib.*; Carré, art. 148, *qu.* 157.

81. Leurs décisions, prononçant une peine disciplinaire, sont inattaquables par appel ou par recours en cassation, lors même que la peine n'aurait point été prévue par les règlemens. Paris, 28 avr. 1852, et Cass. 4 déc. 1833, J. P. 1834, 1, 118 et 121.

La voie de l'opposition ne semble pas même ouverte à l'officier ministériel qui, dûment appelé devant la chambre, s'est laissé condamner par défaut. Arr. 13 frim. an 9, art. 11 et 13 ; décr. 14 juin 1813, art. 80.

Néanmoins, le ministère public peut toujours se faire délivrer expédition de la délibération, et poursuivre devant le tribunal si la peine appliquée ne lui paraît pas assez sévère. L. 20 avr. 1810, art. 45 ; Cass. 25 août 1829, J. P. 1830, 1, 181.

Les arrêts qui précèdent sont relatifs à des chambres de notaires ; mais leurs motifs s'appliquent à toute autre chambre de discipline.

A l'égard des avoués, l'art. 1er décret 2 therm. an 10 dispose que, dans tous les cas de peine disciplinaire, autres que la suspension, il n'y aura lieu à aucun recours. — V. *inf.* n° 103.

82. Dans tous les autres cas, où ces chambres émettent de simples avis, ils n'ont d'effet que lorsqu'ils ont été homologués par les trib. (Arr. 13 frim. an 9, art. 3, 9 et 10 ; arr. 2 therm. an 10 ; arg. décr. 14 juin 1813, art. 99), sur les conclusions du ministère public. C. pr. 83-1°.

83. Si le trib. refuse son homologation, le droit d'appeler de ce jugement n'appartient qu'au procureur du roi, et non au syndic de la chambre. Arg. arrêt concernant le syndic d'une chambre des notaires ; Caen, 11 déc. 1826, S. 28, 2, 239.

84. Les homologations des avis des chambres de discipline des officiers ministériels ne sont portées devant la C. ou le trib. entier que lorsque ces avis intéressent le corps de ces officiers. Décr. 30 mars 1808, art. 27 et 64. — Hors ce cas, l'homologation est poursuivie dans les formes ordinaires.

85. L'homologation doit être refusée à tout arrêté d'une chambre de discipline qui renferme des dispositions générales et réglementaires, surtout si elles ont pour but d'établir des peines disciplinaires autres que celles déterminées par les règlemens. Cass. 24 juill. 1832, J. P. 1832, 3, 356.

Art. 2. — *Chambre des avoués.*

86. La chambre des avoués est composée de quinze membres dans les trib. où le nombre des avoués est de deux cents et au-dessus ; de onze, lorsque les avoués sont au nombre de cent et plus jusqu'à deux cents exclusivement ; de neuf, lorsque les avoués sont au nombre de cinquante et plus jusqu'à cent exclusivement ; de sept, lorsque les avoués sont au nombre de trente

et plus jusqu'à cinquante exclusivement ; de cinq, lorsque les avoués sont au nombre de vingt et plus jusqu'à trente exclusivement ; de quatre, lorsque le nombre des avoués est inférieur à vingt. Arr. 15 frim. an 9, art. 4.

Le nombre des avoués ne s'élève à deux cents dans aucun tribunal ; il n'est que de cent cinquante à Paris.

Si le nombre des avoués d'un arrondissement n'excède pas celui de quatre, ils sont tous de droit membres de la chambre. *Ib.* art. 15 *in fine.*

Si ce nombre est inférieur à quatre, il n'y a pas de chambre : c'est ce qui résulte de l'art. 15, qui, en parlant du nombre nécessaire pour la composition de la chambre, se réfère naturellement à l'art. 4, qui ne suppose pas une chambre formée de moins de quatre membres ; et encore de l'art. 6, qui veut que les fonctions de président, de syndic et de rapporteur soient toujours exercées par trois personnes différentes. Il serait d'ailleurs dérisoire de voir un avoué poursuivi par un de ses deux collègues, et jugé par l'autre. Pour ce cas, assez rare, l'arrêté de l'an 9 n'avait point établi un pouvoir disciplinaire spécial. Cette lacune a été comblée par l'art. 102 du décr. du 30 mars 1808. — V. *inf.* § 2.

Lorsque le nombre des avoués près les C. roy. et les trib. de 1re inst. est de vingt et au-dessus, les membres des chambres de discipline ne peuvent être élus que parmi les avoués les plus anciens en exercice, formant la moitié du nombre total. — Lorsque le nombre des avoués est au-dessous de vingt, tout avoué est éligible à la chambre de discipline. Ordonn. 12 et 14 août 1852.

87. Les membres de la chambre sont nommés par l'assemblée générale des avoués.

La nomination se fait au scrutin secret par bulletin de liste, contenant un nombre de noms qui ne peut excéder celui des membres à nommer. La majorité absolue des voix est nécessaire pour la nomination. Arrêté 15 frim. an 9, art. 14.

88. Les membres de la chambre sont renouvelés tous les ans par tiers, ou par portions les plus approximatives du tiers, le 1er sept. de chaque année ; les membres nouvellement élus entrent en fonctions, le 15 du même mois. Arr. 15 frim. an 9, art. 15 ; décr. 17 juill. 1806. — Les membres sortans ne peuvent être réélus qu'après une année d'intervalle. Arr. 15 frim. an 9, art. 15.

89. Parmi les membres dont la chambre se compose, il y a, lorsque le nombre de ces membres le permet, un président, un syndic, un rapporteur, un secrétaire et un trésorier. *Ib.* art. 5, n°s 1, 2, 5, 4 et 5.

90. Il y a une bourse commune pour les dépenses du bureau de la chambre.

91. Chaque membre de la chambre verse dans cette bourse commune la moitié des droits de présence à la taxe des droits de tiers qui lui sont attribués par les ordonnances.

Pour le surplus des fonds à fournir, chaque avoué, même chacun des membres de la chambre, contribue de ses deniers, et suivant ses facultés, de la manière réglée par la chambre, sans qu'il puisse néanmoins être exigé d'aucun d'eux, pour chaque année, au-delà d'une somme égale à l'intérêt annuel de son cautionnement. *Ib.* art. 18.

92. Les attributions de la chambre consistent : 1° à maintenir la discipline intérieure entre les avoués, et à prononcer l'application des censures de discipline. *Ib.* ;

2° A prévenir ou concilier tous différends entre les avoués sur les communications, remises, poursuites, etc., et, en cas de non conciliation, à émettre son opinion par forme de simple avis sur les différends. *Même arrêté*, art. 18, n° 2 ;

3° A donner son avis sur les réparations civiles que des tiers seraient en droit de réclamer contre les avoués. *Ib.* n° 3 ;

4° A émettre son opinion, comme tiers, sur les difficultés qui peuvent s'élever lors de la taxe de tous frais et dépens. (*Ib.* n° 4). — L'opinion émise, dans ce cas, par la chambre n'est qu'un avis et non un jugement. Les parties peuvent, en conséquence, exiger la taxe du juge. Cass. 21 vend. an 12, S. 4, 2, 31 ;

5° A former dans son sein un bureau de consultations gratuites pour les indigens, dont la chambre distribue les affaires aux divers avoués pour les suivre quand il y a lieu. Arr. 13 frim. an 9, art. 1, § 2, n° 5 ;

6° A représenter tous les avoués du trib. collectivement sous le rapport de leurs droits et intérêts communs. *Ib.* n° 7 ;

7° Enfin, à donner son avis sur l'admission des aspirans aux fonctions d'avoués.

— V. d'ailleurs *Séparation de biens, Stage.*

93. Lorsqu'il existe entre avoués des différends sur lesquels la chambre est appelée à donner son avis, les avoués peuvent se présenter contradictoirement, et sans citation préalable, aux séances de la chambre.

Lorsqu'il y a lieu de provoquer l'exercice du pouvoir disciplinaire, le syndic défère à la chambre les faits relatifs à la discipline ; il est tenu de les lui dénoncer, soit d'office, quand il en a eu connaissance, soit sur la provocation des parties intéressées, soit sur celle de l'un des membres de la chambre. Art. 13 frim. an 9, art. 11.

Le syndic a, comme le président, le droit de convoquer la chambre. *Ib.* art. 5-2°.

94. L'avoué inculpé est cité, avec délai suffisant, qui ne peut être au-dessous de cinq jours, à la diligence du syndic, — par une simple lettre indicative de l'objet, signée de lui, visé par le président, et envoyée par le secrétaire qui en tient note. *Ib.* art. 11 ; — ou par des citations ordinaires dont les originaux sont déposés au secrétariat.

Lorsqu'un avoué, poursuivi disciplinairement, s'est borné à présenter par lettre des exceptions préjudicielles, il n'est pas nécessaire, au cas de rejet de ces exceptions, de lui donner une nouvelle citation pour qu'il ait à se défendre au fond ; la chambre peut prononcer sur-le-champ ; — ainsi jugé à l'égard d'un avocat. Caen, 8 janv. 1830, S. 31, 77.

95. Le président a la police d'ordre dans la chambre. *Ib.* art. 5-2°.

Le rapporteur, après avoir recueilli les renseignemens sur l'affaire contre l'avoué inculpé, en fait le rapport à la chambre. *Ib.* art. 5-1°.

Le syndic doit être entendu préalablement à toute délibération de la chambre, qui est tenue de délibérer sur tous ses réquisitoires. *Ib.* art. 5-2°.

96. Les fonctions spéciales de président, syndic, rapporteur, secrétaire et trésorier, peuvent être cumulées, lorsque le nombre des membres composant la chambre est au-dessous de cinq ; néanmoins, les fonctions de président, de syndic et de rapporteur doivent toujours être exercées par trois personnes différentes.

Quel que soit le nombre des membres composant la chambre, la même cumulation peut avoir lieu momentanément, en cas d'absence ou d'empêchement d'un ou de plusieurs des membres ci-dessus désignés, lesquels, pour ce cas, se suppléent entre eux, ou peuvent même être suppléés par tout membre de la chambre que nomme le président, ou, en l'absence du président, la majorité des membres présens en nombre suffisant pour délibérer. *Ib.* art. 6. — V. *sup.* n° 93.

97. La chambre prend ses délibérations, après avoir entendu ou du moins appelé, dans la forme ci-dessus prescrite, les avoués inculpés ou intéressés, ensemble les tierces parties qui voudraient être entendues, et qui, dans tous les cas, peuvent se faire assister ou représenter par un avoué. *Ib.* art. 13.

98. La chambre peut délibérer valablement, quand les membres présens et votans forment au moins les deux tiers de ceux dont elle est composée. *Ib.* art. 4 ; arg. Caen, 8 janv. 1830.

99. Indépendamment des fonctions spéciales dont quelques membres de la chambre sont investis, chacun d'eux a voix délibérative, comme tous les autres membres.

Néanmoins, le syndic, lorsqu'il agit comme partie contre un avoué inculpé, n'a que voix consultative, et n'est point compté parmi les votans, à moins que son opinion ne soit à décharge. *Ib.* art. 5.

Le président a voix prépondérante en cas de partage. *Ib.* art. 5-1°.

100. La chambre prononce contre les avoués, par forme de discipline, et suivant la gravité des cas, l'une des peines suivantes :

1° Le rappel à l'ordre ;

2° La censure simple, par la décision même ;

3° La censure avec réprimande, par le président, à l'avoué en personne, dans la chambre assemblée ;

4° L'interdiction de l'entrée de la chambre. *Ib.* art. 8.

101. Si l'inculpation portée à la chambre contre un avoué paraît assez grave pour mériter la suspension, la chambre s'adjoint, par la voie du sort, d'autres avoués en nombre égal plus un à celui des membres dont elle est composée ; et ainsi formée, elle statue sur la suspension et sa durée par forme de simple avis.

Dans ce cas, les voix sont exprimées par oui ou par non, et recueillies au scrutin secret ; et pour que l'avis soit valable, il faut que les deux tiers au moins des membres appelés à l'assemblée y soient présens.

La chambre ne peut émettre d'office un avis tendant à la suspension, toutes les fois que le nombre total des avoués exerçant près la C. ou les trib., n'est pas au moins triple de celui des membres de la chambre. *Ib.* art. 9.

Toutefois, il en serait autrement si la délibération de la chambre avait été provoquée par une Cour ou un tribunal.

Dans ce cas, il y a une sorte de délégation des pouvoirs du trib. ou de la Cour qui auraient pu statuer sans consulter la chambre de discipline. Dalloz, v° *Org. jud.*, ch. 4, sect. 1, art. 5, n° 13 ; Carré, art. 148, *quest.* 159.

102. Quand l'avis émis par la chambre tend à la suspension, il doit être déposé au greffe de la Cour ou du tribunal.

Expédition en est remise au procureur du roi, qui en fait l'usage voulu par la loi (*Ib.* art. 10), c'est-à-dire qui requiert la réunion de la Cour ou du tribunal en la chambre du conseil (Décr. 6 juill. 1810, art. 63), pour qu'il soit statué sur la suspension provoquée. — V. *inf.* n° 151.

103. Quand la chambre prononce une des peines prévues

par l'art. 8 précité, elle n'émet pas seulement un avis : elle rend une décision. *Ib.* art. 3.

Cette décision doit être exécutée sans appel ni recours aux tribunaux. C'est ce que porte l'art. 1er d'un arrêté des consuls du 2 therm. an 10, non inséré au Bulletin des lois, mais rapporté par Merlin, v° *Chambre des avoués*, n° 5.—Quelle que soit l'autorité légale de cette disposition, elle paraît devoir être suivie ; car la nature seule des mesures de *discipline intérieure* (arr. de l'an 9, art. 1 et 3) indique assez qu'elles doivent être affranchies du contrôle de la juridiction ordinaire.

104. C'est aussi par voie de décision que la chambre statue sur les exceptions déclinatoires et sur les récusations proposées accessoirement à une poursuite disciplinaire. Arr. de l'an 9, art. 3 ; Merlin, *ib.* n° 2 ; Carré, art. 148, *ib.* 158.

105. Dans aucun cas, la chambre ne peut ordonner l'impression des arrêtés de police et de discipline intérieure (Arr. préc. 2 therm. an 10, art. 3). Ce serait une aggravation de peine, et la chambre doit se renfermer rigoureusement dans les limites tracées par l'art. 8, arrêté 13 frim. an 9.

106. Les délibérations sont motivées et signées sur la minute par la majorité des membres présens. Les expéditions ne le sont que par le président et le secrétaire.

Le jugement qui condamne un avoué à rendre compte à ses confrères des sommes qu'il a reçues en qualité de secrétaire de la chambre n'est pas nul par ce motif que le délai pendant lequel le compte doit être rendu n'a pas été déterminé. L'art. 530 C. pr. n'exige pas la fixation d'un délai à peine de nullité ; d'ailleurs cet article ne s'applique qu'au cas où le compte est rendu en justice devant un des membres du trib., et non à celui où il doit l'être à un simple individu ou à une corporation. Cass. 11 nov. 1828, S. 30, 80.—V. *Jugement.*

107. Le secrétaire rédige les délibérations de la chambre, et en délivre toutes expéditions. Arr. 13 frim. an 9, art. 5-4°.

108. Elles sont notifiées, quand il y a lieu, dans la même forme que les citations, et il en est fait mention par le secrétaire en marge de la délibération même. *Ib.* art. 13.

109. Le syndic poursuit l'exécution de ces délibérations, art. 5.

Art. 3. — *Chambre des huissiers.*

110. Pour la formation et les attributions de cette chambre, — V. *Huissier.*

Art. 4. — *Bureau des gardes du commerce.*

111. Pour la formation du bureau des *gardes du commerce*, — V. ce mot.

Si une partie a des plaintes à former, pour lésion de ses intérêts, contre un garde du commerce, à l'occasion de l'exercice de ses fonctions, elle peut porter sa réclamation au bureau, qui vérifie les faits, et, s'il trouve la plainte fondée, ordonne la réparation du dommage.

Si la plainte a pour objet une prévarication du garde, le bureau dresse procès-verbal de l'accusation et des dires du plaignant et du garde accusé, lequel procès-verbal il est tenu de remettre, dans les vingt-quatre heures, au procureur du roi, pour être pris par lui tel parti qu'il avisera, sans préjudice des diligences réservées à la partie lésée.

Sur les conclusions du procureur du roi, le trib. peut interdire pendant un an le garde accusé.

Quel que soit le jugement, le procureur du roi doit en donner avis au ministre de la justice. Décr. 14 mars 1808, art. 27.

112. Les gardes du commerce étant de véritables officiers ministériels, puisqu'ils remplissent les fonctions d'huissiers pour certains actes déterminés, sont au surplus soumis aux règles tracées par les art. 102, 103 et 104. Décr. 30 mars 1808 : Carnot, *Disc. jud.*, § 4, sect. 5; Dalloz, *Org. jud.*, ch. 4, sect. 4, art. 5, n° 20. — V. *inf.* § 2.

Art. 5. — *Chambre des commissaires-priseurs.*

113. La chambre des commissaires-priseurs doit observer, en ce qui concerne la discipline, les mêmes règles que la chambre des avoués. Arr. du 29 germ. an 9. — V. *sup.* art. 2.

Les membres composant cette chambre peuvent se transporter dans les ventes, inspecter les procès-verbaux, et les parapher, s'ils le jugent convenable. *Ib.* art. 9.

§ 2. — *Pouvoir des Cours et tribunaux et du ministre de la justice, sur les officiers ministériels.*

Art. 1. — *Des peines et de leur application.*

114. Les C. et trib. peuvent-ils exercer l'autorité disciplinaire sur les officiers ministériels pour d'autres fautes que celles spécialement prévues par les lois et règlemens? — La négative semble favorisée par les expressions restrictives de l'art. 102, décr. 30 mars 1808 : *contravention aux lois et règlemens.* — Dans ce système, tous les actes non formellement prohibés seraient exclusivement soumis aux chambres de discipline. — D'un autre côté, l'on invoque l'art. 103, qui parle d'une manière générale de *fautes de discipline.* Dans l'usage, l'interprétation la plus large a prévalu.

Ainsi le trib. de Clermont-Ferrand, saisi en la chambre du conseil, d'une plainte contre un avoué, pour des faits étrangers à son ministère et qui ne concernaient que sa conduite comme homme privé, statuant contre cet officier ministériel, qui après avoir proposé l'incompétence du tribunal, faisait défaut sur le fond, fit défense à l'officier ministériel de récidiver et lui enjoignit d'être plus circonspect à l'avenir (Art. 404 J. Pr.).

115. *Peines.* Celles que les Cours et trib. peuvent prononcer contre les officiers ministériels sont, suivant la gravité des circonstances :

L'injonction d'être plus exact ou circonspect ;

La défense de récidiver ;

La condamnation aux dépens, en leur nom personnel ;

La suspension à temps. Décr. 30 mars 1808, art. 102 ;

La destitution.

L'impression et même l'affiche des jugemens, à leurs frais, peut aussi être ordonnée, et leur destitution *provoquée*, s'il y a lieu (art. 102); le tout sans préjudice des amendes, restitutions, dommages-intérêts, qui ne sont pas des peines disciplinaires proprement dites. C. pr. 192, 293, 625. — V. *Responsabilité.*

116. Dans la plupart des cas où le droit des trib. se borne à provoquer la destitution, cette peine est prononcée par ordonnance royale, contre-signée par le ministre de la justice.—V. *inf.* n° 164. — Dans l'usage, cette ordonnance est celle qui pourvoit au remplacement de l'officier destitué.

117. Souvent le ministre de la justice, au lieu de proposer au roi la révocation immédiate d'un officier ministériel, enjoint à cet officier de présenter un successeur dans un délai déterminé, sous peine d'être remplacé d'office, après l'expiration de ce délai.

118. Un trib. peut, sans excéder ses pouvoirs, enjoindre à un avoué de ne plus se mêler aux explications que les parties comparantes sont appelées à donner au trib. pour éclairer sa religion. Cass. 13 juill. 1824, S. 25, 33. — Dans l'espèce l'avoué avait donné des conseils blâmables à son client pour soutenir un mauvais procès.

119. Enfin, les Cours et les trib. peuvent prononcer la suppression des écrits injurieux ou diffamatoires. C. pr. 1036 ; L. 17 mai 1819, art. 23. — V. *inf.* n° 125.

120. *Application.* Un acte irrévérentiel pour un magistrat, commis par un avoué, dans l'auditoire public, lorsque pendant la réunion du trib. dans la chambre du conseil, ce magistrat est rentré dans l'auditoire, même sans être revêtu de son costume, constitue une infraction au serment prêté par l'avoué (L. 22 vent. an 12), et le rend passible d'une peine disciplinaire. Cass. 5 déc. 1806, S. 6, 1, 499 ; Merlin, *Rép.* v° *Discipline,* n° 5.

121. Un jugement du trib. d'appel de Limoges, du 2 fruct. an 13 (3 nov. 1806), ordonna qu'un avoué, coupable d'avoir écrit une lettre injurieuse pour la chambre de discipline, se présenterait en personne à la chambre, pour y être réprimandé avec censure, et que, faute par lui d'obéir à la citation, il serait suspendu de ses fonctions depuis le jour fixé par la citation pour se trouver à la chambre, jusqu'à ce qu'il se fût présenté pour subir la réprimande (S. 6, 2, 914-4, 2, 225); Merlin, *Rép.*, v° *Chambre des avoués*.—Une semblable décision n'aurait encore aujourd'hui rien d'illégal.

122. Un avoué ne peut, sans manquer à ses devoirs, refuser de prêter son ministère, lorsqu'il en est requis, ni de monter sur le siége, soit pour vider un partage, soit pour compléter le tribunal. Arg. C. pr. 118; décr. 30 mars 1808, art. 49; Carnot, *Disc. jud.* § 4,, sect. 1, n°s 12 et 13.

123. Mais un avoué n'encourt aucune peine pour avoir conseillé un procès mal fondé, pourvu qu'il ait agi sans fraude. Cass. 13 juill. 1824.

124. Un avoué peut refuser de déposer comme témoin, dans un procès criminel, sur des faits qu'il n'a connus que dans l'exercice ou à l'occasion de l'exercice de ses fonctions. — V. *Enquête.*

125. La peine de la suspension à temps, désignée quelquefois sous le nom d'*interdiction*, peut être prononcée contre les officiers ministériels dans les cas suivans :

1° Contre ceux qui produisent en justice des écrits injurieux ou diffamatoires : dans ce cas, il peut n'y avoir lieu qu'à une simple injonction ; mais si la suspension est encourue, sa durée ne peut excéder six mois, pour la première fois ; pour la seconde, elle doit être d'un an au moins et de cinq ans au plus. L. 17 mai 1819, art. 23.

Peu importe que l'écrit produit par un avoué, ne soit revêtu que de la signature de son client. Cass. 25 mai 1807, S. 7, 2, 97.

126. 2° Contre tout individu remplissant une fonction près un trib., qui donne hautement à l'audience des signes d'approbation ou d'improbation, ou qui trouble l'ordre, de quelque manière que ce soit, et qui résiste à l'injonction qui lui est faite de se retirer. La suspension, dans ce cas, ne doit pas, pour la première fois, excéder le terme de trois mois. Il peut être en outre condamné à un emprisonnement de 24 heures. Le jugement est exécutoire par provision. (C. pr. 89 et 90.) Mais le trib. peut ne prononcer que l'une de ces deux peines. — V. *Audience.*

127. 3° Contre les auteurs de procédures et actes nuls et frustratoires, ou qui ont donné lieu à une condamnation d'amende. C. pr. 1031. — V. *Responsabilité des officiers ministériels.*

128. 4° Contre les avoués et huissiers qui ont excédé les bornes de leur ministère. C. pr. 152. — V. *ib.*

129. 5° Contre ceux de ces officiers qui ont exigé de plus forts droits que ceux alloués par le tarif. Décr. 16 fév. 1807, art. 66 et 151. — V. *ib.* — L'huissier qui a perçu deux droits de transport pour des actes faits dans le même lieu le même jour, peut être suspendu de ses fonctions. Bordeaux, 3 juin 1836 (Art. 561 J. Pr.).

130. 6° Contre l'avoué qui emploie des termes injurieux contre les juges (C. pr. 512.) Cette faute pourrait néanmoins ne donner lieu qu'à une simple injonction.

131. 7° Contre celui qui néglige de rétablir les productions par lui prises en communication dans une *instruction par écrit.* — V. ce mot.

132. 8° Contre les huissiers qui négligent d'indiquer le coût des actes de leur ministère, au bas de l'original et de chaque copie (Décr. 16 fév. 1807, art. 66), sans préjudice d'une amende de 5 fr., payable à l'instant de l'enregistrement. C. pr. 67.

9° Contre ceux convaincus pour la seconde fois d'avoir signifié une copie d'exploit illisible ou contenant un nombre de lignes plus considérable que celui fixé par l'art. 1er décr. 29 août 1813, décr. 14 juin 1813, art. 44. — Cette récidive peut même, suivant les circonstances, donner lieu à la destitution. *Ib.*

133. 10° Contre ceux qui ne remettent pas eux-mêmes, à personne ou domicile, l'exploit ou les copies de pièces qu'ils sont chargés de signifier. — La suspension, dans ce cas, est fixée à trois mois; elle doit être prononcée correctionnellement, outre une amende de 200 à 2,000 fr. Décr. 14 juin 1813, art. 45; Bordeaux, 3 juin 1836 (Art. 561 J. Pr.). — V. aussi *Responsabilité.*

La peine doit être appliquée dès que cette contravention est constante, bien qu'elle ait eu lieu sans fraude, et sur la demande même de la partie assignée. Cass. 18 avr. 1828, J. P. 1828, 3, 488. — Et que l'huissier ait été dans l'impossibilité de parvenir jusqu'au domicile de ceux à qui la signification devait être faite. Cass. 23 mars 1836 (Art. 433 J. Pr.).

Néanmoins, un usage contraire est toléré à Paris, en raison de l'impossibilité où se trouvent les huissiers de remettre eux-mêmes le grand nombre de copies qu'ils ont à signifier, notamment celles des protêts, les jours d'échéance.

134. 11° Contre tout huissier qui, soit directement, soit indirectement, se rend adjudicataire des objets mobiliers qu'il est chargé de vendre. Dans ce cas, il est passible d'une suspension de trois mois, et d'une amende de 100 fr. pour chaque article par lui acheté, sans préjudice de plus fortes peines dans les cas prévus par le Code pénal. *Même décr.* art. 58. — Ou qui accorde des délais au débiteur sans y être autorisé par le créancier. Arg. Arrêt réglem. 5 mai 1711, art. 23; — Ou qui est dans l'impossibilité de justifier de l'existence d'une personne à la requête de laquelle il a formé une saisie-arrêt. C. pr. 562.

135. Les huissiers suspendus de leurs fonctions ne participent à aucune distribution des sommes versées à la bourse commune pendant la durée de leur suspension. A l'égard des sommes versées antérieurement, ils n'y ont part que dans la proportion du nombre de jours qui se sont écoulés depuis le dernier partage jusqu'à l'époque de leur suspension. (Décr. 14 juin 1813, art. 105). — Il en doit être de même à l'égard des avoués et commissaires-priseurs.

136. La peine de la destitution est encourue :

1° Par tout avoué convaincu, pour la seconde fois, de complicité de postulation illicite. Décr. 19 juill. 1810, art. 2. — V. *Avoué,* n° 58.

137. 2° Par tout huissier qui tient auberge, cabaret, café, tabagie ou billard, même sous le nom de sa femme, à moins qu'il n'y soit spécialement autorisé. Décr. 4 juin 1813, art. 41. — V. *Huissier.*

138. 3° Par celui qui, sans cause valable, refuse d'instrumenter à la requête d'un particulier (Décr. art. 42). Le refus serait fondé, s'il s'agissait, par exemple, de signifier un acte contraire au respect qui est dû aux lois en vigueur (Arr. cons. 29 niv. an 11). Depuis le décret de 1813, des poursuites disciplinaires ont été plus d'une fois exercées contre des huissiers, pour avoir signifié à des fonctionnaires publics des actes irrespectueux. — V. *Ministre public.*

139. 4° Par celui qui ne laisse pas copie exacte des protêts, ou qui omet de les inscrire en entier, jour par jour et par ordre de date, dans un registre particulier, coté, paraphé, et tenu dans les formes prescrites pour les répertoires. C. comm. 176. — V. *sup.* n° 132-9°.

5° Par tout huissier convaincu d'avoir chargé un huissier d'une autre résidence d'instrumenter pour lui, à l'effet de se procurer un droit de transport qui ne lui aurait pas été alloué, s'il eût instrumenté lui-même, ou bien encore d'avoir prêté sa signature pour favoriser une pareille fraude ; le tout sans préjudice de l'amende. Décr. 14 juin 1813, art. 36 ; — ou d'avoir manqué à la résidence qui lui est assignée. — V. *Huissier.*

140. 6° Enfin, par les commissaires-priseurs qui exerceraient la profession de marchands de meubles, de marchands fripiers, ou tapissiers, ou même seraient associés à un commerce de cette nature. Ordonn. 26 juin 1816, art. 12.

141. L'officier ministériel qui n'a pas complété dans les six mois son cautionnement, absorbé en partie par des condamnations prononcées contre lui pour faits de charge, est-il réputé démissionnaire ? — V. *Office.*

142. Les huissiers destitués ne sont compris dans le partage de la bourse commune que pour les sommes versées, ou qui auraient dû l'être avant l'époque de leur destitution, et dans la proportion du temps qui s'est écoulé jusqu'à cette époque, à partir du dernier partage. *Même décret* 1815, art. 104.

Il en doit être de même de tous les officiers ministériels.

Les huissiers suspendus ou destitués ne doivent verser dans la bourse commune, d'après les proportions établies par le décret, que les émolumens par eux perçus jusqu'à l'époque de leur suspension ou destitution. *Ib.* art. 92.

143. Quoique les peines qui viennent d'être énumérées soient le plus souvent prononcées en termes impératifs, les tribunaux, pour leur application, sont dans l'usage d'avoir toujours égard aux circonstances.

Art. 2. — *Compétence et procédure.*

144. Chaque chambre connaît des fautes de discipline commises ou découvertes à son audience. Décr. 30 mars 1808, art. 103.

Dans ces cas, elle statue par des jugemens rendus en audience publique.

La réquisition du ministère public n'étant pas formellement exigée, la peine disciplinaire peut être prononcée d'office. Arg. C. pr. 1056.

145. Lors même qu'il s'agit d'un fait irrévérentiel pour l'un des membres du trib., et présentant les caractères d'un délit sur lequel la chambre assemblée ne pourrait statuer correctionnellement, elle est compétente pour appliquer une peine disciplinaire. Cass. inter. de la loi, 5 déc. 1806; Merlin, *Rép.*, v° *Discipline*, n° 5 ; Dalloz, v° *Org. jud.*, ch. 4, sect, 1, art. 5, n° 16.

146. Mais il y aurait incompétence dans la délibération par laquelle les chambres réunies d'un tribunal suspendraient de ses fonctions un officier ministériel pour un fait passé à l'audience tenue par l'une des chambres. — Il importe à la dignité des trib. que les fautes de discipline commises à leur audience soient réprimées sur le-champ : cette forme de procéder offre plus de facilité à la juste appréciation des fautes et plus de garantie à celui qui en est inculpé. Il peut ou les expliquer ou les atténuer, ou s'excuser sur les intentions et sur la chaleur d'une plaidoirie non écrite, qui peut l'avoir emporté plus loin qu'il ne voulait aller. — Or, tous ces avantages disparaissent quand l'audience est une fois terminée, surtout quand il n'a été dressé aucun procès-verbal, ni même tenu aucune note des faits ou des paroles répréhensibles. On peut dire que le délit lui-même a disparu avec les paroles fugitives dont il ne reste dès lors aucune trace. Aix, 8 sept. 1821, S. 22, 306.

147. Un trib. de police serait-il compétent pour prononcer l'amende encourue par un huissier, dans les cas prévus par l'art. 1030 C. pr.? — Il faut distinguer entre le cas où ce trib. serait saisi par une plainte directe contre l'huissier contrevenant, et celui où il ne serait appelé à prononcer la peine qu'incidemment à une affaire qui rentrerait dans ses attributions. Dans la première hypothèse, il est évidemment incompétent, mais non pas dans la seconde. Cass. 7 nov. 1806 et 5 déc. 1822, S. 23, 106; — Carnot, *Disc. jud.*, § 4, sect. 4, nᵒˢ 19 et 27 ; L. 27 mars 1791, art. 13 ; L. 19 vend. an 4, art. 27.

148. L'avoué qui, en plaidant sa propre cause, revêtu des insignes de sa profession, s'écarte du respect qu'il doit au trib., est-il soumis à l'action disciplinaire comme s'il défendait un étranger? Peut-il se prévaloir de sa qualité de partie, pour se dispenser de ses devoirs d'avoué? — V. *Avocat*, 154.

149. La suppression des écrits injurieux ou diffamatoires, et l'application des peines disciplinaires auxquelles ils peuvent donner lieu, doivent être prononcées par les C. et trib. saisis de la contestation pour laquelle les écrits ont été produits. C. pr. 1036 ; L. 17 mai 1819, art. 23. — V. *Audience*, nᵒ 40.

150. Une C. roy. peut statuer immédiatement sur la demande en suppression d'un mémoire non produit ni signifié, mais seulement distribué, et condamner même à des dommages-intérêts. Cass. 22 nov. 1809, P. 7,883.

Mais celui qui est étranger à la contestation a-t-il le droit d'y intervenir pour demander la suppression d'un mémoire dans lequel il aurait été injurié?—V. *Intervention*.

151. Quant aux mesures de discipline à prendre sur les plaintes des particuliers ou sur les réquisitions du ministère public, pour cause de faits qui ne se seraient point passés ou qui n'auraient pas été découverts à l'audience, elles sont arrêtées *en assemblée générale, à la chambre du conseil*, après que l'individu inculpé a été appelé. Décr. 30 mars 1808, art. 103. — **Dans** ces cas, la décision ne doit pas être prononcée en public.

L'assemblée générale des chambres d'une C. roy. n'est pas légalement constituée, lorsqu'elle a lieu pendant la tenue des assises. Cass. 24 nov. 1825, D. 26, 13.—V. même *inf.* nᵒˢ 166, 179, et Rennes, 19 juill. 1833.

152. Même avant le décret de 1808, le ministère public avait la voie d'action, lorsqu'il s'agissait de la police des audiences, quoique la loi du 24 août 1790, tit. 8, art. 2, ne lui ouvrît en général que la voie de réquisition.—L'art. 14 du tit. 2 de la même loi, relatif à la publicité des audiences, n'était pas non plus applicable aux cas où il s'agissait de la censure des officiers ministériels. Cass. 3 nov. 1806, P. 5, 529; Merlin, *Rép.* vᵒ *Chambre des avoués.*

153. Toute condamnation des officiers ministériels à l'amende, à la restitution et aux dommages-intérêts, même pour des faits relatifs à leurs fonctions, sortant des mesures de simple discipline, doit être prononcée en audience publique, et par un trib. constitué de la manière et suivant les formes exigées pour la prononciation des jugemens. L. 20 avr. 1810, art. 7; décr. 14 juin 1813, art. 75; Cass. 5 mars 1829, S. 29, 245; Cass. 17 nov. 1830, S. 30, 405.

154. Les contestations entre le ministère public et les chambres de discipline, relativement à l'étendue des attributions des officiers ministériels, doivent aussi être jugées à l'audience en la forme ordinaire. Amiens, 31 déc. 1824, S. 25, 190; 23 avr. 1825, D. 27, 87.

155. La juridiction disciplinaire est personnelle; elle dérive de l'autorité que les trib. doivent exercer sur les individus qui remplissent auprès d'eux des fonctions qui leur imposent des devoirs, soit à leur égard, soit à l'égard du public; elle est donc restreinte sur ces individus, et ne peut être étendue par un trib. sur des personnes, quelle que soit leur qualité, qui ne lui sont attachées par l'exercice permanent ou accidentel d'aucune fonction. — Ainsi, un avoué exerçant près un trib. et traduit pour crime devant une C. d'assises, ne peut, après son acquittement, être suspendu de ses fonctions par cette même Cour. Cass. 3 nov. 1820; Favard, v° *Discipline*, n° 4.

156. Il en serait autrement à l'égard d'un avoué, qui aurait encouru une peine disciplinaire dans l'exercice de ses fonctions de défenseur d'un accusé; car, en acceptant cette défense, il se serait rendu justiciable, sous ce rapport, de la Cour appelée à prononcer sur l'accusation. Carnot, § 1, sect. 1, n° 17. — D'ailleurs, il s'agirait, dans ce cas, d'une faute commise à l'audience. Décr. 30 mars 1808, art. 103.

La suspension des huissiers ne peut également être prononcée que par les Cours et trib. auxquels ils sont respectivement attachés. Décr. 14 juin 1813, art. 74. — V. *Huissier*.

157. Les mesures de discipline prises par les C. ou les trib. ne sont sujettes à l'appel et au recours en cassation que lorsque la peine de la suspension a été appliquée, et qu'elle résulte d'une condamnation prononcée *en jugement*, c'est-à-dire accessoirement à la décision d'un procès. Décr. 30 mars 1808, art. 103; Cass. 12 fév. 1813, S. 16, 29; 17 mai 1828, S. 28, 554; Carnot, *ib*.

Dans ce cas, le recours autorisé par la loi est en quelque sorte une compensation de la publicité qui a accompagné la condamnation.

Une suspension prononcée en chambre du conseil ne donne

jamais ouverture à l'appel. Grenoble, 18 janv. 1828, S. 28, 101 ; Nîmes, 51 janv. 1851, S. 52, 251.

Avant le décret de 1808, les décisions des trib. de 1ʳᵉ inst., en matière de discipline, étaient, dans tous les cas, sujettes à l'appel et au recours en cassation. Cass. 5 déc. 1806 ; Merlin, *Rép.*, vᵒ *Discipline*, nᵒ 5.

158. C'est devant la C. roy. en assemblée générale, et non à la chambre des appels de police correctionnelle, que doit être porté l'appel d'un jugement rendu par un trib. de 1ʳᵉ inst. statuant en matière de discipline. Cass. 18 sept. 1823, S. 24, 101.

159. Lorsqu'un officier ministériel a été suspendu de ses fonctions par un arrêt, sans que les réquisitions du ministère public lui aient été communiquées, ou qu'il lui ait été permis d'y répondre, il n'a pas besoin de se pourvoir contre cette décision par voie d'opposition ou tierce-opposition ; mais il peut la faire annuler par la C. de cass. pour violation du droit de défense. L. 16 et 24 août 1790, tit. 2, art. 14 ; Cass. 7 août 1822, S. 23, 65 ; 25 nov. 1825, J. P. 1825, 1, 285, 50 août 1824, S. 24, 420.

On a vainement invoqué, lors du premier de ces arrêts, l'art. 87 décr. 50 mars 1808, qui interdit la parole aux parties, quand le ministère public a été entendu. Cette disposition n'est pas applicable au cas où le ministère public, dans ses conclusions, a changé l'état de l'affaire et créé une contestation nouvelle.

160. Mais il a été jugé qu'un avoué de 1ʳᵉ inst., à la charge duquel une C. roy. avait mis d'office les frais d'une procédure comme frustratoires, sans que cet avoué, qui ne figurait pas dans la cause, eût été appelé pour se défendre, était non-recevable à se pourvoir en cassation contre cet arrêt : en effet, il ne s'agissait pas, dans cette espèce, d'une suspension. Décr. 50 mars 1808, art. 103 ; Cass. 7 mars 1851 ; D. 51, 119. — Mais l'avoué, lorsque cet arrêt lui sera opposé, pourra y former tierce-opposition. Dalloz, *ib.* note.

L'avoué qui a figuré en cause d'appel, pour y soutenir le jugement de 1ʳᵉ inst., qui a refusé de mettre à sa charge, comme frustratoires, des frais de procédure, peut, si le jugement est réformé par la C. roy. être en même temps condamné à des peines disciplinaires. Vainement il prétendrait qu'il a été privé du premier degré de juridiction. Cass. 19 août 1833 (Art. 176. J. Pr.).

161. Si une peine de discipline a été requise et prononcée à l'audience contre un avoué, sans qu'il y ait eu réclamation de sa part, son silence est réputé une renonciation au droit de se défendre ; il devient non-recevable à se plaindre de sa condamnation. Cass. 27 avr. 1820, S. 20, 297.

162. Un arrêt de Bourges, du 15 fév. 1815, J. P. 1815, 2, 507, en réformant un jugement du trib. de Clamecy, qui avait suspendu un avoué de ses fonctions, a permis à cet avoué de faire imprimer et afficher à ses frais, au nombre de cinq cents exemplaires, dans tout le ressort de la Cour, la disposition de l'arrêt qui déclarait la suspension non méritée. — V. *Affiche*, nş 2.

165. Dans les cas où un arrêt qui a prononcé la suspension d'un officier ministériel, peut être attaqué devant la **C.** de cass., cette Cour n'a point à s'occuper de l'appréciation des faits. Cass. 20 déc. 1830, J. P. 1831, 1, 542.

164. Tous les actes de discipline doivent être transmis au ministre de la justice, qui statue sur les réclamations, ou prononce la destitution, s'il y a lieu. *Ib.* art. 103.

Ainsi, un arrêté disciplinaire ne devient exécutoire que par l'approbation du ministre de la justice.

Les Cours ou les trib. commettraient un excès de pouvoir, si, en prononçant la suspension d'un officier ministériel, ils détermineraient l'époque à partir de laquelle la suspension doit commencer. — Cette époque est nécessairement fixée au jour de la notification de l'arrêté approbatif du ministre.

Chaque procureur du roi est chargé de rendre compte, sans délai, au procureur-général du ressort, de toutes les décisions rendues, en matière de discipline, par le trib. près lequel il exerce ses fonctions, et de lui en adresser des expéditions; et le procureur-général doit transmettre au ministre, avec ses observations, toutes les expéditions adressées par ses substituts près les trib., et toutes celles des décisions émanées de la Cour. *Ib.* art. 103 et 104.

Le ministre exerce ainsi le dernier degré de juridiction; il peut, soit adoucir, soit aggraver la peine; car les réclamations, sur le mérite desquelles il est appelé à statuer, peuvent aussi bien émaner du ministère public que de la partie condamnée; et cependant il n'est pas tenu d'entendre la justification de la partie : c'est là un vice manifeste de la loi, auquel il serait urgent de remédier.

165. Toutefois, le pouvoir de réformation directe des décisions disciplinaires, accordé au ministre, doit nécessairement se restreindre à celles rendues en la forme de simples *arrêtés*, aux termes de l'art. 103, c.-à-d. en chambre du conseil, et ne s'applique pas à celles qui, résultant d'un jugement ou d'un arrêt, prononcent la peine de la suspension : pour ces dernières, on a vu qu'elles sont sujettes à l'appel et au recours en cassation. Or, la loi n'a pu, en maintenant à leur égard la juridiction ordinaire des trib., les soumettre en même temps à la juridiction exceptionnelle du ministre. Quant aux décisions rendues en audience publique, et qui auraient prononcé des peines moindres que la suspension, bien qu'elles ne soient sujettes ni à l'appel ni au recours en cass.

(V. *sup.* n° 157), comme elles ont le caractère de véritables jugemens ou arrêts, elles ne peuvent non plus être réformées par le ministre, qui a seulement, suivant les circonstances, le droit d'introduire ou de provoquer un pourvoi devant la C. suprême, dans l'intérêt de la loi. L. 27 vent. an 8, art. 80, 88.

166. Les arrêtés disciplinaires, rendus en chambre du conseil par les trib. de 1re inst., peuvent-ils être attaqués, pour cause d'incompétence, par appel devant les C. roy.?

L'affirmative résulte de l'arrêt d'Aix (—V. *sup.* n° 146). Paris, 21 avr. 1836 (Art. 404 J. Pr.). — *Contrà*, Riom, 8 avr. 1835 (Art. 404 J. Pr.). — Dans l'espèce de la C. d'Aix il y avait eu suspension, mais non prononcée en jugement; et cette circonstance aurait fait repousser l'appel fondé sur toute autre cause que celle d'incompétence. — V. aussi Rennes, 19 juill. 1833 (J. Pr. 1833, 3, 504.)

Cependant il est à remarquer qu'en pareille matière la juridiction supérieure aux trib. comme aux Cours, statuant en chambre du conseil, est exercée par le ministre; ce qui nous porte à croire qu'au ministre seul doit appartenir le droit de prononcer sur la compétence, et de renvoyer, s'il y a lieu, à la juridiction ordinaire.

167. Il a même été jugé que la C. de cass. ne pouvait connaître d'une demande en règlement de juges, formée par des officiers ministériels poursuivis en matière de discipline; que cette demande ne pouvait être portée que devant le ministre de la justice, bien que l'attribution des juges, dont se plaignaient les officiers ministériels, eût été fixée par le ministre lui-même. « En matière de discipline intérieure, porte cet arrêt, la loi s'en rapporte exclusivement à la discrétion des trib., et elle ne soumet leurs décisions qu'à la révision du chef de la magistrature. » Cass. 29 juill. 1823, S. 23, 416. — V. Carré, art. 117, *Quest.* 142.

168. Le ministre peut-il appliquer une peine disciplinaire, lors même que la C. ou le trib. a prononcé l'absolution de l'inculpé?

L'affirmative résulte des termes généraux de l'art. 103, qui lui donne le pouvoir de statuer sur les réclamations de toute nature, par conséquent sur celles du ministère public : ainsi, il est de l'intérêt d'un officier ministériel, traduit disciplinairement, lors même qu'il ne lui a été appliqué aucune peine par le trib. ou la Cour auxquels il est attaché, de faire parvenir sa justification jusqu'au ministre, parce qu'il ignore si le ministère public n'aura pas réclamé contre l'indulgence de la première décision.

Il semble qu'il y ait ici une lacune à combler : la loi ne devrait-elle pas imposer au ministère public le devoir de communiquer à l'officier ministériel la proposition qu'il adresse contre lui au ministre?

169. Le ministre peut-il révoquer un officier ministériel dont la conduite n'a pas été préalablement soumise à l'appréciation de l'autorité judiciaire?

L'affirmative résulte implicitement de plusieurs ordonnances et notamment de celle du 5 juill. 1822, qui a destitué un avoué de Joigny, impliqué dans une accusation de complot, mais contre lequel la C. de Paris avait décidé qu'il n'y avait lieu à suivre.

On essaie de justifier ces ordonnances en disant : — L'art. 92 L. 27 vent. an 8, donnait au premier consul le pouvoir de *nommer et de révoquer à volonté* les greffiers. — L'art. 40 décr. du 14 déc. 1810, autorisait d'une manière formelle le ministre de la justice à infliger de son autorité, aux avocats, les peines portées dans l'art. 25, notamment l'exclusion ou la radiation du tableau. Or, comment un droit analogue n'aurait-il pas existé pour le ministre, à l'égard des officiers ministériels?— L'art. 91 L. 28 avr. 1816, lui-même prévoit le cas de destitution.

Mais cette doctrine nous paraît contraire à la loi et à l'équité. — En effet, le droit de prononcer des déchéances ne peut s'étendre, par analogie, d'un cas à un autre, ensuite l'analogie entre la position de l'avocat inscrit au tableau, ou des greffiers, et celle des officiers ministériels n'est point parfaite. La loi du 27 vent. an 8, porte, art. 95 : *Les avoués seront nommés par le premier consul, sur la présentation du tribunal dans lequel ils devront exercer leur ministère.* Conséquemment les avoués n'étaient pas révocables comme les greffiers. Cette différence est en outre fondée, 1° sur le mode de nomination, et 2° sur la nature des fonctions respectives : les greffiers occupent un emploi, les avoués exercent une profession indépendante, placée comme tous les états privés, hors des atteintes du pouvoir.

Le décret du 30 mars 1808 établit, art. 102 et 103, des peines contre les officiers ministériels qui se rendent coupables de contraventions aux lois et règlemens, et détermine les formes que les tribunaux doivent suivre pour les appliquer ; or, si les peines disciplinaires ne peuvent être prononcées que sur une décision judiciaire, et après que l'inculpé a été entendu, sa révocation ne saurait être arbitraire.

Enfin, ce droit du ministre, s'il a existé antérieurement, a cessé depuis la loi du 28 avril 1816. L'art. 40 du décret de 1810, abrogé par l'ordonn. du 20 nov. 1822, sur la profession d'avocat, pourrait-il être invoqué aujourd'hui contre les officiers ministériels qui, d'après une jurisprudence constante ont, dans leurs *offices* (— V. ce mot), une espèce de propriété? En accordant aux avoués le droit de présenter leurs successeurs, la loi de 1816, leur a donné la libre disposition de leurs offices; aussi, son art. 91, § 2, porte-t-il : Il sera statué par une loi particulière sur l'exécution de cette disposition et sur les moyens d'en faire jouir les héritiers, ou ayant-cause desdits officiers. L'art. 95 prévoit un seul cas de remplacement, celui où les fonctionnaires ne paieraient pas exactement leur cautionnement; hors ce cas, ils ne peuvent donc pas être remplacés. L'art. 91 dit bien que le droit de présentation n'aura pas lieu au profit des officiers ministériels destitués; mais il ne doit s'entendre que des cas où la destitution aura été prononcée dans les formes établies par la loi : autrement il suffirait, pour rendre la loi de 1816 inapplicable, de destituer d'abord un fonctionnaire pour refuser ensuite le successeur qu'il présenterait. Enfin, la révocation arbitraire ne serait autre chose qu'une véritable confiscation prohibée par la Charte, et aurait pour effet de répandre l'alarme parmi tous les fonctionnaires, et de leur enlever l'indépendance nécessaire à l'exercice de leur profession.

— V. dans le même sens : Consultation donnée à Me Comte, avoué à Joigny, par MM. Parquin, Delacroix-Frainville, Gicquel, Berryer père, Chauveau-la-Garde, Darrieux, Tripier, Dupin aîné, Persil, Loiseau et Nicod. — Opinion de M. Tripier, à la Ch. des députés, séance du 20 juill. 1822. — Consultation donnée au sieur Foucault, huissier à Lille, par MM. Vivien, Edmond Blanc, Dupin aîné, Odilon Barrot, Isambert. — Consultation donnée à M. Goyer-Sennecourt, avoué à Doullens, par MM. Vivien, Edmond Blanc, Decaieu, Dupin aîné, Barthe. — Rapport de M. Faure, à la Ch. des députés, 1831. — Mémoire de M. Adolphe Chauveau; consultation de M. Duvergier, pour l'huissier Foucault; rapportés par Sirey, 54, 2, 60, 72 et suiv. — Plaidoirie de Me Crémieux, pour le sieur Ch... fils, huissier à Niort (Art. 49 J. Pr.). — Délibération de la conférence des avocats à la C. de Paris, séance du 7 janv. 1837 (Art. 614 J. Pr.). — Plaidoirie de M. de Vatimesnil, pour le garde du commerce Horliac (Art. 747 J. Pr.). — M. Glandaz, *Encyclopédie du droit*, v° *Avoués*, nos 9 et 10.

170. Le ministre a-t-il le droit, après l'application d'une peine disciplinaire, de proposer au roi la destitution d'un officier ministériel, lorsque cette destitution n'a pas été provoquée par le trib. ou la Cour appelés à apprécier sa conduite? — On a prétendu que l'art. 105 (Décr. 30 mars 1808), en parlant de destitution, se référait au cas prévu par l'art. 102, où cette destitution aurait été provoquée par le trib. ou la Cour, avec d'autant plus de raison, que l'officier condamné à une peine légère ne songe pas à se défendre auprès du ministre contre une destitution dont rien ne lui fait soupçonner l'imminence.

Cependant il faut avouer que l'art. 105, absolu dans sa généralité, ne soumet pas le droit de destitution à d'autre condition qu'à celle d'une décision préalable des tribunaux.

Ce droit du ministre a été consacré plusieurs fois. — Spécialement à l'égard, — 1° d'un huissier. Trib. Niort, 3 janv. 1835 (Art. 21 J. Pr.); Cass. ch. cri n. 11 avr. 1835 (Art. 49 J. Pr.); — 2° d'un garde du commerce. Paris, 27 mai 1837 (Art. 813 J. Pr.).

Mais le gouvernement, pour écarter sans doute l'idée de confiscation qui, depuis la loi du 28 avril 1816, s'attache naturellement à toute destitution, est dans l'usage d'autoriser l'officier destitué, ou ses créanciers, à toucher le prix de son office, d'après l'estimation faite par le trib. ou la Cour, sur l'avis de la chambre de discipline.

Quoi qu'il en soit, c'est un point qui mérite d'appeler l'attention du législateur. — Et plusieurs magistrats ont émis le vœu que la profession des officiers ministériels fût environnée de plus fortes garanties.

171. L'ordonnance royale qui prononce la destitution d'un officier ministériel, hors des cas prévus par la loi, peut-elle être attaquée devant le Conseil-d'Etat par la voie contentieuse? La négative résulte de ce qu'une telle ordonnance est un acte purement administratif. Ordonn. 20 déc. 1833 (*Aff. Foucault*); Rec. arr. cons., p. 701.

Section IV. — *Des avocats aux Conseils du roi et à la Cour de cassation.*

172. Pour la formation et les attributions de l'ordre, — V. *Avocat à la Cour de cassation.*

Le tiers des membres du conseil est renouvelé chaque année. — Aucun des membres sortans ne peut être réélu qu'après une année d'intervalle (Ordonn. 10 sept. 1817, art. 9). — Les nominations sont faites chaque année, dans la dernière semaine du mois d'août. (*Ib.* art. 10). — L'assemblée générale de l'ordre se réunit au Palais-de-Justice. *Même art.*

Deux des membres du conseil ont la qualité de syndics; un troisième, celle de secrétaire-trésorier. *Ib.* art. 7.

Aux assemblées générales, les syndics remplissent les fonctions de scrutateurs, et le trésorier celle de secrétaire. Art. 11.

Le président du conseil de discipline est le chef de l'ordre; il préside l'assemblée générale (*Ib.*). — Il est remplacé, en cas d'empêchement, par le premier ou par le second syndic, et ceux-ci par les plus âgés des membres du conseil. — Les fonctions de secrétaire, en l'absence du titulaire, sont remplies par le plus jeune des membres du conseil. *Ib.*

En cas de partage d'opinions dans le conseil, la voix du président est prépondérante. Art. 12.

173. Les art. 102 et suiv. (décr. 30 mars 1808) ne peuvent s'appliquer aux avocats à la C. de cass., ce décret ne s'étant nullement occupé de la C. de cass. — Nous doutons même, malgré l'avis de M. Carnot (*Disc. jud.* , § 2, sect. 2, n° 10), qu'on puisse invoquer contre eux les art. 90 et 1036 C. pr., la C. de cass. étant régie par des lois spéciales, qui ne reproduisent pas de semblables dispositions.

174. Mais l'art. 25, L. 17 mai 1819, est tellement général, qu'il paraît devoir s'appliquer même aux avocats à la C. de cass. — V. *sup.* n°s 125, 149.

175. Défenses sont faites, sous peine d'amende, et même, en cas de récidive, sous peine de suspension ou de destitution, aux avocats au Cons.-d'Etat., de présenter requête en recours contre une décision contradictoire, si ce n'est en deux cas : si elle a été rendue sur pièces fausses; si la partie a été condamnée faute de représenter une pièce décisive qui était retenue par son adversaire. Décr. 22 juill. 1806, art. 32.

176. Les avocats au Conseil peuvent, suivant les circonstances, être punis de l'une des peines ci-dessus, dans le cas de contravention aux règlemens, et notamment s'ils présentent comme contentieuses des affaires qui ne le sont pas, et s'ils portent au Conseil-d'Etat des affaires de la compétence d'une autre autorité. *Ib.* art. 49.

177. Ce decret a reçu son application, notamment : — dans une affaire contentieuse, le garde-des-sceaux, après avoir donné lecture de l'ordonnance du roi, a aussitôt pris la parole, au nom du Conseil-d'Etat, pour enjoindre à l'un des avocats de la cause d'être plus circonspect, lui reprochant d'avoir méconnu ses devoirs et le caractère de son serment, en exprimant, dans une requête au roi, des principes contraires à l'inviolabilité de la couronne. Ordonn. 1er sept. 1832;

SECTION V. — *Des avocats près les Cours et tribunaux.*

178. Pour la composition et les attributions du Conseil de discipline de l'ordre des *avocats*, — V. ce mot, § 5.

179. Quant au recours contre les décisions de ce conseil, — V. *ib.*, § 6.

180. L'action disciplinaire des tribunaux et les recours contre leurs décisions, sont traités sous le même mot, § 7 et 8.

181. Lorsqu'à l'audience d'une Cour d'assises un accusé dirige contre des avocats des inculpations de nature à compromettre leur honneur et leur délicatesse, la Cour peut-elle, par un arrêt rendu en audience publique, même en déclarant ne rien préjuger, renvoyer ces avocats devant le conseil de discipline de leur ordre, ou bien doit-elle se borner à saisir le conseil par l'intermédiaire du ministère public? — La question a été résolue dans le premier sens par la C. de Paris, chambres assemblées, le 21 juill. 1829 (J. P. 1830, 3, 161). — V. Dans un sens analogue l'arrêt de la C. d'assises de la Seine du 13 juill. 1835 (Art. 243 J. Pr.); — et toutefois *Avocat*, nos 145, 152.

Section VI. — *Des Notaires.*

§ 1. — *Pouvoir de la chambre des notaires, et forme de procéder devant elle.*

182. La formation, le renouvellement et les attributions générales de la chambre des notaires sont réglés par l'arrêté du 2 niv. an 12. Cette chambre est renouvelée par tiers le 3 mai de chaque année; les nouveaux membres entrent en fonctions le 15 du même mois. Décr. 4 avr. 1806; Joye, 116.

L'arrêté de l'an 12 reproduit celui du 13 frim. an 9, concernant les avoués, sauf quelques légères différences en ce qui touche l'exercice du pouvoir disciplinaire. — V. *sup.* n° 87 et suivans.

On y retrouve mêmes attributions aux fonctionnaires de la chambre, lesquels peuvent se suppléer entre eux, lorsque le nombre des membres composant la chambre est au-dessous de sept, ou dans le cas d'absence ou empêchement, pourvu que les fonctions de président, de syndic et de rapporteur soient toujours exercées par trois personnes différentes (*Ib.* art. 5, 6, 7, 8). — Même mode de citation par le syndic au notaire inculpé. Si le notaire ne comparaît pas sur la lettre du syndic, il doit être cité une seconde fois, dans le même délai, à la même diligence, par ministère d'huissier (Art. 13). — Même avis aux tiers; même faculté pour le notaire inculpé de se faire assister ou représenter par un de ses confrères. Arg. art. 15.

183. Toutefois il a été jugé, à tort selon nous, par une chambre de discipline (Délibération du 19 août 1836, Art. 760 J. Pr.) que le droit accordé aux parties plaignantes de se faire assister d'un défenseur ne s'étendait pas au notaire inculpé.

Il résulte de la même délibération : — 1° que le syndic, lorsqu'il n'est pas partie, et que son vote est favorable au notaire inculpé, peut prendre part à la décision; 2° que les membres d'une chambre qui refusent une enquête, parce que les faits sont parvenus à leur connaissance personnelle comme membres d'une autre chambre, conservent leur qualité de juges dans la seconde, surtout lorsque cette qualité a été d'abord reconnue par l'officier qui la conteste.

184. Les membres de la chambre ne peuvent valablement délibérer qu'autant que ceux présens et votans sont au moins au nombre de douze, pour Paris; de sept, pour les chambres composées de neuf membres, et de cinq pour les autres chambres. Art. 4.

Les délibérations de la chambre sont motivées et signées sur la minute par le président et le secrétaire, à la séance même où elles sont prises. Chaque délibération doit contenir les noms des membres présens. Art. 15.

185. La chambre prononce par voie de décision, pour les cas de police et discipline intérieure (Art. 9). — Dans tous les autres cas, elle n'émet que de simples avis.

186. La chambre, après avoir mandé les notaires à ses séances, peut prononcer contre eux, par forme de discipline, et suivant la gravité des cas, soit le rappel à l'ordre, soit la censure simple par la décision même, soit la censure avec réprimande par le président au notaire en personne, dans la chambre assemblée, soit la privation de voix délibérative dans l'assemblée générale de tous les notaires de l'arrondissement, soit l'interdiction de l'entrée de la chambre pendant un espace de temps qui ne peut excéder trois ans pour la première fois, et qui peut s'étendre à six ans en cas de récidive. Art. 10.

Il résulte de cette disposition que, si le notaire *dûment appelé* s'est laissé condamner par défaut, il ne peut saisir de nouveau la chambre, en formant opposition à son arrêté. — *Contrà*, Carnot, *Disc. jud.*, § 3, n° 25.—V. *sup.* n° 81.

187. Si l'inculpation paraît assez grave pour mériter la suspension, la chambre procède comme il a été dit (*sup.* n° 101) pour la chambre des avoués.

A Paris, elle doit s'adjoindre dix notaires (Art. 11 et 12). Le pouvoir de provoquer la suspension n'est pas restreint au cas où le nombre total des notaires de l'arrondissement serait au moins triple de celui des membres de la chambre.

188. Lorsque le tribunal refuse son homologation, à qui appartient le droit d'appeler de ce jugement? — V. *sup.* n° 83.

Une plainte contre un secrétaire de la chambre de discipline, pour inexactitude dans l'expédition d'une délibération, doit être adressée directement à la chambre et non par l'intermédiaire du ministère public : les décisions émanées des chambres de discipline sont des mesures de police intérieure. Délibération du 5 août 1856 (Art. 760 J. Pr.).

En matière de discipline intérieure, aucun recours même devant le Ministre de la justice ne peut être exercé contre les délibérations de la chambre des notaires. Décision du Garde des sceaux, 2 janv. 1857 (Art. 760 J. Pr.).

§ 2. — *Pouvoir disciplinaire des Cours et tribunaux sur les notaires.*

Art. 1: — *Des peines et de leur application.*

189. On a vu (*sup.* n° 186) quelles peines peuvent être infligées aux notaires par leurs chambres de discipline.

Les trib. peuvent prononcer contre eux, suivant la gravité du cas, des condamnations à l'amende et aux dommages-inté-rêts (—V. *Responsabilité*), la suspension, et même la destitu-tion. L. 25 vent. an 11, art. 53.

La contrainte par corps ne doit pas être ajoutée à la condam-nation aux dépens ; les art. 52 C. pén., 194 C. inst. crim., sont inapplicables. Douai, 15 juin 1835. —V. *Emprisonnement.*

190. Il y a lieu à suspension contre un notaire : 1° pendant trois mois, pour avoir instrumenté hors des limites de son ressort. L. 25 vent. an 11, art. 6. ;

2° Pendant le même espace de temps, en cas de récidive, pour avoir, sans l'ordonnance du président du trib. de 1re inst., délivré expédition ou donné connaissance des actes par lui reçus à d'autres qu'aux parties intéressées en nom direct, héritiers ou ayant-droit, sauf néanmoins l'exécution des lois et règle-mens sur les droits d'enregistrement, et de celles relatives aux actes qui doivent être publiés dans les tribunaux. *Ib.* art. 23 :

3° Pendant deux ans, lorsque le désordre de ses affaires l'a forcé de faire cession de biens à ses créanciers, pour se sous-traire à la contrainte par corps. Toulouse, 13 juin 1836 (Art. 664 J. Pr.);

4° Pendant un temps illimité, lorsque le montant de son cautionnement a été employé en tout ou en partie au paiement des condamnations prononcées contre lui, par suite de l'exer-cice de ses fonctions. Dans ce cas, la suspension dure jusqu'à ce que le cautionnement ait été entièrement rétabli. *Ib.* art. 33. —V. *inf.* n° 194.

La suspension ne pourrait être prononcée collectivement contre tous les membres d'une chambre de discipline. Joye, p. 148.

191. Un notaire peut être destitué en vertu de la loi du 25 vent. an 11 : 1° en cas de récidive, pour avoir instrumenté hors des limites de son ressort. *Ib.* art. 6 ;

2° S'il contrevient frauduleusement à ce qui est prescrit au sujet des surcharges, interlignes, additions ou ratures, dans les actes par lui reçus. *Ib.* art. 16 ;

3° S'il délivre une seconde grosse sans une ordonnance du tribunal. Art. 26.

192. La destitution peut encore être prononcée :

1° S'il est prouvé que l'omission du dépôt d'un contrat de mariage entre époux, dont l'un est commerçant, résulte d'une collusion de la part du notaire (C. comm. 68). — Lorsque l'époux, qualifié négociant dans le contrat, n'exerce en réalité aucun commerce, le notaire est à l'abri de toute peine. Bourges, 27 fév. 1826, J. P. 1826, 2, 250 ;

2° Si le notaire ne laisse pas de copie exacte des protêts qu'il est chargé de notifier, et ne les inscrit pas en entier, jour par jour et par ordre de date, dans le registre particulier qu'il doit tenir à cet effet. C. comm. 176 ;

5° S'il conserve entre ses mains des sommes de nature à être versées dans la caisse des consignations. Ordonn. 3 juill. 1816, art. 10. — V. *inf.* n° 202.

193. Tout notaire qui ne réside pas dans le lieu qui lui a été assigné par ordonnance royale, est considéré comme démissionnaire ; en conséquence, le ministre de la justice, après avoir pris l'avis du trib., peut proposer au roi son remplacement. L. 25 vent. an 11, art. 4.

La poursuite et la répression de cette contravention n'appartiennent ni au ministère public, ni aux tribunaux : l'art. 53 L. 25 vent. an 11 est inapplicable à ce cas. Rejet, Nîmes, 24 fév. 1827, S. 27, 117 ; Rejet, Poitiers, 24 juin 1829, S. 29, 266.

194. Mais l'envahissement habituel ou temporaire de la résidence d'un autre *notaire* (—V. ce mot) donne naissance à une action en dommages-intérêts, qui peut être intentée, par le notaire lésé, devant les trib. civils. Motifs d'un arrêt de Riom, 18 mai 1835, S. 53, 582 ; trib. de Brignolles, 10 août 1836 (Art. 840 J. Pr.). — *Contrà*, Metz, 21 juill. 1818, S. 19, 49. — Ce dernier arrêt refuse toute action en dommages-intérêts à un notaire contre son collègue, et ne réserve que le pouvoir du ministre en cas d'abandon de la résidence fixée.

195. Tout notaire dont le cautionnement a été diminué par l'exécution de condamnations prononcées pour fait de charge, et qui ne le rétablit pas intégralement dans les six mois, doit être considéré comme démissionnaire, et remplacé. *Ib.* art. 33. — V. *Cautionnement,* n° 16 à 20.

196. Les trib. peuvent encore appliquer aux notaires l'une des peines ci-dessus, à raison de faits autres que ceux formellement prévus par la loi. Cette doctrine est fondée sur ce que l'arr. du 2 niv. an 12, art. 11, prescrit à la chambre de discipline, lorsqu'elle provoque la suspension d'un notaire, d'émettre son avis sur la durée de cette peine, bien que dans les seuls cas où la loi de l'an 11 prononce la suspension (art. 6, 23 et 33), elle en détermine en même temps la durée. Cass. 3 oct. 1811, D. 9, 452 ; 20 nov. 1811, P. 9, 710 ; Bordeaux, 5 déc. 1827, J. P. 1828, 2, 89. — V. d'ailleurs *inf.* n° 204.

197. Elle a reçu son application : 1° à l'occasion d'un faux certificat de stage qu'un notaire avait délivré, par complaisance, à un de ses anciens condisciples, quoique celui-ci n'eût pas réellement travaillé dans son étude. Agen, 28 fév. 1825, J. P. 1826, 2, 363.

2° Contre un notaire qui avait négligé de se rendre à la convocation annuelle pour le renouvellement de la chambre. Bourges, 23 juill. 1827 , J. P. 1828, 1, 575.

3° Contre le secrétaire d'une chambre de notaires qui avait refusé, d'après les ordres formels de la chambre, de délivrer au ministère public expédition entière d'une délibération concernant à la fois un objet de discipline intérieure et un objet d'ordre public. Bourges, 8 déc. 1828 , J. P. 1829, 1, 557.

198. Mais les membres d'une chambre des notaires ne peuvent être poursuivis disciplinairement, pour avoir refusé de procéder à l'examen d'un candidat qui demande le rétablissement d'une charge anciennement supprimée dans le canton. Douai, 25 mars 1831, J. P. 1832, 2, 75.

199. De même, quoique en général les notaires soient tenus de prêter leur ministère, lorsqu'ils en sont requis (L. 25 vent. an 11, art. 3), ils doivent néanmoins le refuser, s'il s'agit de faire un acte contraire à la loi. Art. 8 et 10 ; C. civ. 2063 ; arr. cons. 29 niv. an 11. — Ainsi un notaire pourrait se refuser à faire un acte pour un homme interdit ou mort civilement, ou pour une femme mariée, sans assistance de son mari.

200. L'action disciplinaire contre les notaires est absolument indépendante de l'action criminelle ou correctionnelle. — V. *sup.* n° 79.

Ainsi, un notaire traduit à la C. d'assises sous l'accusation de faux, et condamné par cette Cour pour escroquerie, peut encore, après l'expiration de sa peine, être destitué par le trib. civil. Cass. 13 mai 1807, P. 6, 86; 13 déc. 1810, D. 9, 225; 31 oct. 1811, D. 9, 492; art. préc., Cass. 20 nov. 1811 , et Bordeaux, 3 déc. 1827. — V. *sup.* n° 195.

Un notaire, absous précédemment en police correctionnelle, pour un fait dont la poursuite était prescrite, peut être suspendu de ses fonctions par voie disciplinaire, nonobstant l'art. 360 C. inst. crim. Cass. 30 déc. 1824, S. 25, 257.

De même, un notaire acquitté sur une accusation de concussion et de faux, peut être destitué par le trib. civil, à raison des mêmes faits. Cass. 13 janv. 1825, J. P. 1825, 2, 359 , Nîmes, 19 juill. 1856 (Art. 695 J. Pr.); Requêtes, 29 déc. 1836 (Art. 616 J. Pr.); 12 avr. 1837 (Art. 757, J. Pr.). — *Contrà*, rejet, ch. civ., 24 janv. 1837 (Art. 640 J. Pr.). — V. *sup.* n° 4.

Art. 2. — *Compétence et procédure.*

201. Toutes suspensions, destitutions, condamnations aux amendes et dommages-intérêts sont prononcées contre les notaires, par le trib. civil, dans le ressort duquel est fixée leur résidence, sur la poursuite des parties intéressées, ou d'office, à la poursuite et diligence du procureur du roi. — L. 25 vent.

an 11 , art. 55 ; sauf l'application des règles spéciales sur la poursuite et le jugement des contraventions en matière de timbre et d'enregistrement. — V. L. 28 avr. 1816, art. 76.

Hors le cas de cette procédure toute spéciale , l'administration de l'enregistrement n'a pas qualité pour poursuivre la condamnation des notaires à l'amende. Cass. 10 déc. 1822, J. P. 1825 , 5 , 26. — Cet arrêt est intervenu au sujet d'une contravention à l'art. 68 C. comm.

202. C'est donc par un singulier oubli des principes que l'ordonn. du 5 juill. 1816 sur la caisse des dépôts et consignations, art. 10, suppose qu'un notaire peut être remplacé sans un jugement préalable; un pareil droit n'appartient au gouvernement que dans deux cas spécialement prévus par la loi (L. 25 vent. an 11 , art. 4 et 55). Encore , dans le premier cas , le ministre est-il obligé de prendre préalablement l'avis du tribunal. — V. *sup.* n°s 193 , 195.

203. Le trib. n'est pas tenu de consulter la chambre de discipline avant d'appliquer la peine de la destitution prononcée par l'art. 16 de la loi de l'an 11 (Cass. 13 mai 1807, *sup.* n° 200). Dans tous les cas , le ministère public , lorsqu'il requiert la destitution d'un notaire , peut l'assigner directement devant le tribunal. Bordeaux, 5 déc. 1827. — V. *sup.* n° 196.

204. Le tribunal , saisi d'une plainte contre un notaire, ou la Cour, en cas d'appel, peuvent-ils , au lieu de le renvoyer devant la chambre de discipline, lui appliquer l'une des peines que cette chambre a le pouvoir de prononcer ?

Cette question a donné lieu à plusieurs systèmes :

Premier système. Les chambres de discipline ont , à l'exclusion des trib. civils , le droit de prononcer contre un notaire les peines disciplinaires énumérées dans l'art. 10 , arrêté du 2 niv. an 12. — C'est en séance secrète et en présence de ses seuls collègues qu'un notaire peut se voir déclaré passible de l'une de ces décisions disciplinaires qui sont bien plus un avertissement, un blâme, qu'une peine proprement dite , qui corrigent sans déconsidérer, et dont le but est de ramener à la ligne de l'honneur et du devoir par des voies douces et paternelles. Les art. 53 L. 25 vent. an 11, et 2, 9, 11, 12 arrête 2 niv. an 12 , ont établi pour les peines de suspension , d'amende et de destitution , et l'application des mesures disciplinaires, deux pouvoirs différens , le trib. de prem. inst. et la chambre de discipline; d'où il suit que chaque juridiction doit être indépendante dans sa sphère d'action ; que dès lors l'une comme l'autre doit se renfermer dans les attributions dont elle a été spécialement investie ; que si les chambres de discipline sont incompétentes pour statuer sur des faits qui motiveraient

13.

une suspension ou une destitution, par une réciprocité aussi rationnelle que légale, un trib. civil est incompétent pour appliquer les moyens disciplinaires énumérés dans l'art. 10 arrêté du 2 niv. an 12. Si la chambre des notaires considérait comme passible de dispositions disciplinaires un fait susceptible d'entraîner la suspension ou la destitution, cette décision ne lierait pas le trib. civil. L'ordre public est donc suffisamment garanti. Mais si les tribunaux s'attribuaient le droit d'appliquer les mesures disciplinaires exclusivement dévolues aux chambres des notaires, soit après que celles-ci auraient déjà prononcé, soit avant qu'elle eussent rendu une décision, la prérogative établie en faveur des notaires ne serait plus qu'illusoire..... Peu importe donc que le fait pour lequel un notaire est poursuivi devant un trib. de prem. inst. ne concerne pas sa vie privée, et signale au contraire la violation de l'une des obligations qui lui sont imposées par la loi, si le trib. dégageant le fait de sa gravité ne le considère plus que comme passible de mesures disciplinaires, et le fait par là rentrer dans la classe de ceux dont les chambres sont les seuls juges. Motifs d'un arrêt de Nanci du 2 juin 1834, S. 34, 519. — Cet arrêt infirmatif a été rendu dans une espèce où la chambre des notaires avait statué disciplinairement sur certains faits reprochés à un notaire, et où le trib. civil, saisi par une poursuite du ministère public tendant à destitution ou suspension, avait prononcé un simple rappel à l'ordre.—*Dictionnaire du notariat*, v° *Chambre de discipline*, n° 17.

Deuxième système. Le trib. civil devient compétent pour prononcer l'une des peines portées par l'arrêté de nivôse : 1° Lorsque le ministère public a conclu dans le principe à l'application de l'art. 53 L. 25 vent. an 11 ; — 2° Lorsque la chambre de discipline a négligé d'exercer sa juridiction. Bourges, 25 juill. 1827, S. 27, 247; Cass. 16 juin 1856 (Art. 554 J. Pr.).

Troisième système. Le trib. civil a, concurremment avec les chambres de discipline, le droit de prononcer contre les notaires les peines portées par le décret du 2 niv. an 12. C'est ce qui semble résulter des premiers considérans d'un arrêt de Paris, 9 janv. 1837 (Art. 686 J. Pr.).

Toutefois, deux circonstances sont à remarquer dans l'espèce : 1° La chambre de discipline, tout en décidant qu'il n'y avait pas lieu d'appliquer une nouvelle peine contre le notaire, avait cependant ordonné que la délibération serait transmise au procureur du roi; 2° le ministère public, dans la citation et dans ses conclusions à l'audience, avait requis expressément l'application de l'art. 53 L. 25 vent. an 11, ainsi que le fait ressortir la C. roy. de Paris dans son dernier considérant. Sous ce double rapport, la décision se rapproche du second système qui nous semble préférable.

205. Les notaires sont assignés devant la chambre civile où siège habituellement le président. — Ce magistrat retient l'affaire à sa chambre ou la renvoie à une autre, suivant qu'il le juge convenable, comme s'il s'agissait d'un procès purement civil. Décr. 30 mars 1808, art. 58 et 61.

206. L'instruction et le jugement doivent avoir lieu en audience publique, l'art. 53 L. 25 vent. an 11 n'ayant point fait exception au droit commun (Agen, 28 fév. 1825. — V. *sup.* n° 196). C'est à tort qu'on invoquerait l'art. 103, décr. 30 mars 1808, qui prescrit l'assemblée générale des chambres en la chambre du conseil ; ce décret n'est applicable qu'aux officiers ministériels, et non aux notaires. Amiens, 25 sept. 1833 (Art. 15 J. Pr.).

L'assistance d'un avoué n'est pas plus nécessaire devant les tribunaux que devant la chambre des notaires, en matière disciplinaire : cette assistance n'est exigée que pour les affaires civiles ordinaires. Douai, 15 juin 1835 (Art. 165 J. Pr.).

207. Les jugemens rendus contre les notaires ou à leur profit, en matière de discipline, sont toujours, à la différence de ceux concernant les officiers ministériels, sujets à l'appel, et exécutoires par provision, excepté quant aux condamnations pécuniaires. L. 25 vent. an 11, art. 53.

Même quant ils prononcent l'absolution. Cass. 13 mai 1807. — V. *sup.* n° 200.

Ou quand la poursuite du ministère public a eu pour base un procès-verbal dressé par un vérificateur de la régie de l'enregistrement. Cass. 29 oct. 1830, J. P. 1831, 1, 386.

L'appel du ministère public est recevable, lors même que, depuis cet appel, l'amende a été perçue par le receveur de l'enregistrement. Cass. 29 nov. et 31 déc. 1824.

Une C. roy. est incompétente pour prononcer sur les réquisitions incidentes du ministère public, contre un notaire, la suspension ou la destitution, pour faute de discipline qui aurait été découverte à son audience incidemment à un appel. Ces peines doivent être prononcées, en premier degré, par le trib. civ. de la résidence du notaire : l'art. 103, décr. 30 mars 1808, n'a pas dérogé à l'art. 53, L. 25 vent. 11. Cass. 12 août 1835 (Art. 257 J. Pr.). — V. toutefois *Appel*, 528, *in fine.*

208. Les délais de l'opposition et de l'appel sont ceux réglés par le C. pr.

L'appel doit être interjeté suivant les formes de la procédure civile et non par déclaration au greffe. Douai, 25 juin 1835 (Art. 165, 236 J. Pr.).

209. Le ministère public est recevable à appeler d'un jugement signifié à sa requête, sans réserve ni protestation, et même avec interpellation au notaire de s'y conformer.—V. pourtant Carnot, § 5, n° 28.

210. Le recours en cassation n'est pas recevable, tant que la voie de l'appel n'est pas épuisée. Cass. 16 mai 1825, J. P. 1828, 1, 579; 29 oct. 1850, J. P. 1851, 1, 386.

211. Le recours en cassation est ouvert au ministère public, lors même que, devant la C. roy., il a donné des conclusions favorables au notaire, et que ce notaire a été absous. Cass. 10 nov. 1811, P. 9, 710.

212. Le pourvoi du ministère public contre un arrêt qui a rejeté la demande en destitution d'un notaire, devient sans objet, et par conséquent inadmissible, si, au moment où il a été formé, le notaire a été remplacé par le ministre, qui a accepté sa démission. Cass. 11 juill. 1827, J. P. 1828, 1, 264.

Mais la simple démission du notaire ne suffirait pas pour arrêter les poursuites. Décision du 20 nov. 1857 (Art. 1105 J. P.). — V. Office.

Les tribunaux ne peuvent, en prononçant la destitution d'un notaire, l'autoriser à présenter son successeur. Bordeaux, 6 juin 1855, D. 55, 226.

Il n'appartient qu'au ministre d'autoriser la présentation, par le tribunal, d'un successeur au notaire destitué, en fixant le prix de la charge, dans l'intérêt des créanciers. Décision 20 nov. 1857 (Art. 1105 J. Pr.).

Section VII. — *Des agens de change et courtiers.*

213. Les agens de change et courtiers de commerce de chaque place ont été autorisés à faire un règlement de discipline intérieure, et à le présenter au ministre de l'intérieur (aujourd'hui au ministre du commerce et des travaux publics), pour être par lui soumis à la sanction du roi. Arr. 27 prair. an 10, art. 22.

Le projet présenté par les agens de change de Paris, en 1819, bien qu'il n'ait reçu du gouvernement aucune adhésion expresse, sert néanmoins de loi provisoire à la compagnie.

Dans les places où il n'y a pas assez d'*agens de change* pour former une chambre syndicale (— V. ce mot, n° 1), tous ceux de la localité font l'office de cette chambre. Mollot, n° 472 et 657.

L'extrait de la délibération portant nomination de la chambre syndicale, doit être, à chaque élection, envoyé, dans les vingt-quatre heures, au préfet de police à Paris, et au commissaire-général ou au maire dans les autres places. Arr. 27 prair. an 10, art. 21.

214. S'il s'élève une contestation entre les agens de change ou courtiers, relativement à l'exercice de leurs fonctions, elle doit être portée d'abord devant le syndic et les adjoints, qui sont autorisés à donner leur avis. Si les intéressés ne veulent pas s'y conformer, l'avis est renvoyé au trib. de comm. qui prononce, s'il s'agit d'intérêt civil, et au procureur du roi, s'il s'agit d'un fait de police et de contravention aux lois et règlemens, pour qu'il exerce des poursuites sans délai : le tout sans préjudice du droit des parties intéressées. Arr. 29 germ. an 9, art. 16 et 18.

215. Le préfet de police de Paris, le commissaire-général de police de Marseille, Lyon et Bordeaux, et le maire des autres places de commerce, peuvent proposer la suspension des agens de change qui ne se conformeraient pas aux lois et règlemens, ou qui prévariqueraient dans leurs fonctions. Le préfet de police s'adresse à cet effet au ministre du commerce et des travaux publics ; les commissaires-généraux de police, aux préfets ; les maires, aux sous-préfets, qui en rendent compte au préfet. Sur le compte qui lui est rendu, le ministre peut proposer au roi de prononcer la destitution de l'agent de change ou du courtier inculpé, après avoir toutefois fait demander l'avis des syndics et adjoints, devant lesquels le prévenu doit être entendu. *Ib.* art. 17 et 18.

216. Une amende est prononcée contre les courtiers de commerce pour défaut de tenue ou de dépôt de leurs répertoires. L. 16 juin 1824, art. 11.

217. Lorsque le cautionnement d'un agent de change a été entamé, l'agent de change doit être suspendu de ses fonctions jusqu'à ce qu'il l'ait complété entièrement.—V. *sup.* n° 190-3°.

Les noms des agens de change ainsi suspendus de leurs fonctions doivent être affichés à la Bourse. L. 27 prair. an 10, art. 13.

218. La destitution est encourue par les agens de change ou courtiers qui se seraient assemblés ailleurs qu'à la Bourse, et à d'autres heures qu'à celles fixées par le règlement de police, pour proposer et faire des négociations, et par ceux qui auraient négocié des lettres de change ou des billets, ou vendu des marchandises appartenant à des gens dont la faillite serait connue. —Dans ce dernier cas, il y a lieu en outre à l'application d'une amende de 3,000 fr. *Ib.* art. 3 et 18.

219. La compagnie des agens de change, banque, finance et commerce de la ville de Paris, est placée dans les attributions du ministre des finances. La chambre syndicale a, sur les membres de la compagnie, la surveillance et l'autorité d'une chambre de discipline ; elle doit veiller avec le plus grand soin à ce que chaque agent de change se renferme strictement dans les limites légales de ses fonctions ; elle peut, suivant la gravité des cas, censurer, suspendre les contrevenans de leurs fonctions, et

provoquer auprès du ministre des finances leur destitution. Ordonn. 29 mai 1846, art. 1 et 3.

— V. *Organisation judiciaire, Responsabilité.*

DISCUSSION. Action de rechercher, saisir et faire vendre
les biens du principal obligé, avant ceux des personnes qui ne
sont obligées que secondairement à la même dette, ou certains
biens du débiteur avant certains autres. — *L'exception* ou le
bénéfice de discussion est le droit accordé à celui qui n'est tenu
que secondairement de demander que le créancier discute préalablement les biens du débiteur principal.

1. Ce bénéfice a lieu dans plusieurs circonstances.

2. La caution conventionnelle ou légale n'est tenue de payer
*t*e créancier qu'à défaut du débiteur principal, qui doit être
préalablement discuté dans ses biens. C. civ. 2024.

A moins que la caution ne se soit obligée solidairement avec
le débiteur principal (*ib.*), — ou qu'elle n'ait renoncé à ce bénéfice (*ib.*). — Mais lorsque, dans ce dernier cas, elle s'est obligée pour le débiteur principal, *toutefois qu'il serait par justice
ordonné*, elle ne peut être poursuivie qu'après un jugement
obtenu contre ce débiteur. Turin, 6 pluv. an 12, S. 4, 658.

3. La caution qui veut profiter du bénéfice de discussion
doit, 1° le réclamer sur les premières poursuites dirigées contre
elle. C. civ. 2022. — V. *inf.* n° 14.

L'exception de discussion est dilatoire, et comme telle doit
être proposée avant toute défense au fond. — Elle ne peut être
proposée pour la première fois en appel. Bourges, 51 déc.
1830, D. 51, 122. — V. *Exception.*

Si cependant, sur les premières poursuites, la caution soutient qu'elle n'est pas caution, ou si elle attaque l'acte de cautionnement, elle n'est point obligée d'opposer à ce moment le
bénéfice de discussion ; ce serait par là même reconnaître la
qualité de caution, qui est précisément l'objet de la contestation préalable. Duranton, n° 535. — *Contrà*, Pigeau, 2, 11.
— A l'inverse, en réclamant le bénéfice de discussion, on est
non recevable à demander postérieurement la nullité ou la rescision du cautionnement. Delvincourt, 5, 258.

4. 2° Avancer les deniers suffisans pour faire la discussion.
C. civ. 2023.

5. 5° Enfin indiquer au créancier les biens du débiteur principal. *Ib.*

Ne peuvent être indiqués ni les biens situés hors de l'arrondissement de la C. roy. du lieu où le paiement doit être fait,
ni les biens litigieux, ni ceux hypothéqués à la dette, qui ne
sont plus en la possession du débiteur. C. civ. 2023.

Tous les biens libres du débiteur doivent être indiqués en
même temps, afin d'éviter les frais et les longueurs. Cependant

l'indication successive serait valable, si la découverte de certains biens n'avait eu lieu que postérieurement à la première indication. Merlin, *Rép.*, v° *Discussion*.

Le créancier est, jusqu'à concurrence des biens indiqués, responsable, à l'égard de la caution, de l'insolvabilité du débiteur principal, survenue par défaut de poursuites. C. civ. 2024.

6. Le bénéfice de discussion ne peut être demandé, 1° par la caution judiciaire à l'égard du débiteur principal. C. civ. 2042;

2° Par le certificateur de la caution judiciaire, à l'égard du débiteur principal et de la caution. *Ib.* 2043.

7. Mais il peut l'être par le cédant, même formellement obligé à la garantie de la créance cédée. Merlin, *Quest. dr.*, v° *Effet de commerce*, § 2.

8. L'action en réduction d'une donation n'est recevable contre les tiers-détenteurs des immeubles faisant partie des donations, et aliénés par les donataires, que discussion préalablement faite de tous les biens de ces derniers sans distinction. C. civ. 930.

Les tiers-détenteurs ne sont pas tenus de requérir cette discussion, ni d'en avancer les frais. C'est aux réservataires à se présenter avec les preuves de l'insolvabilité des donataires, au moyen de procès-verbaux de carence, ou autrement. Duranton, t. 8, n° 373.

L'action doit être exercée suivant l'ordre des aliénations, en commençant par la plus récente. C. civ. 930.

9. Les biens donnés par le débiteur en fraude des droits de ses créanciers ne doivent être poursuivis qu'après discussion de ceux qu'il a conservés, si le défendeur à la révocation le requiert. Toullier, t. 6, n°s 544, 346.

10. Le tiers détenteur peut s'opposer à la vente de l'héritage hypothéqué qui lui a été transmis, et invoquer le bénéfice de discussion, pourvu, 1° qu'il soit demeuré d'autres immeubles hypothéqués à la même dette dans la possession du principal ou des principaux obligés. C. civ. 2170.

11. 2° Que l'hypothèque soit légale ou judiciaire.

Lorsque l'hypothèque est privilégiée ou spéciale, l'immeuble grevé devient le gage direct et exclusif du créancier. C. civ. 2171.

Peu importe, dans ce cas, qu'il existe entre les mains du débiteur d'autres immeubles hypothéqués spécialement à la même créance; l'art. 2170 ne distingue pas; il est général et absolu. Grenier, *Hypothèque*, n° 326.

12. 3° Qu'il ne soit pas personnellement obligé à la dette. C. civ. 2170.

L'héritier qui a payé la portion de dettes dont il était tenu en cette qualité, ne doit être regardé que comme simple détenteur, et peut empêcher qu'on ne vende l'immeuble qu'il possède, jusqu'à ce qu'on ait discuté les autres immeubles de la succession, possédés par les autres héritiers. Ceux-ci tiennent lieu, à son égard, des principaux obligés. Grenier, *ib.*; Chabot, *Successions*, art. 873.

13. 4° Enfin, qu'il ait opposé l'exception de discussion sur les premières poursuites dirigées contre lui. C. civ. 2022.

14. On doit entendre par *premières poursuites* celles postérieures au commandement tendant à saisie immobilière. Persil, art. 2170.

15. Le tiers-détenteur n'est tenu d'offrir au créancier le montant des frais nécessaires à la discussion, que si ce dernier l'exige. Cass. 21 mars 1827, D. 27, 182.

16. Pendant la discussion, il est sursis à la vente de l'héritage hypothéqué. C. civ. 2170.

17. Le créancier peut de nouveau attaquer le tiers-détenteur, lorsque la discussion du débiteur ne lui a pas procuré le paiement intégral de sa dette. Persil, *ib.*

18. Souvent le créancier ne peut faire vendre certains biens de son débiteur qu'après en avoir discuté certains autres.

Ainsi, il ne peut poursuivre la vente, 1° des biens libres qu'en cas d'insuffisance des biens hypothéqués. C. civ. 2209.

19. 2° Des biens soumis à une hypothèque subsidiaire qu'après la discussion de ceux qui ont été hypothéqués purement et simplement. Merlin, *Rép.*, v° *Discussion.*

Toutefois, si la valeur de ces derniers biens est évidemment insuffisante, on peut ordonner la vente des biens libres cumulativement avec ceux-ci. Limoges, 3 juin 1816.

20. 3° De ceux dont le revenu est égal à la créance, si le débiteur en offre la délégation. C. civ. 2212.

21. 4° Des biens d'un mineur ou interdit qu'après la discussion de son mobilier. C. civ. 2206, 2207; Berriat, p. 573. — V. *Saisie immobilière.*

22. L'expression *mobilier* désigne toutes sortes de meubles, et non pas seulement les meubles meublans. Bordeaux, 20 janv. 1812, Berriat, *ib.* — Elle comprend même les créances. Turin, 14 août 1811, S. 13, 6; Berriat, *ib.*, note 25.

23. L'exception de discussion du mobilier peut être couverte; ainsi, elle n'est pas opposable pour la première fois en appel. Cass. 13 avr. 1812, P. 10, 291.—Toutefois, suivant Thomine, t. 2, 197, le mineur pourrait, à sa majorité, attaquer l'adjudicataire par la voie de requête civile, notamment s'il était prouvé que la discussion des meubles eût acquitté ses dettes.

24. Mais la discussion du mobilier n'est pas requise avant l'expropriation des immeubles appartenant par indivis à un majeur et à un mineur, ou à un interdit, si la dette leur est commune, ou si les poursuites ont commencé contre un majeur avant l'interdiction. C. civ. 2207.

25. Le Code ne donne aucune règle pour cette espèce de discussion; il convient de suivre l'ancien usage : on doit demander au tuteur un compte sommaire pour savoir si son administré a des ressources mobilières, saisir-exécuter les meubles, ou dresser un procès-verbal de carence. Berriat, *ib.*; Grenier, *Hyp.* t. 2, n° 476.

26. On ne peut poursuivre en même temps la vente des biens situés dans plusieurs arrondissemens de tribunaux et soumis à des exploitations différentes, à moins que la valeur n'en soit inférieure au total des créances inscrites. C. civ. 2210, 2211; Paris, 24 janv. 1815; Berriat, 572.

DISJONCTION. Séparation de deux ou plusieurs causes jointes par un jugement précédent, ou plusieurs chefs de conclusions réunis dans la même demande.

1. La disjonction est prononcée lorsque, l'une des causes étant prête à recevoir jugement, l'autre n'a point encore reçu le degré d'instruction nécessaire.

2. Elle est demandée à l'audience, par des conclusions contenues dans une requête précédemment signifiée, ou par un simple acte de conclusions.

3. Le juge peut-il prononcer d'office la disjonction ?—V. *Exception.*

DISPARITION. — V. *Absence*, n° 22; *Scellés.*

DISPENSE D'AGE. — V. *Avoué*, n° 17.

DISPENSE DE STAGE. — V. *Stage.*

DISPOSITIF. Partie du jugement ou arrêt qui contient ce qui a été *statué* ou *ordonné.* Le dispositif suit immédiatement les motifs.—V. *Jugement.*—Par *dispositif*, on entend aussi quelquefois les motifs du jugement : dans ce cas, le dispositif est la partie du jugement qui suit les qualités.

DISTANCE. — *Ajournement*, n° 47 à 52; *Appel*, n° 89 à 95; *Cassation*, n° 145; *Délai*, § 3.

DISTRACTION DE DÉPENS. — V. *Dépens*, § 4.

DISTRACTION en matière de SAISIE IMMOBILIÈRE. —V. ce mot.

DISTRIBUTION DES CAUSES.

1. Dans les tribunaux composés de plusieurs chambres, le président distribue, chaque jour d'audience, les causes dans lesquelles le défendeur a constitué avoué, entre les différentes chambres, sur le rôle général, de la manière qu'il trouve la plus convenable pour l'ordre du service et l'accélération des affaires. Décr. 30 mars 1808, art. 61.

2. Il renvoie également à chaque chambre les affaires dont elle doit connaître par motifs de litispendance ou de connexité. *Ib.*

3. Toutefois, les affaires relatives aux droits d'enregistrement, d'hypothèque et de timbre, aux loteries et aux contributions, ne sont pas portées sur le rôle général, et doivent être toutes renvoyées à la chambre indiquée à l'avance par le président. *ib.* 56, 61. — V. *Audience*, § 2; *Rôle.*

4. Dans les Cours royales, la distribution des causes est faite par le premier président.

5. A Paris, il est fait mention de la chambre à laquelle l'affaire est renvoyée, en marge du placet déposé par la partie poursuivant l'audience. — V. *Placet.*

DISTRIBUTION par contribution (1). Répartition, *au marc le franc*, entre les créanciers d'un débiteur de ses deniers arrêtés ou provenant de ventes faites sur saisie-arrêt, saisie-exécution, saisie-brandon, ou saisie de rentes.

On l'appelle *contribution*, parce qu'elle n'a lieu que quand il y a plus de dettes que de sommes à distribuer, et que chacun des créanciers contribue à la perte commune. — V. toutefois *inf.* n° 65.

DIVISION.

§ **1.** — *Cas dans lesquels il y a lieu à contribution.*

1. Lorsque les deniers suffisent au paiement des dettes et des frais, et que le débiteur s'accorde avec ses créanciers, il passe avec eux un acte devant notaire, contenant, au profit de chacun d'eux délégation, sur le dépositaire des fonds, du montant de

---

(1) Cet article a été revu par M. Lejouteux, avocat à la Cour royale de Paris.

sa créance. — Si le dépositaire est partie à l'acte, il paie, et il lui est donné quittance par l'acte même.

S'il n'est pas partie, on lui signifie l'acte de délégation. — V. *Saisie-arrêt*.

S'il refuse le paiement, il est poursuivi en son nom personnel, et demeure responsable de tous dépens et dommages-intérêts. —V. d'ailleurs *Dépôts et Consignations*.

La distribution amiable peut éprouver des entraves, de la part soit du débiteur, soit de l'un ou plusieurs de ses créanciers.

Si le débiteur critique les titres de divers créanciers, avant de faire une délégation à tous, il doit assigner celui ou ceux des opposans, dont il conteste les prétentions pour faire restreindre les oppositions à la somme dont il soutient être seulement débiteur.

S'il obtient gain de cause, il peut ensuite disposer du surplus des sommes déposées, notamment par voie de délégation.

2. Mais, dès que les sommes à partager sont insuffisantes pour payer tous les créanciers opposans, il y a lieu à contribution (Demiau, 427 ; Thomine, n° 726), encore bien que le débiteur ne soit pas en état de *déconfiture*. — *Contrà*, Hautefeuille, 355.

On reconnaît l'insuffisance des deniers, en cas de saisie-arrêt par les déclarations affirmatives ; — Dans le cas de vente mobilière, par l'extrait que le commissaire-priseur ou l'huissier doit donner tant du montant de la vente que des oppositions.

3. Il suffit que le paiement intégral des créances soit douteux, pour qu'il y ait lieu à contribution. — Suivant Pigeau, 2, 180, les créanciers qui prétendent que les deniers sont suffisans, peuvent demander leur paiement par provision, à la charge de donner caution de rapporter dans le cas d'insuffisance. Par ce moyen, on fait cesser les intérêts, et l'on diminue d'autant les charges du saisi. Arg. Cout. de Paris, art. 180.

4. Dans le cas où il n'y a que deux ou trois créanciers, l'un d'eux peut-il assigner en attribution de deniers et demander que la distribution soit faite à l'audience ? — ou bien à défaut de contribution amiable, la distribution doit-elle nécessairement être faite devant un juge commissaire?

En faveur du premier système, vainement on argumente de l'art. 775 C. pr., d'après lequel il faut plus de trois créanciers pour qu'on puisse ouvrir un ordre : d'une part, la disposition de cet article ne se trouve pas au titre de la distribution par contribution ; d'autre part, cet article n'est relatif qu'au cas où il s'agit de la répartition du prix d'une vente volontaire : il serait inapplicable aux contributions faites sur ventes après saisie qui sont de véritables expropriations. Pigeau, *Comm.* 2, 246. — *Contrà*, Chauveau, *hoc verbo*, n° 1. — V. *inf.* n° 40.

D'ailleurs, une observation démontre qu'il n'y a pas parité entre l'ordre et la contribution.

La plupart des hypothèques sont soumises à la formalité de l'inscription, et l'on sait ordinairement, à l'époque de la vente, avec l'état délivré par le conservateur, combien il y a de créanciers hypothécaires.—Il en est autrement des créanciers chirographaires : leur nombre n'est pas toujours connu, dès le principe, d'une manière positive ; il peut s'accroître de jour en jour.

5. Dans l'usage, au tribunal de la Seine, on n'ouvre pas de contribution, lorsque la somme à distribuer n'est pas supérieure à 300 fr., — et les parties se pourvoient en référé devant le président du tribunal.

6. Le jugement qui valide une saisie-arrêt et qui ordonne que le tiers saisi videra ses mains en celles du saisissant, donne-t-il à ce saisissant le droit d'être payé par préférence aux autres créanciers, qui saisiraient postérieurement la somme arrêtée ? — V. *Saisie-arrêt.*

§ 2. — *Sommes sur lesquelles s'ouvre la contribution.*

7. La distribution par contribution s'ouvre ordinairement, soit sur le prix de vente des biens saisis sur le débiteur, soit sur des deniers saisis-arrêtés, ou sur toutes sommes déposées à la caisse des *dépôts et consignations* (— V. ce mot et *Saisie-Arrêt.*), et en général sur le prix de tous les meubles ou sommes *mobilières* appartenant au débiteur. C. pr. 656.

8. Toutefois elle ne peut s'ouvrir sur les deniers à provenir, — 1° d'une créance non liquidée ; — ou non exigible. Paris, 8 juin 1836 (Art. 420 J. Pr);

2° Des fruits de l'immeuble hypothéqué échus depuis la dénonciation de la saisie au débiteur ; ces fruits sont immobilisés (C. pr. 689), et distribués par voie d'*ordre.* Cass. 5 nov. 1813, S. 14, 6. — V. ce mot, et *Saisie immobilière.*

3° Des arrérages de rentes hypothéquées avant la loi du 11 brum. an 7, échus depuis la dénonciation de la saisie du fonds de la rente ; ils sont également immobilisés et distribués par voie d'ordre. C. pr. 655 ; Pigeau, 2, 197.

9. Réciproquement, quoiqu'en général la contribution n'ait lieu que sur des sommes mobilières, elle peut néanmoins s'ouvrir sur le prix d'immeubles : 1° lorsque les créanciers hypothécaires ou privilégiés ont été désintéressés, ou s'il n'en existe pas. Le prix se partage alors entre les créanciers opposans sur ces sommes, quoique d'une origine immobilière.

2° Lorsque des créanciers ont pris inscription sur un immeuble au nom de leur débiteur, créancier lui-même du saisi : dans ce cas, ce débiteur est colloqué au rang attribué à sa créance ; mais le montant de sa collocation, quoique d'origine immobilière, est partagé par voie de distribution entre tous ses créanciers inscrits ou opposans, avant la clôture de l'ordre. C. pr. 778; Grenier, *Hypoth.* 355; Berriat, 623. — V. *Ordre.*

§ 3. — *Personnes entre lesquelles la distribution a lieu.*

10. La distribution par contribution se fait ordinairement entre les créanciers d'un débiteur qui ont formé opposition sur les deniers à lui appartenant, ou sur le prix des ventes faites sur lui à la requête de l'un d'eux, soit entre les mains du tiers-débiteur, soit entre celles de l'officier qui a procédé à la vente.

L'opposition n'est pas une formalité indispensable pour être admis à la distribution : tous les biens du débiteur sont le gage commun de ses créanciers ; mais il y aurait imprudence à ne pas prendre le plus tôt possible cette mesure conservatoire. Le créancier qui s'en dispense s'expose, en effet, à n'être point averti, car le poursuivant est dispensé de lui faire sommation de produire. — V. *inf.* nᵒˢ 45 et 52.

11. La distribution a lieu le plus souvent entre les créanciers chirographaires.

12. Dans le cas de faillite, les créanciers hypothécaires, non colloqués sur le prix des immeubles, ont le droit de concourir, à proportion de ce qui leur reste dû, avec les créanciers chirographaires, sur les deniers appartenant à leur masse. Art. 552, L. 16 avr. 1838 (Art. 1160 J. Pr.).

Il n'est même pas nécessaire que les créanciers hypothécaires n'aient pas été colloqués sur les immeubles ; si la vente du mobilier précède celle des immeubles, ils peuvent concourir aux différentes distributions qui ont lieu. Mais, dans le cas où par la suite ils viennent en ordre utile sur le prix des immeubles, ils ne touchent le montant de leur collocation hypothécaire que déduction faite des sommes par eux perçues dans les distributions chirographaires ; et les sommes, ainsi déduites, n'accroissent pas au profit des créanciers hypothécaires non colloqués utilement, et retournent aux créanciers chirographaires. *Ib.* 553, 554.

13. Ces principes sont inapplicables en matière ordinaire : il n'y a plus les mêmes motifs de décider que pour la faillite. Dans ce dernier cas, la loi voit avec défaveur les priviléges et les hypothèques ; elle tend à rendre égal le sort de tous les créanciers, et l'on conçoit dès lors que les dispositions spéciales des art. 552 à 556 aient trouvé place dans le C. commercial. — Mais vouloir étendre ces dispositions au droit civil, ce serait créer, en faveur des créanciers chirographaires, une espèce de bénéfice de discussion, là où les créanciers hypothécaires ont été vus avec une grande faveur. — M. Bigot de Préameneu, lors de la discussion au Conseil-d'Etat, a considéré les articles du projet de Code de commerce, comme une exception aux principes généraux du droit, motivée par les circonstances particulières à la faillite. — V. Locré, 19, p. 291 à 297.

14. Les créanciers qui veulent prendre part à la distribution sont ordinairement connus.

Si elle se fait sur une saisie-arrêt, le tiers-saisi a dû dénoncer à l'avoué du premier saisissant les saisies postérieures. C. pr. 575.

Si la saisie frappait sur des objets susceptibles d'être vendus, les opposans antérieurs à la vente ont dû renouveler, et les opposans postérieurs former, leur opposition entre les mains de l'officier chargé de la vente, qui en fait mention sur son procès-verbal.

Si la distribution se fait sur une vente de rentes ou actions, les opposans ont dû former opposition entre les mains du tiers-saisi, et celui-ci a dû la dénoncer au fur et à mesure au saisissant. Pigeau, 2, 185.

Enfin, la caisse des dépôts et consignations (lorsque les sommes sont déposées) tient note de toutes les oppositions qui sont formées dans ses bureaux, et en délivre l'extrait lorsqu'il est question d'ouvrir la distribution.

Pour les formalités spéciales aux oppositions au trésor et à la caisse des consignations, — V. *Saisie-arrêt*.

15. Jusqu'à quelle époque de nouveaux créanciers peuvent-ils former opposition sur les sommes à distribuer et participer à la contribution? — V. *inf.* n° 52.

16. Si l'un des créanciers n'a pas formé opposition, ses créanciers personnels peuvent en faire une en son lieu et place.

Ils doivent alors la notifier à celui pour qui et à celui sur qui elle est faite.

Si leur débiteur a formé opposition, ils doivent s'opposer à ce que le tiers-saisi paie entre ses mains.

17. Les créanciers du créancier opposant attendront-ils le résultat de la distribution, pour en provoquer une seconde, au cas où la collocation de leur débiteur serait admise? — Ou bien, le juge-commissaire procédera-t-il simultanément aux deux distributions?

Pigeau, 2, 209, indique la première marche.

La seconde a été quelquefois suivie pour rendre la procédure moins longue et moins dispendieuse.

Le juge-commissaire a-t-il pouvoir pour cette double opération? — Afin de prévenir les doutes à cet égard, on pourrait, de prime-abord, requérir une commission simultanée, ou plus tard présenter à cette fin, au président, une nouvelle requête.

S'il ne survenait point de contestation entre les créanciers du saisi, mais seulement entre les créanciers de l'un des créanciers, ce serait le cas de disjoindre et de poursuivre la clôture du règlement définitif de la première distribution, sans attendre le jugement des contestations relatives à la seconde.

§ 4. — De la contribution amiable.

18. Dans tous les cas où il y a lieu à contribution, les parties, avant de recourir aux formalités judiciaires, doivent tenter de s'arranger à l'amiable. Si les deniers arrêtés ou le prix des ventes ne suffisent pas pour payer les créanciers, porte l'art. 656, le saisi et le créancier sont tenus, dans le mois, de convenir de la distribution par contribution.

19. Le délai d'un mois court, en cas de saisie-arrêt, du jour de la signification au tiers saisi du jugement qui fixe la dette ; en cas de saisie de rentes, du jour de la signification du jugement d'adjudication ; et, s'il y a appel, du jour de la signification du jugement confirmatif; en cas de saisie-exécution ou brandon, du jour de la dernière séance du procès-verbal de vente. Ordonn. 3 juill. 1816, art. 8; Arg. C. pr. 749, 1034; Thomine, n° 730.

20. Lorsque toutes les parties sont d'accord et maîtresses de leurs droits, la contribution amiable se fait de la manière qu'elles jugent convenable, pourvu que leurs stipulations ne soient contraires ni à l'ordre public, ni aux lois, ni aux bonnes mœurs. C. pr. 6, 1133. — V. sup. n° 1.

21. Le refus d'un seul créancier de concourir à une distribution amiable suffit pour rendre nécessaire une distribution judiciaire ; — et les frais de cette procédure n'en sont pas moins pris sur la masse : en effet, il est dans son droit en exigeant cette forme plus solennelle. Il trouve une garantie dans les lumières du juge-commissaire, et dans l'affirmation des créanciers lors de la délivrance des borderaux (— V. inf. 127). Si les autres créanciers veulent rendre son refus inutile, il n'ont qu'à le désintéresser.

Toutefois, selon Carré, n° 2160, Demiau, art. 656, celui qui, sans raison, mettrait obstacle à une distribution à l'amiable devrait être condamné aux frais qu'il aurait occasionés. Arg. C. pr. 130. — M. Thomine, n°˙ 729 et 730, exige, dans ce cas, que le projet de distribution amiable, accepté par les autres créanciers, soit signifié, à la requête du débiteur, au créancier récalcitrant, avec déclaration qu'on entend le rendre passible des frais auxquels il aura donné lieu sans motif légitime.

22. Le tuteur peut acquiescer à une contribution amiable pour son pupille, sans autorisation du conseil de famille; il ne s'agit en effet que d'un droit mobilier. Arg. C. civ. 464; Pigeau, 2, 181. — V. *Mineur.*

Il en est de même du mineur émancipé, lorsque la dette ne consiste qu'en revenus ou fruits; si elle avait pour objet un capital ou un fonds, l'assistance de son curateur deviendrait nécessaire, mais sans autorisation préalable du conseil de famille. Arg. C. civ. 482; Pigeau, *ib.*

§ 5. — *De la contribution judiciaire.*

23. Il n'est pas nécessaire de justifier de la tentative d'une contribution amiable : la loi est muette sur ce point; elle n'indique aucune procédure de conciliation; le tarif ne passe en taxe aucun acte relatif à cet objet; le silence des parties, pendant le délai d'un mois, suffit donc pour autoriser la contribution judiciaire. Si la loi s'exprime en termes impératifs, c'est uniquement pour que les juges et les créanciers soient bien pénétrés du vœu du législateur qu'il se fasse une contribution amiable. Réal *au Conseil-d'État*; Carré, art. 656. — V. toutefois *sup.* n° 21.

Art. 1. — *Consignation des deniers arrêtés et des sommes saisies.*

24. A défaut de contribution amiable dans le délai d'un mois (— V. *sup.* n°ˢ 18 et suiv.), l'officier qui a fait la vente est tenu de consigner dans la huitaine suivante, à la charge de toutes les oppositions, le prix de la vente, sous la déduction de ses frais, d'après la taxe qui en a été faite par le juge sur la minute du procès-verbal, et dont il est fait mention dans les expéditions (C. pr. 657, Tarif, 42). — Ce dépôt est effectué à la caisse des *dépôts et consignations.* — V. ce mot, n° 16.

25. Si le détenteur des fonds a payé une dette privilégiée, il doit consigner les quittances de ces paiemens (Thomine, n° 731); mais n'étant pas juge du mérite d'un privilège, il s'expose, en cas de paiement fait mal à propos, à être contraint de représenter la totalité des deniers, sauf son recours contre ceux qui ont reçu. C. civ. 1242; Thomine, *ib.*; Berriat, 544.

26. L'officier public qui se refuse d'effectuer le dépôt peut être assigné par tout créancier devant le président du trib. qui statue en référé, et ordonne le dépôt; ou même devant le tribunal à l'effet d'être condamné au paiement des intérêts des sommes à déposer, échus depuis l'expiration du délai qui lui est accordé pour effectuer le dépôt.

Si son retard a causé quelque préjudice aux créanciers, il pourrait être condamné en outre à des dommages-intérêts. — V. d'ailleurs *Dépôts*, n°ˢ 28 et 29; *Discipline*, n° 202.

27. Les détenteurs de deniers, autres que les officiers ministériels, sont également tenus de consigner. Ainsi, cette obligation est imposée au tiers saisi, à l'adjudicataire d'une rente, et au curateur à une succession vacante. Ordonn. 1816, art. 2. De même que les officiers ministériels, ils ne peuvent être contraints à la consignation avant l'expiration de la huitaine qui suit le mois accordé aux créanciers et au saisi pour s'entendre. Arg. C. pr, 657 ; Pau, 11 déc. 1822, J, P, 1824, 2, 215. — V. n° 19.

28. L'officier qui a fait la vente peut déduire du montant de la consignation ses frais taxés par le juge sur la minute du procès-verbal de vente. C. pr. 657.

Le tiers saisi pourrait, avant de consigner, retenir ses frais réglés selon la taxe. Carré, 2165; Pigeau, 2, 181. — Dans ce cas, il remet le surplus au consignataire avec copie du jugement qui liquide ses frais, Pigeau, 2, 182.

C'est à tort que les auteurs du Praticien, 4, 285, pensent que l'officier qui a fait la vente, et, par suite, les autres détenteurs de fonds doivent consigner, sauf à eux à réclamer le paiement de leurs frais.

29. Il ne peut être procédé à aucune distribution avant que la consignation des deniers à partager ait été effectuée (ordonn. 3 juill. 1816, art. 4) ; les trib. ne doivent plus autoriser, soit les tiers saisis, soit les adjudicataires de rentes, actions, fruits, etc., à garder entre leurs mains le prix de l'adjudication. — V. *inf.* n° 134.

Pour les effets de la *consignation*, —V. *Dépôts*, § 4.

Art. 2. — *Tribunal compétent.*

30. Le tribunal compétent pour connaître de la distribution par contribution est celui qui a statué sur la saisie et devant lequel il a été procédé à la vente ; peu importe qu'il ne soit point celui du domicile du saisi : la distribution n'est, en effet, que la conséquence et l'exécution du jugement qui a ordonné la vente. Paris, 11 juin 1836 (Art. 445 J, Pr.).

Si plusieurs saisies sont faites contre le même débiteur et suivies devant des juges différens, c'est le cas de réunir les deux poursuites de distribution et d'y procéder devant le trib. où la première a été introduite. S'il n'en était point ainsi, les créanciers seraient contraints de disperser leurs titres pour les produire en même temps dans plusieurs tribunaux ; ce qui multiplierait les frais. Il faut donc appliquer les règles de la connexité. *Réglem. de juges* 23 août 1809, S. 10, 56 ; Berriat, 517 ; Carré, 2, 499 ; Favard, 2, 113 ; Thomine, 2, 180 ; Roger, *Saisie-Arrêt*, n° 637. — *Contrà*, Hautefeuille, 357 ; Lepage, 426. — Cette décision doit être surtout admise lorsque le premier trib. était celui où le saisi avait son principal établissement. Cass. 3 fruct. an 13, P. 4, 718.

51. La faillite du débiteur, survenue pendant la distribution par contribution, n'empêche pas le trib. civil de rester saisi de l'instance, et ne doit pas la faire renvoyer devant le trib. de comm., spécialement lorsque, dans cette distribution, des forclusions ont été prononcées ; il y a alors pour les créanciers un droit acquis. Paris, 5 juin 1823, J. P. 1823, 3, 423.

Art. 3. — *Procédure pour arriver au règlement provisoire.*

52. Après l'expiration du délai fixé pour la distribution amiable et la consignation des sommes à partager (— V. *sup.* n°s 18 et 24), le saisissant, et, à son défaut, la partie la plus diligente, peut poursuivre la contribution judiciaire. C. pr. 658.

53. La distribution poursuivie avant l'expiration du délai accordé pour la contribution amiable, n'est pas nulle : la loi n'a pas attaché la peine de nullité à l'inobservation de ce délai ; l'essai de la voie amiable n'est que facultatif (— V. *sup.* n° 23) ; on peut prendre la voie judiciaire aussitôt qu'on voit qu'il n'y a pas accord entre les parties. Rouen, 30 déc. 1814, S. 15, 220 ; Berriat, 555, note 9.

54. Le mot *partie* comprend les créanciers ; — le saisi ; il a intérêt à se libérer et peut être chargé de poursuivre la distribution ; — le tiers saisi et l'adjudicataire des fruits ou rentes, s'ils ont été autorisés à garder les fonds jusqu'à la distribution. Arg. C. pr. 750. — V. toutefois *inf.* n° 134.

Mais, dans tous les cas, la poursuite ne doit être faite que par un seul intéressé, afin d'éviter les frais. Pigeau, 2, 182.

55. A cet effet, l'avoué de la partie qui veut obtenir la poursuite forme au greffe, sur un registre dit *des concurrences*, une réquisition sommaire qu'on appelle *présentation*, et qui contient le nom du requérant et de son avoué, la date et le numéro de la consignation, et le nom de la partie saisie ; il demande la nomination d'un juge-commissaire pour procéder à la distribution. Ordonn. 3 juill. 1816, art. 4 ; C. pr. 658.

56. Si plusieurs avoués font la même réquisition simultanément, ils doivent se présenter sans sommation devant le président du tribunal qui décide, sans procès-verbal et nonobstant opposition ou appel, quelle réquisition on devra recevoir. C. pr. 658 ; tar. 95, 130.

Cette comparution volontaire ne donne droit à aucuns honoraires ni vacations. Arg. tarif, 95.

57. L'usage à Paris est que les avoués, en cas de contestations sur la poursuite d'une contribution, se règlent devant la chambre des avoués.

Celui qui a fait la présentation invite, par lettres, ses collègues à se trouver devant la chambre ; le jour est laissé en blanc. Ces lettres sont remises au secrétaire, qui se charge de remplir le jour de convocation et d'adresser les lettres revêtues du timbre de la chambre aux avoués.

La date de l'inscription sur le registre des concurrences, n'est pas toujours une cause de préférence. On a égard tout à la fois au plus ou moins de diligences, au plus ou moins grand intérêt de chaque créancier.

Le créancier le plus diligent est celui qui, le premier, produit les actes nécessaires à l'ouverture de la contribution : par exemple, l'état des oppositions et le certificat des sommes à distribuer. Quant à l'intérêt, le créancier est ordinairement préféré au saisi, le saisi au tiers saisi ou à l'adjudicataire ; — et, à circonstances égales d'ailleurs, celui dont l'avoué est le plus ancien. Pigeau, 2, 183. — V. d'ailleurs *inf.* n° 92.

38. En marge de la réquisition, le président nomme un juge pour procéder à la distribution. C. pr. 658.

39. Pendant les vacations, — peut-on requérir la nomination d'un juge-commaissaire, et provoquer l'ouverture du procès-verbal de contribution ? Les délais pour produire et pour contester courent-ils ? Le travail de la procédure peut-il se continuer pendant cette époque ? — V. *Ordre.*

40. Quoique le tribunal soit seul compétent pour statuer sur les difficultés qui peuvent s'élever durant la procédure, il ne peut faire lui-même la distribution à l'audience. La loi a tracé en cette matière des formalités qui doivent être nécessairement suivies ; un juge-commissaire doit être nommé pour régler la contribution, et lui seul a le droit de l'arrêter définitivement, après décision du tribunal sur les contestations qui ont pu naître. Cass. 29 août 1832, S. 32, 721.

Si le renvoi devant le juge-commissaire n'a pas été réclamé, il doit être prononcé d'office par le tribunal. *Même arrêt.*

41. L'avoué poursuivant présente au juge commis une requête à l'effet d'être autorisé à sommer les créanciers opposans de produire les titres de leurs créances, et la partie saisie de prendre communication des productions, et d'y contredire s'il y a lieu. C. pr. 659 ; tar. 96.

A cette requête doit être joint l'état des créanciers opposans, soit entre les mains du saisissant, soit en celles de l'officier qui a procédé à la vente, pour faire connaître au juge commis le nombre de ceux qui prétendent avoir droit à la distribution (Arg. C. pr. 752, Pigeau, 2, 185) ; et le certificat constatant la quotité des sommes à distribuer.— Mais il est inutile de joindre copie de la réquisition et de l'ordonnance qui nomme le juge commis (— *Contrà*, Pigeau, 2, 184). — Il suffit de les énoncer dans la requête présentée au juge. C'est ce qui se pratique à Paris.

42. Au bas de la requête, le juge commis rend son ordonnance portant la permission de faire les sommations, et ordinairement commission d'un huissier, à cet effet.

43. Il ouvre son procès-verbal par la mention de ces requête et ordonnance, et à la suite il inscrit les productions à mesure qu'elles sont faites.

La minute de ce procès-verbal reste déposée au greffe du tribunal. Pigeau, 2, 184; Carré, art. 659.

44. Les sommations de produire se font aux créanciers par actes d'avoué à avoué, s'il y en a eu de constitués (Arg. 753; Pigeau, 11, 185; Carré, 2171); sinon par exploit signifié à personne ou à domicile ; elles doivent être précédées de la copie des requête et ordonnance en vertu desquelles elles sont faites. Arg. C. pr. 659. — Toutefois l'omission de cette copie ne serait pas une nullité. — V. *Ordre.*

45. Le poursuivant n'est obligé de sommer que les créanciers compris dans l'extrait des oppositions dont il est parlé *sup.* n° 41 : il n'est pas censé connaître les créanciers qui n'ont pas été indiqués dans cet extrait. Pigeau, *com.* 2, 247.

Mais dans l'usage, le juge-commissaire, avant de délivrer le permis de sommer, exige que l'état des opposans soit visé de nouveau par le détenteur des deniers, qui doit mentionner les oppositions survenues dans l'intervalle.

46. La partie saisie doit être sommée de prendre communication et de contredire, en même temps que les créanciers, de produire, bien qu'il lui soit notifié une seconde sommation à la même époque qu'aux créanciers, après que ceux-ci ont produit : pour examiner tous les titres, elle a besoin d'un plus long délai que les produisans.

47. Dans le mois de la sommation, les créanciers opposans doivent produire leurs titres. C. pr. 660. — V. *inf.* n° 55.

48. L'acte de production a lieu par requête présentée au juge commis, et contenant demande en collocation en principal, intérêts et frais, avec une constitution d'avoué. Il doit être signé de l'avoué. Arg. C. pr. 754; Pigeau, 2, 186. — A cette requête doivent être joints les titres, s'il y en a. C. pr. 660; tar. 29, 97.

Si l'on a droit à un privilége, il faut le demander par le même acte. C. pr. 661. — Le juge ne peut l'accorder d'office; il n'a mission d'accorder que ce qu'on lui demande. C. pr. 480, n° 4.

Toutefois, jusqu'à la clôture de l'état de collocation, on peut le demander par un acte additionnel, à ses frais et sans répétition. Pigeau, *Comm.* art. 661; Merlin, *Rép.* §1er, n° 3; Delaporte, 2, 23. — *Contrà,* Demiau et Lepage. — V. *Action,* n° 116.

49. D'après l'art. 660 C. pr. la production doit être faite entre les mains du juge commissaire. Cependant l'usage est de la faire au greffe. Il peut être justifié par l'art. 1040 C. pr., qui veut que tous les actes du ministère du juge soient faits au lieu où siège le tribunal. Thomine, n° 733.

Les pièces étant censées produites entre les mains du juge-commissaire, rigoureusement ne devraient pas être retirées du greffe sur le récépissé des avoués. Thomine, *ib.* — Le contraire a quelquefois lieu dans l'usage.

50. Les créanciers opposans doivent produire dans le mois de la sommation, à peine de forclusion. C. pr. 660.

Cette disposition s'applique aux créanciers opposans qui ont été sommés de produire. — Conséquemment, si la déchéance est demandée contre eux, leur production tardive doit être rejetée par le juge-commissaire.

Vainement on dit, dans l'opinion contraire : —Le délai d'un mois est souvent insuffisant pour rechercher tous les titres justificatifs de la créance et pour les produire ; —c'est le cas d'appliquer par analogie la disposition de l'art. 757 C. pr., qui permet aux créanciers de produire *à l'ordre* après le délai fixé, à la charge par eux de supporter les frais qu'occasione leur production tardive ; — l'art. 663 C. pr., combiné avec l'art. 660, prouve que la forclusion est uniquement fondée sur la supposition que le juge-commissaire, le mois une fois expiré, arrêtera immédiatement le règlement provisoire ; dans ce cas, en effet, il serait injuste que le créancier retardataire, en produisant ses titres, dérangeât l'ordre de collocation qui a été déterminé. Ce motif n'existe point au contraire, quand le règlement provisoire n'est pas clos, les choses étant alors entières et le mérite des titres produits pouvant être apprécié sans préjudice pour personne. Aussi l'art. 660 ne dit-il point, comme l'art. 664, que les créanciers demeurent forclos faute de produire, *sans nouvelle sommation ni jugement.*

On répond avec raison : — La faculté de produire, à ses frais, accordée au créancier retardataire, par l'art. 757 C. pr., repose sur des motifs particuliers à l'*ordre* ; il existe une grande différence entre un titre chirographaire obscur et ignoré jusqu'à la production qui en est faite, et un titre hypothécaire inscrit et connu de tous les créanciers, par le seul fait du dépôt, entre les mains du commissaire, du certificat des inscriptions existantes. — Aussi, cette faculté n'a-t-elle pas été reproduite au titre de la distribution par contribution : reste la disposition de l'art. 660 qui prononce formellement la forclusion, et qu'on ne saurait considérer comme comminatoire. C. pr. 1029 ; Paris, 27 juin et 13 août 1811, P. 9, 422 ; Bordeaux, 30 mars 1829, S. 29, 242 ; Pigeau, 2, 198 ; Carré, n° 2175 et 2180 ; Berriat, 557 ; Dalloz, v° *Ordre,* 856, n° 3. — *Contrà,* Paris, 11 déc. 1822, S. 23, 223 ; Demiau, 452 ; Delaporte, 2, 241, Thomine, n° 733.

Il a même été jugé que la production tardive de ces créanciers doit être rejetée d'office par le juge : — attendu que la forclusion est une déchéance, et que l'art. 1029 C. pr. porte qu'aucune déchéance prononcée dans le Code n'est comminatoire; que la forclusion est encourue de plein droit à l'expiration du délai par la volonté souveraine de la loi. Jugement du trib. de la Seine, 13 août 1834, confirmé par la 1re ch. de C. Paris, 3 mars 1835 (Art. 30 J. Pr.). Rauter, 341.

Toutefois cette solution nous paraît bien rigoureuse. — Indépendamment de la brièveté du délai accordé pour produire, il ne faut pas perdre de vue que le mot *forclusion* s'employait autrefois dans les instructions par écrit, et n'emportait pas une déchéance de plein droit. — Enfin la forclusion de l'art. 660 est une espèce de *péremption* ou de prescription : or, ni l'une ni l'autre ne peuvent être prononcées d'office. C. civ. 2223; C. pr. 399. — V. ce mot.

Autrefois, à Paris, les officiers ministériels étaient dans l'usage de ne point invoquer la forclusion. — Mais le client peut forcer son avoué à présenter ce moyen, et d'ailleurs plusieurs de MM. les juges-commissaires croient devoir prononcer d'office la forclusion.

51. Mais, si les créanciers n'ont pas été sommés le même jour, la faculté de produire se prolonge, même après le mois, tant qu'il y en a encore qui sont dans le délai. En effet le juge-commissaire, à moins que tous les créanciers n'aient produit auparavant, doit attendre, pour procéder au règlement provisoire, que le délai pour produire soit expiré. C. pr. 663. — Telle est d'ailleurs la règle générale établie pour les procédures ordinaires par l'art. 151. Trib. Seine, 29 janv. 19 fév. 1849 (Art. 754 J. Pr.). Rouen, 22 fév. 1827, S. 27, 113; Paris, 7 fév. 1835, D. 33, 115; Pigeau, *ib*.

52. Le créancier, opposant, qui n'a pas été sommé peut produire jusqu'au règlement définitif : : on ne peut lui reprocher aucune négligence. — V. d'ailleurs *inf.* n° 132.

53. Le créancier, non opposant lors de la délivrance de l'état des oppositions, qui n'a pas reçu de sommation, peut-il invoquer cette circonstance pour produire après le mois, avant la clôture du règlement provisoire ?

Pour la négative, on dit : le but de l'art. 660 C. pr. a été d'accélérer la procédure de distribution et d'exclure les créanciers en retard. En parlant seulement des opposans, cet article a spécifié le cas le plus ordinaire ; mais il serait absurde de supposer qu'en établissant une forclusion il eût entendu traiter plus favorablement les créanciers les plus négligens. Le registre des contributions tenu au greffe (C. pr. 658) étant public, les créanciers non opposans ont été suffisamment interpellés de

faire leurs productions dans les délais de la loi. Puisque le poursuivant ne les connaissait point au moment où les sommations
ont été faites, il n'était point à sa disposition d'autre moyen de
les avertir. Paris, 7 et 30 juill. 1829, S. 30, 104 et 102. —
V. d'ailleurs *Saisie-arrét.*

Mais on répond, pour l'affirmative : l'art. 660 suppose le
cas où les créanciers ont été sommés. La forclusion ne peut être
prononcée que nominativement contre les créanciers connus,
auxquels sommation a été faite de produire et qui ne l'ont point
fait dans le délai; tous les autres peuvent se présenter tant que
le procès-verbal de distribution n'est pas clos provisoirement.
Le créancier peut n'avoir eu connaissance du dépôt que depuis
l'ouverture de la contribution.

Dans l'espèce de l'arrêt de Paris, le créancier n'avait produit
qu'après le règlement provisoire. — A cette époque la forclusion était évidemment encourue; il y a droit acquis. L'intervention d'un nouveau créancier est tardive. Paris, 11 déc. 1822,
S. 23, 223; Thomine, n° 733.

Toutefois un arrêt de Grenoble (29 déc. 1818, D. v° *ordre*,
p. 857) a même admis de nouveaux créanciers saisissans jusqu'à la clôture du règlement définitif.

Quid, s'il survient de nouvelles sommes à distribuer? —
V. *inf.* n° 119.

54. En matière de faillite, la forclusion ne s'applique pas
aux créanciers non opposans, tant que la distribution n'est pas
consommée. L. 16 avr. 1838, art. 503. On a dû venir au secours des créanciers dont les intérêts sont alors bien autrement
compromis que lorsqu'il s'agit d'une contribution ordinaire,
qui ne suppose pas toujours une déconfiture complète, et laisse
ainsi un recours aux créanciers retardataires. Rouen, 18 avr.
1828, S. 28, 177.

55. L'art. 660 C. pr. exige non seulement que la demande
en collocation soit formée dans le mois, mais encore que les
titres soient produits dans le même délai, à peine de forclusion.

Cette forclusion a été prononcée : — 1° contre un créancier
qui s'était d'abord contenté de demander sa collocation, et qui
n'avait produit ses titres que depuis le règlement provisoire.
Non compris dans ce règlement, il en avait demandé la réformation; mais sa contestation fut successivement rejetée par le
trib. de la Seine et par la C. de Paris. 13 août 1811, P. 9, 549;

2° Contre un créancier qui, après les avoir produits dans le
mois, les avait retirés sans réserves et ne les avait point rétablis
lors de la confection du règlement provisoire. Paris, 3 mars
1835 (Art. 30 J. Pr.);

3° Contre un créancier cessionnaire de partie d'une créance,
qui avait produit, au lieu de son acte de transport, le titre

primitif, quand rien n'y indiquait qu'il concernât la créance cédée. Cass. 2 juin 1855 (Art. 150 J. Pr.).

Toutefois, la disposition ne doit pas être entendue dans un sens trop rigoureux. Il ne faut pas perdre de vue que le délai accordé pour rechercher les titres et pour les produire est extrêmement court.

Il suffit, ce nous semble, pour satisfaire à la loi, — 1° que le titre essentiel soit produit dans le délai ; — par exemple, le jugement par défaut qui constate la créance ; les actes prouvant que l'exécution a eu lieu dans les six mois, n'étant qu'un accessoire du titre, pourraient être produits un peu plus tard. Arg. Cass. 6 mai 1858 (Art. 1521 J. Pr.). — Il en serait autrement si des pièces insignifiantes étaient seules annexées à la requête de production.

2° Que la production soit complète au moment où le juge rédige le règlement provisoire.

Si le titre est sous seing privé ,l'avoué, dans la crainte qu'il ne soit perdu au greffe, se borne quelquefois à en produire une copie certifiée, sauf communication ultérieure, lorsqu'elle est requise.

56. Pour les créances qui, par leur nature, ne peuvent être accompagnées de titres, il suffit d'une demande en collocation. Telles sont celles des ouvriers pour salaires. Paris, 30 juill. 1828, S. 28, 350.

57. Le propriétaire qui a des titres à faire valoir, doit, comme les autres créanciers, faire sa production dans le mois. Peu importe qu'on ait établi en sa faveur une procédure particulière (—V. inf. n° 69). Autrement il lui serait permis, par son retard, d'entraver la procédure ; ce qui ne peut être admis.

58. L'acte de production ne doit point être notifié ; il suffit que le saisi et les créanciers soient appelés à en prendre communication. Tar. 97.

Art. 4. — *Règlement provisoire ; collocation des créanciers ordinaires et privilégiés.*

59. Le délai d'un mois , fixé par l'art. 660, une fois expiré, ou même avant, si tous les créanciers sommés ont produit, le juge commis dresse un état ou règlement provisoire de la distribution. Cet état est fait d'après les pièces produites, et mis à la suite du procès-verbal d'ouverture. C. pr. 663.

60. Le juge peut procéder d'office à sa rédaction aussitôt après l'expiration des délais, et sans qu'il soit besoin de réquisition de la part du poursuivant. Delaporte, 2, 240 ; Carré, art. 663 ; Thomine, 2, n° 734.

A Paris, l'usage est que l'avoué poursuivant retire les pièces produites, et soumette au juge-commissaire un projet de règlement provisoire.

61. L'état de distribution commence par le visa sommaire : 1° des pièces qui constatent la somme à distribuer ; 2° des originaux des sommations faites aux opposans ; 3° des productions faites.

62. Le juge après avoir déterminé le chiffre de la somme à distribuer, en portant pour mémoire les intérêts qu'elle doit produire jusqu'au jour fixé pour le règlement définitif, — colloque les créanciers produisans.

63. Il peut admettre ou rejeter les demandes en collocation, suivant qu'elles lui paraissent ou non justifiées, sauf le droit de contestation appartenant à chaque créancier ; mais il doit user du droit de rejet avec modération. Dans le doute, il convient d'accorder la collocation. Favard, v° *Distribution*, § 2, n° 2 ; Thomine, n° 734.

64. L'allocation doit toujours être faite en principal, intérêts et frais. — Toutefois, les intérêts courant jusqu'à un jour beaucoup plus reculé, et les frais n'étant liquidés qu'à la même époque (— V. *inf.* n° 124), le règlement provisoire ne porte que la somme principale à raison de laquelle on est colloqué. Les deux autres articles sont mentionnés pour mémoire.

65. S'il y a des créanciers privilégiés, comme ils doivent être payés de leurs créances en totalité et préférablement à tous autres, le juge en fait une classe à part, et réserve pour la seconde partie de son règlement les créanciers ordinaires, qui n'ont à se partager que la somme restant après l'acquittement des créances privilégiées.

66. Les créances privilégiées ne viennent pas toutes au même rang (C. civ. 2101, 2102). Si les fonds manquent sur des créanciers privilégiés au même degré, il s'établit entre eux une contribution, pour laquelle on suit les règles ordinaires. C. civ. 2097.

67. Le créancier poursuivant n'est point préféré aux créanciers opposans ; il ne vient qu'au *marc le franc* de sa créance.

Toutefois, les *frais de poursuite* sont prélevés avant toute créance autre que celle pour loyers (C. pr. 662), — pour laquelle l'art. 2102-1° accorde au propriétaire un privilége sur les fruits de la récolte de l'année et sur ce qui garnit la maison ou la ferme, et ce qui sert à l'exploitation de la ferme.

68. Il ne faut point conclure de l'art. 662 que tous les frais de justice sont primés par le privilége du propriétaire. Ceux, en effet, qui ont été faits dans son intérêt comme dans celui des autres créanciers, savoir les frais de commandement, de saisie et vente, doivent être colloqués en première ligne. Il eût été contraint de les faire si un autre créancier ne les eût faits lui-même, car le privilége ne peut être exercé qu'autant que le gage a été converti en une somme d'argent. L'art. 662 a voulu seulement faire passer le privilége pour loyers avant celui des *frais de poursuite.* La discussion qui précéda la rédaction définitive de cet article, sert à en expliquer l'esprit. Le projet du Code portait : *les frais de poursuite seront prélevés par privilége avant toute autre créance;* et si l'on a ajouté : *autre que celle pour loyers dus au propriétaire,* c'est uniquement par forme d'exception, pour montrer que la créance du propriétaire est préférable à celle des frais de poursuites, et non dans l'intention de créer au profit du propriétaire un privilége qui détruirait les règles du Code civil, consacrées par l'équité. C. civ. 2102, § 3; Limoges, 15 juin 1813; Berriat, p. 559, 560, note 34; Carré, art. 662, n° 2176; Pigeau, 2, 195; Thomine, n° 727. — *Contrà*, Delaporte, 2, 289.

On entend par frais de poursuite ceux qui n'ont pour objet que la poursuite en contribution, et qui sont indiqués au tarif sous le paragraphe qui concerne cette procédure.

On appelle *ordinaires* ceux qui ont lieu en toute contribution, comme la vacation pour requérir la nomination du juge-commissaire, la requête pour obtenir son ordonnance à l'effet de sommer les créanciers de produire, la sommation, la dénonciation de la clôture du procès-verbal de contribution. Tar. 29, 95, 96, 99.

Les frais *extraordinaires* sont ceux qui sont occasionés par des incidens, comme ceux faits par le plus ancien des opposans cité à comparaître en référé devant le commissaire dans le cas de l'art. 661, la vacation en référé, la vacation du créancier contestant dont la réclamation est accueillie, les frais faits par l'avoué le plus ancien des opposans sur cette contestation, et en général dans l'intérêt commun des créanciers.

Le juge-commissaire ne peut les colloquer par privilége à la différence de ce qui a lieu pour les frais ordinaires, qu'autant qu'il aurait été ainsi ordonné par le jugement qui a statué sur l'incident. (Arg. C. pr. 716; Pigeau, 2, 190).— On est dans l'usage de demander et d'obtenir cet emploi par privilége.

Quant aux frais que les créanciers ont faits dans leur intérêt particulier, soit avant la distribution pour poursuivre leurs paiemens, soit lors de cette distribution pour produire, prendre communication, contredire et réclamer contre la distribution, ils ne peuvent les réclamer que comme accessoires de leurs créances. Pigeau, 2, 191.—V. *Dépens*, n° 30 à 32.

On doit donc tenir pour constant que les frais de commandement, de vente et saisie, ayant été faits dans l'intérêt même du propriétaire et pour la conservation de la chose (2102, § 3), priment son privilége.

En est-il de même des frais de scellés et d'inventaire ?

Pour la négative, on dit : ces frais faits à la diligence des héritiers et de l'avoué représentant les créanciers opposans sont sans intérêt pour le propriétaire qui, se trouvant nanti du gage, peut empêcher de le divertir, soit par la saisie-gagerie, soit par la saisie-revendication : l'art. 662, qui dispose que le privilége du propriétaire primera les frais de distribution, est fondé sur le motif que ces frais n'ont été d'aucune utilité pour lui ; il s'applique à tous ceux qui n'ont point été faits dans son intérêt. Paris, 24 nov. 1814 et 27 nov. 1815 ; Lyon, 14 déc. 1825, D. 26, 38 ; Thomine, Pigeau. — Jugé par les mêmes principes que les frais faits pour l'administration de la faillite du locataire passent après le privilége du propriétaire. Cass. 20 août 1821.

Nous pensons, au contraire, avec M. Troplong, art. 2101, n° 124, que la solution dépend des circonstances. — Par exemple, si l'inventaire est postérieur à la saisie-gagerie et à la revendication, le privilége du propriétaire prime ces frais. — Il en est autrement dans le cas inverse ; l'apposition de scellés et l'inventaire ont assuré le gage, et prévenu des dilapidations.

69. Le propriétaire à qui il est dû des loyers a la faculté de traduire la partie saisie et l'avoué le plus ancien devant le juge-commissaire pour faire statuer sur son privilége. C. pr. 661.

La sommation a lieu par acte d'avoué à avoué. Tarif, 98 ; Carré, art. 661 ; Pigeau, 2, 187.

Si le saisi n'a pas constitué d'avoué, la sommation lui est faite par acte extrajudiciaire à personne ou domicile.

L'avoué du propriétaire doit-il présenter requête au juge-commissaire pour obtenir indication de jour ? Les frais de cette requête peuvent-ils passer en taxe ? — La négative est suivie par la plupart des juges-commissaires au tribunal de la Seine : on la fonde sur le silence du tarif et sur ce que l'indication d'un jour peut être donnée sans aucune formalité.

70. Le juge-commissaire rend une ordonnance qui est consignée ou au moins énoncée sur le procès-verbal de contribution.

Elle peut être rendue par défaut. Arg. tarif, 98.

Cette ordonnance tient lieu de bordereau de collocation au propriétaire à l'égard du détenteur des deniers à distribuer. — On rappelle ce prélèvement de deniers lors du règlement provisoire.

71. Le principal locataire a le même droit que le propriétaire. Le privilége est, en effet, accordé à la créance des loyers et fermages, et non à la personne du créancier. C. civ. 2102-1° ; C. pr. 819 ; Pigeau, *Comm.*, 2, 254, note 2, art. 661.

72. Les contributions directes passant avant les loyers et fermages, et les sommes dues pour semences et frais de récoltes étant payées sur le prix de la récolte, par préférence au propriétaire, ces deux créances doivent également jouir du privilége énoncé en l'art. 661, L. 12 nov. 1808, art. 1 C. civ., art. 2102-1°; Pigeau, *Comm.*, 2, 252, note 5, art. 661.

73. L'ordonnance du juge-commissaire qui statue sur le privilége du propriétaire est définitive, comme celles rendues dans le cas des art. 263, 264, 265, 403 et 666 C. pr. — Alors même que des contestations s'élèveraient sur le privilége du propriétaire. Aussi l'article porte-t-il qu'il statue *préliminairement* et non pas qu'il statue *provisoirement.* Amiens, 10 juin 1837 (Art. 998 J. Pr.).

Conséquemment, elle doit être attaquée par appel devant la C. roy. (Trib. Seine, 5ᵉ ch., 4 fév. 1834; Pigeau, 2, 251, note 4, art. 661. — V. *inf.*, n° 131); — et non par opposition devant le tribunal.

Jugé à tort, selon nous, que le juge peut renvoyer les contestations devant le tribunal. Bordeaux, 2 août 1831, D. 32, 118.

Si l'ordonnance a été rendue par défaut, on peut y former opposition devant le juge-commissaire : il ne s'agit pas ici d'une mesure provisoire, d'un simple référé, et, bien que le mot se trouve dans l'art. 661, la disposition de l'art. 809 est inapplicable.

74. Le propriétaire ne pourra faire valoir le privilége énoncé en l'art. 661 qu'après le mois accordé aux créanciers pour produire : ce n'est qu'à cette époque qu'on peut déterminer l'avoué le plus ancien des opposans, contre qui doit être introduite l'action. C. pr. 661, Pigeau, *ib.*, 2, 254, note 3, art. 661.

75. Si la somme à partager dépend d'une succession, les créanciers du défunt doivent être payés avant ceux de l'héritier, pourvu qu'ils aient, préalablement et en temps utile, demandé la *séparation des patrimoines* (— V. ce mot). Arg. C. civ. 878 à 880; Pigeau, *Comm.* 2, 254, note 2, art. 663. — V. d'ailleurs *sup.* n° 17.

Art. 5. — *Procédure pour arriver au règlement définitif.*

76. Le règlement provisoire, dressé d'après les règles énoncées ci-dessus, le poursuivant dénonce la clôture du procèsverbal aux produisans et à la partie saisie, et les requiert d'en prendre communication, et d'y contredire dans le délai de quinzaine, s'il y a lieu. C. pr. 663.

77. Le jour de la signification n'est pas compris dans ce délai. On ne doit donc point compter du jour de la semaine auquel la dénonciation a été faite à pareil jour de la quinzaine. — *Contrà*, Thomine, 2, n° 735. — V. *inf.* n° 104.

78. La sommation pour les produisans et la partie saisie se fait par simple acte d'avoué à avoué. C. pr. 663.

Si cette partie n'a pas d'avoué constitué, on lui fait sommation par exploit à domicile. Tarif, 29, 99, 134; Paris, 1ᵉʳ déc. 1836 (Art. 670 J. Pr.); Thomine, 2, n° 734; Demiau, 432; Delaporte, 2. 240; — et l'on observe les délais de distance. Arg. C. pr. 775. *Même arrêt.*

79. La sommation suffit pour avertir les créanciers.

Ainsi, le procès-verbal n'est ni levé, ni signifié, Tar. 99; Carré, 678; Berriat, 558, note 23. — V. *Ordre.*

80. Le créancier ou la partie qui ne prend pas communication dans le délai fixé par la sommation, demeure forclos, sans nouvelle sommation ni jugement. C. pr. 664.

81. Le juge peut-il recevoir des contredits après la quinzaine, tant que son procès-verbal n'est pas clos, les frais restant à la charge du contestant? — Pour l'affirmative, on invoque l'art. 757, en matière d'*ordre* (— V. ce mot), et l'analogie des deux procédures. Rennes, 31 mai 1813, P. 11, 433; Delaporte, 2, 241. — Mais nous adoptons l'opinion contraire : d'après l'art. 664, la forclusion est acquise contre le créancier non contestant, à l'expiration de la quinzaine, et l'art. 756, au titre de l'ordre, reproduit même cette disposition. Carré, art. 664, n° 2180. — V. *inf.* n° 85.

Souvent, pour empêcher que l'on n'élude l'application de cet article par un dire de contestation antidaté, l'avoué du créancier poursuivant fait un dire de réquisition qu'il a soin de dater, par lequel il indique le jour de la dénonciation du règlement provisoire, et demande qu'il soit passé outre au règlement définitif.

82. La contestation élevée dans les délais par un créancier, profite à tous les autres, même à ceux qui ont laissé passer la quinzaine sans faire aucune réclamation. Paris, 30 juill. 1829, S. 30, 101.

83. S'il n'y a pas lieu à contester, il n'est fait aucun dire sur le procès-verbal. Dans ce cas, le silence vaut approbation, et un dire serait frustratoire. C. pr. 664. — Dans le cas contraire, on se pourvoit de la manière indiquée *inf.* art. 6.

Art. 6. — *Contestations sur le règlement provisoire.*

84. L'avoué qui produit dans une contribution est toujours présumé, à l'égard des autres créanciers, avoir reçu mandat de contester; — à moins que la loi, par une disposition expresse, n'ait exigé que le moyen qui sert de base à la contestation ne pût être proposé qu'en vertu d'un mandat spécial, — par exemple si l'on s'inscrit en *faux* contre le titre de l'un des créanciers. — V. ce mot et *Désaveu*, n° 4.

Mais l'officier ministériel peut-il être passible de dommages-intérêts envers son client, si, en l'absence d'un mandat spécial, il élève une contestation peu fondée, ou s'il néglige de faire un contredit qui aurait eu des chances de succès?—Il faut distinguer.

La remise des titres à l'effet de produire, emporte implicitement pour l'avoué, pouvoir et obligation de contredire toutes les productions vicieuses sous le rapport de la forme, et même du fond, si le moyen résulte de l'inspection seule du titre, — par exemple la prescription. Le délai pour contredire est extrêmement court; il n'a pas été augmenté à raison des distances; l'avoué peut manquer du temps nécessaire pour s'entendre avec la partie.

S'agit-il, au contraire, de contester une créance pour dol ou captation, l'avoué a besoin d'un mandat spécial. — V. *Désaveu*, n° 19. — Et, d'un autre côté, l'inaction de l'officier ministériel, sans aucun concert frauduleux, ne l'exposerait pas à une action en dommages-intérêts. La connaissance des faits sur lesquels reposent ces sortes d'actions ne peut guère être indiquée que par le client lui-même; elles sont d'ailleurs d'une trop grande gravité pour être intentées légèrement.

Ainsi l'on a déclaré non responsable l'avoué chargé de produire à une contribution, qui, en l'absence d'un pouvoir spécial, s'était abstenu d'attaquer, comme entaché de dol, l'acte authentique produit par l'un des créanciers. Bourges, 27 juin 1831, S. 33, 42 (Art. 95 J. Pr., à la note.).

Au reste, l'avoué doit s'empresser, lorsqu'il le peut, de faire connaître à son client tous les moyens de contestation susceptibles d'être employées contre les autres créanciers.— Et il agira prudemment en obtenant de sa partie un pouvoir détaillé.

85. Si le débiteur ou l'un des créanciers opposans croit devoir contester le règlement provisoire, il le fait par un dire sur le procès-verbal, et à la suite du règlement : ce dire est signé par l'avoué du contestant.—Il doit avoir lieu dans la quinzaine de la dénonciation du procès-verbal. C. pr. 663. — V. *sup.* n°ˢ 80 et suiv.

Il a été jugé que les dires de contredit formés sur le procès-verbal dans la quinzaine, sont les seuls qui puissent être plaidés à l'audience, et que les contestans ne seraient pas recevables à en proposer de nouveaux après l'expiration de ce délai. Paris, 17 juin 1813, P. 11, 471.

Suivant M, Thomine, n° 735, celui dont la créance a été contestée dans la quinzaine, peut, même après ce délai, non seulement signifier ses défenses, mais encore contester incidemment la créance de son adversaire. Arg. C. pr. 443.—V. *Ordre.*

86. Les contestations peuvent avoir pour objet, soit l'existence de la créance en tout ou en partie, soit celle des priviléges réclamés, etc. ; mais elles ne peuvent, en général, porter sur le terme. C. civ. 1188.

Un créancier ne serait pas non plus recevable, à l'occasion d'une contribution et par voie incidente, à former contre un autre créancier une demande en garantie. Cette demande ne peut l'être que par voie principale. Paris, 5 juill. 1838 (Art. 1187 J. Pr.).

On est, au contraire, recevable à opposer que la créance est conditionnelle, qu'en conséquence le créancier n'est point en droit de toucher immédiatement ; mais il peut demander que le montant de sa collocation reste déposé jusqu'à l'événement, ou bien que les autres créanciers donnent caution de le lui rapporter, dans le cas où l'événement arriverait, s'ils n'aiment mieux le lui laisser toucher, en donnant caution de le représenter. C. civ. 1180 ; Pigeau, 2, 199 et 200.

87. Suivant Pigeau, 2, 200, les questions de priviléges ne peuvent être soulevées que par les créanciers et non par le saisi.

— Il nous semble, au contraire, que ce dernier a intérêt, et par conséquent droit à contester les priviléges. Il lui importe qu'un plus grand nombre de créanciers soit désintéressé. Arg. C. civ. 1253.

88. S'il y a des contestations, le juge commis n'est pas compétent pour prononcer sur leur mérite ; il doit se borner à renvoyer les parties intéressées à l'audience à jour fixe, pour y voir statuer sur leurs réclamations. C. pr. 666.

Il en est fait mention sur le procès-verbal à la suite du dire du contestant.

89. En matière d'ordre, le juge-commissaire, lorsqu'il renvoie les contestans à l'audience, arrête l'ordre pour les créances antérieures à celles contestées ; d'où l'on a conclu que s'il n'y a de contestation que sur les créances ordinaires, le commissaire peut, en renvoyant les parties à l'audience, arrêter la distribution des créances privilégiées. Pigeau, 2, 200 ; Favard, v° *Distrib. par contrib.* § 3 ; Carré, n° 2185 ; Thomine, n° 737.

Mais on peut objecter : la disposition de l'art. 758 C. pr. n'a pas été reproduite au titre de la contribution ; on ne doit pas ici raisonner par analogie, d'ailleurs l'analogie n'est pas complète. En matière d'ordre le droit des premiers créanciers demeure fixé en cas de non contestation. En matière de contribution, on ne connaît pas de prime abord tous les créanciers privilégiés. — La disposition de l'art. 661 (— V. *sup.* n° 69) constitue un droit exclusif en faveur du propriétaire.

90. L'audience est poursuivie par la partie la plus diligente sur un simple acte d'avoué à avoué, sans autre procédure. C. pr. 666.

Conséquemment, il est inutile, 1° de lever expédition de l'ordonnance de renvoi à l'audience ; — 2° de signifier cette ordonnance ; 3° de signifier le dire de contestation.

Ceux à qui l'avenir est signifié ne peuvent y répondre par
écrit. En cas de remise de l'affaire à une autre audience que
celle indiquée par le juge commissaire, il n'est pas besoin de
nouvel avenir. Arg. C. pr. 1034 ; Pigeau. 2,201.

91. Les créanciers contestans, ceux contestés, la partie saisie,
et l'avoué le plus ancien des opposans, sont seuls en cause. Le
poursuivant ne peut être appelé en cette seule qualité (C. pr.
667). Ces parties sont seules en cause, parce qu'elles ont seules
un intérêt. Tous les créanciers opposans sont représentés par
l'avoué le plus ancien. Pigeau, *ib.*

A Paris on alloue ordinairement les frais de présence du
poursuivant dans le but d'accélérer la procédure.

92. L'avoué le plus ancien est celui qui, à la fin du mois
donné pour produire, est le plus ancien selon l'ordre du tableau
des avoués des créanciers.

93. Si le client de l'avoué le plus ancien était sans intérêt par
exemple, parce qu'il serait privilégié, on ne devrait point appeler cet avoué (Arg. C. pr. 760, qui n'admet pas les créanciers
hypothécaires utilement colloqués au nombre de ceux qui peuvent choisir un avoué pour défendre la masse, comme étant sans
intérêt), — mais l'avoué le plus ancien après lui. Ce ne serait
pas le cas d'appeler l'avoué du dernier créancier colloqué, comme
on le décide en matière d'ordre, faute par les créanciers de s'entendre sur le choix de l'avoué. Les créanciers chirographaires
sont tous en effet sur la même ligne. Pigeau, 2, 204.

Il en serait de même si le client de l'avoué le plus ancien
avait un intérêt identique à celui du créancier contesté. Pigeau,
ib. ; Carré, art. 667.

Rien n'empêcherait chacun des créanciers de se choisir un
avoué pour se défendre personnellement, à la charge de supporter seul les frais faits tant par lui que contre lui. Arg. C. pr.
529 ; Thomine, n° 737.

94. Quel que soit le nombre des difficultés élevées, elles ne
forment qu'une instance, et doivent être vidées par le même jugement. Favard, *Rép.*, v° *Distribution*, § 2, n° 4.

95. Les parties que l'on doit mettre en cause sont appelées
par acte d'avoué à avoué.

Si la partie saisie n'en a pas constitué, elle est assignée par
exploit d'huissier, signifié à personne ou domicile. Carré, art.
667 ; Pigeau, *Comm.* 2, 251 ; Delaporte, 2, 238.

96. Le jugement est rendu sur le rapport du juge-commissaire (C. pr. 668), et sur les conclusions du ministère public

(*ib.*) pour assurer les créanciers, représentés par l'avoué le plus ancien, que leurs intérêts ne seront pas compromis. Pigeau, 2, 201.

97. Les parties ne peuvent être admises à plaider avant le rapport du juge-commissaire : tout rapport se fait sans plaidoiries précédentes. Carré, art. 668, n° 2190 ; Demiau, art. 668 n° 2490 ; Demiau, art. 668.

Mais elles peuvent plaider après le rapport (Art. 1309 J. Pr.). — V. *Ordre.*

98. Le jugement doit contenir liquidation des frais, si la matière est considérée comme sommaire. Tarif, 101 ; Arg. C. pr. 669 , 762. — V. *Sommaire.*

Si la contestation a été déclarée fondée, le contesté est condamné personnellement aux dépens. Les frais de l'avoué du contestant sont colloqués comme accessoires de sa créance.

Selon M. Pigeau, les frais de l'avoué le plus ancien ne sont privilégiés que quand il ne s'est point opposé à la contestation.

Si au contraire il résiste, comme le contesté, il doit être condamné aux frais envers le contestant ; mais sans privilége à l'égard de celui-ci. Seulement cet avoué aurait son recours contre les créanciers qu'il a défendus, à moins qu'il ne fût condamné personnellement aux frais. Dans le cas où sa résistance serait évidemment mal fondée. Arg. C. pr. 132 ; Pigeau, 2, 202.

Si la contestation est rejetée, le contestant est condamné aux dépens, et l'avoué le plus ancien est le seul remboursé par privilége, s'il n'a pas contesté mal à propos. Pigeau, *ib.*

Ces distinctions de M. Pigeau doivent être rejetées à l'égard des frais de l'avoué le plus ancien : ils sont privilégiés dans tous les cas.

99. Le créancier contestant qui ne se présente pas à l'audience ne doit pas être réputé défaillant et le jugement n'est pas susceptible d'opposition (Art. 1309 J. Pr.). — V. *Ordre.*

100. Le jugement peut être attaqué par la voie de l'appel (C. pr. 669), à moins qu'il ne statue sur des intérêts d'une valeur modique. — V. *Ressort.*

101. Est-ce à la somme à distribuer, ou à celle réclamée et contestée que l'on doit avoir égard ? — Plusieurs auteurs se sont prononcés pour la dernière opinion (Pigeau, *Comment.*, art. 669 ; Favard, §. 5, n° 4 ; Arg. Agen, 17 nov. 1812, P. 10, 808, rendu en matière d'ordre). — Parmi eux il en est qui décident qu'on doit considérer la somme demandée cumulativement avec celle de l'adversaire contesté. Pigeau, *ib.;* Arg. Liége, 5 juill. 1811, P. 9, 445.

D'autres pensent que l'appel est recevable, quand même

la créance du contesté est inférieure, autrefois à 1,000 fr. et
actuellement à 1,500 fr. Attendu que, l'appel d'un jugement qui
admet ou rejette une collocation, tendant à déranger l'ordre
entier de la distribution, on doit prendre pour base, non la
valeur de la créance admise ou rejetée, mais le montant total de
la somme à distribuer, pour déterminer le dernier ressort.
Attendu d'ailleurs, qu'en matière de contribution le créancier
contesté a pour adversaire, la masse qui réclame à son exclusion
toute la somme à distribuer. Carré, n° 2192; Crivelli sur Pigeau, 2, 203; Thomine. 2, n° 758. — V. *Ordre.*

Jugé en conséquence, qu'il n'y a point lieu à appel, si la
somme à distribuer est inférieure à 1,000 fr., bien que l'appréciation des droits respectivement invoqués, portât sur des valeurs
supérieures au taux du dernier ressort. Bruxelles, 11 sept.
1809, P. 7, 852.

D'autres arrêts décident que c'est à la réunion de tous les intérêts
des créanciers contestans qu'il faut avoir égard; d'où il résulterait
que l'appel pourrait être interjeté dans certains cas, bien que
la somme contestée, et même la somme à distribuer, fussent
inférieures au taux du dernier ressort. Orléans, 19 nov. 1819;
26 avr. 1822. — V. *Ordre, Ressort.*

102. L'appel du jugement doit, à peine de nullité, être
interjeté dans les dix jours de la signification à avoué (C. pr.
669), sans qu'il soit besoin que cette signification soit revêtue
des formalités prescrites pour les exploits. Paris, 12 mai 1835
(Art. 50 J. Pr.). — Ou à domicile, s'il n'y a pas d'avoué constitué. — V. *inf.* n° 107.

103. Peu importe que les sommes distribuées proviennent
en partie de la vente des immeubles, et en partie de la vente
des meubles du même débiteur : le délai d'appel pour les jugemens rendus en matière d'ordre, serait également de dix jours.
Lyon, 2 janv. 1811, S. 15, 185. — V. *Ordre.*

Ce délai est le même à l'égard des créanciers en sous ordre,
qu'à l'égard des créanciers colloqués directement. *Même arrêt.*

104. Le jour *à quo*, c'est-à-dire celui de la signification, ne
compte pas dans le délai (Rennes, 5 mai 1813 ; Thomine,
n° 758. — V. *Délai*, n° 11). — Il en est autrement du jour *ad
quem.* — V. *ib.*, n° 18.

105. Le délai de dix jours doit-il être augmenté à raison
des distances? — La disposition de l'art. 763 C. pr., qui le
décide en matière d'ordre, n'a pas été reproduite dans l'art.
669. Le silence du législateur se justifie par la différence des
procédures. Dans l'ordre, il s'agit d'intérêts beaucoup plus importans. On a pensé que les contestations en matière de contribution pouvaient se régler d'une manière plus simple et plus

rapide. Ainsi, l'art. 669 autorise la signification de l'acte d'appel au domicile de l'avoué qui a notifié le jugement, et cette disposition ne se trouve pas dans l'art. 763 relatif à l'ordre. Caen, 4 mars 1828, S. 29, 208; Bourges, 26 fév. 1830, D. 30, 129 ; Thomine, nº 738 ; Carré, nº 2003. — *Contrà*, Carré, nº 2193 ; Pigeau, 2, 202 ; Hautefeuille, 361 ; Nanci, 14 mars 1825, S. 31, 190.

Peu importe que les deniers à distribuer proviennent en partie du prix de la vente d'un immeuble ; du moment que l'on procède par voie de contribution, les règles prescrites pour l'ordre cessent d'être applicables. Arg. Rouen, 21 déc. 1824.

106. L'acte d'appel doit être signifié au domicile de l'avoué, et contenir citation et énonciation des griefs. C. pr. 669.

Le défaut d'énonciation de griefs emporterait-il nullité? L'affirmative résulte des motifs d'un arrêt rendu en matière d'ordre. Cass. 29 août 1838 (Art. 1203 J. Pr.). — V. toutefois *Appel*, nº 193 ; *Ordre.*

107. Il est inutile de signifier en outre l'acte d'appel à personne ou à domicile : l'art. 669 n'exige que la signification au domicile de l'avoué. Arg. Cass. 13 janv. 1814, S. 14, 194.

Mais, lorsque le saisi n'a pas constitué d'avoué, la signification à personne ou à domicile devient nécessaire à son égard. Carré, art. 669 ; Favard, 2, 117 ; Demiau, 433 ; Thomine, nº 738.

108. Si toutes les parties ont constitué avoué, la notification de l'appel faite, non au domicile de l'avoué, mais à l'intimé, parlant à sa personne, est-elle valable? Non. — Le but de la loi, en prescrivant la signification de l'appel au domicile de l'avoué, a été de prévenir cet officier ministériel, et de le mettre à même d'éclairer son client par ses conseils. Ainsi jugé (Cass. 19 avr. 1826, S. 26, 592) en matière d'enquête, il est vrai, par application de l'art. 261 qui prononce la nullité.

109. Ne peuvent être intimées que les parties qui ont figuré au jugement de 1re instance, et énoncées dans l'art. 667. — V. *sup.* nº 94.

Le créancier même qui a figuré devant les premiers juges ne peut interjeter appel incident d'un chef du jugement à l'égard duquel il n'a ni contredit sur le règlement provisoire, ni plaidé lors du renvoi à l'audience Bourges, 4 mars 1831, S. 32, 31 ; Paris, 11 juill. 1836 (Art. 524 J. Pr.).

Mais il peut, en appel, invoquer de nouveaux moyens à l'effet de conserver le rang par lui obtenu dans la collocation. Colmar, 23 avr. 1817, S. 32, 31.

L'intimé ne peut signifier que des conclusions motivées,

Arg. C. pr. 765. — L'audience est poursuivie sur un simple acte. Arg. C. pr. 761. — V. *Ordre.*

110. Les parties qui succombent sur l'appel doivent supporter les dépens sans répétition; mais les frais de l'avoué le plus ancien sont toujours privilégiés. L'arrêt contient liquidation des frais. Arg. C. pr. 766; Pigeau, 2, 204. — V. *sup.* n° 98.

111. La partie saisie et les créanciers ont, dans tous les cas, leur recours contre ceux qui ont succombé dans les contestations, pour les intérêts et arrérages qui ont couru pendant le cours desdites contestations. Arg. C. pr. 770; Pigeau, 2, 202, n° 14.

112. Les intérêts des sommes admises en distribution cessent de courir du jour de la signification du jugement sur les contestations, s'il n'y a pas appel. — S'il y a appel, quinzaine après la signification de l'arrêt. C. pr. 672.

113. L'art. 672 a pour but seulement de fixer l'époque à laquelle les intérêts des créances colloquées seront joints au principal, et de régler ce que chacun des créanciers devra recevoir sur la somme à distribuer; mais les intérêts considérés relativement au débiteur ne doivent cesser que par le paiement. Thomine, 739.

Art. 7. — *Demande en subrogation de poursuite.*

114. Si le poursuivant néglige de faire les actes de poursuite de la distribution, un des opposans peut demander et obtenir de lui être subrogé. Arg. C. pr. 779; Berriat, 556, note 15; Thomine, n° 752. — V. *Ordre.*

Il y a négligence et retard, par exemple, quand on n'a pas, dans les délais fixés, requis l'ordonnance du juge-commissaire pour sommer de produire, fait les sommations, ou dénoncé la clôture du procès-verbal. Pigeau, 2, 207.

115. Le droit de demander la subrogation appartient également, soit au débiteur saisi, soit aux créanciers des opposans (C. civ. 1166), soit enfin au dépositaire des fonds, en un mot, à tous ceux qui ont le droit de poursuivre la contribution. — V. *sup.* n° 32 et suiv.

116. La subrogation est demandée par requête insérée au procès-verbal, et signifiée au poursuivant par acte d'avoué à avoué, ainsi que l'ordonnance contenant indication de jour, pour entendre le rapport du juge-commissaire.

Cette requête n'est point grossoyée. Arg. Tar. 158.

Le poursuivant peut-il répondre par un simple acte? — V. *Ordre.*

117. La demande est jugée sommairement en la chambre du conseil. Pigeau, 2, 208 et 209.

Le trib. peut, ou prononcer de suite la subrogation, ou accorder un délai pendant lequel le poursuivant est tenu de mettre à fin les poursuites.

118. L'avoué qui a succombé peut appeler du jugement; mais l'appel n'est recevable que dans la quinzaine de la signification à avoué (Arg. C. pr. art. 723). — On a abrégé le délai, et dispensé de la signification à personne ou à domicile, parce que la subrogation ne touche en rien au fond du droit, et qu'il est important d'arriver à une solution définitive. Pigeau, 2, 167 et 209.

Le poursuivant contre qui la subrogation est prononcée est tenu de remettre les pièces au subrogé sur récépissé. Il n'est payé de ses frais qu'à la contribution ; et les frais de contestations sur la demande en subrogation restent à sa charge. Arg. C. pr. 724.

Art. 8. — *Cas où il survient de nouvelles sommes à distribuer.*

119. Lorsque, dans le cours d'une contribution, il survient de nouvelles sommes à distribuer, la seule marche régulière est de procéder à une nouvelle contribution, de provoquer de nouveau la nomination d'un juge-commissaire, l'ouverture d'un procès-verbal de distribution, etc., sauf à faire prononcer la jonction, s'il y a lieu.

Toutefois, il est des cas où l'on a proposé de suivre une procédure plus simple, et nous croyons devoir indiquer, sans les approuver, plusieurs distinctions qui ont été faites à cet égard.

Sommes échues depuis l'ouverture du procès-verbal de contribution, mais avant le règlement provisoire. Elles sont quelquefois, sur la réquisition du poursuivant, comprises par le juge-commissaire dans la masse à partager. — C'est ce qui a lieu à l'égard des sommes qui ont une cause identique. Ainsi, quelquefois l'on a soin, dans l'acte de réquisition, de demander que le juge soit commis et que la contribution soit ouverte, non seulement pour les loyers échus, mais encore pour ceux à échoir pendant la procédure.

Si tous les créanciers opposans ont été sommés et ont produit, et qu'il n'y ait pas de nouvelles oppositions, aucune sommation n'est nécessaire : ces créanciers n'ont pas en général d'intérêt à critiquer la procédure.

Les créanciers opposans avant l'ouverture de la contribution et non sommés, peuvent demander leur collocation tant sur les premières sommes que sur les dernières, lors même qu'ils ne produiraient que depuis le règlement provisoire.

Les créanciers sommés ,—ou ceux qui ont formé des oppositions avant le règlement provisoire, — sans avoir produit dans le délai, sont, à l'égard de ces nouvelles sommes, relevés de la déchéance qu'ils ont pu encourir relativement aux premières (— V. *sup.* n° 50 et suiv.) : le peu d'importance de la première somme à distribuer, a peut-être été cause de leur inaction. — D'ailleurs, les autres créanciers n'ont aucun droit de préférence sur ces sommes. — Il y a lieu de faire à ces créanciers, en vertu d'une nouvelle ordonnance du juge-commissaire, sommation de produire dans un nouveau délai.

Le juge-commissaire divise son règlement provisoire en deux chapitres : les premiers créanciers sont seuls colloqués dans le premier sur les sommes primitives, et ils viennent dans le second sur les nouvelles sommes, pour le reliquat de leur créance, en concurrence avec les nouveaux créanciers.

Quant aux créanciers qui n'ont formé opposition que depuis le règlement provisoire, ils peuvent être déclarés forclos, même à l'égard de ces nouvelles sommes. — Il n'y a pas lieu de leur faire de sommation. Paris, 27 juin 1811. P. 9, 422 ; Favard, v° *Distribution.*

Sommes échues depuis le règlement provisoire, jusqu'au règlement définitif. — Elles sont quelquefois comprises par le juge-commissaire dans la masse à partager entre les créanciers qui ont produit en temps utile, ou qui ayant formé opposition avant l'ouverture de la contribution, n'ont pas été sommés.

Mais ces créanciers, pour ne pas subir de nouvelles lenteurs, peuvent demander au tribunal que les nouvelles sommes soient l'objet d'une autre distribution, à laquelle peuvent concourir les opposans, même postérieurs au règlement provisoire.

120. Lorsqu'un nouvel état de distribution est dressé après la clôture du premier, le créancier forclos dans celui-ci n'est pas exclu de produire dans le second. La peine de la forclusion s'applique à l'instance engagée et non à une autre instance. Thomine, n° 736.

Art. 9. — *Règlement définitif; paiement.*

121. S'il n'y a pas de contestations dans la quinzaine de la notification du règlement provisoire, le commissaire clot son procès-verbal, déclare définitif le règlement, arrête le chiffre des intérêts, et enfin ordonne que mandement sera délivré à chaque créancier pour le montant de sa collocation, en affirmant par lui la sincérité de sa créance ; il fait main-levée des oppositions formées par les créanciers non produisant, prononce leur déchéance, liquide les frais de poursuite de contribution, et les frais de chaque production. C. pr. 665 et 672.

A Paris le juge-commissaire exige que le certificat des oppositions soit visé peu de jours avant le règlement définitif, afin de prononcer la radiation des oppositions survenues depuis le dernier visa.

122. Lorsqu'il y a eu contestation, le juge-commissaire clot son procès-verbal après l'expiration du délai d'appel, ou, en cas d'appel, après la signification de l'arrêt au domicile de l'avoué; puis il procède au règlement définitif de la distribution (C. pr. 670), en faisant un règlement définitif conforme au règlement provisoire, s'il a été maintenu; lorsqu'il y a eu contestation, le juge commissaire doit établir le règlement définitif, d'après les modifications qui ont pu être ordonnées par les jugemens ou arrêts intervenus.

Ce règlement définitif doit en conséquence être précédé de l'énonciation complète ou par extrait du dispositif des jugemens et arrêts, et à chaque collocation modifiée, le juge-commissaire rappelle la disposition du jugement qui a fixé le mode de cette collocation.

123. On justifie de l'expiration des délais par la représentation du certificat de l'avoué poursuivant, contenant la date de la signification du jugement à avoué, ou, s'il s'agit de la signification de l'arrêt, par un semblable certificat de l'avoué et du greffier, constatant qu'il n'y a pas d'opposition. Pigeau, *Comm.* 266, note 1 et 2, art. 670.

La signification de l'arrêt à personne ou domicile, est utile pour faire courir les délais du pourvoi en cassation. — Aussi, bien que l'art. 670 C. pr. ne l'exige pas, on est dans l'usage de la faire et de la mentionner lors de la clôture du procès-verbal.

124. Le juge-commissaire calcule, les frais de poursuite de contribution; les droits de greffe et d'enregistrement; le coût de l'extrait, de l'ordonnance de main-levée; les frais de production de chaque créance, ceux du mandement de collocation et de quittance. — Il fixe aussi les intérêts des sommes admises en distribution. — V. *sup.* 113 et 121. — V. d'ailleurs aux formules, le modèle de règlement définitif.

125. Le règlement définitif prononce main-levée des oppositions formées par les créanciers non produisans ou non colloqués, et de celles formées par les créanciers colloqués, quant aux sommes distribuées. Pigeau, *Pr. civ.*, 2, 207.

Il ordonne également que le greffier délivrera un mandement de collocation à chacun des créanciers colloqués, à la charge d'affirmer préalablement la sincérité de leur créance. C. pr. 671.

126. Le règlement définitif n'est ni levé, ni signifié; il n'est enregistré que lors de la délivrance des mandemens. Tar. 99.

127. Quelle que soit l'époque de la clôture du procès-verbal du juge-commissaire, huitaine après cette clôture, les mandemens sont délivrés par le greffier, après que chaque créancier a affirmé la sincérité de sa créance. C. pr. 671.

L'affirmation est faite par la partie en personne. — Ou par un mandataire. Thomine, n° 756. — *Contrà*, Favard, 2, 115. La procuration doit être spéciale.

Cette affirmation est assimilée à celle de l'héritier qui renonce à une succession. — V. *Renonciation*.

Le créancier est assisté de son avoué. Tarif, 101.

L'affirmation est reçue par le greffier. C. pr. 671.

Le procès-verbal d'affirmation est dressé à la suite du règlement définitif ou par acte séparé, que l'on annexe au procès-verbal.

A Paris on se contente de mentionner l'affirmation en marge de la collocation.

128. Le mandement n'est autre chose que l'extrait textuel du règlement en ce qui concerne chaque créancier, précédé des indications des noms du débiteur saisi de la somme à distribuer, des dates de l'ouverture des réglemens provisoires et définitifs, avec mention de l'enregistrement.

Cet extrait est délivré en expédition, revêtu de l'intitulé et de la formule exécutoire.

L'avoué rédige le mandement de collocation sur une feuille de papier timbré, qui reste déposée au greffe, et est signée par le greffier.

En province, les bordereaux sont souvent rédigés par le greffier lui-même.

129. Si le montant de certaines collocations menace d'être absorbé par les frais d'expédition de plusieurs bordereaux, le juge ordonne que ces collocations seront réunies à celles du plus fort créancier.

Il est délivré un mandement de collocation collectif, pour les divers créanciers de sommes modiques. Favard, v° *Distribution*, § 2, n° 3.

130. La délivrance du mandement de collocation ne peut être arrêtée sous aucun prétexte.

131. Mais, si le juge ne s'est pas conformé aux décisions rendues sur les contestations soulevées à la distribution, quelle voie la partie doit-elle prendre pour obtenir réparation ? V. *Ordre.*

132. Après la clôture du règlement définitif, les créanciers opposans, avant l'ouverture de la contribution, qui, n'ayant point été sommés, n'ont pas été colloqués, peuvent-ils provoquer une nouvelle distribution ?

Pigeau, *Comm.* 2, 260, distingue : si les mandemens ne sont pas délivrés ou s'ils sont délivrés mais non payés, ces créanciers peuvent se rendre opposans à la délivrance des mandemens ou à leur paiement, puis, demander par un simple acte (C. pr. 337) contre le saisi, le poursuivant et l'avoué le plus ancien (Arg. 667 et 1038) que l'ordonnance de clôture soit annulée et qu'ils soient autorisés à poursuivre ou à critiquer l'opération dans les délais. — Mais, après le paiement des bordereaux, tout est consommé (Arg. C. civ. 1238); les créanciers n'ont qu'un recours contre ceux à qui la faute peut être imputée.

Un jugement du trib. de la Seine, du 24 déc. 1835 (Art. 288 J. Pr.), décide que, sur la demande du créancier non sommé, les règlemens provisoire et définitif et les bordereaux doivent être annulés, et qu'il peut, ainsi que les autres créanciers, produire ses titres comme si rien n'avait été fait.

M. Thomine, n° 733, et un arrêt de Toulouse, 12 avr. 1820, D. A. 10, 859, n'accordent aux créanciers qu'un recours contre le créancier poursuivant. Arg. C. pr. 577, C. civ. 2198. — Mais l'argument tiré de l'art. 2198 n'est applicable, en matière de distribution, qu'au seul cas où l'employé chargé de délivrer l'état des opposans aurait omis le nom de l'un des créanciers. — V. d'ailleurs *sup.* n° 45.

153. Le bordereau forme le titre du créancier, et comme il porte mandement de justice, il fait courir de plein droit en faveur de celui-ci les intérêts moratoires de la somme colloquée, quand bien même, dans l'origine, elle n'eût pas été productive d'intérêts.

Jugé en conséquence que la caisse des consignations ne peut refuser les intérêts courus depuis la délivrance du bordereau jusqu'au jour du paiement, sous prétexte qu'ils n'ont pas été indiqués par le juge. Cass. 14 avr. 1836 et observations du rapporteur (Art. 429 J. Pr.).

La demande en collocation fait-elle courir les *intérêts?* — V. ce mot.

134. Les créanciers obtiennent leur paiement en vertu du mandement de collocation.

M. Pigeau, 2, 207, prévoit le cas où les trib. auraient autorisé les tiers détenteurs à ne pas consigner, et il enseigne que le mandement est alors exécutoire contre eux.

Mais depuis l'ordonn. du 5 juill. 1816 (Art. 3.), les trib. ne peuvent donner de semblables autorisations, et il n'est procédé à aucune distribution, avant que la consignation des deniers à partager n'ait été effectuée dans les lieux qu'elle indique.

La caisse des consignations paie sur la représentation du mandement, sans signification.

Ses préposés ne sont pas en droit d'exiger l'exhibition des certificats dont parle l'art. 548 C. pr. En effet, aux termes de l'art. 670, le juge n'a pu ordonner la délivrance des mandemens qu'après s'être assuré que le jugement qui a statué sur les contestations n'était plus susceptible d'être attaqué par l'appel. C'est donc à tort qu'une circulaire du ministre de la justice, du 1er sept. 1842, prescrit à ces préposés de se faire présenter ces certificats. Favard, § 2, no 4.

Mais un extrait du procès-verbal du juge-commissaire, contenant les noms et prénoms des créanciers colloqués et le montant des sommes allouées, mention des mains-levée des oppositions, doit être préalablement remis à la caisse des consignations par le greffier. Art. 17 ordonn. 5 juill. 1846.

135. Le créancier qui est payé en totalité remet ses titres, pièces et bordereaux à celui qui le paie, pour que celui-ci puisse les représenter au saisi pour sa décharge. Si le paiement n'est que partiel, il garde ses titres, sur lesquels celui qui dresse la quittance fait mention du paiement à compte. Pigeau, 2, 207.

Lorsque les deniers ont été distribués entre les produisans, s'il en reste encore, leur distribution donne lieu à une nouvelle procédure de contribution entre les non produisans. — S'il n'y a pas d'autres créanciers, la somme qui reste est remise au débiteur propriétaire des deniers déposés.

Art. 10. — *Distribution du cautionnement des officiers ministériels.*

136. Le cautionnement des officiers ministériels et fonctionnaires publics peut être saisi-arrêté, en principal et intérêts, par leurs créanciers. — V. *Cautionnement*, nos 24, 56 à 40. — Mais les créanciers ordinaires peuvent-ils réclamer la distribution du capital avant la cessation des fonctions de l'officier ministériel ?

Pour l'affirmative on dit : dès que le capital du cautionnement a été employé à l'acquittement des dettes d'un officier ministériel, il est tenu de verser un nouveau cautionnement, ou de cesser ses fonctions, et par conséquent les créanciers, pour faits de charge, ont toujours la même garantie.

La C. de cass. (26 mars 1821, S. 21, 546, et 4 fév. 1822, S. 22, 345), a décidé, il est vrai, que le saisissant avait le droit d'exiger le versement actuel entre ses mains des sommes formant le cautionnement de l'officier ministériel en fonctions ; mais, dans l'espèce, il s'agissait de créances pour faits de charges.

Le cautionnement est déposé pour assurer la responsabilité encourue par l'officier ministériel dans l'exercice de ses fonctions, et non dans l'intérêt de ses créanciers ordinaires. S'ils peuvent prendre part à la distribution, c'est seulement quand les créanciers, pour faits de charges, ont été payés. Il est évident, en effet, que, ceux-ci étant une fois désintéressés, le but de la loi est rempli, et que les fonds restés disponibles ne sont plus grevés d'une affectation spéciale et doivent servir, en conséquence, à l'acquittement des dettes ordinaires, si toutefois le bailleur de fonds est désintéressé. Or, c'est seulement à la cessation des fonctions de l'officier ministériel que de nouvelles obligations ne pouvant être contractées par lui à raison de leur exercice, le montant des sommes disponibles est connu, et que les créanciers ordinaires peuvent se les faire attribuer; jusque là, ils ne sont en droit de toucher qu'aux intérêts annuels. L'art. 33 de la loi du 25 vent. an 7 confirme ce système. « Lorsque, dit-il, *par l'effet de la garantie des condamnations* prononcées contre les notaires, le montant du cautionnement aura été employé en tout ou en partie, le notaire sera suspendu de ses fonctions jusqu'à ce que le cautionnement ait été entièrement rétabli; et faute par lui de rétablir, dans les six mois, l'intégralité du cautionnement, il sera considéré comme démissionnaire et remplacé. » Cet article, on le voit, n'attribue qu'aux dettes pour faits de charge l'effet d'entamer le cautionnement, et, par suite, de donner lieu à la suspension ou démission de l'officier ministériel. Accorder aux créanciers particuliers la faculté de se faire payer sur le cautionnement, c'eût été leur donner le moyen indirect de faire encourir la déchéance d'un fonctionnaire honorable; ce que la loi n'a point voulu.

Au reste, la saisie-arrêt qu'ils auront pratiquée ne sera point nulle, car ils sont en droit de faire tous actes conservatoires pour sûreté de leurs droits; mais son effet sera suspendu jusqu'à la cessation des fonctions de leur débiteur; jusque là, ils sont dans l'impossibilité d'obtenir main-levée de l'affectation spéciale qui grève le cautionnement. Grenoble, 15 fév. 1823, S. 23, 176; Bordeaux, 18 et 25 avr. 1833, S. 33, 462, 463.

137. Jugé qu'il n'y a pas lieu à contribution, lorsqu'il existe un bailleur de fonds et qu'il n'y a point de créanciers prétendant privilége de premier ordre à raison des faits de charge, ce prêteur étant propriétaire des fonds fournis pour le cautionnement et non pas simple créancier; qu'en conséquence on ne peut lui opposer le règlement qui l'a déclaré forclos, faute de produire. Paris, 24 avr. 1834, S. 34, 221.

Toutefois, on peut dire que ce système qui permettrait aux bailleurs de fonds de saisir directement le tribunal, l'investirait du droit de statuer sur les contestations que d'autres créanciers pourraient élever sur la nature du privilége; ce qu'il ne peut cependant faire que dans une procédure de contribution, on peut ajouter que cette marche entraînerait des frais inutiles dans le cas où les juges, en rejetant ce privilége, seraient forcés de renvoyer les autres parties à se pourvoir en distribution. Dissertation de M. Delahaye (Art. 1000 J. Pr.).

138. La saisie du cautionnement est dénoncée à la partie

saisie, et validée par un jugement, qui autorise le créancier à toucher ce qui lui est dû sur le montant du cautionnement, ou qui en ordonne la distribution en justice, s'il y a des créances pour une somme excédant ce cautionnement. Pigeau, *Comm.* 2, 151.

Le paiement ne peut avoir lieu qu'après l'accomplissement des formalités suivantes : — Il faut faire afficher le jugement qui l'ordonne dans le local des séances du trib. près lequel l'officier public remplit ses fonctions, et où cette affiche doit rester trois mois. Arg. L. 25 niv. an 13, art. 5 ; Pigeau, *ib.* — Les trois mois expirés, on prend du greffier un certificat visé par le président, et constatant que l'affiche a eu lieu pendant les trois mois, et que, pendant ce temps, il n'est intervenu et n'a été prononcé contre l'officier public aucune condamnation pour fait relatif à ses fonctions, et qu'il n'existe aucunes oppositions à la délivrance du certificat, ou que celles survenues ont été levées.

Si l'officier est un agent de change ou un courtier de commerce, le jugement doit être affiché pendant les trois mois dans le lieu des séances du trib. de commerce, et à la bourse près de laquelle il exerce ; l'on produit à la caisse d'amortissement, pour pouvoir toucher, le certificat du syndic de cette bourse, relatif à l'affiche du jugement, joint au certificat du greffier, visé par le président du trib. de commerce, relatif à la non existence d'opposition. Pigeau, *Comm.* t. 2, p. 152.

On paie d'abord les priviléges de premier et de second ordre, c'est-à-dire ceux qui sont créanciers pour faits de charge, et les bailleurs de fonds ; et, s'il reste des deniers, ils sont partagés entre les créanciers ordinaires. —V. *Cautionnement*, § 3.

159. Au reste, sauf ces dispositions spéciales, la distribution du cautionnement doit avoir lieu selon les formes ordinaires. — Ainsi jugé que le tribunal ne peut procéder lui-même à la contribution sans renvoi devant un commissaire. Cass. 29 août 1832, S. 32, 724. — V. *sup.* n° 40.

§ 6. — *Enregistrement.*

140. Les collocations à l'amiable devant notaire ne sont sujettes, comme acte de complément, qu'au droit fixe de 1 fr. Cass. 17 mars 1830 ; Inst. rég. 8 juin 1830, n° 1320.

Il est dû, en outre, 50 cent. par 100 fr. pour droit de libération sur le total des sommes réparties, à moins que la collocation n'ait lieu au profit d'héritiers bénéficiaires, créanciers de la succession dont dépendent les deniers distribués ; le droit de quittance n'est pas alors exigé : la libération s'opère par confusion. Instr. rég. 8 juin 1830, n° 1320.

141. Les collocations judiciaires sont passibles du droit de

50 cent. par 100 fr. (L. 22 frim. an 7, art. 69, § 2, n° 7),
indépendamment du droit de 50 cent. par 100 fr. pour droit de
libération sur les paiemens effectués en vertu du mandement
de collocation. Instr. rég. 30 déc. 1825, n° 1180.

§ 7. — Formules.

FORMULE I.

Réquisition à l'effet de faire commettre un juge pour la contribution.

(C. pr. 658. — Tarif, 95. — Vacation, 5 fr.)

Et le   , au greffe du tribunal, est comparu M^e   , avoué
près ledit tribunal, et du sieur   , lequel, audit nom, a requis qu'il plût
à M. le président commettre l'un de MM. les juges du tribunal, à l'effet de procéder à la distribution par contribution entre les créanciers du sieur   de la
somme de   provenant de la vente des meubles et effets saisis sur
ledit sieur   faite par le ministère de   , commissaire-priseur, lesdites sommes déposées à la caisse des consignations par ledit commissaire-priseur,
et a signé sous toutes réserves.   (*Signature de l'avoué*).

Nota. Cette réquisition est faite sur un registre, à ce destiné, tenu par le greffier. — L'ordonnance de nomination est mise en marge, dans la forme suivante :
Nous président du tribunal   , commettons M.   l'un des juges
de ce tribunal, à l'effet de procéder à la distribution par contribution dont s'agit.

Fait à   ce   (*Signature du président.*)

FORMULE II.

Procès-verbal d'ouverture de contribution.

(C. pr. 659.)

L'an   , le   , au greffe du tribunal de   , par-devant
nous   , juge-commissaire, aux effets ci-après, assisté du greffier du
tribunal,
Est comparu, M^e   , avoué du sieur   , créancier du sieur   ,
poursuivant la distribution par contribution dont s'agit ;
Lequel nous a dit que suivant procès-verbal en date du   , et par le
ministère de M^e   commissaire-priseur à Paris, il a été procédé à la
vente des meubles et effets dudit sieur
Que le reliquat de cette vente s'élevant à   , a été déposé à la caisse
des consignations, suivant le certificat délivré le   , par le directeur
de ladite caisse ; qu'il existe plusieurs oppositions sur le prix de ladite vente, et
qu'il s'agit en conséquence de procéder aujourd'hui à la distribution par contribution, entre les ayant-droit ;
Que, par ordonnance de M. le président du trib.   , en date du
enregistrée, nous avons été commis à cet effet ;
Pour quoi l'exposant requiert qu'il nous plaise déclarer ouvert le présent procès-
verbal de distribution par contribution, et lui délivrer séparément des présentes
notre ordonnance portant permis de sommer lesdits créanciers opposans de produire, dans les formes et délais de droit, à la présente contribution, et à la partie
saisie de prendre telles communications que de droit.
Et a signé sous toutes réserves.   (*Signature de l'avoué.*)

Desquels comparution, dires, réquisition et réserves, nous juge-commissaire
susdit, avons donné acte audit M^e   , et déclarons le procès-verbal de
contribution dont s'agit ouvert par-devant nous ;
En conséquence, disons qu'en vertu de l'ordonnance que nous délivrerons, séparément des présentes, au bas de la requête à nous présentée à cet effet, sommation sera faite aux créanciers opposans de produire leurs titres entre nos mains,
et à la partie saisie de prendre communication des productions qui seront faites ;
et avons signé avec notre greffier.   (*Signatures du juge et du greffier.*)

NOTA. A la suite de ce procès-verbal, le greffier fait mention des productions en ces termes :

Le   , Me   , avoué du sieur   , a produit sa demande en collocation et   pièces à l'appui. — Et a signé sous toutes réserves.

(*Signature.*)

Le   , Me   , avoué du sieur   , poursuivant la-dite contribution, a produit sa demande en collocation et   pièces à l'appui.
Et a signé.   (*Signature.*)

NOTA. Le président du tribunal de la Seine, dans le but d'empêcher les contes-tations, enjoint aux greffiers de ne pas recevoir des productions tardivement faites après l'expiration du délai du mois. — V. d'ailleurs *sup.* n° 50.

FORMULE III.

Requête au juge-commissaire pour avoir permission de sommer les créanciers opposans de produire leurs titres, et la partie saisie d'en prendre communi-cation.

(C. pr. 659. — Tarif, 96. — Coût 3 fr.)

A M.   , juge au tribunal de   , et commis pour pro-céder à la distribution par contribution, dont sera ci-après parlé.

Le sieur   , demeurant à   , créancier sérieux et lé-gitime du sieur

Ayant Me   pour avoué, lequel occupera pour le requérant ;

A l'honneur de vous exposer que vous avez été commis par M. le président du tribunal pour procéder à la distribution par contribution des deniers provenant de la vente des meubles et effets du sieur   , ouverte par votre procès-verbal de cejourd'hui ;

Qu'il s'agit de faire sommation aux créanciers d'avoir à produire leurs titres en-tre vos mains et à requérir leur collocation, et à la partie saisie, d'en prendre com-munication, et de contredire, s'il y a lieu. Dans ces circonstances, l'exposant re-quiert qu'il vous plaise, M. le juge-commissaire,

Lui délivrer votre ordonnance, portant permis, à l'effet de faire aux susnom-més la sommation dont il s'agit, et vous ferez justice.

(*Signature de l'avoué.*)

Vu la présente requête, ensemble le certificat de dépôt et l'état des opposans (*énoncer la date, etc.   de ces pièces.*)

Permettons au requérant de faire sommation, aux fins de ladite requête, tant aux créanciers opposans qu'à la partie saisie.

Et seront les sommations faites par   , huissier audiencier, que nous commettons à cet effet.

Fait au palais de justice, à la chambre du conseil de la   chambre le   (*Signature du Juge.*)

FORMULE IV.

Sommation aux créanciers opposans de produire leurs titres, et à la partie de contredire, s'il y échet.

(C. pr. 659. — Tarif, 29. — Coût. 2 fr. or. 50c. copie.)

L'an   , le   , en vertu de l'ordonnance de M. juge au tribunal civil de   , commis aux opérations dont va être ci-après parlé, en date du   , enregistré, étant au bas de la requête à lui présentée le même jour, desquelles requête et ordonnance il est, avec celles des présentes, donné copie, et à la requête du sieur   , demeurant à poursuivant ladite contribution, pour lequel domicile est élu en la demeure de Me   , avoué près ledit tribunal, sise à Paris, rue   , le-quel occupera sur la poursuite de contribution dont s'agit ; j'ai (*immatricule de l'huissier*) soussigné, commis à cet effet, fait sommation : 1° au sieur   , demeurant à   , au domicile élu par son opposition, en la demeure de

2° Au sieur   , demeurant à   , en son domicile, en parlant a

3e Au sieur   tous créanciers opposans sur le sieur

4° Et au sieur   , demeurant à   (*partie saisie*) en son domicile, en parlant à

A l'égard des créanciers susnommés;

De, dans le mois, pour tout délai, à compter de la présente sommation, produire leurs titres de créance, avec acte contenant demande en collocation et constitution d'avoué, au greffe du tribunal de   , et ès-mains de M.   ,
juge audit tribunal, commis pour faire la distribution par contribution des deniers provenant de la vente des meubles, et effets du sieur   . demeurant à   , ouverte par procès-verbal dûment enregistré du   , sous le n°

Et, à l'égard du sieur   , partie saisie, prendre, dans le même délai; communication des pièces produites à l'appui des demandes en collocation, et contredire, s'il y a lieu, a ce que du tout les susnommés n'ignorent   , leur déclarant que, faute par eux de satisfaire à la présente sommation dans le délai ci-dessus, ils encourront la forclusion prononcée par la loi; et, je leur ai, en leurs dits domiciles, et parlant comme dessus, laissé à chacun séparément copie, tant des requête et ordonnance susénoncées, que du présent exploit dont le coût est de

(Signature de l'huissier.)

Acte de production.

(C. pr. 660. — Tarif, 97. — Coût 10 fr., compris vacation.)

A M   , juge au tribunal de   , commis pour faire la contribution des deniers dont sera ci-après parlé,

Le sieur   , demeurant à   créancier sérieux et légitime du sieur   , demeurant à

Ayant Me   pour avoué, lequel occupera pour le requérant, sur la présente demande en collocation, et sur toutes contestations, qui pourraient en être la suite ;

Requiert qu'il vous plaise, en procédant à la distribution par voie de contribution, entre les créanciers opposans, de la somme de   , déposée à la caisse des consignations et provenant du produit de la vente des meubles et effets dudit sieur

Le colloquer, 1° Pour la somme de cent francs, montant d'un billet souscrit par ledit sieur   , le   , au profit du requérant, enregistré à Paris, le par   , qui a reçu   , ci . . . . 100 fr.

2° Pour les intérêts de ladite somme   à compter de . *Mémoire.*

3° Pour les frais de mise à exécution (s'il y en a) et pour ceux de production à la contribution dans lesquels entrera le coût de l'opposition d'après la taxe qui en sera faite, desquels frais distraction sera faite a Me   , avoué   , qui la requiert aux offres de droit, ci . . . . *Mémoire.*

Et à l'appui de la présente requête de collocation, le sieur   . produit 1° le billet susénoncé ; 2° l'original de l'opposition par lui formée sur les deniers appartenant au sieur   , sous toutes réserves. *(Signature de l'avoué.)*

Acte de production pour les frais de poursuite.

(C. pr. 661. — Tarif. — V. *Formule* v.)

A Monsieur
Juge commis, etc.

Le sieur   , demeurant à   , créancier du sieur   , poursuivant la distribution par contribution dont s'agit,

Ayant Me   pour avoué, lequel est constitué et occupera sur ladite poursuite de contribution et ses suites ;

Requiert qu'il vous plaise le colloquer, etc.

Par privilége et préférence à toutes autres créances pour les frais de la poursuite de la contribution dont s'agit, d'après la taxe, desquels frais et dépens Me   , avoué, requiert la distraction comme les ayant avancés de ses deniers, ainsi qu'il offre de l'affirmer, ci. . . . . *Mémoire.*

A l'appui de la présente requête de collocation, le sieur   produit les pièces de la poursuite. *(Signature de l'avoué.)*

FORMULE VII.

Acte de production d'un créancier privilégié.

(C. pr. 661. — Tarif, 97. — Coût et vacat. 10 fr.).

À M   , juge au tribunal de   , commis pour faire la contribution dont sera ci-après parlé.

Le sieur   , demeurant à   , propriétaire de la maison où demeure le sieur   , son débiteur, partie saisie, — Ayant le requérant M⁰   . pour avoué, lequel est constitué et occupera sur la présente demande et sur toutes contestations, etc.;

Requiert qu'il vous plaise, etc.

Le colloquer par *privilège* et préférence à tous créanciers dans la contribution des deniers provenant de la vente des meubles et effets du sieur   , faite en sa demeure, rue

1° Pour la somme de trois cents francs, montant des loyers à lui dus par ledit sieur   , pour le terme échu le premier avril dernier, des lieux qu'il occupe en sa maison, sise à   , ci. . . . . 300 fr.

2° Pour les intérêts de ladite somme à dater de ce jour. . . . *Mémoire.*

3° Pour les frais de mise à exécution de la créance (s'il y en a), et ceux de production à la présente contribution, d'après la taxe en la matière accoutumée, desquels frais distraction sera faite au profit de M⁰   , avoué, qui la requiert aux offres de droit, ci. . . . . *Mémoire.*

Et à l'appui de la présente demande, le sieur   , a produit   pièces.   (*Signature de l'avoué*).

FORMULE VIII.

Sommation pour faire statuer sur le privilége du propriétaire.

(C. pr. 661. — Tarif, 98. — Coût orig., 1 fr.; copie, 50 c.).

A la requête du sieur   , demeurant à   , propriétaire d'une maison sise   , ayant M⁰   pour avoué, lequel occupera sur la présente demande.

Soient sommés, 1° M⁰   , avoué du sieur   , partie saisie ;

2° Et M⁰   , avoué, plus ancien des opposans aux deniers provenus de la vente faite des meubles et effets du sieur

De comparaître le   , heure du matin, en la chambre du conseil du tribunal de   , et par-devant M.   , juge audit tribunal, et commis pour faire la contribution des deniers dont s'agit ;

Pour, attendu que le requérant est créancier du sieur   , de la somme de   , pour   année de loyers à écheoir, le   , des lieux qu'occupait le sieur   , dans une maison, à lui appartenant, sise à Paris, rue

Attendu qu'aux termes de l'art. 2102 C. civ., ledit requérant a un privilége pour raison desdits loyers à lui dus , sur le prix de la vente des meubles qui garnissaient lesdits lieux; — Qu'il n'est pas obligé d'attendre le règlement définitif de la contribution ouverte sur lesdits deniers, pour obtenir le paiement de sa créance privilégiée;

Voir dire et ordonner que, sur les deniers provenans de la vente dont s'agit, le sieur   sera payé par privilége et préférence à tous autres créanciers, de la somme de   , à lui due pour raison desdits loyers, ensemble des frais de la présente sommation et du coût de l'ordonnance de référé à intervenir, par tous détenteurs desdits deniers, et notamment par

à quoi faire contraints, notamment (s'il y a lieu) M. le ministre des finances ou encore M. le directeur de la caisse des dépôts et consignations, quoi faisant déchargés.

Voir dire également que ladite ordonnance, sera exécutoire par provision, nonobstant appel.

A ce que lesdits susnommés n'en ignorent, dont acte ;

                        (*Signature de l'avoué*)

Nota. L'avoué du propriétaire fait un dire sur le procès-verbal, dans lequel il rappelle ce qui a été fait. — Il énonce la sommation signifiée à l'avoué plus ancien des créanciers, et à la partie saisie. — A la suite, les avoués consignent leurs dires en réponse. — Enfin, sur le procès-verbal de contribution, on met l'ordonnance du juge-commissaire, afin de déduire la somme dont le prélèvement a été autorisé au profit du propriétaire, lors du règlement provisoire.

FORMULE IX.

Règlement provisoire (1).

L'an   , le   , nous, juge au tribunal de première instance de   , commis à l'effet des présentes par ordonnance de M. le président, en date du   , enregistré, soussigné et assisté du greffier.

Vu, 1° le certificat délivré par M   , chef de bureau du contentieux à la caisse des consignations, le   , constatant qu'il a été déposé par le sieur   , commissaire-priseur, une somme provenant de la vente des meubles du sieur

2° Le certificat délivré par le même, le   , constatant l'état des oppositions formées sur les sommes provenant de ladite vente, le

3° Quatre exploits de   , huissier à   , en date des   , enregistrés, contenant sommation aux sieurs   , tous créanciers opposans, de produire leurs titres entre nos mains dans le mois, à peine de forclusion.

4° Un exploit de   , huissier, en date du   , enregistré, contenant sommation au sieur   , partie saisie, de prendre communication des titres produits, dans le même délai.

5° Les productions faites, 1° par M⁰   , avoué du sieur   : — 2° M⁰   , avoué de   ; — 3° M⁰   , avoué de

Et, attendu que les délais pour produire sont expirés depuis long-temps, Donnons défaut contre, 1°   ; 2°   ; 3°

Créanciers non produisans, quoique dûment sommés, en conséquence les déclarons forclos, conformément à l'art. 660 C. pr.;

Et disons qu'il va être procédé ainsi qu'il suit, au règlement provisoire de ladite contribution, entre les seuls créanciers produisans.

Somme à distribuer.

Elle se compose : 1° de la somme de 5,000 fr., déposée à la caisse des consignations, le   , par le sieur   , suivant le certificat ci-dessus énoncé, ci. . . . .   5,000 fr.

2° Des intérêts de ladite somme à partir du soixantième jour du dépôt sur le pied de 3 p. % par an, jusqu'au jour qui sera fixé par le règlement définitif.   *Mémoire.*

Total de la somme à distribuer, sauf l'art. tiré pour mémoire. .   5,000 fr.

Sur ladite somme sont colloqués provisoirement,

Par privilége.

ART. 1er.

Le sieur

Pour la somme à laquelle s'élèveront, d'après la taxe, les frais de poursuite de la présente contribution, y compris l'enregistrement et le timbre du présent règlement, l'extrait à fournir à la caisse, le bordereau et ceux de production, desquels frais, distraction est faite à M⁰   , avoué, qui l'a requise, et a affirmé avoir fait les avances de ses deniers.

(Si les créanciers privilégiés absorbent la somme à distribuer, le juge-commissaire déclare qu'il n'y a lieu à statuer sur les autres demandes).

(1) Le règlement provisoire ou définitif, est souvent précédé d'un dire, par lequel l'avoué poursuivant rappelle les formalités qui ont été remplies, et requiert qu'attendu que les délais prescrits par la loi sont expirés, il soit passé outre au règlement.

Par contribution, et au marc le franc de leurs créances, sur la somme qui restera après le prélèvement des priviléges.

Art. 2.

Le sieur   , demeurant à

1° Pour la somme principale de 4,000 fr., montant des condamnations prononcées par jugement du trib. de   , en date du   , ci. . .   4,000 fr.

2° Pour les intérêts de ladite somme principale, depuis le   , jour de la demande, jusqu'au règlement définitif . . . . *Mémoire.*

3° Pour les frais et mises d'exécution, ensemble ceux de production, d'après la taxe, dont distraction sera faite au profit de M^e   , qui affirme en avoir fait l'avance de ses deniers, ci. . . . . *Mémoire.*

Art. 3.

Mêmes énonciations.

Art. 4.

Mêmes énonciations.

Rejet de la créance d'une partie.

Et, attendu que le sieur   , se prétendant créancier du sieur   , d'une somme de   , au moyen d'une délégation de pareille somme à lui consentie par le sieur   , créancier du sieur   , a produit à la présente contribution, sans néanmoins justifier d'aucun titre établissant sa qualité de créancier dudit sieur

Disons qu'il n'y a pas lieu d'admettre sa demande en collocation.

Et, attendu qu'il a été par nous statué sur toutes les productions faites entre nos mains, déclarons le présent règlement clos provisoirement;

Et disons que le présent règlement provisoire sera dénoncé aux créanciers produisans par acte d'avoué, et à la partie saisie par   , huissier commis à cet effet, avec sommation de prendre communication dans la quinzaine, conformément à la loi.

Fait au Palais de Justice à Paris, les jour, mois et an que dessus.

(*Signature du juge et du greffier*).

FORMULE X.

Dénonciation de la clôture du procès-verbal de contribution à la partie saisie qui n'a point d'avoué.

(C. pr. 663. — Tarif, 29. — Coût, 2 fr. orig. 50 c. copie.)

L'an   , à la requête du sieur   , demeurant à   , pour lequel domicile est élu, etc..., j'ai,   soussigné, commis à cet effet, signifié et dénoncé au sieur   demeurant à   (*Partie saisie*).

Que le règlement provisoire des deniers provenant de la vente des meubles et effets dudit sieur   , a été dressé par M.   , juge au tribunal de   , et commissaire en cette partie, suivant son procès-verbal en date du   , enregistré sous le n°   , à ce que le susnommé n'en ignore; le sommant en conséquence d'en prendre communication, et de contredire sur le procès-verbal de contribution, dans le délai de quinzaine, lui déclarant que faute par lui de ce faire dans ledit délai, il en sera et demeurera forclos, et que la distribution desdits deniers sera définitivement arrêtée, et les mandemens de collocation délivrés conformément aux bases du règlement provisoire, à ce que pareillement le susnommé n'en ignore; et je lui ai, en son domicile, et parlant comme dessus, laissé copie du présent exploit, dont le coût est de

(*Signature de l'huissier.*)

Nota. Cette dénonciation se fait par acte d'avoué à avoué aux créanciers produisans; et lorsque la partie saisie a un avoué, elle se fait aussi à son avoué par le même acte. — V. *sup.* n° 78.

FORMULE XI.

Dire pour contester une collocation.

(C. pr. 666. — Tarif, 100. — Vacat. 5 fr.)

Et, le   , est comparu Me   , avoué au tribunal de
          , et du sieur   , créancier opposant sur le sieur

Lequel audit nom nous a dit que, connaissance par lui prise du règlement provisoire qui précède, il conteste la collocation portée art.   dudit règlement en ce que (*énoncer l'objet de la contestation*), et ce attendu (*énoncer les motifs*).

En conséquence ledit Me   audit nom, a requis que ledit règlement provisoire fût réformé en ce point, et a signé.   (*Signature de l'avoué.*)

Nota. A la suite on consigne les dires en réponse de ceux qui demandent la maintenue de la collocation.

FORMULE XII.

Ordonnance de renvoi à l'audience.

Nous juge-commissaire susdit et soussigné, — Vu les dires de contestations qui précèdent ; — Vu l'art. 666 C. pr., renvoyons les parties contestante et contestée, ensemble l'avoué, le plus ancien des opposans, à l'audience de la
chambre du tribunal de   , présent mois   , heure de   ,
pour entendre notre rapport et être statué ce qu'il appartiendra.

Fait au Palais de Justice à   , le   (*Signature du juge.*)

Nota. Cette ordonnance est précédée d'un dire de la part du poursuivant, ou de l'avoué le plus diligent, qui requiert le renvoi à l'audience, attendu l'expiration du délai pour contredire.

FORMULE XIII.

Acte pour venir plaider sur les difficultés élevées dans la contribution.

(C. pr. 666. — Tarif, par anal. 71, C. 5 fr.)

A la requête du sieur
Soient sommés : 1o Me   , avoué du sieur   , partie saisie,
2o Me   , avoué du sieur   , créancier contesté ;
3o Et Me   , avoué plus ancien des créanciers opposans,

De comparaître et se trouver samedi prochain 2 mars 1839,   heures du matin, à l'audience de la   chambre du tribunal de   , séant à
pour y entendre le rapport que doit faire M.   , juge-commissaire
dans la contribution ouverte sur le sieur   , et pour plaider la cause d'entre les parties sur les contestations élevées dans ladite contribution, pour le jugement desquelles les parties ont été renvoyées à l'audience par l'ordonnance de M.   , juge-commissaire, en date du   , enregistrée ; déclarant aux susnommés que faute par eux de comparaître, il sera pris avantage.
Dont acte.   (*Signature de l'avoué.*)

FORMULE XIV.

Acte d'appel d'un jugement rendu sur les contestations élevées dans la contribution.

(C. pr. 669. — Tarif par anal., 29. — Coût ; 2 fr. orig. 50 c. cop.)

L'an   , le   , à la requête du sieur   , demeurant à   , lequel élit à   domicile en la demeure de
avoué à la Cour royale, lequel occupera sur l'assignation ci-après, j'ai (*immatricule de l'huissier*) soussigné, signifié et déclaré : 1o au sieur   , partie saisie, demeurant à   , au domicile de Me   , son avoué,
sis à   , audit domicile, en parlant à

2o Au sieur   , créancier contesté, demeurant à
au domicile de Me   , son avoué, sis à   , en parlant à

3o Et à Me   , avoué au tribunal de   , et le plus ancien des créanciers opposans sur le sieur   , demeurant à
en son domicile, en parlant à

Que ledit sieur   est appelant, comme par ces présentes, il interjette appel du jugement contradictoirement rendu entre les parties, en la   chambre du tribunal de   , le   , signifié à avoué le   , et ce pour les torts et griefs que lui cause ce jugement, et notamment attendu, etc., à ce que les susnommés n'en ignorent, et à pareilles requête, demeure, élection de domicile et constitution d'avoué que dessus, j'ai, huissier susdit et soussigné, donné assignation aux susnommés, domicile et parlant comme dessus, à comparaître d'aujourd'hui à huitaine franche, délai de la loi, à l'audience, et par-devant M. le premier président et MM. les président et conseillers de la Cour royale séant à   , première chambre,   heures du matin, pour *énoncer les conclusions tendantes à la réformation du jugement de première instance*).

Et pour, en outre, défendre et procéder comme de raison, à fin de dépens, et j'ai, auxdits susnommés, laissé à chacun séparément copie du présent exploit dont le coût est de   (*Signature de l'huissier.*)

FORMULE XV.

Règlement définitif.

L'an   le   nous, juge-commissaire susdit et soussigné,
Vu, 1° no re règlement provisoire en date du
2° Les sommations faites par acte d'avoué à avoué, en date du   , 1° à
M°   , avoué du sieur
2° A M°   , avoué du sieur   , et au sieur   , suivant exploit de   , huissier, en date du   , enregistré, de prendre communication dudit règlement provisoire dans la quinzaine, et d'y contredire s'il y avait lieu ;
Attendu que ledit délai de quinzaine s'est écoulé sans contestation de la part, soit des créanciers, soit de la partie saisie, disons qu'il va être procédé au règlement définitif de ladite contribution de la manière suivante (1) :

Somme à distribuer (2).

Elle se compose, 1° de la somme de 5,000 fr. (*Rappeler les causes.* —V. *sup.* formule IX.), ci	5,000 »
2° De la somme de 675 fr. pour intérêts, etc. (—V. formule IX.), jusqu'au.	675 »
Total de la somme à distribuer.	5,675 »

Sur cette somme, sont et demeurent colloqués, définitivement.

Par privilége

1° Le sieur   , poursuivant ladite contribution, ayant
M°   pour avoué.

A reporter.	5,675 »

---

(1) *S'il y a eu contestations*, après ces mots : Vu 1° notre règlement, etc., on ajoute :
2° Le jugement de la   chambre du tribunal, en date du   ,
enregistré le   qui statue sur les contestations, en ces termes (*les reproduire*);
3° Les significations dudit jugement faites par exploit de   et de
, en date des   , enregistrées le
Attendu que les délais d'appel sont expirés sans qu'il en ait été interjeté par aucune des parties,
Disons, etc.
S'il y a eu appel, on ajoute : 3° l'acte d'appel du
4° L'arrêt définitif de la   chambre de la Cour royale de   , en
date du   qui statue sur ledit appel. en ces termes (*les reproduire*) :
5° Un exploit de   , huissier, en date du   ; enregistré, contenant signification dudit arrêt à   , etc. ;
Attendu que rien ne s'oppose au règlement définitif, etc.,
Disons, etc.

(2) Dans le cas où la somme à distribuer ne suffirait pas pour payer les frais de poursuite et les loyers du propriétaire, ce dernier serait préféré. — V. *sup*, n° 69 et 73 et formule VIII.

Report.			5,675 »

Pour la somme de 370 fr. à laquelle ont été taxés les frais de poursuite de la présente contribution, coût de l'extrait de l'ordonnance de main-levée des oppositions, le coût du bordereau de collocation et sa signification.

Desquels frais distraction est faite au profit de Mᵉ avoué, qui a affirmé les avoir avancés et déboursés de ses deniers, ci. . . . . 370 »

2° M. , propriétaire,
Pour la somme de 900 fr., pour neuf mois de loyers à raison de douze cent francs par an, courus, etc. etc., ci. . . . . 900 »

Pour la somme de 28 fr., à laquelle ont été taxés les frais de production, coût et signification de son bordereau de collocation, dont distraction, etc. comme ci-dessus. . . 28 »

*Total de ladite collocation. . . . . 928 » | 928 »

Total des créances privilégiées. . . . . 1,298 » | 1,298 »

Au moyen de quoi la somme à distribuer se trouve réduite à celle de. | 4,377 »

Sur laquelle somme sont définitivement colloqués au *marc le franc* de leurs créances,

Art. 1er.

Le sieur
Pour la somme de 222 fr. montant de sa portion contributoire dans ladite contribution, ci. . . . . 222 »

A raison de sa créance composée :
1° De la somme principale de, etc., ci. . 4,000 »
2° De celle de pour intérêts, etc., ci.. 400 »
3° De celle à laquelle ont été taxés les frais de production, etc., desquels frais distraction est faite à Mᵉ , avoué qui l'a requise. . . . . 40 »

Total, la somme de. . . . . . . 4,440 »

Art. 2.

Le sieur
Pour la somme de 4,155 fr., montant de sa portion contributoire, ci. . . . . 4,155 »

A raison de sa créance, composée :
1° De la somme principale de . . . . . 80,000 »
2° Celle de pour intérêts, etc., ci. 2,900 »
3° Celle de 95 fr., à laquelle ont été taxés les frais de mise d'exécution et de production, desquels frais distraction est faite au profit de Mᵉ , avoué qui l'a requise, ci. . . . . 95 »

Total. . . . . 82,995 »

Somme égale à la somme à distribuer, ci. . . . . . . 4,377 » | 4,377 »

Et attendu qu'il a été par nous statué sur toutes les demandes en collocations, déclarons notre procès-verbal définitivement clos et arrêté.

En conséquence, ordonnons qu'en exécution d'icelui, collocation seront délivrés auxdits créanciers susnommés, préalablement faite par eux de la sincérité de leur créance ;

mandemens de affirmation

En conséquence, faisons main-levée pure et simple des oppositions ci-après, mais seulement en ce qu'elles frappent sur les sommes distribuées, savoir :

1° De celle du sieur , formée par exploit de , huissier à Paris, en date du

2° De celle de, etc.

En conséquence, disons que, sans s'arrêter ni avoir égard auxdites opposi-

tions, non plus qu'à toutes autres qui auraient pu ou pourraient survenir, le sieur
sera tenu de payer entre les mains et sur la simple quittance des créanciers colloqués, le montant des sommes attribuées à chacun d'eux à quoi faire contraint ; quoi faisant, bien et valablement quitte et déchargé.

Fait, etc.

FORMULE XVI.

Affirmation.

(C. pr. 665. — Tarif. 101. A Paris, 2 fr. pour vacation de l'avoué comprise avec
celle pour requérir bordereau.)

L'an   le   , est comparu au greffe le sieur   , etc.
assisté de Me   , avoué

Lequel a déclaré et affirmé sincère et véritable la créance pour laquelle il a été
colloqué art.   du règlement définitif, dressé par M.   , juge au trib.
de   , commis à cet effet, en date du   , sous le nº

De laquelle affirmation il nous a requis acte à lui octroyé ; et a signé avec
Me   avoué et nous greffier soussigné, après lecture faite.

(*Signature de la partie, de l'avoué et du greffier.*)

Nota. Si la partie déclare ne savoir signer, il en est fait mention, le greffier a
qualité pour donner authenticité à cette déclaration, comme pour un acte de renonciation à succession ou autre.

FORMULE XVII.

Modèle de la minute du mandement de collocation.

(C. pr. 665 et 671. — Tarif, 101. — Vacation pour requérir la délivrance du
mandement, 2 fr.)

Du procès-verbal ouvert le   , sous le nº   , par ordonnance de
M.   , juge au tribunal de   , commis à cet effet par
ordonnance de M. le président du tribunal de   , en date du
enregistrée.

Ledit procès-verbal contenant distribution desdits deniers s'élevant à la somme
de   , et provenant de   , réglé par M. le juge-commissaire,
provisoirement le   , et définitivement le   , enregistré le
, par   , qui a reçu la somme de   , pour les droits.

Appert avoir été colloqué sous l'art.   du règlement définitif de ladite
contribution.

Le sieur   , pour la somme de   , pour la portion contributoire
à lui attribuée, ci.

A raison, 1º (*copier la collocation.*).

En conséquence, et pour l'exécution des règlemens ci-dessus énoncés, il est,
par ces présentes, délivré par nous greffier soussigné, sur la réquisition de
Me   , et après que le sieur   a affirmé par-devant nous la sincérité de sa créance, mandement de collocation,

Savoir, 1º à M.   , à cause de la distraction faite à son profit, pour la
somme de   , montant des frais accessoires de ladite collocation ;

2º Au sieur   , pour la somme de   pour les causes susénoncées.

Formant avec celle ci-dessus, celle totale de   montant de ladite collocation, pour les causes ci-devant énoncées:

Pour, par ledit sieur   , toucher des mains de M. le directeur ou caissier
de la caisse des dépôts et consignations de Paris, le montant du présent mandement de collocation à quoi faire ce dernier contraint ; quoi faisant bien et valablement déchargé.

Fait et délivré au greffe, le   (*Signature du greffier.*)

Nota. L'expédition de ce mandement est délivrée en forme exécutoire.

FORMULE XVIII. — V. toutefois *sup.* art. 134.)

Signification du mandement de collocation au dépositaire.

(C. pr. 147. — Tarif par anal. 29. — Coût, 2 fr. orig.; 50 c. cop.)

L'an   , le   à la requête du sieur   , demeu-

rant à   , lequel fait élection de domicile en la demeure de M⁰
avoué au tribunal de   , sise à   , j'ai, etc., soussigné, signifié laissé copie à   en son domicile, où étant et parlant à
D'un mandement de collocation délivré au requérant par le greffier du tribunal
de   , le   , enregistré, dans la contribution ouverte
sur les sommes saisies-arrêtées entre les mains dudit sieur   sur le sieur
              , et je lui ai, en parlant comme dessus, laissé copie dudit mandement
et du présent exploit dont le coût est de   (*Signature de l'huissier.*)

— V. *Ordre, Saisies.*

DIVISION (Bénéfice de). Exception par laquelle la cau-
t'on contre laquelle le créancier réclame toute la dette, obtient
que ce dernier divise son action entre toutes les cautions.

1. Chaque caution est obligée à toute la dette ; mais pour
éviter les actions en recours des cautions les unes contre les
autres (C. civ. 2033), la loi leur accorde le bénéfice de division.

2. Il doit être invoqué par les parties, et ne peut être suppléé par le juge. Basnage, *Hypothèques*, p. 36.

3. La division peut être demandée, 1° par toute caution,
même judiciaire : la loi ne distingue pas (Pothier, *Obligations*,
n° 416) ; — 2° par ses héritiers ; — 3° par son certificateur, qui
exerce tous ses droits.

4. Mais la division n'a pas lieu entre la caution et son certificateur : elle est elle-même, à son égard, débitrice principale.
Pothier, *ib.* n° 418.

5. La division est opposable, quelque incommode qu'elle soit
pour le créancier. — Peu importe que les autres cautions demeurent hors du ressort de la Cour : l'art. 2023 ne s'applique
qu'au bénéfice de discussion ; — que l'une d'elles ne soit engagée
que sous condition ou à terme ; sauf au créancier son recours
contre les autres fidéjusseurs, si la condition ne s'accomplit pas,
ou si, lors de l'accomplissement de la condition ou de l'échéance
du terme, la caution est insolvable. Pothier, *ib.* n° 421 ; Delvincourt, t. 2, p. 491.

6. Elle cesse, 1° quand on y a renoncé. C. civ. 2026.

Si cependant le créancier avait volontairement divisé son action (*ib.* 1211), il ne pourrait revenir contre cette division,
quand même les autres cautions seraient insolvables : c'est au
créancier à supporter les insolvabilités, même antérieures à la
division. *Ib.* 2025.

7. 2° Lorsque les cofidéjusseurs étaient incapables de s'obliger, comme une femme, un mineur.

En vain prétendrait-on que la caution a ignoré l'état du mineur, qu'elle n'a cru s'obliger que pour moitié. La caution
s'engage à toute la dette, et non pas seulement pour sa part. Le
créancier ne peut souffrir du bénéfice de division. Quant à l'i-
gnorance de la minorité, c'est toujours à celui qui contracte à

s'assurer de l'état des personnes avec lesquelles il s'oblige. Pothier, *ib.* 424; Basnage, *Hypoth.*, part. 2e, 37.

8. 3° Quand il y a solidarité (C. civ. 1204), conventionnelle (*ib.* 2021), ou légale. C. comm. 142. — V. *Effet de commerce.*

9. L'exception de division est péremptoire, puisqu'elle tend
à exclure entièrement l'action du créancier pour la part des autres cautions; elle peut être opposée en tout état de cause,
même après la défense au fond. Pothier, *ib.* 425; Delvincourt,
490; Pigeau, 1, 262. — V. *Exception.*

10. Mais peut-elle être opposée après le jugement de condamnation? — Il faut distinguer.

Si le jugement est passé en force de chose jugée, il n'est plus
possible de se soustraire à la condamnation; il doit être exécuté
suivant sa forme et teneur : en ne proposant pas l'exception, la
caution est censée y avoir renoncé.

Mais si le jugement n'a pas acquis force de chose jugée,
l'exception peut être proposée sur l'opposition ou l'appel. Pigeau, t. 2, p. 9. — V. *Appel*, n° 311.

11. Si le créancier est porteur d'un titre exécutoire, l'exception de division peut être proposée par la voie d'offres réelles
que fait la caution de la part dont elle est personnellement tenue dans la dette. — Si le créancier consent à la division, il
donne quittance. La caution est libérée. — S'il refuse, on l'assigne en validité des offres réelles. Pigeau, *ib.*

Dans le cas où, avant les offres, ou malgré les offres,
des poursuites seraient exercées par le créancier, il faudrait se
pourvoir en référé pour faire ordonner au provisoire qu'il sera
sursis à toute contrainte et poursuite jusqu'après le jugement
sur les offres et sur l'exception. Pigeau, *ib.*

La caution pourrait également, si elle n'avait pas les fonds
nécessaires pour faire des offres, assigner le créancier, pour faire
ordonner que les poursuites ne seront effectuées que jusqu'à
concurrence de la portion qu'elle doit supporter dans la dette,
par suite du bénéfice de division qu'il entend réclamer.

12. Si le titre n'est pas exécutoire, et si la *condamnation* est
poursuivie pour toute la dette, l'exception de division peut être
opposée par de simples conclusions, dans lesquelles la caution
demande acte de ce qu'elle se reconnaît débitrice de la portion
résultant du bénéfice de division, en laissant prononcer condamnation pour cette portion.

13. La dette du créancier ne doit être divisée qu'entre les
cautions solvables.

S'il y a des contestations sur leur solvabilité, la caution peut
demander qu'elles soient discutées, mais en offrant les deniers

suffisans pour la discussion. C. civ. 2023; Pothier, *ib.* n° 422; Delvincourt, *ib.*

14. Dans le cas où la caution aurait payé une partie de la dette, sans opposer l'exception de division, elle pourrait encore s'en prévaloir, et ne devrait plus que ce qui resterait pour compléter sa part dans le total de la dette. En décidant autrement, la caution paierait plus que sa part; elle aurait un recours contre les autres. Le but de la loi serait manqué. Pothier, *ib.* n° 407; Delvincourt, n° 490.

15. Le principal effet de l'exception de division, lorsqu'elle est admise, est d'éteindre l'obligation de la caution qui l'oppose, relativement à la part des autres cofidéjusseurs solvables au moment *où elle est prononcée.* C. civ. 2026.

Les insolvabilités postérieures sont à la charge du créancier. En payant sa part, la caution est définitivement libérée.

DIVORCE. Avant la loi du 8 mai 1816, abolitive du divorce, la procédure du divorce était réglée par le C. civ., art. 234 et suiv.; C. pr. 881.

DIXIÈME. — V. *Enregistrement.*

DOCTEUR *en droit.* — 1. Tout licencié en droit qui veut obtenir le grade de docteur, doit faire une quatrième année d'étude, et subir deux examens et un acte public. L. 22 vent, an 12, art. 3 et 4.

2. L'art. 25 même loi, porte : nul ne pourra, quatre ans après la première formation des écoles de droit, être reçu professeur, ni suppléant de professeur, s'il n'a été reçu docteur... — V. *Licencié en droit.*

DOL. — V. *Dommages-intérêts, Prise à partie, Requête civile, Tierce-opposition.*

DOMAINE DE L'ÉTAT. — V. *État.*

DOMESTIQUE. Ce mot désigne tous ceux qui font partie d'une maison, et qui, subordonnés à la volonté du maître, en reçoivent des *gages:* il comprend les serviteurs, gens de travail et de service.

1. Le juge de paix connaît sans appel jusqu'à la valeur de 100 fr., et à charge d'appel, à quelque valeur que la demande puisse monter, du paiement des salaires des gens de travail, des gages des domestiques, et de l'exécution des engagemens respectifs des maîtres et de leurs domestiques ou gens de travail. L. 6 juin 1838 (Art. 1166 J. Pr.). — V. *Juge de paix.*

Toutefois, les actions contre les facteurs, commis des marchands ou leurs serviteurs, pour le fait du trafic du marchand auquel ils sont attachés, sont de la compétence du *trib. de comm.* C. comm. 634-1°. — V. ce mot.

2. La copie de l'exploit est valablement remise, à défaut de parens, au *serviteur* du défendeur. C. pr. 68. — V. *Exploit.*

3. Les domestiques peuvent, après le décès de leur maître, requérir, en cas d'absence du conjoint ou des héritiers, l'apposition des scellés. *Ib.* 909-3°.

4. La qualité de domestique est un motif de reproche contre le témoin dans une *enquête*. *Ib.* 35, 262, 283. — V. ce mot.

5. Le domestique ne peut être établi gardien judiciaire des effets mobiliers saisis sur son maître, que du consentement du saisi et du saisissant. *Ib.* 598. — V. *Saisie.*

DOMICILE (1). Ce mot a une étymologie (*domus*) qui n'est pas étrangère à l'idée de demeure, d'habitation; mais ces différentes expressions indiquent des notions distinctes. Le *domicile* est une relation que la loi reconnaît entre un individu et le lieu où il exerce ses droits. — La *demeure* est le lieu de l'habitation fixe et continue, bien que le principal établissement ne s'y trouve pas. — La *résidence* est le lieu d'une habitation seulement momentanée.

Le domicile est quelque chose d'intellectuel : *in jure consistit;* son changement est assujetti à des formes, ou résulte de circonstances souvent compliquées; la demeure et la résidence sont tout en fait : c'est simplement l'action de séjourner en un lieu; on peut avoir plusieurs habitations et en changer quand on veut, dans un seul instant et sans formalités.

DIVISION.

§ 1. — *Des différentes espèces de domiciles.*
§ 2. — *Du domicile civil.*
Art. 1. — *Lieu où est le domicile.*
Art. 2. — *Changement de domicile.*
Art. 3. — *Personnes qui ont leur domicile chez autrui.*
Art. 4. — *Effets du domicile.*
§ 3. — *Du domicile élu.*
§ 4. — *Du domicile politique.*
§ 5. — *Timbre et enregistrement.*

§ 1. — *Des différentes espèces de domiciles.*

1. Le domicile est civil ou politique. — V. *inf.* § 4.

Le domicile *civil* comprend, 1° le domicile civil proprement dit; — 2° Le domicile relativement au *mariage.* C. civ. 166. — V. ce mot; — 3° Le domicile d'*élection.* — V. *inf.* § 3; — 4° Le domicile de *secours* : c'est le lieu où l'*indigent* a droit aux secours publics. L. 25 vend. an 2, tit. 5, art. 1er. — V. ce mot; — 5° Enfin, le domicile *litigieux.* — V. *Exploit.*

_____

(1) Cet article a été revu par M. Lejouteux, avocat à la Cour royale de Paris,

§ 2. — *Du domicile civil.*

Art. 1. — *Lieu où est le domicile.*

2. Les questions de domicile ont perdu de leur intérêt depuis que la France est régie par une législation uniforme ; elles ne s'élèvent plus que pour déterminer la compétence, le lieu de la remise des exploits, et celui de l'ouverture des successions.

3. Le domicile de tout Français, quant à l'exercice de ses droits civils, est au lieu où il a son principal établissement. C. civ. 102. — Ainsi, le *principal établissement* est le caractère distinctif et unique du domicile.

4. Le lieu du principal établissement est celui où une personne a fixé sa demeure, le centre de ses affaires, le siége de sa fortune, le lieu d'où cette personne ne s'éloigne qu'avec le désir et l'espoir d'y revenir dès que la cause de son absence aura cessé. Emmery, *Exposé des motifs* ; L. 7, *C. de incolis* ; L. 27, § 1, *ad municip.* ; Toullier, 1, n° 364. — V. *Exploit.*

Le domicile d'une société, lorsqu'elle a plusieurs maisons de commerce, est au lieu où est établi le principal siége de ses affaires. Cass. 18 pluv. an 12, P. 3, 608. — Elle peut y être assignée, bien qu'elle ait indiqué une autre maison sociale par l'acte de ses statuts. Cass. 23 nov. 1836 (Art. 600 J. Pr.).

5. A défaut d'établissement principal dans un autre lieu, le domicile d'un citoyen est au lieu de sa naissance. L. 56, *C. de curator* ; Cass. 1er mars 1826, J. P. 1826, 3, 296 ; Merlin, *Rép.* v° *Domicile*, § 2 ; Toullier, 1, n° 371 ; Duranton, 1, n° 355.

Ainsi, celui qui abandonne son pays pour aller aux armées, conserve son domicile d'origine tant qu'il n'a pas manifesté, d'une manière expresse et positive, l'intention de s'établir ailleurs. Parlem. Paris, 13 août 1763 et 3 fév. 1764 ; Denizart, v° *Domicile*, n°s 16 et 17 ; Cass. 11 vend. an 13.

Jugé aussi que le domicile d'origine, lorsque l'intention de le changer n'est pas prouvée, ne se perd point par la résidence en pays étranger, encore bien qu'on s'y soit marié, qu'on y ait élevé sa famille et établi le siége de ses affaires. Paris, 30 juill. 1811, D. v° *Domicile*, 383.

Même décision à l'égard du Français qui passe aux colonies, alors surtout qu'après avoir vendu les biens qu'il y possédait, il est mort en revenant en France. Paris, 3 août 1812, D. *ib.* ; — Ou qu'il résulte des circonstances qu'il avait l'intention de revenir dans sa patrie. Agen, 14 fév. 1832, D. 32, 354.

Dans tous ces cas, il est évident que la succession de ce citoyen est ouverte en France. *Même arrêt.*

6. L'art. 59 C. pr. 1° suppose qu'un individu peut ne pas avoir de domicile. Cette thèse, contraire au principe de l'existence du domicile d'origine, est détruite par l'art. 69-8° C. pr., qui reconnaît que l'assigné a un domicile qui peut facilement être ignoré du demandeur, et par l'art. 270 C. pén., qui, pour punir comme vagabonds les gens sans aveu, exige seulement qu'ils n'aient pas de *domicile certain*.

7. Chaque individu doit avoir un domicile, mais il ne peut en avoir qu'un, quoiqu'il puisse avoir plusieurs résidences. Toullier, 1, n° 567 ; Duranton, 1, n° 360.

Ainsi un exploit d'appel dans lequel il avait été donné deux domiciles à l'intimé, a été annulé. Lyon, 6 août 1829, D. 29, 210.

Toutefois, les lois 5 et 6, § 2, D. *ad municip.*, ainsi que l'art. 1er L. 25 frim. an 3, sur les émigrés, paraissent contredire ce principe, qui nous semble être la règle générale.

8. Néanmoins, on pourrait déclarer valables des actes signifiés par des individus différens, à deux domiciles distincts. En effet, s'il y avait sur le principal établissement un doute qu'on ne pût dissiper en invoquant le domicile d'origine, rien ne saurait déterminer les juges à annuler l'assignation donnée à l'un des deux domiciles. Prononcer ainsi la nullité d'une procédure, ce serait servir la fraude d'un individu qui, en s'entourant d'apparences d'incertitude, pourrait se ménager des moyens d'entraver les poursuites dirigées contre lui. Delvincourt, 1, 250, note 8, p. 41 ; Parlem. Paris, 6 sept. 1670. — Le Code prussien, *Introd.*, art. 31, décide qu'il faut prononcer dans le sens favorable à la validité de l'acte critiqué. — V. encore *Exploit*.

Ainsi, le négociant qui a des établissemens de commerce en deux endroits, sans avoir fait connaître, par un fait de préférence bien déterminée, celui qu'il choisit pour son domicile, peut être indifféremment assigné à l'un ou à l'autre. Maleville, 1, 128 ; Merlin, v° *Déclinatoire*, 361.

La mention du domicile apparent suffit surtout, lorsque c'est la partie elle-même qui l'indique. Cass. 20 juin 1832, D. 32, 250.

Si le domicile du débiteur n'est pas incertain, mais que celui-ci en ait seulement indiqué un autre dans l'obligation, sans qu'il y ait eu du reste signification de changement de domicile, le commandement et la saisie sont valablement faits au domicile véritable. Cass. 8 fév. 1832, D. 32, 99.

Mais les poursuites pourraient être valablement faites, selon nous, au domicile indiqué. Arg. Paris, 3 août 1807, P. 6, 256.

9. L'étranger qui s'est fixé en France avec l'autorisation du gouvernement, a son domicile au lieu où il a son principal établissement. C. civ. 13, 102. — V. *Étranger*.

10. L'étranger résidant sur le territoire français, même sans

autorisation du gouvernement, peut-il être considéré comme ayant son domicile réel en France?

L'affirmative était généralement reconnue, avant la promulgation du C. civ., les lois des 30 avr. 1790; 28 mars 1793, art. 6, et 25 brum. an 3, art. 1er, faisant dépendre l'acquisition du domicile du seul fait de la résidence joint à l'intention de l'établir. Cass. 8 therm. an 11, J. P. 3, 384 ; Paris, 11 juin 1812 ; Cass. 30 nov. 1814, S. 15, 181.

Aujourd'hui la question est plus douteuse. L'art. 13 C. civ., n'accorde la jouissance des droits civils à l'étranger, qu'autant qu'il a été autorisé à établir son domicile en France, et il résulte des paroles prononcées le 17 vent. an 11, par le tribun Gary, à la séance du Corps législatif, et d'un avis du Cons. d'État, du 18 prair. an 11, qu'un étranger ne peut établir son domicile en France qu'autant qu'il y est admis par le gouvernement.

Toutefois, on peut répondre que l'étranger non autorisé, s'il ne jouit point en France de tous les droits civils et n'a pas un domicile *de droit*, peut avoir au moins un domicile apparent qui doit produire des effets en sa faveur, toutes les fois qu'il s'agit d'actes du droit des gens, et produire même contre lui, envers les Français tous les effets du domicile de droit, quant aux actes de droit civil. Coin-Delisle, *Comm. analytique*, art. 14; C. civ. n° 11; Cass. 24 avr. 1827, S. 28, 212. — *Contrà*, Arg. Paris, 16 août 1811, P. 9, 565; Duranton, 1, 353.

C'est ainsi qu'il a été décidé que l'étranger établi et résidant en France, quoique sans autorisation, jouissait en matière commerciale de la faculté accordée au Français, par l'art. 14 C. civ., de traduire un étranger devant les trib. de France. *Même arrêt*; Paris, 30 mai 1808, S. 8, 211, 10 nov. 1825, S. 26, 282.

Mais jugé que cette résidence ne pourrait soustraire l'étranger à la contrainte par corps obtenue par un Français contre lui, pour condamnations commerciales. Paris, 16 août 1811. — Ni aux lois de son pays qui gouvernaient son état et sa personne. Cass. 25 fév. 1818, D. 10, 88.

Au surplus, le fait de l'établissement du domicile d'un étranger s'apprécie de la même manière que celui des regnicoles. Paris, 14 mars 1831, D. 31, 112.

Art. 2. — *Changement de domicile.*

11. La liberté de résider où l'on veut, autorise tout changement de domicile. L. 31, *D. ad municip.*

Il s'opère par le fait d'une habitation réelle dans un autre lieu, jointe à l'intention d'y fixer son principal établissement. C. civ. 103 ; Dargentré, *Cout. Bretagne*, art. 149; Toullier, n° 272; Duranton, n° 556.

12. Toutefois, la femme qui continue de résider dans le lieu

de son domicile d'origine, acquiert le domicile de l'homme
qu'elle épouse.

Mais si cette femme tenait son mariage secret, si elle avait
conservé son ancien nom, les tiers pourraient valablement
l'assigner à son ancien domicile. Delvincourt, 1, 251, note 6.
—V. *sup.* n° 8.

13. Puisque le seul changement d'habitation n'emporte pas
la translation du domicile, l'intention suffit pour le conserver.
Delvincourt, *ib.*, note, 7; Toullier, Duranton, *ib.*

14. Toutefois, l'étranger qui reçoit l'ordre de quitter le
territoire français (L. 28 vend. an 6, art. 7), soit qu'il ait vu
révoquer l'ordonnance royale qui lui accordait la jouissance des
droits civils, soit que cette jouissance ne lui ait jamais été con-
cédée, perd le domicile qu'il avait acquis.

De même le Français qui s'est fait naturaliser en pays étranger, prétendrait vainement qu'il a eu l'intention de conserver
le domicile qu'il avait en France. Cass. 17 juill. 1826, D. 26,
418.

15. La preuve de l'intention résulte d'une déclaration expresse, faite tant à la municipalité du lieu que l'on quitte, qu'à
celle du lieu où l'on a transféré son domicile. C. civ. 104.

« La vulgaire usance en ce pays, dit Guy-Coquille, coutume
du Nivernois, 2, 134, est que, quand quelqu'un veut changer
de domicile, il éteint son feu en présence de personnes publiques au lieu qu'il délaisse, et va l'allumer en son nouveau
domicile. »

16. La déclaration de changement de domicile, faite aux
deux mairies, ne suffit pas pour l'opérer, s'il n'y a pas eu translation réelle et effective de l'habitation. Cass. 16 avr. 1817,
9 juin 1830, J. P. 1830, 3, 420; 6 nov. 1852, S. 52, 823;
27 fév. 1834, D. 34, 342; 25 août 1835; Paris, 28 août 1810,
P. 8, 574; Poitiers, 23 juin 1819, D. 6, 586.

17. Dans leurs observations sur le projet de C. civ., plusieurs
trib. d'appel avaient proposé de ne réputer le domicile changé
et définitivement constitué, qu'après un certain délai d'habitation réelle; mais cette disposition fut écartée, comme entra-
vant la liberté du choix du domicile (Discussion du Cons. d'État,
16 fruct. an 9; Fenet, 8, 330). La condition d'un délai eût été
d'ailleurs une source de contestations : si un individu était mort,
avant l'expiration du délai, dans la ville où il avait voulu transporter son domicile, on n'aurait su devant quel trib. actionner
ses héritiers.

18. Aussi est-il constant que la manifestation de la volonté
jointe au fait de la résidence, quelque courte que soit la durée
de celle-ci, suffit pour acquérir un nouveau domicile, et faire
perdre celui qu'on a voulu quitter. Limoges, 1er sept. 1815,

P. 694; Cass. 22 et 28 flor. an 10, P. 2, 576 et 585; 12 vend. an 11, J. P. 5, 6. — Delvincourt, 1, 250, note 7; Duranton, 1, 357.

19. La difficulté de connaître le changement de domicile, et la rapidité avec laquelle il peut s'opérer, avaient déterminé l'ancienne jurisprudence à valider les citations données pendant un an au domicile ancien. Une disposition analogue a été proposée au Cons. d'État, séance du 12 brum. an 10; mais elle n'a pas été adoptée (Fenet, t. 8, p. 341). Il faut donc aujourd'hui tenir pour certain que généralement l'on doit assigner son adversaire à son domicile actuel, quelque courte que soit son habitation réelle dans son nouvel établissement.

20. Ainsi, quand une personne a fait, en changeant de domicile, la double déclaration prescrite par l'art. 104 du C. civ., elle ne peut, sous prétexte que, dans son ancienne demeure, le lieu de la nouvelle était totalement ignoré, être assignée comme n'ayant pas de domicile connu. Paris, 10 juin 1811, P. 9, 384. —*Contrà*, Arg. Cass. Rejet 2 mai 1832, D. 52, 174.—Le rejet a été prononcé dans une espèce où, malgré les deux déclarations, l'arrêt attaqué se fondait sur ce que le lieu où la partie assignée avait pu se transporter en France n'était pas connu, et sur ce que le lieu de sa résidence était également inconnu.

A plus forte raison ne pourrait-on assigner la partie à son ancien domicile, surtout si le requérant a reconnu dans un acte antérieur qu'elle en avait changé. Rennes, 9 août 1819, D. 7, 784.

C'est au nouveau domicile qu'elle doit être assignée, à peine de nullité. Nîmes, 30 mars 1808, P. 6, 591; Turin, 14 fév. 1810, P. 8, 106; Rennes, 9 août 1819; Paris, 10 juin 1811.

Si la double déclaration exigée par la loi n'a point été faite et que les voisins aient déclaré à l'huissier porteur de l'exploit qui se présente à l'ancienne demeure, qu'ils ignorent où l'individu qu'il veut assigner réside, la copie doit être laissée à l'un d'eux, ou, sur son refus, au maire, comme en cas d'absence de la partie et des siens de son domicile (C. pr. 68), et non au parquet du procureur du roi, comme au cas où l'assigné n'a pas de domicile connu. C. pr. 69 n° 8; Amiens, 21 fév. 1828, D. 30, 25. — Cet art. 69 ne s'applique qu'aux marchands ambulans, bateleurs et vagabonds, et non à ceux qui ayant eu un domicile réel l'ont seulement quitté sans l'avoir changé légalement. Orléans, 11 août 1838 (Art. 1216 J. Pr.).—V. *Exploit.*

21. Jugé que des déclarations de changement de domicile faites dans la forme voulue par l'art. 104, ne peuvent être détruites que par des déclarations contraires, postérieurement exprimées dans la même forme, et non par de simples présomptions. Cass. 23 janv. 1827, S. 27, 351. — V. toutefois n° 30.

22. Mais si le changement de domicile ne s'est pas opéré avec les formes légales, les significations sont valablement faites à l'ancien domicile. Paris, 50 janv. 1815, P. 11, 86; Bourges, 6 mai 1822.

Il en est de même si pendant une instance engagée l'une des parties change de domicile, sans le notifier à son adversaire. L'erreur de celui-ci devient alors excusable. Cass. 16 fruct. an 12, P. 4, 186; Turin, 19 mai 1807, P. 6, 95; Arg. 5 sept. 1811, P. 9, 621; 5 mai 1854; 50 mars 1856; 5 mai 1857, P. 1857, 62. — V. *Exploit.*

Ainsi jugé dans une espèce où le nouveau domicile avait même été mentionné dans quelques actes de l'instance. Turin, 19 mai 1807; — et en matière correctionnelle. Cass. 11 juin 1825, D. 25, 594.

De même quand une Cour, qui ignorait le changement de domicile de l'une des parties, a renvoyé la cause devant le trib. du domicile de celui-ci, cela doit s'entendre du domicile connu des juges, surtout si le procès était relatif au partage d'une succession ouverte en ce lieu. Cass. 12 therm. an 9 et 24 frim. an 10, P. 2, 270 et 380.

23. La déclaration énoncée en l'art. 104 n'est point obligatoire; aucune sanction n'est portée contre celui qui la néglige; l'homme qui n'a que des motifs honnêtes peut user de sa liberté naturelle; en changeant de domicile, il ne craint pas d'annoncer hautement sa volonté, que nul n'a le droit de contrarier; mais celui qui veut se soustraire à l'action de ses créanciers se gardera bien de leur laisser une telle indication du lieu qu'il aura choisi pour retraite. — Aussi l'art. 105 C. civ., pour lever les doutes qui pourraient résulter du défaut de déclaration expresse, fait dépendre des circonstances la preuve de l'intention.

24. C'est aux trib. civils seuls qu'appartient la décision des questions de fixation de domicile; c'est à tort que l'autorité administrative voudrait s'en attribuer la connaissance. Ordonn. 25 janv. 1834.

L'arrêté d'une autorité administrative, déclarant qu'un citoyen est domicilié dans telle commune, ne fait pas obstacle à ce que les tribunaux jugent le contraire: un pareil arrêté ne peut avoir d'autre objet que de déclarer un fait qui est de la compétence de l'administration, c'est-à-dire que cet individu supporte les charges, et jouit de tous les avantages attachés à la résidence de fait. — Le mot *domicile* est pris, par cet arrêté, dans une acception impropre, et la question du véritable domicile reste entière. Cass. 25 fév. 1818, S. 19, 41.

25. On ne peut tracer une règle invariable pour l'appréciation des circonstances; elles sont abandonnées à la conscience du juge. Cass. 24 fév. 1835 (Art. 126 J. Pr.); Paris, 29 juin 1840,

P. 8, 421; 15 juill. 1811, P. 9, 461. — Toullier, 1, n°ˢ 377
et 578. Nous citerons, à titre d'exemple des faits qui peuvent
constituer le principal établissement : le domicile politique,
suivant les cas; — l'inscription sur les contrôles de la garde
nationale; — l'inscription au rôle des contributions, et le
paiement de ces mêmes contributions pendant plusieurs années.
Cass. 19 mars 1812, P. 10, 253; — l'indication, dans un acte,
de ce nouveau domicile; — la comparution, comme défendeur
devant le trib. de ce ressort, sans déclinatoire proposé; — l'é-
tablissement d'un commerce dans un lieu où l'on fait transporter
ses meubles. Limoges, 1ᵉʳ sept. 1813, P. 11, 691; — le paiement du droit fixe de patente dans une commune, etc.

26. Le citoyen appelé à une fonction publique, temporaire
ou révocable, conserve le domicile qu'il avait auparavant, s'il
n'a pas manifesté d'intention contraire (C. civ. 106). Il n'est pas
présumé vouloir abandonner son ancien domicile; il le quitte
pour remplir des obligations auxquelles il voit un terme. Quand
ce terme est arrivé, il n'a plus de raisons pour prolonger le
sacrifice de ses habitudes.

Ainsi, le parlement de Paris a jugé, le 8 juin 1742, que le
sieur Garengeau, né à Paris, mais mort âgé de 94 ans, dans
l'exercice d'un emploi de directeur des fortifications en Bretagne,
où il avait demeuré 64 ans, savoir : 9 ans à Brest, et 55 ans à
Saint-Malo, où il était décédé, était cependant domicilié à Paris,
où il était né. On a pensé qu'il n'y avait de sa part aucun acte
déclaratif de sa volonté d'abdiquer son domicile d'origine.

27. Jugé sous le Code qu'un officier d'artillerie attaché au
dépôt central d'artillerie établi à Paris, ne manifeste pas l'intention d'abandonner son ancien domicile, et de le transférer
dans le lieu où il exerce ses fonctions, par cela seul qu'il loue
et meuble un appartement dans ce lieu; que, dans plusieurs
actes, il déclare y demeurer et qu'il y paie ses contributions.
Cass. 1ᵉʳ mars 1826, S. 26, 460.

Jugé même qu'il n'y a pas preuve suffisante de la translation
du domicile, dans le fait du fonctionnaire révocable, qui, à
raison de ses fonctions, quitte son domicile d'origine, vend tous
les biens qu'il possédait, écrit au préfet de son département
qu'il entend se fixer au lieu où il est envoyé, et qui s'y est livré
à un grand nombre d'opérations commerciales. Cass. 16 mai
1809, P. 7, 563.

28. Mais, en cette matière surtout, on doit porter son attention sur les faits qui ont amené la décision des Cours; car la
plus légère nuance dans les circonstances motive une application
différente des principes. C'est ainsi qu'on a jugé qu'un receveur de l'enregistrement, dont les fonctions sont publiques et
révocables, manifeste suffisamment l'intention d'abandonner son

ancien domicile, et de le transférer dans le lieu où il exerce ses fonctions, lorsqu'il y loue une maison, y transporte ses meubles, y figure dans des testamens et des actes de l'état civil, lorsqu'il s'annonce *comme y étant domicilié*, y paie ses contributions, y fait le service de la garde nationale. Il est clair, en effet, que le changement de domicile d'un fonctionnaire amovible peut, comme celui d'un simple particulier, être déterminé par les circonstances. Cass. 11 juill. 1831, S. 31, 362.

Ainsi, jugé que d'après les circonstances, le Francais qui a quitté le domicile conjugal pour aller remplir des fonctions temporaires et révocables en pays étranger, et qui, pendant la suspension momentanée de ces fonctions, est venu établir sa résidence en France, dans un autre lieu que celui où il avait d'abord son domicile, peut être réputé avoir adopté un domicile nouveau, bien qu'il n'ait fait aucune déclaration expresse à cet égard (Paris, 14 août 1823, S. 25, 116), et qu'un préfet peut être considéré comme ayant son domicile au chef-lieu de son département, bien qu'il n'y restât point avant sa nomination. Paris, 2 prair. an 13, P. 4, 558; Toulouse, 10 mai 1826, D. 26, 214.

Au reste, l'appréciation du fait de la translation de domicile appartient exclusivement aux juges du fond. Cass. 9 juin 1830, D. 30, 282, et 20 juin 1832, D. 32, 250.

29. Lors de la communication officielle qui lui fut faite du projet du titre *du Domicile*, la section de législation du tribunat exprima le vœu qu'on insérât dans le Code une disposition portant, comme la déclaration du roi du 9 avr. 1707, qu'un fonctionnaire civil ou militaire pourrait toujours, à l'égard des dettes mobilières contractées dans le lieu de l'exercice de ses fonctions, être actionné devant le trib. de ce lieu pendant qu'il continuerait d'y exercer ses fonctions (Fenet, 8, 544); mais le gouvernement a gardé le silence sur le vœu du tribunat, en sorte qu'il n'y a pas lieu d'admettre, pour ce cas, une exception aux règles générales de la compétence.

Jugé, toutefois, qu'un député qui, outre son domicile politique dans un lieu, a un domicile de fait dans un autre lieu, où il a un appartement meublé à ses frais et paie la contribution personnelle, est justiciable du trib. de ce dernier domicile, pour le paiement des objets de consommation qui lui ont été vendus et livrés en sa demeure. Paris, 25 mai 1826, D. 27, 134.

Cette décision, en droit, ne serait pas contestable, s'il eût été reconnu que ce député avait transféré son domicile réel à Paris, pour ne conserver dans son département que son domicile politique. — Mais, dans l'espèce de l'arrêt de Paris, le défendeur articulait positivement qu'il avait conservé son domicile à Lyon;

la Cour ne pouvait valider l'assignation donnée à Paris, sous le prétexte que le défendeur y avait établi son domicile de fait, c'est-à-dire sa résidence. C'est seulement en effet, lorsque le défendeur n'a pas de domicile connu, qu'il peut être cité, en matière personnelle, aux termes de l'art. 59 1° C. pr., devant le trib. de sa résidence.

Dans le cas contraire, le domicile litigieux, à moins qu'il ne soit élu, n'est point distinct du domicile réel, comme cela résulte de l'art. 102 C. civ. et des discussions au Cons. d'État.

On ne peut invoquer comme contraires, 1° l'arrêt de Paris, du 13 mai 1809, P. 7, 560, qui valide l'assignation donnée à Paris à une personne qui avait déclaré, en quittant son pays, qu'elle entendait continuer d'y exercer ses droits politiques. Cet arrêt se fonde sur ce que cette déclaration n'est relative qu'à ces derniers droits, et juge ainsi que le défendeur n'avait point conservé son ancien domicile réel. — 2° Les arrêts de Cass. 28 déc. 1815, S. 16, 111, et de Bruxelles, 22 fév. 1815, D. 6, 582, qui déclarent valables les significations faites dans un lieu autre que le domicile réel, attendu que, dans une série d'actes judiciaires émanés de la partie et non désavoués, elle était déclarée domiciliée dans ce lieu. — Il est clair, en effet, que le défendeur s'était ainsi rendu non recevable à opposer la nullité de ces exploits.

30. L'acceptation de fonctions conférées à vie emporte translation immédiate du domicile du fonctionnaire dans le lieu où il doit exercer ses fonctions. C. civ. art. 107.

31. Par *fonctions conférées à vie*, il faut entendre des fonctions irrévocables ; — il est des fonctions qui, quoique étant à vie, c'est-à-dire non temporaires, n'emporteraient cependant pas translation immédiate du domicile, parce qu'elles sont révocables : par exemple, celles de percepteur des communes. Cass. 11 mars 1812, S. 13, 418; Paris, 17 août 1810, P. 8, 538.

32. Jugé que les évêques sont domiciliés dans leur diocèse, bien qu'ils soient établis à Paris : ils sont obligés à la résidence. Arrêt 8 mars 1687 (*Journal des Audiences*, t. 5, liv. 1, ch. 17).

Il en est de même des curés, chanoines et autres titulaires ecclésiastiques inamovibles. Parlem. Paris, 5 fév. 1743.

Le domicile des princes du **sang est** toujours dans la capitale du royaume. Bourjon, *Droit commun de la France*, t. 1ᵉʳ, p. 107.

33. Mais la qualité de pair de France ne donne pas de domicile à Paris, lieu des séances des pouvoirs législatifs, parce qu'elle n'exige pas une résidence continuelle (Merlin, *Rép.*, v° *Domicile*, § 3, n° 4); de plus, la loi du 23 déc. 1831, qui contient la révision de l'art. 23 de la Charte, donne au roi le pouvoir de conférer la pairie à des fonctionnaires attachés depuis

long-temps à des charges inamovibles, par exemple, à des premiers présidens de Cours royales ; et on ne pourrait attribuer à la résidence, pendant le cours des sessions des Chambres, l'effet de changer un domicile adopté depuis un grand nombre d'années.

Sous l'ancienne jurisprudence, deux arrêts du Parlement de Paris, des 9 juin 1756 et 6 sept. 1764, ont jugé que la dignité de duc et pair n'entraînait pas nécessairement fixation du domicile à Paris.

34. La disposition impérative de l'art. 107 ne saurait être contredite par une déclaration de volonté contraire ; on ne peut pas admettre une supposition qui blesserait toutes les convenances sociales. M. Malherbe, tribun., *Disc. devant le corps législatif;* Merlin, *Rép.,* v° *Domicile,* § 3, n° 3.

35. L'acceptation de fonctions publiques est présumée définitive du jour où le titulaire a prêté serment.

Art. 3. — *Personnes qui ont leur domicile chez autrui.*

36. Certaines personnes, soit à raison de leur incapacité, soit à cause de l'état de dépendance dans lequel elles se trouvent, sont privées du droit accordé en général à tout individu, de choisir le lieu de son domicile. — Tels sont les femmes mariées, les mineurs non émancipés, les interdits, et ceux qui demeurent avec les personnes chez lesquelles ils travaillent.

37. *Femme mariée.* Elle n'a point d'autre domicile que celui de son mari. C. civ. 108 ; L. 38, § 3, *D. ad municip.*

Peu importent l'adoption du régime sous lequel elle est mariée et le fait de la résidence. Cass. 26 juill. 1808, P. 7, 45 ; Merlin, *Rép.,* v° *Domicile,* § 3, n° 7.

En conséquence, le lieu de l'ouverture de la succession d'une femme mariée est toujours au domicile de son mari. *Même arrêt;* Cass. 20 avr. 1808, P. 6, 639.

Elle conserve même ce domicile après la mort de son mari, tant qu'elle n'a pas manifesté l'intention d'en constituer un autre. Loi 22, § 1er, *Ad municip.*

38. Mais, si la femme fait un commerce séparé de celui de son mari, elle peut avoir un domicile particulier pour les faits de ce commerce ; et le mari, à raison de ces faits, est valablement assigné devant le juge de ce domicile. Arg. C. pr. 420 ; Delvincourt, 1, 78, note 6.

39. La femme après la séparation de corps, est déchargée de l'obligation de résider avec son mari, elle a le droit de transférer partout où il lui plait son principal établissement, et, par conséquent, de se choisir un domicile distinct de celui de son mari.

Il y a donc nécessairement, dans ce cas, dérogation à l'art. 108 C. civ., quoique la loi ait gardé le silence sur ce point. Dijon, 28 avr. 1807, P. 6, 55; Président Bouhier, *Coutume de Bourgogne*, ch. 22, n° 201; Pothier, *Contrat de mariage*, n° 522; Delvincourt, 1, *ib.* Toullier, n° 775; Proudhon, ch. 19, sect. 3. — *Contrà*, Merlin, *Rép.*, v° *Domicile*, § 5, n° 1.

Les juges ne peuvent ainsi fixer le lieu de sa résidence, si ce n'est pour le temps de l'instance. Dijon, 28 avr. 1807; Vazeille, 2, n° 587; Duranton, 2, n° 647.

Si la femme, sans être judiciairement séparée, a, du consentement de son mari, une résidence distincte de celle de ce dernier, elle ne perd point pour cela le domicile marital, et c'est à ce dernier domicile qu'elle doit être assignée. Arg. C. civ. 307; Arrêt Parlement de Paris, 4 mai 1695, rendu sur les conclusions de d'Aguesseau. Aix, 7 mai 1809, P. 7, 546. — *Contrà*, Arrêts des Parlemens de Metz du 23 nov. 1637, et de Paris, du 21 oct. 1711, mais rendus dans des circonstances particulières.

A plus forte raison, la femme mariée, qui abandonne le domicile de son mari, ne peut s'en constituer un autre, en s'établissant en pays étranger. Paris, 11 août 1817, S. 18, 30.

Jugé toutefois que l'interdiction d'une femme qui, depuis plusieurs années, a quitté le domicile de son mari pour se retirer chez ses père et mère, doit être poursuivie devant le trib. du lieu de sa résidence actuelle : ce trib. étant plus à même que tout autre de vérifier les faits de la demande. Bordeaux, 20 germ. an 13, P. 4, 487; Demiau. L'opinion contraire est adoptée par Carré, n° 3013; Proudhon, 2, 316; Duranton, 3, 675; Toullier, t. 2, p. 449; Delvincourt, 1, 130. — La doctrine de ces derniers auteurs nous paraît préférable, la loi n'ayant pas fait, dans ce cas, d'exception à la règle que le juge du domicile du défendeur doit connaître des demandes personnelles. — V. *Interdiction.*

Mais, dans le cas où le ministère public requiert d'office l'interdiction d'un furieux, le trib. de la résidence est compétent. Il s'agit alors d'une mesure de police. Carré, *ib.*

40. La femme séparée de biens ne peut avoir, à la différence de la femme séparée de corps, un domicile autre que celui du mari. Colmar, 12 juill. 1806, P. 5, 412. — Même décision à l'égard de la femme du failli. Turin, 28 mai 1806, P. 5, 557; Bruxelles, 13 août 1806, P. 5, 458.

41. Quand la femme est nommée tutrice de son mari interdit, ce dernier n'a pas d'autre domicile que celui de sa femme; mais si un tiers était nommé tuteur, le domicile de la femme qui doit, pendant le mariage, et tant qu'il n'y a pas eu sépara-

tion de corps prononcée, être le même que celui du mari, serait chez le tuteur de l'interdit. Duranton, n° 574.

42. *Mineur non émancipé.* Il a son domicile chez ses père et mère ; c'est là le domicile primitif.

Jugé, avant l'abolition du divorce, que le domicile légal du mineur dont l'éducation et l'entretien avaient été confiés à la mère divorcée ne cessait pas d'être chez le père. Paris, 9 prair. an 10, D. 6, 580.

Lorsque le mineur vient à perdre son père ou sa mère, il a son domicile chez le survivant.

Toutefois, si la tutelle n'appartient point à celui-ci, le domicile du mineur est chez son tuteur qui seul exerce ses droits civils. Peu importe que le mineur continue à demeurer chez son père ou sa mère. Duranton, 1, n° 567.

Après la mort de l'époux survivant, il conserve le même domicile jusqu'à ce qu'un autre tuteur soit nommé. Paris, 28 nov. 1855 (Art. 248 J. Pr.).

Jugé que le mineur héritier de son père, doit être assigné à peine de nullité au lieu où la succession de celui-ci s'est ouverte, et où il a été procédé à la nomination du tuteur. C. civ. 108; Cass. 16 pluv. an 7, P. 1, 525 ; Magnin, 1, 63.

Au reste, il est évident que le domicile du mineur est toujours celui de la mère tutrice, quoiqu'elle ait été pourvue d'un conseil. C. civ. 391; Paris, 28 flor. an 12, P. 3, 749.

43. Quoiqu'il résulte des art. 19, 20, 24, L. 22 germ. an 11, que la juridiction, lorsqu'il s'agit de contestations entre les maîtres et les ouvriers, est déterminée par la situation de la manufacture ou de l'atelier, il a été jugé que le juge du domicile du tuteur de l'ouvrier, est seul compétent pour connaître des engagemens d'apprentissage consentis par ce tuteur, tant en son nom personnel, qu'au nom du mineur. Cass. 22 déc. 1855 (Art. 272 J. Pr.).

44. Le domicile du mineur est ainsi fixé chez les personnes qui exercent ses droits et intentent ses actions.

45. Si le mineur est un enfant naturel, il a son domicile chez celui de ses père et mère qui l'a reconnu. S'il a été reconnu par l'un et l'autre, chez son père. S'il est né de parens inconnus, il a pour domicile celui de son tuteur, s'il lui en a été donné un (Delvincourt, 1, 249, note 4); sinon, l'hospice où il a été reçu, ou le domicile de la personne qui prend soin de lui. Duranton, n° 568.

Les étudians n'acquièrent pas de domicile dans le lieu où ils résident pour leurs études, ils conservent celui qu'ils ont chez leurs parens ou tuteurs. C'était la doctrine des lois romaines qui les considéraient comme ayant toujours l'esprit de retour. Duranton, 1, 570.

46. Le mineur émancipé, de quelque manière que ce soit, par mariage, ou autrement, ne se trouve pas compris dans les termes de l'art. 108 C. civ.; il peut, dans le silence de la loi, se choisir un domicile. Duranton, n° 369.

47. *Interdit.* Il a son domicile chez son tuteur. — L'art. 108 dit *curateur*, parce qu'à l'époque où a été rédigée la loi sur le *domicile*, la loi sur l'*interdiction* n'était pas encore faite, et que, dans l'ancien droit, c'était un curateur qu'on nommait à l'interdit.

Jugé, avant la promulgation du C. civ., dans une espèce où plusieurs curateurs avaient été nommés à l'interdit, que le domicile de celui-ci avait pu être valablement désigné dans l'acte de nomination, comme le domicile de la curatelle. Cass. 24 brum. an 9, P. 2, 39; Merlin, R. v° *Appel*, § 3.

48. Le majeur auquel un conseil judiciaire a été nommé, conserve son domicile particulier. C. civ. 513.

49. Ceux qui, par suite de condamnation à une peine afflictive et infamante, sont en état d'interdiction légale, ont, pendant la durée de leur peine, leur domicile chez leur tuteur. La réforme introduite à l'art. 29 C. pén., par la loi du 28 avr. 1832, prouve qu'on a voulu assimiler complètement l'interdiction légale à l'interdiction judiciaire. Dans l'ancien droit, ils n'auraient pas été présumés avoir abandonné leur ancien domicile. Ordonn. 1667, tit. 2, art. 8.

Quant au mort civilement il conserve, jusqu'à l'exécution de l'arrêt qui l'a condamné, son ancien domicile malgré sa détention. Paris, 30 janv. 1817, D. 6, 381.

De même, le séjour des condamnés à l'emprisonnement dans le lieu où ils subissent leur peine, ne fait pas présumer l'intention d'abdiquer leur domicile. Dalloz, 6, 377.

50. Les déportés conservent-ils leur domicile? — Il faut distinguer :

Les déportés *par condamnation judiciaire* sont frappés de mort civile; ils n'ont plus de droits à exercer en France; ils ne peuvent plus y avoir de domicile. Si le gouvernement leur accorde la jouissance de quelques droits civils, ce n'est que dans le lieu de leur déportation : là, seulement, ils peuvent avoir un domicile. Merlin, *Rép.*, v° *Domicile*, § 4, n° 4.

Les déportés par *mesure législative ou politique* sont bien fixés à vie dans le lieu de leur déportation, mais ils n'ont pas encouru la mort civile; ils ont des droits à défendre, des actions à intenter; ils conservent leur ancien domicile et leur volonté seule peut le changer. Cass. 6 frim. an 11. — *Contrà*, Merlin, *ib.*

51. *Majeurs qui servent habituellement chez autrui.* Ils ont le même domicile que la personne qu'ils servent ou chez laquelle ils travaillent, lorsqu'ils demeurent avec elle dans la même maison. C. civ. 109. C'est donc à ce domicile qu'ils doivent être assignés, sans distinguer s'ils en avaient un ou non, avant d'entrer au service. Bordeaux, 8 avr. 1829, D. 29, 217.

Il faut, 1° le *fait* de l'habitation réelle dans la maison du maître, et 2° l'*intention* qui résulte du service ou travail habituel chez le maître ou patron. Delvincourt, t. 1, p. 251, note 2.

Ainsi les vignerons, laboureurs, colons partiaires, intendans, économes et autres, qui n'habitent pas la maison du maître, ont un domicile distinct. Duranton, n° 574.

52. Le mineur non émancipé, l'interdit, la femme mariée, quoique servant ou travaillant habituellement chez une personne dans la maison de laquelle ils demeurent, ne peuvent abdiquer le domicile qui leur est imposé par la loi. L'interdit et le mineur ont toujours le domicile de leur tuteur, et la femme celui de son mari. Delvincourt, *ib.*, note 1. — V. *sup.* nos 37 et suiv.

Art. 4. — *Effets du domicile.*

53. Le domicile supplée la personne, lorsqu'il s'agit de la notification d'un exploit ou d'un acte. La signification faite au domicile d'un particulier a le même effet qu'une notification directe à sa personne. C. pr. 68, 69-4°, 147, 155, 199, 223, 257, 260, 529, etc. — On doit supposer que la copie donnée, en parlant à une personne trouvée dans le domicile, sera remise à celui qu'elle intéresse. — V. *Appel*, nos 177 et suiv.; *Exploit.*

54. Le domicile est attributif de juridiction dans certains cas.

Ainsi, en matière personnelle, le défendeur doit être cité devant le juge de son domicile. — V. *Tribunal.*

Pour les affaires mixtes, l'attribution n'est que facultative.

55. Mais le changement de domicile, survenu depuis l'exploit introductif d'instance, ne peut pas enlever au juge la connaissance de la contestation. — V. *Ib.*

56. Le défendeur doit être cité en conciliation (—V. *Préliminaire de conciliation*) devant le juge de paix de son domicile, que la matière soit personnelle, réelle, ou mixte.

57. Le lieu où s'ouvre une succession est déterminé par le domicile. C. civ. 110. — V. *Tribunal de première instance.*

58. C'est dans le lieu de son domicile qu'un citoyen paie ses contributions, que la patente nécessaire pour faire le commerce lui est délivrée, et qu'il en acquitte les droits. L. 1er brum. an 7.

59. Quelquefois le domicile est attributif d'un droit : par exemple, pour le *mariage*. — V. ce mot.

Il sert aussi à régler certains avantages locaux ; tels que la distribution de l'affouage. C. forest. 105.

§ 5. — *Du domicile élu.*

60. L'élection de domicile est conventionnelle, ou commandée par la loi.

61. *Conventionnelle.* Lorsqu'un acte contient, de la part des parties ou de l'une d'elles, élection de domicile pour l'exécution de ce même acte dans un autre lieu que celui du domicile réel, les significations, demandes et poursuites relatives à cet acte peuvent être faites au domicile convenu, et devant le juge de ce domicile. C. civ. 111.

62. Cette élection de domicile facilite et accélère les notifications et exécutions des actes judiciaires, et le jugement des difficultés sur les conventions.

63. Elle produit, pour ces objets, presque tous les effets attachés au domicile réel. — V. *Exploit*, *Appel*, nᵒˢ 174, 177 à 183; *Jugement*, *Tribunaux*.

64. Pour les délais de l'assignation notifiée au domicile élu. — V. *Emprisonnement*, *Exploit*.

65. Toute personne peut faire élection d'un domicile, même les étrangers, pour l'exécution des actes qu'ils passent en France. Paris, 25 therm. an 12, P. 4, 141.

66. L'élection de domicile a lieu le plus souvent dans l'acte même auquel elle se réfère : c'est ce que suppose l'exposé des motifs du Code. — L'une des parties ne pourrait seule, dans un acte séparé, élire domicile pour l'exécution d'un acte antérieur. — Mais si, au contraire, toutes les parties sont d'accord, on ne voit pas pourquoi l'élection de domicile ne pourrait pas avoir lieu par un acte séparé. Delvincourt, 1, 252, note 10; Merlin, *Rép.*, vᵒ *Domicile élu*, § 2, nᵒ 6; Dalloz, 6, 588, nᵒ 2.

67. L'élection de domicile doit être expresse : c'est une dérogation au droit commun; — il faut se garder de l'étendre au-delà de la volonté des parties formellement exprimée. Merlin, *Rép.*, vᵒ *Domicile élu*, § 2, nᵒ 4.

68. Le pouvoir donné à un mandataire, qui n'en a pas fait usage, d'élire domicile par le contrat qu'il devait passer en cette qualité, n'équivaut pas à une élection de domicile effective dans la demeure du mandataire; il indique seulement qu'il y a eu intention d'élire un domicile; mais cette intention n'a pas été réalisée. Ce mandat pouvait être révoqué par le mandant, soit en totalité, soit seulement en ce qui concernait l'élection de domicile. Le mandataire lui-même pouvait refuser d'accepter quelques-uns des pouvoirs qui lui étaient déférés. Rien alors n'autorise les tiers à invoquer une exception aux règles de la compétence ordinaire. Merlin, *Rép.*, vᵒ *Domicile élu*, § 2, nᵒ 5;

Cass. 3 juill. 1857 (Art. 843 J. Pr.). — *Contrà*, Cass. 24 juin 1806, P. 5, 386.

A plus forte raison, la constitution d'un mandataire dans une ville autre que celle où l'on demeure, et même dans les colonies, n'emporte pas élection de domicile chez le mandataire. Cass. 3 juill. 1857.(Art. 843 J Pr.).

69. Celui qui fait élection de domicile doit désigner clairement le lieu qu'il choisit; l'ambiguité serait interprétée contre lui. Cass. 8 therm. an 11, 25 vend. an 12, P. 2, 386, et 3, 474.

70. La loi n'a pas restreint le choix des parties; elles peuvent, pour faciliter l'exécution de leurs conventions, élire domicile partout où il leur plaît, même dans leur domicile réel (Cass. 18 janv. 1816, J. P. t. 18, 86 ; Colmar, 5 août 1809, P. 7, 739). Cette clause, très usitée dans les actes notariés, a pour objet de soustraire le créancier à l'inconvénient de suivre son débiteur dans tous les lieux où il peut lui plaire de transférer son domicile : aussi elle conserve son effet, même après que la partie qui a fait l'élection a fixé sa demeure ailleurs. Cass. 12 fév. 1817, J. P. t. 19, 158; Amiens, 3 avr. 1829, S. 29, 194 ; Nouv. Denizart, § 6 ; Merlin, *ib.* n° 7.

71. Doit-on suivre les règles ordinaires lorsqu'il s'agit d'exécuter le jugement intervenu à propos de l'acte qui contient élection de domicile ? — V. *Exploit.*

72. Le commandement, qui doit précéder la saisie immobilière pratiquée en vertu d'un contrat exécutoire, contenant élection de domicile de la part du débiteur, peut être fait au domicile élu dans le contrat.

73. Bien qu'un acte contienne élection de domicile, les significations *peuvent* être faites au domicile réel (Merlin, *Rép.* v° *Déclinatoire*, § 1, et *Quest. dr.*, v° *Domicile élu*, § 2, n° 12 ; Berriat, p. 212, note 11). — A moins qu'il ne résulte de l'acte que l'élection de domicile, qui, en général, a pour but d'éviter un déplacement du créancier, a été faite aussi dans l'intérêt du débiteur : si, par exemple, prêt à s'absenter de son domicile, ce dernier a élu domicile chez son fondé de pouvoir. Delvincourt, t. 1, p. 252, note 1. — V. *Ajournement*, n° 231.

74. L'élection de domicile n'est pas révoquée par le décès de la partie qui l'a faite ; on peut assigner les héritiers, chacun pour leur part, au domicile élu. L'élection de domicile n'est pas un mandat pur et simple ; c'est une des conditions du contrat, qui doit recevoir son accomplissement de la part des héritiers, puisqu'ils profitent de la stipulation ; sans cette convention, la partie n'eût peut-être pas contracté. Bacquet, *Droits de justice*, ch. 8, n° 16 ; Rousseau de Lacombe, v° *Domicile*, n° 14 ; Arg. C. civ. 2156; Toullier, n° 368,

75. La mort de la personne chez laquelle le domicile est élu n'altère pas davantage l'effet de la convention (C. civ. 2156) ; mais la partie peut toujours élire un autre domicile dans le même lieu : ce changement ne porte aucun préjudice à l'autre partie. C. civ. 2152 ; Cass. 19 janv. 1814, J. P. 12, 39 ; Delvincourt, t. 1, p. 254, note 2 ; Bacquet, *ib.* ; Rodier, part. 3, tit. 2, ordonn. 1667 ; Merlin, *Rép.*, v° *Domicile élu*, § 2, n° 11 ; Duranton, n° 381.

76. *Commandée par la loi.* L'élection d'un domicile est quelquefois imposée à la partie par la loi elle-même. — V. C. civ. 176, 2148 ; C. pr. 61, 422, 435, 569, 584, 634, 637, 673, 783, 789, 927, etc.

77. Mais elle n'a d'effet que vis-à-vis des personnes à l'égard desquelles elle est prescrite : ce serait donc irrégulièrement que d'autres personnes feraient au domicile élu des significations pour des causes étrangères à l'acte qui a nécessité l'élection : elles devraient s'adresser au domicile réel.

78. L'élection de domicile faite par un acte de la procédure perd son effet, non seulement lorsque l'affaire ou l'opération qu'on a eu en vue est terminée (Cass. 14 prair. an 2), mais encore au décès de l'élisant (Ferrière, v° *Domicile;* Prost de Royer, n° 121) : il s'agit, dans ce cas, à la différence du domicile élu dans un contrat, d'une espèce de procuration *ad lites*, essentiellement révocable. Merlin, *Rép.*, v° *Déclinatoire*, § 1 ; *Domicile élu*, § 1, n° 7 ; Berriat, p. 214, note 9-1°. — V. *Exploit*.

§ 4. — *Du domicile politique.*

79. Le domicile politique peut être envisagé par rapport à l'élection des députés, des conseillers de département et d'arrondissement, ou des conseillers municipaux.

80. *Élection des députés* Le domicile politique de tout Français est dans l'arrondissement électoral où il a son domicile réel (L. 19 avr. 1831, art. 10), lors même qu'il n'y paie aucune contribution. Cormenin, *Quest. dr. administ.*, v° *Élections*. Rapport de M. Decazes à la chambre des pairs. — Et sans qu'on puisse exciper du défaut d'exercice ou de réclamation du droit électoral. Ordonn. 22 oct. 1820, 6 avr. 1821, et 4 juill. 1822.

Ainsi, à défaut de déclaration formelle, les électeurs doivent être maintenus sur les listes du lieu de leur domicile réel, bien qu'ils résident temporairement dans d'autres départemens. Ordonn. 15 juill. 1821.

81. Mais un citoyen peut transférer son domicile politique dans tout autre arrondissement électoral où il paie une contribution directe, à la charge d'en faire, six mois d'avance, une déclaration expresse au greffe du trib. civil de l'arrondissement électoral où il a son domicile politique actuel, et au greffe du trib. civil de l'arrondissement électoral où il veut le transférer. L. 19 avr. 1831, art. 10.

Cette règle s'applique aussi bien à ceux qui veulent exercer pour la première fois leurs droits politiques, qu'à ceux qui ont déjà été inscrits sur une liste électorale. Paris, 23 oct. 1834, D. 35, 5.

Au reste, lorsqu'un électeur a fait sa déclaration de changement de domicile politique, et que des élections interviennent avant l'expiration des six mois, il conserve la faculté d'exercer ses droits politiques dans son ancien domicile ; il le perd seulement quand le nouveau est acquis. — Lors de la discussion à la chambre des pairs, le rapporteur l'a déclaré au nom de la commission.

La translation du domicile ne s'opère que par deux déclarations formelles, et le délai de six mois ne se compte qu'à partir de la seconde déclaration.

Si un arrondissement électoral s'étend sur le territoire de deux arrondissemens judiciaires, l'électeur, qui veut acquérir le domicile politique ou changer celui qu'il possède dans une commune de l'arrondissement électoral, doit faire sa déclaration au greffe du tribunal dont dépend cette commune. Circ. min. intér. 20 avr. 1831.

82. Dans le cas où un électeur a séparé son domicile politique de son domicile réel, la translation de son domicile réel n'emporte pas le changement de son domicile politique, et ne le dispense pas des déclarations prescrites par la loi, s'il veut le réunir à son domicile réel. L. 19 avr. 1831, art. 10.

83. Au contraire, si le domicile politique est resté uni au domicile réel, la translation de ce dernier emporte également translation du domicile politique, sans qu'il soit besoin de faire les deux déclarations susmentionnées.

Il ne faut pas confondre les déclarations prescrites par l'art. 10 précité, avec celles dont parle l'art. 104 C. civ. (— *V. sup.* n° 15). Les unes doivent être faites six mois à l'avance ; les autres produisent leur effet, qui est la translation du domicile réel, du moment qu'elles sont faites.

84. Les individus appelés à des fonctions inamovibles, peuvent exercer leur droit électoral dans l'arrondissement où ils remplissent leurs fonctions (L. 19 avr. 1831, art. 11) ; ils ne sont pas tenus des déclarations précitées ; ils sont obligés, au contraire, de les faire, s'ils veulent conserver leur ancien domicile politique. Bastia, 29 nov. 1836, D. 37, 12.

Celui qui est appelé à des fonctions publiques révocables n'est pas dispensé, au contraire, des deux déclarations. Il prétendrait vainement avoir voulu transférer son domicile réel dans le lieu où l'appelle l'exercice de ses fonctions. Vainement il ferait les déclarations dont parle l'art. 104 C. civ. : cette manifestation de volonté serait considérée comme non avenue, et ne le dispenserait pas de faire les actes et d'attendre les délais indiqués par l'art. 10, L. 19 avr. 1831. L'art. 11 doit être entendu dans le même sens que l'art. 25 L. 2 juill. 1828, ainsi conçu : « Nul individu, appelé à des fonctions temporaires ou révocables, ne pourra être inscrit sur la première partie de la liste du département où il exerce ses fonctions, que six mois après la double déclaration prescrite par la loi. Arg. Cass. 17 juill. 1830, D. 50, 553 ; Grenoble, 29 déc. 1829, D. 30, 132 ; Circ. minist. 20 avr. 1831.

A plus forte raison, doit-on le décider ainsi à l'égard de l'individu qui a fait, conformément à l'art. 104 C. civ., les deux déclarations de changement de domicile, s'il était tenu, par la nature de ses fonctions, de résider dans celui qu'il prétend abandonner. Rennes, 4 nov. 1834, D. 55, 51.

85. Il n'est pas nécessaire de jouir des droits électoraux pour transférer son domicile politique. — Ainsi on peut, même en payant un cens inférieur à 200 fr., devenir électeur en transférant son domicile politique dans un arrondissement où il y a nécessité d'appeler les plus imposés au-dessous de ce cens. *Rapport de la commission de la chambre des pairs.*

86. Un électeur peut transférer son domicile politique dans un arrondissement où il ne paie lui-même aucune contribution, mais où sont payées les contributions dont la délégation lui est faite. — *Contrà*, Circ. minist. 24 déc. 1825.

87. *Élection des conseillers de département.* Les membres du conseil général sont élus, dans chaque canton, par une assemblée électorale composée, 1° des électeurs qui concourent à la nomination des députés. L. 22 juin 1833, art. 3. D'où il suit que le domicile politique acquis comme ci-dessus donne à ces électeurs le droit de contribuer à la fois à la nomination des députés et à celle des conseillers du département où ce domicile a été fixé.

2° Des citoyens portés sur la liste du jury. C. instr. crim. 382 ; L. 22 juin 1833, art. 3.

Ils doivent avoir leur domicile réel sur le territoire du canton qui doit nommer le membre du conseil général. Arg. Circ. min. de l'int. 10 mai 1832.

Jugé qu'il suffit au licencié en droit, pour être compris sur la liste dont parle l'art. 382 C. inst. crim., qu'il soit domicilié depuis dix ans dans le département, bien qu'il y ait moins de temps qu'il ait obtenu son diplôme. Bastia, 24 nov. 1836, D. 37, 11.

Si le nombre des électeurs est au-dessous de cinquante, le

complément est formé par l'appel des citoyens les plus imposés. L. 22 juin 1833, art. 3. — V. *inf.* n° 95.

88. Pour être éligible au conseil général du département, il n'est pas nécessaire d'être domicilié dans le canton, ni même dans le département ; il suffit de payer, depuis un an au moins, 200 fr. de contributions directes dans le département. Art. 4, L. 22 juin 1833.

89. *Élection des conseillers d'arrondissement.* Les conseillers d'arrondissement sont élus, dans chaque canton, par l'assemblée électorale composée de la même manière que lorsqu'il s'agit de procéder à la nomination des membres du conseil général. Art. 5, § 1er, et 22, loi du 22 juin 1833.—V. *sup.* n 87.

90. Ils ne peuvent être choisis que parmi les citoyens ayant leur domicile réel ou politique dans le département, et payant dans ce département, depuis un an, au moins 150 fr. de contributions directes, dont le tiers dans l'arrondissement. *Même loi,* art. 23.

91. *Règles communes aux électeurs qui contribuent à la nomination des conseillers de département et d'arrondissement.* Si un électeur qui, aux termes de l'art. 10 L. 19 avr. 1831, a choisi son domicile politique hors de son domicile réel, veut néanmoins coopérer à l'élection des conseillers de département et d'arrondissement dans le canton de son domicile réel, il est tenu d'en faire, trois mois d'avance, une déclaration expresse aux greffes des justices de paix du canton de son domicile politique et de son domicile réel. *Même loi,* art. 29.

92. Il résulte de cet article que le droit électoral ne peut être exercé qu'au domicile politique dont il est question dans la loi du 19 avr. 1831, ou au domicile réel.

En conséquence, un électeur ne pourrait concourir à la nomination des membres des conseils généraux ou des conseils d'arrondissement dans un lieu où il paierait des contributions, mais où il n'aurait ni son domicile politique ni son domicile réel.

93. Tout citoyen qui, comme plus imposé, aurait, en cas d'insuffisance dans le nombre des censitaires à 200 fr. et des citoyens portés sur la liste du jury, le droit de contribuer à la nomination des conseillers de département et d'arrondissement, pourra aussi élire un domicile politique distinct de son domicile réel pour l'exercice de ses droits électoraux, en faisant la déclaration prescrite par l'art. 29. Il peut avoir, en effet, intérêt à voter de préférence dans le canton où il paie ses contributions. Loi du 22 juin 1833, art. 33.

Mais l'individu porté sur la liste du jury n'aurait pas ce droit.

94. *Élections municipales.* Peuvent concour r à la nomination des conseillers municipaux, 1° dans une pro1 ortion déterminée par la population de la commune, les citoyens les plus imposés aux rôles des contributions directes de la commune. L. 21 mars 1831, art. 11, § 1er.

Il a été reconnu, dans la discussion devant la chambre des députés, qu'il n'était pas nécessaire d'être domicilié dans la commune pour être électeur.

2° Diverses personnes désignées par la loi, ayant rempli ou remplissant encore certaines fonctions, ou ayant obtenu des degrés dans les facultés de droit, de médecine, des sciences ou des lettres, *ib.* § 2.

95. Ces électeurs adjoints, à la différence des censitaires, ne peuvent faire partie des assemblées communales qu'autant qu'ils ont *leur domicile réel* sur le territoire de la commune. Circ. min. de l'intér., 10 mai 1832.

Plusieurs d'entre eux, comme les docteurs de l'une des facultés, et les avocats inscrits sur le tableau, ne le peuvent même qu'autant que ce domicile est établi depuis plusieurs années.— V. *ib.*, § 2.

96. Les membres du conseil municipal sont tous choisis sur la liste des électeurs communaux et les trois quarts au moins parmi les électeurs *domiciliés* de la commune. L. 21 mars 1831.

§ 5. — *Timbre et enregistrement.*

97. Les déclarations de changement de domicile réel doivent être faites sur papier timbré ; mais elles sont exemptes de l'enregistrement. Déc. min. fin. 5 mai 1812 ; inst. rég. 579 et 779.

98. La double déclaration de translation de domicile politique est soumise à l'enregistrement (L. 19 avr. 1831, art. 10). Cet enregistrement donne lieu à la perception ordinaire du droit de 2 fr. (L. 8 avr. 1816, tit. 7, art. 43, n° 9). La chambre des députés a supprimé ces mots, *sans frais*, qui avaient été mis dans le projet pour affranchir de tous droits les déclarations.

DOMMAGES-INTÉRÊTS (1). Indemnité ou dédommagement dû à une personne à qui l'on a causé quelque préjudice.

1. Le mot *dommages*, employé seul, signifie l'indemnité due pour un préjudice déjà souffert ; et le mot *intérêts*, celle de la perte d'un gain dont on est privé par la faute d'autrui. Ces deux termes, *dommages-intérêts*, réunis, comprennent, l'une et l'autre indemnité, *Quantùm nobis abest, quantumque lucrari potuimus.* L. 13, D. *ratam. rem. hab.*

On entend en général par *dommages-intérêts* le bénéfice dont on a été privé, ou la perte qu'on a éprouvée à raison d'un fait relatif à une contestation ou de la contestation elle-même.

---

(1) Cet article est de M. Lévesque jeune, docteur en droit, avocat à la cour royale de Paris.

DIVISION.

§ 1. — *Des causes qui engendrent des dommages-intérêts.*

Art. 1. — *Des dommages-intérêts résultant des délits et quasi-délits.*

2. Tout fait quelconque de l'homme qui cause à autrui un dommage, oblige celui par le fait duquel il est arrivé à le réparer (C. civ. 1382) ; mais, pour qu'il y ait lieu à réparation, il faut qu'il y ait eu *faute* : *nul n'attente qui use de son droit.*

3. Chacun est tenu de réparer le dommage qui a été causé par son fait, sa négligence ou son imprudence, ou par le fait, la négligence ou l'imprudence de ceux dont il doit répondre ou qu'il a sous sa garde. C. civ. 1383, 1384. — V. *Responsabilité.*

4. Si le dommage arrive par force majeure ou cas fortuit, la perte tombe sans aucun recours sur le propriétaire de la chose.

5. Si en faisant un ouvrage, quelqu'un occasione un dommage à une personne, il en est responsable, à moins qu'il n'ait usé des précautions nécessaires pour prévenir ce dommage.

6. Il en est de même de ceux qui causent dommage, parce qu'ils ignorent les choses qu'ils devraient savoir. Pothier, *Obligations*, n° 116. — V. *inf.* n° 25.

7. Le propriétaire d'un animal, ou celui qui s'en sert, pendant qu'il est à son usage, est responsable du dommage que l'animal a causé, soit qu'il fût sous sa garde, soit qu'il fût égaré ou échappé. C. civ. 1385.

8. Le propriétaire d'un héritage où des bestiaux d'autrui font des dommages, peut les faire arrêter jusqu'à ce que le dommage soit estimé, et que le maître des bestiaux l'ait payé. Si ce sont des volailles, de quelque espèce que ce soit, qui causent le dommage, le maître de l'héritage peut les tuer impunément. L. 28 sept., 6 oct. 1791, tit. 2, art. 12.

Le propriétaire d'un bâtiment est responsable du dommage causé par sa ruine, lorsqu'elle est arrivée par suite de défaut d'entretien, ou par le vice de sa construction. C. civ. 1386.

9. Dans les divers cas qui viennent d'être énumérés les dommages-intérêts sont dus à raison de l'existence du fait même qui cause un préjudice, et sans qu'il soit besoin que celui qui souffre le dommage justifie d'aucune mise en demeure ayant pour objet de le faire cesser : celui qui cause un dommage par suite d'un délit ou d'un quasi-délit, se place, par son propre fait, en contravention avec l'*obligation* que lui impose la loi *de ne pas faire* tort à autrui. — V. *inf.* n° 14.

C'est donc avec raison que la jurisprudence a refusé d'exiger une mise en demeure pour prononcer les indemnités pécuniaires à infliger en vertu des art. 1382 et 1383 C. civ. Cass. 30 janv. 1826, P. 1826, 2, 571 ; 8 mai 1832, D. 32, 176 ; Paris, 8 mars 1837, P. 37, 1, 377.

10. Suivant les lois romaines, ceux qui intentaient des procès évidemment injustes devaient être condamnés à des dommages-intérêts outre les dépens. François Ier, par l'art. 88 de son édit de 1539, ordonna qu'en toutes matières on adjugeât des dommages-intérêts proportionnés à la témérité de l'action de celui qui succombait. — Bien que cette loi n'ait pas été expressément reproduite par le C. de procédure, la chambre des requêtes a rejeté le pourvoi contre deux arrêts de la C. Rouen, qui, indépendamment des dépens, avait condamné à des dommages-intérêts l'une des parties pour avoir intenté une action reconnue vexatoire. 3 mai 1836 ; 11 janv. 1837 (Art. 869 J. Pr.). — V. d'ailleurs *inf.* n° 17.

11. Quant aux divers cas où il y a lieu à dommages-intérêts, — V. C. civ. 179, 554, 555, 772 ; C. pr. 71, 107, 132, 179, 192, 213, 241, 289, 314, 367, 374, 390, 479, 494, 500, 503 513, 546, 556, 562, 603, 608, 622, 690, 713, 722, 799, 826 et 1031, 1037 ; C. comm. 68, 87, 238, 285, 295, 297, etc.

Art. 2. — *Des dommages-intérêts résultant des contrats et quasi-contrats.*

12. Les dommages-intérêts résultent encore de l'inexécution ou du retard dans l'exécution, ou même de la mauvaise exécution d'une obligation (C. civ. 1147 et 1374), — valable.

Ne peuvent servir de base à une action en dommages-intérêts, — 1° une obligation contraire à l'ordre public. Bastia, 21 déc. 1831, D. 31, 203 ; — 2° une obligation potestative. Cass. 9 juill. 1834, D. 34, 300.

13. Il faut, pour connaître quand les dommages-intérêts sont encourus, distinguer trois sortes d'obligations : 1° celle de faire ou de ne pas faire ; — 2° celle de payer une certaine somme ; — 3° celle de fournir ou livrer certaines marchandises ou certains effets, ou de faire jouir de certains droits ou de certains immeubles.

14. Les dommages-intérêts sont en général dus à compter de la mise en demeure. C. civ. 1146.

La mise en demeure, dans l'obligation de donner et dans l'obligation de faire, s'opère, soit par une sommation, soit par un autre acte équivalent, par exemple, une demande en justice (C. civ. 1153), soit par l'effet de la convention, lorsqu'elle porte que, sans qu'il soit besoin d'acte, et par la seule échéance du terme, le débiteur sera en demeure, ou lorsque la chose ne pouvait être donnée ou faite que dans un certain temps fixé par la loi ou par la convention, et qui est écoulé. C. civ. 1139, 1146.

Mais, dans l'obligation de ne pas faire, la contravention existant matériellement dès l'instant que le débiteur a fait ce qui lui était défendu, il doit les dommages-intérêts par ce seul fait et sans sommation. C. civ. 1145. — V. *sup.* n° 9.

15. *Obligation de faire ou de ne pas faire.* Elle se résout en dommages-intérêts, en cas d'inexécution de la part du débiteur. *Nemo potest præcisè cogi ad factum.*

16. Le créancier peut obtenir une condamnation pécuniaire; mais il a le droit en outre de demander la destruction de ce qui a été fait en contravention à l'engagement, de se faire même autoriser à le détruire lui-même aux dépens du débiteur; il peut aussi être autorisé à faire faire par un autre, également aux frais du débiteur, ce que celui-ci n'a pas exécuté; le tout sans préjudice de plus amples dommages-intérêts, s'il y a lieu. C. civ. 1143, 1144.

17. *Obligation de payer une certaine somme.* Les dommages-intérêts résultant du retard dans l'exécution de ces obligations, ne consistent jamais que dans la condamnation aux intérêts fixés par la loi, sauf les règles relatives au commerce et au cautionnement. Ces dommages-intérêts sont dus, sans que le créancier soit tenu de justifier d'aucune perte. C. civ. 1153.

Jugé, 1° que les intérêts des condamnations prononcées à titre de dommages-intérêts ne sont dus qu'au taux de 5 p. 0/0, bien que le préjudice résultant de poursuites exercées isolément par des créanciers contre le failli ait été éprouvé par la masse, et que les dommages-intérêts aient été fixés au marché franc des créances de ceux qui avaient causé ce préjudice, lesquelles créances étaient commerciales. Paris, 5° ch. 15 juill. 1837 (Art. 1036 J. Pr.);

2° Que les intérêts peuvent être réduits au-dessous du taux légal, lorsqu'ils sont adjugés à titre de dommages-intérêts. Cass. 18 mars 1817, P. 19, 260;

3° Que la règle posée par l'art. 1153 C. civ. n'est pas applicable aux dommages-intérêts alloués par les trib. criminels et correctionnels; c'est à la conscience des magistrats, dans ce cas, à arbitrer les dommages-intérêts qui peuvent résulter du délit. Cass. 19 mars 1825, S. 25, 325.

18. *Obligations de livrer certains objets, ou de faire jouir de certains droits ou de certains immeubles.* Les dommages-intérêts sont dus par le débiteur qui se dispense entièrement d'exécuter son engagement, ou qui ne l'exécute pas au temps convenu. Il n'y a réellement inexécution qu'autant que le créancier exprime la volonté d'être payé. Aussi, pour faire peser les dommages-intérêts sur le débiteur, il faut qu'il ait été mis en demeure, à moins que l'obligation ne pouvant être utilement accomplie que dans un certain temps, le débiteur l'ait laissé passer. C. civ. 1146. — V. *sup.* n° 14. — Ainsi, celui qui promet de livrer des chevaux pour être vendus à une foire, est en demeure aussitôt que le jour de la foire est passé.

19. Il n'est pas nécessaire, pour que les dommages-intérêts soient encourus, que l'inexécution ou le retard proviennent de la mauvaise foi du débiteur; il les doit, par cela seul qu'il manque à son engagement, à moins qu'il ne justifie que l'inexécution ou le retard provient d'une cause étrangère qui ne peut lui être imputée. C. civ. 1147.

Les causes étrangères au débiteur sont la force majeure et le cas fortuit. C. civ. 1148.

20. Il ne suffirait pas que le fait à accomplir d'après la convention fût impossible relativement au débiteur seul; il faut que l'exécution soit frappée d'une impossibilité absolue; autrement il y aurait ouverture aux dommages-intérêts. Delvincourt, 3, 734, note 1re.

Jugé *que l'invitation par écrit* de l'autorité municipale, faite à un directeur de spectacle, d'éloigner de la scène un de ses artistes, ne donne pas le droit de rompre, sans dommages-intérêts, pour cause de force majeure, l'engagement qu'il a contracté avec cet artiste, lorsque celui-ci, qui a terminé ses débuts et joué postérieurement, n'a ni négligence ni incapacité à s'imputer. Toulouse, 28 nov. 1829, D. 30, 77.

Le trib. de comm. de Paris, lors de l'interdiction prononcée par le ministre de l'intérieur de représenter une pièce, avait, par un jugement motivé avec soin, du 14 juill. 1834, condamné le directeur du Théâtre Français à payer des dommages-intérêts à l'auteur vis-à-vis duquel il s'était, en connaissance de cause, obligé à faire jouer son drame; mais la Cour de Paris, se bornant à déclarer que l'interdiction prononcée par le ministre de l'intérieur constitue une force majeure qui empêchait le directeur d'accomplir son obligation vis-à-vis de l'auteur, a infirmé la décision des premiers juges et rejeté la demande en dommages-intérêts. 29 déc. 1835, P. 36, 1, 538.

21. Il y a quatre circonstances dans lesquelles la preuve du cas fortuit ne dispense pas le débiteur des dommages-intérêts, savoir : 1° S'il s'est spécialement chargé du risque des cas fortuits. — 2° S'il est en demeure, à moins qu'il ne prouve que la chose aurait également péri chez le créancier, si la livraison eût été faite. — 3° S'il s'agit d'une chose soustraite par lui (C. civ. 1302). — 4° Si le cas fortuit a été précédé d'une faute du débi-

teur qui y a donné lieu (C. civ. 1807). Dans ce dernier cas, après
que le débiteur a justifié du cas fortuit, le créancier doit prouver que la faute du débiteur l'a précédé. C. civ. 1808; Delvincourt, 3, 743, note 4.

22. Le principe général en matière de dommages-intérêts,
c'est qu'ils consistent dans la perte éprouvée, et dans le gain
dont on a été privé par suite de l'inexécution ou du retard (C.
civ. 1149). C'est ce que les auteurs expriment par ces mots :
lucrum cessans, damnum emergens.

23. Mais celui qui, sans être coupable de dol, manque seulement à accomplir son engagement, ne peut être tenu que des
dommages-intérêts qui ont été prévus ou qu'on a pu prévoir
lors du contrat. C. civ. 1150; Pothier, *Obligations*, n° 161.

Ainsi, je me suis engagé à vous livrer un cheval au 1ᵉʳ avril ;
je n'exécute pas mon obligation. Vous achetez un cheval qui
ne vaut pas mieux que le mien, et vous le payez plus cher; je
vous indemniserai de l'excédant du prix. Mais si le défaut de
cheval vous a fait manquer des opérations commerciales très
avantageuses, je ne vous devrai aucun dédommagement pour ce
défaut de gain, qui est tout-à-fait étranger à la vente. Delvincourt, 3, 744, note 2.

Celui, par exemple, qui s'est obligé à faire donner main-
levée d'une saisie-exécution pratiquée sur les meubles, outils et
marchandises d'un maître de forges, doit, s'il n'a pas exécuté son
engagement, indemnité pour le chômage des usines, la perte
sur le bois et les charbons qui ont été vendus, et pour les frais
de poursuite ; mais il ne doit pas de dommages-intérêts pour les
engagemens onéreux que le maître de forges a contractés, ni
pour la perte de son crédit ; Bruxelles, 7 mars 1818, D. 10, 484.

24. La règle ci-dessus s'applique à la mauvaise exécution de
l'obligation. Ainsi, celui qui vend des étais pourris qu'il croyait
bons, si la maison mal étayée s'est écroulée, ne doit compte que
de la valeur des étais, et non du prix de la maison. — V. d'ailleurs C. comm. 289.

25. Mais il en serait autrement, si, à raison de sa profession,
le vendeur avait dû connaître les vices de la chose livrée; il y
aurait alors une faute grave qui est assimilée au dol. Delvincourt, 3, 744, note ; Dumoulin, *De eo quod interest*, n° 64.

26. Au contraire, celui qui se rend coupable de dol est obligé
à la réparation du tort causé par son dol, quoique le dommage n'ait pas été prévu lors du contrat. Arg. C. civ. 1150,
1633, 1634 et 1635. Mais il ne peut être tenu de ce qui
n'est pas une suite immédiate et directe de la convention. C. civ.
1151. — Ainsi, celui qui vend un bœuf qu'il sait malade, doit
le prix de ce bœuf et celui des bestiaux qui ont été atteints de
la contagion et ont péri (L. 13. D. *de act. empt.*) ; car la perte du

troupeau est la suite immédiate du dol du vendeur. Mais il ne
doit pas d'indemnité à raison de la non culture des terres de
l'acheteur : c'était à celui-ci à faire cultiver ses terres par d'autres moyens ; la perte ne découle que de la négligence du créancier, et non plus du dol du débiteur. Pothier, *Obligations*,
n° 167; Delvincourt, 2, 745, note 5.

Ainsi encore lorsque le vendeur d'un immeuble a garanti son
acquéreur de tous troubles et empêchemens quelconques et qu'un
bail antérieurement consenti s'oppose à la prise de possession de
l'acheteur, les dommages-intérêts qui lui sont dus doivent être
calculés, non sur la valeur spéculative que devait donner à l'immeuble l'emploi auquel le destinait l'acquéreur, mais sur sa véritable valeur productive et sur la perte qui résulte de l'empêchement ou de prendre possession ou de l'affermer à un plus
haut prix. Metz, 20 août 1828, D. 10, 484.

Art. 3. — *Des dommages-intérêts prononcés contre les officiers ministériels.*

27. Les avoués et huissiers peuvent être condamnés, s'il y a
lieu, à des dommages-intérêts : 1° lorsqu'ils ont excédé les
bornes de leur ministère, indépendamment de la condamnation aux dépens, en leur nom personnel et sans répétition, et
de l'interdiction. C. pr. 152. — V. *Avoué, Désaveu, Discipline,*
Huissier.

28. 2° Lorsqu'ils ont fait des procédures et actes frustratoires, ou qui ont donné lieu à une condamnation d'amende.
Ces actes restent à leur charge, et ils peuvent même être suspendus de leurs fonctions. C. pr. 1031.

29. En cas de nullité d'un acte, l'officier instrumentaire est
condamné à des dommages-intérêts plus ou moins considérables, selon le préjudice plus ou moins grand que le client
éprouve de cette nullité.

Ainsi, en cas de l'annulation de l'arrestation d'un étranger
qui a fui hors de France, les juges, prenant en considération
cette circonstance qu'il n'est pas certain que le créancier eût été
payé intégralement, peuvent ne condamner le garde du commerce, par la faute duquel l'annulation a eu lieu, qu'à une indemnité inférieure à la créance. Paris, 2ᵉ ch., 10 nov. 1834
(Art. 20 J. Pr.).

— V. d'ailleurs *Responsabilité.*

§ 2. — *Liquidation des dommages-intérêts.*

30. On entend par *liquidation* (du latin *liquet*, il est clair), la
fixation de certaines choses à une valeur ou à une quotité qui
n'étaient pas déterminées. La liquidation des dommages-intérêts
est donc leur fixation, leur évaluation précise.

51. Les dommages-intérêts sont déterminés, 1° par la loi (C. civ. 1153); — 2° par la convention (C. civ. 1152, 1226 et suiv.); 3° — par le juge. C. pr. 128.

52. Pour éviter les difficultés d'une liquidation de dommages-intérêts, les parties peuvent d'avance en fixer le montant à une certaine somme (C. civ. 1226); c'est alors un véritable forfait qui ne permet plus au juge d'entrer dans l'examen du fait pour apprécier la quotité du dommage (C. civ. 1152); mais lorsque l'obligation a été exécutée en partie, le juge peut restreindre l'étendue de la clause pénale. C. civ. 1231.

53. Dans le silence de la loi et du contrat, c'est aux trib. à fixer le montant des condamnations aux dommages-intérêts.

Les actions à fin de dommages-intérêts sont portées devant diverses juridictions, suivant les faits qui donnent naissance aux prétentions du demandeur. — V. *Action, Compétence, Discipline,* n°s 153 et 166; *Juge de paix, Partie civile, Prud'homme, Tribunaux.*

54. Les dommages-intérêts sont considérés comme une dépendance du fait principal : on peut donc demander, jusqu'au jugement définitif, par des conclusions additionnelles, des dommages-intérêts auxquels on n'a conclu ni dans l'exploit introductif d'instance, ni dans les actes postérieurs de l'instruction. Cass. 1er avr. 1823, P. 1823, 3, 156. — Peuvent-ils être demandés, pour la première fois, en *appel.*—V. ce mot, n. 294.

Doivent-ils être ajoutés au montant de la demande principale pour déterminer le taux du premier *ressort* ?—V. ce mot.

55. La condamnation solidaire aux dommages-intérêts peut-elle être prononcée en matière civile?—La négative est enseignée par M. Dalloz, v° *Dépens,* n° 78, par argument de l'art. 1202.

Toutefois, les complices d'une même fraude peuvent être solidairement condamnés à indemniser la partie lésée du dommage qu'ils lui ont causé par leur réunion. Pigeau, 2, 604.— V. d'ailleurs *Dépens,* n° 67.

Jugé qu'il est de principe en droit et en équité que la volonté commune de causer un dommage entraîne l'obligation de le réparer solidairement. Cass. 3 déc. 1836, P. 38, 1, 37.

Lorsqu'un dommage a été causé par plusieurs personnes, sans qu'il soit possible de déterminer la part que chacune d'elles a prise dans le fait qui l'a occasioné, les tribunaux puisent dans la nécessité le droit de condamner chacune de ces personnes à payer solidairement la réparation. Cass. 8 nov. 1836, P. 1837, 1, 8.

Le juge ne peut prononcer la compensation des dommages-intérêts avec d'autres créances. Arg. C. civ. 1295 *in fine;* Pigeau, 2,604.

36. L'exécution des condamnations à des dommages-intérêts, prononcées en matière civile, peut être assurée par la contrainte par corps, lorsque le montant de l'indemnité excède 300 fr. — V. *Emprisonnement.*

37. Le jugement qui condamne à des dommages-intérêts en contient la liquidation ou ordonne qu'ils seront donnés par état. C. pr. 128.

Les juges peuvent et doivent, lorsque leur conscience est suffisamment éclairée, arbitrer eux-mêmes les dommages-intérêts et en fixer immédiatement la quotité sans aucune instruction. Cass. 9 avr. 1833, P. 1833, 3, 75; Requêtes, 11 juin 1835 (Art. 170 J. Pr.); ch. civile rejet, 25 juill. 1838 (Art. 1315 J. Pr.). — Ils épargnent ainsi des frais inutiles aux plaideurs.

Lorsque les dommages-intérêts n'ont été fixés ni par la loi, ni par la convention, les juges ont, pour en déterminer le montant, un pouvoir discrétionnaire dont l'exercice se renfermant dans l'appréciation des faits ne peut être soumis à la censure de la C. de cassation. Cass. 17 mars 1819, D. 10, 486.

38. Lorsque les circonstances du procès rendent, quant à présent, impraticable l'évaluation des dommages-intérêts, le tribunal statue sur le fond du droit, constate le fait ou le principe, source des dommages-intérêts, ordonne qu'ils seront donnés par état, et surseoit à en faire la liquidation jusqu'après la production des preuves, l'accomplissement des expertises, enfin l'épuisement des moyens d'instruction. C. pr. 128, 523.

Mais les délais nécessités par la force des choses ne peuvent cependant pas faire préjudice aux droits de la partie lésée, lorsque ces droits sont constans, et que le débat ne s'élève que sur leur quotité : aussi les juges peuvent-ils, dans ce cas, accorder une provision au demandeur. Cass. 11 juill. 1826, P. 1827, 1, 435.

39. La partie au profit de laquelle a été reconnu le droit à des dommages-intérêts dresse, article par article, la déclaration de ses prétentions. Cette déclaration est signifiée par un simple acte à l'avoué du défendeur, s'il en a été constitué sur la demande principale et originaire.

Les émolumens de l'avoué qui dresse l'état des dommages-intérêts sont fixés d'après le nombre d'articles qui la composent. Tar. 141 ; Carré, *Taxe,* p. 180, notes.

Le juge examine si l'avoué n'a pas divisé les articles pour augmenter ses émolumens. Sudraud, 131, n° 424. — Mais le tribunal peut être appelé à apprécier les réductions du juge taxateur. Chauveau, *Tarif,* 2, 36, n° 4.

40. L'avoué qui a occupé pour le défendeur dans l'instance n'a pas besoin d'un nouveau pouvoir pour occuper sur la liquidation. — V. *Avoué*, n° 133.

41. Si le défendeur n'a pas constitué avoué sur l'instance principale, la déclaration des dommages-intérêts doit lui être signifiée par exploit à personne ou à domicile, avec assignation, à fin d'homologation de cette déclaration. Berriat, 495, note 9 ; Carré, art. 523.

42. Si l'état des dommages-intérêts peut se baser sur des pièces, elles doivent être communiquées au défendeur, sur le récépissé de son avoué, ou par la voie du greffe. C. pr. 523.

Si le défendeur n'a pas d'avoué en cause, il est bon, pour épargner les frais d'un nouvel acte extrajudiciaire, de lui déclarer, en lui notifiant l'état des dommages-intérêts prétendus, que le demandeur est prêt et offre de lui communiquer les pièces justificatives de sa demande.

Lorsqu'une partie a contesté, pour défaut de pièces justificatives, l'état des dommages-intérêts qui lui a été notifié, le juge peut, sur cette contestation, fixer les dommages-intérêts, sans que la partie puisse prétendre que, sa contestation n'ayant pas été suivie d'une communication de pièces justificatives, la cause n'était pas en état, et qu'il n'avait pu, conformément à l'art. 524 C. pr., faire ses offres, quand le jugement a été rendu. Cass. 20 nov. 1832, P. 1833, 2, 105. — V. *sup.* n° 37.

43. Le défendeur est tenu, dans les délais fixés par les art. 97 et 98 C. pr. (— V. *Instruction par écrit*), et sous les peines portées à l'art. 107, de remettre les pièces qui lui ont été communiquées, et, huitaine après l'expiration de ces délais, de faire ses offres au demandeur de la somme qu'il avise pour les dommages-intérêts. C. pr. 524. — V. *inf.* n° 45.

44. Le délai auquel l'art. 524 a entendu se référer est celui de quinzaine. Il ne faut pas s'arrêter aux termes du seul art. 97, qui ne doit s'appliquer qu'au rétablissement des pièces après la signification des défenses du défendeur ; mais comme dans l'instruction par écrit, le défendeur a quinzaine pour prendre communication des titres de son adversaire, ce même délai doit être accordé lors de la liquidation des dommages-intérêts. Pigeau, 2, 552 ; Carré, n° 1835. — *Contrà*, Demiau, art. 524.

45. L'art. 524 menace le défendeur, qui ne rétablit pas, dans le délai légal, les pièces qui lui ont été communiquées, des peines portées aux art. 97 et 98 ; mais ces articles ne portent en réalité aucune peine ; le dernier dit seulement que, si le demandeur ne produit pas dans le délai donné, il sera procédé au jugement sur la production du demandeur ; mais l'art. 524 contient une disposition analogue. Les dispositions de ces art. 97 et 98 doivent être combinées avec l'art. 107 qui s'y réfère, et la peine portée par ce dernier article doit être appliquée au cas prévu par l'art. 524. Lepage, 357.—Toutefois, Carré, n° 1836, pense que ce n'est pas à l'art. 107, mais bien à l'art. 191, qui renferme une disposition générale, que l'on doit recourir.

46. Le délai de huitaine accordé au défendeur a été fixé dans son seul intérêt; il peut donc y renoncer, et faire, avant l'expiration de ce temps, les offres qu'il juge convenables. Mais le demandeur ne pourrait l'actionner pendant ce délai, qui a été déterminé par la loi, précisément pour accorder au défendeur le temps nécessaire à l'appréciation des prétentions auxquelles il est en but.

47. C'est par acte d'avoué à avoué que le défendeur transmet au demandeur les offres qu'il juge à propos de faire. *Tar.* 71.

48. Mais comme ces offres peuvent être inférieures à la demande, et qu'il est indispensable que le demandeur sache sur quel article de sa déclaration son adversaire fait porter la réduction, l'avoué du défendeur doit de plus apposer des apostilles sur la déclaration de dommages-intérêts. *Tar.* 142.

49. L'art. 524 n'exige pas que les offres soient faites réellement, à deniers découverts; elles sont en effet notifiées par un simple acte, et l'avoué du défendeur n'a pas, sans pouvoir spécial, de mandat pour recevoir. Il faut donc renouveler les offres par exploit signifié à la partie, et consigner le montant des offres en la forme prescrite par les art. 812 et suiv. C. pr., si l'on veut obtenir sa libération. Carré, n° 1839; Pigeau, 2, 413. — V. *Offres réelles.*

50. Si le défendeur laisse écouler le délai de huitaine sans manifester ses intentions à l'égard de la demande dirigée contre lui, le demandeur porte la cause à l'audience au moyen d'un simple acte. C. pr. 524.

On a prétendu que le simple acte par lequel la cause est portée à l'audience devait être taxé comme un acte de 2ᵉ classe, tarifé par l'art. 71 du décr. du 16 fév. 1807, pour l'original, à Paris, 5 fr., et dans les départemens, 5 fr. 75 cent., et le quart pour chaque copie, indépendamment de l'émolument pour les copies de pièces. — Suivant nous, on ne doit allouer, dans ce cas, que l'émolument fixé par l'art. 70 du tarif. Nous ne croyons pas qu'on puisse avec avantage argumenter de ce que l'art. 71 du décret précité range parmi les actes de 2ᵉ classe et tarife comme tels l'acte d'offres sur la déclaration de dommages-intérêts; car ce dernier acte peut offrir, dans les préparatifs de sa rédaction et dans sa rédaction même, des difficultés qui ont pu le faire classer dans les actes du 2ᵉ degré; au contraire, rien de plus facile dans l'exécution que la procédure à suivre pour saisir l'audience, puisque l'art. 524 C. pr. indique un *simple acte*, expression qui, dans le Code, désigne généralement un acte à venir plaider, c'est-à-dire un acte de 1ʳᵉ classe dont l'original est taxé par l'art. 70 du tarif à 1 fr. pour Paris et à 75 cent. pour les départemens. — Cet avis est adopté par M. le président Carré, *Taxe*, 180.

51. La cause s'instruit alors et se juge suivant les formes ordinaires. — Néanmoins, il est bon de remarquer que la cause a été déjà mise au rôle lors de la demande sur laquelle est intervenu le jugement qui a condamné aux dommages-intérêts à donner par état. La liquidation des dommages-intérêts n'est d'ailleurs qu'une dépendance de l'action originaire (— V. *sup.* n° 34); et, dès lors, il n'y a pas lieu à une nouvelle mise au rôle, puisque ce droit ne peut être exigé qu'une fois pour chaque affaire Carré, *Taxe*, 181.

52. Dans le cas où le défendeur acquiesce à la déclaration du demandeur, celui-ci a-t-il le droit de l'appeler à l'audience pour obtenir un jugement qui lui donne acte de l'acquiescement de son adversaire, et le condamne au paiement? — L'affirmative, conforme à l'art. 2, tit. 32, ordonn. 1667, est combattue par Demiau (art. 524). Cet auteur oppose les art. 524 et 525 qui ne supposent la nécessité d'un jugement que lorsque les parties ne sont pas d'accord, et il soutient que le demandeur doit seulement sommer le défendeur de payer les dommages-intérêts dans les vingt-quatre heures, lui déclarant que, faute par lui d'opérer le paiement dans le délai énoncé, il se pourvoira devant le président du trib. pour obtenir exécutoire. — Mais cette opinion établit un délai arbitraire, et suppose au président un pouvoir qui ne lui est pas conféré par la loi. Nous croyons donc qu'il faut suivre la marche tracée par l'ancien droit, qui se trouve conforme aux règles ordinaires. Carré, n° 1840; Delaporte, 2, 105.

53. Le trib., pour s'éclairer, peut ordonner toutes les voies d'instruction que le Code a mises à sa disposition, telles que comparution des parties à l'audience, rapports d'experts, descente sur les lieux, etc. Berriat, 495, note 9, n° 2; Carré, n° 1841. — V. *sup.* n° 53.

Lorsqu'un trib. a liquidé les dommages-intérêts à une somme fixe, en ajoutant : *Si mieux n'aiment les parties les faire déterminer à dire d'experts*, dans un délai fixé, ce trib. peut-il, après que les parties sont convenues d'experts, et que ceux-ci ont procédé, ordonner une nouvelle expertise? — Pour la négative, on dit : Le trib. n'ayant point ordonné l'expertise pour sa propre instruction ne saurait en prescrire une seconde sans se déjuger; les parties ne peuvent que s'en rapporter aux experts, ou à la première fixation faite par le tribunal. — Mais on répond que cette fixation, offerte aux parties comme transaction, ne peut avoir d'effet que de leur consentement mutuel;

du moment qu'elles la refusent, elle doit être réputée non-avenue ; en conséquence, le jugement ne peut plus être considéré que comme un interlocutoire, et l'on doit suivre les règles ordinaires, d'après lesquelles les juges ont le droit d'ordonner une seconde expertise, si la première ne les éclaire pas suffisamment. Trib. Saint-Malo ; Carré, n° 1842.

54. Quand l'instruction est terminée, le trib. apprécie si la déclaration est juste, c'est-à-dire si le droit à l'obtenir repose sur un titre ou un jugement antérieur, et si elle est bien vérifiée, c'est-à-dire si, en fait, elle est prouvée. Ces deux points établis, le défendeur doit être condamné à payer le montant de cette déclaration, ainsi que tous les dépens.

55. Si, au contraire, la déclaration du demandeur est exorbitante, si c'est à tort qu'il a élevé des contestations contre des offres qui devaient éteindre toute réclamation de sa part, le trib. doit prononcer la validité de ces offres.

56. Mais, dans ce dernier cas, les dépens ne sont pas mis entièrement à la charge de la partie qui succombe, c'est-à-dire de celui qui a fourni une déclaration que le trib. trouve exagérée ; le demandeur n'est condamné aux dépens que du jour des offres : c'est la disposition formelle de l'art. 525 C. pr. empruntée à l'art. 3, tit. 32, ordonn. 1667.

57. Cette division des frais du procès est conforme à l'équité. En effet, jusqu'au moment des offres, le défendeur est débiteur, et, de plus, il est en demeure : c'est son retard à acquitter, ou même son refus absolu d'acquitter l'obligation à laquelle son propre fait a donné naissance, qui a nécessité l'introduction d'une instance ; c'est à lui à en supporter toutes les conséquences pécuniaires. Berriat, 495, note 9, obs. 1.

Mais, depuis des offres valables, le demandeur n'avait plus de motif de suivre l'audience. S'il a contesté des offres suffisantes pour le désintéresser, il doit seul supporter les frais frustratoires qu'a occasionés sa témérité.

58. Le jugement qui liquide des dommages-intérêts, et en fixe le montant à plus de 300 fr., peut-il prononcer la contrainte par corps, lorsqu'elle n'a pas été ordonnée par le premier jugement qui a accordé les dommages-intérêts ? — V. *Emprisonnement*, n° 49.

59. L'exécution provisoire, sous caution, peut-elle être ordonnée lorsqu'il s'agit de dommages-intérêts ? — V. *Jugement*.

§ 3. — *Enregistrement.*

60. Les jugemens qui prononcent des dommages intérêts, soit en matière civile, soit en matière criminelle, correctionnelle, ou de simple police, sont soumis au droit proportionnel

de 2 p. °/$_0$. L. 22 frim. an 7, art. 69, § 5, n° 8 ; L. 27 vent. an 9, art. 11.

61. Mais ce droit n'est dû que sur des condamnations prononcées par les trib. — Les transactions contenant obligation pour dommages-intérêts, ne sont passibles que du droit de 1 p. °/$_0$. L. 22 frim. an 7, art. 69, § 3, n° 3.

62. La stipulation, dans un contrat, de dommages-intérêts pour le cas d'inexécution des conventions, ne donne lieu à aucun droit particulier : c'est en effet une disposition dépendante de la convention principale.

§ 4. — *Formules.*

FORMULE I.

Déclaration de dommages-intérêts.

(C. p. 533. — Tarif, 141. Coût, orig., 60 c. par article, copie, 15 c.)

Déclarations des dommages-intérêts auxquels le sieur   a été condamné envers le sieur   , par jugement du tribunal de   dûment enregistré et signifié.

1° La somme de   pour non-jouissance, pendant un an, d'un hectare de terre ensemencé en blé, à raison de   ci.

2° La somme de.....   ci.

           Total.

Pour justifier les articles de la présente déclaration, le sieur   offre de communiquer au sieur   par la voie du greffe ou sur récépissé : 1° le procès-verbal dressé le   : 2° l'extrait des mercuriales des marchés de en   , duquel il résulte que le prix moyen du blé a été de

3° Une déclaration des trois fermiers les plus voisins, faite devant le juge de paix du canton de   le   constatant que, dans le pays, le terme moyen des gerbes de blé récoltées par hectare est de environ, et qu'il en faut   pour chaque décalitre.

Le   (*Signature de l'avoué.*)

FORMULE II.

Acte de dépôt des pièces produites à l'appui de la déclaration de dommages-intérêts.

(C. pr. 523. — Tarif, 91. Coût, Vac., 3 fr.)

L'an   le   , au greffe   est comparu M°   , avoué près le tribunal, et du sieur   , lequel nous a déclaré que, par jugement de ce tribunal rendu le   entre ledit sieur   et le sieur   , enregistré et signifié, mondit sieur   a été condamné à payer audit sieur des dommages-intérêts, à donner par état ; que ces dommages et intérêts s'élèvent à la somme de   suivant la déclaration que le sieur   en a faite le

A l'appui de ladite déclaration de dommages-intérêts qu'il réclame, ledit M°   nous a remis, 1°   ; 2° (*énoncer les pièces déposées. — V. sup. formules 1.*)

Desquels comparution, dire et dépôt, le comparant a requis acte à lui octroyé, et a signé avec nous, greffier, les jour, mois et an susdits, après lecture faite.

           (*Signature du greffier et de l'avoué.*)

FORMULE III.

Signification de la déclaration des dommages-intérêts.

(C. pr. 525. — Tarif, 70, par anal. — Coût, 1 fr.)

A la requête du sieur   , ayant M°   pour avoué,

Soit signifié, et avec celles des présentes donné copie à M⁰   avoué du sieur
, de la déclaration détaillée, article par article, des dommages et intérêts
auxquels ledit sieur   a été condamné envers le requérant, par jugement
du tribunal de   , dûment enregistré et signifié, tant à avoué qu'à
partie ; déclarant audit M⁰   que les pièces à l'appui de ladite déclaration
ont été déposées au greffe du même tribunal, ainsi que le constate l'acte de dépôt
qui en a été délivré, et dont est aussi, avec celle des présentes donné copie : sommant en conséquence ledit M⁰   d'en prendre communication dans le délai
de quinzaine, et de faire, huitaine après, ses offres au demandeur, déclarant au
susnommé que, faute de ce faire dans ledit délai, le sieur   sera condamné
à payer, purement et simplement, le montant de ladite déclaration, à ce que ledit
M⁰   n'en ignore, dont acte.   (*Signature de l'avoué.*)

Nota. Si la partie condamnée n'a pas d'avoué constitué, la notification ci-dessus
et l'offre de communiquer les pièces doivent être faites par acte extrajudiciaire.

FORMULE IV.

Offres d'une somme pour dommages-intérêts.

(C. pr. 524. — Tarif, 71. — Coût, 5 fr.)

A la requête du sieur   , demeurant à
Soit signifié et déclaré à M⁰   , avoué du sieur
Que pour satisfaire à la sommation du   contenant signification de la
déclaration des dommages et intérêts auxquels ledit sieur   a été condamné
envers le sieur   , par le jugement contradictoirement rendu entre eux,
le   , ledit sieur   , offre la somme de   pour tous les
dommages et intérêts réclamés.
Les présentes offres ainsi faites, à la condition 1º d'en donner bonne et valable
quittance ; 2º (*énoncer ici les autres conditions des offres*) sous la réserve de
réitérer les présentes offres par exploit et d'en verser le montant à la caisse des
dépôts et consignations, et sous la réserve de tous autres droits et actions ; dont
acte.   (*Signature de l'avoué.*)

Nota. Si les offres ne portent que sur un article des dommages et intérêts réclamés, on indique que l'on denie tout droit pour le surplus.

FORMULE V.

*Acte pour demander la condamnation du montant de la déclaration des dom-
mages et intérêts, quand il n'y a pas eu d'offres.*

(C. pr. 524. — Tarif, 70 par anal. — Coût. 1 fr.)

A la requête du sieur   , soit nommé M⁰   , avoué du sieur
De comparaître, etc.,
Pour, attendu que par acte d'avoué, en date du   le sieur
a fait signifier au sieur   la déclaration des dommages et
intérêts auxquels ce dernier a été condamné par jugement du tribunal de
en date du   , dûment enregistré et signifié :
Attendu que le sieur   n'a fait aucune offre pour ces dommages et intérêts,
Se voir condamner à payer audit sieur   la somme de   ,
montant de la déclaration des dommages et intérêts réclamés ensemble, les intérêts,
tels que de droit, et les dépens de l'incident ; à ce que ledit M⁰   pour sa partie
n'en ignore ; D. A.   (*Signature de l'avoué.*)

Nota. L'audience se poursuit devant la chambre du tribunal qui a rendu le jugement de condamnation aux dommages et intérêts.

— V. *Responsabilité.*

DOMMAGES aux champs, fruits et récoltes. — **V.** *Juge
de paix.*

DOSSIER. Liasse des pièces d'une affaire.

DOUANES (1). Lieux où l'on est obligé de conduire les marchandises pour acquitter, soit à l'entrée, soit à la sortie, les droits fixés par la loi. — Se dit aussi de la contribution indirecte qui se perçoit sur les importations, exportations et circulation de certaines marchandises, — et de l'administration chargée de la perception de cette contribution.

Les douanes sont établies pour protéger l'agriculture et l'industrie commerciale; de là, l'existence d'un système restrictif et prohibitif, soit dans les importations des marchandises étrangères, soit dans les exportations de certaines denrées et marchandises françaises. —V. d'ailleurs *Contributions publiques.*

1. L'action des douanes s'exerce, 1° dans le rayon des frontières de terre et de mer. — V. *inf.* n° 4.

2° A l'intérieur sur certains objets prohibés (**L.** 28 avr. 1816, tit. 6, art. 59), et dans le cas d'entrepôt.

La douane perçoit les droits de navigation sur les navires français et étrangers, les droits sur les sels provenant des marais salins ou des fabriques de sels qui sont dans les rayons des frontières de terre et de mer.

Les cas de saisies à l'intérieur sont régis par une législation exceptionnelle. — V. *inf.* § 1, n° 33.

DIVISION.

§ 1. — *Mode de constater les contraventions.*
§ 2. — *Vente des moyens de transport et des marchandises.*
§ 3. — *Tribunaux qui connaissent des contraventions.*
§ 4. — *Procédure.*

Art. 1. — *Procédure devant les tribunaux de paix.*
Art. 2. — *Procédure devant les tribunaux correctionnels.*

§ 5. — *Jugement.*
§ 6. — *Exécution.*
§ 7. — *Voies contre les jugemens.*
§ 8. — *Timbre et enregistrement.*
§ 9. — *Formules.*

§ 1. — *Mode de constater les contraventions.*

2. Les contraventions aux lois sur les douanes sont constatées par un procès-verbal rédigé soit par deux préposés de la régie, alors il fait foi jusqu'à inscription de faux (**L.** 9 flor. an 7, tit. 1, art. 1), —soit par deux citoyens français étrangers à l'administration (*ib.*), — auquel cas la preuve testimoniale, suivant Favard, *Rép.*, v° *Douanes*, § 1, n° 2, peut être invo-

---

(1) Cet article est de M. Bertin, avocat à la Cour royale de Paris.

quée, soit contre les faits qu'il contient, soit à leur appui. —
V. *inf.* n° 30. — En cas de nullité d'un procès-verbal, la preuve
d'une contravention peut avoir lieu par témoins. Arg. C. inst.
crim. 154 ; décret, 8 mars 1811, art. 1er, ch. crim. ; Cass. 22
nov. 1838 (Art. 1308 J. Pr.).

3. La saisie faite par plusieurs préposés est régulière, si deux
d'entre eux constatent la contravention en l'affirmant. Cass.
1er fév. 1810, S. 16, 230. — V. *inf.* n° 24.

4. Les préposés, accompagnés du maire ou de l'adjoint, ou
d'un conseiller municipal délégué (Cass. 21 août 1828, S. 28,
449), peuvent, dans l'étendue des frontières de terre et de
mer, visiter, le jour seulement, les maisons qui leur sont indiquées pour contenir et recéler des marchandises prohibées.
(L. 10 brum. an 5, art. 11 ; 28 pluv. an 8, art. 13). — La visite domiciliaire est valablement faite sans l'assistance d'officiers
publics, lorsque leur refus est constaté par le procès-verbal.
Décr. 20 sept. 1809, art. 2, S. 9, 2, 411 ; Cass. 5 janv. 1810.

5. La description et le procès-verbal de saisie sont rédigés
au bureau voisin (L. 9 flor. an 7, tit. 4, art. 2). — En cas de
saisie dans une maison, ils le sont sur les lieux (*ib.* art. 7); —
à moins d'opposition des parties, ou de danger pour les préposés, constaté par le procès-verbal (Décr. 20 sept. 1809, art. 1),
alors ils le sont dans le bureau le plus voisin. L. 22 août 1791,
tit. 10, art. 6.

Lorsque, par force majeure, les objets saisis ne peuvent être
transportés immédiatement au plus prochain bureau, il suffit
que le procès-verbal ait été rédigé aussitôt que le transport a
pu s'opérer. Cass., ch. crim., 12 janv. 1837 (Art. 626 J. Pr.).

Les préposés ne sont pas tenus de dresser leur procès-verbal
dans le lieu même de la saisie, s'il ne sert à l'habitation. —
Même arrêt.

6. Les marchandises non prohibées ne sont pas déplacées,
si la partie donne caution (L. 9 flor. an 7, tit. 4, art. 7), —
ou consigne somme suffisante. Arg. *ib.*, art. 5. — Si la partie
ne fournit pas caution, ou s'il s'agit d'objets prohibés, les marchandises sont transportées au bureau voisin. *Ib.*

7. Les saisissans, lorsque le déchargement des bâtimens de
mer pontés ne peut avoir lieu de suite, apposent les scellés sur
les ferremens et écoutilles des bâtimens. — Le procès-verbal,
dressé au fur et à mesure du déchargement, mentionne le nombre, les marques et les numéros des ballots, caisses et tonneaux. — La description en détail se fait au bureau, en présence
de la partie, ou après sommation à elle faite d'y assister ; il lui
en est donné copie à chaque vacation. — L'apposition du scellé
sur les portes, ou d'un plomb ou cachet sur les ballots, a lieu

toutes les fois que la continuation de la description est renvoyée à une autre séance. L. 9 flor. an 7, tit. 4, art. 8.

8. Ils conduisent dans un bureau de douane, et, autant que les circonstances peuvent le permettre, au plus prochain du lieu de l'arrestation, les marchandises, voitures, chevaux et bateaux servant au transport. Cass. 3 déc. 1817, S. 18, 191.

9 Ils y rédigent de suite leur procès-verbal. Même loi, art. 2. Les préposés sont tenus de constater qu'ils ont suivi, sans les perdre de vue, les objets introduits en fraude, lorsqu'ils les saisissent, soit dans l'intérieur d'une maison, soit à la frontière, hors du rayon. L. 28 avr. 1816, art. 59. — Dans tout autre cas, il suffit de constater l'identité des objets saisis avec ceux qui ont été vus au moment de l'introduction frauduleuse. Cass. 23 août 1836 (Art. 627 J. Pr.).

10. *Procès-verbal de saisie faite à la frontière.* Il énonce, 1° la date et la cause de la saisie (L. 9 flor. an 7, tit. 4, art. 3). — Il est nul, si la date n'est pas la même sur l'original et la copie. Cass. 22 juill. 1808, S. 17, 522.

2° La déclaration qui en a été faite au prévenu. *Même loi.*

3° Les noms, qualités et demeures des saisissans, et de celui chargé des poursuites (*Ib.*) — La demeure du préposé est au lieu où sa brigade est établie. Elle est indépendante de son domicile. — Il suffit d'énoncer que le préposé fait partie de la *brigade de tel endroit.* Cass. 3 août 1827, S. 28, 15.

4° L'espèce, poids ou nombre des objets saisis. *Même loi.*

5° La présence de la partie à leur description, ou la sommation qui lui a été faite d'y assister. *Ib.*

6° Le nom et la qualité du gardien. *Ib.*

7° Le lieu, la rédaction du rapport, l'heure de sa clôture. *Ib.*

11. Si le motif de la saisie porte sur le faux ou l'altération des expéditions, le procès-verbal énonce le genre de faux, les altérations ou surcharges. — Ces expéditions, signées et paraphées des saisissans, *ne varietur,* sont annexées au procès-verbal, qui contient la sommation faite à la partie de les signer, et sa réponse. *Ib.* art. 4.

12. On offre main-levée, sous caution solvable, ou en consignant la valeur des bâtimens, voitures, chevaux et équipages saisis pour autre cause que pour prohibition de marchandises dont la consommation est défendue; et cette offre, ainsi que la réponse de la partie, est mentionnée au procès-verbal. *Ib.* art. 5.

L'obligation d'offrir main-levée ne s'applique pas aux marchandises saisies. Douai, 10 avr. 1835 (Art. 107 J. Pr.).

13. Si le prévenu est présent, le procès-verbal énonce qu'il lui en a été donné lecture, qu'il a été interpellé de le signer, et qu'il en a de suite reçu copie, avec citation à comparaître,

dans les 24 heures, devant le juge de paix du canton (*Ib.* art. 6),
— si l'affaire n'est pas de la compétence du trib. correctionnel. Cass. 26 janv. 1810, S. 10. 251.

14. Les jours de fêtes légales ne comptent pas dans ce délai.
— Ainsi, la citation est valablement donnée le samedi pour le
lundi suivant, et l'affirmation peut avoir lieu ce jour seulement.
Cass. 5 vent. an 10, S. 2, 2, 545.

15. Au cas de saisie faite sur un navire étranger, les préposés
ne sont pas forcés de se servir d'un interprète, lors de la lecture
de leur procès-verbal. Cass. 29 avr. 1850, S. 50, 182. — Spécialement, lorsqu'il s'agit d'un navire espagnol louvoyant en
mer dans les eaux françaises et dont la saisie est faite en mer.
Même arrêt.

16. Un procès-verbal est nul : 1° si la copie n'en a pas été
délivrée au prévenu, encore bien que sa présence à la rédaction et à la lecture dudit procès-verbal ait été constatée. Cass.
1er fév. 1806, S. 7, 2, 1145. — Il en est autrement si la mention de la remise de la copie n'a pas été constatée sur cette copie, mais sur l'original. Arg. Cass. 18 mai 1808, S. 8, 598.
— *Contrà*, Douai, 29 oct. 1855, S. 53, 626.

La signature du receveur au bas du procès-verbal n'est pas
exigée. Cass. 7 brum. an 8.

17. En cas d'absence du prévenu, la copie est affichée dans
le jour à la porte du bureau. L. 9 flor. an 7, tit. 4, art. 6. —
Une seule affiche suffit, quel que soit le nombre des prévenus.
Elle remplace la remise à personne de la copie du procès-verbal.
Cass. 11 avr. 1851, S. 31, 520.

18. L'apposition de l'affiche peut être constatée sur l'original du procès-verbal. Cass. 15 prair. an 7. — Elle a valablement lieu après le coucher du soleil. Cass. 11 flor. an 9, S. 1,
2, 319.

19. Les rapports, citations et affiches peuvent être faits tous
les jours indistinctement. L. 9 flor. an 7, tit. 4, art. 6.

20. Quoique la loi exige un seul procès-verbal, cependant,
si la saisie n'avait pu être terminée le même jour, et que le
procès-verbal eût été rédigé en deux contextes, il n'y aurait pas
nullité, pourvu, toutefois, qu'il fût suffisamment constaté
qu'entre les deux opérations il n'a été procédé à aucun autre
acte. Cass. 7 mai 1850 et 10 août 1853.

21. Les procès-verbaux doivent être enregistrés, à moins
qu'il ne se trouve pas de bureau dans la commune du dépôt de
la marchandise, ni dans celle où est placé le trib. qui doit
connaître de l'affaire ; auquel cas le rapport est visé le jour de
sa clôture, ou le lendemain avant midi, par le juge de paix du
lieu, ou, à son défaut, par le maire. L. 9 flor. an 7, tit. 4, art. 9.

22. L'affirmation signée du juge de paix peut-elle tenir lieu du visa? — La négative semble résulter de ce que la loi exige positivement le visa. — Mais la date du procès-verbal étant assurée, le but de la loi est rempli. Cass. 21 pluv. an 9.

23. Les jours fériés ne sont pas compris dans le délai fixé pour faire revêtir du visa les procès-verbaux à défaut de l'enregistrement. Cass. 30 vent. an 10, S. 7, 2, 886.

24. Les procès-verbaux doivent, en outre, être affirmés devant le juge de paix, au moins par deux des saisissans, dans le délai de la comparution. — L'affirmation énonce qu'il en a été donné lecture aux affirmans. L. 9 flor. an 7, tit. 4, art. 10.

Ces expressions : *Lecture faite du procès-verbal, les préposés*, etc., constatent suffisamment la lecture du procès-verbal aux affirmans. Cass. 11 oct. 1827, S. 28, 195.

25. L'affirmation résulte de la mention faite par le juge de paix, que les préposés ont déclaré leur rapport véritable. Cass. 15 flor. an 12, S. 4, 1, 277. — Toutefois, le mot *affirmer* énonce seul que la *déclaration a été faite avec serment*. Cass., ch. crim., 19 fév. 1836.

26. Il n'est pas indispensable que la partie saisie soit présente ou appelée à l'affirmation. Cass. 6 niv. an 6, 18 niv., 24 vent. an 8, 9 et 16 germ. an 7, 11 flor. an 9, S. 1, 2, 319.

27. Le lendemain de la saisie, le rapport est transcrit sur le registre au bureau des douanes. L. 4 germ. an 2, tit. 6, art. 10.

28. Les expéditions et toutes pièces relatives aux bâtimens, cargaisons et voitures de la saisie y sont déposées. *Ib.* art. 11.

29. Le procès-verbal est divisible, lorsque l'objet de la contravention est lui-même divisible. — Nul, à l'égard de l'un des délinquans, pour défaut de formalité, il vaut contre les autres, s'il est régulier à leur égard. Cass. 5 janv. et 1er fév. 1810, S. 16, 230.

30. Les procès-verbaux ainsi rédigés et affirmés sont crus jusqu'à inscription de faux. L. 9 flor. an 7, tit. 4, art. 11.

En l'absence de cette inscription de faux, les trib. ne peuvent ordonner un toisé pour déterminer si le lieu où la saisie a été faite est à la distance voulue par la loi, lorsque le procès-verbal constate que ce lieu est dans la ligne de la douane. Cass. 11 avr. 1807. — Le prévenu ne peut également être admis à prouver, contrairement au procès-verbal, que le chemin où il a été trouvé n'était pas le plus direct. Cass. 30 juill. 1822, S. 23, 54.

Cette foi n'est due aux procès-verbaux pour la constatation des contraventions, que dans l'intérêt de la régie : le procès-verbal de la douane, constatant les chargemens de marchandises sur un navire, ne fait pas foi, jusqu'à inscription de faux, de la réalité de ses énonciations à l'égard de l'assureur des marchandises. Cass. 4 août 1829, S. 29, 543.

31. Si de plusieurs prévenus un seul attaque le procès-verbal, par la voie de l'inscription de faux, ce procès-verbal reste entier vis-à-vis des autres, et, quant à eux, il ne doit pas être sursis aux poursuites. Cass. 20 nov. 1807, P. 6, 351.

32. Les nullités expressément prononcées par la loi sont seules admissibles. L. 9 flor. an 7, tit. 4, art. 11; 28 av. 1816, sect. *Douanes*, tit. 5, art. 49. — Ainsi, un trib. ne peut annuler un procès-verbal, en se fondant sur ce qu'il n'est pas constant que la copie en a été remise à la partie saisie, lorsque, d'ailleurs, cette partie ne s'inscrit pas en faux contre le procès-verbal qui déclare le contraire. Cass. 11 fév. 1807, P. 5, 675.

33. *Procès-verbal de saisie faite à l'intérieur.* Les préposés peuvent encore (mais seulement pendant le jour, et avec l'assistance d'un officier municipal ou d'un commissaire de police) procéder, dans l'intérieur du royaume, à la recherche et saisie de certains effets spécialement désignés par la loi (L. 28 avr. 1816, sect. *Douanes*, tit. 6, art. 59, 60). — A moins d'empêchement, le procès-verbal est rédigé au domicile même de la partie. — Il est soumis à des règles spéciales, et ne fait pas foi jusqu'à inscription de faux.

34. Ce procès-verbal doit mentionner, 1° la désignation des marchandises par poids, nombre et nature des pièces, ou par mètre, s'il ne s'agit que de coupons;

2° Le prélèvement qui est fait d'échantillons sur chaque pièce ou coupon;

3° La mise sous enveloppe desdits échantillons. — Cette enveloppe est revêtue du cachet de l'officier public, de celui des saisissans, et de celui de la partie, à moins qu'elle ne s'y refuse; ce dont le procès-verbal fait également mention. — Les mêmes cachets sont apposés en marge du rapport; les marchandises, ensuite emballées et scellées, sont déposées au plus prochain bureau, autant que les circonstances peuvent le permettre, et le paquet, contenant les échantillons, est immédiatement transmis au directeur-général. *Ib.* art. 61.

35. Les mêmes obligations et les mêmes formes de procéder sont imposées dans les villes et endroits de l'intérieur où il n'y a point de bureaux de douanes, aux juges de paix, maires, officiers municipaux et commissaires de police. — Les préfets et sous-préfets veillent à ce qu'elles soient exactement remplies. — Les marchandises saisies dans ces communes sont déposées au chef-lieu de l'arrondissement, et les échantillons, ainsi que le procès-verbal, sont envoyés au préfet du département, qui les transmet au directeur-général. *Ib.* art. 62.

36. Le procès-verbal est-il nul s'il n'a pas été lu? — La loi du 9 floréal an 7 exige cette lecture à peine de nullité, pour les procès-verbaux faits à la frontière (—V. *sup.* n° 13).—Mais la loi du 28 avr. 1816 a implicitement dérogé à cette disposition pour le cas de saisie pratiquée à l'intérieur : en effet, au nombre des formalités à remplir lors de la saisie, elle ne comprend pas la lecture du procès-verbal : d'ailleurs, aucun article de cette loi ne se réfère, pour d'autres formalités, à des lois antérieures. — Les saisies, dans l'intérieur, sont faites la plupart du temps par des juges de paix, des maires, des officiers municipaux ou des commissaires de police, peu habitués à la rédaction de procès-verbaux de cette nature, et auxquels on devait imposer des obligations moins nombreuses qu'aux préposés. Cass. 25 juin 1825, sections réunies, S. 25, 587.

§ 2. — *Vente des moyens de transport et des marchandises.*

37. *Moyens de transport.* On offre main-levée, sous caution, des bâtimens, bateaux, voitures, chevaux, etc., ayant servi au transport des marchandises saisies non prohibées. — V. *sup.* n°s 6 et 12.

58. Si la remise sous caution n'est pas acceptée, l'administration, en vertu de la permission du juge de paix le plus voisin, ou du juge d'instruction, dans le délai de huitaine de la date du procès-verbal, au plus tard, procède à la vente par enchères des objets saisis. L. 18 sept. 1811, art. 1. — Dans le même délai, et en vertu de la même permission, on procède à la vente des objets de consommation susceptibles de dépérissement. *Ib.*

59. L'ordonnance portant permis de vendre est signifiée dans le jour à la partie saisie, si elle a un domicile réel, ou élu dans le lieu de l'établissement du bureau de la douane, et à défaut de domicile connu, au maire de la commune, avec déclaration qu'il sera immédiatement procédé à la vente, tant en absence qu'en présence, attendu le péril en la demeure. L'ordonnance du juge de paix ou du juge d'instruction est exécutée nonobstant opposition ou appel. *Ib.* art. 2.

40. Le produit de la vente est déposé dans la caisse de la douane, pour en être disposé ainsi qu'il est statué par le tribunal qui connaît de la saisie. *Ib.* art. 3.

41. *Marchandises restées dans les douanes.* Les ballots, malles et futailles qui n'ont pas été déclarés dans les formes prescrites par la loi (L. 22 août 1791, tit. 2, art. 9), sont inscrits, dans la huitaine du jour de leur dépôt dans les bureaux, sur un registre à ce destiné, avec mention des marques, numéros et adresses qu'ils présentent. Chaque article du registre est signé par le receveur et le contrôleur. *Même loi,* tit. 9, art. 1. — Dans ce cas, les propriétaires sont tenus de payer 1 p. %₀ pour droit de magasinage, en sus des droits. L. 4 germ. an 2, tit. 2, art. 9.

42. Ces ballots, et tous autres qui ne sont pas réclamés, après avoir séjourné dans les bureaux pendant deux mois, sont, ainsi que les objets qu'ils contiennent, vendus au profit de l'Etat, à la charge de réexporter à l'étranger celles dont l'entrée est prohibée, après l'accomplissement des formalités ci-après prescrites. *1b.*—V. d'ailleurs *sup.* n° 38.

43. La régie demande au trib. à être autorisée à la vente. Le procureur du roi, le juge de paix et son greffier, se transportent au bureau pour assister à l'ouverture des ballots, et rédiger l'inventaire des effets y contenus. — S'il s'y trouve des papiers, il en dresse un état sommaire, et lesdits papiers, paraphés par le juge, sont déposés au greffe du trib. pour être remis, sans frais, à ceux qui justifient de leur propriété.—Les préposés informent du dépôt les particuliers auxquels les papiers paraissent appartenir; ils ne sont tenus d'aucune formalité à cet égard. L. 22 août 1791, tit. 9, art. 5.

44. L'inventaire est affiché à la porte du bureau, dans la place publique et autres lieux accoutumés, avec déclaration que si dans le mois il ne survient pas de réclamation, il sera procédé à la vente. — Ce délai expiré, ladite vente, et le jour auquel elle doit avoir lieu, sont annoncés par de nouvelles affiches apposées dans la forme ci-dessus indiquée. *1b.* art. 4.

45. Au jour fixé, les effets sont vendus au plus offrant et dernier enchérisseur, en présence du préposé à la perception, ou du contrôleur du bureau, à la charge du paiement des droits, s'il en est dû, et du renvoi à l'étranger si les marchandises sont prohibées (*1b.* art. 45),—ainsi que des droits de magasinage. L. 4 germ. an 2, t. 2, art. 9.

46. La présence du juge de paix et du procureur du roi, à l'ouverture des caisses et ballots, à l'inventaire des effets et description sommaire des papiers, et l'ordonn. qui permet la vente des objets abandonnés, sont sans frais. L. 22 août 1791, tit. 9, art. 6.

§ 3.—*Tribunaux compétens pour connaître des contraventions.*

47. La compétence en matière de douanes a subi diverses modifications.—V. L. 22 août 1791, tit. 10, art. 1; L. 4 germ. an 2, tit. 6, art. 13; 14 fruct. an 5; 9 flor. an 7, tit. 4, art. 6 et 14; Décr. 27 vent. an 8, t. 1, art. 2; Décr. 18 oct. 1810, sect. 2, art. 7, 10; sect. 1, art. 5; *Ord.* 26 avr. 1814; *Ord.* 17 déc. 1814, tit. 3, art. 16; tit. 4, art. 29. L. 28 avr. 1816, 21 avr. 1818. — Aujourd'hui la connaissance en premier ressort des contestations en matière de douanes, appartient aux trib. de paix ou à ceux de police correctionnelle.

48. *Tribunaux de paix.* Ils connaissent en 1re inst. des contestations concernant le refus de payer les droits, le non rapport des acquits-à-caution, et les autres affaires relatives aux douanes. L. 14 fruct. an 5, art. 10.

Le juge de paix est autorisé à connaître : 1° d'une demande en réparation d'injures verbales , ou de menaces contre les employés, dans l'exercice de leurs fonctions : ce sont de simples contraventions de douane. L. 6 août 1791 , tit. 13, art. 14 ; L. 4 germ. an 2, tit. 4 , art. 2 ; Cass. 5 vent. an 10, 26 août 1816 , Dalloz, v° *Douanes* , 439.

2° De l'opposition à l'exercice de ces mêmes fonctions. Cass. 21 niv. an 13. — Toutefois il n'est compétent qu'autant qu'il s'agit d'objets non prohibés, et tarifés à moins de 20 fr. par 100 kilogrammes. L. 28 avr. 1816, sect. *Douanes*, t. 5, art. 41; 21 avr. 1818 , t. 6 , art. 34.

3° De la fixation de celui des deux taux qui, d'après les droits de douanes , doit être perçu. Cass. 2 janv. 1826.

En cas de faux incident , si les moyens du faux sont pertinens et admissibles, le juge doit se dessaisir, et le ministère public doit poursuivre l'instruction du faux devant la juridiction compétente. L. 9 flor. an 7, art. 12; arrêté du 4° jour complémentaire an 11 , art. 9.

49. Le juge compétent est celui dans le ressort duquel l'objet a été déposé. L. 17 déc. 1814 , art. 16.

Cependant, si les marchandises saisies ont été conduites sans motifs valables dans un bureau autre que celui le plus voisin du lieu de la saisie, le juge de paix , dans le ressort duquel ce bureau se trouve, conserve juridiction. Cass. 3 déc. 1818.

50. *Tribunaux correctionnels.* Ils connaissent : 1° de toutes contraventions ayant pour objet l'introduction de marchandises prohibées , et de celles non prohibées, tarifées à 20 fr. par 100 kilogrammes et au-dessus, soit que la tentative d'introduction ait eu lieu sur les côtes maritimes , soit qu'elle ait été faite sur les frontières de terre. L. 28 avr. 1816, sect. *Douanes*, tit. 5, art. 41 ; 21 avr. 1818. tit. 6 , art. 34.

2° Des faits de contrebande dont la connaissance était attribuée aux Cours prévôtales par l'art. 48, tit. 5, L. 28 avr. 1816, que la contrebande ait été faite ou tentée par les frontières de terre , ou sur les côtes maritimes , hors de l'enceinte des ports. L. 28 avr. 1818, tit. 6, art. 37. —V. *Vente.*

§ 4. — *Procédure.*

51. Les préposés peuvent faire, pour les droits de la douane, les exploits et autres actes de justice que les huissiers ont coutume de faire , ou se servir de tel huissier que bon leur semble, notamment pour les ventes d'objets saisis, confisqués ou abandonnés. L. 22 août 1791, tit. 13 , art. 18.—V. *Vente.*

La forme de ces actes n'est pas soumise aux règles générales de la procédure ; il suffit qu'ils contiennent les énonciations prescrites par les lois spéciales. — Ainsi est valable, 1ᵘ un exploit qui ne contient pas les noms, prénoms et domiciles des préposés qui le signifient. Cass. 7 brum. an 8, D. vᵒ *Douanes*, 447. — 2ᵒ Un acte d'appel qui ne contient ni les motifs, ni les conclusions de l'appelant. Cass. 19 frim. an 8.

52. Celui qui veut s'inscrire en faux contre un procès-verbal, est tenu d'en faire la déclaration par écrit, en personne, ou par un fondé de pouvoir spécial et authentique, et au plus tard à l'audience indiquée par la sommation de comparaître devant le trib. qui doit connaître de la contravention ; il doit, dans les trois jours suivans, faire au greffe de ce trib. le dépôt des moyens de faux, et des noms et qualités des témoins qu'il veut faire entendre ; le tout à peine de déchéance de l'inscription de faux. L. 9 flor. an 7, tit. 4, art. 12.

53. Une simple allégation de faux, faite à l'audience, contre le procès-verbal, ne suffit pas pour retarder le jugement ; il faut que cette déclaration soit écrite, ou au moins signée de la partie qui veut s'inscrire en faux, ou de son fondé de pouvoir. —Un trib. ne doit pas donner acte au prévenu de ce qu'il déclare s'inscrire en faux, et surseoir à statuer jusqu'à ce que l'inscription de faux ait été vidée. Cass. 9 frim. an 7, 14 août 1807, 1ᵉʳ juin 1827, S. 8, 47 ; 27, 494.

54. La déclaration est reçue et signée par le juge et par le greffier, dans le cas où le déclarant ne sait *signer. Même loi.* —Il doit être fait mention de cette circonstance à peine de nullité de l'inscription de faux ; cette énonciation n'est pas suppléée par la déclaration que l'individu ne sait pas écrire. Cass. 17 août 1807, S. 8, 47.

55. Les trois jours sont accordés pour la production des moyens de faux, et non pour l'inscription, qui doit être faite au plus tard à l'audience indiquée pour comparaître. Cass. 18 fruct. an 9.

56. L'opposition à un jugement par défaut ne relève pas de la déchéance de l'inscription de faux. Cass. 4 et 23 juin 1817, S. 17, 297 ; ch. civ. 9 mai 1838.—*Contrà*, Cass. 23 août 1830, S. 50, 405.

57. La requête contenant les moyens de faux peut être déposée par l'avoué. Cass. 1ᵉʳ juin 1827, S. 27, 494.

58. Les preuves de non contravention sont à la charge du saisi. L. 4 germ. an 2, tit. 6, art. 7.

59. Les objets saisis pour fraude ou contravention, ou confisqués, ne peuvent être revendiqués par le propriétaire, ni le prix, qu'il soit consigné ou non, réclamé par aucuns créanciers, même privilégiés, sauf leur recours contre les auteurs de la fraude. L. 22 août 1791, tit. 12, art. 5.

60. Le receveur qui a fait crédit des droits est autorisé, en cas de refus ou de retard, à décerner contrainte, avec extrait du registre qui contient la soumission des redevables. L. 22 août 1791, tit. 13, art. 31.

61. Ces contraintes, et celles décernées pour défaut de rapport de certificat de décharge des acquits-à-caution, sont visées par le juge de paix (comme succédant en cette matière à la compétence du trib. de district. Cass. 7 fruct. an 10, S. 2, 2, 363), et exécutées par toutes voies, même par corps, sous le cautionnement de la régie.

62. Le juge ne peut, sous quelque prétexte que ce soit, refuser le visa, à peine d'être, en son propre et privé nom, responsable des objets pour lesquels elles ont été décernées. *Ib.* art. 32.

63. L'exécution des contraintes ne peut être suspendue par aucune opposition, — si ce n'est quant à celles décernées pour défaut de rapport de certificats de décharge des acquits à-caution, en consignant le simple droit.

Il est défendu aux juges sous les peines portées en l'art. 52, L. 22 août 1791, tit. 13, de donner contre elles aucunes surséances. Il y aurait nullité, sauf les dommages-intérêts de la partie. *Même loi*, art. 53.

64. La partie peut former opposition à cette contrainte, et assigner la régie devant le juge de paix. Cass. 8 nov. 1810, S. 7, 922.

Art. 1. — *Procédure devant les tribunaux de paix.*

65. En cas de saisie, la citation est donnée à comparaître devant le juge dans les 24 heures de la clôture du procès-verbal.

66. Est valable la citation donnée dans un procès-verbal clos à midi, pour le lendemain 9 heures du matin. Cass. 3 juin 1806, S. 6, 662.

67. Le délai n'est pas augmenté à raison de la distance du domicile élu par la partie saisie à son domicile réel. — Autrement, il serait impossible de satisfaire à la loi, qui veut une prompte expédition des affaires de douane. Les lois spéciales à cette matière ont dérogé implicitement aux règles ordinaires en fait de délai. Merlin, *Rép.*, v° *Douanes.*

68. Au jour indiqué pour la comparution, le juge entend la partie, si elle est présente, et est tenu de rendre de suite son jugement. L. 9 flor. an 7, tit 4, art. 13.

69. Cependant, si le préposé ne se présente, pour obtenir jugement, que quelques jours après celui indiqué pour la comparution, et si la partie assignée n'a pas demandé défaut-congé, le juge de paix ne peut lui refuser jugement.

La loi ne dispose pas que le jugement rendu dans ce dernier

cas sera nul ; le contraire semble même résulter de l'art. 11 ,
L. 9 flor. an 7 , qui ne prononce la nullité que pour les formalités énoncées dans les articles précédens : en effet, l'article qui
enjoint au juge de paix de rendre son jugement au jour indiqué
par la citation , est le treizième , par conséquent , en dehors de
ceux qui disposent à peine de nullité. D'ailleurs cet art. 13 ,
établi pour la plus prompte expédition des affaires , dans l'intérêt de l'administration , ne saurait être interprété à son préjudice. Cass. 5 mars 1812 , D. v° *Douanes* , 445.

70. Si les circonstances de la saisie nécessitent un délai , ce
délai ne peut excéder trois jours ; et, dans ce cas, le jugement
de renvoi autorise la vente provisoire des marchandises sujettes
à dépérissement, et des chevaux saisis, comme ayant servi au
transport. L. 9 flor. an 7, tit. 4, art. 13.—V. *sup.* n° 38.

71. Toutefois, il résulte des principes exposés (*sup.* n° 69)
que le jugement rendu après le délai de trois jours est cependant
valable.—*Contrà* , Cass. 3 prair. an 11 , D. *ib.*

72. L'action en restitution de droits et de marchandises ,
paiemens de loyers et appointemens de préposés, se prescrit par
deux ans.

La régie est déchargée, trois ans après chaque année expirée,
de la garde des registres de recette , et autres, de ladite année ;
elle n'est pas tenue de les représenter, lors même qu'ils seraient
nécessaires pour des instances encore subsistantes.

L'action de la régie en paiement de droits se prescrit par un
an , à moins qu'il n'y ait auparavant, soit pour la régie , soit
pour les parties , contrainte décernée et signifiée , demande formée en justice , condamnation, ou obligation particulière, relatives à l'objet répété. L. 22 août 1791, tit. 15, art. 25.

Art. 2. — *Procédure devant les tribunaux correctionnels.*

73. Si le prévenu n'a pas été arrêté, il est cité devant le
trib. correctionnel. La citation lui est donnée à son domicile ,
s'il réside dans le ressort du trib. ; dans le cas contraire , au
domicile du procureur du roi près ce même tribunal.—V. toutefois *inf.* n° 99.

Il doit y avoir trois jours au moins entre le jour de la citation
et celui indiqué pour la comparution. L. 28 avr. 1816 ; *Douanes* , tit. 5 , art. 45.—Ce délai n'est pas augmenté à raison des
distances. Cass. 19 mars 1807 ; Merlin, v° *Douanes* , 328.—
V. *sup.* n° 67.

74. La citation donnée à un étranger doit être signifiée au
parquet du procureur du roi, qui doit viser l'original de l'*exploit*, et copie doit en être affichée à la porte de l'auditoire du
tribunal. C. pr. 69, 70 ; Cass. 5 août 1807.—V. ce mot.

75. On peut aussi procéder contre les délinquans en la forme établie par le C. d'inst. crim. à l'égard des prévenus de délits correctionnels. C. inst crim. 182; Cass. 3 sept. 1824, S. 25, 70.

76. Quand, au jour fixé, le prévenu ne comparaît pas en personne, — ou par un avoué, si le délit n'entraîne pas la peine d'emprisonnement C. inst. crim. 185, — le trib. est tenu de rendre son jugement. L. 28 avr. 1816, sect. *Douanes*, tit. 5, art. 46.

77. S'il comparaît, et qu'il y ait lieu de lui accorder une remise, elle ne peut excéder cinq jours. Le cinquième jour, le trib. prononce, parties présentes ou absentes. *Ib.* art. 47.

78. En première instance et sur l'appel, l'instruction est verbale, sur simples mémoires et sans frais de justice à répéter de part ni d'autre. L. 4 germ. an 2, tit. 6, art. 17.

— V. d'ailleurs *Avoué*, n° 73.

§ 5. — *Jugement.*

79. Le jugement prononce sur les actions des redevables ou de la régie, quant aux droits à percevoir et à leur quotité. — En cas de contravention, il ordonne la confiscation des objets prohibés, exportés ou importés en fraude des droits de la régie, ainsi que des moyens de transport. — Il condamne aussi les contrevenans à l'amende fixée par la loi, et, dans certains cas, à la prison. L. 22 août 1790, 28 avr. 1816, 21 avr. 1818.

80. Les juges et leurs greffiers ne peuvent expédier des acquits de paiement ou à caution, congés, passavans réceptions ou décharges de soumissions, refusés par les préposés, ni rendre aucun jugement pour tenir lieu de ces expéditions; mais les juges règlent les dommages-intérêts que les marchands ou voituriers peuvent prétendre à raison de ce refus. L. 22 août 1791, tit. 11, art. 2.

81. La confiscation des marchandises saisies est prononcée contre les préposés à leur conduite, sans que la régie soit tenue de mettre en cause les propriétaires, quand même ils lui sont indiqués; ces derniers peuvent intervenir. *Même loi*, tit. 12, art. 1; tit. 13, art. 20.

82. L'amende n'est pas considérée comme une peine, mais comme une réparation du préjudice causé à l'État par la fraude. — Les trib. civils peuvent, dans certains cas, prononcer spécialement contre les pères et mères, civilement responsables du fait de leurs enfans. Cass. 6 juin 1811, 30 mai et 5 sept. 1828; Favard, *Rép.*, v° *Douanes*. — Le cumul des amendes est admis, s'il y a conviction de plusieurs faits emportant différentes condamnations, nonobstant l'art. 365 C. inst. crim. Cass. 27 avr. 1830, S. 30, 182.

83. Les juges ne peuvent, sous peine d'en répondre en leur propre et privé nom, modérer les confiscations et amendes, ni en ordonner l'emploi au préjudice de l'administration. L. 22 août 1791, tit. 12, art. 4; et 4 germ. an 2, tit. 6, art 23, — ni excuser les contrevenans sur l'intention (L. 9 flor. an 7, tit. 4, art. 16), — sous prétexte d'erreur. Cass. 14 juin 1809; — ou de bonne foi de la part des contrevenans. Cass 13 mess. an 7, 2 frim., 16 prair. an 8, 19 juill. 1831, S. 31, 419; 20 juill. 1831, S. 31, 282.

84. Mais la régie peut transiger sur les procès relatifs aux contraventions, soit avant, soit après le jugement. Arr. 14 fruct. an 10, art. 1; Ordonn. 30 janv. 1822, art. 10.

85. Ces transactions, pour être définitives, doivent être approuvées par le directeur-général, lorsque, sur les procès-verbaux de contraventions et saisies, la condamnation de confiscation et amende à obtenir ne s'élève pas à plus de 3,000 fr., et par le ministre des finances, lorsqu'elle excède 3,000 fr., ou lorsqu'il y a dissentiment entre le directeur-général et le conseil d'administration. Ordonn. 30 janv. 1822, art. 5, § 2, art. 10, § 2.

86. Le trib. ne peut donner main-levée des marchandises saisies que par le jugement définitif, à peine de nullité des jugemens et dommages-intérêts de la régie. L. 22 août 1791, tit. 12, art. 2, — et non pas en ordonnant la vérification des marchandises saisies. Cass. 24 flor. an 7.

87. A défaut, ou en cas de nullité d'un procès-verbal de saisie, la régie peut être admise à faire preuve de la contravention ou du délit par témoins, et à requérir, outre la confiscation, les peines prévues par la loi. Cass. 22 nov. 1838, 8 fév. 1839 (Art. 1308 J. Pr.). — *Contrà*, Cass. 5 avr. 1828.

88. La confiscation peut alors être demandée par la régie, — et non pas exclusivement par le ministère public. Cass. 1er germ. an 9, S. 1, 2, 299; 8 frim. an 11, S. 3, 2, 249.

89. Si les individus désignés comme prévenus n'ont pas été rrêtés, le trib. se borne à prononcer l'amende et la confiscaion. L. 28 avr. 1816, tit. 5, art. 50.

90. Les condamnations contre plusieurs personnes, pour un ème fait de fraude, sont *solidaires* tant pour la restitution du rix des marchandises confisquées, dont la remise provisoire a 'té faite, que pour l'amende et les dépens. L. 22 août 1791, it. 12, art. 3; 4 germ. an 2, tit. 6, art. 22.

91. La contrainte par corps a lieu pour les condamnations au aiement des droits, à celui de la valeur des objets remis proisoirement et confisqués, ou de l'amende, lorsqu'il n'a pas été rononcé de confiscation, ou enfin à la restitution des sommes ue la régie a été forcée de payer. exécutées par corps, —même ontre les cautions pour le prix des choses confisquées. L. 22 oût 1791, tit. 12, art. 6.

92. Si la saisie n'est pas fondée, le propriétaire des marchandises a droit à un intérêt d'indemnité à raison de 1 p. % par mois de la valeur des objets saisis depuis l'époque de la retenue jusqu'à celle de la remise, et de l'offre qui lui en a été faite. L. 29 flor. an 7, tit. 4, art. 16.

93. Les trib. ne peuvent modifier cette indemnité. Cass. 16 vent. an 9, 26 août 1808, P. 7. 117.

94. Toutefois, si, depuis l'annulation de la saisie par décision irrévocable, l'administration détient arbitrairement les objets saisis, et qu'il en résulte du préjudice pour le propriétaire, il a droit à une autre indemnité. Cass. 25 janv. 1821, S. 21, 373.

L'indemnité est due tant au propriétaire de la voiture ou du navire indûment saisi, qu'à celui de la marchandise. Cass. 5 mess. an 11, S. 4, 19.

Mais il n'est pas dû d'indemnité à l'individu chez lequel on a fait des recherches infructueuses. Cass. 31 juill. 1826, S. 27, 366.

95. Le ministère public, lorsqu'il agit seul, représente tout à la fois l'intérêt social et celui de la régie. — V. *inf.* n° 112.

Néanmoins, si l'action qu'il intente est déclarée mal fondée, et que l'administration n'ait pas été en cause, elle ne peut être condamnée aux dépens. Cass. 28 juill. 1827, S. 27, 499.

96. Le jugement est soumis aux formalités ordinaires des jugemens : il doit, à peine de nullité, poser les questions de fait et de droit, et donner les motifs de sa décision. Cass. 14 niv. an 8.

§ 6. — *Exécution.*

97. Tous jugemens rendus sur une saisie sont signifiés, soit à la partie saisie, soit au préposé indiqué par le rapport.

Les significations à la partie sont faites à domicile, si elle en a un réel, ou élu dans le lieu de l'établissement du bureau, sinon à celui du maire de la commune. — V. toutefois *inf.* n° 99. — Les significations à l'administration des douanes sont faites au préposé indiqué dans le rapport. L. 14 fruct. an 5, art. 11.

98. La loi ne permet l'élection de domicile que dans le lieu de l'établissement du bureau. — Ainsi, nonobstant l'élection de domicile faite dans la commune, mais non dans le lieu du bureau, la signification du jugement peut être notifiée au domicile du maire de la commune, pour faire courir les délais d'appel. Cass. 29 mars 1810; Favard, v° *Douanes*, § 1, n° 11.

99. Dans le cas où la partie saisie ou le préposé sont étrangers ou inconnus, le jugement est signifié au parquet du procureur du roi. Ordonn. 1667; C. pr. 69, § 8.

Cette règle s'applique seulement en matière civile.

Le jugement rendu par défaut par le trib. correctionnel ne peut pas être signifié au procureur du roi, quoique le condamné n'ait pas de domicile connu dans le ressort du trib. — La signification doit avoir lieu d'après les règles générales prescrites en matière correctionnelle. Cass., ch. réunies, 6 janv. 1836 (Art. 314 J. Pr.).

100. La signification d'un jugement rendu par le juge de paix en matière de douanes est valablement faite par un huissier qui n'est pas celui de la justice de paix : l'art. 16 C. pr. n'a pas dérogé aux lois spéciales à la procédure des douanes. LL. 22 août 1791, t. 25, art. 18 ; 14 fruct. an 3, art. 6 ; Cass. 1er déc. 1830, S. 30, 597.

101. Si la saisie est jugée bonne, et qu'il n'y ait pas d'appel dans la huitaine de la signification, le neuvième jour, le préposé du bureau indique la vente des objets confisqués, par une affiche signée de lui, et apposée tant à la porte du bureau qu'à celle de l'auditoire du juge de paix ; il procède à la vente cinq jours après. L. 14 fruct. an 3, art. 7.

102. Ces objets saisis qui ont été confisqués sont vendus publiquement, et après l'apposition d'affiches, dans la forme prescrite par l'art. 7. *Ib.* art. 8. — V. *sup.* n° 17.

103. L'administration est préférée à tous créanciers pour droits, confiscation, amende et restitution (L. 4 germ. an 2, tit. 6, art. 4.) — Sur les meubles et effets mobiliers des redevables pour les droits des douanes, toutefois après le prélèvement, 1° des frais de justice et autres privilégiés ; 2° de ce qui peut être dû pour six mois de loyer, et en outre, sauf la revendication des marchandises en nature, encore sous balle et corde. L. 22 août 1791, tit. 13, art. 22.

La loi du 11 brum. an 7 n'a point dérogé aux privilèges de la régie. Cass. 14 mai 1816, S. 16, 257.

La caution du redevable de droits de douane, qui paie en l'acquit du débiteur principal, est subrogée aux droits, actions et privilèges de la régie contre celui-ci. Arg. C. civ. 1251 et 2029 ; *Consultation*, 26 juin 1823, S. 23, 2, 205.

104. Les jugemens sont exécutoires par corps, 4 germ. an 2, tit. 6, art. 4. — V. *sup.* n°s 61 et 91.

§ 7. — *Voies contre les jugemens.*

105. L'opposition, l'appel et le recours en cassation sont ouverts contre les jugemens en matière de douane.

106. *Jugement du tribunal de paix.* L'opposition est formée dans le délai et suivant le mode indiqué par l'art. 20 C. pr.

107. L'appel est déféré aux trib. civils.

108. Il doit être notifié dans la huitaine de la signification du jugement (L. 14 fruct. an 3, art. 6), —sans citation préalable au bureau de conciliation ; après ce délai, il n'est point recevable, et le jugement est exécuté purement et simplement, — peu importe qu'il s'agisse de saisie ou de toute autre affaire. Cass. 23 fév. 1836 (Art. 467 J. Pr.). — Le délai d'appel court du jour où l'opposition n'est plus recevable, si le jugement a été rendu par défaut. Arg. C. pr. 443.

La déclaration d'appel contient assignation à trois jours devant le trib. civil dans le ressort duquel se trouve le juge de paix qui a rendu le jugement. L. 14 fruct. an 3, art. 6.

Les trois jours sont francs. Cass. 3 mess. an 9, S. 1, 2, 268 ; 3 mess. an 10, S. 2, 2, 219. — V. *Délai*, n° 14.

Le délai de l'assignation est augmenté d'un jour par deux myriamètres de distance entre la commune où est établi le trib. de paix et celle où siége le trib. civil. L. 9 flor. an 7, tit. 6, art. 14.

109. Si l'appel est signifié à l'administration, il doit l'être à la personne et au domicile du receveur poursuivant ; s'il est signifié par l'administration, il l'est au domicile de l'intimé, s'il en a un réel ou élu dans le lieu de l'établissement du bureau, sinon au domicile du maire de la commune où se trouve ce bureau. Arg. L. 14 fruct. an 3, art. 11.

110. Si la régie a été condamnée en 1re inst., dans le cas d'appel, le receveur doit mettre le directeur des douanes du département à même d'apprécier préalablement le fondement de l'appel, et faire en sorte que les instructions de ce directeur puissent lui parvenir avant le débat de l'affaire. Circ. rég. 17 fruct. an 3.

111. Le jugement doit être rendu dans les huit jours qui suivent la déclaration d'appel. L. 14 fruct. an 3, art. 6.

112. *Jugement du trib. correctionnel.* L'administration peut appeler du jugement rendu sur les poursuites du ministère public, et que celui-ci n'a pas attaqué. — Lors même qu'elle n'a pas figuré en son nom personnel dans le procès de 1re inst. Cass. 5 oct. 1832, S. 32, 737. — V. *sup.* n° 96.

113. Mais elle n'est pas recevable à attaquer par opposition un jugement, lors duquel le ministère public a pris des conclusions dans son intérêt. Cass. 16 mess. an 13, S. 20, 489.

114. Le pouvoir donné par la régie à un employé de la douane, de faire toutes les recherches et saisies autorisées par les lois, comporte le droit de poursuivre l'effet des saisies, tant en 1re instance qu'en appel, et devant la C. de cass. — Cet employé peut en conséquence interjeter appel sans un pouvoir spécial, signer la requête, et donner pouvoir à un avoué d'occuper pour la régie. Cass. 25 brum., 26 niv. et 9 prair. an 7 ;

26 mess. an 8, S. 1, 2, 258. — Il peut aussi se pourvoir en cassation. Cass. 17 flor. et 20 mess. an 11.

115. Le condamné, la partie plaignante, ou le ministère public, qui veulent appeler d'un jugement rendu par le trib. de police correctionnelle, sont tenus d'en passer leurs déclarations au greffe de ce trib., dans les dix jours au plus tard après celui qui suit la prononciation du jugement. L. 3 brum. an 4, art. 194; C. inst. crim. 203.

116. Il n'y a pas déchéance, par cela seul que le greffier a omis d'enregistrer la déclaration d'appel lorsqu'il est établi par la mention mise par le greffier sur l'acte d'appel et la requête qui lui ont été déposés, que ce dépôt a eu lieu dans les dix jours du jugement. Cass. 26 niv. an 7.

117. Dans le délai de l'appel, la requête contenant les moyens est remise au trib. correctionnel; — elle est signée de l'appelant ou de son fondé de pouvoir. Dans ce cas, le pouvoir est joint à la requête d'appel : le tout à peine de déchéance de l'appel. L. 3 brum. an 4, art. 195.

118. Cette requête, fut-elle visée dans les dix jours du jugement par le président, et le greffier de la Cour qui doit connaître de l'appel, ne peut remplacer la déclaration d'appel au greffe du trib. qui a rendu le jugement attaqué. Cass. 13 vent. an 7.

Si cette déclaration a été faite en temps utile, l'appelant ne peut être déchu de son appel, parce qu'il n'a pas été statué dans les dix jours. L. 11 prair. an 7, atr. 6; Cass. 17 janv. 1807; 2 avr. 1807, S. 7, 137.

119. Les conclusions prises en 1re inst. par le ministère public, comme partie principale, et dans l'intérêt de la régie, subsistent en appel, quoiqu'elles n'aient pas été reproduites. — Le trib. d'appel est, dans ce cas, subrogé au juge de 1re inst., pour faire ce que celui-ci aurait dû faire; il doit donc examiner l'affaire telle qu'elle s'est présentée au premier juge, et statuer sur les conclusions prises devant lui.—Peu importe qu'en appel le ministère public n'ait pas reproduit ces conclusions, et ait même déclaré que, selon lui, elles étaient mal fondées. Il ne peut priver la régie du bénéfice résultant pour elles des conclusions prises en 1re inst. Cass. 6 niv. an 6, 6 mess. an 8.

120. L'appel n'est suranné que s'il s'est écoulée une année sans poursuites. Arg. C. inst. crim. 640; Cass. 8 sept. 1809.

121. *Cassation.* — En matière correctionnelle, le pourvoi est suspensif.

Mais en matière civile, la partie peut exécuter le jugement nonobstant le pourvoi de l'administration ou en donnant caution.

S'il s'agit de marchandises prohibées, l'exécution ne peut avoir lieu, même en donnant caution. L. 9 flor. an 7, art. 15.

122. Le prévenu poursuivi, devant le juge de paix, au civil, pour une contravention de la juridiction du trib. correctionnel ne peut, s'il n'a pas demandé son renvoi, proposer en C. cass. l'incompétence du juge de paix. Cass. 23 août 1836 (Art. 627 J. Pr.).

§ 8. — *Timbre et enregistrement.*

123. *Timbre.* Les actes délivrés par l'administration portent un timbre particulier dont le droit est réglé comme il suit, sans qu'il puisse y avoir addition du décime. — Pour les acquits-à-caution, les actes relatifs à la navigation, et les commissions d'emploi, 75 c. — Pour les quittances de droit au-dessus de 10 fr., 25 c. — Pour toutes les autres expéditions, 5 c.

L'administration fait elle-même appliquer ce timbre, et rend compte de son produit. L. 28 avr. 1816, tit. 1, art. 19.

124. Les actes judiciaires dressés par les agens des douanes sont assujettis au timbre ordinaire. *Ib.*

Les procès-verbaux en matière de douane sont visés pour timbre. L. 22 frim. an 7; ordonn. 22 mai 1816.

125. *Enregistrement.* Les contraintes, sommations, assignations, significations, saisies-arrêts et autres actes ayant pour objet le recouvrement de droits dus à la régie sont enregistrés *gratis*, lorsque la quotité de ces droits est inférieure à 25 fr. (L. 22 frim. an 7, art. 70). — L'enregistrement *gratis* n'a pas lieu, quelque modique que soit la somme, si elle fait partie d'une somme totale supérieure à 25 fr. ou en est le reliquat. Cass. 2 déc. 1806. — Si la somme excède 25 fr., il est dû un droit fixe de 1 fr. L. 22 frim. art. 68, n° 30.

126. L'acte constatant l'affirmation des préposés est exempt de l'enregistrement. L. 22 frim. an 7, art. 7.

127. Les procès-verbaux dressés par les préposés sont assujettis à un droit fixe de 2 fr. L. 28 avr. 1816, art. 43.

128. Ceux qui contiennent cautionnement des obligations de représenter les objets saisis, sont sujets à deux droits, mais seulement si un tiers intervient pour se constituer gardien des objets saisis, ou responsable de leur valeur.

Il n'y a lieu qu'au droit simple, si les objets sont laissés à la garde des contrevenans. (Let. dir.-gén. 5 oct. 1819). — Ou si la caution n'est pas acceptée. Déc. min. 27 oct. 1812.

Pour qu'il y ait lieu à la perception d'un second droit pour la notification du procès-verbal, il faut que cette notification soit faite par un acte distinct du procès-verbal, et sous une autre date. *Ib.* 11 févr. 1822.

129. Sont aussujettis au droit fixe de 1 fr. les procès-verbaux de vente de marchandises avariées ou ceux de destruction de celles qui ne peuvent être vendues. L. 21 avr. 1818,

t. 7, art. 54, 55, 56. — Ceux des ventes de navires, soit totales soit partielles. *Ib.* art. 64.

Les jugemens qui ne prononcent ni confiscation ni amende, sont assujettis aux mêmes droits d'enregistrement que ceux rendus entre particuliers. L. 28 avr. 1816, art. 39.

Ceux qui prononcent confiscation et amende, sans énoncer la valeur des objets confisqués, sont enregistrés dans les vingt-quatre heures, aux *droits réservés*.

Les préposés sont tenus de faire procéder à l'estimation des marchandises, avant toute transaction avec les redevables, et de mettre aussitôt le résultat de l'évaluation au receveur.

Le droit est dans ce cas de 50 c. par 100 fr. de la valeur des marchandises et objets saisis, à moins que le jugement ne porte que c'est à titre de dommages-intérêts que la confiscation est prononcée : alors le droit est de 2 p. %. Inst. 766.

§ 9. — *Formules.*

FORMULE 1.

Procès-verbal de saisie.

L'an (*jour, mois, heure*) , à la requête de M. le directeur de l'administration des douanes, dont le bureau est à Paris, poursuite et diligence de M. le receveur principal (*noms, prénoms, domicile*), au bureau duquel il fait élection de domicile pour les suites du présent, nous, soussignés (*noms, prénoms*), préposés au poste de la douane de , certifions que vers heure du matin (*ou de relevée*) (1), nous avons (on *expose les faits et toutes leurs circonstances, on désigne le lieu où la saisie a été faite, sa distance de l'étranger, si le prévenu évitait ou dépassait le premier bureau de la route auquel les déclarations et vérifications doivent être faites, s'il tenait un chemin oblique, si les marchandises étaient transportées par des voitures, chevaux, bateaux ou navires*) :

Nous avons déclaré nos qualités au voiturier (*colporteur, batelier, maître ou capitaine de navire*), en l'interpellant de nous dire son nom ; ce qu'il conduisait, a qui le chargement appartenait, d'où il venait, quelle était sa destination. (*Mentionner la réponse ou le refus de répondre.*)

Ayant voulu nous assurer du contenu desdites caisses (*ballots ou tonneaux*), nous les avons ouvertes (*ou avons sondé les tonneaux*), et ayant observé que (*spécifier la contravention*) nous avons sommé ledit sieur de nous accompagner avec son chargement, sa voiture et ses chevaux (*ou son bateau*) servant au transport, au bureau de la douane à (*lieu du bureau*), le plus voisin

---

(1) *Si la saisie est faite dans une maison, on met :* Étant accompagné de M. , juge de paix (*ou maire.* — V. *sup.* n° 4) de , nous sommes rendus dans la maison du sieur , située , où nous soupçonnions qu'il existait un entrepôt défendu par la loi ; déclaration faite de nos qualités et de l'objet de notre mission audit sieur qui se trouvait dans ladite maison, nous l'avons sommé d'être présent à la recherche que nous allions faire chez lui avec M. , juge de paix (*ou maire*); nous avons parcouru avec lui l'intérieur de la maison , et entré dans avons trouvé (*détailler les objets*), pour le transport desquels objets ledit sieur , n'a pu, sur notre interpellation, nous représenter aucune expédition ; ayant sommé le prévenu de nous dire, etc.

du lieu de la saisie (1), ou nous procéderions à une vérification plus détaillée. Y étant arrivés à   heures de   , nous avons, conjointement avec les   receveurs, et en présence du sieur   (*le conducteur*), immédiatement reconnu que son chargement consistait en   (*déterminer l'espèce, le poids, le nombre des objets saisis et leurs marques*).

Vu la contravention a l'art.   de la loi du (*citer le texte, ou au moins la partie du texte relative à la contravention*), nous avons déclaré audit sieur la saisie des   (*nombre*) ballots (*ou caisses, etc.*) de marchandises, suivant le dénombrement et la description mentionnés ci-dessus ; desquels le receveur s'est chargé, après que nous avons eu apposé le cachet de l'un de nous sur chacun desdits ballots (ou après que nous les avons eu plombés au coin de ce bureau, en invitant ledit sieur   d'y apposer son cachet, lequel a consenti (ou a refusé) ; desquels cachets l'empreinte est en marge du présent) ;

Avons également déclaré la saisie desdites voitures, chevaux (bateau ou bâtiment de mer), comme ayant servi au transport, en vertu de l'art.   du titre 5 de la loi du 22 août 1791 ; *désigner la couleur du poil des chevaux, leur taille, leur espèce, et approximativement leur âge ; si la voiture est à deux ou quatre roues ; ce qui est particulier aux bateaux et bâtimens de mer* (2)

Pour procéder aux fins de notre procès-verbal rédigé de suite, nous, susdits et soussignés d'autre part, avons assigné ledit sieur   à comparaître et se trouver le jour de demain à   heures de   , devant M. le juge de paix du canton de (3)   , en son audience à   ; pour entendre prononcer la confiscation des objets saisis, et se voir condamné à l'amende de conformément à l'article   de la loi du   , et aux dépens.

Avons donné lecture audit sieur   du présent procès-verbal, avec sommation de le signer, lequel y a consenti (*ou a refusé, ou déclarer ne savoir signer*).

Fait et clos en ladite douane de   , à   heures de   , le   , et avons signé avec le sieur,   receveur, constitué gardien ; et à l'instant donné et notifié copie du présent au sieur   (*Signature des préposés.*)

FORMULE II.

Affirmation d'un procès-verbal de saisie.

L'an (*mois, jour et heure*) sont comparus devant nous (*noms, prénoms*) juge de paix du canton de   , arrondissement de   , département de   , les sieurs (*noms, prénoms*) préposés de la douane de   saisissant, ainsi qu'il résulte du procès-verbal ci-dessus et d'autre part ; lesquels en ont affirmé tout le contenu sincère et véritable, après que lecture leur en a été faite ainsi que du présent acte, et ont signé avec nous.

(*Signatures des préposés et du juge de paix.*)

NOTA. L'affirmation est mise au bas du procès-verbal de saisie.

FORMULE III.

Remise sous caution.

Je soussigné (*nom, prénoms et domicile du prévenu*) reconnais que le sieur

---

(1) Énoncer les motifs graves qui empêcheraient le transport des objets saisis au bureau le plus voisin.

(2) *S'il y a lieu à remise des moyens de transport :* Attendu qu'il ne s'agit pas de marchandises prohibées, nous avons, conformément à l'ordonnance   , au titre 4 de la loi du 9 floréal an 7, offert audit sieur   , remise sous caution solvable, ou en consignant la valeur ; lequel a en effet consigné entre les mains dudit receveur la valeur des chevaux, voitures (bateau ou bâtiment de mer) ci-dessus désignés, estimés de gré à gré à la somme de

(3) *Si la contravention est de la compétence du tribunal correctionnel :* Pour procéder aux fins   , avons déclaré audit sieur   que l'assignation au tribunal correctionnel de   lui sera signifiée dans les formes déterminées par la loi, et que nous allions le conduire devant M. le procureur du roi près ledit tribunal, en vertu de l'art.   de la loi du

(*nom, prénoms du receveur*) m'a remis les chevaux, voitures, bateaux, etc., saisis comme il est mentionné au rapport du   estimés à la somme de   , laquelle somme je m'engage et promets solidairement avec le sieur (*nom, prénoms, qualité et domicile de la caution*) ma caution, de payer entre les mains dudit receveur, aussitôt qu'il en sera ainsi ordonné par jugement, à quelle fin et pour lequel engagement ledit sieur   a signé avec moi.

Fait à   , le   (*Signatures du prévenu et de la caution.*)

DOUBLE DROIT. — V. *Enregistrement.*

DOYEN. — V. *Ancienneté.*

DROIT. Ce mot signifie tantôt un ensemble de lois, tantôt ce qui est dû à une personne, ou la faculté qui lui appartient.

DROIT D'ENREGISTREMENT. — V. *Enregistrement.*

DROIT DE GREFFE. — V. *Greffe (droits de).*

DROIT LITIGIEUX. — V. *Litigieux (droit).*

DROIT PERSONNEL. — V. *Personnel (droit).*

DROIT DE TIMBRE. — V. ce mot.

DROIT DE TRANSCRIPTION. — V. *Timbre.*

DUPLICATA. C'est le double d'un écrit quelconque, d'une quittance. Le duplicata de tous actes soumis au timbre ne peut être donné que sur papier timbré. — V. *Timbre*, et toutefois *Effets de commerce*, § 7, *Inscription hypothécaire.*

DUPLIQUE. — V. *Action*, n° 15.

E.

ÉCHÉANCE. Dernier jour du délai ou terme.—V. *Délai*, n° 14 et suiv.; *Effet de commerce*, § 3.

ÉCRIT, ÉCRITURE. — V. *Acte*, *Vérification d'écriture.*

ÉCRITURES. — V. *Défense*, n° 3 et suiv.

ÉCROU. Acte inscrit sur le registre du geôlier d'une prison constatant que la personne arrêtée lui a été amenée, et qu'il en est chargé. — V. *Emprisonnement*, n° 222.

ÉDIT. Terme employé chez les Romains et sous les rois de la première et de la seconde race, pour désigner un règlement général du souverain.

EFFET DE COMMERCE. Se dit des divers actes usités dans le commerce, pour faciliter le mouvement du numéraire dont ils font en quelque sorte fonction, soit par la simplicité du mode de leur transmission, soit par les garanties spéciales destinées à assurer le paiement des valeurs qu'ils représentent.

DIVISION.

§ 1. — *Des diverses espèces d'effets de commerce.*

§ 2. — *De l'acceptation.*

Art. 1. — *Dans quels cas elle doit être requise.*

§ 1. — *Des diverses espèces d'effets de commerce.*

1. Il existe six espèces différentes d'effets de commerce, savoir : — La lettre de change, le billet à ordre, le billet à domicile, le billet de change, le mandat et le billet au porteur.

2. *La lettre de change* est un acte par lequel une personne mande à une autre, dans les formes prescrites par la loi, de payer, à un tiers ou à son ordre, dans un lieu déterminé, une somme d'argent, en échange d'une autre somme ou d'une valeur quelconque qu'elle a reçue dans un autre lieu.

3. Le C. de comm. (art. 110 à 186) indique les conditions essentielles à la validité de la lettre de change, et détermine les droits et les obligations des diverses personnes qui y prennent part.

4. Il n'entre pas dans notre plan de traiter de tous ces points : nous nous occuperons seulement des actions qui appartiennent aux porteurs ou endosseurs d'une lettre de change et des procédures qu'ils ont à suivre. — V. *inf.* § 2 et suiv.

5. Le *billet à ordre* diffère principalement de la lettre de change, 1° en ce qu'il doit être acquitté par le souscripteur lui-même au lieu de l'être par une tierce personne ; — 2° en ce qu'il peut être stipulé payable dans le lieu où la valeur en a été fournie, tandis que le caractère essentiel de la lettre de change est la remise de place en place.

6. Du reste, toutes les dispositions relatives aux lettres de change et concernant l'échéance, l'endossement, la solidarité, l'aval, le paiement, le paiement par intervention, le protêt, les devoirs et droits du porteur, le rechange ou les intérêts, sont applicables aux billets à ordre. C. comm. 187.

7. On appelle *billet à domicile* le billet à ordre qui est stipulé payable à un domicile autre que celui du souscripteur.

8. Il y a deux sortes de *billets à domicile* : les uns, qui ne contiennent, à proprement parler, qu'une élection de domicile pour le paiement, soit pour la convenance du créancier, soit pour celle du débiteur ; les autres, dans lesquels l'élection de domicile a eu pour cause une remise d'argent d'un lieu sur un autre.

9. Les premiers sont de véritables billets à ordre, lorsque du reste ils contiennent toutes les énonciations prescrites par la loi pour ces sortes de billets. En conséquence, ils sont régis par les mêmes règles.

10. Les seconds, malgré leurs points de ressemblances avec les lettres de change, ne peuvent cependant leur être assimilés : — En effet, une lettre de change suppose nécessairement l'existence d'un tiré, c'est-à-dire d'une tierce personne chargée d'intervenir au contrat, et d'acquitter la lettre au nom du tireur ; et le billet à domicile est souscrit et payable par la même personne ; seulement la souscription se fait dans un lieu et le paiement dans un autre.

Il suit de là que les règles sur l'acceptation et sur la provision sont inapplicables aux billets à domicile, parce que ces règles ne sont nécessitées qu'à cause du tiers qui doit accomplir l'obligation contractée par le tireur d'une lettre de change.

Le souscripteur d'un billet à domicile ne peut donc, comme le tireur d'une lettre de change, s'affranchir de l'action tardivement engagée par le porteur, en prouvant qu'à l'échéance il y avait provision au domicile indiqué : nonobstant cette preuve, il demeure toujours soumis à l'action en garantie. Cass. 24 pluv. an 3, 1er sept. 1807, S. 7, 752 ; Paris, 8 germ. an 13, 21 fév. 1828, S. 28, 114 ; Pardessus, nos 481 et suiv. ; Vincens, 2, 369. — *Contrà*, Cass. 31 juill. 1817, S. 18, 299 ; 26 janv. 1818 ; Pothier, *Contrat de change*, n° 215 ; Merlin, *Quest. dr.*, v° *Billet à ordre*.

Il a également été jugé que le billet à domicile, alors même qu'il était payable dans un lieu autre que celui où il avait été souscrit, ne soumettait pas le débiteur non commerçant à la contrainte par corps. Colmar, 14 janv. 1817, S. 18, 125 ; Bordeaux, 21 janv. 1836 (Art. 451 J. Pr.) ; Pardessus, n° 479 ; Favard, v° *Billet à domicile* ; Locré, *Esprit C. comm.* 1, 555, et 4, 188. — *Contrà*, Lyon, 8 août 1827 ; Bourges, 4 déc. 1829 ;

Toulouse, 3 déc. 1829 ; 14 mai 1831, S. 7, 702 ; 27, 288 ; 50, 84 ; 31, 502.

11. Le *billet de change* est l'engagement que contracte, soit le preneur d'une lettre de change, lorsqu'il la reçoit sans en fournir la valeur immédiatement, de compter cette valeur à une époque déterminée ; soit celui qui reçoit une somme d'argent pour fournir une lettre de change, de la livrer au preneur également dans un temps fixé. Jousse, *Com. sur l'ord. de* 1673, tit. 5, art. 27.

12. Le C. comm. garde le silence sur les *billets de change*. Néanmoins il est certain qu'il n'a pas voulu les exclure : le tribun Duveyrier l'a déclaré d'une manière expresse. Cela résulte d'ailleurs de l'art. 188, qui permet de causer le billet à ordre *valeur reçue en espèces, marchandises, ou de toute autre manière*. Locré, *sur l'art.* 188.

13. Le billet de change doit être assimilé *à un billet à ordre*, et régi par les mêmes règles, pourvu que, d'ailleurs, il soit revêtu de toutes les formalités voulues pour ce dernier genre de billet.

De là il suit que le porteur est obligé de faire protester et d'exercer son action en garantie dans les délais voulus par la loi. — V. *inf.* § 4.

14. Le *mandat* est un acte par lequel une personne donne commission à un tiers de payer à une autre personne ou à son ordre, une certaine somme. Les mandats sont d'un grand usage dans le commerce ; on les désigne aussi quelquefois sous les noms *d'assignations* et *rescriptions*. Dalloz, v° *Effet de commerce*, p. 746, n° 1.

15. Le mandat peut être créé dans un lieu, et stipulé payable dans ce même lieu, comme aussi il peut être fourni d'un lieu sur un autre.

16. Dans le premier cas, on ne peut jamais le confondre avec une lettre de change, puisqu'il manque de la condition essentielle à cette sorte d'effet de commerce : la remise d'un lieu sur un autre.

17. Dans le second cas, le mandat, s'il est d'ailleurs revêtu de toutes les autres formalités légales, présente tous les caractères de la lettre de change, et doit, par conséquent, lui être assimilé, quant aux droits et devoirs du porteur. Rouen, 30 juill. 1825, S. 27, 78 ; Cass. 4 mai 1831, S. 31, 199.

18. Il en résulte, 1° qu'une lettre de change, improprement qualifiée *mandat*, peut être présentée à l'acceptation et protestée en cas de refus d'accepter de la part du tiré.

Peu importe qu'il soit d'usage sur telle place de ne pas présenter les mandats à l'acceptation : cet usage est un abus qui doit être réprimé par les magistrats, et qui n'est d'ailleurs

d'aucune considération pour une autre ville. Rouen, 30 juill.
1825, S. 27, 78.

19. 2° Que le porteur d'une lettre de change improprement
qualifiée *mandat*, doit, pour ne point encourir la déchéance,
la faire protester, et exercer son recours dans les délais légaux.
— V. *sup.* § 3 et 4.

20. Mais si le mandat ne contient pas *remise d'un lieu sur un
autre*, et, s'il ne peut être parfaitement assimilé ni à une lettre
de change, ni à un billet à ordre, le porteur est dispensé de
faire protester et d'exercer les poursuites dans les délais légaux ;
il peut, postérieurement à ces délais, actionner le tireur et les
endosseurs. Bordeaux, 4 juill. 1832 ; Pardessus, 2, 518,
n° 467.

21. A plus forte raison doit-il en être ainsi, lorsque le
mandat n'est pas à ordre, mais en faveur d'une personne déterminée.

Il importerait peu, dans ce cas, que l'effet eût été négocié,
et qu'il fût improprement qualifié *lettre de change*. Cass. 24 vent.
an 10, 16 pluv. an 13, S. 5, 189.

22. Que le mandat soit à ordre ou en faveur d'une personne
déterminée, le porteur est responsable du retard qu'il a mis à se
présenter chez le mandataire à l'échéance, s'il est établi par le
mandant que les fonds étaient faits chez ce mandataire, et que,
s'ils ont péri, c'est parce que le porteur ne les a pas réclamés
en temps utile. Toute personne qui a causé un préjudice à autrui par sa faute, en est responsable. C. civ. 1382, 1383 ;
Pardessus, *ib.*

23. Lorsque le mandat est souscrit payable *à vue* ou *à un
certain temps de vue*, il faut distinguer s'il réunit toutes les
conditions voulues pour la validité d'une lettre de change et
d'un billet à ordre, ou s'il manque de quelqu'une de ces conditions : dans le premier cas, il doit, sous peine de déchéance,
être présenté à l'acceptation ou au paiement dans les délais
prescrits par l'art. 160 C. comm. ; dans le second cas, la présentation peut avoir lieu plus tard, sans que le porteur encoure
aucune déchéance.

24. Le *billet au porteur* est celui qui ne désigne aucun créancier déterminé, et qui est payable entre les mains de la personne qui s'en trouve détenteur à l'échéance.

25. Le C. de comm. garde le silence sur ces sortes d'effets ;
mais il est généralement reconnu aujourd'hui que les *billets au
porteur*, loin d'être prohibés par les lois nouvelles, sont autorisés par la loi du 15 therm. an 3. Cass. 10 nov. 1829 ; Colmar,
9 mars 1822, D. *ib.* 631, note.

26. La transmission des billets au porteur se fait légalement

de la main à la main, et le porteur en est saisi sans être tenu de signifier le transport. *Mêmes arrêts.*

27. Le *billet au porteur* ne peut être exactement assimilé ni à une lettre de change, ni à un billet à ordre ; en conséquence, les règles tracées pour ces sortes d'effets de commerce, notamment en ce qui concerne la nécessité de protester et d'exercer les poursuites dans les délais légaux, lui sont tout-à-fait étrangères.

28. Cependant le porteur agirait prudemment en faisant protester, et en réclamant son paiement à l'échéance : car il peut arriver que le souscripteur ait fait les fonds chez la personne indiquée pour le paiement, que cette personne tombe en faillite, et que le porteur soit déclaré responsable par les tribunaux, du retard qu'il a mis à présenter son titre.

29. Le porteur doit intenter son action devant les trib. de comm., si la cause du billet est commerciale, ou si le souscripteur est négociant ; dans le cas contraire, il doit saisir les trib. civils. Nîmes, 23 mars 1830.

§ 2. — *De l'acceptation.*

30. L'acceptation d'une lettre de change est la déclaration par laquelle celui sur qui cette lettre est tirée contracte l'engagement de la payer.

31. Cette déclaration est exprimée par le mot *accepté* (C. com. 122), ou par un équivalent qui ne soit susceptible d'aucune autre interprétation. Pardessus, n° 566.

Elle doit être, 1° *signée* (C. com. 122), et par conséquent *écrite* (Pardessus, *ib.*, n° 365); mais il n'est pas indispensable qu'elle soit consignée sur la lettre de change : elle peut l'être dans un acte séparé. *Ib.*, n° 367.

2° *Datée*, mais seulement quand la lettre est payable après un certain temps de vue (C. com. 122; Pardessus, n° 568). Dans ce cas, le défaut de date de l'acceptation rend la lettre exigible au terme qui y est exprimé, à compter de sa date (C. comm. 122), c'est à-dire, par exemple, au 1er oct., si la lettre, payable à un mois de vue, a été créée le 1er sept.

3° Enfin, l'acceptation d'une lettre payable dans un autre lieu que celui de la résidence de l'accepteur, doit indiquer le domicile où le paiement doit être effectué, ou les diligences faites. C. comm. 123.

Art. 1. — *Dans quels cas l'acceptation doit être requise.*

32. Le porteur est tenu de requérir l'acceptation : 1° lorsqu'il s'agit d'une lettre de change *à un temps de vue*, parce que c'est alors la date de l'acceptation qui fixe l'échéance de la lettre de change,

2° Lorsque la condition de requérir l'acceptation lui a été imposée par son cédant, tireur ou endosseur, qui a voulu s'assurer ainsi qu'à l'échéance le tiré ne refuserait pas le paiement.

Hors ces deux cas, la réquisition de l'acceptation n'est que facultative.

33. Dans le premier cas, le porteur doit, sous peine de perdre son recours sur les endosseurs et même sur le tireur, si celui-ci a fait provision, exiger l'acceptation ou le paiement (si la lettre est à vue) dans les délais suivans, savoir :

Pour les lettres de change tirées du continent et des îles de l'Europe, et payables dans les possessions européennes de la France, soit à vue, soit à un ou plusieurs jours, mois ou usances de vue : six mois à compter de leur date. — Pour les lettres de change tirées des Échelles du Levant et des côtes septentrionales de l'Afrique, sur les possessions européennes de la France, et réciproquement, du continent et des îles de l'Europe sur les établissemens francais aux Échelles du Levant et aux côtes septentrionales de l'Afrique : huit mois. — Pour les lettres de change tirées des côtes occidentales de l'Afrique, jusque et compris le cap de Bonne-Espérance, ainsi que pour celles tirées du continent et des îles des Indes occidentales, sur les possessions européennes de la France, et réciproquement du continent et des îles de l'Europe, sur les possessions françaises ou établissemens français aux côtes occidentales de l'Afrique, au continent et aux îles des Indes occidentales : un an. — Pour les lettres de change tirées du continent et des îles des Indes orientales, sur les possessions européennes de la France, et réciproquement du continent et des îles de l'Europe, sur les possessions françaises ou établissemens français, au continent et aux îles des Indes orientales : deux ans.

Ces délais sont doubles en cas de guerre maritime.

Ils s'appliquent aux lettres de change tirées de la France, des possessions ou établissemens français, et payables dans les pays étrangers.

Toutefois, les dispositions ci-dessus ne préjudicient pas aux stipulations qui peuvent intervenir entre le preneur, le tireur, et même les endosseurs. L. 19 mars 1817, art. 2.

34. Dans la seconde hypothèse, le porteur qui néglige d'exiger l'acceptation, ne perd pas son action en garantie contre son cédant : en qualité de porteur, il n'était pas obligé de se munir de l'acceptation ; et si elle importait au cédant, celui-ci pouvait s'en pourvoir avant de faire sortir la lettre de ses mains. Bruxelles, 20 avr. 1841, S. 11, 414 ; Pardessus, 2, n° 358 ; Vincens, 2, 248.

Mais il peut être repoussé par l'exception fondée sur le

dommage qu'il a causé à son cédant par sa négligence, et son recours devient alors illusoire. Pardessus, Vincens. *Ib.*

Art. 2. — *Où et comment l'acceptation doit être requise.*

35. En général, l'acceptation doit être requise au domicile du tiré.

36. Lors même que la lettre est payable au domicile d'un tiers (comme le permet l'art. 111 C. comm.), l'acceptation doit être requise, et le protêt fait au domicile *du tiré*, et non point au domicile *du tiers*, chez lequel la lettre est payable : il est en effet plus naturel de demander une promesse dans le lieu où celui qui doit la faire a son domicile ordinaire, que dans celui où il ne réside pas et où il n'est pas même obligé de se transporter. Merlin, v° *Provision;* Pardessus, 2, n° 360. — *Contrà*, Vincens, 2, 259. — A moins que l'intention contraire des parties ne résulte des circonstances : — par exemple, si la demeure du tiré n'est pas indiquée sur la traite, mais seulement celle du tiers.

37. Le porteur peut requérir l'acceptation de deux manières : 1° par *lui-même*, lorsqu'il se présente au tiré, ou qu'il lui envoie l'effet par lettre, en le priant de le lui retourner revêtu de son acceptation ; 2° par *un intermédiaire.*

38. Lorsqu'il emploie *un correspondant*, c'est un mandat qu'il confie, et le mandataire est responsable du défaut d'acceptation ou de paiement, si, par sa négligence, le tiré vient à tomber en faillite avant que la traite ait été présentée à l'acceptation. Aix, 23 avr. 1813, S. 13, 277.

39. Dans l'usage, celui qui présente une traite à l'acceptation, n'en tire point de reçu ; il se confie à la loyauté du tiré. Cependant l'art. 125 C. comm. lui donne implicitement le droit d'en exiger un, et, en outre, d'y faire constater l'heure du dépôt. En cas de refus, le porteur pourrait faire protester immédiatement. Le *mandataire* fera très bien d'user de cette précaution, pour se mettre à l'abri de toute responsabilité.

40. Le tiré n'est point tenu d'accepter la lettre de change fournie sur lui (à moins qu'il ne s'y soit spécialement obligé); mais il doit accepter ou refuser à *présentation*, ou au plus tard dans les *vingt-quatre heures*. Ce délai expiré, il est tenu de rendre la traite, *acceptée* ou *non*, sous peine de tous dommages-intérêts, et sans qu'il soit besoin de le mettre en demeure par une sommation. C. comm. 125. — V. *inf.* n° 132.

41. A défaut de reconnaissance, la preuve testimoniale serait admissible pour constater le moment de la présentation de la traite. Dalloz, v° *Effet de commerce*, 612, n° 7.

Art. 3. — *Du protêt faute d'acceptation, et de ses conséquences.*

42. Le refus d'acceptation se constate par un protêt *faute d'accepter*, dont la forme est en tout point semblable à celle du protêt *faute de paiement.* C. comm. 173.—V. *inf.* § 3, art. 5.

43. Il n'est pas nécessaire que ce soit le *propriétaire lui-même* qui fasse protester : tout porteur de la traite, même en vertu d'un endos en blanc, a ce droit, s'il a été chargé de la présenter à l'acceptation.—V. *sup.* n°ˢ 32 et 38.

44. Le porteur n'est obligé de lever ce protêt qu'autant que la loi ou la convention lui font un devoir de présenter la lettre de change à l'acceptation.—V. *sup. ib.*

45. Alors le protêt doit être fait, soit dans les délais fixés par la loi du 19 mars 1817, s'il s'agit de traites à *un temps de vue*, soit s'il s'agit d'un mandat imposé par le cédant au cessionnaire, sans aucun retard, ou dans le délai réglé par la convention.

46. Le porteur doit faire notifier le protêt au tireur et aux endosseurs, qui, sur la notification, sont respectivement tenus de donner caution pour assurer le paiement de la lettre à son échéance, ou d'en effectuer le remboursement avec les frais de protêt et de rechange. C. comm. 118, 120.

Peu importerait que la lettre de change eût été souscrite par un acheteur au profit de son vendeur, en paiement du prix d'un immeuble et conformément aux clauses du contrat, et qu'il eût été stipulé dans l'acte que le contrat de vente ne serait annulé qu'en cas de *non paiement des traites à l'échéance.* Bordeaux, 10 avr. 1832, D. 33, 15.

47. Si le tireur ou les endosseurs préfèrent rembourser, ils ne peuvent retenir l'intérêt du montant de la lettre de change, au cours de la place, depuis le jour du remboursement à celui de l'échéance : ce serait les autoriser à changer la convention faite avec le porteur, en payant avant le terme, dans la vue de se ménager des intérêts. Dalloz, *ib.*, n° 6.

48. La garantie du tireur et des endosseurs n'est pas modifiée par un aval.

L'*aval* est une espèce de garantie qui produit de plein droit la solidarité, et assujettit celui qui l'a souscrit à toutes les obligations de la personne pour qui il a été donné, à moins que les parties n'aient fait une stipulation contraire. C. comm. 142.— L'aval est fourni sur la lettre même ou par acte séparé. *Ib.*

Le donneur d'aval est (comme le tireur et les endosseurs) tenu de fournir caution, ou de rembourser à l'instant le montant de la traite. C. comm. 142; Toulouse, 12 déc. 1827, S. 29, 111.

49. La solidarité existant entre tous les endosseurs et le tireur, suffit-il que l'un d'eux seulement fournisse caution, ou bien a-t-on la faculté d'exiger une garantie de chacun ?— Deux marches peuvent être suivies par le porteur : il s'adressera ou *collectivement* au tireur et à tous les endosseurs, et alors ceux-ci peuvent s'entendre pour lui fournir une seule caution ; ou *individuellement* à l'un des obligés, et celui-ci, après avoir fourni sa caution, aura droit de recourir contre ceux qui le précèdent pour en obtenir la même garantie ou le remboursement, en vertu du principe général que chaque endosseur est tenu envers son cessionnaire et tous ceux qui le suivent. Dalloz, *ib.*

50. La caution n'est solidairement obligée qu'avec celui qu'elle a garanti. C. comm. 120.

En cas de contestation, sa solvabilité est jugée par le tribunal.

51. Lors du protêt, faute d'acceptation, la lettre de change peut être acceptée par un tiers intervenant pour le tireur ou pour l'un des endosseurs.

L'intervention est mentionnée dans l'acte du protêt. Elle est signée par l'intervenant. C. comm. 126.

52. Toute personne peut intervenir, même le tiré qui ne voudrait pas accepter directement, mais qui désirerait ne pas laisser en souffrance la signature d'un des endosseurs. Lorsque la traite est tirée pour compte d'un tiers, le tiré peut refuser d'accepter *pour le compte de ce tiers*, et intervenir pour l'honneur de la signature *du tireur* qui est obligé envers les endosseurs. L'intervention peut être faite dans l'intérêt de tous ceux qui figurent au titre, ou seulement dans l'intérêt de l'un d'eux. L'acte doit l'exprimer formellement ; le silence sur ce point ferait supposer l'intervention applicable à toutes les signatures. Dalloz, *ib.*, n° 20.

53. L'intervenant est tenu de notifier sans délai son intervention à celui pour qui il est intervenu. C. comm. 127.

54. Le porteur de la lettre de change conserve tous ses droits contre le tireur et les endosseurs, à raison du défaut d'acceptation par celui sur qui la lettre était tirée, nonobstant toute acceptation par intervention. C. comm. 128.

§ 3. — *De la présentation des effets à l'échéance, et du protêt faute de paiement.*

55. Le porteur d'un effet de commerce doit en exiger le paiement le jour de l'échéance (C. comm. 161), ou, s'il est *à vue*, dans les délais fixés (*sup.* n° 33). — Cette disposition est fondée sur l'intérêt de toutes les parties : —des endosseurs, afin qu'en cas de non paiement, ils exercent leur recours dans le plus bref délai ; —du tireur, afin qu'il soit informé promptement du refus de payer, et qu'il prenne des mesures pour que sa signature ne demeure pas en souffrance ; —enfin du tiré, afin qu'il ne reste plus en suspens sur l'époque où l'effet lui sera présenté, et qu'il ne soit pas obligé de garder des fonds oisifs dans sa caisse.

56. Le porteur qui ne se présente pas le jour de l'échéance, perd tout recours contre les endosseurs. C. comm. 161, 168 combinés; — quand même il ferait protester le lendemain.—*Contrà*, Vincens, 2, 283; Horson, *Questions*, nos 108 et 109; — S'il est établi, d'une part, que, le jour de l'échéance de la traite, le tiré payait à bureau ouvert; de l'autre, qu'il a suspendu ses paiemens le lendemain : le porteur ne peut imputer le défaut de paiement qu'à sa propre négligence, et par conséquent il ne peut rendre des tiers responsables d'une faute qui lui est personnelle. Arg. C. civ. 1382; C. comm. 161; Dalloz, vo *Effet de commerce*, 689, n° 2.

57. Le porteur d'une traite *à vue*, qui anticipe le délai pour présenter son titre, n'est pas obligé, *sous peine de déchéance*, de faire protester sur ce premier refus de paiement; il peut, s'il le juge convenable, attendre l'expiration des délais fixés par la loi, présenter alors de nouveau sa traite, et la faire protester. Dalloz, *ib.* n° 3.

58. S'il a fait un protêt nul avant l'expiration des délais, il peut en recommencer un nouveau tant que les délais ne sont pas expirés. Un protêt nul est considéré comme non avenu, et ne saurait empêcher l'exercice d'un droit encore existant. Cass. 28 déc. 1824, S. 25, 286.

Art. 1. — *De la nécessité du protêt.*

59. Le protêt faute de paiement ne peut être remplacé par aucun acte, excepté dans le cas de perte de la lettre de change, C. comm. 175.—V. *inf.* § 6. — Un avertissement, une déclaration, un certificat, seraient insuffisans pour mettre le porteur à l'abri des fins de non recevoir de la part des endosseurs, et souvent même du tireur. Il importe, en effet, à la prospérité du commerce, que les affaires n'éprouvent aucun retard.

60. Il en serait de même d'un procès-verbal de perquisition : ce procès-verbal doit seulement *précéder* le protêt. C. comm. 175; Rouen, 8 juill. 1811, P. 9, 449; Nanci, 29 janv. 1831; Cass. 6 déc. 1831, S. 32, 46; Pardessus, *Change*, 1, n° 367.

61. A plus forte raison le protêt ne saurait-il être suppléé par la preuve testimoniale, ni *par de simples présomptions.* Cass. 25 août 1813, S. 15, 131.

62. Cependant le vœu de la loi est suffisamment rempli lorsqu'on se conforme à l'usage des lieux où le protêt n'est pas en vigueur. En conséquence, la déclaration d'un notaire de Saint-Pétersbourg, qui énonce, suivant l'usage établi, s'être présenté chez les personnes indiquées au besoin par la traite, doit être considérée comme un acte de protêt. Paris, 15 août 1831, J. P. 33, 2, 62.

63. Quelle que soit la cause primitive d'une lettre de change, le porteur doit se soumettre aux règles prescrites pour le protêt, et le recours contre les tireur et endosseurs. — Peu importerait que la traite eût été souscrite, *au profit de l'Etat, par un adjudicataire de coupes de bois.* Cass. 8 nov. 1825.

64. L'obligation de faire constater le défaut de paiement à l'échéance est tellement impérieuse, que le porteur n'en est dispensé ni par le protêt faute d'acceptation, ni par la mort ou la faillite du tiré. C. comm. 163.

65. Toutefois, le tireur ne peut opposer la déchéance au porteur que dans un seul cas : c'est lorsqu'il justifie qu'il avait pris ses mesures pour que l'effet fût acquitté à l'échéance, nonobstant la faillite du tiré. Il ne lui suffirait pas, en effet, de prouver qu'il avait fait provision avant la faillite; car le tireur est garant de l'existence de cette provision jusqu'au paiement, et la faillite de l'accepteur détruit cette provision.

A plus forte raison le tireur serait-il non recevable à opposer la déchéance, s'il n'avait pas même fait provision entre les mains du tiré. Bordeaux, 10 fév. 1824, S. 24, 119; Cass. 18 nov. 1813, S. 16, 100; 30 juill. 1832, S. 52, 657; Paris, 19 niv. an 12; Paris, 12 août 1837 (Art. 1018 J. Pr.); Dalloz, p. 699, n° 6.

66. Mais le billet à ordre, souscrit par un individu *non négociant*, et qui n'a point pour cause des *opérations de commerce*, n'est pas sujet à protêt dans le délai prescrit pour les effets de commerce : cette proposition s'induit de l'art. 636 C. comm., et se trouve d'ailleurs consacrée par l'usage. Toulouse, 28 mars 1832, D. 32, 145. —V. toutefois C. comm. 637.

67. Pareillement, quand il est reconnu par les parties (en l'absence même de tout jugement) que la signature du tireur est fausse, et que le faux est l'ouvrage du premier endosseur, le trib. de comm. peut décider que le porteur n'a pas besoin de faire protester, ni d'assigner dans les délais de la loi, pour conserver son action contre cet endosseur : par la confection du faux, cet endosseur s'est assimilé au tireur, et par conséquent il ne peut opposer la déchéance au porteur que dans les cas où cette faculté serait ouverte au tireur lui-même. Cass. 10 mars 1824, Dalloz, p. 655, n° 6. —V. *inf.* n° 169, 174.

68. Faute d'avoir fait le protêt dans les délais, le porteur est déchu de tous droits contre les endosseurs, sans que ceux-ci aient besoin de prouver qu'il y avait provision à l'échéance de la traite. Cass. 24 juin 1810, S. 10, 523.

Il est de même déchu de tous droits contre le tireur, si celui-ci parvient à prouver qu'il y avait provision à l'échéance. — V. *inf.* n° 169.

69. Les donneurs d'aval sont dans la même position que ceux qu'ils ont cautionnés, ils sont soumis aux mêmes obligations et jouissent des mêmes droits ; nul doute dès-lors qu'ils ne soient recevables à se prévaloir du défaut de protêt. Limoges, 18 juin 1840, S. 12, 381 ; Lyon, 1ᵉʳ juill. 1817, S. 18, 375.

Seulement si l'aval garantit la signature du tireur, la tardiveté du protêt ne peut être opposée qu'à la charge de prouver l'existence de la provision. Cass. 30 mars 1819, S. 19, 345 ; 26 janv. 1818 ; Bruxelles, 12 fév. 1820 (Art. 198 J. Pr.).

70. Si l'un des débiteurs remboursait, sans s'apercevoir que la déchéance était encourue, il ne pourrait cependant pas exercer une action en répétition contre le créancier, à moins qu'il n'eût été induit en erreur par des moyens de dol et de fraude. La répétition n'est admise, aux termes de l'art. 1376 C. civ., que lorsqu'il s'agit d'une somme payée *sans être due* : en outre la déchéance dont l'art. 168 C. comm. frappe le porteur négligent, n'est qu'une simple exception, à laquelle les endosseurs peuvent renoncer, et cette renonciation s'induit du remboursement volontaire par eux effectué. Cass. 7 mars 1815, S. 15, 190 ; 22 mai 1833, S. 33, 639. Pardessus, 2, n° 434. — *Contrà.* Bruxelles, 28 juill. 1810, S. 14, 77. — V. *inf.* n° 164.

71. Quoique le tireur ou souscripteur d'un effet négociable soit un être imaginaire, le défaut de protêt en temps utile n'affranchit pas moins tous les endosseurs (à l'exception du premier, qui, dans ce cas, doit être réputé tireur de l'effet) de tout recours de la part du porteur ; seulement chaque endosseur peut être tenu de faire connaître au porteur son cédant immédiat. Ici ne s'applique pas l'art. 1693 C. civ., sur l'obligation de garantir l'existence de la dette au temps de la cession, mais bien l'art. 168 C. comm., qui est général et ne fait aucune distinction. Paris, 25 avr. 1808, S. 8, 191 ; Lyon, 20 mars 1828, S. 28, 344 ; Cass. 17 mars 1829, S. 29, 145.

72. Toutefois, le porteur d'une lettre de change qui n'a pu la faire présenter à son échéance par empêchement *de force majeure*, ni, par suite, la faire protester en temps utile, conserve son recours en garantie, à défaut de paiement, contre les tireur et endosseurs ; nulle prescription ni déchéance ne peut courir contre celui qui se trouve dans l'impossibilité d'exercer son droit. Cass. 28 mars 1810, S. 10, 256 ; 25 janv. 1825 ; 23 fév. 1831, S. 31, 122 ; Paris, 30 août 1809, S. 10, 81 ; Caen, 1ᵉʳ fév. 1825, S. 26, 108 ; Locré, art. 164 ; Vincens, 2, 209 ; Pardessus, 2, n° 426. — *Contrà*, Paris, 12 mars 1812, P. 10, 204.

73. Mais il faut que cette force majeure résulte d'un cas fortuit et d'un obstacle insurmontable. Vincens, 2, 209.

La perte de la lettre, la mort d'un courrier ne suffirait pas : on pouvait se munir d'une seconde. *Même auteur.*

L'impossibilité où se trouve le porteur d'un effet, de le faire parvenir au domicile du débiteur, *à cause de la contrariété des vents,* peut être regardée comme un cas de force majeure, dispensant de l'obligation de protester. — 23 fév. 1851; rejet d'un arrêt de la C. Rouen, qui l'avait ainsi jugé.

74. L'appréciation des faits invoqués pour prouver la force majeure appartient exclusivement aux tribunaux; elle échappe à la censure de la Cour régulatrice. Cass. 28 mars 1810, S. 10, 236; Arg. cass. 23 fév. 1831, Locré, art. 164; Vincens, 2, 209. — V. *inf.* n° 160.

Il en est de même de l'appréciation du temps pendant lequel a duré la force majeure. Caen, 1er fév. 1825, S. 26, 108.

75. Le porteur ne perd point non plus sa garantie contre *son cédant,* faute de protêt à l'échéance, si, entre le jour où l'endossement a eu lieu et celui où le protêt devait être fait, il n'y avait pas un intervalle suffisant, à raison des distances, pour faire protester dans le délai prescrit. Pardessus, n° 426.

C'est au juge qu'il appartient de décider, dans ce cas, suivant les circonstances, si le protêt a pu être fait. Nîmes, 31 août 1809, S. 10, 223.

Décidé que celui qui a pris sans réserves et sans explication une lettre de change sur un pays éloigné à une échéance si courte que la poste ordinaire ne suffirait pas pour la faire parvenir à temps est privé de la garantie de son cédant, s'il ne rapporte pas un protêt fait à l'échéance; c'était à lui de se pourvoir de moyens extraordinaires, ou de ne prendre la lettre qu'avec réserve de n'être pas responsable. Cass. 21 juin 1810, P. 8, 392.

Le porteur ne conserve aucun recours contre les *autres endosseurs,* ni contre le *tireur* qui justifie avoir fait les fonds à l'échéance : à leur égard, la tardiveté du protêt n'est point excusable. Pardessus, *ib.*

76. Les parties ont le droit de dispenser le porteur de faire le protêt, à défaut de paiement à l'échéance. Arg. C. civ. 1134.

77. En général, cette convention doit être constatée *par écrit*; néanmoins, la preuve pourrait en être faite par témoins, lors même qu'il s'agirait d'une somme de plus de 150 fr.; c'est en effet une convention ordinaire qui n'offre rien d'illicite, et qui peut être prouvée par tous les modes usités en matière commerciale. Cass., Paris, 50 juill. 1852, S. 32, 657.

78. Non seulement le porteur est dispensé du protêt, mais il doit même s'en abstenir, sous peine de voir les frais rester à sa charge, quand, au bas de sa signature, le tireur a ajouté ces mots : *retour sans frais,* lesquels expriment une condition obligatoire tout à la fois pour le bénéficiaire de l'effet et pour tous porteurs ultérieurs, à moins de dérogation expresse dans l'endossement, car ceux-ci ont connu la condition apposée sur l'effet par le tireur, et sont censés y avoir souscrit par leur silence. Angers, 15 juin 1831, S. 31, 290; Cass. 8 avr. 1834, S. 34, 225; Paris, 24 janv. 1835. Agen, 7 janv. 1838 (Art. 43 et 1322 J. Pr.).

Néanmoins il en serait autrement si la mention, retour sans frais, n'avait été apposée que par un endosseur ; dans ce cas les autres endosseurs, même postérieurs, dont l'endossement ne reproduirait pas cette condition, seraient fondés à se prévaloir du défaut de protêt, ils seraient en effet réputés s'en être référés au corps du billet. Cass. 6 déc. 1831. S. 32, 46.

79. En cas de faillite du tireur d'une lettre de change, si l'endosseur, à qui le porteur en demande le paiement, a promis *de la payer à l'échéance,* cette promesse n'offrant rien d'illicite, peut être considérée comme dispensant le porteur du protêt, et comme obligeant l'endosseur, en l'absence de ce même protêt. Cass. 30 juin 1827, S. 27, 350.

80. Celui qui a endossé une lettre de change après son échéance *et avec promesse de garantir le porteur de toute prescription,* n'est également pas recevable à lui opposer la déchéance résultant du défaut de protêt et de dénonciation de protêt en temps utile, car cette déchéance est une véritable prescription. Cass. 11 juill. 1820.

81. Le porteur a un recours contre le tiers auquel il a donné mandat de présenter la traite, et de la faire protester au besoin, lorsque d'ailleurs ce tiers a accepté le mandat expressément ou tacitement, et qu'il a négligé de faire les diligences dans les délais voulus par la loi. C. civ. 1382, 1383, 1991.

Cette responsabilité pèse sur le banquier chargé d'opérer le recouvrement d'une lettre de change, encore qu'elle ne lui soit parvenue que le lendemain de l'échéance, si toutefois il a eu un délai suffisant pour faire faire le protêt. Paris, 25 août 1831.

82. Le protêt ne pouvant être remplacé par un procès-verbal de perquisition (—V. *sup.* n° 74.), l'huissier qui ne fait que ce dernier acte est responsable du défaut de protêt. Rouen, 8 juill. 1811, S. 12, 97. — V. *Responsabilité.*

Le recours du porteur contre l'huissier ou contre tout autre mandataire, par la faute duquel le protêt n'a pas eu lieu, doit être porté devant le trib. civil, et non devant le trib. de comm.: il s'agit en effet d'une action en responsabilité purement civile.

— Ce recours ne peut être formé devant le trib. de comm., même d'une manière incidente, car la compétence est basée sur la nature de l'action, et non sur les différentes manières dont elle peut être exercée. — *Contrà,* Rouen, 8 juill. 1811, P. 9, 449.

Art. 2. — *Du délai dans lequel le protêt doit avoir lieu.*

83. Le protêt doit nécessairement être fait *le lendemain du jour de l'échéance* (C. comm. 162); rédigé plus tôt ou plus tard, il serait nul : car, dans le premier cas, il précéderait l'ouverture du droit du porteur ; et, dans le second, il serait postérieur à l'extinction de ce droit.

Ainsi, le protêt d'un billet à ordre, fait *le jour même de l'échéance,* est frappé d'une nullité radicale. Agen, 2 avr. 1824, S. 24, 363; Bordeaux, 10 déc. 1832, J. P. 33, 2, 171.

De même, est déchu de son recours contre le tireur, le porteur qui, au lieu de faire protester une lettre de change le lendemain de l'échéance, accorde à l'accepteur une prorogation de délai, dans la vue d'éviter une forte amende qu'il aurait fallu payer en cas de protêt, parce que la lettre de change était écrite sur un papier qui avait cessé d'avoir cours. Cass. 14 déc. 1824, Dalloz, p. 697, n° 6.

84. En cas de faillite du souscripteur d'un billet à ordre, le porteur ne conserve pas son recours, *même contre le premier endosseur,* s'il n'a pas fait protester dans le délai fixé par la loi.

Le Code n'établit aucune différence entre le premier endosseur et les endosseurs subséquens ; la déchéance peut être invoquée par tous, d'après l'art. 168 C. comm. Cass. 17 janv. 1820, S. 20, 138.

85. La défense de faire protester un effet avant son échéance, cesse dans le cas de faillite du tiré : la faillite rend toutes les dettes exigibles. Arg. C. civ. 1188; C. comm. 163, 448.

Aussitôt après l'ouverture de la faillite, le porteur peut exercer son action contre les endosseurs et le tireur. Cass. 11 pluv. an 10, S. 2, 218.—V. *inf.* n°s 119 et suiv.

86. Il n'est pas même besoin, pour la validité du protêt anticipé, que la faillite ait été déclarée *antérieurement* par l'autorité judiciaire ; il suffit que le jugement qui en constate l'existence la fasse remonter au jour où le protêt a eu lieu. Bordeaux, 10 déc. 1832, J. P. 33, 2, 171.

87. Le protêt à faire au domicile de la personne indiquée pour payer *au besoin,* doit être fait aussi le lendemain de l'échéance. — Cependant l'obligation du porteur de faire enregistrer le protêt dressé sur le tiré, avant de se présenter chez cette personne et de faire ainsi deux protêts successifs (Caen, 1er fév. 1825, S. 26, 108), peut être considérée comme une force majeure, qui suspend le délai du second protêt jusqu'a près l'enregistrement du premier. — V. *sup.* n°s 72 et 74.

88. Si le jour indiqué par la loi pour faire le protêt est un jour de *fête* (— V. ce mot), le protêt doit être fait le jour suivant. C. comm. 162.

Art. 3. — *Des formalités requises pour la validité du protêt.*

89. *A la requête de qui doit être fait le protêt.* Le protêt doit être fait à la requête du *porteur*, même lorsque l'effet lui a été transmis par un endossement irrégulier ; car, si l'endos irrégulier ne constitue qu'un mandat, tant que l'exception qu'il peut faire naître n'est pas proposée, le porteur est considéré comme propriétaire.

90. Le simple détenteur de la lettre peut-il faire faire le protêt à sa requête? — Pour l'affirmative on dit : il n'est pas nécessaire que le nom du requérant figure sur le titre ; il est permis de faire toucher le montant d'une lettre de change par un mandataire ; et d'ailleurs aucun texte ne défend de se constituer le *negotiorum gestor* du propriétaire d'un effet de commerce, et de faire, à ce titre, toutes les démarches qui peuvent lui être utiles. Trib. Rouen, 10 avr. 1828 ; Dalloz, v° *Effet de commerce*, 717, n° 2.

Quant à nous, la simple détention de la traite nous paraît suffisante pour charger un officier instrumentaire de faire le protêt ; mais cet acte doit être libellé à la requête de celui que le dernier endossement constitue porteur. Pardessus, 2, n° 418. — V. *Exploit.*

91. Si, lors du protêt, le tiré déclarait qu'il ne paie point, parce que celui qui requiert le paiement ne justifie pas suffisamment de son droit ou de son mandat, et qu'ensuite il devînt insolvable, le propriétaire ne serait pas fondé dans son action en recours contre ses garans ; ceux-ci pourraient lui imputer le défaut de protêt à l'échéance. Dalloz, *ib.* ; Horson, *Quest.* 121.

92. *Par qui doit être fait le protêt.* Le protêt doit être fait par deux notaires, ou par un notaire et deux témoins, ou par un huissier et deux témoins. C. comm. 173.

La signature de ces deux témoins est indispensable. Le protêt revêtu d'une seule signature serait nul. Arg. C. comm. 173 ; C. pr. 1030.

93. L'officier ministériel qui se présente pour la signification d'un protêt, doit, en général, être porteur de l'effet qu'il s'agit de faire protester ; car il est possible que le débiteur en acquitte le montant entre ses mains.

S'il ne l'avait pas, et que le tiré refusât de payer par ce motif, le protêt serait nul, et ne donnerait aucun recours au porteur, puisque ce serait par sa faute, ou par celle de l'officier ministériel, que le paiement n'aurait pas eu lieu.

94. Mais le protêt est valable, si le porteur a accompagné l'officier instrumentaire chez le tiré, et a fait lui-même l'exhibition de son titre : le tiré n'a, dans ce cas, aucun prétexte

plausible pour se refuser au paiement. Rouen , 30 août 1815 ,
S. 16 , 101.

95. *Où doit être fait le protêt.* Le protêt doit être fait au
domicile, 1° de celui sur qui l'effet est payable; 2° des besoins;
3° du tiers qui a accepté par intervention. C. comm. 173.

96. Peu importe que le tiré ou le souscripteur, s'il s'agit
d'un billet à ordre, soit en état de faillite. L'art. 494 C. comm.,
qui prescrit d'intenter les actions judiciaires contre les syndics,
est inapplicable à ce cas, le protêt n'étant point un commencement d'action en justice, mais bien un simple acte extrajudiciaire, destiné à constater le défaut de paiement et à rendre le
porteur recevable à agir en justice. Bruxelles , 5 mars 1818.

97. Lorsqu'une lettre de change a été tirée sur un commerçant qui a son comptoir dans un lieu, et sa résidence dans un
autre, le protêt doit être fait au lieu sur lequel la lettre de
change a été tirée : c'est là, en effet, que le paiement devait
être effectué. A plus forte raison en est-il ainsi quand l'acceptation a été donnée dans ce lieu : tout protêt signifié à un autre
domicile, fût-il celui du tiré, serait frappé d'une nullité radicale. Bordeaux, 11 janv. 1814, S. 15, 141.

98. Si l'effet a été stipulé payable dans une autre ville que
celle qu'habite le tiré, et que celui-ci refuse d'accepter, et par
conséquent d'indiquer un domicile dans cette ville, le protêt
doit néanmoins y être fait, après un procès-verbal préalable de
perquisition, conformément à l'art. 173 C. comm. (—V. *inf.*
n° 109). Ce lieu a été indiqué dans l'intérêt du porteur , qui
s'est bien soumis aux chances d'un refus d'acceptation , mais
qui n'a pas dû penser que ce refus anéantirait les conventions
intervenues entre lui et le tireur.

99. Quand la personne au domicile de laquelle l'effet était
payable a changé de domicile, le protêt doit être fait *à son dernier domicile connu.* C. comm. 173.

Si le porteur, ou l'officier instrumentaire qu'il emploie,
connaissent le domicile actuel, il est inutile de recourir à l'ancien, et, à plus forte raison, d'y faire un protêt : le protêt fait
au nouveau domicile suffit. Cass. 19 juill. 1814, S. 15, 9.

Si, au contraire, ni le porteur ni l'officier instrumentaire ne
connaissent le nouveau domicile, et si on ne peut le leur indiquer à l'ancien, ils doivent remplir les formalités prescrites par
l'art. 68 du C. pr., c'est-à-dire que l'officier instrumentaire
fera le protêt à l'ancien domicile connu, remettra la copie à un
voisin, qui signera l'original; et, si ce voisin ne peut ou ne
veut signer, il remettra la copie au maire ou à l'adjoint de la
commune, qui visera l'original sans frais. — V. *Exploit.*

100. Jugé que, si le tiré n'est pas à son domicile et qu'un
voisin déclare être chargé de répondre pour lui, la copie est

valablement remise à ce voisin sans qu'il soit besoin de lui faire signer l'original ; qu'il doit, sous ce rapport, être assimilé à un serviteur. Paris, 14 avr. 1835 (Art. 69 J. Pr.). —V. *Exploit.*

101. Carré, n° 570, va même jusqu'à soutenir que les art. 173, 176 C. comm. prescrivant seulement de laisser copie du protêt à domicile, cette copie peut, dans tous les cas, être remise à quiconque se trouve à ce domicile, et que l'huissier est dispensé de suivre les formes prescrites par l'art. 68 C. pr.

Cette opinion est conforme à l'usage du commerce. Cependant nous croyons plus prudent de suivre la marche tracée pour la remise des exploits en général.

102. Il n'est pas nécessaire de désigner le sexe du portier auquel la copie est remise au domicile du tiré. Lyon, 25 mai 1816, D. 18, 50.

103. La signification du protêt faite à la personne même du tiré, trouvé hors de son domicile, remplace - t - elle, comme pour les exploits ordinaires, la signification faite au domicile.

La négative est évidente, lorsqu'il est établi que cette signification a causé un préjudice aux tiers intéressés : par exemple, parce que, à l'échéance, il existait au domicile du tiré des fonds suffisans pour acquitter la traite. Av. Cons. d'État, 2 janv. 1807.

La nullité du protêt a même été prononcée, — sans examen du préjudice causé aux parties. Bordeaux, 18 juin 1834 (Art. 8 J. Pr.); — et bien qu'à l'époque le tiré fût en faillite et eût fermé ses magasins. Bordeaux, 11 janv. 1814, D., v° *Effets de commerce*, p. 722. — En faveur de ce système rigoureux, l'on dit : la loi présume le préjudice, surtout à l'égard des tiers, par cela seul que les formalités voulues pour la régularité des exploits n'ont pas été accomplies : aucunes des nullités et déchéances prononcées par le C. de pr. ne sont comminatoires (art. 1029); il résulte de cet article, dit M. Berriat, 140, note 7, qu'il faut renoncer à l'ancien axiome: *Nullité sans grief n'opère rien.* Suivant M. Thomine, lorsqu'un exploit manque de l'une des formalités prescrites à peine de nullité, quoique celui qui s'en prévaut n'ait d'autre but que de constituer son adversaire dans de nouveaux frais, les juges ne peuvent, sous prétexte d'équité, se dispenser d'annuler l'acte. En l'absence d'une dérogation spéciale, ces principes ne doivent-ils pas s'appliquer aux protêts ? Autrement, pour repousser l'action en recours, indépendamment de l'irrégularité du protêt, il faudrait prouver, en fait, l'existence du préjudice résultant de cette irrégularité. Or, la nécessité de cette preuve n'est-elle pas inconciliable avec la rapidité et la simplicité de la procédure commerciale ? Comment établir, par exemple, qu'un tiers se serait présenté et aurait payé par intervention, si le protêt avait été fait au do-

micile du tiré? Tout n'est-il pas de rigueur lorsqu'il s'agit d'exercer l'action en recours? N'a-t-il pas fallu une disposition expresse, celle de l'art. 117 C. comm., pour soumettre le tireur
qui n'a pas fourni la provision au recours du porteur en retard
de faire le protêt?

Mais on répond : cette doctrine est contraire à l'équité, qui
doit prévaloir en matière commerciale : d'ailleurs, en ordonnant la signification du protêt à domicile, la loi n'a pas exigé
l'accomplissement de cette formalité *à peine de nullité*, si, du
reste, elle a été suppléée de manière à ce qu'il n'en soit résulté
aucun préjudice pour les parties intéressées ; ce n'est donc pas
le cas d'appliquer la maxime rigoureuse de l'art. 1029 C. pr.,
et une sage latitude doit être laissée aux tribunaux justes et
souverains appréciateurs des circonstances. Locré, *Esprit C. com.*,
2, 291 ; Pardessus, n° 419. — Si l'art. 173 C. com. exige que
le protêt soit fait au domicile du tiré, c'est parce que c'est là
que les fonds doivent se trouver ; mais quand le tiré déclare
qu'il n'a point provision, peu importe que cette déclaration
soit constatée à son domicile ou dans un endroit où il se trouve
accidentellement ; le motif de la disposition cesse, surtout lorsque ni les tireurs ni les endosseurs n'allèguent aucun préjudice
résultant de l'omission de la formalité, et que le tiré, au lieu
de refuser, comme il en avait le droit, de recevoir le protêt qui
lui était adressé hors de son domicile, l'accepte sans aucune
réserve. — Ainsi jugé par un arrêt de rejet de la ch. civile, 20
janv. 1855 (Art. 8 J. Pr.).

104. Après avoir fait le protêt au domicile indiqué pour le
paiement, l'officier instrumentaire doit se transporter au domicile des personnes indiquées par la lettre de change pour la
payer au *besoin*. C. comm. 173.

105. Mais le porteur de l'effet n'est tenu de faire protester
qu'aux besoins indiqués par le tireur chez des tiers, et non à
ceux indiqués *par les endosseurs* soit à leurs domiciles soit
même chez des tiers. — En effet, la lettre de change existant indépendamment de l'endossement qui n'intervient
que postérieurement à sa confection, l'art. 173 C. comm.,
en parlant des personnes désignées par l'effet lui-même, n'a
pas nécessairement compris, sous cette désignation, les besoins
indiqués par les endosseurs. Dans le système contraire, il dépendrait des endosseurs d'aggraver la condition du porteur en
l'obligeant, sous peine d'être déchu de son recours contre les
endosseurs, de faire faire, dès le lendemain de l'échéance, un
protêt qui n'est prescrit par aucun texte de loi, et ainsi se
trouverait abrégé le délai de quinzaine que lui donne l'art. 165
C. comm. pour exercer contre eux la garantie. En outre, la
forme adoptée par l'usage pour l'indication des besoins non

signés ni approuvés par ceux qui les écrivent sur une partie de
la lettre, autre que celle où se trouve l'endossement, pourrait
être pour le porteur une cause d'erreur irréparable, et d'une
autre part le nombre des besoins, deviendrait souvent égal à
celui des endosseurs et rendrait ainsi impossible l'accomplissement de la formalité exigée du porteur. Cass. 24 mars 1829,
S. 29, 169; 3 mars 1834 : Paris, 16 fév. 1837 (Art. 731 J. Pr.).

106 Si la personne indiquée *au besoin* avait changé de domicile, l'huissier devrait se présenter au *dernier domicile connu* :
la loi ne le dit pas, il est vrai, mais il faut suivre pour les *besoins* la même règle que pour le tiré. — V. *sup.* n° 99.

107. Enfin, l'officier instrumentaire doit se présenter au
domicile du tiers qui a accepté *par intervention* ; ce tiers a contracté les obligations d'un accepteur, et, par là, s'est assimilé
à ce dernier. C. comm. 173.

108. Toutes ces présentations doivent être constatées par un
seul et même acte. Si l'officier instrumentaire n'a pas le temps
de faire toutes les constatations dans la même journée, il peut,
en mentionnant cette impossibilité dans son protêt, le continuer le lendemain : il se trouve retenu, en effet, dans cette
hypothèse, par une véritable *force majeure*, dont le porteur ne
saurait être victime (— V. *sup.* n° 72); mais il est prudent de
commencer par se présenter au domicile des *obligés directs*,
avant de se présenter au domicile des *besoins*. Pardessus, 2,
n° 421.｜

109. Lorsque le domicile indiqué est faux, le protêt doit
être précédé d'un procès-verbal de perquisition (C. comm.
173), c'est-à-dire que l'officier instrumentaire doit s'adresser
à toutes les personnes capables de lui donner des indications
sur le tiré, le souscripteur ou les besoins : par exemple, si la
profession est indiquée, il doit prendre des informations auprès
des négocians qui l'exercent ; il doit recourir aux bureaux de
la poste aux lettres, de la mairie, de la bourse.

Enfin, s'il ne parvient pas à trouver la personne indiquée,
il clot son procès-verbal, proteste ensuite, et remplit les formalités prescrites par le n° 8, art. 69 C. pr., c'est-à-dire qu'il
affiche une copie à la principale porte du trib. de comm. et en
donne une seconde au procureur du roi, qui vise l'original.

110. Dans le cas où le souscripteur d'un effet a désigné pour le
lieu du paiement une ville qui a plusieurs homonymes en France,
le protêt fait dans une ville du même nom que celle qui est désignée sur le titre, mais autre que la résidence du souscripteur
ou du tiré, est *valable*, s'il a été impossible, ou extrêmement
difficile au tiers porteur d'éviter la méprise.

Mais cette impossibilité ou cette difficulté extrême n'existent
pas, par exemple, si la traite renferme une indication spéciale,

de nature à faire connaître au porteur le lieu véritable dont le souscripteur a entendu parler, le protêt fait ailleurs est nul : le tiers porteur doit supporter les conséquences d'une faute qui lui est personnelle.

111. *Énonciations que doit contenir le protêt.* Le protêt doit contenir :

1° La transcription littérale du titre ;

2° Celle de l'acceptation ;

3° Celle des endossemens ;

4° Celle des recommandations indiquées sur l'effet ;

5° La sommation de payer le montant de l'effet ;

6° Il doit en outre énoncer, 1° la présence ou l'absence de celui qui doit payer ; — 2° les motifs du refus de payer ; — 3° l'impuissance ou le refus de signer. C. comm. 174.

En général, les erreurs dans la transcription ne constituent pas des nullités ; la loi ne prononce pas cette peine, et il répugne de la suppléer, à moins qu'il ne s'agisse de la violation d'une formalité substantielle : mais ces erreurs pourraient donner lieu à des contestations, et par suite faire retomber les frais sur le porteur.

La loi ne prescrivant aucuns termes sacramentels pour exprimer la présence ou l'absence de celui qui doit payer, cette présence ou cette absence peuvent s'induire du contexte de l'acte : il n'est pas nécessaire d'en faire une énonciation explicite.

112. Un acte de protêt n'est pas nul parce que le notaire en a gardé la minute : aucune loi ne défend à ces officiers ministériels de garder cette minute. Le 6° § de l'art. 181 C. comm. semble même les y autoriser, en parlant de la présentation *de l'expédition* du protêt pour exiger le remboursement de l'effet protesté. Rouen, 30 août 1813, S. 16,101.

113. Les notaires et les huissiers sont tenus, à peine de destitution, dépens, dommages-intérêts envers les parties, de laisser copie exacte des protêts, et de les inscrire en entier, jour par jour, et par ordre de dates, dans un registre particulier, coté, paraphé, et tenu dans les formes prescrites pour les *répertoires.* C. comm. 176. — V. ce mot.

114. Malgré cette injonction formelle, aucun huissier ne délivre, à Paris, de copies des protêts aux domiciles où la loi exige qu'ils soient faits. C'est un abus, mais tellement enraciné, qu'il ne donne, pour ainsi dire, lieu à aucunes réclamations.

115. En cas de nullité du protêt, le porteur a son recours contre l'officier ministériel qui l'a commise. C'est ce qui résulte en effet, d'une part, des art. 1382 et 1383 C. civ., qui rendent tout individu responsable du tort qu'il peut avoir causé à autrui par sa négligence ou par son imprudence ; de l'autre, des art.

71 et 1031 C. pr., qui mettent à la charge de l'officier ministériel les actes nuls par lui faits, et qui le déclarent même,
suivant les cas, passible de dommages-intérêts envers les parties.
— V. *Responsabilité des officiers ministériels.*

116. Mais le porteur peut renoncer à ce recours. Sa renonciation s'induirait du paiement qu'il aurait fait à l'huissier, des
frais du protêt, sans élever de réclamation, et en retirant les
pièces. C. civ. 1338 ; C. pr. 1031 ; Toulouse, 29 août 1832.

117. Dans tous les cas, l'huissier n'est garant de la nullité
de l'acte qu'il a rédigé que vis-à-vis du porteur au nom duquel
il a procédé, et de qui seul il tenait son mandat. Il n'est pas
responsable à l'égard de l'endosseur qui a remboursé le porteur
sur le vu du protêt, sans en opposer la nullité. Cass. 29 août
1832, S. 52, 724 ; 7 juill. 1837 (Art. 842 J. Pr.).

118. Un trib. de comm., saisi de la demande en nullité du
protêt, ne peut prononcer des dommages-intérêts contre l'huissier qui a commis la nullité : il doit, pour cet objet, renvoyer les
parties à se pourvoir devant les trib. civils. — La responsabilité
admise par l'art. 71 C. pr. contre l'huissier qui ne remplit pas
les formes prescrites par la loi pour la validité des ajournemens
ne fait pas partie des dispositions relatives à la procédure qui
doit avoir lieu devant les trib. de comm., laquelle est réglée par
un titre particulier de ce Code. Cass. 19 juill. 1814, S. 15, 9.
— *Contrà*, Rouen, 8 juill. 1811. — V. *sup.* n° 82.

§ 4. — *Des diverses actions qui compètent au porteur et de leur
exercice.*

Art. 1. — *De l'action du porteur, en cas de faillite de l'un des garans.*

119. L'ouverture de la faillite rend exigibles les dettes non
échues. L. 28 mai 1838, art. 444 (Art. 1160 J. Pr.).

En conséquence, si le souscripteur d'un billet à ordre, l'accepteur d'une lettre de change, ou le tireur, à défaut d'acceptation, vient à tomber en faillite, le porteur n'est plus obligé
d'attendre l'échéance pour protester et agir contre les tireurs et
endosseurs.

120. Il peut exercer son recours de deux manières différentes,
ou contre celui qui est tombé en faillite, ou contre les autres
obligés à la lettre de change. Dans le premier cas, il demande
son paiement immédiat, ou du moins le dividende qui lui revient,
comme à tous les autres créanciers. Dans le second cas, il n'a
droit de contraindre les co-obligés du failli qu'à lui donner
caution pour le paiement à l'échéance, à moins que ceux-ci
n'aiment mieux payer immédiatement. C. comm. 163, 444.

121. Autrefois la faillite de l'un des endosseurs suffisait
pour autoriser le porteur à réclamer également une caution de

tous les signataires de la lettre de change ou du billet à ordre ; mais la loi du 28 mai 1858 a restreint avec raison cette faculté au cas de faillite du débiteur principal. Art. 444.

122. La prestation de caution faite, sans réserve, par celui qui a été condamné à l'alternative de payer un effet de commerce, dont le souscripteur est en faillite, ou de donner caution, le rend non recevable à appeler du jugement qui le condamne à payer. Cette prestation de caution caractérise un véritable acquiescement. Paris, 10 juill. 1810, P. 8, 448.

125. Il n'est pas nécessaire, sous peine de déchéance, que le porteur d'une lettre de change qui, en cas de faillite de l'accepteur, l'a fait protester avant l'échéance, exerce son recours contre le tireur et les endosseurs, dans les quinze jours qui suivent la date du protêt ; il peut, s'il le juge convenable, attendre l'échéance de la traite. Le recours facultatif introduit par l'art. 163 C. comm. ne saurait être confondu avec le recours qui doit suivre le protêt à défaut de paiement, puisque ce recours facultatif n'oblige celui contre lequel il est exercé qu'à donner caution de payer à l'échéance. Cass.16 mai 1810, S. 10,282,

124. Mais, si le porteur a préféré attendre l'échéance de la traite pour exercer son recours, il doit la présenter de nouveau et faire un second protêt faute de paiement : en effet, le tireur peut avoir envoyé des fonds à l'échéance ; il peut avoir prié un de ses correspondans d'intervenir pour faire honneur à sa signature ; en un mot, il peut avoir pris toutes les mesures nécessaires pour l'exécution de ses engagemens. Dalloz, *Effet de commerce*, p. 691, n° 10. — *Contrà*, Pardessus, 2, n° 429.

Il est au moins prudent de réitérer le protêt, et tel est l'usage à Paris.

125. Il n'est pas nécessaire, pour que le protêt puisse être fait *avant le délai fixé par la loi*, que la faillite ait été prononcée par un jugement ; il suffit qu'elle existe d'une manière *notoire.* Bordeaux, 10 déc. 1832, D. 33, 171.

126. Lorsque le porteur d'une lettre de change la transmet à un tiers, postérieurement à la faillite du tireur, il est obligé d'en garantir le paiement, lors même qu'il n'aurait pas souscrit d'endossement, et qu'en avouant la négociation, il soutiendrait l'avoir faite sans garantie. Peu importerait alors que la lettre de change n'eût pas été protestée en temps utile. Le transport d'un effet de commerce postérieurement à la faillite du tireur, est nul, et de droit commun, tout cédant est garant de l'existence de l'objet cédé au moment de la cession. Cass. 31 juill. 1817, S. 19, 68.

Art. 2. — *De l'action du porteur contre le tiré.*

127. Le porteur a évidemment une action contre le tiré qui a accepté la lettre de change, puisque, par cette acceptation, le tiré est devenu son obligé direct. C. comm. 117, 121, 140.

Il conserve son recours contre lui, lors même qu'il a passé la lettre de change protestée au compte courant du tireur. En effet, la novation ne se présume pas ; elle doit résulter clairement de l'acte. C. civ. 1273 ; Bruxelles, 18 juill. 1810, S. 14, 100. — V. *inf.* n° 133.

128. Mais le porteur de plusieurs effets de commerce ayant diverses échéances, et qui ont été acceptés *par la même personne*, ne peut, en cas de protêt du premier, exiger, soit le remboursement des autres non échus, soit une caution pour leur paiement à l'échéance : le protêt de la première traite peut avoir été occasioné par une simple négligence, par un simple retard dans les rentrées ; et, d'ailleurs, un seul protêt ne constitue pas la faillite de l'accepteur. — *Contrà*, Bruxelles, 3 janv. 1808 et nonpas 1809, P. 6, 419.—Dans l'espèce, le porteur fut autorisé à continuer ses poursuites à l'effet d'obtenir caution, bien qu'il eût, depuis la demande, reçu, sans réserves, le paiement de l'effet protesté.

129. Indépendamment des formalités prescrites pour l'exercice de l'action en garantie, le porteur d'une lettre de change protestée peut, en obtenant la permission du président du trib. de comm. (Arg. Nîmes, 4 janv. 1819, S. 19, 320 ; Pardessus, n° 412), saisir conservatoirement les effets mobiliers du tiré accepteur. C. comm. 172. — V. *inf.* n°ˢ 147, 158, 175, et *Saisie conservatoire.*

130. Lorsque le tiré n'a pas accepté, le porteur n'a directement aucune action contre lui, même quand il est prouvé que la provision existe entre ses mains, qu'il avait promis d'accepter, et que, s'il ne paie pas, c'est par mauvaise volonté.

131. Il suit de ces principes, que celui qui n'a point accepté une lettre de change ne peut être assigné en garantie que devant les juges de son domicile, et non devant le trib. du domicile du tireur ou des endosseurs. Cass. 21 mars 1825, S. 26, 196 ; Limoges, 22 juin 1837 (Art. 977 J. Pr.). — Même dans le cas où la lettre est souscrite *pour solde de compte contesté*, et où l'on prétend que le tiré a ouvert un crédit au tireur, et s'est ainsi engagé à accepter les traites tirées sur lui. Colmar, 16 mai 1807, 14 mars 1822.

132. Mais le porteur, *exerçant les droits du tireur*, serait fondé à faire valoir contre le tiré tous les droits qu'un mandant a contre son mandataire ; il pourrait obtenir la restitution de la provision faite, et des dommages-intérêts, pour inexécution de la promesse d'accepter ou de payer à l'échéance. De son côté, le tiré pourrait opposer au porteur toutes les exceptions qu'il aurait à faire valoir contre son mandant.

Art. 3. —*De l'action du porteur contre les endosseurs, et de celle de ces derniers après remboursement, contre les endosseurs antérieurs.*

133. *Action du porteur.* Le porteur qui, faute de paiement à l'échéance, a fait protester dans le délai utile, a son recours contre les endosseurs. C. comm. 164. — Lors même qu'il aurait passé la traite *au compte courant du tireur.* La novation ne se présume pas; elle doit résulter clairement de l'acte. C. civ. 1273; Bruxelles, 18 juill. 1810, S. 14, 100. —V. *sup.* n° 129.

134. Mais si, à cause de la rature de l'acceptation du tiré, le paiement de la lettre de change est refusé par les personnes indiquées pour l'effectuer au besoin, et s'il y avait provision entre les mains de ces personnes, le porteur est non recevable à exercer son recours contre les endosseurs : dans ce cas, la rature équivaut à la concession d'un terme. Lyon, 25 juin 1827. —V. *inf.* n° 174.

135. Le porteur de mauvaise foi est également déchu de tout recours contre les endosseurs qui n'ont signé la lettre de change que par suite d'un dol pratiqué par le tireur. Cass. 25 nov. 1807; Paris, 4 août 1825 ; Cass. 14 avr. 1836 (Art. 471 J. Pr.).

L'appréciation de la bonne ou de la mauvaise foi du porteur, appartient à la C. royale. Cass. 15 déc. 1830, 14 avr. 1836.

136. La loi prescrit deux formalités pour l'exercice de l'action du porteur, savoir : 1° la notification du protêt; et 2° la citation en justice à défaut de remboursement. C. comm. 165.

137. L'une et l'autre peuvent avoir lieu dans un seul et même acte. Cette manière de procéder, reconnue légale au Conseil d'Etat, a d'ailleurs pour résultat, en réduisant le nombre des actes, de diminuer aussi les frais. Locré, art. 167.

138. L'art. 164 C. comm. permet au porteur d'exercer son recours de deux manières : ou collectivement contre tous les endosseurs, ou individuellement contre chacun d'eux.

139. Lorsque le porteur exerce collectivement son action en garantie, il a le choix de porter l'instance devant le trib. de l'un des défendeurs, et tous les autres sont obligés de venir plaider devant le juge qu'il a saisi. S'il préfère la voie des poursuites individuelles, il doit assigner devant le trib. de celui auquel il demande son remboursement.

140. Dans l'un comme dans l'autre cas, l'action doit être intentée dans le délai de quinzaine, à partir du jour du protêt, pour les lettres de change tirées d'une ville de France. Néanmoins, si le défendeur est domicilié à plus de cinq myriamètres du lieu où la lettre de change était payable, le délai est augmenté d'un jour par deux myriamètres et demi. C. comm. 165.

Jugé que cette augmentation doit avoir lieu non seulement par deux myriamètres et demi excédant les cinq myriamètres, mais encore pour une fraction de myriamètre. Cass. 19 juill. 1826, S. 27, 119.—V. toutefois *Ajournement*, n° 47.

141. A l'égard des lettres de change tirées de France, et payables hors du territoire continental de la France, les tireurs et endosseurs résidant en France doivent être poursuivis dans les délais ci-après :

De deux mois pour celles qui étaient payables en Corse, dans l'île d'Elbe et de Capraja, en Angleterre et dans les états limitrophes de la France.—De quatre mois, pour celles qui étaient payables dans les autres états de l'Europe.—De six mois, pour celles qui étaient payables aux Échelles du Levant et sur les côtes septentrionales de l'Afrique. — D'un an, pour celles qui étaient payables aux côtes occidentales de l'Afrique, jusque et compris le cap de Bonne-Espérance, et dans les Indes occidentales.— De deux ans, pour celles qui étaient payables dans les Indes orientales. Ces délais sont doublés en temps de guerre maritime. Ils sont observés dans les mêmes proportions pour le recours à exercer contre les tireur et endosseurs résidant dans les possessions françaises situées hors d'Europe. C. comm. 166.

142. Dans le cas de poursuites collectives, le délai pour la comparution des endosseurs doit se calculer d'après la distance du domicile le plus éloigné ; mais les poursuites n'en doivent pas moins être exercées contre chacun d'eux dans les délais prescrits par les art. 165 et 166 C. comm. Le jour de la comparution est le même pour tous ; mais le jour où les poursuites doivent être exercées varie selon les distances.

145. La notification du protêt doit avoir lieu, soit dans le cas de poursuites collectives, soit dans le cas de poursuites individuelles. A la vérité, l'art. 165 C. comm. ne statue que pour le cas de poursuites individuelles ; mais il y a même raison de décider dans les deux hypothèses.

144. Faute par le porteur d'avoir assigné dans les délais, il perd son recours contre les endosseurs. C. comm. 168.—V. *inf.* n° 162. Peu importerait qu'il eût dénoncé le protêt en temps utile. Cass. 22 juin 1812, P. 10, 495. — Il en était autrement sous l'ordonn. de 1675 ; Cass. 24 flor. an 15.

145. Mais une assignation donnée devant des juges incompétens conserverait les droits du porteur : elle serait en effet interruptive de la prescription. C. civ. 2246. Bourges, 12 mars 1815, P. 11, 129.

146. Il n'est pas indispensable que le porteur donne suite à la dénonciation du protêt et à l'assignation en paiement, ni qu'il obtienne un jugement de condamnation contre le tireur ou les endosseurs : il lui suffit de faire notifier le protêt et de citer en justice, pourvu d'ailleurs qu'il ne laisse point périmer l'instance ni prescrire l'action. Bourges. 12 mars 1813; Cass. 28 juill. 1824; 11 mars 1835 (Art. 41 J. Pr.).

147. Indépendamment des formalités prescrites pour l'exercice de l'action en garantie, le porteur d'une lettre de change protestée peut, en obtenant la permission du juge, saisir *conservatoirement* les effets mobiliers des endosseurs. C. comm. 172. —V. *sup.* n° 129, et *inf.* n°ˢ 158 et 175.

148. *Action des endosseurs.* L'endosseur qui rembourse a le droit d'exercer le même recours que le porteur, soit collectivement, soit individuellement, parce qu'il devient porteur à son tour. C. comm. 164, 167.

149. Son action doit être intentée dans les mêmes délais que ceux prescrits au porteur.—V. *sup* n°ˢ 140 à 142.

Seulement ces délais ne courent que du lendemain du jour où il a reçu la citation du porteur. C. comm. 167.

150. Ils sont les mêmes, soit que l'endosseur exerce des poursuites collectives ou individuelles, soit qu'assigné lui-même par le porteur, concurremment avec les autres endosseurs, il ait été condamné solidairement avec eux.

Dans ce cas, le délai court toujours de la citation qui lui a été individuellement donnée, et non pas seulement de la date des dernières poursuites faites contre lui en vertu du jugement obtenu par le porteur. Bourges, 18 nov. 1812, P. 10, 812.

151. L'endosseur qui exerce son recours en garantie ne peut jouir des délais qui auraient appartenu à chacun des endosseurs subséquens, s'ils avaient voulu s'en prévaloir : il n'a que les délais qui lui sont personnellement accordés. Bruxelles, 7 janv. 1808, S. 8, 175.

152. Le remboursement volontaire, fait par l'un des endosseurs dans la quinzaine qui a suivi le protêt, équivaut à la notification exigée par l'art. 165 C. comm.; en telle sorte que l'endosseur qui a remboursé a le droit d'exercer son recours contre les endosseurs qui le précèdent. Cass. 10 nov. 1812, S. 13, 252; 9 mars 1818, S. 18, 237.

153. Chacun des endosseurs jouit d'un délai de quinzaine, pour exercer son recours, alors même qu'il a reçu l'effet du porteur, et qu'il l'a remboursé sans aucune signification de protêt. Cass. 10 nov. 1812, S. 13, 252.

154. Lorsqu'une lettre de change a été remboursée successivement par plusieurs endosseurs, l'endosseur qui a remboursé le dernier ne peut réclamer que le délai de quinzaine qu'il a de son chef pour exercer son recours, et non autant de délais qu'il y a d'endosseurs qui ont acquitté la lettre de change. Arg. C. comm. 165 et 167; Colmar, 11 janv. 1816, S. 17, 154; Cass. 7 sept. 1815, S. 16, 147; 9 mars 1818, S. 18, 257; 29 juin 1819, S. 19, 434.

Le délai qui appartient à chaque endosseur commence à courir du jour du remboursement par lui effectué. Ce remboursement produit, à l'égard de l'endosseur, le même effet que la citation donnée par le porteur. *Mêmes arrêts.*—*Contrà*, Bruxelles, 6 avr. 1821.

155. La preuve du remboursement se fait par tous les modes admis en matière commerciale : la correspondance, les livres, les témoins, en sont les élémens principaux.

156. Il n'est pas nécessaire que ce remboursement soit fait en espèces comptées. Il peut résulter d'un article de compte : par exemple, lorsqu'on crédite la personne qui vous rend l'effet, du montant de cet effet et des frais. Vincens, 2, 330.

157. Lorsque le souscripteur et l'endosseur d'une lettre de change ou d'un billet à ordre sont conjointement assignés par le porteur, et qu'il s'élève entre les deux premiers des contestations qui donnent lieu à une demande en garantie, laquelle, par suite du décès de l'une des parties, n'est pas en état d'être jugée à l'audience où vient la demande principale, les trib. ne peuvent refuser de statuer immédiatement, s'ils en sont requis, sur la demande principale, et surseoir à prononcer jusqu'à ce que la demande en garantie soit en état : — ce serait en effet priver le porteur du bénéfice de la solidarité. Cass. 17 frim. an 7, 27 juin 1810, S. 10, 380.

158. Indépendamment des formalités prescrites pour l'exercice de l'action en garantie, l'endosseur qui a remboursé peut, en obtenant la permission du juge, saisir conservatoirement les effets mobiliers des endosseurs antérieurs. C. comm. 172. — — V. *sup.* nos 129, 147, et *inf.* no 175.

159. *Cas où les porteur et endosseurs sont dispensés de citer leurs garans.* La dispense de notifier le protêt, et de citer en justice dans les délais fixés par la loi, résulte, pour les porteur et endosseurs, 1o du remboursement volontaire effectué par celui qui se trouve actionné.—V. *sup.* no 152.

160. 2o Des conventions intervenues entre le porteur ou l'endosseur qui l'a remboursé, et celui contre lequel doit être dirigé le recours : par exemple, si ce dernier déclare, dans une lettre ou dans tout autre acte, qu'il se regarde comme mis en demeure, et qu'il consent à se reconnaître débiteur, sans que le créancier ait besoin de lui notifier le protêt et de le citer en justice.

Il suit de là que le défaut de dénonciation de protêt, dans le délai fixé, ne saurait être opposé au porteur par le tireur ou endosseur qui l'aurait détourné de le poursuivre, en l'invitant, par exemple, à assigner d'abord l'accepteur. Bordeaux, 28 mars 1828, S. 28, 239.

161. 3o De la force majeure. Paris, 30 août 1809, S. 10,

81.—V. *sup.* n° 72.—Pourvu qu'elle soit trouvée suffisante par les tribunaux, qui en sont seuls appréciateurs. Cass. 25 janv. 1821.—V. *sup.* n° 74.

162. *Conséquences du défaut de poursuites dans les délais.* Faute d'avoir exercé les poursuites voulues dans les délais prescrits, le porteur est déchu de tous droits contre l'endosseur, et l'endosseur qui a remboursé est déchu de tous droits contre les autres endosseurs. C. comm. 168, 169.

163. Un endosseur, à qui son cédant oppose que le recours est tardif, ne peut prétendre que le transport était nul pour défaut de date. Cette nullité, s'il était recevable à la proposer, ne lui laisserait d'autre action que celle d'un mandataire ordinaire. Bruxelles, 7 janv. 1808, S. 8, 175.

164. Mais le débiteur qui a remboursé, sans s'apercevoir que la déchéance était encourue, ne peut pas exercer une action en répétition contre le créancier, à moins qu'il n'ait été induit en erreur par des moyens de dol ou de fraude. Pardessus, 2, n° 434.—V. *sup.* n° 70.

165. Les effets de la déchéance cessent en faveur du porteur ou de l'endosseur qui a remboursé, contre celui des endosseurs qui, après l'expiration des délais fixés pour le protêt, la notification du protêt ou la citation en jugement, a reçu par compte, compensation ou autrement, les fonds destinés au paiement de la traite (C. comm. 171) : dans ce cas, en effet, l'endosseur n'a aucun motif pour refuser le paiement d'une somme qu'il a reçue.—V. *inf.* n° 175.

Art. 4. — *De l'action du porteur, et de l'endosseur qui a remboursé, contre le tireur.*

166. Le porteur, et l'endosseur qui a remboursé, peuvent actionner le tireur, conjointement avec les autres endosseurs, ou isolément. C. comm. 164.

167. Le jugement qui condamne solidairement tous les signataires de la lettre de change peut, quoique l'accepteur l'ait fait annuler en ce qui le concerne, être mis à exécution contre les endosseurs, s'il est devenu définitif à leur égard. Caen, 6 nov. 1836 (Art. 721 J. Pr.).

168. Lorsque les formalités voulues par la loi, pour la validité du protêt, ont été remplies dans le délai fixé, le tireur ne peut opposer aucune exception pour se dispenser de payer.

169. Mais si le protêt a été fait tardivement, le tireur peut opposer la déchéance, *pourvu qu'il justifie que la provision existait à l'échéance :* s'il ne fait pas cette preuve, il est obligé de payer, comme dans le cas où le protêt a été fait, et les poursuites intentées dans les délais voulus par la loi. C. comm. 117, 170.

Le porteur d'une lettre de change n'est pas recevable à

actionner en garantie le tireur *qui prouve avoir fait provision*;
1° dans le cas où il s'est contenté de lui donner avis du défaut de paiement par une simple lettre missive, au lieu de lui
dénoncer le protêt, et de l'assigner en justice dans les délais
légaux. C. comm. 165. Cass. 24 vend. an 12, S. 4, 146. —
V. *sup.* n° 98.

2° Lorsque, au lieu de faire protester, il a permis à l'accepteur de n'exiger son paiement qu'après l'événement d'une condition : peu importe que la condition paraisse avoir été stipulée dans l'intérêt de ce dernier. C. comm. 170; Grenoble, 16
févr. 1809, S. 11, 188.

170. Toutefois, le défaut de protêt, à l'échéance d'une
lettre de change régulière en la forme, n'a pas pour effet de la
faire dégénérer en simple promesse à l'égard du tireur, en telle
sorte que celui-ci soit, par ce seul fait, affranchi de la contrainte par corps : le protêt n'a d'autre but que de constater
l'inaccomplissement de l'obligation, et non point de la confirmer, ni d'en changer la nature. Cass. 15 frim. an 9, S. 1, 374 ;
25 mai 1824, S. 24, 186.

171. Le tireur d'une lettre de change non acquittée, et par
suite protestée, peut être appelé en garantie par celui sur qui
le porteur a fait retraite, devant le trib. où ce dernier est cité en
paiement de la lettre tirée en retraite. Le juge saisi de la demande principale est compétent pour connaître de la demande
en garantie. C. pr. 181 ; Paris, 2 juin 1808, S. 8, 242.

172. Lorsque les endosseurs et le souscripteur d'un effet de
commerce ont été condamnés solidairement, et que, par le
même jugement, ce dernier a été condamné à garantir les endosseurs, ces endosseurs ne peuvent exercer de recours contre le
souscripteur (par exemple, lui faire commandement), sans que
cet acte mentionne que le porteur a été désintéressé, et contienne l'offre de remettre les titres. En effet, le paiement effec-
tif peut seul mettre ces endosseurs aux lieu et place du porteur,
d'où la nécessité d'instruire le souscripteur de ce paiement effec-
tif. Si donc le souscripteur a été arrêté sans ces formalités préalables, il peut demander la nullité de son emprisonnement, encore bien que le procès-verbal d'arrestation contienne l'offre
tardive de remettre les pièces. Lyon, 10 avr. 1826, S. 26, 242.

173. La déchéance n'est pas encourue, même à l'égard du
tireur qui justifie avoir fait provision, lorsqu'il est prouvé que
ce tireur a reçu par compte, compensation ou autrement, les
fonds destinés au paiement de l'effet (C. comm. 171). Si donc,
avant que le porteur ou l'endosseur aient pu obtenir le paiement
du tiré qui avait les fonds pour payer, il arrive que ce tiré les
ait remis ou en ait tenu compte au tireur, ou que ce dernier ait
opposé la compensation au tiré, le porteur et l'endosseur déchus

22.

rentrent dans tous leurs droits contre le tireur. C. comm. 171.
—V. *sup.* n° 165.

174. Si, à cause de la rature de l'acceptation du sur-tiré, le paiement d'une traite est refusé par les personnes indiquées pour l'effectuer, et s'il y avait provision entre les mains de ces personnes, le porteur (—V. *sup.* n° 154) et l'endosseur qui l'a remboursé sont non-recevables à actionner le tireur : en un tel cas, la rature équivaut à la concession d'un terme. Lyon, 25 juin 1827.

175. Indépendamment des formalités prescrites pour l'action en garantie, le porteur et l'endosseur qui l'a remboursé peuvent, en obtenant la permission du juge, saisir conservatoirement les effets mobiliers du tireur. C. comm. 172. — *sup.* n°ˢ 129, 147, 158.

§ 5. — *Procédure en cas de paiement par intervention et de rechange.*

176. *Intervention.* Si un tiers offre de payer la lettre de change par intervention, il doit exiger que le porteur fasse préalablement protester faute de paiement. (Arg. C. comm. 158). En l'absence de protêt, l'intervenant ne serait pas subrogé aux droits du porteur ; il serait considéré comme simple mandataire de celui pour qui il est intervenu, et n'aurait de recours que contre celui-ci, s'il avait accepté, et contre le tireur.

177. Ce protêt doit contenir non seulement le refus de payer, comme l'exige l'art. 174 C. comm., mais encore la mention de l'intervention et celle du *paiement.* Ces constatations peuvent se mettre à la suite de l'acte. C. comm. 158.

178. Dans quelques villes, et notamment à Paris, souvent la loi s'exécute d'une manière très irrégulière, et qui peut donner lieu à de graves difficultés : l'huissier se présente d'abord chez le tiré, ensuite chez les personnes indiquées au besoin pour payer ; il fait dire à celui qui veut intervenir qu'il paiera *après protêt* ou *sur la remise du titre et du protêt enregistré.* Il déclare qu'*il prend cette réponse pour refus de payer;* en conséquence, il clot son acte, et le remet avec le titre à celui dont il reçoit le paiement par intervention.

Cette manière de procéder, quelque usitée qu'elle soit, est extrêmement vicieuse, en ce que la mention du *paiement* ne se trouve pas faite dans l'acte de protêt, quoique cette formalité soit rigoureusement prescrite par l'art. 158 C. comm.

179. Celui qui paie une lettre de change par intervention, étant subrogé aux droits du porteur, est tenu des mêmes devoirs pour les formalités à remplir (C. comm. 159) : il s'ensuit que, pour conserver son recours contre les endosseurs, il est obligé, comme le porteur, de leur dénoncer le protêt, et de les assigner en justice dans la quinzaine de la dénonciation.—V. *sup.* n° 136.

180. *Rechange.* Celui qui n'est pas payé d'une lettre de change à son échéance peut, après l'avoir fait protester, se rembourser sur le tireur, ou sur l'un des endosseurs, du principal de la lettre, de ses frais, et du nouveau change qu'il paie. Ce remboursement s'opère au moyen d'une *retraite*, c'est-à-dire d'une nouvelle lettre de change qu'il tire sur le tireur ou sur l'un des endosseurs. C. comm. 177 et suiv.

181. L'emploi de la retraite ne dispense pas de la dénonciation du protêt et de l'assignation dans les délais légaux : les art. 165 et 168 C. comm. ne contiennent aucune exception pour ce cas. Locré, sur l'art. 177.

182. En général, les poursuites doivent être faites par le preneur de la retraite, puisqu'il est subrogé à tous les droits de celui qui l'a tirée, et qu'il est même détenteur du titre primitif qui, d'après l'art. 181 C. comm., a dû être annexé à la retraite.

Néanmoins, les poursuites faites par le tireur de la retraite ne seraient pas nulles, parce que, quoique dessaisi de ses droits momentanément, il a un grand intérêt à ne pas encourir la déchéance, l'action qu'il aurait contre le porteur de la retraite pouvant ne pas lui offrir les mêmes garanties. Seulement, s'il y avait conflit de poursuites, les frais des actes faits par le porteur de la retraite seraient seuls exigibles.

183. Ce que nous venons de dire de la première retraite qui serait faite par le porteur à l'échéance sur l'un des endosseurs, s'applique aux retraites subséquentes faites par les endosseurs qui ont remboursé.

184. Si le compte de retour ajouté au montant de l'effet protesté atteint la somme de 200 fr., la contrainte par corps peut être prononcée contre les débiteurs de la retraite. Paris, 4 janv. 1838 (Art. 1045 J. Pr.).

§ 6. — *Procédure en cas de perte d'un effet de commerce.*

185. Trois cas peuvent se présenter : le premier est celui où la lettre de change a été faite par *première, seconde, troisième*, etc., sans qu'aucun des duplicata ait été accepté. Alors, comme le tiré ne doit le paiement à aucun des doubles spécialement, le porteur qui a perdu la première ou la seconde peut poursuivre sur une troisième, et réciproquement, sans aucune autre justification, sans autorisation du juge. C. comm. 150.

186. Le second cas est celui où le duplicata égaré se trouve revêtu de l'acceptation; celui qui a perdu ce titre doit alors obtenir une ordonnance du juge et fournir caution. C. comm. 151.

187. Pour obtenir cette ordonnance, le porteur doit établir qu'il était propriétaire et possesseur du duplicata *accepté*, et qu'il l'a égaré. L'accepteur est admis à fournir la preuve contraire.

188. Sous l'ancienne législation, on présentait une requête au juge consulaire, qui en ordonnait la communication à l'accepteur, et prononçait, après avoir contradictoirement entendu les parties. Le C. ne prescrit pas la procédure à suivre pour obtenir l'ordonnance. A Paris, il est d'usage d'assigner devant le trib. de comm., qui rend un jugement (Pardessus, n° 408) ; mais il suffirait, ce nous semble, de présenter une requête au président du trib. de comm., qui rendrait une ordonnance.

189. Le troisième cas est celui où le porteur ne peut représenter aucun exemplaire de la lettre de change, et où il n'en a été créé qu'un seul. Alors, qu'il y ait eu ou non acceptation, le propriétaire ne peut obtenir le paiement qu'après l'avoir fait ordonner par le juge, et après avoir donné caution. C. comm. 152.

190. Pour obtenir cette ordonnance, le porteur doit justifier de sa propriété par ses livres, s'il est négociant (C. comm. 152), et s'il n'est pas négociant, par toute autre preuve jugée décisive par les trib. L'art. 152 C. comm. n'a pas prévu, il est vrai, ce dernier cas ; mais il est de toute équité de suppléer à ce silence. Pardessus, 2, n° 410.

191. En cas de refus de paiement sur la demande formée en vertu des art. 151 et 152 C. comm., le propriétaire de la lettre de change perdue conserve tous ses droits par un acte de protestation. C. comm. 153.

192. Est-il nécessaire que cet acte soit précédé de l'obtention de l'ordonnance du juge, et de toutes les justifications et formalités prescrites par les art. 151 et 152 C. comm.?

Pour la négative, on dit : L'accomplissement de la condition dont il s'agit serait souvent impossible, à raison du court intervalle qui peut exister entre l'époque de la perte de l'effet de commerce et celle de son échéance. L'ordonnance du juge, les justifications et formalités imposées par les art. 151 et 152 n'ont été prescrites que pour la sûreté des débiteurs, et pour qu'ils ne paient l'effet perdu qu'au véritable propriétaire. D'où il suit que toutes ces formalités peuvent être remplies après l'acte de protestation, et seulement au moment où le porteur réclame son paiement. Cass. 10 nov. 1828, S. 29, 10 ; Toulouse, 29 avr. 1829, S. 29, 258.

Dans l'espèce de ce dernier arrêt, le moyen de nullité pour défaut d'autorisation préalable du juge, avait été proposé pour la première fois en appel.

Pour l'affirmative, on invoque avec raison les art. 151, 152, 153 C. comm. combinés. L'art. 153, en autorisant le proprié-

taire de la lettre de change perdue à faire un acte de protestation, n'accorde cette faveur qu'en *cas de refus de paiement sur la
demande formée en vertu des deux art. précédens.* — Pour qu'il y
ait refus de paiement, il faut qu'il soit demandé, et cette demande ne peut, en l'absence du titre, être faite qu'en vertu de
l'ordonnance du juge.

Nul acte de la part du porteur, suivant l'art. 175, ne peut
suppléer l'acte de protêt, hors le cas prévu *par les art.* 150 *et
suivans,* concernant la perte de la lettre de change. Lyon, 15
mars 1826, S. 26, 243 ; Cass. 3 mars 1834, S. 34, 220. —
Sans doute, il est difficile au porteur de se mettre en mesure,
lorsque le titre se perd le jour de l'échéance ou à une époque
rapprochée. Mais, d'un autre côté, il est juste que les conséquences de l'insolvabilité de l'accepteur, survenue dans l'intervalle de l'échéance à la complète régularisation de la procédure,
retombent sur le porteur. — Il n'est pas exact de dire que les
formalités de l'art. 152 ne sont établies que dans l'intérêt des
porteurs de billets perdus : en effet, il est de l'intérêt de l'accepteur que le porteur justifie son droit de propriété au titre
perdu et donne caution. Il est encore de l'intérêt des endosseurs
que cette obligation soit remplie avant le jour où le protêt doit
être utilement fait. Horson, *qu.* 101.

193. L'acte de protestation dont parle l'art. 153 n'est pas la
même chose que le protêt proprement dit ; ce dernier doit faire
mention de la présentation du titre au débiteur : le premier,
au contraire, est une déclaration que le titre est égaré, avec
mise en demeure de payer nonobstant cette perte.

Cet acte doit être fait, comme le protêt qu'il est destiné à
remplacer, le lendemain de l'échéance, et notifié aux tireurs
et endosseurs dans les formes et délais prescrits pour la notification du protêt. C. comm. 153. — V. *sup.* § 4, art. 3.

194. Si le propriétaire qui a perdu son titre veut s'en procurer un duplicata, soit pour avoir la faculté de le négocier,
soit pour n'éprouver aucun retard dans le paiement à l'échéance,
il doit s'adresser à son endosseur immédiat, qui est tenu de lui
prêter son nom et ses soins pour agir envers son propre endosseur ; et ainsi, en remontant d'endosseur à endosseur jusqu'au
tireur de la lettre. C. comm. 154.

195. L'obligation imposée aux endosseurs par cet article
s'applique même au cas où le délai dans lequel la lettre de
change était payable, se trouve expiré : en effet, l'art. 154 ne
fixant aucun délai dans lequel on doive s'adresser aux endosseurs, permet ce recours en tout temps ; autrement, le porteur
qui aurait laissé passer le délai fatal, perdrait ses droits, non
seulement contre les endosseurs, mais encore contre le tireur
lui-même, puisque, sans le nom et les soins des endosseurs, il lui

serait impossible de se procurer la seconde, et par conséquent de poursuivre le tireur, et cependant tout porteur déchu de ses droits contre les endosseurs, conserve, pendant cinq ans, son action contre le tireur. Turin, 9 juill. 1813, S. 14, 257.

196. Tous les frais sont à la charge de celui qui a perdu la traite. C. comm. 154. — Mais si l'un ou plusieurs des endosseurs refusent leurs soins et leurs noms, après avoir été requis de les donner, les frais causés par ce refus retombent sur ceux qui les ont nécessités.

197. Dans les cas prévus par les art. 151 et 152, (— V. *sup.* n°s 186 et 189), le propriétaire est tenu de fournir caution. Aujourd'hui, comme sous l'ordonnance de 1673, les engagemens de cette caution durent trois années. C. comm. 155.

198. Si le propriétaire d'une lettre de change volée ou perdue n'a pas usé des moyens que lui donnait la loi pour réparer cette perte, ou s'il lui a été impossible d'établir sa propriété, il lui reste encore une ressource : celle de revendiquer la traite pendant trois ans aux mains des tiers-porteurs. Arg. Cass. 2 niv. an 12, S. 4, 225 ; C. comm. 144-154 ; C. pén. 408.

Celui qui a escompté cette traite revendiquée, comme volée ou perdue, doit justifier de l'existence de son cédant. Arg. C. civ. 2279, 2280; Rouen, 14 janv. 1820, S. 20, 87.

§ 7. — *Timbre, Enregistrement.*

199. *Timbre.* Les droits de timbre sont les mêmes pour tous les effets de commerce, quelle que soit leur nature.

Ces droits sont de 25 c. pour les effets de 500 fr. et au-dessous, de 50 c. pour ceux au-dessus de 500 fr. jusqu'à 1,000 fr., et de 50 c. par 1,000 fr. pour tous ceux qui excèdent la somme de 1,000 fr. L. 13 brum. an 7, art. 8 et 9; 28 avr. 1816, art. 64, 16 juin 1824, art. 8, 24 mai 1834, art. 18.

Le dixième par franc n'est pas ajouté aux droits ci-dessus indiqués.

200. L'amende pour contravention à ces dispositions est de 6 p. $^0/_0$ sur le montant des effets, lorsque ces effets sont de 600 fr. et au-dessous, sans que néanmoins cette amende puisse, dans aucun cas, être inférieure à 5 fr. — L'amende est toujours de 6 p. $^0/_0$ lorsque les effets excèdent 600 fr. L. 6 prair. an 7, art. 6; 16 juin 1824, art. 12, Circ. min. 18 prair. an 7. L. 24 mai 1834, art. 19. — Les effets de commerce sur papier non timbré doivent être visés pour timbre avant le protêt, sous peine d'amende personnelle contre l'huissier.

201. L'accepteur d'une lettre de change qui n'a pas été écrite sur papier du timbre prescrit, ou qui n'a pas de visa pour timbre, est soumis à une amende égale à celle indiquée dans le numéro précédent, indépendamment de celle encourue par le souscripteur. A défaut d'accepteur cette amende est due par le premier endosseur.

Une amende semblable est due par le premier endosseur d'un billet à ordre. *Même loi.*

202. Lorsqu'une lettre de change ou billet à ordre venant, soit de l'étranger, soit des îles ou des colonies dans lesquelles le timbre ne serait pas encore établi, a été accepté ou négocié en France avant d'avoir été soumis au timbre, ou au visa pour timbre, l'accepteur et le premier endosseur résidant en France sont tenus chacun d'une amende de 6 p. °/$_0$ du montant de l'effet. *Ib.* art. 20.

203. Les contrevenans aux dispositions précédentes sont tenus solidairement du paiement des droits et des amendes, sauf le recours de celui qui en a fait l'avance pour ce qui n'est pas à sa charge personnelle. *Ib.* art. 21.

204. Il suffit que l'un des exemplaires de la même lettre de change soit timbré. L. 1er mai 1822, art. 6.

205. *Enregistrement.* Le droit d'enregistrement varie, suivant qu'il s'agit d'un billet à ordre ou d'une lettre de change.

206. Les billets à ordre sont passibles du droit proportionnel de 50 c. pour 100 fr. L. 22 frim. an 7, art. 69, § 2, n° 6.

207. Il ne peut être exigé un droit plus élevé, lorsque le billet n'est présenté à la formalité qu'après l'expiration du délai utile pour le protêt.

208. Les lettres de change sont soumises au droit proportionnel de 25 c. pour 100 fr. L. 28 avr. 1816, art. 50.

209. Mais pour que cette loi soit applicable, il faut que l'effet de commerce soit réellement *une lettre de change* : s'il n'est qu'un simple effet négociable, il devient passible du droit de 50 c. pour 100 fr. Déc. min fin. 1er août 1817.

210. Les billets à ordre *sous seing privé* peuvent n'être présentés à l'enregistrement *qu'avec le protêt* qui en a été fait; mais ils doivent être enregistrés *au plus tard* avec ce protêt. L. 22 frim. an 7, art. 69; décis. min. fin. 6 août 1819.

211. Ceux qui sont passés devant notaires doivent être enregistrés dans le même délai que les autres actes des notaires. Décis. 19 mars 1819; Cass. 10 fév. 1834, 29 juin 1835 (Art. 124 J. Pr.).

212. Les lettres de change *sous seing privé* n'ont pas besoin d'être présentées à l'enregistrement EN MÊME TEMPS QUE *le protêt* : cette présentation ne devient nécessaire que lorsque le protêt est suivi d'assignation. L. 28 avr. 1816, art. 5; déc. min. fin. 1er août 1817.

Dans ce cas, la présentation à l'enregistrement doit être faite *avant* l'ajournement ou l'assignation. Cass. 7 nov. 1820.

Dans le cas de protêt faute d'acceptation, les lettres de

change doivent être enregistrées seulement avant que la demande en remboursement ou en cautionnement soit formée contre les endosseurs ou le tireur. L. 28 avr. 1816, art. 50.

213. Mais les lettres de change faites devant notaires doivent être présentées à l'enregistrement dans le même délai que les autres actes notariés. Déc. 19 mars 1819.

214. Les protêts faits par les huissiers sont soumis au droit fixe de 2 fr. L. 28 avr. 1816, art. 43.

Il en est de même de ceux rédigés par les notaires. L. 24 mai 1854, art. 23.

215. Aucun notaire ou huissier ne peut protester un effet négociable ou de commerce, non écrit sur papier du timbre prescrit ou non visé pour timbre, sous peine de supporter personnellement une amende de 20 fr. par chaque contravention ; il est tenu en outre d'avancer le droit de timbre et les amendes encourues dans les cas déterminés ci-dessus, sauf son recours contre les contrevenans. *Ib.*

§ 8. — *Formules.*

FORMULE I.

Protêt faute d'acceptation.

(C. comm. 173. — Tarif, 65. — Coût, 2 fr., assistans et copie compris. — S'il y a perquisition, 5 fr.).

L'an   le   , à la requête de M.   négociant, demeurant à   , patenté pour la présente année sous le n°   lequel fait élection de domicile, etc., j'ai (*immatricule*) soussigné, présenté au sieur   , demeurant à   , au domicile indiqué par la lettre de change ci-après énoncée, chez M.   , négociant, demeurant à   où étant et parlant à (1) sa personne ainsi déclarée   une lettre de change de la somme de   , sur lui tirée par le sieur

_____

(1) *Dans le cas de fausse indication de domicile du tiré, on met :*
La portière de la maison, ainsi déclarée, la lettre de change dont la teneur suit (*on transcrit la lettre de change et les endossemens, et l'on fait sommation de l'accepter*), —V. sup. formule.

Laquelle portière a répondu que le sieur   lui était tout-à-fait inconnu, qu'aucun locataire ne portait ce nom, que personne ne s'était présenté, et n'avait adressé de fonds pour acquitter ledit effet.

Sommée de signer sa réponse, a refusé.

Vu laquelle réponse, d'où il résulte qu'il y a eu fausse indication de domicile,

J'ai, huissier susdit et soussigné, toujours à même requête que ci-dessus, conformément a la loi, procédé à la perquisition de la personne et du domicile du sieur   , de la manière et ainsi qu'il suit, savoir : dans les maisons nos   de ladite rue de   , auprès des principaux marchands détaillans qui sont établis dans cette rue : à l'administration des postes, division de   , rue de   ; dans les divers bureaux de distribution et à la Bourse, aux lieu et heure où elle tient, étant sur les lieux indiqués et parlant à divers portiers, locataires, employés, préposés, commerçans, négocians, courtiers de commerce, agens de change et autres différentes personnes (*pour les villes où il y a une banque, on fait mention de la perquisition qui doit aussi y être faite*), auxquels je me suis adressé successivement, et qui n'ont dit leurs noms, quoique de ce sommés, lesquels ont tous répondu ne pas connaître le domicile ni la personne de M.   , et sommés de signer leurs réponses, ont

banquier à   , à l'ordre du sieur D.   , qui l'a passée
au sieur F.,   lequel l'a passé lui-même au requérant ; ladite traite payable
à trente jours de vue, dont il est donné copie en tête de celle des présentes.

Et, à mêmes requête, demeure et élection de domicile, j'ai, huissier susdit et
soussigné, parlant comme dit est, sommé et interpellé mondit sieur   de présentement accepter ladite lettre de change pour en faire le paiement à son échéance.

M.   a répondu que n'ayant point autorisé à tirer sur lui (*ou que
ne devant rien au tireur, et n'ayant point reçu les fonds nécessaires pour
payer*), il ne peut accepter ladite lettre de change, et qu'il fait au surplus toutes
protestations nécessaires. Sommé de signer sa réponse, a refusé.

Laquelle réponse j'ai prise pour refus d'acceptation, et en conséquence protesté,
pour le requérant, de se pourvoir contre qui il appartiendra, tant pour le change
et le rechange, que pour tous frais, dépens, dommages et intérêts, et, le tout fait
en présence et assisté du sieur   et du sieur   (*noms, demeures et professions des témoins*) tous deux témoins avec moi soussignés. A ce
que mondit sieur   n'ignore, je lui ai, domicile et parlant comme ci-
dessus, laissé, sous toutes réserves, copie tant de la lettre de change sus-énoncée,
que du présent, dont le coût est de

(Signatures de l'huissier et des témoins).

Nota. — *En tête de l'original et de la copie on copie littéralement la
lettre de change, les besoins et les endossemens ; si la lettre de change a plusieurs exemplaires, on transcrit seulement le premier, ainsi que les endossemens qui s'y trouvent, s'ils sont à un autre exemplaire de la lettre de change,
on transcrit en suite du premier les endossemens qui sont à l'autre exemplaire, et l'on met: au dos du second exemplaire sont les endossemens qui suivent.*

*Si le tiré refuse d'accepter, mais qu'il y ait une acceptation au besoin,
après avoir énoncé sa réponse, on ajoute :* Pourquoi je me suis transporté au
domicile de M.   demeurant à   , chez qui est indiqué un
besoin par ladite lettre de change, où étant et parlant à sa personne ainsi déclarée,
je lui ai présenté la lettre de change dont copie est ci-dessus transcrite, et l'ai
sommé et interpellé de l'accepter.

M.   a répondu, qu'attendu le défaut d'acceptation par M   ,
il accepte ladite lettre de change, pour en payer au besoin seulement, le montant
à l'échéance ; et de suite a mis au bas de cette lettre de change son acceptation
au besoin, et l'a signée.

Après avoir requis la lettre de change ainsi acceptée, j'ai réitéré contre M.
pour le défaut d'acceptation de sa part, les protestations ci-dessus faites. (*Le
reste comme à la formule précédente*).

*Si le tiré refuse d'accepter, et qu'il y ait intervention d'un tiers, après
avoir constaté le refus du tiré, on met :*

Et au même instant est intervenu M.   , propriétaire, demeurant à

Lequel a dit, qu'attendu le défaut d'acceptation par M.   , il accepte
ladite lettre de change par intervention, et pour faire honneur à la signature du
tireur (*ou de tel endosseur*).

Et en conséquence ladite lettre de change lui ayant été présentée, il a mis au
bas une acceptation par intervention pour M.   , et l'a signée. (*Le
reste comme à la formule précédente*).

----

refusé. Après avoir compulsé dans l'*Almanach du commerce* de cette année,
la liste des commerçans et principaux habitans de ladite ville de   ,
il en est résulté que la perquisition a été infructueuse ; pourquoi je l'ai prise pour
refus de paiement, et en conséquence ai protesté du renvoi dudit effet aux garans,
et de tout ce qui est à protester en pareil cas.

Et attendu que ledit sieur   n'a ni domicile ni résidence connus,
j'ai, conformément à la loi, affiché copie du présent, signé de moi et des témoins
soussignés, à la principale porte de l'auditoire du tribunal de commerce de   ,
séant à   , où la demande est susceptible d'être portée ; et remis semblable copie à M. le procureur du roi près le tribunal de première instance de
              , séant à   , en son parquet y établi, où, étant et parlant à l'un
des secrétaires, requis de faire viser ces présentes, etc.

FORMULE II.

Protêt faute de paiement.

(C. comm. 173. — Tarif, 65. — Coût, 2 fr., témoins et copie compris. — S'il
y a perquisition, 5 fr.)

L'an   le   , à la requête de M.   j'ai
patenté (*comme à la formule 1*), soussigné sommé et interpellé le sieur
étant en son domicile et parlant à
de présentement payer au requérant, ou à moi huissier, porteur dudit effet, la
somme de   montant de l'effet ci-dessus transcrit, que je lui ai représenté en original et offert de lui remettre, en me payant ladite somme.
Lequel m'a répondu,   etc.
Vu laquelle réponse, que j'ai prise pour refus de paiement, j'ai pour ma partie
protesté, de renvoyer ladite lettre de change, de prendre pareille somme à change
et rechange sur la place au risque et péril de qui il appartiendra , et de toutes
pertes, dépens, dommages et intérêts.
Le tout fait en présence et assisté du sieur   et du sieur
tous deux témoins soussignés   , à ce que le susnommé n'en ignore,
et je lui ai à domicile et parlant comme dessus, laissé copie tant de ladite lettre
de change que du présent dont le coût est de
(*Signatures des témoins et de l'huissier*).

FORMULE III.

Dénonciation du protêt avec assignation.

(C. comm. 165. — Tarif, 29 par anal. — Coût, 2 fr. orig., 50 c. copie.)
L'an   le   , à la requête de   demeurant à
, pour lequel domicile est élu en ma demeure, j'ai (*immatricule.*)
soussigné, signifié avec celle des présentes, laissé copie à M.   demeurant
à   , en son domicile, où étant et parlant à
1° D'une lettre de change de   , tirée par le sieur   le   sur le sieur
et payable le   ; ladite lettre endossée par mondit sieur
2° D'un acte de mon ministère, en date du   , enregistré, contenant
protêt faute de paiement de ladite lettre de change.
Et à mêmes requête, demeure et élection de domicile que ci-dessus, j'ai, huissier susdit et soussigné, parlant comme dit est, donné assignation à mondit sieur
à comparaître et se trouver le   heure de
en l'audience et par-devant MM. les président et juges composant le tribunal de
commerce de   séant à   pour se voir condamner commercialement
et par corps, à payer au requérant la somme de   montant en principal
de la lettre de change sus énoncée, et se voir en outre mondit sieur
condamner aux intérêts tels que de droit, et aux dépens, dans lesquels entreront
le coût de l'enregistrement de ladite lettre de change, dudit protêt.
Et j'ai au susnommé, en parlant comme dessus, laissé copie tant de la lettre de
change et du protêt susénoncé, que du présent, dont le coût est de
(*Signature de l'huissier.*)

Nota. — *On peut demander l'exécution provisoire, s'il y a titre non attaqué* (C. pr. 459), *en concluant ainsi :*
Comme aussi voir dire et ordonner que le jugement à intervenir sera exécuté
nonobstant appel ou opposition , et sans y préjudicier, sans qu'il soit besoin par
le requérant de donner caution.

Nota. Quelquefois la dénonciation de protêt se fait avant l'assignation.

FORMULE IV.

*Requête pour être autorisé à saisir conservatoirement les meubles et effets du
débiteur d'une lettre de change, ou billet à ordre.*

(C. comm. 172, 187.)
A M. le président du tribunal de commerce de
e sie   demeurant à

A l'honneur de vous exposer qu'il est créancier d'une somme de   ,
montant d'un billet à ordre souscrit le   , par le sieur   , demeurant à   , et protesté le
    Que le mobilier et les marchandises du sieur   sont la seule garantie pour
l'exposant du paiement de ladite créance;
    Pour quoi il vous plaira, M. le président ;
    Vu les dispositions des art. 172 C. comm., et 417 C. pr., permettre à l'expo-
sant de faire saisir conservatoirement les meubles et effets mobiliers et marchandises, et vous ferez justice.   (*Signature du requérant*)
    Ordonnance. Nous président du tribunal, vu la requête ci-dessus et les dispo-
sitions des art. 172 C. comm. et 417 C. pr.,
    Autorisons l'exposant à faire saisir conservatoirement les effets mobiliers et
marchandises du sieur
    Fait en notre cabinet à   le   1839.
                                        (*Signature.*)

FORMULE V.

Opposition, en cas de perte d'une lettre de change.

(C. comm. 149.)

L'an   le
A la requête du sieur   , libraire demeurant à
J'ai   soussigné, signifié et déclaré au sieur   banquier
    Que ledit sieur   s'oppose en vertu de permission du président du tribu-
nal, obtenue sur requête, le   , à ce que ledit sieur   se dessaisisse
et fasse paiement dans les mains de qui que ce soit   avant qu'il en soit autrement ordonné par le juge, de la somme de   montant d'une lettre de
change tirée le   , par le sieur   imprimeur à   au
profit du sieur   , et dont le requérant était porteur, par suite d'un endossement souscrit en sa faveur, par ledit sieur   , ladite lettre de change
égarée par le requérant, et j'ai, etc.   (*Signature de l'huissier.*)

FORMULE VI.

*Requête pour obtenir autorisation de réclamer le paiement d'une lettre de
change perdue, en justifiant de sa propriété par ses livres.*

(C. comm. 152).

A MM. les présidens et juges au tribunal de commerce.

Le sieur   etc.,
A l'honneur de vous exposer, que le   février dernier, il reçut par
voie d'endossement du sieur Louis R.   négociant, demeurant à   ,
une lettre de change de la somme de   , tirée le   de Lyon,
par le sieur   sur le sieur   , banquier à Paris, qui l'avait acceptée payable le   à l'ordre du sieur R.   qui l'avait passée à
à l'ordre dudit B.
    Que l'exposant fit écritures sur son registre journal, de l'entrée en caisse de
ladite lettre de change; qu'il l'a perdue, sans y avoir mis aucun endossement (1);
    Qu'il a formé entre les mains dudit sieur D.   opposition au paiement
de ladite traite, par exploit de   , en date du
                    enregistrée le
    Qu'il n'a pu parvenir à se faire fournir une nouvelle traite, quoiqu'il ait pro-
cédé, conformément aux dispositions du C. comm.

---

    (1) *Si la lettre de change a été tirée en plusieurs exemplaires, et que celui
revêtu de l'acceptation soit perdu, on met :*
    Attendu que le requérant est porteur de la *seconde* de ladite lettre de change,
dûment endossée à son ordre, mais que la *première*, sur laquelle se trouve l'acceptation dudit sieur   est perdue, etc.

Pourquoi il vous plaira, Messieurs, vu le livre journal de l'exposant, l'opposition faite à sa requête le   les sommations aussi faites à sa requête, les   et ensemble la présente requête et y faisant droit, l'autoriser à demander le paiement de ladite lettre de change perdue, contre ledit sieur sous le cautionnement du sieur   fabricant à   qui fera à votre greffe les soumissions qu'exige la loi.

(*Signature*).

FORMULE VII.

Acte de protestation, en cas de refus de paiement, ordonné par le juge.

(C. comm. 153. — Coût, 2 fr. orig. 50 c. copie.)

L'an   le   , à la requête du sieur Pierre   , marchand quincailler, etc.,

Lequel fait élection de domicile à   , chez M^e   , avoué à   y demeurant, rue   , n°   , où il consent même la signification d'offres réelles, je   soussigné, ai signifié au sieur D   banquier demeurant à Paris, rue   : n°   en parlant à   , copie d'une ordonnance de M. le président du tribunal de commerce de   en date du   enregistré, étant au bas de la requête à lui présentée, ensemble de l'acte de cautionnement et soumission du sieur   , en date du   enregistré.

Et à même requête, etc.

J'ai soussigné, fait sommation audit sieur   , de payer sans délai au requérant, ou à moi porteur de pièces, la somme de   , montant de la lettre de change dont il s'agit, ce qu'il a refusé de faire, sans donner de motifs, et sans vouloir signer sa réponse, nonobstant mon interpellation ; Attendu ledit refus, j'ai, dans l'intérêt du requérant et de tous autres qu'il appartiendra, fait toutes protestations de toutes pertes et dommages, et protesté que le requérant va se pourvoir ainsi qu'il appartiendra. Dont acte, et j'ai audit sieur   en son domicile, en parlant comme dit est, laissé copie desdites ordonnances, acte de cautionnement et soumission, ainsi que du présent exploit dont le coût est de.

(*Signature de l'huissier.*)

EFFET *rétroactif.*—V. *Rétroactif* (*effet*).

EFFETS PUBLICS.—V. *Rente sur l'État.*

ÉLARGISSEMENT.—V. *Emprisonnement.*

ÉLECTION DE COMMAND.—V. *Vente.*

ÉLECTION *de domicile.*—V. *Domicile*, § 3 ; *Exploit.*

ÉLECTIONS (*procédure en matière d'*).

1. *Élection des députés.* Les listes des électeurs sont dressées par les préfets, et révisées chaque année à partir du 1er juillet. L. 19 avr. 1831, art. 17.

2. Le 15 août, les listes révisées sont affichées au chef-lieu de chaque canton et dans toutes les communes de 600 habitans.—Elles sont déposées 1° au secrétariat de la mairie de chacune des communes ; —2° au secrétariat de la préfecture, pour être communiquées à quiconque le requiert. *Ib.* art. 19.

3. Cette publication tient lieu de notification des décisions intervenues aux individus dont l'inscription a été ordonnée.

Mais une notification personnelle doit être faite dans les dix jours à ceux dont le nom est indiqué comme devant être retranché. — Cette notification a lieu au domicile élu par les parties dans le département pour l'exercice de leurs droits électoraux, si elles n'y ont pas leur domicile réel, et, à défaut de domicile

élu , à la mairie de leur domicile politique.—Elle est faite par
un huissier ou un gendarme qui doit rapporter un reçu. *Ib.*
art. 21 ; C. inst. crim. 589.

4. A compter du 15 août , il est ouvert au secrétariat général
de la préfecture un registre, coté et paraphé par le préfet, sur
lequel sont inscrites, à la date de leur présentation et suivant un
ordre de numéros , toutes les réclamations signées par le réclam-
mant ou par son fondé de pouvoirs. L. 19 avr. 1831 ,art. 23.—
Une procuration verbale suffit. Rouen, 20 déc. 1828 ; Rennes ,
23 oct. 1837 , S. 37, 496.

Le préfet donne récépissé de chaque réclamation et des pièces
à l'appui. Ce récépissé énonce la date et le numéro de l'enregistrement. *Même article.*

5. Quiconque se plaint d'avoir été indûment inscrit , omis,
ou rayé , ou de toute autre erreur , peut, jusqu'au 30 sept. inclusivement , présenter sa réclamation avec les pièces justificatives. *Même loi,* art. 24.

6. Dans le même délai , tout individu inscrit sur les listes
d'un arrondissement électoral peut réclamer l'inscription de
tout citoyen qui n'y est point porté, quoique réunissant les
conditions nécessaires ; la radiation de tout individu qu'il prétend indûment inscrit, ou la rectification de toute autre erreur
commise dans la rédaction des listes. — Ce même droit appartient à tout citoyen inscrit sur la liste des jurés non électeurs de
l'arrondissement. *Ib.* art. 25.

7. L'électeur dont le nom, inscrit sur la liste électorale , a
été par erreur omis ou retranché lors de la révision annuelle ,
est recevable même après le 30 sept., à réclamer contre ce retranchement si aucune notification ne lui en a été faite.—Dans
ce cas , si la réclamation est formée postérieurement au 21 oct.,
la C. roy. est seule compétente pour en connaître. Poitiers, 19
juin 1834 , S. 34, 545 ; Cass. 31 juill. 1834 , S. 34 , 545, 546.

8. La demande adressée au préfet pour obtenir la radiation
ou l'inscription d'un tiers ne doit pas nécessairement être accompagnée de pièces justificatives, comme celle qui concerne
personnellement le réclamant. Cass. 23 et 24 avr. 1838, P. 1838,
2 , 13.

9. Mais elle n'est reçue qu'autant que le réclamant y joint
la preuve qu'elle a été par lui notifiée à la partie intéressée, laquelle a dix jours pour y répondre à partir de celui de la notification. L. 19 avr. 1831 , art. 26.

10. Il suffit qu'elle soit signée de l'huissier du réclamant reconnu pour être son fondé de pouvoirs, s'il l'a remise au préfet
après en avoir fait la notification à la partie intéressée. *Même
arrêt.*

11. Elle n'est pas nulle, quoiqu'elle ait été faite sur papier

libre, ou par exploit non enregistré. Bastia, 27 nov. 1833, S. 34, 548.

12. Le préfet statue en conseil de préfecture sur les demandes qui lui sont présentées, dans les cinq jours qui suivent leur réception, lorsqu'elle sont formées par les parties elles-mêmes ou par leurs fondés de pouvoirs; et dans les cinq jours qui suivent l'expiration du délai fixé, *sup.* n° 5, si elles sont formées par des tiers.

Les décisions sont motivées.

La communication, sans déplacement, des pièces respectivement produites sur les questions et contestations, doit être donnée à toute partie intéressée qui la requiert. L. 19 avr. 1831, art. 27.

13. Il est publié tous les quinze jours un tableau de rectification conformément aux décisions rendues dans cet intervalle, ce qui tient lieu de notification aux individus dont l'inscription a été ordonnée ou rectifiée.

Les décisions portant refus d'inscription, ou prononçant des radiations, sont notifiées dans les cinq jours de leur date aux individus dont l'inscription ou la radiation a été réclamée par eux ou par des tiers. — Les décisions rejetant les demandes en radiation ou en rectification, sont notifiées dans le même délai tant au réclamant qu'à l'individu dont l'inscription a été con‧testée. *Ib.* art. 29.

14. Le 16 oct., le préfet clot les listes. Le dernier tableau de rectification et l'arrêté de clôture des listes des colléges électo‧raux du département sont publiés et affichés le 20 du même mois. *Ib.* art. 31.

15. Toute partie est recevable à appeler de la décision du préfet devant la C. roy. du ressort. *Ib.* art. 35.

16. Il y a lieu à appel lorsque le préfet n'obtempère pas à la sommation de recevoir des pièces produites par un électeur. On objecterait en vain que ce refus ne constitue qu'un déni de justice, ne pouvant être réprimé que par l'autorité administrative supérieure. Toulouse, 13 nov. 1827.

17. L'électeur rayé de la liste électorale par le préfet lors de la révision annuelle ne peut se pourvoir *de plano* devant la C. roy. pour obtenir sa réintégration; il doit d'abord porter sa réclamation devant le conseil de préfecture. Bastia, 20 mars 1837, S. 37, 497; Arg. Cass. 15 juin 1837, S. 37, 633.

18. Si le préfet a rejeté une demande d'inscription formée par un tiers, l'action ne peut être intentée que par l'individu dont l'inscription a été réclamée. L. 19 avr. 1831, art. 83.

19. Les réclamations portées devant la C. roy. par suite d'une décision qui a rayé un individu de la liste, ont, comme celles présentées au conseil de préfecture, un effet suspensif. *Ib.* art. 34.

20. Des conflits ne peuvent plus être élevés par les préfets, excepté dans les cas très rares où la contestation serait purement administrative. Discussion de la loi de 1828.—Par exemple, s'il s'agissait de statuer sur l'assiette et la fixation des contributions. Paris, 21 oct. 1829.

Mais une C. roy. n'excède pas ses pouvoirs en décidant que des pièces produites devant le préfet, il résulte un cens différent de celui qu'il a admis; ou en décidant, par une rectification de calcul, qu'un citoyen doit être porté sur la liste. Cass. 3 juill. 1830.

21. Le conflit élevé par le préfet ne dessaisit pas par lui-même l'autorité judiciaire comme en matière ordinaire, la Cour doit examiner la nature de la difficulté, et ne se dessaisir qu'autant qu'il s'agit au fond d'une question hors de ses attributions. Montpellier, 16 nov. 1827, S. 28, 192; Rouen, 10 nov. 1827, S. 28, 181; Toulouse, 15 nov. 1827, S. 28, 35.

22. L'exploit introductif d'instance doit, sous peine de nullité, être signifié dans les dix jours de la notification de la décision attaquée, quelle que soit la distance du lieu, tant au préfet qu'aux parties intéressées. *Ib.*

Le jour de la notification compte dans le délai. Nanci, 16 juin 1830, S. 30, 329.

L'art. 1033 C. pr. n'est pas applicable dans ce cas. En conséquence, le recours contre l'arrêté du préfet est non recevable le onzième jour, encore bien que le dixième fût un jour férié. Bastia, 8 déc. 1835 (Art. 327 J. Pr.).

23. Le préfet doit nécessairement être appelé en cause : cela résulte de l'obligation où l'on est de lui notifier le recours. Nanci, 27 nov. 1828, S. 29, 155; Bordeaux, 23 juin 1831. —V. *sup.* n° 15.

24. Les parties peuvent produire, à l'appui de leurs réclamations, toutes les pièces qu'elles jugent convenables. L. 19 avr. 1831, art. 33.

25. Peu importe que ces pièces n'aient point été présentées au préfet. Cass. 29 déc. 1837, S. 37, 2, 496; Bastia, 28 nov. 1836; Cass. 21 avr. 1838, P. 1838, 2, 18.

26. La cause est jugée sommairement, toutes affaires cessantes, et sans qu'il soit besoin du ministère d'avoué. L. 19 avr. 1831, art. 33.

27. Elle peut néanmoins être continuée à une prochaine audience. Cass. 5 juin 1834, S. 34, 401.

28. L'affaire est rapportée, en audience publique, par un conseiller. L. 19 avr. 1831, art. 33.—L'arrêt doit mentionner cette formalité, à peine de nullité. Cass. 1er août 1837 (Art. 889 J. Pr.).

29. Les parties ou leurs défenseurs sont entendus après le rapport, ainsi que le ministère public. L. 19 av. 1831, art. 33.

30. La partie ou son avocat ne peuvent répliquer au minis-.ère public : il donne ici de simples conclusions. Paris, 25 août 1829; Orléans, 9 juin 1830, S. 30, 229. — *Contrà*, Angers, 13 mai 1830, S. 30, 229.

31. Une pièce nouvelle ne peut plus être produite après la clôture des plaidoiries et les conclusions du ministère public, fût-ce même un arrêté du conseil de préfecture sur le litige. Les juges ne sont plus tenus d'avoir égard à cette production, et leur décision ne peut être annulée comme ayant porté atteinte à la chose jugée par un acte administratif, si d'ailleurs ils étaient compétens pour connaître du litige. Cass. 28 août 1834, S. 34, 642.

32. Le tiers assigné devant la C. roy. aux délais de la loi par l'électeur dont il a fait ordonner la radiation peut, avant l'expiration de ces délais, obtenir un arrêt par défaut contre l'électeur qui ne se présente pas. Montpellier, 25 et 31 oct. 1837, S. 37, 497.

33. Si le réclamant ne justifie pas complètement de sa capacité, la Cour a le droit d'ordonner son inscription, à la charge par lui de faire les justifications prescrites dans un délai déterminé. Nanci, 9 juin 1830, S. 30, 329.

34. Est suffisamment motivé l'arrêt qui énonce que les pièces produites prouvent le cens électoral. Cass. 26 juin 1830.

35. La Cour peut, en cas d'urgence, ordonner l'exécution de son arrêt sur minute. Rennes, 9 janv. 1829. — *Contrà*, Pau, 16 déc. 1828.

36. Mais un arrêt qui prononce, sur la réclamation d'un tiers, la radiation d'un contribuable d'une liste électorale où il figure indûment, ne doit pas ordonner en même temps son inscription sur la liste du lieu où il reconnaît que l'électeur a conservé son domicile politique, si aucune demande n'a été formée à cet effet. Cass. 23 avr. 1838, P. 1838, 2, 13.

37. Le préfet dont l'arrêté est annulé sur le recours de l'électeur intéressé, n'est pas passible des dépens envers cet électeur : s'il est partie dans l'instance, c'est comme remplissant un ministère public : il agit dans le cercle de ses fonctions, et pour l'exécution des lois, il n'a aucun intérêt privé à la décision, et par conséquent l'art. 130 C. pr. ne saurait lui être appliqué. Paris, 8 oct. et 2 déc. 1828, S. 29, 5; Poitiers, 17 août 1828; Toulouse, 1er juill. 1829; Orléans, 14 janv. 1829; Nanci, 27 nov. 1828, S. 29, 155; Cass. 20 avr. 1836 (Art. 458 J. Pr.). — *Contrà*, Nanci, 10 nov. 1828, S. 29, 155.

58. Il en de même de l'électeur dont la radiation est prononcée sur la demande d'un tiers : son acquiescement ne suffit pas pour faire exécuter la radiation. Elle ne peut avoir lieu qu'en vertu d'un arrêt. Paris, 4 mai 1829. — *Contrà,* Caen, 29 déc. 1828.

59. Mais le tiers intervenant qui succombe doit être condamné aux dépens (Nanci, 21 juin 1830), — par la C. roy.,— et non par le préfet, en conseil de préfecture. Décis. min. 14 avr. 1829.

40. Le préfet, sur la notification de l'arrêt intervenu, fait sur la liste la rectification qui a été prescrite. L. 19 avr. 1831, art. 35.

41. En cas de refus, il encoure la peine de la dégradation civique, comme coupable d'un acte attentatoire aux droits civiques d'un citoyen (C. pén. 114). Discussion de l'art. 20, L. 2 juill. 1828.

42. Les arrêts rendus par défaut ne sont pas susceptibles d'opposition : cette voie de réformation n'est pas autorisée par la loi électorale, et la forme ordinaire de la procédure à laquelle il faudrait recourir, en l'absence de toute disposition spéciale, est contraire à l'esprit qui a animé le législateur de 1831. Toulouse, 25 nov. 1836 (Art. 652 J. Pr.); Montpellier, 30 oct. 1837, S. 37, 497.

43. Mais le pourvoi en cassation est ouvert aux parties. L. 19 avr. 1831, art. 33.

44. Même aux préfets : peu importe qu'ils prononcent en 1re inst. : la loi exige que l'appel leur soit notifié comme aux parties intéressées. Cass. 2 juill. 1830, S. 30, 248.

45. Devant la C. de cass. il est procédé sommairement, et toutes affaires cessantes, comme devant la C. roy. (— V. *sup.* n° 26), sans consignation d'amende. L. 19 avr. 1831, art. 33. Le pourvoi n'est pas suspensif. Arg. *à contrario*, L. 19 avr. 1831, art. 34; Rapp. ch. pairs.

46. Le pourvoi est soumis à la chambre des requêtes. Cass. 7 avr. 1829, S. 29, 129.

47. Les arrêts d'admission obtenus par les préfets sont valablement notifiés aux défendeurs par des gendarmes ; le ministère des huissiers n'est pas indispensable. Cass. 1 et 2 juill. 1830, S. 30, 248 (—V. *sup.* n° 3). Mais l'assignation devant la chambre civile, en vertu de l'arrêt d'admission, est nulle, si la copie laissée à l'électeur n'est pas signée des gendarmes, quand bien même l'original serait signé par l'électeur. Cass. 6 et 13 juill. 1830, S. 30, 358, 359.

48. La signification de l'arrêt d'admission doit être faite, à peine de nullité, à la personne du défendeur; en cas d'absence, une copie doit être laissée à son domicile, et une autre au maire qui vise l'original. — Néanmoins, la nullité ne peut être proposée par l'électeur qui comparaît et représente la copie (Cass. 6 et 7 juill. 1850). La signification est valable, quoique contenant deux dates, si les deux dates sont dans les délais. Cass. 5 juill. 1830, S. 50, 557.

49. Mais la chambre civile n'est pas valablement saisie dans le cas où dans l'assignation donnée au défendeur, il lui a été laissé copie d'un arrêt d'admission relatif à un autre que lui. Cass. 5 juill. 1850, S. 30, 359.

50. Lorsque la signification de l'arrêt d'admission est nulle, la Cour peut ordonner la réassignation du défendeur, si les délais ne sont pas encore expirés. Cass. 7 juill. 1830.

51. La chambre des députés est seule juge des conditions d'éligibilité de ses membres. L. 19 avr. 1831, art. 61.

52. *Élections des conseillers de départemens et d'arrondissemens.* Les listes des électeurs sont dressées par les préfets dans les mêmes formes, dans les mêmes délais et de la même manière que les listes des électeurs pour les députés. L. 22 juin 1833, art. 5, 22, 29, 30, 31, 32.

Les demandes en inscription sur ces listes, en rectification d'inscription, ou en radiation des listes, doivent également être intentées par les mêmes personnes, dans les mêmes délais et de la même manière que celles relatives aux listes des électeurs appelés à nommer les députés ; elles sont instruites et jugées dans la même forme.

53. Toutefois, les listes des électeurs appelés à choisir les conseillers d'arrondissement sont dressées par canton. L. 22 juin 1833, art. 22, 31.

Et le droit d'attaquer l'inscription d'un individu sur une liste cantonnale n'appartient qu'à ceux qui sont inscrits sur la même liste : peu importe que le réclamant soit porté sur la liste d'un autre canton du même arrondissement, et que les deux cantons soient appelés à élire concurremment un membre du conseil général. Bastia, 14 nov. 1833, S. 34, 549.

54. La nullité des opérations du collége peut être demandée devant le conseil de préfecture, soit par le préfet, soit par tout membre de l'assemblée électorale. *Ib.* art. 50, 51.

55. Cette demande doit être formée par le préfet dans les quinze jours de la réception, à la préfecture, du procès-verbal des opérations du collége; et par les électeurs dans les cinq jours à partir du jour de l'élection ; dans ce dernier cas, si la réclamation n'a pas été consignée au procès-verbal, elle est déposée au secrétariat de la sous-préfecture. *Même article.*

56. Le conseil de préfecture est tenu de statuer sur la demande en nullité dans le mois, à compter de sa réception à la préfecture. *Ib.*

57. Sa décision peut être déférée, par la voie contentieuse, au Conseil-d'État qui prononce publiquement et sans frais. *Ib.* 53.

58. Le recours au Conseil-d'État est suspensif, quand il est exercé par le conseiller élu. *Ib.* art. 54.

59. Si la réclamation est fondée sur l'incapacité légale d'un ou de plusieurs membres élus (c'est-à-dire si l'on soutient qu'il ne réunit pas les conditions d'âge, de cens et de jouissance des droits civils et politiques exigés par l'art. 4 L. 22 janv. 1833 (Cass. 28 août 1834, S. 34, 642), la question est portée devant le trib. de l'arrondissement, qui statue, sauf l'appel. *Ib.* art. 52.

60. Dans le projet du gouvernement, le trib. de 1ʳᵉ inst. statuait en dernier ressort ; mais la chambre des députés a pensé que la matière était trop importante pour déroger à la règle générale des deux degrés de juridiction. D'ailleurs, s'il en était autrement, un jugement pourrait infirmer un arrêt, dans le cas, par exemple, où un électeur aurait été maintenu sur la liste par décision d'une Cour, et où son élection serait attaquée par un électeur, par les moyens qui auraient été repoussés par la Cour. La cause n'étant pas engagée entre les mêmes parties, il serait, en effet, impossible d'opposer l'autorité de la chose jugée.

61. L'acte d'appel doit être notifié, dans les dix jours, à la partie, quelle que soit la distance des lieux. La cause est jugée sommairement et dans la forme indiquée *sup.*, n° 26. *Ib.* art. 52.

62. L'appel n'est pas suspensif, lorsqu'il est interjeté par le préfet. *Ib.* art. 52.

63. *Élections des conseillers municipaux.* Les listes des électeurs sont dressées par les maires, qui prononcent sur les difficutés élevées sur la formation de ces listes, après avoir pris l'avis d'une commission de trois membres du conseil délégués à cet effet par le conseil municipal. L. 21 mars 1831, art. 32, 35.

64. Toute partie peut appeler de la décision du maire, dans le délai de quinze jours, devant le préfet, qui, dans le délai d'un mois, prononce en conseil de préfecture et notifie sa décision. *Ib.* art. 36.

65. Le délai d'un mois est limitatif; tellement que, si le conseil n'a pas statué avant son expiration, l'élection attaquée devient définitive. Ordonn. Cons.-d'Ét. 26 août 1835, S. 35, 546. — Peu importerait qu'une décision préparatoire eût été rendue avant la fin du mois. Ordonn. Cons.-d'Ét. 18 fév. 1836, S. 36, 235.

66. L'opposition à un arrêté du conseil de préfecture, qui a annulé une élection, n'est également plus recevable, si elle n'a été formée qu'après l'expiration du délai d'un mois accordé à ce conseil pour statuer sur les réclamations élevées contre les opérations électorales : ce délai expiré, les opérations deviennent définitives, même en ce qui touche l'annulation d'élections faites. Ordonn. Cons.-d'Ét. 23 fév. 1837, S. 37, 303.

67. Les décisions des conseils de préfecture peuvent être attaquées par voie de recours au Conseil-d'État : la loi du 21 mars 1831 ne contient à cet égard aucune dérogation au principe général qui soumet à ce recours toutes les décisions des conseils de préfecture. Ordonn. Cons.-d'Ét. 26 fév. 1832, S. 32, 211.

Le ministère d'un avocat au conseil n'est point nécessaire dans ce cas. Ordonn. Cons.-d'Ét. 22 juin 1835 (Art. 179 J. Pr.).

68. Quand la réclamation de plusieurs électeurs municipaux contre les élections de leur commune a été formée dans un intérêt public et non personnel, la signification faite à quelques-uns d'entre eux de l'arrêté du conseil de préfecture qui statue sur la réclamation, fait courir le délai du pourvoi contre tous. Ordonn. Cons.-d'Ét. 29 juin 1832, S. 32, 503.

69. Il a même été jugé qu'en général le délai pour se pourvoir devant le Conseil-d'État contre les arrêtés des conseils de préfecture court du jour où les parties intéressées ont eu pleine connaissance de ces arrêtés, bien qu'ils ne leur aient pas été notifiés. Ordonn. Cons.-d'Ét. 16 août 1832, S. 32, 616.

70. Dans aucune circonstance, les arrêtés des conseils de préfecture sur la validité des élections municipales ne sont susceptibles de tierce-opposition. Ordonn. Cons.-d'État, 29 juin 1832, S. 32, 504.

71. Les difficultés relatives, soit à l'attribution des contributions, soit à la jouissance des droits civiques ou civils et au domicile réel ou politique, doivent être portées devant le tribunal civil de l'arrondissement, qui statue en dernier ressort sur le rapport d'un de ses membres (Cass. 26 janv. 1835, S. 35, 206 ; 2 fév. 1835 (Art. 260 J. Pr.), et suivant les formes établies par les lois relatives à l'élection des députés. *Ib.* art. 42. — V. *sup.* n° 28, 29.

72. Il résulte de ces principes, 1° que la question de savoir quelles sont, parmi les ouvertures imposées dans la maison d'un particulier, celles dont la taxe doit lui être comptée pour compléter son cens électoral, est de la compétence de l'autorité judiciaire. Ordonn. Cons.-d'Ét. 14 juin 1837, S. 37, 511.

2° Que les trib. civils ont seuls qualité pour décider si un électeu doit être porté sur la liste d'une section autre que celle où il a été inscrit dans une ville divisée en plusieurs sections nommant chacune leur représentant. — Cette rectification peut être poursuivie par des tiers. Cass. 17 fév. 1836, S. 36, 208.

Mais c'est devant l'administration qu'il faut se pourvoir pour faire compléter les énonciations de la liste électorale, en indiquant le domicile de certains électeurs. *Même arrêt.*

73. Toutes les questions attribuées aux trib. sont portées *de plano* devant eux sans qu'il soit nécessaire d'attendre que l'autorité administrative ait prononcé sur la réclamation formée devant elle. Cass. 9 juill. 1852, S. 52, 524.

74. Mais un trib. de 1re inst. ne peut réformer, sur l'appel, l'arrêté d'un préfet qui maintient ou ordonne l'inscription de certains individus sur la liste électorale. Cass. 6 avr. 1835, S. 35, 703.

75. L'action doit, à peine de nullité, être intentée dans les dix jours de la notification de la décision du maire : le recours formé devant une autorité incompétente n'interrompt pas cette déchéance. Cass. 21 mai 1834, S. 34, 427.

76. La voie de l'opposition n'est pas ouverte contre les jugemens rendus par défaut en matière d'élections communales. Les trib. de 1re inst. sont, en effet, investis des attributions conférées aux C. roy. en matière d'élections de députés, et doivent être régis par les mêmes principes. Arg. L. 2 juill. 1828, art. 18.

77. Mais la tierce-opposition est recevable lorsque, par une disposition du jugement auquel il n'a pas été partie, le tiers opposant se trouve lésé dans l'exercice de ses droits électoraux. Cass. 22 mai 1832, S. 32, 613.

78. *Enregistrement.* Les actes judiciaires auxquels donnent lieu soit l'action portée devant les C. roy. contre la décision des préfets, soit le pourvoi en cassation contre les arrêts des C. roy., doivent être enregistrés gratis. L. 19 avr. 1831, art. 35.

79. Il en est de même des actes judiciaires faits devant les trib. de 1re inst. pour arriver au jugement des difficultés élevées en matière d'élection, soit de conseillers municipaux, soit de conseillers de département ou d'arrondissement. LL. 21 mars 1831, art. 42 ; 2 juill. 1828, art. 18, 22 juin 1833, art. 52.

ÉMANCIPATION. — V. *Mineur.*

ÉMENDER. — Terme de palais qui exprime l'action de *réformer*, de corriger le jugement d'un tribunal inférieur. — V. *Appel*, formule 1.

ÉMOLUMENS. — Honoraires et vacations dus à un officier public. — V. *Dépens*, *Frais*, *Tarif*, *Taxe.*

EMPRISONNEMENT (1). Exécution de la contrainte par corps.

DIVISION.

§ 1. — *De la contrainte par corps.*

§ 2. — *Cas dans lesquels la contrainte par corps peut ou doit être ordonnée.*

---

(1) Cet article est de M. Armand Pelletier, avocat.

§ 1. — *De la contrainte par corps.*

1. La législation, en cette matière, a successivement subi de nombreuses modifications. — V. *Contrainte par corps*, n° 1 à 4.

2. La loi se réserve de fixer les cas où la contrainte par corps peut ou doit avoir lieu et d'en régler l'exécution.

L'art. 2063 C. civ. est ainsi conçu : — « Hors les cas déterminés par les art. précédens, ou qui pourraient l'être à l'avenir par une loi formelle (V. *inf.* § 2), il est défendu à tous juges de prononcer la contrainte par corps, à tous notaires et greffiers de recevoir des actes dans lesquels elle serait stipulée, et à tous Français de consentir pareils actes, encore qu'ils eussent été passés en pays étrangers ; le tout à peine de nullité, dépens, dommages et intérêts. »

3. Cette disposition et l'art. 19 L. 17 avr. 1832 (— V. *inf.* n° 66) sont applicables *à la contrainte par corps pour dettes* : — ils ne s'opposent point à ce que le père, ou la mère non remariée emploient la force publique pour ramener l'enfant qui, soumis à leur puissance, a fui la maison paternelle : les art. 376 et suiv. C. civ. leur accordent un droit de correction qui va jusqu'à la détention.

Le tuteur a-t-il un droit analogue ? — V. *Mineur.*

Le mari peut-il employer le ministère d'un huissier et de la force publique pour faire rentrer sa femme au domicile conjugal ? — V. *Femme mariée.*

4. Le jugement qui prononce la contrainte par corps hors des cas déterminés par la loi est nul au chef de la contrainte par corps.

Il peut être utile aux parties sous d'autres rapports : par exemple, au créancier, pour donner date à son hypothèque. Fournel, *Contrainte par corps*, p. 75.

5. Le débiteur, illégalement condamné par corps, doit, — si le jugement est par défaut, y former opposition ; — s'il est contradictoire ou que l'opposition ne soit plus recevable, en interjeter appel ; — s'il s'agit d'un arrêt contradictoire, se pourvoir en cassation.

6. L'appel est recevable contre la disposition relative à la contrainte par corps, quoique la condamnation principale soit en dernier ressort. L. 17 avr. 1832, art. 20. — Soit que le jugement ait été rendu par des trib. civ. ou de comm. *Ib.* — Par un juge de paix ou par des arbitres. — V. *inf.* n° 25. — Soit qu'il y ait eu jugement en dernier ressort ; — Ou renonciation à l'appel. — V. *inf.* n° 17.

7. L'appel doit être interjeté dans les délais ordinaires.

8. Les moyens de défense contre la contrainte par corps peuvent être pour la première fois proposés en appel. Paris, 20 germ. an 12. Bordeaux, 9 mars 1809, S. 7, 2, 873.

9. En est-il de même du recours en cassation ? — Il faut distinguer : — Si l'exception résulte des qualités prises au procès, le trib. aurait dû l'opposer d'office. Ainsi le jugement d'un trib. de comm. qui condamnait par corps un notaire à rembourser un simple billet à ordre a été cassé. Cass. 20 flor. an 11, S. 2, 319. — Si, au contraire, l'exception ne résulte ni de la nature de la demande, ni des qualités, par exemple si un simple particulier assigné comme commerçant ne conteste pas la qualité, un septuagénaire ne fait pas connaître son âge, le pourvoi doit être rejeté. Coin-Delisle, *Commentaire analytique du Code civil, Contrainte par corps*, p. 33, n° 66.

10. L'appel contre un jugement rendu en dernier ressort au principal n'est pas suspensif. L. 17 avr. 1832, art. 20. — Et le créancier peut poursuivre l'exécution du jugement, — sans caution : l'art. 439 C. pr. est inapplicable à ce cas. Paris, 27 août 1836 (Art. 981 J. Pr.); — Et sans que l'exécution provisoire en ait été ordonnée.

11. Si, au contraire, le jugement est seulement en premier ressort, et que l'exécution provisoire n'ait pas été ordonnée, l'exercice de la contrainte par corps est suspendu par l'appel, en matière civile. — Conséquemment le débiteur, qui représente l'acte d'*Appel* (— V. ce mot, n° 199), peut empêcher l'huissier de passer outre à l'emprisonnement. Lepage, 530.— Ou, si l'incarcération a déjà eu lieu, obtenir de la C. roy. son élargissement provisoire. Arg. C. pr. 459; Pigeau, 2, 281; Carré, n° 2706.—Toutefois Lepage, dans ce dernier cas, pense que l'appel n'a point d'effet rétroactif et que le débiteur incarcéré avant l'appel doit rester en prison.

12. On peut ordonner l'exécution provisoire d'un jugement qui prononce la contrainte par corps, s'il y a péril en la demeure :

l'art. 135 C. pr. ne fait aucune distinction. Montpellier, 22 août 1827, S. 28, 40.

13. En matière civile, la contrainte par corps ordonnée par jugement en premier ressort provisoirement exécutoire *sans caution* est suspendue par l'appel : le législateur, dans l'art. 135 C. pr. n'a pas, il est vrai, reproduit la disposition de l'art. 2068 C. civ. qui exige la caution ; mais il ne faut pas conclure de ce silence qu'il ait voulu l'abroger. Son but unique, par l'art. 135, a été de déterminer *dans quel cas* l'exécution provisoire peut être ordonnée ; — Mais la question du *mode* d'exécution reste soumise à des règles spéciales, notamment à l'art. 2068 C. civ. pour le cas de contrainte par corps. Pau, 24 juill. 1823 ; Rennes, 6 avr. 1835 (Art. 253 J. Pr.). — Lors même qu'il y a titre authentique ou promesse reconnue. Rennes, 6 avr. 1835.

Le défaut de caution ne peut suspendre l'exécution provisoire des autres dispositions du jugement. *Même arrêt.*

14. Mais en matière commerciale, l'exécution provisoire s'étend à la contrainte par corps , comme aux autres poursuites ; qu'elle soit ordonnée avec ou sans caution. C. civ. 2070 ; C. pr. 439 ; C. comm. 647 ; Carré, n° 2676 ; Coin-Delisle, p. 43, n° 2.

15. Le jugement en dernier ressort qui n'a pas accordé la contrainte par corps demandée n'est pas susceptible d'appel : l'art. 20 L. 17 avr. 1832 a été introduit dans l'intérêt exclusif du débiteur. Coin-Delisle, p. 104, n° 2. — Si ce jugement refuse la contrainte par corps dans un cas où la loi l'ordonne , le créancier a le pourvoi en cassation ; s'il omet d'y statuer, c'est un cas de requête civile.

16. L'acquiescement donné au jugement qui prononce la contrainte par corps , vaut en ce sens qu'il rend inattaquable la condamnation pécuniaire.

17. Mais, quelque formel qu'il soit, il n'enlève point la faculté d'interjeter appel au chef de la contrainte par corps. Paris, 12 juill. 1825 , S. 28, 124 ; Bordeaux , 21 déc. 1825 , S. 26, 158 ; Rouen, 5 nov. 1827, S. 28, 160 ; Paris, 19 déc. 1832, S. 33, 472 ; Paris, 26 oct. 1837 (Art. 1003 J. Pr.). — L'appel, dans cette dernière espèce, était fondé sur ce que le débiteur n'étant point commerçant n'avait pu être condamné par corps.

Vainement on oppose 1° un arrêt de Paris (2 juin 1827, S. 28, 124) : l'appelante avait pris la qualité de marchande dans l'acceptation d'une lettre de change, et l'intimé était tiers porteur ; or, la contrainte par corps devait être prononcée indépendamment de l'acquiescement ; — 2° un arrêt de Toulouse (28 janv. 1831, S. 31, 326). Il ne fixe pas l'intervalle écoulé entre l'acquiescement et l'appel ; or le vrai motif, comme le fait remarquer M. Coin-Delisle, p. 34, n° 12, est peut-être que le jugement était passé en force de chose jugée.

18. Le désistement de l'opposition formée, ou de l'appel interjeté, contre le jugement qui prononce la contrainte par corps, ne fait pas obstacle à ce que l'on attaque de nouveau ce jugement par les mêmes moyens, pourvu que l'on soit encore dans les délais.

19. Mais à l'expiration des délais de l'opposition, de l'appel ou du pourvoi en cassation, le jugement passe en force de chose jugée. Les jugemens quoique nuls acquièrent l'autorité de la chose jugée quand ils n'ont point été attaqués par les voies légales. Arg. Paris, 1re ch., 3 août 1838 (Art. 1341 J. Pr.). Coin-Delisle, p. 33, n° 7. — *Contrà*, Paris ou Caen, 29 pluv. an 12, P. 2, 465. — V. *Acquiescement*, n° 26 et 27.

20. Les juges qui ont illégalement condamné par corps sont passibles de dommages-intérêts. C. civ. 2063; — Et conséquemment peuvent être pris à partie. C. pr. 505, § 3; L. 15 germ. an 6, art. 6; Carré, n° 1807. — Toutefois l'erreur du juge, sans intention malveillante, ne paraît pas suffire pour motiver la prise à partie. Coin-Delisle, p. 33, n° 8.

21. La nullité de la convention relative à la contrainte par corps n'entraîne pas la nullité de l'acte entier (— V. *sup*. n° 4), à moins que le débiteur n'ait abusé de la simplicité ou de l'ignorance du prêteur par la fausse croyance de la validité de la clause.

22. Les dépens et dommages-intérêts peuvent être prononcés contre les officiers publics (si l'acte est authentique) et contre les parties.

23. La contrainte par corps dans le cas même où elle est autorisée, ne doit aujourd'hui être exécutée qu'en vertu d'un jugement. C. civ. 2067. — La loi offre ainsi à ceux mêmes qu'elle assujettit à la contrainte par corps, une garantie que les créanciers ne pourront en abuser, et en même temps un délai pour satisfaire à leur dette. Bigot-Préameneu, *Exposé des motifs*.

Ainsi, à la différence de l'ancien droit (Rodier et Jousse sur l'art. 7, tit. 34, ordonn. de 1667), le fermier qui s'est soumis par un bail authentique à la contrainte par corps (— V. *inf*. n° 56), ne peut aujourd'hui être emprisonné sans un jugement préalable : il peut prétendre qu'il a payé ou qu'il doit moins de 300 fr.

24. Il faut que le jugement émane du nombre de juges prescrit par la loi. — L'arrestation faite en vertu d'une ordonnance de référé du président du trib. serait nulle. Montpellier, 19 juin 1807, P. 6, 162.

25. Tous les juges ayant droit de prononcer une condamna-

tion principale ont également le droit de prononcer la contrainte par corps quand la cause en est susceptible.

Ainsi la contrainte par corps peut être prononcée : 1° par les tribunaux civils.

2° Par les trib. de commerce.

3° Par les juges de paix : — Notamment en matière de réintégrande. C. civ. 2060, § 2. — V. *Action possessoire*, n° 181 ; — Et pour dommages-intérêts. Renouard, *Brevets d'invention*, 368. — Même en cas de prorogation de juridiction (C. pr. 7). Coin-Delisle, 41, n° 6.

4° Par les arbitres forcés, en matière de société. Toulouse, 17 mai 1825, S. 25, 420. — V. *Arbitre*, n° 310.

5° Par les arbitres volontaires. — V. *Ib.* — Même quand ils sont amiables compositeurs. — Mais alors ils sont libres de refuser la contrainte par corps malgré le texte de la loi qui l'établit. Arg. C. pr. 1019; Carré, n° 3334; Coin-Delisle, p. 42, n° 7.

26. Toutefois la contrainte par corps peut être exercée sans jugement, contre :

1° La caution judiciaire, en vertu de la soumission qu'elle a faite au greffe, et sans jugement préalablement rendu contre elle. C. pr. 519;

2° Les débiteurs de deniers et effets mobiliers publics, en vertu de contraintes ou décisions administratives. L. 17 avr. 1832, art. 46; M. Fœlin, *Comment. sur l'art.* 8, L. 17 brum. an 5; 3 frim. an 7, art. 145, 148, 153; 13 frim. an 8; arrêté du gouvern. 13 therm. an 8; décr. 13 janv. 1806.

3° Les étrangers, en vertu d'une simple ordonnance sur requête, rendue par le président du trib. civil. — V. *inf.* § 6.

4° Le témoin qui ne comparaît pas après réassignation, en vertu d'une ordonnance du juge-commissaire, pour le paiement de l'amende de cent francs. C. pr. 264. — Il s'agit moins ici d'une contrainte par corps civile que d'une peine.

27. *Quid*, lorsque l'avoué n'a pas, dans le délai de trois jours, ou dans celui fixé par le récépissé, rétabli les pièces qui lui ont été données en communication ?

Selon MM. Carré, n° 794; Lepage, n° 170; Favard, v° *Exception*, § 5, n° 3, c'est au président du tribunal à prononcer *seul* la contrainte par corps, attendu que l'art. 191 C. pr. porte : — « Sur simple requête, et même sur simple mémoire de la partie, il sera rendu *ordonnance* portant que l'avoué sera contraint à ladite remise *incontinent* ET *par corps....*» — Que nulle part le C. de pr. ne confond les mots *ordonnance* et *jugement*. dont le premier signifie la décision prononcée par le président, et le second, celle rendue par le trib.; — il existe une différence de rédaction entre l'art. 191 et l'art. 107: c* dernier exige un jugement pour arriver à la condamnation par corps de l'avoué qui n'a pas rétabli les pièces d'une production. —M. Thomine, n°ˢ 120 et 225, même dans le cas de l'art. 107, se contente d'une ordonnance du président.

Mais on répond, avec M. Pigeau : — il faut que le trib. statue ; lorsque le C. de pr. veut que la requête soit présentée au président, il s'en explique formellement ; ce magistrat ne doit prononcer de condamnation seul que lorsque la loi lui délègue spécialement ce pouvoir. — Dans les art. 329, 525, 809 C. pr., la loi se sert indifféremment des mots *ordonnance* et *jugement*. Boncenne, 3, n° 438.—L'art. 185 du projet (devenu 191) portait « sur simple requête *présentée au président du trib.*, et les mots soulignés ont été supprimés dans la loi ; l'art. 185 du projet (devenu 192) disait : « en cas d'opposition, l'incident sera réglé sommairement *à l'audience.* » Et ces mots à l'audience ont été aussi supprimés : on n'a pas voulu accorder au président seul le droit de prononcer la contrainte par corps ; ni ouvrir la voie de l'opposition devant une autorité autre que celle dont émanait la décision attaquée ; ni appeler le trib. à réformer une décision du président, qui dans le cercle de ses pouvoirs, est indépendant du tribunal. Coin-Delisle, p. 40, n° 3.

28. L'ordonnance du juge-commissaire ne suffit pas non plus, 1° dans les cas prévus par l'art. 204 C. pr. (— V. *Vérification d'écriture*) : cette ordonnance n'est pas rendue contradictoirement avec le dépositaire ; or, ce dernier a pu être empêché par une juste cause de satisfaire à l'ordonnance. Carré, n° 830 ; Dalloz, v° *Vérification d'écriture*, n° 32. — Contrà, Delaporte, 17, n° 205 ; Favard, *ib.* art. 204. — Ces mots *à peine* d'être.... n'ont d'autre objet que d'établir la contrainte par corps ; et n'indiquent pas l'autorité chargée de la prononcer. Coin-Delisle, *ib.* n° 4.

2° Dans les cas de l'art. 221 C. pr. (— V. *Faux*) : le C. de pr. ne peut être censé déroger au C. civ. — Dans le deuxième cas prévu par l'art. 221, quand le juge commissaire ordonne que le dépositaire, qui n'est pas fonctionnaire public, sera contraint à l'apport par voie de saisie, amende et même par corps, s'il y échet, son ordonnance est simplement indicative des peines qui pourront être prononcées. L'amende n'est pas déterminée, les circonstances du refus pourront en faire fixer la quotité ; la contrainte par corps n'est pas encore certaine, c'est aussi d'après les circonstances qu'il y aura lieu ou non de la prononcer. — Si les termes sont absolus dans le premier cas, ce n'est point pour attribuer au juge commissaire un pouvoir exorbitant, mais pour établir la contrainte par corps impérative contre les fonctionnaires publics, lors du rapport que le juge commis fera à l'audience sur leur refus d'apporter la minute. Coin-Delisle, p. 41, n° 5. — *Contrà*, Demiau, n° 172.

29. Dans le cas même où la contrainte par corps est ordonnée par la loi, les trib. ne peuvent la prononcer lorsque le demandeur n'y a pas conclu : autrement ce serait juger au-delà de la demande. Bruxelles, 30 nov. 1818, D. 3, 740 ; Carré, n° 540 ; Thomine, n° 145 ; Locré, Espr. C. comm. art. 625. Le silence du demandeur sur la contrainte par corps est une remise tacite de cette voie d'exécution. Coin-Delisle, p. 42, n° 8.

Mais le jugement qui l'ordonne ne serait pas nul pour l'avoir motivée sur d'autres dispositions de loi que celles invoquées dans les conclusions des parties. Paris, 6 janv. 1832, D. 32, 120.

30. L'omission dans la demande peut être suppléée par des conclusions additionnelles, tant que la cause n'est pas jugée.

31. La contrainte par corps peut-elle être demandée pour la première fois en appel ? — Non. Ce serait former une demande nouvelle (C. pr. 464) ; et, dans tous les cas, la contrainte par corps est un chef susceptible de deux degrés de juridiction (— V. *sup.* n° 6) Coin-Delisle, p. 42, n° 8.

32. La contrainte par corps doit être prononcée par le même jugement qui statue sur la contestation (— V. D'ailleurs *inf.* n° 49) ; — Si les juges ont omis de statuer à cet égard, on ne peut la requérir par action nouvelle. Paris. 20 germ. an 13 ; Bruxelles, 24 mars 1809, S. an 13, 2, 257 ; 9, 398 ; Coin-Delisle, p. 42, n° 9. — *Contrà*, Turin, 22 pluv. an 13, S. an 13, 2, 257. — Mais seulement par appel, si la demande en est susceptible au principal. — V. *sup.* n° 15.

L'appel est recevable, lors même que le jugement a été exécuté en d'autres chefs, tant qu'il ne résulte pas de cette exécution un acquiescement formel au chef qui rejette la contrainte par corps. Paris, 29 fév. 1812, S. 12, 516 ; Coin-Delisle, p. 42, n° 9. — V. *sup.* n° 10.

33. Les juges peuvent accorder des délais pour l'exécution de la contrainte par corps : — relativement aux dommages-intérêts prononcés en vertu de l'art. 126 C. pr. et pour les reliquats de compte dont parle le même article. C. pr. 127.

Cette disposition n'est pas limitative (— *Contrà*, Carré, n° 542) : elle s'applique évidemment à tous les cas où la contrainte par corps est facultative : le juge qui peut la refuser peut à plus forte raison en modifier ou en suspendre l'exécution. — Et dans les cas où la contrainte par corps est impérativement prononcée par la loi, si, d'ailleurs, le juge peut suspendre les autres poursuites, pourquoi refuser le droit d'ordonner le sursis à l'exécution d'un seul genre de poursuites ? Coin-Delisle, p. 45, n° 10. — V. d'ailleurs *Cession de biens*, n° 19.

Mais le sursis d'*office* ne peut être prononcé que dans le cas où la contrainte par corps est facultative.

L'allégation d'une compensation non justifiée n'est pas un motif suffisant pour surseoir. Paris, juin 1810, P. 8, 359.

34. Lorsque la loi défend d'accorder des délais par le jugement, elle défend implicitement aux juges d'accorder, une surséance à l'exécution de la contrainte par corps. — Spécialement en matière de billet à ordre ou de lettre de change (C. comm. 157). Coin-Delisle, p. 42, n° 10. — V. toutefois *Délai*, n° 57.

35. Si les juges accordent des délais pour l'exécution de la contrainte par corps, ils doivent le faire par le jugement même qui la prononce. C. pr. 122, 127.

36. La contrainte par corps, prononcée pour objet susceptible de liquidation, ne peut être exécutée qu'après que la liquidation a été faite en argent. C. pr. 552. — Il faut qu'à l'instant de l'exécution le débiteur ait la faculté de payer.

37. La contrainte par corps n'est qu'un mode d'exécution , et non une peine; conséquemment elle n'exclut pas l'application des lois pénales dans les circonstances où il y a délit. Locré, *Lég. civ. et comm.* 22, 526. 574, 394 ; C. pr. 690.

Elle n'empêche ni ne suspend les poursuites et les exécutions sur les biens. C. civ. 2069.

38. La contrainte par corps est assujettie aux formalités prescrites par le C. de pr., bien qu'elle procède d'un jugement antérieur à la publication de ce Code. Paris, 7 avr. 1807, S. 7, 650 ; Bruxelles, 13 et 27 juin 1807, S. 7, 869, P. 6, 10, 146, 177. — V. *Rétroactif (effet)*.

§ **2.** — *Cas dans lesquels la contrainte par corps peut ou doit être ordonnée.*

39. La contrainte par corps, considérée selon les causes dont elle procède est légale ou impérative, judiciaire ou facultative, et conventionnelle.

Légale. Lorsque la loi ordonne aux juges de la prononcer pour tel cas qu'elle détermine.—V. C. civ. 2059, 2060, 2136 ; C. pr. 194, 201, 221, 603, 604, 688, 690, 712, 714, 859. — Le refus de l'appliquer sur la demande du créancier serait un moyen de cassation.

Judiciaire. Lorsque la loi laisse aux tribunaux la faculté d'accorder ou de refuser la contrainte par corps au créancier qui la requiert. — V. C. civ. 2061, 2062 2° ; C. pr. 107, 204, 213, 221, 534 et surtout l'art. 126.

Conventionnelle. Lorsqu'elle a besoin d'être stipulée par le créancier. — V. C. civ. 2060, § 5; 2062, § 1. — Il n'est pas au pouvoir du juge de modifier les conventions légalement formées.

40. *Matière civile.* La contrainte par corps légale a lieu : 1° Dans le cas de stellionat. C. civ. 2059.

41. 2° Dans celui de dépôt nécessaire (C. civ. 2060-1°) ou de représentation des choses déposées aux séquestres, commissaires et autres gardiens. *Ibid.* n° 4.

Le mot *commissaires* se confond avec le mot *gardiens*, et ne s'applique pas aux magistrats chargés des pièces pour le rapport d'un procès : civilement responsables de la perte de titres à eux confiés, ils ne sont pas contraignables par corps. Coin-Delisle, art. 2060, n° 12.

Et autres gardiens. Par exemple, les gardiens commis par un huissier lors d'une *saisie exécution.* C. pr. 596 ; — d'une *saisie brandon*, 628 ; d'une *saisie gagerie*, 821 ; — d'une *saisie foraine*, 825 ; — d'une *saisie revendication*, 830 ; — d'une *saisie conservatoire* pour sûreté d'une lettre de change protestée. C. comm. 172. — V. d'ailleurs *Brevet d'invention*. L. 25 mai 1791, art. 12 ; C. pr. 594, 914-1° ; C. civ. 1264 ; C. comm. 106, 200 ; *Faillite, Inventaire, Saisie, Scellés.*

Le séquestre *conventionnel* n'est pas soumis de plein droit à la contrainte par corps : l'exposé des motifs indique l'intention de s'occuper des dépôts judiciaires. Les mots séquestres et commissaires ne peuvent pas être pris dans un sens plus étendu que les mots et autres gardiens qui les suivent et désignent le genre dont les premiers sont les espèces ; or, le mot gardiens, dans le langage légal, est restreint aux séquestres judiciaires. Le séquestre conventionnel n'est qu'un dépositaire volontaire. 1956, 1958. L'art. 1963 C. civ. n'indique comme contraignable par corps que le séquestre judiciaire. Coin-Delisle, art. 2060, n° 10.

Mais, sont contraignables par corps : — Le saisi laissé en possession de son immeuble, pour le paiement des dommages-intérêts résultant des coupes ou dégradations par lui faites sur cet immeuble (C. pr. 690), et pour la restitution des fruits : il est, en effet, considéré à cet égard comme séquestre. Locré, *Lég. civ.*, 22, 522 ; Carré, art. 688 ; Berriat, 579 ; Pigeau, 2, 214. Le séquestre n'existe qu'à compter de la dénonciation de la saisie au débiteur. Jusque là il est réputé l'ignorer. — Le mot saisi dans l'art. 688 C. pr. s'applique au tiers détenteur comme au débiteur originaire. Rejet, 4 oct. 1814, S. 16, 78 ; Coin-Delisle, art. 2060, n° 11.

Le saisi qui détruit, détourne ou tente de détourner les objets saisis sur lui et confiés à sa garde est passible des peines portées en l'art. 406 C. pén., pour abus de confiance. C. pén. de 1832, art. 400.

Le gardien d'une saisie-exécution, non seulement pour la

représentation des objets saisis, mais encore pour le paiement des dommages-intérêts prononcés contre lui, lorsqu'il s'est servi de ces objets, et qu'il les a loués ou prêtés. C. pr. 603. 2° Le gardien d'une saisie-gagerie ou d'une saisie-arrêt sur débiteur forain, pour la représentation des effets saisis. C. pr. 824.

— La loi dit pour *la représentation*, et non pour la restitution : les parties ont droit, avant la fin de la garde, de s'assurer de la fidélité ou de l'exactitude du dépositaire.

42. 3° Pour répétition de deniers consignés entre les mains de personnes publiques établies à cet effet. C. civ. 2060-3°. — Spécialement du caissier et des préposés de la caisse des *Dépôts et consignations*. — V. ce mot. — Des huissiers, pour les sommes à eux remises par leurs cliens pour les offrir réellement, ou pour les consigner. C. civ. 1258-7°, 1259-3°; — pour les deniers comptans trouvés chez le débiteur, lors d'une saisie. C. pr. 590. — Des geôliers pour la consignation des alimens ou le versement des sommes dues —. V. *inf.* n. 226, 278.

43. 4° En cas de réintégrande, pour le délaissement ordonné par justice d'un fonds dont le propriétaire a été dépouillé par voie de fait, pour la restitution des fruits qui en ont été perçus pendant l'indue-possession, et pour le paiement des dommages-intérêts adjugés au propriétaire. C. civ. 2060-2°.

L'art. 714 C. pr. applique le même principe au saisi qui refuse de délaisser l'immeuble après la signification du jugement d'adjudication. — V. *Saisie-immobilière*.

Celui qui, par un jugement rendu au pétitoire, et passé en force de chose jugée, a été condamné à désemparer un fonds, et qui refuse d'obéir, peut également, par un second jugement, être contraint par corps, quinzaine après la signification du jugement à personne ou à domicile. Si le fonds ou l'héritage est éloigné de plus de cinq myriamètres du domicile de la partie condamnée, il doit être ajouté au délai de quinzaine un jour par cinq myriamètres. C. civ. 2061.

44. 5° Contre tous officiers publics pour la représentation de leurs minutes, quand elle est ordonnée. (C. civ. 2060-6°.) soit par la justice, soit par la loi. — V. C. pr. 839; *Copie*, n° 11 à 22. — C. pr. 204, 221; *Faux*.

Les mots *tous officiers publics* comprennent toutes les personnes préposées par la loi à la garde d'actes publics, civils ou administratifs : notaires, greffiers, archivistes, conservateurs des hypothèques.

Les *minutes* (V. ce mot), s'entendent aussi des actes dressés sur des registres, tels que les acceptations et renonciations des successions, et les actes de l'état civil.

45. 6° Contre les notaires, les avoués et les huissiers, pour la restitution des titres à eux confiés, et des deniers par eux reçus pour leurs cliens, par suite de leurs fonctions. C. civ. 2060-7°.

Ceci s'applique aux commissaires-priseurs et aux gardes du commerce : leurs fonctions ne sont qu'une distraction de celles attribuées aux huissiers. Coin-Delisle, p. 20, n° 22.

Les mots *titres à eux confiés* s'entendent de ceux qui leur sont confiés par leurs cliens et de ceux que la nature de leurs fonctions oblige d'autres personnes à leur communiquer. — C. pr. 107 et 194.

Des deniers reçus pour leurs cliens. — En est-il de même dans le cas où l'officier public a reçu les deniers *des cliens mêmes*? — Oui, selon MM. Bigot Préameneu, *Exposé des motifs;* Dalloz, *hoc verbo*, par identité de motifs. — Mais l'analogie ne suffit pas en cette matière : et la contrainte par corps ne peut être appliquée que dans les cas où elle est prononcée par une disposition particulière, par exemple, contre l'huissier qui a reçu des deniers pour faire des offres, ce qui le constitue consignataire momentané. — V. *sup.* n° 42; — Au contraire, la contrainte doit être refusée dans les autres cas : par exemple, contre l'avoué, le notaire, l'huissier qui ont reçu du client des fonds pour se couvrir d'avances à faire, lorsque le procès n'a pas de suite ou que l'acte projeté n'est pas dressé. Delvincourt, 3, note 10 sur la page 189; Coin-Delisle, p. 20, n° 25. — V. *inf.* n° 46.

Par suite de leurs fonctions Il faut que la rétention des deniers constitue un véritable fait de charge. L'avoué chargé d'opérer une transaction sur un compte est un simple mandataire *ad negotia;* il ne peut être condamné par corps à la remise des titres et papiers qui lui ont été confiés pour l'affaire qu'il a gérée. Cass. 1 fév. 1820, S. 20, 346.

46. Un notaire qui détourne des sommes qu'un client lui a confiées pour en opérer le placement est-il contraignable par corps?

1er *système.* C'est par suite de leur qualité de notaire, de la confiance qu'elle doit naturellement inspirer, que les fonds leur sont abandonnés. On a, dans l'art. 2060, substitué ces mots *pour leurs cliens* à ceux *de leurs cliens*, que contenait le projet; et M. Bigot-Préameneu a émis l'opinion que la contrainte par corps devait être prononcée dans les deux cas. Lyon, 3 fév. 1830, D. 30, 95; Paris, 29 janv. 1835; 31 juill. 1835 (Art. 175 J. Pr.); 18 janv. 1836 (Art. 545 J. Pr.). — *Contrà*, Coin-Delisle, *ib.* n° 22.

2e *système.* L'art. 2060 C. civ. est inapplicable. Paris, 6 janv. 1830; 22 mai 1832 (Art. 175 J. Pr.). — Mais la réparation civile, en cas de délit, peut être poursuivie devant les trib. civils ou devant les trib. criminels : or, ces derniers ont évidemment le droit de prononcer la contrainte par corps en vertu de l'art. 52 C. pén. Pourquoi en serait-il autrement quand le trib. civil est saisi; c'est la même action; elle a le même objet, le même but, la même nature? — V. toutefois *inf.* nᵛ 53.

3ᵉ *système.* Le dépositaire doit rendre identiquement la chose déposée (C. civ. 1982); le mandataire est tenu d'accomplir le mandat, tant qu'il en demeure chargé, et répond des dommages et intérêts qui pourraient résulter de son inexécution. Or, que l'on considère le notaire, soit comme dépositaire, soit comme mandataire, il y a eu, de sa part, inexécution du mandat, violation de dépôt, inaccomplissement d'une obligation de faire, il y a donc lieu aux dommages et intérêts en vertu de l'art. 1142, et à la contrainte par corps, en vertu de l'art. 126 C. pr. Arg. Colmar, 7 juin 1821; Thomine, n° 143; Coin-Delisle, art. 2060, art. 34.

La diversité des motifs invoqués montre assez que le droit des magistrats n'est rien moins qu'évident. — Aucun de ces trois systèmes n'est à l'abri d'une critique sérieuse : — en effet, d'une part, le § 7 de l'art. 2060 s'applique exclusivement aux faits de charge, et le dépôt de sommes confiées à un notaire pour en effectuer le placement ne saurait constituer un acte de cette nature. — Arg. Rouen, 15 fév. 1858 (Art. 1340 J. Pr.). D'un autre côté, on tenterait vainement de se prévaloir des dispositions de l'art. 52 C. pén. Un trib. excède les limites de sa compétence en transformant sa juridiction en juridiction correctionnelle de civile qu'elle était, et en voyant un délit dans des faits purement civils, soumis à son appréciation. Cass. 18 nov. 1834 (Art. 175 J. Pr.).— Enfin le dernier système qui tend à autoriser la contrainte par corps, en vertu des art. 126 C. pr. et 1142 C. civ. combinés, nous paraît également sujet à controverse. — V. *inf.* n° 50.

47. 7° Contre le fol-enchérisseur d'un immeuble pour la différence existant entre son prix et celui de la revente sur folle-enchère. C. pr. 712-744. — V. d'ailleurs *sup.* n° 26 à 28.

48. Quelquefois la contrainte par corps est seulement facultative.

Ainsi, il est laissé à la prudence des juges de la prononcer, pour dommages-intérêts en matière civile au-dessus de la somme de 300 fr. C. pr. 126.

Cette *faculté* pour le juge se convertit *en nécessité* dans le cas où la loi *ordonne* la contrainte par corps pour les dommages-intérêts.

Ainsi, ne peuvent être dispensés de la contrainte par corps pour dommages-intérêts, ni l'usurpateur pour voies de fait, en cas de réintégrande (C. civ. 2060, § 2), — ni le gardien judiciaire qui se serait servi des choses saisies ou qui les aurait louées ou prêtées (C. pr. 605), — ni le saisi qui, depuis la dénonciation, aurait fait des coupes de bois ou commis des dégradations (C. pr. 690). Carré, n° 525.

49. Lorsque le trib. condamne aux dommages-intérêts, sans les liquider, il peut condamner par corps pour le cas où ces dommages-intérêts excéderaient 500 fr. Carré, art. 525 ; — ou, s'il ne l'a pas fait, la condamnation par corps peut être prononcée par le jugement de liquidation (—*Contrà*, Carré, *ib.*), qui fixe en même temps la durée de l'emprisonnement : le trib., par le premier jugement, n'a pas, sous ce rapport, épuisé sa juridiction.

50. Que doit-on entendre par dommages-intérêts dans l'art. 126 C. pr. ?

Ce mot doit-il être restreint ici à l'indemnité accordée pour privation d'un gain ou pour dommage causé par les retards ou la mauvaise foi du débiteur ?

Doit-il s'appliquer encore à l'indemnité allouée comme équivalent de la valeur directe et absolue de la chose ou du fait, objet de l'obligation principale ?

En faveur de ce dernier système on dit : — L'art. 126 C. pr. se sert du mot *dommages-intérêts*, sans distinction ; toutes les fois que le juge peut les accorder, il peut aussi prononcer la contrainte par corps, pourvu que le chiffre de la condamnation dépasse 500 fr. — Et, d'ailleurs, quel serait le motif de distinguer ? pourquoi donner plus d'importance à l'accessoire qu'au principal ? Motifs d'un arrêt de Colmar, 7 avr. 1821, S. 21, 259.

Faisant application de cette doctrine au dépôt volontaire d'un corps certain, M. Coin-Delisle, p. 25, n° 56, dit : « Si le déposant conclut simplement à la restitution de la chose, pas de contrainte par corps. Mais, s'il conclut principalement à ce que le dépôt lui soit rendu dans un délai fixé, sinon à une somme déterminée à titre de dommages-intérêts pour défaut de restitution, il pourra requérir et obtenir la contrainte par corps pour ce chef secondaire... »

Mais on répond, ce nous semble, avec raison : — La contrainte par corps est une voie exceptionnelle, applicable dans les seuls cas spécialement déterminés par la loi. Ce principe posé par l'art. 2065 C. civ. est reproduit dans l'art. 126 C. pr. — Par ce dernier article, le législateur a voulu seulement établir quelques nouveaux cas de contrainte par corps ; mais son intention n'a pas été de détruire toute l'économie des dispositions restrictives du Code civil. Tel serait cependant le résultat du système contraire ; puisque, d'après la manière dont on prendrait les conclusions, on parviendrait à ramener toutes les obligations à des obligations de faire pouvant donner lieu, en cas d'inexécution, à des dommages et intérêts, et par suite, à la contrainte par corps. — On conçoit, au contraire, que la loi, tout en refusant la contrainte par corps, et précisément parce qu'elle la refuse, relativement à l'obligation principale, accorde un moyen plus efficace, et en dehors des voies ordinaires d'exécution, pour les dommages et intérêts accessoires de l'obligation principale.

51. Ainsi, les dépens n'entraînent plus aujourd'hui (— *Contrà*, Ordonn. 1667, tit. 34, art. 2) la contrainte par corps, soit en matière civile, soit en matière commerciale. On a craint que la contrainte par corps ne passât en usage sur ce point, d'après les fréquentes demandes qui en seraient faites (M. Faure, *Rapport* du 14 avr. 1806). Cass. 14 nov. 1809, P. 7, 875; 14 avr. 1817, S. 17, 225; 4 janv. 1825, S. 25, 206. — Même quand un trib. de comm. a déclaré qu'il y avait soustraction frauduleuse de titre. Cass. 30 déc. 1828, S. 29, 156; — ou quand un trib. les a adjugés à titre de dommages-intérêts : les frais exposés pour recouvrer une créance ne peuvent être confondus avec les pertes directes causés par le fait du débiteur. Toulouse, 20 fév. 1832, S. 32, 389; Merlin, *Rép.*, *hoc verbo*, n° 3; Carré, n° 539.

— V. toutefois, en matière criminelle, C. pén. 52, 53, et C. pr. 80, *inf.* n° 53.

52. La contrainte par corps ne peut pas non plus être prononcée 1° pour le cas de la clause pénale (C. civ. 1229). Coin-Delisle, p. 22, n° 32; — 2° pour les restitutions que le contrat ou le quasi-contrat obligent directement le débiteur à faire à son créancier, spécialement pour la restitution de la partie de la succession dont s'est emparé un héritier présomptif, et dont il est évincé par un autre héritier qui vient en concours avec lui. Caen, 23 fév. 1825, S. 26, 285; — 3° pour la restitution du paiement du *non dû* (C. civ. 1378). Nanci, 18 mai 1827, S. 27, 229; — 4° pour la restitution du prix dû par le vendeur en cas d'éviction ou de vice redhibitoire. *Même arrêt.* — L'arrêt de Colmar (cité *sup.* n° 50) peut se justifier par cette circonstance que le vendeur avait contracté l'obligation de faire emploi du prix à l'extinction des créances grevant l'immeuble vendu ; pour avoir laissé sans exécution une obligation de faire, il pouvait être condamné par corps, à titre de dommages-intérêts, à une somme égale à celle que le défaut d'emploi faisait perdre à l'acquéreur évincé. Coin-Delisle, p. 22, n° 34.

53. Les dommages-intérêts réclamés, à raison d'un crime ou d'un délit, devant les trib. civils, ne peuvent donner lieu qu'à la contrainte par corps facultative. Arg. Bordeaux, 16 fév. 1829, S. 29, 500 ; Cass. 30 déc. 1828, S. 29, 156; Cass. 18

nov. 1834 (Art. 175 J. Pr.); Thomine, n° 143; Boitard, 1,
505. — V. d'ailleurs *sup.* n° 46.

54. La contrainte par corps facultative a encore lieu, 1° pour
reliquats de comptes de tutelle, curatelle, d'administration de
corps et communautés, établissemens publics ou de toute administration confiée par justice, et pour toutes restitutions à
faire par suite desdits comptes. C. pr. 126. — V. *Reddition de
comptes.*

55. 2° Contre les fermiers et colons partiaires, faute par eux
de représenter, à la fin du bail, le cheptel de bétail, les semences et les instrumens aratoires qui leur ont été confiés, à
moins qu'ils ne justifient que le déficit de ces objets ne procède
point de leur fait. C. civ. 2062 ; L. 17 avr. 1832, art. 7.

Lors de la discussion au Conseil-d'État, la proposition de
comprendre les engrais dans la même catégorie, paraît avoir été
adoptée ; cependant cet amendement ne se trouve pas dans l'art.
actuel, où l'on ne saurait le suppléer. Malleville, 4, 148.

56. La contrainte par corps *conventionnelle* ne peut être prononcée qu'en vertu d'une stipulation expresse des parties et
dans la circonstance où elle est autorisée par la loi.

Elle a lieu : 1° contre les cautions des contraignables par
corps. C. civ. 2060-5°. — V. *Réception de caution.*

2° Contre les fermiers pour le paiement des fermages des
biens ruraux, lorsque ces fermages sont de 500 fr. C. civ. 2062.

Mais non pas pour les intérêts des fermages accumulés et ca-
pitalisés. Tronchet, *Disc. Cons.-d'Ét.* ; Locré, *ut sup.* p. 555.

Ainsi, les intérêts courus depuis la demande en condamnation jusqu'au jugement qui prononce la contrainte, ne doivent
pas être compris dans le calcul des 500 fr., quoique le jugement condamne au paiement de ces intérêts.

57. *Matière commerciale.* La contrainte par corps doit être
prononcée contre toute personne condamnée pour dette commerciale au paiement d'une somme principale de 200 fr. et au-
dessus. L. 17 avr. 1832, art. 1ᵉʳ.

Cette disposition a introduit deux innovations importantes :
1° elle détruit la distinction qui existait autrefois entre diverses
natures de dettes commerciales ; 2° elle exige que le montant
de la condamnation s'élève à 200 fr. au moins de principal.

58. Il y a *dette commerciale* toutes les fois que le trib. de
comm. a compétence exclusive pour statuer sur l'obligation
contractée à cause de sa nature, ou à cause de la qualité commerciale des parties.—V. *Acte de commerce, Tribunal de commerce.*

§ 3. — *Contre quelles personnes la contrainte par corps n'a pas lieu.*

59. Certaines personnes sont, à raison de leur âge ou de leur
sexe, exemptes de la contrainte par corps.

Ainsi, elle ne peut être prononcée : — 1° contre les mineurs. C. civ. 2064.

A l'exception des mineurs commerçans ou de ceux qui sont réputés majeurs pour faits de leur commerce. L. 17 avr. 1832, art. 2 ; — et des mineurs étrangers, lorsque leur engagement est valable. Paris, 19 mai 1830 (Art. 516 J. Pr.) ; Coin-Delisle, p. 103, n° 2.

— V. d'ailleurs *Interdiction*.

60. 2° Contre les septuagénaires. C. civ. 2066 : — en matière civile (*ib.*) ; — ou commerciale (L. 17 avr. 1832, art. 4). — Le contraire, dans ce second cas, avait été jugé avant cette loi. Cass. 13 juin 1813, S. 13, 573.

Peu importe que le débiteur soit Français ou étranger. L. 17 avr. 1832, art. 18.

Il suffit que la soixante-dixième année soit commencée, pour jouir de la faveur accordée au septuagénaire. C. civ. 2066 ; L. 17 avr. 1832, art. 4.

Toutefois, en matière civile, le septuagénaire est contraignable par corps dans les cas de stellionat. C. civ. 2066 ; L. 17 avr. 1832, art. 18.

61. 3° Contre les femmes et les filles ;

En matière civile, excepté dans les cas de stellionat. C. civ. 2066 ;

En matière de commerce, à moins qu'elles ne soient légalement réputées marchandes publiques. L. 17 avr. 1832, art. 2.

Ces dispositions s'appliquent aux étrangères : en matière civile. (L. 17 avr. 1832, art. 18) ; — et même en matière commerciale ; — jugé que l'étrangère qui a accepté une lettre de change n'est pas contraignable par corps, à moins qu'elle ne soit commerçante, et que l'opération ne soit commerciale. Arg. C. comm. 113 ; Paris, 12 juill. 1837 (Art. 894 J. Pr.). — *Contrà*, trib. comm. Boulogne (Art. 969 J. Pr.).

62. La contrainte par corps pour cause de stellionat pendant le mariage n'a lieu contre les femmes que lorsqu'elles sont séparées de biens, ou lorsqu'elles ont des biens dont elles se sont réservé la libre administration, et à raison des engagemens qui concernent ces biens. C. civ. 2066.

63. 4° Contre les veuves et héritiers des justiciables du trib. de comm. assignés devant ce trib. en reprise d'instance, ou par action nouvelle en raison de leur qualité. L. 17 avr. 1832, art. 2.

64. Les exceptions dont il est parlé, *sup.* n° 59 à 62, ont lieu même dans les cas prévus par les art. 126, 742 et 744 C. pr. Cass. 6 oct. 1843, S. 13, 446 ; 26 déc. 1827, S. 28, 166 ; Paris, 26 fév. 1829, S. 29, 136. — Et dans celui de réintégrande. Cass. 20 mai 1818, S. 18, 335.

65. Les condamnations prononcées par les trib. de comm. contre les individus non négocians, pour signatures apposées soit à des lettres de change réputées simples promesses, aux termes de l'art. 112 C. comm., soit à des billets à ordre, n'emportent point contrainte par corps, à moins que ces engagemens n'aient eu pour cause des opérations de commerce, trafic, change, banque ou courtage. L. 17 avr. 1832, art. 3.—V. d'ailleurs *Trib. de comm.*

66. La contrainte par corps n'est jamais prononcée contre le débiteur au profit, 1° de son mari ni de sa femme ; 2° de ses ascendans, descendans, frères ou sœurs et alliés au même degré. L. 17 avr. 1832, art. 19. — V. *sup.* n° 6.

Peu importe que le débiteur soit Français ou étranger. *Ib.*

67. *Quid,* si la créance passe à un tiers? — Il y a lieu de faire les mêmes distinctions que dans le cas du n° 109.

68. Mais la contrainte par corps peut être prononcée contre un associé au profit de son coassocié. Cass. 22 mars 1813, S. 13, 386. — Il en était autrement en droit romain et dans l'ancienne jurisprudence. Arg. L. 63, D. *pro socio.*

69. Lorsqu'une dette est de nature à emporter la contrainte par corps à la fois contre le mari et contre la femme, le juge ne peut se dispenser de la prononcer contre l'un et contre l'autre. Coin-Delisle, 104, art. 21. — V. *Femme mariée.*

Mais, dans aucun cas, la contrainte par corps ne peut être *exécutée* contre le mari et contre la femme simultanément pour la même dette. L. 17 av. 1832, art. 21.

Le choix appartient au créancier.

70. Au surplus, le même individu, créancier de deux dettes distinctes emportant contrainte par corps l'une contre le mari, l'autre contre la femme, peut exécuter les deux contraintes à la fois et même successivement. Duranton, 18, 481; Coin-Delisle, 105, n° 4.

§ 4. — *Pour quelle somme la contrainte par corps peut être ordonnée.*

71. *Matière civile.* La contrainte par corps ne peut être prononcée pour une somme moindre de 500 fr. C. civ. 2065.

Mais elle a lieu pour des intérêts échus, comme pour un capital (—V. toutefois *sup.* n° 56). Peu importerait même que le capital eût été remboursé. En effet, le débiteur détenu n'obtient son élargissement qu'en payant les sommes dues et les intérêts échus. C. pr. 800 (—V. *inf.* § 7, art. 8). Il en résulte évidemment qu'il peut être incarcéré pour les seuls intérêts, puisqu'ils suffisent pour le faire retenir en prison. Pigeau, 1, 641.

72. *Matière commerciale.* La contrainte par corps doit être prononcée contre toute personne condamnée pour dette commer-

ciale au paiement d'une somme principale de 200 fr. et au-dessus. L. 17 avr. 1832, art. 1.

Jugé que le compte de retour peut être ajouté au montant du
billet protesté. Arg. C. comm. 178 ; Paris, 3e ch., 4 janv. 1838
(Art. 1045 J. Pr.). — Que les intérêts et frais de retour d'une
lettre de change ne doivent pas être considérés comme des dépens ; qu'ils donnent lieu à une condamnation par corps, comme
accessoires de la créance. Cass. 5 nov. 1835 (Art. 395 J. Pr.).

73. *Contrainte par corps contre les étrangers.* — V. *inf.* n° 102.

§ 5. — *Durée de l'emprisonnement.*

74. *Matière civile.* Dans tous les cas où la contrainte par
corps a lieu, la durée (de l'emprisonnement, Arg. L. 17 avr.
1832, art. 5 et 27) doit être fixée par le jugement de condamnation. *Ib.* art. 7.

A peine de nullité de la disposition relative à la contrainte
par corps. Cass., ch. civ., 24 fév. 1835, 12 nov. 1838 (Art. 13
et 1345 J. Pr.). — *Contrà,* Coin-Delisle, 94, n° 4.

Cet auteur pense que la contrainte par corps doit avoir lieu,
dans ce cas, pour le minimum fixé par la loi. Nîmes, 1er août
1838 (Art. 1346 J. Pr.) — Ainsi jugé pour les dommages-intérêts
alloués par un trib. correct. à la partie civile. Paris, 9 juin 1836
(Art. 563 J. Pr.).

75. Mais comment sera fixée la durée de l'emprisonnement
à l'égard de la caution judiciaire, qui est contraignable en vertu
de l'acte de soumission ? — Cette durée sera fixée par le jugement même qui ordonne de fournir caution ; — ou par jugement obtenu à la diligence, soit du créancier, soit de la caution.
Coin-Delisle, 94, n° 6.

76. La durée de l'emprisonnement est d'un an au moins et
de dix ans au plus. *Ib.* — Avant la loi de 1832, le débiteur incarcéré pour dettes civiles pouvait être détenu à perpétuité.
Paris, 29 mai 1845, S. 16, 336.

77. Toutefois la durée n'est que d'un an au moins et de cinq
ans au plus, — 1° S'il s'agit de fermages de biens ruraux, au
cas prévu par l'art. 2062 C. civ. L. 17 avr. 1832, art. 7.

78. 2° S'il s'agit de l'exécution de condamnations intervenues dans le cas où la contrainte par corps *n'est pas obligée,* et
où la loi attribue seulement aux juges la faculté de la prononcer.
Même loi, art. 7.

Si, par contrainte par corps *obligée,* on entend celle que les
juges sont dans l'obligation de prononcer, le maximum de dix
ans peut être appliqué à la caution du contraignable par corps
qui s'est soumis à cette contrainte (C. civ. 2060 5°). — S'il s'agit,
au contraire, de la contrainte dérivant immédiatement de la
loi, le maximum sera de cinq ans, les parties n'étaient pas obli-

gées de la consentir. — Dans le doute, M. Coin-Delisle, p. 94, nº 3, émet le vœu que les magistrats n'élèvent pas au-dessus de cinq ans la durée de la contrainte par corps contre les cautions, soit judiciaires, soit volontaires.

79. Le détenu pour dettes qui, se trouvant en même temps sous le poids d'une instruction criminelle, est transféré de sa prison à la maison d'arrêt en vertu d'un mandat de dépôt décerné contre lui, mais à la charge des écrous civils, peut, si l'action publique est jugée mal fondée, imputer sur le temps fixé pour son emprisonnement civil, celui qu'il a passé dans la maison d'arrêt pendant l'instruction criminelle. — Ainsi jugé par la C. de Paris (22 déc. 1829, S. 30, 65) : attendu que le mandat de dépôt contre un prisonnier détenu pour dettes n'est qu'une recommandation dans l'intérêt d'une instruction criminelle, et que le mandat décerné dans l'espèce l'avait été expressément à la charge des écrous pour dettes civiles.

80. *Matière commerciale.* L'emprisonnement cesse de plein droit après un an, lorsque le montant de la condamnation principale ne s'élève pas à 500 fr. ; après deux ans, lorsqu'il ne s'élève pas à 1000 fr. ; après trois ans lorsqu'il ne s'élève pas à 5,000 fr. ; après quatre ans, lorsqu'il ne s'élève pas à 5,000 fr. ; après cinq ans, lorsqu'il est de 5,000 fr. et au-dessus. *Id.* art. 5. — Autrefois le débiteur ne pouvait, dans aucun cas, obtenir son élargissement qu'après cinq ans.

81. Le montant de la condamnation principale est seul considéré. — Il en est autrement des intérêts courus depuis la demande, ou des dépens.

Réciproquement, peu importent les paiemens partiels faits depuis la condamnation. — Il y a intérêt pour le débiteur qui a payé des à-compte avant l'obtention du jugement, à faire fixer, lors du jugement, le reliquat de sa dette.

82. L'art. 27 agglomère tous les créanciers porteurs de titres échus à l'instant de l'arrestation et rend communs à tous les effets libératoires de la contrainte par corps exercée par un seul. — Celui qui doit 25,000 fr. répartis entre trente créanciers, si aucune créance ne s'élève à 1,000 fr. de principal, sera mis en liberté au bout de deux ans.

83. Lorsque la condamnation par corps est prononcée par le même jugement au profit du cessionnaire de diverses créances, la durée de l'emprisonnement doit être fixée d'après le chiffre de la créance la plus forte, mais on ne doit pas les réunir pour déterminer la durée. Autrement, plusieurs créanciers pourraient s'entendre pour transporter fictivement leurs créances à un seul et prolonger la durée de l'emprisonnement. Coin-Delisle, p. 95, nº 1, *in fine.*

Mais si le créancier est porteur de plusieurs billets procédant de la même cause, la durée de l'emprisonnement sera fixée par le chiffre total.

84. *Matière de deniers et effets mobiliers publics.* Les règles particulières à ce cas sont tracées par les art. 8 à 13, L. 17 avr. 1832.

85. *Étrangers.* La contrainte par corps exercée contre un étranger, en vertu d'un jugement, pour dette civile ordinaire ou pour dette commerciale, cesse de plein droit après deux ans, lorsque le montant de la condamnation principale ne s'élève pas à 500 fr.; après quatre ans, lorsqu'il ne s'élève pas à 1,000 fr.; après six ans, lorsqu'il ne s'élève pas à 3,000 fr.; après huit ans lorsqu'il ne s'élève pas à 5,000 fr., enfin après dix ans, lorsqu'il est de 5,000 fr. et au-dessus.

S'il s'agit d'une dette civile pour laquelle un Français serait soumis à la contrainte par corps, la durée de l'emprisonnement est de deux ans au moins, cinq ou dix ans au plus, suivant les distinctions établies *sup.* n° 74, 76 et 77. *Id.*art. 17.

Avant la loi du 17 avr. 1832, l'étranger, condamné pour dette commerciale, ne pouvait, après cinq ans, et en vertu de l'art. 18, tit. 3. L. 15 germ. an 6, obtenir sa mise en liberté. Nanci, 31 déc. 1819, S. 19, 258.

86. Le temps se compte non du jour du jugement de condamnation, mais du jour de l'arrestation provisoire. Paris, 25 déc. 1835 (Art. 259 J. Pr.). Fœlix, art. 17; Coin-Delisle, p. 102, n° 2. — V. *inf.* n° 95.

87. Dans tous les cas qui précèdent, l'emprisonnement cesse de plein droit du jour où le débiteur a atteint sa soixante-dixième année. L. 17 avr. 1832, art. 6, 12.

Les débiteurs incarcérés avant cette loi peuvent obtenir leur élargissement lorsqu'ils ont commencé leur soixante-dixième année, à l'exception toutefois des stellionataires. *Ib.* art. 42.

§ 6. — *De la contrainte par corps contre les étrangers.*

88. Par la loi du 4 flor. an 6, l'étranger résidant en France était soumis à la contrainte par corps : — 1° pour tous engagemens par lui contractés en France avec des Français, s'il ne possédait pas en France des propriétés foncières ou un établissement de commerce. Art. 1er. — 2° pour tous engagemens contractés par lui en pays étranger, et dont l'exécution réclamée en France emportait la contrainte par corps dans le lieu où ils avaient été formées. Art. 3. — La loi du 10 sept. 1807, permettait en outre au trib. de 1re inst. dans le ressort duquel se trouvait cet étranger, d'ordonner son arrestation provisoire sur la requête du créancier français.

Ces dispositions ont été modifiées par la loi du 17 avr. 1832.

La contrainte par corps contre les étrangers est, ou définitive ou provisoire.

89. *Contrainte par corps définitive.* Tout jugement qui intervient *au profit d'un Français*, contre un étranger *non domicilié* en France, *emporte* la contrainte par corps, si la somme *principale* est de 150 fr. ou au-dessus, *sans distinction entre les dettes* civiles et les dettes commerciales. L. 17 avr. 1852, art. 14.

90. *Au profit d'un Français.* Ce droit n'appartient ni à l'étranger domicilié en France : la jurisprudence s'était déjà prononcée dans ce sens sous l'empire de la loi de 1807. Douai, 7 mai 1828, S. 29, 79.

Ni à l'étranger autorisé à jouir des droits civils : il s'agit ici, non d'un droit civil proprement dit, mais plutôt d'une mesure politique, introduite pour que les citoyens ne soient pas dépouillés par d'aventureux étrangers. Paris, 8 janv. 1831, S. 31, 172 ; Coin-Delisle, p. 98, n° 6. — *Contrà*, Pardessus, n° 1528.

L'étranger n'obtient la contrainte par corps en France contre un étranger, qu'autant que 1° le débiteur se trouve dans l'un des cas de contrainte prévus par la loi civile ou commerciale ; 2° la créance s'élève au minimum fixé par l'art. 2065 C. civ. ou par l'art. 1er L. 1852. — La durée de l'emprisonnement à son profit est celle fixée selon la matière par l'art. 5 ou par l'art. 7, § 1 et 2, et non par l'art. 14 ou par l'art. 17.

Mais l'étranger peut obtenir la contrainte par corps contre son débiteur français, lorsque, soit par la nature de l'obligation, soit par suite de la convention des parties, cette contrainte doit être prononcée d'après la loi française quoique l'obligation ait été contractée en pays étranger ; Besançon, 9 nov. 1808, P. 7, 194.

91. *Contre un étranger non domicilié*, c'est-à-dire contre tout étranger qui n'a point obtenu du Roi l'autorisation d'établir son domicile en France et n'y réside pas en effet. C. civ. 13. Il s'agit du domicile de droit. Pardessus, n° 1524. Un arrêt de rejet, du 6 fév. 1826 (S. 26, 541), n'est pas contraire : les premiers juges avaient déclaré en fait que l'étranger était établi et domicilié en France. Coin-Delisle, p. 98, n° 5.

Peu importe qu'il possède ou non, soit des propriétés foncières, soit un établissement de commerce sur le sol français ; — cette distinction n'existe que pour l'arrestation *provisoire* dont traite l'art. 15. *Rapport de M. Parant.*

92. *Emporte.* La contrainte par corps résulte de plein droit du jugement ; il n'est pas nécessaire qu'elle soit requise ni prononcée. Arg. Bordeaux, 16 fév. 1830, S. 30, 212.

93. *Somme principale.* Sous la loi du 4 flor. an 6, la contrainte pouvait être prononcée pour simples dépens. Metz, 11 fév. 1820, S. 21, 18.

94. *Sans distinction entre les dettes civiles et commerciales.* Peu importe que la dette procède d'un contrat, d'un quasi-contrat, ou d'un quasi-délit, qu'elle ait été contractée en France ou à l'étranger. Rejet, 12 juin 1817, S. 18, 518.

95. *Contrainte par corps provisoire.* Avant le jugement de condamnation, mais après l'échéance ou l'exigibilité de la dette, le président du trib. de 1ʳᵉ inst., dans l'arrondissement duquel se trouve l'étranger non domicilié, peut, s'il y a de suffisans motifs, ordonner son arrestation provisoire sur la requête du créancier français. L. 17 avr. 1832, art. 15. — Cette mesure provisoire et de police est accordée contre l'étranger qui, d'un moment à l'autre, pourrait disparaître sans laisser après lui aucune trace de son passage ou de son séjour. Treilhard, *Exposé des motifs*, art. 2, L. 10 sept. 1807.

96. *Après l'échéance ou l'exigibilité.* L'arrestation provisoire ne pourrait être ordonnée, si le créancier avait accordé des délais qui ne seraient pas expirés ; — à moins qu'il n'y eût une cause de déchéance du terme.

97. *De la dette.* Peu importe sa nature, l'arrestation a lieu, même pour restitution d'un dépôt. Coin-Delisle, p. 100, n° 6. — Le contraire a été jugé (rejet, 22 avr. 1816, S. 19, 194), mais dans une espèce où l'acte de dépôt n'était point reconnu.

98. Toutefois, une créance incontestable n'est pas nécessaire; des titres apparens suffiraient (Rejet 25 sept. 1829, S. 30, 151 ; Paris, 29 nov. 1831, S. 32, 54); — et même pour le maître d'hôtel garni, pour les fournisseurs, la bonne tenue des écritures, leur réputation connue, ou quelques adminicules : ces fournitures, dans l'usage, se font sans titres réguliers. — La loi du 10 sept. 1807 a été promulguée quelque temps après que des marchands de Paris avaient été dupes d'un grand seigneur russe qui avait disparu sans payer des marchandises livrées à crédit. Merlin, *Qu. dr.*, vᵒ *Étranger*, § 4, nᵒ 11.

99. L'arrestation provisoire peut être réclamée après l'opposition formée par l'étranger ou l'appel dirigé contre le jugement de condamnation : l'exécution étant suspendue, il y a même motif qu'avant l'opposition pour autoriser l'arrestation. Afin d'éviter toute difficulté, il est prudent de demander par l'exploit introductif d'instance l'exécution, nonobstant l'opposition (C. pr. 155), et l'exécution provisoire en cas d'appel, du moins quant au chef de la contrainte par corps, même hors les cas prévus par l'art. 135 C. pr. Si le président a le droit d'ordonner seul l'arrestation provisoire, le trib. entier peut faire de cette provision un chef joint au fond du procès. Coin-Delisle, *ib.*

100. L'arrestation provisoire de l'étranger peut être ordonnée, lors même que le titre de créance est attaqué par la voie de l'inscription de faux principal, et qu'il a été sursis par ce motif à faire droit sur la demande en condamnation. Cass. 28 oct. 1809, S. 9, 462.

101. L'assignation en condamnation n'est point une renonciation au droit de provoquer l'arrestation provisoire : l'urgence de l'arrestation peut devenir plus grande pendant l'instruction du procès, qu'elle ne l'était auparavant. Coin - Delisle, p. 100, n° 4.

102. L'arrestation provisoire ne peut avoir lieu pour une somme inférieure à 150 fr. M. Parant, *Rapport.* — V. *sup.* n° 89.

103. *S'il y a motifs suffisans.* Le soin de les apprécier est une question de fait abandonnée à l'appréciation du président et de la Cour, sur l'appel, hors de l'examen de la C. de cass. Rejet 25 sept. 1829, S. 30, 151.

104. L'ordonnance du président, en vertu de laquelle a lieu l'arrestation, ne peut pas être attaquée par action principale devant le tribunal. Paris, 27 mai 1830, S. 31, 54.

105. On ne peut rendre le trib. juge des ordonn. rendues par son président dans le cercle de ses fonctions spéciales. Bordeaux, 6 déc. 1833, S. 34, 225.

L'appel est la seule voie de réformation. Il doit être interjeté dans les trois mois. Rejet 22 avr. 1818, S. 19, 194; Pau, 27 mai 1830, S. 31, 54; Caen, 12 janv. 1832, S. 32, 202.

106. *Sur la requête.* L'arrestation est autorisée sans instruction ; il n'y a pas lieu d'assigner le défendeur. Le ministère public ne doit être ni entendu ni même consulté ; un instant perdu ou le moindre éveil donné au débiteur détruirait tout l'effet de la mesure. Treilhard, *ib.*

107. Il n'est pas non plus nécessaire que le président soit assisté du greffier, ni que celui-ci signe l'ordonnance. Pau, 27 mai 1830, S. 31, 54.

108. *Du créancier français.* L'arrestation provisoire ne peut être requise par un créancier étranger. Paris, 25 déc. 1833 (Art. 259 J. Pr.). — V. *sup.* n° 90.

109. *Quid*, si le titre originairement souscrit par un étranger au profit d'un étranger est devenu la propriété d'un Français ?

La contrainte par corps est accordée par M. Fœlix, sur l'art. 15, n° 9, et refusée par M. Dalloz, v° *Droits civils*, p. 476.

Nous croyons avec MM. Merlin, *Qu. dr.*, v° *Étranger*, § 4, n°s 3 et 4, et Coin-Delisle, p. 100, n° 7, qu'il faut distinguer. — Si le Français est devenu créancier par voie de transport, la cession n'a pu lui conférer des droits ni plus étendus ni plus rigoureux que ceux de son cédant. — Si, au contraire, il s'agit d'un titre négociable, tel qu'une lettre de change, il y a lieu à arrestation provisoire. Douai, 7 mai 1828; Rejet, 25 sept. 1829; Paris, 29 nov. 1831, S. 29, 79; 30, 151; 32,

54 ; Paris, 6 déc. 1836 (Art. 818 J. Pr.); Caen, 12 janv. 1852.
— *Contrà*, Douai, 27 fév. 1828 ; Aix, 25 août 1828, S. 28 ,
284, 29 , 80.

110. Le créancier est tenu de se pourvoir en condamnation
dans la huitaine de l'arrestation du débiteur, autrement, celui-
ci peut demander son élargissement (*Ib*). — Le créancier qui
a fait emprisonner provisoirement son débiteur ne peut plus ,
comme autrefois, prolonger indéfiniment sa détention, en ne
formant pas sa demande en condamnation.

La mise en liberté du débiteur est prononcée par ordonnance
de référé , sur une assignation donnée au créancier par l'huissier
que le président a commis dans l'ordonnance même qui autorisait l'arrestation , et , à défaut de cet huissier, par tel autre
qui est commis spécialement. *Ib.*

Le créancier ne peut empêcher cette mise en liberté par une
demande tardive en condamnation ; autrement, le délai fixé
par la loi serait illusoire. Il doit subir la peine de sa négligence.

111. La huitaine accordée au créancier pour assigner le débiteur en condamnation , n'est pas franche. La loi exige que
l'assignation soit donnée *dans la huitaine.* — V. *Délai* , n° 19.

Mais le jour de l'arrestation ne doit pas compter dans la huitaine ; ainsi , le débiteur incarcéré le 17 est valablement assigné
en condamnation le 25 du même mois : vainement on prétendrait que l'emprisonnement provisoire est une mesure exorbitante du droit commun , et que le créancier doit être en mesure de justifier immédiatement de sa créance ; toutes les fois
que la loi ordonne de faire un acte dans un délai quelconque ,
le jour *à quo* ne compte pas dans ce délai. — V. *ib.* n° 19.

112. Il importe à l'étranger détenu que l'affaire soit promptement jugée et préférablement à toutes autres, sans tour de
rôle. Arg. C. pr. 800. — V. *inf.* § 7, art. 8.

113. Si la demande principale du créancier, introduite postérieurement à l'échéance de la huitaine, était cependant antérieure à l'assignation du débiteur au créancier, la demande de
mise en liberté serait non recevable. Coin-Delisle, p. 101 ,
n° 10 ; Arg. C. pr. 803 2°.

114. Le créancier n'est pas tenu de se conformer, pour la
condamnation provisoire , à l'art. 780 C. pr., qui prescrit une
signification et un commandement préalables. L. 17 avr. 1852,
art. 52. — V. *sup.* n° 106.

115. Mais cette arrestation est soumise aux formalités générales sur l'exécution des actes.

Conséquemment elle est nulle, si elle est pratiquée à une
heure à laquelle il est défendu aux officiers ministériels d'instrumenter. Metz, 11 fév. 1820 , S. 21 , 187.

Jugé que l'huissier ne doit pas, à peine de nullité, exhiber le pouvoir spécial de sa partie. Nanci, 22 juin 1813, P. 11, 486.

116. L'arrestation provisoire n'a pas lieu, ou cesse, si l'étranger justifie qu'il possède sur le territoire français un établissement de commerce ou des immeubles d'une valeur suffisante pour assurer le paiement de la dette, ou s'il fournit pour caution une personne domiciliée en France et reconnue solvable. L. 17 avr. 1832, art. 16.

La caution doit être acceptée ou constituée dans les délais fixés pour les cautions judiciaires en général.

117. Pour apprécier si les immeubles de l'étranger sont d'une valeur suffisante, on fait déduction des charges hypothécaires; il est inutile d'appeler des experts : on peut se contenter des documens sur les revenus. Pardessus, n° 1526.

118. Il n'est pas nécessaire d'affecter l'établissement de commerce ou les immeubles que peut posséder l'étranger au paiement de la dette. L'étranger propriétaire d'immeubles ou d'un établissement industriel, est considéré comme présentant autant de solvabilité qu'un Français.

119. Il suffit que la caution soit domiciliée et solvable, quoiqu'elle soit elle-même étrangère. Pardessus, n° 1527.

120. Si c'est au moment de l'arrestation provisoire que l'étranger fait cette offre ou ces justifications, le président du trib. en connait;—si c'est en prison et pour faire cesser l'arrestation, le trib. est seul compétent. Coin-Delisle, p. 102, n° 2. — M. Pardessus, n° 1527, ne distingue pas et suppose que la justification se fera devant le président.

121. L'étranger peut être recommandé en vertu d'une ordonnance du président : la loi met toujours sur la même ligne l'incarcération et la recommandation. Il y a d'ailleurs même raison de décider dans les deux cas; en effet, l'étranger, s'il obtenait son élargissement, pourrait disparaître dans l'intervalle des nouvelles poursuites. Nanci, 22 juin 1813, P. 11, 486.

§ 7. — *Exécution de la contrainte par corps.*

Art. 1er. — *Commandement et signification du titre.*

122. Aucune contrainte par corps ne peut être mise à exécution qu'un jour après la signification, avec commandement, du jugement qui l'a prononcée. C. pr. 780.

123. Le commandement et la signification du jugement prononçant la contrainte doivent avoir lieu par le même acte. Avant de procéder à la voie d'exécution la plus rigoureuse, il faut nécessairement mettre le débiteur à portée de prendre une connaissance certaine du jugement qui le condamne, sans l'obliger de recourir à une signification antérieure qui, ne contenant pas de commandement, et ne lui faisant pas voir l'imminence de l'emprisonnement, a pu être négligée et égarée par lui : tel est le but de l'art. 780 C. pr.; l'art. 51 du tarif ne taxe qu'un exploit. Caen, 14 déc. 1824; Bourges, 23 avr. 1825, P. 25, 2, 246; Pigeau, 2, 312; Carré, n° 2629; Chauveau, 53, 502; Coin-Delisle, art. 2069, n° 8. — V. d'ailleurs C. pr. 673; *Saisie-immobilière*.

Toutefois, il a été jugé que la signification par actes séparés, n'entraînerait pas nullité. Toulouse, 11 fév. 1808, P. 6, 504; Rennes, 18 août 1810; P. 8, 541; Limóges, 18 janv. 1811; S. 15, 191.

Dans l'usage, ce commandement porte que, faute de payer, le débiteur sera contraint par l'emprisonnement de sa personne, mais la loi n'exige pas cette énonciation.

124. Cette signification du jugement qui accompagne le commandement doit-elle être elle-même précédée d'une signification pure et simple du jugement? L'affirmative a été décidée à l'égard d'un jugement par défaut, rendu par le trib. de comm. Nanci, 23 juill. 1813, P. 11, 576. — Tel est l'usage.

125. Le jugement doit être signifié en entier, et non pas seulement par extrait.

Ainsi, l'omission d'une partie importante de ce jugement, notamment de la disposition qui n'ordonne l'exécution provisoire qu'à la charge de donner caution, vicie essentiellement la signification. Nîmes, 22 mars 1813, P. 11, 227.

126. S'il y a eu plusieurs décisions judiciaires dont les unes complètent les autres, elles doivent, à peine de nullité, être signifiées simultanément (en tête du commandement). Coin-Delisle, 47, n° 9.

Ainsi ne suffirait pas : 1° la signification du jugement par défaut. Caen, 14 déc. 1824; Limoges, 26 mai 1823, S. 23, 272. — Il faut signifier simultanément le jugement de débouté d'opposition. Un jugement par défaut, frappé d'opposition, n'a d'effet que par le jugement qui statue sur l'opposition, et qui ne forme avec lui qu'un seul tout indivisible. — Il en est de même de l'arrêt confirmatif, s'il a été rendu.

2° Il faut signifier avec le commandement, non seulement la sentence arbitrale, mais encore, à peine de nullité, l'ordonnance d'*exequatur* et le jugement qui statue sur l'opposition à cette ordonnance : vainement on oppose que tout n'est pas remis en question devant le trib. saisi de l'opposition, qu'il n'a pas à confirmer ou à réformer la sentence, qu'il statue seulement sur un incident relatif à sa validité ou à son exécution, qu'il ne juge pas le fond du procès; qu'en un mot il ne prononce pas la contrainte par corps. On peut répondre que l'existence de la sentence arbitrale, que sa force exécutoire dépendent de l'ordonnance d'*exequatur* et du jugement qui a statué sur l'opposition ; que, sous ce double rapport, l'ordonnance et le jugement font partie du titre. Paris, 3ᵉ ch., 30 nov. 1856 (Art. 611 J. Pr.).

127. La signification de la dernière décision ne suffirait pas lors même qu'elle relaterait la substance des précédentes.

128. Il convient, surtout lorsqu'on poursuit le débiteur plus de six mois après le jugement par défaut, de faire connaître l'acquiescement donné à ce jugement. — Toutefois cette précaution n'est pas indispensable. Paris, 17 sept. 1829, S. 30, 41. — Il n'est pas non plus nécessaire de donner copie de la première signification à domicile. Coin-Delisle, *ib.*

129. Jugé que si la signification d'un jugement par défaut a été faite avec le commandement *avant l'opposition* du débiteur, il n'est pas nécessaire de faire un nouveau commandement ; qu'il suffit de signifier depuis le jugement de débouté d'opposition. — Attendu que si l'effet de l'opposition à un jugement est d'en suspendre l'exécution, celui du jugement qui déboute de l'opposition est de lever cette suspension et de rendre au jugement par défaut et aux actes légaux dont il a été suivi, toute leur force. Rouen, 9 janv. 1826, S. 27, 30 ; Coin-Delisle, p. 47, n° 9. — V. d'ailleurs *inf.* n° 146.

130. Le commandement est valablement signifié au dernier domicile connu du débiteur, encore bien qu'il en ait acquis un nouveau depuis plusieurs années. Paris, 25 janv. 1808, P. 6, 460 ; Carré, art. 780.

131. Peu importe qu'il ait déclaré changer de domicile, s'il n'a pas indiqué le lieu de son nouvel établissement. Bruxelles, 29 janv. 1808, S. 9, 153.

132. Une seconde signification, faite au dernier domicile du débiteur, ne prouve pas toujours que le créancier avait connaissance de l'insuffisance de la première. Paris, 25 janv. 1808, P. 6, 460 ; Carré, art. 780.

133. Quand le débiteur n'a pas de domicile connu, le commandement peut également lui être signifié au parquet du procureur du roi : cette circonstance ne saurait en effet priver le créancier de l'exercice de ses droits. Arg. C. pr. 69 ; Metz, 30 déc. 1817.

134. Mais n'est pas valable le commandement signifié 1° au débiteur, et remis à sa femme, dans un hôtel garni où il ne réside que passagèrement. Bruxelles, 24 oct. 1808, S. 10, 550 ; Carré, 3, 249 ; Pardessus, 5, 273 ; Pigeau, 2, 284. — 2° A un domicile élu où le débiteur ne réside pas. Coin-Delisle, p. 48, n° 13.

135. La signification du jugement doit être faite par un huissier commis par le jugement ou par le président du trib. de première instance du lieu où se trouve le débiteur. C. pr. 780.

156. Par ces mots : du lieu *où se trouve* le débiteur, il faut entendre soit le domicile du débiteur, soit le lieu où il est momentanément. Pigeau, *ib.*; Coin-Delisle, 48, n° 13. — S'il fallait que le débiteur fût présent dans le lieu où la requête est présentée, les exécutions deviendraient impossibles : l'objet de cette disposition est d'empêcher le créancier de faire par fraude le commandement à un domicile qu'il saurait avoir été transféré dans un autre lieu. Le débiteur ne peut donc arguer de nullité la commission d'huissier, délivrée par le président de son domicile, sous prétexte qu'il se trouvait dans un autre lieu à l'époque de la requête. Toulouse, 11 août 1828, S. 50, 103. — Ou qu'il n'habitait plus l'ancien domicile, à moins qu'il ne prouve la translation. *Même arrêt.* — Un arrêt de Toulouse, du 28 juill. 1828, n'est pas contraire. — Dans cette dernière espèce le débiteur avait quitté son domicile, à Bordeaux, depuis quatre ans, avait fait, avant la présentation de la requête, sa déclaration de changement de domicile, et le créancier, son parent, avait connaissance personnelle de sa résidence à Toulouse.

157. L'ordonnance qui commet un huissier peut être rendue par le juge sans l'assistance du greffier : il y a urgence. Arg. C. pr. 1040; Riom, 5 août 1837 (Art. 1055 J. Pr.).

158. L'huissier peut être commis par jugement du juge de paix ou du trib. de comm. Rouen, 20 juill. 1814, S. 15, 14; Toulouse, 28 juill. 1824, S. 26, 210; Aix, 25 août 1826, S. 27, 78; Lyon, 23 mai 1827, 27, 168; Thomine, n° 901; Coin-Delisle, 47, n. 10. — On objecte que les trib. d'exception ne peuvent pas connaître de l'exécution de leurs jugemens, et que l'art. 435 C. pr. ne donne aux trib. de comm. que le droit de commettre un huissier pour la signification des jugemens par défaut (Orléans, 26 déc. 1810, P. 8, 727; Toulouse, 21 mai 1824, S. 26, 211; Lyon, 22 août 1826, S. 27, 23; Carré, n° 2631). — Mais on répond avec raison : l'art. 435 C. pr. détermine seulement le point de départ pour l'opposition, et le pouvoir qu'il donne, n'emporte nullement exclusion pour un autre cas. — Enfin, les trib. de comm. ne sont incompétens que pour connaître des contestations qui peuvent s'élever sur l'exécution de leurs jugemens.

Ils peuvent même commettre un huissier hors de leur territoire. Douai, 19 fév. 1828, S. 28, 105.

159. L'huissier commis pour la simple signification d'un jugement par défaut a-t-il le droit de faire la signification avec commandement préalable à l'arrestation ? — Bien que dans l'un et l'autre cas, les commissions d'huissiers aient pour objet d'éviter que la copie ne soit soustraite, néanmoins les cas des art. 156 et 435 sont moins importans que celui de l'art. 780 C. pr.

Les commissions sont, de leur nature, spéciales, et l'huissier commis simplement pour faire une signification ne paraît pas avoir reçu mission de faire un commandement. Carré, n° 2630; Coin-Delisle, p. 48, n° 1.

Le trib. de comm. de Paris charge formellement l'huissier qu'il désigne de faire les significations prescrites par les art. 435 et 780 C. pr.

Si, avant l'exécution de la commission, le débiteur a formé opposition au jugement par défaut ou en a interjeté appel, et que le jugement qui déboute de l'opposition ou l'arrêt confirmatif ne contienne pas de commission d'huissier, c'est à l'huissier commis par le jugement qui prononce la contrainte par corps à faire la signification avec commandement. Son mandat n'a été ni accompli ni révoqué. Coin-Delisle, *ib*. n° 12.

Si, au contraire, le second jugement ou l'arrêt porte commission d'un autre huissier, celui-ci a seul le droit de signifier le tout. La nomination d'un nouveau mandataire emporte révocation du premier (C. civ. 2006). Coin-Delisle, *ib*.

140. La commission donnée à l'huissier n'est pas limitée à une seule signification, il peut faire toutes celles nécessaires, soit par suite de nullité de la première. (Cass. 26 nov. 1810, S. 12. 83); — ou toute autre cause, pourvu que ce soit dans l'année du premier commandement. Arg. C. pr. 784.

141. La signification doit contenir élection de domicile dans la commune où siège le trib. qui a rendu le jugement, si le créancier n'y demeure pas. C. pr. 780.

142. Si le jugement a été rendu par un trib. de comm., placé dans une autre ville que le trib. de 1re inst., est-ce dans la ville où siège le trib. civ. que doit être faite l'élection de domicile? — L'affirmative est enseignée par tous les auteurs (Delvincourt, *Instit. dr. comm*. 2, 497; Pigeau, *ib*. n° 2; Carré, n° 2633; Favard, v° *Contrainte*, § 4, n° 3; Dalloz, *ib*. 3, 792); — Attendu que les trib. de comm. ne sont pas juges de l'exécution, et que cette élection de domicile paraît exigée pour les difficultés du fond.

Toutefois, M. Coin-Delisle, 49, n° 16, conseille, comme marche plus sûre, de suivre le texte de la loi, c'est-à-dire de faire élection de domicile dans le lieu où siège le trib. de comm., s'il a rendu le jugement.

Décidé que lorsque le jugement a été rendu dans un autre lieu que celui du trib. d'exécution, le débiteur ne peut demander la nullité du commandement, faute d'élection de domicile dans la ville où siège ce dernier trib., attendu qu'on ne peut ajouter à la loi une disposition qu'elle n'a point émise, et encore moins annuler un acte pour l'omission d'une formalité purement arbitraire. Nîmes, 4 mai 1824, D. 3, 791; Montpellier, 22 août 1827, S. 28, 40.

143. Jugé, à tort selon nous, que le commandement, précédé d'une signification contenant l'élection de domicile voulue par la loi, n'était pas nul faute de renouveler cette élection. Toulouse, 11 fév. 1808, S. 15, 191; Rennes, 18 août 1810, P. 8, 541. — V. d'ailleurs *sup.* n° 123.

144. Aucune contrainte ne peut être mise à exécution qu'un jour après le commandement. C. pr. 780.

145. Le mot *jour* doit s'entendre d'un jour franc, et non pas seulement de vingt-quatre heures (— *Contrà*, Rouen, 27 juill. 1813, P. 11, 582), à compter du moment où le commandement est signifié : toutes les fois que la loi ne fixe pas un délai par heure ce délai ne commence qu'à l'instant où finit le jour qui sert de point de départ. — La date de l'heure n'est donc pas nécessaire. Rouen, 17 juin 1818, S. 19, 136; Carré, art. 780; Berriat, 630; — *Contrà*, Rouen, 27 juill. 1813; Paris, 17 déc. 1817, S. 18, 22; Coffinière, 10, 617.

Ainsi la contrainte peut être exécutée le 3 mars au plus tôt si le commandement a été fait le 1er du même mois.

146. Si la contrainte s'exerce en vertu d'un arrêt confirmatif d'un jugement qui l'a ordonnée, on doit observer un jour de délai entre la signification de l'arrêt et l'exécution de la contrainte. Colmar, 20 août 1808, P. 7, 104. — Dans l'espèce, l'appel était suspensif, car si le jugement de 1re inst. eût été exécutoire par provision, on n'eût pas été forcé d'attendre la signification de l'arrêt plus que sa prononciation. —V. d'ailleurs *sup.* n° 129.

147. S'il s'est écoulé une année entière depuis le commandement, il ne peut être procédé à l'arrestation du débiteur qu'en vertu d'un nouveau commandement fait par un huissier commis à cet effet. C. pr. 784.

148. L'huissier qui a signifié un premier commandement qui a plus d'un an de date, n'est pas compétent pour en faire un second sans une nouvelle désignation du président du tribunal. L'art. 784 exige qu'il soit *commis à cet effet*. C'est une garantie de plus offerte au débiteur qui a bien eu connaissance du jugement, mais qui peut penser, en voyant l'inaction de son créancier pendant une année, qu'il a renoncé à exercer la contrainte par corps contre lui. Rennes, 28 sept. 1814; Carré, art. 784; Pigeau, 2, 313.

149. Jugé, à tort selon nous, que ce second commandement ne doit pas, à peine de nullité, être précédé de la signification du jugement, quand bien même le premier commandement se trouverait périmé. Rennes, 18 août 1810; Toulouse, 11 fév. 1808. —V. *sup.*, n°s 123, 143.

150. Le débiteur peut, lors du commandement, assigner en référé en vertu de l'art. 806 C. pr. — Bruxelles, 20 déc. 1810, P. 8, 720. — Dans l'espèce un sursis fut accordé en exécution d'un acte authentique par lequel le créancier avait précédemment accordé des délais au débiteur.

Art. 2. — *Arrestation du débiteur.*

151. Aucun huissier ne peut procéder à l'arrestation d'un débiteur, s'il n'est muni d'un pouvoir spécial. La simple remise du jugement est insuffisante pour lui donner ce droit. C. pr. 556.

152. Il en est de même d'un garde du commerce. — V. *inf.* n° 255.

153. La contrainte par corps est régie, comme la *saisie-immobilière* (— V. ce mot.), quant au pouvoir préalable, par le même art. 556 C. pr. : les décisions doivent être identiques pour les deux matières.

154. Le débiteur ne peut être arrêté : — 1° avant le lever ni après le coucher du soleil. C. pr. 781, § 1;

Même quand ce serait à une heure légale pour les autres exécutions. — Ces mots, *lever* et *coucher* du soleil, doivent être pris dans le sens astronomique. Vainement on oppose que l'art. 1037 a expliqué l'art. 781; que les dispositions générales du Code ont pour objet de fixer le véritable sens des articles susceptibles d'interprétations diverses. —L'on répond avec raison : l'art. 1037, fait pour les cas ordinaires, n'a pu abroger implicitement la disposition formelle de l'art. 781 pour le cas particulier de la contrainte par corps. On conçoit qu'il suffise que les autres exécutions aient lieu durant le jour ; mais celle de la contrainte doit être faite pendant que le soleil est sur l'horizon. Telle a été évidemment l'intention du législateur, car l'art. 794 du projet, correspondant à l'art. 781 du Code, avait déterminé, comme l'art. 1037, les heures avant et après lesquelles la contrainte ne pourrait être mise à exécution, et l'on a substitué à cette fixation d'heures la disposition relative au lever et au coucher du soleil, sur les observations du Tribunat et des Cours d'Agen, Bourges et Toulouse, qui firent remarquer que, dans un grand nombre de départemens, l'arrestation pourrait s'effectuer avant le commencement et après la fin du jour pendant une partie de l'hiver, ce qui ne devait pas avoir lieu. Colmar, 16 therm. an 12, S. 5, 42 ; 31 août 1810, S. 11, 78; Bruxelles, 1er mars 1813, S. 14, 183. — L'arrestation a été annulée, comme tardive d'une minute dans la première espèce, et comme prématurée de quatre minutes seulement dans la seconde, suivant les tables astronomiques.

155. Peut-on procéder à une arrestation, si le temps des

autres exécutions n'est pas encore arrivé, ou est déjà passé, par
exemple, lorsque le soleil est sur l'horizon, le 22 juin, avant
quatre heures du matin, ou le 31 mars après six heures du
soir ? — Pour la négative on dit : si la défense spéciale de l'art.
781 déroge, en faveur de la liberté, à la règle du temps fixé pour
les exécutions par l'art. 1037, cet article n'en limite pas moins
l'art. 781, quand le lever ou le coucher du soleil précède ou
suit l'heure à laquelle *aucune* exécution *ne peut* être faite. L'art.
781 n'accorde pas un droit; il exprime une défense. Il faut la
concilier avec la défense générale de l'art. 1037. Arg. Décr. 4
août 1806, qui limite, par l'art. 1037 C. pr., le temps de nuit
pendant lequel la gendarmerie ne peut entrer dans la maison
des citoyens. Pigeau, 2, 314; Berriat, 628; Coin-Delisle, 52,
n° 35. — Sans doute il est plus prudent de satisfaire tout à la
fois aux dispositions de l'art. 1037. — Mais il nous semble que
l'art. 781 a eu pour but de décider d'une manière complète la
question du temps, et que, spécial sur la matière, il doit seul
être observé à peine de nullité. Delaporte, 2, 358; **Carré**,
n° 2635; Pardessus, n° 1514.

156. L'emprisonnement est valablement effectué après le
coucher du soleil, si l'arrestation a été faite auparavant. Grenoble, 9 nov. 1825, P. 1826, 3, 97.

L'huissier qui a commencé l'arrestation en temps utile, doit
continuer l'opération et ne peut, à raison de l'heure avancée, la
remettre au lendemain, ne fût-ce même que pour délivrer au
débiteur copie des procès-verbaux d'emprisonnement et d'écrou :
l'opération ne peut être scindée ; le débiteur doit être mis en
état de pouvoir, sans délai, réclamer son élargissement, s'il y
est fondé. Bastia, 26 août 1826, S. 27, 201.

157. Pour savoir si l'arrestation a été faite en temps utile,
il faut s'en rapporter au fait réel plutôt qu'à une erreur d'expressions qui se rencontrerait dans le procès-verbal.

Ainsi la C. de Riom (14 oct. 1808, S. 12, 193) a déclaré
valable un emprisonnement que le procès-verbal de l'huissier
annonçait avoir été fait à 11 heures de relevée, attendu qu'il
était prouvé par l'écrou et par un acte postérieur que l'arrestation avait eu lieu à 11 heures du matin.

158. 2° Les jours de *fête légale.* C. pr. 781, § 2. — V. ce
mot.

Le juge peut-il autoriser une arrestation un jour de fête légale ? — Pour l'affirmative on invoque l'art. 1037 et ce qui avait
lieu dans l'ancien droit. Favard, *h. v.*, § 4; Carré, n° 2639;
Berriat, 144, note 3; Chauveau, *hoc verbo*, n° 213. — Mais
cette permission s'accordait rarement; d'ailleurs la procédure
pour pénétrer dans le domicile pendant les jours non fériés
n'était pas aussi simple; enfin, dans le système contraire, le

§ 2 de l'art. 781 serait inutile et l'art. 1057 aurait suffit. Demiau, 477; Coin-Delisle, 52, n° 56.

159. 3° Dans les édifices consacrés au culte, pendant les exercices religieux seulement. C. pr. 781.

Ces mots *exercices religieux* ne doivent pas être restreints à ceux qui se font publiquement et au milieu d'un concours de fidèles : il suffit qu'un exercice religieux quelconque ait lieu dans l'intérieur de l'église pour empêcher l'arrestation du débiteur. — V. d'ailleurs *inf.* n° 164.

160. 4° Dans le lieu et pendant la tenue des séances des autorités constituées. C. pr. 781.

Ces mots *lieu des séances* ont été substitués au mot *enceinte* de l'art. 4, tit. 3, L. 15 germ. an 6. On a voulu exclure de la prohibition toute la partie de l'enceinte qui n'est pas lieu des séances (Pigeau, 2, 314). — Ainsi, l'arrestation serait valablement effectuée dans les cours et lieux environnans : le seul but de la loi est d'empêcher qu'on ne trouble les autorités dans leurs fonctions. Carré, art. 781 ; Pardessus, 5, n° 1514. — Ou même dans les bureaux. Pardessus, Carré, Coin-Delisle, *ib.* — Ou dans le lieu des séances avant et après leur tenue ; le C. de pr. a supprimé les mots *en aucun temps. Mêmes auteurs.*

Par *autorité constituée* il faut entendre toutes les autorités légalement établies, quoique leur pouvoir découle médiatement de la constitution.

Ainsi serait nulle l'arrestation faite dans le lieu et pendant la séance d'un conseil de guerre. Carré, n° 2645 ; — ou dans le lieu et pendant l'audience d'un conseil de prud'hommes, quoique ni les conseils de guerre, ni les conseils de prud'hommes ne soient institués par la constitution. Coin-Delisle, p. 50, n° 25. — Pendant la durée des séances des collèges et assemblées électorales de toute nature instituées par les lois. Carré, n° 2645 ; Coin-Delisle, *ib.* n° 24.

161. Autrefois on ne pouvait arrêter un négociant dans le lieu et pendant les heures de la bourse ; mais la disposition analogue qui se trouvait dans le projet du Code a été rejetée lors de la discussion. Il en serait donc autrement aujourd'hui. Carré, art. 781.

162. 5° Dans une maison quelconque, même dans son domicile, à moins que le juge de paix du lieu ne l'ait ordonné, et ne se transporte dans la maison avec l'officier ministériel. C. pr. 781-5°.

163. Le mot *maison* comprend non seulement le corps de logis, mais encore les cours, basses-cours, jardins. Arg. Cass. 18 juin 1812; 16 avr. 1813, S. 13, 51 ; 20, 512. — Les édifices ayant leur clôture particulière dans la clôture ou enceinte générale (C. pén. 390) ; — la cour intérieure de la maison. Lyon, 10 juin 1824, S. 25, 54. — La cour d'une maison tierce, même quand le débiteur ne s'y est réfugié qu'après avoir été saisi au corps. Limoges, 27 mars 1828, S. 28, 153.

164. Les édifices consacrés au culte ou aux séances des autorités publiques sont également assimilés aux maisons, en ce sens que l'on ne peut y exécuter d'arrestation , même après les exercices religieux ou la tenue des séances, qu'avec l'assistance du juge de paix. Carré, n° 2648; Pigeau, 2, 314; Berriat, 630, note 9.

Il en est de même du lieu où quelqu'un exerce une fonction publique, comme les salles des cours des facultés. Coin-Delisle, p. 51, n° 28. — Dans les maisons royales et dans leurs dépendances, l'obligation de se présenter au gouverneur, ou à celui auquel, en son absence, appartient la surveillance (Ordonn. 20 août 1817), est une mesure d'ordre et de police intérieure que ne remplace pas la présence d'un magistrat. Coin-Delisle, p. 51, n° 28.

165. Mais l'arrestation du débiteur est valablement effectuée, sans l'intervention du juge de paix, sur un navire entré dans le port. Bastia, 26 août 1826, D. 27, 79.

166. D'après un règlement de police, les bouchers de Paris ne peuvent être arrêtés dans le marché, par un garde du commerce, qu'autant qu'il est accompagné de l'inspecteur de police du marché. Carré, ib.

167. L'officier ministériel ne peut, sans l'assistance du juge de paix, ni cerner un débiteur dans l'intérieur d'une maison pour l'empêcher de fuir jusqu'à l'arrivée du magistrat. Limoges, 7 mars 1828, S. 28, 153 ;

Ni procéder à l'arrestation, bien qu'il attende l'arrivée du juge de paix pour enlever le débiteur. Paris, 22 juin 1809 , P. 7, 642 ;

Ni s'introduire dans une maison où s'est réfugié le débiteur qui s'est échappé de ses mains, et procéder à une nouvelle capture. Riom, 22 juin 1837 (Art. 1054 J. Pr.).

Mais il aurait le droit de laisser ses témoins à la porte jusqu'à l'arrivée du magistrat : la crainte seule d'être suivi pourrait empêcher le débiteur de s'évader. Toulouse, 20 août 1827, S. 29, 351; Coin-Delisle, p. 51, n° 31.

Il pourrait même, sans l'assistance du juge de paix, entrer dans la maison d'un tiers pour y faire la perquisition du débiteur de ce dernier, s'il manifeste l'intention de ne l'arrêter qu'après avoir requis la présence du magistrat (— Contrà, Coin-Delisle, ib.), et s'il ne met aucun obstacle à sa sortie.

Ainsi jugé dans une espèce où l'huissier avait procédé d'abord à une saisie-exécution, puis à la perquisition du débiteur. Rennes, 27 janv. 1808, P. 6, 465.

168. Dans le cas où la présence du juge de paix est indispensable, il n'est pas nécessaire que l'huissier obtienne, avant de se transporter au domicile du débiteur, une ordonnance spéciale qui l'autorise à cet effet. Il suffit qu'il requiert verbalement l'assistance de ce magistrat, que celui-ci défère à sa réquisition, qu'il se transporte dans la maison, qu'il ordonne à l'huissier de faire l'arrestation, et que le procès-verbal constate l'accomplissement de ces formalités. Lyon, 7 mai 1825, S. 25, 500; Colmar, 10 déc. 1819, S. 24, 22; Pigeau, 2, 315; Pardessus, 5, n° 1514; Carré, art. 781.

Le juge de paix n'a pas besoin de signer le procès-verbal. Paris, 25 fév. 1808, S. 8, 107; Pigeau, 2, 515; Carré, art. 781; Pardessus, *ib.* — Le procès-verbal est un acte authentique qui prouve la présence du juge de paix jusqu'à inscription de faux.

169. Mais l'emprisonnement est nul, si l'huissier, après avoir mentionné dans son procès-verbal les noms, prénoms des créancier et débiteur, sa réquisition au juge de paix, et l'ordonnance de ce dernier, interrompt cet acte, et procède le lendemain, en présence du juge de paix, à l'arrestation du débiteur dans son domicile, sans répéter ces mêmes formalités : le véritable procès-verbal est l'acte dressé le second jour, et celui de la veille ne peut être considéré que comme une requête au juge de paix.

170. En cas d'absence ou d'empêchement, le juge de paix est remplacé par son suppléant. Colmar, 12 mars 1828, S. 29, 334.

D'après l'art. 15, décr. 14 mars 1808, en cas de refus ou d'empêchement du juge de paix du canton, le garde du commerce requerra le juge de paix d'un autre canton.

Les huissiers peuvent-ils procéder de même dans les départemens? — L'affirmative est enseignée par MM. Pardessus, n° 1514; Carré, n° 2652. — Pour la négative, M. Coin-Delisle, p. 51, n° 33, répond avec raison : la disposition spéciale aux gardes du commerce ne peut s'étendre par analogie aux huissiers. D'ailleurs, l'analogie n'est pas complète. Quand le garde du commerce est chargé des pièces, la procédure a été examinée par le vérificateur; il y a garantie qu'elle est régulière. Peu importe que l'art. 1er, L. 16 vent. an 12, ordonne, qu'en cas d'empêchement légitime d'un juge de paix ou de ses suppléans, le trib. de 1re instance dans l'arrondissement duquel est située la justice de paix, renvoie les parties devant le juge de paix du canton le plus voisin. Le jugement portant nomination d'un autre juge de paix doit être rendu sur requête (art. 2) d'après les conclusions du procureur du roi, parties présentes ou dûment appelées. Ces formalités ne sont pas praticables au moment d'un emprisonnement.

Conséquemment, s'il y a refus du juge de paix d'autoriser l'arrestation dans le domicile, l'huissier ne peut passer outre. — Mais s'il y a simple absence ou empêchement du juge de paix, c'est à ses suppléans seulement que l'huissier peut valablement s'adresser.

Le magistrat dont le refus aurait empêché l'exécution de la contrainte, est passible de dommages-intérêts envers la partie. Arg. C. pr. 506.

Toutefois, il est de jurisprudence au trib. de la Seine, que le garde du commerce est valablement assisté de l'un des juges de paix de la ville de Paris, qu'il soit ou non le juge de paix de l'arrondissement où s'effectue l'arrestation : en fait, les arrestations deviendraient souvent impossibles à Paris par la facilité qu'y trouvent les débiteurs de changer d'asile et d'arrondissement ; en droit, Paris est une seule commune, et ne contient pas de canton, dès lors chacun des juges de paix y est juge de paix du lieu. Coin-Delisle, *ib.*

171. L'absence ou l'empêchement du juge de paix est suffisamment constatée par l'ordonnance du suppléant, sa signature, et son transport en la demeure du débiteur. Colmar, 12 mars 1828.

172. 6° Lorsque, appelé comme témoin devant un juge d'instruction, ou devant un trib. de 1re inst., ou une C. roy. ou d'assises, il est porteur d'un *sauf-conduit*. C. pr. 782 ; Inst. crim. 55 et suiv. — V. ce mot.

173. Il peut être accordé, soit par le juge d'instruction, soit par le président du trib. ou de la Cour où les témoins doivent être entendus. Les conclusions du ministère public sont nécessaires. C. pr. 782.

Les juges de paix et les trib. de comm. ne peuvent accorder de sauf-conduit : d'une part, ils ne sont pas nommés dans l'art. 782 C. pr.; et, d'autre part, comme il n'existe pas de ministère public près de ces trib., la condition prescrite par cet article ne saurait être accomplie : il faut donc, dans ce cas, recourir au président du trib. de 1re inst., qui délivre le sauf-conduit, le ministère public entendu. Av. Cons.-d'Ét., 30 avr. 1807, approuvé le 30 mai, S. 8, 1, 50.

— V. d'ailleurs *Faillite.*

174. Le sauf-conduit doit régler la durée de son effet à peine de nullité. C. pr. 782.

L'emprisonnement fait nonobstant un sauf-conduit qui n'exprime pas sa durée, est valable. On ne pourrait, en effet, déclarer nul l'emprisonnement, sans reconnaître la validité du sauf-conduit. Le débiteur qui aurait été trompé pourrait seulement exercer une action contre l'huissier ou même contre le juge, s'il y avait dol ou connivence de leur part. Pardessus, 5, n° 1515. — *Contrà*, Carré, art. 781. — Le sauf-conduit n'est pas un acte de procédure, mais un acte émané du juge dont le pouvoir est limité à cet égard, et qui ne vaut, comme exception au droit commun, qu'autant qu'il réunit toutes les conditions sous lesquelles a été délégué le pouvoir de l'accorder. Avec la doctrine de Carré, on retomberait dans tous les abus que le C. de pr. a voulu proscrire.

175. Le juge excède ses pouvoirs en accordant au débiteur cité en justice comme témoin un sauf-conduit qui s'applique, non seulement à tel jour ou à telle audience déterminée, mais encore à tout le temps que doit durer l'instruction et le jugement de l'affaire, en y comprenant l'intervalle des renvois et des remises d'une huitaine à une autre huitaine. Cass. 5 vend. an 11, P. 3, 1.

176. Il résulte également des termes restrictifs de l'art. 782, que le débiteur ne peut obtenir de sauf-conduit pour toute autre cause qu'une citation en témoignage, par exemple, pour assister à l'instruction de sa propre cause. Si sa présence est nécessaire, elle peut avoir lieu dans l'état même d'arrestation. Carré, n° 2058; Merlin, *Rép.*, v° *Sauf-conduit*, n° 5; Berriat, 629, note 6; Pigeau, 2, 308; Favard, v° *Contrainte par corps*, § 4; Cass. 17 fév. 1807; 5 vend. an 11; Lett. min. just., 15 mess. an 8, S. 1, 255.

L'avocat ou le magistrat arrêté lorsqu'il se rend à l'audience peut, selon M. Thomine, n° 911, obtenir sa relaxation du président, en référé, si l'intérêt public était compromis par son arrestation, par exemple, s'il ne pouvait être facilement remplacé, l'un pour la défense d'un accusé, l'autre pour l'expédition des affaires.

177. En vertu du sauf-conduit, le débiteur ne peut être arrêté ni le jour fixé pour sa comparution, ni pendant le temps nécessaire pour aller et revenir. C. pr. 782.

178. Le trib. de police correctionnelle, qui annule un emprisonnement exécuté au mépris d'un sauf-conduit accordé par son président, entreprend sur la juridiction des trib. civils. Cass. 5 vend. an 8, S. 3, 26.

179. 7° Pendant le sursis, s'il en a été accordé par le tribunal. — V. *Cession de biens*, n° 19.

180. 8° A la requête d'un créancier isolément, s'il est en état de *faillite*. —V. ce mot.

181. 9° Depuis l'*interdiction*. — V. ce mot.

Mais la dation d'un conseil judiciaire au prodigue n'empêche pas l'exécution de la contrainte par corps qui aurait été antérieurement prononcée contre lui. Bruxelles, 13 avr. 1808, P. 6, 629. — Dans l'espèce, il s'agissait d'un billet à ordre souscrit par un commerçant.

182. 10° S'il est pair de France, — à moins que le créancier n'obtienne l'autorisation de la chambre. Charte de 1830, art. 29.

Cette autorisation est nécessaire dans le cas même où le débiteur n'a été nommé pair que postérieurement au jugement de condamnation. Paris, 19 juin 1826, S. 27, 68. Il suffit d'être nommé membre de la chambre des pairs, sans être actuellement admis à y siéger pour jouir de cette prérogative. Sirey, note sur un arrêt de Paris, du 15 nov. 1831.

Le mode de se pourvoir pour obtenir l'autorisation de la chambre a été déterminé par la résolution du 29 janv. 1831, ainsi conçue :

Art. 1. Toute personne qui aura obtenu contre un pair de France un jugement ou un arrêt prononçant la contrainte par corps, et qui voudra requérir de la chambre des pairs l'autorisation nécessaire pour en procurer l'exécution, adressera sa demande au président de la chambre. Cette demande sera exposée dans un mémoire. — Art. 2. Ce mémoire contiendra l'énonciation du fait, les causes de la condamnation, les noms, qualités et domiciles du demandeur et du pair condamné, et la demande de son arrestation. — Art. 3. Devront être joints au mémoire, 1° expédition authentique du jugement ou de l'arrêt; 2° copie de la signification, avec commandement, du jugement ou arrêt qui a prononcé la contrainte par corps. — Art. 4. Le président fera connaître à la chambre les conclusions du mémoire, et il sera formé, par la voie du sort, une commission spéciale de sept membres pour l'examiner. — Art. 5. Sur le rapport de la commission, l'autorisation demandée sera accordée par la chambre, s'il y a lieu. — Art. 6. Si, dans l'intervalle des sessions législatives, le président reçoit un mémoire aux fins ci-dessus indiquées, il convoquera immédiatement le grand-référendaire, et les cinq pairs de France les plus anciens, suivant l'ordre de réception, alors présens à Paris. Sur le rapport du grand-référendaire, l'autorisation demandée sera, par lesdits président et pairs de France réunis, accordée, s'il y a lieu, la chambre les investissant à cet effet de toute son autorité.

183. 11° S'il est membre de la chambre des députés, pendant la session, ni durant les six semaines qui la précèdent ou la suivent. Charte, art. 43.

184. 12° A l'instant où il exerce une fonction publique extérieure : ce serait troubler un service d'intérêt public pour un intérêt privé.

Par exemple, un officier commandant un poste ou pelotion. Pardessus, n° 1514; Carré, nt 2647.

Un soldat en faction. Coin-Delisle, p. 53, n° 37.

Un garde national en faction. Thomine, n° 911. — Cet auteur admet même l'exception pour tout le jour du service.

Un militaire n'est pas affranchi de la contrainte par corps pour dettes par cela seul qu'il est en activité de service : les textes qui s'occupent des militaires et de la contrainte par corps supposent qu'elle existe contre eux. Les officiers sont réputés démissionnaires, s'ils n'ont pas satisfait, dans les deux mois, à la condamnation définitive prononçant la contrainte par corps. L. 8-10 juill. 1791, tit. 3, art. 63.

L'arrêté du 7 therm. an 8, qui déclare la loi du 15 germ. an 8 applicable aux conscrits, s'entend des conscrits appelés sous les drapeaux, comme de ceux restés dans leurs foyers. Si le législateur n'a point introduit d'exception en faveur de l'activité de service, ce n'est pas par oubli, mais à dessein. Il n'a pas voulu que le drapeau de la France pût servir de refuge à la mauvaise foi. L'embarras qu'éprouverait l'État par l'exercice de quelques contraintes par corps contre des militaires en activité de service n'est point à redouter. Trib. Seine, 30 avr. 1833, S. 33, 2, 651 ; Trib. supérieur d'Alger, août 1836 (Art. 625 J. Pr.) ; Chauveau, n° 3 ; Coin-Delisle, p. 53, n° 41. — *Contrà*, Jousse, art. 9, tit. 54 ordonn. ; Carré, n° 2647 ; Fœlin, p. 11 ; Caen, 22 juin 1829, S. 29, 208.

En admettant que les magistrats eussent le pouvoir de suspendre l'exercice de la contrainte par corps contre les militaires, ils ne devraient user de cette faculté qu'avec une extrême circonspection, et n'en faire l'application qu'à ceux dont les services seraient tellement nécessaires et urgens qu'il serait, pour ainsi dire, impossible de procéder à leur remplacement immédiat. Trib. sup. d'Alger, août 1836.

Toutefois, on ne peut arrêter les capitaines de navire et les gens de l'équipage qui sont à bord, ou qui, sur les chaloupes, se rendent à bord pour faire voile, excepté pour dettes contractées par eux pour le voyage ; et même, dans ce cas, ils ne peuvent être arrêtés s'ils donnent caution. C. comm. 251.

185. Suivant M. Thomine, n° 911, on ne peut pas arrêter, même en dehors de l'église (— V. *sup.* n° 159), le débiteur, s'il est au rang des fidèles appelés à assister à un enterrement, parce que ce serait causer un trouble à l'exercice religieux.

Ce magistrat, en désignant un huissier pour faire un commandement à un curé condamné par corps au paiement d'une lettre de change que cet ecclésiastique avait souscrite, afin de racheter son neveu du service militaire, avertit l'officier ministériel de ne pas procéder à l'arrestation la veille de la Pentecôte, avant que l'évêque eût désigné un prêtre qui le remplaçât.

186. Peut-on arrêter un berger, un cocher dans l'exercice de leurs fonctions ? — Non, suivant M. Pigeau.

Mais il n'y a pas de prohibition dans la loi.

L'huissier doit seulement pourvoir à la sûreté des bestiaux, des chevaux et des voitures; autrement, il serait passible de dommages-intérêts. Thomine, n° 911. — Une précaution analogue doit être prise dans le cas où l'on arrête un débiteur voyageant à cheval.

187. 13° En cas de parenté ou d'alliance avec le créancier, aux degrés indiqués *sup.* sous le n° 66. — V. d'ailleurs *sup.* n° 69.

188. 14° Enfin, le débiteur ne peut être arrêté pour la même dette, si ce n'est un jour au moins après l'élargissement, lors même que l'emprisonnement a été déclaré nul. C. pr. 797. — V. d'ailleurs *sup.* n°s 144, 147, et *inf.* n°s 274 et suiv.

189. Dans le cas où le débiteur est incarcéré hors du lieu de son domicile, il faut ajouter au délai fixé par le Code celui d'un jour par trois myriamètres entre le lieu de la détention et celui du domicile. Autrement, le délai qui lui est accordé lui deviendrait inutile, et il se trouverait traité plus rigoureusement que le débiteur emprisonné dans le lieu de son domicile. Cette interprétation se fonde, en outre, par analogie, sur l'art. 782 C. pr., qui accorde au détenu porteur d'un sauf-conduit le temps nécessaire pour retourner à son domicile. Pigeau, Carré, art. 797.

190. En cas de rébellion, l'huissier peut établir garnison aux portes pour empêcher l'évasion, et requérir la force armée. C. pr. 785.

La garnison laissée aux portes, et partout où le débiteur pourrait trouver facilité de s'évader, n'a pas le droit d'arrêter le débiteur en l'absence de l'huissier, mais elle a celui de s'opposer à sa sortie. — Cette mesure diffère de la surveillance intérieure dont il a été parlé *sup.* n° 167.

191. La rébellion donne lieu à des poursuites plus ou moins graves, suivant les circonstances. C. pr. 785; C. inst. crim. 554; C. pén. 209.

Il y a rébellion lorsqu'on résiste avec violence à l'exécution d'un jugement, encore que l'arrestation soit illégale et nulle pour défaut d'assistance du juge de paix. La violation des formes prescrites pour l'emprisonnement, donne seulement au débiteur le droit d'en faire prononcer la nullité; mais il ne peut provisoirement se constituer juge de ces formes. Cass. 14 avr. 1820, S. 21, 167.

192. Le simple refus d'obéir, sans voies de fait, ne saurait constituer une rébellion : dans ce cas, un huissier peut facilement, avec l'aide de ses recors, s'emparer de la personne du débiteur. Carré, art. 785.

193. Quand le débiteur allègue avoir déposé, on fait signifier au bureau des gardes du commerce, des pièces suffisantes pour suspendre l'arrestation; il doit y être passé outre, s'il ne justifie du récépissé du vérificateur ou de l'original des significations visé par le vérificateur; à moins que le débiteur ne requiert qu'il en soit référé. Décr. 14 mars 1808, art. 17.

194. Dans ce dernier cas, le débiteur doit être conduit sur-le-champ devant le président du trib. de 1re inst. du lieu où l'arrestation a été faite, lequel statue en état de référé. Si l'arrestation est faite hors des heures de l'audience, le débiteur doit être conduit chez le président. C. pr. 786.

195. Tout huissier, garde du commerce ou exécuteur des mandemens de justice, qui refuse d'obtempérer à cette réquisition, est condamné à 1,000 fr. d'amende, sans préjudice des dommages-intérêts. L. 17 avr. 1832, art. 22. — L'emprisonnement doit, en outre, être déclaré nul. Toulouse, 30 avr. 1825. D. 25, 185.

Le refus peut être prouvé par témoins. Demiau, p. 482; Carré, nᵒ 2694.

196. Le débiteur peut se pourvoir en référé, même lorsqu'il est déjà entre deux guichets : ce droit ne lui est enlevé que lorsque le procès-verbal d'écrou est terminé. *Même arrêt.*

197. Le juge des référés connaît de toutes les difficultés d'exécution, par exemple, de la non identité entre la personne arrêtée et le débiteur. Pardessus, n° 1518; — de l'omission ou de l'irrégularité des procédures préalables à l'emprisonnement, spécialement de la nullité de la copie du commandement. Paris, 17 déc. 1817, S. 18, 227. — Il vérifie la forme, l'heure, le lieu de l'arrestation, la validité du pouvoir de l'huissier.

Mais il ne peut examiner le mérite de la condamnation. Ainsi, la contrainte par corps prononcée indûment par jugement passé en force de chose jugée, doit recevoir son exécution. Pardessus, ib.

Il en est de même des exceptions par lesquelles le débiteur attaque ou conteste au fond le titre du créancier. Carré, n° 2678; — si elles sont nées *avant* le jugement.

Il en est autrement des exceptions nées postérieurement : — ainsi, le juge du référé peut statuer par provision sur la prétention du débiteur d'avoir payé le montant des condamnations, sur l'imputation des divers paiemens qu'il justifie authentiquement avoir faits, sur la compensation qui s'est opérée depuis la condamnation (— *Contrà*, Pardessus, *ib.*) : en effet, il s'agit de savoir si le jugement est encore susceptible d'exécution; et les difficultés d'exécution sont des questions de référé (C. pr. 806). Coin-Delisle, 56, n° 55.

Le président accorde la mise en liberté *provisoire*, avec ou sans caution, ou la refuse.

Au reste, il doit user de son pouvoir avec une extrême prudence : souvent la mise en liberté provisoire du débiteur enlève au créancier sa dernière garantie.

Pour obtenir une décision définitive il faut s'adresser au trib. — V. *inf.* n° 259 et suiv.

198. Le débiteur comparaît en référé sans ministère d'avoué : le créancier est représenté par l'huissier. Carré, art. 787.

199. L'ordonnance sur référé est consignée sur le procès-verbal de l'huissier. Elle doit être exécutée sur-le-champ. C. pr. 787. — Lors même que le débiteur élèverait une nouvelle réclamation. Coin-Delisle, 57, n° 54.

200. Si le débiteur ne requiert pas qu'il en soit référé, ou si, en cas de référé, le président ordonne qu'il soit passé outre, le débiteur est conduit dans la prison du lieu, et s'il n'y en a pas, dans celle du lieu le plus voisin. C. pr. 788.

Toutefois, 1° si le débiteur est conduit dans une maison d'arrêt autre que la plus voisine, l'emprisonnement n'en est pas moins valable, la loi ne prononçant pas la nullité. Mais l'huissier serait passible de dommages-intérêts. Toulouse, 9 janv. 1809, S. 9, 259 ; Carré, art. 788.

2° Le débiteur arrêté à l'extrémité d'un arrondissement, ne doit pas être conduit dans la prison d'une ville de l'arrondissement voisin, sous prétexte qu'elle est plus proche du lieu de la capture qu'aucune prison de l'arrondissement dans lequel cette capture a été opérée. — Les huissiers n'ont le droit d'exercer leur ministère que dans l'étendue du ressort du trib. civ. d'arrondissement de leur résidence (Décr. 14 juin 1813, art. 2).

201. L'huissier et tous autres qui conduisent, reçoivent ou retiennent le débiteur dans un lieu de détention non légalement désigné comme tel, doivent être poursuivis comme coupables du crime de détention arbitraire. C. pr. 788 ; C. pén. 122.

202. Lorsqu'il n'y a pas de prison prochaine, l'huissier ne peut pas, de sa propre autorité, séquestrer le débiteur dans une maison particulière. Il doit se retirer devant l'autorité locale pour se faire désigner le lieu où sera déposé momentanément et gardé à *vue* le débiteur ; le tout à peine de nullité. Toulouse, 1er sept. 1824, D. 25, 133 ; Pardessus, 5, n° 1517. — La conduite *de nuit* que conseille M. Carré, n° 2682, exposerait à de graves inconvéniens.

203. Le débiteur qui a été détenu en charte privée dans un lieu non légalement désigné comme lieu de détention, peut faire annuler son emprisonnement, encore qu'il ait consenti à être détenu dans ce lieu. Bordeaux, 17 juill. 1811, S. 11, 482 ; Carré, art. 788, n°ˢ 2682 et 2685 ; Berriat, 633, note 23 ; Pardessus, 5, n° 1517.

204. Il a été jugé que l'huissier ne se rend pas coupable de

détention arbitraire, lorsqu'il fait stationner momentanément
le débiteur dans une auberge, pour faire reposer le cheval qui
conduit la voiture. Colmar, 10 déc. 1819, S. 21, 22; Pardessus, *ib.*; Carré, art. 788.

M. Coin-Delisle, p. 58, n° 58, décide, à tort, selon nous,
que, dans ce cas, par cela seul que le débiteur se trouve dans
une maison particulière, il devient libre *ipso facto ;* qu'il lui est
loisible de refuser de suivre l'huissier, et, en cas de refus, d'obtenir du juge de paix sa mise en liberté. — V. toutefois *sup.*
n° 202.

205. De même, l'huissier ne se rend pas coupable de détention arbitraire, lorsque, sur la demande du débiteur, il consent,
avant de le mener en prison, à le conduire dans une maison
particulière, pour y proposer un arrangement à ses créanciers.
Grenoble, 9 nov. 1825, J. P. 1826, 3, 97.

A Paris, le débiteur est souvent conduit au bureau des gardes
du commerce pendant quelques heures, durant lequel temps vont
s'entendre avec lui les personnes qui peuvent négocier un arrangement. — Il est vrai que ce bureau est un lieu public.

En province, s'il y a des tentatives d'arrangement, le président du trib. peut différer de statuer pendant quelques heures,
en laissant le débiteur dans son cabinet *portes ouvertes.*

Art. 3. — *Procès-verbal d'emprisonnement.*

206. Le procès-verbal d'emprisonnement doit contenir, outre
les formalités ordinaires des *exploits* (— V. ce mot) : 1° itératif
commandement ; 2° élection de domicile dans la commune où
le débiteur est détenu, si le créancier n'y demeure pas. C.
pr. 783.

Le procès-verbal fait encore mention des deux recors dont
l'huissier doit être assisté. *Ib.*

Il contient en outre le récit fidèle de ce qui s'est passé, les réquisitions du débiteur, ses réponses, sa rébellion, le paiement
qu'il effectuerait, etc., etc. — V. aux formules.

207. *Itératif commandement.* L'huissier énonce exactement
le montant de la créance, à fin d'instruire le débiteur des
sommes qu'il est obligé de consigner pour éviter son emprisonnement. Arg. C. pr. 798 ; Carré, art. 785. —V. *inf.* n° 278.

Mais il ne suffit pas de se référer aux causes du commandement précédent. — *Contrà,* Nanci, 21 août 1838 (Art. 1249
J. Pr.). Le débiteur peut avoir perdu le premier commandement
ou avoir oublié ce qu'il contenait. La consignation pour obtenir l'élargissement doit être conforme à la demande contenue
dans le procès-verbal d'emprisonnement, et le geôlier ne peut
recevoir cette consignation qu'autant qu'elle est égale aux causes
de l'arrestation.

Jugé qu'il suffit d'indiquer la somme principale, le jour où les intérêts ont commencé à courir, et le taux de ces intérêts : il n'est pas nécessaire d'exprimer littéralement le montant des intérêts. Aix, 15 nov. 1824.

208. L'huissier a pouvoir pour recevoir le paiement des sommes dues par le débiteur, et en donner quittance.

Il doit remettre, dans les vingt-quatre heures, la somme par lui reçue, au créancier qui l'a chargé de l'arrestation ; et, faute par ce dernier de l'accepter par quelque motif que ce soit, il doit la déposer à la caisse des consignations. Ordonn. 3 juill. 1816, art. 2; Carré, art. 785. — V. *Dépôts*.

209. Le créancier n'est pas obligé d'attendre un jour franc (— V. *sup.* n° 188) après l'itératif commandement pour faire procéder à l'arrestation du débiteur, si déjà ce délai s'est écoulé depuis le premier commandement fait avec la signification du jugement : dans ce cas, en effet, la prescription de l'art. 780 est suffisamment remplie. Bruxelles, 29 juin 1808, S. 9, 153.

210. *Élection de domicile.* Elle ne peut pas être suppléée par une constitution d'avoué indiquée dans le procès-verbal. Lyon, 9 mai 1828, S. 28, 260.

211. Mais, lorsque la commune où le débiteur sera détenu est la même que celle où siége le tribunal qui a rendu le jugement portant la condamnation par corps, le premier commandement contenant déjà une élection de domicile dans cette commune, on peut, à la rigueur, se dispenser de la réitérer dans le procès-verbal d'emprisonnement. — Cependant il est plus prudent de la renouveler. Carré, art. 875; Pigeau, 2, 516. — V. *inf.* n° 224.

212. Dans les autres cas, la nouvelle élection de domicile contenue dans le procès-verbal d'emprisonnement fait-elle cesser celle indiquée dans le commandement? — Pigeau soutient la négative, attendu qu'il peut être utile au débiteur de faire des notifications à l'un et à l'autre domiciles. — Mais il n'y a aucune raison de forcer le créancier d'avoir deux domiciles d'élection pour l'exécution du même acte; et ce qui prouve que telle n'a pas été l'intention du législateur, c'est que l'art. 795 C. pr. exige que la demande en nullité de l'emprisonnement soit formée au domicile élu par l'écrou, et qui est le même que celui indiqué dans le procès-verbal d'emprisonnement. Delvincourt, *Inst. comm.*, 2, 515; Carré, n° 2663. Pardessus, n° 1516. — D'ailleurs, l'élection de domicile dans un acte de procédure est spéciale à l'effet de cet acte; or, l'effet du commandement est consommé par l'emprisonnement. Prolonger les effets de l'élection de domicile après une autre élection pour le même objet, paraîtrait contraire à l'art. 2006 C. civ. Coin-Delisle, 56, n° 48.

213. L'élection de domicile ne profite qu'au débiteur incarcéré : nul autre que lui ne peut assigner le créancier au domicile élu. Cass. 17 juill. 1810, P. 8, 466; 3 juin 1812, S. 12, 562; Paris, 26 juin 1811, S. 15, 14.

214. Outre l'élection spéciale dont on vient de parler, le procès-verbal d'emprisonnement doit contenir, à peine de nullité, l'indication du domicile réel du créancier ; cette formalité est prescrite pour la validité de tous les exploits en général. Arg. C. pr. 783; Aix, 23 août 1826, S. 27, 78. — V. *Exploit*.

Néanmoins, la mention que le créancier habite à tel endroit remplace suffisamment celle de son domicile. Pau, 27 mai 1830, S. 31, 54.

215. *Recors.* Ils doivent être Français, majeurs, non parens, ni alliés des parties ou de l'huissier jusqu'au degré de cousin issu de germain, ni ses domestiques. Ar. C. pr. 585. Delvincourt, 2, 515; Pardessus, 5, n° 1516; Carré, art. 783. — Coin-Delisle, p. 56, n° 49, pense que la parenté, s'il n'y a pas de fraude alléguée, ne suffit pas pour annuler le procès-verbal.

Des gendarmes peuvent être employés comme recors pour l'exécution des emprisonnemens en matière civile. Nîmes, 12 juill. 1826, J. P. 1827, 2, 271.

Le procès-verbal d'arrestation d'un débiteur, dans lequel figure comme témoin un étranger non naturalisé, n'est point nul, lorsque l'huissier a pu croire que cet étranger, long-temps domicilié et marié en France, et y exerçant les fonctions de garde-champêtre, était Français. Grenoble, 9 nov. 1825, J. P. 1826, 2, 97.

216. La signature des recors doit être mise sur l'original et sur la copie du procès-verbal. Arg. C. pr. 585; Riom, 6 mai 1819, S. 20, 36; Delvincourt, Carré et Pardessus, *ib.* — *Contrà.* Coin-Delisle, 56, n° 49.

217. L'huissier n'a pas droit de se faire accompagner de plus de deux recors : la loi n'autorise à requérir la force armée que dans le cas de rébellion. — Cependant si, d'après la réputation du débiteur, on est fondé à craindre des excès de sa part, l'huissier peut se faire autoriser à l'avance, par le président, à requérir la force armée ; et le juge de paix peut lui-même accorder cette permission, s'il s'agit d'opérer l'arrestation dans une maison. Carré et Demiau, art. 783.

218. Il n'est pas nécessaire que l'huissier soit revêtu de son costume. L'art. 8, L. 2 niv. an 11, assigne bien un costume aux huissiers; mais aucune loi n'exige qu'ils en soient revêtus, à peine de nullité ; et, dans l'usage, ils ne le portent jamais qu'aux audiences. Carré, art. 783. — Mais ils ont soin de représenter leur médaille, où leur immatricule se trouve gravée, et d'énoncer dans leurs procès-verbaux qu'ils en étaient décorés.

219. Le procès-verbal d'emprisonnement peut ne pas contenir l'heure de l'arrestation ; aucune loi n'exige cette formalité. Carré, art. 781. — V. *sup.* n° 145.

220. Il doit, à peine de nullité, être dressé et notifié le jour même de l'arrestation. Bastia, 26 août 1826, S. 27, 201.

221. Dans le cas où l'arrestation ne peut être effectuée, doit-on dresser un procès-verbal de perquisition ?

Le garde du commerce a droit à une somme de 20 fr. pour cet acte. Décr. 14 mars 1808, art. 20.

Cette allocation est, au contraire, refusée à l'huissier, par l'art. 53 du tarif, portant : il ne pourra être passé aucun procès-verbal de perquisition, pour lequel l'huissier n'aura pas de recours, même contre sa partie ; la somme accordée pour le coût du procès-verbal étant allouée en considération de toutes les démarches qui peuvent être faites. Chauveau, Tarif, art. 53, t. 2, p. 271. — *Contrà*, Berriat, p. 632 ; note 19.

Toutefois, MM. Chauveau, *ib.* p. 272, Rivoire, p. 104, allouent une indemnité à l'huissier, pour le cas où le débiteur s'est échappé après l'arrestation.

Les frais de voyage sont généralement alloués à l'huissier. Chauveau, *ib.* ; Sudraud-Desisles, n° 314 ; Vervoort, 565, note 6.

Art. 4. — *Procès-verbal d'écrou.*

222. *Écrouer.* C'est l'action du geôlier de faire passer le prisonnier entre les deux guichets dans l'intérieur de la prison. — *L'écrou* est l'acte qui constate que le geôlier a écroué le débiteur.

L'écrou doit énoncer : 1° le jugement qui prononce la contrainte par corps.

Faute par l'huissier de représenter le jugement, le geôlier doit refuser de recevoir le débiteur et de l'écrouer. C. pr. 790.

Le geôlier transcrit le jugement sur son registre. *Id.* — Ou du moins les parties constitutives du *jugement* (— V. ce mot) : le but de la loi est d'en faire connaître le contenu à la partie et au geôlier, afin que l'un puisse payer, et l'autre recevoir le montant des condamnations, conformément à l'art. 788 C. pr., et il se trouve par-là suffisamment rempli. Toulouse, 11 août 1828, S. 30, 103.

La transcription peut être faite par un commis. La signature du geôlier en garantit suffisamment l'exactitude. Caen, 19 fév. 1823, D. 3, p. 806. — Cette signature n'est même pas indispensable. Coin-Delisle, p. 58, n° 60.

223. 2° Les noms et domicile du créancier. C. pr. 789.

224. 3° L'élection de domicile, s'il ne demeure pas dans la commune. C. pr. 789.

Cette élection ne peut être suppléée par une simple constitution d'avoué. Lyon, 9 mars 1828, D. 28, 155.

Ni par l'élection précédemment faite dans le commandement, encore bien que le domicile élu se trouve dans la commune où le débiteur est détenu. Ce dernier peut, en effet, demander à tout instant la nullité de l'emprisonnement, et par conséquent avoir besoin de recourir à l'élection de domicile, qu'il est certain de trouver sur l'écrou, tandis qu'il peut avoir égaré la copie du commandement. Il n'y a donc pas lieu d'appliquer à l'élection de domicile exigée dans l'écrou la solution adoptée pour celle prescrite dans le procès-verbal d'emprisonnement. Aix, 25 août 1826, D. 27, 145; Nîmes, 15 juin 1829, D. 29, 290. — V. *sup.* n° 211.

225. 4° Les noms, demeure et profession du débiteur. C. pr. 789.

Noms. C'est-à-dire son nom de famille et ses prénoms. L'omission des prénoms peut, dans certains cas, entraîner la nullité de l'emprisonnement : par exemple, lorsque, de deux frères, tenus solidairement de la même dette, l'un seulement est emprisonné, et qu'il n'est désigné que par ces mots : *l'un des deux frères.* Bordeaux, 20 mars 1829, S. 30, 41.

Les quatre premières formalités de l'écrou sont communes au procès-verbal d'emprisonnement.

226. 5° La consignation d'avance et de trente jours au moins d'alimens. C. pr. 789; L. 17 avr. 1832, art. 28.

227. Comment doit-on calculer ces trente jours?

1er *système.* La consignation est utilement renouvelée le trente et unième jour, pourvu qu'elle soit faite le matin et avant toute distribution aux prisonniers. Ainsi jugé sous la loi du 15 germ. an 6. Rouen., 10 vend, an 14, S. 7, 869. — Mais l'arrêtiste n'indique pas si la demande en élargissement avait été formée avant la consignation.

Jugé que la consignation doit, à peine de nullité, comprendre les jours écoulés depuis l'arrestation du débiteur, jusqu'à son dépôt dans la prison. Bourges, 26 août 1823.

2e *système.* La période de 30 jours s'entend d'une période de trente fois vingt-quatre heures et se calcule par heures : la durée de la détention se compte de la même manière ; de telle sorte que si l'arrestation a eu lieu le 30 août à six heures du soir, la consignation sera renouvelée en temps utile, le 29 sept., à la même heure. Paris, 8 oct. 1834 (Art. 19 J. Pr.).

3e *système.* La période se compte par jours, c'est-à-dire que la consignation doit, à peine de nullité, être renouvelée le trentième jour. Trib. Seine, 1re ch., 7 janv. 1835; Paris, 6 déc. 1836 (Art. 848 J. Pr.).

Ce dernier système nous paraît préférable.

Conséquemment, le geôlier peut, pour le premier jour de l'arrestation, retenir le prix d'une journée de nourriture et de geôlage, quelle que soit l'heure à laquelle le débiteur a été écroué.

228. Les consignations pour plus de trente jours ne valent qu'autant qu'elles sont d'une seconde ou de plusieurs périodes de trente jours. L. 17 av. 1832, art. 28.

229. La somme destinée aux alimens est de 30 fr. à Paris, et de 25 fr. dans les autres villes, pour chaque période de trente jours. *Même loi*, art. 29.

230. Le créancier n'est pas tenu des frais de maladie de son débiteur incarcéré. Cass. 17 juill. 1810, S. 10, 370; Merlin, *Rép.*, v° *Alimens*, n° 4; Berriat, 635, notes 5 et 6, n° 2; Coin-Delisle, 59, n° 68.

231. L'état, et les administrations telles que celles des contributions indirectes, de l'enregistrement et des domaines, des forêts, etc., qui exercent la contrainte par corps contre les comptables et fournisseurs, sont dispensés de la consignation des alimens; les détenus sont alors nourris sur les fonds généraux des prisons, de la même manière que les prisonniers arrêtés à la requête du ministère public. Décr. 4 mars 1808. — Il n'en est pas de même pour les communes et établissemens publics. Coin-Delisle, p. 109, n° 3.

232. Lorsque le trib. ordonne le dépôt du failli dans la maison d'arrêt pour dettes, conformément à l'art. 455 L. 28 mai 1838 (Art. 1160 J. Pr.), celui-ci ne peut demander son élargissement, faute par les syndics de la faillite de consigner des alimens : l'arrestation du failli est ordonnée bien moins dans l'intérêt privé des créanciers, qu'à raison des soupçons de banqueroute simple ou frauduleuse élevés contre le failli. Aussi cette arrestation est décrétée d'office par le trib., et n'a pas lieu, s'il ne croit pas devoir recourir à cette mesure rigoureuse.

233. La consignation profite aux créanciers recommandans. C. pr. 795. — V. *inf.*, n° 236.

234. Mais le créancier incarcérateur peut se pourvoir contre les recommandans devant le trib. du lieu où le débiteur est détenu, à l'effet de le faire contribuer au paiement des alimens.

L'assignation peut être donnée, — à bref délai, en vertu d'une ordonnance du président : le cas requiert célérité. Carré, n° 2703; — et au domicile élu dans le procès-verbal de recommandation, *ib.* n° 2705.

235. La contribution se fait entre les créanciers par portions égales et non au marc le franc des créances. C. pr. 793.

236. Les alimens consignés ne peuvent être retirés, lorsqu'il y a recommandation, que du consentement des recommandans. C. pr. 794.

Lorsqu'un détenu pour dettes s'est évadé par l'effet de circonstances extraordinaires, et qu'ensuite il est arrêté de nouveau à la requête d'autres créanciers, ceux-ci ne peuvent pas être considérés comme des recommandans. Par suite, leur consentement n'est pas nécessaire pour que les premiers incarcérateurs ou recommandans puissent retirer les alimens qu'ils avaient originairement déposés. Paris, 9 janv. 1852, J. P. 1852, 3, 526.

237. Si le créancier qui a fait incarcérer son débiteur, consent à son élargissement, il peut obtenir du recommandant le remboursement des alimens qu'il a consignés pour le temps qui suit son consentement : dans ce cas, en effet, les frais d'alimens doivent rester uniquement à la charge de ceux qui retiennent le débiteur en prison. Carré, n° 2704.

238. Les alimens consignés par le recommandant peuvent-ils être retirés à l'insu ou sans le consentement du créancier qui a fait procéder à l'emprisonnement ? — L'affirmative a été jugée, attendu que les obligations de l'incarcérateur et du recommandant ne sont pas réciproques. Colmar, 27 mars 1817, S. 18, 106; Paris, 2ᵉ ch., 7 janv. 1836 (Art. 305 J. Pr.). — Et, par suite, on a décidé que la consignation d'alimens par le créancier recommandant, dont la recommandation est déclarée nulle, ne profite pas au créancier incarcérateur. Paris, 3ᵉ ch., 24 août 1836 (Art. 505 J. Pr.).

MM. Favard, *hoc verbo*, § 4, n° 3; Chauveau, *ib.*, n° 164; Coin-Delisle, p. 64, n° 82, adoptent la négative, seulement pour le cas où les alimens ont été consignés par le recommandant contradictoirement avec le créancier incarcérateur.

Mais la consignation volontaire du recommandant équivaut à celle qu'il aurait été contraint de faire en vertu d'un jugement (— V. *sup.* n° 234), et du moment où les alimens se trouvent simultanément consignés, les consignations contribuent à l'alimentation du débiteur incarcéré. Paris, 2ᵉ ch., 27 fév. 1837 (Art. 715 J. Pr.).

Ainsi, le recommandant qui, désintéressé par le débiteur, veut retirer sa consignation, doit subir la réduction de la part pour laquelle il a dû contribuer aux alimens. *Même arrêt.*

De même les consignations faites en même temps par plusieurs créanciers recommandans, s'appliquent par égale portion aux alimens du débiteur, nonobstant l'imputation que fait le greffier des alimens de telle ou telle période. Cass. 18 août 1856, 19 nov. 1858 (Art. 547 et 1548 J. Pr.).

239. 6° Mention de la copie qui doit être laissée au débiteur,

parlant à sa personne, tant du procès-verbal d'emprisonnement,
que de l'écrou. C. pr. 789.

Il n'est pas nécessaire que l'écrou contienne la mention du
parlant à : la loi ne l'exige pas; et d'ailleurs, l'indication que
la copie a été remise au débiteur, la remplace suffisamment.
Riom, 14 oct. 1808. P. 7, 173; Carré, art. 789.

240. Si la copie de l'écrou laissée au débiteur constate une
omission qui ne se trouve pas dans l'acte d'écrou, l'emprisonnement est-il nul? — L'affirmative a été jugée avec raison, dans
une espèce où la copie de l'écrou énonçait qu'il avait été donné
copie d'un jugement autre que celui en vertu duquel le créancier exerçait les poursuites, attendu que la copie tient lieu d'o-
riginal. Paris, 9 germ. an 13, P. 4, 468. — *Contrà*, Carré,
n° 2692.—Cet auteur soutient que ce principe n'est applicable
qu'aux ajournemens et aux autres exploits, qui imposent à la
partie l'obligation de faire quelque chose. Que s'il s'agit d'une
copie insérée sur un registre qui puisse être vérifié sans déplacement par celui qui a intérêt à le faire, il doit en être diffé-
remment; qu'il faut appliquer la règle relative aux actes dont
il reste minute : la minute sert à vérifier la copie. — V. d'ailleurs *inf.* n° 272.

241. 7° Il doit être signé par l'huissier. C. pr. 789.

Il est convenable qu'il soit également signé par le geôlier;
mais la loi ne prescrivant pas cette formalité d'une manière
expresse, son inobservation ne saurait entraîner la nullité de
l'emprisonnement. Riom, 14 oct. 1808, S. 15, 191; Carré,
art. 789.

A plus forte raison, n'est-il pas nécessaire que le procès-verbal d'écrou fasse mention de la signature du geôlier. Toulouse,
11 fév. 1808, S. 15, 191.

La signature des recors est tout-à-fait inutile. Carré, *ib.*

242. L'acte d'écrou est rédigé et transcrit sur les registres
par l'huissier : l'intention des commissaires, dit Pigeau, 2,
321, a été que l'écrou fût fait par l'officier qui emprisonne.
L'art. 53, tarif, alloue un droit d'écrou. Tel est l'usage à Paris.
Paris, 14 déc. 1807, 27 janv. 1808, P. 6, 386, 459; Carré,
n° 2686; Merlin, Rép. v° *Écrou*; Berriat, p. 634, note 29;
Chauveau, n° 52; Coin-Delisle, p. 58, n° 61.

Il peut aussi être rédigé par le geôlier; il suffit qu'il soit signé
par l'huissier. Arg. C. pr. 789 et 790; Toulouse, 1er sept. 1824,
S. 25, 158; Coin-Delisle, *Ib.* — *Contrà*, Bruxelles, 6 mai
1813, P. 11, 351; Besançon, 23 juill. 1812; 5 juill. 1814,
P. 10, 594; 12, 295 (— Attendu que l'huissier est responsable des nullités qui pourraient se trouver dans l'acte d'écrou,
que c'est à lui par conséquent à le rédiger en son nom).

243. L'usage à Paris est de relater à la suite du procès-verbal d'arrestation, et *par un seul et même acte*, la remise de la personne du débiteur au greffier de la prison, sa déclaration qu'il s'en charge comme gardien, et la consignation des alimens; — Et le procès-verbal entier est transcrit sur le registre où il est fait mention, ainsi que sur l'original du procès-verbal d'emprisonnement, et sur l'unique copie donnée au débiteur, que le garde du commerce a laissé à ce dernier copie du procès-verbal d'emprisonnement et d'écrou.

La loi ne défend pas ce mode de procéder. Paris, 23 janv. 1808, P. 6, 459. Riom, 25 nov. 1830, S. 33, 480; Paris, 30 janv. 1833, S. 34, 22. — Elle se borne à prescrire les énonciations que l'écrou doit contenir, sans en indiquer la forme.

En réunissant ainsi en un seul acte le commencement et la fin d'une seule et même opération, il est moins à craindre de commettre des erreurs. Coin-Delisle, p. 59, n° 63.

244. Si on fait deux actes séparés, la validité du procès-verbal d'emprisonnement n'empêche pas la nullité de l'écrou. Riom, 28 avr. 1808, S. 15, 194; Nîmes, 29 juill. 1829, S. 29, 208; Aix, 23 août 1826; S. 27, 78.

Art. 5. — *Recommandation.*

245. La recommandation est une opposition mise à la sortie du débiteur incarcéré.

Le débiteur incarcéré peut être recommandé par ceux qui auraient le droit d'exercer contre lui la contrainte par corps. Celui qui est arrêté comme prévenu d'un délit peut aussi être recommandé : il est retenu par l'effet de la recommandation, encore qu'il ait été acquitté du délit, et que son élargissement ait été prononcé. C. pr. 792. — V. toutefois art. 538 et 559, L. 28 mai 1838 (Art. 1160 J. Pr.).

246. Le créancier qui a dénoncé son débiteur comme auteur d'un crime ou d'un délit, peut le recommander après qu'il a été arrêté à la requête du ministère public. Toulouse, 16 avr. 1825, D. 26, 8.—A moins que la dénonciation n'ait é'é faite de mauvaise foi. Cass. 15 juin 1815, S. 20, 123.

247. Les créanciers qui ont recommandé leur débiteur, prévenu d'un délit, ne sont pas forcés de consentir à une mise en liberté provisoire, autorisée, sous caution, par ordonnance de la chambre du conseil. Paris, 1er juin 1840, S. 15, 195; Carré, art. 789; Pigeau, *Comment.*, 2, 477.

248. La recommandation est valablement faite, même après l'obtention par le débiteur d'un jugement qui ordonne son élargissement, tant qu'il n'a pas mis le geôlier en demeure de lui ouvrir les portes. Caen, 16 juill. 1827, D. 31, 4.

249. On doit observer, pour les recommandations, les mêmes formalités que pour l'emprisonnement. C. pr. 793.—V. toutefois *inf*. n° 253.

250. Ainsi, il faut : 1° la signification du jugement qui prononce la contrainte par corps, avec commandement, par huissier commis, porteur d'un pouvoir spécial du créancier (Lyon, 4 sept. 1810, S. 11, 229.) — V. *sup*. n° 135. — Et élection de domicile dans le lieu où siège le trib. qui a rendu le jugement si le créancier n'y demeure pas. C. pr. 780, 793. — V. *sup*. n° 141.

251. 2° Un jour d'intervalle entre le commandement et la recommandation : afin de laisser au débiteur le temps de se procurer les moyens d'acquitter la dette pour laquelle on veut prolonger sa captivité. C. pr. 780, 793 ; Carré, art. 793 ; Demiau, 482 ; Chauveau, n° 20 ; Coin-Delisle, p. 60, n° 71.— *Contrà*, Cass. 8 pluv. an 13, P. 4, 361.—V. d'ailleurs *sup*. n° 144.

252. 3° Il y a lieu à référé, si le débiteur le requiert, pour faire valoir les moyens d'opposition contre la recommandation : il a intérêt à faire cette opposition, afin que rien ne l'empêche de jouir à l'instant de la liberté, quand viendra le moment de l'obtenir.

253. Il existe toutefois certaines différences entre la recommandation et l'emprisonnement :

Ainsi, 1° l'huissier n'est point assisté de recors. C. pr. 793.

2° le recommandant est dispensé de consigner des alimens, s'ils ont été déjà consignés. — V. *sup*. n°s 233 et suiv.

3° Si le débiteur requiert un référé, il ne peut se faire conduire, sur sa simple réquisition, devant le président du trib. (—*Contrà*, Paris, 17 sept. 1829, D. 30, 42.) — Il est alors représenté par un avoué. Pigeau, 2, 280 ; Carré, n° 2700 ; — Ou il déduit ses motifs sur le procès-verbal même : un débiteur emprisonné ne peut sortir, même sous la garde d'un huissier, sans ordonnance de justice. Coin-Delisle, p. 60, n° 75.

254. *Quid*, si le débiteur refuse de venir pour recevoir copie du procès-verbal de recommandation et de l'écrou ? — Carré, n° 2701, pense que, dans ce cas, on peut employer la force armée, de même que s'il y avait résistance lors de l'arrestation. — Suivant M. Coin-Delisle, p. 60, n° 76, il suffit de constater le refus du débiteur et de remettre la copie au concierge. Cette dernière opinion nous paraît préférable, surtout au cas de maladie du débiteur.

—V. d'ailleurs *inf*. n° 325 à 332.

Art. 6. — *Officiers chargés de l'exécution de la contrainte par corps.*

255. L'exécution de la contrainte par corps, en matière civile et de commerce, est confiée aux huissiers dans les départemens, et aux gardes du commerce exclusivement, dans le

département de la Seine. Décr. 14 mars 1808, art. 1ᵉʳ. —
V. *Garde du commerce.*

L'exécution de la contrainte par corps comprend les recommandations comme les emprisonnemens. Arg. C. pr. 159.

Conséquemment les recommandations doivent être faites à Paris, à peine de nullité, par les gardes du commerce, à l'exclusion des huissiers. Coin Delisle, p. 46, n° 5. —*Contrà*, Pigeau, 2, 280 ; Carré, n° 2699. —V. *Huissier.*

Art. 7. — *Demande en nullité de l'emprisonnement.*

256. A défaut d'observation des formalités prescrites pour l'emprisonnement ou pour les recommandations, le débiteur a le droit d'en demander la nullité. C. pr. 794. —Le juge ne peut se dispenser de la prononcer. Lyon, 9 mai 1828, S. 28, 260.

257. Il ne résulte aucune fin de non recevoir contre cette demande, de l'acquiescement du débiteur. Montpellier, 19 juin 1807, S. 15, 42. —V. *sup.* n° 17, et *inf.* n° 299.

Peu importe que le débiteur n'ait fait aucune protestation dans le procès-verbal d'emprisonnement. Rennes, 28 déc. 1814, P. 12, 508 ; Metz, 30 déc. 1817.

258. Le rejet des moyens du fond n'empêche pas de faire valoir les moyens de forme : l'art. 794 C. pr. accorde, pour ces deux genres de moyens, deux actions distinctes, qui doivent être portées devant des trib. différens (—V. *inf.* n. 259 et 260) ; d'où il suit que le jugement rendu sur l'un des deux points n'a aucune influence sur l'autre. Montpellier, 19 juin 1807.

259. La demande en nullité de l'emprisonnement, fondée sur des moyens de forme, doit être portée devant le trib. du lieu où le débiteur est détenu. C. pr. 794. — Même lorsque l'emprisonnement est opéré en vertu d'un arrêt infirmatif d'une sentence rendue par ce tribunal. Arg. C. pr. 472 ; Carré, n° 2708 ; Coin-Delisle, 62, n° 88. —V. *Appel*, n° 393.

260. Au contraire, si la demande en nullité repose sur des moyens du fond, elle est de la compétence exclusive du trib. de l'exécution du jugement. C. pr. 794.

261. Lorsque le jugement est émané d'un trib. de comm., la demande en nullité doit être portée devant le trib. civil du lieu où le débiteur est détenu : ce trib. doit être considéré comme celui de l'exécution. —V. *sup.* n° 259.

262. Le renvoi pour connexité ne peut être demandé, si ce renvoi doit avoir pour effet de faire juger la validité de l'emprisonnement par un trib. autre que celui du lieu où le débiteur est détenu. Cass. 20 mars 1810, S. 10, 191.

263. Dans tous les cas, la demande *peut* être formée à bref délai, en vertu de permission du juge, et l'assignation donnée par huissier-commis au domicile élu par l'écrou. C. pr. 795.

264. Toutefois, cette disposition n'est que facultative : le débiteur, s'il le préfère, fait assigner par un huissier de son choix dans les délais ordinaires. Carré, art. 795.

265. Dans le cas où l'assignation est donnée à bref délai, peut-elle être donnée au domicile élu dans l'écrou sans augmentation, à raison de la distance du domicile réel? — L'affirmative résulte de la disposition qui exige l'élection de domicile. Elle n'a d'autre but que de mettre le débiteur à portée de faire statuer immédiatement sur ses réclamations, et elle deviendrait illusoire si le débiteur ne pouvait pas citer le créancier à ce même domicile, ou était forcé d'observer d'autres délais que ceux qu'il comporte. Cass. 20 mars 1810, S. 10, 191; Carré, n° 2715.

266. Mais si le débiteur préfère assigner son créancier à son domicile réel et aux délais ordinaires, il faut alors augmenter les délais en raison de la distance du domicile au tribunal compétent. Carré, *ib.*

267. La demande en nullité d'emprisonnement ne peut être portée en référé devant le président : l'art. 794 C. pr. attribue compétence au trib. civil. Le président n'est juge, en matière de référé, que des difficultés qui s'élèvent au moment de l'emprisonnement. Bruxelles, 27 juin 1807, P. 6, 177; Carré, art. 794.

268. Mais on peut obtenir l'élargissement provisoire du tribunal du lieu de la détention, en attendant le jugement définitif que le tribunal du lieu de l'exécution doit rendre sur le fond : cela résulte des termes généraux de l'art. 554 C. pr., portant que, si les difficultés élevées sur l'exécution du jugement requièrent célérité, le tribunal du lieu y statue provisoirement, et renvoie la connaissance du fond au tribunal de l'exécution. L'emprisonnement est, en effet, un des modes d'exécution du jugement. Pigeau, 2, 528; Carré, n° 2711.

269. La cause doit être jugée sommairement. C. pr. 795; — sur les conclusions du ministère public *1b.*

Le défaut de conclusions du ministère public donne ouverture à requête civile contre le jugement, qu'il s'agisse d'un Français ou d'un étranger. Cass. 22 mars 1809, S. 9, 202; Carré, art. 795.

270. En déclarant nul l'emprisonnement d'un individu pour violation des formes prescrites par la loi, le tribunal doit ordonner son élargissement immédiat, sans l'assujettir à donner caution. Autrement ce serait imposer une condition à la mise en liberté d'un citoyen arrêté illégalement, et reconnaître la validité d'un acte nul. Nîmes, 3 fév. 1848.

271. Si l'emprisonnement est déclaré nul, le créancier *peut* être condamné en des dommages-intérêts envers le débiteur.

C. pr. 799 ; — même à l'impression et à l'affiche du jugement, suivant les circonstances. C. pr. 1036.; Carré, n° 2725; Dalloz, p. 712 à la note ; Coin-Delisle, p. 63, n° 91.

La disposition de l'art. 799 est facultative : elle abroge l'art. 6, tit. 3, L. 15 germ. an 6, qui prescrivait des dommages-intérêts dans tous les cas.

272. La condamnation aux dommages-intérêts peut être prononcée , lors même que la nullité de l'emprisonnement ne tient qu'à la forme. Carré, Dalloz, *ib.* — *Contrà*, Pardessus, n° 1522. — Selon le caractère plus ou moins répréhensible de la violation des formes et la faveur ou la défaveur attachée au débiteur.

Ainsi, on a condamné en 25 fr. de dommages-intérêts un créancier qui avait suppléé au jugement qu'il n'avait pas par une ordonnance sur requête. Montpellier, 19 juin 1807, S. 15, 42 ; — à 100 fr. pour omission dans la copie du jugement de la partie qui obligeait le créancier à fournir caution. Nîmes, 22 mars 1813 , P. 11, 227 ; — à 500 fr. de dommages-intérêts un créancier qui n'avait pas observé le délai de 24 heures entre la signification d'un arrêt confirmatif et l'emprisonnement. Colmar, 8 août 1808. — Un créancier à la requête duquel le débiteur avait été arrêté avant le lever du soleil ; mais, au lieu d'acquiescer au jugement, il avait, par son appel, prolongé, pendant huit mois, la détention illégale. Colmar et non Bruxelles, 31 août 1810, P. 8, 585.

Dans tous les cas, le vice de forme avait été de nature à induire en erreur le débiteur et à l'empêcher de se mettre sur ses gardes.

Les dommages-intérêts ont été refusés, 1° en cas de simple irrégularité, au débiteur qui ne contestait pas la légitimité de la créance, attendu qu'il ne souffrait aucun préjudice, puisque le créancier avait des titres suffisans pour obtenir une arrestation régulière. Florence, 12 août 1809 , P. 7 , 769.

2° Dans une espèce où le commandement avait été réitéré par un huissier dont la commission était surannée. Rennes, 28 déc. 1814 , P. 12, 508.

3° Dans une espèce où ni le procès-verbal d'emprisonnement ni l'écrou n'énonçait le domicile du créancier. C. sup. Bruxelles, 25 mai 1822 , D. 812. Les premiers juges avaient annulé l'écrou et prononcé des dommages-intérêts ; le créancier acquiesçait au jugement au chef de la nullité ; mais, en interjetait appel au chef des dommages-intérêts, et le débiteur élargi, au lieu de chercher à s'acquitter, s'était, depuis l'élargissement, soustrait aux recherches du créancier.

4° Dans le cas d'une signification vicieuse, faite à un débiteur qui avait bien connaissance de la procédure, et déclarait qu'il ne paierait pas et ne pourrait jamais payer. Nanci, 25 juill. 1813, P. 11, 576.

5° Dans une espèce où l'individu emprisonné avait négligé de requérir un référé, lors de l'arrestation, pour faire constater qu'il n'était pas le débiteur, et où l'erreur de l'huissier pouvait être justifiée par les circonstances. Paris, 19 janv. 1808, S. 8, 55; Berriat, 784, note 52.

273. La nullité de l'emprisonnement pour quelque cause qu'elle soit prononcée (excepté pour défaut d'alimens, — V. *inf.* n° 303), n'entraîne point la nullité des recommandations, C. pr. 796, — faites par d'autres créanciers, — même depuis la demande en nullité. Pigeau, 2, 350; Carré, n° 2718.

Mais les recommandations faites par le même créancier, avant le jugement sur la demande en nullité, sont nulles; il ne peut invoquer l'art. 796 C. pr.; le but de cet article a été uniquement d'empêcher le recommandant d'être victime de la nullité d'un emprisonnement qui n'était pas son ouvrage; or, ce motif n'existe plus lorsque l'emprisonnement et la recommandation ont été faits à la requête du même individu. Il impliquerait, dans ce cas, contradiction que les recommandations ne suivissent pas le sort de l'emprisonnement. Ce serait permettre à un créancier de faire arrêter illégalement un débiteur, sauf à le faire recommander ensuite d'une manière régulière. Colmar, 31 août 1810, P. 8, 585; Limoges, 26 mai 1823, S. 23, 272; Carré, n° 2717; Coin-Delisle, P. 61, n° 79.

La recommandation avait été faite en vertu de la même créance dans la première espèce, et en vertu d'un autre titre dans la seconde. — V. toutefois *inf.* n° 275.

274. Le débiteur dont l'emprisonnement est déclaré nul, ne peut être *arrêté* pour la même dette qu'un jour au moins après sa sortie. C. pr. 797. — V. *sup.* n°ˢ 188 et 189.

275. Les expressions de cet article semblent ne s'appliquer qu'au détenu qui obtient sa *sortie*; le mot *arrêté* suppose que le débiteur n'est plus en prison. — D'où l'on a conclu que, s'il existe des recommandations au moment où le jugement de mainlevée va recevoir son exécution, le créancier incarcérateur peut, *pour la même créance*, réparer l'irrégularité de cet emprisonnement par une *recommandation* immédiate, et sans observer l'intervalle d'un jour. Carré, n° 2719; Dalloz, *hoc verbo*, p. 810, note 2. — V. d'ailleurs motifs du trib. de Riom, 27 juill. 1837 (Art. 1055 J. Pr.).

M. Coin-Delisle, p. 64, n° 95, au contraire, soutient que le créancier est privé du droit de faire une recommandation pour la même créance, tant que les recommandations subsistent; il exige qu'un jour se soit écoulé depuis la sortie du débiteur. D'après l'art. 792, le débiteur ne peut être recommandé que par ceux qui ont contre lui le droit d'exercer la contrainte : or, l'art. 797 refuse au créancier, dont l'écrou a été annulé, le droit d'arrêter le débiteur, si ce n'est après un jour d'intervalle : donc, refuser le droit d'arrestation, c'est refuser l'exercice de la contrainte par corps, et par conséquent le droit de recommandation. — Quant à nous, nous pensons, avec M. Thomine, n° 929, que la recommandation immédiate, pour la même créance, doit être refusée : mais il nous semble, et telle paraît être l'opinion de M. Thomine, qu'il suffit d'empêcher le créancier de faire aucune recommandation pour la même créance, pendant un jour franc après celui où le débiteur pourrait, à son égard, être libre de sortir de prison, s'il n'était retenu pour d'autres causes. En effet, si le créancier incarcérant eût été seul, un jour après la sortie du débiteur, il aurait pu exercer de nouveau, pour la même dette, la contrainte par corps. Or, il n'est pas juste que l'existence des recommandations faites par d'autres créanciers rende sa condition pire et paralyse son droit indéfiniment.

L'art. 797 C pr. ne s'oppose pas à ce que le créancier exerce immédiatement la contrainte par corps pour une autre cause, — soit par voie d'arrestation, — soit par voie de recommandation. Toulouse, 12 janv. 1825, S. 25, 413.

276. Le délai de l'art. 797 est d'un jour franc.

Doit-il être augmenté à raison de la distance de la prison au domicile du débiteur, afin qu'il ait le temps de chercher les moyens de payer et de prévenir un nouvel emprisonnement? — Oui, suivant Pigeau, 2, 284; Carré, n° 2720. — Nous croyons, au contraire, que la loi a fait assez en accordant au débiteur le même temps qu'entre le commandement et l'arrestation. Dalloz, p. 845, à la note; Coin Delisle, p. 64, n° 93.

277. La signification de l'appel interjeté par le débiteur du jugement qui l'a débouté de sa demande en nullité de l'emprisonnement, est, comme l'assignation devant le trib. de 1re inst., valablement faite au domicile élu par le créancier dans la commune où le débiteur est détenu. Il y a même raison de décider. Bordeaux, 1er déc. 1831, D. 32, 14. — V. *sup.* n° 265.

Art. 8. — *De l'élargissement du débiteur.*

278. Le débiteur peut obtenir son élargissement provisoire au moment où il forme sa demande en nullité de l'emprisonnement, et durant l'intervalle qui s'écoule jusqu'au jugement, en consignant entre les mains du geôlier de la prison les causes de son emprisonnement et les frais de capture. C. pr. 798.

279. Les causes de l'emprisonnement et frais de capture comprennent le principal de la créance, les intérêts échus, les frais de l'instance, ceux de l'expédition et de la signification du jugement et des arrêts, s'il y a lieu, enfin ceux de l'exécution relative à la contrainte par corps seulement. Arg. C. civ. 800; L. 17 avr. 1832, art. 23. — Le créancier, en accordant des tempéramens au débiteur, peut exiger l'imputation des premiers paiemens sur les frais. La commission a rejeté une proposition contraire de M. Jacquinot-Pampelune.

280. Cette consignation n'est indispensable que pour obtenir l'élargissement avant qu'il ait été statué sur la demande en nullité. Si la nullité est prononcée, le débiteur doit être mis en liberté, quoiqu'il n'ait fait aucune consignation. Dans l'opinion contraire, on pourrait argumenter de la place qu'occupe l'art. 798; mais ce serait autoriser le débiteur à former une demande dont il ne tirerait aucun avantage, puisqu'en consignant le montant de la dette et des frais il obtiendrait sa liberté : d'ailleurs, l'art. 797 décide que le débiteur dont l'incarcération a été annulée, ne peut être arrêté de nouveau qu'un jour après sa sortie. Berriat, 635, note 33; Pigeau, 2, 331; Carré, art. 798.

281. Si l'emprisonnement est annulé, la consignation doit-elle être restituée au débiteur?

Pour la négative on dit : l'art. 812 du projet contenait une disposition dans ce sens; mais il fut supprimé lors de la discussion, et remplacé par l'art. 799, sur les observations des Cours de Dijon et d'Agen, conformes à la doctrine de Faber, qu'il serait trop dur de forcer un créancier à rendre une somme à laquelle il a un droit légitime, et qu'il valait mieux réserver au débiteur des dommages-intérêts à raison de la nullité de l'exécution. Le débiteur ne serait admis à retirer sa consignation qu'autant que la nullité de l'emprisonnement aurait été prononcée pour extinction de la créance. Berriat, *ib.*; Carré, art. 798.

Mais on répond : la consignation, dans le cas de l'art. 798, n'a pour objet, ni de reconnaître la dette, ni de l'acquitter, mais bien de garantir que le débiteur se représentera, si la nullité n'est pas prononcée. Le geôlier ne reçoit pas la somme consignée comme mandataire du créancier, et ne peut se permettre de la lui verser sans le consentement du détenu, ou sans un jugement qui l'ordonne. Pardessus, n° 1522; Thomine, n° 931; Coin-Delisle, n°° 62, 90. — V. toutefois *inf.* n° 292.

Si l'emprisonnement est maintenu, le débiteur peut encore obtenir la restitution de la somme consignée en se représentant. — Mais lorsqu'il ne se représente pas, le créancier a droit de se faire adjuger cette somme.

282. Le trib. en statuant sur la demande en nullité, ordonne que la somme soit remise à qui de droit. — V. *sup.* n° 281.

283. Le trib. a-t-il le droit d'accorder au débiteur qui demande la nullité de son emprisonnement, l'autorisation de prendre au greffe communication des pièces et d'assister à l'audience, sous la garde d'un huissier? — V. *inf.* n°s 325 et 326.

284. Le débiteur incarcéré a-t-il le droit, en interjetant appel du jugement qui a prononcé la contrainte par corps, d'obtenir son élargissement jusqu'à ce qu'il ait été statué par la Cour? — V. *sup.* n° 11.

285. Si la contrainte par corps n'a pas été prononcée pour dette commerciale, le débiteur obtient son élargissement provisoire, en payant ou consignant le tiers du principal de la dette et de ses accessoires, et en donnant pour le surplus une caution acceptée par le créancier, ou reçue par le trib. civ. dans le ressort duquel le débiteur est détenu. L. 17 avr. 1832, art. 24. — V. d'ailleurs *ib.*, art. 34 et 39.

286. Les à-compte donnés par le débiteur, depuis le jugement de condamnation, ne sont pas imputés sur le tiers libératoire (— *Contrà*, Fournel, note 8), mais ils réduisent d'autant le capital, de la dette et il suffit de payer ou de consigner le tiers de la dette ainsi réduite. Coin-Delisle, p. 106, n° 3.

287. Par *accessoires* on ne doit pas entendre les frais relatifs à des exécutions autres que la contrainte par corps. Coin-Delisle, p. 106, n° 4. — Mais bien les frais des procès que le débiteur a suscités par des demandes mal fondées.

288. La caution est tenue de s'obliger solidairement avec le débiteur à payer, dans un délai qui ne peut excéder une année, les deux tiers qui restent dus. *Ib.* art. 25.

289. A l'expiration de ce délai, le créancier, s'il n'est pas intégralement payé, exerce de nouveau la contrainte par corps contre le débiteur principal, sans préjudice de ses droits contre la caution. *Ib.* art. 26.

290. Le trib. qui annule l'emprisonnement peut-il ordonner l'exécution provisoire de son jugement nonobstant appel? Le doute naît de ce que l'art. 787 C. pr. accorde l'exécution provisoire aux ordonnances de référé qui prononcent la mise en liberté; d'où l'on conclut qu'il en doit être de même, à plus forte raison, du jugement du trib.;—mais aucune loi n'autorise une pareille disposition, et les jugemens de 1re inst. ne peuvent être exécutés provisoirement que dans les cas spécifiés par l'art. 135 C. pr. D'ailleurs, ce système constituerait, par le fait, le trib. juge souverain, en rendant illusoire l'appel réservé aux parties, et causerait ainsi au créancier un préjudice irréparable. Paris, 9 janv. et 14 sept. 1808, P. 6, 433; 7, 148; Pigeau, 2, 327; Carré, n° 2739.

Peu importe que le trib. n'autorise l'exécution provisoire qu'à la charge de donner caution : l'art. 135 ne lui accorde pas ce droit. Carré, *ib.*; Pardessus, 5, n° 1522.—*Contrà*, Demiau, 486.

291. Le débiteur légalement incarcéré obtient son élargissement, 1° par le consentement du créancier qui l'a fait incarcérer, et des recommandans, s'il y en a. C. pr. 800.

Ce consentement peut être donné, soit devant notaire, soit sur le registre d'écrou. C. pr. 804; — Soit devant le juge, soit au trib. de paix. Carré, n° 2740; — Soit à la suite d'une sommation faite aux créanciers par un huissier. Carré, ib.

Celui donné par acte sous seing privé, ou par lettre missive, est également valable; mais il n'autorise pas le geôlier à relaxer immédiatement le débiteur. Ce dernier doit se pourvoir devant les trib. compétens pour faire ordonner son élargissement, contradictoirement avec le créancier.

Le consentement peut être donné par un mandataire muni d'une procuration spéciale et authentique. Le geôlier a le droit d'exiger qu'elle soit annexée à son registre, comme il le peut pour le consentement donné directement par acte authentique. Carré, ib.

292. 2° Par le paiement ou la consignation des sommes dues, tant au créancier qui a fait emprisonner, qu'au recommandant, des intérêts échus, des frais liquidés, de ceux d'emprisonnement et des alimens consignés. C. pr. 800. — V. sup. n°° 278 et 285.

293. La consignation faite par le débiteur, au cas de refus de la part du créancier, doit être intégrale, pure, simple, et sans condition. Cass. 27 fév. 1807, S. 8, 275; Berriat, 637, note 41.

Le geôlier ne peut être juge que de la conformité de la somme déposée avec son registre d'écrou : toute différence nécessiterait une instance.

294. Le débiteur n'est pas tenu d'offrir une somme quelconque pour les frais non liquidés. Carré, n° 2730; — Ni même parmi les frais liquidés pour ceux relatifs à d'autres exécutions que la contrainte par corps. L. 17 avr. 1832, art. 23.

295. La consignation a lieu entre les mains du geôlier, sans qu'il soit besoin de la faire ordonner. C. pr. 802. — Ni de faire préalablement des offres réelles : autrement l'élargissement serait retardé contre le vœu de la loi. Carré, n° 2741.

296. Si le geôlier refuse, il est assigné à bref délai devant le trib. du lieu de la détention, en vertu de permission. C. pr. 802.

L'assignation est donnée par huissier-commis. Ib.

297. La loi n'impose pas au débiteur l'obligation d'appeler son créancier sur cette assignation; mais comme le geôlier ne peut avoir d'autre motif de refuser la consignation que la crainte de s'exposer à une action de la part du créancier, au cas où la consignation ne serait pas suffisante, il est plus prudent de le mettre en cause. Carré, n° 2742; Berriat, 640, note.

298. Si le geôlier ne conteste pas la consignation, il peut

27.

élargir de suite le débiteur, sans attendre le consentement du créancier. Thomine, 298; Demiau, Carré, art. 800.

299. La somme consignée est remise au créancier, s'il l'accepte. — *Contrà*, Carré, nᵒˢ 2743 et 2744; — Ou bien elle est déposée par le geôlier à la caisse des consignations, si l'acceptation du créancier n'a pas eu lieu dans les 24 heures. Arg. Ordonn. 5 juill. 1816, art. 2, nᵒ 4.

Toutefois, lorsque le débiteur a été incarcéré en vertu d'un jugement de 1ʳᵉ inst., exécutoire par provision, la consignation qu'il fait comme contraint et forcé, pour obtenir sa liberté et sous la réserve de ses droits, n'emporte pas de sa part reconnaissance de la dette. Cass. 4 mai 1818, S. 18, 288.

Dans ce cas, la somme consignée ne peut être remise au créancier, sans son consentement, par le geôlier; elle doit être déposée à la caisse des dépôts et consignations.

300. Le débiteur, mis en liberté du consentement du créancier, ne peut être réincarcéré pour la même dette, à moins qu'il ne soit intervenu à ce sujet une convention expresse; il ne suffit pas que le créancier s'en soit réservé la faculté dans la main levée de l'écrou, si rien ne prouve que le débiteur ait connu cette réserve et l'ait acceptée. Paris, 6 juill. 1826, S. 27, 194.

501. 3ᵒ En matière civile, par le bénéfice de la *cession de biens*. C. pr. 800. — V. ce mot.

Mais il ne suffit pas que le débiteur ait offert la cession, il faut qu'elle ait été admise par le trib. Cass. 25 fév. 1807, P. 5, 691; Toulouse, 17 nov. 1808; Arg. Paris, 11 août 1807, P. 7, 209.

Il faut en outre que le débiteur ait réitéré sa cession. Toulouse, 30 avr. 1821, D. 10, 597; Berriat, p. 638, note 42; Carré, art. 800, nᵒ 2735; Toullier, nᵒˢ 260, 261; Pigeau, 2, 562; Pardessus, t. 4, p. 530.

Sauf le droit des trib. d'ordonner un sursis. Arg. C. pr. 900. Grenoble, 22 mai 1854, D. 34, 208. — V. *Cession de biens*, nᵒ 19.

302. 4ᵒ En cas de *faillite*, s'il est déclaré excusable, à moins qu'il ne se trouve dans un cas d'exception prévu par la loi spéciale. L. 28 mai 1838, art. 539 (Art. 1160 J. Pr.).—V. ce mot.

303. 5ᵒ A défaut par les créanciers d'avoir consigné d'avance les alimens. C. pr. 800. — V. *sup.* nᵒ 226.

Le détenu dont la consignation mensuelle d'alimens a été opérée d'après la quotité fixée par la loi du 15 germ. an 6, et dans le mois de la promulgation de la loi du 17 avr. 1832, doit être élargi pour cause d'insuffisance d'alimens, si cette consignation n'a point été complétée à l'expiration de ce mois d'après le taux fixé par les art. 28 et 29 de cette même loi. Paris, 13 sept. 1832, P. 1832, 3, 217.

304. Le créancier incarcérateur qui transporte sa créance, jusqu'à la signification du transport au débiteur emprisonné, a qualité pour faire en son nom la consignation des alimens. Paris, 15 oct. 1829, J. P. 1829, 3, 459.

305. La consignation d'alimens est valablement faite par un tiers sans pouvoir spécial du créancier; il suffit qu'elle ait lieu de la part du créancier et avec son assentiment : elle n'est qu'une condition imposée au créancier qui veut retenir son débiteur en prison, elle ne doit pas être assimilée à l'emprisonnement, pour lequel l'huissier a besoin d'un pouvoir spécial. Limoges, 3 sept. 1835 (Art. 453 J. Pr.).

306. L'élargissement faute de consignation d'alimens est ordonné sur le certificat de non consignation délivré par le geôlier, et annexé à la requête présentée au président du trib., sans sommation préalable. C. pr. 803.

307. Il peut être prononcé sur-le-champ par le président, sur le vu du certificat du geôlier, et hors la présence des créanciers. La dispense d'assigner les créanciers résulte de ce que l'ordonnance du président est rendue sur requête. Carré, n° 2745; Pigeau, 2, 333; Berriat, 2, 640; Thomine, art. 803. — *Contrà*, Demiau, 485.

308. Il suffit que la requête soit signée par le débiteur détenu et par le gardien de la maison d'arrêt pour dettes, ou même certifiée véritable par le gardien, si le détenu ne sait pas signer. L. 17 avr. 1832, art. 30.

Elle doit être présentée en duplicata : l'ordonnance du président, aussi rendue en duplicata, est exécutée sur l'une des minutes qui reste entre les mains du gardien; l'autre minute est déposée au greffe du trib. et enregistrée gratis. *Ib.*

Cet article dispense le détenu du ministère d'un avoué; mais, du reste, il ne déroge pas à l'art. 803 du C. pr., qui prescrit la production d'un certificat de non consignation. *Rapport de M. Portalis à la ch. des pairs, séance du 22 déc. 1831.*

La communication au ministère public, prescrite pour les demandes en élargissement (C. pr. 805) portées devant le trib., paraît ici superflue; elle est d'usage à Paris. Coin-Delisle, p. 110, n° 1.

309. Cependant, si le créancier en retard de consigner les alimens, fait la consignation avant que le débiteur ait formé sa demande en élargissement, cette demande n'est plus recevable (C. pr. 803), quand même il aurait requis et obtenu le certificat du geôlier, constatant le défaut de consignation. Arg. Cass. 28 août 1821, S. 22, 133; Carré, art. 803; Berriat, 640, note 53.

Le créancier se hâtera d'assigner en référé devant le président, afin que le débiteur ne fasse pas usage du certificat.

310. Mais, dès que la requête a été présentée au président, le droit d'être élargi est acquis au détenu, et le créancier ne peut y mettre obstacle en consignant des alimens avant la délivrance de l'ordonnance du président. Peu importe que cette requête ne lui ait pas été notifiée. Douai, 1er sept. 1824, S. 25, 177; Rouen, 7 avr. 1827; Nanci, 18 mai 1829, S. 29, 212; Paris, 18 juin 1836 (Art. 446 J. Pr.).

311. Si la requête et la consignation sont du même jour, c'est au créancier à prouver l'antériorité de la consignation. Toulouse, 15 mars 1828, S. 28, 209. — V. *Date*, n° 19.

312. L'ordonnance de mise en liberté pour défaut de consignation d'alimens, rendue par le président, doit être attaquée par voie d'appel et non par voie d'opposition devant le trib. de 1re inst. Toulouse, 30 nov. 1836 (Art. 794 J. Pr.). — L'incompétence du trib. peut être proposée pour la première fois en appel. *Même arrêt.*

313. Le débiteur élargi faute de consignation d'alimens ne peut plus être *incarcéré* (ni recommandé. Montpellier, 17 août 1827, S. 28, 15) pour la même dette. L. 17 avr. 1832, art. 31. — Cet article déroge à l'art. 804 C. pr., qui autorisait, dans ce cas, le créancier à faire emprisonner son débiteur, en lui remboursant les frais par lui faits pour obtenir son élargissement, ou en les consignant, à son refus, entre les mains du greffier, et en consignant aussi d'avance six mois d'alimens, sans être tenu de recommencer les formalités préalables à l'emprisonnement, s'il avait lieu dans l'année du commandement.

314. La consignation, ou du moins le soin d'y veiller, est une obligation commune au créancier incarcérateur et aux recommandans. Coin-Delisle, p. 110, n° 3. — *Contrà*, Fœlix, sur l'art. 31.

Les créanciers recommandans n'ont aucune action en dommages-intérêts contre le créancier incarcérateur qui a laissé prononcer l'élargissement du débiteur, faute d'avoir consigné des alimens suffisans. Aucune loi, en effet, n'oblige ce créancier à faire l'incarcération dans tout autre intérêt que le sien propre, et, s'il peut renoncer à l'emprisonnement par un acte exprès, il peut également le faire tacitement, en cessant de consigner. Carré, Demiau, art. 804.

Toutefois, si le créancier incarcérateur a obtenu de faire contribuer le recommandant au paiement des alimens (— V. *sup.* n° 234), il ne peut cesser de consigner sa part sans en prévenir le recommandant.

315. 6° Si le débiteur a commencé sa 70e année, et si, dans ce dernier cas, il n'est pas stellionataire. C. pr. 800.

Cette faveur accordée à la vieillesse s'applique aux étrangers comme aux Français, en matière civile ou commerciale. L. 17 avr. 1832, art. 6, 12, 18.

Le septuagénaire doit faire signifier son acte de naissance ou autre preuve de son âge aux créanciers, et, si ceux-ci refusent l'élargissement, les assigner. — V. d'ailleurs *Référé*.

Le geôlier n'est pas juge de la validité de l'acte qui lui est présenté par le débiteur : il ne peut l'élargir qu'en vertu d'un jugement ou du consentement de ses créanciers. Carré, n° 2736.

316. 7° Si, depuis l'emprisonnement, le créancier est devenu l'allié du débiteur au degré prévu par l'art. 19 L. 17 avr. 1832. — V. d'ailleurs *sup.* n°ˢ 66 et 69.

317. 8° Par l'expiration du temps fixé par le jugement pour la durée de l'emprisonnement. — V. *sup.* 74 et 76.

Cet élargissement a lieu de plein droit : le gardien doit relaxer le débiteur sur le vu du dispositif du jugement transcrit sur son registre.

Le débiteur ne peut plus être arrêté ni détenu pour dettes contractées antérieurement à son arrestation, et échues au moment de son élargissement, à moins que ces dettes n'entraînent, par leur nature et leur quotité, une contrainte plus longue que celle qu'il a subie, et qui, dans ce dernier cas, lui est toujours comptée pour la durée de la nouvelle incarcération. L. 17 avr. 1832, art. 27. — V. *sup.* n° 76.

Ainsi, lorsque le débiteur a été d'abord emprisonné par un créancier ayant droit de le retenir pendant cinq ans ou dix ans, la recommandation qui a lieu dans le cours de la dernière année de l'une de ces périodes, ne peut faire prolonger l'emprisonnement au-delà.

Si, au contraire, l'emprisonnement a eu lieu à la requête du créancier qui n'a droit de retenir le débiteur qu'un ou deux ans, la recommandation du créancier ayant le droit de le retenir cinq ou dix ans prolongera la durée de l'emprisonnement jusqu'à l'expiration du délai le plus long. Coin-Delisle, p. 107, n° 4.

318. Un mois après la promulgation de la loi de 1832, tout débiteur non stellionataire, détenu pour dettes civiles ou commerciales, a pu obtenir son élargissement, s'il avait commencé sa 70ᵉ année. *Ib.* art. 42.

Après le même délai d'un mois, les individus alors détenus pour dettes civiles, emportant contrainte par corps, ont pu obtenir leur élargissement, si cette contrainte avait duré 10 ans, dans le cas prévu au 1ᵉʳ § de l'art. 7 L. 17 avr. 1832 ; et si cette contrainte avait duré 5 ans, dans le cas prévu au 2ᵉ § du même article. *Ib.* 43.

Deux mois après la promulgation de ladite loi, les étrangers alors détenus pour dettes, et dont l'emprisonnement avait duré dix ans, ont pu obtenir également leur élargissement. *Ib.* art. 44.

319. La demande en élargissement est portée au tribunal dans le ressort duquel le débiteur est détenu. — V. Toutefois *sup.* 258 et 259.

Elle est formée à bref délai, au domicile élu par l'écrou, en vertu de la permission du juge, sur requête présentée à cet effet, communiquée au ministère public, et jugée, sans instruction, à la première audience, préférablement à toutes autres causes, sans remise ni tour de rôle. C. pr. 805.

320. Elle doit être communiquée, non seulement au créancier qui a fait exécuter la contrainte, mais encore à ceux qui ont fait des recommandations : en effet, l'art. 793 assujettit les recommandations, comme les emprisonnemens, à l'élection de domicile dans l'écrou. (—V. *sup.* 249); Carré, art. 805; Berriat, 639, note 47.

321. Le juge n'est pas tenu de commettre un huissier pour l'assignation à fin d'élargissement : cependant il est plus convenable qu'il prenne cette précaution, pour éviter toute surprise. Carré, *ib.* — Tel est, d'ailleurs, l'usage pour les assignations données en vertu d'ordonnance sur requête.

322. Les formalités prescrites par l'art. 805 s'appliquent à tous les cas où il se présente quelque obstacle à la mise en liberté du débiteur. Elles constituent la procédure ordinaire en cette matière, et l'on ne peut s'en écarter qu'autant que la loi a fait une exception spéciale pour un cas déterminé. Carré, art. 805 ; Berriat, 639, note 50.

323. La question de savoir s'il doit être permis au débiteur de sortir momentanément de la prison avec telle ou telle précaution, a été résolue diversement par les cours royales.

324. Ainsi, l'élargissement provisoire sous-caution, relativement aux créanciers recommandans, a été refusé à des débiteurs arrêtés sous la prévention d'un délit, malgré l'ordonnance du directeur du jury qui avait accordé à l'un, sa liberté provisoire pendant deux mois avec caution. — Attendu que les créanciers ne sont obligés, dans aucun cas, à consentir l'élargissement de leur débiteur sous caution. Paris, 1er juin 1810, P. 8, 348 ; — Et quoique l'autre eût été reconnu innocent, et demandât la liberté provisoire afin de poursuivre une liquidation considérable. Paris, 26 fév. 1819, S. 19, 196.

325. On a refusé l'extraction provisoire sous la garde d'un huissier à un prisonnier pour dettes qui voulait lui-même plaider sa cause ; dans l'espèce le débiteur avait un grand nombre d'affaires. Paris, 24 mai 1813, P. 11, 405.

326. Mais on a permis à un débiteur incarcéré de prendre personnellement au greffe du tribunal communication de pièces qui y étaient déposées, et de venir expliquer lui-même à l'audience les faits de sa demande en nullité d'emprisonnement, sous la garde d'huissiers qui devaient le réintégrer dans sa prison et à la charge de donner caution. Bruxelles, 25 août 1807, P. 6, 281 ; Paris, 1838, aff. Marsilly; Pigeau, 2, 304; Carré, art. 798; Berriat, 785. — Dans ce cas, l'extraction du débiteur est constatée par un procès-verbal, ainsi que son séjour hors de la prison et sa réintégration.

327. Cette décision ne doit pas être étendue à tous les cas où le débiteur, ayant un procès, voudrait user de la faculté que la loi donne à chacun de plaider sa cause soi-même : ce serait exagérer la liberté de la défense. Coin-Delisle, 67, n° 109. — *Contrà*, Carré, n° 2723 ; Dalloz, 815, note 4.—V. *sup.* n° 325.

328. L'élargissement provisoire ne peut, en général, être permis que dans les cas où il est nécessaire. — Par exemple, lorsque le débiteur est appelé comme témoin; — lorsqu'il veut se marier, lorsqu'il s'agit de faire une reconnaissance ou une vérification (à des scellés, à des inventaires, etc.) qu'il ne peut pas faire faire par un tiers. Coin-Delisle, 67, n° 109. — V. d'ailleurs, *inf.* n° 331.

329. Lorsqu'un débiteur incarcéré demande sa translation d'une maison d'arrêt dans une autre, le tribunal, s'il y a des motifs particuliers d'autoriser cette translation, peut l'ordonner, quoique les créanciers s'y opposent. — Agen, 16 nov. 1836 (Art. 691 J. Pr.). — Par exemple, si les relations de famille et d'affaires du débiteur dans le nouvel endroit lui offrent plus de ressources pour désintéresser ses créanciers : la considération que la détention du débiteur dans une prison éloignée de son domicile, étrangère à son arrondissement, étant plus pénible, il sera disposé à plus d'efforts pour se libérer n'est point opposable. Vainement on objecte encore le danger de l'évasion pendant la translation, si le débiteur offre de se livrer à tous les moyens propres à donner sur ce point toute sécurité aux créanciers.

Il n'est pas nécessaire que le débiteur prouve qu'il a son domicile dans la commune où il demande à être transféré. Paris, 20 janv. 1813, P. 11, 55.

330. Mais dans ce cas, les créanciers, qui sont restés étrangers à la translation, ne sont pas tenus de faire une nouvelle élection de domicile sur le second écrou; et le débiteur n'est pas fondé à demander pour ce motif son élargissement. Agen, 22 fév. 1837 (Art. 1350 J. Pr.).

331. Le débiteur, s'il est atteint d'une maladie qui met sa vie en danger, peut, en donnant caution, obtenir sa translation dans une maison de santé : c'est même l'intérêt bien entendu du créancier, puisque l'espoir d'un remboursement dépend de

l'existence du débiteur. Paris, 4 mai 1812, P. 10, 366; 7 janv.
1814, S. 14, 303.

Les créanciers peuvent, dans ce cas, préposer à la garde du
débiteur, mais à leurs frais, telle personne qu'ils avisent. Paris,
4 mai 1812 ; — et, lorsqu'ils le jugent nécessaire, faire procéder
à la visite du débiteur pour constater l'état d'amélioration de
sa santé. *Même arrêt.*

Quelquefois on accorde la translation dans une maison de
santé sans caution. Coin-Delisle, n° 109.

332. Le débiteur peut-il être autorisé à se faire soigner dans
sa propre maison, s'il offre caution de se représenter? — Pour
l'affirmative on invoque un arrêt du Parlement de Paris, du
12 juin 1762, qui l'a ainsi décidé. M. l'avocat-général Séguier,
observa que l'élargissement provisoire eût dû avoir lieu même
sans l'offre de donner caution, parce que la conservation d'un
citoyen est au-dessus de l'intérêt privé d'un créancier. —
M. Carré, n° 2723, exige une caution ; — M. Pigeau se contente
de la simple caution juratoire du débiteur, lorsque ce dernier
n'est pas en état de se faire soigner dans une maison de santé.
— Mais la translation du débiteur dans son propre domicile a
été refusée avec raison par la C. de Paris, le 7 janv. 1814, S. 14,
303 : l'arrêt de 1762 a été rendu sous une jurisprudence où la
contrainte par corps était perpétuelle. Coin-Delisle, 67, n°
109.

§ 8. — *Enregistrement.*

333. Les procès-verbaux d'emprisonnement et recommandation sont soumis, comme tous les exploits ordinaires d'huissier, au droit fixe de 2 fr. L. 28 avr. 1816, art. 43.

334. Il en est de même des assignations, soit en nullité d'emprisonnement, soit en contribution aux alimens du débiteur
incarcéré. *Ib.*

Ainsi que du commandement tendant à contrainte par corps.
Ib.

335. Toutes les ordonnances du président du trib. de 1ʳᵉ
inst., rendues sur requête, sont passibles du droit fixe de 3 fr.
Ib. art. 44.

336. Le pouvoir donné par le créancier à l'huissier, ou au
garde du commerce, est sujet au droit fixe de 2 fr. *Ib.* art. 41.

§ 9. — *Formules.*

FORMULE I.

Signification d'un jugement qui prononce la contrainte par corps, avec commandement.

(C. pr. 780. — Tarif, 51. — Coût, 3 fr. orig., 75 c. chaque copie.)

L'an   le   , à la requête du sieur
pour lequel domicile est élu (*dans la commune où siège le tribunal qui a rendu*

le jugement. — V. sup. n° 122), je soussigné, commis par le jugement ci-après
énoncé (ou par ordonnance de M. le président en date du   , enregistrée),
ai signifié et donné copie au sieur   , demeurant à
en son domicile, en parlant à
    D'un jugement contradictoirement rendu entre les parties par le trib. de
le   , dûment signé , scellé , collationné
et enregistré , portant condamnation par corps contre ledit sieur   ,
de la somme de   , au profit du requérant, et à mêmes requête,
demeure et élection de domicile que ci-dessus, j'ai, huissier susdit et soussigné ,
en vertu de la grosse dûment en forme exécutoire dudit jugement, fait commandement de par le roi, la loi et justice, audit sieur   en son
domicile, et parlant comme dit est , de , dans vingt-quatre heures pour tout délai,
payer au requérant , ou présentement à moi huissier, pour lui porteur de pièces,
la somme de   , montant des condamnations prononcées par
le jugement ci-dessus énoncé , et pour les causes y portées , sans préjudice de
tous autres droits ;
    Lui déclarant que , faute par lui de ce faire dans ledit délai, et icelui passé, il
y sera contraint par toutes voies de droit , et notamment par corps, en exécution
du jugement ci-dessus énoncé ; et je lui ai , en son domicile, et parlant comme
dit est , laissé copie tant dudit jugement que du présent exploit, dont le coût est
de
                              (Signature de l'huissier.)

FORMULE II.

*Requête pour faire commettre un huissier à l'effet de signifier le jugement qui
prononce la contrainte par corps.*

(C. pr. 780. — Tarif, 76, — Coût , 2 fr.)
    A M. le président du tribunal de
    Le sieur, etc. — A l'honneur d'exposer que, par jugement du tribunal de
          en date du   , le sieur
demeurant à   , a été condamné par corps à lui payer la somme
de   , pour les causes exprimées audit jugement , et qu'aux
termes de l'art. 780 C. pr., ledit jugement ne peut être signifié que par un huissier commis par vous ;
    C'est pourquoi il vous plaira, M. le président, commettre tel huissier que vous
jugerez convenable , pour faire audit sieur   la signification , avec
commandement , du jugement dont il s'agit ; et vous ferez justice.
                              (Signature de l'avoué.)

    NOTA. Pour la formule de l'ordonnance, — V. ce mot.

FORMULE III.

Requête pour obtenir la permission d'arrêter un étranger.

(L. 17 avr. 1832 , art. 15. — Tarif, 76. — Coût, 2 fr.)
    A M. le président du tribunal de première instance de
    Le sieur.... A l'honneur de vous exposer qu'il est créancier du sieur
Américain, sans domicile en France, logé à   , rue de
          , hôtel de   , d'une somme de
          , montant d'un prêt qu'il lui a fait le   ,
et exigible le   , ainsi que le constate une reconnaissance
timbrée et enregistrée, en date du
    C'est pourquoi il vous plaira, M. le président , conformément à la loi du 17 avr.
1832, vu 1° ladite reconnaissance de la somme de   que
ledit sieur   a refusé de payer à son échéance ; 2° le certificat du commissaire de police du quartier, en date du
constatant que ledit sieur   est logé en garni dans l'hôtel de
          , ordonner l'arrestation provisoire dudit sieur   ,
à la requête de l'exposant, faute de paiement de la créance dont il s'agit ; et vous
ferez justice.
                              (Signature de l'avoué.)

FORMULE IV.

Requête du débiteur appelé comme témoin pour réclamer un sauf-conduit.

(C. pr. 782. — Tarif, 77. — Coût, 3 fr.)

A M. le président du tribunal de première instance de

Le sieur.... A l'honneur de vous exposer que, par exploit en date du
dont copie est ci-jointe, il est sommé de comparaître le   , heure
de   , devant M.   , juge-commissaire en
votre tribunal, pour déposer dans une enquête que poursuit le sieur   ;
mais qu'étant sous le coup d'un jugement qui prononce contre lui la contrainte
par corps, et dont il joint ici la copie à lui signifiée, il ne saurait obéir à ladite
sommation qu'autant qu'il serait muni d'un sauf-conduit ;

C'est pourquoi il vous plaira, M. le président, accorder à l'exposant un sauf-
conduit pour un jour, pendant lequel temps aucune contrainte par corps prononcée contre lui ne pourra être mise à exécution ; et vous ferez justice.

(*Signature de l'avoué.*)

FORMULE V.

Pouvoir donné à l'huissier pour faire l'emprisonnement.

(C. pr. 556.)

Je soussigné (*nom, prénoms, profession et demeure*), donne pouvoir à
huissier à   , de, pour moi et en mon nom,
mettre à exécution la contrainte par corps prononcée à mon profit contre le sieur
, par jugement du tribunal de   , en
date du   , enregistré et signifié le

Faire à cet effet tous commandemens et perquisitions légales, introduire tout
référé ; à l'effet de quoi j'ai remis audit sieur   la grosse du jugement
sus énoncé.

Fait à   le

(*Signature de la partie.*)

*Ce pouvoir doit être enregistré avant l'emprisonnement, afin d'avoir date
certaine.*

FORMULE VI.

Procès-verbal d'emprisonnement et d'écrou (1).

(C. pr. 781, 783, 786, 789. — Tarif, 53. — Coût, 60 fr. 25 c.)

L'an   , le   , heure du matin, en
vertu de la grosse en forme exécutoire d'un jugement du tribunal de
en date du   , dûment enregistré, collationné, scellé et signifié
avec commandement au sieur   , ci-après qualifié, par exploit
du ministère de   , huissier commis à cet effet par ledit
jugement (*ou ordonnance de M. le président*), en date du
enregistré ; et à la requête du sieur   , demeurant à
pour lequel domicile est élu en la demeure de Me
(*dans la commune où le débiteur doit être détenu*), je   huissier
(*ou garde de commerce*) (*immatricule*) assisté des sieurs Henri C.
demeurant à   , et Jacques F.   , demeurant à   , tous deux Français et majeurs, témoins avec moi
amenés :

Ai fait itératif commandement, de par le roi, la loi et justice, au sieur
négociant, demeurant a   trouvé hors de son domicile, sur
la place de   , en parlant à sa personne, ainsi qu'il me l'a
déclaré, et après lui avoir exhibé mes insignes (2);

_____

(1) *On a réuni en un seul acte, conformément à l'usage de Paris, le procès-verbal
d'emprisonnement et celui d'écrou.* — V. sup. n° 243.

(2) *Si le débiteur est enfermé dans une maison, le procès-verbal est ainsi conçu :*
Je me suis transporté chez M.   , juge de paix du canton de   , en sa
demeure, sise à   , où étant arrivé, j'ai exhibé et présenté à mondit sieur le

De payer présentement au requérant ou à moi, pour lui porteur de pièces, la somme de ...., montant des condamnations prononcées par corps au profit du requérant, par le jugement ci-dessus énoncé, et pour les causes y portées, sans préjudice de tous autres droits;

Et ledit sieur .... ayant refusé de payer, je lui ai déclaré, de par le roi, la loi et justice, que je l'arrêtais, et qu'il était mon prisonnier, et le sommai de me suivre à l'instant à la maison d'arrêt de ...., sise à .... destinée à recevoir les prisonniers pour dettes (1), où étant arrivés à .... heures, je lui ai réitéré le commandement de payer, auquel il a refusé de satisfaire;

C'est pourquoi je lui ai déclaré que j'allais à l'instant l'écrouer sur les registres de ladite maison d'arrêt (2), et en vertu du jugement ci-dessus énoncé et à mêmes requête, demeure et élection de domicile que ci-dessus, j'ai huissier susdit et soussigné, écroué ledit sieur ...., toujours parlant à sa personne, sur le registre .... folio ...., et l'ai laissé à la garde du sieur ...., concierge de ladite maison d'arrêt; lequel, en parlant à sa personne, ainsi qu'il l'a déclaré, a promis sur l'exhibition que je lui ai faite de la grosse du jugement sus énoncé, de se charger dudit sieur ...., et de le représenter quand il en sera légalement requis; et j'ai consigné entre les mains du sieur ...., la somme de trente francs pour un mois d'alimens à fournir au sieur .... la somme de ...., pour droits de greffe, papier, quittance, transcription sur ledit registre du jugement ci-dessus énoncé; et j'ai audit sieur ...., parlant à sa personne entre les deux guichets, comme lieu de liberté, laissé copie du présent pro-

_____

juge de paix la grosse du jugement sus-énoncé, portant condamnation par corps contre le sieur ...., et après lui avoir exposé que ledit sieur .... se tient renfermé dans une maison sise à ...., ce qui empêche d'exercer contre lui la contrainte par corps, je l'ai requis de se transporter avec nous en ladite maison, pour que nous puissions mettre à exécution ladite contrainte par corps; sur quoi M. le juge de paix a rendu l'ordonnance suivante :

Nous ...., attendu que .... huissier, nous a présenté la grosse en forme exécutoire d'un jugement emportant contrainte par corps, rendu au profit de .... contre ....

Attendu que la signification dudit jugement avec commandement a été faite par .... huissier, commis conformément à la loi, le ....

Attendu que rien n'empêche l'exécution de ladite contrainte par corps, disons que nous allons nous transporter avec ledit ...., huissier et ses recors, en la maison sus-énoncée; et avons signé (Signature du juge de paix.)

Et de suite, accompagné de M. le juge de paix et de mes recors, je me suis transporté en ladite maison, où, étant et parlant audit sieur .... ainsi déclaré, je lui fait itératif commandement, etc.

(1) Si le débiteur requiert qu'il en soit référé, on ajoute :
Sur quoi ledit sieur .... a requis qu'il en fût référé devant M. le président du tribunal de première instance, devant lequel il se réservait d'expliquer les motifs de son refus; et à signé. (Signature du débiteur.)
Sur quoi (M. le juge de paix s'étant retiré) nous nous sommes transportés avec ledit sieur ...., en l'hôtel de M. le président du tribunal de première instance de .... sis à ...., où étant arrivés à .... heures, nous lui avons expliqué le sujet de notre transport; et après avoir entendu ledit sieur ...., il a rendu l'ordonnance suivante :
Nous, président du tribunal de .... au principal, renvoyons les parties à se pourvoir; et cependant dès à présent et par provision, attendu que la signification du jugement dont s'agit a été faite régulièrement, disons qu'il sera passé outre à l'emprisonnement du sieur ....; ce qui sera exécuté nonobstant appel et sans y préjudicier; et attendu l'urgence, disons que la présente ordonnance sera exécutée avant son enregistrement, à la charge néanmoins que cette formalité sera remplie dans les vingt-quatre heures; et avons signé. (Signature du président.)
En conséquence de l'ordonnance ci-dessus, j'ai, toujours assisté de mes recors susdits et soussignés, conduit ledit sieur .... en la maison d'arrêt, etc.

(2) Si l'on fait un acte séparé pour l'écrou, on met :
A ce qu'il n'en ignore je lui ai, parlant à sa personne, laissé copie du présent procès-verbal, dont le coût est de ....
Puis on commence l'acte d'écrou de la manière ordinaire :
L'an .... en vertu d'un jugement du .... etc.

1

cès-verbal, contenant arrestation, emprisonnement et écrou de sa personne. Le coût du présent est de

(Signatures de l'huissier ou du garde de commerce et des recors.)

FORMULE VII.

Procès-verbal de recommandation.

(C. pr. 792. — Tarif, 57. — Coût, 4 fr.; le quart pour chaque copie.)

L'an   le   en vertu de la grosse *(comme au procès-verbal d'emprisonnement, si ce n'est qu'on ne fait pas mention des deux recors)* soussigné, ai fait itératif commandement, de par le roi, la loi et justice, au sieur   , demeurant à   , et actuellement détenu pour dettes en la maison d'arrêt de   , sise à   , où je me suis transporté, en parlant audit sieur   , amené à cet effet entre les deux guichets, comme lieu de liberté;

De payer présentement au requérant   , ou à moi, pour lui, porteur de pièces, la somme de   , montant des condamnations contre lui prononcées par corps par le jugement ci-dessus énoncé, et pour les causes y portées, sans préjudice de tous autres droits.

Et le sieur   ayant refusé de payer, je lui ai déclaré qu'en vertu dudit jugement, j'allais l'écrouer et le recommander sur le registre de ladite maison d'arrêt;

Et m'étant en effet présenté au sieur   , greffier, concierge de ladite maison d'arrêt, trouvé en son greffe et parlant à sa personne, j'ai écroué et recommandé ledit sieur   sur le   registre, folio   et l'ai laissé à la garde du sieur   lequel, sur l'exhibition que je lui ai faite de la grosse du jugement ci-dessus énoncé, a promis de se charger dudit sieur   et de le représenter quand il en sera légalement requis : des alimens ayant été consignés pour le mois, je n'en ai point consigné; mais j'ai payé audit sieur   la somme de   , pour droit de transcription sur le registre du jugement susdaté, compris le papier timbré; et j'ai audit sieur   , parlant à sa personne entre les deux guichets, comme lieu de liberté, et j'ai audit sieur   , parlant à lui-même (1), laissé à chacun séparément copie du présent procès-verbal, contenant recommandation et écrou de la personne dudit sieur

Le coût du procès-verbal est de

(Signature de l'huissier.)

FORMULE VIII.

Certificat de consignation, dressé par le geôlier.

Je soussigné   , geôlier de la prison de

Certifie que le sieur   , débiteur incarcéré, à la requête du sieur   , par procès-verbal d'écrou, en date du ledit écrou constaté sur le registre, n°   folio

Dans le but d'obtenir son *élargissement provisoire*, en vertu de l'art. 798 C. pr. (2) avant qu'il ait été statué, sur la demande en nullité de son emprisonnement, formée par exploit de   dont il m'a représenté l'original dûment en forme :

A consigné entre mes mains la somme de   , composée savoir :

1° De celle de   , pour capital des condamnations, etc. ;
2° Celle de   , pour intérêts, etc.
3° Celle de   , pour frais de capture;

─────────────────

(1) A la différence du *procès-verbal d'emprisonnement, l'huissier doit, aux termes de l'art. 57 du tarif,* donner copie du présent procès-verbal de recommandation au greffier de la maison d'arrêt.

(2) *Dans le cas des art.* 800 *et* 802 *on met : —* Dans le but d'obtenir de suite sa mise en liberté, en se libérant des causes de son arrestation, conformément aux art. 800 et 802 C. pr.

Pour ladite somme (1) être par moi déposée dans la caisse des dépôts et consignations, conformément à l'art. 2 de l'ordonn. du 3 juill. 1816, et être remise ultérieurement à qui par justice sera ordonné.

En foi de quoi, j'ai fait et délivré le présent certificat.

A   le   (Signature du geôlier.)

FORMULE IX.

Assignation à bref délai au geôlier pour le contraindre à recevoir la consignation du débiteur (2).

(C. pr. art. 802.)

L'an   le   , à la requête du sieur   , etc.
— V. *Ajournement.*

J'ai   soussigné commis par l'ordonnance ci-dessus datée, donné assignation au sieur   , geôlier de la maison de détention de   , étant au greffe de ladite maison de détention, et parlant à

A comparaître le   , à l'audience et par-devant
MM. les président et juges du tribunal   , heure de

Pour, attendu que ledit sieur   , s'est refusé à tort et sans motifs à recevoir le montant de la consignation à lui offerte en vertu de (*énoncer l'art. 798 ou 800 C. pr.*), ainsi qu'il résulte de la sommation à lui faite par exploit de

Se voir mondit geôlier condamner à recevoir ladite consignation, en vertu du jugement à intervenir; et à défaut par lui de s'y conformer, voir autoriser le demandeur par ledit jugement et sans qu'il en soit besoin d'autre, à déposer et consigner ladite somme, à la caisse des dépôts et consignations ;

Et attendu le préjudice causé au requérant par le retard apporté injustement à sa mise en liberté, se voir condamner le susnommé, en 200 fr. de dommages et intérêts ;

Et, en outre, aux dépens, et j'ai, etc.

(Signature de l'huissier.)

FORMULE X.

CERTIFICAT du geôlier, REQUÊTE et ordonnance pour *l'élargissement du débiteur, faute de consignations d'alimens* (3).

(C. pr. art. 803; L. 17 avr. 1832, art. 30.)

Certificat.

Le directeur ou geôlier de la prison de   certifie qu'il appert du registre du greffe   n°   folio
que le sieur   y a été écroué le
et que jusqu'aujourd'hui   date de la délivrance du présent certificat, à la requête du sieur   , il n'a été consigné pour ce débiteur que le nombre de   périodes chacune de trente francs, et pour trente jours.

(Signature du directeur.)

Requête.

A M. le président, etc.

Le sieur   (*nom, prénoms, etc.*), écroué à la prison pour dettes de   , pour la somme de

Requiert qu'il vous plaise, M. le président, — Vu le certificat (ci-dessus ou

---

(1) *Dans le cas des art. 800 et 802 on met :* — Pour ladite somme être remise audit sieur   , créancier dudit sieur   , ou, être par moi, *déposée*, etc.

(2) La consignation n'a pas besoin d'être précédée d'offres réelles : l'art. 802 C. pr. décide qu'elle n'a pas besoin d'être ordonnée.

(3) A Paris la requête est mise à la suite du certificat du geôlier, ainsi que l'ordonnance; le tout est présenté en double minute, dont l'une reste déposée au greffe. — Ce mode a l'avantage de réunir toutes les pièces justificatives de la régularité de l'élargissement.

ci-annexé) délivré par M. le directeur ou geôlier de ladite prison, constatant que la   période des alimens dudit sieur   n'a pas été consignée, ordonner qu'il sera mis sur le champ en liberté, faute d'alimens, conformément aux art. 803 C. pr., et 30 L. 17 avr. 1832.

Certifié véritable par le directeur ou geôlier de la prison.

Paris, ce

(Signature du débiteur.) (Signature du geôlier.)

Ordonnance. — Nous, président du tribunal, vu la requête et le certificat ci-dessus, — Attendu qu'il résulte du certificat du directeur de la prison de que le requérant est maintenant sans alimens,

Ordonnons que le sieur   sera mis sur le champ en liberté, s'il n'est retenu pour autre cause, et si sa demande a été formée avant toute nouvelle consignation, à quoi faire le directeur ou geôlier sera tenu, et disons que l'une des minutes de notre ordonnance lui restera pour décharge, et sera par lui immédiatement annexée à l'acte d'écrou, et que la seconde minute sera déposée au greffe du tribunal.

Fait, en notre hôtel, à   , heure du   (1).

(Signature du président.)

FORMULE XI.

Requête pour obtenir permission d'assigner, à bref délai, à fin de nullité de l'emprisonnement.

(C. pr. 795. — Tarif, 77. — Coût, 3 fr.)

A M. le président du tribunal de

Le sieur   , demeurant à   , actuellement détenu pour dettes en la maison d'arrêt de   , ayant Me pour avoué :

A l'honneur de vous exposer que le procès-verbal de son arrestation dressé à la requête du sieur   , par le ministère de   , garde du commerce, en date du   , n'indique pas le domicile dudit sieur   , son créancier, ainsi que le prescrit l'art. 783 C. pr. ;

Qu'il a le plus grand intérêt à faire prononcer la nullité de son emprisonnement dans le plus court délai possible ;

Pour quoi il vous plaira, M. le président,

Vu l'art. 795 du Code de procédure.,

Lui permettre de faire assigner ledit sieur   à comparaître à *bref délai*, en ce tribunal, pour voir déclarer nul le procès-verbal d'emprisonnement sus-énoncé et ce sera justice.

(Signature de l'avoué.)

Ordonnance. — Nous, président du tribunal ;

Vu la présente requête, ensemble les dispositions de l'art. 795 C. pr.;

Autorisons l'exposant à faire assigner le sieur   à comparaître en ce tribunal aux fins de ladite requête, à l'audience du   (*Il suffit d'un jour d'intervalle*) ; — Et sera l'assignation donnée par huissier audiencier que nous commettons à cet effet.

Fait en notre cabinet, à   , le

(Signature du président.)

FORMULE XII.

Demande en nullité d'emprisonnement, en vertu de permission du juge.

(C. pr. 794, 795. — Tarif, 20 ; orig. 2, le quart pour la copie.)

L'an   le   , en vertu de l'ordonnance de M. le président du tribunal de première instance de   , en date du   , dûment enregistrée, étant au bas de la requête à lui présentée le même jour;

Et à la requête de   , pour lequel domicile est élu en l'étude de Me   , avoué, lequel occupera pour le requérant, j'ai

_____

(1) L'indication de l'heure, dans l'ordonnance, sert à fixer le moment où la demande a été présentée, dans le cas de consignation avant la sortie du débiteur.

soussigné commis par l'ordonnance susdatée, donné assignation au sieur   ,
demeurant à   , *au domicile par lui élu*, par le procès-verbal d'emprisonnement fait à sa requête, en la demeure du sieur   , où étant
et parlant a   , à comparaître le   *(il suffit d'un jour
d'intervalle)* à l'audience du tribunal de première instance de   heure du
matin ;

Pour procéder sur et aux fins de ladite requête,

En conséquence voir déclarer nul et de nul effet le procès-verbal d'emprisonnement (*l'énoncer.*) ;

En conséquence dire et ordonner que le requérant sera mis à l'instant même en
liberté, en vertu du jugement à intervenir, qui sera, à cet égard, exécutoire sur la
minute, par provision à la charge de donner caution si elle est requise (1) ;

Et attendu le préjudice causé au requérant par ladite arrestation,

Condamner le susnommé en   de dommages et intérêts, et aux dépens ;
Et j'ai, etc.   (*Signature de l'huissier.*)

NOTA. Si on n'a pas obtenu permission d'assigner à bref délai, l'exploit d'a-
journement est rédigé dans la forme ordinaire ; du reste les conclusions sont les
mêmes que celles ci-dessus.

FORMULE XIII.

*Procès-verbal d'extraction du débiteur pour la réitération de la cession
de biens.*

(C. pr. 901. —Tarif, 85. — Coût, 6 fr.)

L'an   , heure   , à la requête du sieur   (*profession*) demeurant à   et actuellement détenu pour dettes et non
pour autre cause en la maison d'arrêt de   , sise à
lequel sieur   fait élection de domicile.

Je, etc. ; soussigné, commis a cet effet par le jugement ci-après énoncé, me
suis transporté au greffe de la maison d'arrêt de   , où étant et parlant au
sieur   , concierge de ladite maison, je lui ai signifié et remis copie
d'un jugement du tribunal de   en date du   , rendu entre le
sieur   et ses créanciers, par lequel il a été admis au bénéfice de cession, et ordonné qu'il serait mis en liberté, à la charge de satisfaire aux formalités en tel cas requises ; ledit jugement dûment enregistré, signifié aux créanciers,
avec sommation de comparaître aujourd'hui, heure de   , à l'audience
du tribunal de commerce de   pour être présens, si bon leur semble,
a la réitération de ladite cession qu'entend faire le sieur   aux termes
du jugement susdaté. A ce que le tout ledit sieur   n'ignore, et en vertu
dudit jugement, j'ai, huissier susdit et soussigné, sommé ledit sieur   de
laisser présentement sortir de ladite maison d'arrêt le requérant, et en décharger
lesdits registres, après qu'il aura satisfait auxdites formalités ; à quoi ledit
sieur   obtempérant, a présentement remis sous ma garde la personne dudit sieur (*nom et prénoms*), après que je m'en suis chargé sur les registres
par une mention mise en marge de l'écrou du détenu.

Ce fait, j'ai conduit ledit sieur   sous bonne et sûre garde, au tribunal de commerce de   , séant à   , où, étant à l'audience publique dudit tribunal, heure de   , il a été procédé à la réitération de la cession dudit sieur   dans les formes voulues par la loi, ainsi
que le constate le certificat délivré à l'instant par le greffier du tribunal de commerce ; et aussitôt j'ai, huissier susdit et soussigné, conduit et ramené ledit
sieur   au greffe de la maison d'arrêt de   , où étant
j'ai remis audit sieur   , concierge de ladite maison, le certificat ci-dessus
énoncé du greffier du tribunal de commerce, constatant que ledit sieur
a satisfait aux formalités du jugement qui l'admet au bénéfice de cession, et je lui
ai déclaré qu'en conséquence j'étais prêt et offrais de le décharger définitivement
de la personne dudit sieur   ; pour quoi je l'ai sommé de me représenter
les registres de la maison d'arrêt : ce qu'il a fait ; et en marge de l'écrou du sieur
                , j'ai fait une mention de ce que dessus, et déchargé le sieur   ,

(1) Le tribunal ne peut pas dispenser de donner caution, en ordonnant l'exécution
provisoire. — V.d'ailleurs *sup.* n° 290.

concierge, de **la personne** du susnommé, lequel j'ai, en vertu du jugement sus-énoncé, remis en pleine et entière liberté,

Et j'ai vaqué à tout ce que dessus, depuis ladite heure de   jusqu'à celle de   , où je me suis retiré. Le coût du présent est de

(Signature de l'huissier.)

ENCAN. Se dit de la criée des enchères dans une vente publique de meubles. — V. *Vente.*

ENCHÈRE. Offre d'un prix au-dessus de celle faite par un autre, pour se rendre adjudicataire d'une chose mise en vente publique. — V. *Vente.*

ENCHÈRE (folle). — V. *Folle-enchère.*

ENDOSSEMENT. Acte mis au dos d'un effet de commerce, au moyen duquel le propriétaire en transmet la propriété, ou donne seulement le pouvoir d'en recevoir le montant ou d'en faire la négociation pour son compte personnel. C comm. 136 à 139. — V. *Effet de commerce.*

ENQUÊTE (1) (*Inquisitio*, recherche). Mode de constater par témoins la vérité d'un fait : se dit aussi de l'ensemble des actes relatifs à l'audition des témoins.

DIVISION.

SECTION I. — *Différentes espèces d'enquêtes ; cas où elles peuvent avoir lieu ; contre-enquête.*

SECTION II. — *Des enquêtes en matière ordinaire.*

§ 1. — *Demande d'enquête.*
§ 2. — *Jugement qui ordonne l'enquête.*
§ 3. — *Délai dans lequel l'enquête doit être commencée.*
§ 4. — *Actes qui constituent le commencement de l'enquête.*
§ 5. — *Assignations aux témoins et à la partie.*
Art. 1. — *Assignation aux témoins.*
Art. 2. — *Assignation à la partie.*
§ 6. — *Obligation pour les témoins de comparaître et de déposer.*
§ 7. — *Reproches contre les témoins.*
§ 8. — *Audition des témoins. Procès-verbal d'enquête.*
§ 9. — *Délai dans lequel l'enquête doit être achevée. Prorogation.*
§ 10. — *Procédure postérieure à l'enquête.*
§ 11. — *Nullités. Enquête recommencée.*
§ 12. — *Acquiescement.*

SECTION III. — *De l'enquête en matière sommaire et commerciale.*
SECTION IV. — *De l'enquête devant le juge de paix.*
SECTION V. — *Enregistrement.*
SECTION VI. — *Formules.*

---

(1) Cet article est de M. Berlin, avocat à la Cour royale de Paris.

Section I. — *Des différentes espèces d'enquêtes; cas où elles peuvent avoir lieu; contre-enquête.*

1. Historique. La preuve testimoniale admise à Rome dans la plupart des cas (LL. 4 et 5 , *D. de fid. instrum.* 9 et 12 *C. eod. tit.* et 4 *de probat.*), a été vue en France avec beaucoup moins de faveur; l'ordonn. de 1667, tit. 20, art. 2, l'a restreinte aux matières n'excédant pas 100 livres, sans qu'elle pût avoir lieu, même dans ce cas, contre et outre le contenu aux actes.

La suppression des avoués en l'an 2 entraîna celle des enquêtes par écrit, qui furent remplacées par les enquêtes verbales faites à l'audience (L. 7 mess. an 3). — Le rétablissement des avoués et de la procédure suivant l'ordonn. de 1667 (L. 27 vent. an 8) amena celui des anciennes formes de l'enquête.

Les principes de l'ordonn. de 1667, en matière d'enquête, ont été maintenus par le C. civil (— V. *inf.* n° 6 et suiv.); mais, sous le rapport de la forme, le C. de pr. a introduit plusieurs modifications. — V. d'ailleurs *Rétroactif* (*Effet*).

2. *Diverses espèces d'enquêtes.* L'enquête est *verbale* ou *par écrit.*

Par écrit. Elle se fait en la chambre du conseil devant un juge-commissaire. Les dépositions des témoins sont rédigées dans un procès-verbal (— V. *inf.* sect. II). — Elle a lieu devant les trib. de 1re inst. dans les affaires *ordinaires.*

Verbale. Elle se fait à l'audience où l'on reçoit les dépositions des témoins. — Elle a lieu principalement devant les *juges de paix* et les *tribunaux de commerce* (— V. ces mots et *inf.* sect. III), et devant les trib. de 1re inst., dans les causes *sommaires.* — V. ce mot.

3. Les enquêtes se divisent encore en *enquêtes directe, contraire* et *respective.*

On appelle *enquête directe* celle du demandeur en preuve; — *enquête contraire* ou *contre-enquête* , celle du défendeur; — et *enquête respective* , celle faite tant de la part du demandeur que de celle du défendeur, et portant sur des faits différens articulés et contestés de la part de chacun d'eux : de telle sorte que les deux parties se trouvent respectivement demanderesse et défenderesse quant à la preuve à faire.

4. L'ordonnance de 1667 a abrogé les enquêtes d'*examen à futur,* dans lesquelles on faisait entendre des personnes âgées ou malades pour conserver la preuve dont on prévoyait pouvoir se servir un jour dans un procès ultérieur. — V. toutefois *Action* , n° 102, et *inf.* n° 92.

5. L'enquête proprement dite diffère : 1° Des certificats privés; ils n'ont en général aucune force légale; 2° de l'*enquête par commune renommée;* 5° des *actes de notoriété* et des *parères;* 4° enfin de l'*expertise.* — V. ces mots.

28.

6. *Conditions de l'enquête.* Pour qu'il y ait lieu à enquête, il faut :

1° Que les parties soient contraires en faits;

2° Que ces faits soient admissibles;

5° Que la loi n'en défende pas la preuve. C. pr. 253.

7. *Que les parties soient contraires en faits.* Si les faits allégués par l'une des parties sont reconnus véritables par son adversaire, le trib. doit les considérer comme constans. — V. *Aveu,* n° 7, et toutefois *inf.* n° 41-1°.

8. *Que les faits soient admissibles.* C'est-à-dire *pertinens* et *concluans.* Berriat, 1, 285.

Ils sont *pertinens,* lorsqu'ils ont rapport à la cause; — *concluans,* lorsque leur existence peut en amener la décision : la preuve de faits qui ne réuniraient pas ce double caractère, prolongerait inutilement le procès.

Spécialement, les juges ont le droit de refuser une enquête ayant pour objet de prouver la possession paisible d'un immeuble, s'ils reconnaissent que, parmi les faits articulés, il n'y en a aucun de nature à pouvoir établir la propriété de l'immeuble en faveur du demandeur. Cass. 16 juin 1856 (Art. 565 J. Pr.).

Mais des faits ne doivent pas être rejetés comme non concluans, par cela seul qu'ils sont personnels à celui qui les propose; il suffit que leur conformité avec d'autres puisse concourir à établir la vraisemblance de ceux-ci. Ainsi, l'on peut demander à prouver qu'on a parlé à plusieurs personnes de la vente dont l'existence est contestée, et que l'on a fait des dispositions qui n'auraient pas été prises si elle n'avait pas eu lieu.

9. L'admissibilité des faits est laissée à l'appréciation souveraine des juges. Cass. 15 déc. 1851, D. 55, 178; — Arg. Cass. 15 janv. 1855; 8 août 1857 (Art. 18 et 1021. J. Pr.). —V. d'ailleurs *Cassation,* nos 105-1°, 104-7°.

10. En général, il faut que les faits soient *positifs.* — La preuve d'un fait *négatif* est impossible, à moins qu'il ne contienne en lui-même une affirmation implicite. — Ainsi, je ne puis prouver en général que Pierre n'a pas prêté d'argent à Paul, parce qu'il faudrait pour cela avoir des témoins de leurs actions pendant tous les instans de leur vie; mais je puis prouver que Pierre n'a pas prêté d'argent à Paul soit *un tel jour,* soit *dans tel lieu,* parce qu'il m'est possible d'établir son *alibi* quant à ce jour et à ce lieu, ou de trouver des témoins qui ne l'aient pas quitté pendant ce jour ou dans ce lieu. — On peut encore prouver que telle chose n'est pas dans tel état, par exemple, que telle digue n'est pas rompue.

11. La preuve de faits *vagues* ou *généraux* doit difficilement être admise : elle offrirait un champ très vaste à la mauvaise foi.

Ainsi, les juges exigeront en général que les faits soient *précis* ; c'est-à-dire qu'ils désignent une chose particulière : par exemple, si je demande à prouver que tel individu a dégradé tel domaine, le fait de dégradation est vague, et mes conclusions devront être admises avec peine ; mais il en est autrement si j'énonce qu'il a comblé tel fossé, arraché telle haie, coupé tels arbres. Cass. 7 déc. 1832, D. 33, 144 ; Berriat, p. 286, note 16.

12. *Que la loi n'en défende pas la preuve.* La preuve testimoniale est prohibée toutes les fois que l'objet du litige excède la somme ou valeur de 150 fr., quand bien même il s'agirait de dépôts volontaires : les parties doivent passer acte notarié ou sous seing privé de toutes choses excédant cette valeur. C. civ. 1341.

13. La preuve testimoniale est interdite : 1° lorsque l'action contient, outre la demande du capital, une demande d'intérêts qui, réunie au capital, excède 150 fr. C. civ. 1342.

2° Lorsque la demande originaire est supérieure à 150 fr., peu importe qu'elle ait été restreinte à 150 fr. *Ib.* 1343.

3° Lorsque la somme moindre de 150 fr. est demandée comme faisant partie ou étant le reliquat d'une créance plus forte, qui n'est pas prouvée par écrit. *Ib.* 1344.

4° Lorsqu'une partie demande plusieurs sommes qui, jointes ensemble, excèdent la somme de 150 fr., encore bien qu'elle allègue que ces créances proviennent de différentes causes, et qu'elles se soient formées en différens temps ; si ce n'est dans le cas où les droits procèdent par succession, donation ou autrement, de personnes différentes. *Ib.* 1345. — Toutes les demandes, à quelque titre que ce soit, qui ne sont pas entièrement justifiées par écrit, doivent être formées par un même exploit. Celles qui le seraient postérieurement ne sont pas reçues, à moins qu'il n'y ait preuve par écrit. *Ib.* 1346.

14. La règle de l'art. 1341 reçoit exception : — 1° toutes les fois qu'il n'a pas été possible au créancier de se procurer une preuve littérale de l'obligation qui a été contractée envers lui : par exemple, lorsqu'il s'agit d'obligations nées de quasi-contrats, de délits ou quasi-délits, de dépôts nécessaires, faits en cas d'incendie, ruine, tumulte ou naufrage, de dépôts faits par les voyageurs en logeant dans une hôtellerie (*Ib.*) ; ou bien lorsque le créancier a perdu le titre qui lui servait de preuve littérale, par suite d'un cas fortuit, imprévu, ou résultant d'une force majeure. C. civ. 1348.

2° Lorsqu'il existe un commencement de preuve par écrit.

On appelle ainsi tout acte par écrit émané de celui contre lequel la demande est formée, ou de celui qu'il représente, et qui rend vraisemblable le fait allégué. C. civ. 1347.

3° En matière commerciale. C. civ. 1341 ; C. comm. 109.

Peu importe, dans ces deux derniers cas, que les parties aient pu se procurer une preuve écrite, et qu'elles aient négligé de le faire.

15. Mais du reste, dès que les parties ont pu se procurer une preuve écrite, celle par témoins est inadmissible.

En conséquence, il ne peut être reçu aucune preuve par témoins, contre et outre le contenu aux actes. C. civ. 1341.

Ni sur ce qui serait allégué avoir été dit *avant*, *lors* ou *depuis* les actes, encore qu'il s'agisse d'une somme moindre de 150 fr. C. civ. 1341. — Ainsi, un créancier ne peut prouver qu'*avant*, *lors* ou *depuis* l'obligation, le débiteur a promis de payer des intérêts. Pigeau, 1, 526.

16. Cette règle de l'art. 1341 ne s'applique pas : — 1° aux tiers : ils n'ont pu se procurer une preuve écrite du fait qu'ils demandent à prouver. — Ainsi, lorsque dans un acte de cession des droits d'un héritier à un non successible, les parties ont déclaré un prix excédant le prix réel, le cohéritier peut exclure du partage le cessionnaire par le remboursement du prix de la cession, en prouvant par témoin le véritable prix. C. civ. 841.

17. 2° En matière commerciale ; la preuve testimoniale est admissible contre et outre le contenu aux actes.

Pour la négative on dit : si la loi autorise cette preuve, même au-delà de 150 fr., c'est que le mouvement rapide des affaires commerciales s'oppose à ce qu'une preuve écrite soit exigée ; mais lorsque les parties ont constaté par écrit leurs conventions, elles ont dû le faire d'une manière complète. La preuve testimoniale n'est plus admissible, le cas de dol excepté, contre et outre le contenu en l'acte écrit. C'est à défaut de preuves écrites, tant directes qu'indirectes, que l'on peut recourir aux témoins ; mais, s'il existe des actes positifs et exprès destinés à constater la convention, on ne saurait renverser ces actes pour leur substituer des déclarations de témoins corruptibles. Florence, 7 août 1809 ; Paris, 11 juill. 1812, P. 10, 565 ; Angers, 4 juin 1830, S. 30, 202 ; Arg. Cass. 29 mai 1827. S. 27, 315 ; 16 mai 1829, S. 29, 251 ; 15 juin 1829, S. 29, 311.

Mais on répond avec raison : — l'art. 1341 C. civ. après avoir prohibé la preuve testimoniale contre et outre le contenu aux actes, se termine par ces mots : « le *tout* sans préjudice de ce qui est prescrit dans les lois relatives au commerce. » Ainsi la dérogation apportée pour les matières commerciales frappe l'ensemble de l'art. 1341, elle s'applique non seulement à l'obligation de passer écrit de toutes conventions excédant la somme de 150 fr., mais encore à la prohibition de prouver contre et outre le contenu aux actes ; les matières commerciales sont placées en dehors des dispositions de l'art. 1341 C. civ., et l'art. 109 C. comm. autorise la preuve testimoniale sans distinction. — La disposition finale de l'art. 1341 ainsi interprétée, se justifie d'ailleurs par les usages et les nécessités du commerce; souvent un billet est souscrit, un endossement est donné, la cause est indiquée d'une manière vague, valeur reçue comptant, et il importe plus tard de pouvoir établir par témoins, et d'une manière précise, la véritable cause de l'engagement. Toullier, 9, n° 233; Pardessus, 2, n° 263. — Ainsi la preuve testimoniale a été admise pour établir : — 1° Qu'il y avait eu supposition de lieu dans une lettre de change. Cass. 1er août 1810, S. 13, 453; Pardessus, n° 459; — 2° Que le souscripteur d'un billet à ordre, qui s'était qualifié commerçant, avait pris cette qualité uniquement pour se rendre justiciable du trib. de comm. et passible de la contrainte par corps. Bruxelles, 28 août 1811, S. 12, 168; Pardessus, n° 264; — 3° Que l'argent énoncé dans des traites, comme ayant été reçu, n'avait pas été compté, ou que les marchandises n'avaient pas été délivrées, quoique payées. Pardessus, ib. — 4° Que des traites, bien que revêtues d'endossemens réguliers, au profit du porteur, ne lui avaient été remises qu'à titre de gage. Cass. 10 juin 1835 (Art. 149 J. Pr.). — Les trois arrêts de cassation, invoqués dans l'opinion contraire, ne sont nullement décisifs. Le premier a été rendu en matière civile; le second a été rendu à l'occasion d'un billet à ordre : mais rien n'indique dans la rédaction de l'arrêt si ce billet avait une cause commerciale ou civile; enfin le troisième a décidé que la preuve testimoniale avait pu être rejetée d'après l'appréciation que la C. roy. avait faite des circonstances et présomptions alléguées.

A plus forte raison, la preuve testimoniale est-elle admissible, en matière commerciale, contre et outre le contenu aux actes, lorsqu'il existe un commencement de preuve par écrit. Cass. 11 juin 1835 (Art. 149 J. Pr.).

18. La loi défend la preuve de tous faits contraires à la morale et aux bonnes mœurs. — Mais n'ont pas ce caractère ceux qui tendent à établir que les excès, sévices, ou injures graves, sur lesquels une femme fonde sa demande en séparation de corps, ont été provoqués par l'inconduite de celle-ci. Toulouse, 9 janv. 1824, S. 24, 170.

19. *Cas où l'enquête peut avoir lieu.* Quoique les faits aient été contestés, qu'ils soient admissibles et que la loi n'en défende pas la preuve, le tribunal n'est pas dans la nécessité d'ordonner l'enquête. L'art. 253 dispose, en effet, que la preuve *peut* en être ordonnée. Elle ne doit l'être que lorsqu'elle est utile et que le juge ne saurait fixer son opinion d'après les documens

actuels de la cause. Cass. 9 nov. 1814, P. 12, 442; Carré, art. 255, note 1; Thomine, 1, 437.

Ainsi, le tribunal peut repousser l'offre faite par celui qui attaque un testament, de prouver par témoins que le jour de la signature de ce testament le testateur était privé de la vue, si, d'ailleurs, il trouve dans les élémens de la contestation des motifs suffisans de conviction. Cass. 8 fév. 1820, S. 20, 191; Rennes, 30 oct. 1820, D. A. 5, p. 702.

20. A plus forte raison en est-il de même, lorsque les faits allégués paraissent invraisemblables. — Par exemple, lorsqu'une femme, demanderesse en séparation de corps, conclut pour la première fois en appel à faire preuve de faits tellement graves, qu'on ne peut supposer qu'ils aient été omis en première instance, et que, d'ailleurs, toutes les circonstances de la cause en établissent l'invraisemblance. Limoges, 21 nov. 1826, S. 27, 256; Cass. 21 juin 1827, D. 27, 281.

Cette règle s'applique même en matière de réclamation d'état. Cass. 19 mai 1830, S. 30, 216.

21. Les juges peuvent-ils, d'après leur connaissance personnelle, et sans recourir aux moyens d'instruction autorisés par la loi, décider un point de fait contesté entre les parties?

La négative a été décidée par un arrêt infirmatif (Riom, 3 nov. 1809, P. 7, 861) d'un jugement du trib. de comm., qui, attendu la connaissance personnelle qu'il avait de la qualité des signataires d'un billet à ordre, les avait condamnés comme marchands; ce serait, dit M. Thomine, n° 296, faire l'office de témoins et non celui de juge. Carré, 1, 626. — V. toutefois *Descente sur les lieux*, n° 12, et *Jugement*.

22. Le tribunal qui ordonne une enquête n'est pas obligé d'admettre tous les faits pertinens et admissibles, lorsque la preuve de certains d'entre eux lui paraît suffisante pour éclairer sa religion. Rennes, 10 janv. 1820, D. v° *Enquêtes*, p. 847, note 2; Cass. 21 juin 1827, D. 27, 281; 12 déc. 1827, D. 28, 55; Thomine, n° 296.

23. C'est principalement dans l'intérêt des parties, pour les mettre à l'abri des dangers de la preuve testimoniale, que la loi en a restreint l'usage : tel était l'avis des derniers commentateurs de l'ordonn. de 1667. Si cette prohibition a pour résultat de rendre les procès moins nombreux, ce qui est un avantage public, il n'a été que secondaire dans les prévisions du législateur.

De là plusieurs conséquences.

24. La preuve testimoniale peut être rejetée d'office par le juge. Carré, n° 976; Thomine, n° 295.

A moins que la partie intéressée ne consente à ce qu'elle soit ordonnée : une partie peut préférer s'exposer au danger de la preuve testimoniale, que de laisser planer sur elle le soupçon de mauvaise foi. *Mêmes auteurs;* Boitard, 2, 173.

Mais le consentement doit être exprès et formel : La partie ne doit pas être présumée facilement avoir renoncé au droit d'invoquer la prohibition. Carré, Thomine, *ib.*

Si les parties exécutent un jugement qui a, mal à propos, ordonné la preuve par témoins (Cass. 17 fév. 1806 et non 1807, P. 5, 191 ; Thomine, *ib.*) ; — ou si elles laissent expirer les délais de l'appel, la nullité est couverte. *Mêmes autorités.*

Toutefois, l'exécution du jugement par la contre-enquête ne suffirait pas. — V. *inf.* n° 336.

Et la partie qui a provoqué l'exécution d'un jugement qui admet vaguement la partie adverse à prouver ses allégations, sans spécifier que la preuve en sera faite par témoins, n'est pas censée avoir acquiescé à la preuve testimoniale ; elle peut en conséquence s'opposer à son admission. Bruxelles, 4 mars 1811, P. 9, 140 ; Carré, n° 976.

25. L'enquête est ordonnée soit sur la demande de l'une des parties (— V. *inf.* § 1), soit d'office par le trib. : s'il remarque dans les plaidoiries ou dans les défenses écrites quelques faits qui lui paraissent concluans, et dont la loi ne défende pas la preuve testimoniale, il est naturel qu'il puisse l'ordonner, afin d'éclairer sa religion. *Rapport au Corps-Législatif.* Rennes, 25 août 1807, P. 6, 281 ; Thomine, n° 296.

26. Dans le dernier cas, si la partie qui a avancé les faits sur lesquels l'enquête doit porter, refusait de faire entendre les témoins qui doivent en déposer, sous prétexte qu'elle est dénuée de tous moyens de preuve à cet égard, la partie adverse pourrait tirer de ce refus des inductions que le trib. aurait à apprécier. Carré, art. 254, n° 977 ; Demiau, art. 254.

27. L'enquête est valablement ordonnée, même d'office, encore bien que des titres soient produits dans la contestation, si ces titres sont insuffisans pour la solution du procès. Amiens, 29 déc. 1821, D. v° *Enquête*, 847, 848.

28. Le juge peut-il prescrire d'office la preuve testimoniale, lorsque l'enquête ordonnée sur la demande de l'une des parties n'a pas eu lieu dans le délai légal, — ou qu'ayant été faite elle est nulle ? — V. *inf.* n° 328.

29. *De la contre-enquête.* Toutes les fois qu'une enquête est ordonnée, la contre-enquête, ou *preuve contraire*, est de droit. C. pr. 256.

Il n'est pas besoin qu'elle soit ni demandée, ni ordonnée par le juge. Poitiers, 25 janv. 1828, D. 28, 163 ; Thomine, 1, 441.

30. Par ces expressions, *preuve contraire*, la loi n'entend pas des faits qui seraient absolument contraires à chacun de ceux qui auraient été articulés par le demandeur en enquête ; tout fait allégué par celui-ci doit être positif (— V. *sup.* n° 10). Or, si le défendeur ne pouvait produire dans sa contre-enquête que des faits contraires à ceux-ci, il se trouverait réduit à des faits négatifs, dont la preuve par témoins est presque toujours impossible. Il faut interpréter l'art. 256, en ce sens qu'il autorise le défendeur à faire preuve de tous les faits qui prouveraient indirectement la fausseté de ceux allégués par le demandeur, soit par la preuve d'un fait affirmatif opposé, soit par une réunion de circonstances qui conduiraient à ce résultat. Carré, n° 990.

Mais le défendeur ne peut, sans avoir été autorisé à la preuve, établir les faits d'une demande reconventionnelle : ce serait une véritable enquête directe. Duranton, 15, n° 402.

Section II. — *De l'enquête en matière ordinaire.*

§ 1. — *Demande à fin d'enquête.*

31. La demande à fin d'enquête a lieu incidemment à une procédure déjà existante. — V. toutefois *sup.* n° 4.

32. Elle est formée par un simple acte de conclusions contenant l'articulation succincte des faits dont on demande à faire preuve, sans écriture, ni requête. C. pr. 252.

Les faits doivent être exposés, article par article, sans discussion des moyens de droit. Rodier, art. 1; ordonn. 1667; Berriat, 1, 287, note 18; Carré, art. 252; Thomine, 1, 431. — Mais avec les circonstances qui en fixent l'époque, le lieu et les principaux détails. Thomine, 1, 431.

33. Il n'est pas toujours indispensable que les faits soient complètement précisés : — Ainsi, celui qui demande à prouver qu'un héritier bénéficiaire a recélé des effets dépendant de la succession, n'est pas tenu d'articuler quels sont ces effets; il peut avoir eu peu de relations avec le défunt, et ignorer l'état actuel de ce mobilier. Carré, n° 967. — V. d'ailleurs *Vérification d'écriture.*

34. La partie qui a omis, dans ses conclusions, certains faits qui lui paraissent importans, peut, avant le jugement qui ordonne l'enquête, demander à être autorisée à faire la preuve de ces faits, en les articulant dans un acte additionnel; mais elle doit supporter les frais occasionés par sa prétention tardive. Carré, n° 966; Favard, v° *Enquête*, p. 343. — V. *Séparation de corps.*

Les faits survenus depuis la demande ou depuis le jugement qui ordonne l'enquête, peuvent également faire l'objet d'une articulation nouvelle et donner lieu à une enquête, même en cause d'appel.

35. *Quid*, s'il s'agit de faits antérieurs ?

Pour faire admettre l'enquête, on soutient que, si elle n'avait pas lieu, la partie pourrait éprouver un grave préjudice de la négligence de l'officier ministériel; qu'enfin, le trib. étant maître d'admettre ou de rejeter cette preuve tardive, il n'y a pas à craindre que la partie prolonge le procès par pur caprice. Rodier, Bornier et Jousse, art. 34, tit. 22, ordonn. 1667. — Dans ce système, on va même jusqu'à admettre le supplément d'enquête demandé seulement en appel. — Ainsi jugé avant le Code. Turin, 15 mars 1806, P. 5, 231.

Mais la solution contraire nous paraît résulter des motifs de l'art. 295 C. pr. : la loi a voulu ôter aux parties tout prétexte de prolonger la procédure et de multiplier les enquêtes. Carré, n° 1156. — V. *inf.*, et *Séparation de corps.*

36. Les faits de la contre-enquête doivent-ils être articulés avant le jugement qui ordonne l'enquête? — Pour l'affirmative, on invoque la généralité des termes des art. 252 et 260, qui ne distinguent pas entre l'enquête et la contre-enquête. — Mais on répond : dans le cas de la contre-enquête, la preuve n'a pas besoin d'être demandée, elle est de droit; et les témoins assignés connaissent suffisamment les points sur lesquels ils doivent être interrogés : ils sont réputés savoir qu'on les appelle pour déposer sur des faits contraires à ceux qui leur sont signifiés. Poitiers, 25 janv. 1828, S. 28, 241 ; Carré, n° 989 ; Favard, v° *Enquête*, 345. — V. d'ailleurs *sup.* n° 30.

37. L'adversaire doit dénier ou reconnaître, par un simple acte de conclusions, les faits articulés, *dans les trois jours* qui suivent la signification. — V. *sup.* n° 32.

38. Faute par lui de se conformer à cette disposition, les faits peuvent être tenus pour confessés ou avérés par le trib., *ib.* — Pourvu que le demandeur ait conclu expressément à l'admission de la preuve de ces faits; relativement à ceux qu'il aurait simplement allégués, sans y ajouter l'offre de les prouver, le silence de l'adversaire ne saurait constituer une présomption ni de dénégation, ni d'aveu. Arg. Rennes, 14 août 1815 ; Merlin, Rép. v° *Partage*, § 11 ; Carré, n° 971 ; Berriat, 287, note 19 ; Favard, v° *Enquête*, 344.

39. Dans tous les cas, les faits articulés, même avec offre de les prouver, ne sont pas, de *plein droit*, tenus pour confessés: ils sont laissés à l'appréciation du trib., qui a le droit de rendre la décision qu'il juge convenable. Carré, *ib.*; Thomine, 1, 432; Boitard, 2, 168; Boncenne, 4, 222.

40. Le trib. peut toujours, malgré le défaut de dénégation, ordonner la preuve des faits articulés. On objecterait vainement que les faits n'étant pas déniés, même à l'audience, l'enquête est superflue. L'officier ministériel chargé de la défense des intérêts de la partie à laquelle les faits sont opposés peut, soit par négligence, soit par fraude, ne pas les contester ; et si, par les circonstances de la cause, il apparaît au trib. qu'ils ne sont pas constans, il doit pouvoir prescrire un moyen de preuve qui éclaire sa conscience. — *Contrà*, Carré, n° 974. — V. *Jugement par défaut.*

41. Les faits *ne peuvent* être tenus pour avérés par cela seul qu'ils ne sont pas déniés, 1° dans les matières qui intéressent l'ordre public. Carré, 252, n° 972. —V. *Acquiescement*, n° 16; *Séparation de corps.*

2° Dans les causes concernant les mineurs, les interdits, les femmes mariées. Pigeau, 1, 332; Carré, *ib.*; Thomine, 1, 433.

42. Le délai de trois jours, accordé au défendeur, pour avouer ou dénier les faits articulés n'est pas fatal : la loi ne prononce aucune déchéance. Vainement on argumenterait de la disposition de l'art. 1029 C. pr., portant que les déchéances ne sont pas comminatoires : cet article n'est en effet applicable qu'au cas où il y a déchéance prononcée. Pigeau, 1, 331; Commaille, 1, 494; Carré, n° 968; Favard, Rép. v° *Enquête*, 343 et 344.— *Contrà*, Demiau, art. 252; Delaporte, 1, 249.

Ces mots *dans les trois jours* signifient que la partie qui demande à être admise à la preuve ne peut poursuivre l'audience avant l'expiration du quatrième jour. Thomine, n° 293.

Ainsi lorsque des faits sont articulés, à l'audience, pendant les plaidoiries, on ne peut pas être immédiatement autorisé à en faire la preuve.— Il faut que la cause soit remise et que dans l'intervalle les faits articulés soient signifiés. Le délai de trois jours ne doit pas être enlevé à l'adversaire. —V. *sup.* n° 32 et 37.

43. L'avoué qui croirait ne devoir ni avouer, ni dénier les faits allégués sans avoir consulté sa partie, pourrait, par un simple acte contenant réserves de tous droits et exceptions de sa partie, et motivé sur l'impossibilité où il a été de recevoir d'elle les instructions nécessaires pour reconnaître ou contester les faits, demander un délai plus long qui lui serait accordé selon les circonstances. Carré et Demiau, art. 252; Thomine, 1, 433; Favard, v° *Enquête*, 345.

44. Cette solution ne s'applique qu'au cas où l'avoué n'a pu s'entendre avec sa partie sur les faits allégués. Si ces faits étaient connus dès l'origine du procès, par exemple, s'ils étaient consignés dans l'exploit introductif d'instance, l'avoué a dû ou au moins pu en conférer avec son client, et par conséquent il ne saurait être admis à opposer son défaut d'instruction à cet égard. Carré, *ib.* note 1.

45. Si les faits articulés et signifiés par une partie sont avoués par l'autre, il est inutile de passer outre à l'enquête : cet aveu doit suffire au tribunal. — A moins qu'il ne s'agisse d'une cause qui intéresse des tiers, des mineurs, des interdits, ou l'ordre

public. Pigeau, 1, 331; Carré, n° 973; Thomine, 1, 434. —
V. *sup.* n° 41.

46. S'ils sont déniés, l'audience est poursuivie sur un simple
avenir, et les juges peuvent en ordonner la preuve par témoins.
— V. d'ailleurs *sup.* n°s 6, 40 et 41.

§ 2. — *Jugement qui ordonne l'enquête.*

47. Ce Jugement est interlocutoire. — V. *Jugement.*

48. Il doit, indépendamment des formalités ordinaires, contenir : 1° les faits à prouver; 2° la nomination du juge devant
lequel l'enquête sera faite. C. pr. 255.

49. *Les faits à prouver.* Le jugement qui ordonne une preuve
sans exprimer ce qui est à prouver, manque d'une condition essentielle à sa validité. Arg. Montpellier, 6 mars 1826, D. 27, 41.

50. La nullité, dans ce cas, ne peut être couverte par l'absence de réclamation des parties.

51. Les faits doivent être posés d'une manière succincte et
précise, afin que la preuve ne porte pas sur des points étrangers à ceux dont le trib. fait dépendre sa décision. Carré,
art. 255.

52. La loi suppose que ces faits seront énoncés dans le dispositif : en effet l'art. 260 C. pr. veut que l'on donne copie aux
témoins du dispositif du jugement, seulement en ce qui concerne les faits admis. Pigeau, 1, 333.

53. Mais le jugement est-il nul si le dispositif ne renferme
pas les faits à prouver? — Ou bien suffit-il qu'ils soient indiqués dans les qualités?

Pour la nullité, on invoque les art. 255 et 260 C. pr. combinés : — Le législateur a voulu proscrire l'usage où étaient certains trib. d'ordonner la preuve des faits sans les énoncer, et en
renvoyant à l'articulation faite dans les conclusions des parties.
— Autrement le juge-commissaire et les témoins ne savent plus
d'une manière précise le rôle qu'ils ont à remplir, il faut se reporter à différentes pièces, signifier des écritures longues et
dispendieuses. Bruxelles, 5 juill.; Orléans, 22 déc. 1809, P. 7,
666, 943; Pigeau, 1, 476; Carré, n° 978; Boitard, 2, 175;
Boncenne, 4, 230; Arg. Colmar, 4 juin 1835 (Art. 211 J. Pr.)

En conséquence, il a été jugé que la partie contre laquelle a
été rendu le jugement peut s'opposer à l'audition des témoins,
lors même qu'avec le dispositif il a été donné copie des faits qui
précèdent ce dispositif. Bruxelles, 5 juill. 1809.

Mais la nullité du jugement, dans ce cas, a été déclarée couverte par le silence des parties qui procèdent respectivement à
l'enquête et à la contre-enquête. *Même arrêt;* Carré, *ib.* Favard,
v° *Enquête,* 345.

Selon nous, le juge doit sans doute avoir soin d'énoncer les faits à prouver dans le dispositif même du jugement (—V. *sup.* n° 52). Mais cette place n'a pas été prescrite à peine de nullité. — Il suffit rigoureusement que les faits se trouvent dans le jugement, par exemple, dans les motifs, ou même dans les qualités : il peut être exécuté lorsqu'il a été signifié en entier aux témoins. Si l'art. 260 veut que l'on ne signifie aux témoins que les faits énoncés dans le dispositif, ce ne peut être que pour économiser les frais ; la nullité prononcée tombe sur le défaut de signification des faits et non sur la disposition qui veut que l'on signifie les faits seulement. Thomine, n° 297.

Il a été jugé que le but de la loi est atteint lorsque le jugement et les faits sont détaillés dans la requête présentée au juge-commissaire, et que copie de cette requête et de l'ordonnance a été donnée aux témoins. Bourges, 14 nov. 1826, S. 27, 137. — Lorsque le dispositif du jugement porte : *le tribunal admet la preuve des faits articulés en la requête du demandeur*, la notification du jugement et de la requête aux témoins suffit. Rejet, 17 juill. 1827, S. 28, 75.

54. L'erreur dans l'indication des faits dont on admet la preuve, peut être rectifiée par le tribunal qui a rendu le jugement. Ch. civ. rejet, 14 fév. 1827, S. 27, 187. Dans l'espèce, un premier arrêt avait ordonné l'enquête et indiqué le nom d'un aubergiste chez lequel un paiement allégué aurait eu lieu. Les témoins produits ne déposèrent que des faits qui s'étaient passés dans une autre auberge. — La C. roy., par un second arrêt, rectifia cette erreur et prorogea le délai de la contre-enquête.—Le pourvoi contre cet arrêt fut rejeté, attendu qu'il ne s'agissait que d'une simple rectification de fait, et que le défendeur n'était pas recevable à se plaindre d'une prolongation dans son intérêt.

Ce droit de rectification est une conséquence de la faculté qu'ont les tribunaux d'interpréter leurs *jugemens*. — V. ce mot.

55. *Quid*, si certains faits dont la preuve a été offerte ont été *omis* dans le jugement?

Selon M. Carré, n° 979, la partie qui a provoqué cette preuve peut, par un simple acte, demander au tribunal la réparation de cette omission, — pourvu que ce soit avant l'enquête.

Quant à nous, l'omission de ces faits nous paraît emporter de la part du tribunal, un rejet de la preuve de ces mêmes faits, et le mal jugé, à cet égard, ne nous semble pouvoir être réparé que par le moyen de l'appel devant la C. roy. Arg. Bordeaux, 26 juin 1830, S. 30, 304. — Dans l'espèce, le défendeur consentait à ce que l'enquête portât sur les faits omis dans le jugement. Mais la Cour a refusé de se dessaisir, et par arrêt infirmatif, a réparé cette omission des premiers juges.

56. Le tribunal peut-il avoir égard à la preuve de faits décisifs qui résultent d'une enquête, encore bien que ces faits n'aient pas été insérés dans le jugement? —V. *Séparation de corps.*

57. Le trib. civil ne peut pas admettre, pour preuve d'un fait contesté, des enquêtes qui auraient été ordonnées, sur ce même fait, par un trib. correctionnel. Rennes, 12 juill.; Colmar, 23 juill. 1811, P. 9, 457, 485. — V. *Ib.* et *Jugement.*

58. *Nomination d'un juge-commissaire.* L'omission de cette nomination empêche le jugement de produire effet tant qu'elle n'a pas été réparée. — V. *inf.* n° 85.

59. Il n'est pas nécessaire que le juge-commissaire ait assisté au jugement qui a ordonné l'enquête : la loi ne l'exige pas (Arg. C. pr. 255 *in fine.*—V. *inf.* n° 86). D'ailleurs il peut se faire que tous les juges qui ont assisté au jugement ordonnant l'enquête soient empêchés. Favard, v° *Enquête,* 345; Thomine, 1, 439. —V. d'ailleurs *Avocat,* n° 77.

60. Le même juge reçoit l'enquête et la contre-enquête (C. pr. 255), — à moins que le trib. n'ait commis deux juges, l'un pour l'enquête, l'autre pour la contre-enquête. Il peut le faire dans le cas où la longueur de ces deux opérations s'opposerait à ce qu'elles fussent terminées dans le délai légal, par un seul juge. Pigeau, 1, 333; Garré, n° 981; Thomine, 1, 439.

61. Le remplacement du juge-commissaire a lieu en cas d'empêchement légitime. Metz, 24 avr. 1807, P. 6, 80. Il se fait, 1° par ordonnance rendue par le président sur requête a lui présentée à cet effet. La requête et l'ordonnance sont signifiées à la partie ou à son avoué. Arg. C. pr. 110; Thomine, 1, 439; Carré, n° 984;—2° Ou par un jugement rendu à l'audience, sur un simple acte. Arg. Cass. 18 juill. 1833, D. 34, 69; Carré et Favard, *ib.*

62. Si le juge-commissaire se trouve empêché, le jour même de l'enquête, il peut être immédiatement remplacé par le trib., sans qu'il soit besoin d'appeler les parties défaillantes pour être présentes au remplacement. S'il en est autrement dans le cas de l'art. 110 du C. pr. relatif à l'instruction par écrit : c'est qu'alors les parties n'éprouvent point de préjudice de la remise du rapport, comme elles en éprouveraient dans le cas d'enquête. Thomine, *ib.* p. 440.

Le remplacement immédiat ne peut être attaqué par la partie défaillante, alors surtout que l'enquête ne lui est pas opposée. Cass. 18 juill. 1833; Angers, 19 juill. 1833, S. 33, 97.

63. Il a même été décidé que lorsque le juge commis pour procéder à une enquête, se trouve empêché, un autre juge (et, suivant M. Thomine, 1, 440, le président) peut le remplacer d'office, sans que le trib. soit tenu de nommer un nouveau juge-commissaire. Arg. Paris, 15 janv. 1830, S. 30, 129.

Décision analogue dans un cas ou une Cour avait délégué le président *ou* le juge le plus ancien du tribunal. Toulouse 6, janv. 1835 (Art. 85 J. Pr.).

64. Si les témoins sont trop éloignés, il peut être ordonné que l'enquête sera faite devant un juge commis par le trib. désigné à cet effet. C. pr. 255.

Le trib. désigné a le droit de prendre un commissaire hors de son sein. Demiau, art. 255.

Le jugement qui ordonne l'enquête peut même commettre spécialement un juge d'un autre trib., ou un juge de paix, ou charger un autre tribunal de désigner un juge de paix. C. pr. 1035 ; Thomine, 1, 441.

Ainsi, un juge de paix peut être désigné pour procéder à une enquête ordonnée par une Cour royale. Cass. 17 janv. 1826, S. 26, 266.

65. Mais la désignation du juge-commissaire ne peut être faite par le président du trib. chargé de ce soin. Limoges, 3 juin 1828, S. 29, 7 ; Thomine, 1, 441.

66. L'enquête qui a lieu devant un juge de paix, par suite d'une commission rogatoire, est-elle soumise à toutes les règles prescrites pour les enquêtes faites devant les trib. de 1re inst. ? — Ou bien, le juge de paix doit-il, dans ce cas, se borner à l'accomplissement de celles que la loi a établies pour les enquêtes qui ont lieu dans les affaires de sa compétence ? Dans ce dernier système, on dit que si les formalités ordinaires étaient suivies, le but de la loi qui a voulu épargner les frais serait manqué.—Ainsi l'on a jugé que le ministère d'un avoué n'était pas nécessaire dans ce cas. Caen, 10 nov. 1827, S. 28, 251 ; Arg. Rennes, 5 avr. 1808, P. 6, 607.

Mais on répond, en faveur du premier système : le juge de paix remplace le membre du trib., qui, sans l'éloignement des témoins, aurait été nommé ; il doit donc faire tout ce que ce magistrat aurait fait ; les mêmes obligations lui sont imposées. Favar[1] v° *Enquête*, 372 ; Demiau, 206 ; Thomine, n° 59 ; Roger, *Encyclopédie des juges de paix*, v° *Enquête*, p. 77 ; Boncenne, 4, 255.

Ainsi, a été cassé un jugement définitif qui avait pris en considération un simple procès-verbal d'audition des témoins, dressé par le juge de paix ; — attendu qu'il s'agissait, dans l'espèce, d'une affaire sommaire, et que les formalités exigées pour les enquêtes en cette matière, par l'art. 413 C. pr., devaient être observées, sous peine de nullité. Cass. 22 juill. 1828, S. 28, 282.

On a annulé un procès-verbal d'enquête qui ne mentionnait pas que la copie de l'assignation eût été représentée par les témoins ; que les témoins eussent été entendus séparément, qu'ils eussent déposé sans lire aucun projet par écrit, qui ne portait pas la signature de la partie adverse présente à l'enquête; et il a été ordonné que l'enquête serait recommencée aux frais du juge de paix commis. Limoges, 4 juill. 1827, S. 28, 261. — La nouvelle enquête fut annulée le 26 janv. 1828, pour défaut de mention de la représentation des copies de l'assignation par les témoins.

Ordinairement, le jugement qui délègue le juge de paix, lui ordonne de suivre les formalités prescrites pour les enquêtes devant les trib. de 1ʳᵉ inst.

67. Lorsqu'un trib. a commis un juge de paix pour faire une enquête, son suppléant peut-il y procéder en son absence? — Non.

Si le juge de paix doit être nécessairement remplacé par les suppléans dans l'exercice des fonctions qui lui sont attribuées par la loi, il ne doit pas en être de même de celles pour lesquelles les trib. l'ont spécialement délégué. Le juge délégué ne peut en déléguer un autre. Le système contraire rendrait illusoire le droit de récusation soumis aux délais de l'art. 383 C. pr. Nanci, 18 juill. 1817, S. 19, 1, 403; Nîmes, 28 avr. 1828, S. 29, 16. — *Contrà*, Liège, 20 fév. 1812, P. 10, 156; Poitiers, 10 juin 1831, D. 33, 57. —V. d'ailleurs *sup.* n° 63.

M. Roger, *ib.* p. 76, n'admet notre solution que pour le cas où le juge de paix a été *nominativement* délégué.

Jugé que la nullité est d'ordre public et ne peut être couverte par aucun acquiescement. Arrêts de Nanci et de Nîmes.

68. La délégation ne peut être confiée à des arbitres : ils ne sont pas indiqués dans les art. 255 et 1035 C. pr. Toulouse, 16 juill. 1827, S. 28, 198.

69. L'enquête est-elle valable, lorsque dévolue par une commission rogatoire au trib. français, elle est parachevée par ce même trib. devenu étranger dans l'intervalle? — V. *Rétroactif* (*effet.*)

70. Le trib. n'est pas obligé de renvoyer l'enquête devant un autre juge, lors même que les témoins sont éloignés, surtout lorsque les parties ne demandent pas ce renvoi, et consentent ainsi à l'augmentation de frais qui peut résulter du transport des témoins. Jousse, sur l'art. 12, tit. 22, ordonn. 1667; Delaporte, 1, 255; Carré, n° 986; Thomine, 1, 440.

71. Mais il a la faculté d'ordonner d'office ce renvoi, même lorsqu'il n'est pas demandé par les parties (Carré et Thomine, *ib.*), — ou de le refuser, quoiqu'il soit demandé par l'une des parties, ou par toutes deux. Carré, n° 987. — *Contrà*, Delaporte, *ib.*

72. Lorsque l'enquête doit être faite dans le lieu où siège le trib., mais que certains témoins se trouvent à une trop grande distance pour comparaître devant le juge-commissaire, celui-ci peut donner commission rogatoire à un magistrat de la localité de ces témoins, pour recevoir leurs dépositions. Arg. C. pr. 266 ; Bourges, 31 août 1829, D. 33, 72.

73. Le juge-commissaire peut être récusé pour les mêmes causes que les autres juges. — V. *Récusation*.

La récusation doit être proposée dans le délai de trois jours, afin d'éviter tout prétexte de prolonger l'enquête. C. pr. 383.

Ce délai court, 1° si le jugement est contradictoire, du jour du jugement. *Ib.*

2° S'il est par défaut, et qu'il n'y ait pas eu d'opposition, du jour de l'expiration de la huitaine de l'opposition. *Ib.*

3° S'il a été par défaut, et qu'il y ait eu opposition, du jour du débouté d'opposition. *Ib.*

74. Le trib. a la faculté d'ordonner que l'enquête soit faite sur les lieux contentieux ; — il est quelquefois utile de mettre les témoins à portée de reconnaître et d'expliquer certaines particularités locales qu'il est bon de faire constater. Amiens, 29 déc. 1821, D. v° *Enquête*, p. 847 et 848.

La disposition du jugement, à cet égard, doit être observée, à peine de nullité. Grenoble, 21 déc. 1821, D. *ib.*, 856, n° 3.

75. L'enquête peut-elle avoir lieu le même jour dans deux endroits différens ? — Le doute naît de ce que la loi exige que la partie soit assignée pour être présente à l'enquête, et par conséquent qu'il y ait possibilité pour cette partie de comparaître. — Mais il n'est pas nécessaire que la partie assiste en personne à l'enquête ; elle peut, dans le cas dont il s'agit, se faire représenter par son avoué, comme elle a droit de le faire lorsqu'elle est empêchée, ou même lorsqu'elle juge à propos de ne pas comparaître en personne. Rennes, 28 juill. 1814, P. 12, 337 ; Nîmes, 14 août 1828, S. 29, 243.

76. Le jugement qui ordonne l'enquête est levé et signifié par la partie la plus diligente. Cette signification a lieu par acte d'avoué à avoué, si le jugement a été rendu contradictoirement, ou par défaut contre avoué, et à domicile, s'il a été rendu par défaut contre partie. Arg. C. pr. 257 ; Carré, art. 256.

Jugé qu'il suffit, pour faire courir les délais dans lesquels on doit procéder à une enquête, que le jugement qui l'ordonne soit signifié par extrait contenant le dispositif du jugement, les faits à prouver et le nom du juge-commissaire. Bruxelles, 6 avr. 1831, D. 32, 64.

77. La signification du jugement à la partie au domicile de son avoué (pour faire courir le délai de l'enquête. — V. *inf.* n° 79) ne fait pas courir le délai du pourvoi en *cassation*. Il faut une signification à personne ou à domicile. — V. ce mot, n° 147.

§ 3. — *Délai dans lequel les enquêtes doivent être commencées.*

78. La loi fixe, *à peine de nullité*, des délais très courts pour commencer et terminer les enquêtes, afin de soustraire les témoins aux tentatives de subornation. C. pr. 257. *Rapport au Corps législatif.*

Ces délais varient, 1° selon que l'enquête doit être faite, soit au lieu même où siège le tribunal qui l'a ordonnée, soit dans un rayon qui n'excède pas trois myriamètres, ou dans un lieu plus éloigné ;

2° Selon que le jugement qui l'a ordonnée est rendu contre une partie qui a ou non un avoué, et que le jugement est ou non susceptible d'opposition.

79. *Cas où l'enquête a lieu dans un rayon de trois myriamètres.* Dans ce cas, l'enquête faite en vertu d'un jugement contradictoire, doit être commencée, à peine de nullité, dans la huitaine, du jour de la signification du jugement à avoué. C. pr. 257.

80. Ce délai ne saurait être augmenté par le juge dans ce cas. (—Mais, V. *inf.* n° 104). Cass. 13 nov. 1816, S. 17, 71); Thomine, t. 1, p. 448.

81. Le jour de la signification du jugement ne doit pas être compris dans le délai de huitaine. Pau, 6 déc. 1809, P. 7, 907 ; Cass. 7 mars 1814, P. 12, 136 ; Carré, n° 997 ; Favard, v° *Enquête*, 349 ; Pigeau, 1, 499. —*Contrà*, Thomine, 1, 443. — V. *Délai*, n° 11.

82. La signification du jugement qui ordonne l'enquête peut-elle être faite pendant la huitaine, à dater de la prononciation ?

Pour la négative, on dit : l'art. 450 C. pr. a suspendu, pendant ce délai, l'exécution des jugemens non exécutoires par provision. N'y a-t-il pas même motif ? — V. *Appel*, n° 104.

Mais on répond : cet art. 450 n'est pas applicable aux jugemens préparatoires ou interlocutoires. Ils sont soumis à des règles spéciales. Arg. C. pr. 451 et 452 ; Cass. 8 mars 1816, S. 16, 367 ; Carré, art. 450, note ; Boitard, 2, 208 ; Thomine, n° 502 ; et nos observations (Art. 1172 J. Pr.). — V. *Exécution.*

83. La signification n'est pas nécessaire en matière sommaire, si l'enquête a été ordonnée contradictoirement ; l'art. 413 C. pr. ne l'exige point ; le jugement fixe le jour de l'audition des témoins, et par conséquent il n'y a pas de délai à faire courir. Arg. Turin, 18 nov. 1807, S. 7, 2, 715 ; Paris, 10 juin 1812, P. 10, 456 ; Carré, n° 998. —V. d'ailleurs *inf.* n° 345.

84. Le délai, pour commencer l'enquête, court contre celui qui a signifié le jugement, commé contre celui à qui il a été signifié, également à peine de nullité. C. pr. 257. — Cette disposition exceptionnelle (— V. *Délai*, n° 8) fait cesser les incertitudes que l'ordonnance de 1667 laissait à cet égard.

85. Le délai de huitaine court aussi contre le cédant, qui est intervenu comme garant dans l'instance introduite par son cessionnaire, bien que le jugement ait été signifié à la requête de celui-ci seulement : ils font cause commune. Cass. 8 mars 1816, S. 16, 367; Carré, *ib.*

86. L'art. 257 est général; il s'applique à l'enquête par commune renommée. Bourges, 2 juin 1824, D. v° *Enquête*, p. 848, note 1.

— V. d'ailleurs *Vérification d'écriture.*

87. Cependant, si le jugement ne contient pas nomination d'un juge-commissaire, le délai ne court que du jour où un second jugement, faisant cette nomination, a été signifié. Paris, 2 janv. 1815, P. 12, 516; Favard, v° *Enquête*, 347. —V. *sup.* n° 58 et suiv.

88. *Cas où le jugement est susceptible d'opposition.* Le délai de huitaine ne court que du jour de l'expiration des délais de l'opposition. C. pr. 257. — V. d'ailleurs *inf.* n° 120.

89. On doit conclure du silence de la loi relativement à l'appel, qu'elle n'a pas voulu accorder à ces délais prolongés la faveur qu'elle accordait aux délais abrégés de l'opposition. Cass. 25 janv. 1820, S. 20, 207; Agen, 20 juill. 1824; Cass. 9 mars 1836 (Art. 452 J. Pr.); Thomine, 1, 445; et nos observations (Art. 1172 J. Pr.).

90. Mais l'appel *interjeté* a pour effet de suspendre le délai de l'enquête. Carré, n° 991; Berriat, 289, note 27; Thomine, n° 503.—Et même les opérations de l'enquête commencée antérieurement. Carré, n° 99.; Boitard, 2, 189; Thomine, n° 504; Arg. Cass. 17 déc. 1825, S. 24, 241.

Dans l'opinion contraire on dit : un plaideur pourra attendre que les noms des témoins lui aient été signifiés pour se procurer, au moyen d'un appel, des délais qu'il emploiera à essayer de les corrompre. — Une enquête doit être finie dans la huitaine de l'audition du premier témoin; elle ne peut donc être interrompue quand la partie qui avait intérêt à s'y opposer ne l'aura pas fait à temps et l'aura laissé commencer sans obstacle.

Mais on répond : l'art. 457 C. pr. dispose généralement que l'appel des jugemens définitifs ou interlocutoires sera suspensif, si le jugement ne prononce pas l'exécution provisoire dans les cas où elle est autorisée. Et l'art. 257 C. pr. ne fait point exception à ce principe. — Les délais pour commencer et pour achever l'enquête ont été prescrits plutôt contre la partie qui fait l'enquête que contre le défendeur à l'enquête — Suivant l'ordonn. de 1667, ni l'opposition, ni l'appel ne pouvaient empêcher la confection de l'enquête, qui devait rester close et cachetée jusqu'après le jugement de l'opposition ou de l'appel (tit. 22, art. 2). Aujourd'hui les enquêtes se font en présence des parties et ne peuvent pas être tenues secrètes. C'est pourquoi le Code n'a point renouvelé la disposition de l'ordonnance.

91. Cependant l'appel peut n'être pas suspensif : lorsque le jugement a été rendu dans l'un des cas déterminés par l'art. 155 C. pr., et que le trib. en a ordonné l'exécution provisoire, nonobstant appel. Carré, n° 992; Pigeau, *Comm.*, art. 257.

92. L'exécution provisoire de l'enquête nonobstant appel peut-elle être ordonnée, hors les cas de l'art. 155, lorsqu'il y a lieu de craindre le dépérissement des preuves avant l'arrêt à intervenir, à raison de l'âge, de la maladie, etc. des témoins?

L'affirmative a été jugée. Nîmes, 6 janv. et 29 mars 1808; Rennes, 21 déc. 1809, P. 6, 588; 7, 940; Carré, *ib.*; Berriat, 285, note 10; Thomine, n° 505 (Arg. C. pr. 155 *in fine*). — V. d'ailleurs *Action*, n° 102. — Thomine, *ib.* admet que l'on peut dans le même cas demander sur appel la confection provisoire de l'enquête.

Mais on oppose que ce serait rétablir l'usage des enquêtes d'examen à futur déjà proscrites par l'ordonn. de 1667; qu'il serait facile d'éluder la loi en indiquant comme témoins nécessaires un vieillard, un voyageur qui n'auraient rien à dire. Pigeau, *ib.*; Dalloz, v° *Enquête*, p. 852, n° 6; Boncenne, 4, 258 à 264; Arg. Rennes, 10 mars 1821, D. *ib.* 852, note 2.

93. L'enquête ne peut être commencée ou continuée, à peine de nullité, avant la signification de l'arrêt confirmatif.

94. Cet arrêt est signifié par l'avoué d'appel de l'intimé à l'avoué d'appel de l'appelant, à peine de nullité. Paris, 2e ch., 18 juin 1835 (Art. 188 J. Pr.).

95. Cette signification doit-elle être faite en outre à l'avoué de première instance?

La solution de cette question est très importante; en effet selon que cette signification sera ou non jugée nécessaire, elle servira ou non de point de départ pour le délai.

Plusieurs arrêts ont déclaré suffisante la signification à l'avoué d'appel, — attendu 1° qu'aucune disposition de la loi ne prescrit de signifier à l'avoué qui a occupé en 1re inst.; — 2° Que c'est à la partie à donner connaissance de l'arrêt à son avoué de 1re inst. Cass. 17 déc. 1823, S. 24, 241; Bordeaux, 28 août 1829, S. 30, 63; Paris, 15 janv. 1830, S. 30, 129; Pau, 28 nov. 1837 (Art. 1330 J. Pr.). — Dans ces différentes espèces l'arrêt avait été signifié à partie. Et l'on a fait courir le délai de cette signification à partie. — V. dans le même sens Grenoble, 22 janv. 1831, S. 32, 155.

Dans une espèce où le jugement de 1re inst. avait été rendu par défaut, faute de constitution d'avoué, la signification de l'arrêt confirmatif à l'avoué de 1re inst., constitué depuis le jugement, n'a pas été exigée. Cass. 30 juill. 1828, S. 28, 413.

Selon nous, la signification de l'arrêt confirmatif à l'avoué d'appel n'a d'autre objet que de lui indiquer que l'instance d'appel n'a plus lieu, que sa mission est terminée; elle ne peut avoir pour but de faire courir un délai pour un acte auquel cet avoué n'est pas chargé de procéder. L'exécution est renvoyée devant le trib. de 1re inst. (C. pr. 472); l'avoué qui occupe devant ce trib. pour le défendeur à l'enquête est le véritable mandataire de la partie; il faut qu'il connaisse l'arrêt intervenu : il ne peut le connaître légalement que par la signification (Arg. C. pr. 147.) C'est par la signification seule qu'il est mis en demeure de l'exécuter. Ce n'est pas à la partie de prévenir l'avoué de 1re inst., mais à celui-ci de prévenir sa partie de ce qu'exige la loi. Turin, 4 déc. 1809, P. 7, 901; Trèves, 16 déc. 1811, P. 9, 779; Carré, n° 994; Berriat, 289, note 27; Thomine, n° 521. — V. *Appel*, n° 581.

96. En cas de désistement de l'appel, le délai ne court que du jour où l'acceptation du désistement a été signifiée. Turin, 4 déc. 1809 ; — A l'avoué de 1re inst. : on n'a point égard à la signification antérieure faite à l'avoué d'appel. *Même arrêt.*

97. La signification de l'arrêt confirmatif (ou de l'acceptation du désistement de l'appel) remplace la signification du jugement, et sert de nouveau point de départ pour le délai.

Ce délai est de huitaine, et non pas seulement du laps de temps qui restait à courir au moment où l'appel a été interjeté : autrement un appel interjeté le dernier jour du délai ne laisserait aucun jour utile pour faire l'enquête. Turin, 4 déc. 1809; Thomine, n° 521; Arg. Cass. 17 déc. 1823. — *Contrà*, Arg. Pau, 28 nov. 1837 (Art. 1330 J. Pr.).

98. Le poursuivant obtient une nouvelle ordonnance du juge-commissaire à l'effet d'assigner les témoins qui n'ont pas été entendus. Poitiers, 22 janv. 1828, S. 28, 245.

L'enquête doit être reprise au point où elle était au moment où l'appel a été interjeté. Rouen, 30 mai 1817, S. 17, 421.

99. Le délai pour commencer l'enquête ou pour la continuer est suspendu dans les cas où il y a lieu à *reprise d'instance* (—V. ce mot.)

100. Mais il n'est pas suspendu , — 1° pendant les *vacations* (—V. ce mot), si le juge-commissaire ne fait pas partie de la chambre des vacations, cette chambre ou celui qui la préside peut lui substituer un autre juge. Cass. 21 avr. 1842, P. 10, 517 ; Rouen, 15 juin 1818, S. 18, 255. — Le contraire a été jugé par la C. de Grenoble (20 nov. 1842), attendu que les significations nécessaires ne peuvent être faites pendant l'absence des avoués des parties. Mais le texte de cet arrêt n'est rapporté dans aucun recueil. — V. d'ailleurs arrêt de règlement, Parlement de Provence, de 1703, art. 26 et 27 ; Aix, 24 juill. 1809, P. 10, 318.— Ce dernier arrêt a été cassé, 21 avr. 1812.

101. 2° Pendant les jours de fête, — lors même que l'échéance de la huitaine a lieu un de ces jours : la partie peut, en justifiant de quelque empêchement, se faire autoriser par le juge à procéder ce jour-là (C. pr. 1057). Cass. 7 mars 1814, P. 12, 156 ; Favard, v° *Enquête*; Carré, *ib.*

102. La contre-enquête doit être commencée et terminée dans les délais fixés pour l'enquête. C. pr. 256. — La partie qui veut faire procéder à une contre-enquête doit donc prendre l'ordonnance du juge-commissaire dans les mêmes délais que le demandeur. Carré, n° 995 ; Demiau , art. 257.

On ne peut en conséquence, comme autrefois, attendre, pour la commencer, que l'enquête soit faite.

103. Les délais de la contre-enquête ne doivent pas être prorogés lors même qu'ils doivent être fixés par le jugement, dans le cas de l'art. 258 C. pr. — Un trib. ne peut ordonner que les délais de la contre-enquête ne courront que du jour de la signification de l'enquête. Grenoble, 11 déc.1821, D. v° *Enquête*, p. 856, note 3.

104. *Cas où l'enquête est faite à une distance de plus de trois myriamètres.* Dans ce cas, le trib. fixe le délai dans lequel l'enquête doit être commencée. C. pr. 258.

105. Si ce délai n'a pas été fixé par le jugement qui ordonne l'enquête , il peut l'être par un second jugement qui ne rétracte pas, mais complète le premier. Rennes, 4 fév. 1809, P. 7, 352 ; Pigeau , 1, 502; Carré, art. 258.

Si ce complément n'intervient pas, aucune déchéance ne saurait être prononcée à l'expiration du délai de huitaine fixé par l'art.. 257. C. pr. Liége, 27 juin 1811, P. 9, 426; Cass. 28 fév. 1838 (Art. 1136 J. Pr.).

106. Le tribunal doit déterminer l'époque à compter de laquelle le délai doit courir. — En l'absence d'une disposition à cet égard, il court du jour de la signification. Denisart, v° *Délai*, n° 2; Carré, n° 1007.

107. On ne doit faire alors aucune distinction entre les jugemens contradictoires et ceux par défaut; celle qui est indiquée aux art. 122 et 123 C. pr. ne s'applique qu'au cas où le juge a la faculté d'accorder le délai , et non lorsque, comme dans celui de l'art. 257 , il y a pour lui obligation de le faire. Favard, v° *Compte* , § 1, n° 4.

108. L'enquête n'est pas nulle , parce qu'elle aurait été commencée avant l'expiration du délai fixé pour y procéder. Ce délai constitue pour les parties une simple faculté à laquelle elles peuvent renoncer ; — aussi, bien qu'un jugement eût disposé que le délai pour faire l'enquête ne devait courir qu'à partir de la quinzaine de la signification, l'ordonnance à fin d'assigner les témoins, obtenue du juge-commissaire le lendemain même de la signification, a été déclarée valable. Bourges, 27 mars 1852, S. 52, 496.

109. Lorsqu'une enquête faite en 1ʳᵉ inst. a été annulée sur l'appel, et que le renvoi devant le trib. distant de plus de trois myriamètres du siége de la Cour, pour procéder à une nouvelle enquête, a été ordonné, c'est à ce trib. qu'il appartient, par application de l'art. 258 C. pr., de fixer le délai dans lequel l'enquête sera recommencée. Cass. 15 juill. 1818, S. 19, 25.

110. Il peut arriver que des témoins soient éloignés, et que d'autres résident au lieu même où le jugement a été rendu ; le trib. peut alors déterminer des délais particuliers pour l'enquête, dans laquelle doivent être entendus les témoins qui sont éloignés, et soumettre à ceux de l'art. 257 l'enquête dans laquelle doivent déposer les seconds. Carré, n° 1006.

111. Il en serait de même, à plus forte raison, dans le cas où l'une des parties seulement aurait intérêt à faire entendre des témoins dont la résidence serait éloignée : rien ne s'oppose à ce que, dans cette circonstance, le trib. proroge les délais de l'enquête uniquement en faveur de cette partie, et que l'autre partie reste tenue de commencer la sienne dans les délais ordinaires. Carré, *ib.* note 1 ; Favard, v° *Enquête*, 551.

112. L'enquête terminée ne peut être arguée de nullité, sous prétexte que le jugement, en vertu duquel elle a été faite, a omis de fixer le délai dans lequel elle devait être commencée.

115. Mais elle est nulle, si elle n'a pas été commencée dans les délais déterminés par le jugement. On opposerait vainement que la loi n'a pas prononcé la nullité : le texte et les motifs de l'art. 257 C. pr. s'appliquent à ce cas. Rennes, 9 mai 1810, P. 8, 296 ; Carré, n° 1008 ; Favard, v° *Enquête*, 551. — *Contrà*, Lepage, 195.

114. La nullité résultant de l'expiration du délai prescrit par l'art. 257 C. pr. a lieu, bien que la partie ait fait toutes les diligences nécessaires, et que la faute doive en être imputée au juge-commissaire qui a négligé de répondre à la requête présentée en temps utile : la loi ne fait aucune exception. — *Contrà*, Arg. Metz, 7 juill. 1820, D. 12, 586, n° 8.

Mais le juge-commissaire peut, suivant les circonstances, être condamné à des dommages-intérêts. — V. *Responsabilité.*

115. *Cas où le jugement qui ordonne l'enquête est rendu contre une partie qui n'a point d'avoué.* Le délai court du jour de la signification à personne ou à domicile. C. pr. 257.

116. Il peut arriver, lors même que l'enquête a été contradictoirement ordonnée, que le défendeur se trouve dépourvu d'avoué; par exemple, si celui qu'il avait est mort ou interdit, s'il s'est démis de ses fonctions.

Il peut arriver encore que le jugement soit réputé contradictoire, lorsque, sur son opposition à un jugement par défaut, une partie s'est laissée débouter sans comparaître, ou bien lorsqu'il s'agit d'un jugement rendu après réassignation sur défaut joint.

Ces divers cas ne doivent pas être confondus avec celui où le jugement qui ordonne l'enquête a été rendu par défaut *et* est susceptible d'opposition. — V. *inf.* n° 117.

117. *Cas où le jugement est susceptible d'opposition.* Le délai court du jour de l'expiration des délais de l'opposition. C. pr 257.

118. Quand l'opposition n'est-elle plus recevable?—Il faut distinguer entre le cas où le jugement est rendu par défaut contre avoué, faute de plaider, et celui où il est rendu contre partie, faute d'avoir constitué avoué.

Dans le premier, l'opposition est valable pendant la huitaine de la signification à avoué.

Dans le second, elle l'est jusqu'à l'exécution du jugement.— V. *Jugement par défaut.*

Quelques auteurs soutiennent que cette distinction ne doit pas être admise en matière d'enquête, parce qu'aucuns des caractères constitutifs de l'exécution, énumérés dans l'art. 159 C. pr., ne sont compatibles avec un jugement interlocutoire, qui ordonne seulement un avant faire droit, dépens réservés; parce que l'on arriverait à cette conclusion absurde que tant que l'enquête n'est pas terminée, on a huitaine pour commencer l'enquête.—En conséquence, ils pensent que, dans tous les cas, on peut procéder à l'enquête huit jours après la signification du jugement qui l'ordonne à personne ou à domicile. Trib.—Bayeux, 6 juin 1838 (Art. 1138 J. Pr.); Lepage, *qu.* p. 195.— Et ils invoquent l'ancien droit sous lequel le délai de l'opposition n'était jamais que de huitaine. Boitard, 2, 196.

Mais on répond avec avantage: L'art. 257 dispose d'une manière absolue pour tous les cas où il existe des jugemens par défaut susceptibles d'opposition. Il est d'ailleurs inexact de dire que le jugement ordonnant l'enquête n'est pas susceptible d'exécution : en effet, le demandeur peut obtenir l'ordonnance du juge-commissaire, et la faire signifier au défendeur : ce qui constitue une exécution de jugement suffisante pour faire courir le délai de l'enquête. Carré, n° 1004; Favard, v° *Enquête*, 349, 350; Demiau, art. 257; Boncenne, 4, 247, et nos observations (Art. 1183 J. Pr.).

119. Tout acte d'exécution étant défendu pendant les huit jours accordés pour former opposition au jugement rendu par défaut contre l'avoué (C. pr. 155.), l'enquête serait nulle, si l'ordonnance du juge-commissaire, pour la commencer, avait été délivrée avant que ces huit jours ne fussent écoulés. Pau, 1er déc. 1819, D. v° *Enquête*, p. 856, note 4 ; Bordeaux, 13 avr. 1831, D. 31, 142.

120. Si l'opposition est formée, et que, sur cette opposition, il intervienne une sentence contradictoire ou par défaut, le délai court du jour de la signification de cette sentence. C. pr. 165, 257 ; Carré, *ib.* — V. *sup.* n° 93.

§ 4. — *Actes qui constituent le commencement de l'enquête.*

121. L'enquête est censée commencée, pour chacune des parties respectivement, par l'ordonnance qu'elle obtient du juge-commissaire, à l'effet d'assigner les témoins aux jour et heure par lui indiqués. C. pr. 259. — Pourvu que l'on profite de cette ordonnance en faisant assigner les témoins : le fait matériel de l'obtention de l'ordonnance restée sans exécution, n'aurait pas cet effet. Bruxelles, 31 déc. 1811, P. 9, 790.

122. L'ordonnance n'est pas suppléée par la simple fixation que fait le juge-commissaire d'un jour, pour procéder à l'enquête. *Même arrêt.* — Surtout si cette indication n'est pas suivie de l'autorisation afin d'assigner le témoin. Bruxelles, 22 fév. 1821, D. A. 21, P. 584.

123. Le jugement qui ordonne l'enquête doit être signifié avant que l'on ne demande l'ordonnance du juge-commissaire.

Si l'ordonnance a été délivrée avant cette signification, y a-t-il nullité ? — V. *Jugement.*

124. L'ordonnance est consignée au pied d'une requête présentée par chaque avoué des parties.

Le même jour, le juge-commissaire ouvre son procès-verbal, et y fait mention de la réquisition et délivrance de cette ordonnance. C. pr. 259.

M. Carré, n° 1009, prétend que l'ordonnance peut être demandée verbalement et être insérée au procès-verbal d'ouverture, et que l'expédition en est délivrée par le greffier.

125. L'ordonnance peut ne pas indiquer que l'assignation devra être donnée au domicile de la partie, mais à celui de son avoué. Cass. 17 déc. 1811, P. 9, 781.

126. Elle doit être datée, à peine de nullité ; sans la date, on ne pourrait savoir si elle a été délivrée en temps utile. — Mais peu importe que la date existant sur l'ordonnance n'ait pas été rappelée dans le procès-verbal d'ouverture, s'il est du même jour. Carré, n° 1013.

127. Les délais fixés par le juge-commissaire pour la comparution des témoins, doivent l'être à raison de leur éloignement du lieu où l'enquête sera faite ; il est donc utile de lui faire connaître, dans la réquisition verbale ou écrite, le domicile des témoins. Carré, *ib.* n° 1010.

128. Lorsque les témoins n'ont pas été assignés en vertu de l'ordonnance, une nouvelle ordonnance peut être délivrée à la partie qui est encore dans les délais : la première n'ayant pas été exécutée, est réputée non avenue, et l'on ne peut en induire une renonciation au bénéfice du délai. Bruxelles, 7 juill. 1819 ; Nîmes, 14 août 1828, S. 29, 243 ; Carré, *ib.* n° 1011.—V. *sup.* n° 122.

Mais si les délais pour commencer l'enquête sont expirés, on ne saurait obtenir utilement une nouvelle ordonnance. Bruxelles, 30 déc. 1811, P. 9, 816.

§ 5. — *Assignations aux témoins et à la partie.*

129. Les formalités de ces assignations sont toutes exigées à peine de nullité (C. pr. 260, 261),—des dépositions des témoins irrégulièrement assignés ; — et de toute l'enquête, en cas d'assignation irrégulière à la partie. Carré, art. 261.

Art. 1. — *Assignation aux témoins.*

130. Les témoins sont assignés à personne ou à domicile ; — ceux domiciliés dans l'étendue de trois myriamètres du lieu où se fait l'enquête, le sont au moins un jour avant l'audition ; — il est ajouté un jour par trois myriamètres pour ceux qui sont domiciliés à une plus grande distance. C. pr. 260.

Le délai est franc. Carré, n° 1016 ; Commaille, 1, 153 ; Demiau, art. 260.—V. *Délai*, n° 15.

131. L'assignation est soumise aux formes de l'*ajournement*. —V. ce mot et *Exploit*.

Ainsi, elle doit être signifiée par un huissier, contenir l'immatricule de cet officier, la mention que la copie a été remise à la personne du témoin ou à son domicile. Carré, n° 1014.

On doit, autant que possible, ne faire qu'un seul original.

132. Il est donné copie à chaque témoin du dispositif du jugement (seulement en ce qui concerne les faits admis) et de l'ordonnance du juge-commissaire : le tout à peine de nullité des dépositions des témoins. C. pr. 260.—V. *sup.* n° 53.

Cependant, s'il a été donné aux témoins copie entière du jugement, les dépositions de ces témoins ne sont pas nulles. Il y a lieu seulement à réduction des frais que la signification a pu occasioner. Thomine, 1, 451.

133. Si, sur l'appel du jugement qui a ordonné l'enquête, il y a confirmation pure et simple, il est inutile de délivrer copie aux témoins du dispositif de l'arrêt : ils sont en effet suffisamment instruits des faits sur lesquels l'enquête doit porter par le jugement de première instance. Carré, n° 1017.

Mais, dans le cas où l'arrêt a retranché quelques-uns des faits admis, ou en a ajouté qui avaient été rejetés, il y a nécessité de donner copie de son dispositif, au moins en cette partie. Carré, *ib.*

154. Lorsque l'avoué a, par erreur, assigné les témoins à une heure autre que celle fixée par l'ordonnance, le juge-commissaire peut attendre les témoins et les entendre à l'heure à laquelle ils ont été assignés : la loi ne dit pas qu'il devra être procédé à l'enquête précisément à l'heure indiquée par le juge. Rennes, 12 janv. 1810, P. 8, 30; Carré, n° 1012.

155. Le juge-commissaire ne peut entendre que les témoins régulièrement assignés : l'art. 269 exige qu'avant de déposer ils représentent leur assignation (—V. *inf.* § 8); — à moins que la partie intéressée à s'opposer à la déposition du témoin irrégulièrement cité, ne consente à son audition ; auquel cas le juge doit consigner ce consentement sur son procès-verbal, et le faire signer par la partie. Carré, n° 1015.

Chaque partie a le droit de faire entendre autant de témoins qu'elle le juge utile.

Mais celle qui a fait entendre plus de cinq témoins sur un même fait ne peut répéter les frais des autres dépositions. C. pr. 281.—V. *Taxe.*

156. *Témoins qui ne peuvent être assignés.* Nul *ne peut* être assigné comme témoin, s'il est parent ou allié, en ligne directe, *de l'une des parties,* ou son conjoint, même divorcé. C. pr. 268.— Si la parenté et l'alliance produisent en général l'affection ; souvent aussi les haines nées entre parens ou alliés sont plus vives qu'entre toutes autres personnes.

Dans ce cas, il n'est pas besoin de reprocher le témoin; le juge-commissaire doit d'office l'écarter de l'enquête. Carré, n° 1055. — *Contrà,* Demiau, art. 268.

157. La prohibition s'étend à la parenté naturelle en ligne directe : la loi ne distingue pas; il y a mêmes motifs de décider. Denisart, v° *Témoins,* p. 675, n° 10; Carré, n° 1056. — Ainsi jugé en matière criminelle. Cass. 6 avr. 1809, P. 7, 477.

Art. 2. — *Assignation à la partie.*

158. La partie a le plus grand intérêt à être présente à l'audition des témoins, soit pour les reprocher, soit pour leur faire adresser des interpellations sur ce que leur déposition pourrait avoir d'obscur ou d'incomplet.

159. La partie qui a constitué avoué est assignée au domicile de cet avoué, à peine de nullité. C. pr. 261.

Ainsi a été déclarée nulle, — 1° L'assignation donnée au domicile réel de la partie. Cass. 17 déc. 1811, S. 12, 145.

Peu importe même que l'enquête doive se faire dans un lieu éloigné du trib., et en vertu d'une commission rogatoire. Rennes, 24 août 1811; Cass. 17 déc. 1811, P. 9, 594, 780; Paris, 21 mars 1837.—*Contrà*, Liège, 20 fév. 1812; Bourges, 4 mai 1812, P. 10, 136, 367; Carré, n° 1018, note 1, Thomine, 1, 452.

140. 2° L'assignation donnée à la partie elle-même, parlant à sa personne. — Dans le système contraire, on dit : La signification à domicile n'est autorisée que parce qu'il n'est pas toujours possible de la donner à la personne elle-même : ce dernier mode d'avertissement est le meilleur et le plus sûr, puisqu'il fait nécessairement connaître à la partie l'acte qui lui est signifié ; il doit être préféré.

Mais on répond avec raison : L'art. 261 C. pr., a formellement exigé la signification au domicile de l'avoué. La disposition est impérieuse. Elle se justifie d'ailleurs par l'utilité d'assurer à la partie les conseils de son avoué. Cass. 19 avr. 1826, S. 26, 392; Thomine, 1, 453.

141. Si plusieurs parties ont constitué le même avoué, il faut, à peine de nullité, remettre au domicile de cet avoué autant de copies qu'il y a de parties. Dijon, 14 mars 1818, D. 24, 10; Cass. 25 juill. 1823, S. 24, 43; 28 janv. 1826, S. 26, 259; Bordeaux, 18 déc. 1827, D. 28, 177; Rouen, 6 mai 1828, D. 28, 59; Colmar, 25 août 1829, D. 30, 226; Thomine, *ib.*

142. Lorsqu'une enquête est ordonnée en cause d'appel, l'assignation doit, à peine de nullité, être donnée au domicile de l'avoué constitué devant la Cour, à l'exclusion de l'avoué qui avait occupé en première instance. Toulouse, 19 mars 1831, S. 31, 329. — Dans l'espèce, l'enquête se faisait devant le juge de paix du lieu où siégeait le trib de 1re instance.

143. Jugé que si la partie a constitué avoué dans le lieu où doit être faite l'enquête par suite de la commission rogatoire, l'assignation peut être donnée au domicile de cet avoué ; il est présumé avoir reçu de son client tous les documens nécessaires. Paris, 21 mars 1837 (Art. 1024 J. Pr.).

144. Lorsque la partie adverse n'a pas constitué avoué, elle doit être assignée à domicile, à peine de nullité. C. pr. 261.

145 L'assignation est donnée, à peine de nullité, trois jours au moins avant l'audition des témoins. C. pr. 261.

Ces trois jours sont francs. Carré, art. 261, n° 1019.

146. Le délai doit être augmenté à raison des distances, lorsque l'assignation est donnée à personne ou domicile. C. pr. 1033.

147. En est-il de même lorsqu'elle est signifiée au domicile de l'avoué? — Le doute naît du silence de l'art. 261 et de l'urgence des enquêtes qui ne permet pas de suppléer des délais là où la loi n'en a pas établi. — Mais l'art. 261 n'avait pas besoin de s'expliquer, puisqu'il s'agissait d'une assignation, et que par conséquent l'art. 1033 était applicable.—D'ailleurs, cette assignation a pour but de faire connaître personnellement à la partie les témoins qui doivent être entendus, de lui donner la faculté de comparaître à l'enquête, et de faire ses observations, même de reprocher certains témoins, s'il y a lieu ; or, ce but ne pourrait évidemment pas être atteint, si l'avoué n'avait pas le temps nécessaire pour faire parvenir à la partie l'assignation qu'il a reçue pour elle. Paris, 29 sept. 1808, S. 7, 885 ; Liége, 6 juin 1812 ; Cass. 12 janv. 1815 et 25 juill. 1823, S. 15, 255 ; 24, 43, sections réunies, 28 janv. 1826, S. 26, 259 ; Montpellier, 22 juin 1824, S. 26, 15 ; Caen, 16 janv. 1827, S. 27, 227 ; Rouen, 6 mars 1828, D. 28, 59 ; Cass. 22 juill. 1830, D. 32, 22 ; Colmar, 15 juill. 1833, D. 33, 158 ; Nîmes, 18 juill. 1838, Art. 1213 J. Pr. Carré, n° 1020 ; Favard, v° *Enquête*, 356. — *Contrà*, Bruxelles, 23 fév. 1809. D. v° *Enquête*, 862, note 1; Cass. 22 nov. 1840, S. 11, 54 ; Pigeau, 1, 338 ; Hautefeuille, 1, 154.

148. D'après ces motifs, l'augmentation des délais doit avoir lieu, non pas à raison de la distance qui existe entre le domicile de l'avoué et le lieu où doit se faire l'enquête, mais entre ce lieu et le domicile de la partie. Arg. Cass. 25 juill. 1823, 28 janv. 1826, S. 24, 43-26, 259 ; Thomine, 1, 453. — Cependant l'opinion contraire résulte de plusieurs arrêts. Cass. 12 janv. 1815, S. 15, 255 ; Rennes, 25 fév. 1820, D. v° *Enquête*, 8 65, n° 1 ; Caen, 17 janv. 1827, D. 27, 87 ; Riom, 17 août 1827, D. 27, 161 ; Carré, *ib.* note 2.—Dans ce dernier système, si l'enquête se fait au lieu même du domicile de l'avoué, il n'y a lieu à aucune augmentation de délai, quel que soit le lieu du domicile de la partie assignée.

149. Au reste, l'assignation donnée, soit au domicile de la partie, soit à celui de son avoué, est soumise aux formalités de l'*ajournement*. Pigeau, *Comm.* 1, 511 ; Berriat, 289, note 30; Favard, v° *Enquête*, 353.—V. ce mot et *Exploit*.

En conséquence est nulle celle qui ne contient pas, 1° la constitution d'avoué, encore bien qu'il y ait déjà avoué constitué. Orléans, 5 mars 1830, S. 30, 212 ;

2° La mention de la demeure et de l'immatricule de l'huissier. Cass. 4 janv. 1813, S. 13, 503 ;

3° Le *parlant à*..... Cass. 24 déc. 1811, S. 12, 147 ;

4° La date du jour, du mois et de l'année où elle a été donnée. Nanci, 27 mars 1827, D. 31, 187.

150. Mais l'indication du domicile de la partie assignée n'est pas indispensable, alors que cette partie a été désignée de ma-

nière à ce qu'il n'y ait aucun doute sur son identité.—Jugé que l'erreur dans la désignation du domicile ne viciait pas l'assignation, attendu que l'indication de domicile n'avait aucune importance puisque l'assignation devait être signifiée au domicile de l'avoué. Cass. 27 déc. 1808, D. 7, 280.

Même décision à l'égard d'une enquête en matière sommaire. Metz, 9 août 1825, D. A. 12, 585, n° 15.

151. Le jour, l'heure et le lieu où l'enquête sera faite, doivent être indiqués d'une manière claire et précise dans l'assignation.

Mais il n'y a pas nullité si l'omission à cet égard peut être réparée par l'ordonnance dont copie est donnée avec l'assignation. — Ainsi est valable l'assignation donnée à comparaître *tel jour... à tel endroit...* pour être présent aux opérations de la descente de lieu, et à l'audition des témoins, encore bien que l'audition des témoins doive avoir lieu le lendemain du jour de la descente sur les lieux. Poitiers, 20 août 1823, D. v° *Enquête*, p. 868, note 1.

152. L'assignation doit, à peine de nullité, contenir les noms, professions et demeures des témoins. C. pr. 261, — afin que la partie puisse à l'avance connaître les témoins et les reprocher, s'il y a lieu.

153. Jugé qu'il n'y a pas nullité lorsque l'inexactitude dans l'indication de la demeure d'un témoin n'a pu induire le défendeur en erreur. Liége, 15 fév. 1815 et non pas 1812, P. 11, 136.

154. Le mot *demeure* n'est pas sacramentel; il peut être remplacé par celui *de domicile*, alors surtout que les témoins résident à leur domicile réel. Turin, 25 juin 1810, P. 8, 408; Carré, n° 1024; Favard, v° *Enquête*, p. 361.

155. On peut signifier, par un acte séparé de l'assignation, les noms, professions et demeures des témoins : ce mode de procéder ne répugne nullement au texte de l'art. 261, qui contient à cet égard deux dispositions distinctes et séparées. Cass. 16 fév. 1815, P. 12, 594; Carré, n° 1025; Thomine, 1, 454.

156. Dans ce cas, les deux actes doivent être signifiés *trois jours* au moins avant l'audition des témoins; si le délai de trois jours prescrit pour l'assignation n'a pas été répété dans l'art. 261, pour la notification des noms des témoins, c'est que ces deux dispositions, aussi importantes l'une que l'autre, étaient renfermées dans la même période; d'ailleurs, dans l'usage, le même exploit contient et l'assignation à la partie et l'indication des témoins; enfin, ce délai est d'autant plus nécessaire que les reproches contre les témoins doivent être proposés avant leur déposition, et que la loi a entendu donner à la partie un délai suffisant pour s'informer de leur moralité. Turin, 25 juin 1810; Cass. 12 juill. 1819, S. 19, 597; Carré, *ib.*; Favard, *Rép.*, v° *Enquête* p. 360; Thomine, 1, 455.— *Contrà*, Metz, 28 août 1813 (D. v° *Enquête*, p. 866, note 1); Rejet, 16 fév. 1815, 455, S. 15, 264; Angers, 21 mars 1815, S. 17, 16; — les deux actes doivent être signifiés à avoué, s'il y en a de constitué, sous peine de nullité de celui signifié à la partie. Cass. 19 avr. 1826, S. 26, 592.

Il y aurait évidemment nullité si, au lieu d'une assignation, on ne faisait qu'une simple sommation. Turin, 24 août 1810, S. 14, 253; Bruxelles, 11 mars 1813, S. 14, 327. — *Contrà*, Nanci, 10 janv. 1812, D. v° *Enquête*, p. 859, note 2; — ou un acte d'avoué à avoué. Rouen, 17 mars 1810, P. 8, 180.

§ 6. — *De l'obligation pour les témoins de comparaître et de déposer.*

157. Tout témoin régulièrement assigné doit comparaître aux jour et heure fixés, et déposer, dans la forme prescrite par la loi (— V. *inf.* § 8), des faits qui sont à sa connaissance

158. *Excuses des témoins.* Si le témoin justifie qu'il est dans l'impossibilité de se présenter au jour indiqué, le juge-commissaire lui accorde un délai suffisant, qui néanmoins ne peut excéder celui fixé pour l'enquête, ou il se transporte pour recevoir sa déposition. Si le témoin est éloigné, le juge-commissaire renvoie devant le trib. du lieu qui entend le témoin, ou commet un juge. Le greffier de ce trib. fait parvenir de suite la minute du procès-verbal au greffe du trib. où le procès est pendant, sauf à lui à prendre exécutoire pour ses frais contre la partie, à la requête de laquelle le témoin est entendu. C. pr. 266.

159. Les causes d'excuses les plus ordinaires sont une maladie plus ou moins grave, une absence accidentelle ou forcée, des fonctions publiques, qui, aux jour et heure indiqués pour l'enquête, exigent la présence du témoin dans un autre lieu.

Ces causes sont établies par la notoriété publique, ou par des pièces et des circonstances signalées par les témoins; elles peuvent même être admises sur de simples allégations, d'après le degré de confiance que le juge a dans la véracité du témoin. C'est aux parties intéressées à en contester le mérite. Carré, n° 1051; Thomine, 1, 402.

160. Comment le témoin doit-il proposer son excuse ou sa justification? — Il résulte du silence de la loi sur ce point, qu'il peut les adresser au juge-commissaire par un mandataire, un parent, un ami, et même par une simple lettre. Carré, *ib.* — Elles doivent être alléguées au plus tard le jour indiqué pour l'audition. Carré, *ib.*

161. Dans le cas où les excuses du témoin sont admises

la partie qui poursuit l'enquête lève l'ordonnance du juge-commissaire, et en fait l'usage que les circonstances exigent.

En conséquence, si cette ordonnance fixe un autre jour pour l'audition du témoin, ou porte déclaration du transport du juge au domicile de ce témoin, le poursuivant la lui fait signifier avec sommation d'y obtempérer, et assigne le défendeur à l'enquête, afin d'être présent à la déposition, s'il n'a pas comparu lors de l'ordonnance qui a statué sur les excuses.

Si, au contraire, le juge-commissaire a renvoyé le témoin devant le président d'un autre trib., le poursuivant présente à ce magistrat ou au juge délégué par lui une requête à laquelle il joint expédition de l'ordonnance du juge-commissaire, et par laquelle il demande la fixation d'un jour et d'une heure pour l'audition du témoin. L'ordonnance qui intervient est ensuite signifiée à ce dernier avec assignation.

Le défendeur à l'enquête est également assigné pour être présent à l'audition du témoin.

Suivant Carré, dans cette circonstance, et dans la précédente, il n'est pas nécessaire d'observer, dans l'assignation donnée au défendeur, le délai de trois jours prescrit par l'art. 261 C. pr. (— V. *sup.* n° 145) : il a, en effet, déjà eu connaissance des noms, profession et demeure du témoin, et il a eu plus que le temps nécessaire pour prendre des renseignemens sur la personne de ce témoin. Carré, n° 1053.

Si les excuses sont rejetées par le juge-commissaire, il applique au témoin défaillant les dispositions de l'art. 263. — V. *inf.* n° 163.

162. Lorsque l'un des témoins est sous le coup d'une contrainte par corps, ce témoin (Pigeau, 1, 340), ou la partie, obtient, sur requête présentée au tribunal du lieu où la déposition doit être faite, un sauf-conduit. C. pr. 782. — V. *Emprisonnement*, n° 172.

163. *Témoins défaillans.* Les témoins défaillans *sont condamnés* par ordonnance du juge-commissaire, exécutoire nonobstant opposition ou appel, à une somme qui ne peut être moindre de 10 fr., au profit de la partie, à titre de dommages-intérêts ; *ils peuvent* de plus être condamnés, par la même ordonnance, à une amende qui ne peut excéder la somme de 100 fr. C. pr. 263.

Ainsi, la condamnation à l'amende est facultative, tandis que celle aux dommages-intérêts est obligatoire dans tous les cas, lors même que l'absence du témoin ne causerait aucun préjudice à la partie. Carré, n°ˢ 1033 et 1034 ; Thomine, 1, 464. — V. toutefois *inf.* n° 172.

Si cependant la partie à la requête de laquelle l'assignation a été donnée déclare qu'elle renonce à l'audition des témoins dé-

faillans, le juge ne doit prononcer aucune condamnation contre
ces témoins. Carré. n° 1035; Thomine, *ib.*

164. Les condamnations contre les témoins défaillans ne
sont prononcées qu'après l'audition des témoins présens : les
défaillans peuvent en effet se présenter durant cette audition,
et il serait trop rigoureux de les condamner pour un simple
retard qui, en définitive, ne causerait aucun préjudice. Carré,
n° 1039 ; Thomine, *ib.*

165. La condamnation à l'amende n'emporte pas la contrainte par corps. Les mots *et par corps*, qui se trouvaient dans
la rédaction proposée au Cons.-d'Ét., ont été retranchés. Locré, 1, 481; Carré, *ib.* n° 1040.

166. L'exécution provisoire, tant pour les dommages-intérêts que pour l'amende, a lieu sans caution : l'art. 263 accorde
ce droit sans aucune condition. Carré, *ib.* n° 1032.

167. L'opposition à l'ordonnance qui porte condamnation
contre le témoin défaillant doit être soumise non au tribunal,
mais au juge-commissaire. Pigeau, *Comm.* 1, 515.

168. Cette ordonnance est sujette à l'appel, tant de la part
du témoin condamné que de celle de la partie au profit de
laquelle les dommages-intérêts ont été alloués. Le premier peut
en effet se plaindre de ce que la condamnation prononcée contre
lui est trop forte; et le second, de ce qu'elle est trop modique.
Les parties, qui ont le droit de demander la réformation de
tout jugement, peuvent, à plus forte raison, réclamer celle
d'une simple ordonnance rendue par un juge-commissaire.
Carré, n° 1041.

169. *Réassignation.* Les témoins défaillans sont réassignés à
leurs frais. C. pr. 263.

170. La partie qui les a fait assigner a le droit de compenser
ces frais sur la taxe qui leur est accordée (Arg. C. pr. 320;
Pigeau, *Comm.*, 1, 516). — Le juge-commissaire peut, en donnant défaut, et en ordonnant la réassignation à leurs frais, taxer
ces frais ; l'ordonnance est alors exécutoire contre eux. Pigeau, *ib.*

171. Le témoin pourrait, pour prévenir les frais, se présenter sans réassignation. Arg. C. pr. 331; Pigeau, *ib.*, 518.

172. La réassignation n'est plus nécessaire, si la partie qui
poursuit l'enquête déclare qu'elle renonce aux déclarations des
témoins absens. — Dans ce cas, le juge a soin de consigner la
déclaration de la partie dans son procès-verbal, et de la lui faire
signer. Carré, n° 1035.

173. En cas de réassignation des témoins défaillans, est-il
nécessaire d'appeler de nouveau l'adversaire? Il faut distinguer.

Cette notification est inutile si la partie a assisté à l'enquête,
soit en personne, soit par son avoué, et si le juge-commissaire

a déclaré, dans le procès-verbal, que les parties présentes ont été par lui invitées à se représenter aux jour et heure indiqués pour la réassignation. Arg. C. pr. 267; Carré, n° 1043.

Mais, si la partie n'a pas comparu à l'enquête, ou si le jour de la comparution des témoins n'a pas été indiqué par le juge, il convient de lui notifier le jour où les témoins défaillans doivent être entendus.

174. Si le jour fixé par le juge-commissaire, pour la comparution du témoin défaillant, excède le délai prescrit pour la clôture de l'enquête (— V. *inf.* n° 263), le poursuivant doit nécessairement en demander la prorogation au trib. Arg. C. pr. 279, 280. — *Contrà*, Carré, *ib.* n° 1044.

175. Lorsque les témoins réassignés sont encore défaillans, ils sont condamnés, *par corps*, à une amende de 100 fr.; le juge-commissaire *peut* même décerner contre eux un mandat d'amener. C. pr. 264.

Cette condamnation doit être prononcée d'office, sans qu'il soit besoin de réquisition de la part de la partie qui fait procéder à l'enquête, comme pour celle encourue pour le premier défaut. Carré, n° 1046; Thomine, 1, 459.

La délivrance du mandat d'amener est facultative; il convient de ne l'ordonner que si le témoin est *nécessaire*, l'affaire urgente, ou l'ordre public intéressé. Carré, *ib.* n° 1047.

176. C'est au juge-commissaire qu'il appartient de prononcer la condamnation à l'amende. Tous les auteurs sont d'accord sur ce point.

177. Mais la contrainte par corps pourrait-elle être *prononcée* par le juge-commissaire? — L'affirmative résulte du rapprochement des art. 263 et 264 C. pr. Le mandat d'amener entraîne la contrainte par corps, et c'est le juge-commissaire qui le délivre. Pigeau, *Comm.*, 1, 516; Favard, v° *Enquête*; Berriat, 292, note 35. — *Contrà*, Carré, n° 1045.

178. Les frais de réassignation et d'exécution du mandat d'amener sont à la charge du témoin défaillant, et pour en obtenir le remboursement, la partie doit assigner le témoin au domicile de ce dernier. Carré, *ib.* n° 1048.

179. Si le témoin justifie qu'il n'a pu se présenter au jour indiqué (— V. *sup.* n° 158) le juge-commissaire le décharge, après sa déposition, de l'amende, et des frais de réassignation. C. pr. 265.

Il y a mêmes motifs de le décharger des dommages-intérêts prononcés contre lui. Carré, n° 1049; Demiau, art. 265; Hautefeuille, 162; Delaporte, 266.

180. Les peines portées par l'art. 263 contre les témoins *déaillans* sont applicables aux témoins qui comparaissent, mais qui refusent leur témoignage; ils sont, en réalité défaillans:

puisqu'ils se refusent à l'accomplissement d'une obligation.
Carré, n° 1038; Thomine, 1, 457; —il en est de même s'ils refusent le serment préalable : ils placent le juge dans l'impossibilité de recevoir leurs déclarations. Thomine, *ib.*

181. *Témoins dispensés de déposer.* Toutefois, ne sont pas
tenus de déposer :

1° Les *avocats* (— V. ce mot, n° 78 à 83), avoués, notaires
(trib. Moulins, *Courrier des tribunaux*, 30 mai 1828; Cass. 20 janv.
1826; 22 fév. 1828, D. 26, 114; 28, 144; Montpellier, 24 sept.
1827; Grenoble, 23 août 1828, D. 29, 88; 28, 338; Bordeaux,
16 juin 1835, Art. 155 J. Pr.). médecins, chirurgiens, sages-
femmes et pharmaciens, qui, à l'occasion de leurs professions,
auraient reçu des confidences que leur conscience ne leur permettrait pas de faire connaître. Arg. C. pén. 378; Carré,
n° 1037; Thomine, 1, 458.

Jugé qu'un avocat *ne devait* pas être admis à déposer de faits
dont il avait eu connaissance par suite des révélations qui lui
avaient été faites à raison de sa profession, et que s'il avait déposé de ces faits les juges ne devaient avoir aucun égard à une
pareille déposition. Rouen, 7 mars 1835 (Art. 34 J. Pr.).

2° Le prêtre catholique sur les déclarations qu'il a reçues en
confession ; — ou même hors de la confession, mais en qualité
de confesseur, et par suite de la confession et du secret que le
pénitent croit inviolable. Arg. C. pén. 378; Cass. 30 nov. 1810,
P. 8, 667; Carré, *ib.* note 1; Thomine, 1, 458.

3° Le président d'un trib., sur les aveux faits par l'un des
époux dans la comparution qui a lieu devant lui, par suite
d'une demande en *séparation de corps.* — V. ce mot.

182. Mais ces différentes personnes ne sont pas dispensées
de déposer des faits dont elles ont eu connaissance avant que la
partie leur eût accordé sa confiance, et en dehors de leurs fonctions, ou sur lesquels la partie ne les a consultées que dans l'intention de les empêcher de déposer. Merlin, Rép. v° *Déposition*,
§ 2; Pigeau, 1, 343; Carré, *ib.*; Arg. ch. crim. rejet, 30 avr.
1835 (Art. 501 J. Pr.).

Ainsi l'avoué d'un prévenu a pu être entendu comme témoin
devant une Cour d'assises, malgré l'opposition de celui-ci, alors
que cette Cour s'en est rapportée à sa conscience pour déposer
des faits qui seraient parvenus à sa connaissance en dehors de
ses fonctions. Rejet, ch. crim., 18 juin 1835 (Art. 155 J. Pr.).

183. Lorsque le témoin refuse de répondre, en alléguant
qu'il se trouve dans une des circonstances ci-dessus énoncées,
le juge-commissaire ne peut, de son autorité privée, le dispenser de répondre; il doit constater sur son procès-verbal les
motifs qu'il donne à l'appui de son refus, les lui faire signer,

et renvoyer les parties à l'audience pour l'appréciation de ces motifs. Duparc-Poullain, 9, 362, 362, n° 99 ; Carré, n° 1038.

184. Dans ce cas, la partie qui désire que le témoin soit entendu agit prudemment en demandant une prorogation de délai pour achever l'enquête, si elle présume que l'incident n'est pas de nature à être jugé avant l'époque à laquelle l'enquête devrait être close.

Toutefois, si le trib. décidait que le refus du témoin n'était pas fondé, le défaut de demande en prorogation n'empêcherait pas de continuer l'enquête, puisque la suspension ne saurait être imputée au poursuivant. Il pourrait donc demander une ordonnance dans la huitaine du jour de la signification du jugement qui aurait ordonné l'audition du témoin, et faire assigner celui-ci aux jour et heure fixés par l'ordonnance. Duparc-Poullain et Carré, *ib.*

185. Les ministres, préfets, grands-officiers, ministres et conseillers-d'état, généraux, ambassadeurs et agens diplomatiques, sont soumis à un mode particulier lorsqu'ils déposent dans une enquête. — V. L. 20 therm. an 4, 21 fruct. an 7 ; arrêt 7 therm. an 9 ; déc. 20 juin 1806 et 4 mai 1812 ; S. 13, 2, 25. — V. *Ministre, Ministre public.*

§ 7. — *Reproches contre les témoins.*

186. *Causes de reproche.* Elles sont en général fondées sur la crainte que le témoin ne soit entraîné à déposer en faveur de la partie avec laquelle il est lié par parenté, affection ou intérêt.

187. Conséquemment : — 1° elles doivent être antérieures à la déposition. Rodier, tit. 23, art. 4, ordonn. 1667 ; Berriat, 293.

2° On est non recevable à reprocher le témoin que l'on a produit. Rodier et Berriat, *ib.* (Fût-il assigné par l'adversaire, Thomine, 1, 468.) — A moins cependant qu'on ignorât les causes du reproche au moment de l'assignation. Carré, n° 1061 ; Duparc-Poullain, 9, 408, n° 138 ; Pigeau, 1, 544. — Ou que ces causes ne soient postérieures à l'assignation.

3° On peut se servir de la déposition du témoin que l'on a reproché (Rodier, Berriat, *ib.* 320).—Et à plus forte raison de celle dont l'adversaire a argumenté. — A moins que le témoin ne soit incapable de déposer, notamment par suite d'une condamnation judiciaire. Jousse, art. 1, tit. 23, ordonn. 1667 ; Carré, n° 1063.

Les reproches ne profitent qu'à la partie qui les propose, à moins qu'il ne s'agisse dans la contestation d'un objet commun à plusieurs parties : dans ce cas, en effet, les reproches adressés par l'une d'elles aux témoins de l'adversaire profitent évidemment à ses cointéressés. Carré, *ib.*

188. Peuvent être reprochés, 1° les parens ou alliés *de l'une ou de l'autre des parties*, jusqu'au degré de cousin issu de germain inclusivement. C. pr. 283. — V. toutefois *Actes de l'état civil*, n° 21 ; *Séparation de corps.*

189. 2° Les parens ou alliés des conjoints de l'une ou de l'autre des parties au degré ci-dessus , si le conjoint est vivant , ou, le conjoint étant décédé, si la partie ou le témoin en a des enfans vivans (C. pr. 283). — Dans l'un et l'autre cas, il y a une liaison aussi intime que s'il y avait parenté en ligne directe. — V. *Alliance.*

190. Les parens en ligne directe de l'une ou de l'autre des parties ne peuvent être entendus comme témoins (— V. *sup.* n° 136) ; d'où il résulte qu'il n'est pas besoin de les reprocher. Il paraît donc superflu que la loi les ait compris parmi les témoins reprochables. Cependant elle a dû disposer de cette manière pour les cas où ils auraient été assignés ou même entendus, malgré la prohibition de la loi.

Mais il ne faut pas en induire qu'alors ils doivent nécessairement être reprochés pour que leur déposition ne soit pas reçue ou lue. Il suffit, en effet, à la partie intéressée de déclarer les liens qui s'opposent à ce que ces témoins soient entendus, pour que le juge-commissaire , si l'alliance ou la parenté n'est pas contestée, refuse de les entendre. Carré, art. 283 ; Toullier, 9, n° 286.

191. Si l'enquête a lieu dans une contestation où une commune soit partie, doit-on admettre les reproches contre tous les témoins, parens au degré prohibé des habitans de cette commune ? — Non : la commune est un être moral qui a des intérêts propres et distincts de ceux des individus qui habitent ou sont propriétaires dans son territoire ; l'exercice des droits et des actes de la commune est dans les mains du conseil municipal. Cass. 30 mai 1825, S. 25, 306 ; Poitiers, 16 nov. 1826, S. 28, 58 ; Montpellier, 12 mai 1829, S. 30, 110. — *Contrà*, Bourges, 7 déc. 1824, S. 25, 168 ; Toulouse, 4 juin 1828, S. 28, 275.

192. N'est pas non plus reprochable l'habitant de la commune, lorsqu'il n'a point un intérêt direct et immédiat. Rejet, 23 mai 1827, S. 27, 492 ; Grenoble, 31 janv. 1829, S. 29, 272 (il s'agissait de terrains revendiqués par la commune) ; Cass. 30 mars 1836 (Art. 375 J. Pr.). — V. d'ailleurs *inf.* n°s 215 à 222.

Mais les habitans qui ont un intérêt direct et individuel à la contestation peuvent être reprochés , par exemple , lorsqu'il s'agit d'un droit d'usage. Aix, 12 déc. 1858 (Art. 1547 J. Pr.) ; — d'un droit de passage. Cass. 17 mai 1827, S. 27, 492 ; — d'un terrain vague. Bourges, 7 déc. 1824, S. 25, 168. — V. d'ailleurs Poitiers, 16 nov. 1826, S. 28, 58 ; Toulouse, 4 juin 1828, S. 28, 275.

193. 3° Les parens ou alliés du conjoint *de l'une ou de l'autre partie*, soit en ligne directe, soit au premier degré de la ligne collatérale, quand bien même le conjoint décédé n'aurait pas laissé d'enfant. C. pr. 283.

Cette disposition ne s'applique pas à l'allié de l'allié de la partie. En conséquence, n'est pas reprochable celui qui a épousé la belle sœur de la femme de la partie adverse. Cass. 5 prair. an 13; Carré, n° 1104; Thomine, 1, 484.

Le défendeur à une enquête ne peut reprocher les témoins produits par le demandeur, sous prétexte qu'ils sont parens au degré prohibé avec des personnes assignées en garantie, postérieurement au jugement qui a ordonné l'enquête; autrement, il dépendrait de lui d'écarter le témoignage de personnes dont il aurait à redouter les déclarations. Cass. 24 juin 1828, S. 28, 434.

Les reproches pour cause de parenté ou d'alliance, sont valablement proposés par la partie parente ou alliée du témoin. Rennes, 6 janv. 1830, S. 50, 73. — V. *sup.* n° 136.

194. 4° Les héritiers présomptifs de l'une des parties (C. pr. 283) : ils ont intérêt à favoriser celui auquel ils doivent succéder, et qui peut les priver de sa succession. Pigeau, 1, 346.

195. 5° Les donataires de l'une des parties (C. pr. 283). S'il s'agit d'un donataire de biens présens, la reconnaissance doit le porter à favoriser son donateur; et s'il s'agit d'un donataire de biens à venir, au motif de reconnaissance vient se joindre sa dépendance vis-à-vis du donateur qui, par des voies indirectes, peut anéantir sa donation. Pigeau, *ib.* — V. *sup.* n° 188.

196. 6° Ceux qui ont bu et mangé avec la partie, et à ses frais, depuis la prononciation du jugement qui ordonne l'enquête (C. pr., *ib.*). — Le témoin n'est pas reprochable, s'il a mangé à ses frais, comme pensionnaire, par exemple, ou dans une maison tierce (Pigeau, *ib.*; Carré, n° 1109); — et même si la partie a mangé chez le témoin en cette qualité. Vainement on prétend que celui qui prend un pensionnaire vit au moins pour partie aux dépens de ce pensionnaire : telle n'est pas la cause de reproche que la loi a prévue et indiquée dans l'art. 283. Paris, 10 mars 1809; Rennes, 4 juill. 1814, P. 7, 435; 12, 293; Carré et Pigeau, *ib.*

197. 7° Ceux qui ont donné des certificats sur les faits de l'enquête (C. pr. *ib.*). Ils sont liés par les certificats qu'ils ont délivrés, et n'ont plus l'indépendance nécessaire pour déposer avec impartialité. Pigeau, *ib.*

198. Peu importe que le certificat soit constaté par un acte sous seing-privé, ou passé devant notaire. Carré, *ib.* n° 1111.

199. On entend ici par *certificat* un avis spontané et essentiellement volontaire, et non pas une déclaration donnée à la suite d'une sommation à laquelle le témoin se serait vu dans l'obligation d'obtempérer. Cass. 25 juill. 1826, S. 27, 29; Thomine, 1, 484; Carré, n° 1110.

200. *Quid*, si le témoin a délivré un certificat sur des faits relatifs au procès, mais étrangers à ceux dont la preuve est ordonnée? — D'un côté, l'on peut dire : les termes de l'art. 283 sont généraux, et ne font aucune distinction : d'ailleurs, le témoin qui a donné à une partie un certificat sur des faits du procès, a déjà manifesté pour elle un intérêt qui peut le faire soupçonner de partialité. — Mais nous croyons qu'il faut s'attacher à l'esprit plutôt qu'au texte de l'art. 283, et que cet article n'a d'application qu'au cas où le certificat a été délivré sur les faits mêmes du procès. Paris, 24 mai 1811, P. 9, 345. — *Contrà*, Hautefeuille, 158; Carré, n° 1112.

201. Le notaire et les témoins d'un acte public ne peuvent être reprochés lorsqu'ils sont appelés à déposer sur les faits qui ont été l'objet de cet acte : la raison en est que le notaire qui a reçu l'acte, et les deux témoins instrumentaires qui l'ont signé, ayant un caractère légal, n'ayant rempli qu'un ministère avoué par la loi, et qu'ils ne sauraient refuser, ne peuvent être assimilés à ceux *qui ont donné des certificats sur les faits relatifs au procès*, dans le sens de cet article. Cass. 25 nov. 1812, S. 13, 174; Toullier, 9, n° 309.

Ainsi, ne peut être reproché, le notaire qui a reçu un acte argué de nullité pour défaut de consentement, résultant de l'état d'ivresse de l'une des parties contractantes. — *Contrà*, Bourges, 6 juin 1825, S. 26, 154. — Le témoin instrumentaire d'un acte argué de faux. Angers 21 mars 1815, S. 17, 16; Cass. 12 juill. 1825, S. 26, 310; Cass. 12 avr. 1834, 12 mars 1838 (Art. 68 et 1123 J. Pr.). — L'huissier qui a signifié les actes de la procédure, et qui, dans l'un d'eux, a constaté les déclarations de la partie à laquelle les actes ont été signifiés. Bordeaux, 13 juin 1837 (Art. 1033 J. Pr.).

Mais on peut reprocher les membres du conseil de famille ou les conseillers municipaux, qui non seulement ont concouru à la délibération tendante à autoriser le procès (— V. *inf.* n° 221), mais qui, en outre, ont personnellement attesté, soit lors de la délibération, soit par des actes séparés, l'existence des faits qui font l'objet de l'enquête. Cass. 2 juill. 1835 (Art. 157 J. Pr.).

202. 8° Les serviteurs ou domestiques de la partie. C. pr. 283. — Toutefois, l'exception admise autrefois en matière de divorce (C. civ. 251), s'applique à la *séparation de corps*. —V. ce mot.

203. Le reproche fondé sur l'état de domesticité n'est proposable et admissible qu'autant que le témoin est *actuellement* au service de la partie qui requiert son audition, c'est-à-dire au temps de l'enquête; ou bien encore lorsqu'il n'a quitté ce service que depuis le jugement qui l'a ordonnée, et qu'il y a lieu de croire que sa sortie a été convenue avec le maître pour qu'il puisse être entendu en témoignage. Carré, n° 1116.

Mais le reproche ne doit pas être admis si le témoin a quitté le service de la partie long-temps avant ce jugement.

Si c'est peu de temps avant, et qu'il y ait motif de suspicion, il faut, tout en écartant le reproche, avoir, lors du jugement définitif, tel égard que de raison à la déposition du témoin. Rennes, 1er août 1817; Carré, *Ib.*; Thomine, 1, 485.

204. Par *domestique*, on entend non seulement les serviteurs à gages, mais encore ceux qui vivent à la même table, soit gratuitement, soit à raison des services qu'ils rendent au maître de la maison, pourvu qu'il y ait supériorité et dépendance de l'un envers l'autre. Toullier, 9, 4, 314; Carré, n° 1115; Thomine, n° 333. — V. d'ailleurs *Huissier, Notaire.*

205. Ne peut pas être reproché, comme domestique, le précepteur ou instituteur des enfans de l'une des parties. Riom, 28 nov. 1828, D. 29, 206. — V. d'ailleurs *Ouvrier.*

206. 9° Ceux qui *sont* en état d'accusation. C. pr. 283.—Le jugement doit rejeter le reproche si, lors de la prononciation, le témoin a été acquitté. — La partie qui a intérêt à ce que la déposition de ce témoin soit connue, peut, même le jugement ayant été rendu pendant l'état d'accusation, et le reproche accueilli, demander que cette déposition soit lue, en justifiant de l'acquittement du prévenu. Pigeau, 1, 349; Carré, n° 1117.

207. 10° Ceux qui ont été condamnés à une peine afflictive et infamante, ou même à une peine correctionnelle pour cause de vol. C. pr. 283.

208. Ils peuvent être reprochés, quoiqu'ils ne soient admis à rendre témoignage que pour donner de simples renseignemens: en effet, les simples renseignemens ou déclarations pourraient influer sur la décision du juge. La seule différence qui existe entre le condamné à l'une des peines ci-dessus énoncées, et le témoin reprochable pour toute autre cause, c'est que, s'il n'est pas reproché, le juge-commissaire ne peut recevoir sa déclaration que comme simple renseignement, et que, dans le cas même où il aurait prêté serment, le trib. ne pourrait la considérer comme déposition. Carré, *ib.* n° 1119.

209. Le condamné à l'une de ces peines n'est pas *à jamais* reprochable. — Il cesse de l'être lorsqu'il a repris l'exercice de ses droits de citoyen, c'est-à-dire lorsque, condamné à une peine afflictive et infamante, il a été réhabilité. — Ou lorsque, condamné à une peine correctionnelle, il a subi cette peine, et n'a pas été ou n'est plus interdit des droits mentionnés à l'art. 42 C. pén. Carré, n° 1120.

210. Il n'est pas nécessaire de reprocher un individu con-

damné à une peine emportant mort civile : il ne peut, dans
aucun cas, porter de témoignage en matière civile. C. civ. 25;
Carré, *ib.*

211. La grande jeunesse du témoin n'est pas une cause de
reproche : les individus âgés de moins de quinze ans révolus
peuvent être entendus, sauf à avoir à leurs dépositions tel égard
que de raison. C. pr. 285.

Ils doivent prêter serment (pourvu qu'ils en connaissent l'importance). S'il en est autrement en matière criminelle, c'est
qu'alors ils ne donnent que de simples renseignemens (C. I.
crim. 79); mais l'art. 285 C. pr. les autorise à *déposer;* et toute
déposition doit être assermentée. Carré, art. 285.—*Contrà,* Thomine, n° 336.

La loi n'a pas déterminé jusqu'à quel âge au-dessous de quinze
ans il serait permis de recevoir des témoignages; c'est au juge
à apprécier si l'intelligence du témoin est suffisante pour qu'il
ait pu remarquer les faits et entendre les discours sur lesquels
il s'agit de déposer. Cette intelligence peut être différente selon
les circonstances et les individus ; il est impossible de donner
aucune règle à cet égard. Carré, n° 1122. — V. d'ailleurs *Mineur.*

Jugé qu'il faut distinguer entre des faits qui frappent le témoin d'une manière physique, et ceux pour lesquels l'enfant
devrait faire usage de ses moyens intellectuels. Pau, 18 mai
1837.

212. Le trib. est tenu d'admettre les causes de reproches
énoncées dans l'art. 283 C. pr. lorsqu'elles sont justifiées : il y
a alors présomption *légale* de partialité de la part du témoin. Si
l'art. 284 exige que la déposition du témoin reproché soit reçue,
c'est que le juge-commissaire n'a pas qualité pour examiner si
le fait allégué rentre ou non dans les cas prévus par l'art. 283.
Bruxelles, 16 juill. 1820, S. 30, 142; Rennes, 6 janv. 1830,
S. 30, 75; Bourges, 15 fév. 1832, S. 32, 445; Riom, 20 fév.
1830, S. 30, 326; Locré, *Esprit du C. comm.,* p. 507 et 508;
Thomine, n° 554. — *Contrà,* Douai, 23 fév. 1828, S. 28, 242;
Grenoble, 16 fév. 1829, S. 29, 164; Riom, 21 déc. 1829, S.
30, 75; Aix, 13 déc. 1831, S. 52, 1, 58; Carré, n° 1102; Delaporte, 1, 281; Toullier, 9, n° 501.

213. Mais le trib. peut-il admettre d'autres causes de reproches que celles énumérées dans l'art. 283 C. pr.?

Cette question divise la jurisprudence.—V. *inf.* n° 214 à 222.

214. *Premier système.* L'énumération que fait l'art. 283 est
limitative : le droit qu'a tout citoyen de déposer en justice ne
peut lui être enlevé qu'en vertu d'une disposition expresse de
la loi.

Lors de la rédaction du Code, on n'a eu aucun égard aux

observations de différentes Cours d'appel, qui proposaient que *les reproches fondés sur d'autres causes fussent appréciés par les trib. qui pourraient les admettre ou les rejeter.* — Les juges doivent seulement avoir tel égard que de raison aux moyens propres à faire considérer la déposition du témoin comme peu digne de foi. Paris, 24 mai 1811, P. 9, 345; Locré, *Esprit C. comm.*, 4, 313; Thomine, 1, n° 334. —V. d'ailleurs *sup.* n°ˢ 191, 192.

215. Ainsi l'on ne peut alléguer comme cause de reproche : — 1° La parenté réciproque des témoins entre eux : l'art. 283 ne parle que de la parenté ou de l'alliance des témoins avec une des parties. Carré, n° 1107. — Ainsi jugé à l'égard des témoins instrumentaires d'un testament. Bruxelles, 25 mars 1806, P. 5, 250.

216. 2° La qualité d'héritier ou de donataire de l'une des parties relativement aux témoins. Jousse, art. 14, ordonn. 1667, tit. 22; Carré, n° 1108; Duranton, 13, n° 376.

217. 3° L'état de mendicité du témoin : le juge appréciera sa déposition. Rennes, 12 janv. 1810, P. 8, 30.

218. 4° L'infirmité de surdité et de mutisme : le témoignage du sourd et muet peut être recueilli. —V. *inf.* n° 259.

219. 5° L'abstention volontaire d'un juge : vainement on oppose qu'il ne pouvait abdiquer la qualité de juge pour prendre celle de témoin, et exercer ainsi une plus grande influence sur l'esprit de ses collègues. Cass. 24 juin 1828, S. 28, 434.

Même décision dans une cause où le juge avait fait l'office de conciliateur. Orléans, 4 avr. 1810, P. 8, 230.

220. 6° La qualité de juge de 1ʳᵉ inst. ayant concouru au jugement, sur l'appel duquel la Cour a ordonné l'enquête, pourvu qu'il ne s'agisse que de constater un fait postérieur au jugement. Paris, 17 juill. 1829, S. 29, 338. — Par exemple, que des registres qui avaient passé sous les yeux des juges avaient subi des altérations depuis le jugement attaqué. Ce fait n'a pu exercer aucune influence sur la décision du juge, et le magistrat peut déposer sans compromettre son caractère; mais le juge-commissaire qui a ouvert le procès-verbal d'enquête, ne peut être remplacé, pour ensuite être entendu comme témoin relativement à un fait antérieur à sa nomination. Grenoble, 20 août 1825; D. 26, 55.

221. 7° L'autorisation donnée par le témoin en qualité de membre d'un conseil de famille, à l'effet d'intenter le procès (Paris, 10 mars 1809), P. 7, 435; Toullier, *ib.*; Carré, *ib.* n° 1113.—Ou par des conseillers municipaux, à l'effet, par la commune, d'intenter le procès qui a donné lieu à l'enquête. Cass. 25 juill. 1826, S. 27, 59.—Leurs concours à la délibération ne peut être assimilé à un certificat par eux donné sur les faits relatifs au procès.

222. *Deuxième système :* — Le seul but de l'art. 283 C. pr. a été de donner le droit de faire écarter un témoin dont la déposition n'est pas sincère ; par conséquent, il convient de laisser au juge la faculté de le faire toutes les fois qu'il a de justes motifs de suspecter sa bonne foi ou ses dispositions personnelles. Favard, 3, 366 ; Toullier, 9, n° 291 ; Carré, n° 1101 ; Pigeau, *Comm.*, art. 283, S. 535 ; Duranton, 13, n° 582 ; Armand Dalloz, v° *Témoin*, n° 26 et suiv.

Les dispositions de l'art. 283 ne sont que démonstratives et non limitatives. Angers, 28 juin 1825, D. 24, 2, 11 ; rejet, 5 juill. 1820, S. 21, 107. — Dans cette dernière espèce, on a admis comme causes de reproches contre les témoins qu'ils avaient un intérêt direct à la vérification du fait en litige, ou un procès civil avec l'autre partie, ou qu'ils étaient ses débiteurs.

Il appartient aux juges d'apprécier les motifs d'intérêt personnel qui peuvent rendre un témoin suspect de partialité et reprochable. Rejet, 12 déc. 1831, S. 52, 58. — Dans l'espèce, la C. roy. avait reconnu qu'indépendamment de sa qualité de parent de l'une des parties, des soupçons graves de partialité s'attachaient au témoignage du témoin, que ce témoin avait mis sa déposition au prix du plus haut intérêt, que le même témoin avait écrit aux parties des lettres qui présentaient le caractère de certificats.—Pour des dommages-intérêts relatifs aux dégâts causés à un bois, l'arrêt qui se borne à déclarer qu'à raison de la nature de son service et de l'intérêt qu'il pouvait avoir, un garde devait être reproché comme témoin, ne fait qu'une appréciation des circonstances qui échappe à la censure de la C. de cassation. Rejet, 15 fév. 1837 (Art. 740 J. Pr.).

Le premier système nous paraît préférable.

223. Le témoin reproché doit être entendu dans sa déposition. C. pr. 284. — Le juge-commissaire n'a pas qualité pour apprécier seul la validité des reproches. Thomine, n° 335. — V. toutefois *inf.* n° 234.

224. *Par qui les reproches sont proposés.* Les reproches sont proposés par la partie ou par son avoué. Ce dernier n'a pas besoin d'un pouvoir spécial et par écrit, ainsi que l'exigeait l'ordonnance de 1667 ; le mandat qui résulte de sa constitution lui suffit. Carré, n° 1064 ; Thomine, 1, 468.

Toutefois la prudence conseille à l'officier ministériel de demander un pouvoir et d'y indiquer la nature des reproches, lorsqu'ils auront de la gravité, pour mettre sa responsabilité à couvert (—V. *inf.* n° 226). Carré et Thomine, *ib.*

225. La partie peut, en l'absence, et sans l'assistance de son avoué, reprocher les témoins : la loi lui donne le droit d'agir directement et sans le concours d'un officier ministériel : c'est ce qui résulte de l'art. 261, qui n'impose pas à la partie qui a

fait défaut lors du jugement interlocutoire l'obligation de constituer avoué avant de comparaître à l'enquête. Thomine, 1, 466.

226. Les avocats n'ont pas qualité pour proposer des reproches, — à moins qu'ils ne soient autorisés par la partie ou par
l'avoué : ils ne peuvent que développer les conclusions prises
par l'avoué, ou par la partie elle même, et non pas en poser de
nouvelles. Thomine, 1, 468.

227. Le juge ne peut suppléer d'office les reproches qui
n'intéressent que la partie.—Mais il doit refuser d'entendre les
témoins dans les cas de l'art. 268. C. pr. (— V. *sup.* n° 136).

228. *Quand les reproches doivent être proposés.* Les reproches
sont proposés avant la déposition du témoin , qui est tenu de
s'en expliquer ; ils doivent être circonstanciés et pertinens, et
non conçus en termes vagues et généraux.—Les reproches et les
explications du témoin sont consignés dans le procès-verbal.
C. pr. 270.

229. Si les reproches proposés avant la déposition ne sont
pas justifiés par écrit, la partie est tenue d'en offrir la preuve,
et de désigner les témoins ; autrement elle n'est plus reçue :
le tout sans préjudice des réparations et dommages et intérêts
qui peuvent être dus au témoin reproché. C. pr. 289.

230. Cette preuve doit-elle être offerte *à peine* de déchéance,
à l'instant même où les reproches sont proposés ?

L'affirmative semblerait résulter des termes de l'art. 289.

Mais si le législateur cût voulu qu'il en fût ainsi, il l'aurait
dit dans l'art. 290, qui cependant ne contient aucune disposition
à ce sujet. L'art. 289 n'est qu'un corollaire des art. 286, 287
et 288 qui le précèdent immédiatement, et qui règlent la manière dont les reproches doivent être jugés : ce n'est donc qu'a-
près la clôture des enquêtes que la partie doit offrir la preuve
des reproches qu'elle a opposés, et désigner les témoins. Ce qui
le prouve encore davantage, c'est que l'art. 71 du tarif autorise,
pour cette offre et cette désignation , un acte, et même une réponse à cet acte, ce qui ne saurait se concilier avec une offre
faite sur le procès-verbal, au moment de la comparution du
témoin. Montpellier, 26 avr. 1831, S. 32 , 86 ; Berriat, 295,
note 50 ; Carré, n° 1066 ; Delaporte, 1, 283 ; Pigeau, 1, 344.
— *Contrà.* Orléans, 4 avr. 1810, P. 8 , 250 ; Rennes, 4 juill.
1814, P. 12, 295 ; Toulouse, 22 juin 1831, S. 31, 551 ; Commaille, 1, 503 ; Thomine et Demiau, art. 270 ; Hautefeuille,
158.

231. La preuve, s'il y échet, est ordonnée par le trib. sauf
la preuve contraire. C. pr. 290.

232. Cette seconde enquête est faite suivant les règles
établies pour les matières sommaires ; elle est par conséquent
verbale.

Mais pour qu'elle ne soit pas suivie d'une troisième, aucun reproche n'y peut être proposé, s'il n'est justifié par écrit. C. pr. 290.

233. Si les reproches sont justifiés par écrit, ils peuvent être proposés même après la déposition du témoin. C. pr. 282.

On entend par reproches *justifiés par écrit*, ceux qui sont prouvés par titre : par exemple, lorsqu'il résulte d'un acte authentique que le témoin qui a déposé est parent de l'une des parties au degré prohibé, ou qu'il a délivré un certificat concernant les faits sur lesquels son témoignage est invoqué. Carré, n° 1000.

234. *Jugement sur les reproches.* Il est prononcé sommairement sur les reproches. C. pr. 287.

Il n'est pas indispensable que les mêmes juges statuent sur les reproches et sur le fond ; les deux décisions qui interviennent à ce sujet sont différentes et absolument indépendantes. Carré, n° 1127. — Cependant si la cause est en état, il peut être prononcé sur le tout par un seul jugement. C. pr. 288.

235. Lorsque les reproches sont admis, la déposition du témoin reproché n'est point lue. C. pr. 291. — Dans ce cas, cette déposition est sans force ; on ne doit pas y ajouter foi : la loi, pour qu'elle ne puisse produire aucune impression sur les juges, leur interdit de s'en faire donner lecture.

236. Quoique la déposition d'un témoin reproché ait été lue en première instance, les juges doivent, avant de prononcer au fond, décider si les reproches ont été valablement rejetés. Le jugement que le trib. de 1re inst. a porté sur la nature des reproches, peut en effet avoir influé sur sa décision au fond. Rodier, art. 4, tit. 22, ordonn. 1667 ; Carré, n° 1128.

§ 8. — *Procès-verbal d'enquête et audition des témoins.*

237. Le procès-verbal d'audition des témoins est mis à la suite du procès-verbal d'ouverture — V. sup. n° 124.

Toutefois, si le juge-commissaire n'a pas ouvert son procès-verbal lors de la délivrance de l'ordonnance à l'effet d'assigner les témoins, il n'y a pas nullité. — Le juge peut faire cette ouverture le jour même de l'audition des témoins, pourvu qu'il mentionne la réquisition et la délivrance de l'ordonnance. Caen, 10 nov. 1827, S. 28, 551 ; Thomine, 1, 450.

238. Ce magistrat procède à l'audition le jour fixé par son ordonnance.

Dans l'usage, on ne commence qu'une heure après celle indiquée. Carré, n° 1026.

239. L'audition peut être remise à un autre jour, s'il y a empêchement. Metz, 15 janv. 1811, P. 9, 30.—Dans l'espèce, le terrain sur lequel les témoins devaient être entendus se trouvait ce jour-là couvert de neige.

240. Le procès-verbal énonce, *à peine de nullité* : — 1° la date des jour et heure ; les remises à autres jour et heure, si elles sont ordonnées. C. pr. 269, 275.

241. 2° Les comparutions ou défauts des parties et témoins. C. pr. 269, 275.

242. Les parties, à la différence de ce qui avait lieu sous l'ordonnance de 1667(—V. *sup.* n° 138), ont le droit d'être présentes à l'audition des témoins. C. pr. 262. — V. toutefois, C. pr. 893, et *Interdiction*.

Les parties peuvent se faire assister de leurs avoués. C. pr. 270, — et même de leurs avocats. —V. ce mot, n° 47, et d'ailleurs art. 105 décr. 30 mars 1808.

243. La partie qui a des moyens de nullité à faire valoir doit les présenter avant que les témoins aient déposé. —V. *inf.* n° 252. — Il en est de même des reproches. — V. *sup.* n° 228.

244. 3° La représentation des assignations. C. pr. 269, 275.

245. Relativement à la partie défenderesse, on énonce la représentation de la copie de l'assignation qui lui a été donnée pour assister à l'enquête, et la notification à elle faite des noms, professions et demeures des témoins à produire. C. pr. 261, 275.

246. Relativement aux témoins, on énonce que chacun d'eux a représenté la *copie* de l'assignation qui lui a été donnée pour comparaître (C. pr. 269) : la mention générale de la représentation des *originaux* des assignations ne satisfait pas au vœu de la loi ; — Limoges, 4 juill. 1827, S. 28, 261. — Toutefois, en cas de perte de la copie, il suffit que le poursuivant représente l'original de l'assignation constatant que le témoin a été réellement cité, et qu'il soit fait mention de la circonstance qui ne lui a pas permis de représenter sa copie. Carré, n° 1059 ; Favard, v° *Enquête*, p. 363.

Si l'on avait des doutes sur l'identité du témoin, on pourrait faire des réserves à cet égard.

247. La mention de la représentation des assignations doit être expresse. — Il ne suffit pas que le procès-verbal énonce la date des assignations. Cass. 4 janv. 1813, P. 11, 5.

248. 4° Que chaque témoin, avant d'être entendu, a déclaré ses noms, profession, âge et demeure ; s'il est parent ou allié de l'une des parties, à quel degré, et s'il est serviteur ou domestique de l'une d'elles. C. pr. 262, 275.

249. La mention au procès-verbal de cette circonstance que le témoin a lui-même déclaré ses noms, profession, âge, etc., est-elle indispensable ?

Jugé, 1° qu'il suffit que la vérité de ces énonciations soit reconnue par le témoin qui a signé après lecture faite, et qui a dé-

claré y persister. Bruxelles, 5 juill. 1809, P. 7, 666; Carré,
n° 1027. — *Contrà*, Favard, v° *Enquête*, p. 563.

2° Qu'il n'y a pas nullité pour défaut de mention des
noms , profession et demeures des témoins, au fur et à mesure de leurs dépositions, si les exploits d'assignations qui renferment ces énonciations se trouvent visés et relatés dans le procès-verbal. Cass. 27 mai 1825, D. 12, 584, n° 12 ; — dans l'espèce, l'enquête avait été reçue par un juge de paix délégué. —
V. d'ailleurs *sup*. n° 66.

250. Peu importe l'erreur dans l'indication du domicile d'un
témoin, si d'ailleurs l'identité est constante; — par exemple si
elle résulte des reproches présentés contre lui. Bruxelles, 9 nov.
1818, D. 12, 575, n° 16.

251. Jugé que la mention que les témoins ne *sont aux gages*
d'aucune des parties ne remplit pas la prescription de la loi.
Metz, 19 juin 1811, P. 9, 404. — V. *sup*. n° 205.

252. 5° Les reproches qui ont été proposés par une des parties contre certains témoins, et les explications de ceux-ci.
(C. pr. 270, 275), et les moyens de nullité qui ont été proposés.

253. 6° Que le témoin a fait serment de dire la vérité. C.
pr. 262, 275.

254. La promesse de dire la vérité ne peut remplacer le *serment*. — V. ce mot.

255. Le serment est valable, lorsqu'il est prêté selon le mode
prescrit par la religion du témoin. — Ainsi le quaker qui affirme en son âme et conscience satisfait au vœu de la loi. Cass.
28 mars 1810, P. 8, 212.

256. La mention que le serment (fait par un juif) a été prêté
more judaico a été déclarée insuffisante. Colmar, 26 juill. 1814,
P. 12, 333.—Il est nécessaire de constater les formalités qui ont
été observées. — V. *sup*. n° 255.

257. Mais le témoin conserve-t-il la faculté de prêter *serment*
en la forme ordinaire? — V. ce mot.

258. 7° Que les témoins ont déposé sans lire aucun projet
écrit. — Pour soutenir que le défaut de cette mention n'entraîne
point la nullité, on dit : la première partie de l'art. 271 n'indique point une formalité proprement dite, mais prononce une
simple prohibition ; il est à présumer qu'elle a été respectée
dès que le procès-verbal ne contient rien qui autorise à croire
que le témoin ait eu ou remis un projet; d'autant plus que les
parties présentes à l'enquête ne manqueraient pas de s'opposer
à ce que la déposition fût donnée autrement que de vive voix.
Si l'art. 275 rappelle l'art. 271, c'est qu'il contient des formalités positives dont l'accomplissement doit être mentionné,
telles que la lecture et l'interpellation au témoin s'il persiste
dans sa déposition. Metz, 19 avr. 1811, P. 9, 270; Limoges,

1er août 1814, D. 12, 582; Rennes, 12 mars 1812, p. 10, 206;
11 avr. 1815, P. 12, 672; 12 avr. 1816; 23 fév. 1820, 150;
Caen, 4 août 1829, S. 29, 236.

Mais on répond avec raison : l'art. 275 C. pr. exige, *à peine
de nullité*, la mention de l'accomplissement de *tout* ce qui est
prescrit par l'art. 271, sans distinction. Rennes, 28 juill. 1814,
P. 12, 356; Orléans, 10 janv., 13 avr. 1821; Carré, n° 1068.

259. Quant au témoin sourd ou muet on indique qu'il a
écrit sa déposition en présence du juge-commissaire; il ne peut
l'apporter tout écrite. Carré, n° 1067. — S'il ne sait pas écrire,
le juge-commissaire nomme d'office au témoin un interprète.
Cet interprète prête serment, et le greffier transcrit la déclaration qu'il transmet. Arg. C. inst. crim. 332; Nîmes, 27 août
1821, S. 22, 117; Carré, *ib.*; Favard, v° *Enquête*, p. 368;
Thomine, 1, 472. —V. *sup.* n° 232. — Il est également nommé
un interprète au témoin étranger. Merlin, v° *Enquête*.

260. 8° Que les témoins ont été entendus séparément.
C. pr. 262, 275; Rennes, 28 juill. 1814, P. 12, 336; Limoges,
4 juill. 1827; Hautefeuille, 164. — V. *inf.* n° 280.

La mention suivante : les formalités de l'art. 262 C. pr. ont
été observées, suffirait-elle? — V. *inf.* n° 280.

261. La déposition est consignée sur le procès-verbal (à
peine de nullité, C. pr. 271); telle qu'elle est dictée par le
témoin.

Toutefois si le témoin est incapable d'exprimer ses idées assez
nettement pour que l'on puisse écrire sous sa dictée, le juge-
commissaire intervient. — Ce magistrat doit être un traducteur
fidèle. Il a soin de rendre toute la pensée du témoin, de reproduire, autant que cela est possible, les termes même employés
par le témoin; enfin, il fait en sorte que la déclaration écrite
soit l'expression exacte de la déclaration verbale. Carré, n° 1071.

262. 9° Que la déposition a été lue au témoin; qu'il lui a
été demandé s'il y persistait. C. pr. 271, 275.

263. Lors de la lecture de sa déposition, le témoin peut faire
tels changemens et additions que bon lui semble; ils sont écrits
à la suite ou à la marge de sa déposition : il peut être utile de
savoir ce que le témoin a dit d'abord, et si la modification provient de ce que le juge aurait mal compris ou de ce que le témoin aurait varié. Thomine, 1, 474. — Lecture est donnée au
témoin de ces changemens et additions, ainsi que de la déposition, et mention en est faite : le tout à peine de nullité. C. pr.
272, 275.

264. Toutefois une déposition qui contiendrait des ratures
ne serait pas nulle, si ces ratures étaient approuvées pour le
nombre de mots et de lignes raturées.

265. Rien ne doit être écrit en interligne. Ordonn. 1667, tit. 22, art. 18 ; Arg. C. pr. 272.

266. Au cas de refus du juge-commissaire de faire les changemens demandés par le témoin, celui-ci doit ou refuser de signer, ou protester, en signant, du défaut d'exactitude dans la rédaction. — S'il ne sait pas signer, il doit immédiatement après être sorti de la chambre du conseil, et avant d'avoir conféré avec aucune des parties, faire sa protestation en présence de témoins : une protestation tardive pourrait en effet être réputée suggérée. Rodier, art. 22, tit. 51, ordonn. 1667 ; Carré, n° 1074.

267. Le juge-commissaire a le droit, soit d'office, soit sur la réquisition des parties, ou de l'une d'elles, de faire au témoin les interpellations qu'il croit convenables pour éclairer sa déposition, et les faits sur lesquels il est appelé à déposer ; mais il ne peut pas adresser des interpellations qui auraient pour résultat de lui faire donner des déclarations étrangères à ces faits. Grenoble, 26 juin 1830, D. 30, 264 ; Rodier, art. 12, tit. 22, ordonn. 1667 ; Carré, n° 1078.

268. Toutefois, il ne peut s'opposer à ce que les témoins déposent de faits autres que ceux admis par le jugement qui ordonne l'enquête, et se refuser à l'insertion de la déposition dans son procès-verbal. Le trib. seul peut en effet décider si cette partie de la déposition est utile. Duparc-Poullain, 9, n° 110 ; Carré, n° 1079.

269. Mais, si les faits dont dépose le témoin étaient étrangers au procès, le juge pourrait interrompre le témoin et se refuser à l'insertion de ces faits dans son procès-verbal.

270. Les interpellations du juge-commissaire doivent, autant que possible, n'être adressées au témoin qu'après sa déposition. S'il en était autrement, le témoin ne déposerait pas, mais répondrait à un interrogatoire. La déposition doit donc être rédigée dans un seul contexte, et les interpellations n'avoir lieu qu'ultérieurement. Carré, n° 1076.

271. La partie ne peut ni interrompre le témoin dans sa déposition, ni lui faire aucune interpellation directe : elle est tenue de s'adresser au juge-commissaire, à peine de 10 fr. d'amende, et de plus forte amende, même d'exclusion, en cas de récidive ; ce qui est prononcé par le juge-commissaire. C. pr. 276.

272. Les ordonnances du juge-commissaire sont exécutoires, nonobstant appel ou opposition. C. pr. 276.

273. Les réponses du témoin sont signées de lui, après lui avoir été lues, ou mention est faite, s'il ne veut ou ne peut signer. Elles sont également signées du juge et du greffier : le tout à peine de nullité. C. pr. 273.

Si des interpellations ont suivi la déposition, il n'est pas besoin que le témoin appose deux signatures : l'une au bas de la déposition, et l'autre à la suite des interpellations ; une seule suffit. Demiau, art. 273 ; Pigeau, 1, 551 ; Carré, n° 1077.

274. L'énonciation que le témoin ne sait pas écrire ne supplée pas la mention qu'il ne sait pas signer. Cass. 14 août 1807 ; Carré, n° 1082. — V. *Domme*, n° 54.

275. Lorsque les changemens et additions sont écrits à la marge, il ne suffit pas de les parapher ; ils doivent être suivis des signatures, en toutes lettres, des témoins, du juge et du greffier : l'art. 274 est formel à cet égard. Si un simple paraphe a été apposé, il y a nullité, sinon de la déposition entière, du moins des changemens et additions non signés. **Carré,** n° 1081.

276. Lorsque le témoin a terminé sa déposition, le juge-commissaire lui demande s'il requiert taxe. (C. pr. 271).

La mention de cette formalité ne se rattachant à aucune considération grave, on a pensé qu'elle n'était pas indispensable ; d'ailleurs, l'art. 271 ne porte la peine de nullité que relativement aux dispositions qui précèdent celles relatives à la taxe. L'art. 277 n'exige pas non plus à peine de nullité la mention de la taxe. Carré, n° 1072 ; Favard, 2, 368 ; Dalloz, 12, 581, n° 19 ; Thomine, n° 524 ; — toutefois l'art. 275 exige à peine de nullité, la mention de l'accomplissement de tout ce qui est prescrit par l'art. 271. Hautefeuille, 164 ; Pigeau, Crivelli, 1, 361 ; Pigeau, *Comm.* 1, 526.

277. Si le témoin requiert taxe, elle est faite par le juge-commissaire sur la copie de l'assignation, et elle devient exécutoire (C. pr. 277) ; — en sorte que le témoin, pour obtenir son paiement, peut faire, en vertu de cette ordonnance, toutes les poursuites autorisées pour l'exécution d'un jugement. Carré, n° 1086.

278. Lorsque la déposition est achevée et que le juge, le greffier et le témoin ont signé, l'enquête est close et finie à l'égard de ce témoin. Il ne peut plus, sous prétexte d'erreur ou d'oubli, demander à ajouter à son témoignage ou à le rétracter. Autrement, une fois hors de la présence du juge, il serait exposé à diverses suggestions. Favard, *ib.* 368 ; Carré, n° 1075 ; Thomine, 1, 476.

Le juge ne peut même pas d'office rappeler le témoin et lui faire de nouvelles interpellations. *Mêmes auteurs.*

279. Si les témoins ne peuvent être entendus le même jour, le juge-commissaire remet à jour et heure certains, et il n'est donné nouvelle assignation ni aux témoins, ni à la partie ; encore qu'elle n'ait pas comparu. C. pr. 267.

Dans ce cas, le juge-commissaire insère dans son procès-verbal l'indication des jour et heure auxquels l'enquête est continuée, et en donne lecture aux témoins. Arg. Tarif, 169 ; Thomine, 1, 463.

280. Faut-il, à peine de nullité, que lors de la clôture de l'enquête, on fasse la mention générale suivante : — « toutes les formalités prescrites par les art. 261, 262, 269, 270, 271, 272, 273 et 274 C. pr. ont été observées ? » — L'affirmative est enseignée par MM. Boncenne, 4, 312 ; Thomine, n° 326.

Selon les mêmes auteurs cette mention générale, en l'absence d'une mention détaillée faite au fur et à mesure de chaque déposition, satisfait au vœu de la loi.

Exprimer que les formalités prescrites par l'art. 262 ont été observées, c'est constater assez que les témoins ont été entendus séparément. Rejet Bordeaux, 9 nov. 1828, S. 29, 19. — Ainsi jugé par les motifs suivans : attendu que l'enquête ayant été faite à divers intervalles, il eût été plus régulier, sans doute, de faire mention de l'accomplissement du prescrit de l'art. 262 à la fin de chaque séance ; mais qu'une enquête, quoique divisée en plusieurs opérations, ne forme dans son ensemble qu'un tout et qu'un seul et même procès-verbal ; qu'ainsi la mention dont il s'agit se rapportant à toutes les opérations et à toutes les séances du juge-commissaire, il est vrai de dire que cette mention dans ses termes généraux a satisfait aux susdits art. 262 et 275. — Dans l'espèce, la Cour avait vu dans la mention que les témoins avaient prêté serment *individuellement*, la présomption que chaque témoin avait comparu et déposé séparément.

Mais la mention générale doit comprendre tous les articles ci-dessus, à peine de nullité de l'enquête, sauf à la recommencer aux frais du juge-commissaire (C. pr. 292). Boncenne, Thomine, *ib.*

Quant à nous nous pensons : 1° que chaque mention doit rappeler la nature et l'objet des dispositions de chacun des articles indiqués dans l'art. 275. — (Sans exprimer toutefois que telle formalité a eu lieu d'après tel article. Carré, n° 1085, note 1.) — Serait insuffisante la seule mention : déclarons que l'enquête a été *confectionnée* en conformité du C. de pr. et surtout de l'art. 275. Turin, 27 avr. 1813, P. 11, 325 ; Carré, n° 1085, note.

2° Que la mention doit être faite au fur et à mesure de l'accomplissement de chaque formalité, et pour chaque déposition. — C'est le seul moyen d'assurer la stricte observation de la loi. Autrement à quoi servirait que le juge fît constater, après un long intervalle peut-être, l'observation d'une formalité dont il a probablement perdu le souvenir ? On ne manquerait jamais de mettre à la fin du procès-verbal une clause conforme au texte de l'art. 275 C. pr. et cette clause deviendrait de style.

3° Que la mention générale demandée par MM. Boncenne et Thomine est complètement inutile, lorsque mention expresse et détaillée des formalités prescrites par les articles qu'énumère l'art. 275 C. pr. a été insérée dans le procès-verbal au fur et à mesure de leur accomplissement. Poitiers, 31 déc. 1822, D. 12, 583; Caen, 27 août 1827, D. 28, 67 ; Grenoble, 27 août 1829, D. 30, 220.

281. Les procès-verbaux sont signés à la fin par le juge, le greffier, et les parties, si elles le veulent ou le peuvent; en cas de refus de leur part, il en est fait mention : le tout à peine de nullité. C. pr. 275. — Cette disposition s'applique à la partie contre laquelle l'enquête est faite, comme à celle qui y fait procéder. Limoges, 4 juill. 1827, S. 28, 261.

282. La lecture de la totalité du procès-verbal aux parties, avant leur signature, n'est pas exigée à peine de nullité. Carré, n° 1084.

283. La signature apposée par les parties sur le procès-verbal ne peut leur être opposée comme une approbation des dépositions qu'il renferme et une renonciation aux nullités qu'il contient. Cette signature n'a pour objet que de constater la clôture de l'acte et la fin des opérations. — Au reste, les parties peuvent refuser de signer, et même faire des protestations, que le juge-commissaire est dans l'obligation d'insérer dans son procès-verbal. Cass. 31 janv. 1826, S. 26, 592; Limoges, 4 juill. 1827, S. 28, 261 ; Carré, n° 1085.

§ 9. — *Délai dans lequel les enquêtes doivent être achevées.*

284. L'enquête du demandeur doit être parachevée dans la huitaine de l'audition du premier témoin assigné à sa requête; et l'enquête du défendeur doit être terminée dans le même délai de huitaine, à partir de l'audition du premier témoin cité par lui, — (et non pas à dater de l'audition du premier témoin du demandeur. Metz, 26 mai 1820, D. v° *Enquête*, 870, note 2) à peine de nullité; — si le jugement qui l'a ordonnée n'a pas fixé un plus long délai. C. pr. 278.

285. Le délai n'est pas franc. Thomine, 1, 479. — V. *Délai*, n° 18 et 19.

286. Le délai court, non du jour indiqué par le juge-commissaire pour l'audition des témoins, mais bien de l'audition réelle de ceux-ci. C. pr. 278.

Conséquemment, si la partie n'avait pas fait entendre les témoins au jour indiqué par la première ordonnance, et en avait obtenu une seconde, indicative d'un nouveau jour, le délai ne devrait courir que de l'audition qui aurait eu lieu en verlu de cette seconde ordonnance. Turin, 19 avr. 1811, P. 9, 272. — *Contrà*, Thomine, 1, 479.

287. S'il est nécessaire de faire entendre de nouveaux témoins le juge-commissaire peut rendre une nouvelle ordonnance autorisant l'assignation de ces témoins. (—*Contrà*, Paris, 18 mai 1810, P. 8, 316). Mais ils devront nécessairement être entendus avant l'expiration de la huitaine de l'audition du premier des témoins déjà entendus. Cass. 3 déc. 1815, S. 16, 165.

288. *Prorogation du délai de l'enquête.* Le consentement réciproque des parties ne suffit par pour prolonger les délais de l'enquête.

Conséquemment la nullité résultant de ce que l'enquête a été faite hors des délais peut être opposée en tout état de cause, et n'est couverte par aucun acquiescement.

289. Mais si l'une des parties demande la prorogation de l'enquête dans le délai fixé pour sa confection, le trib. peut l'accorder. C. pr. 279.

Ce droit n'appartient jamais au juge commissaire. — Peu importe qu'il s'agisse d'assigner de nouveaux témoins, ou seulement des témoins défaillans. Cass. 17 déc. 1825, S. 24, 241. — Thomine, 1, 480.

290. La prorogation est demandée sur le procès-verbal du juge-commissaire (C. pr. 280). — Serait-elle nulle si elle était formée par requête au président du tribunal? — Non. La disposition de l'art. 280, indicative du premier mode, est séparée par deux points de la disposition finale, qui seule prononce la nullité pour un autre cas. On ne lit pas à la fin de l'article la clause : le tout à peine de nullité. Turin, 12 janv. 1811, P. 9, 24 ; Pigeau, *Comm.* 1, 552 ; Berriat, 291 ; Carré, n° 1094 ; Thomine, n° 550. — *Contrà*, Nîmes, 17 déc. 1819, D. 12, 586.

291. Il n'est pas nécessaire, à peine de nullité, que la demande de prorogation soit motivée, soit dans le procès-verbal, soit dans les conclusions déposées à l'audience ; il suffit que les circonstances qui nécessitent cette prorogation soient exposées au tribunal. Colmar, 1er juin 1822. D. v° *Enquête*, p. 871, note 5. Thomine, *ib.* 15. — *Contrà*. Turin, 20 août 1808, S. 14, 453.

292. On peut demander une prorogation avant la huitaine qui suit l'audition du premier témoin. L'art. 279 n'exige pas que la demande soit formée dans la dernière partie du délai de l'enquête. Cet article pose seulement une limite au-delà de laquelle la demande n'est plus recevable. Thomine, *ib.* — Il y a des circonstances dans lesquelles il est constant, avant même que l'enquête soit commencée, que les délais ordinaires seront insuffisans, or, il est naturel, dans ce cas, de donner aux parties le droit de demander une prorogation nécessaire au moment même de la délivrance de l'ordonnance du juge-commissaire (Carré, n° 1089; Favard, v° Enquête, 352). — Il est même des cas dans lesquels il est indispensable de demander la prorogation avant l'audition des témoins : tel est celui où il s'est glissé dans l'ordonnance du juge-commissaire quelque irrégularité ou omission qui en a empêché l'exécution. Turin, 19 avr. 1811, P. 9, 272 ; Carré, ib.

293. La partie qui a signifié des conclusions au fond postérieurement à sa demande en prorogation, n'est pas par cela même présumée avoir renoncé au bénéfice de cette demande. Limoges, 13 juin 1818, D. v° Enquête, p. 874, note 1.

294. La demande en prorogation est jugée sur le référé qui en est fait à l'audience, au jour indiqué par le juge-commissaire. C. pr. 280.

Toutefois, si le commissaire à l'enquête est un juge de paix, ou s'il appartient à un trib. autre que celui qui a ordonné l'enquête, il se borne à renvoyer les parties à se pourvoir au jour qu'il indique devant le trib. qui a ordonné l'enquête. Cette demande est un incident dont la décision ne peut appartenir qu'au juge saisi du principal : d'ailleurs, la partie qui réclame une prorogation de délais peut motiver sa demande sur des circonstances de nature à n'être bien appréciées que par les juges saisis de la contestation. Besançon, 4 mai 1808, D. v° Enquête, p. 873, n° 2 ; Carré, n° 1096 ; Favard, v° Enquête, 353 ; Pigeau, 1, 552. — Il n'y a pas lieu de nommer un juge rapporteur à l'effet de remplacer le juge-commissaire.

295. Il n'est pas nécessaire que le jour indiqué soit compris dans le délai fixé pour parachever l'enquête ; la demande à fin de prorogation est utilement formée le jour même où le délai va expirer : dans ce cas il serait impossible au juge-commissaire d'en référer au tribunal, s'il ne pouvait le faire que pendant le délai dont parle l'art. 279. C. pr., Carré, ib. n° 1095 ; Pigeau, 1, 279.

296. Si le défendeur fait défaut lors de la demande en prorogation, son adversaire se fait délivrer une expédition de la partie du procès-verbal qui constate cette demande et l'indication du jour pour comparaître devant le tribunal ; il la lui fait signifier, avec injonction de comparaître au jour fixé. Pigeau, 1, 558.

Aucune formalité n'est exigée, aucun acte n'est nécessaire, si les parties ou leurs avoués ont été présens. C. pr. 280.

297. La loi a laissé aux tribunaux l'appréciation des cas où il convient d'accorder une prorogation. Cass. 7 déc. 1831, S. 32, 21. — Ils doivent user de cette faculté avec une grande réserve.

298. Ainsi, la demande en prorogation n'est pas suffisam-

ment justifiée, par la simple allégation d'une partie qui déclare
avoir été indisposée, surtout lorsqu'elle ne prétend pas que
cette indisposition ne lui a pas permis d'indiquer ses témoins à
son avoué. Bruxelles, 29 juin 1813, S. 15, 239.

299. Mais la prorogation peut être accordée : 1° lorsque la
partie demande à faire entendre de nouveaux témoins : la justice
ne doit pas négliger ces nouveaux élémens de preuve, lorsqu'elle
les juge nécessaires; aucune disposition n'oblige, à peine de
déchéance, d'assigner en même temps tous les témoins. Colmar,
16 nov. 1810, S. 11, 265 ; 6 fév. 1816, S. 16, 114 ; Paris, 31
janv. 1811, P. 9, 66 ; Turin, 12 janv. 1811, P. 9, 24 ; Carré,
n° 1092 ; Thomine, 1, 480. — *Contrà*, Paris, 18 mai 1810,
P. 8, 316.

300. 2° Lorsque les témoins n'ont pu être entendus, — par
suite de leur refus de prêter serment. Pau, 11 mai 1830, D. 31,
77 ; — ou parce qu'ils n'ont pas eu le temps nécessaire pour
comparaître devant le juge-commissaire. Nîmes, 11 août 1828,
D. 29, 133.

301. La prorogation est valablement ordonnée, — encore
bien que le délai, pour commencer l'enquête, ait été fixé par
le jugement dans le cas de l'art. 258 C. pr. L'art. 279 ne distingue pas. Paris, 31 janv. 1811, P. 9, 66 ; Carré, n° 1090 ; Favard, v° *Enquête*, p. 352. — *Contrà*, Paris, 16 nov. 1810,
P. 8, 316. — V. d'ailleurs *inf.* Sect. III.

302. La fixation du délai pour la prorogation de l'enquête
est laissée à l'arbitrage du trib.; il peut dépasser huit jours. —
C'est au demandeur à faire connaître la nature des circonstances
qui en déterminent l'étendue. Carré, n° 1097 ; Demiau, art.
280 ; Favard, v° *Enquête*, p. 352.

303. La prorogation obtenue par une partie profite à son
adversaire; la preuve contraire est en effet de droit, et n'a pas
besoin d'être demandée (C. pr. 256). Bourges, 13 fév. 1827,
S. 27, 145 ; Bastia, 7 mai 1827, S. 28, 62) ; Cass. 15 déc. 1830,
S. 32, 516.

304. Il ne peut être accordé qu'une seule prorogation, à
peine de nullité. C. pr. 280.

Cette prohibition est absolue; aucune circonstance ne peut
la modifier. Carré, n° 1098.

Mais elle doit être restreinte au cas de deux demandes en
prorogation d'un seul et même délai; en conséquence il peut
être accordé une prorogation de délai pour achever l'enquête,
encore bien que le jugement qui l'a ordonnée ait fixé pour sa
confection un délai de plus de huitaine. Paris, 31 janv. 1811,
S. 14, 215 ; Thomine, 1, 481 ; Favard, *Rép.*, v° *Enquête*, 352.
--- V. *sup.* n° 292.

§ 10. — *Procédure postérieure à l'enquête.*

305. Après l'expiration du délai pour faire l'enquête (ou même avant, si l'enquête et la contre-enquête sont déjà terminées), la partie la plus diligente fait signifier copie des procès-verbaux, et poursuit l'audience sur un simple acte. C. pr. 286.

306. Elle n'est pas obligée de signifier les procès-verbaux d'enquête ; c'est pour elle une simple faculté dont elle peut ne pas user surtout lorsqu'elle déclare ne vouloir pas argumenter des déclarations faites dans les enquêtes. L'adversaire est libre de les faire signifier lui-même, s'il veut les invoquer devant le tribunal. Cass. 5 fév. 1828, S. 28, 278 ; D. 28, 120 ; Carré, art. 286, n° 1125 ; Thomine, 1, 493. — *Contrà*, Demiau, art. 286.

307. Mais nul ne peut faire usage de l'enquête s'il ne signifie non-seulement son enquête, mais encore celle de son adversaire ; elles forment un tout indivisible, dont il n'est pas permis de prendre une partie, et de négliger l'autre. Tous les renseignemens qui peuvent résulter des témoignages produits pendant l'instruction doivent être fournis dès que l'on invoque cette instruction. Telle est évidemment la volonté de la loi qui dispose, dans l'art. 286, que la partie la plus diligente fait signifier copie des *procès-verbaux.* Thomine, 1, 488; Boncenne, 4, 315 ; Boitard, 2, 286. —*Contrà*, Delaporte, t. 1, p. 282.

Dans la pratique chaque partie lève expédition et fait signifier copie de l'enquête faite à sa requête. Par ce moyen, qui n'est pas, il est vrai, celui que la loi indique, le juge se trouve cependant à même de statuer en connaissance de cause, puisqu'il a sous ses yeux l'enquête et la contre-enquête.

308. La partie qui succombe au fond supporte tous les frais de l'enquête. — V. *Dépens* et toutefois *inf.* n° 316 et 330.

309. La loi actuelle, à la différence de la loi ancienne (L. 9, § 1, *C. de test.*), ne s'explique pas sur le nombre de témoins nécessaire pour faire preuve complète d'un fait. — Conséquemment, la décision d'un tribunal jugeant en dernier ressort, qui s'est déterminé par la déposition d'un seul témoin, ou qui a rejeté une demande appuyée de la déposition concordante de deux ou plusieurs témoins non reprochés, ne donne pas ouverture à cassation. Arg. C. I. crim. 342 ; Duranton, 13, n° 598.

§ 11. — *Nullités, Enquête recommencée.*

310. L'inobservation d'une ou de plusieurs formalités entraîne-t-elle la nullité de toute l'enquête ? — Il faut distinguer :
Si la nullité entache l'enquête dans sa substance et affecte non une partie déterminée mais toutes les parties, l'enquête est nulle pour le tout. Tel serait évidemment le résultat de l'absence de

date ou des signatures du juge et du greffier sur le procès-verbal.

511. Mais si une enquête a été faite pour partie en temps utile, et pour l'autre partie hors des délais de la loi, les dépositions comprises dans la première sont valables, et les autres sont nulles. Cass. 5 flor. an 11, 17 déc. 1825, S, 24, 241 ; Grenoble, 27 août 1829, S. 50, 509 ; Lepage, p. 200 ; Pigeau, 1, 356 ; Carré, n° 1088 ; Favard, v° *Enquête*, p. 352. — *Contrà*, Duparc-Poullain, 519 ; Delaporte, 1, 277.

512. La nullité d'une ou de plusieurs dépositions n'entraîne pas celle de l'enquête. C. pr. 294.

513. Y a-t-il nullité *de toute la déposition* dont les additions et les changemens ne porteraient pas les signatures des témoins, du juge et du greffier ?

Ceux qui soutiennent que l'absence de ces signatures n'a d'autre résultat que de rendre nuls les additions et les changemens seulement, se fondent sur ce que l'art. 18, tit. 22, ordonnance de 1667, disposait qu'il ne pourrait être ajouté foi aux interlignes, ni même aux renvois qui ne seraient pas signés ; ils invoquent en outre l'art. 78 C. Inst. crim., qui porte que les interlignes, ratures ou renvois, non approuvés, seront réputés non avenus ; enfin ils soutiennent que l'art. 274 C. pr. en disant que la déposition et les changemens seront signés *à peine de nullité*, doit s'entendre en ce sens que la déposition sera nulle, si elle n'est pas signée, que les changemens et additions seront nuls s'ils ne sont pas signés, mais que la nullité des changemens et additions ne doit pas entraîner la nullité de la déposition.

Ce système, adopté sans aucune restriction par Thomine, t. 1, P. 475, nous paraît trop absolu.

Nous comprenons que la nullité ne frappe pas sur toute la déposition, lorsque les changemens ou additions sont peu importans, et lorsque leur suppression laisse à la déposition son véritable caractère ; mais les changemens et additions peuvent être de telle nature qu'ils modifient et changent complètement le sens de cette déposition. Alors qu'arriverait-il si le système de M. Thomine était admis dans sa généralité? On devrait n'avoir aucun égard aux changemens et additions nuls par suite de l'absence des signatures et s'en tenir uniquement au surplus de la déposition. Mais, dans ce cas, la base de la décision du juge serait essentiellement vicieuse, puisqu'elle se constituerait de dépositions tronquées, dénaturées, et qui, par suite de la négligence du magistrat, n'auraient plus la signification que les témoins ont voulu leur donner.

La question de savoir si la nullité des changemens ou additions devra entraîner celle de toute la déposition est une question de fait qui devra être résolue par le juge, affirmativement ou négativement, selon les circonstances, l'art. 274 lui laisse à cet égard toute latitude.

314. La cassation du jugement qui déclare valable une enquête nulle, ou nulle une enquête valable, doit-elle entraîner celle de la décision sur le fond ?

La solution dépend du point de savoir qu'elle a été l'influence de l'enquête sur le résultat du procès. Il peut se faire que le juge, tout en déclarant valable en la forme l'enquête, énonce en même temps qu'elle n'a produit aucun élément de preuve, et qu'il a puisé en dehors de cette enquête les motifs de sa décision ; il peut aussi arriver qu'en déclarant nulle l'enquête le juge indique surabondamment que fût-elle valable, elle ne lui aurait fourni aucun moyen de conviction.

Dans ces deux cas la décision sur le fond est complètement indépendante de celle qui a statué sur la validité de l'enquête ; et la cassation de celle-ci ne doit pas entraîner celle de la première. Cass. 28 fév. 1858 (Art. 1036 J. Pr.).

Mais le plus souvent la cassation devra s'appliquer au jugement du fond, ainsi qu'à celui qui a statué sur la validité de l'enquête, parce que presque toujours ce premier jugement aura servi de base au second ; tel devra être le résultat alors même que la décision sur le fond ne serait pas motivée sur les dépositions faites dans l'enquête déclarée à tort valable, et que rien n'indiquerait dans son contexte si les magistrats ont été déterminés par cette enquête ou par des motifs qui lui seraient étrangers. En l'absence de toute indication à cet égard, la présomption que l'enquête a servi d'élément, pour la décision, doit prévaloir. Cass. 13 oct. 1812, S. 13, 112.

C'est donc dans le seul cas où le jugement du fond contient la preuve que l'enquête *n'a pu ou n'a dû* exercer aucune influence sur la décision que la cassation du jugement qui a statué sur les nullités de l'enquête, ne doit pas s'étendre au jugement sur le fond.

315. Il importe d'examiner d'où provient la nullité de l'enquête.

316. *Nullité provenant du juge.* Si elle provient du fait du juge-commissaire, l'enquête ou la nouvelle audition du témoin est recommencée aux frais du juge. C. pr. 292.

Il en est de même quand la nullité est le fait du greffier, sauf le recours du juge contre celui-ci. Le greffier est l'homme du juge ; il n'est censé écrire que sous sa dictée. D'ailleurs le juge-commissaire, en signant le procès-verbal, fait la nullité sienne. Carré, n° 1129 ; Thomine, 1, n° 342.

317. L'enquête est recommencée lorsque la nullité provient du trib. entier. Il ne serait pas juste en effet que les parties éprouvassent un préjudice irréparable des erreurs ou de la négligence des magistrats qu'elles n'ont pas été libres de choisir.

Ainsi les juges d'appel, en annulant une enquête faite en 1re inst., par le motif qu'elle a été ordonnée et faite comme en matière sommaire, tandis qu'elle devait avoir lieu suivant la forme ordinaire, peuvent ordonner que l'enquête ou les enquêtes seront recommencées. Cass. 15 juill. 1818, S. 19, 25.

318. Mais les membres du trib. doivent-ils être responsables des dépens de l'enquête qu'ils ont ordonnée? —Nous ne le pensons pas. En général, les juges ne sont pas responsables de leurs sentences; la disposition exceptionnelle de l'art. 292 ne saurait être étendue. —V. *Responsabilité.*

319. A plus forte raison les frais nécessités par une nouvelle enquête ne doivent pas être supportés dans ce cas par le juge-commissaire, — spécialement lorsque le trib. a désigné un juge suppléant qui n'avait pas capacité pour remplir les fonctions qui lui étaient confiées. Nîmes, 28 avr. 1828, D. 29, 66.

320. Le tribunal, en annulant en tout ou en partie l'enquête, n'est pas obligé d'en ordonner une nouvelle; il peut s'il est suffisamment édifié sur la contestation par suite de nouvelles lumières survenues depuis le jugement ordonnant l'enquête, statuer en l'état, comme il aurait pu le faire avant la première enquête, s'il l'avait jugée inutile, alors surtout que de nouvelles pièces et de nouveaux documens sont produits. Cass. 17 mars 1819, S. 19, 403.

321. La fixation des délais de la nouvelle enquête, lorsqu'elle est ordonnée, est abandonnée à la sagesse des juges. Cass. 17 mars 1819, S. 19, 403.

Les délais pour l'enquête nouvelle courent, comme pour la première, savoir : celui pour commencer l'enquête, du jour de la signification du jugement (C. pr. 292), et celui pour entendre les témoins, du jour indiqué par le juge commis pour recevoir cette nouvelle enquête. Carré, n° 1432.

322. Le jugement qui ordonne la nouvelle enquête doit nommer un juge-commissaire.

Celui qui a présidé à la première enquête peut-il être nommé pour l'enquête nouvelle? — Carré, n° 1433; Hautefeuille, p. 166; Favard, v° *Enquête,* p. 370, soutiennent la négative principalement parce que l'art. 7 de l'édit de 1582 le décidait ainsi.

Mais cette disposition n'ayant pas été reproduite par le C. pr. nous ne pensons pas qu'on puisse demander la nullité de l'enquête recommencée par le juge qui a procédé à la première. D. V. *Enquête,* 875, note 6.

323. La partie peut faire entendre les mêmes témoins. C. pr. 292.

324. A-t-elle le droit d'en faire entendre de nouveaux? — Pour l'affirmative, l'on dit que l'enquête étant anéantie, les parties se trouvent replacées dans la position où elles étaient avant cette enquête, et qu'elles ont par conséquent le droit de faire entendre tous les témoins qu'elles avaient le droit de faire entendre à cette époque. — Mais on répond que l'art. 292 permet bien, dans certains cas, de *recommencer* l'enquête, mais non pas de faire une nouvelle enquête. Rennes, 28 juill. 1814 D. A. 12, 582, n° 3; Grenoble, 17 mai 1817; Pigeau, t. 1, p. 359; Favard, v° *Enquête*, p. 570; Carré, art. 292, n° 1131; Thomine, t. 1, p. 495. — *Contrà*, Limoges, 13 juin 1818, S. 18, 285; Demiau, art. 292.

Cependant, si de nouveaux témoins paraissaient nécessaires à la manifestation de la vérité, le tribunal pourrait ordonner leur audition. Dans ce cas, l'audition ne serait pas de droit, mais résulterait de l'autorisation donnée par le tribunal.

325. Il suit des mêmes principes que le défendeur ne saurait faire procéder à une contre-enquête, si, lors de la première enquête, il avait négligé de le faire. Carré, n° 1134; Pigeau, 1, 359. — *Contrà*, Demiau, art. 232.

326. Si quelques témoins ne peuvent être entendus, les juges ont tel égard que de raison aux dépositions par eux faites dans la première enquête. C. pr. 292.

327. *Nullité provenant d'un officier ministériel ou de la partie.* L'enquête déclarée nulle par la faute de l'avoué ou par celle de l'huissier, *ne sera pas recommencée.* C. pr. 293. La partie doit s'imputer la faute des officiers ministériels qu'elle emploie.

328. Conséquemment le juge dans ce cas ne peut point, même d'office, ordonner une enquête : vainement on oppose qu'un droit illimité a été conféré au juge par l'art. 254 C. pr. L'art. 293 qui suit, s'applique à l'enquête prescrite d'office, comme à celle prononcée sur la demande des parties. Autrement la nullité d'une enquête ne produirait jamais de résultat : le juge ayant reconnu en ordonnant la preuve des faits articulés qu'il était nécessaire de vérifier, devrait toujours en cas de nullité de l'enquête, en ordonner une d'office, pour ne pas contrarier la décision première, ce qui détruirait totalement l'effet des dispositions de l'art. 293 et serait contraire à la disposition finale de l'art. 254. Bourges, 30 mai 1831, S. 52, 134, 20 nov. 1838 (Art. 1286 J. Pr.).

Toutefois, il a été jugé que le trib. peut ordonner une enquête, lorsque celle ordonnée sur la demande des parties n'a pas eu lieu dans le délai de la loi. Lyon, 13 mai 1826, S. 29. 106. — *Contrà*, Nîmes, 3 août 1832, S. 32, 432; Grenoble, 18 août 1828, S. 29, 50. Rennes, 13 janv. 1826. S. 27, 85, — et lors même que la partie admise à l'enquête s'est reconnue déchue du droit d'y procéder et a même donné son désistement.

du jugement à cet égard. Cass. 12 déc. 1825, D. 26, 102. — Attendu que l'art. 293 n'est pas applicable à ce cas.

329. Une seconde enquête peut, sans aucun doute, être ordonnée, après l'annulation de la première, si elle doit porter sur des faits postérieurs. — V. *Séparation de corps.*

330. La partie, en cas de faute des officiers ministériels peut répéter contre eux les frais, et même des dommages-intérêts, s'il y a négligence manifeste. C. pr. 295, 1031.— V. *Responsabilité.*

331. La même responsabilité existe, lorsqu'une ou plusieurs dépositions sont annulées par la faute de l'avoué ou de l'huissier. Carré, art. 293 ; Favard, v° *Enquête*, p. 570.

332. Mais la partie qui a été avertie de l'irrégularité des premiers actes de l'enquête, et qui a néanmoins voulu qu'il fût passé outre, n'est pas recevable à demander l'indemnité du préjudice résultant pour elle de l'annulation de l'enquête. Metz, 5 fév. 1811.

§ 12. — *Acquiescement.*

333. Les formalités et les délais prescrits pour les enquêtes n'ont été créés que dans l'intérêt des parties. Les nullités qui résultent de la violation de la loi à cet égard peuvent donc être couvertes par le silence des parties et ne peuvent être suppléées d'office par le juge. Cass. 9 nov. 1825, S. 27, 8 ; Thomine, 1, 493, et toutefois n° *sup.* 67 et 288.

334. L'exécution du jugement qui ordonne l'enquête emporte acquiescement et rend *l'appel* non recevable. — V. ce mot. n° 145 et d'ailleurs *sup.* n°ˢ 24 et 53.

335. Mais l'acquiescement n'a pas lieu : — par cela seul que l'avoué de l'une des parties demande la remise de la cause. Bruxelles, 25 mars 1808, S. 12, 205 ; Cass. 17 déc. 1825, S. 24, 241. — V. *Acquiescement*, n° 76 ;—ou que l'on a demandé la déchéance d'une autorisation d'enquête. Le but est précisément de faire tomber l'autorisation ; on peut avoir intérêt pour éviter des délais et des frais de faire juger par le trib. lui-même que son adversaire est déchu du droit de faire procéder à l'enquête plutôt que d'interjeter appel du jugement qui l'a ordonné. Si l'on a succombé dans cette tentative, et qu'on se trouve encore dans les délais ce n'est pas un motif pour refuser l'appel.

336. Le défendeur peut proposer la nullité résultant :— 1° du défaut d'assignation malgré la comparution de son avoué. Rouen, 10 mars 1810, P. 8, 180 ;

2° De l'irrégularité de l'assignation lorsqu'il n'a pas comparu malgré la contre-enquête à laquelle il a fait procéder : en effet, les nullités d'exploit ne peuvent être couvertes que par une défense au fond qui soit la suite nécessaire de l'assignation ; or, la contre-enquête n'a pas ce caractère, puisqu'elle n'a pas lieu sur l'assignation donnée au défendeur, mais en vertu d'une ordonnance *ad hoc* qui la permet, et en exécution de laquelle le défendeur à l'enquête directe fait lui-même assigner sa partie adverse. Cass. 24 déc. 18i1, P. 9, 796 ; Favard, 2, 254 ; Carré, n° 1021. — *Contrà*, Paris, 19 août 1807, P. 7, 100.

3° Du défaut de l'une ou de plusieurs des mentions exigées pour le procès-verbal, par exemple, de l'omission de la date des jour et heure, de la représentation des assignations aux témoins, bien qu'il ait comparu en personne à l'enquête et ait signé le procès-verbal, sans aucune réclamation. Ce n'est pas à lui, mais bien au poursuivant, à veiller à l'exécution des formalités du procès-verbal, dont la connaissance légale ne peut être acquise au défendeur que par la signification. Cass. 51 janv. 1826, D. 26, 225.

Une C. roy. a pu ne pas voir dans le consentement donné à ce que le juge-commissaire continue de procéder à l'audition des témoins, une renonciation au droit d'une partie d'opposer à l'autre la déchéance de la faculté de faire contre-enquête. Rejet, 9 mars 1836 (Art. 452 J. Pr.).

537. Toutefois, il a été jugé que le défendeur ne peut plus se plaindre de ce que les délais prescrits par l'art. 261 n'ont pas été observés à son égard (Caen, 16 janv. 1827, D. 27, 89 ; Cass. 50 juill. 1828, D. 28, 361 ; Carré, n° 1022), ou de ce qu'il a été sommé par un simple avenir (Liége, 8 mai 1815, P. 12, 719) ; — lorsqu'il a comparu en personne (ou par le ministère de son avoué) (Caen, 16 janv. 1827), et qu'il a signé le procès-verbal ; — bien qu'il n'y eût ni reproches proposés, ni interpellations adressées aux témoins. *Même arrêt.*

538. *Effets des réserves.* La réserve d'interjeter appel est nécessaire, mais suffit pour empêcher l'acquiescement de résulter de l'exécution du jugement qui ordonne l'enquête. — V. *Appel*, nos 144 et 145.

539. De même des réserves *spéciales*, proposées dès le commencement des opérations, empêchent que la comparution (soit de la partie, soit de l'avoué) couvre la nullité résultant d'une enquête commencée avant l'expiration du délai fixé. Bourges, 30 mai 1831, D. 34, 224 : — ou d'une assignation donnée à la partie, sans observation du délai des distances. Montpellier, 22 juin 1824, S. 26, 15 ; Riom, 17 août 1827, D. 29, 464 ; Colmar, 15 juill. 1855, D. 54, 158 ; — malgré les reproches proposés contre les témoins, les réquisitions adressées au juge-commissaire, et le dépôt de l'enquête fait au greffe. *Mêmes arrêts.* — V. d'ailleurs *sup.*, n° 556.

540. Même décision à l'égard de la nullité d'une assignation, pour comparaître à la contre-enquête. Bordeaux, 26 juill. 1831, D. 32, 122.

341. Mais des réserves *générales* ne suffisent pas pour empêcher l'*acquiescement.* — V. ce mot, n° 105.

342. Ainsi, la nullité résultant de ce qu'une seule copie a été signifiée pour plusieurs parties, est couverte par la comparution de l'avoué qui, — s'est contenté de faire sur le procès-verbal *toutes les protestations et réserves dans l'intérêt de ses cliens.* Nanci, 29 mars 1825, D. 26, 242; Rennes, 26 août 1818, D. v° *Enquête*, S. 868, n° 2 ; — ou qui a déclaré qu'il comparaissait *sous la réserve expresse de demander la nullité de l'enquête*, mais sans énoncer quel moyen de nullité il comptait faire valoir. Cass. 9 nov. 1825, D. 26, 49

Toutefois, un arrêt de Bruxelles, du 6 fév. 1812, P. 10, 104, semble s'être contenté de réserves *générales.*

Section III. — *De l'enquête en matière sommaire et commerciale·*

343. *Matières sommaires.* Le jugement qui ordonne l'enquête contient les faits, sans qu'il soit besoin de les articuler préalablement (C. pr. 407), — c'est à dire de les signifier plusieurs jours à l'avance. — Mais il est indispensable de les articuler à l'audience, ou de les consigner dans des conclusions remises au trib., afin que le juge apprécie s'ils sont pertinens et admissibles. Carré, art. 407.

344. Il suffit, pour le défendeur à l'enquête, de contester les faits à l'audience (Carré, *ib.*). — Encore bien que l'adversaire ait articulé par acte les faits qu'il demandait à prouver : l'une des parties ne peut, en s'écartant du mode de procéder, plus expéditif ou moins coûteux, tracé par l'art. 407, aggraver les obligations de l'adversaire. Carré, n° 1480; Favard, *Rép.*, v° *Enquête*, 370. — *Contrà*, Demiau, art. 407.

345 Le jugement fixe les jour et heure auxquels les témoins doivent être entendus. C. pr. 407. — Cette fixation est laissée à l'arbitrage du tribunal. Cass. 9 mars 1819, S. 19, 301.

346. Les témoins sont assignés au moins un jour avant celui de leur audition. C. pr. 408. — Le jour doit être franc (*ib.*). — Il y a lieu à augmentation à raison des distances, si les témoins sont domiciliés à une distance de plus de trois myriamètres. Carré, n° 1482 — Le tout à peine de nullité. Carré. *ib.*

347. Ils doivent être entendus à l'audience (C. pr. 407), — et non pas devant un juge-commissaire, à peine de nullité du jugement : peu importe que l'art. 1030 défende de suppléer les nullités pour les exploits et actes de procédure, cet article n'est pas applicable au jugement ; l'audition des témoins à l'audience doit être considérée comme une condition essentielle de l'enquête sommaire. Bordeaux, 19 août 1811, D. v° *Enquête*, p. 878, note 2; — *Contrà*, Besançon, 9 déc. 1808, D. *ib.*, note 1.

Jugé que cette nullité ne peut être couverte, qu'elle est d'ordre public. Cass. 1er août 1832, S. 32, 727.

548. Si l'une des parties a demandé prorogation, soit pour l'enquête directe, soit pour la contre-enquête qui doit avoir lieu le même jour, l'incident est jugé sur-le-champ. C. pr. 409.

Cette prorogation doit nécessairement être demandée dans le délai fixé pour la confection de l'enquête, c'est-à-dire au jour fixé pour l'audition des témoins. Bruxelles, 16 janv. 1813, S. 14, 370; Turin, 18 nov. 1807, S. 7, 2, 715; Paris, 10 juin 1812, P. 10, 456; Carré, art. 409, n° 1483; Delaporte, 1, 276; Demiau, 299. — *Contrà*, Riom, 6 avr. 1827, S. 29, 17.

549. Lorsque le jugement n'est pas susceptible d'appel, il n'est point dressé de procès-verbal de l'enquête; il est seulement fait mention dans le jugement des noms des témoins, et du résultat de leurs dépositions. C. pr. 410.

550. L'énonciation des noms des témoins n'est pas une formalité substantielle dont l'inobservation entraîne la nullité du jugement. Cass. 18 avr. 1810, S. 10, 243; 15 fév. 1832, D. 32, 336; 30 juill. 1833, D. 33, 330. — Il n'est pas nécessaire de donner l'analyse séparée de chaque déposition; il suffit de mentionner le résultat de l'ensemble de toutes les dépositions. — V. *inf.* n° 552.

Ce résultat peut être constaté aussi bien dans les motifs du jugement, que dans le point de fait qui précède ces motifs. Cass. 14 avr. 1836 (Art. 471 J. Pr.).

551. Si le jugement est susceptible d'appel, il est dressé procès-verbal (C. pr. 411), — à peine de nullité; cette formalité est substantielle : son omission mettrait les juges d'appel dans l'impossibilité d'examiner l'enquête. Rennes, 4 mai 1815 (D. v° *Enquête*, p. 880, note 1).—*Contrà*, Bordeaux, 6 mai 1831, D. 31, 258.

552. Ce procès-verbal contient les sermens des témoins, leurs déclarations s'ils sont parens, alliés, serviteurs ou domestiques des parties, les reproches qui ont été formés contre eux, et le résultat de leurs dépositions. C. pr. 411. — Il faut mentionner séparément le résultat de chaque déposition, le juge supérieur peut être appelé à examiner si les dépositions ont été bien appréciées; ce qu'il ne pourrait faire, si on ne lui représentait que le résultat général des dépositions. Arg. C. pr. 37; Carré, n° 1485.

553. Le témoin contre lequel un reproche est admis n'est pas entendu dans sa déposition, si l'affaire est en dernier ressort : l'art. 284 C. pr. ne dispose que pour le cas où l'enquête est reçue par un commissaire délégué. Cass. 3 juill. 1820, S. 21, 107. — Si l'affaire est en premier ressort, le tribunal doit entendre le témoin reproché, sauf à faire mention du reproche dans le procès-verbal et à n'avoir aucun égard aux déclarations de ce témoin. Bruxelles, 15 avr. 1816, D. 6, 880, n° 3.

354. Si les témoins sont éloignés ou empêchés, le tribunal peut commettre le tribunal ou le juge de paix de leur résidence. — Dans ce cas, l'enquête est rédigée par écrit ; il en est dressé procès-verbal (C. pr. 412), à peine de nullité Cass. 22 juill. 1828, D. 28, 343 ; — même lorsque le jugement n'est pas susceptible d'appel. Carré, art. 412.

355. Le trib. commis pour recevoir l'enquête doit commettre un de ses membres pour recevoir les dépositions des témoins, et non pas procéder à l'enquête à l'audience. Si l'art. 407 exige l'audition des témoins à l'audience du tribunal qui doit statuer, c'est afin que chacun des juges soit à portée de prononcer sur-le-champ, d'après les dépositions des témoins ; et ce motif n'existe plus, dès que c'est un trib. étranger qui est chargé de la confection de l'enquête. Carré, n° 1486.

356. On observe, du reste, en matière sommaire, les règles prescrites pour les enquêtes ordinaires, en ce qui concerne, 1° la copie aux témoins du dispositif du jugement pour lequel ils sont appelés ;

2° La copie à la partie des noms des témoins. — Cette copie doit être signifiée, à peine de nullité, trois jours au moins avant l'audition des témoins. — Arg. C. pr. 261; Trèves, 6 juin 1812; Cass. 30 déc. 1828, S. 29, 156. — Jugé au contraire qu'il suffit d'un délai moins long. Rouen, 28 fév. 1815, P. 12, 646. — Que les témoins peuvent être cités la veille de l'audition. Metz, 25 fév. 1814, P. 12, 122; Liége, 15 juin 1816, D, v° Enquête, 878, note 3.

3° L'amende et les peines contre les témoins défaillans ;

4° La prohition d'entendre les conjoints des parties, les parens et alliés en ligne directe ;

5° Les reproches par la partie présente, la manière de les juger, les interpellations aux témoins, la taxe ;

6° La faculté d'entendre les individus âgés de moins de quinze ans révolus. C. pr. 413. — V. sup. n° 211.

On doit en outre observer les délais à raison des distances. Agen, 26 août 1829, S. 32, 361.

357. *Matière commerciale.* Les règles prescrites pour la procédure des enquêtes sommaires s'appliquent aux enquêtes en matière commerciale. — V. d'ailleurs sup., n°ˢ 14 et 17.

358. Dans les causes sujettes à appel, les dépositions sont rédigées par écrit par le greffier, et signées par les témoins : en cas de refus, mention en est faite. C. comm. 642; C. pr. 432.

359. Toutefois, à cause de la célérité que réclame le commerce, les parties peuvent, d'un commun accord, adopter un mode de procéder plus expéditif (Rennes, 30 août 1817, D.

v° *Enquête*, p. 880, note 5 ; Carré et Demiau, art. 452), — pourvu qu'elles ne s'écartent pas des règles essentielles de l'enquête.

Ainsi, un trib. ne peut pas, même du consentement des parties, ordonner l'ouverture des enquêtes, et accorder une prorogation après les délais déterminés par la loi. Lyon, 5 août 1825, D. 1826, 56. — *Contrà*, Bruxelles, 6 mars 1813, P. 11, 184.

Mais il a été décidé que la prorogation est valablement ordonnée, bien qu'elle soit demandée après le délai déterminé par le jugement, si ce délai n'a pas été fixé, à peine de déchéance. Cass. 9 mars 1819, S. 19, 301.

Section IV. — *De l'enquête devant les juges de paix.*

560. Doit-on appliquer les dispositions relatives aux enquêtes en matière ordinaire ou sommaire qui n'ont pas été reproduites au titre spécial *des enquêtes* en justice de paix ? — La question a été soulevée dans un cas où la notification des noms des témoins n'avait pas eu lieu.

Pour l'affirmative, on disait : si l'on n'applique pas les art. 261 et 413 C. pr., parce qu'ils n'ont pas été répétés pour les matières de justices de paix, on pourra, par le même motif, se dispenser d'assigner le défendeur pour être présent à l'enquête à laquelle le juge de paix procédera sur les lieux contentieux ; aucun reproche ne sera admissible contre les témoins ; on pourra entendre les conjoints, les parens ou alliés en ligne directe ; le témoin défaillant ne sera pas condamné d'après les dispositions de l'art. 263. Il faut subir toutes ces conséquences ou bien reconnaître que le titre 7, liv. 1ᵉʳ C. pr., ne trace qu'une partie des règles à suivre, et que la procédure se trouve complétée par le titre 12, liv. 2 du même Code ; que ce dernier titre forme la procédure générale en matière d'enquête, sauf les modifications spéciales des art. 34 et suivans en matière de justice de paix, et des art. 407 et suivans en matière sommaire.

La C. cass., le 2 juill. 1855 (Art. 157 J. Pr.), a repoussé ce système par le motif que les art. du titre 7, liv. 1ᵉʳ C. pr., prescrivent *tout ce qui doit être observé pour les enquêtes devant les juges de paix*, et que la notification de la liste des témoins trois jours avant l'enquête, n'est pas prescrite par ces articles.

Nous pensons que cet arrêt a bien jugé l'espèce, mais qu'il a beaucoup trop généralisé le principe qui sert de motif à la décision.

Il est constant, ainsi que le soutenait le demandeur en cassation, que les art. 34 et suiv. C. pr. ne constituent pas un tout complet en matière d'enquête devant la justice de paix, et que, dans plusieurs circonstances, on est contraint de recourir aux dispositions relatives aux enquêtes ordinaires, mais doit-on en conclure, ainsi qu'il le prétendait, que toutes ces dispositions sont applicables aux enquêtes faites devant les juges de paix, à l'exception de celles qui auraient été modifiées par les art. 54 et suivans? C'est ce que nous ne saurions admettre, car alors on serait contraint d'avoir recours à des formalités et à des lenteurs que la loi a évidemment voulu éviter.

Suivant nous, il faut distinguer : les dispositions au titre des enquêtes en matière ordinaire sont, les unes substantielles, les autres accessoires, celles-ci ont principalement pour but d'augmenter par certaines *formalités*, les garanties de bonne justice, garanties qui ne sauraient être trop multipliées lorsque les intérêts sont graves et qui deviendraient inutiles et dangereuses, lorsque la solution doit être peu importante. Les autres consacrent des *droits* qui résultent nécessairement de la position respective des parties qui doivent avoir, quelles que soient les circonstances et l'intérêt de la contestation, la faculté de les exercer.

Ces dernières sont applicables aux enquêtes en matière sommaire et devant les juges de paix; ainsi, le *droit* de faire une contre-enquête et de reprocher les témoins (—V. *inf.* n° 570), existe aussi bien devant le juge de paix que devant le juge commissaire, parce que ce double droit est *de l'essence* même de l'enquête, et que les règles tracées à cet égard dans les art. 252 et suivans, doivent nécessairement régir toute espèce d'enquêtes et qu'il était inutile de les reproduire dans chaque matière spéciale pour qu'il en fût ainsi.

Mais les dispositions accessoires et accidentelles doivent rester étrangères aux matières de la compétence des juges de paix. Sur ce point les art. 54 et suivans ont tout réglé et contiennent une énumération complète des formalités à remplir. Arg. Cass. 15 janv. 1856 (Art. 554 J. Pr.). — *Contrà*, Augier, 5, 70.

561. Si les parties sont contraires en faits de nature à être constatés par témoins, et dont le juge trouve la vérification utile et admissible (— V. *sup.* n° 6 et suiv.), il en ordonne la preuve. C. pr. 54. — Sous la loi de 1790, les juges de paix ne pouvaient ordonner une enquête qu'après avoir prévenu les parties de son opportunité, et sur leur réquisition.

Le juge de paix doit fixer précisément l'objet de la preuve (C. pr. 54), — et indiquer les jour, lieu et heure, où les témoins seront entendus. Arg. C. pr. 55; Carré, art. 54.

Le défendeur a, de plein droit, la faculté de faire une contre-enquête. Arg. C. pr. 256. — Même en cause d'appel, à moins qu'il n'ait renoncé à faire entendre des témoins. Cass. 15 janv. 856 (Art. 554 J. Pr.).

562. Mais les délais, les prorogations et les déchéances, mentionnés en l'art. 256 et suiv. sont inapplicables. *Même arrêt.*

563. L'enquête peut être demandée par des conclusions prises à la barre et non encore signifiées. Cass. 21 juin 1837 (Art. 984 J. Pr.).

564. Si les deux parties veulent faire entendre des témoins, le juge de paix délivre, à chacune d'elles, une cédule (C. pr. 29; Carré, n° 151), — indiquant la date du jugement, du lieu, du jour et de l'heure où les témoins doivent être entendus. C. pr. 29.

565. Au jour indiqué, les témoins, après avoir dit leurs noms, profession, âge et demeure, font *serment* de dire la vérité. C. pr. 35. — Cet article n'ayant pas été prescrit à peine de nullité, une simple *promesse*, ne vicierait pas la déposition. Cass. 19 avr. 1810, P. 8, 264; Carré, n° 156.

566. Ils déclarent s'ils sont parens ou alliés des parties, et à quel degré, et s'ils sont leurs serviteurs ou domestiques. C. pr. 35, 262.

Cependant, si cette déclaration n'a pas été demandée aux témoins, ou si elle n'a pas été constatée, il n'y a pas nullité : cette peine n'a pas été prononcée par l'art. 35 C. pr. Cass. 19 juin 1832, S. 52, 338.

567. Le juge de paix ne peut accorder un sauf-conduit aux témoins appelés devant lui. — V. *Emprisonnement*, n° 173.

568. Les témoins sont entendus séparément (C. pr. 36). — Cependant il n'y aurait pas nullité, s'ils l'avaient été en présence les uns des autres. La loi ne prononce pas cette peine. Carré, n° 157.

Ils sont entendus en présence des parties, si elles comparaissent. C. pr. 36.

569. Si au, jour indiqué pour l'enquête, aucune des parties ne se présente, le juge de paix doit-il procéder à l'audition des témoins? — L'affirmative n'est pas douteuse dans le cas où la cause est sujette à l'appel, car alors on rédige un procès-verbal d'enquête qui peut être dressé tant en présence qu'en l'absence des parties. — Dans le cas contraire, le juge est libre de procéder à l'enquête, ou de voir dans le défaut du demandeur une renonciation à ses prétentions.

570. Les causes de reproche admises dans les enquêtes en matière ordinaire, s'appliquent ici par analogie. Cass. 8 fév. 1830, D. 30, 110; Carré, n° 160; Lepage, 49; Locré, 1, 84. — V. *sup.* n° 560.

571. Les parties sont tenues de fournir leurs reproches avant la déposition du témoin. C. pr. 36, 282.

572. Elles doivent signer les conclusions par lesquelles elles reprochent un témoin ; si elles ne le savent ou ne le peuvent, il en est fait mention. C. pr. 36.

573. Cette obligation est-elle imposée aux parties dans les affaires susceptibles d'être jugées en dernier ressort? — La négative résulte de ce que, dans ce cas, la loi veut qu'il n'y ait pas de procès-verbal. C. pr. 40. — Il suffit alors qu'il soit constaté au jugement que la partie a allégué *tel reproche.* Carré, n° 158; Favard, v° *Enquête*, p. 572; Lepage, p. 86; Dumoulin, *Bibliot. du barr.* 1810, 1, 255. — *Contrà*, Delaporte, 1, 33 et 34.

574. Les reproches ne peuvent être reçus après la déposition commencée qu'autant qu'ils sont justifiés par écrit. C. pr. 36, 282.

575. Le témoin reproché doit-il être entendu? — S'il s'agit d'une contestation de nature à être jugée en dernier ressort par le juge de paix, il est évident que la déposition ne doit pas être reçue, puisqu'elle est écartée par le seul juge qui doive statuer définitivement. — La même solution s'applique dans le cas où la contestation ne doit être appréciée qu'en premier ressort par le juge de paix. — La loi ne lui a pas imposé l'obligation de recevoir une déposition contre laquelle a été formé un reproche admis par lui, et l'on ne saurait ajouter aux formalités établies. Il y aurait d'ailleurs un grave inconvénient à mettre le juge de paix dans la nécessité de recevoir une déposition écartée par un reproche; cette déposition, faite devant lui, pourrait en effet exercer sur son esprit une impression que ses lumières et son impartialité auraient peine à détruire. Enfin, si sur l'appel le reproche est écarté, l'on peut ordonner un supplément d'enquête. Levasseur, t. 1, p. 57; Carré, art. 56, n° 159; Cass. 2 juill. 1835; J. Pr. Art. 137. — *Contrà*, Commaille, t. 1, p. 94; Favard, v° *Enquête*, p. 572; Augier, *ib.*

576. Les parties ne doivent pas interrompre les témoins. — Mais après la déposition, le juge peut, sur leur réquisition, et même d'office, faire aux témoins les interpellations convenables. C. pr. 57.

577. La partie qui ne s'est pas présentée à l'enquête ne peut proposer de moyens de reproches dans l'intervalle qui s'écoule entre cette enquête et le jugement : si elle était présente au jugement qui a ordonné l'enquête, elle est réputée savoir le jour auquel il devait y être procédé; et si le jugement a été rendu hors de sa présence, il a dû lui être signifié; son absence lors de l'enquête fait présumer qu'elle ne pouvait ou ne voulait proposer aucun reproche. Carré, n° 161.

578. Si le témoin ne comparaît pas, on lui applique les dispositions de l'art. 263 C. pr. et suiv. Carré, art. 58. — V. *sup.* n° 155.

579. S'il comparaît, il peut requérir taxe. L'indemnité qui lui est allouée fait partie des dépens. Arg. Tar. 24; Carré, n° 162. — *Contrà*, Dumoulin, p. 232.

580. Dans tous les cas où la vue du lieu peut être utile pour l'intelligence des dépositions, et spécialement dans les actions pour déplacement de bornes, usurpations de terre, arbres, haies, fossés, ou autres clôtures, et pour entreprises sur les cours d'eau, le juge de paix se transporte, s'il le croit nécessaire, sur le lieu, et ordonne que les témoins y seront entendus. C. pr. 38. — V. *Descente sur les lieux.*

Dans les causes sujettes à l'appel, le greffier dresse procès-verbal de l'audition des témoins. Cet acte contient leurs noms, âges, professions et demeures, leur serment de dire vérité, leurs déclarations s'ils sont parens, alliés, serviteurs ou domestiques des parties, et les reproches qui ont été fournis contre eux. Lecture de ce procès-verbal est faite à chaque témoin pour la partie qui le concerne; il signe sa déposition, ou mention est faite qu'il ne sait ou ne peut signer. Le procès-verbal est en outre signé par le juge et le greffier. Il est procédé immédiatement au jugement, ou, au plus tard, à la première audience. C. pr. 39.

L'inobservation de ces dispositions peut entraîner la nullité du jugement rendu sur l'enquête, si le trib. d'appel ne trouve pas suffisantes pour l'éclairer les notes tenues par le greffier : ce n'est pas là une nullité de forme que les juges ne puissent déclarer qu'autant qu'elle a été formellement prononcée par la loi. Cass. 24 janv. 1827, S. 27, 107.

581. Si les parties demandent une prorogation de délai, le juge de paix peut la leur accorder : aucune disposition de la loi ne lui interdit cette faculté. — Dans ce cas, l'enquête se continue de droit jusqu'à ce qu'elle soit complète, et l'obligation de rendre jugement immédiatement, ou à la première audience, ne commence qu'à cette époque. Carré, n° 1691.

582. Dans les causes de nature à être jugées en dernier ressort, il n'est point dressé de procès-verbal; mais le juge énonce les noms, âges, professions et demeures des témoins, leurs déclarations s'ils sont parens, alliés, serviteurs ou domestiques des parties, les reproches et le résultat des dépositions. C. pr. 40. — V. *sup.* n° 349.

583. On doit étendre aux causes jugées en dernier ressort la disposition finale de l'art. 39, qui exige que, dans celles sujettes à l'appel, le jugement soit rendu immédiatement, ou, au plus tard, à la première audience. Il y a en effet même raison de décider. Dans l'un et l'autre cas, l'instruction est terminée après l'enquête, et il n'existe aucun motif plausible de retarder le jugement. — *Contrà*, Carré, n° 168.

Section V. — *Enregistrement.*

584. Les cédules pour appeler les témoins devant le juge de paix sont enregistrées *gratis.* L. 22 frim. an 7, art. 68, § 1, n° 46 ; art. 70, § 5, n° 10.

585. Les ordonnances des juges des trib. de 1re inst. et de comm., délivrées à l'effet d'assigner et de réassigner les témoins, sont sujettes au droit fixe de 5 fr. *Ib.* § 2, n° 6 et 7 ; L. 28 avr. 1816, tit. 7, art. 44, 10.

586. Les procès-verbaux d'enquêtes faites devant le juge de paix, desquels il ne résulte aucune disposition donnant lieu au droit proportionnel, ou dont le droit proportionnel ne s'élève pas à 1 fr., donnent lieu au droit fixe de 1 fr. L. 22 frim. an 7, art. 68, § 1, n° 47; Déc. min. fin. 10 sept. 1825.

587. Les procès-verbaux d'enquêtes faites devant un juge commis par un trib. de 1re inst., ou devant un trib. de 1re inst. ou de comm., sont assujettis au droit fixe de 5 fr. LL. 22 frim. an 7, art. 68, § 2, n° 6 ; 28 avr. 1816, tit. 7, art. 44, n° 10.

588. Le procès-verbal de l'audition des témoins ou de la visite des lieux, est soumis à un droit particulier, et indépendant de celui du jugement, quand même le juge prononcerait sur le lieu même sans désemparer; mais si, comme dans les causes sujettes à appel, il n'est pas dressé de procès-verbal, il n'est dû aucun droit pour la disposition du jugement qui contient le résultat de l'enquête.

589. L'ouverture des procès-verbaux d'enquête n'est pas sujette à un droit distinct de celui qui est perçu sur les procès-verbaux, après que l'enquête est terminée. La mention de l'ordonnance du juge dans le procès-verbal, n'est pas un acte séparé, mais une suite de l'ordonnance du juge enregistrée précédemment. Délib. 24 juill. 1819.

590. Pour les droits sur les *assignations, jugemens, significations.* — V. ces mots et *Ajournement, Citation, Exploit.*

Section VI. — *Formules.*

FORMULE I.
Acte de conclusions, contenant articulation des faits à prouver.

(C. pr. 252. — Tarif, 71. — Coût, 5 fr.)

A MM. les président et juges, composant le tribunal de
Pour le sieur   demeurant à   , ayant Me   pour avoué.
Contre le sieur   , demeurant à   , ayant Me   pour avoué.
Il plaise au tribunal,
Donner acte au sieur   , de ce qu'il articule, met en fait et offre de prouver, 1°   ; 2°   ; 3°

Faisant, en conséquence, sommation au susnommé, d'avouer ou de dénier lesdits faits, dans les trois jours de la présente signification.

Lui déclarant qu'en cas de dénégation le requérant se pourvoira ainsi que de droit, pour faire ordonner la preuve desdits faits, dans les formes et délais prescrits par la loi.

Se réservant, faute de satisfaire dans ledit délai à la présente sommation, de faire tenir lesdits faits, pour confessés et avérés, et sous toutes réserves de droit·

Condamner en tous cas le sieur   aux dépens, dont distraction à M•   , qui affirme les avoir avancés et déboursés de ses deniers. Et ce sera justice.

(Signature de l'avoué.)

FORMULE II.

Acte contenant dénégation des faits.

(C. pr. 252. — Tarif, 73. — Coût, 5 fr.)

Pour le sieur   , demeurant à   , ayant Me   pour avoué.

Contre le sieur   demeurant à   , ayant M•   pour avoué.

Il plaise au tribunal,

Donner acte au sieur   , de ce qu'il dénie formellement les faits articulés par le sieur   , par acte du

Et attendu d'ailleurs que lesdits faits ne sont pas pertinens, que la preuve n'en saurait être admise.

Sans avoir égard à la preuve demandée, adjuger au sieur les conclusions de son exploit introductif d'instance avec dépens.

Se réservant, le sieur   , dans le cas où la preuve desdits faits serait ordonnée, de faire la preuve contraire, et sous toutes autres réserves de fait et de droit.   *(Signature de l'avoué.)*

FORMULE III.

Requête au juge-commissaire pour assigner les témoins.

(C. pr. 255. — Tarif, 76. — Coût, 2 fr. compris vacation.)

A M.   , juge au tribunal de   commis à cet effet.

Le sieur   ayant M•   pour avoué.

A l'honneur de vous exposer que par jugement rendu en ce tribunal, en date du   vous avez été commis pour procéder à l'enquête ordonnée par ledit jugement.

Pour quoi il vous plaira, M. le juge-commissaire,

Autoriser l'exposant à faire assigner devant vous les témoins qu'il se propose de faire entendre dans ladite enquête, pour les jour, lieu et heure qu'il vous plaira indiquer, et ce sera justice.

(Signature de l'avoué.)

Ordonnance. — Nous, juge-commissaire,

Vu la requête ci-dessus,

Autorisons le sieur   à faire assigner, à comparaître par-devant nous les témoins qu'il se propose de faire entendre devant nous, et à cet effet indiquons le   pour procéder à ladite enquête.

Fait à   ce

(Signature du juge.)

FORMULE IV.

Procès-verbal d'ouverture constatant la présentation de la requête et la délivrance de l'ordonnance.

(C. pr. 259. — Tarif, 91. — Vacation, 3 fr.)

L'an   etc., par-devant nous   juge en la   chambre du tribunal de   commis pour procéder à l'enquête dont sera ci-après parlé, assisté de Me   greffier du tribunal.

Est comparu Me   , avoué près ce tribunal, et du sieur   , lequel nous a dit que par jugement, contradictoirement rendu entre ledit sieur et le sieur   , il a été ordonné, avant faire droit, que le sieur ferait preuve par-devant nous des faits par lui articulés, et qui sont énoncés audit jugement, dûment enregistré et signifié.

Pourquoi, il requiert qu'il nous plaise, déclarer ouvert le présent procès-verbal d'enquête, et de lui délivrer au bas de la requête à nous présentée et séparément des présentes, notre ordonnance, à l'effet de citer les témoins que le sieur

se propose de faire entendre ; et ledit sieur   , pour être présent à l'audition
desdits témoins ;

   Et ledit M^e   a signé sous toutes réserves.

                                    (*Signature de l'avoué.*)

   Sur quoi nous, juge-commissaire susdit, avons donné acte audit M^e
de ses comparution, dires et réquisition, en conséquence déclarons ouvert ledit
procès-verbal d'enquête, et avons délivré audit M^e   au bas de sa requête,
et séparément des présentes, notre ordonnance contenant permis de faire assigner
les témoins par-devant nous, en la chambre du conseil, et pour leur audition indiquons le   heure de   et avons signé avec le greffier, les jour,
mois, heure et an que dessus.   (*Signature du juge et du greffier.*)

FORMULE V.

Assignation aux témoins.

(C. pr. 260. — Tarif, 29. — Coût, 2 fr. ; orig. 50 c.)

   L'an   , etc., à la requête du sieur   , pour lequel domicile
est élu en l'étude de M^e   , avoué près le tribunal de   sise à
lequel continuera d'occuper pour le sieur

   J'ai (*immatricule de l'huissier*), soussigné, signifié avec celle des présentes,
donné copie, 1° au sieur   , demeurant à   en son domicile où étant et parlant à   ; 2° au sieur   3° à la dame

   1° Du dispositif d'un jugement contradictoirement rendu entre ledit sieur
et le sieur   , par la   chambre du tribunal de   enregistré ;

   2° D'une requête présentée à M.   , juge audit tribunal, commis pour
procéder à l'enquête dont sera ci-après parlé, ensemble de l'ordonnance étant au
bas de ladite requête en date du   , enregistrée,

   A ce que les susnommés n'en ignorent ; et à mêmes requête, demeure, élection
de domicile et constitution d'avoué, j'ai, huissier susdit et soussigné, en vertu de
l'ordonnance susdatée, donné assignation auxdits susnommés en leur domicile, et
parlant comme dessus.

   A comparaître et se trouver le   heure de   par-devant
M^e   en la chambre du conseil de la   chambre du tribunal de
pour dire et déposer vérité sur les faits dont ils ont connaissance, et dont ledit jugement a autorisé la preuve, aux offres que fait le requérant de leur tenir compte
de la taxe, si elle est requise par eux.

   Leur déclarant que, faute par eux de comparaître aux jour et heure ci-dessus
indiqués, ils encourront les amende et dommages-intérêts prononcés par la loi,
et seront réassignés à leurs frais ;

   A ce que pareillement les susnommés n'ignorent, je leur ai, en leur domicile, et
parlant comme dessus, laissé à chacun séparément copie tant des dispositif, requête et ordonnance susénoncés, que du présent, dont le coût est de

                                  (*Signature de l'huissier.*)

FORMULE VI.

Assignation à la partie.

(C. pr. 261. — Tarif, 29. — Coût, 2 fr.)

   L'an   , etc. (*comme à la Formule* v.)

   Soussigné, signifié et laissé copie au sieur   , demeurant à
au domicile de M^e   , son avoué, sis à   (— V. *sup.* n° 131), en son domicile, où étant et parlant à   d'une requête (*comme à la Formule* v),
et à même requête. — V. *ib.*

   Pour être présent, si bon lui semble, à la prestation de serment et à la déposition
des témoins qu'il se propose de faire entendre dans l'enquête, ordonnée par ledit
jugement.

   Lui déclarant que lesdits témoins sont, 1° le sieur (*noms, profession*), demeurant à   ; 2°   , etc.

   A ce que le susnommé n'en ignore, lui déclarant que, faute par lui de comparaître, il sera procédé à l'enquête dont s'agit, tant en son absence que présence ;

   Et je lui ai, etc.

FORMULE VII.

Requête pour obtenir un sauf-conduit. — V. *Emprisonnement. Formule* iv.

FORMULE VIII.

Requête au juge-commissaire pour faire commettre le président d'un autre tribunal pour entendre un témoin éloigné.

(C. pr. 266. — Tarif, 76. — Coût. 2 fr.)

A M.　　　　　, juge au tribunal de　　　　　, commis à cet effet.

Le sieur　　　ayant Me　　　pour avoué.

A l'honneur de vous exposer que le sieur　　　demeurant à　　　l'un des témoins qu'il se propose de faire entendre dans l'enquête ordonnée par jugement rendu par le tribunal de　　　　en date du　　　, ne peut, à cause de l'éloignement de son domicile, se transporter devant vous.

Pour quoi il vous plaira, M. le juge-commissaire,

Donner commission rogatoire à M. le président du tribunal de　　　　, à l'effet d'entendre la déposition dudit sieur　　　, à la charge de remplir toutes les formalités prescrites par la loi. Et ce sera justice.

(Signature de l'avoué.)

Ordonnance. — Nous, juge-commissaire,

Vu la requête ci-dessus, et les dispositions de l'article 266. C. pr.

Donnons commission rogatoire à M. le président du tribunal de　　　, à l'effet d'entendre la déposition du sieur　　　dans l'enquête ordonnée par jugement de ce tribunal, en date du

Fait à　　　　le　　　　*(Signature du juge.)*

FORMULE IX.

Requête au président d'un tribunal pour recevoir la déposition d'un témoin éloigné.

C. pr. 266. — Tarif, 76. — Coût, 2 fr.)

A M. le président du tribunal de

Le sieur　　　ayant Me　　　pour avoué.

A l'honneur de vous exposer, que vous avez été commis par M.　　　juge au tribunal de　　　par son ordonnance en date du　　　, à l'effet d'entendre la déposition du sieur, etc.

Nota. Pour le reste de la formule et pour l'ordonnance, on suit une forme analogue à celle indiquée, *sup.* Formule iii.

FORMULE X.

Avenir pour voir prononcer la prorogation du délai d'enquête (1).

(C. pr. 280. — Tarif, 70. — Coût, 1 fr.)

A la requête du sieur　　　ayant Me　　　pour avoué.

Soit sommé Me　　　, avoué du sieur

De comparaître et se trouver, et faire trouver sa partie, si bon lui semble, à l'audience du tribunal de　　　le

Pour entendre le rapport de M.　　　juge-commissaire, par suite de l'indication consignée sur le procès-verbal d'enquête dont s'agit, et voir statuer sur la prorogation de ladite enquête, nécessitée par la réassignation de plusieurs témoins défaillans.

En conséquence, voir, dire et ordonner, que le délai pour terminer ladite enquête, sera prorogé jusqu'au　　　pendant lequel temps seront entendus lesdits témoins réassignés.

En cas de contestation, condamner le sieur　　　aux dépens de l'incident.

A ce qu'il n'en ignore. Dont acte.

(Signature de l'avoué.)

---

(1) On suppose que ni la partie adverse, ni son avoué, n'ont été présens à l'enquête. — En cas de présence, l'art. 280 C. pr. interdit de signifier aucun avenir ni sommation.

FORMULE XI.

Acte de conclusion, à fin d'être autorisé à prouver les reproches.

(C. pr. 289, 290. — Tarif. 71. — Coût, 5 fr.)

A MM. les président et juges, composant le tribunal, etc.

Pour le sieur   demeurant à   , ayant Me   pour avoué.
Contre le sieur   demeurant à   ayant Me   pour avoué.
Il plaise au tribunal,

Attendu que l'exposant a reproché plusieurs des témoins entendus dans l'enquête dressée par M.   juge-commissaire, ainsi qu'il résulte des dires consignés audit procès-verbal d'enquête, en date du

Notamment 1° qu'à l'égard du sieur   il a articulé, articule, met en fait et offre de prouver que postérieurement au jugement du   il a bu et mangé avec le sieur ·   et à ses frais.

2° A l'égard du sieur   , etc.

En conséquence, autoriser l'exposant à faire preuve par témoins, sommairement et à l'audience, dans les formes prescrites par la loi des faits suivans,
1°   , etc.

Lui donner acte également de ce qu'il indique comme témoins pour faire preuve des faits de reproche susénoncés, 1°   ; 2°

Pour ladite preuve étant faite être requis et statué ce qu'il appartiendra.

Sous toutes réserves.

(*Signature de l'avoué.*)

FORMULE XII.

Procès-verbal d'enquête (1).

L'an   , le   , heure de   , par devant-nous ,
juge au tribunal de   , nommé par le tribunal , par jugement en date du   , à l'effet de procéder à l'enquête ordonnée par jugement rendu en ce tribunal   , en date du   , et assisté de M.   , greffier;

Est comparu Me   . avoué du sieur

Lequel nous a dit qu'en vertu de notre ordonnance, en date du   , et par exploit de   , huissier, en date du   , il avait fait assigner les témoins que ledit sieur   , se propose de faire entendre dans ladite enquête, à comparaître les   (jours, lieux et heures)   ;

Et que , par autre exploit du même huissier , en date du   , il avait fait assigner le sieur   , au domicile de M.   , pour être présent , si bon lui semble , à l'audition desdits témoins : ladite assignation contenant notification des noms, professions et demeure desdits témoins (les originaux desdits exploits nous ont été à l'instant représentés.), et a signé sous toutes réserves.

(*Signature de l'avoué*).

Est aussi comparu Me   , avoué du sieur   , lequel nous a déclaré qu'il ne s'opposait point pour sa partie , à ce qu'il fût procédé à l'audition desdits témoins , et a signé sous toutes réserves.

(*Signature de l'avoué*).

Desquelles comparutions et déclarations nous avons donné acte aux parties ; après quoi, en présence desdits Me   et Me   , nous avons procédé à ladite enquête , et à l'audition des témoins , dans l'ordre qui suit :

Premier témoin.

Est comparu le sieur (*noms , prénoms , profession , âge , demeure*).

Lequel , après avoir prêté serment de dire vérité, et nous avoir déclaré qu'il n'est parent ni allié, serviteur ni domestique d'aucune des parties , et nous avoir représenté la copie de l'assignation à lui donnée, *a déposé* de vive voix . et séparément des autres témoins, ainsi qu'il suit : (*transcrire la déposition*);

---

(1) Cet acte est mis à la suite du procès-verbal d'ouverture indiqué *sup*. Formule IV. — V. d'ailleurs *sup*. n° 257, et sect. 11, § 8.

Lecture faite au témoin de sa déposition après lui avoir demandé, s'il y persiste, a répondu y persister, comme contenant vérité;

Demandé au témoin s'il requérait taxe, a répondu négativement;

Et a ledit témoin signé avec nous, et le greffier soussigné.

(*Signatures du témoin, du juge et du greffier*).

Deuxième témoin.

Le sieur (*noms, prénoms*, etc. comme ci-dessus).

Constatation de reproches.

Avant qu'il fût passé outre à la déposition de ce témoin, M^e , avoué du sieur   , a proposé contre lui les motifs de reproches ci-après (*les énoncer*).

Ledit témoin a répondu, etc.

Sur quoi, nous juge-commissaire, avons donné acte audit M^e , du reproche qu'il a proposé, contre ledit témoin, et à ce dernier de ses réponses, pour être statué par le tribunal ce qu'il appartiendra.

(*Signature du juge et du greffier*.)

Et de suite nous avons entendu la déposition du sieur   , lequel s'est exprimé de la manière suivante :

(*Énoncer la déposition comme ci-dessus*).

Défaut contre l'un des témoins.

Après l'audition des témoins susnommés, M^e , avoué du sieur   , nous a requis, attendu la non comparution du sieur   , quoique dûment assigné, ainsi qu'il résulte de l'exploit susdaté, qu'il nous plaise donner défaut contre ledit témoin, et pour le profit, le condamner aux dommages et intérêts prononcés par la loi, et ordonner qu'il sera réassigné à ses frais, à tels jour et heure qu'il nous plaira indiquer. Et a signé sous toutes réserves.

(*Signature de l'avoué*).

Sur quoi, nous juge-commissaire susdit et soussigné, faisant droit à ladite réquisition, avons donné défaut contre ledit sieur   , non comparant, lequel est condamné à dix francs de dommages et intérêts envers le sieur   , et à 50 fr. d'amende, comme aussi, autorisons ledit sieur   , à le faire assigner de nouveau à ses frais, à comparaître le

Fait à   (*Signatures du juge-commissaire et du greffier*).

Cas où un témoin fait proposer ses motifs d'excuse.

M^e , avoué du sieur   , assigné pareillement à comparaître comme témoin par-devant nous   nous a exposé que depuis quinze jours ledit sieur   , était absent pour affaire de son commerce, et qu'il ne serait de retour que dans cinq jours, et nous a requis de lui accorder ce délai pour comparaître.

Sur quoi, ayant égard aux observations dudit M^e , nous avons accordé audit sieur   , nouveau délai, et nous avons ordonné qu'il serait réassigné à comparaître par-devant nous, le   ; en conséquence, nous avons continué les opérations de ladite enquête, au   jour auquel les parties seront tenues de comparaître sans nouvelle assignation, et disons qu'il sera procédé à la nouvelle audition des témoins, tant en présence qu'en l'absence desdites parties.

De tout ce que dessus nous avons dressé le présent procès-verbal, lesdits jour, mois et an, et ont les parties et leurs avoués, signé avec nous et le greffier soussigné.

(*Signatures des parties, des avoués, du juge et du greffier*).

NOUVEAU PROCÈS-VERBAL A LA SUITE DU PREMIER, *lorsque l'enquête a été continuée dans la huitaine, ou prorogée à un délai plus éloigné.*

(Et, le   1839, heure de   , par suite de l'ajournement de nos opérations indiqué dans notre procès-verbal qui précède (*ou en conséquence de la prorogation autorisée par jugement rendu en ce tribunal, le*   ), par-devant nous juge susdit et soussigné, assisté de

Est comparu M⁰   , avoué du sieur   , lequel nous a dit
qu'en vertu de notre ordonnance, énoncée au procès-verbal qui précède (*ou en
vertu du jugement du, etc.*), il avait fait réassigner les sieurs, etc.   ,
et a signé sous toutes réserves.

(*Signature*).

Et à l'instant est aussi comparu M⁰   , avoué du sieur   ,
equel a déclaré pour sa partie ne point s'opposer à l'audition desdits témoins
réassignés, et a signé sous toutes réserves.

(*Signature*).

Et est également comparu, 1° le sieur   , lequel nous a représenté
un certificat du docteur   , constatant l'état de maladie qui l'avait
empêché de comparaître, le   , et pourquoi il nous suppliait d'être
déchargé de l'amende prononcée contre lui.

Sur quoi, nous juge-commissaire, ayant égard à l'excuse légitime et justifiée
dudit témoin, l'avons déchargé de l'amende et des dommages et intérêts prononcés contre lui, ainsi que des frais de la réassignation à lui donnée, et avons
ordonné qu'il serait passé outre à son audition, ainsi qu'a celle du sieur

Et à l'instant ils ont déposé ainsi qu'il suit :

1° Le sieur   ; 2° le sieur   (— V. Modèle de déposition ci-dessus.)

Et attendu qu'il ne s'est plus trouvé d'autres témoins cités, nous avons clos le
présent procès-verbal, lesdits jour, mois et an, que lesdites parties et leurs avoués
ont signé avec nous et le greffier soussigné.

(*Signatures des parties, des avoués, du juge et du greffier.*)

ENQUÊTE par commune renommée. Espèce d'enquête où
les témoins sont appelés pour déposer sur la valeur des biens
que quelqu'un possédait à une certaine époque, d'après ce
qu'ils ont vu par eux-mêmes ou entendu dire.

1. Ce moyen de preuve ne doit être employé qu'en l'absence de tout autre. — Et même dans ce cas les juges peuvent
le refuser. Cass. 26 juin 1827, S. 27, 521. — V. *Enquête.*

2. Cette preuve est admise dans le cas où le demandeur est
réduit, par le dol ou par la faute du défendeur, à l'impossibilité de prouver régulièrement la consistance, le nombre et la
valeur des choses qui lui sont dues.

Ainsi elle supplée, 1° à l'inventaire que le mari a négligé de
faire faire des biens-meubles qui ne doivent pas entrer en communauté. C. civ. 1404 et 1415. — 2° A l'inventaire que le
survivant de l'un des époux a négligé de faire faire lors de la
dissolution de la communauté. *Ib.* 1442.

Elle peut être faite non-seulement contre l'époux ou ses héritiers, mais même contre des tiers. C. civ. 1415; Riom,
2 fév. 1820; Bordeaux, 20 juin 1826, S. 26, 309.

3. Le témoin est appelé pour dire ce qu'il a vu ou entendu,
et en outre pour donner son opinion sur la consistance, le
nombre et la valeur estimative des choses, soit qu'il ait formé
son opinion sur ce qu'il a vu, soit qu'il ne l'ait formée que sur
ce qu'il a entendu dire, sur les bruits publics.

4. C'est au juge qu'il appartient d'apprécier les déclarations. — Souvent, dans ce cas, il défère le serment *in litem.* —
V. *Serment.*

3. Cette enquête est, en général, soumise aux règles des *enquêtes.* — V. ce mot, n° 86.

6. L'inventaire par commune renommée ne peut se faire par le ministère d'un notaire. Cass. 17 janv. 1838 (Art. 1110 J. Pr.)

ENQUÊTE D'EXAMEN A FUTUR. — V. *Enquête,* n° 4.

ENQUÊTES (CHAMBRE DES). Chambre du parlement où l'on jugeait les procès par écrit.

ENREGISTREMENT. Transcription d'un acte dans des registres publics, soit en entier, soit par extrait.

DIVISION.

§ 1. — *Des droits d'enregistrement, et de leur application.*

1. Les droits d'enregistrement ont été établis par la loi du 19 déc. 1790 ; ils ont remplacé ceux de *contrôle*, d'*insinuation*, et de *centième denier.*

2. L'enregistrement a pour effet principal de conférer, aux actes soumis à cette formalité, une date certaine.

3. Les droits d'enregistrement sont perçus au profit du trésor par des préposés de l'administration, qui prêtent serment de fidélité au roi des Français, d'obéissance à la Charte constitutionnelle et aux lois du royaume. L. 31 août 1830, et promettent de remplir avec fidélité les fonctions qui leur sont départies. L. 1er juin 1791, art. 6 ; Cass. 14 déc. 1836 (Art. 860 J. Pr.). — Ils constituent une contribution indirecte qui figure au budget des recettes.

4. Ils sont *fixes* ou *proportionnels*, suivant la nature des actes et mutations qui y sont assujettis. L. 22 frim. an 7, art. 2.

5. Le droit fixe s'applique aux actes, soit civils, soit judiciaires ou extrajudiciaires, qui ne contiennent ni obligation, ni libération, ni condamnation, collocation, ou liquidation de sommes et valeurs, ni transmission de propriété, d'usufruit ou de jouissance de biens meubles ou immeubles. *Ib.* art. 3.

6. Le droit proportionnel est établi pour les obligations, libérations, condamnations, collocations, ou liquidations des sommes et valeurs, et pour toute transmission de propriété, d'usufruit, ou de jouissance de biens-meubles ou immeubles, soit entre vifs, soit par décès. *Ib.* art. 4.

La quotité des droits proportionnels varie suivant la nature des actes. — V. LL. 22 frim. an 7, art. 69 et suiv.; 28 avr. 1816, art. 50 et suiv.; 15 mai 1818, art. 73 et suiv.; 16 juin 1824. (— V. art. 673, 830 J. Pr.).

Ils sont assis sur les *valeurs* qui se déterminent suivant les règles établies par les art. 14 et 15 de la loi du 22 frim. an 7, et par la loi du 15 mai 1818.

Ils sont liquidés de 20 fr. en 20 fr. sans fraction, et sans que le *minimum* d'une perception puisse être au-dessous de 25 c. L. 27 vent. an 9, art. 2 et 3. — Ainsi, pour une obligation de 101 fr., on liquide le droit sur 120 fr., et pour une de 20 fr., dont le droit ne serait que de 10 c., on perçoit 25 c.

7. Certains actes doivent être enregistrés en débet, ce sont principalement ceux ayant pour objet la poursuite et la répression des délits et contraventions. — V. LL. 22 frim an 7, art. 70; 25 mars 1817, art. 74.

8. D'autres actes sont enregistrés *gratis* : ce sont principalement ceux ayant pour objet le recouvrement des contributions directes ou indirectes, et ceux faits à la requête du ministère public, pour arriver à la rectification ou à la réparation d'actes de l'état civil intéressant des individus notoirement indigens, ou pour remplacer les registres de l'état civil détruits par les événemens de la guerre ou ceux qui n'ont pas été tenus. LL. 25 mars 1817, art. 75; 16 juin 1824, art. 6; 22 frim. an 7, art. 70.

9 Enfin, d'autres actes sont dispensés de l'enregistrement : ce sont, en général, ceux des chambres et du pouvoir exécutif, et ceux émanés des administrations publiques. LL. 22 frim. an 7. art. 70; 26 frim. an 8, art. 1 et 2.

10. La quotité des divers droits est indiquée sous les mots *du Dictionnaire* auxquels ils se rapportent.

11. Un décime par franc est perçu en sus des droits d'enregistrement établis par les lois sur la matière. Cette augmentation, autorisée par la loi du 6 prair. an 7, a été successivement maintenue par toutes les lois de finances postérieures.

12. Les actes civils et extrajudiciaires sont enregistrés sur les minutes, brevets, ou originaux. L. 22 frim. an 7, art. 7.

Il en est de même de tous les actes judiciaires en matière civile, et de tous les jugemens en matière criminelle, correctionnelle ou de police. L. 28 avr. 1816, art. 38.

Ceux des actes de l'état civil qui sont assujettis à l'enregistrement ne sont enregistrés que sur les expéditions. L. 22 frim. an 7, art. 8.

13. Il n'est dû aucun droit d'enregistrement pour les extraits, copies, ou expéditions des actes qui doivent être enregistrés sur les minutes ou originaux. L. 22 frim. an 7, art. 8.

14. La perception se fait sur une déclaration pour les transmissions d'immeubles effectuées verbalement. L. 27 vent. an 9, art. 4.

Si le prix déclaré par les parties, ou celui énoncé dans l'acte translatif de propriété ou d'usufruit des biens immeubles, paraît inférieur à leur valeur vénale, la régie peut provoquer l'expertise. L. 22 frim. an 7, art. 17.

Il y a également lieu de requérir l'expertise des revenus des immeubles transmis en propriété ou usufruit à tout autre titre qu'à titre onéreux, lorsque l'insuffisance dans l'évaluation ne peut être établie par actes faisant connaître le véritable revenu des biens. *Ib.* art. 19. — V. *Expertise*, § 3.

15. Lorsqu'un acte translatif de propriété ou d'usufruit comprend des meubles et des immeubles, le droit d'enregistrement est perçu sur la totalité du prix, au tarif réglé pour les immeubles, à moins qu'il ne soit stipulé un prix particulier pour les objets mobiliers, et qu'ils ne soient désignés et estimés, article par article, dans le contrat. L. 22 frim. an 7, art. 9.

16. Dans le cas de transmission de biens, la quittance donnée ou l'obligation consentie par le même acte, pour tout ou partie du prix entre les contractans, ne peut être sujette à un droit particulier d'enregistrement. *Ib.* art. 10.

17. Mais lorsque dans un acte quelconque, soit civil, soit judiciaire ou extrajudiciaire, il y a plusieurs dispositions indépendantes, ou ne dérivant pas nécessairement les unes des autres, il est dû pour chacune d'elles, et selon son espèce, un droit particulier. La quotité en est déterminée par l'article de la loi dans lequel la disposition se trouve classée, ou auquel elle se rapporte. *Ib.* art. 11.

18. La mutation d'un immeuble en propriété ou usufruit est suffisamment établie pour la demande du droit d'enregistrement et la poursuite du paiement contre le nouveau possesseur, soit par l'inscription de son nom au rôle de la contribution foncière, et des paiemens par lui faits d'après ce rôle, soit par des baux par lui passés, ou enfin par des transactions ou autres actes constatant sa propriété ou son usufruit. *Ib.* art. 12.

19. La jouissance à titre de ferme, ou de location, ou d'en-

gagement d'un immeuble, est suffisamment établie pour la demande et la poursuite du paiement du droit des baux, ou engagemens non enregistrés, par les actes qui la font connaître, ou par des paiemens de contributions imposées aux fermiers locataires et détenteurs temporaires. *Ib.* art. 13.

20. Mais cette disposition n'est relative qu'au cas où il existe un titre écrit dissimulé par les parties : les locations verbales n'étant assujetties, par aucune disposition de loi, à un droit d'enregistrement, l'administration ne peut se prévaloir des termes de l'art. 13, pour en étendre le sens à une jouissance précaire verbalement convenue. Cass. 12 et 17 juin 1811, P. 9, 388 et 400; Inst. gén. 25 nov. 1811, n° 550.

§ 2. — *Des Délais pour l'enregistrement.*

21. Les délais pour faire enregistrer les actes publics sont : 1° de quatre jours pour ceux des huissiers et autres, ayant pouvoir de faire des exploits et des procès-verbaux. LL. 22 frim. an 7, art. 20; 27 vent. an 9, art. 15. — Un exploit signifié le 1er oct. doit être enregistré le 5 au plus tard. — V. *inf.* n° 53.

2° De vingt jours pour les actes judiciaires soumis à l'enregistrement sur les minutes, et pour ceux dont il ne reste pas de minute au greffe, ou qui se délivrent en brevet. L. 22 frim. an 7, art. 20.

3° De vingt jours également pour les actes des administrations centrales et municipales (des préfectures, sous-préfectures et mairies), assujettis à la formalité de l'enregistrement. *Ib.*

4° Et pour les actes et procès-verbaux de ventes de prises de navires, ou bris de navires, faites par les officiers de l'administration de la marine. L. 27 vent. an 9, art. 7.

5° De dix jours, pour les actes des notaires qui résident dans la commune où le bureau de l'enregistrement est établi. L. 22 frim. an 7, art. 20.

6° De quinze jours, pour les actes des notaires qui ne résident pas dans la commune où le bureau de l'enregistrement est établi. *Ib.*

Toutefois les protêts rédigés par les notaires doivent, comme ceux faits par les huissiers, être enregistrés dans le délai de quatre jours, à compter de leur date. L. 21 mai 1834, art. 23 (Art. 3 J. Pr.).

22. Le délai pour l'enregistrement des testamens reçus par les notaires, ou déposés entre leurs mains, est de trois mois, à compter du décès du testateur. Il doit y être procédé à la diligence des héritiers, légataires, donataires, ou exécuteurs testamentaires. L. 22 frim. an 7, art. 24.

Les testamens ne peuvent être enregistrés, du vivant du testateur, qu'autant qu'il y a de sa part réquisition expresse à cet égard. Inst. gén. n° 432.

23. Pour les baux des biens des hospices et autres établissemens publics, de bienfaisance ou d'instruction publique, qui sont reçus par les notaires, le délai pour l'enregistrement est de quinze jours, à partir de la date de l'arrivée à la mairie, de l'approbation du préfet, certifiée par le maire, en marge de l'acte. Décr. 12 août 1807 ; inst. régie 7 fév. 1812, n° 561.

24. Quant aux baux de biens communaux, également reçus par les notaires, le délai pour l'enregistrement est de vingt jours, à partir de l'arrivée à la mairie, de l'approbation du préfet. Ordonn. 7 oct. 1818, art. 5.

25. Les notaires ont aussi vingt jours, à partir de la date de l'acte, pour faire enregistrer les adjudications de coupes de bois de la couronne, lorsqu'ils ont reçu l'acte en présence d'un fonctionnaire administratif. — Quand ils procèdent seuls, ils n'ont que les délais ordinaires. — V. sup. n° 21.

26. Lorsqu'un acte notarié contient plusieurs dates, c'est seulement de la dernière que court le délai de l'enregistrement : en effet l'acte n'est parfait que par la signature du notaire, et cette signature n'est apposée qu'après que tous les contractans ont signé. Déc. direct. rég. 29 mars 1831.

27. Toutefois, cette règle n'est pas applicable aux actes faits par vacations. Déc. 10 brum. an 14 ; inst. rég. 30 frim. an 14, n° 296.

28. Tous actes faits sous seing privé depuis la promulgation de la loi du 22 frim. an 7, et portant transmission de propriété ou d'usufruit de biens immeubles, et les baux à ferme ou à loyer, sous-baux, cessions, et subrogations de baux de même nature, doivent être enregistrés dans les trois mois de leur date. L. 22 frim. an 7, art. 22.

Pour ceux des actes de cette espèce qui sont passés en pays étranger, ou dans les îles ou colonies françaises où l'enregistrement n'est pas établi, le délai est de six mois, s'ils sont faits en Europe ; d'une année, si c'est en Amérique, et de deux années, si c'est en Asie ou en Afrique. Ib.

29. Ces dispositions s'appliquent aux mutations entre vifs de propriété ou d'usufruit de biens immeubles, lors même que les nouveaux possesseurs prétendent qu'il n'existe pas de conventions écrites entre eux et les précédens propriétaires ou usufruitiers.

A défaut d'actes, il y est suppléé par des déclarations détaillées et estimatives, dans les trois mois de l'entrée en possession, à peine d'un droit en sus. L. 27 vent. an 9, art. 4.

30. Il n'y a pas de délai de rigueur pour l'enregistrement des actes privés autres que ceux mentionnés au numéro **28**, qui sont faits sous seing privé ou passés en pays étranger, et dans les îles ou colonies françaises où l'enregistrement n'est pas établi ; mais il ne peut en être fait aucun usage, soit par acte public, soit en justice, ou devant une autorité constituée, qu'ils n'aient été préalablement enregistrés. L. 22 frim. an 7, art. 23.

31. Les délais pour l'enregistrement des déclarations que les héritiers, donataires ou légataires, ont à passer des biens à eux échus, ou transmis par décès, sont, savoir : — De six mois, à compter du jour du décès, lorsque celui dont on recueille la succession est décédé en France ; — de huit mois, s'il est décédé dans toute autre partie de l'Europe ; — d'une année, s'il est mort en Amérique ; — et de deux années, si c'est en Afrique ou en Asie. *Ib.* art. 24.

32. Pour l'époque à compter de laquelle courent les délais à l'égard des individus appelés à exercer des droits subordonnés au décès d'un *absent*, — V. ce mot, n°ˢ 84 et suiv.

33. Dans les délais fixés pour l'enregistrement des actes et des déclarations, le jour de la date de l'acte, ou celui de l'ouverture de la succession, n'est pas compté. — V. *Délai*, n° 18.

Si le dernier jour du délai se trouve être un dimanche, ou un jour férié, ce jour-là n'est pas compté non plus. L. 22 frim. an 7, art. 25. — V. *ib.* n° 21.

34. Le défaut d'enregistrement, dans le délai prescrit, des actes soumis à cette formalité, donne lieu, d'après les circonstances, à une augmentation de droits, et à des amendes contre les officiers publics rédacteurs de ces actes. Dans certains cas, il entraîne même la nullité de l'acte. — V. *inf.* n°ˢ 52 et suiv.

Il n'y a pas contravention, si l'acte est présenté à la formalité, le dernier jour du délai, même après l'heure fixée pour la fermeture du bureau. Déc. min. fin. 7 août 1832 ; trib. Apt, 24 mars 1823 ; Avesnes, 17 oct. 1835 ; Parthenay, 8 fév. 1837 (Art. 1106 J. Pr.).

§ 3. — *Des bureaux d'enregistrement.*

35. Les notaires ne peuvent faire enregistrer leurs actes qu'aux bureaux dans l'arrondissement desquels ils résident. L. 22 frim. an 7, art. 26.

36. Les huissiers et tous autres ayant pouvoir de faire des exploits, procès-verbaux ou rapports, doivent faire enregistrer leurs actes, soit au bureau de leur résidence, soit au bureau du lieu où ils les ont faits. *Ib.*

Néanmoins l'acte n'est pas nul s'il a été enregistré, dans les délais prescrits par la loi, à un autre bureau que celui où il aurait dû être présenté. Cass. 14 nov. 1835 (Art. 558 J. Pr.).

37. Les ventes de meubles aux enchères ne peuvent être en registrées qu'au bureau où la déclaration de la vente a été faite. L. 22 pluv. an 7, art. 6.

38. Les greffiers et les secrétaires des préfectures, sous-préfectures et mairies, doivent faire enregistrer les actes qu'ils sont tenus de soumettre à cette formalité, au bureau de l'arrondissement dans lequel ils exercent leurs fonctions. L. 22 frim. an 7, art. 26; L. 27 vent. an 9, art. 6.

39. Les actes sous signatures privées, et ceux passés en pays étranger, peuvent être enregistrés dans tous les bureaux indistinctement. L. 22 frim. an 7, art. 26.

40. Les mutations de propriété ou d'usufruit par décès sont enregistrées au bureau de la situation des biens.

Les héritiers, donataires ou légataires, leurs tuteurs ou curateurs sont tenus d'en passer déclaration détaillée, et de la signer sur le registre.

S'il s'agit d'une mutation au même titre de biens meubles, la déclaration en est faite au bureau dans l'arrondissement duquel ils sont trouvés au décès de l'auteur de la succession.

Les rentes et les autres biens meubles sans assiette déterminée lors du décès, doivent être déclarés au bureau du domicile du décédé.

Les héritiers, légataires ou donataires, doivent rapporter, à l'appui de leurs déclarations de biens meubles, un inventaire ou état estimatif, article par article, par eux certifié, s'il n'a pas été fait par un officier public. Cet inventaire est déposé et annexé à la déclaration qui est reçue et signée sur le registre du receveur de l'enregistrement. *Ib.* art. 27.

§ 4.—*Comment et par qui les droits sont payés.*

41. Les droits des actes et ceux des mutations par décès doivent être payés avant l'enregistrement; nul ne peut en atténuer ni différer le paiement, sous le prétexte de contestation sur la quotité, ni pour quelque autre motif que ce soit, sauf à se pourvoir en restitution, s'il y a lieu. L. 22 frim. an 7, art. 28.

Mais le redevable qui s'oppose à une contrainte décernée contre lui, n'est pas tenu, pour être admis à faire statuer sur son opposition, de payer les droits qui lui sont demandés. Trib. Seine, 27 août 1836 (Art. 524 J. Pr.).—V. *inf.* n° 135.

42. Les droits des actes reçus par les officiers publics doivent en général être acquittés par eux. L. 22 frim. an 7, art. 29.

43. Ce principe souffre exception : 1° à l'égard des notaires, pour les testamens et autres actes de libéralité à cause de mort, dont les droits doivent être acquittés par les héritiers, légataires, donataires ou exécuteurs testamentaires. — V. *sup.* n° 22.

44. 2° A l'égard des greffiers, pour les jugemens rendus à l'audience, dont les droits doivent être recouvrés directement sur les parties, lorsqu'elles ne les ont pas consignés entre les mains du greffier. *Ib.* art. 37 ; L. 28 avr. 1816, art. 38.

Pour cet effet, les greffiers doivent fournir aux receveurs de l'enregistrement, dans les dix jours qui suivent l'expiration du délai, des extraits par eux certifiés des actes et jugemens dont les droits ne leur ont pas été remis par les parties, à peine d'une amende de 10 fr. pour chaque acte de jugement, et d'être en outre personnellement contraints au paiement des doubles droits. LL. 22 frim. an 7, art. 37 ; 16 juin 1824, art. 10.

Il est délivré aux greffiers, par les receveurs de l'enregistrement, des récépissés sur papier non timbré, des extraits des jugemens qu'ils doivent fournir. Ces récépissés doivent être inscrits sur leurs *répertoires.* — V. ce mot.

45. 3° A l'égard des secrétaires des préfectures, sous-préfectures, mairies et établissemens publics, pour les actes d'adjudication passés en séance publique, et dont les droits sont à la charge des parties, lorsqu'ils n'ont pas été remis par elles auxdits secrétaires. *Ib.* art. 37 ; L. 15 mai 1818, art. 79.

Ces secrétaires sont, du reste, tenus d'avertir les receveurs de l'enregistrement de la même manière que les greffiers, et sous les mêmes peines. L. 22 frim. an 7, art. 37.—V. *sup.* n° 44.

46. L'action personnelle, accordée au trésor contre les officiers publics pour le paiement des droits d'enregistrement, est fondée, non seulement sur ce qu'ils sont dépositaires des minutes des actes, et les mandataires des parties, mais encore sur la nécessité d'accélérer la rentrée des impôts.

En conséquence, ils seraient non recevables à alléguer, pour se soustraire au paiement des droits, qu'ils n'en ont pas reçu le montant : c'est à eux à l'exiger d'avance, et à refuser leur ministère à ceux qui ne le consigneraient pas. Cass. 1er mars 1825, D. 25, 179 ; 13 juill. 1827, D. 27, 520.

47. Les officiers publics, qui ont fait pour les parties l'avance des droits d'enregistrement, peuvent prendre *exécutoire du juge de paix* (—V. ce mot) de leur canton pour leur remboursement. L. 22 frim. an 7, art. 50.

Ils ont une action solidaire contre tous les signataires de l'acte pour s'en faire rembourser. C. civ. 2002 ; Cass. 15 nov. 1820, S. 21, 96.

Ainsi jugé à l'égard d'un vendeur et d'un acquéreur pour les droits de transcription avancés par un notaire. *Même arrêt.*

La partie qui paie conserve son recours contre les autres. Cass. 19 avr. 1826, S. 26, 396. — Et peu importe que les parties soient convenues que les frais resteraient à la charge de l'une d'elles, si l'officier public n'a pas donné son assentiment à cette convention. Cass. 10 nov. 1828, S. 29, 79.

Mais les officiers publics ne peuvent réclamer les intérêts des sommes par eux avancées qu'à compter du jour de la demande. Caen , 7 juin 1857 (Art. 918 J. Pr.)—V. *Avoué*, n°ˢ 165, 172.

48. L'opposition formée contre l'exécutoire, ainsi que toutes les contestations qui peuvent s'élever à cet égard, sont jugées de la manière indiquée *inf.*, § 8, L. 22 frim. an 7, art. 50.

49. Les droits des actes sous seing privé, ou passés en pays étranger, sont acquittés par les parties elles-mêmes. *Ib.* art. 26.

50 Mais il faut distinguer entre l'action qui appartient au fisc, et les obligations des parties entre elles.

Par rapport au fisc, les droits doivent être acquittés par la partie qui présente l'acte à l'enregistrement (Arg., art. 29). Néanmoins, la régie peut s'adresser à la partie qui doit en définitive supporter les droits : en effet, l'art. 12 autorise les poursuites contre le *nouveau possesseur*, et il n'y a aucune injustice à s'adresser de prime-abord à celui à la charge duquel les droits doivent rester. Cass. 26 oct. 1845, P. 11, 755 ; 10 avr. 1816, D. v° *Enregistrement*, p. 569.

Par rapport aux parties, à défaut de stipulation contraire, les droits des actes emportant obligation, libération, ou transmission de propriété, ou d'usufruit de meubles ou immeubles, sont à la charge des débiteurs et nouveaux possesseurs ; — et ceux de tous les autres actes sont supportés par les parties auxquelles ils profitent. L. 22 frim. an 7, art. 51 (Art. 1289 J. Pr.).

51. Les droits des déclarations de mutations par décès sont payés par les héritiers , donataires ou légataires. *Ib.* art. 32. — Les cohéritiers sont solidaires. (*Ib.*). — Le trésor a action sur les revenus des biens à déclarer, en quelques mains qu'ils se trouvent, pour le paiement des droits dont il faut poursuivre le recouvrement. *Ib.*

§ 5. — *Des peines pour défaut d'enregistrement , fausse estimation, omission ou contre-lettres.*

52. Les peines prononcées pour défaut d'enregistrement des actes dans les délais fixés par la loi sont :

1° *A l'égard des notaires*, pour chaque contravention, une amende de 10 fr., s'il s'agit d'un acte sujet au droit fixe; et du double droit, s'il s'agit d'un acte sujet au droit proportionnel, sans que, dans ce dernier cas, l'amende puisse jamais être au-dessous de 10 fr. LL. 22 frim. an 7, art. 35 ; 16 juin 1824 , art. 10 ; inst. rég. 26 juin 1828, n° 1249.

Ils sont tenus, en outre, du paiement des droits, sauf leur recours contre leurs parties pour les droits seulement.—V. *sup.* n°ˢ 42, 47, et *inf.* n° 55.

A moins toutefois qu'ils n'aient averti les parties en temps utile, et que ce soit par suite de la négligence de celles-ci à fournir le montant des droits, que l'amende ait été encourue.

53. 2° *A l'égard des huissiers, ou autres ayant pouvoir de faire des exploits ou procès-verbaux*, pour un exploit ou procès-verbal non présenté à l'enregistrement dans le délai, une amende de 5 fr., plus une somme équivalente au montant du droit de l'acte non enregistré. LL. 22 frim. an 7, art. 54; 27 vent. an 9, art. 15; 16 juin 1824, art. 10.

54. L'exploit ou procès-verbal, non enregistré dans le délai, est en outre déclaré nul, et le contrevenant responsable de cette nullité envers la partie. L. 22 frim. an 7, *ib.*—V. *Responsabilité.*

55. Les dispositions, relatives aux exploits et procès-verbaux, ne s'étendent pas aux procès-verbaux de ventes de meubles et autres objets mobiliers, ni à tout autre acte du ministère des huissiers, sujet au droit proportionnel. La peine pour ceux-ci est d'une somme égale au montant du droit, sans qu'elle puisse être au-dessous de 10 fr.

Le contrevenant paie en outre le droit dû pour l'acte, sauf son recours contre la partie pour ce droit seulement. LL. 22 frim. an 7, art. 34; 16 juin 1824, art. 10. — V. *sup.* n° 52.

56. 5° *A l'égard des greffiers*, pour défaut de présentation à l'enregistrement dans les délais fixés, des actes qu'ils sont tenus de soumettre à cette formalité, et pour chaque contravention, une amende égale au montant du droit.

Ils doivent acquitter en même temps le droit, sauf leur recours, pour ce droit seulement, contre la partie. L. 22 frim. an 7, art. 35. — V. *sup.* n° 52.

Toutefois, ces dispositions ne sont relatives qu'aux actes que les greffiers sont personnellement tenus de présenter à l'enregistrement, et non à ceux pour lesquels le recouvrement des droits doit être poursuivi directement contre les parties. L. 28 avr. 1816, art. 38, § 2. — V. *sup.* n° 44.

57. Les obligations imposées aux greffiers, et les peines prononcées contre eux, sont applicables aux secrétaires des préfectures, sous-préfectures et mairies, pour chacun des actes qu'il leur est prescrit de faire enregistrer. L. 22 frim. an 7, art. 36. — V. *sup.* n°ˢ 41 à 45. — Et aux officiers de l'administration de la marine pour les procès-verbaux de ventes de prises ou bris de navires. L. 27 vent. an 9, art. 7. — V. *sup.* n° 21.

58. 4° *A l'égard des parties*, pour défaut d'enregistrement dans les délais déterminés, des actes sous seing privé ou passés en pays étranger, une amende égale au droit d'enregistrement. L. 22 frim. an 7, art. 38, et à celui de transcription, s'il s'agit d'actes translatifs de propriétés immobilières. Cass. 21 nov. 1836 (Art. 588 J. Pr.). — Il en est de même pour les testamens non enregistrés dans les délais. *Ib.*

Mais cette amende ne peut être prononcée que contre les

parties qui ont fait usage de l'acte non enregistré dans leur intérêt personnel.

En conséquence, le mari qui n'a figuré dans une instance que pour autoriser sa femme, n'est pas responsable des amendes encourues par celle-ci pour avoir fait usage d'un acte non enregistré. Cass. 6 nov. 1827, D. 28, 12.

59. Les héritiers, donataires ou légataires, qui n'ont pas fait, dans les délais prescrits, les déclarations des biens à eux transmis par décès, doivent payer, à titre d'amende, un demi-droit en sus du droit dû pour la mutation.

La peine, pour les omissions qui sont reconnues avoir été faites dans la déclaration, est un droit en sus de celui qui se trouve dû pour les objets omis : il en est de même pour les insuffisances constatées dans les estimations des biens déclarés.

L'insuffisance est établie par un rapport d'experts (—V. *sup.* n° 14) : les contrevenans paient en outre les frais d'*expertise.*—V. ce mot.

Les tuteurs et curateurs supportent personnellement les peines ci-dessus, lorsqu'ils ont négligé de passer les déclarations dans les délais, ou qu'ils ont fait des omissions ou des estimations insuffisantes. L. 22 frim. an 7, art. 39.

60. Toute contre-lettre faite sous signature privée, qui avait pour objet une augmentation du prix stipulé dans un acte public, ou dans un acte sous signature privée précédemment enregistré, était déclarée nulle et de nul effet.

Néanmoins, lorsque l'existence en était constatée, il y avait lieu d'exiger, à titre d'amende, une somme triple du droit qui aurait été perçu sur les sommes et valeurs ainsi stipulées. L. 22 frim. an 7, art. 40.

Mais cette disposition a été virtuellement abrogée par l'art. 1321 C. civ.; aujourd'hui, les contre-lettres produisent tout leur effet à l'égard des parties contractantes, qui continuent seulement à être passibles de l'amende prononcée par la loi de l'an 7. Cass. 10 janv. 1819; 15 déc. 1832; Aix, 21 fév. 1832.

61. Lorsqu'après une sommation extrajudiciaire, ou une demande tendant à obtenir un paiement, une livraison, ou l'exécution de toute autre convention, dont le titre n'a pas été indiqué dans lesdits exploits, ou qu'on a simplement énoncé comme verbale, on produit au cours de l'instance des écrits, billets, marchés, factures acceptées, lettres, ou tout autre titre émané du défendeur, qui n'ont pas été enregistrés avant ladite demande ou sommation, le double droit est dû, et peut être exigé ou perçu lors de l'enregistrement du jugement intervenu. L. 28 avr. 1816, art. 57.

62. Mais le défendeur qui, n'ayant encore fait aucun usage de son titre sous seing privé, le soumet à l'enregistrement avant de s'en servir pour sa défense, n'est point passible du double droit. Cass. 9 fév. 1852, D. 52, 75.

§ 6. — *Des obligations des notaires, huissiers, et autres officiers publics, des parties et des receveurs.*

63. Les notaires, huissiers, greffiers, et les secrétaires des préfectures, sous-préfectures et mairies, ne peuvent délivrer en brevet, copie ou expédition, aucun acte soumis à l'enregistrement sur la minute ou l'original, ni faire aucun autre acte en conséquence avant qu'il ait été enregistré, quand même le délai pour l'enregistrement ne serait pas encore expiré, à peine de 10 fr. d'amende, outre le paiement du droit. LL. 22 frim. an 7, art. 41 ; 16 juin 1824, art. 10.

64. Sont exceptés les exploits et autres actes de cette nature qui se signifient à parties, ou par affiches et proclamation, et les effets négociables compris sous l'art. 69, § 2, n° 6, L. 22 frim. an 7, art. 41. — V. *Effets de commerce.*

65. Néanmoins, à l'égard des actes que le même officier a reçus, et dont le délai d'enregistrement n'est pas encore expiré, il peut en énoncer la date, avec la mention que ledit acte sera présenté à l'enregistrement en même temps que celui qui contient ladite mention ; mais, dans aucun cas, l'enregistrement du second acte ne peut être requis avant celui du premier, sous les peines de droit. L. 58 avr. 1816, art. 56.

66. Aucun notaire, huissier, greffier, secrétaire ou autre officier public, ne peut faire ou indiquer un acte en vertu d'un autre acte sous signature privée ou passé en pays étranger, l'annexer à ses minutes, ni le recevoir en dépôt, ni en délivrer extrait copie ou expédition, s'il n'a été préalablement enregistré, à peine de 10 fr. d'amende, et de répondre personnellement du droit, sauf l'exception mentionnée *sup.* n°s 45 et suiv. (— V. également *sup.* n° 64, et *inf.* n° 68). LL. 22 frim. an 7, art. 42; 16 juin 1824, art. 10.

67. Il ne peut être fait usage en justice d'aucun acte passé en pays étranger, ou dans les colonies, qu'il n'ait acquitté les mêmes droits que s'il avait été souscrit en France, et pour des biens situés dans le royaume. Il en est de même pour les mentions de ces actes dans des actes publics. L. 28 avr. 1816, art. 58.

Quant aux actes reçus dans les colonies où l'enregistrement est établi, mais où les droits sont moins élevés qu'en France, notamment à Alger, faut-il, avant d'en faire usage sur le continent, acquitter un supplément de droit?—L'affirmative a été décidée par la Régie, le 8 oct. 1853. — *Contrà*, Gagneraux, *Mémorial*, art. 5057 (Art. 1005 J. Pr.).

68. Les notaires peuvent faire des actes en vertu et par suite d'actes sous seing privé non enregistrés, et les énoncer dans leurs actes, à la condition que chacun de ces actes sous seing privé demeure annexé à celui dans lequel il se trouve mentionné, et qu'il soit soumis avec lui à la formalité de l'enregistrement ; dans ce cas, les notaires sont personnellement responsables, non seulement du droit d'enregistrement et de timbre, mais encore des amendes auxquelles les actes sous seing privé se trouvent assujettis. L. 16 juin 1824, art. 13.

Cette disposition s'applique aux actes passés en pays étranger : ils sont en effet, quant à l'enregistrement, soumis aux mêmes règles et régis par les mêmes principes que les actes sous seing privé. Déc. min. fin. 4 mai 1825.

69. Il est défendu, sous peine de 10 fr. d'amende, à tout notaire ou greffier de recevoir aucun acte en dépôt sans dresser acte du dépôt. — Cette règle ne souffre exception que pour les testamens déposés chez les notaires par les testateurs. LL. 16 juin 1824, et 22 frim. an 7, art. 43.

70. Il est fait mention dans toutes les expéditions des actes publics, civils ou judiciaires, qui doivent être enregistrés sur les minutes, de la quittance des droits, par une inscription littérale et entière de cette quittance.

Pareille mention doit être faite dans les minutes des actes publics, civils, judiciaires ou extrajudiciaires, faits en vertu d'actes sous signature privée, ou passés en pays étranger, et soumis à l'enregistrement par la loi.

Chaque contravention est punie d'une amende de 5 fr. LL. 22 frim. an 7, art. 44, 16 juin 1824, art. 10.

71. Dans le cas de fausse mention d'enregistrement, soit dans une minute, soit dans une expédition, le délinquant est poursuivi par la partie publique, sur la dénonciation du préposé de la régie, et condamné aux peines prononcées pour le faux. L. 22 frim. an 7, art. 46.

72. Il est défendu aux juges et arbitres de rendre aucun jugement, et aux préfets, sous-préfets et maires de prendre aucun arrêté en faveur des particuliers, sur des actes non enregistrés, à peine d'être personnellement responsables des droits. *Ib.* art. 47.

73. Toutes les fois qu'une condamnation est rendue, ou qu'un arrêté est pris sur un acte enregistré, le jugement, la sentence arbitrale, ou l'arrêté, doit en faire mention, et énoncer le montant du droit payé, la date du paiement, et le nom du bureau où il a été acquitté ; en cas d'omission, le receveur doit exiger le droit, si l'acte n'a pas été enregistré dans son bureau, sauf la restitution dans le délai prescrit, s'il est ensuite justifié de l'enregistrement de l'acte sur lequel le paiement a été prononcé, ou l'arrêté pris. *Ib.* art. 48.

74. Les notaires, huissiers, greffiers, et les secrétaires des préfectures, sous-préfectures et mairies, doivent tenir des répertoires à colonnes, sur lesquels ils inscrivent jour par jour, sans blanc ni interligne, et par ordre de numéros, à peine de 5 fr. d'amende pour chaque omission, savoir : 1° les *notaires*, tous les actes et contrats qu'ils reçoivent, même ceux passés en brevet ; 2° les *huissiers*, tous les actes et exploits de leur ministère ; 3° les *greffiers*, tous les actes et jugemens qui doivent être enregistrés sur minute ; 4° les *secrétaires*, tous les actes des administrations qui doivent aussi être enregistrés sur minute. LL. 22 frim. an 7, art. 49 ; 16 juin 1824, art. 10.

75. Chaque article du répertoire doit contenir : 1° son numéro ; 2° la date de l'acte ; 3° sa nature ; 4° les noms et prénoms des parties et leur domicile ; 5° l'indication des biens ; leur situation et le prix, lorsqu'il s'agit d'actes qui ont pour objet la propriété, l'usufruit, ou la jouissance de biens-fonds ; 6° la relation de l'enregistrement. L. 21 frim. an 7, art. 50, Déc. 20 germ. an 12. — V. *Répertoire*.

76. Les notaires, huissiers, greffiers et secrétaires des préfectures, sous-préfectures et mairies, doivent présenter tous les trois mois leurs répertoires aux receveurs de l'enregistrement de leur résidence, qui les visent, et qui énoncent dans leur visa le nombre des actes inscrits. Cette présentation a lieu chaque année dans les dix premiers jours de chacun des mois de janvier, d'avril, de juillet et d'octobre (L. 22 frim. an 7 ; art. 51), à peine d'une amende de 10 fr., quelle que soit la durée du retard. *Ib.* L. 16 juin 1824, art. 10.

77. Indépendamment de la présentation ordonnée par l'art. 51, L. 22 frim. an 7, les notaires, huissiers, greffiers et secrétaires, sont tenus de communiquer leurs répertoires, à toute réquisition, aux préposés de l'enregistrement qui se présentent chez eux pour les vérifier, à peine d'une amende de 10 fr. en cas de refus.

Le préposé, au cas de refus, doit requérir l'assistance d'un officier municipal, ou de l'agent, ou de l'adjoint de la commune du lieu, pour dresser procès-verbal du refus qui lui est fait. LL. 22 frim. an 7, art. 52 ; 16 juin 1824, art. 10.

78. Les répertoires sont cotés et paraphés, savoir : — Ceux des notaires, par le président, ou, à son défaut, par un autre juge du trib. de 1re inst. de l'arrondissement de leur résidence. L. 25 vent. an 11, art. 30. — Ceux des huissiers-audienciers et greffiers, par le président de la cour ou du trib. auprès duquel ils exercent, ou par le juge commis à cet effet. — Ceux des huissiers ordinaires, résidant dans les villes ou siégent les trib. de 1re inst., par le président du trib., ou le juge par lui commis. — Ceux des autres huissiers et des greffiers de justice de paix ,

par le juge de paix de leur domicile. — Enfin, ceux des secrétaires des préfectures, sous-préfectures ou mairies, par les
préfets, sous-préfets ou maires. L. 22 frim. an 7, art. 53.

79. Les dépositaires des registres de l'état civil, ceux du
rôle des contributions, et tous autres chargés des archives et
dépôts de titres publics, sont tenus de les communiquer, sans
déplacer, aux préposés de l'enregistrement, à toute réquisition,
et de leur laisser prendre, sans frais, les renseignemens, extraits
et copies qui leur sont nécessaires pour les intérêts du gouvernement, à peine de 10 fr. d'amende, pour refus constaté par
procès-verbal du préposé, qui doit se faire accompagner, comme
il est dit *sup.* n° 78, chez les détenteurs et dépositaires qui ont
fait refus. *Ib.* art. 54; L. 16 juin 1824, art. 10.

Sont exceptés les testamens et autres actes de libéralité à
cause de mort, du vivant du testateur.

Les communications ci-dessus ne peuvent être exigées les
jours de repos, et les séances dans chaque autre jour ne peuvent
durer plus de quatre heures, de la part des préposés, dans les
dépôts où ils font les recherches. L. 22 frim. an 7, art. 54.

Les dispositions précédentes ne sont pas applicables aux secrétaires des chambres d'avoués. L'administration prétendait
avoir droit de prendre communication des registres et pièces
dont ils sont dépositaires, en se fondant sur ce que les chambres
d'avoués doivent être assimilées à des établissemens publics.
(Décr. min. 27 déc. 1850). Mais il a été jugé que, si les chambres tiennent des registres, c'est uniquement par une mesure
d'ordre intérieur qui ne peut appeler les investigations de la
régie. Trib. Saint-Quentin, 17 juin 1835, D. 35, 34.

80. Les receveurs de l'enregistrement ne doivent, sous aucun prétexte, lors même qu'il y a lieu à expertise, différer
l'enregistrement des actes et mutations dont les droits ont été
payés au taux réglé par la loi.

Ils ne peuvent non plus suspendre ou arrêter le cours des
procédures, en retenant des actes ou exploits. Cependant, si
un acte, dont il n'y a pas de minute, ou un exploit, contient des
renseignemens dont la trace puisse être utile pour la découverte des droits dus, le receveur a la faculté d'en tirer copie,
et de la faire certifier conforme à l'original par l'officier qui l'a
présentée. En cas de refus, il peut réserver l'acte pendant vingt-
quatre heures seulement, pour s'en procurer une collation en
forme à ses frais, sauf répétition, s'il y a lieu.

Cette disposition est applicable aux actes sous signatures
privées qui sont présentés à l'enregistrement. *Ib.* 56.

81. La quittance de l'enregistrement doit être mise sur l'acte
enregistré, ou sur l'extrait de la déclaration du nouveau possesseur. — Le receveur y exprime, en toutes lettres, la date de

l'enregistrement, le folio du registre, le numéro, et la somme des droits perçus. — Lorsque l'acte renferme plusieurs dispositions, opérant chacune un droit particulier, le receveur indique sommairement dans la quittance, et y énonce distinctement la quotité de chaque droit perçu, à peine d'une amende de 5 fr. pour chaque omission. LL. 22 frim. an 7, art. 57; 16 juin 1824, art. 10.

82. Les receveurs de l'enregistrement ne peuvent délivrer d'expédition de leurs registres que sur une ordonnance du juge de paix, lorsque ces extraits ne sont pas demandés par quelqu'une des parties contractantes, ou leurs ayant-cause.

Il leur est payé 1 fr. pour recherche de chaque année indiquée, et 50 c. pour chaque extrait, outre le papier timbré. Ils ne peuvent rien exiger au-delà. L. 22 frim. an 7, art. 58.

83. Aucune autorité publique, ni la régie, ni ses préposés, ne peuvent accorder de remise ou de modération des droits *établis par la loi*, et des peines encourues, ni en suspendre ou faire suspendre le paiement, hors les cas prévus par la loi, sans en devenir personnellement responsable. L. 22 frim. an 7, art. 59. — On n'a pas voulu que des raisons de faveur pussent paralyser l'exécution de la loi égale pour tous, et appauvrir le trésor au profit de quelques personnes privilégiées. — V. toutefois *inf.* n° 91.

84. Le ministre des finances lui-même n'a pas personnellement le droit de faire remise aux parties des amendes ou doubles droits qu'elles ont encourus. — Sauf le droit de grâce du roi. Arg. art. 58, Charte 1830. Dalloz, *hoc verbo*, p. 354.

§ 7. — *Des droits acquis et des prescriptions.*

85. Tout droit d'enregistrement perçu régulièrement est acquis à la régie, quels que soient les événemens ultérieurs, sauf les cas prévus par la loi. L. 22 frim. an 7, art. 60.

86. Si la perception est irrégulière, elle donne lieu à une demande en restitution, ou en supplément.

87. Dans aucun cas, la régie ne doit les intérêts moratoires des sommes qu'elle a perçues en trop, et qu'elle est condamnée à restituer. — Réciproquement, elle ne peut exiger les intérêts des sommes qui lui sont dues. Cass. 13 août 1817, 31 mars 1819, 6 nov. 1827.

88. Les demandes en restitution sont faites ou administrativement ou judiciairement.

Le rejet de la réclamation portée par une partie devant l'administration ne la rend pas non-recevable à former une nouvelle demande tendant au même but devant les tribunaux.

89. Les demandes judiciaires sont intentées de la manière indiquée *inf.* n°s 116 et suiv.

90. Les demandes administratives sont formées, jugées et signifiées ainsi qu'il suit :

On adresse au ministre des finances une pétition sur papier timbré, contenant l'exposé des faits, des motifs du receveur et de ceux qu'on y oppose, et les conclusions des réclamans.

Si la difficulté a pour objet la perception des droits d'un acte, on joint à la pétition une expédition ou copie de cet acte. Cette pétition est remise au directeur de l'enregistrement du département où la perception a été faite ; celui ci la transmet à la régie, avec son avis motivé : un rapport est fait au conseil d'administration de la régie, qui émet son avis, lequel est soumis au directeur-général ; s'il l'adopte, il le revêt de son approbation ; dans le cas contraire, la question est portée au ministre des finances, qui décide.

Dans l'une comme dans l'autre hypothèse, la solution motivée est envoyée au directeur de l'enregistrement, qui est chargé de la transmettre au réclamant dans les trois jours.

91. On peut également recourir à la régie, dans la même forme, pour obtenir des délais pour payer des amendes ou doubles droits encourus, ou pour obtenir la remise ou la réduction desdits droits et amendes. — V. *sup.* n° 84.

92. Aussitôt que les directeurs de l'enregistrement ont reçu une demande en remise ou en modération d'amendes ou droits en sus, ou pour obtenir un délai, ils sont tenus de faire suspendre toutes poursuites.

Mais lorsqu'il a été statué sur cette demande par le ministre ou par la régie, ils ne peuvent plus arrêter les poursuites, encore bien que l'on ait remis une nouvelle réclamation sur laquelle il doit intervenir une solution ou décision. Inst. rég. 20 nov. 1826, n° 1202.

93. Les demandes en supplément sont introduites dans la même forme que les demandes en paiement de droits. — V. *inf.*

94. Les demandes en paiement et celles en restitution de droits d'enregistrement sont, suivant les circonstances, soumises à des prescriptions de deux, trois, cinq ou trente ans.

Ainsi se prescrivent par deux ans, à compter du jour de l'enregistrement :

De la part de la régie : 1° toute demande en paiement d'un droit non perçu sur une disposition particulière dans un acte ; 2° toute demande en supplément de droit, à raison d'une perception insuffisamment faite ; 3° toute demande pour fausse évaluation en revenus dans une déclaration, et tendant à la faire constater par une expertise ; pour les transmissions d'immeubles à titre onéreux, l'expertise est réclamée dans l'année.

Et de la part des contribuables, toute demande en restitution de droits indûment perçus. L. 22 frim. an 7, art. 61, § 1.

95. La prescription biennale est encore applicable aux amendes encourues pour contravention aux lois sur l'enregistrement. — Mais elle ne court que du jour où les préposés de la régie ont été mis à portée de constater les contraventions au vu de chaque acte soumis à l'enregistrement, ou du jour de la présentation du répertoire à leur visa. L. 16 juin 1824, art. 14.

96. La prescription de trois ans régit toutes les demandes de droits par omission de biens dans une déclaration faite après décès. (L. 22 frim. an 7, art. 61.) — Cette prescription court du jour de l'enregistrement. *Ib.*

97. La loi ne parle pas des omissions commises dans les déclarations faites dans d'autres cas que celui de décès : par exemple, en matière de donation de biens présens; mais il y a mêmes motifs de décider.

98. La prescription de cinq ans s'applique aux réclamations des droits sur les successions non déclarées. (L. 22 frim. an 7, art. 61). — Elle court à compter du jour du décès.

99. Cependant la jurisprudence a apporté quelques exceptions à ce principe général. — Ainsi elle a décidé : 1° que la prescription de cinq ans ne pouvait pas courir lorsque le décès n'avait pas été inscrit sur les registres de l'état civil. Cass. 30 juin 1806, D. v° *Enregistrement*, p. 46.

2° Que pour les successions non déclarées des militaires, morts en activité de service hors de leur département, la prescription ne courait que du jour de la mise en possession des héritiers, à moins que le décès n'eût été connu de la régie auparavant. Cass. 22 brum. an 14, D. *ib.* p. 450.

3° Qu'à l'égard des successions mises sous le séquestre, la prescription demeurait pareillement suspendue jusqu'à la levée définitive du séquestre et la mise en possession des héritiers. Cass. 6 flor. an 10, 2 vent. an 11, 5 mess. an 11, D. *ib.* 454.

100. A l'égard des successions testamentaires, la prescription ne court que du jour où le testament a été connu de la régie, c'est-à-dire du jour où il a été présenté à l'enregistrement. Décis. min. 8 prair. an 9.

101. La prescription de trente ans est applicable à tous les cas autres que ceux énoncés dans les numéros précédens, et qui sont les seuls prévus par les lois sur la matière : c'est une conséquence du principe, qu'il faut rentrer dans le droit commun toutes les fois qu'on ne se trouve pas dans l'hypothèse particulière pour laquelle les lois spéciales ont été faites.

Ainsi, les droits des actes authentiques ou sous seing privé, translatifs ou non de propriété, non présentés à l'enregistrement, ne sont prescriptibles que par trente ans. Cass. 18 mars, 12 mai et 15 oct. 1806, D. *ib.* 463 ; 51 août 1808, D. *ib.* 464.

Peu importe que ces actes soient énoncés dans un autre acte

présenté à l'enregistrement; la loi de 1824 ne déclare atteinte, dans ce cas, par la prescription biennale, que l'amende, et elle fait réserve de l'action pour les droits principaux. D. *ib.* p. 462.

102. Le jour de l'enregistrement de l'acte ou de la déclaration doit être compté dans le délai. Cass. 12 oct. 1814, P. 12, 428 ; et 1er août 1831, S. 31, 306.

103. Mais la date des actes sous seing privé ne peut être opposée à la régie, pour la prescription des droits d'enregistrement et peines encourues, à moins que ces actes n'aient acquis une date certaine par le décès de l'une des parties contractantes ou autrement. L. 22 frim. an 7, art. 62.

Toutefois, il ne faut pas conclure de ces mots, *ou autrement,* que l'appréciation des circonstances qui peuvent imprimer, à l'égard de la régie, une date certaine aux actes, soit entièrement abandonnée à la prudence des juges; ils sont tenus de se conformer aux dispositions de l'art. 1328 C. civ. Cass. 1er août 1831, S. 31, 306.

104. Les prescriptions de deux, trois et cinq ans, sont suspendues par des demandes *signifiées* et *enregistrées* avant l'expiration du délai; mais elles sont acquises irrévocablement, si les poursuites commencées sont interrompues pendant une année, sans qu'il y ait d'instance devant les juges compétens, quand même le premier délai pour la prescription ne serait pas expiré. L. 22 frim. an 7, art. 61.

105. *Signifiées et enregistrées.* La prescription ne serait donc pas interrompue par une demande formée dans le délai, si elle n'avait été signifiée ou enregistrée qu'après leur expiration. Ainsi on a déclaré tardive : 1° une requête d'expertise adressée par la régie au trib. dans l'année de l'enregistrement du contrat, mais signifiée au redevable postérieurement à l'expiration du délai. Cass. 18 germ. an 13, D. v° *Enreg.*, p. 471. — 2° une requête d'expertise signifiée dans les délais, mais enregistrée après leur expiration. Cass. 12 oct. 1814, D. *ib.* p. 437.

La prescription biennale n'est pas suspendue par un jugement qui, en rejetant la demande en restitution, *quant à présent,* a subordonné le succès de la réclamation à la production de certaines pièces ;—Dans ce cas la partie est non recevable à prouver devant la C. de cass. qu'elle a été dans l'impossibilité de se procurer en temps utile la pièce exigée, si les juges du fait ont déclaré qu'il y avait eu négligence de sa part. Cass. 4 août 1835 (Art. 184 J. Pr.).

106. La demande est valablement formée, soit au nom de la partie, soit au nom de l'officier ministériel qui a reçu l'acte. Cass. 5 fév. 1810, P. 8, 77; 1er mars 1825; Inst. rég. 10 août 1830, n° 1328; Trouillet, *Dictionnaire de l'enregistrement,* v° *Restitution,* § 5, n° 7.

107. Elle peut également être signifiée, soit au receveur de l'enregistrement qui a fait la perception, soit au directeur dans le département où elle a eu lieu, soit enfin au directeur-général de la régie à Paris : l'administration est représentée par le directeur général dans tout le royaume, par le directeur dans son département, et par le receveur dans l'étendue de son bureau.

108. Elle n'est assujettie, ainsi que la signification, à aucune forme particulière : une sommation ou tout autre acte extrajudiciaire suffit pour interrompre la prescription, s'il est régulier et si les autres conditions exigées par la loi sont remplies.

109. La prescription est encore interrompue par une réclamation administrative, pourvu que cette réclamation soit enregistrée au secrétariat du ministère des finances ou à celui de la direction générale de l'enregistrement, avant l'expiration des délais. Inst. gén. 16 oct. 1827, n° 1226.

Cet enregistrement peut même être remplacé par un enregistrement *pour ordre* sur un des registres de perception, soit au bureau où le droit a été perçu, soit, en cas d'urgence, au bureau du chef-lieu du département. Inst. gén. rég. 16 mars 1831, n° 1352.

110. La régie interrompt la prescription en signifiant une contrainte décernée par le receveur et visée par le juge de paix.

111. Il ne suffit pas que la demande soit signifiée et enregistrée dans les délais ; il est encore nécessaire, en cas d'interruption des poursuites, que l'instance soit introduite dans l'année devant les juges compétens. — V. *sup.* n° 104.

112. L'instance est censée commencée lorsque le redevable a formé une opposition motivée à la contrainte, avec assignation à jour fixe devant le trib. de 1re inst. de l'arrondissement dans lequel se trouve le bureau où la perception a été faite. Cass. 27 juill. 1813, P. 11, 580 ; Trouillet, v° *Instance*, § 2, n° 5. — V. *inf.* n° 135.

113. Une fois l'instance introduite, la prescription annale ne reçoit plus aucune application. Arg. L. 22 frim. an 7, art. 61 ; Cass. 23 germ. an 11.

114. Toutes les dispositions qui précèdent ne sont relatives qu'aux prescriptions de deux, trois ou cinq ans, et non à la prescription trentenaire qui reste soumise aux principes généraux en matière de prescription ordinaire : l'art. 61 porte, *les prescriptions ci-dessus sont suspendues*... et lorsqu'il s'agit de déchéance, on doit toujours interpréter la loi dans un sens restreint. —Ainsi pour un droit d'enregistrement prescriptible par trente ans seulement, la prescription n'est pas acquise parce qu'il y a eu discontinuation de poursuites pendant un an ; — il suffit, pour conserver le droit, que la demande soit signifiée dans les trente années, quand bien même elle ne serait enregistrée que postérieurement à leur expiration.

115. Dans tous les cas la prescription est une exception qui se couvre par le paiement. Celui qui acquitte volontairement des droits prescrits, est non recevable à les répéter, en s'appuyant sur la prescription. Délib. rég. 5 janv. 1824.

§ 8. — *De la poursuite et des instances.*

Art. 1. — *Des formes de la demande et de la contrainte.*

116. Il y a lieu à introduire une instance : 1° de la part des particuliers, avant ou après avoir recouru à la régie (— V. *sup.* n° 88), soit pour demander la restitution de droits ou d'amendes qui leur paraissent avoir été irrégulièrement perçus, soit pour s'opposer à des demandes, faites par les receveurs, de droits ou d'amendes qu'ils ne croient pas devoir.

2° De la part de la régie, lorsqu'elle demande une expertise.

Dans tous les autres cas, ces demandes sont formées en vertu d'une contrainte qui équivaut à un jugement. — V. *inf.* n° 123.

Avant de commencer une instance, les préposés doivent se faire autoriser par le directeur. Trouillet, v° *Instance*, n° 1.

117. Le redevable qui conteste le droit demandé lors de la présentation d'un acte à l'enregistrement, ne peut porter le débat devant les trib. avant d'avoir payé ou avant que la régie ait décerné contre lui une contrainte : aux termes de l'art. 63 L. frim., la solution des difficultés relatives à la perception et à la quotité des droits, appartient d'abord à la régie, et, suivant l'art. 28, même loi, le paiement des droits ne peut être atténué ni différé sous prétexte de contestation sur la quotité des droits. Cass. 7 mai 1806, D. *ib.* 596. — V. *sup.* n° 41.

118. *Demande.* Lorsque la demande a pour but d'interrompre les effets d'une contrainte, elle doit être formée par une opposition motivée, avec assignation à jour fixe devant le trib. compétent. L. 22 frim. an 7, art. 64. — V. *inf.* n° 159.

Avant de lier une instance avec l'administration, les parties doivent se pourvoir devant elle par pétition. Arg. L. 22 frim. an 7, art. 63; Trouillet, *ib.* n° 6.

119. L'assignation doit être donnée dans les délais et la forme des *ajournemens* : la loi spéciale étant muette à cet égard, il faut recourir à la loi générale. —V. ce mot et néanmoins *inf.* n° 121.

120. Lorsque la demande tend à tout autre but qu'à l'interruption des effets d'une contrainte, elle doit avoir lieu dans la forme des ajournemens en matière ordinaire. — V. *ib.*

121. Toutefois, dans aucun cas, l'assignation ne doit contenir constitution d'avoué. —V. *inf.* n° 141.

122. L'assignation ne doit pas non plus être précédée du *préliminaire* de *conciliation.*—V. ce mot.

123. *Contrainte.* Lorsqu'il s'agit de poursuivre le recouvrement de droits ou d'amendes relatifs à l'enregistrement, le préposé au bureau duquel la déclaration doit être faite ou l'acte
enregistré, décerne contre le redevable une contrainte en paiement de la somme à laquelle il arbitre le montant des droits, s'il
n'est pas connu, sauf à augmenter ou diminuer.

Cette contrainte est visée et déclarée exécutoire par le juge de
paix du canton où le bureau est établi. L. 22 frim. an 7, art. 64.
— Et en cas d'empêchement du juge de paix compétent et de
ses suppléans, par le juge de paix du canton le plus voisin,
désigné par le trib. de 1re inst. Déc. min. just.; Dalloz, v° *Enregistrement*, p. 395.

Le simple visa du juge ne suffit pas pour valider la contrainte,
il faut qu'il la déclare exécutoire. Cass. 8 mai 1809, P. 7, 548.

124. Toutefois, la régie a commandé à ses préposés de n'agir
par voie de contrainte qu'après avoir donné aux redevables un
avertissement, avec invitation de payer dans la huitaine, et de
motiver leurs demandes. Ord. gén. rég. art. 91, 114.

125. Les contraintes peuvent aussi être décernées par d'autres
personnes que le receveur de l'enregistrement, par exemple, un
vérificateur.—Peu importe que le procès-verbal, constatant la
contravention, ait été adressé au nom du vérificateur, au lieu de
l'être à celui de la régie. Aucun procès-verbal n'est, en effet, nécessaire pour établir la contravention. Cass. 2 août 1808, P. 7, 59.

126. La contrainte est signifiée au redevable par un huissier
de la justice de paix (L. 22 frim. an 7, art. 64 ; Déc. min. fin.
15 fruct. an 9; Min. just. 27 pluv. an 11 ; Inst. gén. 23 brum.
an 10, n° 12, et 8 germ. an 11, n° 129), avec commandement
de payer la somme demandée.

Les poursuites, qui sont la suite de la contrainte, doivent
également, jusqu'à l'opposition, être faites par un huissier de
la justice de paix ; celles postérieures à l'opposition sont, ainsi
que l'opposition, de la compétence exclusive des huissiers près
des trib. civils : l'instance est en effet engagée.

127. La signification ne peut être faite qu'à personne ou
domicile, comme celle de tous les *exploits* en général (—V. ce
mot.)—Ainsi est nulle la contrainte signifiée au fermier des biens
objets de la mutation, si elle n'est pas dirigée contre le fermier
par l'action réelle, mais contre le redevable par l'action personnelle. Cass. 25 fév. 1807, D. v° *Enregistrement*, 397.

128. Il n'est pas indispensable que le commandement soit
fait expressément; il se trouve implicitement renfermé dans la
contrainte.—La saisie pratiquée en vertu d'une simple contrainte,
ne contenant aucun commandement est valable : la loi n'exige
aucun autre acte de poursuite. Cass. 16 juin 1823, D. *ib.* 400.

129. Néanmoins, si la contrainte a pour objet le recouvrement d'une amende prononcée par jugement, il est nécessaire de donner au redevable copie de ce jugement, afin qu'il connaisse l'acte en vertu duquel il est poursuivi. Cass. 6 juin 1809, D. *ib.* 399.

Toutefois, il suffit que le jugement ait été signifié par la partie au profit de laquelle il a été rendu, pour dispenser la régie d'en donner copie avec celle de la contrainte. Cass. 16 juin 1823, D. *ib.* 400.

130. La disposition de l'art. 584 C. pr., portant que le créancier est tenu d'élire domicile par le commandement dans la commune où doit se faire l'exécution, n'est point applicable aux contraintes : les employés de la régie ne peuvent avoir d'autres domiciles que leurs bureaux. Arg. L. du 22 frim. an 7, art. 26, 27, 64 ; Cass. 16 fév. 1831, S. 31, 288.

131. Au surplus, la contrainte doit, comme tout exploit, contenir un exposé précis de la demande. Mais la loi ne l'ayant assujettie à aucune formalité spéciale, elle est valable du moment qu'elle est libellée de manière à faire connaître au redevable l'objet des réclamations exercées contre lui. Par exemple, il n'est pas nécessaire qu'elle contienne copie littérale du procès-verbal constatant les contraventions, à raison desquelles un officier public est poursuivi. Cass. 9 juin 1813, D. *ib.* 400.

132. Le défaut de *visa* du juge de paix entraîne-t-il la nullité de la contrainte ? — L'affirmative est certaine, si l'on considère uniquement la contrainte comme acte exécutoire : en effet, sans cette formalité, elle ne constitue qu'un acte purement privé des préposés de l'administration vis-à-vis des redevables, et par conséquent elle ne peut servir de fondement à aucune poursuite. Cass. 8 mai 1809, D. *ib.* 399. — Mais elle n'en est pas moins un exploit d'huissier, et, comme tel, il semble qu'elle suffirait pour interrompre une prescription, si, dans l'année, elle était suivie d'une contrainte régulière et d'une instance. Arg. L. 22 frim. an 7, art. 61 ; Dalloz, v° *Enregistrement*, p. 395.

La nullité résultant du défaut de *visa* du juge de paix doit être proposée avant toute défense au fond. Arg. C. pr. 173 ; Cass. 14 nov. 1815 ; D. *ib.* 399. — V. *Exception.*

133. Quand la régie s'est désistée d'une contrainte dont la régularité était contestée, elle peut en décerner une autre pour le paiement du droit qu'elle réclamait. Cass. 8 mars 1808, D. *ib.* 398 ; 16 mai 1821 ; D. *ib.* 402.

134. Les contraintes décernées par les préposés de la régie n'emportent pas hypothèque sur les biens des redevables. Cass. 28 janv. 1828, S. 28, 126.

135. Elles ne sont pas exécutoires par provision, comme celles rendues en matière de contributions indirectes. L. 28 avr. 1816, art. 239.

L'exécution en est arrêtée par l'opposition formée par le redevable, laquelle doit énoncer les motifs sur lesquels elle est fondée, et contenir assignation de la régie, à jour fixe, devant le tribunal compétent. L. 22 frim. an 7, art. 64 ; Cass. 15 prair. an 13, D. *ib.* 396.—V. *inf.* n° 139, et *sup.* n° 41.

136. L'exécution en est arrêtée : — 1° par l'opposition du redevable, énonçant les motifs sur lesquels elle est fondée, et contenant assignation de la régie, à jour fixe, devant le trib. compétent. L. 22 frim. an 7, art. 64 ; Cass. 15 prair. an 13. —V. *inf.* n° 139, et *sup.* n° 41.

2° Par des offres réelles : vainement le receveur voudrait-il refuser les offres, sous prétexte que le contribuable doit fournir sa déclaration, et que l'évaluation contenue en la contrainte n'a pu être que provisoire et approximative, en l'absence des documens nécessaires pour en établir la quotité réelle ; il a seulement le droit de décerner plus tard une autre et plus ample contrainte, s'il y a lieu. Cass. 2 déc. 1806, D. *ib.* 597.

137. Le recours à la régie, dont il a été parlé *sup.* n° 88, ne suffit pas, à la rigueur, pour arrêter l'effet de la contrainte ; mais la régie a autorisé ses préposés à surseoir aux poursuites lorsqu'il est justifié de ce recours, et qu'elle n'a pas encore prononcé.

138. La régie peut poursuivre, par la voie de la contrainte, 1° le recouvrement des amendes dont la perception lui est confiée, quand même ces amendes n'ont aucun rapport avec l'enregistrement. Cass. 16 juin 1825 ; D. *ib.* 400 ;

2° Le recouvrement des créances sur l'État, telles que celles auxquelles il a succédé par la suppression des corporations religieuses. Mais, dans ce cas, s'il est formé opposition à la contrainte, et que le titre de la créance soit contesté en la forme ou au fond, la procédure doit se continuer dans la forme ordinaire, et non dans celle spéciale introduite pour les contestations relatives à l'enregistrement. Cass. 30 juill., 6 août 1828 ; D. 28, 506.—V. *inf.* n°s 140 et suiv.

Par exemple, le recouvrement d'une amende prononcée contre un avoué de C. roy. pour défaut de consignation d'amende. Sol. rég. 3 mars 1832.

Art. 2. — *Du tribunal compétent.*

139. L'instance est portée devant le trib. civil dans le ressort duquel se trouve le bureau où la perception a été faite ou doit l'être : quel que soit le montant de la demande, la connaissance et l'instruction en est interdite à toutes autres autorités constituées ou administratives. L. 22 frim. an 7, art. 65 ; Cass. 1er mess. an 12, 5 mai 1806, 30 déc. 1806, D. *ib.* p. 593.

Les trib. de police correctionnelle, ou de commerce, ne peuvent connaître, même par voie incidente, des contraventions aux lois sur l'enregistrement.—Cass. 18 therm. an 12; Trouillet, v° *Instance*, n°ˢ 15 et 16.

Les dispositions du C. pr., qui permettent de former des demandes incidentes en matière ordinaire, ne sont pas applicables en matière d'enregistrement.

Ainsi, un trib. saisi d'une demande en restitution d'un droit d'enregistrement perçu dans un bureau de son ressort est incompétent pour juger une autre demande également en restitution de droit perçu sur un autre acte dans un bureau d'un autre ressort, surtout s'il n'y a pas de connexité entre les deux actes. Cass. 21 fév. 1831, D. 31, 59.

Art. 3. — *De l'instruction.*

140. Le désir d'accélérer la rentrée des impôts et d'économiser les frais, a fait introduire des règles particulières. L'art. 1041 C. pr., qui abroge toutes les lois, usages et règlemens antérieurs, ne s'applique point aux lois et règlemens en cette matière. Av. Cons.-d'Et. 12 mai, 1ᵉʳ juin 1807; Cass. 6 juin 1823, 16 fév. 1831, S. 31, 73.

141. Les instances s'instruisent par simples mémoires respectivement signifiés par huissier (L. 22 frim. an 7, art. 65), sans plaidoirie, et sans que les parties soient obligées d'employer le ministère des *avoués*. — V. ce mot, n° 69.

Les mémoires de l'administration doivent être signés par le directeur de l'enregistrement, et non par les receveurs ou inspecteurs. Inst. n° 606; Trouillet, *ib.* n° 20.

142. La signification des mémoires produits est nécessaire, à peine de nullité du jugement. Cass. 20 oct. 1813, 31 janv. 1814, P. 11, 727; 12, 64; 10 fév. 1819, D. *ib.* 414;

A moins qu'ils ne contiennent pas de moyens nouveaux, et qu'ils ne présentent que le développement des conclusions précédemment notifiées. Cass. 30 avr. 1834, D. 34, 264.

143. Les significations faites à la régie doivent, à peine de nullité, être notifiées à ses préposés, et non au ministère public. Cass. 28 mai 1823, D. *ib.*

144. Il n'est pas interdit de se servir du ministère des avoués, soit pour la rédaction des mémoires, soit pour prendre de simples conclusions. Cass. 20 mars 1826, D. 26, 210; 9 juin 1834, D. 34, 307; 1ᵉʳ août 1836 (Art. 620 J. Pr.). — Seulement les frais qui résultent de l'emploi de ces officiers ministériels restent à la charge de ceux qui les ont faits. Cass. 26 mars 1827, D. 27, 183.

La partie qui succombe ne doit supporter que les frais de papier timbré, des significations, et du droit d'enregistrement du jugement. L. 22 frim. an 7, art. 65.

Cependant, lorsque la partie, en instance avec la régie, de-

mande elle-même que l'affaire soit instruite dans les formes
ordinaires, et qu'elle n'appelle pas de la décision qui la condamne aux dépens, elle doit en supporter la taxe d'après les
règles déterminées par le tarif. Cass. 19 mai 1824, D. v° *Enre-*
gistrement, 405.

145. Mais, dans aucun cas, les avoués ne peuvent *plaider*
la cause des parties, à peine de nullité du jugement qui inter-
viendrait. Cela résulte de la disposition impérative de la loi du
27 vent. an 9 : l'instruction se fera par simples mémoires... *sans*
plaidoirie (— V. *sup.* n° 141). Circ. rég. 17 germ. an 9, n° 1992;
Cass. 26 fév. 1816, 13 nov. 1816, 5 fév. 1817 ; 7 mai 1817 ;
D. *ib.* 412; 15 janv. 1838 (Art. 1104 J. Pr.).

Jugé que la partie qui s'est fait assister d'un avoué devant le
trib. ne peut se prévaloir, devant la Cour de cass., de ce que
cet avoué a été entendu. Cass. 9 juill. 1854.

146. Néanmoins, rien ne s'oppose à ce que les parties soient
entendues à l'audience, lorsque le trib. le juge nécessaire pour
éclairer sa religion. Cass. 20 mars 1816, D. *ib.* 413.

147. Les mots : *Ouï M°.... avoué de....*, contenus dans le jugement, ne constatent pas suffisamment que le jugement a été
rendu sur plaidoirie. Cass. 11 juill. 1815, D. *ib.* 413.—A plus
forte raison en est-il de même de ceux : *Ouï M°... avoué de... qui*
a conclu. Cass. 1er août 1836 (Art. 620 J. Pr.). Mais il en est
autrement de l'énonciation que M°... avoué, a présenté des
observations pour le sieur *un tel*, et a persisté dans les conclusions prises dans la requête présentée par ledit sieur *tel.* Cass.
28 juin 1830, D. 30, 341 ; 15 janv. 1838 (Art. 1104 J. Pr.).

148. Le trib. doit accorder, soit aux parties, soit aux préposés de la régie qui suivent les instances, le délai qu'ils demandent pour produire leurs défenses. — Toutefois, ce délai
ne peut jamais être de plus de trente jours. L. 22 frim. an 7,
art. 65.

149. Cependant il ne faut pas conclure de cette disposition
que les parties sont déchues de la faculté de produire aucune
pièce après l'expiration du délai fixé. Mais les juges peuvent,
lorsqu'il est écoulé, prononcer sur les pièces d'une seule partie,
si l'autre n'a pas encore fourni ses défenses.

150. L'affaire est mise au rapport d'un des membres du tribunal. L. 22 frim. an 7, art. 65.

Le rapport est fait à l'audience publique à peine de nullité
du jugement. L. 27 vent. an 9, art. 17; Cass. 14 août 1815 ;
7 janv. 1818, D. v° *Enregistrement*, 411 ; 5 août 1833 ; 12 août
1834. — Aucune loi n'exige que ce rapport soit écrit. Cass. 18
janv. 1825.

151. Les parties doivent être prévenues du jour où le rapport est fait à l'audience, afin d'y assister si elles le jugent con-

venable, et de pouvoir faire passer au trib. les notes qu'elles croient utiles. — Lorsque l'audience pour le prononcé du jugement a été indiquée à jour fixe, la cause ne peut, à peine de nullité, être jugée avant cette époque. Cass. 3 fév. 1817, D. *ib.* 414. — Mais il n'est pas nécessaire de donner avenir, comme dans les matières ordinaires : la loi spéciale à la matière n'exige pas cette formalité. Cass. 20 déc. 1809, D. *ib.* 411.

152. Le ministère public est nécessairement entendu. L. 22 frim. an 7, art. 65. — Sa présence à l'audience, et le dépôt de conclusions écrites signées de lui seraient insuffisans. Il faut, à peine de nullité, qu'il donne ses conclusions verbalement. Cass. 15 mars 1814, 14 mars 1821, D. *ib.* 413.

153. Cette procédure spéciale ne s'applique qu'aux instances introduites entre la régie et les redevables ; toutes les fois que des tiers se trouvent intéressés à la contestation, on doit recourir aux formes ordinaires.

Il en est ainsi, par exemple, 1° en matière d'ordre. Bruxelles, 11 avr. 1810 ; D. *ib.* 406. — V. *Avoué*, n° 72 ; — 2° en matière de contribution. — V. *Ib.* ; — 3° en matière de saisie-arrêt, lorsque la déclaration du tiers saisi est contestée. — V. *Ib.* n° 71.

Mais il en est autrement si la déclaration du tiers saisi est acceptée par l'administration. Cass. 4 oct. 1817, 9 fév. 1814, 7 janv. 1818, 2 juin 1823, D. *ib.* 407 ; 14 nov. 1832, D. 33, 48. — V. *Ib.* n° 70.

154. Il faut encore recourir aux règles générales, même dans les instances pendantes entre la régie et les redevables, pour les cas non prévus par la législation spéciale.

Ainsi, en cas d'expertise, on doit sommer les parties de comparaître aux lieu, jour et heure indiqués, et dresser un procès-verbal des opérations. C. sup. Bruxelles, 30 janv. 1824.

La demande en péremption d'instance, formée contre la régie, est couverte par une assignation en reprise d'instance, donnée à la requête de cette administration antérieurement à la demande. Cass. 18 avr. 1821, D. *ib.* 404. — V. *inf.* n° 163.

L'*enquête* ordonnée à l'effet de constater une contravention peut être suivie selon les formes prescrites par le C. de pr. (— V. ce mot), sauf à continuer l'instruction sur simples mémoires. Cass. 17 juill. 1827, D. 27, 310.

Art. 4. — *Du jugement.*

155. Le jugement doit être rendu dans les trois mois au plus tard, à compter de l'introduction de l'instance. L. 22 frim. an 7, art. 65. — Mais aucune déchéance n'est attachée à l'inobservation de cette formalité. Cass. 4 mars 1807, 19 juin 1809.

156. Il est prononcé publiquement à l'audience, art. 65 ; — tenue dans le lieu ordinaire des séances ; — ou même en la chambre du conseil, si le jugement porte qu'il a été *rendu bureau ouvert au public.* Cass. 4 août 1835 (Art. 184 J. Pr.).

157. Le rapporteur de l'affaire concourt au jugement par son vote, et ce fait est constaté par le jugement même, sans qu'il puisse être établi d'aucune autre façon. C. *sup.* Bruxelles, 5 déc. 1822, D. *ib.* 415. — V. *inf.* n° 159.

158. Les juges suppléans ne peuvent, à peine de nullité, participer au jugement que lorsque leur présence est nécessaire pour compléter le nombre de magistrats requis par la loi.

Le décret du 25 mai 1811, qui autorise le président du trib. de la Seine à charger les suppléans du rapport des ordres et contributions et de quelques autres matières spéciales, ne s'applique pas aux contestations entre l'administration de l'enregistrement et les redevables. Cass. 25 juill. 1823, S. 23, 402; 15 mars 1825, S. 26, 22; 25 avr. 1827, S. 27, 521; 11 fév. 1828, S. 28, 295.

159. Le *jugement* doit relater l'accomplissement de toutes les formalités nécessaires à sa validité. — V. ce mot.

En conséquence il mentionne, à peine de nullité, 1° le rapport fait à l'audience par l'un des membres du trib. Cass. 5 mars, 19 août 1811, 19 déc. 1809, 13 nov. 1816, 22 mars 1814, 2 avr. 1817, D. *ib.* 411; 15 juill. 14 août 1815, 22 janv. 1817, 10 fév. 1819, 6 déc. 1820, 26 nov. 1821, 5 mai 1824, D. *ib.* 412; 24 août 1835 (Art. 212 J. Pr.).

Un certificat délivré par le greffier ne pourrait réparer le défaut d'énonciation dans le jugement qu'il a été rendu sur rapport fait à l'audience publique. Cass. 25 avr. 1808, 3 janv. 1820, D. *ib.* 412.

Mais la déclaration que le rapport a été fait à l'audience fait présumer qu'il l'a été publiquement, surtout lorsqu'il est énoncé que le jugement a été rendu publiquement. Cass. 26 juin 1817, D. *ib.* 412.

2° La communication au ministère public, et ses conclusions verbales données à l'audience. Cass. 19 déc. 1809, 15 mars 1814, 14 mars 1821, D. *ib.* 413; 16 mai 1831, S. 31, 207; 24 août 1835 (Art. 212 J. Pr.).

Peu importerait que le jugement constatât la présence du ministère public à l'audience, s'il ne faisait aucune mention qu'il eût été entendu, et s'il n'y avait d'ailleurs aucune preuve de son audition. Cass. 10 fév. 1819, 30 avr. 1822, D. *ib.* 413. — V. *sup.* n° 152.

160. Les jugemens sont en outre soumis aux formes générales prescrites par le C. de pr., et qui tiennent à l'essence de ces sortes d'actes. — V. *Jugement.*

Ainsi, ils doivent, à peine de nullité, contenir les conclusions des parties, autrement il serait impossible de s'assurer si le trib. a prononcé sur toutes les difficultés qui lui étaient déférées. Cass. 5 déc. 1822, D. *ib.* 415. — Il en est de même du nom des juges. Cass. 3 déc. 1827.

Mais il n'est pas nécessaire que la rédaction soit précédée de la signification des *qualités :* en effet, le ministère des avoués n'est pas obligatoire. Déc. min. just. et fin. 1er mars 1808.

Art. 5. — *Des voies contre le jugement.*

161. En matière d'enregistrement, il n'y a qu'un seul degré de juridiction. Les jugemens sont sans appel, et ne peuvent être attaqués que par la voie de cassation. L. 22 frim. an 7, art. 65.

On avait agité la question de savoir si l'art. 1041 C. pr. avait abrogé cette disposition ; mais la négative a été décidée par un avis du Cons.-d'Ét. du 12 mai 1807, app. le 1er juin suiv.

162. Néanmoins, si la cause avait été portée par appel devant une C. roy., les parties qui y auraient défendu, sans demander la nullité de la procédure, seraient non recevables à attaquer l'arrêt. Cass. 15 prair. an 10, D. v° *Enreg.* 417.

163. L'exception à la règle des deux degrés de juridiction n'est applicable qu'aux cas où l'on doit suivre la procédure établie par la loi du 22 frim. an 7. Dans toutes les autres circonstances, l'appel est recevable. — V. *sup.* n°s 153, 154.

En conséquence, peuvent être attaqués par la voie d'appel : 1° le jugement qui statue sur une action de la régie en paiement d'un déficit trouvé dans la caisse d'un receveur. Cass. 4 pluv. an 10, D. *ib.* 416.

2° Celui qui renvoie la régie à se pourvoir par la voie de droit, sur la demande en paiement d'un billet souscrit par un tiers pour acquitter le débet d'un receveur. Cass. 10 août 1814. D. *ib.* 421.

3° Celui qui prononce sur une demande en subrogation de poursuites formée par la régie contre un propriétaire saisissant sur son fermier, débiteur de l'un ou de l'autre. Cass. 25 janv. 1815, *ib.* 421.

4° Celui qui statue sur la demande en garantie formée par un redevable, contre un receveur de l'enregistrement, dans une instance engagée avec la régie. Cass. 30 déc. 1852, D. 54, 62.

164. Toutefois, il a été jugé, 1° que lorsqu'un individu prend le fait et cause des défendeurs contre lesquels la régie poursuit le recouvrement d'un droit, il se constitue par ce seul fait débiteur direct de l'administration, et ne peut attaquer, par la voie d'appel, le jugement qui le condamne. Cass. 27 juin 1826 D. 27, 333.

2° Que l'appel n'est pas recevable contre un jugement con-

damnant un ancien receveur de l'enregistrement à payer une
somme dont il est redevable par suite de sa gestion, quand l'instance a été introduite sur une opposition formée par l'appelant
à la contrainte décernée contre lui, et instruite dans les formes
tracées par la loi de frim. Bruxelles, 28 déc. 1822, D. *ib.* 422.

165. Les voies extraordinaires de la requête civile, de la
tierce-opposition, et de la prise à partie, sont-elles admissibles?

D'un côté, l'on peut argumenter des termes de l'art. 65
L. 22 frim. an 7 : *ne pourront être attaqués que par la voie de
cassation.* — Mais ces expressions sont évidemment restreintes
par les mots qui les précèdent : *les jugemens seront sans appel.* On
conçoit en effet que le législateur ait interdit la voie de l'appel
dans le but d'économiser les frais, et d'accélérer la rentrée de
l'impôt; mais il n'aurait pu, sans une souveraine injustice,
prohiber les recours extraordinaires établis pour des cas particuliers. Cass. 14 mai 1811, D. *ib.* 420.

A plus forte raison l'opposition est-elle recevable quand le
jugement a été rendu par défaut. Cass. 4 mars 1807, D. *ib.* 411.
— V. *inf.* n° 167.

166. Les directeurs de l'enregistrement n'ont le droit de se
pourvoir par requête civile que d'après un ordre spécial de l'administration. Inst. rég., n° 606.

Les autres actes de procédure faits au nom de la régie ne la
lient qu'autant qu'ils émanent de ses préposés supérieurs.
Ainsi, l'acquiescement donné à un jugement, sans mandat
spécial, par un receveur, ne rend pas le pourvoi en cassation
non recevable.

167. Quand le jugement a été rendu par défaut, l'opposition est admise jusqu'à l'exécution. Cela résulte nécessairement
de ce qu'il n'y a pas d'avoué constitué, et que l'on ne saurait
assimiler les jugemens en cette matière à ceux rendus sur une
instruction par écrit ou un délibéré ordinaire : dans ce dernier
cas, en effet, les parties ont comparu et ont été averties de
déposer leurs titres, tandis qu'il en est autrement dans le cas
dont il s'agit. Arg. C. pr. 158; Cass. 17 juill. 1811, 8 juin
1812, D. *ib.* 418. — V. *sup.* n° 165.

168. Sont réputés par défaut, 1° le jugement qui, ayant à
statuer sur une homologation de rapport d'experts, prononce
sur les conclusions d'une seule partie. Peu importe que l'adversaire ait précédemment défendu dans plusieurs incidens du
procès. Cass. 17 juill. 1811, D. *ib.* 418.

2° Celui rendu contre la régie sur les conclusions du ministère public, mais en l'absence des préposés de l'administration :
la régie n'est pas, en effet, représentée par le ministère public.
Cass. 11 mars 1812, D. *ib.* 419. — V. *sup.* n° 143, et *inf.*
n° 172.

169. Mais on ne saurait considérer comme rendue par défaut la sentence qui relate les moyens respectifs des parties. Cass. 24 fév. 1808, D. *ib.* 420.

170. L'opposition motivée d'un redevable à la contrainte décernée contre lui, suffit pour rendre le jugement, qui intervient postérieurement, contradictoire; elle doit, en effet, contenir assignation devant le trib., et l'assignation énonce les moyens de défense. Cass. 24 avr. 1822, D. *ib.* 420.

171. Pour les cas où il y a lieu à *cassation*.—V. ce mot, n°⁵ 84 et suiv.

Les moyens de nullité contre des actes de l'instance, antérieurs au jugement définitif, ne peuvent être proposés pour la première fois devant Cour suprême. Cass. 6 juill. 1825; Inst. rég. 30 déc. 1825, n° 1180.

Quelques auteurs soutiennent qu'en cette matière, comme dans les causes qui intéressent les douanes ou les contributions indirectes, et celles relatives à l'interprétation des lois abolitives des droits féodaux, la C. cass. peut connaître du fond des affaires qui lui sont soumises. — V. Merlin, v° *Enregistrement*, §14; Godard, p. 61 et suiv.; Arg. cass. 27 juill. 1810; 1er avr. 1822, S. 23, 73; 27 nov. 1832, S. 33, 21; 2 août 1814, S. 23, 105; 14 août 1821, 5 janv. 1825, 9 août 1827, S. 28, 32; 1er juill. 1828, S. 28, 265.

Mais cette exception au principe qui interdit à la Cour suprême de juger les faits et lui impose l'obligation de prendre pour constans ceux qui ont été reconnus par les trib. de 1re inst. ou d'appel, n'est consacrée par aucun texte de loi, et parmi les arrêts dont on voudrait la faire résulter, les uns laissent la question indécise, et les autres se bornent à appliquer la règle qui soumet à la censure de la C. cass. tout jugement qui refuse d'accepter comme vrais des faits établis par un acte authentique invoqué dans l'instance, ou qui interprète un contrat de manière à lui donner un caractère et à lui faire produire des effets contraires à ceux déterminés par la loi. — V. *Cassation*, n°⁵ 77, 78, 87 et 89.

Il faut seulement remarquer que cette règle reçoit plus souvent son application en matière d'enregistrement ou de contribution que dans les affaires ordinaires, parce que les parties cherchent la plupart du temps à éluder les droits fiscaux en changeant la nature de la convention par des termes contre lesquels l'administration ne peut pas réclamer au moment de la rédaction de l'acte qui est passé en son absence.

Du reste, l'examen auquel la C. cass. peut se livrer pour conserver leur véritable caractère, ne saurait avoir lieu que dans le cas où l'appréciation des juges du fond est en contradiction avec les règles légales d'interprétation et présente une contravention à la loi. Cass. 7 janv. 1835, D. 35, 168 ; — ou bien dans celui où la décision attaquée a méconnu la nature des actes et contrats dont elle constate l'existence. Cass. 18 fév. 1836, D. 36, 101.

172. Les délais du pourvoi en cassation sont de trois mois, à compter de la signification du jugement aux préposés de la régie. Celle faite au procureur du roi serait insuffisante : il n'est pas, en effet, le représentant de l'administration. — V. *sup.* nᵒˢ 143, 168, et *Cassation*, nᵒˢ 139 et suiv.

173. La disposition du règlement de 1738, art. 16, d'après laquelle les agens du gouvernement avaient la faculté de se pourvoir après les délais fixés, a été abrogée par l'art. 14 L. 1ᵉʳ déc. 1790, qui soumet au délai qu'il détermine tous ceux qui habitent la France sans aucune distinction. Cass. 8 fév. 1827.

174. Le pourvoi en *cassation* n'est pas suspensif (V. ce mot, nᵒˢ 208 et suiv.); cependant la régie surseoit le plus souvent à l'exécution jusqu'à la décision de la Cour.

175. Le droit d'enregistrement des jugemens rendus en matière d'enregistrement est de 50 cent. par 100 fr. du montant de la condamnation, sans qu'il puisse être au-dessous de 5 fr.

On ne peut pas percevoir le droit fixe de 5 fr. sur ces jugemens : ils sont, en effet, rendus en dernier ressort, et la loi du 28 avr. 1816 n'a élevé le droit de 3 fr. à 5 fr. que pour les jugemens en premier ressort. Cass. rej. 23 déc. 1816, nᵒ 758. — V. *Jugement.*

§ 9. — *Formules.*

FORMULE 1.

Opposition à une contrainte.

(L. 22 frim. an 7, art. 64. — Tarif, 29 par anal. —Coût, 2 fr. orig. ; 50 c. cop.)
L'an   le   , à la requête de M.

J'ai *(immatricule)*   soussigné, signifié et déclaré à M. le directeur-général de la régie de l'enregistrement, au secrétariat de l'administration, à Paris, rue   , où étant et parlant à

Que le requérant est opposant, comme par ces présentes il s'oppose formellement à l'exécution de la contrainte décernée contre lui par M.   , le à lui signifiée le   , attendu   (*énoncer les motifs de l'opposition*), à ce qu'il n'en ignore ; dont acte.

Et a même requête, demeure et élection de domicile que dessus , j'ai, huissier susdit et soussigné, étant et parlant comme dit est, donné assignation à M. le directeur-général de la régie de l'enregistrement, à comparaître et se trouver le (on *indique le jour de la comparution, on observe les délais des ajournemens.* — V. *sup.* nᵒˢ 118, 119), en l'audience et par-devant MM. les président et juges composant la   chambre du tribunal de première instance de   , heure de

Pour, par les motifs susénoncés, voir déclarer nulle et de nul effet la contrainte dont s agit, et s'entendre condamner aux dépens.

A ce qu'il n en ignore, je lui ai, audit domicile et parlant comme dit est, laissé sous toutes réserves copie du présent, dont le coût est de

NOTA. Les *conclusions* et *significations* se font dans la forme ordinaire. — V. ces mots.

Mémoire — pour l'administration de l'enregistrement et des domaines.
Contre le sieur

A MM. les président et juges composant le tribunal de   , etc.

Le conseiller d'état directeur-général de l'enregistrement et des domaines, poursuite et diligence de M.   , directeur à   , lequel fait élection de domicile au bureau de l'enregistrement, sis à

A l'honneur de vous exposer qu'il est dû a l'administration par le sieur une somme de   , pour droits de mutation, et pour les causes ci-après déduites.

Faits.

(*Les énoncer.*)

Ces droits liquidés provisoirement et sauf liquidation au vu des actes, qui seront produits, ou d'après la déclaration estimative qui sera faite pour y suppléer a la somme de   , ont fait l'objet d'une demande par contrainte, laquelle, après avoir été rendue exécutoire le   , a été signifiée, le lendemain, par exploit de   , huissier à   , avec sommation d'y satisfaire. Opposition à cette contrainte a été formée par exploit de   en date du

Motifs d'opposition.

L'opposition repose sur divers motifs : (*les énoncer*).

Réponse de l'administration.

(*Indiquer les motifs.*)

Résumé et conclusions.

En résumé la mutation est prouvée, etc.

Par ces motifs, l'administration de l'enregistrement conclut à ce qu'il plaise au tribunal,

Vu les art.   de la loi du 22 frim. an 7, et l'art.   de la loi du 27 ventôse an 9 ;

Vu les pièces jointes au dossier, considérant   , etc. ;

Condamner le sieur   a passer dans la huitaine de la signification du jugement à intervenir, la déclaration   , et à payer les droits et doubles droits qui seront exigibles.

Sinon le condamner à payer le montant des sommes réclamées par ladite contrainte, sous toutes réserves des droits qui pourraient être dus ;

Le condamner, en outre, aux dépens.

A l'appui du présent mémoire l'exposant produit, 1°—   ; 2°—   ; 3°—   , etc.

Fait à   (*Signature du directeur.*)

Nota. Le mémoire du défendeur peut être fait dans une forme analogue à celle ci-dessus.

Signification du mémoire.

L'an   le   , à la requête de M. le directeur-général, etc. (ou de M.   indiquer le nom du débiteur poursuivi.)

J'ai signifié, laissé copie à M.

D'un mémoire,   , etc., contenant les moyens de défense qu'entend employer M. le directeur.

Ou le sieur   , dans l'instance existante entre l'administration de l'enregistrement et des domaines, et le sieur

A ce que le susnommé n en ignore, et je lui ai en son domicile, etc.

(*Signature de l'huissier.*)

ENSEIGNE.—V. *Action possessoire,* n° 65.
ENTÉRINEMENT.—V. *Expertise, Homologation.*
ENTREPOT.—V. *Douane.*

ENVOI en possession.—V. *Possession (envoi en)*.

ÉPICES. Droits que le juge était autorisé à faire payer aux parties pour la visite des procès par écrit : ils ont été abolis par la loi du 24 août 1790.

ERREMENS. Se dit des actes de procédure faits dans une instance qui n'est pas terminée : ainsi les *derniers erremens* sont les derniers actes. C. pr. 375.

ESTER en jugement. Paraître en jugement, soit en demandant, soit en défendant. C. civ. 215, 1577. — V. *Action*, § 2.

ESTIMATION. Prisée, évaluation. C. civ. 587, 1559; C. pr. 621, 969; C. comm. 332, 336. — V. *Expertise, Licitation, Partage, Vente.*

ETABLISSEMENT de propriété. Énonciation des actes qui justifient que la chose actuellement vendue est la propriété du vendeur, et qu'elle est libre de toutes charges et répétitions des précédens vendeurs. — V. *Vente.*

ÉTABLISSEMENT public. Cette désignation comprend les hospices, bureaux de bienfaisance et de charité, fabriques des églises, maison de détention, collèges royaux et communaux, et tous établissemens affectés à un service public dont les revenus, les dépenses et les propriétés sont régis par des commissions d'agens placés sous la surveillance de l'administration.

1. Les établissemens publics ne peuvent ester en jugement, soit en demandant, soit en défendant, qu'en vertu d'une autorisation du conseil de préfecture, donnée sur l'avis de trois jurisconsultes, et après délibération d'une commission administrative.

Un comité gratuit de consultations est attaché auprès des commissions administratives.

2. Toutefois, l'autorisation n'est pas nécessaire pour les *actes conservatoires* ou d'administration. — V. ce mot.

Spécialement pour, 1° faire toute sommation ou commandement, en vertu d'un acte exécutoire; 2° interrompre une prescription; 3° former une surenchère (Décr. 30 déc. 1809, art. 78); 4° poursuivre la rentrée des revenus annuels (Douai, 3 mai 1820).

3. Les actions des hospices et bureaux de bienfaisance sont exercées par le receveur de l'établissement (Décr. 9 vent. an 10), et celles des fabriques par le trésorier. Décr. 30 déc. 1809, art. 77, 78, 79. — V. *Fabrique, Hospice.*

4. Les administrateurs des établissemens publics n'ont pas le droit d'aliéner. — Conséquemment ils ne peuvent donner un *acquiescement* valable.— V. ce mot, n°s 28 et 35, et toutefois 26; *Interrogatoire sur faits et articles.*

5. Pour la remise des *exploits.* — V. ce mot.

6. Les causes qui intéressent les établissemens publics sont dispensées du *préliminaire de conciliation*, et doivent être communiquées au *ministère public*. C. pr. 49 et 83. — V. ces mots.

S'ils n'ont pas été valablement défendus, ils sont recevables à se pourvoir par *requête civile*. — V. ce mot.

7. Mais ils sont soumis à la péremption et à la prescription comme les particuliers. C. pr. 398; C. civ. 2227.

8. Ils ne peuvent transiger qu'avec l'autorisation du gouvernement. — Cette autorisation est précédée de la délibération de la commission administrative et de celle du conseil municipal de la ville où est situé l'établissement, de l'avis du comité gratuit consultatif, et de celui du sous-préfet et du préfet. — La transaction est passée devant notaire.

9. Aujourd'hui les établissemens publics ne peuvent plus compromettre : ils sont assimilés aux mineurs. — V. *Arbitre*, n° 52.

10. Tous les actes des commissions administratives qui ne touchent pas à des intérêts privés sont interprétés par le conseil de préfecture. — Mais les contrats, baux ou ventes qui confèrent des droits à des tiers sont interprétés par les tribunaux.

11. Les règles relatives à la nécessité et à l'étendue de l'autorisation exigée pour autoriser les communes à plaider ou à transiger sont, au surplus, applicables aux établissemens publics, et le défaut d'autorisation produit à leur égard les mêmes effets. — V. *Commune, Fabrique*.

12. Les communes, hospices, et tous autres établissemens publics, peuvent affermer leurs biens ruraux pour dix-huit années et au-dessous, sans autres formalités que celles prescrites pour les baux de neuf années. L. 25 et 30 mai 1835 (Art. 144 J. Pr.). — V. Décr. 12 août 1807.

ÉTAT. Mémoire détaillé, ou dénombrement d'objets mobiliers, de dettes, de pièces. — V. *Reddition de compte*.

ÉTAT (AFFAIRE EN). Une affaire est en état, lorsque les conclusions ont été contradictoirement prises à l'audience, ou, s'il s'agit d'une affaire instruite par écrit, quand les délais pour les productions et réponses sont expirés. C. pr. 343. — V. *Reprise d'instance*.

ÉTAT (DOMAINE DE L').

1. Les actions relatives à la propriété des biens de l'État doivent être intentées et soutenues par le préfet du département où siége le trib. devant lequel l'instance est portée. Arg. L. 28 pluv. an 8.

Sans qu'il soit nécessaire de l'autorisation du conseil de préfecture. Ordonn. 18 nov. 1818, 8 mai 1822, 26 mars 1823; Cormenin, v° *Domaine de l'État*; Cass. 9 avr. 1834, D. 34,152.

Jugé que le préfet peut valablement se désister d'un appel par lui interjeté. Nanci, 15 nov. 1831, D. 33, 210.

2. Tout individu qui a une action à exercer contre l'État doit s'adresser d'abord au préfet par simple mémoire. C'est afin que l'administration puisse arrêter en sa source le procès, si la réclamation lui paraît fondée.

3. Cette formalité est aujourd'hui suffisante. Décr. 16 mai 1806, 7 juill. 1809; arr. Cons. d'État, 28 août 1825; Cass. 17 mars 1826, D. 31, 125; Cormenin, *ib.*

4. Mais elle est exigée à peine de nullité. Nîmes, 16 déc. 1830, D. 31, 223. Arg. L. 5 nov. 1790.

5. Cette nullité est-elle d'ordre public? L'affirmative résulte d'un arrêt de Cass., 17 mars 1826, D. 31, 125; Nîmes, 16 déc. 1830.

Toutefois, il a été jugé que la nullité est couverte par la défense au fond. Cass. 14 août 1833, D. 33, 308; Cass. 4 août 1835 (Art. 224 J. Pr.). — Dans cette dernière espèce la C. roy. avait pensé que l'autorisation de plaider, accordée à la commune adversaire de l'État, rendait surabondante la remise du mémoire.

6. Les actions relatives au domaine de l'État sont de la compétence exclusive des tribunaux civils. — V. *Tribunaux.*

7. Elles sont dispensées du *préliminaire de conciliation.* (— V. ce mot), et doivent être communiquées au ministère public. C. pr. 49, 83.

8. L'État a-t-il pour défenseur le ministère public? — Pour la négative, on dit: la loi du 19 niv. an 4, qui chargeait les membres du parquet de représenter l'État, se trouve abrogée par l'art. 83 C. pr., portant que les causes intéressant l'État seront *communiquées* au ministère public. — Mais on répond avec raison pour l'affirmative: l'État est représenté par le préfet, qui soumet au trib. les pièces et mémoires à l'appui de sa demande, la lecture des pièces peut être faite par le greffier, le procureur du roi prend ensuite telles conclusions qu'il juge convenables, ce qui est conforme au texte de l'arrêté du 10 therm. an 4. Avis Cons. d'État, 1er mai et 12 juin 1807; Cass. 5 mess. an 10; 29 therm. an 10; 7 janv. 1818; 29 août 1828 (S. 2, 383—18, 199—20, 502 et 489—29, 25; Pau, 25 janv. 1827 (S. 28, 91); Merlin, *Quest. Dr.*, v° *Avoué*, § 4. — *Contrà*, Toulouse, 24 janv. 1827 (S. 27, 123); Montpellier, 11 déc. 1826, S. 28, 90; Cass. 27 août 1828, D. 28, 402; 24 juill. 1833, D. 33, 271.

9. Le ministère des avoués est, en général, facultatif pour l'État. Nanci, 28 mars 1831, S. 31, 158; Bourges, 7 fév. 1828; Poitiers, 5 fév. 1829, S. 29, 256; Colmar, 12 mars 1831; Toulouse, 29 juin 1831, S. 31, 327; Décis. min. just. et fin. 25 fév. et 8 mars 1822. — *Contrà*, Nanci, 11 et 15 juin 1830. — V. toutefois *Ordre, Saisie immobilière.*

10. Quant aux *dépens*, — V. ce mot, n° 89.

11. L'État, s'il n'a pas été défendu, ou s'il né l'a pas été valablement, est recevable à se pourvoir par *requête civile*. C. pr. 481. — V. ce mot.

12. Les instances relatives au recouvrement des revenus domaniaux, tels que fermages, rentes, créances, sont suivies par les directeurs des domaines, d'après le mode de procéder prescrit pour celles en matière de droits d'*enregistrement*. L. 27 vent. an 9; Cass. 13 pluv. an 11, 5 mars 1811. — V. ce mot.

— Toutefois, elles sont soumises aux deux degrés de juridiction lorsque la somme contestée excède 1,500 fr. Cass. 27 mai 1807, 23 mars 1808; inst. nos 15 et 606, L. 11 avr. 1838.

13. En matière administrative, notamment dans les questions relatives à l'interprétation des ventes de domaines nationaux, qui sont de la compétence des conseils de préfecture, les directeurs des domaines dans les départemens ont seuls qualité pour exercer les actions de l'État devant ces conseils, et l'administration générale des domaines peut seule les suivre devant le Cons. d'État. Cormenin, *Qu. dr. admin.*, v° *Domaines de l'État*, § 3.

ÉTAT DE FRAIS. Note des frais. — V. *Taxe.*

ÉTAT D'INSCRIPTION. — V. *Inscription hypothécaire.*

ÉTAT (QUESTION D'). — V. *Audience solennelle.*

ÉTAT DE SITUATION. — V. *Reddition de compte.*

ÉTRANGER (1). C'est celui qui est né de parens non francais, et qui n'a point été naturalisé.

1. Les droits de l'étranger varient selon qu'il a été ou non autorisé à établir son domicile en France.

Dans le premier cas, il jouit de tous les droits *civils* tant qu'il réside en France. C. civ. art. 13.

Dans le second, il ne jouit en France que des droits civils qui sont accordés aux Français par les traités de la nation à laquelle il appartient. *Ib.* 11.

2. L'étranger ne peut exercer en France aucune fonction publique. — V. *Avocat*, n° 8, *Juge, Greffier*, etc.

3. Peut-il être arbitre, expert, témoin? — V. *Arbitre*, n° 176, *Expert, Témoin.*

4. Profite-t-il du bénéfice de *cession de biens?* — V. ce mot, nos 5 et 7.

5. *Compétence.* Les trib. francais connaissent des actions qui intéressent les étrangers *en matière réelle* : ils sont les juges de la situation; et la loi française régit les immeubles, même possédés par les étrangers. C. civ. 3; Duranton, 1, n° 154, note 1;

---

(1) Cet article est de M. Lejouteux, avocat à la Cour royale de Paris.

Favard, v° *Étranger*, p. 448; Delvincourt, 1, 199, note 8. — V. d'ailleurs *Partie civile*.

6. *Quid*, en *matière personnelle?* Il faut distinguer le cas où le procès s'engage entre un Français et un étranger, de celui où il s'élève entre deux étrangers.

7. *Cas où le procès s'engage entre un Français et un étranger.* Si l'étranger est demandeur, la loi lui permet de saisir les trib. français. C. civ. 15. — Il peut trouver dans le pays du défendeur plus de moyens d'être payé.

8. Si l'étranger est défendeur, les trib. français sont encore compétens; — lors même qu'il s'agit d'obligations passées en pays étranger (C. civ. 14), — et à plus forte raison lorsque l'obligation a été contractée solidairement avec des Français. Cass. 1ᵉʳ juill. 1829, S. 29, 326.

9. Ce principe souffre exception, lorsqu'un traité entre la France et une autre nation, établit des règles contraires.

Ainsi, en matière personnelle ou de commerce, les Suisses ne peuvent être traduits devant les trib. français, à moins que les parties n'aient fait, à cet égard, une convention formelle, ou qu'elles ne soient présentes dans le lieu même où le contrat a été stipulé. Art. 13, traité du 4 vend. an 12, et 5 du traité du 18 juill. 1828. Cass. 12 nov. 1832, D. 33, 109.

Le défendeur suisse est recevable à demander son renvoi devant les juges de son pays, alors même qu'il a pour coobligé solidaire un Français, et que celui-ci a été présent par son syndic au contrat passé en France. Cass. 27 août 1835 (Art. 221 J. Pr.). — Mais s'il conteste sur le fond du litige, il est censé reconnaître la juridiction du trib. français : il ne peut proposer sur l'appel l'exception d'incompétence. Colmar, 30 déc. 1815, S. 17, 63.

Lorsque l'acte d'une société originairement contractée entre des Français, porte que le siége principal de la société sera établi en France, et que les difficultés qui s'élèveront entre les associés seront jugées par des arbitres nommés par le trib. (sans autre désignation), s'il arrive que des Suisses s'engagent à faire partie de la société, ils sont, par suite de leur adhésion sans réserve à l'acte social, soumis, pour les demandes dirigées contre eux par leurs coassociés, à la juridiction du trib. dans le ressort duquel se trouve le siége principal de la société. Paris, 2 juill. 1828, D. 28, 187.

10. La disposition de l'art. 14 C. civ. s'applique alors même que l'étranger ne *réside pas en France.* — Si cet article déroge à la maxime *Actor sequitur forum rei*, c'est que les jugemens rendus par les trib. étrangers étant sans exécution en France, ou du moins ne pouvant être exécutés qu'après avoir été révisés par les trib. français, il était plus simple d'attribuer à ces der-

niers une compétence directe, afin d'éviter des frais et des longueurs. Malleville, art. 14, p. 26.

11. Toutefois, il a été jugé que le Français qui a son domicile en pays étranger doit y faire assigner l'étranger du même
pays contre lequel il a une demande à former. Paris, 28 fév.
1814, S. 14, 562; et 20 mars 1834, S. 34, 159. — Attendu
que le Français ne peut argumenter dans ce cas de la difficulté
où il se trouve de quitter son domicile, ni se plaindre d'être
obligé de se soumettre aux lois étrangères, puisqu'il s'est placé
sous leur empire. Mais cela nous paraît contraire au texte et à
l'esprit de la loi : il suffit, en effet, que le demandeur soit *Français* pour qu'il puisse invoquer le bénéfice de l'art. 14 : cet
article ne distingue pas. D'un autre côté, ne serait-ce pas blesser
le principe de réciprocité établi par les rédacteurs du Code,
que de refuser au Français une juridiction que l'étranger lui-
même pourrait saisir, aux termes de l'art. 15 C. civ. C'est pourtant à cette conséquence que conduiraient les deux arrêts de la
C. Paris. — Aussi le dernier a-t-il été cassé le 26 janv. 1836
(Art. 595 J. Pr.), bien qu'il fût rendu dans une espèce où l'o-
bligation avait été passée en pays étranger. Duranton, 1, n° 151,
à la note; Legat, *Code des étrangers*, ch. 7, p. 29; Coin-Delisle,
Jouissance des droits civils, p. 29, n°s 13 et 14.

12. Le demandeur français qui actionne un étranger, peut-il
se prévaloir du bénéfice de l'art. 14 C. civ., bien que l'obligation
n'ait pas été directement contractée envers lui, mais envers un
étranger?

Pour l'affirmative, on dit : il importe peu que l'obligation
ait été contractée dans l'origine entre étrangers; par cela seul
qu'elle est devenue la propriété d'un Français, le débiteur est
soumis à toutes les règles établies en faveur des Français; on ne
peut invoquer les principes ordinaires de la cession, ils ne
sauraient détruire un droit qui a sa source dans la nationalité.
Trèves, 18 mai 1807, S. 7, 280.

Toutefois, on répond : les termes de l'art. 14 sont positifs;
ils supposent évidemment que l'obligation a été directement
contractée par un étranger vis-à-vis d'un Français. Dans le
système contraire, un étranger qui aurait contracté dans son
pays avec un étranger, certain qu'il était de n'être pas distrait
de ses juges naturels, pourrait être cependant forcé de venir
plaider en France, par suite d'une cession frauduleuse.

Jugé, en conséquence, 1° que le Français, cessionnaire d'un
étranger au profit duquel une reconnaissance, non commerciale
ni négociable, a été souscrite en pays étranger par un étranger,
ne peut traduire ce dernier devant les trib. français : attendu
que l'obligation n'étant point contractée au profit d'un Français,
l'art. 14 n'est point applicable. Dans l'espèce, le transport avait

été fait pour éluder la loi en vertu de laquelle il ne peut y avoir lieu à l'arrestation provisoire d'un étranger à la requête d'un étranger. Paris, 24 mars 1835 (Art. 90 J. Pr.).

2° Que l'étranger envers lequel un étranger s'est obligé ne peut se prévaloir du bénéfice de l'art. 14, bien qu'à l'époque où l'action est intentée, il eût acquis la qualité de Français. Paris, 5 juin 1829, S. 29, 249.

13. Ces principes ont été appliqués (Douai, 27 fév. 1828; Poitiers, 5 juill. 1832, S. 28, 284; 32, 441) au cas même où l'obligation résulte d'une lettre de change souscrite par un étranger au profit d'un étranger, et dont un Français est devenu depuis propriétaire par voie d'endossement. L'art. 14, en effet, dit-on dans ce système, comprend les engagemens civils, comme les engagemens de commerce. Vainement, voudrait-on prétendre que lorsqu'il s'agit d'un effet de commerce, le tireur ou l'accepteur s'est obligé de fait envers tous ceux qui, étrangers ou non, peuvent devenir endosseurs ou porteurs. Le négociant étranger qui a souscrit un effet de commerce au profit de l'un de ses compatriotes, n'entend pas renoncer par cela seul au bénéfice de la règle *Actor sequitur forum rei*, et s'astreindre à quitter son pays, ses affaires et ses juges naturels, pour comparaître devant une juridiction qui n'est point la sienne.

Mais on répond, celui qui souscrit une lettre de change, par cela seul que cet effet est négociable, s'oblige envers celui à l'ordre duquel il est passé, à lui en payer le montant. Le porteur devient, par suite de l'endossement, créancier direct du souscripteur, à la différence d'un cessionnaire ordinaire, qui ne peut agir que comme exerçant les droits de son cédant. D'ailleurs, s'il est généralement reconnu qu'en matière commerciale, un étranger peut être cité devant les trib. français par un autre étranger, *à fortiori*, doit-il en être ainsi lorsqu'il est actionné par un Français. Cass. 25 sept. 1829, S. 30, 151; 26 janv. 1833, S. 33, 100; Arg. Douai, 7 mai 1828, S. 29, 79.

14. Il y a lieu à l'application de l'art. 14 C. civ., bien que l'obligation ait été passée par un étranger envers un étranger, si celui-ci n'a agi que comme mandataire d'un Français. Jugé, en conséquence, que l'assureur est justiciable des trib. français, à raison de l'exécution de l'assurance passée hors France, bien qu'il soit étranger, ainsi que l'assuré mandataire, si le commettant est Français. Aix, 5 juill. 1833, S. 34, 143.

15. Au reste, peu importe que l'étranger se soit engagé envers un Français devant le consul de sa nation; cette circonstance ne fait pas obstacle à ce que les trib. français soient compétens, puisqu'ils le sont même quand l'obligation a été souscrite *en pays étranger*. Il n'y a aucune raison de différence dans les deux cas. Paris, 16 juin 1807, P. 6, 150.

16. La disposition de l'art. 14 n'est pas impérative, mais simplement facultative. — Ainsi, le Français qui a assigné l'étranger devant un trib. étranger, peut être déclaré avoir renoncé au droit de l'assigner devant les trib. français. Cass. 14 fév. 1857 (Art. 838 J. Pr.).

A plus forte raison, s'il a succombé devant les juges étrangers ne peut-il plus être admis à traduire de nouveau l'étranger devant les trib. français pour le même objet. Cass. 15 nov. 1827, S. 28, 124.

17. *Quid*, si le Français était défendeur, et si, après avoir succombé devant les trib. étrangers, on poursuivait contre lui l'exécution en France du jugement rendu? — Aurait-il le droit de faire valoir de nouveau ses moyens de défense? —V. *Exécution.*

18. L'art. 14 C. civ. s'applique non seulement aux obligations résultant d'un contrat passé entre un Français et un étranger, mais encore à celles qui naissent des contrats et quasi-contrats. Poitiers, 8 prair. an 13, P. 4, 569. — *Contrà*, motifs, Paris, 5 juin 1829, S. 29, 249.

Ainsi, le fait d'acceptation pure et simple d'une succession ouverte en France constitue, de la part de l'étranger, une obligation qui le soumet à la juridiction des trib. français. Montpellier, 12 juill. 1826, S. 27, 227.

19. Devant quel trib. doit-on citer l'étranger qui n'a en France ni domicile connu, ni résidence? — L'art. 69 C. pr. dit bien que l'assignation doit être donnée au parquet du procureur du roi près le trib. *où la demande est portée :* mais quel est ce trib? Est-ce celui du domicile du demandeur ou tout autre à son choix? Le Code ne s'explique pas.

Dans le doute, il est plus sûr de porter la demande devant le trib. du domicile du demandeur : il y aurait trop d'inconvéniens à laisser à l'une des parties la faculté de choisir celui des trib. de France qui, par sa composition, lui offrirait le plus de chances de gagner son procès. Thomine, 1, 173; Delvincourt, 1, 199, note 8.

20. En général, l'étranger, traduit devant les trib. français, peut opposer toutes les exceptions que la loi a établies en faveur du plaideur français :

Spécialement, la nullité de la signification à lui faite en la personne de son mandataire, quand celui-ci n'avait pas pouvoir de répondre à l'action. Cass. 5 août 1807, S. 7, 2, 124.

21. Il peut aussi, en cas de litispendance, demander au trib. français devant lequel il est assigné, son renvoi devant les juges français précédemment saisis. Cass. 1er juill. 1823, S. 24, 212.

22. Il en est autrement si la première instance a été introduite (à moins que ce ne soit par le demandeur lui-même. —V. *sup.* n° 16), devant un trib. étranger. — L'art. 171 C. civ. est inapplicable à des causes pendantes devant des trib. de différens royaumes, les jugemens rendus par des juges étrangers n'ayant pas force exécutoire en France. C. pr. 546; C. civ. 2128. Cass. 7 sept. 1808, P. 7, 144; Montpellier, 12 juill. 1826, S. 27, 227.

23. De même l'étranger ne peut demander à la C. cass., par voie de règlement de juges, son renvoi devant les trib. de son pays. Art. 1er et 19, tit. 11, ordonn. 1737; C. pr. 363. — Les questions de compétence dans leurs rapports avec les trib. étrangers, doivent suivre les voies ordinaires. Cass. 25 janv. 1825, S. 25, 196.

24. *Contestations existantes entre deux étrangers.* Il est difficile, dans l'état actuel de la législation, d'établir sur cette matière des principes absolus : le plus souvent, la solution dépend des circonstances.

Quelques auteurs voudraient que les trib. français se déclarassent compétens, quelle que fût la nature de la contestation, toutes les fois qu'elle s'élève entre des étrangers résidant en France. D'abord, disent-ils, la loi ne s'y oppose pas, et c'est le moyen d'épargner aux parties des frais et des retards. En second lieu, l'administration de la justice est du droit des gens, et, à ce titre, elle ne peut être refusée aux étrangers, qui en appellent à la sagesse de nos trib., surtout si l'on considère que la loi française protège les étrangers, même contre les Français. Décider autrement, c'est être inconséquent, c'est rétrograder vers les temps de barbarie. Legat, ch. 7, p. 305.

Toutefois, la jurisprudence paraît avoir admis les distinctions suivantes :

. Les trib. français sont compétens, 1° lorsque l'étranger demandeur a son principal établissement en France. Il est juste alors de lui permettre, comme au Français, de saisir les trib. de France de ses contestations avec un étranger. Or, pour établir ce domicile, l'autorisation du roi n'est pas nécessaire; l'art. 13 C. civ. indique seulement qu'au moyen de cette autorisation, l'étranger résidant en France y jouit des droits civils. Delvincourt, 200, note 8, p. 15; Legat, ch. 7, p. 301. — Metz, 27 avr. 1848.

Ainsi jugé, en matière civile. Cass. 8 therm. an 11, P. 3, 384; — en matière de commerce (le demandeur étranger était domicilié en France, et y exerçait ses droits civils, ou bien il y était patenté et y avait le siège de son commerce); 24 avr. 1827, S. 28, 212; Paris, 30 mai 1808, P. 6, 721 (l'obligation avait été souscrite en France); — 24 mars 1817, S. 18, 5; Aix, 17 mai 1851, S. 31, 209.

Jugé de même qu'encore bien qu'il s'agisse d'une obligation qui n'est point née en France, un étranger peut citer un autre étranger devant les trib. français, si celui-ci a en France un établissement commercial; — alors surtout que dans des affaires de même nature, il s'est soumis lui-même à la juridiction commerciale française, et qu'il s'agit d'un engagement à l'égard duquel les parties sont censées avoir élu leur domicile en France, tel est le cas d'un règlement d'avaries d'un navire déchargé en France. Cass. 26 avr. 1832, S. 32, 455.

— V. toutefois motifs, Paris, 23 juin 1836 (Art. 582 J. Pr.), d'après lequel le domicile de l'étranger, pour que celui-ci puisse s'en prévaloir, doit être établi avec l'autorisation du roi, conformément à l'art. 13 C. civ., et Cass. 6 fév. 1822, S. 22, 203, qui dispose qu'aucune loi ne permet aux trib. français de juger les étrangers, par cela seul que ceux-ci ont acquis domicile en France.

25. Non seulement l'étranger domicilié en France peut traduire un autre étranger devant les trib. français, mais il peut y être traduit lui-même par celui-ci. Le principe de la réciprocité le veut ainsi. Dans ce cas, d'ailleurs, l'on ne fait qu'appliquer la maxime *Actor sequitur forum rei*, en assignant cet étranger devant le trib. de ce domicile. Paris, 11 juin 1812, P. 10, 459; Cass. 30 nov. 1814, S. 15, 186. — Ces deux arrêts, rendus sur contestations commerciales, se fondent sur ce que l'étranger défendeur était domicilié en France depuis longues années, et y possédait plusieurs immeubles. — *Contrà*, motifs, Paris, 23 juin 1836, et Cass. 6 fév. 1822.

26. L'étranger défendeur, domicilié en France, peut être cité devant un trib. français, — 1° s'il s'agit d'une obligation de droit naturel, par exemple, de celle de se fournir des alimens entre époux. Paris, 19 déc. 1833, S. 34, 383.

27. Au reste, le seul fait de la résidence en France établie même depuis un grand nombre d'années, ne rend pas l'étranger justiciable des trib. français. « Attendu, dit un arrêt de Cass., du 2 avr. 1853, D. 33, 435, que, s'il peut y avoir des cas particuliers où l'étranger peut être justiciable des trib. français, lors même que son domicile en France n'a pas été autorisé par le roi, il est certain que sa seule résidence en France ne peut le soumettre à la juridiction française. »

28. 2° Les trib. français sont encore compétens lorsqu'il s'agit de marchés faits entre étrangers non domiciliés, dans les foires françaises. Cet usage constant sous l'ancienne jurisprudence a été reconnu lors de la discussion du Code au Conseil-d'État. Séance du 6 therm. an 9. Merlin, *Rép.*, v° *Étranger*, § 2.

29. 3° Et généralement lorsque l'acte de commerce, qui donne lieu à la contestation, a été fait dans un lieu quelconque de la France, soit avec délivrance de la marchandise en ce lieu, soit avec l'obligation d'y faire un paiement. C'est ce que décidaient les anciens auteurs sous l'ordonnance de 1673 dont l'art. 17, tit. 12, a été reproduit par l'art. 420 C. pr. Boullenois,

Des Statuts, t. 1, 608, reconnaît que le choix appartient aux étrangers commerçans comme aux négocians français, et cela, dans l'intérêt du commerce. Ces principes ont été consacrés par la C. de cass. le 26 nov. 1828, S. 29, 9. — Attendu que l'art. 420 C. pr. n'établit pas de distinction entre les étrangers et les Français, et qu'il n'était pas dans l'esprit du législateur d'en établir aucune, puisque, d'après l'ancienne jurisprudence et les principes reconnus lors de la discussion du Code civil, il est certain que les trib. français sont tenus de prononcer sur les actes de commerce faits en France par des étrangers. Pardessus, n° 1477; Toullier, 1, n° 265; Merlin, *Rép.*, v° *Étranger*, § 2. — *Contrà*, Cass. 6 fév. 1822, S. 22, 205, qui juge que l'étranger non domicilié ne peut être assigné *en France* par un étranger à raison d'une lettre de change payable dans l'étranger, bien qu'elle eût été souscrite en France pour valeur reçue en France.

50. Au reste, bien qu'il s'agisse d'une contestation commerciale, le défendeur étranger ne peut être assigné par l'étranger devant le trib. français, s'il ne rentre pas dans les termes mêmes de l'art. 420 C. pr. — Tel est le cas où il s'agit d'une lettre de change tirée en Angleterre à deux mois de date, et qui n'a point été payée à son échéance, si l'on en demande plus tard le paiement en France. Cass. 28 juin 1820, S. 21, 42. Cass. 8 avr. 1818, S. 22, 217. — Il s'agissait de contestations nées à l'occasion d'une société en participation, fondée en France entre étrangers.

Peu importe que l'étranger défendeur ait en France un domicile de fait, comme un établissement commercial, s'il n'a été fondé que depuis l'engagement qui fait l'objet du procès. Cass. 28 juin 1820.

MM. Delvincourt, 1, 200, note 8, et Duranton, n° 152, énoncent, au contraire, que les trib. sont compétens pour juger les étrangers toutes les fois qu'il s'agit de contestations commerciales. — V. aussi Paris, 10 nov. 1825, S. 26, 282. — Cet arrêt a été rendu, il est vrai, dans une espèce où le défendeur justifiait d'un long domicile en France; mais il se fonde seulement pour établir la compétence du trib. français, sur ce qu'il s'agissait d'une affaire commerciale.

51. Au reste, quelle que fût la nature des contestations engagées, en France, entre négocians américains, les trib. français devaient se déclarer incompétens, aux termes du traité du 14 nov. 1788 (art. 12) passé entre le gouvernement français et les États-Unis. Cass. 7 fruct. an 4, P. 1, 114. — Mais cette disposition a été révoquée par le traité subséquent, du 8 vend. an 9. Aix, 17 mai 1834, S. 34, 209.

52. 4° Lorsqu'il s'agit d'exécuter en France un jugement rendu par les trib. étrangers : les juges français ont alors à prononcer si cette exécution doit ou non être ordonnée. C. civ. 2123; C. pr. 546. — Il ne s'agit plus alors d'une instance entre étrangers, mais d'un procès terminé par un jugement définitif dont l'exécution peut être demandée en France. Paris, 17 mai 1836 (Art. 530 J. Pr.). — V. *Exécution*.

53. Les trib. français sont incompétens, et les parties peuvent, en conséquence, décliner leur juridiction; — 1° lorsqu'il s'agit d'obligations purement civiles, passées, en pays étranger, entre étrangers non domiciliés en France. Les trib. français ne sont, en effet, institués que pour juger les nationaux; et, dans ce cas, aucun motif ne peut engager à déroger à la règle. Parlement Paris, 7 août 1732; Douai, 15 juill. 1782, et 24 déc. 1785; Merlin, *Rép.*, v° *Étranger*, 3, § 2; Delvincourt, 1, 200, note 8; Duranton, 1, n° 154; Favard, v° *Étranger*. — Peu importe que, depuis le contrat et avant la demande, le défendeur soit venu se fixer en France. Arg. Cass. 28 juin 1820, S. 21, 42.

54. 2° Alors même que l'obligation civile a été souscrite en France.

Dans le droit romain, tout contrat était attributif de juridiction au juge du lieu où il avait été passé. Loi 19, § 1 et 2, ff. *De judiciis*. — Mais cette règle n'était point en vigueur dans notre ancien droit français. Bacquet, *Des droits de justice*, ch. 8, n° 9; Mornac, sur la loi 19, ff. *De judiciis*; Boullenois, t. 1, 607. — Il doit en être de même aujourd'hui, et c'est par exception que l'art. 111 C. civ. dispose qu'en cas d'élection de domicile la convention attribue juridiction. Mais, lorsqu'il s'agit d'un contrat civil passé, en France, entre deux étrangers non domiciliés, on reste dans le principe général. Aucune raison ni d'ordre public, ni d'intérêt privé, ne sollicite d'ailleurs, dans ce cas, l'intervention des juges français. Cass. 22 janv. 1806, P. 5, 141; Merlin, *Rép.*, v° *Étranger*, § 2; Duranton, 1, n° 154. — *Contrà*, Delvincourt, 1, 200, note 8; Arg. motifs, 16 germ. an 13, P. 4, 479. Peu importe que les Français puissent être jugés par les trib. du pays de ces étrangers, si les traités n'ont point établi à cet égard de réciprocité. Cass. 22 janv. 1806. — La juridiction des juges français pouvait être surtout déclinée sous l'empire du traité du 14 nov. 1788, qui exigeait que les contestations entre Américains fussent jugées par les consuls des parties. Paris, 4 vent. an 13, S. 5, 85.

55. Toutefois, les trib. français peuvent se déclarer compétens, alors même qu'il s'agit d'obligations purement civiles, si le contrat contient élection de domicile en France : dans ce cas, les étrangers ont consenti à être jugés par les autorités françaises. Merlin, *Rép.*, v° *Étranger*, § 2; Pardessus, n° 1477. — Surtout, si ce contrat a pour objet des immeubles situés sur le territoire français. Arg. C. civ. 3. Paris, 23 therm. an 12, P. 4, 141. — Spécialement un immeuble dotal. Paris, 15 mars 1831, D. 31, 112; Pigeau, 1, 100; Duranton, n° 154.

Il en est de même, si l'étranger assigné par l'étranger ne décline pas la juridiction du trib. français; il est censé par là même l'accepter. C'est ce qui a lieu, s'il conclut au fond, au lieu d'opposer l'exception d'incompétence *in limine litis*. Cass. 29 mai 1833, D. 33, 252.

36. Cependant les trib. français n'étant constitués que pour rendre la justice aux Français, peuvent la refuser aux étrangers, qui, d'après la loi ou les traités, ne sont pas leurs justiciables : le consentement de ces étrangers à les reconnaître pour juges leur confère bien la *faculté* de les juger, mais ne leur en impose pas l'*obligation;* ils ont donc le droit de se déclarer d'*office* incompétens. — Ainsi jugé en matière civile. Cass. 2 avr. 1833, D. 33, 250. — Et en matière commerciale, 8 avr. 1818, S. 22, 217 (— V. *sup.* n° 29); Coin-Delisle, sur l'art. 14 C. civ.

Décidé même qu'ils peuvent se déclarer incompétens, bien que l'étranger défendeur ait conclu au fond, l'obligation de juger ne pouvant leur être imposée que par le fait de la loi et non par la volonté des parties. Cass. 2 avr. 1833.

37. 3° Lorsqu'il s'agit de questions d'État : les juges français sont alors plus exposés à commettre de graves erreurs, puisqu'il faut appliquer à l'étranger les lois de son pays. Paris, 15 juill. 1816, S. 17, 151 ; 23 juin 1836 (Art. 582 J. Pr.).

Ce dernier arrêt a été rendu sur une demande en séparation de corps formée par une Française d'origine, contre son mari, réfugié Polonais, quoiqu'il fût autorisé à résider en France.

Même décision à l'égard d'époux établis en France. Paris, 26 avr. 1823, S. 24, 65. — Et dans un procès de suppression d'État, intenté par un étranger né en France et y résidant, contre un étranger, bien que la demande pût donner, par suite, ouverture à l'action publique. Cass. 14 mai 1834, S. 34, 847.

Jugé au contraire que les trib. français peuvent connaître d'une demande en séparation de biens formée par une Française ayant épousé en France un étranger établi et domicilié en France, bien qu'ils se fussent déclarés incompétens, précédemment, pour connaître de la séparation de corps. Paris, 30 mai 1826, S. 27, 49. — Même décision, si cette Française a épousé un Français, devenu, depuis le mariage, étranger : — « Attendu que la condition de cette femme s'est trouvée fixée par la législation du temps du mariage, et de même qu'elle ne peut être contrainte de suivre son mari hors le royaume, elle ne peut être distraite de ses juges naturels, par l'abandon que son époux pourrait faire de sa qualité de Français. Paris, 21 juill. 1818, S. 18, 359. »

38. L'incompétence des trib. français pour juger des questions d'État tient à des raisons d'ordre public.

Conséquemment, 1° les trib. français devant lesquels ces demandes sont portées, sont tenus de s'abstenir. Paris, 23 juin 1836 (Art. 582 J. Pr.);

2° Cette incompétence est proposable pour la première fois en appel. Cass. 30 juin 1823, S. 24, 48.

Décidé toutefois que l'étranger qui a saisi lui-même les juges français, et a succombé sur sa demande ne peut l'invoquer devant la C. de cass. Cass. 4 sept. 1811, P. 9, 624.

39. Au reste, cette incompétence n'est point un obstacle à ce que des mesures provisoires soient ordonnées s'il est nécessaire ; la sûreté et les droits naturels de tout individu, habitant le territoire français, devant être protégés. C. civ. art. 3. — A cet égard, la jurisprudence est constante. Paris, 23 juin 1836.

Ainsi, en matière de séparation de corps, les trib. français peuvent autoriser provisoirement la femme étrangère à quitter la maison de son mari. Paris, 23 avr. 1822, S. 24, 1, 49 ; 26 avr. 1823, S. 24, 65.

Jugé aussi qu'un juge français peut autoriser une saisie-arrêt de la part d'un étranger, sur des marchandises transportées en France, par un autre étranger; (Aix, 6 janv. 1831, D. 32, 173), et que le droit d'autoriser ces actes de précaution, reconnu au juge français, emporte celui d'en apprécier l'opportunité, et par conséquent de statuer sur la demande en main-levée de la partie saisie. *Même arrêt.*

On oppose deux arrêts : 1° Paris, 30 avr. 1836 (Art. 581 J. Pr.) : — Dans l'espèce, le trib. français n'était pas compétent pour apprécier les droits que cette opposition devait conserver. — 2° Bordeaux, 16 août 1817, S. 18, 58 : — L'opposition avait pour cause des opérations de commerce faites en pays étranger.

40. Enfin, le trib., régulièrement saisi d'une demande entre un Français et un étranger, ne cesse pas d'être compétent, nonobstant l'intervention d'un autre étranger, par suite de laquelle le Français se trouve désintéressé. Cass. 19 mai 1830, S. 30, 325.

41. Que doit-on décider à l'égard des chefs de gouvernemens étrangers ? — Des ambassadeurs et autres agens diplomatiques étrangers ? — V. *Ministre public.*

42. *Procédure.* Quand l'étranger demandeur est-il soumis à la caution *judicatum solvi ?* — V. ce mot.

43. Pour le mode d'assigner l'étranger. — V. *Exploit.* — Le même mode a lieu pour les significations de jugemens. Merlin, *Qu. dr.,* v° *Signification de jugement.*

44. Le délai de l'ajournement varie suivant les distances. C. pr. 73. — V. *Ajournement*, n°s 53, 54.

45. Les demandes formées contre l'étranger justicia es trib. français, ne sont pas dispensées du *Préliminaire de* ^con ci-liation. — V. ce mot.

46. *Jugement et exécution.* Pour l'autorité et l'exécution des jugemens ou actes étrangers. — V. *Exécution.*

47. Une législation spéciale régit l'exercice de la *contrainte par corps* contre les étrangers. — V. *Emprisonnement*, § 6.

48. *Enregistrement.* Quant à l'*enregistrement* des actes passés en pays étranger, — V. ce mot, n°s 28, 30, 49.

ÉTUDE. — V. *Avoué, Huissier, Interdiction, Notaire.*

ÉVOCATION. Action d'enlever la connaissance d'une affaire à des juges pour en investir d'autres.

L'évocation d'un juge ordinaire à un juge d'exception n'est plus permise (Charte, art. 53). — L'évocation proprement dite n'a plus lieu qu'en matière d'*appel* dans certains cas. — V. ce mot. sect. IX.

EXCEPTION (1). Moyen par lequel le défendeur se borne à soutenir, sans s'occuper du fond de l'affaire, que le demandeur ne peut être admis à établir le mérite de sa prétention.

DIVISION.

(1) Cet article, rédigé par feu M. Richomme, dans la première édition, a été revu par M. Lejouteux, avocat à la Cour royale de Paris.

Section I. — *Des différentes espèces d'exceptions, et de l'ordre dans lequel elles doivent être présentées.*

1. A Rome, l'exception, dans le système des formules, était une question subsidiaire posée par le préteur, qui permettait au juge d'absoudre le défendeur, si le fait allégué par ce dernier était justifié. — V. *Action*, n° 11 et suiv.

2. Dans le droit ancien, le mot exception avait diverses acceptions. Jousse (*sur l'ordonn.* de 1667) appelait *exceptions* tous les moyens que le défendeur pouvait opposer au demandeur. Il les divisait en déclinatoires, dilatoires et péremptoires, et ces dernières en péremptoires proprement dites, et en défenses au fond. Pothier (*Procédure civile*) donnait au contraire au mot défense le sens que Jousse attribuait au mot exception, et divisait les défenses en défenses proprement dites, et en exceptions, ne comprenant dans ces dernières que les moyens qui, sans attaquer le fond de la demande, tendent à prouver que le demandeur ne doit pas être écouté à la proposer.

3. Les rédacteurs du C. civ. ont donné au mot exception le même sens que Jousse, et désignent en général sous ce nom les moyens que le défendeur peut opposer au demandeur. Arg. C. civ. 1360, 1361, 1367, 1208 et 2012.

Mais les rédacteurs du C. de pr. ont employé cette expression dans un sens plus restreint. — Ainsi, d'après eux, les moyens que peut proposer le défendeur se divisent en défenses au fond, ou simplement défenses, et en exceptions (Arg. C. pr. 169, 173 et 186). — Dans les défenses, ou défenses au fond, sont compris les moyens appelés *fins de non recevoir* (— V. ce mot), qui ne doivent plus être considérés comme exceptions. C'est ce qui résulte de la discussion du Code. En effet, l'art. 185 du projet, placé dans un paragraphe intitulé : *Des fins de non recevoir*, était ainsi conçu : « Le défendeur, qui soutiendra le demandeur non recevable en sa demande, sera tenu de proposer cette exception préalablement à toutes défenses au fond. » Mais cet article fut supprimé, ainsi que le paragraphe sous la rubrique duquel il était placé, par suite des observations de la section de législation du tribunat, qui ne vit dans ces moyens que des défenses au fond.

Le mot *exception*, dans le langage du Palais, a quelquefois une acception plus restreinte, et s'entend de la communication des pièces : c'est dans ce sens que l'on dit qu'une partie a *satisfait aux exceptions*, lorsqu'elle a communiqué les pièces par elle produites dans l'instance. — V. *inf.* sec. III, § 4.

4. *Des différentes espèces d'exceptions.* Dans le système du C. de pr., on peut diviser les exceptions proprement dites en déclinatoires, péremptoires, et dilatoires.

5. Les exceptions *déclinatoires* (du latin *déclinare*) ont pour but de faire renvoyer la demande devant un trib. autre que celui saisi par le demandeur.

Le renvoi peut être demandé, 1° pour incompétence, soit à raison de la personne, soit à raison de la matière; 2° pour connexité; 3° pour litispendance. — V. *inf.* , sec. II.

6. Les exceptions *péremptoires* (de *perimere, peremptum*) sont celles par lesquelles le défendeur requiert que la demande soit rejetée, parce qu'elle n'a pas été formée régulièrement, sauf au demandeur à la renouveler. — Il y a deux exceptions de ce genre : l'une résulte du défaut de conciliation ; et l'autre, des nullités des actes de procédure. — V. *inf.* sec. III.

7. Les auteurs reconnaissent une autre espèce d'exceptions péremptoires , qu'ils appellent *péremptoires du fond*, par opposition à celles que nous venons de signaler, et qu'ils désignent sous le nom de *péremptoires* de *forme* ou d'*instance*.

Ils comprennent, sous cette dénomination, les moyens ayant pour but de faire rejeter définitivement la demande , sans examiner si elle est bien ou mal fondée.

Ces exceptions se tirent de vices ou de circonstances inhérentes, soit à la personne du demandeur, soit à sa réclamation. Par exemple, lorsque l'on soutient que le demandeur n'est pas recevable dans sa réclamation , soit par défaut de qualité ou d'intérêt, soit à cause d'une prescription acquise , d'une transaction intervenue , d'un jugement non attaqué, etc. Berriat , 220; Carré , 1, 425. — Mais ces moyens constituent, des *fins de non recevoir*, ou moyens du fond, et non de véritables exceptions, dans le sens du C. de pr. — V. *sup.* n° 3.

8. Les exceptions *dilatoires* (de *differre, dilatum*) sont celles qui tendent à différer l'instruction, et par suite le jugement.

Certains auteurs rangent les déclinatoires parmi les exceptions *dilatoires*. Berriat , p. 223.

9. Les exceptions *dilatoires*, proprement dites, se divisent en exceptions de la caution du jugé, du délai pour faire inventaire et délibérer, de la garantie et de la communication des pièces. — V. *Garantie, Inventaire, judicatum solvi* (Caution), et *inf.* sect. IV, § 4.

10. On distingue encore les exceptions, en relatives, absolues et mixtes. — *Relatives*. Elles ne tiennent qu'à l'intérêt privé de celui qui a le droit de les opposer , telles sont la caution du jugé, l'incompétence personnelle, le délai pour faire inventaire et délibérer, les nullités d'exploits en général. — *Absolues*. Elles tiennent à l'ordre public, comme l'incompétence à raison de la matière. — *Mixtes*. Elles se rattacheraient tout à la fois à l'intérêt privé et à l'ordre public ; il faudrait ranger dans cette classe la litispendance et la connexité.

Les premières doivent, à peine de déchéance, être proposées avant toute défense au fond. Les secondes, au contraire, sont valablement présentées en tout état de cause, et même les juges sont tenus de les suppléer d'office. Enfin, les troisièmes pourraient être prises en considération par les trib., quoique non proposées *in limine litis*. Carré, 1, 426.

Mais cette dernière opinion nous paraît contraire aux principes, et nous pensons qu'on ne doit diviser les exceptions qu'en *relatives* et *absolues*, celles de connexité et litispendance rentrant dans la première classe.—V. *inf.* nº 56.

11. Le défendeur qui propose une exception est obligé de la prouver, de la même manière que le demandeur doit justifier son action. *Reus excipiendo fit actor.*

Une partie n'est point recevable à se plaindre de ce qu'on n'a pas statué sur l'exception proposée par son adversaire. Cass. 4 août 1806, P. 5, 442.

12. *Ordre dans lequel doivent être proposées les exceptions.* L'ordre dans lequel on doit opposer les différentes exceptions est réglé d'après la nature des effets qu'elles produisent.

Ainsi, l'on doit en général proposer d'abord les *déclinatoires*, puis les *péremptoires*, et enfin les *dilatoires*.—V. *inf.* nº 13. — Présenter une exception de la seconde espèce, c'est renoncer à se prévaloir de celles de la première; et en invoquer une de la troisième, c'est renoncer à se prévaloir de celles de la première et de la seconde : celui qui se défend d'une manière quelconque devant un trib., reconnaît par cela même implicitement sa compétence; et celui qui sollicite un délai pour répondre à une demande dirigée contre lui, reconnaît que cette demande a été régulièrement formée. Pigeau, 1, 194.—V. *inf.* nº 32.

13. Toutefois l'exception du délai pour faire inventaire et délibérer, doit être présentée avant les *déclinatoires;* car si l'héritier ou la femme n'accepte pas soit la succession, soit la communauté, ils seront sans qualité pour répondre à la demande; et provoquer leur renvoi devant un autre trib. que celui saisi, ce serait faire acte d'acceptation.—V. *Inventaire.*

14. La caution du jugé est indifféremment réclamée soit avant, soit après les déclinatoires : la demande en renvoi pouvant elle-même occasioner des frais, il est naturel que le défendeur ait le droit d'exiger avant toute défense, soit au fond, soit même exceptionnelle, une garantie pour le remboursement de ses avances; et, d'un autre côté, de ce que le défendeur conclut immédiatement au renvoi devant un autre trib. sans demander la caution, on ne peut pas conclure qu'il ait renoncé à la caution pour plaider sur le fond.—Mais l'exception de la caution doit nécessairement être proposée avant les exceptions *péremptoires.*—V. *Judicatum solvi* (Caution).

15. Les exceptions dilatoires, autres que celles de la communication de pièces et de la caution du jugé, doivent être opposées conjointement. C. pr. 186.—Néanmoins, l'héritier, la veuve et la femme séparée, peuvent ne proposer leurs exceptions dilatoires qu'après l'échéance des délais pour faire inventaire et pour délibérer. C. pr. 187.—V. *Inventaire.*

16. La disposition de l'art. 186 s'applique-t-elle à d'autres exceptions que celles qualifiées dilatoires par le § 4 du tit. 9 C. pr. ; à l'exception de discussion, par exemple ?

Pour la négative on dit : — Cette exception n'est pas vraiment dilatoire ; elle a seulement pour effet d'ajourner les voies de saisie, et non de différer une action judiciaire proprement dite. Les art. 186 et 187 ont reproduit la disposition de l'ordonn. de 1667 sous l'empire de laquelle on considérait à tort, par une fausse application du droit romain, l'exception du débiteur actionné avant le terme comme dilatoire, de même que celle proposée contre un créancier incapable. C'est pourquoi ces articles supposent l'existence d'exceptions dilatoires autres que celles contenues dans le § 4. On pourrait toutefois considérer comme telle la demande que l'héritier d'un débiteur assigné pour la totalité de la dette ferait d'un délai pour mettre en cause ses cohéritiers. C. civ. 1225. Boitard, 2, 141.

Mais on répond : S'il n'y avait point d'autres exceptions dilatoires que celles des art. 174 et 175, l'art. 186 serait sans objet, la première de ces exceptions, celle du bénéfice d'inventaire pouvant être proposée avant celle de garantie (187). L'art. 1225 C. civ. permet uniquement à l'héritier actionné d'appeler en garantie ses cohéritiers, l'exception de discussion, au contraire, est une exception dilatoire particulière prévue par l'article 2022 qui exige qu'elle soit proposée sur les premières poursuites dirigées contre la caution. Rennes, 11 sept. 1813, D. v° *Exception*, 621 ; Carré, art. 186. (—V. toutefois, *Discussion*, n° 3). Elle doit donc être proposée simultanément avec celle de garantie. C. pr. 186. — En vain voudrait-on assimiler la disposition de l'art. 186 à celle de l'art. 338, malgré les termes duquel, les juges admettent la présentation successive des demandes incidentes. L'art. 186 est impératif : les exceptions dilatoires doivent être proposées conjointement, tandis que, d'après l'art. 338, les demandes incidentes dont les causes auraient existé en même temps peuvent être formées séparément, sauf à la partie à supporter dans tous les cas les frais des demandes tardives. Pigeau, 1, 179.

17. Néanmoins, l'art. 186 ne saurait être invoqué dans sa rigueur, lorsque la partie n'a eu connaissance que successivement, et par suite d'événemens indépendans de son propre fait, des différentes exceptions dont elle entend se prévaloir. Arg. C. pr. 538; Carré, *ib.*; Berriat, 227, note 42.

Il n'y a pas exception dilatoire, quand un débiteur oppose à la demande le bénéfice du terme. Dans ce cas, la demande se trouve anéantie; l'exception dilatoire, au contraire, laisse subsister l'instance. Dalloz, p. 621; Boitard, 2, 141. — *Contrà*, Rennes, 11 sept. 1815, P. 11, 708.

De même l'exception du bénéfice de division n'est pas dilatoire, mais péremptoire.—V. *Division*, nᵒˢ 9 et 10.

18. Toutes les exceptions, déclinatoires, péremptoires ou dilatoires, doivent en général être proposées avant toute défense au fond.—V. *inf.* nᵒˢ 50, 56, 70, 102.

19. Néanmoins l'incompétence, à raison de la matière, constituant une exception *absolue*, peut être présentée en tout état de cause.—V. *sup.* nᵒ 10, et *inf.* nᵒˢ 56 et suiv.

Il en est de même des *fins de non-recevoir.*

Section II. — *Des exceptions déclinatoires.*

20. On distingue trois espèces d'exceptions déclinatoires: l'incompétence, la connexité et la litispendance.

Elles diffèrent des demandes en *renvoi* (—V. ce mot), en ce sens que par les premières on se borne à décliner la juridiction, tandis que par les secondes on la décline, et de plus on demande à être renvoyé devant le juge compétent. — Et en outre en ce que le jugement qui prononce l'incompétence ne laisse point subsister l'ajournement, tandis que le jugement de renvoi le maintient. (Boncenne, 3, 212); mais dans l'usage on confond ordinairement ces deux termes. Cass. 4 mars 1818, D. vᵒ *Exception*, 594; Berriat, 224.

§ 1. — *De l'incompétence.*

21. La partie appelée devant un trib. incompétent peut demander son renvoi devant le juge qui doit connaître de la contestation. C. pr. 168.

22. L'incompétence a lieu, soit à raison de la personne, soit à raison de la matière. Cette distinction est importante sous plusieurs rapports.

23. Un trib. est incompétent à raison de la personne, toutes les fois qu'il pourrait connaître de la matière, abstraction faite des personnes intéressées ou de la situation de l'objet litigieux. Bourges, 15 nov. 1826, S. 29, 147. — Il est incompétent à raison de la matière, lorsque l'objet de la contestation est, par sa nature, hors de ses attributions. Carré, art. 170.

24. Il résulte de ces principes qu'il y a incompétence matérielle et absolue: 1ᵒ dans le cas où l'on porte devant l'autorité judiciaire une demande de la compétence de l'autorité administrative; Pigeau, 1, 197.—V. *Compétence*, nᵒ 8.—ou devant les trib. civ. une affaire criminelle. Cass. 26 nov. 1810. S. 11, 85; et à plus forte raison, si on soumet aux trib. criminels une affaire civile. Cass. 11 sept. 1818; — ou au trib. de simple police, une affaire du ressort du trib. correctionnel. Cass. 3 nov. 1826, S. 27, 289. — En matière criminelle, l'incompétence à raison du lieu ou de la personne est également absolue. Cass. 13 mai 1826, S. 26, 416.

2° Lorsqu'une partie est appelée en référé devant le président, dans un cas où le trib. entier doit connaître de la contestation. Cass. 29 avr. 1818, S. 20, 376.

3° Quand un individu non négociant est traduit pour dettes c viles devant un *tribunal de commerce.*—V. ce mot.

— V. d'ailleurs *Arbitre*, n° 81 à 84; *Étranger.*

Jugé qu'il y a incompétence matérielle quand on intente 1° devant un trib. civ. une action qui devait être portée d'abord devant le juge de paix, comme une action possessoire. Cass. 28 juin 1825, S. 26, 238; — ou une demande en paiement de salaires d'ouvriers. Paris, 16 avr. 1833.—Le trib. fût-il compétent sur l'appel; il y aurait en effet dans ce cas violation de la règle des deux degrés de juridiction.

2° Une demande en séparation de biens devant un trib. autre que celui du mari. Arg. C. pr. 872. — Alors les créanciers peuvent opposer l'exception, bien que le mari défendeur ait gardé le silence. Cass. 18 nov. 1835 (Art. 517 J. Pr.).

3° Une demande en partage devant un trib. autre que celui de l'ouverture de la succession, quand il y a des mineurs parmi les copartageans. Bordeaux, 20 avr. 1831.

Dans ce cas du moins, il nous paraît hors de doute que les mineurs sont en droit en tout état de cause, et même après le partage, de se prévaloir de cette incompétence. Arg. C. civ. 1314, 1305. Mais en principe l'incompétence d'un trib. civ. autre que celui de l'ouverture est relative, ce genre de demande n'étant point étranger à sa juridiction. Florence, 9 mai 1810; Metz, 4 août 1821. — *Contrà*, Arg. Paris, 27 nov. 1817.— V. *inf.* n° 25.

25. Au contraire, il y a simplement incompétence personnelle: 1° lorsqu'une demande en radiation ou réduction d'hypothèque est portée devant un trib. autre que celui dans le ressort duquel l'inscription est prise. Pigeau, *Comm.*, art. 170.

2° Dans le cas où la demande en partage d'une succession est portée au trib. du domicile du défendeur. Florence, 9 mai 1810, S. 12, 415; Pigeau, *Comm.*, art. 170. —*Contrà*, Bruxelles, 25 mars 1808, S. 12, 205.

3° Quand une contestation relative à l'exécution d'un jugement est portée devant un trib. civ. autre que celui qui devait en connaître. — Ainsi, on ne peut attaquer, comme incompétemment rendu, un jugement du trib. de 1re inst., qui a statué sur l'opposition formée à une saisie-exécution pratiquée en vertu d'un arrêt infirmatif, lorsque les parties ont volontairement procédé devant ce trib.

4° Dans le cas où une affaire, qui n'est pas de nature à être jugée en vacance, est portée devant la chambre des *vacations.* — V. ce mot.

5° Dans celui où le dépôt de la sentence arbitrale a été fait au greffe du trib. du domicile des parties, au lieu de l'être à celui de l'endroit où la sentence a été rendue. — V. *Arbitre*, n° 430.

26. L'incompétence des juges de paix, au-delà de la somme de 200 fr., est-elle couverte par la défense des parties? — Il faut distinguer : si la matière est de sa compétence, le juge ayant la germe de l'autorité nécessaire pour statuer sur le tout, la loi doit se prêter facilement à l'extension d'un pouvoir qui est son ouvrage. Cass. 17 mars 1820, S. 20, 428; Cass. 12 mars 1829, S. 29, 46 ; —*Contrà,* Cass. 20 mai 1829, S. 29, 352.

Si au contraire il est incompétent à raison de la matière, il faut le consentement exprès des parties. Pigeau, *Comm.* art. 168; Henrion, *Compét. des juges de paix*, p. 53 et 55.

27. L'incompétence, soit réelle, soit personnelle, doit être proposée devant le trib. qu'on veut dessaisir, et non devant celui qu'on prétend devoir connaître du litige. Carré, n° 711.

28. Dans quelle forme doit-elle être proposée et jugée? — V. *inf.* § 4.

Art. 1. — *De l'incompétence à raison de la personne.*

29. La partie assignée devant un trib. incompétent à raison de la personne (—V. *sup.* n°s 23, 25) peut demander son renvoi. C. pr. 168. — Ce droit n'appartient pas à la partie qui a saisi le tribunal. — V. d'ailleurs *inf.* n° 35.

30. Il faut que la demande en renvoi soit formée préalablement à toutes autres exceptions et défenses. C. pr. 168, 169. — V. toutefois *sup.* n° 14.

31. En conséquence, l'incompétence ne peut plus être proposée : 1° après l'exception de nullité d'exploit, quoique cette exception doive être aussi proposée *in limine litis* (— V. *inf.* n° 99). En effet, le trib., en déclarant la nullité de l'exploit, fait par cela même acte de compétence. Cass. 14 oct. 1806, S. 6, 650; Paris, 28 nov. 1811, P. 9, 739. — Ou après la déclaration qu'on veut s'inscrire en faux contre le titre du demandeur. Paris, 28 fév. 1812, S. 14, 560.

Toutefois, lorsqu'au lieu de proposer le déclinatoire, on oppose la nullité, et qu'elle est prononcée, si le demandeur forme une nouvelle demande devant le même trib., le défendeur peut faire valoir le déclinatoire sur cette seconde instance, parce que la première étant annulée ne produit aucun effet. Pigeau, *Comm.*, art. 159.

2° Après la demande d'un délai pour mettre le garant en cause; la garantie est en effet rangée par le Code au nombre des *exceptions* dilatoires (C. pr. 178 et 179.) Vainement soutiendrait-on que le garanti allègue seulement, en demandant la mise en cause du garant, que ce n'est pas à lui à se défendre, et que, par conséquent, il ne reconnaît pas implicitement la compétence du tribunal. Toulouse, 29 avr. 1822; Rennes, 26 janv. 1809, 8 janv. 1812, S. 22, 260; Merlin, t. 3, p. 334 et suiv.; Boncenne, p. 218; Favard, 5, 459. — *Contrà*, Demiau, 146; Carré, 1, 440.

Il en serait de même si le défendeur au lieu de proposer de suite le déclinatoire, avait dénoncé au demandeur l'opposition formée entre ses mains par un tiers, surtout s'il était intervenu un jugement préparatoire ordonnant la mise en cause du tiers opposant. Cass. 7 prair. an 13, S. 7, 887. — Mais l'appelé en cause conserve le droit de demander le renvoi de son chef ; et la contestation est alors jugée de la même manière que si le recours en garantie n'avait été exercé qu'après le jugement de l'action principale. Cass. 4 oct. 1808 et 17 juin 1817, D. *Compétence*, p. 381 et 383.

3° En cassation, bien que le défendeur fonde le déclinatoire sur sa qualité d'étranger. — Et quoiqu'il s'agisse d'une question d'état, par exemple, d'une action en désaveu de paternité. Cass. 4 sept. 1811, S. 12, 157. — V. *Étranger*, n° 38.

4° En cause d'appel, après un jugement contradictoire sur le fond. Cass. 5 frim. an 14, S. 6, 783; Toulouse, 27 déc. 1820, S. 20, 512; Florence, 9 mai 1810; Metz, 4 août 1821. — Cette décision est applicable à l'étranger défendeur. Cass. 5 frim. an 14; Douai, 7 mai 1828, S. 29, 79. Arg. Cass. 5 août 1817, S. 18, 386. — V. toutefois *Étranger*, *ib.*

52. Si, en proposant un déclinatoire, on avait proposé *subsidiairement* une exception ultérieure, on ne pourrait plus appeler du jugement qui aurait rejeté le déclinatoire : proposer l'exception ultérieure, c'est consentir, dans le cas du rejet du déclinatoire, à plaider sur l'exception suivante. Bruxelles, 23 mai 1807, P. 6, 105; Pigeau, *Comm.*, art. 169. — A plus forte raison, en serait-il ainsi dans le cas où l'on aurait conclu subsidiairement au fond. Carré, n° 756. — Et surtout si l'on avait réellement défendu au fond; (Paris, 17 mai 1813; Bourges, 15 nov. 1326); quand même on aurait fait des réserves à cet égard. Metz, 4 août 1821; Carré, 1, 452. — Il en serait autrement si le défendeur dont l'exception a été rejetée se fût borné à demander un délai pour plaider au fond. Cass. 17 déc. 1823, S. 24, 241— Et en matière commerciale si le trib. eût ordonné

de plaider au fond. C. pr. 425; Poitiers, 20 mai 1829, S. 29, 348.

33. L'exception d'incompétence doit être formellement articulée. — Le défendeur qui a conclu en 1re inst. au rejet ou à l'annulation des poursuites ne peut proposer en appel le déclinatoire; vainement dirait-il qu'il a *implicitement* invoqué tous les moyens propres à faire rejeter les poursuites. Toulouse, 27 déc. 1819, S. 20, 311. — Quand même il eût conclu au rejet tant par fins de non recevoir qu'autrement. Besançon, 26 mai 1815.—V. dans le même sens Bordeaux, 1er août 1831.

Jugé en matière commerciale, que l'incompétence résultant de ce que les parties étaient étrangères est couverte, si, en appel, le moyen d'incompétence n'est pas plaidé, encore bien qu'il ait été présenté en première instance, et même reproduit dans l'acte d'appel. Cass. 5 août 1817, S. 18, 386.

34. Mais le déclinatoire peut être proposé : — 1° après la comparution pour se concilier devant un juge de paix incompétent à raison du domicile du défendeur. De ce qu'on a accepté le juge de paix pour son conciliateur, il ne s'ensuit pas qu'à défaut de conciliation on ait renoncé à ses juges naturels. Cass. 30 vent. et 18 fruct. an 12; Rennes, 9 fév. 1813; Carré, n° 714. — *Contrà*, Orléans, 24 janv. 1817. — Il en serait autrement si, au bureau de paix ou dans des actes antérieurs à l'assignation et signifiés à la partie adverse, le défendeur s'était dit domicilié dans le ressort du trib. parce que le demandeur aurait dû agir d'après ces indications. Carré, *Ib*. n° 715. — V. *Domicile*, n° 8.

2° Après une constitution d'avoué : la constitution n'est pas une défense; sans elle, on ne peut proposer le déclinatoire. Carré, n° 716; Boncenne, 2, 247. — V. *Ajournement*, n 22.

3° Après la demande d'un délai pour plaider, depuis le jugement qui a rejeté le déclinatoire et qu'il peut néanmoins frapper d'appel. Bruxelles, 25 mars 1808, P. 6, 581; Boncenne, 217; Carré, *ib*.—V. *Acquiescement*, n° 108.

4° Après une demande en communication de pièces, lorsque cette demande a été faite dans l'intention de s'éclairer sur l'exception d'incompétence : cette demande, qui n'a point trait au fond, mais au déclinatoire, ne peut conséquemment le couvrir. Carré, n° 718. — Mais il convient d'indiquer dans les conclusions le but spécial de la communication.

5° Après un jugement par défaut : celui qui s'est laissé condamner peut proposer le déclinatoire sur l'opposition, à moins qu'il n'ait déjà signifié des moyens de défense. Bruxelles, 23 déc. 1809, S. 10, 26; Pigeau; *Comm.*, art. 169; Carré, n°s 712, 713. — Il doit donc avant tout proposer dans sa re· quête l'exception d'incompétence. Demiau, 135.

Jugé toutefois, qu'il serait recevable à la présenter à l'audience, bien qu'il s'en fût abstenu dans l'acte d'opposition. Douai, 26 fév. 1835, S. 55, 210.

S'il laisse passer les délais de l'opposition il pourra en appel proposer l'exception. Dans ce cas, en effet, il a droit de demander son renvoi préalablement à toute autre défense. Favard, Rép., v° Exception, § 2, n° 5. Angers, 11 juin 1824; Arg. Dijon, 15 pluv. an 11, P. 5, 135 (rendu sur une exception de nullité). — *Contrà*, Aix, 15 janv. 1825.

55. Si les parties renoncent à proposer l'incompétence à raison de la personne, les trib. ne sont pas tenus de la déclarer d'office. Arg. *à contrario* C. pr. 170.

Mais ils pourraient la prononcer; en effet, ils ne sont pas tenus de juger les parties qui n'étant pas leurs justiciables, se présentent volontairement devant eux, à l'exception toutefois des juges de paix, parce que l'art. 7 dit *qu'ils jugeront* leurs différends. Cass. 11 mars 1807, S. 7, 75; Pigeau, *Comm.*, art. 170; Carré, n° 721; Cass. 8 avr. 1818, S. 22, 217; Boncenne, 254; Boitard, 2, 22. — Ainsi jugé en matière d'interdiction. Trib. Seine, 27 juin 1857 (Art. 997 J. Pr.).

Art. 2. — *De l'incompétence à raison de la matière.*

56. Lorsque le trib. est incompétent à raison de la matière, le renvoi peut être demandé, en tout état de cause, par toutes les parties. C. pr. 170. — Et si le renvoi n'est pas demandé, le trib. est tenu de renvoyer d'office devant qui de droit. *Ib.*

57. *En tout état de cause.* Le renvoi est valablement proposé : 1° après un jugement préparatoire, provisoire, ou interlocutoire. — Mais, après le jugement définitif, le trib., étant dessaisi du litige, ne peut plus renvoyer les parties. Celui qui a été incompétemment jugé a seulement le droit de se pourvoir devant le trib. supérieur. Pigeau, *Comm.*, art. 170.

2° En appel ou en cassation, même pour la première fois. Cass. 25 prair. 1807, S. 7, 257; Turin, 18 janv. 1808; Nîmes, 6 mai 1809, S. 10, 109; Cass. 26 nov. 1810, S. 11, 85; 5 janv. 1829, D. 29, 91; Bruxelles, 19 nov. 1825; Berriat, 224.

Jugé cependant que celui qui a pris la qualité de négociant, dans l'instance, ne peut opposer en appel l'incompétence du trib. de comm., en soutenant qu'il n'était pas commerçant. Paris, 11 germ. an 11; Bourges, 25 déc. 1831. — Ni s'en faire un moyen de cassation. Cass. 7 mars 1821, S. 22, 272.

58. *Par les parties.* Le renvoi est valablement proposé par celui-là même qui a saisi le trib. Cass. 23 juill. 1807, S. 7, 2, 257.

Jugé toutefois qu'il ne peut proposer le renvoi en appel (Paris, 24 mars 1820, D. 52, 1, 75) — ou en cassation, quand d'après les conclusions par lui prises dans l'instance, sa demande rentrait dans la juridiction du trib. saisi. Cass. 2 juill. 1833, D. 33, 313.

39. A défaut des parties, il doit l'être par le ministère public. Pigeau, *Comm.*, art. 170. — Si le trib. rejette le déclinatoire proposé par le ministère public, en matière administrative, ce dernier doit en avertir les préfets, afin de les mettre en demeure d'élever le *conflit*. — V. ce mot.

40. *Par le tribunal d'office.* Si le renvoi n'est proposé ni par les parties, ni par le ministère public, le trib. est tenu de le prononcer d'office. Cass. 25 mars 1823, S. 24, 138. — Même après l'exécution d'un jugement interlocutoire. Limoges, 21 nov. 1835 (Art. 976 J. Pr.).

Mais, dans ce cas, il ne peut pas condamner le demandeur aux frais envers le défendeur : ce serait juger *ultrà petita*. Pigeau, *ib*. — Le défendeur doit d'ailleurs s'imputer de n'avoir pas opposé l'exception dès le principe ; ce qui eût arrêté dès lors la procédure. Rennes, 26 déc. 1812, P. 10, 922 ; Carré, n° 725.

§ 2. — *De la connexité.*

41. La *connexité* est le rapport et la liaison existant entre plusieurs affaires qui demandent à être décidées par un seul et même jugement. Merlin, Rép. v° *Connexité* ; Carré, art. 171.

42. La loi ne détermine pas d'une manière précise ce qui constitue la connexité ; cette appréciation est tout entière dans le domaine du juge. Mais il doit se montrer très circonspect à l'admettre, parce que, s'il importe d'éviter la pluralité et la contrariété des jugemens, on doit craindre de distraire une partie de ses juges naturels. Pour décider qu'il y a connexité entre deux affaires, il est donc indispensable qu'elles soient liées par un rapport intime et nécessaire. Cass. 1er juill. 1817, S. 17, 315 ; Favard, v° *Exception*, § 2, n° 9 et 10.

43. Il faut en outre que la demande formée devant le second trib. l'ait été entre les mêmes parties. Rennes, 18 nov. 1814, P. 12, 452 ; Carré, *ib*. — Toutefois, le renvoi peut être ordonné à la requête du demandeur, bien que la demande soit dirigée contre des personnes et pour des objets différens, si les exceptions des deux défendeurs tendent au même but, et constituent une double répétition de la même somme. Cass. 3 pluv. an 10. D. 602.

44. D'après ces principes, on doit réputer connexes : 1° les demandes principales et les demandes accessoires. Cass. 21 juin 1820, S. 20, 418.

2° L'action réelle sur le mérite d'une inscription hypothécaire, et l'action personnelle sur la validité d'une saisie mobilière, si les deux procès reposent sur le même titre, et si le défendeur oppose la même exception de libération. Cass. 20 août 1817, S. 17, 311.

3° La demande en validité d'une inscription, et celle en radiation de cette inscription, surtout si elles reposent toutes deux sur les mêmes titres. Cass. 5 mai 1820, S. 29, 248.

4° La demande en main-levée partielle d'une saisie-arrêt, et celle en paiement intégral des causes de la saisie. Cass. 1er juill. 1823, S. 24, 212.

5° L'action en nullité de saisie immobilière intentée contre le créancier qui a fait saisir sur le cohéritier son débiteur personnel l'immeuble que les héritiers prétendent appartenir par indivis à la succession, et que le créancier soutient être la propriété exclusive de son débiteur, et la demande en partage de cette succession. Cass. 22 juill. 1822, S. 22, 436.

6° L'opposition formée devant un trib. de comm. à une ordonnance d'*exequatur*, rendue par le président de ce trib. sur une décision arbitrale entre associés, et l'instance engagée devant un trib. civ. sur la validité d'offres faites en exécution de cette ordonnance. Paris, 25 oct. 1811, S 14, 345.

7° Les deux faillites de deux maisons de commerce, entre lesquelles il existe une société en participation. Cass. 30 déc. 1811, S. 12, 166.

8° La demande en paiement de billets appartenant à un failli, et celle précédemment formée en homologation du contrat d'union des créanciers. — En conséquence, la première, quoique personnelle, peut être portée devant le trib. saisi de la seconde, encore que ce trib. ne soit pas celui du domicile des défendeurs. Cass. 8 avr. 1807, D. 602.

De même encore lorsque, sur une demande en dissolution de société pendante devant les arbitres par suite de renvoi du trib. de comm., la partie assignée reconnaît la dissolution de la société, mais prétend en même temps qu'à cette société a été substituée une société en participation, dont elle offre de prouver les conditions, les arbitres peuvent connaître de cette prétention, comme formant une demande connexe à celle en dissolution de la société. Cass. 30 avr. 1828, S. 28, 418. — V. *Arbitrage*.

45. Au contraire, ne sont pas connexes : 1° la demande en résiliation, pour inexécution, d'un contrat de rente viagère, et celle en expropriation de l'immeuble affecté à l'exécution du contrat, si le défendeur ne justifie pas que ses moyens de défenses soient identiques dans les deux affaires. Cass. 4 juin 1817, S. 17, 284.

2° L'action en diminution du prix du bail pour éviction soufferte par le preneur, et celle en nullité du bail pour incapacité du bailleur. Cass. 5 juill. 1810, S. 14, 156.

3° L'action à fin de nantissement et privilége sur des marchandises saisies, et l'instance en distribution du prix de ces mêmes marchandises. Cass. 21 juin 1810. — *Contrà*, Cass. 21 juin 1820, S. 20, 418.

4° La vente par licitation des immeubles, provoquée par les créanciers devant le trib. de la succession, et les poursuites en expropriation, formées par le créancier hypothécaire du défunt. Ce créancier peut toujours agir dans le ressort de la situation des immeubles. Cass. 29 sept. 1807, S. 8, 83.

5° Les contestations relatives à la liquidation d'une société, et la demande formée plus tard en déclaration de la faillite de cette société. — En conséquence, cette dernière demande n'a pas besoin d'être portée devant le trib. chargé de la liquidation de la société. Cass. 14 janv. 1829, S. 29, 69.

6° La demande de dommages-intérêts contre des officiers ministériels pour procédures frustratoires, et la prise à partie contre le juge qui a favorisé ces actes tortionnaires. Cass. 25 août 1825, S. 26, 181 ; 25 avr. 1827, S. 27, 415.

7° L'appel d'un jugement qui a rejeté, pour vice de forme, la demande en paiement formée contre un comptable, et la demande en apurement du compte présenté par le comptable. Les juges saisis de cette seconde demande ne sont pas obligés de surseoir à statuer jusqu'à la prononciation de l'arrêt. Paris, 6 juill. 1830, S. 30, 350.

46. Un demandeur ne peut pas se donner plusieurs adversaires pour avoir occasion de distraire le défendeur principal de ses juges naturels : en ce cas, c'est devant le juge de ce dernier que la cause doit être renvoyée. Cass. 5 juill. 1808, S. 8, 24.

47. La connexité produit plusieurs effets :

1° Le demandeur peut porter sa demande devant un trib. autre que celui du domicile du défendeur, lorsqu'elle est connexe à une demande déjà formée devant cet autre trib. L'art. 171 C. pr. semble, il est vrai, n'attribuer qu'au défendeur le bénéfice de cette exception ; mais le but de la loi a été d'éviter la contrariété des jugemeus, et le demandeur a également intérêt à ne pas plaider devant deux trib. différens. Cass. 8 avr. 1807, S. 7, 359 ; Carré, n° 729 ; Favard, *hoc* v°, § 2, n° 9.

48. 2° Lorsque le demandeur a agi devant deux trib. différens, il peut y avoir lieu, de la part du défendeur, à provoquer un *règlement de juges*. Cass. 20 août 1817, S. 17, 311. — V. ce mot.

49. 3° Enfin, le renvoi *peut* être demandé et ordonné. C. pr. 171.

50. Il ne faut pas induire de ces mots *peut* être demandé et ordonné, qu'il y ait faculté pour les trib. de refuser le renvoi, lorsqu'il y a preuve de connexité, ils sont tenus de l'ordonner. Berriat, 765 ; — quand même le premier trib. saisi est manifestement incompétent : le second trib. ne peut refuser le renvoi. — V. *inf.* n° 68.

51. Le renvoi ne peut être demandé , si les instances connexes sont pendantes en deux degrés de juridiction différens : par exemple, l'une en première instance , et l'autre en appel. Cass. 14 juin 1815, S. 16, 270.

52. Mais, lorsque sur deux chefs de demande distincts il y a eu jugement définitif sur l'un , et préparatoire sur l'autre , les juges d'appel peuvent statuer conjointement sur les deux chefs, s'ils sont connexes, et si toutes les parties y ont conclu , encore que l'appel ne soit dirigé que contre la décision définitive. Cass. 16 août 1820, S. 21, 105.

55. Le renvoi doit toujours être demandé devant le trib. qu'on veut dessaisir. Cass. 7 juin 1810, S. 10, 270; Pigeau, 1, 206 ; Carré, n° 726. — En conséquence, celui qui est cité devant un juge de paix ne peut demander à la C. roy. l'évocation de la cause, comme étant connexe à une autre affaire dont elle est saisie. *Même arrêt.*

54. Quand deux demandes connexes sont portées devant le même trib., il y a lieu simplement à la jonction des deux causes. Si elles sont toutes deux en état, on les décide par un seul et même jugement ; sinon le trib. examine d'abord celle qui est préjudicielle à l'autre, et disjoint cette dernière pour y être fait droit séparément. Pigeau, 1, 206.

Si l'affaire est portée à une section différente du même trib. il y a lieu à demander le renvoi à la section saisie la première. Favard, v° *Exception*, § 2, n° 9.— V. *inf.* n° 57.

Ce renvoi d'après l'art. 63, règl. 30 mars 1808, doit être prononcé par le président. — Mais dans l'usage on demande à l'audience le renvoi à la distribution.

55. La disjonction peut-elle être prononcée d'office ? — L'affirmative résulte de ce que le juge peut, d'office, ordonner tous les actes , et prendre toutes les mesures qui lui paraissent nécessaires. Il peut donc disjoindre les instances, quand l'une des demandes lui semble avoir besoin de plus grands éclaircissemens. Vainement on argumente *à contrario* de l'art. 184, qui permet au demandeur originaire de faire juger séparément sa demande et celle en garantie : si la loi donne au demandeur le droit de requérir la disjonction des causes, il n'en résulte pas qu'elle refuse au juge le pouvoir de la prononcer d'office. Rodier, 5ᵉ *quest.* tit. 8 de l'Ordonn. ; Berriat, 252, note 66. — *Contrà,* Carré, art. 184.

56. L'exception de connexité est-elle proposable en tout état de cause? — Le doute naît de ce que la loi n'exige pas en termes formels, comme pour l'incompétence, qu'elle soit présentée *in limine litis*, et de ce que l'exception fondée sur l'inconvénient des jugemens contraires intéresse sous certains rapports l'ordre public. On ajoute que la connexité peut ne se révéler qu'aux débats, et que le demandeur n'a point intérêt à faire discuter l'affaire devant deux trib. différens. Toutefois, nous pensons qu'elle doit être soumise aux mêmes règles que l'incompétence personnelle. (— V. *sup.* n° 29 et suiv.). Vainement on objecte que l'intérêt général ne permet pas que l'on puisse rendre deux jugemens différens sur le même objet : cet inconvénient ne saurait faire fléchir le principe. D'ailleurs, on peut demander à l'un des trib. de surseoir à prononcer jusqu'à ce que l'autre ait statué définitivement; enfin, l'art. 427 C. pr. exige expressément qu'il en soit ainsi en matière commerciale, et il y a mêmes motifs de décider en matière civile. Cass. 27 avr. 1837 (Art. 954 J. Pr.); Merlin, *Rép.*, v° *Compte*, § 1; Delaporte, 1, 175. — *Contrà*, Carré, n° 732; Thomine, art. 171; Boncenne, 249; Boitard, 2, 59. — Favard pense que la connexité peut être prononcée d'office, sauf à mettre les frais frustratoires à la charge du demandeur.

57. La connaissance des deux affaires connexes appartient en général au trib. premier saisi. Cass. 6 avr. 1808, S. 8, 241; 5 juill. 1808, S. 8, 241 ; 7 juin 1810, S. 10, 270 ; Favard, v° *Exception*, § 2, n° 8.

58. Cette règle souffre exception, 1° dans le cas où la loi a attribué à certains trib. une juridiction spéciale, relativement à l'objet de la contestation. Carré, n° 730. — Ainsi, les difficultés élevées sur l'arrestation d'un débiteur ne peuvent, sous prétexte de connexité, être portées devant un trib. autre que celui du lieu où s'est faite l'arrestation. — V. *Emprisonnement*, n° 262.

59. 2° Lorsque la demande formée devant le premier trib. n'est que l'accessoire de l'autre : les deux affaires doivent être renvoyées devant le trib. où la demande principale est pendante. Cass. 21 juin 1820, S. 20, 418.

60. Il a même été jugé que si plusieurs actions réelles ont été portées devant plusieurs trib., la juridiction sur les deux demandes peut être attribuée exclusivement au trib. dans le ressort duquel est située la majeure partie des biens litigieux; dans l'espèce, ce trib. était le premier saisi. Cass. 27 avr. 1811, S. 20, 453.

61. Mais la compétence sur la demande principale n'emporte attribution de juridiction sur les questions incidentes qu'à l'égard des trib. ordinaires. En conséquence un *tribunal de com-*

merce ne peut juger une question incidente qui est hors de sa compétence, encore qu'elle constitue un moyen de défense dans un procès dont il est saisi. Cass. 28 mai 1811, S. 11, 264. — V. ce mot.

62. L'action qui comprend des chefs de demande attribués au juge de paix, et d'autres réservés au trib. d'arrondissement, mais tous dérivant du même titre, doit être portée devant le trib.: il ne peut scinder la demande, et doit prononcer sur tous les chefs. Paris, 8 août 1807, S. 14, 109.

§ 5. — *De la litispendance.*

63. Il y a litispendance (*lis, pendere*) toutes les fois que deux demandes sont formées sur le même objet, pour la même cause, entre les mêmes parties, devant deux trib. différens.

64. *Deux demandes.* Pour constituer la litispendance, il faut qu'il y ait demande judiciaire, c'est-à-dire assignation. — Il ne suffirait pas d'une citation en *conciliation*. Paris, 7 niv. an 12, S. 4, 716. — Mais la *contestation en cause* (— V. ce mot) n'est pas nécessaire. Parl. Douai, 2 déc. 1785; Merlin, *Qu. dr.* v *Litispendance.*

65. *Sur le même objet, pour la même cause.* Il n'y a pas litispendance lorsqu'une demande en nullité d'un testament est formée pendant que le légataire est en instance à fin de délivrance de son legs, si la validité du testament n'est pas contestée dans cette instance. Montpellier, 4 mars 1824, D. 600.

66. *Devant deux tribunaux différens.* Si deux demandes sont formées entre les mêmes parties et pour la même cause devant le même trib., il y a lieu d'en demander la jonction.

67. L'étranger peut-il proposer devant les trib. français l'exception de litispendance, quand la même demande existe déjà devant un trib. étranger?—V. *Étranger*, nᵒˢ 15 et 18.

68. En cas de litispendance, les parties peuvent demander, et le trib. doit prononcer le renvoi devant le trib. qui a été le premier saisi. C. pr. 171; Cass. 25 déc. 1807, S. 9, 67. — Bien que celui-ci fût manifestement incompétent, sauf à ce trib., après le renvoi prononcé devant lui pour cause de litispendance, à accueillir l'exception, si elle est proposée : lui seul en effet a mission de statuer sur sa propre compétence. Boncenne, 221 ; Boitard, 2, 35.—*Contrà*, Dalloz, 597, qui pense que le second trib., s'il est compétent, peut retenir la cause.

69. Quand deux trib. civils, ou un trib. civil et un trib. administratif veulent retenir la connaissance d'une même cause, ou lorsqu'ils refusent également de la juger, il y a lieu à la procédure du *règlement de juges* ou du *conflit.*—V. ces mots.

70. La litispendance est au surplus soumise à toutes les règles établies pour la connexité.—V. *sup.* § 2.

Elle ne peut être proposée après la demande en nullité de l'exploit pour vice de forme. Cass. 14 oct. 1806, D. 598.

Les parties peuvent, en cas de litispendance ou de connexité, prendre, si elles le préfèrent, la voie du *règlement de juges*. — Cette voie devient nécessaire lorsque les deux trib. saisis en même temps se déclarent l'un et l'autre compétens, et qu'ils ne sont pas du ressort de la même C. roy. *Ib.* — Si les trib. sont du même ressort, la question de compétence peut être vidée par la voie d'appel. Boncenne, 222.

§ 4. — *Procédure et jugement des déclinatoires.*

71. Toute demande en renvoi est présentée, à l'audience en matière sommaire, et par requête en matière ordinaire. Pigeau, 1, 208.—Cette requête, ainsi que celle signifiée en défense, ne peut excéder six rôles, Tar. 75.

72. Dans tous les cas, l'exception est jugée sommairement (art. 51, 127), c'est-à-dire avec célérité : car si l'affaire n'est pas sommaire, les dépens sont taxés comme en matière ordinaire : aussi l'art. 75 tar. qui fait mention de la requête dans laquelle l'exception de nullité ou le déclinatoire doit être présenté, n'est pas placé au ch. 1er, *Des affaires sommaires*, mais au ch. 2, *Des affaires ordinaires*. Paris, 25 mai 1808, S. 8, 262. — V. *Sommaires*.

73. Le trib. doit statuer expressément sur le déclinatoire présenté par l'une des parties. Cass. 12 germ. an 9, S. 1, 2, 304.

74. Doit-il le faire sur-le-champ? — Oui, si les parties sont d'accord sur le lieu de la situation de la chose contentieuse ou sur le domicile du défendeur, sauf le droit du trib. de remettre à une prochaine audience pour prononcer le jugement.—Mais si la situation de l'objet litigieux, ou le domicile du défendeur sont contestés, le juge a le droit d'ordonner la preuve, même par témoins. Jousse, art. 3, tit. 6, ordonn. 1667 ; Carré, n° 734.

75. Peut-il, avant de statuer sur un déclinatoire, prononcer sur une demande en provision? — La négative semble résulter des termes de l'art. 169 C. pr., qui exige que le déclinatoire soit jugé préalablement à toutes autres exceptions ou défenses. N'est-ce pas là d'ailleurs faire un acte de juridiction? — Toutefois, la C. de cass. a adopté l'opinion contraire, en se fondant sur ce qu'il doit être prononcé en tout état de cause sur la demande en provision, lorsqu'il y a urgence. Cass. 20 avr. 1808, S. 8, 521.

76. La demande en renvoi ne doit être ni réservée, ni jointe au principal (C. pr. 172), — si ce n'est dans les cours souveraines, suivant la maxime : *en Cour souveraine, on plaide à toutes fins*. C. pr. 475; Rodier et Serpillon sur l'art. 5, tit. 6 de l'ordonn. de 1667 : Favard, v° *Exception*, § 2, n° 12.

77. Il suit de là 1° que le trib. ne peut, en rejetant le déclinatoire, statuer sur le fond par un seul et même jugement. — Pas même par deux dispositions distinctes. L'art. 172 est formel, et il acquiert une nouvelle force, quand on le compare à la disposition exceptionnelle de l'art. 425 C. pr. qui autorise les trib. de commerce à statuer par un seul jugement sur la compétence et sur le fond. Agen, 9 avr. 1810, P. 8, 241; Toulouse, 2 mai 1810, D. 594; Cass. 17 mai 1828, S. 29, 25; Carré, art. 172, n° 735; Boncenne, 255; Boitard, 2, 42.— *Contrà*, Berriat, n° 225, note 35.

On pourrait opposer les expressions générales d'un arrêt de la C. de cass. du 5 juill. 1809, S. 9, 409, portant qu'on ne trouve dans les art. 168, 169, 172, aucune disposition qui défende *aux tribunaux* de statuer sur le fond par le même jugement qui a préalablement rejeté la demande en renvoi devant un autre trib. — Mais il est à remarquer que, dans l'espèce, c'était une cour, et non un trib., qui avait décidé la compétence et le fond par un seul arrêt.—V. *sup.* n° 76.

78. Il y a plus, un délai de huitaine au moins devra s'écouler entre le jugement qui aura rejeté la demande en renvoi et l'audience à laquelle les parties viendront conclure et plaider sur le fond. Tout jugement qui statue sur une question de compétence, est en effet sujet à l'appel (C. pr. 454); or les jugemens susceptibles d'appel ne peuvent être exécutés dans la huitaine de la date de leur prononciation (C. pr. 450), et il est évident que plaider et faire rendre jugement sur le fond, c'est exécuter de la manière la plus complète le jugement qui rejette le déclinatoire, et qui décide par là même que le trib. connaîtra de l'affaire. Demiau, art. 172; Carré, n° 738; Boncenne, 255; Boitard, 29, 42.

On ne pourrait aussi plaider au fond qu'après la signification à avoué du jugement qui rejette l'exception. C. pr. 147.

Toutefois, devant plusieurs trib. on plaide au fond immédiatement après le jugement du déclinatoire.

79. Du reste, lors même que le trib. aurait le droit de rejeter l'exception, et de juger le fond par un seul et même jugement, comme en matière commerciale, il faudrait que le défendeur eût répondu, ou qu'il eût refusé de répondre sur le fond, après avoir été mis en demeure de le faire. Au premier cas, le jugement serait contradictoire sur tous les chefs; dans le second, il serait contradictoire sur le déclinatoire, et par défaut sur le fond. Cass. 7 mai 1828, S. 28, 529; Pigeau, *Comm.* art. 172; Carré, n. 736.

Ainsi dans tous les cas, lorsque le défendeur s'est borné à proposer un déclinatoire, le trib. ne peut, après avoir rejeté l'exception, adjuger de suite au demandeur ses conclusions. Cass. 12 niv. an 9, P. 2, 75.

La règle de l'art. 172 C. pr. souffre exception lorsque les conclusions tendantes à renvoi ne forment pas une véritable exception, et se confondent avec le fond sur lequel la partie a conclu subsidiairement. Cass. 27 avr. 1825, S. 26, 422.

80. Le juge de paix, devant lequel est proposé un déclinatoire, ordonne valablement, avant de statuer sur la demande en complainte portée devant lui, que les lieux contentieux seront vérifiés, afin de s'éclairer sur la question de compétence. Cass. 7 janv. 1829, S. 30, 212.

81. On ne peut se pourvoir contre le jugement qui a statué sur le déclinatoire et sur le fond que par les voies ordinaires d'appel, cassation, etc., et non par celles en règlement de juges devant la C. de cass. (C. pr. 425) ; cette dernière voie supposant nécessairement des contestations à juger ultérieurement. Cass. 21 niv. an 13, P. 4, 354; Pigeau, ib. — Mais il y a lieu, au contraire, au règlement de juges, quand le jugement a statué sur le déclinatoire seul. L'art. 19, tit. 2, ordonn. 1737, qui le décide ainsi, n'a point été abrogé par les art. 363 et suivans, qui sont seulement relatifs au cas où deux trib. sont saisis de la même demande. Cass. 30 juin 1807, P. 6, 181, et 15 juill. 1812, P. 10, 574.

82. Il y a lieu, à plus forte raison, à règlement de juges, lorsque le défendeur, en proposant le déclinatoire, a demandé à être renvoyé devant un trib. ressortissant d'une autre C. roy., si cette Cour saisie par lui surseoit jusqu'à ce qu'il ait été statué sur le conflit par l'autorité supérieure. Cass. 20 janv. 1818, S. 18, 214.

83. La C. roy. saisie, pour cause d'incompétence, de l'appel d'un jugement rendu en premier et dernier ressorts ne peut examiner que la question de savoir si les premiers juges étaient ou non compétens. Elle ne saurait annuler leur décision pour cause autre que l'incompétence. Cass. 22 juin 1812, S. 12, 368.

84. Lorsque le trib. s'est déclaré incompétent, M. Pigeau pense (*Comm.* art. 170) que la partie qui forme une nouvelle demande devant un autre trib. n'a pas besoin de libeller son exploit, et qu'il lui suffit de s'en référer aux conclusions par elle précédemment prises dans sa première demande. Il se fonde sur ce que cette demande reste dans l'instance en tant qu'elle interrompt la prescription (C. civ. 2246). — Toutefois, il est plus prudent d'observer toutes les conditions des exploits introductifs d'instance, et tel est l'usage. — V. *Ajournement.*

Section III. — *Des exceptions péremptoires.*

§ 1. — *Du défaut de préliminaire de conciliation.*

85. Le défaut de comparution, soit du demandeur, soit du défendeur, sur la citation en conciliation, peut être opposé par celui qui a comparu. — V. *Préliminaire de conciliation.*

86. L'exception tirée du défaut de préliminaire de *conciliation* doit-elle être présentée par le défendeur avant toute défense au fond? — V. *ib.*

§ 2. — *Des nullités.*

Art. — 1. — *Des diverses espèces de nullités.*

87. Les nullités sont absolues ou relatives, intrinsèques ou extrinsèques.

88. *Absolues.* Elles sont fondées sur des motifs d'ordre public. Telles sont celles résultant 1° de ce qu'un exploit a été fait par un homme sans caractère, ou par un huissier agissant hors de son ressort. — V. *Huissier.* — 2° De ce que l'assignation a été donnée devant un juge incompétent à raison de la matière.—V. *sup.* n° 56. — 5° De l'omission de quelques-unes des formalités prescrites pour les *actes respectueux.* Agen, 27 août 1829. — V. ce mot, n° 57. — De ce qu'on a compromis sur une question d'état. C. pr. 1004; Boncenne, 267. — V. d'ailleurs C. civ. 686, 1129, 1150; *Appel,* n° 100 à 102; *Interdiction, Mineur.*

89. *Relatives.* Elles sont uniquement introduites dans l'intérêt des parties. Telles sont les nullités d'exploits et d'actes de procédure en général. — V. *inf.* n° 99.

90. *Intrinsèques.* Ce sont celles qui s'aperçoivent à la seule inspection de l'acte. De ce nombre est l'omission des noms, profession et domicile du demandeur.

Il suffit que la nullité puisse être vue sur l'original pour qu'elle soit réputée intrinsèque : telle est la nullité provenant de ce qu'un exploit n'a pas été enregistré. Arg. Cass. 24 mai 1811, S. 12, 72.

91. *Extrinsèques.* Elles s'aperçoivent en dehors de l'acte : telles sont celles qui proviennent de l'incapacité d'agir du demandeur, ou de l'incapacité de se défendre du défendeur. Pigeau, *Comm.* art. 175. — Elles constituent de véritables exceptions péremptoires du fond. Cass. 18 nov. 1815, S. 14, 25; Riom, 26 mai 1848, S. 20, 6; Pigeau, *ib.*

L'incapacité du demandeur peut résulter de ce qu'il ne prouve pas la transmission de son droit, de ce que le titre qui sert de fondement à son action est nul, de ce que, ayant à opter entre plusieurs actions, il a fait cette option. Pigeau, 1, 199, 595.

92. Ces distinctions sont importantes sous plusieurs rapports. — V. *inf.* art. 2 et 3.

Art. 2. — *Par qui les nullités peuvent être proposées et prononcées.*

93. *Nullités absolues.* Ces nullités peuvent être proposées par toute personne. — Les trib. doivent même les prononcer d'office.

94. *Nullités relatives.* Ces nullités ne peuvent être proposées que par ceux dans l'intérêt desquels elles ont été introduites.

Les trib. ne sauraient les prononcer d'office.

Quid, lorsque le défendeur fait défaut? — V. *Jugement par défaut.*

95. Un trib. peut-il remettre à statuer sur les nullités qui lui sont proposées, en même temps que sur le fond. — Carré, 1, 461, et Favard, *Rép.*, v° *Exception*, § 3, n° 3, enseignent la négative par arg. de l'art. 172 C. pr. (— V. *Renvoi*). Ces auteurs pensent qu'il est inutile de se livrer à l'examen du fond, puisqu'il peut s'évanouir devant un moyen de nullité. — M. Dalloz, p. 609, pense, au contraire, qu'on ne peut étendre l'art. 172 qui n'est relatif qu'aux exceptions de renvoi. Nous distinguons : — Si les parties ont respectivement conclu à toutes fins, d'abord à la nullité, et subsidiairement sur le fond, le trib. peut statuer sur le tout par un seul jugement. Cass. 31 janv. 1821, D. 619.

Mais, dans le cas contraire, l'incident ne peut être joint au principal.

Jugé que le trib. de comm. qui annule l'exploit introductif d'instance ne peut statuer par le même jugement sur le fond. Paris, 19 déc. 1812, P. 10, 905.

Art. 3. — *Des actes qui couvrent les nullités.*

96. *Nullités absolues.* Elles peuvent être proposées en tout état de cause (même pour la première fois, devant la C. de *cassation.* — V. ce mot, n° 135 à 138 ; *Moyen nouveau*) : l'art. 173 C. pr. s'applique aux nullités de forme contenues dans les exploits ou *autres actes de procédure*, et non à celles qui tiennent au fond et à la substance d'un acte. Bordeaux, 1er mars 1826, D. 26, 145.

Les nullités absolues ne sont point couvertes par le consentement exprès ou tacite des parties, si ce n'est lorsque leur acquiescement résulte de leur silence pendant le temps accordé pour attaquer les actes et jugemens. — V. *Acquiescement*, n° 7.

97. Ainsi peuvent être opposées, en tout état de cause, les nullités provenant : — 1° De la tardiveté du recours exercé contre les endosseurs par le porteur d'une lettre de change. Cass.

29 juin 1819, S. 19, 434; 28 mars 1832, D. 52, 145. —
V. *Effet de commerce.*

2° De la non idonéité de la caution en matière de *surenchère.*
— V. ce mot.

5° De l'expiration du délai accordé pour une action en désaveu, ou pour une contestation de la légitimité d'un enfant.
Agen, 28 mai 1821, S. 22, 548.

L'appelant auquel on oppose que son appel est tardif, peut
invoquer le défaut de signification du jugement dont est appel,
quoiqu'il ait d'abord négligé de s'en prévaloir. Rennes, 5 avr.
1814, P. 12, 171.

La nullité provenant de l'exécution d'un jugement de *séparation de biens* est-elle proposable en tout état de cause? — V. ce
mot.

98. *Nullités extrinsèques.* Elles sont soumises aux mêmes
règles que les nullités absolues.—V. *sup.* n° 96.

Ainsi l'exception tirée du défaut de qualité peut être présen-
tée en tout état de cause, même en appel. Cass. 21 vend. an 11.
P. 5, 18; 4 avr. 1810, S. 10, 248; 1er mai 1815, S. 15, 277;
Brx elles, 10 juill. 1825; Bordeaux, 16 mars 1827, S. 28,
49; 25 juill. 1850; 27 juin 1855; Amiens, 15 juill. 1816;
Besançon, 10 janv. 1820; 50 juin, 6 août 1828; 51 août 1851;
11 avr. 1855, D. 55, 175; Paris, 25 mai 1855 (Art. 147 J.
Pr.); Trèves, 13 déc. 1811; Orléans, 29 mars 1815; 19 mai
1819; Aix, 27 janv. 1825, S. 25, 548; Liège, 24 déc. 1828.
— *Contrà,* Cass. 15 mars 1808, P. 6, 559. — Ce dernier arrêt
a été rendu dans une espèce où il s'agissait non du défaut de
qualité du demandeur, mais des défendeurs. — V. toutefois
Action, n° 76.

La partie qui dans le cours de l'instance a reconnu la qualité
de son adversaire ne peut revenir sur cette reconnaissance, à
moins de prouver qu'elle est le fruit de la fraude. Bordeaux,
25 août 1832.

99. *Nullités relatives.* Ces nullités doivent être proposées avant
toute défense au fond, ou exception autre que les exceptions
d'incompétence (C. pr. 175), ou de caution du jugé. Metz, 28
avr. 1820, S. 21, 547. — V. *sup.* n° 14.

100. Elles sont couvertes par la renonciation expresse ou
tacite des parties. Pigeau, 1, 210. — *Acquiescement, Désistement.*

Cette renonciation s'induit de tous les actes par lesquels on
présente une exception autre que celle d'incompétence ou de
caution du jugé, ou qui ont, soit directement, soit indirectement, trait à une défense au fond.

101. En conséquence, aucune nullité d'exploits ou d'actes
de procédure ne peut être proposée : — 1° après la demande

d'un délai pour appeler garant. Boncenne, 296 (— V. toutefois *Garantie*). — 2° après une demande en communication de pièces. Cass. 30 janv. 1810, P. 8, 70 ; Rennes, 17 juin 1817 ; Orléans, 15 nov. 1820 ; Colmar, 5 janv. 1821, D. 618 ; Bourges, 50 mars 1829, D. 31, 170 ; 25 fév. 1834, D. 34, 100 ; Boncenne, *ib.*

Peu importe que cette communication ne soit pas obtenue. Rennes, 25 sept. 1815, D. 632.

Toutefois, il en est autrement, si la pièce, dont la communication est demandée, ne tient pas au fond.

Ainsi, il a été jugé 1° que la demande en communication, que le défendeur fait sous toutes réserves, de l'original de l'exploit, ne couvre pas les nullités de cet acte, Cette communication ayant pour objet de faire connaître au défendeur les vices de l'original, et de le mettre à même de pouvoir les opposer. Agen, 4 avr. 1810, P. 8, 227 ; Liège, 31 juill. 1811, P. 9, 509. — V. d'ailleurs *sup.* n° 54-4°.

2° Qu'on ne peut regarder comme défense au fond une communication de pièces faite officieusement et sous la réserve de ses droits. Orléans, 19 juin 1819, D. 32, 195.

102. Les défenses au fond couvrent les nullités de l'assignation et même de la citation en conciliation. Cass. 6 vend. an 11 ; 7 mai 1835, 27 nov. 1837 (Art. 54 et 1039 J. Pr.).— Elles couvriraient même la nullité provenant de l'omission *du parlant à*. L'art. 175 ne distingue pas ; en vain dirait-on que cette formalité, devant être mentionnée dans l'acte, est substantielle, car toutes celles auxquelles l'art. 61 assujettit les exploits, doivent s'y trouver également constatées. Dalloz, v° *Exception*, n° 26.— *Contrà*, motif: Cass. 24 déc. 1811, S. 12, 147.

On a déclaré couverte, par la défense au fond, la nullité résultant : — du défaut de date d'un contredit dans un procès-verbal d'*ordre*. Limoges, 3 juill. 1824, D. 9, 305 ; — du défaut de commandement préalable au saisi, en cas de saisie-exécution. — Besançon, 50 mai 1828, D. 29, 110. — V. ces mots et d'ailleurs *paiement, saisie-immobilière, séparation de corps*.

105. Par *défense au fond*, il faut entendre non seulement les défenses signifiées, mais encore les conclusions posées à l'audience. Cass. 10 janv. 1810, P. 8, 20.

On considérerait comme telle, les offres réelles faites par le défendeur. Riom, 21 janv. 1832, D. 53, 196.

Les conclusions seules et non les motifs qui les précèdent, servent à décider si on a conclu au fond. Toulouse, 9 fév. 1828, D. 29, 95.

La comparution volontaire des parties devant les arbitres sur les lieux contentieux, couvre l'irrégularité du mode de nomination d'un tiers arbitre. Cass. 17 janv. 1826, D. 26, 120 ;

Bordeaux, 9 mars 1830, S. 30, 372. — V. d'ailleurs *Arbitre*, nᵒˢ 272, 350 ; *Délibéré*, nᵒˢ 12 et 13 ; *Enquête*, nᵒˢ 53, 155, 333 à 342 ; *Expertise*, nᵒˢ 17, 72.

104. Des réserves conçues en termes vagues n'empêchent pas que la nullité soit couverte. Bruxelles, 5 juin 1807 ; Paris, 19 août 1808, S. 9, 11 ; Rennes, 2 juin 1808 et 31 juill. 1810 ; Paris, 27 août 1807 ; Favard, 2, 461 ; Pigeau, *Comm.* 1, 395, Carré, nᵒ 740. — La partie doit, avant de conclure au fond, proposer d'une manière précise ses moyens de nullité, au lieu de se borner à faire des réserves d'une manière générale de toutes les nullités d'exploits. — V. *Enquête*, nᵒ 338 à 342.

A plus forte raison, un trib. n'est-il pas autorisé à annuler un exploit d'ajournement, lorsque le défendeur s'est borné à conclure au débouté de la demande tant par la nullité qu'autrement : car, d'un côté, en concluant au débouté de la demande, la partie conclut au fond ; et, d'un autre côté, la nullité n'est pas suffisamment précisée. Rennes, 31 juill. 1810, P. 8, 499 ; Merlin, *Quest. dr.*, vᵒ *Cassation*, § 37.

105. Tous les actes qui ne sont pas incompatibles avec l'intention de proposer une nullité, ne doivent pas faire supposer qu'on y ait renoncé.

Ainsi la nullité n'est pas couverte,

1ᵒ Par la présentation des moyens du fond, devant le bureau de conciliation : les bureaux de paix sont institués pour se concilier, et non pour se surprendre : les actes qui s'y font sont en dehors de l'action, et ne peuvent empêcher d'invoquer en justice les exceptions, fins de non recevoir, et moyens de droit auxquels il n'a point été formellement renoncé. Rouen, 6 pluv. ; Cass. 6 niv. an 13, P. 4, 556.

2ᵒ Par la constitution d'avoué : le défendeur est en effet contraint d'employer le ministère d'un avoué pour proposer la nullité. Cass. 28 oct. 1811, S. 12, 165 ; Bruxelles, 4 avr. 1807, S. 7, 271 ; Colmar, 26 janv. 1816, S. 16, 207 ; Cass. 17 nov. 1825, S. 24, 66 ; Lyon, 17 janv. 1827, S. 31, 1, 345 ; Pau, 27 mai 1831 (Art. 64 J. Pr.) ; Pigeau, *Comm.*, art. 173 ; Carré, 1, 456 ; Berriat, 220. — V. *Ajournement*, nᵒ 22. — Décisions analogues pour le cas où l'exploit n'avait pas été remis au véritable domicile et dans le délai. Cass. 25 vend. an 12, D. 7, 807 ; Boitard, 2, 49 ; — Ou bien à des héritiers collectivement au domicile du défunt. Cass. 7 mai 1818, S. 19, 125 ; — Surtout s'il y a des réserves expresses. Paris, 31 mars 1813, P. 11, 258. — V. toutefois *Ajournement*, nᵒ 33 ; *Exploit*, *Juge de paix*.

3ᵒ Par un avenir pour plaider : il n'en résulte aucune approbation de la demande. Bruxelles, 4 déc. 1807 ; Cass. 23 mai 1808, P. 6, 700 ; Carré, nᵒ 740. — *Contrà*, Colmar, 2 janv. 1818, S. 20, 180. — Dans l'espèce, la nullité provenait de l'omission de l'immatricule de l'huissier sur la copie, l'intimé n'avait fait aucune réserve et n'avait proposé la nullité, qu'à l'expiration du délai de l'appel, c'est-à-dire à une époque où elle ne pouvait plus être réparée.

4° Par de simples actes d'instruction destinés à régulariser la procédure, comme un acte de présentation de placet au greffe, et une sommation de donner copie de l'acte de comparution d'une autre partie en cause. Cass. 26 juill. 1808, D. 613, et 9 avr. 1809, D. 614; 9 janv. 1809, S. 9, 152; Limoges, 14 avr. 1813; Agen, 4 avr. 1810, S. 14, 281.

5° Par la sommation d'instruire, surtout lorsque les moyens de nullité ont été réservés dans l'acte. Angers, 27 juill. 1820.

6° Par la demande en jonction de profit du défaut : ce n'est encore là qu'un acte préalable pour mettre la cause en état. Poitiers, 10 mai 1814, P. 12, 202; Bourges, 30 août 1828, Carré, n° 623; Demiau, art. 173. — *Contrà*, Besançon, 15 nov. 1808; Rennes, 24 juill. 1811 et 22 avr. 1813, P. 11, 312.

7° Par l'opposition à un jugement par défaut, formée par acte extrajudiciaire, et non réitérée dans les délais : cette opposition n'est pas une défense au fond. Arg. C. pr. 161; Grenoble, 11 fév. 1813. — *Contrà*, Paris, 17 avr. 1809.

8° Par la production faite par le défendeur de l'exploit argué de nullité, la maxime *quod produco non reprobo* ne s'applique pas aux exploits d'huissiers. Cass. 22 brum. an 13, D. 611; 12 frim. an 14, P. 5, 61; Rouen, 11 déc. 1817.

9° Par l'appel. Agen, 6 juill. 1812, P. 10, 549. — V. d'ailleurs *Enquête*, n° 336.

106. On ne peut proposer pour la première fois en appel, 1° la nullité résultant du défaut de transcription du procès-verbal de non conciliation en tête de l'exploit. — V. *Préliminaire de conciliation*.

2° La nullité d'une enquête qui a eu lieu en première instance. Bruxelles, 8 août 1808, 17 janv. 1810; Colmar, 20 fév. 1811, P. 9, 121. — *Contrà*, Metz, 19 avr. 1811, P. 9, 270; Pigeau, *Comment.*, 1, 547. — Il en serait autrement, si l'enquête était nulle par défaut de pouvoir du juge-commissaire, cette nullité étant d'ordre public. Carré, *ib.* n° 746. — V. *Enquête*.

3° Celle résultant de ce que le *ministère public* n'a pas été entendu, si, devant la Cour, on n'a pas conclu expressément à l'annulation par ce motif, encore que l'observation en ait été faite par l'avocat. — V. ce mot.

4° Une nullité d'exploit non proposée en première instance. Cass. 6 oct. 1806, D. 611; 24 juin 1834, D. 34, 293.

107. Les nullités des exploits et actes de procédure d'appel sont couvertes de la même manière et par les mêmes moyens que celles des actes faits en première instance.

Ainsi, la nullité de l'acte d'appel est couverte, 1° par la signification sans réserves de l'acte tendant à communication des pièces. Pigeau, *Comment.*, 1, 399 ; Berriat, 220, note 10; Favard, 2, 464; Turin, 18 janv. 1809; Rouen, 9 déc. 1809; Cass. 30 janv. 1840; Besançon, 1er déc. 1818 ; Orléans, 15 nov. 1820; Rennes, 19 août 1807; 23 sept. 1815; Colmar, 5 janv. 1821. — Il en serait autrement si la partie avait fait des *réserves spéciales* dans l'acte tendant à communication, et si elle avait déjà pris, dans une requête, des conclusions formelles en nullité de l'assignation. Pau, 26 juill. 1809, P. 7, 743; Amiens, 30 nov. 1821. — V. *sup.* n° 101.

2° Par des conclusions au fond. — Mais non pas par de simples conclusions tendant à ce que l'appel soit déclaré non-recevable. Turin, 29 mars 1806, S. 9, 765. — *Contrà*, Nîmes, 28 fév. 1826, S. 27, 8.

Les conclusions, au fond, prises dans la requête d'opposition, couvrent la nullité de l'assignation, bien qu'elle ait été proposée d'abord avant l'arrêt par défaut obtenu par l'appelant. Paris, 5 août 1807, D. 7, 804; Rennes, 28 avr. 1814; Grenoble, 22 avr. 1815, P. 12, 690. — Mais non celles prises dans l'acte extrajudiciaire d'opposition, si la requête contenant le moyen de nullité vient les réformer. Orléans, 26 août 1812. — Elles couvrent aussi la nullité de la signification du jugement par défaut. Bourges, 28 avr. 1852 ; Limoges, 15 nov. 1811, S. 14, 85.

3° Par le placement de la cause, fait par l'intimé, au rôle des audiences solennelles. Il annonce par cela même l'intention de plaider les questions du fond, qui seules peuvent comporter cette solennité, et se rend non recevable à exciper de la nullité de l'acte d'appel. Aix, 2 déc. 1811, S. 15, 205. — Il en serait autrement du placement de la cause au rôle ordinaire. Liège, 23 nov. 1814, D. 754 ; Colmar, 26 janv. 1816, D. *ib.*—*Contrà*, Liège, 5 avr. 1810, D. 614. — Rendu dans une espèce où le défendeur avait soutenu qu'il avait qualité pour défendre sur l'appel.

4° Par l'obtention d'un arrêt par défaut sur les poursuites de l'intimé : peu importe que cet arrêt ait été plus tard rapporté sur l'opposition de l'appelant. Colmar, 22 fév. 1812, S. 14, 536 ; Paris, 27 fév. 1815. — *Contrà*, Bruxelles, 14 août 1808, P. 7, 87; Favard, 2, 465.

5° Par l'offre faite par l'intimé de fournir caution pour l'exécution du jugement malgré l'appel. Turin, 19 mars 1808, D. 7, 814.

6° Par la déclaration faite par l'intimé dans un acte d'avoué à avoué, qu'il poursuivrait l'exécution provisoire du jugement attaqué. Limoges, 15 mars 1816. — V. d'ailleurs *Acquiescement*, n° 55; *Appel*, n°s 108, 505, 511, 512, 595.

108. Mais l'intimé conserve le droit de proposer la nullité de l'acte d'appel : — quoiqu'il ait constitué avoué. Bruxelles, 4 déc. 1807, P. 6, 375. (— V. d'ailleurs *Ajournement*, n° 22; *Appel*, n° 185); — et provoqué une audience d'urgence, et donné avenir. *Même arrêt.* — Ou demandé la communication d'une pièce du procès, s'il a fait des réserves, sans conclure au fond. Pau, 26 juill. 1809, P. 7, 713. — V. *sup.* n° 105.

109. L'art. 173 s'applique aux instances en cassation.

Ainsi, la partie qui a défendu au fond est non recevable à se plaindre de ce qu'elle n'a pas reçu deux copies de l'arrêt d'admission, encore qu'elle ait figuré au procès en deux qualités distinctes. Cass. 21 juin 1815, P. 12, 776.

L'intervention du maire, dans l'instance en cassation, couvre la nullité tirée de ce que le pourvoi a été formé au nom collectif des habitans de la commune. *Même arrêt.*

110. La nullité, une fois proposée, ne peut pas être déclarée couverte, sous prétexte qu'elle n'a pas été indiquée par un acte spécial d'avoué à avoué : ce serait ajouter à l'art. 173. Cass. 6 nov. 1811, S. 12, 226.

111. La plaidoirie au fond, faite par l'avocat, ne couvre même pas la nullité proposée antérieurement par requête signifiée. Cass. 30 mai 1810, S. 10, 281; Carré, 1, 459; Favard, 2, 462. — V. *sup.* n° 33.

112. Sous l'ordonn. de 1667, les exceptions de nullité devaient être proposées conjointement. Cette disposition n'étant pas reproduite dans le C. pr., Pigeau, *Comm.* 1, 411, en conclut qu'on peut les proposer successivement. — *Contrà*, Arg. Paris, 27 nov. 1828; Carré, 1, 457; Demiau, 152; Berriat, 222.

113. La règle qui veut que les nullités soient proposées avant toute défense au fond, ne s'applique qu'aux exploits ou actes de procédure de l'instance dans laquelle les parties sont engagées : elle ne concerne pas les actes d'une autre instance qui sont produits incidemment. Caen, 15 juill. 1828, S. 30, 189.

La partie assignée en référé à un domicile qui n'est pas le sien, et qui a répondu à cette assignation sans opposer la nullité, peut proposer la même nullité, lorsqu'elle est assignée au même domicile devant le trib. pour le jugement du fond. Il y a en effet deux nullités, comme deux assignations différentes. Paris, 13 mess. an 12. — V. *sup.* n° 33.

114. La garantie est-elle couverte à l'égard des parties appelées en cause, par cela seul que le défendeur originaire a conclu au fond? — V. *Garantie.*

115. *Nullités intrinsèques.* Elles sont soumises aux mêmes règles que les nullités relatives.—V. *sup.* n° 99.

Toutefois, les nullités intrinsèques peuvent être proposées en tout état de cause, lorsque leur admission entraîne l'extinction de l'action. — Telles sont, en matière de contributions publiques, les nullités de forme des procès-verbaux : ils forment le fondement même de l'action, et conséquemment les vices dont ils sont infectés sont péremptoires de l'action. Cass. 10 avr. 1807 , S. 7, 46 ; 18 nov. 1815, P. 11, 774 ; Legraverend , 1, 254 ; Merlin, *Rép.* , v° *Procès-verbal*, § 4 , n° 15.

116. La fin de non recevoir résultant de l'acquiescement d'une partie à un jugement peut être opposée en tout état de cause. Rennes, 14 déc. 1810 ; Bruxelles, 1er mai 1811 ; Paris , 21 oct. 1815, P. 11, 731.—*Contrà*, Arg. Rennes, 27 juill. 1810, P. 8 , 492.

Section IV. — *Des exceptions dilatoires.*

§ 1. — *De la caution du jugé.*

117. On appelle *caution du jugé* ou caution *judicatum solvi* (—V. ce mot), celle que tout étranger demandeur principal ou intervenant est tenu de fournir pour la garantie des frais et dommages-intérêts auxquels il peut être condamné. C. pr. 166.

§ 2. — *Du délai pour faire inventaire et délibérer.*

118. L'héritier et la veuve séparée de biens, ont trois mois, du jour de l'ouverture de la succession ou dissolution de la communauté, pour faire inventaire , et quarante jours pour délibérer : si l'inventaire a été fait avant les trois mois, le délai de quarante jours court du jour où il a été achevé. C. pr. 174. — V. d'ailleurs *Inventaire.*

§ 3. — *Garantie.*

119. La garantie est *simple* ou *formelle*.
Quant aux délais, à la forme, et aux effets de la demande en *garantie,—V.* ce mot.

§ 4. — *De la communication de pièces.*

120. Les parties peuvent respectivement demander communication des pièces employées contre elles. C. pr. 188, 198, 524. — Même en matière correctionnelle ou criminelle. Cass. 14 mai 1835 (Art. 550 J. Pr.).—V. d'ailleurs *inf.*, n° 148.

121. Il en est autrement, en général , de celles qui n'ont été ni employées, ni signifiées : *Nemo tenetur edere contrà se.*

A moins qu'il ne s'agisse de pièces qui obligent respectivement les parties, tels que des *actes de partage*, et autres contrats synallagmatiques. Arg. C. pr. 480-10° ; Carré , n° 7 ; Favard, *Rép.*, v° *Exception* , § 5.—V. *Requête civile.*

Jugé que le négociant qui est assigné par un autre en paiement d'une somme dont il prétend s'être libéré entre les mains d'un tiers ayant mandat de recevoir pour le demandeur, peut demander la communication des pièces tendant à prouver le fait de la libération , encore que le demandeur n'en ait pas fait emploi. Bruxelles , 15 juin 1822, D. 7, 633.

122. Celui qui a reçu la signification d'une pièce , a néanmoins intérêt d'en demander communication , pour s'assurer si cette copie est exacte, et si la pièce n'est pas susceptible d'être arguée de faux. C. civ. 1334.

123. On ne peut , en général , exiger qu'une seule communication de la même pièce dans le même procès.

Toutefois, la communication faite en 1re inst. ne dispense pas de communiquer en appel (ou en cassation) : il est juste que ces pièces passent sous les yeux des nouveaux défenseurs de la partie. Berriat , p. 234, note 75 ; Lepage, p. 170 ; Favard , v° *Exception.*

Seulement la communication se fait aux frais du requérant , *encore qu'il ne succombe pas en définitive :* la partie a pu prendre copie des pièces lors de la première communication. Le tarif du 16 fév. 1807 n'établit aucune taxe pour les communications en appel contre la partie condamnée. Rouen, 9 déc. 1807 , P. 6, 378 ; Carré, 1, 494.—*Contrà.* Dalloz, 629.—Mais il est des circonstances qui exigent une seconde communication en appel : par exemple, s'il s'agit de plaider sur l'état matériel d'une pièce , les dépens doivent alors être joints au fond. Rouen, 24 déc. 1807; Chauveau, *Tarif,* 1, 247, n° 70.

124. *Quid,* si la pièce dont on demande communication a été égarée, et qu'il soit impossible de la communiquer en appel? —La preuve de cette perte doit être mise à la charge de la partie qui l'allègue. Au reste , le juge se décidera d'après les circonstances, et suivant l'influence que peut avoir dans la cause le défaut de communication. Carré , n° 790.

125. *Délai.* La communication doit être demandée dans les trois jours où les pièces ont été signifiées ou employées. C. pr. 188.

Ce délai ne court, à l'égard du défendeur , que du jour où il a constitué avoué , si les pièces sont signifiées ou employées dans l'exploit introductif d'instance : en effet, le défendeur a huitaine pour constituer avoué , et c'est son avoué qui doit demander la communication par un simple acte. Arg. C. pr. 75, 188. Dalloz, 629 ; Carré, art. 188.

126. Le délai de trois jours n'est point prescrit à peine de déchéance. Cass. 14 mai 1821, S. 21, 265.—Si cependant le retard n'était justifié par aucune cause légitime , et devait prolonger l'instance , les juges ordonneraient qu'il fût passé outre sans communication.

127. *Forme.* La communication de pièces se demande par un simple acte d'avoué à avoué. C. pr. 188.

Si elle est refusée, on peut la faire ordonner par jugement ; et si la partie qui invoque des pièces à l'appui de sa demande, ou de son exception, persiste à ne pas les communiquer, sa demande ou son exception est rejetée.

128. Lorsqu'une pièce décisive est employée pour la première fois, à l'audience, dans le cours de la plaidoirie, il n'est pas nécessaire d'en demander par écrit la communication ; le trib. doit remettre la cause, sur l'observation verbale de l'adversaire. Carré, art. 189. — Dans l'usage, aucune pièce n'est invoquée dans la plaidoirie, ou soumise aux juges, si elle n'a été préalablement signifiée ou communiquée.

129. La communication se fait entre avoués sur récépissés, ou par dépôt au greffe. C. pr. 189. — Au choix de celui qui doit faire la communication. Arg. C. civ. 1190. — Elle a nécessairement lieu par la voie du greffe, lorsque le dépôt ou la production des pièces a été ordonné.

130. Si le greffier du trib. où l'affaire est pendante se trouve partie dans la cause, son adversaire a le droit de s'opposer à ce que les pièces à communiquer soient déposées au greffe. Dans ce cas, on peut ordonner le dépôt au greffe de la justice de paix. Bruxelles, 1er mai 1817, D. 7, 652.

131. Lorsqu'il y a plusieurs défendeurs ayant des avoués différens, la communication ne doit être donnée, s'ils ont le même intérêt, qu'à l'avoué le plus ancien.

132. Quand la communication est faite à l'amiable, d'avoué à avoué, celui qui fait la communication dresse un bordereau ou état des pièces remises ; l'autre avoué appose son *récépissé* au bas, et s'oblige de rendre les pièces dans un delai fixé, ou à la première réquisition. Carré, art. 189. — V. *inf.* n° 136.

133. Lorsqu'elle a lieu par la voie du greffe, le greffier dresse un acte de dépôt, dont il est donné connaissance à l'adversaire par acte d'avoué à avoué.

134. La communication se fait avec ou sans déplacement (C. pr. 189). Dans le premier cas, l'avoué qui prend communication doit délivrer au greffier un récépissé daté. Arg. C. pr. 106.

Les pièces dont il n'y a pas minute (comme les actes en brevet, billets, etc.) ne peuvent être déplacées que du consentement des parties intéressées. C. pr. 189.

Habituellement les pièces déposées au greffe ne sont pas déplacées. — Cette voie de communication est employée le plus souvent lorsqu'on ne veut pas confier les pièces à l'avoué de son adversaire ; ou lorsqu'on se trouve obligé de les communiquer à plusieurs avoués en cause.

135. Si malgré le jugement qui lui ordonne de communiquer les pièces, la partie condamnée persistait dans son refus, les juges pourraient considérer les pièces invoquées comme non avenues. Si le défaut de communication est involontaire le trib. prononcera eu égard aux circonstances. Dalloz, p. 630 ; Carré, 1, 496.

156. *Restitution des pièces communiquées.* Les pièces prises en communication doivent être rendues dans le délai fixé par le récépissé de l'avoué, ou par le jugement qui a ordonné la communication. Si ce délai n'est pas fixé, il est de trois jours. C. pr. 190.

Le délai court, dans le premier cas, de la date du récépissé de l'avoué ; dans le second cas, du jour de la signification du jugement.

S'il n'est pas suffisant, le juge peut le proroger. Carré, art. 190, n° 793.

157. A défaut de rétablissement des pièces dans le délai, celui à qui elles appartiennent peut présenter ou une requête, ou même un simple mémoire signé par lui C. pr. 191. — La loi autorise ce dernier moyen, pour le cas où l'avoué refuserait de signer une requête contre son confrère.

Il convient de s'adresser d'abord à la chambre des avoués.

158. Sur la requête ou le mémoire à fin d'obtenir la remise des pièces, il est rendu une ordonnance portant que l'avoué sera contraint à ladite remise, incontinent et par corps, même à payer 5 fr. de dommages-intérêts à l'autre partie par chaque jour de retard, du jour de la signification de ladite ordonnance, outre les frais desdites requête et ordonnance, que l'avoué ne peut répéter contre son constituant. C. pr. 191.

159. Est-ce au président du trib. à prononcer seul la contrainte par corps ? — ou bien au trib. entier ? — V. *Emprisonnement*, n° 27.

140. La requête est signifiée à l'avoué retardataire avec l'ordonnance, et non pas séparément. Arg. Tar. 70 ; Pigeau, t. 1, p. 254.

141. La signification a lieu par un huissier commis par l'ordonnance. — Sinon, la partie est obligée d'en faire commettre un par le président du trib. en présentant une nouvelle requête.

142. L'avoué peut former opposition à l'ordonnance qui le condamne (C. pr. 192), et se faire relever de la condamnation, en justifiant de la remise des pièces, ou des motifs plausibles qui ont empêché cette remise.

Cette opposition se fait par requête, qui ne peut excéder deux rôles (Tar. 75.) — La réponse est également limitée à deux rôles de grosse. *Ib.*

L'incident sur l'opposition est réglé sommairement. Si l'avoué succombe, il est condamné *personnellement* aux dépens de l'incident, même en tels autres dommages-intérêts et peines, suivant les circonstances. C. pr. 191.

143. *Effets de la communication de pièces.* Dès qu'une pièce est communiquée, elle devient commune aux deux parties. Paris, 14 therm. an 10; Besançon, 12 avr. 1815, P. 12, 673; — et toute personne qui, après avoir produit dans un procès quelque titre, pièce ou mémoire, les soustrait d'une manière quelconque, encourt une amende. — V. *Abus de confiance*, 9 à 14.

144. La partie qui a intérêt à ne pas laisser retirer une pièce communiquée par la voie du greffe, soit parce qu'elle soupçonne que cette pièce est fausse ou altérée, soit parce qu'il s'agit d'un billet qu'elle prétend avoir acquitté, et qu'elle revendique, peut former opposition à la remise de cette pièce entre les mains du greffier dépositaire. Pigeau, 1, 254.

145. Si la communication a eu lieu entre avoués, l'avoué auquel un pareil titre a été communiqué peut, dans le même but, en faire le dépôt au greffe et s'opposer à la remise jusqu'à ce qu'il ait fait expliquer l'adversaire, conformément aux art. 215 et 216 C. pr., sur l'usage qu'il entend faire de ce titre : quelle que soit la réponse de celui-ci, un pareil dépôt a son utilité. S'il répond qu'il ne veut point se servir de la pièce communiquée, l'acte de dépôt reste une preuve matérielle et authentique de la communication, dont le seul fait peut démontrer les manœuvres et la mauvaise foi de l'adversaire, et jeter de la défaveur sur d'autres parties de la contestation. Si, au contraire, il déclare vouloir se servir de ce titre, l'avoué qui en a fait le dépôt, et qui a appelé son adversaire pour être présent à ce dépôt, et constater l'identité du titre, empêche de supposer que ce titre ait été falsifié ou altéré depuis la communication, et entre ses mains.

146. On peut ne pas former opposition, et laisser retirer le titre, en ayant soin de le faire parapher, *ne varietur*, par le greffier, et d'en retirer une copie figurée et certifiée. Pigeau, *ib.*

147. La demande en communication de pièces couvre-t-elle les nullités d'exploit non encore proposées? — V. *sup.* n° 101.

148. *De la communication de pièces en matière commerciale.* L'exception de communication de pièces existe en matière commerciale comme en matière civile. Arg. C. pr. 188; Cass. 14 mai 1821, S. 21, 265. — V. *sup.* n° 120.

149. Cependant, la communication des livres et inventaires ne peut être ordonnée en justice que dans les affaires de succession, communauté, partage de société, et en cas de faillite (C. comm. 14). — La loi n'a pas voulu qu'à l'occasion d'un point litigieux, souvent de peu d'importance, on pût mettre un commerçant dans l'obligation de livrer le secret de toutes ses affaires à la connaissance d'un adversaire mal intentionné, et qui pourrait être intéressé à en abuser.

150. Mais la communication *par extrait* peut en être ordonnée dans toutes les autres affaires, même d'office. C. comm. 15.

151. Le juge a-t-il le droit de refuser cette communication par extrait ? — Il faut distinguer. — Le pouvoir discrétionnaire du juge existe toutes les fois qu'une partie demande communication des livres *qui ne sont pas employés contre elle*, dans l'espérance d'y puiser ou la preuve de son droit, ou un moyen de défense à une action : cela résulte de ce que l'art. 12 C. comm. permet aux juges d'admettre ou ne pas admettre ces livres à faire preuve entre commerçans : ainsi, ils rejetteront la demande en communication comme étant sans objet, s'ils décident que les livres ne peuvent pas être admis à faire preuve ; mais, dans le cas contraire, ils doivent admettre la demande en communication, en observant la forme prescrite par l'art. 15 C. comm.

152. Ainsi, lorsque le tireur d'une lettre de change, assigné en paiement, prétend que cette lettre de change a une cause fausse ou illicite, les juges peuvent, sur sa demande, et pour arriver à la preuve de cette allégation, astreindre les porteurs ou les endosseurs à produire leurs livres de commerce, pour en *extraire* et communiquer ce qui concerne le différend. Vainement on oppose les art. 121, 140 et 157 C. comm., d'après lesquels le paiement d'une lettre de change ne peut pas être arrêté. Il ne faut pas conclure de ces articles que ce titre échappe à toute critique. L'art. 1131 C. civ. ne distingue pas ; il s'applique à toute espèce d'obligations civiles ou commerciales. Cass. 20 juin 1810, S. 10, 313 ; Colmar, 25 mai 1808, S. 8, 334 ; Aix, 5 avr. 1833 ; Pardessus, 2, n° 259.

153. Par suite de ces principes, il a été jugé : 1° que, quand, sur un règlement de compte entre un gérant et le propriétaire d'un établissement commercial, le juge a ordonné la communication du livre-journal de l'oyant-compte (le propriétaire), auquel le comptable a déclaré s'en rapporter, si l'oyant refuse la communication ordonnée, le compte doit être alloué tel qu'il est présenté par le comptable. Paris, 29 janv. 1818, S. 18, 296.

2° Que, bien que les commerçans ne soient pas astreints à conserver leurs livres plus de dix ans (C. comm. 11), ils sont cependant dans l'obligation de les représenter après ce délai, s'il est établi qu'ils existent encore. Caen, 24 juin 1828, S. 30, 157.

154. Dans les contestations qui ont lieu à l'occasion d'une faillite, la communication des pièces doit être faite par la voie du dépôt au greffe. On objecte que le dépôt naturel des livres, papiers et documens du failli, est chez les syndics ; mais il n'en est ainsi que hors de l'instance, et lorsqu'il y a contestation, on ne peut forcer des créanciers qui ont pour adversaires non seulement le failli, mais encore les syndics, à se transporter chez leurs parties adverses pour avoir communication des livres. Rennes, 4 oct. 1811, P. 9, 644.

Cependant, à Paris, l'usage est que le dépôt des livres du failli ait lieu entre les mains des syndics.

Section V. — *Formules.*

FORMULE I.

Requête d'exception déclinatoire.

(C. pr. 168. — Tarif, 75. — Coût, 2 fr. par rôle orig., 50 c. copie.)

Le sieur
Contre le sieur } — V. *Conclusions*, Formule II.

Il plaira au tribunal,

Attendu que l'exposant est domicilié à   , et non à   , ainsi qu'il offre d'en faire la preuve, en cas de dénégation, et que c'est à tort qu'il a été assigné par exploit de   , à la requête du sieur   , devant le tribunal de l'arrondissement   , faisant droit sur le déclinatoire proposé par l'exposant ;

Se déclarer incompétent, renvoyer la cause et les parties devant les juges, qui en doivent connaître, et condamner le sieur   aux dépens de l'incident, dont distraction sera faite à Me   , avoué   qui la requiert comme les ayant frayés et déboursés, ainsi qu'il offre de l'affirmer ; sous toutes réserves de toutes autres exceptions, fins de non-recevoir et moyens de fait et de droit ; et vous ferez justice.

(*Signature de l'avoué.*)

FORMULE II.

Requête pour demander la nullité d'une assignation.

(C. pr. 173. — Tarif, 75. — Coût, 2 fr. par rôle orig., 50 c. copie.)

Le sieur   , etc.
Contre le sieur   , etc.

Il plaise au tribunal,

Attendu que la demande formée contre lui, par exploit de   , huissier à   , en date du   , n'indique pas le délai pour comparaître,

Déclarer nul et de nul effet ledit exploit susdaté, et condamner le sieur aux dépens, sous toutes réserves, etc.

(*Signature de l'avoué.*)

FORMULE II.

Sommation de produire des pièces employées dans la cause.

(C. pr. 188. — Tarif, 70. — Coût, 1 fr. orig. ; 50 c. copie.)

A la requête de M.

Soit sommé Me   , avoué du sieur   , de, dans trois jours pour tout délai, communiquer à Me   , soit par la voie du greffe, soit à l'amiable, sur son récépissé ;

Toutes les pièces, dont entend faire usage, ledit sieur   , à l'appui de sa demande, et notamment, 1°   , etc.

Sans, néanmoins, aucune approbation préjudiciable de ladite demande, et sous la réserve, au contraire, de tous moyens de nullités, fins de non recevoir, et autres de fait et de droit, et notamment (spécifier les *moyens de nullités, s'il est possible*. — V. sup. n° 107.)

Lui déclarant que faute de satisfaire à la présente sommation, toute audience lui sera refusée ; à ce qu'il n'en ignore. Dont acte.

(*Signature de l'avoué.*)

FORMULE IV.

Acte de récépissé amiable.

(C. pr. 189, 190. — Tarif, 91. — Coût. vac. 3 fr.)

Je soussigné, avoué au tribunal de   et du sieur   , reconnais que Me   , mon confrère, m'a donné, cejourd'hui, en communication, trois pièces qui sont : 1° (*énoncer sommairement la nature des pièces*), toutes lesquelles pièces je lui remettrai dans la huitaine, à sa première réquisition.

(*Signature de l'avoué.*)

Nota. *Ce récépissé se fait sur papier libre; quand les pièces sont rendues, on biffe la signature, et on le garde afin d'avoir dans son dossier la preuve qu'il a été satisfait à la communication.*

Si le délai de la communication n'est pas fixé dans le récépissé, il est de trois jours. — V. sup. n° 125.

FORMUL V.

Procès-verbal de dépôt d'une pièce demandée.

(C. pr. 189. — Tarif, 91. — Coût, vac. 3 fr.)

Le   , au greffe du tribunal de   , est comparu Me avoué en ce tribunal, et du sieur

Lequel, audit nom, nous a dit qu'il comparaissait pour satisfaire à la sommation qui lui a été faite à la requête du sieur   , par acte d'avoué à avoué, en date du   , à l'effet de déposer entre nos mains, comme de fait il y a déposé, une pièce dûment timbrée et enregistrée, contenant (*énoncer la nature de la pièce.*)

Pour ladite pièce, être communiquée sans déplacement audit sieur ou à Me   , son avoué, et être remise audit Me   à sa première réquisition.

Duquel dépôt, ledit Me   , audit nom, a requis acte à lui octroyé; et a signé avec nous, greffier soussigné, les jour, mois et an susdits.

(*Signature du greffier et de l'avoué.*)

FORMULE VI.

Notification du dépôt de la pièce demandée.

(C. pr. 189. — Tarif par anal., 70. — Coût, 1 fr. orig., 25 c. copie.)

A la requête du sieur   , ayant Me   pour avoué;

Soit signifié et avec celle des présentes laissé copie à Me   avoué du sieur

D'un acte du greffe du tribunal de   , en date du   enregistré, constatant le dépôt, fait audit greffe, 1° d'un acte   ; 2°

Lesquelles pièces ont été déposées pour satisfaire à la sommation faite au requérant, par acte d'avoué à avoué, du

Lui faisant, en conséquence, sommation de prendre communication, sans déplacement desdites pièces, dans le délai de   , lui déclarant que faute de prendre ladite communication, dans ledit délai et icelui passé, lesdites pièces seront retirées du greffe, et qu'il se pourvoira ainsi qu'il avisera ; à ce que Me n'en ignore. Dont acte.

(*Signature de l'avoué.*)

FORMULE VII.

Requête au président pour faire remettre les pièces retenues par l'avoué, à qui elles ont été données en communication.

(C. pr. 191. — Tarif, 76. — Coût, 2 fr.)

A M. le président du tribunal de

Le sieur   , demeurant à

Expose que, par le ministère de Me   , son avoué, il a confié le à Me   , avoué du sieur   , et sur son récépissé, plusieurs pièces a l'appui de sa demande, et dont ledit sieur   avait demandé la communication;

TOME II.

58

Qu'aujonrd'hui   , ledit M.   n'a pas encore remis ces pièces, malgré les demandes réitérées de Me   , et que le délai de la communication, qui était de trois jours, est plus qu'expiré ;

Pour quoi il vous supplie, M. le président, d'ordonner que Me   , avoué, sera contraint incontinent et par corps à remettre à Me   , son confrère, les pièces énoncées en son récépissé, et dont il lui sera donné décharge, et condamner en outre ledit Me   en son nom personnel, à payer à l'exposant trois francs de dommages et intérêts par chaque jour de retard, à compter de la signification qui lui sera faite de l'ordonnance à intervenir, et le condamner aux frais de la présente requête, et des ordonnance et signification : et vous ferez justice.   (*Signature de l'avoué ou de la partie*).

Nota. *On est en demeure de remettre les pièces par la seule expiration du délai pendant lequel elles avaient été données en communication ; et, sans aucune sommation préalable, l'avoué ou la partie, qui a confié les pièces, peut les redemander par une requête ; ou un simple mémoire remis au président. —* V. sup. n° 127.

L'ordonnance du président est mise au bas de la requête, et rédigée dans la forme ordinaire. — V. Ordonnance.

FORMULE VIII.

Signification à avoué de la requête et de l'ordonnance portant injonction de remettre des pièces données en communication.

(C. pr. 191. — Tarif, 78. — Coût, 1 fr. orig., 25 c. copie.)

A la requête du sieur

Soit signifié, et avec celle des présentes donné copie à Me   avoué au tribunal de   et du sieur

D'une ordonnance de M. le président du tribunal de   , en date du   enregistrée, mise au bas d'une requête présentée le même jour, desquelles requête et ordonnance il est, avec celle des présentes, donné copie : ladite ordonnance portant que ledit Me   sera tenu de remettre, sans aucun délai, entre les mains de Me   , avoué du sieur   , les pièces à lui confiées en communication dans la cause d'entre les parties ; sinon, et que faute de ce faire, il y sera contraint par corps, et le condamne en outre personnellement, et sans aucune répétition contre sa partie, à payer audit   la somme de trois francs par chaque jour de retard qu'il apportera à la remise desdites pièces, à compter de ce jour ; à ce qu'il n'en ignore. Dont acte.   (*Signature de l'avoué.*)

FORMULE IX.

Requête d'opposition à l'ordonnance portant contrainte de remettre les pièces.

(C. pr. 192. — Tarif, 75. — Coût, 2 fr. par rôle orig., 50 c. copie.)

A MM. les président et juges du tribunal de

Me   avoué près le tribunal de   et du sieur

A l'honneur de vous exposer (*énoncer les faits et les moyens*).

Par tous ces motifs, il plaira au tribunal recevoir ledit Me   , opposant à l'exécution de l'ordonnance surprise contre lui par le sieur   ; lui donner acte de ce qu'il soutient qu'il y a plus de huit jours que les pièces dont il s'agit ont été remises à l'un des clercs de Me   ; en conséquence, le décharger des condamnations prononcées personnellement contre lui par l'ordonnance dont il s'agit : faire défense au sieur   de ne plus, à l'avenir, redemander lesdites pièces ; ordonner que le récépissé mentionné en ladite ordonnance sera rendu a l'exposant par ledit sieur   , avoué, sinon que l'ordonnance à intervenir lui servira de décharge ; et condamner ledit sieur   aux dépens de l'incident.

(*Signature de l'avoué.*)

— V. *Action, Fins de non-recevoir.*

EXCEPTION *cedendarum actionum.* L'exception de cession d'actions a lieu lorsque le créancier qui actionne une caution, ou un tiers détenteur, s'est mis dans l'impossibilité de lui céder les priviléges, hypothèques et actions attachés à sa créance, à l'égard du débiteur principal. C. civ. 2057.

EXCEPTION DE CHOSE JUGÉE. — V. *Jugement.*

EXCEPTION *non numeratæ pecuniæ.* Moyen de défense consistant à soutenir que l'on n'a pas reçu réellement une somme, quoiqu'on ait reconnu l'avoir touchée. — L'exécution volontaire de la part du vendeur d'un acte de vente portant quittance du prix, le rend non-recevable à opposer l'exception de non-paiement. Cass. 5 janv. 1850, S. 50, 58.

EXCEPTIONS DE *Division* ET DE *Discussion.* —V. ces mots.

EXCÈS DE POUVOIR. — V. *Cassation,* n° 109 à 115.

EXÉCUTION DES JUGEMENS ET ACTES (1).

1. L'exécution est volontaire ou forcée.

L'exécution volontaire se règle à l'amiable entre les parties capables.

S'il y a contestation, ou si l'une des parties est incapable, l'exécution doit être réglée par le juge ; — la loi indique la marche à suivre dans plusieurs cas. — V. *Cession de biens, Dépôts, Fruits, Offres réelles, Réception de caution, Reddition de compte,* etc.

L'exécution volontaire emporte *acquiescement,* et en produit les effets.—V. ce mot, sect. IV et V.

DIVISION.

§ 1. — *Règles générales sur l'exécution forcée.*
§ 2. — *Par qui et contre qui doit être poursuivie l'exécution.*
§ 5. — *Pour quelle créance on peut exécuter.*
§ 4. — *En vertu de quels actes.*

Art. 1. — *Des actes exécutoires et de leur forme.*
Art. 2. — *Des jugemens et actes administratifs.*
Art. 3. — *Des jugemens et actes étrangers.*

§ 5. — *Des obstacles qui s'opposent à l'exécution.*
§ 6. — *Des formalités requises avant l'exécution.*

Art. 1. — *Cas où l'exécution a lieu contre le débiteur.*
Art. 2. — *Cas où elle a lieu contre les tiers.*

§ 7. — *Des officiers ministériels chargés de l'exécution.*
§ 8. — *Jours, lieux et heures où l'exécution est possible.*
§ 9. — *Des juges qui doivent connaître de l'exécution.*
§ 10. — *Des actes qui constituent l'exécution.*
§ 11. — *Effets de l'exécution forcée.*

---

(1) Cet article est de M. Allenet, avocat, ancien principal clerc d'avoué, à Paris.

§ 1.—*Règles générales sur l'exécution forcée.*

2. L'exécution forcée se poursuit sur la personne ou sur les biens du débiteur.—V. *Emprisonnement*, *Saisie*.

Sur la personne. — Par l'*emprisonnement* dans les cas où la loi l'autorise.—V. ce mot.

Sur les biens. — Par la saisie, la vente et la distribution du prix entre les créanciers.—V. C. civ. 2206, 2209, 2210, 2212 ; C. pr. 580, 581, 582, 592, 593, *Saisie-arrêt*, *Saisie-exécution*, *Saisie immobilière*, etc., *Distribution*, *Ordre*.

3. A la différence des actions qui, en général, ne peuvent être exercées simultanément (— V. *Action*, n°s 82 et suiv.), les voies d'exécution se cumulent. —Ainsi l'on a droit de suivre en même temps l'exécution sur la personne et celle sur les biens. C. civ. 2069.—V. toutefois *Discussion*.

Mais on ne peut faire une exécution sur une exécution, c'est-à-dire saisir un objet déjà saisi. Berriat, p. 513. — Il est seulement permis au second poursuivant de prendre des mesures conservatoires.—V. C. pr. 614, 719, 720.

4. Les modes d'exécution forcée, relativement aux biens, tendent tous à faire vendre ceux du débiteur, pour procurer à ses créanciers leur paiement. Le paiement forcé du créancier en nature n'est plus admis. —V. *Saisie*, et toutefois C. civ. 2078.

5. Le mode d'exécution est tracé ou par la loi, ou par le juge.—V. *sup.* n° 1.

Lorsque l'obligation consiste à faire une chose, à exécuter tel ou tel travail, à démolir ou à construire, à planter une haie, creuser un fossé, etc., il faut alors s'adresser à la justice pour faire régler le mode d'exécution (à moins qu'il ne soit déjà réglé par le titre); le jugement décide que, faute par la partie condamnée d'exécuter dans un délai déterminé, le créancier sera autorisé à faire faire la chose ou le travail aux frais de cette partie.—V. *Action possessoire*, formule II.

Habituellement, on introduit un *référé*.—V. ce mot.

6. L'exécution est *définitive* ou *provisoire*.

Dans quels cas l'exécution provisoire peut ou doit-elle être ordonnée,—avec ou sans caution?—V. C. pr. 135 à 137 ; *Appel*, n° 268 à 271 ; *Emprisonnement*, n° 11 à 14 ; *Exécutoire de dépens*, *Jugement*, *Tribunal de commerce*.

7. Plusieurs conditions sont requises pour pouvoir exécuter. —V. *inf.* § 3 et 4.

8. Les actes d'exécution doivent, en général, être réglés par les lois actuellement existantes.—V. *Rétroactif (effet)*.

§ 2.—*Par qui et contre qui doit être poursuivie l'exécution.*

9. *Partie poursuivante.* — L'exécution est poursuivie par le

créancier ou par son représentant. — V. *Action*, n° 109 à 113 ;
Étranger, *Exploit*, *Femme mariée*, *Mineur*, etc.

10. Celui qui succède au créancier doit, avant de poursuivre
l'exécution, justifier de sa qualité, en notifiant au débiteur,
avec le titre originaire, le titre en vertu duquel il possède.

Ainsi l'acquéreur, le cessionnaire ou donataire, doit signifier
l'acte de vente, cession ou donation ; — l'héritier pur et simple,
l'intitulé d'inventaire, ou un acte de notoriété avec l'acte de
décès de son auteur ; — l'héritier bénéficiaire, l'acte d'acceptation fait au greffe ; — le légataire, le testament qui l'institue
(— V. *Legs*) ; le successeur irrégulier, l'acte d'envoi en *possession*. — V. ce mot.

11. *Partie poursuivie*. — L'exécution est poursuivie contre le
débiteur ou contre son représentant.

Le créancier, légalement averti du changement d'état du débiteur, doit toujours diriger ses poursuites, ou contre le débiteur, si d'incapable il redevient capable, ou contre son représentant légal, si de capable qu'il était il devient incapable.

Cette obligation n'existe pour le créancier, que du moment
qu'il résulte d'un acte légalement signifié qu'il a connaissance
du changement d'état du débiteur ; autrement, il est présumé
ignorer ce changement, et l'exécution poursuivie contre le débiteur, conformément à la qualité qui lui est donnée dans le
titre exécutoire, est valable. Arg. C. pr. 545 ; Pigeau, 2, 14.

12. Lorsque le débiteur donne au créancier un autre débiteur qui s'oblige envers le créancier, sans que ce dernier décharge le débiteur qui a fait la délégation, le créancier peut
poursuivre, à son choix, ou son premier débiteur (C. civ. 1275),
en vertu du titre primitif, ou le tiers débiteur, en vertu du
nouvel acte. *Ib.* 1166.

13. Si la dette a pour objet un corps certain et déterminé
qui soit passé entre les mains d'un tiers, le créancier, indépendamment de l'action *personnelle* contre son débiteur, a l'action
réelle contre le détenteur de la chose due. C. civ. 1664, 2114.
— V. *Action*, § 1, art. 1er.

Si, avant l'action, l'objet a passé en d'autres mains, le tiers
ne peut plus être poursuivi.

Le jugement obtenu contre le débiteur n'est pas exécutoire
de plano contre le tiers détenteur. — V. d'ailleurs *Discussion*,
n° 10 et suiv.

Ce dernier, sur l'action en revendication contre lui intentée,
peut appeler en garantie celui dont il tient l'objet, et exciper de
sa bonne foi pour conserver les fruits échus depuis qu'il est en
possession. Pigeau, 2, 31 et 32.

14. Tout créancier, porteur d'un titre exécutoire contre le défunt, peut immédiatement faire apposer les *scellés* sur les objets mobiliers de la succession.—V. ce mot.

Cette voie conservatoire lui est fermée dès qu'il a été dressé un inventaire, à moins que cet inventaire ne soit attaqué, et qu'il n'y ait autorisation du président. C. pr. 923.—V. *Scellés, Séparation des patrimoines.*

15. Les titres exécutoires contre le défunt, le sont également *de plano* contre son héritier, mais seulement huit jours après la signification qui lui en a été légalement faite. C. civ. 877.—Cette signification préalable est requise à peine de nullité des poursuites d'exécution. Rennes, 5 juill. 1817.

Elle ne peut pas être suppléée par la copie du titre donnée dans le *commandement* tendant à saisie immobilière.—V. ce mot.

Mais la signification serait valable, quoique accompagnée d'un simple commandement de payer, si le commandement n'était pas destiné à faire partie de la procédure d'exécution. Grenoble, 22 juin 1826, S. 26, 304.

La signification est valablement faite pendant le délai accordé pour faire inventaire et délibérer. Paris, 29 déc. 1814, S. 16, 50.

16. L'arrêt d'admission ou de soit-communiqué, obtenu contre une personne décédée depuis, est valablement signifié à ses héritiers, sans qu'il soit besoin de demander à la C. de cass. une permission expresse.—V. *Cassation*, n° 252.

17. L'exécution ne peut être poursuivie sur les biens personnels de l'héritier, que lorsqu'il est héritier pur et simple, ou lorsque, étant héritier bénéficiaire, il refuse de présenter son compte, ou d'en payer le reliquat. C. civ. 803.

18. Les actes exécutoires contre l'héritier le sont par la même raison contre les légataires ou donataires universels et à titre universel.

Mais tant qu'ils ne sont pas saisis, soit par la délivrance, dans le cas où elle est nécessaire, soit par leur acceptation, les poursuites d'exécution doivent être dirigées contre l'héritier, représentant naturel et présomptif du défunt. Arg. C. civ. 462, 790 et 1240.—Ces poursuites continuées ainsi, même après la saisine, sont valables contre eux, lorsqu'ils n'ont pas notifié leurs qualités au créancier. Arg. 544 C. pr.; Pigeau, 2, 23.

19. Le successeur à titre particulier ne représentant le défunt ni pour la totalité ni pour une quote-part de ses biens, les titres exécutoires contre l'héritier et contre les successeurs universels, ne sont pas exécutoires *de plano* contre lui, même sur les objets qu'il a reçus. Il faut procéder contre lui par action nouvelle, tendant à le faire condamner, soit à restituer l'objet, si c'est l'objet même qui est dû, soit à payer ou à restituer en déduction ou jusqu'à due concurrence, si la dette est d'une somme d'argent. Sur cette demande, il peut appeler en garantie l'héritier ou le légataire universel, contre lequel il serait subrogé aux droits du créancier, s'il était forcé de payer. C. civ. 1251.

—V. d'ailleurs *Fonctionnaire public*, *Ministère public*.

§ 3. — *Pour quelles créances on peut exécuter.*

20. La faculté d'exécuter suppose une créance actuelle et déterminée. Un droit *éventuel* ne suffirait pas comme pour les *actes conservatoires*. —V. ce mot, n° 5.

21. Ainsi, il ne peut être procédé à aucune saisie sur la personne ou sur les biens du débiteur que pour choses certaines et liquides. C. pr. 551.— V. toutefois C. pr. 558, 559 ; *Saisie-arrêt.*

22. *Certaines.* C'est-à-dire qu'il doit résulter du titre que celui qui poursuit est bien réellement créancier. Ainsi, on ne pourrait saisir-exécuter, en vertu d'un jugement qui déclarerait qu'un compte est dû : il pourrait résulter du compte que le saisissant est débiteur au lieu d'être créancier.— V. toutefois *Saisie-arrêt.*

23. *Liquides.* En argent ou en espèces ; c'est-à-dire que le titre doit spécifier : ou la somme, si la dette est d'une somme d'argent ; ou l'objet, si la dette est d'une chose déterminée, comme un meuble, un cheval, etc. ; —ou la quantité en poids ou en mesure, s'il s'agit de marchandises, ou de toutes autres choses qui se livrent au poids ou à la mesure. Ordonn. de 1667, tit. 33, art. 2, et 1539, art. 76 ;—Berriat, 509, note 13, n° 2.

24. Mais si l'on peut saisir pour une créance *en espèces* non liquidées, on ne peut faire procéder à la vente ou adjudication qu'après l'appréciation de cette créance en argent. C. pr. 551; C. civ. 2213.—V. *Saisie.*

25. Il faut même que la dette soit liquide *en argent*, pour exercer la *contrainte par corps.* C. pr. 552. — V. *Emprisonnement*, n° 36.

26. Si la créance n'est pas liquide, on peut surseoir à l'exécution, même en *référé.* — V. ce mot.

27. Les dépens qui ne sont pas liquidés par le jugement de condamnation, ne sont poursuivis qu'en vertu d'un *exécutoire.* —V. ce mot.

28. La cession d'une créance, avec garantie, bien qu'elle soit faite par acte authentique, n'est point exécutoire *de plano* contre le cédant, faute par le débiteur de payer à l'échéance. La garantie n'équivaut point à une obligation pure et simple. Le cessionnaire n'a pas un droit certain contre son cédant ; il n'est pas son créancier direct. Le cédant s'est obligé conditionnellement ; le cessionnaire doit donc, avant de poursuivre, faire décider que les conditions sous lesquelles le cédant devait être obligé, sont accomplies. — Ainsi, un pareil titre ne peut donner lieu qu'à une action, et nullement à une exécution immédiate. Bruxelles, 15 avr. 1811, S. 12, 94. — V. toutefois *sup.* n° 12.

§ 4. — *Des actes en vertu desquels on peut exécuter.*

Art. 1. — *Des actes exécutoires et de leur forme.*

29. *Actes exécutoires.* Le pouvoir de conférer à un acte l'exécution parée est une émanation de l'autorité publique. — Il n'est délégué qu'aux tribunaux et aux notaires.

Tout acte d'exécution suppose un titre exécutoire.

Néanmoins, des actes d'exécution improprement dits peuvent être faits sans titre exécutoire. — V. *Actes d'exécution,* n°* 8 et 10; *Saisie-arrêt, Saisie-foraine, Saisie-gagerie, Saisie-revendication.*

30. Les actes émanés d'officiers publics ou de tribunaux français sont exécutoires dans tout le royaume, sans *visa* ni *pareatis* (C. pr. 547), — s'ils réunissent d'ailleurs les conditions voulues par la loi. ·

31. *Forme.* Nul acte n'est susceptible d'exécution parée, s'il n'est authentique et revêtu de la formule exécutoire. Il faut en outre, dans certains cas, qu'il soit légalisé. —V. *inf.* n° 47; *Acte authentique, Enregistrement, Timbre,* et toutefois *inf.* art. 2.

32. *Authenticité.* L'acte sous seing privé ne peut être revêtu de la forme exécutoire; il émane de simples particuliers; et l'emploi de la force publique ne saurait être autorisé que par les fonctionnaires qui ont mission de rendre la justice, ou de donner force de loi aux conventions des parties.

Le porteur d'un acte sous seing privé ne peut en poursuivre l'exécution qu'en procédant par voie d'*action* devant les trib., pour en obtenir un jugement de condamnation.

33. Lorsqu'un acte sous seing privé a été reconnu en justice, le jugement qui constate cette reconnaissance peut aussi donner à cet acte force de titre exécutoire, en ordonnant qu'il sera exécuté selon sa forme et teneur. Toulouse, 27 juill. 1824, S. 25, 406.

Mais, si le jugement donne acte purement et simplement de la reconnaissance d'une signature apposée à un acte sous seing privé sans en ordonner l'exécution, ce jugement, ne prononçant aucune condamnation, n'est pas un titre autorisant à poursuivre l'exécution par voie parée. Agen, 18 déc. 1823, S. 25, 117; Berriat, 506, n° 4.

La reconnaissance d'écriture faite au bureau de paix n'emporte ni exécution ni hypothèque. Arg. C. pr. 54; Cass. 22

déc. 1806, S. 7, 109 ; Berriat, *ib.* — V. *Préliminaire de conciliation.*

34. Ne sont pas susceptibles d'exécution parée : 1° les testamens, même notariés, sauf le cas où le testateur ne laisse pas d'héritiers à réserve, et institue un légataire universel par acte public. — V. d'ailleurs *Possession* (*envoi en*).

35. 2° Les actes constatant les *ventes* publiques de meubles. — V. ce mot.

36. La grosse de l'acte notarié sur laquelle on exécute doit être signée du notaire, et porter l'empreinte de son cachet. L. 25 vent. an 11, art. 27.

Toutefois, l'omission de cette dernière formalité n'entraîne pas la nullité de l'exécution ; mais les juges peuvent toujours, sur la demande de la partie saisie, ordonner un sursis jusqu'à l'apport d'une grosse scellée ; ils le devraient même, si quelque soupçon s'élevait sur la sincérité de la grosse non revêtue du sceau. Toullier, 8, n° 60.

37. *Formule exécutoire.* L'acte authentique ne peut être mis à exécution, s'il ne porte le même intitulé que les lois, et n'est terminé par un mandement aux officiers de justice. C. pr. 545.

La formule exécutoire est ainsi conçue :

« Louis-Philippe Ier, roi des Français, à tous présens et à venir, salut... (*Suit la teneur du jugement ou de l'acte, et l'on termine par le mandement dans les termes suivans :*) « Mandons et ordonnons à tous huissiers sur ce requis de mettre ces présentes à exécution, à nos procureurs-généraux et à nos procureurs près les tribunaux de première instance d'y tenir la main ; à tous commandans et officiers de la force publique d'y prêter main-forte, lorsqu'ils en seront légalement requis. » Sén.-cons. du 28 flor. an 12, art. 111 ; Ordonn. du 16 août 1830.

38. Est-il nécessaire que la formule soit au nom du pouvoir exécutif existant au moment de l'exécution ? — La négative a toujours été suivie, et l'on a même décidé que, dans l'intervalle du décret du 22 sept. 1792 à la loi du 25 vent. an 11, on pouvait exécuter un acte sans formule. Cass. 21 brum. an 11, 25 mai 1807, 8 avr. 1808, S. 7, 747 — 8, 486. — L'ordonnance du 30 août 1815 avait, seule, dérogé à cette règle : elle décidait que tous les porteurs d'anciennes grosses et expéditions pouvaient faire rectifier sans frais les formules exécutoires par les greffiers et les notaires (— V. *rétroactif*); mais elle est implicitement abrogée par l'art. 70 de la Charte de 1830. Il n'est donc pas nécessaire de rectifier les formules des jugemens et actes, en ce qu'elles portent le nom du souverain sous le règne duquel elles ont été délivrées : en conséquence, les greffiers et notaires doivent s'abstenir de toute rectification à l'intitulé des grosses qui leur sont représentées, à moins qu'il n'en soit autrement ordonné par justice. Circ. garde des sceaux, 20 déc. 1830; Riom, 25 déc. 1830, S. 33, 479.

39. La formule exécutoire est de rigueur pour toutes les décisions judiciaires (Charte 48, C. pr. 146) : elles ont toujours *voie parée*, si d'ailleurs elles réunissent les autres conditions voulues. — V. *sup.* n° 31.

Au nombre des décisions judiciaires on comprend, 1° les ordonnances exécutoires des juges. Carré, 2, 532, n° 1; Favard, v° *Exécution*.

2° L'exécutoire de dépens : il est par lui-même un titre susceptible d'exécution : la signification avec commandement peut en être faite sans qu'il soit nécessaire que cette signification contienne la copie du jugement ou de l'arrêt par suite duquel l'exécutoire a été ordonné. Cass. 27 déc. 1820, S. 21, 141; Carré, 2, 544.

Toutefois, *l'exécutoire de dépens* (— V. ce mot) ne peut être mis à exécution qu'après l'expiration des trois jours accordés pour y former opposition. La saisie pratiquée auparavant serait nulle (Art. 172 J. Pr.).

40. Les sentences arbitrales n'ont pas par elles-mêmes force d'exécution ; elles sont rendues exécutoires par l'ordonnance du président du tribunal. — V. *Arbitrage*, Sect. XI.

41. C'est sur les expéditions que les jugemens reçoivent la formule exécutoire et sont exécutés. C. pr. 146, 545, 844, 854. — Il en est de même des ordonnances de juges. Berriat, 506.

42. Toutefois, le juge du *référé* peut, dans les cas d'absolue nécessité, ordonner l'exécution de son ordonnance sur la minute. C. pr. 811.

Cette disposition paraît devoir s'appliquer aux jugemens dans tous les cas d'absolue nécessité. Cass. 10 janv. 1814, S. 14, 64. Rennes, 27 août 1819. — V. d'ailleurs *Appel*, n° 106.

43. Jugé que, lorsque la grosse d'un arrêt est entre les mains de l'une des parties en cause, la copie de ce même arrêt signifiée à avoué peut être rendue exécutoire par un autre arrêt de la Cour. Ce dernier arrêt devient le titre en vertu duquel on peut saisir. Paris, 17 déc. 1829, S. 30, 104; Berriat, p. 506, note 4-2°. — V. d'ailleurs *Appel*, n° 121, et *Grosse*.

44. L'acte notarié peut en général acquérir la forme exécutoire (— V. toutefois *Copie*. n° 11); mais il ne reçoit cette forme, et, par conséquent, n'est exécuté que sur l'expédition ou copie de la minute délivrée en *grosse*. L. 25 vent. an 11, art. 25.

45. Si l'acte a été délivré en brevet, conformément à ce qui est dit art. 20, L. 25 vent. an 11, il faut en faire dépôt à un notaire, qui en délivre une grosse. — V. *Copie*, n° 12.

46. Le notaire ne peut, sous peine de destitution, délivrer plus d'une grosse, ou expédition en *forme exécutoire*, à chacune des parties intéressées, — à moins d'une autorisation judiciaire. — V. *Copie*, § 2, art. 3; *Grosse*.

47. *Légalisation.* Dans certaines circonstances, le titre doit être revêtu de la formalité de la *légalisation.* — V. ce mot.

L'absence de cette formalité ne détruit, dans aucun cas, l'authenticité du titre, et ne saurait être un motif suffisant pour faire annuler l'exécution. Cass. 10 juill. 1817, S. 18, 385. — Seulement le défendeur peut obtenir du trib. la suspension des poursuites jusqu'à ce que le demandeur ait suppléé au défaut de légalisation. Toullier, n° 59; Carré, 2, 540; Merlin, *Rép.* v° *Légalisation*, n° 4.

L'exception tirée du défaut de légalisation est proposable par le défendeur, qu'il ait ou non figuré dans l'acte dont l'exécution est poursuivie : on peut admettre l'existence de l'acte, et contester ou la fidélité de la copie, ou la sincérité de la signature apposée à cette copie. On doit toujours être recevable à exiger les garanties prescrites par la loi. — *Contrà*, Carré, *ib.*

Art. 2. — *Des jugemens et actes administratifs.*

48. Sont exécutoires *de plano* :

1° Les ordonnances rendues en Conseil d'État : elles émanent directement du pouvoir exécutif.

49. 2° Les arrêtés, condamnations et contraintes émanés des conseils de préfecture, des préfets et de tous autres administrateurs, jugeant dans les limites de leur compétence respective; les actes de cette juridiction spéciale n'ont pas besoin d'être revêtus de la forme exécutoire. — Ainsi, les arrêtés des préfets, fixant les débets des comptables des communes et des établissemens publics, sont exécutoires, sans l'intervention des trib. sur les biens meubles et immeubles de ces comptables, et confèrent hypothèque. Favard, v° *Exécution*, n° 3.

3° Les contraintes décernées en matière de douane pour le recouvrement des droits dont il a été fait crédit aux redevables, et pour défaut de rapports des certificats de décharge des acquits-à-caution : elles n'ont pas, à proprement parler, le caractère de jugemens; — mais elles reçoivent leur force d'exécution parée, tant du *visa* judiciaire auquel elles sont assujetties, que de la soumission du redevable. L. 22 août 1791, tit. 13, art. 23, 32 et 33; Favard, *ib.*; Av. de cons. d'État, 16 therm. an 12; 29 oct. 1811, et 24 mars 1812, S. 13, 2, 8.

Les huissiers ne pourraient donc pas refuser de mettre à exécution ces jugemens et actes. Déc. du grand-juge, S. 9, 2, 314. — *Contrà*, Carré, 2, 533.

50. Il en est autrement, lorsque les contraintes ne sont pas des actes de juridiction, mais une sorte de commandement ou sommation expliquant la demande de l'administration.

Ainsi, 1° quand la régie des contributions indirectes décerne une contrainte, elle ne juge pas que la somme qu'elle réclame soit due, puisqu'en cas de contestation, et sur simple opposition du redevable, il faut recourir aux trib. pour faire statuer sur le mérite de la réclamation. Favard, *ib.*

2° Les contraintes décernées en matière d'enregistrement ne portent pas condamnation d'une somme *certaine et liquide;* elles ne sont que des actes préalables de poursuites dont on peut toujours arrêter les effets, en se pourvoyant par opposition devant les trib. Carré, 2, 534. — V. d'ailleurs *Enregistrement*, n° 135.

51. Mais certains actes reçus ou passés dans la forme administrative par les préfets, tels que ceux relatifs aux adjudications d'immeubles, d'entreprises ou marchés de travaux publics, sont-ils des actes authentiques et exécutoires? — L'affirmative nous paraît douteuse. Et le Cons. d'État (comités réunis), en nov. 1833, a décidé qu'il conviendrait que les actes reçus par les préfets fussent à l'avenir, et dans un délai déterminé, passés devant notaires.

52. Il a été jugé : 1° que les actes passés administrativement devant les maires n'emportent pas exécution parée, et qu'avant de procéder à l'exécution, il faut obtenir jugement. Colmar, 28 janv. 1833, S. 33, 336.

2° Qu'un procès-verbal d'adjudication passé entre un maire agissant au nom de sa commune et l'adjudicataire, et non revêtu de la formule exécutoire, quoique approuvé par le préfet, n'est pas un acte exécutoire. Limoges, 14 janv. 1837 (Art. 795 J. Pr.).

Art. 3. — *Des jugemens et actes étrangers.*

53. *Jugemens.* La justice ne peut être rendue, et la force publique requise, qu'au nom du roi; conséquemment, les jugemens rendus au nom d'un souverain étranger ne peuvent pas être exécutés *de plano* en France; — à moins qu'il n'existe à cet égard des lois politiques, ou des traités passés avec le gouvernement du pays d'où émanent ces jugemens (C. civ. 2123 et 2128; C. pr. 546); — auquel cas les jugemens, après avoir été revêtus des légalisations qui leur donnent une authenticité suffisante auprès des magistrats français, sont rendus exécutoires par une simple ordonnance d'*exequatur* que donne, sans entrer dans l'examen du fond, le président du trib. du lieu où doit se faire l'exécution. Toullier, 10, n° 90.

54. Mais, à défaut de lois ou de traités politiques, c'est devant le trib. et par voie d'action qu'il faut se pourvoir, afin de faire

ordonner l'exécution, qui doit être nécessairement réglée par les lo's françaises. Cass. 1er avr. 1817. S. 18, 9. — V. *Étranger*.

55. Ces formalités sont nécessaires, même à l'égard des jugemens rendus dans un pays lié avec la France par un traité diplomatique, portant *que les Cours suprêmes déféreront réciproquement à la forme du droit.* Un pareil traité ne rend pas ces jugemens exécutoires *de plano* en France; ils sont, comme les autres, soumis à l'examen des juges français, qui peuvent et doivent même, dans certains cas (— V. *inf.* n° 57) refuser d'en autoriser l'exécution. Cass. 14 juill. 1825, S. 26, 378; 17 mars 1830, S. 30, 95; Grenoble, 9 janv. 1826, S. 27, 56.

56. Comment les trib. français doivent-ils procéder sur la demande à fin d'exécution des jugemens étrangers. S'agit-il d'une simple ordonnance de *pareatis* qu'ils doivent délivrer sans connaissance de cause, ou bien d'un jugement nouveau rendu après examen et *révision?*

D'après l'art. 121 ordonn. 1629, les *jugemens rendus ès royaumes et souverainetés étrangères* n'avaient aucune exécution en France, et nonobstant iceux, les *Français* contre lesquels ils avaient été rendus *pouvaient de nouveau débattre leurs droits, comme entiers, pardevant les trib.* — Plusieurs commentateurs avaient interprété cette disposition en ce sens, que les jugemens étrangers rendus *entre étrangers*, pouvaient être déclarés exécutoires en France par les trib. français, mais sans que ces trib. eussent le droit *d'examen et de révision :* tandis que ceux rendus entre Français, ou contre un Français, étaient, sur sa demande, soumis à examen et révision. Boullenois, 1, 606; Julien, *Statuts de Provence,* 2, 442; Boniface, etc.; Cass. 7 janv. 1806, S. 6, 129; Merlin, *Rép.,* v° *Jugement,* § 8.

Pour appliquer cette distinction dans notre droit, on a dit : Les jugemens rendus à l'étranger entre étrangers, et par les trib. compétens, deviennent la loi des parties, sans distinction du lieu où elles peuvent se transporter. Seulement, comme l'exécution n'a lieu qu'en vertu du mandement du souverain, et que ce mandement ne peut avoir d'effet hors des limites de la souveraineté de laquelle il émane, il faut bien, lorsqu'on veut exécuter le jugement dans un autre pays, s'adresser au souverain de ce pays, ou aux trib. auxquels il a délégué le pouvoir exécutif; mais ces trib. n'ont point à juger du mérite de la décision qui leur est déférée : ils doivent ordonner l'exécution sans examen; car les parties doivent subir la conséquence de leur qualité d'étrangers, et il y a présomption, pour le trib. français, qu'ils ont été bien jugés, lorsqu'ils l'ont été par leurs juges naturels. La présomption contraire existe, lorsqu'il s'agit d'un jugement étranger rendu contre un Français : le Français peut avoir à se plaindre de la partialité des juges qui n'étaient pas les siens, et voilà pourquoi il faut lui laisser, mais à lui seul, la faculté d'être jugé de nouveau par les juges français. Malleville, art. 2123 et 14 C. civ.; Pigeau, 2, 36; Berriat, 507; Carré, *Quest.* 1737.

Mais cette doctrine n'est justifiée ni par l'ancien droit ni par le nouveau : le principe qui domine l'art. 121 de l'ordonn. de 1629, c'est que tous les jugemens rendus par des trib. étrangers, quelle que soit du reste la qualité des parties, sont considérés comme non-avenus en France ; la phrase qui suit ne saurait ni détruire, ni même affaiblir ce principe ; elle n'est qu'une disposition explicative, ou plutôt surabondante (Merlin, *Quest.*, v° *Jugement*, § 14, p. 21 et 26, édit. in-4°). La loi moderne ne considère que l'*extranéité* du pouvoir qui a rendu les jugemens, sans avoir égard aux qualités accidentelles des parties. C. civ. 2123 et 2128; C. pr. 546; Merlin, *ib.* — Ainsi jugé par la C. cass., dans l'arrêt suivant, qui résout en même temps affirmativement la question de savoir si les jugemens étrangers, pour être rendus exécutoires en France, sont soumis à l'examen et à la révision des trib. français.

« Attendu... que les art. 2123 et 2128 C. civ., et 546 C. pr., n'autorisent pas les trib. à déclarer les jugemens rendus en pays étrangers, exécutoires en France sans examen ; qu'une semblable autorisation serait aussi contraire à l'institution des trib., que l'aurait été celle d'en accorder ou d'en refuser l'exécution arbitrairement et à volonté ; que cette autorisation qui, d'ailleurs, porterait atteinte au droit de souveraineté du gouvernement français, a été si peu dans l'intention du législateur que lorsqu'il a dû permettre l'exécution sur simple *pareatis* des jugemens rendus par des arbitres revêtus du caractère de juges, il a eu soin de ne confier la faculté de délivrer l'ordonnance d'*exequatur* qu'au président, et non pas au tribunal, parce qu'un tribunal ne peut prononcer qu'après délibération, et ne doit accorder, même par défaut, les demandes formées devant lui, que si elles se trouvent justes et bien vérifiées (art. 116 et 150 C. pr.); — Attendu enfin que le C. civ. et le C. de pr. ne font aucune distinction entre les divers jugemens rendus en pays étrangers, et permettent aux juges de les déclarer tous exécutoires ; qu'ainsi ces jugemens, lorsqu'ils sont rendus contre des Français, étant incontestablement sujets à examen sous l'empire du C. civ., comme ils l'ont toujours été, on ne pourrait pas décider que tous les autres doivent être rendus exécutoires autrement qu'en connaissance de cause, sans ajouter à la loi, et sans y introduire une distinction arbitraire aussi peu fondée en raison qu'en principe..... Rejette. » Cass. 19 avr. 1819, S. 19, 288. — V. aussi Grenoble, 5 janv. 1829, S. 29, 176.

57. Mais de ce qu'un trib. ne peut délivrer ou refuser

l'*exequatur* qu'après examen et délibération, s'ensuit-il que le jugement étranger qui lui est déféré doive être considéré comme non-avenu, et que les parties puissent *de nouveau débattre leurs droits comme entiers*, ainsi qu'elles en avaient la faculté sous l'ordonn. de 1629? — La question n'a pas été résolue par l'arrêt de 1819.

A la différence de l'ancienne législation, qui voulait que les jugemens étrangers ne pussent *avoir aucune exécution* en France, la loi moderne décide qu'ils pourront être rendus exécutoires ; elle a donc voulu leur attribuer une valeur qu'ils n'avaient pas, d'après l'ordonnance de 1629. Toullier, 10, nᵒ 86. — En effet, ces jugemens ont une existence de fait qui ne peut être déniée sans injustice; ils ont perdu, il est vrai, la force publique, et le caractère d'authenticité qu'ils tenaient de l'autorité locale ; mais lorsqu'ils ont été rendus sur les défenses contradictoires et au fond, des parties, et par leurs juges compétens, ils ne cessent pas d'être, pour ces parties, un véritable contrat qui ne doit pas avoir moins d'effet que les autres contrats ou actes faits et reçus en pays étrangers. — On oppose qu'il y a entre les jugemens et les contrats une différence essentielle; que ceux-ci, étant du droit des gens, doivent demeurer, en tout pays, la loi des parties qui les ont consentis; qu'au contraire, l'autorité de la chose jugée est purement de droit civil ; que c'est la puissance publique qui la constitue, et que cette puissance publique n'ayant aucune force hors de son territoire, les actes qui en émanent doivent, hors de ce territoire, être considérés comme non avenus. — Mais tout jugement compétemment et contradictoirement rendu, s'il est du droit civil quant à la forme, participe, au fond, du droit des gens, comme contrat; dépouillé de sa qualité de jugement, il demeure toujours une preuve écrite des obligations qu'il imposait, et que les parties ont implicitement et respectivement consenties, en prenant, et acceptant pour juges ceux qui ont prononcé entre elles. Les trib. ne pourraient donc briser ce lien des parties sans violer des droits acquis.

Ainsi, il a été jugé, 1ᵒ que le droit qui appartient aux juges de rejeter toutes dispositions prohibées par les lois, n'implique pas nécessairement la révision du jugement, en ce qui touche les droits des parties, puisque ce sont deux choses différentes : l'une ayant pour objet l'intérêt général, et l'autre seulement l'intérêt des particuliers. Paris, 17 janv. 1833, S. 33, 145; Meyer, *Institutions judiciaires*, t. 5, p. 523.

2ᵒ Qu'une sentence qui établit le fait de la possession, bien que rendue par un juge étranger, est un titre pour la partie qui l'a obtenue. Cass. 21 fév. 1826, S. 26, 322.

3ᵒ Qu'un Français qui a saisi les trib. étrangers d'une demande par lui formée contre un étranger, et qui a succombé sur cette demande, n'est plus recevable à traduire l'étranger devant les tribunaux français pour le même objet. « C'est seulement la force exécutoire des jugemens étrangers qui leur est déniée en France, jusqu'à leur révision par un juge français, ainsi qu'il résulte des articles combinés 2123 et 2128 C. civ., et 546 C. pr. Ces dispositions de la loi, qui consacrent le droit de souveraineté sur le territoire, *ne sont point prises en vue des intérêts privés*, et les parties contractantes ou litigantes restent liées par les actes de la juridiction volontaire ou contentieuse à laquelle elles se sont soumises. » Cass. 15 nov. 1827, S. 28, 124.

4° Qu'un arrêt dont la décision en droit est basée sur un fait résultant de jugemens rendus en pays étrangers, mais déclarés exécutoires en France, ne viole pas les art. 121 de l'ord. de 1629, et 2123 C. civ. (Bordeaux, 10 fév. 1824, S. 24, 119); — lorsque le fait pris pour base de l'arrêt n'a d'ailleurs pas été contesté dans l'instance. Cass. 12 déc. 1826, S. 27, 255.

5° Qu'un jugement étranger déclarant l'ouverture d'une faillite arrivée dans son ressort, peut servir de base à la fixation de la date de cette faillite. — Et, qu'en conséquence, le Français tireur d'une lettre de change, sur la maison en faillite, doit être regardé comme n'ayant pas fait la provision si la date de la faillite fixée par le jugement étranger est antérieure à l'échéance de la lettre de change. Bordeaux, 10 fév. 1824.

6° Qu'un jugement prononçant une éviction d'immeubles, peut motiver une condamnation à restitution du prix et à dommages-intérêts contre les précédens vendeurs. Cass. 12 déc. 1826.

7° Qu'un jugement étranger, déclaratif d'absence, peut servir à établir les qualités des envoyés en possession pour poursuivre en France les débiteurs de l'absent. Douai, 15 mai 1836 (Art. 405 J. Pr.).

58. Les jugemens prononcés *inter]incolas* par les *juges locaux* d'un pays accidentellement soumis aux armes d'une puissance étrangère, doivent-ils être assimilés à des jugemens rendus en pays étrangers? — La C. cass., a décidé la négative, le 6 avr. 1826, S. 26, 383.

« Attendu qu'une coutume aussi ancienne qu'universelle chez les peuples civilisés, et devenue une maxime incontestable du droit des gens, c'est que les faits, les actes, les contrats, les jugemens intervenus entre les habitans pendant l'occupation d'un pays conquis, et *revêtus du sceau de l'autorité publique, qui n'est jamais censée défaillir dans les sociétés humaines*, restent obligatoires et sont exécutoires après la retraite du conquérant, comme ceux intervenus avant la conquête, à moins qu'il n'ait été contrairement stipulé par des traités, ou que, par des lois formelles, il n'ait été dérogé à l'usage consacré par le droit public de l'Europe. — Attendu qu'une lettre ministérielle, qui rappelait une décision inauthentique du gouvernement de l'an 4, sous le prétexte de la déclaration d'indivisibilité du territoire de la république, écrite dans la constitution de l'an 4, ne pouvait (comme l'ont remarqué les juges de la cause) intervertir ni abroger des principes admis depuis des siècles par le suffrage unanime des nations, dans l'intérêt et pour la conservation de l'ordre social... Rejette. »

59. Toutefois, cette doctrine ne saurait aller jusqu'à considérer comme exécutoires en France, des jugemens rendus au nom du souverain étranger conquérant, contrairement aux lois françaises : ces jugemens doivent même être regardés comme radicalement nuls ; car, à la différence des jugemens étrangers émanés d'une juridiction à laquelle les parties se sont volontairement soumises (— V. sup. n° 57), ils ont été rendus sous l'empire d'un pouvoir de fait imposé par la violence, et par conséquent ne peuvent établir aucun droit acquis. *Dissertation*, S. 17, 2, 140.

60. Les jugemens et arrêts rendus par les trib. français, sur un territoire qui plus tard a été séparé de la France, sont-ils, après cette séparation, exécutoires en France *de plano ?* — Non : il ne suffit pas qu'un mandement ait été valablement délivré, il faut encore qu'il ait conservé sa force d'exécution, et qu'il la possède au moment de l'exécution. Paris, 20 mars 1817, S. 18, 172. — V. sup. n° 8.

Cependant, comme ces décisions ont été rendues sous l'empire et par application des lois françaises, elles ne sont plus soumises à l'examen des trib. français. Il suffit, pour leur rendre la force exécutoire qu'elles ont perdue, d'obtenir du président du trib. du lieu de l'exécution une ordonnance d'*exequatur*. — V. sup. n° 53.

61. Les jugemens rendus par des trib. français, entre étrangers, deviennent exécutoires de plein droit dans les pays où ces étrangers ont leur domicile, par le fait de la réunion de ces pays à la France : l'obstacle politique qui s'opposait antérieurement à l'exécution cesse par cette réunion.

62. *Sentences arbitrales.* Un jugement arbitral rendu par des arbitres volontaires peut être exécuté en France, s'il est revêtu de l'ordonnance d'exécution par un juge français, et sans qu'il soit nécessaire de remettre en question ce qui a été décidé par les arbitres étrangers, il suffit de constater que la sentence ne contient aucune disposition contraire à ce qui est d'ordre public en France. Merlin, *Qu. dr.*, v *Jugement*, § 14 ; Toullier, 10, n° 87. — V. *Arbitrage*, n° 442.

63. En serait-il de même des sentences par arbitres forcés? — La C. de Paris a décidé la négative le 27 juill. 1807 (— V. *ib.* n° 413). — M. Toullier, t. 10, n° 88, pense au contraire, qu'il n'y a pas plus de motif de réviser la sentence dans ce dernier cas, et que l'exécution doit en être également ordonnée, si elle ne contient rien de contraire à l'ordre public.

64. *Actes et contrats.* Comme la puissance publique ne peut pas s'étendre au-delà des limites de la souveraineté de laquelle elle dérive, les contrats et actes perdent la forme exécutoire par leur caractère d'extranéité ; mais ils ne cessent pas d'être obligatoires pour les parties, comme étant l'organe de leur volonté. — Ainsi, aucun des actes ou contrats émanés des pays étrangers, n'est exécutoire en France *de plano* ; mais ils sont tous, authentiques ou privés, régis par l'art. 1134 C. civ., et valent comme *simples promesses* aux yeux des juges français. Ord. 1629, art. 121 ; C. pr. 546 ; C. civ. 2128 ; Merlin, *Quest. dr.;* v° *Jugement,* § 14 ; Carré, 2, p. 537.

Un consul étranger accrédité et résidant en France, est un officier public donnant le caractère authentique aux actes passés devant lui entre ses nationaux.

L'exécution provisoire de pareils actes peut donc être ordonnée par les trib. français, sans caution. Rennes, 6 avril 1835 (Art. 253 J. Pr.).

65. L'ordonn. de 1629, dont la loi moderne reproduit en termes équivalens les dispositions, ne distingue point si les actes authentiques doivent porter les signatures des parties. En conséquence, l'acte passé devant des notaires étrangers entre des parties qui ne savent pas signer, ou dont l'une seulement a pu le faire, n'en vaut pas moins en France comme simple promesse. Toullier, 10, n° 79, note ; Collection de Camus et Bayard, 9, 759.

66. Tout acte d'exécution, fait en France par un étranger, en vertu d'un acte passé hors de France, et non rendu exécutoire par un trib. français, est nul. Rouen, 11 janv. 1817, S. 17, 89. — Spécialement, une inscription hypothécaire, prise en vertu d'un acte semblable, ne peut être validée par l'apposition postérieure du *pareatis* sur cet acte. C. civ. 2128; Carré, 1, 537.

67. Il en est autrement, lorsque l'acte d'exécution est fait en pays étranger, en vertu d'un jugement rendu par un trib. français, ou d'un titre passé en France, comme l'a décidé un arrêt de C. cass., rapporté par M. Delvincourt, 1, 501, en déclarant qu'une saisie-arrêt faite à l'étranger avait pu empêcher en France la compensation. Cass. 14 fév. 1810, P. 8, 101 ; Carré, 2, p. 537, note. — Dans l'espèce, un créancier en vertu de jugemens et arrêts français, avait par une saisie-arrêt pratiquée en pays étranger, et validée par les juges du lieu, obtenu son paiement du tiers saisi. Le saisi contestait la validité du paiement, fait en conséquence des jugemens étrangers qui avaient validé la saisie. On répondait que les jugemens étrangers n'étaient que l'exécution des premiers arrêts français qui avaient condamné le saisi au paiement.

68. Le décret du 7 fév. 1809, S. 9, 2, 70, exige que l'étranger fournisse caution pour l'exécution des jugemens rendus à son profit, dans les matières pour lesquelles il y a recours au Conseil d'État. — V. *Judicatum solvi* (caution).

§ 5. — *Des obstacles qui peuvent s'opposer à l'exécution.*

69. En général, l'exécution d'un acte ayant voie parée ne saurait être paralysée. — Toutefois, cette exécution peut rencontrer des obstacles absolus ou momentanés.

70. *Actes dont l'exécution est devenue impossible.* Des événemens ont pu rendre impossible l'exécution littérale de la convention (spécialement le changement de cours d'une rivière); il suffit alors d'exécuter autant que le comportent les circonstances, en se rapprochant de l'intention primitive des parties contractantes. Cass. 19 juill. 1827, S. 27, 488.

71. L'acte qui constate une obligation éteinte ne peut être exécuté.—Mais s'il y a prescription, elle doit être opposée par le débiteur. C. civ. 2223.

72. Les jugemens par défaut qui n'ont pas été exécutés dans les six mois de leur obtention, sont, après ce délai, considérés comme non avenus. C. pr. 156.—Cette péremption est-elle applicable à tous les *jugemens par défaut?*—V. ce mot.

73. *Actes dont l'exécution est suspendue de droit.* Cette suspension a lieu : 1° tant que le créancier qui poursuit n'a pas rempli les conditions que la convention, la loi ou le jugement lui imposait : par exemple, lorsque le jugement est exécutoire, nonobstant appel ou opposition, en donnant caution, il doit, s'il y a appel ou opposition, donner cette caution avant de procéder à l'exécution.

2° Si l'obligation est conditionnelle, jusqu'à l'événement de la condition. Arg. *à contrario.* C. civ. 1180.

3° Si l'obligation est à terme, jusqu'à l'échéance du terme, à moins que le débiteur n'en soit déchu. C. civ. 1185, 1188. —V. *Déconfiture, Faillite.*

4° En cas de plainte en *faux* principal, à partir de l'arrêt de mise en accusation. C. civ. 1319.—V. ce mot.

5° S'il s'agit d'un jugement, par l'opposition ou l'appel ;— à moins que, dans les cas prévus par la loi, ils n'aient été déclarés exécutoires nonobstant opposition ou *appel.*—V. ce mot, et *Jugement.*

Il peut aussi être passé outre à l'exécution, nonobstant l'opposition formée sur procès-verbal de saisie, ou autre acte d'exécution, lorsque cette opposition n'a pas été réitérée conformément à la loi. — Mais le peut-on de droit, et sans s'y être fait autoriser par justice ? — V. *Jugement par défaut.*

74. *Actes dont l'exécution peut être suspendue par jugement.* En général, l'exécution des actes authentiques et des jugemens ne peut être suspendue par les tribunaux.

Ainsi, un trib. ne peut pas suspendre l'exécution d'un acte, par le motif que, sur l'opposition aux poursuites, il a ordonné que le créancier sera interrogé sur faits et articles. Turin, 12 déc. 1809, D. v° *Jugemens*, 671, note ; — ou que le serment décisoire a été déféré contre et outre le contenu de cet acte. Carré, p. 534.

Cette règle souffre néanmoins quelques exceptions. — V. *Délai*, n°s 54 et 55 ; *Appel*, n° 259 à 267 ; *Cession de biens*, n° 19 ; *Discussion, Division, Faux, Saisie immobilière, Tierce-opposition.*

75. Ainsi, le débiteur peut, en cas d'urgence, faire surseoir à l'exécution par la voie du référé, s'il est survenu une loi ou un événement qui ait opéré l'extinction ou la réduction du titre. Cass. rej. 5 déc. 1810, P. 8, 682. — V. *Référé.*

76. La jurisprudence présente des exemples d'actes authentiques, dont les trib. ont arrêté l'exécution par la considération de circonstances qui militaient fortement contre les énonciations y contenues : par exemple, lorsque le titre était argué de nullité pour fraude, dol et simulation. Bordeaux, 15 fév. 1806, 22 janv. 1828, S. 6, 576, 28, 114.

Mais de pareilles décisions ne doivent être prises qu'avec beaucoup de réserve.

77. Les trib. ne peuvent, sous prétexte d'équité et d'intention présumée, apporter des modifications aux conventions claires et précises. — Ils ne sauraient conséquemment substituer une obligation à une autre obligation, lors même que celle-ci offrirait les mêmes avantages et les mêmes sûretés à la partie intéressée. Caen, 28 janv. 1827, S. 28, 178.

78. Tant que les arrêtés administratifs rendus par les maires n'ont pas été réformés par l'autorité supérieure, les trib. ne peuvent, *sous aucun prétexte*, en suspendre l'exécution. Cass. 20 pluv. an 12, P. 3, 610 ; 6 juill. 1810, P. 8, 441.

§ 6. — *Des formalités préalables à l'exécution.*

Art. 1. — *Cas où l'exécution a lieu contre le débiteur.*

79. Toute exécution contre le débiteur doit être précédée de la notification à ce débiteur, du titre en vertu duquel on veut le poursuivre, afin qu'il en prenne connaissance et puisse le contester, s'il y a lieu. C. pr. 583, 654, 656, 780 ; C. civ. 2214.

80. Si le titre est un jugement, il faut distinguer si ce jugement est définitif, interlocutoire, ou préparatoire. — (V. *Ap-*

pel, n° 140 à 146 ; et surtout *Jugement*); — contradictoire ou par défaut.

81. Le *jugement par défaut* ne peut pas être exécuté avant l'échéance de la huitaine de la signification à avoué, s'il y a avoué, ou à domicile, s'il n'y a pas d'avoué ; — à moins qu'il n'ait été déclaré exécutoire par provision. C. pr. 155. — V. *Jugement par défaut.*

82. Il faut, indépendamment de la notification du titre, que l'exécution soit précédée d'un *commandement* destiné à mettre en demeure le débiteur ou obligé.—V. ce mot.

Ce commandement et la notification du titre peuvent être faits par le même acte. C. pr. 583, 626, 636, 673, 674, 819 ; C. civ. 2217. — Ils doivent être faits simultanément, en matière de contrainte par corps.—V. *Emprisonnement*, n° 123.

Dans l'usage, on signifie le jugement, s'il est par défaut, avant de faire le commandement.—V. *Ib.*

83. Le cessionnaire d'un titre exécutoire a les mêmes droits que le créancier primitif ; mais il ne peut en poursuivre l'exécution qu'après notification de son transport et commandement préalable. C. civ. 1690, 2214.—V. *sup.* n° 15.

84. La notification et le commandement peuvent-ils être faits par le même acte?—V. *Saisie-immobilière.*

Art. 2. — *Cas où l'exécution a lieu contre les tiers.*

85. Indépendamment des formalités prescrites dans l'article précédent, s'il s'agit d'exécuter contre des tiers, tels que séquestres, tiers-saisis, conservateurs d'hypothèques, il faut, même après les délais de l'opposition ou de l'appel, — 1° justifier, par un certificat de l'avoué, que le titre a été signifié à avoué et à domicile ; — 2° représenter un certificat délivré par le greffier du trib. de 1re inst., constatant qu'il n'existe sur le registre tenu conformément aux art. 163 et 549 C. pr. ni opposition ni appel. C. pr. 548.—V. *Jugement, Jugement par défaut, Tribunal de commerce.*

§ 7.—*Des personnes chargées de l'exécution.*

86. *Personnes à qui l'exécution est confiée.* L'exécution est faite par l'officier ministériel ou le fonctionnaire public de la classe de ceux dans les fonctions desquels rentre la nature de cette exécution : il est, ou désigné par le jugement ou l'acte qu'il s'agit d'exécuter, ou choisi par la partie poursuivante.

87. *Juges* Si l'exécution consiste en des actes d'instruction, tels qu'*interrogatoires, descente, enquête*, etc., elle est faite par un des juges, lequel doit être commis par le trib., ou par le président, dans les cas où il est compétent à cet effet.—V. ces mots.

88. Lorsque, dans le cours des actes d'exécution dont ce magistrat est chargé, il survient des difficultés qui empêchent de passer outre, il doit renvoyer au trib., à moins qu'il ne soit autorisé par la loi à statuer provisoirement.

Il peut aussi recevoir l'autorisation de statuer provisoirement du trib. qui alors lui délègue ses pouvoirs (Arg. C. pr. 806 et suiv.). — La loi n'a établi les référés que comme moyen de faire lever avec le plus de célérité possible les entraves suscitées à l'exécution des titres ayant voie parée. — Les ordonnances rendues en pareil cas sont assimilées à celles de référé.

89. Il est des actes d'instruction qui peuvent être faits par de simples particuliers. — V. *Expertise.*

90. *Greffiers.* L'exécution est faite, dans certains cas , *par les greffiers* des tribunaux dont il s'agit d'exécuter les jugemens ; ils reçoivent les affirmations sur *saisie-arrêt,* les soumissions de caution , etc. — V. ce mot et *Réception de caution.*

91. *Notaires.* C'est à eux qu'il appartient de procéder à l'exécution, lorsqu'il s'agit d'un compte, d'une *liquidation,* d'un *partage,* d'un *inventaire.* — V. ces mots, et *Reddition de compte.*

92. *Huissiers.* L'exécution proprement dite, c'est-à-dire celle qui a pour but immédiat de contraindre l'obligé à payer ou à faire quelque chose, se fait par le ministère des huissiers, procédant à la requête et en vertu des pouvoirs du créancier. — V. *Huissier.*

93. L'huissier est suffisamment autorisé à faire les poursuites d'exécution ordinaire, par la simple remise de l'acte ou du jugement, qui lui est faite par la partie. C. pr. 556.

94. En général, il est présumé avoir reçu un mandat jusqu'à *désaveu.* — V. ce mot.

Mais, pour l'*emprisonnement* (—V. ce mot, n° 151 à 153), et pour la *saisie immobilière* (—V. ce mot), il doit avoir un pouvoir spécial, à peine de nullité.

95. *Gardes du commerce.* Ils sont chargés de mettre à exécution, dans l'étendue du département de la Seine, les jugemens et actes emportant la contrainte par corps. — V. *Emprisonnement, Garde du commerce.*

96. *Autorité dévolue aux officiers qui exécutent.* Les officiers ministériels qui exécutent peuvent, en vertu des mandemens mis à la fin des jugemens et actes exécutoires, requérir directement la force publique pour les assister. Arg. C. pr. 785 ; —en cas de refus, ils doivent s'adresser au procureur du roi, qui enjoint à cette force armée de déférer à la réquisition qui lui a été faite. Arg. L. 24 août 1790, tit. 8, art. 5 ; Favard, v° *Exécution,* § 2, n° 7 ; Carré, 2, 547 ; Lepage, *Quest.,* p. 577.

97. Si la partie poursuivie croit devoir résister, elle ne le peut qu'en opposant les obstacles que la loi met à sa disposition ; elle doit s'abstenir de toute résistance matérielle. — V. *Référé.*

L'officier ministériel, troublé dans ses fonctions, dresse procès-verbal de rébellion, et celui qui s'est rendu coupable de
cette rébellion est poursuivi conformément au C. inst. crim.
C. pr. 555. — V. *Huissier*.

98. Si le délit est commis envers un juge-commissaire, ce
magistrat peut même ordonner que le délinquant soit saisi et
déposé à l'instant dans la maison d'arrêt, pour être jugé par le
tribunal. — V. *Audience*, n° 32.

99. *Devoirs des officiers ministériels pendant l'exécution.* L'officier ministériel doit, en procédant à l'exécution, observer les
égards dus à la position du débiteur, et ne point s'écarter de la
modération et des convenances. L'art. 10 L. 17 avr. 1791 est
ainsi conçu :

« Si un fonctionnaire public, administrateur, juge, officier
ministériel d'exécution, exerçait sans titre légal quelque contrainte contre un citoyen, ou si, même avec un titre légal, il
employait ou faisait employer des violences inutiles, il sera
responsable de sa conduite à la loi, et puni sur la plainte de
l'opprimé, portée et poursuivie selon les formes prescrites. »

§ 8. — *Des jours, lieux et heures, où l'on peut exécuter.*

100. *Jours.* Aucun acte d'exécution ne peut avoir lieu les
jours de *fêtes* légales (— V. ce mot et *Emprisonnement*, n° 158)
sans permission du juge.

Cette permission ne doit être accordée que dans les cas où il
y a péril en la demeure (C. pr. 1037). — Par exemple, si le
débiteur enlève ses meubles pour les soustraire aux poursuites.
Arg. C. pr. 828.

Elle se demande par requête, sans qu'il soit besoin d'appeler
la partie, et l'ordonnance qui répond à cette requête est exécutée nonobstant toute opposition, sauf au défendeur à faire prononcer la nullité des poursuites, en prouvant que le péril était
imaginaire. Pigeau, 2, 42.

101. Il y a néanmoins certains actes d'exécution que la loi
permet, et même prescrit de faire les jours de fêtes : ce sont
ceux auxquels il importe, dans l'intérêt de la partie exécutée,
de donner toute la publicité possible. — V. *Saisies*, *Ventes*.

102. *Heures.* Aucun acte d'exécution ne peut avoir lieu,
savoir : depuis le 1er octobre jusqu'au 31 mars, avant six heures
du matin et après six heures du soir, et depuis le 1er avril
jusqu'au 30 septembre, avant quatre heures du matin et après
neuf heures du soir. C. pr. 1037. — V. d'ailleurs *Emprisonnement*, n° 154 à 157.

Cette règle n'admet pas d'exception : on ne peut y déroger,
ni en vertu d'une permission du juge, ni dans les cas où il y a
péril en la demeure. Carré, 3, 505.

105. *Lieux.* — V. *Emprisonnement*, n° 160 à 170 , *Exploit.*

§ 9. — *Des juges qui doivent connaître de l'exécution.*

104. Lorsqu'il s'agit des contrats et actes, le trib. compétent est celui du lieu où cette exécution est poursuivie.

A l'égard des jugemens, il faut distinguer.

105. *Exécution des jugemens de la juridiction ordinaire.* Les trib. civils de 1re inst. sont juges de l'exécution de leurs jugemens, soit qu'il y ait ou non appel.

Lorsque l'appel a été jugé, il faut distinguer si l'arrêt intervenu est confirmatif ou infirmatif. — V. *Appel*, Sect. XI.

106. Peu importe, en général, que l'exécution soit ou non poursuivie dans l'étendue du ressort du trib. qui a rendu le jugement. Seulement, si les difficultés élevées sur l'exécution des jugemens ou actes requièrent célérité, le *trib. du lieu* y statue provisoirement et renvoie la connaissance du fond au trib. d'exécution. C. pr. 554.

107. Le trib. du lieu est-il compétent pour statuer sur l'exécution d'un jugement rendu par un trib. d'un degré supérieur? — Il a été jugé par argument des premières dispositions de l'art. 472 C. pr., qu'on ne pouvait soumettre par voie de *référé* au trib. de 1re inst. les difficultés relatives à l'exécution d'un arrêt qui avait *infirmé* un jugement de ce tribunal (Colmar, 10 nov. 1815, P. 11, 758). — Toutefois, nous adoptons l'affirmative en nous fondant sur la disposition finale de l'art. 472 C. pr., et pour le cas où la difficulté exigerait une décision tellement urgente que le recours au trib. supérieur pourrait, à raison du retard qui résulterait de la distance, causer un grave préjudice à la partie. Carré, n° 1915. — V. d'ailleurs *Appel*, n° 595, *in fine.*

108. Par le *juge du lieu* peut-on entendre le *juge de paix*, lorsque l'urgence est telle qu'il y aurait péril à recourir à un trib. éloigné ? — V. ce mot.

109. Si l'exécution se poursuit dans différens ressorts, chaque trib. peut statuer provisoirement; mais le fond doit être porté à un seul trib. pour éviter les frais, et ce trib. doit être celui du domicile de la partie obligée, si ce n'est dans le cas où la loi attribue juridiction , comme en matière de *saisie immobilière* (— V. ce mot). Pigeau, 2, 58.

110. *Exécution des jugemens rendus par les trib. d'exception.* Les trib. *d'exception* ne doivent pas connaître de l'exécution de leurs jugemens : ils *consomment* leur pouvoir à l'instant même où ils prononcent sur les affaires qui leur sont soumises dans les limites de leur juridiction spéciale. Cass. 24 nov. 1825, S. 26, 91. — V. *Compétence*, n°s 12 et 14.

111. *Juges de paix.* Aucune *question d'exécution* proprement dite ne peut entrer, par sa nature, dans les limites de la juri-

diction des juges de paix : elle est de la compétence du trib.
civ. C. pr. 608, 617, 643, 660, 786.

112. Mais le juge de paix connaît, 1° des difficultés qui ne
rentrent pas dans les actes d'exécution proprement dits.

2° De l'incident sur l'exécution que présente une cause de la
compétence de ce juge : on ne pourrait porter immédiatement
l'affaire au trib. d'arrondissement : en effet, ou la cause serait
de la compétence du juge de paix en première instance, et alors
on ne pourrait saisir le trib. d'arrondissement, qui serait le
trib. d'appel, d'une affaire qui n'aurait pas subi le premier degré
de juridiction ; ou le trib. de paix serait juge en dernier ressort,
et alors on porterait à la juridiction du trib. d'arrondissement
une affaire dont il ne devrait pas connaître.

3° De l'exécution des jugemens *préparatoires*. C. pr. 28.

— V. aussi *Compétence*, n° 14, *Juge de paix*, *Saisie-gagerie*.

113. *Tribunaux de commerce.* Le trib. d'exécution d'un jugement du trib. de comm., est le trib. civ. de 1re inst. du lieu
où l'exécution est poursuivie. C. pr. 555. — V. *Emprisonnement*,
n°s 259 à 261, et toutefois *Faillite*, *Tribunal de commerce*.

114. *Conseils de prudhommes.* — V. *Prudhomme*.

115. *Arbitres.* La connaissance de l'exécution de la sentence
arbitrale appartient au trib. dont le président a rendu l'ordonnance d'*exequatur*. C. pr. 1021. — V. *Arbitrage*, n° 451.

Toutefois, lorsque la sentence a été rendue par suite d'un
compromis sur procès, et que les parties ont été obligées de
reprendre l'instance pour faire juger des difficultés qui n'avaient
pas été soumises aux arbitres, si indépendamment de ces difficultés il s'en présente de nature à être considérées comme nais-
sant de l'*exécution* de la sentence, mais qui soient intimement
liées à la cause, elles doivent être jugées par le même trib.,
quoique ce ne soit pas celui qui a rendu l'ordonnance d'*exequatur*,
— surtout lorsque aucune des parties n'a demandé la division
de l'instance. Cass. 3 mars 1830, S. 30, 228.

116. *Jugemens administratifs.* L'exécution des décisions administratives, ministérielles, préfectorales, ou du Cons. d'État,
ainsi que de tous actes ou contrats passés dans la forme administrative, appartient au juge ordinaire et territorial. — V. *Tribunal administratif*.

Ainsi, les conseils de préfecture, ne pouvant connaître de
l'exécution de leurs arrêtés, n'ont pas le droit de déléguer à cet
effet des autorités qui n'auraient pas la qualité de juges. Carré, *ib.*

117. *Ce qu'on doit entendre par statuer sur l'exécution.* Toutes
les contestations qui peuvent s'élever sur les poursuites à fin
d'exécution des jugemens et actes, ne sont pas de la compétence
des juges d'exécution. La question d'exécution, proprement
dite, exclut toute interprétation ou toute critique : statuer sur

l'exécution d'un jugement ou d'un acte, c'est en appliquer purement et simplement les dispositions.

118. Les juges d'exécution, jugeant en cette seule qualité, ne peuvent pas aller au-delà. L'ordre des juridictions et le respect pour les décisions judiciaires leur imposent cette limite.

119. Cette règle peut être modifiée quand il s'agit de l'exécution des actes et contrats; il est sans inconvénient et même avantageux d'attribuer, dans ce cas, aux *juges d'exécution* le pouvoir d'interpréter et de juger d'après l'intention des parties, en observant toutefois que les contestations, présentées ainsi comme incidens sur l'exécution, ne doivent pas être un prétexte pour soustraire le défendeur à ses juges naturels, qui sont ceux de son domicile.

120. Mais la règle ne fléchit pas à l'égard des jugemens et arrêts. Ainsi, de ce que les trib. civils ordinaires sont juges de l'exécution des actes et arrêtés administratifs, il ne faut point en induire qu'ils aient sur ces actes ou arrêtés le droit de révision ou de critique ; ils ne peuvent ni les interpréter, ni en régler l'effet sans excéder leur pouvoir ; ils ont seulement mission de les appliquer et de les faire exécuter dans le sens qui leur est reconnu par toutes les parties. Cass. 7 sept. 1812, S. 13, 210; 26 déc. 1826, S. 27, 343; 21 nov. 1831, S. 32, 19.

121. Ces mêmes trib. sont compétens pour décider si une telle reconnaissance est régulière et obligatoire. Cass. 4 fév. 1812, S. 12, 196. — Mais ils ne peuvent pas aller plus loin, et toutes les fois que la difficulté donne lieu à une interprétation de l'acte ou de l'arrêté, ils doivent renvoyer les parties devant l'autorité administrative. — V. *Compétence*, n° 6 et 8.

Et, lorsque l'autorité administrative a statué sur la question préjudicielle dont l'examen lui était renvoyé, le trib. civil doit, dans son jugement définitif, se conformer à la décision administrative quelle qu'elle soit, autrement il commettrait un excès de pouvoir. Cass. 30 déc. 1807, S. 9, 67.

122. Lorsqu'une clause insérée dans un acte administratif est claire et impérative, il appartient aux trib. d'en ordonner l'exécution. Ainsi, lorsqu'il a été stipulé dans une adjudication d'un bien national une servitude de passage, et que la clause ne présente ni ambiguité, ni équivoque, l'autorité judiciaire est compétente pour connaître de la contestation qui s'élève par suite du refus de l'adjudicataire de souffrir la servitude : elle n'interprète pas, dans ce cas, l'acte administratif; elle ne fait que l'appliquer, et en ordonner l'exécution. Cass. 25 mars 1825, S. 26, 209. — V. *Compétence*, n° 8.

123. Si le débat, présenté comme une conséquence de l'exécution du jugement, offre à juger une *demande nouvelle*, elle doit subir le sort de toute action principale. Il a même été jugé que

quand un arrêt a annulé le jugement en vertu duquel avait été
prise une inscription hypothécaire, sans en prononcer la radiation,
la demande en radiation de cette inscription formée postérieurement, n'est pas réputée exécution de l'arrêt; elle ne peut être
portée *de plano* devant la cour, même en cas d'infirmation d'a-
près l'art. 472 C. pr. : c'est une véritable action principale
dans laquelle on doit observer les deux degrés de juridiction.
Paris, 25 mars 1817, S. 18, 21.

124. Enfin, lorsque la question soulevée par l'incident tendrait à détruire ou à atténuer la chose jugée, sous prétexte de
faire statuer sur son exécution, le juge d'exécution ne peut pas
connaître de l'affaire. — Ainsi, lorsqu'un trib. de commerce a
autorisé par jugement le syndic d'une faillite à faire écrouer le
failli, la demande de celui-ci en nullité de l'écrou ne peut pas
être considérée comme une contestation *sur l'exécution* d'un
jugement du trib. de commerce, qui soit, à ce titre, de la compétence du trib. civil : c'est une attaque directe contre le jugement du trib. de commerce, qui, par conséquent, doit être
jugée par la C. roy. par voie d'appel. Cass. 9 nov. 1824, S. 25,
251. — V. *Emprisonnement*, nos 259 et 260.

§ 10. — *Des actes qui constituent l'exécution.*

125. On distingue plusieurs espèces d'*actes d'exécution*. —
V. ce mot.

La question de savoir si tel ou tel acte constitue l'exécution,
dépend de la nature de l'acte, de la personne qui agit, et des
effets que l'on veut faire produire à l'exécution.

126. S'agit-il pour le débiteur de se mettre à l'abri de toutes
poursuites? il doit accomplir d'une manière régulière et complète les dispositions du jugement ou de l'acte.

127. Mais un simple commencement d'exécution, un acquiescement, suffit en général, pour rendre le créancier ou
le débiteur non-recevable à attaquer un acte ou un jugement.
— V. *Acquiescement.*

128. S'agit-il pour le créancier d'interrompre une prescription, de couvrir une péremption, il doit en général faire des
actes d'exécution forcée. — V. *Ajournement, Commandement.*

129. Ainsi, le jugement par défaut contre partie est réputé
exécuté par le créancier, lorsque les meubles saisis ont été vendus, ou que le condamné a été emprisonné ou recommandé,
ou que la saisie d'un ou de plusieurs de ses immeubles lui a
été notifiée, ou que les frais ont été payés, ou enfin lorsqu'il y
a quelque acte duquel il résulte nécessairement que l'exécution
du jugement a été connue de la partie défaillante. C. pr. 159.
— V. *Jugement par défaut.*

130. Quels sont les actes qui peuvent être considérés comme constituant des *poursuites non interrompues*, dans le sens de l'art. 1444 C. civ. ? — V. *Séparation de biens.*

§ 11. — *Effets de l'exécution forcée.*

151. Les actes d'exécution forcée interrompent la prescription. C. civ. 2244. — V. d'ailleurs *sup.* n° 126 à 128; et *Commandement, Jugement, Péremption.*

‣ EXÉCUTION parée. — V. *Exécutoire (titre).*

EXÉCUTION provisoire. — V. *Jugement.*

EXÉCUTION (saisie-) — V. *Saisie-Exécution.*

EXÉCUTOIRE délivré par le juge de paix.

1. Les notaires, greffiers, huissiers, et tous les officiers publics qui sont forcés de faire pour leurs cliens l'avance des droits d'enregistrement, peuvent prendre exécutoire du juge de paix de leur canton pour leur remboursement (L. 22 frim. an 7, art. 29, 30), — même à l'égard des droits avancés antérieurement à cette loi. Cass. 4 avr. 1826, S. 26, 585.

2. L'art. 76 L. 28 avr. 1816 ayant autorisé la voie de contrainte, pour le recouvrement des droits de timbre et des amendes, on en conclut que les officiers publics peuvent aussi, pour leurs avances de droits de timbre, prendre exécutoire du juge de paix.

3. Le droit des officiers publics à l'exécutoire peut-il être exercé par leurs héritiers ou ayant cause ? — V. *Personnels (droits).*

4. L'exécutoire est délivré contre chacune des parties qui a figuré dans l'acte : il y a solidarité entre elles pour le remboursement de ce qui est dû à l'officier ministériel. — V. *Avoué*, n° 172.

5. Ce mode de contrainte n'est toutefois que facultatif, et les officiers publics peuvent prendre la voie d'action, s'ils le préfèrent. Toullier, 7, n° 156.

Ainsi, lorsque les avances ne s'élèvent pas à 200 fr. art. 1ᵉʳ L. 25 mai 1838 (Art. 1166 J. Pr.), — ils ont le droit de se pourvoir par action ordinaire devant le juge de paix, et ils obtiennent une hypothèque, qu'ils ne pourraient trouver dans l'exécutoire. Dissertation (S. 24, 2, 88).

6. L'exécutoire se délivre au bas d'une requête présentée au juge de paix, et à laquelle on joint copie de la quittance des droits payés. La minute de cette quittance doit en outre être représentée, et la mention de cette représentation constatée dans l'exécutoire. — La requête est mise au rang des minutes du greffe, et le greffier en expédie une grosse exécutoire.

7. L'opposition et toutes contestations sur un pareil exécutoire sont jugées suivant les formes particulières aux instances poursuivies au nom de la régie, c'est-à-dire par le trib. civil, sur simples mémoires respectivement signifiés, et sans autres frais que ceux de timbre, enregistrement et signification de jugement. L. 22 frim. an 7, art. 50 et 65.

8. *Enregistrement.* L'exécutoire délivré par le juge de paix est soumis à un droit de 50 c. par 100 fr. — Ce droit ne peut être au-dessous de 1 fr. L. 28 frim. an 7, art. 68, § 1, n° 59, 82, n° 9.

Les 50 c. par 100 fr. sont dus par chaque débiteur séparé.

— Mais il n'y a lieu qu'à percevoir le droit fixe de 1 fr., lorsque les droits proportionnels réunis n'excèdent pas cette somme. Déc. min. fin. 28 oct. 1818. — V. *Enregistrement.*

EXÉCUTOIRE DE DÉPENS. — On appelle ainsi le mande-ment de payer, ou de contraindre, délivré dans la forme des expéditions des jugemens, et contenant l'énonciation de la taxe des dépens adjugés et de l'ordonnance du juge.

1. Cet exécutoire n'est délivré que dans le cas où le jugement ne liquide pas les dépens. Décr. 20 juill. 1806, art. 2 à 5; 16 fév. 1807, art. 5.

2. Lorsque les dépens sont liquidés par le jugement, et leur montant énoncé dans la minute, l'expédition de ce jugement suffit. Cela a lieu, 1° dans les affaires *sommaires* (C. pr. 543; Décr. 16 fév. 1807, art. 1); 2° dans les contestations en matière d'*ordre.* C. pr. 762, 766. — V. ces mots.

Cette liquidation se fait sur l'état soumis à la taxe du juge dans les 24 heures de la prononciation du jugement avant la signature de la feuille d'audience. Décr. 16 fév. 1807, art. 1.

3. Cependant si la liquidation n'a pas eu lieu par le juge-ment, on peut lever un exécutoire, même, en matière som-maire : l'art. 543, ne prononce point la peine de nullité pour l'inobservation de la formalité qu'il prescrit.

Cette omission ne donne pas ouverture à cassation. Cass. 2 mai 1810, P. 8, 279; 27 avr. 1825, S. 26, 422; 25 mai 1830, S. 30, 226.

Non plus, que la liquidation qui aurait été faite par le juge-ment, comme en matière ordinaire; la rectification de la taxe ne peut être demandée que par opposition conformément à l'art. 6, décr. 16 mai 1807, qui admet cette voie indistincte-ment. *Mêmes arrêts.*

Mais la partie condamnée peut se refuser à payer le coût de l'exécutoire levé pour réparer l'omission de la liquidation des dépens dans le jugement. Cass. 9 fév. 1813, D. v° *Jugement,* p. 684; 20 juin 1826, S. 26, 430; 25 mai 1830, S. 30, 226.

4. L'avoué n'a pas le droit de lever exécutoire contre son client. — V. *Avoué,* § 6; *Dépens,* n° 157.

5. *Procédure.* L'exécutoire est délivré après la signification du jugement de condamnation. — Autrefois on ne pouvait le délivrer avant les délais d'opposition ou d'appel. Parlem. Gre-noble, 15 mars 1704; Denizart, v° *Déclaration de dépens.*

6. L'exécutoire est précédé de la taxe qui en est faite (dans l'usage à Paris), d'abord par la chambre des avoués, puis par un des juges qui ont assisté au jugement. Déc. 16 fév. 1807, art. 2.

La taxe est signée par le juge et le greffier. *Même décret*, art. 5. — La signature du greffier est-elle exigée à peine de nullité? V. *Taxe*.

7. En vertu de cette taxe, la minute de l'exécutoire est rédigée sur une feuille de papier timbré, qui reste annexé aux qualités du jugement.

La minute de l'exécutoire doit-elle être signée par le président et par le *greffier?* — V. ce mot.

8. L'exécutoire est délivré, au nom du trib. ou de la Cour, qui a rendu le jugement ou l'arrêt, par le greffier qui en remet au requérant une expédition revêtue de la formule exécutoire : elle est donnée à la requête de l'avoué, si la distraction des dépens a été prononcée à son profit; et dans le cas contraire, à la requête de la partie. Arg. C. pr. 133.

9. L'exécutoire est signifié par acte d'avoué à l'avoué de la partie adverse. — sans qu'il soit nécessaire de signifier en même temps le jugement. Cass. 27 déc. 1820, S. 21, 142. — V. *sup.* n° 5.

10. L'avoué a trois jours, à compter de la signification, pour former opposition à la taxe faite : ce délai est de rigueur, à peine de déchéance. Décr. 16 fév. 1807, art. 6; C. pr. 1050; Amiens, 13 janv. 1826, S. 27, 166; Grenoble, 28 mai 1833, D. 9, 680.

Cette déchéance a lieu dans toutes les affaires, soit sommaires, soit ordinaires, à partir de la signification de l'acte qui contient la liquidation des dépens. Cass. 28 mars 1810, S. 10, 240.

Mais on a le droit de s'opposer à cet exécutoire avant sa signification, si l'on en connaît l'existence. Besançon, 7 janv. 1815, P. 12, 526.

Le délai de l'opposition court-il durant les *vacances?* — V. ce mot.

La signification à partie ne fait pas courir le délai, si elle n'a pas été précédée d'une notification à avoué.

Toutefois, si l'avoué a cessé ses fonctions, le délai peut courir à partir de la signification à partie. Arg. C. pr. 148; — mais il doit être augmenté du délai des distances. C. pr. 1033; Rivoire, n° 34.

11. Pendant le délai de trois jours, tous actes d'exécution et de poursuite sont interdits. Arg. C. pr. 155. — Ainsi, une saisie-exécution tentée en vertu d'un exécutoire, avant l'expiration du délai de trois jours, ne peut couvrir la péremption du jugement par défaut qui a condamné aux dépens. Trib. Seine, 16 juin 1835 (Art. 172 J. Pr.).

12. Le droit de former opposition appartient à la partie à qui les dépens ont été adjugés, comme à celle qui a été condamnée à les payer : l'art. 6 du décret de 1807 ne fait aucune distinction. Il paraît juste qu'on puisse réclamer contre une taxe insuffisante, aussi bien que contre une taxe excessive. Ajaccio, 12 sept. 1811, P. 9, 635; Carré, 2, 355; Rivoire, v° *Dépens*, n° 38.—Au reste, le délai court contre les deux parties à partir de la signification.

La signification faite par celui au profit duquel la condamnation aux dépens a été prononcée peut être considérée comme un acquiescement à la taxe, — à moins qu'il ne fasse des réserves.

13. Pour l'exécutoire accordé aux *experts*, — V. ce mot, n° 89.

14. L'opposition se signifie par acte d'avoué à avoué, contenant sommation de comparaître à jour fixe pour y voir statuer. — Cependant cette forme n'est pas de rigueur. Elle pourrait être notifiée par exploit à partie. Aucune forme n'a été prescrite. Rivoire, n° 35; Metz, 14 août 1815; Dalloz, v° *Jugement*, p. 685.

15. Le règlement a lieu en la chambre du conseil sur les observations des avoués respectifs. Décr. 16 fév. 1807, *in fine*. — Il y est statué sommairement sans plaidoiries par jugement, qui se lève dans la forme ordinaire, après qualités signifiées.

16. Le jugement est prononcé dans la chambre du conseil. *Même décret*; Cass. 2 fév. 1826, S. 26, 280.—Toutefois, dans certains cas, l'affaire peut être portée à l'audience ; le décret de 1807 ne s'y oppose pas, alors surtout qu'il s'élève des questions de droit et que les parties consentent au renvoi. Rejet, 14 fév. 1838 (Art. 1271 J. Pr.).

17. L'appel n'est pas recevable contre le jugement qui statue sur la taxe des dépens, quand même les frais taxés dépasseraient 1500 fr. L. du 11 avr. 1838, art. 1. Arg. Paris, 26 avr. 1833; — à moins qu'il n'y ait en même temps appel du jugement de condamnation. Décr. 16 fév. 1807, art. 6.

18. Si l'on a l'intention d'appeler du jugement sur le principal, il est prudent de ne former opposition à la taxe qu'avec *réserves* de se pourvoir au fond sur les points qui font grief ; autrement on pourrait être repoussé plus tard dans son appel, par l'objection que, ne s'étant plaint que de la taxe, on a exécuté le jugement en payant les frais. — V. *Acquiescement*, n° 81.

19. Mais alors même qu'il y a impossibilité d'appel, faute de l'avoir interjeté sur quelques points du fond, on a encore la faculté de se pourvoir en cassation contre le jugement sur la taxe : la Cour suprême a en effet mission de réprimer toute atteinte portée à la loi. Cass. 12 mai 1812, P. 10, 395. — Le fait du recours en cassation sur le fond, ne lui donne pas le droit de statuer sur les oppositions à la taxe, ou sur les demandes de sursis. C'est à la cour qui a délivré l'exécutoire à prononcer sur ces points. Cass. 2 avr. 1812, P. 10, 265.

20. *Effets de l'exécutoire.* L'exécutoire donne le droit d'employer toutes les voies de contrainte résultant d'un titre authentique. — V. *sup.* n° 9.

21. Mais il ne donne pas *hypothèque.* — V. ce mot.

22. La condamnation aux dépens produit-elle des *intérêts* de plein droit? — V. ce mot.

23. L'avoué qui a obtenu la distraction des dépens, et levé un exécutoire, a le droit d'exiger tous les frais et dépens accessoires faits depuis l'obtention du jugement, et ceux sur l'opposition à la taxe. — V. *Dépens,* n° 150.

24. La partie qui paie les dépens auxquels elle a été condamnée peut exiger la remise de la grosse de l'exécutoire. — V. *Dépens,* n° 164.

25. *Enregistrement.* L'exécutoire n'étant pas une condamnation, puisque celle-ci ne résulte que du jugement dont l'exécutoire est le complément, n'est sujet qu'à un droit fixe d'enregistrement de 1 fr. Décis. grand-juge, 16 fév. 1809.

Formules.

FORMULE I.

Exécutoire de dépens.

(C. pr. 544, décr. du 16 fév. 1807, art. 5.)

Louis-Philippe, roi des Français, à tous présens et à venir, salut.
Le tribunal de   a délivré l'exécutoire suivant :
Le tribunal mande et ordonne à tous huissiers sur ce requis, à la requête de M⁰   avoué en ce tribunal, et du sieur
De contraindre par toutes les voies de droit, le sieur   , demeurant à   , à payer audit M⁰   , la somme de   , montant des frais et dépens, taxés par M.   juge en ce tribunal, le
          , non compris le coût et la signification du présent exécutoire
Auxquels dépens ledit sieur   a été condamné par jugement contradictoirement rendu en la   chambre dudit tribunal de
dûment enregistré et signifié, et dont la distraction a été prononcée par ledit jugement au profit dudit M⁰
Fait et délivré, etc.
En foi de quoi, la minute du présent exécutoire, a été signée par le président et le greffier.
A Paris, en marge de l'exécutoire, l'avoué met : pour réquisition, *et signe.*
Si la distraction n'a pas été prononcée, l'exécutoire est délivré au nom de la partie.

FORMULE II.

Opposition à un exécutoire de dépens.

(Décr. 16 déc. 1807, art. 6. — Coût, 1 fr.)

A la requête du sieur   ayant pour avoué M⁰
Soit signifié et déclaré à M⁰   , avoué du sieur
Que ledit sieur   est opposant à l'exécutoire des dépens adjugés par jugement rendu en la   chambre du tribunal de première instance de
en date du   , dûment enregistré; ledit exécutoire décerné contre lui le

Et en conséquence soit sommé ledit M⁰   de comparaître le heures de   , en la chambre du conseil de   chambre du tribunal de première instance de   , séant au Palais-de-Justice à   , pour voir dire que le requérant sera reçu opposant à l'exécutoire susénoncé, par les motifs qu'il se réserve de déduire (1) en la chambre du conseil, voir statuer sur ladite opposition, et s'entendre condamner ledit sieur aux dépens de l'incident, à ce qu'il n'en ignore. Dont acte.

(Signature de l'avoué.)

EXÉCUTOIRE (TITRE). Acte revêtu du mandement aux officiers de justice, tel qu'un jugement, une commission du juge, un acte notarié. C. pr. 146, 545.—V. *Exécution*, § 4.

EXEQUATUR (ORDONNANCE D'). C'est l'ordonnance du président du trib. qui rend exécutoire la sentence arbitrale.— V. *Arbitrage*, sect. XI.

EXIGIBILITÉ.—V. *Acte conservatoire, Exécution*.

EXPÉDIENT (JUGEMENT D'). On appelle ainsi, le projet de jugement, soumis au trib., par un dispositif, signé des avoués des parties, communiqué préalablement au ministère public.

1. *Expédient* vient d'*expédier*, et exprime qu'il a pour but la prompte expédition d'une affaire. Merlin, v° *Expédient*, n° 1.

L'usage en a toujours été très fréquent.—Il se rendait autant de sentences, au Châtelet, par expédient que sur plaidoirie. Denisart, *ib.* n° 2.

2. Le dispositif, ou expédient, est présenté et lu à l'audience par l'un des avoués, ou par un avocat assisté d'un avoué.

Le procureur du roi déclare que communication lui ayant été donnée des dossiers des parties et de ce dispositif, il s'oppose ou non à ce qu'il soit passé outre au jugement.

3. Si le procureur du roi, ainsi que le trib. n'y trouve point d'empêchement, le président prononce ainsi :

Dispositif reçu;—ordonnons qu'il sera mis sur la feuille d'audience.

Mais il ne reste pas de trace de cette présentation de projet de jugement dans la rédaction faite par le greffier. Elle a lieu dans la forme ordinaire : *le tribunal ouïs les avoués des parties, etc. ordonne.*

4. Un expédient proposé et adopté par le trib., a pour but d'épargner le temps des plaidoiries.—Il est quelquefois important et nécessaire de terminer le procès par un jugement plutôt

---

(1) Rigoureusement l'opposition n'a pas besoin d'en contenir les motifs ; l'art. 6 décr. 16 fév. 1807. pas plus que le § 6 qui en fixe l'émolument n'en détermine la forme. Rivoire, n° 35. — *Toutefois il serait peut-être plus régulier d'ajouter, par exemple :*
Voir dire que ladite taxe de dépens sera rectifiée ainsi qu'il suit : Voir retrancher de l'état de frais, 1° Le droit de port de pièces, le sieur   ne demeurant pas hors de l'arrondissement ;
2° Le transport accordé pour les significations, en date des   , etc., etc.
En conséquence, ordonner que ladite taxe sera réduite au total à la somme de   , et condamner le sieur aux dépens de l'incident, etc.

que par une transaction, notamment s'il se trouve des incapables parmi les plaideurs. — Dans ce cas, on doit, dans le dispositif, donner acte aux avoués de ce qu'ils déclarent s'en rapporter à justice, et prononcer ensuite sur la contestation. — V. toutefois *Acquiescement, Désistement, Jugement.*

5. Un dispositif est proposable, soit sur le fond de la contestation, soit seulement sur un incident, par exemple, lorsqu'il s'agit d'ordonner une expertise.

6. Le *jugement* d'expédient peut-il être attaqué comme les jugemens ordinaires ? — V. ce mot.

EXPÉDITION. Copie entière et littérale d'un acte. — V. *Compulsoire, Copie, Grosse.*

EXPERT-EXPERTISE. On appelle *expert* la personne que le juge ou les parties intéressées nomment pour examiner ou estimer certaines choses d'après les règles de l'art, et donner son avis dans un rapport.—L'*expertise* est l'opération des experts.

DIVISION.

§ 1.—*Diverses espèces d'expertises : cas où elles ont lieu.*

1. L'expertise est amiable ou judiciaire. *Amiable*, elle est réglée par la convention des parties ; c'est une espèce d'arbitrage. *Judiciaire*, les formalités en sont tracées par les art. 302 et suiv. C. pr.—V. *inf.* § 2.

2. L'expertise judiciaire est ou prescrite par la loi, ou simplement ordonnée par le juge, soit d'office, soit sur la réquisition des parties.

3. L'expertise prescrite par la loi a, en général, pour but de constater l'état et la valeur de certains biens, et de conserver les droits de ceux à qui ils peuvent appartenir.

4. Il y a lieu à expertise dans plusieurs cas : ainsi, pour constater l'état des biens d'un absent (C. civ. 126); estimer les meubles dont la jouissance légale reste aux père et mère (455);

en cas de partage de succession (824 , 834), intéressant un mineur (466); d'échange de l'immeuble dotal (1559) ; de rescision de vente d'immeuble (1678) ; de contestation sur le prix d'un bail non écrit (1716); de vérification d'écriture (C. pr. 195 et suiv.) ; d'inscription de faux (232, 236) ; d'estimation d'ouvrages ou marchandises (429) ; de levée de scellés (955); d'aliénation d'immeubles de mineurs (955); de jet à la mer (C. comm. 414); et de répartition des pertes (*ib.* 416), etc. ; quand il s'agit de condamner le contrefacteur d'un ouvrage à des dommages-intérêts. Cass. 6 niv. an 13, P. 4 , 311.

5. L'expertise ordonnée par le juge a pour but de l'éclairer , et de le mettre à même de prononcer en connaissance de cause sur une contestation dont il est saisi.

Conséquemment elle peut être demandée et ordonnée pour la première fois en *appel*.—V. ce mot, n°s 295 et 296.

Il est en général laissé à la prudence des trib. d'avoir recours à cette voie d'instruction , soit d'office , soit sur la demande des parties, ou de refuser de l'employer , s'ils trouvent dans la cause d'autres élémens d'instruction suffisans. Rennes , 25 août 1807 ; Cass. 12 déc. 1827 ; 21 fév. 1834, D. 34, 147 ; Cass. 25 mars 1835 (Art. 39 J. Pr.); Berriat, 1, 179; Carré, n° 1155. —Ils peuvent même rétracter la nomination d'experts qu'ils ont faite, si depuis ils ont obtenu par une autre voie les renseignemens nécessaires, ou si les parties se sont désistées de leurs prétentions sur le point qui était l'objet de l'expertise. Carré , n° 1162.

Si la seule inspection des localités suffit, il convient d'ordonner uniquement une *descente sur les lieux.*—V. ce mot.

6. Il ne faut pas confondre les expertises proprement dites ordonnées comme voie d'instruction , et régies par le titre du C. de pr., *des rapports d'experts*, avec la mission qualifiée à tort *expertise* , par laquelle un trib. charge un tiers , en qui il a confiance, de surveiller des travaux ou de procéder à une opération qu'il a prescrite, et dont il a fixé les bases.—Dans ce dernier cas , on doit uniquement recourir aux principes généraux sur l'exécution des jugemens. Arg. Cass. 7 nov. 1838 (Art. 1310 J. Pr.).

Ainsi les experts de la seconde espèce : 1° sont valablement nommés par le trib. sans qu'il soit besoin de réserver aux parties le droit d'en désigner d'autres de leur choix dans les trois jours. *Même arrêt.*—V. *inf.* n° 25.

2° Ils peuvent être dispensés du serment sans l'assentiment des parties.—V. *inf.* n° 55.

— V. d'ailleurs *inf.* n° 15.

Ces dernières règles sont également suivies : — 1° En matière civile, lorsque le trib. renvoie les parties à se régler , s'il est

possible, devant les avoués, ou devant les avocats, soit à cause
de leur proche parenté, soit à raison de la modicité du droit litigieux, soit afin de simplifier les points de difficulté, et sauf à
revenir devant le trib. si la conciliation ne s'opère pas;

2° Lorsque le *trib. de commerce* ordonne une expertise
(— V. ce mot) — ou renvoie les parties pour l'examen de leurs
comptes; pièces et registres, devant un ou devant trois *arbitres
rapporteurs.*—V. ce mot.

Conséquemment, les arbitres rapporteurs sont dispensés de
prêter serment. Thomine, n° 474.—Lors même que leur mission renferme implicitement quelques opérations analogues à
celle des experts.

D'ailleurs leurs fonctions (à la différence de celles des experts—(V. *inf.* n° 88) sont gratuites. *Même auteur.*—Mais, dans
l'usage, on leur alloue des honoraires.

7. Quelquefois la loi exige impérieusement qu'il y ait une
expertise, comme dans le cas des art. 1678 et 1746 C. civ. —
V. *sup.* n° 4, et *inf.* n° 128.

Mais, à moins d'une disposition impérative et formelle, les
trib. sont toujours libres d'user de cette voie d'instruction, ou
de s'en dispenser s'ils la jugent superflue.

Ainsi ils peuvent, sans avoir recours à une expertise préalable, statuer sur une demande en rescision pour cause de lésion
d'un bail intentée au nom d'un mineur. Cass. 7 déc. 1849. —
Ou fixer les dommages-intérêts dus par un vendeur à son acquéreur dépossédé. Cass. 17 mars 1819, D. 19, 377.

8. Dans tous les cas où un trib. pense qu'il y a lieu à un
rapport d'experts, il doit l'ordonner par un jugement qui
énonce clairement les objets de l'expertise (C. pr. 302), afin
d'empêcher les experts de s'écarter de leur mission.

Lorsque la visite de l'objet contentieux suffit pour mettre les
experts en état de décider le point de fait, on ordonne seulement
cette visite. — Dans le cas contraire, le juge doit autoriser les
experts à employer les moyens qu'il croit propres à la découverte de la vérité : par exemple, à consulter les papiers, registres ou titres, à adresser des interpellations aux parties, et
même à d'autres personnes en état de fournir des renseignemens
utiles. Pigeau, 1, 568 ; Cass. 4 janv. 1820, S. 20, 160.

9. Le jugement qui ordonne l'expertise est signifié à la partie
adverse et à son avoué.

10. Les formalités de l'expertise varient selon qu'elle a lieu
devant un trib. civil, un *trib. de commerce*, ou un *juge de paix.*—
V. ces mots. — Celle prescrite en matière d'enregistrement est
soumise à des formes spéciales.—V. *inf.* § 3.

§ 2. — *De l'expertise devant les tribunaux civils.*

Art. 1. — *Nomination des experts.*

11. Le choix des experts appartient aux parties, — pourvu qu'elles soient majeures et maîtresses de leurs droits. Douai, 12 mai 1827, S. 27, 138.

Les experts ne sont désignés par le trib. qu'à défaut par celles-ci de s'entendre sur leur nomination. C. pr. 304, 305. — V. *inf.* n° 25, et toutefois *sup.* n° 6.

Si les lieux contentieux sont trop éloignés, les juges peuvent commettre un trib. voisin pour nommer les experts. C. pr. 1035.

12. Les experts doivent être désignés d'une manière assez précise pour que les parties ne les confondent pas avec d'autres : sans cela, l'exercice du droit de récusation serait impossible. Bruxelles, 6 août 1808, P. 7, 73.

L'indication inexacte du domicile d'un expert peut être rectifiée par un jugement ultérieur. Montpellier, 15 mai 1810, P. 8, 309.

13. Les experts sont en général au nombre de trois. — V. *inf.* n° 17, et cependant *sup.* n° 6, et *inf.* n° 15.

14. Toutefois, les parties, maîtresses de leurs droits, ont la faculté de convenir de s'en rapporter au jugement d'un seul (C. pr. 303), — soit en ne nommant qu'un seul expert, soit en demandant, de concert, au trib., de n'en désigner qu'un.

Ce consentement n'est pas valablement donné par le tuteur. Carré, n° 1159. — *Contrà*, Rennes, 24 mars 1813, et non pas 1812, P. 11, 232; — A moins cependant, selon MM. Pigeau, *Comm.* 1, 558, et Carré, *ib.*, que l'affaire ne soit d'une importance modique. — Mais aucune disposition de loi ne consacre cette exception, et il nous paraîtrait difficile de déterminer la limite à laquelle on devrait s'arrêter, en l'absence d'un texte précis.

Suivant M. Favard, 4, 700, la nécessité de laisser aux parties la faculté de convenir d'experts, ne s'étend pas aux incapables pour lesquels le trib. doit toujours nommer d'office.

15. Il peut, même sans le consentement de toutes les parties, être procédé par un seul expert : 1° lorsqu'il s'agit d'établir les lots d'une succession. C. civ. 834; C. pr. 978, 982; — 2° en matière de vente de biens de mineurs, si le juge estime que, d'après leur peu d'importance, un seul soit suffisant. C. pr. 955; — 3° en matière commerciale. C. pr. 429; — 4° en matière de référé.

Lorsque l'expertise n'est ni prescrite par la loi, ni demandée par les parties, le trib. ou la Cour qui désirent quelques renseignemens, ont également le droit de nommer d'office un seul expert. Cass. 10 juill. 1834, D. 34, 528 ; 23 fév. 1828; 12 juin 1838 (Art. 723 et 1251 J. Pr.).

Dans tous les cas, la nomination d'un seul expert ne donnerait pas ouverture à cassation, si les juges n'avaient pas homologué le rapport et avaient jugé d'après leur conscience. Cass. 20 juill. 1825, D. 25, 584.

16. En matière d'enregistrement, on ne doit nommer que deux experts. — V. *inf.* n° 119.

17. Au reste, à défaut de convention contraire des parties, ou de disposition spéciale de la loi, le trib. est obligé de choisir trois experts. Paris, 11 fév. 1811, S. 11, 449; Orléans, 28 mars 1822; Poitiers, 5 juin 1832, D. 52, 55 ; Colmar, 16 mai 1827; 2 janv. 1854 ; Cass. 15 juin 1830, D. 50, 285.

Mais la nullité résultant de ce qu'il n'en aurait nommé qu'un, est couverte par la comparution des parties devant l'expert et leur concours, sans aucune réserve, aux opérations de l'expertise. Toulouse, 7 janv. 1837 (Art. 724 J. Pr.).

Il faut que les parties aient comparu en personne : la comparution de l'avoué, en l'absence de la partie, n'emporte pas ratification de la nomination irrégulièrement faite; une action en désaveu contre l'avoué n'est même pas nécessaire. Arg. Agen, 22 mai 1812, P. 10, 416.

De même, lorsque devant la C. roy. les parties n'ont pas opposé le moyen tiré de ce qu'un seul expert a été nommé au lieu de trois, elles ne sont plus recevables à s'en prévaloir pour la première fois devant la C. cass. Cass. 22 fév. 1827, D. 27, 149.

Il s'agit en effet d'une matière d'intérêt privé et le consentement donné par les parties au mode de procéder irrégulièrement suivi, suffit pour le valider. Cass. 28 déc. 1851, D. 52, 47.

18. L'expertise ne saurait être faite par plus de trois experts, quel que soit le nombre des parties. Arg. C. pr. 305: Cass. 2 sept. 1811; Paris, 1er avr. 1814; Besançon, 19 déc. 1812; Colmar, 5 avr. 1850, D. 52, 171; Thomine, art. 305; Carré, n° 1158.

Néanmoins, il n'est pas défendu d'adjoindre aux experts des indicateurs, par exemple, les maires des communes, pour leur donner les renseignemens dont ils ont besoin. Cass. 4 janv. 1820, S. 20, 160; Thomine, art. 305.

La nullité résultant de ce que plus de trois experts auraient été nommés par le trib., peut être couverte comme celle qui résulte de ce qu'un seul aurait été nommé. — V. *sup.* n° 17.

19. Lorsque les parties ont nommé trois experts pour faire une estimation, et que deux seulement y procèdent sur le refus du troisième, leur rapport est nul ; — les juges ne peuvent le déclarer valable, sous prétexte qu'il est à présumer, d'après les circonstances de la cause, que les parties n'ont nommé trois experts que pour le cas où deux seraient en désaccord : il y a omission d'une des formalités substantielles de l'expertise. Arg. C. pr. 305, 516; Cass. 2 sept. 1811, S. 11, 562; Besançon, 6 juill. 1821 (D. v° *Expertise*, sect. 1, art. 7, n° 12); Rennes, 10 mars 1826. — Les juges ont seulement le droit d'ordonner une nouvelle expertise. Rennes, 16 juill. 1818; Carré, art. 317.

Dans le cas où le trib. a désigné trois experts, si l'un d'eux ne prête point serment, les parties peuvent donner mission aux deux autres de procéder seuls à la vérification ordonnée, avec faculté de s'adjoindre un tiers expert.

Le rapport que dressent ces deux experts, sans avoir eu besoin d'appeler un tiers, ne sauraient être annulé sous le prétexte qu'il est interdit aux parties de nommer deux experts. Nîmes, 15 juill. 1825, D. 25, 231.

20. Les parties nomment leurs experts, soit avant le jugement qui ordonne l'expertise, soit au moment de la prononciation du jugement. — Dans l'un et l'autre cas, le jugement leur donne acte de leur nomination. C. pr. 304.

21. Leur choix se fait de différentes manières : — tantôt la partie qui demande l'expertise propose trois experts désignés dans ses conclusions; et la partie adverse, dans des conclusions signifiées en réponse, déclare adhérer à l'expertise et à la nomination d'experts proposés; — tantôt les parties font au greffe une déclaration commune, qu'elles entendent désigner tel ou tel expert; enfin, cette déclaration peut être faite à l'audience même. Pigeau, 1, 369. — Avec assistance d'avoué. Arg. Tar. 91; Carré, n° 1168. — V. *Avoué*, n° 51.

22. Les parties doivent-elles s'accorder pour nommer conjointement les trois experts, ou bien peuvent-elles choisir chacune le leur, sauf au trib. à nommer lui-même le troisième? — Cette dernière opinion était adoptée sous l'ordonnance de 1667; mais il résulte de l'art. 305 C. pr., que tous les experts doivent être désignés par les parties; cependant, rien ne s'oppose à ce que chacune d'elles désigne son expert, et déclare laisser au trib. le soin de nommer le troisième. Rennes, 10 fév. 1809; 13 juill. 1813; Carré, n° 1160.

23. Lorsqu'il n'y a qu'une partie qui ait nommé son expert, le juge doit désigner d'office les trois experts, et non pas seulement les deux autres. Rennes, 13 juill. 1813; Carré, *ib.*

24. Si les experts ne sont pas choisis par les parties, le jugement ordonne qu'elles seront tenues d'en désigner dans les trois jours de la signification, sinon qu'il sera procédé à l'opération par ceux qu'il nomme par le même jugement. C. pr. 305.

25. La faculté accordée aux parties, de convenir elles-mêmes de leurs experts dans le délai de trois jours, ne peut leur être enlevée : la nomination d'experts que ferait le trib., sans accorder le délai prescrit par l'art. 305, serait nulle et comme non-avenue. Bruxelles, 6 août 1808; Paris, 4 fév. 1811; Bruxelles, 15 oct. 1829; Colmar, 3 avr. 1830, D. 52, 171; Orléans, 27 mars 1822; Carré, art. 305, n° 1161. — V. néanmoins *sup.*, n° 6.

Toutefois, le jugement qui a nommé des experts, sans laisser aux parties la faculté d'en désigner, devient inattaquable lorsqu'il a été exécuté sans réserves. Rennes, 14 nov. 1810.

26. Jugé également que si, sur les conclusions d'une partie afin de nomination d'office des experts par le trib., l'autre partie n'a rien objecté et le trib. a fait la nomination; cette nomination est régulière. Bourges, 20 août 1828, D. 28, 395.

Le délai de trois jours ne court, si le jugement qui a ordonné l'expertise est par le défaut, qu'à partir de la huitaine accordée pour former opposition; s'il y a opposition, du jour de la signification du jugement qui a rejeté l'opposition; s'il y a appel, du jour de l'arrêt confirmatif. Carré, n° 1165; Favard, R., v° *Expertise*, n° 4.

27. Les parties ont-elles encore le droit de choisir leurs experts après l'expiration du délai fixé par l'art. 305 ? — L'affirmative résulte de ce que la nomination d'office n'est faite que dans leur intérêt; il est donc juste de leur permettre de remplacer les experts désignés par le trib. par d'autres de leur choix, pourvu toutefois que ce changement n'apporte aucun retard dans les opérations, c'est-à-dire pourvu qu'il précède la prestation du serment des experts. Carré, n° 1169.

M. Lepage (*Quest.* p. 307) n'admet les parties à nommer leurs experts que jusqu'à la délivrance de l'ordonnance prescrite par l'art. 307, et M. Delaporte (t. 1, p. 294) jusqu'au moment où cette ordonnance a été demandée.

Mais le Code ne dit pas, au titre des experts comme à celui des enquêtes, que les opérations seront réputées commencées du jour de l'obtention de l'ordonnance. — Toutefois, le choix des parties ne peut avoir lieu après la prestation de serment des experts. (— *Contrà*, Thomine, n° 357). Ce serment commence en effet les opérations de l'expertise.

28. Lorsqu'un jugement porte des condamnations au fond, avec alternative de recourir à une expertise dans un délai déterminé pour en fixer la quotité, les parties ne sont tenues de nommer leurs experts que dans le délai fixé par le trib. Orléans, 12 déc. 1810, Carré, n° 1166.

Art. 2. — *Personnes qui peuvent être nommées experts.*

29. Les experts ne forment plus aujourd'hui de corporation; tout individu peut donc être choisi pour en remplir les fonctions, quoiqu'il soit d'une profession étrangère aux connais-

sances qu'exige l'objet en contestation. Cass. 10 août 1829,
D. 29, 527. — A moins qu'il ne s'agisse de prisée de meubles.
(— V. *Commissaire-priseur*, n° 4). Orléans, 24 nov. 1819,
D. *juris gen.* 7, 657, n° 2.

30. Toutefois, certaines personnes sont incapables d'exercer
les fonctions d'expert, à raison de leur âge, de leur état, ou
de leur immoralité.

31. Tels sont, 1° les mineurs, les interdits ; — 2° les individus condamnés à la peine des travaux forcés à temps, de la
réclusion, du bannissement ou du carcan (C. pén. 28, 34), et
ceux que les trib. jugeant correctionnellement ont privé, dans
les cas prévus par la loi, du droit d'exercer ces fonctions
(C. pén. 42) ; — 3° les étrangers qui n'ont pas la jouissance
des droits civils. — V. d'ailleurs *Arbitre*, n° 179 à 184.

32. Les juges et les greffiers peuvent-ils être nommés experts ? — On invoque pour la négative des motifs de convenance, mais aucun texte ne prononçant l'incapacité de ces
fonctionnaires, on ne saurait faire annuler leur nomination.
— *Contrà*, Carré, n° 1163. — V. d'ailleurs *Arbitre*, n° 186.

A plus forte raison l'arrêt qui charge un juge de paix de visiter des lieux contentieux et d'en constater l'état, peut-il lui
donner en même temps la mission de se faire communiquer le
plan de ces lieux et de dire dans son procès-verbal s'il est exact
et présente le véritable aspect des lieux. — Ce n'est pas là lui
confier une expertise; conséquemment les formalités prescrites
par les art. 303 et 305 C. pr., sont inapplicables; Cass. 10 juin
1835 (Art. 194 J. Pr.). Arg. Cass. 17 janv. 1833, S. 33, 131.
— V. *sup.* n° 6.

Un trib. peut également *faire faire sous ses yeux* un travail
d'après lequel il déclare se décider contrairement à une expertise qui a eu lieu précédemment. On ne saurait induire de cette
mention que le travail a eu lieu sous ses yeux, qu'il a été procédé à une expertise occulte hors la présence des parties; lors
surtout qu'il résulte de l'ensemble du jugement que le trib. n'a
entendu parler que d'un travail auquel il a procédé lui-même
en la chambre du conseil pour éclairer sa religion. Cass. 25 juill.
1833, D. 33, 320.

33. L'expert nommé pour un premier rapport peut-il concourir à une seconde expertise? — V. *inf.* n° 99.

Art. 3. — *Récusation et déport des experts.*

34. *Récusation.* Les experts peuvent être récusés par les
motifs pour lesquels les témoins peuvent être reprochés. C. pr.
310, 283 (— V. *Enquête*). Ils sont en effet des espèces de témoins appelés à éclairer le juge par leurs déclarations. Carré,
art. 310.

On ne saurait récuser un expert comme engagé dans un procès contre l'une des parties, s'il n'avait suivi ce procès qu'en qualité de consignataire d'un armateur, et non pas en son nom personnel. Rennes, 4 fév. 1818, D. t. 7, p. 665.

De même, on argumenterait vainement de ce qu'il aurait été précédemment l'avoué de la partie qui l'aurait choisi. Paris, 30 janv. 1825, S. 25, 265; Cass. 24 janv. 1829, S. 27, 352. — Ou de ce que plusieurs années auparavant il aurait fait exécuter, contre l'une des parties, un jugement de condamnation au paiement d'une somme d'argent. Bordeaux, 16 janv. 1833. Au contraire, est récusable l'expert qui dans le cours de l'opération, a bu et mangé avec l'une des parties et à ses frais, peu importe qu'un cointéressé du récusant ait assisté au repas. Amiens, 7 déc. 1822. — Mais la partie qui se serait elle-même mise à table avec l'expert chez la partie adverse, serait non recevable à former une demande en récusation contre lui. Bourges, 30 mars 1829; Pigeau, Comm. t. 1, p. 562.

Une partie ne peut être admise à prouver que l'expert a bu et mangé aux frais de l'autre partie, si le rapport de l'expert ne lui cause aucun préjudice. Amiens, 17 mars 1826.

On est également non recevable à proposer en appel contre les experts, des moyens de récusation qu'on n'a pas présentés en première instance. Bourges, 24 juill. 1832.

Jugé que lorsqu'une expertise est annulée sur le motif qu'il y a été procédé par l'un des experts seul en l'absence de l'autre, il y a lieu, en cas de nouvelle expertise, de récuser l'expert qui a régulièrement opéré. Bruxelles, 21 juill. 1811.

55. Les experts nommés par les parties ne sont récusables que pour causes postérieures à leur nomination · les parties sont présumées avoir renoncé à faire valoir les causes antérieures. C. pr. 308; — à moins qu'elles ne les aient ignorées. Thomine, art. 514.

56. Ceux nommés d'office sont récusables, même pour cause antérieure à leur nomination. C. pr. 308. — Les parties ne peuvent en effet être réputées avoir renoncé à la récusation.

57. Le serment une fois prêté, la récusation n'est plus admissible, même pour causes postérieures : les opérations sont réputées commencées. C. pr. 308.—On peut seulement signaler au trib. les circonstances de nature à diminuer sa confiance dans les experts. Carré, n° 1175; Thomine, art. 514; Lepage, p. 204. — Contrà, Amiens, 7 déc. 1822; Pigeau, 1, 573.

Toutefois, un expert nommé d'office peut être récusé après avoir prêté serment, si cette prestation a été faite immédiatement après sa nomination. Bordeaux, 2 août 1833, D. 54, 65.

58. La récusation pour cause antérieure à la nomination, n'est plus recevable trois jours après celui de cette nomination. C. pr. 509.

39. Le jour de la nomination doit s'entendre dans son sens grammatical, c'est-à-dire du jour de la prononciation du jugement, comme le prescrit formellement l'art. 383 pour le cas de récusation du juge commis aux descentes sur les lieux et aux enquêtes, et non pas du jour de la signification du jugement; s'il fallait mettre la partie à même d'avoir connaissance de la nomination des experts, on devrait lui notifier le jugement à domicile; or, dans le silence de la loi, la signification à avoué suffit. Rennes, 17 juin 1816; 4 fév. 1818, D. 7, 665; Carré, n° 1175; Favard, v° *Rapports d'experts*, art. 1, § 2. — *Contrà*, Montpellier, 17 avr. 1822. — La C. Bordeaux a jugé que le délai de trois jours ne commence à courir que de l'époque où la partie a connaissance du jugement. 4 juill. 1832, D. 33, 18.

Toutefois, M. Thomine, art. 314, ne fait courir le délai que du jour où la nomination est devenue définitive, c'est-à-dire du moment où les parties ont laissé écouler les trois jours accordés par la loi pour choisir elles-mêmes leurs experts. Le délai serait alors de six jours, à partir de la signification du jugement.

Mais, quand la nomination faite par le trib. n'a pas été résolue par celle faite par les parties, elle est censée avoir été définitive dès l'origine, puisque la condition résolutoire ne s'est pas accomplie. — *Contrà*, Montpellier, 17 avr. 1822.

Le délai de trois jours ne doit pas être augmenté d'un jour par trois myriamètres de distance, entre le lieu où siège le trib. qui a rendu le jugement et celui du domicile des parties : cette augmentation n'est accordée que pour le cas où il s'agit de citations, ajournemens, sommations ou autres actes faits, soit à personne, soit à domicile. C. pr. 1033. — *Contrà*, Pigeau, 1, 562.

40. Si le jugement qui nomme les experts est par défaut, le délai de la récusation ne court, 1° s'il n'y a pas d'opposition, que du jour de l'expiration de la huitaine de l'opposition; et 2° s'il y a eu opposition, du jour du débouté d'opposition, soit contradictoire, soit par défaut. Arg. C. pr. 383; Carré, *ib.*

41. Ce délai ne comprend pas le jour de la nomination des experts, mais bien celui de l'échéance. Carré, n° 1174; Favard, v° *Rapports d'experts*, sect. 1, § 2. — V. sup. n° 39.

42. La récusation est proposée par un simple acte signé de la partie ou de son mandataire spécial, contenant les causes de récusation et les preuves, si elle en a, ou l'offre de les vérifier par témoins. C. pr. 309.

L'avoué n'a pas caractère pour exercer une récusation au nom de sa partie; il lui faut un mandat spécial à cet effet. Orléans, 11 mai 1821, D. t. 7, p. 664. — *Contrà*, Bordeaux, 16 janv. 1833.

43. L'acte de récusation n'est pas communiqué à l'expert : il n'est pas comme le juge revêtu d'une fonction publique, et sa déclaration sur les causes de récusation alléguées n'aurait pas le même poids. Pigeau, 1, 373. — V. *Récusation.*

44. La récusation suspend l'effet de la nomination de l'expert. La prestation de serment ne peut avoir lieu qu'après le jugement qui la rejette. Arg. C. pr. 519, 387; Carré, n° 1176. — *Contrà*, Bordeaux, 4 juill. 1852, D. 33, 18.

45. Si la récusation est contestée, soit par l'expert, soit par l'autre partie, elle est portée à l'audience sur un simple acte et jugée sommairement sur les conclusions du ministère public. C. pr. 311.

46. Lorsque le fait de la récusation n'est pas justifié, les juges peuvent en ordonner la preuve par témoins (C. pr. 311); — on y procède dans la forme des enquêtes sommaires. — V. *Enquête*, sect. III.

47. Si la récusation est admise, l'expert récusé est remplacé *d'office* par le même jugement. C. pr. 315 : — et non par les parties. La loi veut hâter autant que possible la conclusion de l'expertise. Carré, n° 1180. — *Contrà*, Demiau, art. 315; Favard, *ib.*, sect. 1, § 3.

Néanmoins, suivant Carré, n° 1180, note, les parties majeures, et maîtresses de leurs droits, peuvent nommer un autre expert à la place de celui qui l'a été d'office.

Le nouvel expert est lui-même récusable. Carré, n° 1181.

48. Si la récusation est rejetée, la partie qui l'a faite peut être condamnée à des dommages-intérêts : 1° envers la partie qui les requiert (Carré, n° 1182), à raison du préjudice que lui a occasioné le retard apporté à la confection de l'expertise (C pr. 314); — 2° envers l'expert récusé, si celui-ci le requiert, et que les faits allégués contre lui soient de nature à porter atteinte à son honneur et à sa réputation. *Ib.*

La demande de l'expert en dommages-intérêts est présentée dans la forme d'une demande incidente. Carré, n° 1183. — V. *Incident.*

49. Mais, par cela seul que l'expert requiert des dommages-intérêts, et quand même il ne les obtiendrait pas, il se constitue l'adversaire du récusant, et ne peut demeurer expert. Arg. C. pr. 314; Favard, *ib.* — Il est alors remplacé par un expert nommé d'office. Carré, n° 1184.

50. Le trib. a le droit de supprimer d'office les écrits publiés, de les déclarer calomnieux, et d'ordonner l'impression et l'affiche de son jugement. C. pr. 1036.

51. Tout jugement qui statue sur une récusation est suscep-

tible d'appel, même dans les matières où le trib. de 1re inst.
juge en dernier ressort. Arg. C. pr. 391 ; Carré, n° 1178.

52. Toutefois, il est exécutoire par provision (C. pr. 312).
Il peut, en conséquence, être passé outre à l'expertise, et même
au jugement du fond. Mais, si, sur l'appel, la récusation est
admise, le rapport fait par l'expert jugé récusable est annulé.
C. pr. 312 ; Pigeau, 1, 374 ; Carré, n° 1179.

Pour éviter l'inconvénient de cette nullité, il est loisible à
la partie de demander, et au trib. d'ordonner, attendu l'urgence,
qu'il sera procédé par un autre expert. Arg. C. pr. 391 ; Pigeau, *ib.*

53. Lorsque la récusation est admise, le nouvel expert nommé d'office doit procéder, malgré l'appel du jugement qui a
admis la récusation. Mais, à la différence du cas ci-dessus, son
rapport est valable, lors même que le jugement de récusation
serait infirmé en appel. Le seul avantage que recueille l'appelant est de gagner les frais.

54. *Déport.* Le ministère des experts est entièrement libre ;
mais une fois qu'ils ont accepté les fonctions qui leur sont conférées, et qu'ils ont commencé leurs opérations par la prestation du serment, ils ne peuvent, de même que les arbitres, se
déporter sans excuse légitime, sans s'exposer à être condamnés
par le trib. qui les a commis à tous les frais frustratoires, et
même aux dommages-intérêts, s'il y échet. C. pr. 316. — En
acceptant leur mission, ils ont contracté l'obligation de la remplir, et deviennent responsables du préjudice causé par son
inexécution. Besançon, 24 janv. 1807 ; Carré, n° 1190. —
V. *Arbitrage,* n° 214 et suiv.

Toutefois, les experts peuvent se dispenser de remplir leurs
fonctions, si l'avance des frais de transport et de nourriture n'a
pas été faite par les parties (Arg. C. pr. 301 ; Carré, n° 1190 ;
Favard, v° *Rapp. d'exp.*, § 3, n° 2). Mais, dans l'usage, ils
font ces avances.

Ils n'ont pas le droit d'exiger, avant d'avoir rempli leur mission, que les parties consignent somme suffisante pour leurs
vacations. Grenoble, 23 juill. 1830.

Le remplacement d'un expert empêché ou décédé doit être
réclamé par simple requête. Colmar, 4 juin 1835 (Art. 269
J. Pr.).

Toutefois, il nous semble difficile, dans le silence de la loi,
d'admettre, avec la C. de Colmar, que l'on puisse se dispenser
de faire droit à la demande présentée dans la forme prescrite
pour les incidens, — et surtout que les frais de la demande
doivent être mis à la charge de l'avoué.

Art. 4. — *Serment des experts.*

55. L'expert (même celui nommé par un consul en pays étranger. Cass. 9 mars 1831, D. 51, 86), avant de procéder à ses opérations, est tenu de prêter serment de bien et fidèlement remplir sa mission, — à moins qu'il ne soit un officier public assermenté pour le genre d'opérations auquel il doit procéder, tel, par exemple, qu'un courtier juré (Rennes, 17 août 1812), — ou qu'il n'en ait été dispensé par les parties capables. Florence, 25 juin 1810; Cass. 24 juill. 1830. D. 50, 376.— Tel est l'usage à Paris, surtout s'il s'agit d'objets de peu d'importance. — V. *sup.* nᵒˢ 6, 14, 15 et 17.

Mais un nouveau serment n'est pas nécessaire, lorsqu'il s'agit pour l'expert de donner un supplément de rapport, et de préciser les bases sur lesquelles il a appuyé son avis. Cass. 27 janv. 1828, D. 29, 381.

Les trib. peuvent, sans le soumettre à la prestation de serment, charger un homme de l'art de diriger certains travaux. Cass. 16 juill. 1837 (Art. 213 J. Pr.); — ou d'assister un juge dans la vérification d'un point litigieux. Bordeaux, 28 mars 1831.

56. Le jugement qui ordonne l'expertise nomme un juge-commissaire pour recevoir le serment. — Si les lieux sont trop éloignés, le trib. peut commettre un juge de paix, et même autoriser un trib. à nommer soit un de ses membres, soit un juge de paix pour y procéder. C. pr. 505, 1035.

57. Le juge commis peut en outre être autorisé à se transporter sur les lieux. Amiens, 29 déc. 1821; — et à prescrire les mesures nécessaires pour vaincre la résistance opposée, et mettre les experts en mesure de procéder. Carré, nᵒ 1167. — Souvent même le trib., dans cette prévoyance, ordonne une *descente sur les lieux.* — V. ce mot, nᵒ 2.

58. Après l'expiration des délais accordés pour remplacer les experts nommés d'office par le trib. (— V. *sup.* nᵒ 24), la partie la plus diligente présente requête au juge-commissaire, qui y répond par une ordonnance portant permission de faire comparaître devant lui les experts à jour et heure indiqués. C. pr. 505; Tar., 77.

Il ne doit pas être dressé procès-verbal de la délivrance de cette ordonnance : il n'en est pas de l'expertise comme de l'enquête, qui doit être commencée dans un délai prescrit, à partir de l'ordonnance délivrée par le juge à l'effet de citer les témoins. C. pr. 259. — Cependant, l'usage de constater la délivrance de l'ordonnance au procès-verbal d'expertise existe dans quelques tribunaux.

59. Lorsqu'une expertise a été ordonnée par un arrêt qui n'a été mis à exécution par aucune des parties, la Cour a le droit de fixer un délai dans lequel la partie la plus diligente sera tenue de faire procéder à l'expertise. Rennes, 1er déc. 1829.

60. En exécution de l'ordonnance du juge, la partie fait sommation aux experts de se trouver devant lui, aux jour et heure indiqués, pour prêter serment. C. pr. 307.

Il n'est pas nécessaire que les parties soient présentes à cette prestation. C. pr. 307. — D'où l'on conclut qu'il est inutile de les sommer de s'y trouver. Carré, art. 307; Favard, v° *Expertise*, sect. 1re, § 2. — Toutefois, on est dans l'usage de le faire. Pigeau, 1, 375.

61. Le juge-commissaire ou le juge de paix, commis pour recevoir le serment des experts, dresse procès-verbal de la prestation de ce serment. C. pr. 315.

62. Si l'expert n'accepte pas la nomination à lui confiée, ou ne se présente pas pour la prestation du serment aux heure et jour indiqués, les parties doivent s'accorder *sur-le-champ* pour en nommer un autre à sa place, sinon la nomination est faite d'office par le tribunal. C. pr. 316.

Art. 5. — *Opérations des experts.*

63. Le procès-verbal de prestation de serment doit contenir indication par les experts du lieu et des jour et heure de leurs opérations.

En cas de présence des parties ou de leurs avoués, cette indication vaut sommation.

En cas d'absence de l'une d'elles ou de son avoué, l'avoué de la partie poursuivante lui fait sommation, par acte d'avoué à à avoué, de se trouver aux lieu, jour et heure indiqués (C. pr. 315); ce mode de procéder est également suivi lorsque l'expert est dispensé du serment.

S'il y a urgence, l'expert peut fixer le jour de son opération avant d'avoir prêté serment. Colmar, 24 déc. 1833, D. 35, 22. —Une sommation est alors nécessaire.

64. Lorsque l'expert absent, soit pour la prestation de serment, soit pour l'opération, est remplacé, comme le jour de l'expertise ne se trouve plus indiqué, la partie la plus diligente, après avoir pris le jour des experts, en informe la partie adverse par acte d'avoué à avoué, et à défaut par les experts de convenir d'un jour, elle les assigne, pour commencer leurs opérations, à jour indiqué, si mieux ils n'aiment convenir entre eux d'un autre jour, et lui en donner avis. Thomine, art. 316.

65. La sommation peut être signifiée à la partie au lieu de l'être à son avoué, sans qu'il y ait pour cela nullité de la procédure. Bourges, 14 mars 1821; Cass. 13 nov. 1832, D. 33, 166.

S'il s'agit d'expertise ordonnée par une C. roy., c'est à l'avoué d'appel, et non à celui qui a occupé en première instance, que doit être signifiée la sommation. Grenoble, 20 août 1825, S. 26, 165.

66. L'expertise est nulle, 1° si la partie qui n'a pas été présente au procès verbal de prestation de serment n'a pas été sommée d'assister aux opérations des experts. Besançon, 19 déc. 1812 ; Grenoble, 20 août 1825, S. 26, 165 ; Carré, n° 1186.

2° Lorsque la partie n'a pas été prévenue du jour auquel une opération commencée serait continuée. Paris, 30 flor. an 10 ; Bruxelles, 25 déc 1825 ; Colmar, 11 juill. 1852 ; — à moins qu'il ne soit clairement établi qu'elle a eu connaissance d'une autre manière du jour et du lieu où l'opération aurait lieu. Montpellier, 27 mars 1824 ; Dijon, 11 mars 1828 ; Cass. 21 nov. 1820, S. 21, 592 ; 20 août 1828, S. 29, 34 ; 11 nov. 1829, S. 29, 406 ; — ou bien qu'elle ait renoncé à attaquer le travail des experts. Bourges, 2 août 1810 ; Besançon, 20 juin 1818 : — par exemple, en ne proposant pas la nullité du rapport devant les premiers juges. Montpellier, 19 juill. 1821. — V. inf. n° 75.

La nullité peut être opposée, dans ces deux cas, par celui-là même qui poursuivait l'expertise ; l'autre partie doit s'imputer de ne lui avoir pas fait une sommation. Poitiers, 17 fév. 1830.

Mais il n'est pas nécessaire de faire sommation à la partie adverse d'assister à un supplément de rapport ordonné par le tribunal. Cass. 27 fév. 1828. — V. sup. n 55.

67. Aux jour et heure indiqués, les parties remettent aux experts (sur les lieux contentieux, où l'expertise doit nécessairement être faite, à la différence du rapport qui est valablement rédigé dans un autre endroit. Berriat, 505), le jugement qui ordonne l'expertise et les pièces nécessaires à la confection du rapport. C. pr. 317.

Elles peuvent se faire assister de leurs avoués (ou de leurs avocats. Bruxelles, 7 juill. 1831), mais à leurs frais. Tarif, 92.

68. Les experts procèdent ensuite, en présence des parties, aux visites et vérifications nécessaires pour remplir la mission qui leur est confiée ; ils entendent des tiers, si le jugement les y autorise. Pigeau, 1, 575, n° 8. — Dans ce cas, l'interrogatoire ne peut avoir lieu qu'en présence des parties, ou elles dûment appelées, à peine de nullité. Orléans, 18 nov. 1825.

Toutefois, les personnes ainsi interrogées n'étant pas entendues sous la foi du serment, et avec toutes les garanties qui sont observées dans les enquêtes, leur déclaration n'a pas la même autorité que si elle était faite dans les formes prescrites pour les dépositions des témoins. — Mais la partie peut requérir une enquête, et demander qu'elles soient interrogées, à titre de témoins.

Si les tiers dont l'audition a été autorisée sont reprochés par une partie, les experts consignent les reproches au procès-verbal, et les entendent néanmoins. Pigeau, 1, 375.

Mais ils ne peuvent jamais procéder à l'audition de témoins qu'en vertu d'une disposition expresse du jugement. Le droit de faire des enquêtes n'appartient en effet qu'aux magistrats. Orléans, 23 avr. 1813.

69. Les parties ont la faculté de faire, pendant les opérations, tels dires et réquisitions qu'elles jugent convenables. *Ib.* — Par exemple, de demander qu'il soit fait une fouille, pour vérifier si une dégradation vient d'un vice du sol ou d'un vice de construction. Elles doivent, en conséquence, être mises à même de faire toutes les observations qu'elles croient utiles, à peine de nullité du rapport. Bruxelles, 13 janv. 1827; Rennes, 16 juill. 1818; Carré, nos 1156, 1199.

Si les experts ne croient pas devoir déférer à leur réquisition, ils remplissent suffisamment le but de la loi en en faisant mention sur leur procès-verbal.—S'il s'élève des difficultés sur lesquelles ils ne se jugent pas autorisés à prononcer, ils renvoient les parties à l'audience. Pigeau, *ib.*; Carré, art. 319, n° 1192.

70. Les experts doivent toujours opérer conjointement, sans pouvoir déléguer à l'un d'eux une partie de leurs opérations. Thomine, art. 320.

71. Si une seule vacation est insuffisante, ils renvoient la continuation de l'expertise à jour et heure indiqués, — sans nouvelle sommation aux parties. Pigeau, *ib.*

72. Aucun délai fatal n'est fixé par la loi pour la confection de l'expertise, lors même qu'elle aurait été ordonnée concurremment avec une enquête qui devait être accomplie dans un délai déterminé. Montpellier, 15 mai 1810.

Lorsque les parties assistent à l'expertise sans réclamation, elles couvrent les irrégularités antérieures, telles que le défaut de signification du jugement aux parties et aux experts. Cass. 30 nov. 1824; Besançon, 21 juin 1813, 26 juill. 1821. — V. *sup.* n° 66.

Art. 6. — *Rapport des experts.*

73. Les vérifications terminées, les experts émettent leur avis.—Ils doivent se renfermer dans les limites de leur mission, et borner leur rapport à ce qui est de leur art, sans s'occuper des faits qui y sont étrangers.

Ils ne peuvent donner, soit des renseignemens, soit leur avis sur des objets qui n'ont pas été mentionnés dans le jugement qui ordonne l'expertise. Carré, n° 1201; Pigeau, 1, 340.

Néanmoins, les superfluités qui se trouvent dans leur rapport n'entraînent point la nullité de l'expertise ; elles doivent seulement être rejetées de la taxe. Orléans, 30 juill. 1818.

74. Toutes les opérations de l'expertise sont constatées par un procès-verbal ou rapport. Ce rapport se divise en deux parties : — la première énonce, 1° le transport des experts et l'arrivée des parties ; 2° la remise des pièces ; 3° les dires et réquisitions ; 4° les vérifications faites par les experts, pour asseoir leur avis.—La seconde contient l'avis des experts.

75. La première partie du rapport est rédigée en présence des intéressés qui comparaissent.

La rédaction se fait sur les lieux contentieux, à moins que les experts ne jugent plus convenable de choisir un autre endroit. C. pr. 317.

Dans ce dernier cas, ils doivent indiquer les lieu, jour et heure auxquels ils dresseront leur rapport. C. pr. 317.

Toutefois, cette indication n'étant pas prescrite à peine de nullité, son omission n'empêche pas le rapport de produire tous ses effets. Besançon, 18 juin 1812 ; Colmar, 2 juill. 1814 ; Montpellier, 19 juill. 1821 ; Orléans, 12 juin 1822 ; Bourges, 2 août 1810 ; 20 avr. 1825, S. 25, 452 ; Toulouse, 10 oct. 1825, S. 25, 90 ; Agen, 16 juill. 1828, S. 28, 552 ; Cass. 7 déc. 1826, S. 27, 205 ; 10 août 1829, D. 29, 527 ; 11 août 1829, D. 29, 416 ; Bordeaux, 5 août et 4 juill. 1852, D. 55, 18 ; Carré, n°s 1185, 1199. — *Contrà*, Nanci, 10 sept. 1814, S. 16, 52.

76. La rédaction est valablement faite un jour de fête légale : l'art. 1037 n'interdit, à peine de nullité, que les significations et exécutions d'actes de procédure, et n'est par conséquent pas applicable aux rapports d'experts. Carré, n° 1198 ; Favard, v° *Expertise*, sect. 1, § 3, n° 5. — *Contrà*, Delaporte, 1, 304.

77. La seconde partie du procès-verbal contenant l'opinion des experts, est rédigée en particulier. Cette opinion est une sorte de jugement qui doit être délibéré en secret. Amiens, 11 janv. 1826 ; Pigeau, 1, 576.

78. Les experts dressent un seul rapport. Ils ne forment qu'un seul avis à la pluralité des voix. C. pr. 318.

En cas d'avis différens, ils indiquent les motifs des divers avis, sans faire connaître quel a été l'avis personnel de chacun d'eux. *Ib.* — Mais le défaut d'énonciation de ces motifs, n'emporte pas la nullité du rapport. Colmar, 5 mai 1809. — *Contrà*, Pigeau, *Comm.*, 1, 577.

Du reste, les motifs des différens avis sont suffisamment énoncés, du moment que les magistrats peuvent les induire de la comparaison de chaque opinion. Bourges, 19 mars 1822.

79. Ils doivent indiquer les bases de leurs estimations et les motifs de leurs opinions, afin que le juge puisse les apprécier. Rouen, 25 nov. 1826 ; Grenoble, 19 janv. 1827.

80. Le procès-verbal est écrit par l'un des experts et signé par tous. S'ils ne savent pas tous écrire, il est écrit et signé par le greffier de la justice de paix du lieu où ils ont procédé. C. pr. 517. — Il ne peut plus être écrit, comme autrefois, par un notaire, sauf le cas d'empêchement du greffier de la justice de paix. Carré, n° 1196. — Ou d'un trop grand éloignement de son domicile. Delaporte, 1, 504.

81. Toutefois, l'inobservation de cette formalité n'entraîne pas la nullité du rapport. Rouen, 6 juill. 1826, S. 27, 291. — Il suffit qu'il ait été dicté par l'un des experts, et signé par tous. Paris, 21 juin 1814, S. 15, 21; Orléans, 14 nov. 1817, 6 mai 1824, D. t. 7, p. 678; Rouen, 24 juill. 1826, D. 27, 2; Cass. 21 nov. 1820; 30 nov. 1824. — *Contrà*, Pigeau, *Comm.*, 1, 577; Demiau, p. 231.

Surtout si la récapitulation est écrite de la main d'un des experts, et si les juges ont déclaré eux-mêmes, d'après les élémens qu'ils ont recueillis sur les lieux, qu'il était exact. Cass. 20 juin 1826, D. 26, 350.

82. La signature de tous les experts n'est même pas absolument nécessaire pour la validité du rapport; il peut être validé, s'il est signé par la majorité, lorsque d'ailleurs il est constant que l'expert qui a refusé de signer a réellement concouru à l'expertise. Agen, 30 juill. 1828, S. 28, 352; Cass. 21 nov. 1820, S. 21, 1, 392; Bourges, 19 mars 1822; Cass. 30 nov. 1824, D. t. 7, p. 679.

83. Mais si l'un des experts avait refusé de concourir à l'expertise, le rapport fait par les deux autres serait radicalement nul. Cass. 2 sept. 1811, D. t. 7, p. 687; Favard, v° *Rapport d'experts*, sect. 1, § 1.

84. Quand le rapport est écrit par le greffier de la justice de paix, il doit lui être dicté par l'un des experts. Cependant il n'y aurait pas nullité, s'il était non seulement écrit, mais encore rédigé par le greffier, pourvu que ce fût conformément à l'avis des experts. Carré, n° 1197; Favard, *ib.* — V. *sup.* n° 81.

85. Il convient, en général, d'indiquer dans le procès-verbal d'expertise, l'accomplissement de toutes les formalités prescrites; cependant, la loi n'exigeant pas cette mention, son omission n'est pas une cause de nullité. — V. *sup.* n° 76.

86. Le rapport terminé, la minute en est déposée au greffe du trib. C. pr. 319, ou de la C. (Paris, 2 déc. 1809, qui a ordonné l'expertise, sans nouveau serment de la part des experts. C. pr. 319.) — Toutefois, lorsqu'il s'agit de l'estimation d'immeubles destinés à être vendus devant un notaire, le dépôt doit avoir lieu dans l'étude du notaire commis pour procéder à la vente. C. pr. 957.

Le dépôt est effectué par un des experts ou par un mandataire.

Le greffier dresse acte du dépôt. Carré, art. 519.

87. Les experts ne sont pas tenus de faire enregistrer leur procès-verbal. C'est au receveur de l'enregistrement à poursuivre le recouvrement du droit sur l'extrait du dépôt que doit lui fournir le greffier. Carré, n° 1205.—V. *Arbitre*, n° 538.

88. Les frais et vacations des experts, ainsi que ceux du greffier de la justice de paix, lorsqu'il a écrit le rapport, sont taxés par le président du trib. suivant le tarif au bas de la minute. C. pr. 319; Carré, *ib.*

Les experts, pour le paiement de ces frais, peuvent lever exécutoire contre la partie qui a requis l'expertise, ou contre celle qui l'a poursuivie, si elle a été ordonnée d'office (C. pr. 519); mais ils n'ont plus, comme autrefois, une action solidaire contre chacune des parties en paiement de leurs frais, à moins que la partie contre laquelle l'expertise a été provoquée n'y ait acquiescé, ou bien que l'expertise n'ait été ordonnée d'un consentement mutuel; auquel cas les deux parties sont considérées comme ayant toutes deux provoqué l'expertise, et sont tenues solidairement du paiement des vacations d'experts. Cass. 11 août 1813, S. 15, 94; Merlin, v° *Expert*, n° 9.

Les experts ne peuvent ni obtenir exécutoire, ni même intenter une action de mandat, contre la partie qui a poursuivi l'expertise, lorsqu'elle a été ordonnée sur les conclusions de l'autre partie. Amiens, 18 fév. 1825.

Si une partie a demandé une expertise pour fixer le montant d'indemnités par elle réclamées, et que le trib. en déterminant d'office la quotité de ces indemnités, ait néanmoins laissé l'option d'une expertise à la partie adverse, l'expertise n'ayant plus lieu que dans l'intérêt et d'après la volonté de cette partie, les experts ont le droit de s'adresser à elle pour obtenir le paiement de leurs frais et honoraires. Orléans, 18 janv. 1816, D. t. 7, p. 677, n° 1.

Les frais d'expertise ayant pour objet de fixer la valeur d'un mur dont un voisin veut acquérir la mitoyenneté, sont toujours à la charge de celui-ci, encore qu'il ait fait préalablement offre d'une somme supérieure à la valeur estimée. C. civ. 661; Limoges, 12 avr. 1820.

Lorsque pour parvenir à un partage, une expertise est ordonnée, chacun des héritiers, en offrant de consigner sa portion des frais présumés, peut faire ordonner que ses cohéritiers feront la même consignation. Grenoble, 25 nov. 1810.

Le rapport doit contenir le nombre des vacations qui ont été employées; mais il n'est pas nécessaire qu'il soit divisé par séances. Orléans, 5 mai 1819.

89. L'ordonnance du président, qui déclare exécutoire contre l'une des parties la taxe des frais d'expertise, est-elle susceptible d'opposition de la part des experts ou des parties?

L'affirmative a été jugée. Nanci, 1ᵉʳ déc. 1829, D. 30, 49, conformément aux conclusions de M. Troplong. — Dans l'espèce, l'opposition avait été formée par les experts; — à plus forte raison doit-elle être admise, si elle est formée par la partie contre laquelle a été délivré l'exécutoire. — Arg. C. pr. 1027, 758, 417; art. 6, Décr. 16 fév. 1807.—V. *Exécutoire de dépens, Notaire.*

Même décision pour le cas où le président aurait mis les frais de l'expertise à la charge de l'une des parties, qui ne devait pas les supporter. Cass. 2 avr. 1811, P. 9, 230.

Dans tous les cas, le délai d'opposition n'est pas réduit à trois jours; le décret de 1807 n'est pas applicable aux experts. *Mêmes arrêts.*

L'affaire doit être jugée à l'audience et non en la chambre du conseil. *Mêmes arrêts.*

90. En cas de retard ou de refus de la part des experts de déposer leur rapport, ils peuvent être cités à trois jours, sans préliminaire de conciliation, pour se voir condamner, même par corps, à faire ce dépôt. C. pr. 320.

Le retard est constaté par une sommation faite à la requête de la partie la plus diligente. Carré, n° 1204.

91. La citation est toujours donnée devant le trib. qui a commis les experts, lors même qu'ils ont été désignés par suite d'une commission rogatoire donnée par un autre tribunal.

92. La contrainte par corps est surtout prononcée, lorsque le retard ou le refus de l'expert de déposer son procès-verbal provient de mauvaise foi, d'un accord frauduleux avec une des parties, ou d'une intention bien caractérisée de nuire' ou de désobéir à la justice. Carré, n° 1209.

Toutefois, il doit être laissé aux experts un délai raisonnable, que le trib. arbitre, pour rédiger le procès-verbal et en faire le dépôt. Favard, v° *Rapport d'experts. Ib.*

93. La partie, en cas de retard ou de refus des experts de déposer leur rapport, peut en outre obtenir contre eux des dommages-intérêts. L'art. 320 ne parle que de la contrainte par corps; mais l'art. 316 accorde expressément des dommages-intérêts contre l'expert qui ne remplit pas sa mission. Favard, *ib.*

94. Il est statué sur la demande sommairement et sans instruction. C. pr. 320.

95. Les formalités qui viennent d'être indiquées ne s'appliquent pas aux expertises extrajudiciaires convenues amiablement par les parties. Besançon, 5 déc. 1811, P. 9, 756 ; Cass. 13 brum. an 10.

96. Le rapport déposé est levé et signifié par la partie la plus

diligente, et l'audience, pour obtenir jugement, est poursuivie sur un simple acte. C. pr. 321.

Si l'affaire s'instruit par écrit, l'expédition du rapport est remise au juge rapporteur par la voie du greffe. Carré, n° 1212.

L'acte par lequel l'audience est poursuivie ne doit contenir
aucunes réflexions sur le procès-verbal, ni aucunes conclusions,
si ce n'est dans le cas d'un partage de succession, où l'on conclut à l'homologation du rapport. Carré, n° 1213; Demiau,
art. 321.

97. Le jugement (ou l'arrêt) qui homologue un rapport
d'experts est suffisamment motivé, lorsqu'il donne des raisons
générales par lesquelles il adopte le rapport ; il n'est pas nécessaire qu'il s'explique sur tous ou chacun des élémens qui ont
servi de base au travail des experts. Cass. 26 juill. 1838 (Art.
1267 J. Pr.).

Art. 7. — *Résultats et suites du rapport.*

98. Si les juges ne trouvent pas dans le rapport les éclaircissemens suffisans, ils peuvent ordonner d'*office* une nouvelle expertise (C. pr. 322), — en motivant l'insuffisance du premier
rapport. Cass. 20 août 1828, D. 28, 393. — On serait non
recevable à soutenir devant la Cour que le premier rapport était
suffisant : ce serait en effet vouloir régler la conscience du juge
que de prétendre qu'il a eu tort de ne pas se trouver suffisamment convaincu. Rennes, 16 juill. 1817 ; Carré, n° 1218.

Les parties ont aussi le droit de provoquer une nouvelle expertise. Carré, n° 1214 : Delaporte, 1, 108 ; Demiau, 254.
— *Contrà*, Pigeau, 1, 384, n° 2. — Mais le trib. reste toujours
libre de l'ordonner ou de le refuser. Rennes, 14 janv. 1820,
12 fév. 1821.

Le tiers opposant, étant étranger aux actes d'instruction de
la 1re instance, est également autorisé à demander une nouvelle
visite de l'objet litigieux, et par d'autres experts. (Carré,
n° 1219), — lors même que la première expertise contiendrait des documens suffisans. Cass. 5 avr. 1810, S. 11, 1.

99. Au reste, la nouvelle expertise est valablement confiée
aux mêmes experts, s'il ne s'agit que de compléter leur travail.
Cass. 5 mars 1818, S. 19, 227 ; Cass. 1er fév. 1832, S. 32,
745 ; 5 août 1836 (Art. 690 J. Pr.); — ou bien encore si les
nouveaux points de contestation sur lesquels doit porter le rapport n'ont été soulevés que depuis la clôture de la première
opération. Cass. 7 août 1827, S. 28, 74.

Dans ce cas, le supplément d'expertise a lieu sans nouvelle
prestation de serment de la part des experts, et même sans
qu'ils préviennent les parties, s'ils n'ont aucun éclaircissement
à en attendre. Cass. 27 fév. 1828, S. 29, 85. — V. *sup.* n° 55.

De même si, sur le consentement des parties, l'expertise a

été faite par un seul expert, le trib. peut, malgré l'opposition de l'une des parties, charger le même expert de faire seul une nouvelle opération explicative et supplétive de ce rapport. Montpellier, 25 mars 1824, D. 7, p. 675.

Mais l'expert qui a procédé seul à l'expertise qu'il aurait dû faire conjointement avec un autre, ne peut plus concourir à la seconde expertise qui a lieu par suite de la nullité de la première. Bruxelles, 31 juill. 1811, P. 9, 508.

100. Les nouveaux experts peuvent demander aux anciens les renseignemens qu'ils jugent convenables (C. pr. 322), sans avoir besoin d'une autorisation spéciale à cet effet. Orléans, 17 août 1809, P. 7, 784 ; 20 déc. 1821 ; Rennes, 10 juin 1816; Pigeau, ib.

Le trib. peut, à plus forte raison, ordonner que les nouveaux experts opèreront en présence du premier. Cass. 4 juill. 1820, D. t. 7, p. 682.

101. S'il y a lieu de commettre de nouveaux experts, ils sont nommés d'office par le juge. C. pr. 322, — et non par les parties. Cass. 20 août 1828, S. 29, 34. — V. sup. n° 47.

102. La nouvelle expertise est faite par un ou par trois experts, au choix du tribunal. C. pr. 322.

103. Si de simples explications paraissent suffisantes, le trib. a le droit de les demander lui-même aux experts. Cass. 7 août 1827, D. 27, 454. — Quelquefois aussi l'un des juges se rend sur les lieux, pour interroger les experts et les parties. — V. Descente sur les lieux.

104. Les frais de la seconde expertise ne peuvent en général être mis à la charge des experts qui ont fait la première. L'insuffisance de leur rapport doit être assimilée au mal jugé, dont les juges ne sont pas responsables. Carré, art. 323, n° 1216. — A moins qu'il n'y ait eu dol de leur part, ou une faute tellement grossière, qu'elle puisse être assimilée au dol. Dans ce cas, ils sont même passibles de dommages-intérêts. Rennes, 16 juill. 1812, P. 10, 579; Favard, v° Expertise, sect. 1re, § 4; Thomine, art. 323.

105. Les experts ont une mission légale :

Conséquemment leurs procès-verbaux font foi, jusqu'à inscription de faux, des mentions qui rentrent dans leur ministère.

Spécialement, 1° de leur date, avant l'enregistrement. Cass. 6 frim. an 14, P. 5, 53;

2° De cette circonstance que les experts ont procédé en présence des parties, qu'ils ont reçu d'elles certains dires ou déclarations. Merlin, Rép., v° Expert, n° 6; Pigeau, Comm. 1, 558; Amiens, 31 août 1826, D. 29, 103; Carré, n° 1223; Thomine, n° 370. — V. d'ailleurs Tribunal de commerce. — L'art. 317 C. pr. en ordonnant aux experts de faire mention dans leur rapport des dires et réquisitions des parties, leur reconnaît par là même le pouvoir de les constater d'une manière *authentique*. Besançon, 7 juin 1834. — Le pourvoi contre cet arrêt a été rejeté, attendu que le procès-verbal des experts *faisait foi* de ces énonciations. 14 janv. 1836 (Art. 551 J. Pr.).

Il n'est pas nécessaire que le procès-verbal contienne la signature des parties, ou la mention de l'interpellation à elle faite de signer. Agen, 25 juin 1824, S. 25, 108. — Dans l'espèce, les experts avaient été chargés d'entendre les parties, de vérifier leurs réclamations et de les concilier.

106. Mais leur avis n'est demandé que pour éclairer, et non pour former la décision du trib.; en conséquence, le juge n'est pas astreint à le suivre, si sa conviction s'y oppose. — Ainsi, les juges peuvent décider contrairement à l'avis des experts, sans être tenus de faire faire une nouvelle expertise. Cass. 22 mars 1813, S. 13, 586; 9 avr. 1833, D. 33, 199; 7 mars 1832, D. 32, 400.

Le trib. qui, après avoir déclaré une première expertise insuffisante, en a ordonné une seconde où les experts ont émis un avis opposé, peut néanmoins ne pas suivre cet avis, et adopter celui des premiers experts, en déclarant puiser les élémens de sa conviction dans leur travail. Il n'est pas forcé d'ordonner une troisième expertise. Orléans, 9 août 1816; Rennes, 5 juill. 1816; Cass. 21 déc. 1825, D. 26, 98; 19 déc. 1830, D. 31, 23; 7 mars 1832. — V. d'ailleurs *Dommages-intérêts*, n° 53.

107. Ces principes sont applicables en matière de partage comme en matière ordinaire, les juges peuvent ordonner une nouvelle expertise, lorsqu'ils la croient nécessaire. Rennes, 25 fév. 1826.

Et, réciproquement, le trib. saisi d'une demande en supplément de prix, pour lésion dans un partage, peut statuer sur cette demande, en prenant pour base une expertise déjà ordonnée et opérée contradictoirement entre les parties pour estimer les biens de la succession; il n'est pas tenu, avant de statuer, d'ordonner une nouvelle expertise. Cass. 18 mai 1831.

Même dans le cas d'expertise ordonnée sur une demande en rescision de vente pour lésion, les juges ne sont pas contraints de se conformer au rapport des premiers experts et peuvent, selon les circonstances, prescrire une nouvelle vérification. Nîmes, 12 pluv. an 13; Grenoble, 18 avr. 1831, D. 32, 88. — *Contrà*, Carré, 765, note 1.

Mais il en est autrement dans le cas où une condamnation a été prononcée sous l'alternative : *si mieux n'aiment les parties à dire d'experts.* Selon nous, en effet, les parties qui ne s'en tiennent pas à la première disposition du jugement, se trouvent dans la même position que si elles étaient convenues de s'en rapporter à un tiers pour fixer la valeur de l'objet litigieux et la décision de ce tiers doit leur tenir lieu de loi. Rennes, 7 avr. 1813; Dalloz, t. 7, p. 684, n° 4.

Cependant, même dans ce cas, si l'expertise présentait des obscurités, le trib. aurait le droit d'en ordonner une seconde. Dalloz, *ib.* n° 5; Carré, n° 1222.

Au reste, quoique les rapports des experts ne lient pas, en général, les juges, ils ne peuvent s'en écarter arbitrairement, et sans donner de motifs à l'appui de leur décision. Cass. 7 août 1815, S. 15, 345; Bordeaux, 8 janv. 1830, S. 30, 100; Cass. 9 fév. 1832, D. 32, 325.

Toutefois, la déclaration que la conviction du juge s'oppose à l'adoption de l'avis des experts peut-être implicite. Ainsi, quoiqu'une expertise ait été ordonnée sur l'appel, la Cour peut se borner à adopter les motifs des premiers juges. Cass. 25 juill. 1833, D. 33, 321.

Le juge de paix chargé par une cour ou un trib. de prendre des renseignemens relatifs à des faits sur lesquels les parties sont en désaccord, ne devant pas être assimilé à un expert (—V. *sup.* n° 7), les juges peuvent s'écarter de son avis sans être obligés de déclarer expressément, dans leur jugement, qu'ils se décident d'après leur propre conviction. Cass. 17 janv. 1833, S. 33, 131.

Les jugemens d'homologation des rapports d'experts, n'ont pas l'autorité de la chose jugée; ils constatent seulement que les opérations ou vérifications ordonnées ont eu lieu. Si donc les parties reconnaissent qu'il existe de fausses énonciations dans un rapport, elles peuvent toujours en demander la rectification tant que les choses sont entières. Besançon, 2 janv. 1824.

108. En matière d'enregistrement, lorsque la régie a requis l'expertise d'un bien, afin de percevoir un supplément de droit sur une vente, le trib. est lié par l'avis des experts. — V. *inf.* n° 128.

§ 5. — *De l'expertise en matière d'enregistrement.*

109. Les règles prescrites pour les expertises devant les trib. civils s'appliquent, en matière d'enregistrement, sauf les exceptions introduites par les lois spéciales. Av. Cons. d'Ét., 12 mars 1807; Cass. 25 oct. 1808, 2 mai 1810; 16 juin 1823; Carré, n° 1157; Merlin, *Rép.*, v° *Expert*, n° 6.

110. *Cas dans lesquels il y a lieu à expertise.* Le droit de requérir l'expertise n'est, en général, accordé qu'à la régie, dans l'intérêt du fisc. Les parties ne peuvent se dispenser de payer les droits sur les valeurs exprimées dans les contrats, ou dans les déclarations estimatives, qu'elles sont tenues de faire. — V. *Enregistrement*, nᵒˢ 41, 26.

Cependant, en matière d'échange, quand la régie prétend établir l'insuffisance d'évaluation du revenu par un bail, et qu'il s'agit de fixer, pour la perception du droit de soulte, la plus-value des objets échangés, les parties, ainsi que les trib., ont le droit de faire évaluer ce revenu par experts. Cass. 27 avr. 1807; 13 fév. et 13 déc. 1809; 27 déc. 1820.

111. La régie peut réclamer l'expertise : 1° des biens immeubles, lorsque le prix déclaré dans un acte translatif de propriété ou d'usufruit de ces biens, lui paraît inférieur à la valeur desdits immeubles ; — 2° des revenus des immeubles transmis en propriété, ou en usufruit, à tout autre titre qu'à titre onéreux, lorsque l'insuffisance dans l'évaluation ne peut être établie par aucun acte faisant connaître le véritable revenu des biens. — V. *Enregistrement*, n° 14.

Ni l'intérêt d'un mineur (Cass. 4 fév. 1807, P. 5, 662), ni l'allégation d'une surenchère (Cass. 5 mai et 27 juin 1809; 6 juill. 1812) n'autorisent les juges à retarder une expertise demandée par la régie.

112. Le délai pour requérir l'expertise est d'une année, à compter du jour de la déclaration, lorsqu'il s'agit d'un contrat translatif d'immeuble à titre onéreux (L. 22 frim. an 7), et de deux années, à compter du jour de l'enregistrement du contrat, en cas de fausse évaluation en revenus. *Ib.* art. 61.

Pour les échanges et donations à titre onéreux, il avait d'abord été jugé que le délai était de deux ans (Cass. 13 déc. 1809); — mais il a été décidé depuis qu'il devait être restreint à un an. Cass. 20 janv. 1817, 27 déc. 1820; Délib. rég., 27 juill. 1822, 21 juin 1823.

L'art. 25 (L. 22 frim. an 7), qui porte que le jour de la date de l'acte, ou de l'ouverture de la succession, n'est pas compté dans les délais fixés pour l'enregistrement des actes et déclarations, ne s'applique point aux demandes d'expertise. Cass. 12 oct. 1814, P. 12, 428.

113. La demande en expertise doit non seulement être formée devant le trib., mais en outre être signifiée et enregistrée dans le délai. Inst. gén. rég., 11 juin 1806, n° 306.

114. *Procédure, jugement, exécution.* La demande en expertise est faite au trib. civil de l'arrondissement, dans l'étendue duquel les biens sont situés, par une pétition présentée par le directeur de la régie, et portant nomination de l'expert de l'État. L. 22 frim. an 7, art. 8.

En l'absence du directeur du département, un inspecteur-divisionnaire a qualité pour signer la pétition. Cass. 29 fév. 1832.

115. Si les biens transmis entre vifs sont situés dans le ressort de plusieurs trib., il suffit de s'adresser à celui dans le ressort duquel se trouve le chef-lieu de l'exploitation, ou, à défaut de chef-lieu, la partie qui présente le plus grand revenu, d'après la matrice du rôle. — Ce trib. ordonne l'expertise partout où elle est jugée nécessaire, à la charge néanmoins de nommer pour experts des individus domiciliés dans le ressort des trib. de la situation des biens, et il prononce sur les rapports. L. 15 nov. 1808, art. 1er.

Pour les immeubles transmis par décès, et dont la déclaration se fait au bureau de l'arrondissement dans lequel ils sont situés, l'expertise doit être provoquée dans chacun des arrondissemens de la situation des biens. *Ib.*, art. 2.

116. Il n'est pas nécessaire d'assigner la partie adverse devant le trib. (Cass. 6 juill. 1825, D. 25, 357); mais on est tenu de lui notifier la requête contenant la nomination de l'expert de l'État, avec sommation d'en nommer un dans les trois jours. L. 22 frim. an 7, art. 8.

117. La requête doit désigner les noms, qualité et demeure de l'expert, afin de mettre l'adversaire à même d'exercer le droit de récusation. Bruxelles, 6 août 1808. — Ce droit ne peut être exercé que jusqu'à la clôture du procès-verbal d'expertise. Cass. 6 frim. an 14.

118. L'expertise est ordonnée dans les dix jours de la demande. Si le défendeur n'a pas fait connaître l'expert de son choix, il lui en est nommé un d'office par le trib. L. 22 frim. an 7, art. 8.

Mais la nomination d'office ne peut intervenir que dans le cas où la partie n'a pas usé du droit qui lui appartient, de désigner elle-même un expert. Arg. Cass. 26 oct. 1813, D. t. 7, p. 311.

Lorsque l'expert choisi par la Régie a été agréé, il ne peut lui en être nommé un d'office par le trib. Cass. 27 avr. 1807, D. *ib.* 1.

119. Il ne peut jamais être nommé plus de deux experts, soit par la partie, soit par le trib. L'expertise serait nulle, si elle avait été faite par un plus grand nombre. Cass. 25 oct. 1808, P. 7, 181.

120. Dans aucun cas, l'autorisation de faire procéder à l'expertise ne doit être précédée d'un rapport fait à l'audience par un juge. Cass. 6 juill. 1825, D. 25, 357.

121. Le jugement qui ordonne l'expertise renvoie les experts, pour la prestation de serment, devant le juge de paix de la situation des biens. L. 15 nov. 1808, art. 1. — Ce jugement est susceptible de recours en cassation. Cass. 27 avr. 1807, D. A. 7, p. 302.

122. La partie contre laquelle l'expertise est provoquée doit, à peine de nullité des opérations des experts, être assignée pour être présente à leur prestation de serment (Cass. 24 therm. an 8). — Si elle n'a pas assisté à cette formalité, l'acte qui la constate et qui contient indication des lieu, jour et heure fixés par les experts pour procéder aux opérations qui leur sont confiées, lui est notifié avec sommation d'être présente aux opérations de l'expertise. C. pr. 315. — V. sup. nᵒˢ 64 et suiv.

123. En cas de partage, les experts doivent appeler un tiers-expert; s'ils ne peuvent en convenir, il est nommé par le juge de paix du canton de la situation des biens. L. 22 frim. an 7, art. 18.

Le juge de paix peut prendre cet expert hors de la liste des experts ordinaires; le trib. de 1ʳᵉ inst. ne saurait limiter son choix. Cass. 30 déc. 1822, D. t. 7, p. 314.

Il est seul compétent pour statuer en premier ressort, et sauf appel au trib. de 1ʳᵉ inst., sur la récusation de l'expert par lui nommé. *Même arrêt.*

124. Le tiers-expert n'est pas tenu d'adopter l'avis de l'un des deux experts; il doit suivre ses propres lumières. Déc. 25 janv. 1807; Cass. 18 août 1823.

125. Le rapport des experts est dressé au plus tard dans le mois qui suit la remise qui leur a été faite de l'ordonnance du trib., ou dans le mois après l'appel du tiers-expert. L. 22 frim. an 7, art. 18. — Toutefois, cette règle n'est pas prescrite à peine de nullité.

Les experts doivent suivre, pour leur estimation, les bases fixées par la loi.

Les juges sont compétens pour décider si ces bases ont été observées. Cass. 8 brum. an 14, D. *ib.* p. 308.

Dans le cas où elles n'ont pas été adoptées, ils doivent ordonner une nouvelle expertise. Cass. 13 mai 1832, D. 32, 212.

Mais ils ne peuvent jamais autoriser les experts à s'écarter du mode d'évaluation tracé par la loi. Cass. 23 mars 1812, D. *ib.*, p. 309.

126. Lorsque l'opération est terminée, les experts déposent leur rapport au greffe du trib. de 1ʳᵉ inst. C. pr. 319.

127. La poursuite en homologation du rapport se fait par mémoire signifié, comme il est prescrit pour l'instruction des affaires qui intéressent la régie de l'*enregistrement.* — V. ce mot, § 8.

128. La loi ayant indiqué l'expertise comme moyen spécial de vérifier les simulations et insuffisances de déclarations en matière d'enregistrement, les juges ne peuvent, comme dans les matières ordinaires, se départir de l'avis des experts pour se décider d'après leurs propres lumières. Cass. 7 mars 1808, S. 8, 213; 17 avr. 1816, S. 20, 491; 7 janv. 1823.

Seulement, ils ont le droit, si le rapport leur paraît erroné, d'ordonner une seconde expertise. Cass. 24 juill. 1815; 17 avr. 1816; 7 janv. 1823; 29 fév. 1832, D. 32, 109.

Dans ce cas, ils peuvent nommer trois autres experts. Le choix des experts appartient aux parties, et, s'il y a partage, aux experts désignés par les parties, ou au juge de paix. (— V. sup. n° 123); Cass. 16 juin 1823, D. 7, 311.

De ce que, lors d'une expertise demandée par l'administration de l'enregistrement, l'expert de la partie contre laquelle cette demande était formée, aurait procédé sur une base erronée et différente de celle adoptée par l'expert de l'administration; il n'en résulte pas que le trib. puisse remplacer ce premier expert, par un expert nommé d'office. Bruxelles, 26 juin 1826.
— Il doit se borner, dans ce cas, à ordonner une nouvelle expertise, en fixant la base qui doit être adoptée par les experts. Bruxelles, 26 juin 1826.

Toutes les fois qu'une nouvelle expertise est ordonnée par le trib., les experts doivent être choisis par les parties, ce n'est qu'à défaut de désignation de la part des intéressés, qu'une nomination d'office peut intervenir. Cass. 16 juin 1823, D.A. 7, p. 311.

129. Si l'expertise constate que la valeur de la propriété transmise excède d'un huitième au mois la déclaration qui a été faite, l'acquéreur doit payer les frais, plus le droit sur l'excédant, et le double de ce droit à titre d'amende (LL. 22 frim. an 7, art. 18; 27 vent. an 9, art. 5). — Si l'excédant est au-dessous d'un huitième, il ne doit que le droit simple sur cet excédant, sans être tenu des frais. *Ib.*

Dans tous les cas où l'expertise constate une insuffisance quelconque dans l'évaluation des revenus, la partie doit payer les frais, ainsi que le droit simple et le double droit sur le montant de l'insuffisance. LL. 22 frim. an 7, art. 39; 27 vent. an 9, art. 5; Inst. gén. rég. 30 sept. 1826, n° 1200, § 4.

130. Le jugement qui homologue le rapport des experts, ne saurait être attaqué par la voie de l'appel; on ne peut le faire réformer que par les voies admises contre les jugemens rendus en matière d'*enregistrement.* — V. ce mot, § 8, art. 5.

§ 4. — *Enregistrement.*

131. Les rapports d'experts sont passibles du droit fixe d'enregistrement de 2 fr. L. 28 avr. 1816, tit. 7, art. 43. — Plus, pour chaque plan annexé aux rapports, 1 fr. L. 22 frim. an 7, art. 68, § 1.

132. Les actes de dépôt de ces rapports aux greffes des trib. de 1re inst. ou de commerce, sont soumis au droit fixe de 3 fr. L. 22 frim. an 7, art. 68, § 2, n° 5.

135. Les nominations d'experts, hors jugemens, sont assujetties au droit fixe de 2 fr. L. 28 avr. 1816, art. 43.

§ 5. — *Formules.*

FORMULE I.

Acte contenant nomination des experts.

(C. pr. 306. — Tarif, 91. — Coût, vacat. 3 fr.)

L'an   le   , au greffe, sont comparus, 1° le sieur demeurant à   , assisté de Me   , avoué près le tribunal ; et 2° M.   demeurant à   , assisté de Me   , avoué près le tribunal ,

Lesquels nous ont dit que, par jugement contradictoirement rendu entre eux le   par la   chambre du tribunal, enregistré, il a été ordonné, avant faire droit, qu'une maison sise à   , serait vue et visitée par trois experts dont les parties conviendraient à l'amiable, sinon par MM.   , que le tribunal a désignés d'office à cet effet ; qu'en conséquence ils déclarent choisir et nommer pour procéder auxdites opérations, 1° M.   , architecte, demeurant à   ; 2° M.   ; 3° M.

Desquelles comparution, dires et nomination, ils ont requis acte, à eux octroyé ; et ont signé avec nous, greffier, après lecture faite.

(*Signatures des parties, des avoués et du greffier.*)

FORMULE II.

Requête au juge-commissaire à l'effet d'obtenir son ordonnance, portant indication du jour où le serment des experts sera prêté.

(C. pr. 307. —Tarif, 76.— Coût, 2 fr.)

A Monsieur,   , etc.

Le sieur   demeurant à   , ayant pour avoué Me

A l'honneur de vous exposer que, par jugement en date du   , rendu entre l'exposant et le sieur   dûment enregistré et signifié, il a été ordonné qu'il serait procédé par les sieurs   , commis à cet effet aux opérations d'expertise énoncées audit jugement, après serment par eux préalablement prêté devant vous;

Pour quoi il vous plaira, M. le juge-commissaire, indiquer les jour, lieu et heure auxquels il vous plaira recevoir le serment desdits experts ; et vous ferez justice.

(*Signature de l'avoué.*)

Ordonnance. — Nous, juge-commissaire, vu la présente requête, indiquons le   , heure de   en la chambre du conseil, pour la prestation de serment dont s'agit.

Fait à   le

(*Signature du juge.*)

FORMULE III.

Sommation aux experts de prêter serment au jour indiqué par le juge-commissaire.

(C. pr. 307. — Tarif, 29. — Coût, 2 fr. orig. ; 50 c. copie.)

L'an   le   , à la requête du sieur

J'ai   (*immatricule de l'huissier*) soussigné, signifié, et avec celle des présentes donné copie, 1° à M.   , architecte, demeurant à 2° à M.   ; 3° à M.

D'une ordonnance de M.   , juge en la   chambre du tribunal de   , en date du   , enregistrée, mise au bas d'une requête à lui présentée le même jour ensemble de ladite requête ; à ce que les susnommés n'en ignorent, et à pareilles requête, demeure et élection de domicile que dessus , j'ai,

huissier susdit et soussigné, domicile et parlant comme dessus, fait sommation
auxdits sieurs   de comparaître et se trouver le   , heure de
              , en la chambre du conseil de la   chambre du tribunal
séant à   au Palais-de-Justice, par-devant M.   , juge audit
tribunal, et commissaire en cette partie;

Pour prêter serment de bien et fidèlement procéder aux opérations d'expertise
ordonnées par jugement du tribunal rendu, le   , contradictoirement entre
le requérant et le sieur   ; à ce que pareillement les susnommés n'en ignorent,
je leur ai, en leurs domiciles et parlant comme dessus, laissé, à chacun séparément,
copie desdites requête et ordonnance, et du présent, dont le coût est de
(Signature de l'huissier.)

FORMULE IV.

*Significations des requête et ordonnance à l'avoué de la partie, et sommation
d'être présent au serment.*

(C. pr. 315. — Tarif par anal., 70. — Coût, 1 fr. orig.; 25 c. copie.)
A la requête du sieur   , ayant M^e pour avoué.
Soit signifié, et avec celle des présentes donné copie à M^e , avoué
du sieur
D'une ordonnance de M.   , juge au tribunal de   , en date
du   , enregistrée, mise au bas d'une requête à lui présentée le même
jour, le sommant en conséquence de comparaître, et faire comparaître sa partie si
bon lui semble, le   , heures du matin, en la   chambre du conseil
du tribunal de   , par-devant mondit sieur   juge, pour être
présent à la prestation de serment que feront MM.   , experts, de bien
et fidèlement procéder aux opérations à eux confiées suivant jugement de la
chambre du tribunal de   en date du   , enregistré et signifié, contradictoirement rendu entre les parties, et à l'indication du jour où il sera
procédé auxdites opérations, déclarant audit M^e , que faute par lui
de comparaître, il sera donné défaut et passé outre à la prestation de serment
dont s'agit, tant en absence qu'en présence; à ce que pareillement il n'en ignore,
dont acte.   (Signature de l'avoué.)

FORMULE V.

Acte contenant les moyens de récusation contre les experts.

(C. pr. 309. — Tarif, 71.— Coût, 5 fr.)
A la requête du sieur   , ayant pour avoué M^e
Soit signifié et déclaré à M^e , avoué du sieur   , qu'attendu
que le sieur   , architecte, demeurant à   expert convenu entre
les parties, pour procéder aux opérations ordonnées par jugement rendu contradictoirement, etc.   le   , a dîné hier chez le sieur
ainsi que ledit sieur   offre de le prouver, par témoins, en cas de déni.
Ledit sieur   récuse M.   , expert; à ce que ledit M^e
n'en ignore, dont acte; protestant de nullité contre toute opération à laquelle
ledit sieur   prendrait part au mépris de la présente déclaration, et sous les
réserves les plus expresses de se pourvoir, par toutes voies de droit, en cas de
refus d'obtempérer aux présentes.
(Signature de l'avoué et de la partie.)

FORMULE VI.

Acte contenant réponse aux moyens de récusation.

(C. pr. 311. — Tarif, 71. — Coût, 5 fr.)
A la requête du sieur   , ayant pour avoué M^e
Soit signifié et déclaré à M^e , avoué du sieur
Que ledit sieur   proteste formellement contre la récusation proposée
par ledit sieur   contre ledit sieur   , architecte expert par acte
du   ; et ce, attendu que ledit sieur   n'a point dîné le
chez ledit sieur   ; à ce que ledit M^e n'en ignore, dont acte.
(Signature de l'avoué.)

Procès-verbal de prestation de serment d'experts.

(C. pr. 315. — Tarif, 91. — Coût, vacat. 3 fr.)

L'an   le   , heures du matin , par-devant nous, juge
au tribunal de   , commissaire en cette partie, en la chambre du conseil dudit tribunal,   , assisté de   greffier,
     Est comparu M•   , avoué en ce tribunal, et du sieur   demeurant
à   ; lequel nous a dit que, par jugement de la   chambre du tribunal de   , en date du   , enregistré et signifié contradictoirement rendu entre   il a été, entre autres choses, ordonné qu'aux requête,
poursuite et diligence de   , et en présence des autres parties, ou elles dûment appellées, il serait par   experts par le tribunal commis à cet effet,
serment préalablement prêté entre nos mains, procédé aux visite, prisée et estimation de
     Qu'en exécution de ce jugement, et en vertu de l'ordonnance de M.
juge-commissaire en date du   , il a fait faire sommation, savoir : par
exploit du ministère de   huissier, à Paris, enregistré, aux sieurs
de comparaître et se trouver aux jour, lieu et heure par nous indiqués, pour prêter
entre nos mains le serment de bien et fidèlement procéder aux visite, prisée et estimation de   ; et par acte de   huissier-audiencier, en date du
                , enregistré, à M•   , avoué du sieur   de comparaître
et faire comparaître sa partie, si bon lui semblait, auxdits jour, lieu et heure,
pour être présent à ladite prestation de serment.
     Pour quoi ledit M•   , audit nom, a requis défaut contre les non-compa-
rans et pour le profit, qu'il fût passé outre à ladite prestation de serment.
                          (*Signature de l'avoué.*)

     Est aussi comparu M•   , avoué du sieur   , lequel a dit
qu'il comparaissait au désir de la sommation à lui faite, et ne s'opposait pas à la
réception du serment de MM.   , experts, et même en tant que de besoin
la requérait et a signé sous toutes réserves.
                     (*Signature de l'avoué du défendeur.*)

     Et à l'instant sont aussi comparus, 1° le sieur   , architecte, de-
meurant à   ; 2° le sieur   ; 3° le sieur
     Lesquels nous ont dit qu'ils comparaissaient au désir de la sommation à eux faite
et offraient de prêter entre nos mains le serment de bien et fidèlement procéder aux
opérations à eux confiées par le jugement susdaté ; et ont signé.
                          (*Signature des experts.*)

     Desquels comparutions, dires et réquisition, nous , juge susdit et soussigné,
avons donné acte aux parties et aux experts, ainsi que du serment prêté par ces
derniers de bien et fidèlement remplir la mission qui leur est confiée, et de l'indication faite par eux du   , heure de   , défaut à
en une maison sise   pour procéder aux opérations à eux confiées par le
jugement susdaté, et avons signé avec le greffier, les jour, mois et an que dessus.
                (*Signature du juge-commissaire et du greffier.*)

NOTA. *Quand les parties ou leurs avoués comparaissent, il faut constater
leur présence au procès-verbal, parce qu'alors l'indication faite par les experts
du jour où ils procéderont à leurs opérations, vaut sommation.—*V. sup. n° 63.

*Sommation à la partie de se trouver aux opérations quand elle n'a pas été
présente au serment.*

(C. pr. 315. —Tarif, 70.—Coût, 1 fr. orig. ; 25 c. copie.)
A la requête du sieur
Soit signifié, et avec celle des présentes laissé copie, à M•   , avoué
près le tribunal de   et du sieur
D'une expédition en forme et enregistrée, d'un procès-verbal dressé par M.
juge au tribunal de   , constatant la prestation de serment faite par

MM   , experts de bien et fidèlement remplir la mission a eux confiée par jugement, etc., avec indication du jour auquel ils procéderont à ladite opération.

En conséquence, soit nommé ledit M   audit nom, de comparaître et faire comparaître sa partie, si bon lui semble, le   heure de défaut à   , en une maison sise   , lesdits jour, lieu et heure indiqués par les experts, à l'effet d'être présent, si bon lui semble, aux opérations dont il s'agit, lui déclarant que, faute par lui de satisfaire à la présente sommation, il sera donné défaut et procédé auxdites opérations, tant en absence que présence ; à ce qu'il n'en ignore, dont acte. *(Signature de l'avoué.)*

FORMULE IX.

Assignation aux experts pour faire déposer au greffe leur rapport.

(C. pr. 320. — Tarif, 29. — Coût, 2 fr. orig., 50 c. copie.)

L'an   le   , à la requête du sieur   ayant pour avoué M   lequel occupera sur l'assignation ci-après j'ai (*immatricule de l'huissier*), soussigné, donné assignation, 1° au sieur   , architecte, demeurant à   ; 2° au sieur   ; 3° au sieur

A comparaître d'aujourd'hui à trois jours   heures du matin, à l'audience et par-devant MM. les président et juges composant la   chambre du tribunal de   séant à   pour

Attendu que, désignés par le requérant et le sieur   , pour procéder aux opérations énoncées au jugement, rendu contradictoirement entre les parties en la   chambre du tribunal de   dûment enregistré, ils ont accepté ladite mission ;

Que cependant depuis le   jour auquel ils ont procédé aux opérations dont s'agit,   mois se sont écoulés et qu'ils n'ont pas encore déposé au greffe du tribunal leur procès-verbal de rapport.

Se voir condamner solidairement, et même par corps, aux termes de l'art. 320 du Code de procédure, à effectuer dans les trois jours de la signification du jugement à intervenir, le dépôt au greffe dudit tribunal, du rapport de l'expertise par eux faite, aux offres qu'a toujours faites le sieur   et qu'il réitère de leur payer leurs vacations d'après la taxe qui en sera faite, en la manière accoutumée, lors du dépôt de leur rapport, et pour, en outre, répondre et procéder comme de raison à fins de dépens, et je leur ai, à chacun séparément, laissé, auxdits domiciles et parlant comme dit est, copie du présent, dont le coût est de

(Signature de l'huissier.)

FORMULE X.

Acte de dépôt, au greffe, d'un procès-verbal de rapport d'experts.

(C. pr. 319.)

L'an   le   , au greffe, est comparu M   , architecte, demeurant à

Lequel a déposé en ce greffe la minute d'un procès-verbal en date au commencement du   clos le   suivant, enregistré

Ledit procès-verbal contenant le rapport dressé par les sieurs   experts des visite, prisée et estimation par eux faites en exécution d'un jugement, etc.

D'une maison sise, etc. ;

Duquel dépôt, il a requis acte à lui octroyé, et a signé avec nous, greffier, après lecture. *(Signatures de l'expert et du greffier.)*

FORMULE XI.

Exécutoire accordé à un expert.

(C. pr. 319. — Tarif, art. 162.)

Le président du tribunal civil de   , etc.

A délivré l'exécutoire suivant :

Mande et ordonne à tous huissiers, sur ce requis, à la requête du sieur   expert commis par jugement, en date du   , à l'effet de procéder aux opérations énoncées audit jugement.

De contraindre par toutes les voies de droit, le sieur   au paiement de
la somme de   , à laquelle ont été par nous taxés, le   , les frais
et vacations du sieur   , aux opérations de ladite expertise.

Le présent exécutoire délivré par nous président du tribunal, conformément aux
dispositions de l'art. 319 C. pr.

Et avons signé avec le greffier du tribunal.

Fait à   le

> (*Signatures du président et du greffier.*)

EXPLOIT. On désigne, en général, sous cette dénomination
les actes propres au ministère des huissiers, c'est-à-dire les notifications et les exécutions.

Cependant tous les exploits ne sont pas de la compétence exclusive de ces officiers ministériels. — Quelques-uns peuvent
être faits par des *notaires.* —V. ce mot, *Effet de commerce*, *Offres
réelles.* — Par des *gardes du commerce.* — V. ce mot et *Emprisonnement*; — Par des préposés de l'administration. — V. *Contributions publiques, Douanes.*

V. d'ailleurs *Acte respectueux, Commissaire-priseur, Courtier de
commerce, Ventes.*

DIVISION.

Section I. — *Caractères et diverses espèces des exploits.*

1. Les exploits peuvent être divisés en trois grandes classes ; selon qu'ils ont pour objet, 1° d'appeler une partie devant un trib. ; — 2° de lui notifier soit un fait, soit un acte, ou de lui adresser une sommation quelconque ; — 3° enfin de la forcer à exécuter une obligation ou une condamnation.

2. La première classe comprend les *assignations*, les *ajourne-mens*, les *citations* et les *actes d'appel.*

Le mot *assignation* est générique et désigne tout acte par lequel une partie est appelée devant un trib. pour y défendre à une action dirigée contre elle, ou pour y déposer comme té-moin. — Néanmoins, il s'emploie plus spécialement pour in-diquer soit une demande soumise à un trib. de commerce, au président d'un trib. civil jugeant en référé, ou bien à la C. de cass., soit une sommation de venir déposer comme témoin. — V. *Assignation.*

L'*ajournement* est l'exploit par lequel on assigne le défendeur à comparaître devant un trib. civil de 1re inst.—V. *Ajournement.*

La *citation* est celui par lequel on l'appelle devant un juge de paix considéré soit comme juge, soit comme conciliateur, ou devant une chambre de *discipline.* — V. ces mots.

Enfin l'acte d'*appel* est l'assignation donnée devant un trib. supérieur auquel on défère le jugement rendu par le trib. qui a statué en 1re inst. — V. *Appel.*

3. La seconde classe embrasse toutes les significations, som-mations, et commandemens.

Le mot *signification* désigne ordinairement l'acte par lequel on constate qu'on a donné à une partie copie de certaines pièces, d'un jugement par exemple.

Les *sommations et commandemens* sont des actes extrajudiciaires par lesquels on met une partie en demeure de faire une chose, ou bien on lui défend de faire telle chose, ou on l'avertit qu'on va prendre certaine mesure à son égard. — V. *Commandement, Sommation.*

4. Enfin la troisième classe comprend les exploits d'arres-tation, d'écrou, de recommandation, les procès-verbaux et autres actes relatifs aux différentes saisies et aux ventes.—V. *Emprison-nement, Saisie, Vente.*

5. Chaque espèce d'exploits est soumise à des règles géné-rales communes à tous les actes d'huissiers et à des règles spé-ciales qui lui sont particulières.

6. Les sections suivantes sont exclusivement consacrées au dé-veloppement des règles de la première espèce.

Tout ce qui est relatif aux secondes est exposé sous les diffé-rens mots auxquels elles se rapportent.

42.

7. Toutefois la signification des actes d'avoué à avoué est placée par la loi dans une catégorie exceptionnelle ; elle n'est pas soumise aux mêmes conditions que les exploits ordinaires, la plupart des formalités dont il va être question leur sont inapplicables.

Les huissiers se bornent en général à énoncer la date et le lieu de la signification, la remise de la copie ainsi que le nom de l'avoué à qui elle est faite. — V. *Avenir, Formule.*

8. En est-il de même dans les cas où l'acte d'avoué à avoué tient lieu d'un exploit à la personne ou au domicile de la partie, et fait courir un délai ?

La négative est enseignée par M. Carré, art. 61, p. 146, note 1.

Toutefois l'affirmative est suivie dans l'usage et consacrée par la plupart des arrêts.

Ainsi, n'entraîne pas la nullité de la signification du jugement d'ordre destinée à faire courir le délai de l'appel, le défaut de mention de l'immatricule de l'huissier. Limoges, 16 nov. 1811, P. 9, 705; Bordeaux, 23 mars 1853, D. 53, 136. — *Contrà*, Besançon, 29 août 1811, P. 9, 619 et la note ; Grenoble, 28 juill. 1820; — Ou du *parlant à*. Bordeaux, 25 août 1810, P. 8, 564. —. *Contrà*, Bordeaux, 25 janv. 1811, P. 9, 50. — La copie de cette dernière signification ne contenait ni le nom de l'avoué à la requête duquel elle avait été faite, ni la personne à qui elle avait été remise, ni la qualité de l'officier qui l'avait faite.

— V. d'ailleurs *Distribution par contribution*, nᵒ 102.

Même décision pour la signification à avoué d'un jugement par défaut destiné à faire courir le délai d'opposition. Rejet, 23 août 1827, D. 27, 475. — Attendu, porte cet arrêt, que les formes prescrites pour les ajournemens par l'art. 61 C. pr. ne sont point applicables aux significations qui se font par acte d'avoué à avoué, pour et pendant l'instruction des procès, quel que soit l'effet que la loi attribue à ces significations, qui ne sont jamais que de préalables actes de procédure faits par des officiers ministériels préposés exclusivement pour ces formalités, et dont le caractère, la mission et le ministère, ne peuvent jamais être méconnus. — *Contrà*, Liége, 23 nov. 1809, P. 7, 885.

D'ailleurs, l'acte de signification est précédé d'un autre acte, objet de la signification, et rédigé par l'avoué qui suffit le plus souvent pour la compléter.

Cependant on a déclaré insuffisante pour faire courir le délai d'appel la signification d'un jugement ainsi conçue : — « Signifié le   pour le requérant Mᵉ Butaret, avoué du sieur Dupoy, à Mᵉ Courréges, avoué des mariés Balade, par nous huissier audiencier. » — sans addition de ces mots *laissé copie*. Pau, 3 sept. 1829, S. 30, 151.

9. Quant à l'assignation donnée à la partie au domicile de l'avoué pour comparaître à l'*enquête* (— V. ce mot, n° 139), elle est soumise aux formalités de l'ajournement. — V. *Ib.* n° 149.

SECTION II. — *Forme des exploits ; mentions qu'ils doivent contenir.*

10. Quelques formalités relatives à la remise des exploits sont indiquées par l'art. 68 C. pr. — Mais la plupart des conditions essentielles à leur validité ne sont énumérées que dans l'art. 61 qui traite spécialement des *ajournemens*. (—V. toutefois décret, 14 juin 1813.)

Il n'en faut pas moins conclure que celles de ces conditions qui ont pour but de garantir les droits des parties contre toute surprise, sont applicables à tous les exploits comme à l'ajournement : cette garantie leur est aussi nécessaire lorsqu'on leur signifie un jugement de condamnation, lorsqu'on va l'exécuter sur leurs biens, peut-être sur leurs personnes, que lorsqu'on les appelle devant un tribunal : il y a mêmes raisons de décider. Berriat, p. 79, note 48 ; Merlin, *Rép.*, v° *Exploit ;* Carré, 1, 145.

11. Ainsi tout exploit doit : — 1° mentionner la date de l'acte ; — les noms, profession et domicile du requérant ; — les noms, demeure et immatricule de l'huissier ; — les noms et demeure de la personne contre qui l'on agit ; — la personne à laquelle la copie est remise ; — le lieu où l'acte est fait ; — l'objet de l'acte ; — ce qu'il coûte. — V. d'ailleurs *Ajournement*, n° 10.

2° Être enregistré dans les quatre jours de sa date, pour prévenir les antidates. L. 22 frim. an 7, art. 34. — V. *Enregistrement*, n° 54 et suiv.; *exception*, n° 90 ; — à peine de nullité, lors même que le retard provient du receveur de l'enregistrement. Bourges, 23 déc. 1816, P. 13, 747 ; — ou de l'huissier. Arg. Riom, 6 déc. 1830, D. 53, 231. — Sauf le recours du requérant contre qui de droit. *Mêmes arrêts.*

12. Les exploits sont, en outre, soumis à certaines formalités établies pour la rédaction des actes confiée à des officiers ministériels.

13. Ainsi ils doivent être écrits : 1° en *langue française.* **Arrêté** du gouvernement, 24 prair. an 11. — V. ce mot.

— V. d'ailleurs *Calendrier, Poids et mesures, Signature.*

14. 2° Lisiblement. Décr. 14 juin 1813, art. 43. — V. *Huissier.*

15. 3° Sans *surcharges.* — V. ce mot et *Rature.*

S'il est nécessaire d'y faire quelques changemens, **on les** effectue au moyen de *renvois* qui sont paraphés par l'officier ministériel et par le receveur de l'enregistrement. — V. ce mot.

16. 4° Sans chiffres. — V. toutefois *Abréviation*, n° 3 ; *Date*, n° 14, et *inf.* n° 24.

17. 5° Sans abréviations, surtout quant aux noms et aux sommes. Arg. L. 25 vent. an 11, art. 13. — V. *inf.* n° 42 ; et toutefois *Abréviation*.

18. 6° Sans aucun blanc, lacune, ni intervalle. Arg. L. 25 vent. an 11, art. 13 ;—afin de rendre impossibles les additions frauduleuses.

L'usage des alinéas n'est pas interdit.

Mais il est prudent de tirer des traits de plume à la fin de chaque alinéa. — Telle est même la règle prescrite aux notaires de Paris par une délibération de la chambre, du 18 fév. 1804.

19. La copie de l'exploit tient lieu d'original à la partie qui la reçoit. — Les nullités que renferme cette copie entraînent la nullité de l'original. Thomine, 1, 156 ; Boncenne, 2, 101.

20. L'accomplissement de toutes les conditions nécessaires à la validité d'un exploit, ne peut être prouvé par témoins. — Il doit être constaté par l'acte lui-même (*non esse et non apparere sunt unum et idem*) : — ou du moins par l'ensemble de la procédure. — V. *inf.*, n° 28, 43 à 46, 55, 56, 74, 104, 267.

21. Du reste, le Code ne reconnaît point de formules d'actes, ni d'expressions sacramentelles.

Le plus prudent est sans doute de suivre les indications de la loi, et d'employer, autant qu'il est possible, l'ordre et les termes mêmes dont elle s'est servie. — Mais on peut y suppléer par des équipollens. — V. *inf.*, n° 276.

§ 1. — *Date de l'exploit.*

22. La mention de la *date* comprend l'énonciation des jour, mois et an. — V. ce mot.

23. L'énonciation de *l'heure* de la signification n'est point exigée ; elle est inutile ; les actes faits le même jour sont réputés l'avoir été concurremment. Arg. C. civ. 2147. — Autrefois, la mention de l'heure était nécessaire lorsqu'il s'agissait d'une saisie mobilière, par ce qu'il y avait privilège pour le premier saisissant. — V. toutefois *Date*, n° 8 à 12.

24. La date peut-elle être exprimée en chiffres ? — Lorsque la loi ne veut pas de date en chiffres, elle a soin de l'exprimer (C. civ. 42 ; L. 25 vent. an 11, art. 13) ; or, le C. de pr. n'en dit rien, et il défend de déclarer un exploit nul, lorsque la nullité n'est pas formellement prononcée par la loi (C. pr. 1030). Besançon, 12 fév. 1810, P. 8, 497 ; Boncenne, 2, 106.

Toutefois, il convient de mentionner la date du mois surtout en toutes lettres, afin d'éviter toute surcharge ou altération. — Il y a moins d'inconvénient pour la date de l'année, elle se met

quelquefois en chiffre ; tel est l'usage des receveurs de l'enregistrement.

25. Le *Calendrier* grégorien doit être suivi, à peine de nullité. Arg. Aix, 9 mai 1810, P. 8, 296. — V. ce mot.

26. Des imperfections, des erreurs, des omissions dans
l'énonciation de la date, emportent-elles nullité? — Il faut
distinguer.

27. Si l'imperfection de la mention rend incertaine l'époque
de la véritable signification, il y a nullité.

Ainsi jugé pour défaut d'indication du mois. Cass. 7 déc.
1829, D. 30, 24; 9 déc. 1828, D. 31, 179.

Pour défaut d'indication du jour du mois. Cass. 4 déc. 1811,
P. 9, 752; Colmar, 28 août 1812, P. 10, 698; Cass. 18 déc.
1816, S. 21, 339; Riom, 8 janv. 1824; Rennes, 28 fév. 1828,
D. 28, 143; Bastia, 31 mars 1835 (Art. 25 J. Pr.).

Pour défaut d'indication du jour et du mois. Nanci, 27 mars
1827, D. 31, 187.

28. Mais si le défendeur, à l'aide de la teneur générale de la
copie, ou des pièces notifiées avec l'exploit, n'a pu se méppren-
dre sur la date, l'acte est valable.

Cette distinction est généralement admise par la doctrine et
la jurisprudence. Carré, art. 61; Boncenne, 2, 103.

Ainsi, a été jugé suffisamment daté, 1° l'exploit contenant assignation à comparaître *à l'audience de demain 9 juill.* 1831. On
doit en induire qu'il a été signifié le 8 juill. de l'année indiquée.
Cass. 7 mars 1833, D. 33, 145.

2° L'exploit qui porte pour date *l'an dix-huit dix*, au lieu *de
dix-huit cent dix*, si l'année se trouve d'ailleurs suffisamment
déterminée dans le corps de l'acte. Liége, 29 août 1810; Nîmes,
29 déc. 1810, P. 8, 752; — Ou bien l'an mil huit cent, au
lieu de mil huit cent huit. Cass. 8 nov. 1808. — Ou bien encore
l'an mil cent neuf, au lieu de mil huit cent neuf. Cass. 15 janv.
1810, P. 8, 34. — Ou bien l'an mil huit onze, au lieu de mil
huit cent onze. Montpellier, 28 juill. 1812, P. 10, 601. —
Contrà, Lyon, 28 déc. 1810, P. 8, 752; Agen, 6 juill. 1812,
P. 10, 549.

3° L'acte d'appel dont la copie ne joint pas à l'indication de
l'année et du mois celle du quantième, lorsque l'énonciation de
ce quantième se trouve dans la transcription faite sur cette copie
du visa apposé sur l'original par celui qui l'a reçue. Bourges,
17 nov. 1830, D. 31, 55.

4° Celui qui n'énonce point le mois, si toutefois l'indication
de ce mois se trouve implicitement dans le corps de l'exploit.
Rennes, 29 janv. 1817, D. 7, 728.

Enfin, la date a été déclarée suppléée par l'énonciation d'un
acte signifié simultanément (une requête d'opposition) qui était

daté. Cass. 7 déc. 1829, D. 50, 24. — *Contrà*, Aix, 9 mai 1810, P. 8, 296.

29. Le vice de la date sur la copie est une cause de nullité, alors même que l'original serait régulier. —V. *inf.* 280 et suiv.

30. La place de la date n'est pas invariablement fixée dans telle ou telle partie de l'exploit : l'essentiel est qu'elle s'y trouve; dans la pratique, on met la date en tête de l'exploit.

§ 2. — *Noms, profession et demeure du requérant.*

51. Les formalités à remplir, les conditions de capacité pour intenter une action ou y répondre, pour exercer des poursuites ou y défendre, varient suivant la nature de *l'action.* — V. ce mot, n°s 109 et suiv.

52. Une instance ne peut être introduite au nom d'un individu décédé antérieurement.

Ainsi jugé à l'égard d'un acte d'appel. Rennes, 20 mai 1815, P. 11, 393; — V. d'ailleurs *Appel*, n° 117; — D'un pourvoi en *cassation*. — V. ce mot, n° 51; — De la signification d'un arrêt d'admission. — V. *ib.* n° 241. — Dans ces différentes espèces, le décès du client avait été connu ou du moins aurait pu, avec quelques soins, être connu de l'officier ministériel. — Voir les motifs d'un arrêt de cass. 19 déc. 1856 (Art. 1079 J. Pr.).

55. Mais l'exploit a été validé dans des circonstances où l'ignorance du mandataire était légitime : — Attendu que l'art. 2008 C. civ. qui maintient les actes faits par le mandataire, dans l'ignorance du décès du mandant, est applicable aux actes judiciaires; qu'il n'y a pas de motifs pour distinguer. Paris, 23 avr. 1807, P. 6, 51; Requêtes, 6 nov. 1852, S. 52, 824; Aix, 27 juill. 1858 (Art. 1214 J. Pr.).

Ainsi, la prescription a été déclarée interrompue par un ajournement donné depuis le décès du mandant, et il a été jugé que la bonne foi du mandataire se présumait jusqu'à preuve contraire. Requêtes, 6 nov. 1852.

Au reste, un acte d'appel signifié le jour même de la mort n'est pas nul : il est possible qu'il ait précédé l'instant du décès. Rennes, 27 fév. 1811, P. 9, 151; Carré, art. 61.

54. L'exploit est, en général, formulé au nom de celui à qui l'action ou la poursuite appartient.

Toutefois, ce principe est soumis à quelques exceptions qui résultent de la nature même des choses.

Ainsi, le nom du Roi ne doit jamais figurer devant les trib. : — les actions et les droits concernant le domaine de la couronne sont exercés et soutenus au nom de l'administrateur de ce domaine; ceux concernant le domaine privé du souverain, au nom de l'administrateur du domaine privé. L. 2 mars 1852, art. 27. — V. *Liste civile.*

35. Les droits et actions concernant les *mineurs* et les *interdits*, sont exercés et soutenus au nom des tuteurs représentant ces incapables. — Mais les *femmes mariées*, les *mineurs* émancipés, les individus pourvus d'un *conseil judiciaire*, figurent en nom dans les exploits, avec la mention de l'assistance de leur mari, curateur et conseil judiciaire. — V. ces mots.

36. Les individus morts civilement, procèdent par des *curateurs* spéciaux. — V. ce mot.

37. Le failli, sous le nom des syndics de la *faillite*. — V. ce mot.

38. Les communes, sous le nom de leur *maire*. — V. ce mot.

Les *hospices* et bureaux de bienfaisance, au nom du receveur de l'établissement. — V. ce mot.

Les *fabriques* d'église, au nom du trésorier. — V. ce mot.

L'Etat et le domaine, sous le nom du préfet.

Le *trésor*, au nom de l'agent judiciaire. — V. ce mot.

Les directions de l'*enregistrement*, des *contributions* directes et indirectes et des *douanes* au nom de leurs directeurs ou administrateurs. — V. ces mots.

39. Les actions concernant les sociétés commerciales et en nom collectif sont exercées sous le nom de la raison sociale. (Arg. C. pr. 69.) M. Boncenne, 2, 153, exige, au contraire, que les noms de tous les associés soient insérés dans l'exploit.

Celles des sociétés en commandite, sous le nom des associés responsables et solidaires. *Ib.*

Celles des sociétés anonymes, sous le nom de leurs gérans. Boncenne, 2, 154.

Quant aux sociétés civiles et en participation, — V. *inf.* n° 51.

40. L'énonciation des noms, profession et domicile de celui à la requête de qui l'exploit est signifié est nécessaire : il faut que l'autre partie sache qui l'attaque, à qui et dans quel lieu il doit répondre ou faire des propositions d'arrangemens.

Art. 1. — *Noms du requérant.*

41. La loi exige la mention *des noms*. (— V. toutefois *inf.* n° 48.)

Donc il faut, indépendamment du nom de famille, indiquer les prénoms : ils ont toujours été considérés comme des espèces de noms; ils sont souvent indispensables pour bien faire connaître la personne du requérant ; vainement on oppose la différence de rédaction existante entre l'art. 61 C. pr. et les art. 54, 57, 65, 75, 79, 2144, 2153 C. civ. — Ces deux codes n'ont pas été rédigés par les mêmes personnes.

42. Les prénoms doivent être écrits en toutes lettres et non pas rappelés par de simples initiales. Bruxelles, 27 janv. 1818.

43. Toutefois, l'indication incomplète ou même l'omission

totale des prénoms n'entraîne pas la nullité de l'exploit, si
l'énonciation du nom de famille, de la profession et du domicile empêche de confondre le demandeur avec toute autre personne. Bourges, 17 mars 1815, P. 12, 659; Pigeau, 1, 179,
note 1; Carré, n° 285; Favard, v° *Ajournement*, § 2, n° 1.

44. Au contraire, il y a nullité évidente si plusieurs personnes, des frères par exemple, ayant le même domicile et
exerçant la même profession, ne peuvent être distingués les
uns des autres que par leurs prénoms. Carré, *ib.*

45. Le nom de famille lui-même, peut, comme les prénoms,
être suppléé par des énonciations équipollentes et de nature à
désigner suffisamment la personne qui agit, par exemple, par
le titre de *comte de.....*, dont elle est revêtue. Bourges, 26
juill. 1826, S. 27, 254; Cass. 6 avr. 1834; — ou bien être
indiqué par relation à un autre acte connu du défendeur et en
son pouvoir. Ainsi l'acte d'appel peut se référer au jugement
de 1re inst., le pourvoi en cassation à l'arrêt attaqué. Cass.
7 nov. 1821.

46. L'erreur dans l'énonciation du nom peut également être
rectifiée par l'énonciation du véritable nom dans une lettre de
change transcrite en tête de l'assignation. Cass. 23 avr. 1834,
D. 34, 235; — ou dans un acte d'avoué qui la précède et dont
copie est donnée au défendeur. Caen, 5 sept. 1827; Montpellier,
24 nov. 1831, D. 52, 155.

47. Néanmoins il a été jugé que l'acte d'appel (interjeté
par un percepteur des contributions directes), dont la copie
porte par erreur un autre nom que celui de l'appelant, était nul,
bien que les prénoms et qualités de l'appelant fussent indiquées
dans l'exploit ainsi que le lieu où il exerçait ses fonctions.
Rennes, 15 déc. 1824, D. A. 7, 747.—V. toutefois *inf.* n° 97.

48. Dans les exploits qui concernent l'État, les communes,
et les établissemens publics, l'exploit est donné à la requête du
fonctionnaire public qui les représente. — V. *sup.* n° 38.

Mais il faut que ce fonctionnaire fasse suffisamment connaître
dans l'intérêt de qui il agit. — Un exploit donné à la requête
du chef d'une administration, et qui laisserait du doute sur le
point de savoir s'il agit pour son propre compte, ou pour celui
de l'administration, serait nul. Arg. Bruxelles, 7 avr. 1852,
D. 53, 242 et la note.

Au reste, il n'est pas nécessaire d'indiquer les noms du fonctionnaire. Cass. 7 mai 1829, D. 29, 240; Toulouse, 25 juill.
1825; Carré, n° 280; Merlin, *Rép.*, v° *Adjoint*, n° 5; Pigeau,
Comm. 1, 174; Berriat, 199, note 20; Boncenne, 2, 145.

Ainsi, la signification d'un arrêt d'admission dans l'intérêt
d'une commune, est valablement formulée *à la requête du maire
de...*, en sa qualité, encore qu'elle n'énonce ni le nom, ni le

domicile de l'officier municipal, ni qu'elle a été faite par l'adjoint remplissant les fonctions du maire alors suspendu. Cass. 12 sept. 1809, P. 7, 833. — Décision analogue pour un agent du trésor. Besançon, 11 janv. 1810, P. 8, 28.

49. Toutes les fois qu'un particulier ou un administrateur quelconque doit être autorisé à former une demande, il faut que cette autorisation soit mentionnée dans l'exploit : le défendeur n'est pas tenu de répondre à celui qui n'a pas qualité pour l'actionner. —V. *Ajournement*, n° 7; *Commune*, n° 52; *Exception*, n° 98.

50. S'il y a plusieurs demandeurs, *les noms* de chacun d'eux doivent être énoncés : la raison est la même que dans le cas du numéro précédent par rapport au défendeur, et d'ailleurs, comme en France *on ne peut plaider par procureur*, il faut que chacun des demandeurs soit en cause. Pigeau, 1, 179 ; Carré, n° 287.— L'ajournement est donc nul au regard des demandeurs, dont les noms ont été omis, et qui n'ont été désignés que sous la qualification de consorts. Pigeau, 1, 179, note. — V. *Cassation* n° 167.

Ainsi la demande formée à la requête de *Paul* et de *ses cohéritiers*, en remboursement d'une somme prêtée par leur auteur, ne produirait aucun effet vis-à-vis des cohéritiers de *Paul*.

Si même le demandeur dont le nom se trouve indiqué n'avait pas qualité pour agir isolément, si par exemple, il s'agissait d'un exploit signifié à la requête de *tel* syndic d'une faillite et de *son collègue* (C. comm. 465), l'acte serait nul pour le tout.

Mais l'exploit serait valable, en ce qui concerne le demandeur dénommé, s'il avait, dans la chose réclamée, un droit déterminé qui lui permît d'agir isolément. Rennes, 17 juill. 1816 ; Carré, n° 288. — Ainsi, dans la première hypothèse qui vient d'être posée, *Paul* aurait le droit de réclamer sa portion virile dans la dette réclamée à sa requête et à celle de ses cohéritiers non dénommés.

Il résulte de ce dernier principe que, dans certaines circonstances, c'est-à-dire dans le cas de solidarité ou d'indivisibilité, l'exploit peut profiter aux demandeurs dont les noms ont été omis et à l'égard desquels il est par suite réputé non avenu ; mais cette conséquence, qui au premier abord paraît bizarre, tient uniquement à la nature spéciale des obligations solidaires ou indivisibles. L'exploit est bien en effet considéré comme n'ayant pas été fait à la requête du demandeur non dénommé, mais comme il est régulier vis-à-vis de l'un des créanciers solidaires et que les diligences faites par celui-ci profitent à tous ses cointéressés, la nullité commise par ces derniers n'est d'aucune importance. Ils se trouvent précisément dans la même position que s'ils fussent restés dans une inaction complète, mais que leur cocréancier eût conservé leurs droits par un acte fait uniquement à sa requête.

Si donc une assignation interruptive de la prescription a été donnée à la requête de *Pierre et consorts* et que les consorts de Pierre soient ses cocréanciers solidaires, ils ne pourront pas se prévaloir de cette assignation comme y figurant personnellement, mais ils seront recevables à l'opposer au débiteur comme un acte fait par leur cointéressé et leur profitant aux termes de l'art. 1199. C. civ.

51. En matière de société civile, l'assignation peut-elle être donnée à la requête de *telle* société agissant à la diligence du sieur...., son gérant? — Ou bien faut-il que les noms de tous les associés soient indiqués, à peine de nullité?

La C. de cass. s'est prononcée dans ce dernier sens, le 8 nov. 1836 (Art. 602 J. Pr.), en se fondant principalement sur ce que les associés ne sont pas tenus solidairement entre eux; qu'un cointéressé non solidaire ne peut point subir personnellement une condamnation qui serait exécutoire contre ses cointéressés, et que, si l'art. 69, § 6, C. pr., fait pour les sociétés de commerce une exception à la règle générale qui exige l'insertion du nom de toutes les parties dans l'exploit, aucune exception semblable n'a été introduite pour les sociétés civiles qui se trouvent dès lors soumises au droit commun. —M. Boncenne, 2, 132 et suiv., professe également cette doctrine et soutient même qu'en matière de société de commerce collective, le nom de tous les associés doit figurer dans l'assignation.

Mais M. Duvergier, *Traité de la société,* combat ce système de la manière suivante: — Le C. pr. veut qu'en matière de société, même civile, l'assignation soit donnée devant le juge du lieu où elle est établie (art. 50, 59). Sans doute on ne saurait tirer de cette seule disposition, la conséquence qu'il est permis au géran de représenter la société devant les trib. Cependant il en résulte que le législateur a considéré la société comme un être moral, ayant une existence civile, et un domicile spécial distinct de celui de tous les associés; or, de là, à décider que le gérant a le pouvoir d'ester en justice au nom de la société, il n'y a qu'un pas. L'art. 69 ne range pas les sociétés civiles comme les sociétés de commerce, au nombre des êtres collectifs qui peuvent être assignés en la personne de leur gérant, mais l'analogie est évidente, et ici la maxime *ubi eadem ratio ibi idem jus*, doit être appliquée préférablement à celle *qui de uno dicit, de altero negat.* Vainement oppose-t-on que l'associé civil qui aura agi en justice et qui aura été condamné ne sera tenu des condamnations que pour sa part; car en exigeant que tous les membres de la société figurent personnellement dans l'instance, on ne procure aucun avantage à leur adversaire : il ne peut jamais obtenir qu'une condamnation

qui, bien que prononcée contre tous ceux qui forment l'être collectif, se divise proportionnellement entre chacun d'eux.
— Craint-on que cet adversaire n'éprouve des difficultés d'exécution et ne puisse parvenir à connaître les associés contre lesquels les condamnations auront été prononcées, ou du moins à
quel domicile les rencontrer. C'est là un danger imaginaire.
Lorsqu'un procès s'engage et qu'un seul individu s'y présente
comme administrateur d'une société, on a le droit de lui demander la justification de la qualité qu'il prend, on peut exiger
de lui la production de l'acte constitutif de la société, et la
preuve que la société n'a pas été dissoute par le décès de l'un
de ses membres. Ainsi point d'inconvénient véritable à assimiler,
dans le cas dont il s'agit, les sociétés civiles aux sociétés commerciales ; au contraire, un avantage évident résulte de ce que
les parties étant réduites à deux, les frais de procédure dimi-
nuent ; on évite les significations multipliées, on n'est pas exposé aux lenteurs que peut entrainer l'éloignement du domicile de quelque associé ; enfin on diminue les chances de nullité
qui s'accroissent en proportion du nombre des actes qu'on est
obligé de faire. Un cointéressé ne peut en matière divisible
et non solidaire, ni agir seul au nom de ses cointéressés, ni
subir personnellement une condamnation qui serait exécutoire
contre eux. Mais des associés qui, sans doute, sont des cointéressés, forment un être collectif, ayant ses droits, ses intérêts, son
existence, son domicile à part, et qui par conséquent peut et
même doit avoir un représentant légal ; lorsque l'administrateur
d'une société plaide pour elle, il n'est point le mandataire des
associés, il est le représentant de l'être moral formé par leur
réunion.

Le système de M. Duvergier offre, sans doute, de grands
avantages, sous le rapport de l'économie des frais et de la rapidité de la procédure, mais il est plus régulier et plus prudent
de se conformer à la doctrine de la C. de cassation.

Il a été jugé que l'assignation signifiée à la requête du directeur
d'une compagnie d'assurances est nulle si elle n'indique pas les
noms de ceux des membres de cette compagnie qui ont pris
seuls le risque, en signant individuellement la police sans aucune solidarité entre eux. Aix, 23 déc. 1837 (Art. 1086 J. Pr).

52. De la maxime *nul en France ne plaide par procureur, si ce
n'est le Roi*, faut-il conclure qu'il y ait nullité dans l'ajournement donné *à la requête du mandataire* agissant pour son mandant
(dont il indique les noms, la profession et le domicile), au lieu
de l'être *à la requête du mandant*, poursuites et diligences du mandataire ?

Pour l'affirmative on dit : la règle *nul en France*, etc. a toujours été d'ordre public. Elle tend à maintenir la dignité des

tribunaux qui représentent le chef de l'État dans un des plus
beaux attributs de la souveraineté, celui de rendre la justice aux
peuples. Les citoyens ne doivent pas dédaigner de comparaître
en jugement par eux-mêmes, et en leur propre nom pour demander respectueusement décision sur leurs affaires. Elle a pour
but de prévenir des contestations ultérieures, en ce que les trib.
n'étant pas dans l'usage de vérifier les pouvoirs de ceux qui se
présentent pour autrui, ni de les insérer dans leurs minutes, il
s'ensuit qu'après un laps de temps considérable, soit que la
procuration ait été perdue on malicieusement supprimée, une
partie pourrait désavouer ses mandataires, et faire revivre un
procès solennellement terminé. L'art. 69 indique avec préci-
sion ceux qui peuvent se faire représenter en jugement par
autrui; d'où il résulte que ceux qui ne sont pas désignés dans
cet article ne peuvent jouir du privilége qu'il accorde. La loi
n'empêche pas l'absent de soutenir ses droits à l'égal de tout
autre, et d'ester en jugement sur la poursuite et diligence d'une
personne de son choix. Elle empêche seulement d'intituler les
actes au nom d'un tiers non intéressé. C'est donc aux avoués
et aux huissiers à s'assurer, sous leur responsabilité, de l'existence et de la légitimité des pouvoirs du mandataire qui les
charge d'intenter une action ou d'y défendre. Mais si le mandataire était admis à procéder comme représentant le mandant,
ce seraient alors les trib. qui devraient s'enquérir de la validité
du mandat; et de cette manière, ils consumeraient en pure
perte un temps précieux, ils accroîtraient sans nécessité le volume des feuilles d'audience; ils obligeraient les parties à des
frais d'expédition très onéreux. Enfin, ils porteraient eux-mêmes
atteinte au respect qui leur est dû, en ne soumettant pas les
parties personnellement aux ordres de la justice. Aix, 18 fév.
1808, P. 6, 518; Rennes, 23 avr. 1811, P. 9, 280; Rome, 6
juill. 1811, P. 9, 445. — Dans la première espèce, le mandataire avait donné copie de la procuration en tête de l'exploit.
— Dans la dernière, l'intervention d'un individu se prétendant
agent du prince de Savoie fut rejetée.

Pour la négative, on répond : la maxime *personne en
France*, etc., ne signifie rien autre chose, si ce n'est qu'au Roi
seul appartient le droit de ne pas figurer en nom devant la
justice, et d'être représenté par un fonctionnaire investi à cet
effet d'un mandat légal qu'il n'est besoin ni de formuler, ni
d'exhiber. Aucune loi ne défend de confier à un tiers la direction du procès, le choix de l'avoué. Les condamnations devront
être prononcées contre le mandant. Son nom, sa demeure,
sa profession, sont connus, par conséquent, le but de l'art. 61
est rempli : faire une distinction entre ces expressions : *à la
requête de A... mandataire de B...*, et celles-ci *à la requête de B...*

poursuites et diligences de A... N'est-ce pas pure subtilité? Rennes, 17 déc. 1812, P. 10, 904; 6 août 1813, P. 11, 610; 16 janv. 1818; Carré, n° 290; Berriat, 215, note 9; Boncenne, 2, 128; Boitard, 1, 242.

Quant à nous, il nous semble qu'il y a ici autre chose qu'une difficulté de mots, mais tout à la fois une question de responsabilité et de désaveu.

Lorsque l'officier ministériel déclare agir à la requête de B..., poursuite et diligence de A..., il est *présumé* avoir reçu un mandat de B... ; l'adversaire ne peut exiger aucune justification de ce mandat ; le jugement qu'il obtiendra contre B... obligera ce dernier, sauf à lui à exercer une action en *désaveu* (— V. ce mot.) contre l'officier ministériel, qui aura lui même un recours contre A...., dans le cas où il aurait été chargé par A.... sans mandat de B...

Au contraire, si l'exploit est formulé à la requête de A...., mandataire de B....., l'officier ministériel n'est plus présumé avoir reçu un mandat de B... l'adversaire peut se refuser à plaider, jusqu'à ce que l'avoué déclare qu'il occupe pour B..., le jugement que l'adversaire obtiendrait, en l'absence de cette déclaration préalable, ne serait pas obligatoire contre B... il ne serait pas nécessaire pour B... d'intenter une action en désaveu contre l'officier ministériel. — Mais le jugement obtenu contre le défenseur sur un semblable ajournement, ne pourrait être attaqué par lui s'il n'avait pas critiqué la procédure.

Les mêmes distinctions s'appliquent aux autres exploits.

L'appel interjeté par un individu tant en son nom personnel que comme agissant pour une autre partie cointéressée, a été déclaré profiter à cette dernière, attendu que, loin de désavouer l'appelant, elle avait pris des conclusions en son nom dans l'instance. Nanci (M. Troplong, avocat-général), 28 juin 1829, S. 29, 346. — Ainsi jugé dans une espèce où la ratification de cette partie (d'un cohéritier) n'était survenue que depuis l'expiration du délai d'appel. Angers, 22 mai 1817, S. 19, 181.

53. Un exploit peut être formulé *à la requête* du commissionnaire. Arg. C. comm. 91. Rennes; 9 juin 1817. — Du curateur à *succession vacante.* — V. ce mot.

Art. 2. — *Profession du requérant.*

54. La profession du requérant, doit être indiquée, à peine de nullité. C. pr. 61. — C'est afin de le distinguer des autres personnes qui peuvent porter les mêmes noms et avoir le même domicile.

Un acte d'appel a été annulé parce que le défaut d'indication de la profession de l'appelant laissait quelque incertitude sur la personne à la requête de laquelle la signification avait été faite. Besançon, 8 fév. 1820.

55. Il résulte au contraire des motifs d'un arrêt de Rennes (29 janv. 1817, D. A. 7, 728), que la désignation de la profession du requérant n'est pas aussi rigoureusement exigée dans l'acte d'appel que dans l'ajournement. La même Cour a d'ailleurs considéré la profession comme suffisamment indiquée par la mention suivante : *à la requête du sieur Louis Hervé et compagnie.* Dans l'espèce, il est vrai, les appelans étaient banquiers, et les actes réitérés de la procédure de première instance n'avaient pu laisser ignorer leur profession.

56. L'omission de la profession du requérant a encore été considérée comme réparée : — soit par la signification simultanée d'un autre exploit, ou de pièces contenant l'indication de la profession. Nîmes, 5 août 1810, S. 14, 133 ; — soit par les actes subséquens de la procédure. Limoges, 5 fév. 1817. — La profession du requérant omise dans l'ajournement, était indiquée dans le jugement par défaut et dans la signification du jugement, et la nullité avait été demandée pour la première fois dans l'acte d'opposition.

57. Est également valable l'exploit d'appel qui ne donne aucune profession à l'appelant, si effectivement celui-ci n'en a aucune reconnue. Besançon, 8 déc. 1808 ; Rouen, 9 déc. 1813, P. 7, 245 ; 11, 825. — Toutefois il est plus prudent de déclarer que le requérant est sans profession. Boncenne, 2, 117.

Il n'y a pas non plus nullité lorsque l'appelant n'a qu'une profession insignifiante et momentanée ; si d'ailleurs, en s'abstenant de mentionner la profession, on n'a fait que suivre les erremens de première instance, l'intimé n'ayant alors indiqué la profession de l'appelant, ni dans l'exploit introductif de la demande originaire, ni dans les qualités du jugement fournies par lui. Besançon, 8 déc. 1808.

58. Une erreur sur la profession du demandeur ne vicie pas l'ajournement, si cette fausse désignation n'a pu tromper le défendeur sur la véritable personne qui l'assignait. Nanci, 20 juin 1824 ; Bruxelles, 26 janv. 1830 ; Cass. 26 avr. 1830 ; Carré, t. 1, p. 151.

59. Il ne faut pas confondre les expressions *profession* et *qualité*; ce dernier mot s'applique à toutes les conditions de la vie sociale.

La loi ne prescrit que la mention de la *profession*; elle n'oblige donc pas le demandeur qui est sans profession à énoncer sa qualité de propriétaire ou de rentier, etc. ; mais il est plus prudent de l'indiquer. — V. *sup.* n° 57.

60. Si le demandeur a plusieurs professions ou qualités, s'il est marchand ou propriétaire, par exemple, l'indication de l'une ou de l'autre suffit. Paris, 20 déc. 1809, 17 août 1810, S. 14, 128 ; Poitiers, 26 nov. 1824 ; Cass. 6 avr. 1830, D. A, 7, 740 ; Berriat, 199, note 20. — A moins que chacune de ces qualités ne lui donne des droits et des intérêts, distincts et séparés dans la même cause. Arg. Liége, 31 juill. 1811, P. 9, 509.

61. En outre, lorsque l'exploit a rapport à l'exercice d'une profession assujettie à la *patente*, il faut énoncer celle du requérant par classe, date et numéro, avec indication de la commune où elle a été délivrée, et ce, non pas à peine de nullité de l'exploit, comme sous l'empire de la loi du 23 août 1796 (6 fruct. an 4), mais à peine de l'amende de 50 fr., prononcée par la loi du 16 juin 1824, art. 10. Cette amende était de 500 fr. sous l'empire de la loi du 21 déc. 1798 (1er brum. an 7). — V. *Avoué*, n° 91.

62. Ainsi cette obligation existe lorsqu'un médecin demande le paiement de ses honoraires ; — ou lorsqu'un commerçant forme une demande en paiement à raison d'un acte de son commerce.

63. L'exploit donné à la requête du commis d'une maison de commerce qui la représente, doit, à peine d'amende, faire mention de la patente de cette maison comme si la maison avait agi elle-même. Cass. 22 juill. 1807, D. A. 11, 147, n° 11.

64. Mais si l'exploit n'est pas relatif à un acte du commerce (ou à une profession soumise à la patente) du requérant, l'énonciation de la patente cesse d'être obligatoire. Cass. 29 déc. 1829, D. 30, 59.

Art. 3. — *Domicile du requérant.*

65. La mention du *domicile* du requérant est exigée, à peine de nullité. C. pr. 61. — C'est afin, dit Rodier, *Commentaire*, p. 13, que la partie assignée connaisse parfaitement par qui, et de la part de qui, elle a été assignée, — et qu'elle puisse sans délai et sans perquisition faire les réponses, offres et protestations qu'elle avisera, même sans s'en prendre à l'huissier s'il y a lieu.

66. Conséquemment, l'indication d'un domicile élu ne dispense pas de l'indication du domicile réel. Thomine, p. 157 ; Boncenne, 2, 119. — V. toutefois *inf.* n° 261.

67. Est nul l'exploit énonçant que le requérant réside momentanément dans un hôtel garni ; — ou qu'il est médecin à tel corps d'armée, mais sans indication du véritable domicile. Bruxelles, 27 mars 1807, P. 5, 764.

La qualification d'employé dans les hôpitaux militaires de la Martinique, quoique cette colonie n'eût que deux établissemens de ce genre, dans l'un desquels seulement le demandeur exerçât des fonctions, n'a pas été considérée comme une indication suffisante de son domicile. Grenoble, 22 avr. 1818.

Jugé, au contraire, que celui qui, par suite de son emploi aux armées, n'a pas de domicile actuel en France, peut, sans violer l'art. 61 C. pr., indiquer, dans un acte d'appel, son domicile chez un ami ou mandataire résidant en France. Paris, 4 fév. 1811, P. 9, 76.

Le citoyen appelé à des fonctions temporaires ou révocables est présumé conserver son ancien *domicile*, s'il n'a pas manifesté d'intention contraire. — V. ce mot, n° 26. — Ce domicile doit être, à peine de nullité, indiqué dans l'exploit.

68. Le domicile doit être indiqué en termes clairs : Ainsi, la mention contiendra le nom du village, de la commune et même du canton dont il dépend, si le demandeur habite à la campagne; la rue et même le numéro, s'il habite dans une ville.

69. Il convient du moins d'énoncer l'arrondissement ou la mairie, autrement, le but que la loi s'est proposé, en exigeant la mention du domicile, ne serait pas rempli (—V. *sup.* n° 65). La remise de l'exploit au maire ou à l'adjoint, prescrite dans certains cas (— V. *inf.* Sect. III), indique une relation nécessaire entre la mairie et le domicile.

Conséquemment, on a annulé, 1° l'exploit portant que le requérant est domicilié dans sa maison d'habitation sans désigner le lieu où était située cette maison. Riom, 9 nov. 1808, P. 7, 193 ; — 2° l'acte d'appel fait à la requête de Louis Ernest, comte de Marconnay, lieutenant au 4ᵉ régiment de la garde royale, *domicilié et demeurant maintenant à Paris.* En effet, cette ville est divisée en douze arrondissemens ou mairies. Poitiers, 13 août 1824, S. 25, 337 ; Boncenne, 2, 120.— Au contraire, on a validé la demande en péremption d'instance, portant que le requérant était domicilié à Paris, sans désignation de rue et de numéro. Montpellier, 4 mai 1825, S. 25, 501. — Même décision à l'égard d'un acte d'appel. Bourges, 26 juill. 1826, S. 27, 254.— Mais ces deux derniers arrêts ne doivent pas faire jurisprudence.

Toutefois, si la demande était formée à la requête d'un banquier connu, comme M. Laffitte, M. Rothschild, etc., l'indication de leur domicile à Paris paraîtrait suffisante.

70. On a validé une assignation donnée à la requête, — 1° d'un fonctionnaire (d'un juge) qui, d'après l'art. 107 C. civ., était domicilié de droit dans le lieu où il exerçait ses fonctions. Gênes, 8 juill. 1809, P. 7, 673.

Mais la mention du domicile n'est pas remplacée par l'indication de fonctions publiques révocables, qui n'emportent pas translation du domicile dans le lieu où elles sont exercées.

Ainsi jugé à l'égard d'un maire. Cass. 21 fév. 1826 ; Poitiers, 18 juin 1830, S. 26, 404, 30, 217 ; — d'un juge de paix. Nîmes, 18 janv. 1837 (Art. 835 J. Pr.).

2° D'une personne qui a son domicile de droit chez une autre, conformément aux art. 108 et 109 C. civ., lorsque le domicile de cette dernière est indiqué. — Ainsi jugé à l'égard d'une femme mariée. Cass. 23 déc. 1819, S. 20, 162.

On est dans l'usage d'énoncer le domicile de fait, lorsqu'il est distinct du domicile de droit.

71. La seule indication de la résidence de la femme est même suffisante, lorsqu'elle plaide en *séparation de corps.* —V. ce mot.

72. L'expression *domicilié à...* est valablement remplacée, 1° par celle *demeurant à...*, s'il est constant que le domicile soit au même lieu ; cette dernière est même la plus usitée. Elle renferme l'idée d'une demeure fixe et habituelle bien différente d'une simple résidence. Rennes, 1er juin 1811, P. 9, 73 ; Cass. 28 juill. 1818, S. 18, 367 ; Pigeau, 1, 180, note ; Carré, n° 300. — *Contrà*, Gênes, 5 août 1808, P. 7, 328 ; Liége, 13 juill. 1814, P. 12, 314 ; Berriat, 199, n° 21. — D'ailleurs, dans la pensée des rédacteurs du Code, les mots *demeure* et *domicile* paraissent avoir eu le même sens. Arg. C. pr. 59, 68, 69, 73, 74 combinés ; Boncenne, 2, 125.

2° Par celle *habitant à...*, qui exprime l'idée d'un domicile fixe et d'une demeure habituelle. Cass. 23 déc. 1819, S. 20, 163. — *Contrà*, Berriat, 199, n° 21.

Il en serait autrement de l'expression *résidant à...*

73. N'est pas valable : — 1° l'exploit fait à la requête d'un tel, de telle commune : il n'indique pas suffisamment le domicile du demandeur. Turin, 24 avr. 1840, P. 8, 268 ;

2° L'ajournement fait à la requête de dame..., veuve du sieur..., en son vivant notaire à... : la veuve n'est pas de droit présumée conserver le domicile de son mari. Colmar, 27 juill. 1829, S. 29, 349.

3° L'exploit énonçant que le requérant est marchand *patenté par acte délivré d...*, encore que le lieu où la patente a été délivrée soit celui de son domicile. Bruxelles, 7 déc. 1818.

74. Du reste, l'omission de l'indication du domicile du requérant ou la fausse énonciation cessent d'entraîner la nullité de l'exploit, si cet exploit se trouve accompagné d'autres actes ou pièces qui relatent et fassent suffisamment connaître le domicile que le défendeur a intérêt à ne pas ignorer. Toulouse, 26 mars 1824 ; Cass. 18 fév. 1828 ; Nîmes, 5 août 1812 ; Cass. 26 avr. 1830. — *Contrà*, Bourges, 19 juill. 1822.

Spécialement lorsque l'acte d'appel se réfère à la signification du jugement faite par l'intimé. Cass. 26 nov. 1838 (Art. 1325 J. Pr.).

75. Toutefois serait nul l'exploit contenant appel d'un jugement rendu le..., et signifié à domicile le..., sans énoncer que le domicile de l'appelant était indiqué dans les qualités de ce jugement, et qu'il n'avait pas changé depuis. Cass. 9 mars 1825, D. 25, 195.

76. Dans une assignation donnée *à la requête de tel, poursuites et diligences de tel mandataire*, l'énonciation de la demeure de ce dernier est indifférente pour la validité de l'exploit. Carré, n° 297 (— V. *sup.* n° 52). — Elle n'a d'utilité que pour faciliter au défendeur les moyens de pouvoir traiter avec le mandataire; mais elle ne peut suppléer l'indication du domicile réel du demandeur qui est, dans tous les cas, indispensable. Carré, *ib.*

§ 5. — *Noms, demeure et immatricule de l'huissier.*

77. L'énonciation des noms, demeure et immatricule de l'huissier est prescrite, *à peine de nullité*. C. pr. 61. Elle est nécessaire pour faire connaître à la partie à qui l'exploit est signifié si le signataire de l'acte est véritablement huissier, et s'il est capable de faire la signification. — V. *Huissier*, et *inf.* sect. III, § 1.

78. *Noms*. Leur indication dans le corps de l'acte *peut* être remplacée par la signature lisible de l'huissier. Rennes, 22 août 1810, P. 8, 553; — mise au bas de l'original et de la copie; Thomine, 1, 159.

Mais il est plus prudent de mentionner les nom et prénoms de l'huissier dans le contexte de l'acte. — Il y a quelquefois plusieurs huissiers du même nom dans le même arrondissement.

79. *Demeure*. Cette mention est exigée, afin que le défendeur puisse prendre des informations auprès de l'officier ministériel, ou lui faire des propositions d'arrangement. — Le défendeur a, en outre, intérêt à savoir si *l'huissier* observe la résidence. — V. ce mot.

80. La mention *domicilié à...* satisfait au vœu de la loi. — Cass. 10 août 1813, P. 11, 621. — V. *sup.* n° 72.

81. La nullité de l'exploit ne peut pas être demandée pour omission de l'indication de la demeure de l'huissier, lorsque d'autres énonciations empêchent de se méprendre sur l'identité et la capacité de l'huissier. Lyon, 12 fév. 1835 (Art. 50 J. Pr.).

Ainsi jugé à l'égard d'un acte d'appel, notifié par le même huissier qui avait signifié le jugement de 1ʳᵉ instance. Cass. 15 avr. 1837 (Art. 811 J. Pr.).

82. *Immatricule* se dit de l'inscription du nom de l'huissier au tableau de la corporation des huissiers admis par un trib. à exercer leurs fonctions dans son ressort. — L'énonciation de l'immatricule, rapprochée des noms, donne la preuve que l'huissier a réellement cette qualité; et, en second lieu, que l'ajournement n'a point été signifié hors du ressort du trib. près lequel il exerce ses fonctions.

83. L'immatricule est suffisamment énoncée lorsque l'huissier indique le trib. près lequel il exerce ses fonctions. Il n'est pas nécessaire de dire qu'il y est immatriculé. Cass. 12 mai 1813; Rennes, 4 août 1827, S. 27, 250; Cass. 5 déc. 1836 (Art. 649 J. Pr.); 11 nov. 1823; Merlin, *Quest. de dr.*, v° *Assignation*, § 5; Pigeau, 1, 177; Carré, 1, 157, note 1. — La formule généralement adoptée, est celle-ci : *Huissier près tel tribunal de...*

84. L'omission de la qualité d'*huissier* a pu être remplacée: — 1° par la qualité d'*audiencier*. Lyon, 29 août 1825, D. 26, 67. — 2° Par celle d'*officier ministériel* près tel trib., à une époque antérieure à la réorganisation des avoués. Cass. 6 flor. an 10; 9 frim. an 11, D. 7, 732.

85. Mais si rien dans l'acte n'annonce que la personne qui a fait et signé l'exploit soit huissier, il y a nullité. Rennes, 7 fév. 1810. P. 8, 86.

86. Les énonciations relatives à l'immatricule ne doivent pas nécessairement être écrites par l'huissier. Il se les approprie par sa signature. Rennes, 13 mai 1813; Cass. 13 avr. 1831, D. 31, 140; Carré, *ib.* — *Contrà*, Riom, 4 juill. 1829, S. 30, 225.

87. L'immatricule peut contenir des abréviations (Grenoble, 28 juill. 1817), pourvu qu'elle ne cesse pas d'être claire et bien exacte.

88. Une erreur dans l'énonciation de l'immatricule, équivaut à une omission. Lyon, 16 janv. 1811, P. 9, 34.

89. L'énonciation de la *patente* est seulement prescrite, à peine d'une amende de 50 fr. contre l'huissier. L. 16 juin 1824, art. 10. — Cass. 21 therm. an 9; 10 fruct. an 12, P. 4, 167. — Et l'exploit ne serait pas nul, quand bien même l'*huissier* ne serait pas patenté. — V. ce mot.

§ 4. — *Noms et demeure de la personne contre qui l'on agit.*

90. L'exploit doit énoncer les noms et demeure de la personne contre qui l'on agit, à peine de nullité. C. pr. 61; — afin qu'elle sache si c'est véritablement elle que l'exploit concerne.

91. *Noms.* Ce qui comprend le nom de famille et les prénoms. Boncenne, 2, 111. — *sup.* n° 41.

Toutefois, l'indication des prénoms n'est pas indispensable : ils peuvent être ignorés du demandeur. Liége, 31 juill. 1811, P. 9, 509; Bruxelles, 21 nov. 1829; Carré, art. 61; Pigeau, *Comm.*, 1, 177.

92. Par les mêmes motifs, l'erreur dans les prénoms de l'assigné ne vicie pas l'ajournement, lorsque d'autres circonstances font reconnaître l'individu que l'on a voulu appeler en justice. Liége, 19 fév. 1812, D. A. 7, 734.

93. L'indication du nom de famille n'est même pas nécessaire, lorsqu'il s'agit d'actes signifiés ou laissés à des fonctionnaires publics en leur *qualité*. Cette dernière mention est suffisante.

Ainsi, est valable l'exploit laissé (Montpellier, 4 fév. 1811, P. 9, 78); — ou notifié à M. le maire de la commune de..... Bourges, 3 janv. 1827, D. 32, 28. — V. *sup.* n° 48.

94. L'énonciation des prénoms de l'intimé dans la copie de l'exploit, à l'endroit où le requérant déclare interjeter appel, peut être complétée par l'indication du nom de famille de cet intimé, à l'endroit où l'huissier déclare lui donner assignation à comparaître devant la Cour. Besançon, 21 mai 1810, P. 8, 321.

95. N'est pas nulle la citation devant la chambre civile de la C. cass., donnée au défendeur sous un nom qui n'est pas le sien, si l'erreur se trouve dans les qualités de l'arrêt attaqué, signifié par le défendeur lui-même. Cass. 3 fév. 1835 (Art. 6 J. Pr.).

96. *Demeure.* La loi ne se sert pas du mot *domicile*, comme pour le cas du demandeur (— V. *sup.* n° 65) : c'est que ce dernier pouvant ignorer le lieu où la personne contre laquelle il agit a son domicile légal, ne doit pas être empêché de l'actionner, faute d'un renseignement qu'il ne dépend pas toujours de lui de se procurer.

97. L'énonciation de la qualité d'un fonctionnaire public non révocable, remplace celle de la demeure. — Il en est autrement de l'énonciation de fonctions révocables (—*sup.* n°s 47 et 70.)—Toutefois, le contraire a été jugé à l'égard d'un receveur des contributions directes. Liége, 12 juin 1812, P. 10, 466.

98. L'appel notifié, par deux copies séparées, à un mari et à sa femme demeurant ensemble, est valable encore bien que la copie laissée à l'épouse au domicile de son mari ne mentionne pas la *ville* qu'habite le mari. Poitiers, 15 mars 1825, D. 25, 200. — Dans l'espèce, la femme avait pris des conclusions devant la Cour.

99. L'erreur de place ou de rue dans un commandement peut être rectifiée par les énonciations renfermées dans la copie du jugement signifiée en tête de l'exploit. Lyon, 4 juin 1835, D. 34, 88. — Dans l'espèce, le défendeur représentait l'exploit.

100. Jugé qu'il n'y a pas nullité de l'exploit, par cela seul que le numéro de la rue a été omis. Paris, 17 avr. 1809; — ou faussement indiqué. Rennes, 15 avr. 1811, P. 9, 261; Bruxelles, 12 juill. 1815, D. 7, 742. — V. toutefois *sup.* n° 69.

101. On a également validé 1° l'exploit donné par un tel huissier à Paris, à tel, demeurant hors la barrière d'Enfer, sans indication de la ville où se trouve cette barrière: attendu qu'il s'agissait de la barrière d'Enfer de Paris. Cass. 3 mai 1830, S. 30, 178.

102. 2° L'exploit dans lequel l'huissier avait omis la mention du domicile du défendeur, mais dans lequel il déclarait que n'ayant trouvé personne à domicile, il avait remis la copie à M. le maire de la ville de.... Metz, 27 fév. 1822.

103. L'exploit signifié à un domicile élu doit-il indiquer le domicile réel ou la demeure du défendeur?—V. *inf.* n° 261.

104. La remise de l'exploit par l'huissier au défendeur, parlant à sa personne, ne dispense pas de l'obligation d'indiquer la demeure du défendeur. — Boncenne, 2, 194.

Cependant la Cour de Bruxelles a décidé, le 24 janv. 1821 (D. A, 7, 744) qu'un acte d'appel signifié à personne était valable bien qu'il n'énonçât pas la demeure de l'intimé, si du reste celle-ci y était clairement désignée; mais il est à remarquer que cette demeure se trouvait énoncée dans le jugement qui était relaté dans l'acte d'appel. — V. *sup.* n° 20.

105. La sommation de produire, faite au domicile élu chez un avoué en la personne de son successeur, est nulle, si elle n'exprime pas formellement qu'elle a été notifiée en l'habitation de l'avoué chez lequel il a été élu domicile, ou à sa personne. Grenoble, 24 août 1830, D. 31, 108. — V. *Ordre.*

106. La profession du défendeur n'a pas besoin d'être mentionnée. Elle peut être ignorée du demandeur.

107. Le créancier qui poursuit les héritiers de son débiteur n'est pas non plus forcé, à peine de nullité, d'énoncer cette qualité d'héritier dans les actes de poursuite. Bruxelles, 14 mars 1833, D. 34, 132.

§ 5. — *Mention de la personne à laquelle copie de l'exploit est laissée, et du* VISA.

108. La loi exige, à peine de nullité, que l'huissier mentionne la personne à laquelle copie de l'exploit est laissée. C. pr. 61.

D'où il résulte qu'il faut indiquer non seulement que la copie a été laissée (*la pose de la copie*), mais encore à quelle personne l'officier ministériel s'est adressé (*le parlant à*).

L'accomplissement de l'une des deux formalités précédentes ne supplée pas à l'accomplissement de l'autre.

Ainsi a été déclaré nul : — 1° un ajournement où l'huissier s'était borné, après l'immatricule, à faire cette mention *ai déclaré et signifié au sieur......* *parlant à sa personne,* sans rappeler plus bas qu'il avait laissé à cette personne copie de l'acte qu'il lui signifiait. Dijon, 12 déc. 1829, D. 51, 201. — *Contrà,* Grenoble, 7 fév. 1822.

2° Un acte d'appel ainsi terminé : « j'ai audit Tourrette, donné et laissé copie, en son domicile, parlant à   » et qui n'ajoutait pas à qui l'huissier avait parlé. Grenoble, 12 janv. 1829, D. 29, 254.

3° D'autres exploits dont le *parlant à.....* avait été également laissé en blanc. Paris, 22 nov. 1809, P. 7, 837 ; Bruxelles, 11 nov. 1811, P. 9, 687 ; Cass. 19 juin, 5 juill. 1852. D. 52, 295, 560 ; Berriat, 202, note.

Cependant il a été jugé qu'il suffisait de mentionner dans une copie d'exploit qu'elle avait été laissée au procureur général, bien qu'on eût omis de répéter, comme dans l'original, que cette copie avait été remise en parlant à son secrétaire. Grenoble, 11 août 1820.

109. La mention du *parlant à* est essentielle.

Conséquemment, il faut, à peine de nullité ; — 1° qu'elle soit constatée par l'acte même. Arg. Cass. 24 déc. 1811, P. 9, 796. — V. *sup.* n° 20.

Cette omission sur la copie est une cause de nullité. Rennes, 14 mars 1820, D. 7, 778 ; Cass. 5 juill. 1852, D. 52, 560.— V. *sup.* n° 19.

Toutefois, la mention du *parlant à* sur la copie d'un arrêt d'admission signifié à une commune en la personne de son maire est valablement remplacée par le visa du maire apposé sur l'original et constatant qu'il a reçu cette copie. Dans ce cas tout spécial, le défendeur reconnaît en effet par son visa que c'est à lui-même que l'huissier s'est adressé. Cass. 25 janv. 1837 (Art. 945 J. Pr.).

110. 2° Qu'elle soit écrite au moment même de la remise de la copie, de telle sorte qu'elle ne puisse ultérieurement recevoir aucune altération ou modification. L'écriture au crayon ne présente pas cette indélébilité. Colmar, 25 avr. 1807, S. 7, 2, 255 ; Grenoble, 17 août 1822, D. A, 7, 778 ; Berriat, 202, note 32 ; Pigeau, *Comm.* 1, 178.

111. 5° Qu'elle soit claire, précise et détaillée de manière à ne laisser aucun doute sur l'exécution de la loi.

112. Est nul, — 1° L'acte d'appel, lorsque le *parlant à* est si peu concordant dans l'original et dans la copie, qu'il y a incertitude sur la personne à laquelle la copie est laissée. Montpellier, 15 janv. 1825 ; Cass. 9 nov. 1826, D. 27, 45.

113. 2° L'exploit dont la copie est laissée à un *citoyen* (sans autre addition) qui s'est chargé de le faire parvenir, et qui

n'a dit son nom, de ce interpellé. Cass. 25 brum. an 10 ;
Paris, 25 nov. 1812, P. 10, 832.

114. 3° L'exploit dont la copie est laissée à *une femme trouvée au domicile* de la partie assignée, sans énonciation des
qualités de cette femme relativement à la personne assignée.
Cass. 5 therm. an 13; 24 vent. an 11; 29 therm. an 10; 20 juin
1808, 26 juill. 1809; 7 août 1809, P. 7, 713, 740; Berriat, 202.

115. *Quid* si l'exploit porte que la copie a été laissée à *un
domestique*, sans énoncer que ce domestique est attaché au service du défendeur ?

Selon M. Carré, la contradiction qui semble exister entre les
nombreux arrêts rendus sur cette question n'est qu'apparente ;
ceux qui se sont prononcés pour la validité des significations ont
statué dans des espèces où il était dit que la copie avait été remise à *une servante-domestique* ; ces deux mots réunis n'auraient
point le même sens que chacun pris isolément, et indiqueraient
une domestique faisant partie de la maison : dès lors les rapports
entre la personne qui s'était chargée de la copie et celui qu'elle
concernait auraient été bien connus.

Mais cette différence ne nous semble pas aussi frappante
qu'au célèbre professeur de Rennes, et d'ailleurs elle ne se
retrouve pas dans tous les arrêts qui ont jugé la question.

Lorsque l'huissier déclare qu'il a laissé la copie à un domestique trouvé au domicile du défendeur, on doit, ce nous semble,
présumer que ce domestique est attaché au service de celui chez
lequel il est rencontré et l'exploit doit être réputé valable jusqu'à
preuve contraire. — Tout au plus pourrait-on mettre à la charge
du requérant la preuve que la personne à laquelle la copie a
été remise était bien domestique du défendeur.

On a déclaré valable l'exploit laissé *parlant à* une servante
(*Contrà*, Cass. 15 fév. et 28 août 1810, S. 10, 206 et 304 ;
Bourges, 17 nov. 1828, S. 29, 55) *domestique au domicile* de la
partie. Cass. 22 janv. 1810, P. 8, 51. — Ou à des filles de
confiance trouvées au domicile de l'intimé et qui, sommées de le
faire, ont refusé de se nommer. Rennes, 26 avril et 18 août 1810,
P. 8, 270, 541. — *Contrà*, Cass. 4 nov. 1811, P. 9, 677. — Ou
au portier de la maison. Rouen, 5 janv. 1814, P. 12, 10.

116. Peu importerait du reste que l'exploit relatât que la
copie a été remise, 1° *aux domestiques* de la partie assignée, sans
indiquer plus spécialement à quelle personne elle a été laissée.
Cass. 14 déc. 1815, D. A. 7, 783 ; — 2° à une des servantes
domestiques du défendeur. Cass. 15 janv. 1833, D. 33, 142 ;
— 3° à une femme qui a refusé de dire son nom, mais qui a déclaré être au service de l'assigné. Poitiers, 13 juin 1822, D. A.
12, 353 ; — 4° à son portier. Besançon, 1810, D. A. 7, 726 ;
Lyon, 12 janv. 1810, 25 mai 1816, P. 13, 451.

117. Il suffit, en général, que l'huissier, sans énoncer le nom de la personne qui reçoit la copie, l'indique par sa qualité, ou par ses rapports avec la partie assignée. — Bruxelles, 3 fév. 1820, 15 fév. 1832, D. 33, 241 ; Cass. 19 déc. 1826, D. 27, 98 ; Cass. 15 janv. 1833, S. 33, 81 ; Bordeaux, 24 août 1831, S. 32, 198 ; Riom, 11 janv. 1837 (Art. 980, J. Pr.) ; Carré, art. 68, n° 362 ; Thomine, n° 92.

Et réciproquement la mention dans un exploit que la copie a été laissée à telle personne qu'il nomme, sans indiquer d'ailleurs ses rapports avec l'assigné, remplit le vœu de la loi, s'il est reconnu au procès que cette personne avait qualité pour recevoir l'acte. Paris, 3 janv. 1809, D. A. 7, 809 ; Cass. 23 janv. 1810, D. A. 7, 809 ; 9 janv. 1811, D. A. 7, 809 ; Carré, ib. — *Contrà*, Montpellier, 6 fév. 1811, P. 9, 84.

On a également déclaré valable un exploit signifié à deux frères habitant le même domicile, encore que l'huissier, par erreur, eût qualifié la personne à qui il avait remis l'exploit, de fille de celui dont elle était la nièce, et de nièce de celui dont elle était la fille. — Caen, 15 janv. 1827.

118. Jugé au contraire, 1° qu'il y a nullité lorsque le *parlant à* indique qu'il a été remis au fils de l'assigné, s'il est prouvé que celui-ci n'a point de fils. — V. toutefois *inf.* n° 185.

2° Lorsque l'exploit est donné ainsi : à tel et à son épouse, *parlant à sa personne* : on ne sait pas auquel des deux époux la copie a été laissée. Liége, 8 déc. 1814, P. 12, 480 ; Bourges, 24 sept. 1828.

3° Lorsque l'exploit mentionne que la copie a été laissée à deux assignés en parlant à *leurs personnes*. Lyon, 13 janv. 1825.

119. Est encore nul l'exploit dont l'original ne mentionne pas que le domestique (ou la femme du défendeur. Montpellier, 3 déc. 1810, P. 8, 675) à qui la copie a été laissée a été trouvé au domicile de l'ajourné. Cass. 20 fruct. an 11 ; Bruxelles, 27 juin 1810 ; Rennes, 28 déc. 1812, P. 10, 925 ; 16 avr. 1813, P. 11, 301 ; Liége, 19 mars 1812, P. 10, 235 ; Rennes 9 avr. 1819.

120. Si le nom de la personne à qui la copie a été laissée est placé à un intervalle de plusieurs lignes du *parlant à...* de telle sorte que par son isolement et par l'ordre qu'il occupe il ne présente aucun sens, la mention est insuffisante. Bruxelles, 26 juin 1807, P. 6, 176.

121. Du reste le *parlant à* peut être écrit au commencement, ou au milieu, ou à la fin de l'acte. Carré, 1, 159, — pourvu qu'il soit constaté dans l'acte même. Berriat, 203, note 54. — V. la formule.

122. Dans la pratique (tel est l'usage à Paris et dans beaucoup d'autres lieux), l'huissier mentionne que l'énonciation qu'il fait de la personne qui a reçu la copie, est conforme aux déclarations de cette dernière. — V. *inf. Formules.*

125. L'officier ministériel n'est pas obligé de solliciter ni d'écrire la réponse, si ce n'est dans quelques actes spéciaux tels que ceux d'offres réelles, de protêts, etc. Paris, 10 avr. 1810, D. A. 1, 150; Boncenne, 2, 244.

124. L'exploit n'est pas nul parce que l'huissier a répété sur chaque copie le *parlant à...* de toutes les parties assignées, s'il n'a pas omis celui de la partie à qui chaque copie était destinée. — Cass. 11 nov. 1825.

125. Dans certains cas où la signification de l'exploit n'est faite ni à personne ni à domicile, l'huissier est tenu de requérir le visa du procureur du roi ou du maire, il doit alors en faire mention tant sur l'original que sur la copie de l'acte. — V. *inf.* n° 226.

§ 6. — *Coût de l'exploit.*

126. L'huissier est tenu de mettre à la fin de l'original et de la copie de l'exploit le coût de l'acte. C. pr. 67.

Le coût. Ce mot signifie l'indication de la somme due pour le salaire de l'huissier et pour les droits de timbre et d'enregistrement. — V. *inf.* Sect. VI.

127. Dans l'usage on ne mentionne sur la copie que la somme due à raison de cette copie; cependant, comme elle est destinée à servir d'original au défendeur, il est plus exact d'indiquer sur la copie même le coût complet.

128. L'huissier est tenu du reste d'indiquer en marge de *l'original* le nombre de rôles des copies de pièces, et d'y marquer de même le détail des frais formant le coût de l'acte. Décr. 14 juin 1813, art. 48.

129. Le défaut d'énonciation du coût n'entraîne pas la nullité; seulement il soumet l'huissier à une amende de 5 fr., payable au moment de l'enregistrement (C. pr. 67), et l'expose à être interdit de ses fonctions sur la réquisition d'office des procureurs-généraux et du procureur du Roi. Tarif, 66, 156; décis. min. just., 31 juill. 1808. — V. *Huissier.*

Si l'huissier porte une somme exagérée pour le coût de l'acte, cette irrégularité n'entraîne pas non plus la nullité de l'exploit, mais il y a lieu à restitution de ce qui a été indûment payé, et à interdiction de l'huissier. — V. *Dépens,* n° 166.

Section III. — *Signification des exploits.*

§ 1. — *Par qui les exploits doivent être signifiés.*

150. Les exploits doivent en général être signifiés par des huissiers. — V. toutefois *sup.* n° 1 et les divers mots auxquels il renvoie.

On ne traitera dans cette section que des significations attribuées aux huissiers.

131. Deux conditions sont nécessaires à la validité de toute signification.

Il faut, 1° que l'exploit soit notifié par un huissier régulièrement institué et compétent pour faire en général les actes de son ministère.

Ainsi serait nul l'acte émané d'un huissier qui n'aurait pas prêté serment. Décr. 16 juin 1813, art. 7. — A moins cependant que cet huissier n'exerçât publiquement ses fonctions : l'erreur commune validerait alors l'exploit. Besançon, 16 janv. 1811, P. 9, 35.

De même, l'huissier suspendu ou interdit de ses fonctions, ayant perdu momentanément ou définitivement son caractère légal, ne peut instrumenter à dater du jour où le jugement de suspension ou d'interdiction lui a été notifié.

2° Que l'huissier ne se trouve pour l'acte qu'il signifie dans aucun cas d'incapacité relative prévu par la loi.

132. L'incapacité peut exister soit à raison de la personne à la requête de laquelle il agit, soit à raison du lieu où la signification est faite.

133. *A raison de la personne.* L'art. 66 C. pr. défend à l'huissier d'instrumenter, en matière d'ajournement, pour ses parens et alliés et ceux de sa femme, en ligne directe, à l'infini, et pour ses parens et alliés collatéraux, jusqu'au degré de cousin issu de germain inclusivement, le tout à peine de nullité.— La prohibition est moins étendue en matière de citations signifiées par les huissiers audienciers des justices de paix. —V. *Citation*, n° 25 et 26 ; *Huissier.*

134. Cette incapacité est fondée sur ce que l'huissier n'étant qu'un officier certificateur, pour ainsi dire, et dont les déclarations font foi en justice, jusqu'à inscription de *faux* ou *désaveu* (— V. ces mots), ne peut être admis à témoignage lorsqu'il se trouve dans un état de suspicion légitime de bienveillance pour le requérant.

135. L'huissier peut instrumenter *contre* ses parens. Aucun texte en effet, ne le lui interdit, et d'ailleurs celui qui s'adresse à un huissier n'est pas obligé de connaître sa généalogie et sa parenté. Liége, 10 juill. 1811, S. 12, 289 ; — Thomine, p. 166; Boncenne, 2, 190 ; Boitard, 1, 263.

Sauf cette différence, la défense faite aux huissiers d'instrumenter pour leurs parens et alliés jusqu'au degré de cousin issu de germain inclusivement a même motif, même étendue, même limite, que le reproche des témoins pour cause de parenté. C.

pr. 283; la récusation d'experts. C. pr. 310; et la récusation d'un juge. C. pr. 378. — Ces articles doivent se servir d'explication les uns aux autres. — Thomine, p. 166.

136. La parenté et l'alliance ne sont pas les seules causes de suspicion légitime : la jurisprudence a appliqué à différens cas analogues les dispositions de l'art. 66 C. pr.

Ainsi l'huissier ne saurait instrumenter pour la personne dont il est mandataire général ou spécial : par exemple, pour son pupille, pour une succession indivise dont il est administrateur, ou pour une succession vacante dont il est curateur. L'exploit doit, dans ce cas, être déclaré nul pour *défaut de capacité* de l'officier ministériel. Il n'y a pas lieu d'appliquer l'art. 1030 C. pr. — Cass. 24 nov. 1817 , S. 18, 119.

À plus forte raison est-il évidemment incapable pour signifier aucun acte qui l'intéresse personnellement. Pau, 7 juill. 1813, S. 16, 165. — Ou pour exploiter au nom de sa femme.

137. *A raison du lieu.* Aucun huissier, n'a le droit d'exploiter hors du ressort du trib. auquel il est immatriculé et dans l'arrondissement duquel il doit résider. — Les trib. peuvent même dans certains cas, restreindre cette compétence à un canton de l'arrondissement. Décr. 14 juin 1813, art. 16; Cass. 4 fév. 1834. D. 34, 105.

138. Tout exploit signifié par un huissier hors de l'arrondissement dans lequel il est autorisé à résider, est nul.

139. Autrefois les huissiers devaient être accompagnés de deux recors pour faire tous les actes de leur ministère. Aujourd'hui cette formalité n'est plus exigée que dans certaines occasions particulières. Par exemple en matière de *saisie-exécution*, de *protêt*, et d'emprisonnement. — V. ces mots et *Emprisonnement*, n° 215.

§ 2. — *Jours et heures auxquels l'exploit peut être signifié.*

140. Les exploits sont valablement signifiés tous les jours, excepté ceux de fêtes légales. (— V. *Fêtes.*) Ils ne peuvent l'être depuis le premier octobre jusqu'au trente-un mars avant six heures du matin et après six heures du soir; et depuis le premier avril jusqu'au trente septembre avant quatre heures du matin et après neuf heures du soir, si ce n'est en vertu de permission du juge, dans le cas où il y aurait péril en la demeure. C. pr. 1037. — V. toutefois *Emprisonnement*, n° 154 à 156, et 249.

141. Cette permission peut être donnée par le président du trib. du lieu où l'assignation doit être signifiée ; il n'est pas nécessaire que, pour l'accorder, le magistrat soit saisi de l'affaire. Cass. 7 avr. 1819 , S. 19, 142; Favard, 1, 145. — *Contrà*, Carré, n° 329.

142. La faculté accordée au président d'autoriser une signification un jour férié, n'entraîne pas celle de permettre cette signification aux heures de nuit. Pendant ce temps il n'est pas permis de s'introduire dans le domicile d'un citoyen. Arg. C. pr. 587; C. pén. 184; Berriat, 144, nᵒˢ 2 et 3. — Contrà, Demiau, p. 64 ; Pigeau, Comm., 1, 178, note 3.

143. La contravention à la règle relative aux jours et aux heures auxquels les significations ne peuvent être faites sans ordonnance du président, n'entraîne pas la nullité de l'exploit; elle n'est pas prononcée par l'art. 1037, et les nullités ne sauraient se suppléer (C. pr. 1030): elle donne seulement lieu à une amende de 5 fr. à 100 fr. (1030) contre l'huissier. Grenoble, 17 mars et 17 mai 1817 ; Bordeaux, 16 juill. 1827, S. 27, 178 ; 27 janv. 1837, (Art. 785 J. Pr.); Montpellier, 24 fév. 1834; Toulouse, 8 mars 1834; Cass. 29 janv. 1819, S. 20, 55 ; 25 fév. 1825, S. 25, 233; Boncenne, 2, 239, 240. — Contrà, Bordeaux, 10 fév. 1827, S. 27, 105 ; Pau, 22 juin 1833; Pigeau, Comm. 1, 185; Carré, nᵒˢ 330 et 3422 ; Boitard, 1, 252.

§ 3. — *A quelles personnes et dans quels lieux les exploits doivent être signifiés, — visa.*

144. Les exploits doivent en général être signifiés à la personne du défendeur ou à son domicile. — V. *inf.* art. 1ᵉʳ.

Cependant cette règle souffre quelques exceptions, et dans certains cas la signification est valablement faite à une autre personne que le défendeur et dans un autre lieu que son domicile. — V. *inf.* art. 2.

Art. 1. — *Cas où la signification est faite à la personne contre qui l'on agit, ou à son domicile.*

145. Tout exploit doit être notifié à la personne contre qui l'on agit ou à son domicile, à moins que cette personne ne soit incapable et ne puisse disposer des droits qui lui appartiennent. Dans ce dernier cas la signification est faite à son représentant. C. pr. 69. — V. *inf.* art. 2.

146. La signification à domicile, postérieure au décès de la personne contre laquelle on agit, est, en général, nulle. — V. *Cassation,* nᵒ 251 à 254.

147. Mais la signification d'un arrêt d'admission d'un pourvoi, faite au dernier domicile d'une personne (dont le décès n'était pas connu), parlant à son procureur fondé a été jugé valable. P. 9, 621; Cass. 3 sept. 1811. — Il serait néanmoins prudent de renouveler l'exploit contre les héritiers, aussitôt que l'on aurait acquis la connaissance du décès de leur auteur, sans préjudice des effets que produirait à sa date, pour le passé, le premier acte.

148. Si l'on apprend le décès de celui contre lequel on se propose d'agir, suffit-il, jusqu'au partage, de signifier l'ajournement au domicile du défunt, aux héritiers collectivement?

Le doute naît de ce que l'on peut considérer la succession comme un être moral, représenté par tous les héritiers, ayant pour domicile l'habitation du défunt; mais le Code ne contenant aucune exception pour ce cas, il faut suivre la règle générale qui veut que l'ajournement soit signifié à la personne ou au domicile de chacun des héritiers du défunt. Trib. Tulle, 3 fév. 1821, S. 21, 122.

Cependant la loi, pour des motifs spéciaux, admet quelques modifications. Ainsi, 1° en matière d'inscription hypothécaire, l'ajournement peut être fait au dernier domicile élu du créancier, malgré son décès. C. civ. 2156.

2° En matière indivisible, pour interrompre une prescription, il suffit d'assigner l'un des héritiers comme représentant toute la succession. Arg. C. civ. 2249.

De même, on a déclaré valable l'acte d'appel (d'un jugement rendu au profit d'une personne décédée dans l'intervalle) signifié, à la maison mortuaire, aux héritiers collectivement, sans désignation de noms ni de qualités. Arg. C. pr. 447; Bruxelles, 30 août 1840, P. 8, 581. — Autrement, l'ignorance où l'on serait souvent des noms et du domicile de chacun des héritiers empêcherait d'interjeter appel en temps utile.

149. S'il y a plusieurs défendeurs, il doit être laissé à chacun d'eux une copie de la demande; chacun a un intérêt égal à la connaître, pour être à même de proposer ses moyens de défense.

L'assignation donnée à plusieurs défendeurs au domicile de l'un d'eux, et par une seule copie, est nulle à l'égard de tous. Besançon, 14 déc. 1818.

150. Toutefois, on a déclaré valable la signification faite à l'un des cointéressés en matière solidaire. Bordeaux, 22 août 1833, D. 34, 230; — ou indivisible. — V. *sup.* n° 50, et *Appel*, n° 184 à 187.

151. Lorsque le même individu est tuteur de plusieurs pupilles, une seule copie suffira, ou bien il faudra autant de copies qu'il y a de pupilles, selon qu'ils auront ou non le même intérêt.

152. Une seule copie a été jugée suffisante pour un individu assigné, tant en son nom personnel, que comme représentant une autre personne, par exemple, en qualité de tuteur. Cass. 20 déc. 1816, 7 janv. 1818, D. A, 11, 854.

153. Les conjoints doivent-ils être assignés par copies séparées? — Il faut distinguer. — V. *inf.* n° 215.

154. *Quid,* dans le cas d'une union de créanciers ? —V. *inf.* n° 232, et *Faillite.*

155. Lorsqu'un exploit est notifié à une société civile ou commerciale, la question de savoir s'il faut ou non assigner tous les membres de cette société, et remettre à chacun d'eux une copie séparée, dépend des distinctions posées *sup.* n° 39 et 51.

156. L'assignation signifiée à des communes en la personne de leurs maires, et visée en l'absence de ceux-ci par le juge de paix, doit, à peine de nullité, être remise à ce dernier en autant de copies qu'il y a de communes ayant des intérêts distincts. Grenoble, 17 juill. 1832, D. 32, 213 ; Cass. 1er avr. 1834.

157. L'assignation donnée à plusieurs héritiers au même domicile, qu'ils ont tous élu dans un intérêt commun, doit, à peine de nullité, leur être signifiée en autant de copies qu'ils sont d'individus. Cass. Belgique, 15 mars 1833, 15 fév. 1815, S. 15, 204 ; 14 mai 1821, S. 22, 108 ; Rennes, 10 juin 1820 ; Grenoble, 22 juin 1822, 17 août 1831 ; Orléans, 25 mars 1831, D. 31, 165 ; Boncenne, 2, 220. —V. d'ailleurs *Domicile,* § 3.

158. En matière d'*enquête,* l'assignation donnée aux parties, au domicile du même avoué, doit être signifiée en autant de copies qu'il y a de défendeurs, quoiqu'ils aient le même intérêt. —V. ce mot, n° 141.

159. Cependant il a été jugé, 1° que, lorsque plusieurs personnes poursuivent dans l'intérêt commun l'exécution d'un jugement, et n'élisent qu'un seul et même domicile dans le commandement, l'appel signifié au domicile élu en une seule copie suffit pour tous les intimés. Bruxelles, 14 juill. 1815, et 6 oct. 1815, D. A. 7, 775. — V. *Appel,* n°s 484, 185. — Sous l'ordonnance de 1667, une signification était valablement faite par une seule copie au domicile élu par deux parties, ayant un intérêt commun, appelantes par le même acte. Paris, 12 avr. 1806, P. 5, 276. — V. *inf.* n° 249.

2° Que si, par l'exploit introductif de leur action, plusieurs parties, telles, par exemple, qu'une mère et ses enfans, ont déclaré agir conjointement et solidairement, l'appel du jugement rendu à leur profit leur est valablement signifié par une seule copie à la mère, tant pour elle que pour ses enfans, ses cointéressés. Caen, 8 janv. 1827, D. 27, 164.

3° Que, dans le cas où le curateur d'un émancipé, demeurant avec lui, a reçu un exploit pour le mineur, il est non recevable à se plaindre de n'avoir pas eu pour lui personnellement une seconde copie. Cass. 17 flor. an 13, S. 8, 502.

4° Qu'en matière indivisible un exploit d'appel peut être notifié en une seule copie à deux sœurs vivant ensemble, *par-*

lant à leurs personnes. Cass. 31 janv. 1827, S. 29, 349. —V. *Appel*, nᶜˢ 186 et 187.

5° Que, si plusieurs parties, plaidant dans un intérêt commun, ont désigné un mandataire à qui devraient être faites toutes significations *en une seule copie*, on ne peut porter en taxe des notifications faites autrement, à moins qu'une de ces parties ne soit décédée ou n'ait changé d'état. Bordeaux, 29 août 1828, D. 31, 180.

Mais, dans ces divers cas, ce sont ou les règles de la solidarité et de l'indivisibilité, ou le défaut d'intérêt du demandeur en nullité, qui ont fait fléchir le principe.

160. La signification peut, en général, être faite indifféremment, soit à la personne, soit au domicile de celui contre qui l'on agit. Il existe cependant plusieurs dissemblances entre l'un et l'autre mode de notification. — V. *inf.* nᵒˢ 162, 165 et 175.

161. *Signification à personne*. On appelle ainsi celle qui est faite par l'huissier, en parlant au défendeur lui-même, auquel est remise directement la copie de l'exploit.

162. Elle peut être faite au défendeur dans son domicile réel ou hors de ce domicile. — V. toutefois *Effet de commerce*, nᵘ 103.

Peu importerait qu'un jugement eût ordonné l'assignation à domicile. Le seul but que se propose la loi, c'est que le défendeur ait connaissance de l'exploit, et le moyen le plus sûr d'arriver à ce résultat est, sans contredit, de lui remettre la copie en mains propres. Rennes, 22 juill. 1814, D. A. 7, 738.

163. La signification à personne peut être faite au défendeur en quelque lieu que l'huissier le rencontre.

Quelques auteurs admettent plusieurs exceptions d'après l'ancienne législation et par des motifs d'ordre public. Praticien, 1, 313; Delaporte, 1, 76. — M. Pigeau restreint la prohibition aux significations faites pendant le temps des exercices religieux ou des séances des autorités constituées, et il se fonde sur l'art. 781 C. pr.

Mais les anciens usages ont été abrogés par l'art. 1041. — Et l'article du projet, portant : « Aucun exploit ne pourra être signifié dans les lieux publics destinés aux cultes, aux heures des offices ; dans le lieu et pendant la séance des autorités constituées ; dans les bourses pendant leur tenue, le tout à peine de nullité », a été retranché. Locré, *Esprit C. de pr.*, 1, 159. — On a laissé subsister quelques-unes de ces dispositions, pour l'exercice de la contrainte par corps seulement (— V. *Emprisonnement*, nᵒ 160 et suiv.), à cause du tumulte, presque toujours inévitable, que produisent l'arrestation ou la résistance du débiteur. Merlin, v° *Ajournement*; Carré, n° 546 ; Boncenne, 2, 196; Thomine, n° 192.

Ainsi, l'exploit signifié dans un lieu destiné au culte, même aux heures des offices, etc., ne nous paraît pas absolument nul, si la copie a été acceptée par le défendeur.

Mais ce dernier aurait le droit de la refuser. Comment, en effet, concevoir qu'un fidèle pût être forcé de recevoir des offres réelles pendant l'office divin ! — Aussi MM. Thomine et Boncenne, *ib.*, pensent-ils que l'huissier serait passible d'une peine, si, par quelque inopportunité ou par quelque irrévérence, il excitait du trouble et du scandale. — V. d'ailleurs *Exécution*, n° 99.

164. Il faut distinguer entre le cas où le défendeur est trouvé à son domicile et celui où il est rencontré hors de ce domicile.

165. Dans la première hypothèse, l'huissier peut laisser la copie à toute personne qui lui déclare être le défendeur. Il n'est pas garant de l'identité; la présomption qui est en sa faveur, ne tomberait que devant un fait évidemment contraire.

166. Au contraire, lorsque la signification est faite hors du domicile du défendeur, la même présomption n'existe plus, l'huissier ne doit pas se contenter de la déclaration faite par une personne qu'elle est défenderesse, il faut qu'il la connaisse pour telle, et il est responsable de son identité (Arg. C. pr. 71).

167. *Signification à domicile.* Lorsque la signification n'est pas faite *à personne*, elle doit l'être au lieu du *domicile*, s'il est connu ; — ou bien au lieu de la résidence si le défendeur n'a aucun domicile connu. Arg. C. pr., 69, 8°.

168. D'où il suit que, si un individu est seulement en résidence dans un endroit, et qu'il ait notoirement un domicile ailleurs, la signification de l'assignation au lieu de sa résidence *ne saurait être faite que parlant à sa personne.*

169. C'est de cette manière seulement que peut être assigné, 1° le fonctionnaire appelé à des fonctions révocables, et qui n'a pas manifesté l'intention d'établir son domicile dans le lieu où il les exerce. C. civ. 106; Cass., 11 mars 1842; Paris, 17 août 1810, D. A. 7, 759 ; — 2° le militaire au lieu où se trouve son régiment. Liége, 4 févr. 1812; D. A. 7, 806; Rennes 5 août 1812, P. 10, 650.

Il faut alors signifier l'assignation, soit au lieu du domicile que l'ajourné avait avant de partir pour remplir la mission qui lui a été donnée ; soit à son domicile d'origine, si l'on ignore celui qu'il a récemment occupé ; soit au parquet du procureur du roi.

170. Il en est de même à l'égard du prisonnier ou du banni. Ils ne sont pas réputés avoir changé de domicile, et sont vala-

blement assignés à celui qu'ils avaient au moment de l'incarcération ou du bannissement. Rodier, Ordonn. 1667, t. 2, art. 3.
quest. 18 ; Domat, *Droit public*, liv. 1, tit. 16, sect 3, n° 14,
Carré, art. 68 ; Bordeaux, 11 janv. 1834, D. 34, 203.

171. Les vagabonds, les colporteurs, les bateleurs, les co-
médiens ambulans, étant considérés comme n'ayant pas de domicile (Rodier, sur l'ordonn. de 1667), sont régulièrement
assignés au lieu de leur résidence.

172. Il est souvent difficile de distinguer dans quel lieu est
le domicile où une assignation doit être signifiée.

Lorsqu'une personne assignée a deux établissemens également
importans, situés dans différens lieux, et où elle demeure alter-
nativement, il faut prendre des renseignemens propres à faire
connaître dans quelle commune l'assigné exerce ses droits politiques, fait le service de la garde nationale, etc. Dans le doute,
il serait prudent de lui faire la signification à celui des deux
établissemens où le défendeur se trouverait au moment de
l'assignation ; et, autant que possible, en parlant à sa personne,
— V. d'ailleurs *Domicile*, n° 8 et 25.

Lorsque le défendeur a récemment changé de domicile, sans
avoir fait les déclarations prescrites par l'art. 104 C. civ., il faut
distinguer si l'assignation a été donnée au nouveau domicile, ou
bien si, dans l'ignorance du changement, elle l'a été à l'ancien.

173. *Dans la première hypothèse*, on fait encore une sous-
distinction. Si l'objet de l'assignation est postérieur au changement de domicile, il n'y a pas de difficulté. On a traité avec une
personne demeurant dans un endroit où elle paraissait être établie, on n'a pas dû prendre d'autres informations, et l'on assigne
valablement dans ce lieu. — Si le demandeur a connu ou dû connaître nécessairement le domicile ancien ; il semble que, même
dans ce cas, l'assignation est valable, lorsque d'ailleurs il se
rencontre des circonstances desquelles puisse résulter la preuve
de l'intention du défendeur de changer de domicile. Arg. C. civ.
103 et 105. — Vainement on alléguerait que le changement de
domicile n'est pas suffisamment établi par de simples déclarations contenues dans des actes émanés du défendeur ; qu'il faut
que cette mutation de domicile soit manifeste, qu'elle résulte
du fait et de l'intention, et que les conditions prescrites par
l'art. 104 C. civ. aient été remplies. — *Contrà.* Orléans,
28 avr. 1819.

Dans *la seconde hypothèse*, on suppose de la part du demandeur
l'ignorance du changement de domicile du défendeur. — Pour
soutenir la nullité, on peut dire : l'ajournement doit être donné
au domicile, s'il en existe un ; c'est au demandeur à s'informer
du domicile du défendeur. Si le changement d'habitation n'est
pas une preuve du changement de domicile, il est une pré-

somption grave qui doit porter le demandeur ou l'huissier à prendre des informations : ainsi une erreur excusable ne peut exister de la part de ces derniers, surtout si le changement d'habitation remonte à plus de six mois (Arg. art. 74 C. civ.).

— Mais on répond que le changement d'habitation n'entraîne *ipso facto* le changement de domicile que par rapport à la personne qui abandonne un lieu pour aller habiter dans un autre, et non à l'égard des tiers. La preuve de l'intention ne résulte légalement contre eux que de la double déclaration prescrite par l'art. 104 (—V. *Domicile*). Si elle n'a pas été faite, c'est à celui qui a commis cette négligence à se l'imputer et à en supporter les conséquences. S'il était possible que le temps écoulé depuis le changement d'habitation pût être considéré comme une preuve que le demandeur n'a pu ignorer le fait du changement de domicile, il ne faudrait pas le fixer, avec M. Malleville, à un espace de six mois : tout alors dépendrait des circonstances, et devrait être abandonné à la prudence du juge. Ensuite il est bien difficile que la nullité puisse être prononcée; car, de deux choses l'une : ou la maison abandonnée est actuellement habitée, ou elle ne l'est pas. Si elle l'est, et que les personnes qui s'y trouvent reçoivent la copie, en se déclarant parens ou serviteurs de l'ajourné, l'huissier a dû faire la signification. Elle est valable, si la maison est vide, et qu'un voisin, sans avertir l'huissier du changement de domicile du défendeur, reçoive la copie et signe l'original, l'huissier (bien entendu supposé de bonne foi), a fait ce que la loi prescrit, et son acte est régulier. Il en est de même si, à défaut de voisins, l'exploit a été remis au maire sans que celui-ci, soit qu'il y ait ou non de déclaration, lui ait fait connaître le changement de domicile. Un semblable ajournement ne peut pas plus être annulé que celui qui aurait été signifié au parquet du procureur du roi pour être transmis à une personne habitant hors du royaume, et que ce magistrat aurait négligé d'envoyer. Bruxelles, 25 fév. 1810, D. A. 11, 888.

Dans tous les cas est valable l'assignation donnée à une partie au domicile indiqué par elle-même dans plusieurs actes de la procédure, quoiqu'il soit constaté, par un certificat du directeur des contributions directes, qu'elle demeure dans un autre lieu. Cass. 20 juin 1832; 5 mai 1834, D. 34, 233 ; Bordeaux, 28 mars 1833, D. 34, 86.

174. La copie de la signification faite à domicile doit être remise à la partie. C. pr. 68.

175. Si la partie n'est pas trouvée à son domicile, la copie est remise à l'un de ses parens ou serviteurs; — ou à leur défaut à un voisin qui signe l'original de l'exploit. — S'il n'y a pas de voisin, ou si le voisin ne peut ou ne veut signer l'original, la copie est de suite remise au maire ou adjoint de la commune, lequel vise l'original sans frais. Il est fait mention du tout par l'huissier, tant sur l'original que sur la copie (C. pr. 68), à peine de nullité. C. pr. 70.

La copie ne peut être remise à un parent ou à un serviteur qu'autant qu'il est trouvé par l'huissier au domicile de la partie : cette dernière a seule qualité pour recevoir une notification hors du domicile. — V. *sup.* n° 162.

176. *A des parens du défendeur.* Peu importe que le degré de parenté soit éloigné ; la loi ne fait aucune distinction, elle n'exclut même pas le parent auquel elle refuse le droit de succéder.

L'époux de la personne contre qui l'on agit et les alliés ont aussi qualité pour recevoir la copie de l'exploit ; ils sont assimilés aux parens.

177. Faut-il que le parent auquel la copie est laissée demeure habituellement avec le défendeur, ou suffit-il qu'il soit trouvé accidentellement à son domicile ?

En faveur du premier système on dit : les art. 61 et 68 C. pr. n'ont fait que reproduire en langage moderne l'ancien texte de l'ordonn. de 1539, d'après lequel les huissiers devaient laisser copie de leurs exploits aux ajournés ou à *leurs gens* et serviteurs. Le mot *gens* qui indiquait alors les membres de la famille demeurant sous le même toit (*vulgo famulos et omnes nobiscum habitantes vocamus: nos gens.* Rebuffe, Com. ordonn. art. 22), ayant vieilli à l'époque de la rédaction du Code, on l'a remplacé par le mot *parent* ; mais on n'a voulu introduire aucune innovation, on a toujours entendu désigner les membres de la famille habitant la même maison. *Ratio hujus textus,* disait Rebuffe, en son Commentaire de l'ordonn. de 1539, est, *quare citatio in domicilio fieri debet non inventâ citandi personâ tùm ut* ILLI DE DOMO *nuntient citato.* Ces motifs sont les mêmes aujourd'hui et doivent conduire à une solution identique. — Du reste l'ensemble des dispositions des art. 68 et 456 C. pr. paraît établir que c'est dans les rapports journaliers et les liens étroits de la communauté d'habitation non moins que dans ceux de la parenté et de la domesticité que le législateur a cru trouver la garantie que l'exploit serait remis exactement à la partie intéressée. La signification à domicile est en effet placée immédiatement après la signification à personne et sur la même ligne parce que l'assigné, à quelque instant qu'il rentre à ce domicile sera certain d'y trouver l'exploit qu'il n'a pas reçu directement ; mais que deviendrait cette certitude dans le cas où la copie pourrait être confiée à un parent demeurant dans une ville éloignée et ne se trouvant qu'accidentellement à la demeure de la personne citée ? Ce parent ne peut-il pas facilement égarer l'exploit, oublier, ou même se trouver dans l'impossibilité de le remettre à temps au défendeur ? — Si la loi n'eût eu en vue que l'intérêt que peuvent porter à l'assigné les parens ou serviteurs, elle n'eût pas préféré le simple voisin, l'étranger demeurant non loin de la partie citée au parent ou au serviteur trouvé hors du domicile de cette dernière. Cependant cette préférence est écrite dans la loi, ce qui démontre clairement qu'en exigeant la remise à domicile et en indiquant ceux qui pourront régulièrement y recevoir l'exploit, la pensée du législateur s'est portée principalement sur leur qualité de *domiciliés* avec le défendeur. Colmar, 4 déc. 1807, P. 6,375 ; Poitiers, 13 juill. 1813, P. 11, 552 ; 24 août 1834 (Art. 58 J. Pr.) ; Favard, Rép. 1, 143 ; Dalloz Juris. gén., 7, 780 ; Boncenne, t. 2, 203, et consultation du même jurisconsulte délibérée le 15 juin 1836.

Toutefois la C. de cass. a admis le système contraire, par les motifs suivans : aucun texte n'exige la communauté d'habitation entre la partie assignée et la personne à laquelle la copie de l'exploit est remise ; la loi s'attache uniquement au lien de parenté, et du moment que ce lien existe, elle suppose que l'exploit sera nécessairement transmis à celui qu'il intéresse. L'affection présumée du parent pour son parent lui semble une garantie suffisante à cet égard. Aix, 6 fév. 1826 ; Bruxelles, 15 fév. 1832, D. 33, 241 ; Cass. 14 mai 1838 (Art. 1375 J. Pr.).

178. *Aux serviteurs du défendeur ;* c'est-à-dire à une personne qui soit au service de ce dernier, demeure chez lui, et y soit actuellement.

Le domestique d'un voisin, même habitant la même maison, n'a aucunement qualité pour recevoir la copie de l'exploit destinée à un autre individu que son maître. — V. *inf.* n° 187.

Cependant, si deux personnes ont une habitation commune, le domestique de l'une peut recevoir la copie de l'ajournement qui concerne l'autre ; il est alors considéré comme étant *ex eddem familiâ.* Cass. 15 août 1807, S. 7, 2, 126 ; Lyon, 26 mars 1817 ; Paris, 30 janv. 18.7, S. 18, 42 ; Carré, 1, 186 ; Hautefeuille, 79 ; Delaporte, 1, p. 77.

Mais l'habitation ne doit pas être réputée commune entre le propriétaire et le locataire qui occupent la même maison. — Ainsi l'on a déclaré nulle l'assignation laissée au propriétaire pour le locataire. Rennes, 23 août 1817 ; Colmar, 24 nov. 1821. — Et réciproquement, Nîmes, 5 avr. 1808, P. 6, 608.

170. L'expression *serviteur,* employée dans l'art. 68, ne doit pas être restreinte *aux domestiques proprement dits ;* elle s'applique encore à d'autres personnes, à cause des rapports intimes, fréquens et nécessaires, qui existent entre elles et la partie assignée, à tout autre titre que celui de domesticité.

Tels sont, 1° le portier : il a qualité pour recevoir la copie des exploits signifiés aux locataires de la maison à la garde et surveillance de laquelle il est préposé. Ainsi jugé à l'égard d'un protêt. Rouen, 5 janv. 1814, P. 12, 10 ; Lyon, 25 juin 1816 ; — d'un acte d'appel. Besançon, 12 fév. 1810, P. 8, 97 ; — d'un exploit de saisie-arrêt. Paris, 9 nov. 1830, Palais, 88, 490.

Cependant un congé, signifié à la requête du propriétaire ou locataire, en parlant au portier de la maison, a été annulé, attendu que le portier était encore plus le serviteur du propriétaire que celui du locataire, et que la copie d'un exploit ne saurait être remise à une personne ayant un intérêt opposé à celui du défendeur. Trib. Seine, 21 oct. 1837.

Dans le silence de la loi, il est difficile d'admettre en principe que le portier soit incapable de recevoir la copie d'exploits signifiés aux locataires de la maison à la requête du propriétaire. — Mais la dépendance où se trouve le portier vis-à-vis du propriétaire peut faire suspecter son exactitude à remettre la copie au locataire, et dès lors les magistrats ont le droit d'apprécier les circonstances du procès et d'annuler l'acte s'ils reconnaissent que le portier s'est rendu coupable de négligence ou de fraude envers le locataire.

Au contraire, le portier a qualité pour recevoir les exploits signifiés à la requête du locataire au propriétaire qui habite la même maison ; l'influence du locataire sur le portier ne peut, en effet, contrebalancer celle du propriétaire.

Du reste, pour éviter toute difficulté, l'huissier pourrait, dans l'un comme dans l'autre cas, indiquer l'empêchement du portier et s'adresser à l'une des autres personnes auxquelles la loi permet de remettre les copies d'exploits. (Art. 963, J. Pr.)

180. 2° Le maître d'un hôtel garni. Caen, 4 mai 1813 ; Nanci, 22 juin 1813, S. 14, 400, et 16, 95. — Peu importe que le locataire soit momentanément détenu pour dettes s'il conserve son domicile dans l'hôtel. Caen, ib..

181. 3° Le secrétaire ; — le clerc. Nîmes, 7 avr. 1812, P. 10, 272 ; Besançon, 2 juin 1812 ; —ou le commis du défendeur. Metz, 25 fév. 1820 ; Bordeaux, 24 août 1831, D. 32, 8 ; Cass. 2 mars 1833, D. 33, 325 ; Carré, art. 68 ; Berriat, 205, note 35 ; — Le jardinier : encore bien que le domaine ait été mis en séquestre et que le propriétaire en ait été expulsé par le gardien judiciaire. Cass. 26 mars 1822, S. 23, 192.

182. Il a même été jugé que l'homme d'affaires qui a comparu dans une instance pour le défendeur peut aussi être considéré, dans certaines circonstances, comme attaché à son service, et que par suite la copie d'un acte d'appel lui est valablement remise, s'il est trouvé au domicile de la partie assignée. Besançon, 28 juin 1816 ; Thomine, n° 192. — Mais nous admettrions difficilement cette opinion : — En effet, un fondé de

pouvoir ne peut être assimilé à un serviteur. Limoges , 19 août 1818, D. 20, 616.

183. Il n'est pas nécessaire de donner dans l'exploit le nom du parent ou du serviteur à qui la copie est remise; il suffit d'indiquer ses rapports avec le défendeur. — V. *sup.* n° 117.

Et réciproquement on satisfait au vœu de la loi en relatant le nom de la personne sans mentionner les liens qui l'unissent à la partie assignée , si l'on peut ultérieurement établir l'existence de ces liens. —V. *sup.* n° 117.

184. Lorsqu'un exploit énonce que la copie en a été remise au domicile du défendeur, parlant à *un tel*, son commis, c'est au défendeur à prouver que la personne indiquée n'a pas réellement la qualité qui lui est attribuée. Cass. 28 janv. 1834 (Art. 2 J. Pr.). — V. *Faux* et *Huissier.*

185. Il a même été jugé qu'un exploit était valable s'il avait été signifié en parlant à une femme qui s'était déclarée *servante* de l'assigné, quoiqu'en fait celui-ci n'eût pas de servante. Bourges 16 sept. 1811, P. 9, 637; — ou à *son épouse*, bien qu'il n'eût jamais été marié. Orléans, 23 août 1820; Bruxelles, 12 juill. 1813; — ou à une femme indiquée comme sœur ou belle-sœur de la partie, et dont la qualité n'avait pas été justifiée. Bruxelles, 3 fév. 1820; — quand du reste l'erreur n'était pas le fait de l'huissier, mais seulement le résultat des fausses indications qui lui avaient été données. Orléans, 23 août 1820.

Toutefois, il importe d'observer que, dans les espèces des deux arrêts de Bruxelles, la copie de l'exploit avait été remise, dans l'une, à la mère de l'assignée, qui avait pour elle son titre de parente, indépendamment de la fausse qualification d'épouse à elle attribuée par l'acte; et dans l'autre, à une femme qui, si elle n'était ni sœur ni belle-sœur de la partie, pouvait être du moins classée parmi les personnes *composant son ménage*, puisqu'elle demeurait chez elle depuis plus de 12 ans.

La jurisprudence qui paraîtrait résulter de cet arrêt est d'ailleurs contredite par un arrêt de la C. Bruxelles, 20 mai 1812, P. 10, 440, qui a annulé un exploit portant que la copie avait été remise au fils de l'assigné, tandis que cet assigné n'avait pas d'enfant.

Cependant, il nous semble bien difficile d'annuler un exploit signifié au domicile du défendeur, et remis à une personne qui déclare être sa parente, si aucune circonstance ne peut faire soupçonner à l'huissier la fausseté de la déclaration. — V. *sup.* n° 177 et 184.

186. L'exploit n'est pas nul par cela seul que la copie en a été laissée à un domestique ou à une personne réputée telle à cet effet, lorsqu'au moment où l'huissier s'est présenté, le défendeur ou l'un de ses parens était dans la maison : le défendeur et ses parens et serviteurs sont placés sur la même ligne par l'art. 68 C. pr., lorsqu'il s'agit de la signification à faire à domicile. — V. *inf.* n° 189.

Mais il en est autrement des voisins et du maire.

187. *A un voisin du défendeur.* Par cette expression *voisin*, on entend un chef de famille, un maître de maison, en un mot *une personne établie* dans un lieu dépendant du même corps de bâtiment, ou à la distance la moins éloignée possible du domicile du défendeur.

Le domestique, le commis, ou autre employé du voisin n'a pas qualité pour recevoir la copie ; il ne peut pas être considéré comme voisin lui-même de l'ajourné, car il n'est pas domicilié, et beaucoup de raisons peuvent le forcer de quitter subitement la maison. Bruxelles, 19 fév. 1806, S. 7, 2, 47 ; Pigeau, *Comm.*, 1, 193 ; Carré, art. 68 ; Boncenne, 2, 215.

En conséquence, est nul l'exploit remis au domestique d'un voisin, et qui ne mentionne pas la signature de ce domestique. Bruxelles, 4 mai 1811, P. 9, 304.

188. La copie ne peut être laissée à un voisin que dans le cas où l'huissier ne trouve au domicile, ni la partie, ni aucun de ses parens ou serviteurs ; il doit en outre faire mention de cette circonstance dans son exploit, à peine de nullité. C. pr. 68, 70 ; Cass. 25 mars 1812, D. A. 7, 794 ; Paris, 31 mars 1813, P. 11, 258 ; Berriat, 203, note 34.

La loi veut, en règle générale, dans l'intérêt du défendeur, que toute signification soit faite *à domicile*, lorsqu'elle ne l'est pas *à personne*. Les mesures exceptionnelles autorisées par l'art. 68 C. pr., ne doivent donc être employées que dans les cas où l'exécution de la règle générale est impossible.

189. Toutefois, il suffit que l'huissier déclare n'avoir trouvé personne, il n'est pas nécessaire qu'il indique qu'il n'a rencontré ni la partie, ni aucun parent ou serviteur. Cass. 3 fév. 1835 (Art. 62 J. Pr.).

On a même validé l'exploit par lequel l'huissier avait déclaré *n'avoir trouvé personne au domicile* de la partie, en omettant dans la copie le mot *personne* qui se trouvait sur l'original. Montpellier, 21 mai 1813, P. 11, 400.

190. Le voisin qui reçoit la copie doit signer l'original (C. pr. 68) : en vain l'huissier déclare que le voisin ne sait ou ne peut signer : il y a nullité. C. pr. 70 ; Rennes, 15 juill. 1815. — V. *inf.* n° 192.

La simple énonciation faite par l'huissier qu'il a remis la copie à une personne qui a déclaré être voisin de l'ajourné, est à plus forte raison insuffisante. C'est encore une différence avec le cas où il s'agit d'un membre de la famille ou d'un domestique de la maison. Le voisin peut ne pas être en rapports habituels

avec l'ajourné, lui être même tout-à-fait étranger; par conséquent, la loi ne s'en rapporte à lui du soin de remettre la copie
que lorsqu'il a pris à cet égard un engagement, de l'inexécution
duquel il est responsable.

191. Si le voisin refuse de recevoir la copie, il est inutile
d'indiquer son nom. Bruxelles, 11 janv. 1832; Cass. 26 janv.
1816, S. 16, 198; 8 fév. 1835 (Art. 62 J. Pr.). — Et de prendre
sa signature. Montpellier, 4 fév. 1811, P. 9, 78.

192. Si, au contraire, il accepte la copie, il doit signer l'o-
riginal, alors même que la signification est faite à un domicile
élu. Cass. 29 mai 1811, S. 11, 264; Carré, n° 366; Berriat,
203, note 34.

Jugé que l'exploit est nul lorsqu'il a été remis à un voisin,
sans donner la qualité de voisin à celui qui l'a reçu, quoique
l'original en fasse mention. — Poitiers, 9 fév. 1830; Boncenne,
2, 117.— V. *sup.* n° 19 et *inf.* 190.

193. Outre les rapports de parenté, de domesticité, de service ou de voisinage habituels qui doivent exister entre le défendeur et la personne à qui la copie est laissée (—V. *sup.* n°175),
trois conditions sont encore nécessaires à la validité de l'exploit;
il faut :

1° Que cette personne soit capable de discernement ;
2° Qu'elle soit trouvée au domicile de la partie ;
3° Qu'elle n'ait pas un intérêt opposé à ce dernier.

194. *Qu'elle soit capable de discernement.* Ainsi l'huissier ne
peut remettre la copie soit à une personne notoirement atteinte
d'aliénation mentale, soit à un enfant. Arg. C. pr. 68, 285.
Montpellier, 27 déc. 1827, D. 28, 82.

195. Le discernement est généralement présumé exister à
l'âge de quinze ans. Arg. C. pr. 285. — Au reste, il s'agit ici
d'une question de fait abonnée à l'appréciation souveraine des
tribunaux. Poitiers, 25 mai 1825; Jousse, *Comm.* ordonn. 1667,
tit. 2, arr. 3, note 3. Carré, n° 359, note; Boncenne, 2, 207.

196. *Qu'elle soit trouvée par l'huissier au domicile du défendeur.*
Toute assignation, si elle n'est donnée à personne, doit l'être au
domicile (C. pr. 68), et ce, afin d'éviter toute méprise de la
part de l'huissier sur l'identité de la personne à laquelle il remet la copie, et tout oubli ou tout retard de cette dernière dans
l'obligation que lui impose la remise de la copie. Rodier et Bou-
tain, sur l'ordonn. de 1667.

197. *Qu'elle n'ait pas un intérêt notoirement opposé au demandeur.* Ainsi serait nulle l'assignation remise au fils du demandeur, alors même qu'il demeurerait ou serait employé chez le
défendeur.

En serait-il de même de la notification d'un exploit faite à la
requête du propriétaire d'une maison à l'un de ses locataires,

en parlant au portier de ladite maison, et réciproquement de la signification faite au propriétaire à la requête d'un de ses locataires ? — V. *sup.* n° 179.

Quid, de la notification, en matière de *purge légale*, si la copie a été remise au mari? — V. ce mot.

198. *Au maire ou à l'adjoint.* La copie de l'ajournement doit être remise d'abord au maire, et, s'il est absent ou empêché au moment de la signification, à l'adjoint. — V. *inf.* n° 205.

Si le maire et ses adjoints ne sont pas présens pour recevoir la copie, elle est valablement laissée au membre du conseil municipal le premier sur la liste, c'est-à-dire à celui qui a réuni le plus de suffrages (L. 21 mars 1831, Art. 5.). Une *décision du ministre de la justice* du 6 juill. 1810, prescrit cette marche dans le cas de l'art. 676 C. pr. Il y a analogie car le demandeur ne peut souffrir de l'absence du maire et de l'adjoint.

Il n'est pas nécessaire que l'exploit indique le nom du maire ou de l'adjoint à qui la copie est laissée. Montpellier, 22 août 1807, 22 mars 1809, 1er août 1810, 4 fév. 1811, P. 9, 78; 1er juin 1814, 24 juill. 1826.

On a annulé un exploit portant que la copie avait été remise à tel adjoint désigné par son nom, alors qu'il n'y avait pas d'adjoint de ce nom. Aix, 7 mai 1809.

199. Le fonctionnaire municipal qui reçoit la copie appose sans frais son visa sur l'original. C. pr. 68.

Ce visa a pour but de constater que la copie a été laissée tel jour au fonctionnaire. — V. *Visa.*

Il est presrit, à peine de nullité. C. pr. 68 et 70.

200. De plus, l'huissier doit mentionner l'accomplissement de cette formalité, tant sur l'original que sur la copie de l'exploit. C. pr. 68.

Une omission à cet égard vicierait-elle l'ajournement?

La négative semble plus équitable : si la mention du visa manque sur la copie seulement, il y a bien absence d'une formalité extrinsèque, mais la remise de la copie au maire n'en est pas moins constatée par la représentation de l'original dûment visé. Rennes, 21 déc. 1820; Bourges, 3 fév. 1832, D. 32, 127. — Si l'on a omis de mentionner dans l'original l'obtention du visa, cette irrégularité ne peut entraîner aucune conséquence fâcheuse : le visa apposé sur cet original constate que la prescription de la loi a été remplie et que la copie a été remise au maire. L'énonciation faite par l'huissier relativement au visa est donc purement surabondante, et si elle paraît ordonnée sous peine de nullité, n'est-ce pas parce que l'art. 68 est complexe et que l'art. 70 n'a point établi certaines distinctions que le plus ou le moins d'importance des dispositions de l'article motive suffisamment?

Mais la jurisprudence, s'attachant au texte précis de la loi, annule, en général, l'exploit, toutes les fois que l'on a omis d'énoncer le visa soit sur l'original, soit sur la copie. Rennes, 25 juin 1818; Limoges, 17 juill. 1835; Aix, 7 mars 1836 (Art. 447 J. Pr.). — *Contrà*, Rennes, 21 déc. 1820. — La nullité a été prononcée : — 1° Lorsque la mention du visa ne se trouvait pas sur la copie. Lyon, 16 janv. 1811, P. 9, 34. — 2° Lorsque l'original et la copie mentionnaient seulement que le visa avait été requis. Bourges, 16 déc. 1828, S. 29, 126; Cass. 19 mai 1830, S. 30, 580.

201. Dès que le visa existe, peu importe que la copie ait été laissée à un employé de la mairie. Cette circonstance n'est point un motif de nullité ; elle ne compromet effectivement pas les intérêts du défendeur. Orléans, 23 juin 1814, P. 12, 282.

202. Le refus du maire, de l'adjoint, ou du conseiller municipal qui les remplace, de recevoir la copie ou de donner le visa, n'empêche pas l'huissier de faire la signification : il peut être indispensable pour le demandeur qu'elle ait lieu sur-le-champ.

L'huissier doit alors remettre la copie au procureur du roi, qui vise l'original. Arg. C. pr. 1039; Carré, art. 68.

203. Le refus du visa par les fonctionnaires ne les soumet pas à l'amende prononcée par l'art. 1039, qui n'a d'application que lorsqu'une signification leur est faite comme à personnes publiques, et en cette qualité chargées de défendre une commune ou une administration. Carré, *ibid.*

Toutefois, comme il faut une sanction à l'art. 68, et que la loi fait aux maires une obligation de recevoir la copie des ajournemens donnés aux habitans de la commune dans certains cas, nous pensons que ces fonctionnaires peuvent être responsables envers le demandeur du tort qui résulterait pour lui du refus de visa (Arg. C. civ. 1382); par exemple, si l'exploit étant fait au dernier moment utile pour interrompre une prescription, la nécessité de porter la copie au chef-lieu de l'arrondissement empêchait d'effectuer la signification en temps opportun.

204. Dans les mêmes circonstances, et par les mêmes motifs, le maire serait responsable des frais de transport de l'huissier.

205. La remise de la copie au maire, à l'adjoint, ou au membre du conseil municipal, étant la dernière mesure de précaution pour éviter que cette copie s'égare et pour s'assurer qu'elle sera exactement rendue à la partie qu'elle concerne, elle ne peut avoir lieu que dans les cas suivans :

1° Lorsque l'huissier n'a trouvé au domicile ni le défendeur, ni aucun de ses parens ou serviteurs; ou bien que les parens ou serviteurs ont refusé de recevoir la copie : dans ce dernier cas, en effet, il n'y a pas nécessité de s'adresser à un voisin. Bourges, 16 déc. 1828, D. 29, 90.

2° Lorsque le défendeur, ainsi que les parens ou serviteurs étant absens du domicile, aucun voisin n'a pu ni voulu se charger de la copie et signer l'original. Orléans, 20 juill. 1827, D. 28, 34. —V. *sup.* n° 190.

206. L'huissier est obligé de faire mention du tout, tant sur l'original que sur la copie, à peine de nullité. C. pr. 68, 70; Liége, 22 mars 1809; Rouen, 1er août 1810, D. A, 7, 794; Cass. 12 nov. 1822, S. 23, 217; Douai, 5 mars 1827; Berriat, p. 203, note 34; Carré, n° 365.

Ainsi, lorsqu'il ne trouve personne au domicile de la partie à laquelle il veut signifier un acte, il doit, à peine de nullité, énoncer la maison du voisin auquel il a présenté la copie, avant de la remettre au maire. Bruxelles, 28 juin 1810, D. A. 7, 793; Arg. Limoges, 1er juin 1811, P. 12, 228; Berriat, p. 203. — *Contrà,* Carré, n° 364; Pigeau, *Comm.* 1, 193.

207. L'exploit dans lequel l'huissier, après avoir énoncé qu'il n'a trouvé personne au domicile de la personne assignée, et qu'il a requis l'un des voisins de recevoir la copie, se borne à ajouter *ce que vu, je l'ai portée et remise au maire,* ne constate pas suffisamment que le voisin ait été requis de signer, qu'il ait accepté ou refusé la copie, ni qu'il ait déclaré ne pouvoir ou ne vouloir signer. Toulouse, 22 avr. 1828, D. 28, 188.

208. En général est nul l'exploit dont copie a été laissée au maire, en l'absence de la partie assignée et sur le refus des voisins de la recevoir, s'il n'est pas constaté en même temps que ce n'est qu'en l'absence de parens et serviteurs de l'assigné que la copie a été remise au maire. Limoges, 4 janv. 1828, D. 29, 181.

Art. 2. — *Cas où la signification n'est faite ni à la personne contre qui l'on agit, ni à son domicile.* — VISA.

209. La signification n'a lieu ni à la personne ni au domicile de celui contre lequel on agit : — 1° lorsque ce défendeur est un incapable ou une personne publique : l'exploit est notifié à son représentant.

2° Quand il n'a ni domicile ni résidence connus en France : l'exploit est alors remis au parquet du procureur du Roi. — V. *inf.* n° 233 à 243.

3° S'il a un domicile d'élection : la signification, dans ce cas, est valablement faite à ce domicile. — V. *inf.* n° 244 et suivans.

L'art. 68 C. pr. indique neuf exceptions au principe que toute signification doit être faite à la personne ou au domicile de celui contre lequel on agit : mais ce ne sont pas les seules. — V. *inf.* n° 210 à 215 et 244.

210. Ainsi, — 1° le *mort civilement* est assigné, — en la personne ou au domicile de son *curateur*. — V. ce mot, n° 22.

211. 2° L'*absent*, l'*accusé* ou le *condamné par contumace*, — en la personne ou au domicile de l'administrateur nommé par justice pendant le temps de la contumace ou de la présomption d'absence. Arg. C. civ. 112. — V. *ib.* n° 24 à 26. — Et, dans les autres cas, — en la personne ou au domicile des envoyés en possession provisoire ou définitive. Arg. C. civ. 120, 140, 129; C. inst. crim. 471.

212. 3° Le *mineur non émancipé*, l'*interdit*, le *condamné aux travaux forcés à temps*, à la *détention* ou à la *réclusion*, pendant le temps de sa peine, — en la personne ou au domicile de leurs tuteurs. Arg. C. civ. 450, 509; C. pén. 29.

213. 4° Le *mineur émancipé* et les *individus pourvus d'un conseil judiciaire*; — ils sont, il est vrai, assignés par copie remise à leur personne ou à leur domicile; — mais en outre, en la personne de leur curateur ou de leur conseil judiciaire, par une autre copie remise à la personne ou au domicile de ces derniers. Arg. C. civ. 482, 513.

Toutefois, il n'est pas nécessaire que cette dernière assignation soit signifiée en même temps que la première; celle-ci n'en serait pas moins valable, quoique faite auparavant; seulement il ne pourrait y être donné suite avant que les curateur ou conseil judiciaire fussent en cause. — V. d'ailleurs *sup.* n° 159.

214. Dans tous les cas qui viennent d'être énoncés, si les incapables n'ont pas de tuteur, de curateur ou de conseil judiciaire, le demandeur doit en faire nommer un contre qui il puisse exercer son action. C. civ. 112, 405, 406, 509.

215. 5° La *femme mariée*, — en sa personne et en celle de son mari à l'effet par lui de l'assister et de l'autoriser, par copies séparées remises à leur personne ou à leur domicile. — — Toutefois, dans les matières à raison desquelles le mari peut seul former une demande ou y défendre, lui seul doit être assigné par une seule copie. — V. *Femme mariée.*

— V. d'ailleurs *Acte respectueux*, n° 46; *Mariage.*

216. 6° Le *Roi*, — en la personne de l'administrateur de la dotation de la couronne, ou en celle de l'administrateur du domaine privé, selon que la demande dirigée contre lui est relative à l'une ou à l'autre de ces espèces de biens. L. 2 mars 1832; C. pr. 69 et 70. — Anciennement il était assigné en la personne du procureur du roi de l'arrondissement.

C'est à l'intendance de la liste civile que doivent être remises les copies de tous les actes relatifs à des actions dirigées contre le domaine privé ou le domaine de la couronne.

L'employé chargé de recevoir ces copies est tenu de viser

l'original. S'il refuse, l'huissier doit s'adresser au juge de paix ou au procureur du roi, conformément à l'art. 69 C. pr. — V. *inf.* n° 233.

217. 7° *L'État*, — lorsqu'il s'agit de domaines et droits domaniaux relatifs à des affaires qui ne sont pas réservées à la justice administrative, — en la personne et par copie remise au *domicile* du préfet du département (—V. *inf.* n° 224.) où siége le trib. qui doit connaître de la demande. C. pr. 69-1°, 70.

Quand la cause est engagée par une assignation donnée régulièrement au préfet, les réquisitions, et conclusions sont valablement notifiées au parquet du procureur du roi. Boncenne, 2, 146. — V. *État*, n°s 8 et 9.

Mais la signification du jugement, au domicile que le préfet a élu au parquet du procureur du roi, ne fait pas courir contre l'État le délai de l'appel : elle doit être faite en la personne et au domicile du préfet. Rennes, 10 août 1820.

S'il s'agit de procès relatifs aux *revenus* domaniaux, l'action est dirigée contre les directeurs de l'administration de l'*enregistrement*. — V. ce mot, n°s 141 et 143.

218. 8° *Les communes*, — en la personne ou au domicile du maire. C. pr. 69, 70.

Pendant long-temps on avait conclu de cette disposition que le maire était le seul fonctionnaire compétent pour recevoir la notification qui intéressait la commune, et que, même en son absence, les adjoints n'avaient pas qualité pour le suppléer en ce point. Cass. 10 juin 1812, S. 13, 56 ; 22 nov. 1813, S. 14, 104 ; 10 fév. 1817, S. 17, 391 ; 17 juill. 1828, S. 28, 365 ; 12 mai 1830, S. 30, 219 ; Nîmes, 17 déc. 1834, D. 35, 162 ; Boncenne, 2, 224.

Mais l'opinion opposée a été consacrée par un arrêt solennel de la C. cass. du 8 mars 1834 (Art. 135 C. pr.) dans les termes suivants : « Attendu que les pouvoirs et les fonctions de maire d'une commune passent de plein droit, en cas d'absence ou de vacance, à l'adjoint qui exerce temporairement ces fonctions et ces pouvoirs ; que dès lors, toutes les fois que l'absence d'un maire est légalement et régulièrement constatée, l'assignation donnée à la commune, au domicile et en la personne de l'adjoint qui le remplace, est valablement donnée ; que la disposition de l'art. 69 C. pr., relative au visa du juge de paix ou du procureur du Roi, est générale ; qu'elle ne s'applique pas exclusivement aux assignations données aux communes ; qu'il faut en conclure que ce visa n'est obligatoire qu'en cas d'absence des fonctionnaires publics, dont il s'agit dans tout l'article, et de leurs suppléans naturels et légaux. — V. conf. Poitiers, 13 fév. 1827, S. 28, 49 ; Grenoble, 19 août 1830, D. 31, 88 ; Colmar, 11 déc. 1834, D. 35, 51 ; Toulouse, 13 fév. 1835 ; Cass. 24 août

1836 (Art. 586 J. Pr.); D., v° *Exploit*, p. 820, note 1; Ordonn. Cons. d'Etat, 13 juill. 1825, D. 26, 32.

La constatation de l'absence du maire résulte suffisamment de ces mots : *remis à l'adjoint, en l'absence du maire.* — Cass. 8 mars 1834.

Toutefois, l'huissier qui ne trouve point le maire à son domicile n'est pas obligé, à peine de nullité, de s'informer si son absence est telle que les fonctions soient dévolues à l'adjoint, et de chercher le domicile de cet adjoint, il satisfait dans ce cas au vœu de la loi en remettant au procureur du Roi l'exploit destiné au maire absent de son domicile. Cass. 7 juill. 1834 (Art. 135 J. Pr.).

Il est néanmoins plus prudent de ne s'adresser au procureur du Roi qu'après avoir constaté l'absence du maire et celle de l'adjoint.

A défaut du maire et de ses adjoints, l'exploit serait encore valablement remis au conseiller municipal, le premier sur la liste. C'est une conséquence du principe posé par l'arrêt solennel du 8 mars 1834. — *Contrà*, Nanci, 24 mai 1833, D. 34, 170.

219. S'il s'agit d'un procès entre deux sections de la même commune, on fait désigner par le préfet, en conseil de préfecture, deux représentans ou syndics chargés de plaider en demandant et en défendant, pour chacune des sections. Ces syndics sont alors investis, pour tout ce qui est relatif à la contestation, des mêmes pouvoirs que les maires. Art. 56, 57, L. 18 juill. 1837 (Art. 880 J. Pr.). — V. *Commune*, nos 17 et 18.

220. A Paris, les exploits qui intéressent la ville doivent être signifiés au préfet, à peine de nullité (C. pr. 69, n° 5). Paris est considéré, au moins quant aux actions judiciaires, comme ne formant qu'une seule commune.

221. 9° Le *trésor public*, — en la personne et au bureau de l'agent judiciaire. C. pr. 69 et 70, n° 2.

222. 10° Les *administrations et établissemens publics*, — en leurs bureaux, dans le lieu où est le siége de l'administration; dans les autres lieux, en la personne et *au bureau* de leurs préposés (Art. 69 et 70, n° 3).

Les administrations publiques, telles que celles des *douanes*, de l'*enregistrement*, des *contributions directes ou indirectes*, sont réputées avoir leur domicile dans les bureaux de leurs préposés. — V. ces mots.

223. Indépendamment des dispositions spéciales qui viennent d'être indiquées et qui régissent les significations concernant les personnes publiques (— V. *sup.* n° 216 à 222), il existe encore certaines règles communes à toutes les notifications de cette nature.

224. En général, c'est au bureau même, et non en la demeure du préposé, que doivent être faites les significations ; cette demeure n'est pas le domicile de l'administration, ni le domicile administratif du préposé. — Cass. 3 juill. 1838 (Art. 1236 J. Pr.).

Ainsi jugé à l'égard d'un acte d'appel interjeté contre un bureau central de bienfaisance. Liége, 31 mars 1810, P. 8, 221. — V. d'ailleurs *fabrique d'église.*

Toutefois, lorsqu'une administration d'hospice n'a pas de bureau spécial dans le siége de son établissement, bien qu'il y ait un receveur, les significations peuvent lui être faites en la personne du maire, comme président du bureau d'administration. Cass. 11 janv. 1830, D. 30, 58.

225. Il n'est pas nécessaire que l'exploit contienne les noms du fonctionnaire auquel il est signifié ; il suffit qu'il soit désigné par sa qualité. — V. *sup.* n° 48.

226. Mais il faut, à peine de nullité, faire viser, par le fonctionnaire auquel copie est laissée (— V. *inf.* n° 228), l'original des exploits :

1° Pour l'ajournement : l'art. 69, § 5, le décide en termes formels.

2° Pour l'acte d'appel : il est soumis aux règles des ajournemens. C. pr. 456; Toulouse, 29 juin 1831 ; D. 31, 214. Bruxelles, 18 avr. 1822, D. A. 7, 722.

3° Pour l'acte d'opposition. — V. *Saisie-arrêt.*

— V. d'ailleurs *inf.* n° 227, et *Saisie immobilière.*

Toutefois, l'art. 1039, qui prescrit le visa, pour toutes significations faites à des personnes publiques préposées pour les recevoir, n'ayant point ajouté la peine de nullité, elle ne peut être appliquée aux exploits qui ne rentrent pas dans la classe des ajournemens et qui ne sont pas régis par l'art. 69. Favard, v° *Ajournement*; Merlin, v° *Signification de jugement*, Dalloz, 7, p. 820, n° 3; Thomine, n° 1177.

Ainsi a été déclarée valable la signification d'un arrêt de renvoi à une commune, en la personne du maire de cette commune, bien que le visa n'eut pas été apposé. Nanci, 11 avr. 1826, D. 30, 222. — Même décision, pour la signification (sans visa) d'un jugement à un receveur de l'enregistrement. Cass. 20 août 1816, S. 16,415.

227. Mais le visa est-il indispensable dans le cas de signification de l'appel au domicile élu par un fonctionnaire public dans un commandement, aux termes de l'art. 584 ? Quand le domicile est élu chez un individu qui n'a point qualité pour donner le visa, dit M. Dalloz, *ib.*, n° 4, point de doute que l'exploit n'en soit affranchi, et nous pensons qu'il en doit être ainsi dans le cas même où le domicile serait élu chez un fonctionnaire autre que celui à la requête de qui le commandement serait signifié; celui chez lequel le domicile serait élu n'agit plus alors en qualité de fonctionnaire public, et dans les limites de ses fonctions.

Cette opinion nous paraît conforme aux principes.

Toutefois il a été jugé que l'exploit d'appel signifié à une commune représentée par son receveur et au domicile élu chez celui-ci doit être revêtu de son visa, à peine de nullité. Liége, 16 déc. 1809, P. 7, 952.

228. En cas d'absence du fonctionnaire compétent pour recevoir l'exploit, l'huissier doit s'adresser, 1° au fonctionnaire qui vient immédiatement après dans l'ordre hiérarchique. — V. sup. n° 218. — En conséquence, est valable la notification d'un exploit, faite au préfet, en la personne d'un conseiller de préfecture, qui y a apposé son visa, avec ces mots : *par autorisation*. Toulouse, 29 juin 1831, D. 31, 214. — *Contrà*, Pau, 25 janv. 1827, S. 28, 92.

2° En dernier lieu, soit au juge de paix, soit au procureur du roi près le trib. de 1ᵉ inst. (ou, s'il est empêché, à son substitut. — V. *Ministère public.*) C. pr. 69-5° *in fine*.

La copie est laissée, à peine de nullité au fonctionnaire qui donne le visa. *Ib*. et 70.

229. Le refus fait par des personnes publiques de viser les significations qui leur sont faites, les expose à être condamnées, sur les conclusions du ministère public, à une amende qui ne peut être moindre de cinq francs. C. pr. 1039.

230. 11° *Les sociétés commerciales*,— en leur maison sociale, et s'il n'y en a pas, en la personne ou au domicile de l'un des associés. C. pr. 69, 70.

Il faut du reste faire une distinction entre les diverses espèces de sociétés commerciales reconnues par la loi.

S'il s'agit d'une société en *nom collectif*, la disposition précédente est complétement applicable.

Dans le cas de société *en commandite*, l'exploit est signifié en la maison sociale, s'il y en a une; et s'il n'y en a pas, au domicile de l'un des associés responsables et solidaires.

Les simples commanditaires ou bailleurs de fonds auxquels tout acte de gestion et d'administration est interdit, seraient sans qualité pour le recevoir, s'il était remis au domicile de l'un d'eux, il serait nul.

Quant à la société *anonyme*, les notifications qui l'intéressent doivent lui être faites en la personne de son directeur, au siége de la société. Elle a nécessairement une maison sociale. Elle n'a pas, à vrai dire, d'associés, mais seulement des actionnaires ; aucun de ces actionnaires n'a qualité pour recevoir l'exploit à son domicile. La disposition finale de l'art. 69 lui est absolument inapplicable.

Les règles précédentes doivent être suivies avec le plus grand soin ; cependant leur inobservation peut dans certains cas ne pas entraîner la nullité de l'exploit.

Ainsi, lorsqu'une société a établi ses bureaux et placé une enseigne dans une maison où elle fait toutes ses opérations, l'exploit notifié dans cette maison est valable, encore bien qu'un autre domicile ait été indiqué à la société, dans l'acte qui l'a constituée. Cass. 25 nov. 1836 (Art. 819 J. Pr.)

Si la demande, à l'occasion de laquelle une assignation est donnée à une société, est incidente à une autre instance dans laquelle les membres de cette société figurent individuellement, l'assignation peut encore être valablement signifiée au domicile de chacun des associés. Cass. 27 fév. 1815. S. 15, 188.

251. La C. cass. a jugé que les règles précédentes sont uniquement relatives aux sociétés commerciales, et ne s'appliquent point aux sociétés civiles. Ainsi, tous les membres de ces sociétés doivent être mis en cause individuellement.—V. toutefois *sup.* n° 51.

252. 12° *Les unions et directions de créanciers*, — en la personne et au domicile de l'un des syndics et directeurs. C. pr. 69, 70. — V. *Faillite*.

253. 13° Ceux qui n'ont aucun domicile connu en France, —au lieu de leur résidence actuelle : si le lieu n'est pas connu, l'exploit doit être affiché à la principale porte de l'auditoire du trib. où la demande est portée (— V. *Tribunal de première instance*), et une seconde copie doit être remise au procureur du Roi qui vise l'original. C. pr. 69-8°.

254. Lorsqu'un individu n'est pas trouvé au domicile par lui indiqué, que les voisins déclarent qu'il n'y demeure plus, et que l'huissier ne peut pas découvrir le lieu de sa résidence, la copie de l'exploit doit-elle être remise au maire, ou bien au procureur du Roi?—En d'autres termes, la partie assignée doit-elle être considérée comme absente de son domicile, ou bien comme n'ayant ni domicile ni résidence connue?

Pour la signification au parquet, on dit : la remise de l'exploit au maire n'est utile que dans le cas où la partie assignée doit, après une absence plus ou moins longue, revenir à son domicile ; mais cette remise devient sans objet dès que le maire déclare lui-même ignorer complètement la résidence actuelle du défendeur. — On a jugé valable la signification d'une surenchère faite au parquet du procureur du Roi, dans une espèce où l'huissier n'avait trouvé personne au domicile indiqué dans le contrat d'acquisition. Cass. 24 déc. 1833, S. 34, 34.

Pour la signification au maire, on répond : il est possible que le défendeur revienne à son ancien domicile, et il retrouvera plus facilement la copie de l'exploit entre les mains du

maire qu'entre celles du procureur du Roi. D'ailleurs, il est
de principe que le domicile de droit ne se perd pas par cela seul
que l'on transporte ailleurs sa résidence. Orléans, 11 août 1838
(Art. 1216 J. Pr.). — Conséquemment on a annulé, pour
avoir été faite au parquet et non au maire de l'ancien domicile
connu, la signification : — 1° d'un commandement tendant à
saisie immobilière. *Même arrêt;* — 2° d'un jugement par défaut
contre partie. Le jugement ainsi signifié au parquet, avec les
actes d'exécution qui l'avaient suivi, a été déclaré périmé,
comme n'ayant pas reçu d'exécution dans les six mois. Paris,
3 fév. 1835 (Art. 227 J. Pr.). — Dans l'espèce, le demandeur
aurait pu, en se transportant à l'ancien domicile du défendeur,
découvrir facilement le nouveau domicile; — 3° d'un jugement
tendant à faire courir le délai de l'appel. Bordeaux, 28 mars
1833, D. 34, 86; — 4° d'un acte d'appel. Amiens, 21 fév.
1828, S. 29, 349.

La divergence des arrêts peut, ce nous semble, se concilier
par la distinction suivante : — Si l'indication de domicile a eu
lieu dans un acte de la procédure qu'il s'agit de continuer, la
copie doit être remise au maire. Ainsi serait nul l'acte d'appel
signifié au parquet du procureur du roi, malgré une indication
de domicile faite par l'intimé pendant l'instance devant les premiers juges. Il a dû compter que tous les actes relatifs à la
contestation lui seraient notifiés à ce domicile, et qu'il en re-
trouverait les copies, soit chez un voisin, soit chez le maire de
la commune. Amiens, 21 fév. 1828. — Mais si l'indication du
domicile a été faite en dehors d'une procédure, par exemple
dans un contrat, les actes signifiés postérieurement par l'une
des parties qui y a figuré peuvent être notifiés au parquet du
procureur du Roi, lorsque le défendeur ne demeure plus à son
ancien domicile au moment où la signification lui est faite. Il
est difficile, dans ce cas, de présumer, comme dans le précédent, une élection tacite de domicile. Arg. Cass. 24 déc. 1833.

233. **14°** *Ceux qui habitent le territoire français hors du conti-*
nent, et ceux qui sont établis chez l'étranger, — au domicile du procureur du Roi près le trib. où doit être portée la demande, lequel vise l'original et envoie la copie au ministre de la marine
pour les premiers, et pour les seconds à celui des affaires
étrangères. C. pr. 69-9°. — C'est le seul moyen praticable pour
qu'on puisse avoir la certitude que l'exploit parviendra à celui
auquel il est destiné.

Cet article est applicable : — 1° Aux étrangers qui n'ont pas
en France de domicile ou de résidence connue : c'est le cas le
plus fréquent; — 2° Aux Français mêmes qui ont quitté leur
domicile en France, et se trouvent établis, soit dans les colonies, soit à l'étranger. Orléans, 28 avr. 1851, D. 52, 52.

256. Pour les ambassadeurs et les *ministres publics* étrangers, faut-il se conformer à l'art. 69 et signifier les exploits qui les concernent au parquet du procureur du Roi, ou bien les remettre à leurs hôtels ? — V. ce mot.

237. *Quid*, si le ministère public est engagé dans la cause comme partie jointe ou comme partie principale ?—Au premier cas, l'art. est évidemment applicable. Par exemple si un tuteur intente au nom du mineur une action contre un étranger domicilié et résidant hors de France. — Au second cas, la position du procureur du Roi est entourée d'une garantie d'impartialité qui rend inutile toute exception à la règle. — V. Rodier, art. 7, tit. 2, ordon. 1667.

238. L'acte d'appel interjeté doit, à peine de nullité, être signifié, non au domicile du procureur du Roi près le trib. qui a rendu le jugement, mais à celui du procureur général en la Cour. Montpellier, 16 juill. 1828. — V. *Appel*, n° 183.

239. Le défaut d'envoi de la copie par le procureur du roi, soit au ministre de la marine, soit à celui des affaires étrangères, n'entraîne pas la nullité de l'exploit; ce fait est entièrement étranger au demandeur et ne peut conséquemment lui préjudicier. Cass. 11 mars 1817, Carré, 1, 196, note 2; Berriat, 204, note 16.

240. L'étranger peut ne pas être assigné au parquet du procureur du Roi :

1° Si l'ajournement a été donné au lieu indiqué par lui comme sa résidence, dans des actes non contestés. Cass. 27 juin 1809, S. 9, 413.—Il n'est pas alors sans domicile ni résidence connus.

2° S'il a été assigné au lieu de sa dernière résidence en France encore qu'il n'eût pas été autorisé par le gouvernement à y établir son domicile. Cass. 20 avr. 1811, S. 11, 362.

3° S'il l'a été au domicile de son mandataire spécial en France. Rennes, 13 mars 1818. — Pourvu, toutefois, que ce mandataire ait pouvoir de répondre à l'action; autrement l'assignation devrait être signifiée au parquet du procureur du Roi. Carré, n° 572.

241. L'étranger qui n'a pas été autorisé à se fixer en France ne peut y avoir de domicile; c'est donc toujours au lieu de sa résidence, c'est-à-dire au lieu où il demeure que les exploits qui l'intéressent doivent lui être signifiés, peu importe que ce lieu ne soit pas celui où se trouvent situées ses principales propriétés. Paris, 9 mai 1855 (Art. 55 J. Pr.).

242. Il y a également des circonstances où le Français résidant hors du continent peut être assigné autrement qu'au parquet du procureur du Roi.—Ainsi un Français domicilié dans les colonies est valablement assigné à personne ou à domicile par un huissier exerçant dans le lieu de son domicile.

243. De même si un Français établi à l'étranger a conservé son domicile en France, l'ajournement est valablement signifié par un huissier habitant le ressort du trib. de ce domicile. — La disposition de l'art. 69 a pour objet d'assurer aux habitans des îles la remise de la copie des exploits qui les intéressent, et n'exclut pas la signification au domicile réel, qui est un moyen encore plus infaillible de parvenir au but voulu par la loi. Arg. Motifs. Florence, 30 juin 1810, P. 8, 424.

244. 15° Enfin, les *personnes qui ont un domicile élu* peuvent être assignées à ce domicile, pour toutes les significations d'exploits relatifs à cet acte. Arg. C. civ. 111.

245. *Domicile élu.* L'élection de domicile peut être faite dans un contrat ou dans un acte de procédure. — V. *Domicile*, § 3, et *Tribunal de première instance.*

Cette distinction est importante sous plusieurs rapports. — V. notamment *Domicile*, n° 78, et *inf.* n° 256 à 258.

246. Elle doit être expresse. La procuration la plus générale et la plus absolue donnée à un avoué par une partie, pour gérer ses affaires et la représenter en justice, ne peut pas la suppléer. Turin, 6 fruct. an 13, S. 7, 2, 912. — V. *Domicile*, n° 68.

247. *Relatifs à cet acte.* L'élection de domicile ne doit pas être étendue au-delà de l'intention des parties. Ainsi, la signification d'un acte de transport d'une créance ne saurait être notifiée au domicile élu dans le contrat constitutif de la créance: c'est, en effet, pour l'exécution de l'acte et non pour l'aliénation de la créance, que les parties ont adopté un autre domicile que leur domicile réel. Bruxelles, 30 nov. 1809, P. 7, 896; Duranton, n° 380. — De même, lorsque le domicile a été élu pour l'exécution d'un traité et d'une transaction, l'une des parties ne peut assigner l'autre à ce domicile pour annulation de cet acte pour cause de dol. Bordeaux, 21 juill. 1834, D. 34, 226.

248. L'élection de domicile faite chez un avoué selon la formule usitée, n'autorise les significations à ce domicile que pour les actes que les avoués sont dans l'usage de se signifier entre eux.

Toutefois, on a déclaré valable la signification d'une opposition à un jugement par défaut faite au domicile élu chez l'avoué dans l'acte de signification de ce jugement. Paris, 4 mars 1830, D. 30, 108.

249. Mais l'élection de domicile faite chez un avoué dans un acte de procédure, en ces termes : — « auquel domicile on entend recevoir toutes les décisions qui pourraient intervenir pendant le cours du procès, par une seule copie, » — donne le droit de notifier toutes significations à ce domicile, dispense et empêche de faire remettre ces significations au domicile réel. Rouen, 11 fév. 1839 (Art. 1368 J. Pr.).

250. Il a été jugé qu'une demande reconventionnelle peut être signifiée au domicile élu dans la demande principale. Paris, 21 fév. 1810, P. 8, 127.

251. Quoique tous les actes de la procédure, jusqu'au jugement par défaut, aient été valablement signifiés au domicile élu pour l'exécution de l'obligation, la signification du jugement lui-même ne peut être faite à ce domicile ; elle doit l'être à la personne ou au domicile réel du défaillant. Il ne s'agit plus, en effet, de l'exécution de l'obligation, mais bien de celle du jugement. — V. *Appel*, n° 113 ; *Cassation*, n° 248 ; *Jugement*.

De même, l'ordonnance de référé qui annule un commandement (tendant à la contrainte par corps) doit, pour faire courir le délai d'appel, être signifiée, non au domicile élu dans le commandement, mais au domicile réel du créancier. Bordeaux, 1er août 1828, D. 29, 32.

252. L'élection de domicile faite dans la signification du jugement n'autorise pas, en général, la signification de l'*appel* à ce domicile. — V. ce mot, n° 180 et 181.

— V. d'ailleurs *Emprisonnement*, 141, 142 ; *Inscription hypothécaire*, *Offres réelles*, *Récusation*, *Saisie-arrêt*, *Saisie-exécution*, *Saisie immobilière*, *Tribunal de commerce*.

253. L'acte d'appel d'un jugement dont l'exécution n'est poursuivie que par une simple sommation de payer doit, à peine de nullité, être signifié à personne ou domicile, et non au domicile élu dans la sommation. Poitiers, 30 août 1838 (Art. 1378 J. Pr.).

254. L'assignation à fin de nomination d'arbitre dans les affaires de commerce, ne peut pas être donnée au domicile élu pour l'appel. Cass. 21 prair. an 8, P. 1, 653.

255. L'élection de domicile, pour l'exécution d'un acte, profite aux tiers qui représentent l'une des parties. Arg. C. civ. 1166 ; Colmar, 5 août 1809, P. 7, 739.

256. La partie qui a élu domicile pour l'exécution d'une obligation dans son domicile réel, ne peut contester la validité des significations faites à ce domicile, bien qu'elle en ait changé. Cass. 24 janv. 1816, P. 13, 242 ; 5 mai 1834, 30 mars 1836, 3 mai 1837.

257. La clause d'élection de domicile insérée dans un contrat ne peut pas être modifiée par l'une des parties sans le concours de l'autre. Conséquemment, les significations faites ou les assignations données au domicile élu sont valables, encore qu'une des parties ait déclaré le changer par une simple dénonciation. Paris, 27 août 1812, P. 10, 693.

258. Mais l'élection de domicile faite dans un acte de procédure peut être changée par la partie.

259. Si dans le cours d'une instance une partie vient à changer de domicile, sans l'avoir déclaré à son adversaire et lui avoir indiqué son nouveau domicile, les significations faites au domicile précédent sont valables. Bruxelles, 29 juin 1808, S. 9, 153.

De même, un jugement est valablement signifié au lieu indiqué dans tous les actes de la procédure comme étant le domicile de la partie, encore bien qu'il soit allégué que cette partie a acquis un nouveau domicile en prenant du service en pays étranger. Pau, 18 fév. 1856 (Art. 470 J. Pr.).

260. Il faut, au surplus, se conformer, pour la signification des exploits à un domicile élu, aux dispositions de l'art. 68 C. pr. (— V. *sup.* n° 175). Cass. 29 mai 1811, 25 mars 1812, S. 11, 264; 12, 556; Carré, n° 366.

Si l'élection a été faite chez une personne déterminée, cette personne, ses serviteurs ou domestiques, sont réputés avoir un mandat suffisant pour recevoir la signification. Colmar, 5 août 1809, P. 7, 759.

261. Doit-on indiquer le domicile réel du défendeur, à peine de nullité? — La plupart des auteurs se prononcent pour l'affirmative, en se fondant sur le texte précis de l'art. 61 C. pr. Merlin, v° *Rép. Domicile élu*, § 2, n° 2; Boncenne, 2, 223; Carré, n° 296; Pigeau, *Comm.* 1, 175; Favard, 1, 156; Bruxelles, 14 juill. 1807; Rennes, 15 mars 1821.—V. *Appel*, n° 182.

Cependant l'opinion opposée a triomphé devant la Cour de cassation, par la raison que, du moment que l'exploit est notifié au domicile élu, il n'est plus d'aucun intérêt pour le défendeur qu'on indique son domicile réel. Cass. 12 fév. 1817, S. 17, 319; Bordeaux, 14 fév. 1817, S. 17, 272.

262. L'élection de domicile n'empêche pas de signifier valablement l'exploit au domicile réel. Bruxelles, 28 juill. 1811, P. 9, 499; Cass. 8 fév. 1852; — à moins qu'elle n'ait été stipulée dans l'intérêt du débiteur. — V. *Domicile*, n° 75 et *sup.* n° 257.

Lorsque, dans un acte d'intervention, plusieurs parties ont déclaré qu'elles entendaient que la *signification du jugement* et autres actes d'exécution leur fussent signifiées collectivement *et par une seule et même copie* à un domicile élu, les significations faites par copies séparées au domicile réel de chacune d'elles, peuvent être déclarées frustratoires. Cass. 2 fév. 1826, D. 26, 155. — V. d'ailleurs *sup.* n° 159 et 249.

263. Mais l'élection d'un domicile unique pour la signification *des actes d'instruction et de procédure* faite par plusieurs litis consorts, n'empêche pas l'adversaire de signifier le jugement au domicile réel de chacun d'eux. Cass. 27 fév. 1832, D. 32, 115.

264. Il a été jugé qu'un exploit est encore valablement signifié au *domicile litigieux* du défendeur; c'est-à-dire au lieu qu'il a choisi pour y recevoir les actes de procédure qui l'intéressent; que ce domicile résulte non pas d'une déclaration positive, mais de la notoriété publique et d'actes judiciaires émanés du défendeur et non désavoués par lui. Et que le demandeur peut établir la preuve de ce domicile, en s'aidant d'actes qui lui sont étrangers; par exemple, de jugemens rendus entre le défendeur et d'autres personnes. Cass. 28 déc. 1815; Limoges, 27 juill. 1816, P. 13, 194; 565. — Mais ces décisions qui peuvent être justifiées en fait, ne doivent pas être considérées comme des arrêts de doctrine: la loi ne reconnaît que deux espèces de domiciles; le domicile réel et le domicile d'élection. — V. *Domicile*, n° 29, et *sup.* n° 173.

265. La distance entre le domicile élu et le domicile réel doit-elle être prise en considération, lorsque la signification a lieu au domicile élu? — L'affirmative a été décidée par plusieurs arrêts en matière d'*ajournement.* —V. ce mot, n° 49 et 50.

Section IV. — *Effets des exploits.*

266. La preuve qu'un exploit a été notifié ne peut, en général, être faite que par la représentation de l'original, en faveur du requérant, et par celle de la copie en faveur de celui qui aurait reçu la signification : en effet l'exploit constate seul sa régularité. Carré, art. 61, § 10, note. —V. *Appel*, n° 125.

Ainsi il a été jugé : que la preuve de l'existence légale d'un exploit de signification de jugement ne résultait pas de l'énonciation de cet exploit, dans un jugement, et du certificat de son enregistrement :

1° Pour empêcher une prescription. Cass. 6 therm. an 11, P. 3, 380; — 2° pour faire courir un délai d'appel. Cass. 7 brum. an 13, S. 5, 2, 31. — Même décision dans des espèces où il n'y avait qu'un certificat d'enregistrement. Rennes, 22 avr. 1814, P. 12, 181, 17 mai 1815, P. 12, 753. — *Contrà*, Riom, 28 déc. 1808, P. 7, 883.—Peu importerait que l'extrait du receveur de l'enregistrement fût appuyé d'un extrait certifié du répertoire de l'huissier, pour justifier d'un acte d'appel. Colmar, 7 déc. 1816, D. A. 7, 706.

267. Toutefois il a été décidé que la représentation de l'exploit pouvait être suppléée : 1° par des extraits d'enregistrement, pour constater uniquement un point de fait, celui de savoir si c'était bien contre telle partie qu'une poursuite d'expropriation avait eu lieu, et si par voie de conséquence, elle était non recevable dans sa tierce-opposition. Nanci, 23 nov. 1812, P. 10, 829.—2° Par l'énonciation d'une signification de transport dans un procès-verbal d'ordre, appuyée d'un certificat et extrait délivré par le receveur de l'enregistrement, pour prouver l'existence de ce transport, — attendu que cette signification aurait été critiquée lors du procès-verbal d'ordre et distribution, si elle eût été irrégulière. Paris, 10 mai 1810, P. 8, 317.

268. La copie littérale d'un acte de protêt, délivrée, par un notaire ou par un huissier sur leur *Répertoire* (C. comm. 176), fait-elle la même foi que l'original ou la copie de l'exploit. — V. ce mot.

269. *Quid,* de la copie de la transcription d'un procès-verbal de *saisie immobilière* délivré par le greffier ou le conservateur des hypothèques. — V. ce mot.

270. Les exploits font foi jusqu'à inscription de *faux* (—V. ce mot), des énonciations qu'ils renferment, mais seulement de celles qui sont du ministère de l'officier public qui les a rédigés. — V. *Huissier.*

271. Les exploits produisent en outre différens effets suivant leur nature spéciale.—V. *Ajournement,* Sect. IV; *Commandement,* n° 15 à 17; *Signification, Sommation.*

272. L'exploit, nul comme assignation, peut-il valoir comme opposition à un *jugement par défaut.* — V. ce mot et *Nullité.*

SECTION V. — *Omission des formalités prescrites, nullités et responsabilité qui en résultent.*

273. La nullité de l'exploit, une amende contre l'officier ministériel qui l'a rédigé, la perte de ses frais, des dommages-intérêts prononcés contre lui, sont la sanction établie par la loi dans le cas d'inexécution des formalités qu'elle prescrit:

Ces diverses peines doivent, selon les circonstances et le plus ou moins de gravité de l'irrégularité commise, être appliquées séparément ou cumulativement.

274. Toutefois les termes employés par le Code ne sont pas sacramentels et peuvent, en général, être suppléés par des équivalens; mais il faut que ces équivalens ne laissent aucun doute sur l'accomplissement de la formalité qu'ils sont destinés à constater. — V. *sup.* n° 20, et *inf.* n° 276.

275. Ainsi l'exploit est nul lorsqu'une des formalités prescrites par l'art. 61 C. pr., manque totalement, par exemple, si l'exploit n'est point daté, si le demandeur ou le défendeur n'y sont point désignés; et lorsque la formalité a été mal et irrégulièrement remplie, s'il est douteux que le défendeur ait été averti ou s'il a pu se méprendre.—V. d'ailleurs *Rature, Renvoi, Signature, Surcharge,* etc.

276. Au contraire, l'exploit est valable quoique la formalité n'ait été remplie qu'en partie ou que l'on ait commis quelque erreur, si l'erreur n'a pu occasionner aucune méprise, si l'omission a été sans conséquence ou se trouvait suppléée par des équipollens non équivoques, enfin si l'erreur quelle qu'elle soit provient du fait du défendeur, ou d'un cas fortuit. Thomine, 1, 156.

On a pu remarquer, en parcourant ce mot, que les arrêts ont admis avec plus ou moins de facilité les équipollens, selon qu'ils étaient d'une date plus ou moins récente.

Nous croyons devoir signaler à nos lecteurs cette tendance générale de la jurisprudence.

277. Le défendeur bien averti, est cependant recevable à demander la nullité de l'exploit pour inobservation d'une formalité qui n'avait d'autre but que de l'avertir. — Vainement on oppose que ce sera favoriser la chicane. — Il y aurait un plus grave inconvénient à rejeter la nullité, le défendeur de mauvaise foi ne se présenterait pas, laisserait faire la procédure, obtenir jugement, ferait ensuite annuler tout ce qui aurait eu lieu et obtiendrait même, selon les circonstances, des dommages-intérêts. Enfin, les nullités d'exploits ne sont couvertes que par les défenses. C. pr. 173; Thomine, 174.—V. *Exception*, n° 105.

Toutefois, la constitution du défendeur, *sans réclamation*, couvre la nullité, lorsque l'*ajournement* a été donné à un délai trop court. — V. ce mot, n° 59; — ou renferme une fausse date. Bordeaux, 19 juin 1833, D. 33; 26; — ou lorsque l'avoué constitué, sans réserve, a demandé des délais et s'est laissé condamner par défaut, sans arguer l'exploit de nullité. Liége, 19 fév. 1812, P. 10, 152.

278. On distingue deux espèces de nullités : 1° les nullités d'exploits ou d'actes de procédure proprement dites, et, 2° les nullités du fond.

279. 1° *Nullités de procédure proprement dites.* Introduites dans l'intérêt privé des plaideurs, elles ne sont point absolues, et doivent être demandées pour être prononcées. (— V. *Exception*, sect. III, § 2). Elles ne peuvent l'être d'ailleurs qu'en vertu d'une disposition spéciale et formelle de la loi. C. pr. 1030.
— Cependant, en cas de défaut du défendeur, et si la nullité consiste dans l'omission d'une mention de laquelle puisse dépendre la preuve que celui-ci a eu réellement connaissance de l'exploit, cet acte peut être annulé d'office par le trib. saisi de l'affaire. Cass. 2 déc. 1824, S. 25, 229; 26 déc. 1823, S. 24, 185.

2° *Nullités du fond.* Ce sont celles qui ne consistent pas dans un simple moyen de forme, et sont, au contraire, fondées sur

un moyen de droit ou sur une considération d'ordre public. —
V. *Exception*, nº 88.

Ces nullités sont substantielles et absolues ; et, à la différence
des premières, elles peuvent être prononcées, encore bien que
dans aucun article du Code de procédure elles ne soient men-
tionnées. L'art. 1030 est exclusivement applicable aux nullités
d'exploit et actes de procédure. Rennes, 22 sept. 1810.

280. Les vices de forme peuvent exister sur l'original et sur
la copie.

281. *Original.* S'il est inexact, et que la copie soit régulière,
M. Carré (t. 1, p. 166), pense que le défendeur ne peut demander la nullité de l'exploit, il a été bien et dûment averti de
la demande contre lui formée.

Cependant, il a été jugé que lorsqu'une partie ne représente
pas la copie d'une sommation, si l'original est produit par
l'adversaire, la première peut s'en prévaloir comme d'une pièce
commune. Rennes, 17 juin 1817, D. A. 7, 708. — Et M. Thomine (t. 1, p. 160) soutient que le défendeur peut, avant toute
discussion, demander la représentation de l'original, et par
suite en opposer les vices.

Quant à nous, nous reconnaissons bien au défendeur le droit
de réclamer la production de l'original et de se prévaloir des
nullités qu'il renferme, quand il n'avoue pas avoir entre les
mains une copie régulière, mais si une fois l'existence de cette
copie est constatée, il nous semblerait bien rigoureux d'annuler
un acte pour une omission qui, ne se rencontrant que sur l'original, n'a pu causer aucun préjudice au défendeur.

L'irrégularité commise dans l'original seulement, serait donc
particulièrement dangereuse pour le demandeur, dans le cas où
le défendeur fait défaut.

282. *Copie.* Elle tient lieu d'original au défendeur. Thomine,
1, 156 ; Boncenne, 2, 101. — Conséquemment, les mêmes
vices de forme qui auraient pu annuler l'exploit, s'ils avaient
été dans l'original, l'annulent, quoiqu'ils ne se trouvent que
dans la copie.

Ainsi, le vice résultant du défaut de date dans la copie d'un
exploit d'appel, n'est pas couvert par l'existence de la date dans
l'original. Bruxelles, 30 avr. 1807, S. 7, 2, 284 ; Cass. 4 brum.,
21 flor. an 10, S. 2, 286 ; 4 déc. 1811, P. 9, 752.

Même décision à l'égard de la copie d'un exploit de signification de jugement portant une date antérieure à la prononciation (Cass. 5 août 1807, S. 7, 127) ; — ou à l'enregistrement
du jugement. Cass. 8 fév. 1809, P. 7, 361.

283. Toutefois, une simple erreur dans la mention de la
date sur la copie, n'est pas une cause de nullité, lorsque, par
les circonstances, ou par le contexte de l'acte dans ses autres

parties, le défendeur a pu la reconnaître facilement et la rectifier. Paris, 24 août 1810, P. 8, 560; Montpellier, 24 juill. 1816, P. 13, 561. — Par exemple, si la copie porte le 20 août lorsque l'original indique le 21 août, mais qu'au quantième du mois faussement indiqué se trouve joint le jour de la semaine, et que ce jour corresponde à la véritable date énoncée sur l'original. Orléans, 8 juill. 1812, P. 10, 557.

A plus forte raison, le défaut d'énonciation, dans la copie, de la signification des pièces à l'appui de la demande, est sans conséquence : les pièces signifiées sont en effet annexées à la copie de l'exploit, et comblent la lacune qui existe dans le corps de cet acte.

284. Si des énonciations différentes se rencontrent sur l'original et sur la copie, bien que chacun soit régulier en la forme, les trib. ne peuvent faire prévaloir les énonciations de l'original sur celles de la copie. Arg. Cass. 7 vent. an 7, P. 1, 340.

Ainsi, un marchand, poursuivi en paiement d'une patente, à raison d'un acte de commerce fait dans l'année pour laquelle il était imposé, a été admis à prouver par témoins que (conformément à la copie), l'acte avait eu lieu antérieurement, et que l'original était erroné. *Même arrêt.*

285. On a déclaré valable un acte d'appel dont l'original et la copie portaient des dates différentes, dans une espèce où soit qu'on s'attachât à l'une ou à l'autre date, il était constant que l'exploit avait été signifié en temps utile, et où l'appelant n'avait pris aucun avantage avant l'expiration des délais calculés, à partir de la date la plus récente. Caen, 8 avr. 1813, P. 11, 280. — V. d'ailleurs *sup.* nos 112, 189, 192 et 283.

286. Celui qui a fait faire l'exploit ne peut en réparer la nullité par un acte postérieur; l'exploit doit se suffire à lui-même. — Ainsi, l'acte d'appel qui est signifié avec assignation pour remplacer un premier acte d'appel nul comme ne contenant pas assignation, est nul lui-même, si, au lieu d'indiquer le jugement qu'il a pour objet, il se borne à se référer sur ce point au premier exploit. Rennes, 1er avr. 1809, P. 7, 473.

Il faut donc faire signifier un nouvel *exploit*, qui ne peut être rattaché à celui précédemment donné, et ne produit d'effet que du jour de sa date. — V. *Ajournement*, n° 5; *Appel*, n° 207; *Désistement*.

— V. d'ailleurs *Frais frustratoires.*

287. La nullité de l'exploit est acquise au défendeur, s'il la requiert avant de répondre au fond de la demande; mais s'il consent à plaider devant le trib. sans l'opposer avant toute défense au fond, il détruit alors par son fait la présomption établie en sa faveur, et d'après laquelle il est réputé n'avoir pas eu une connaissance suffisante de l'action dirigée contre lui, et la nullité se trouve alors couverte.—V. *Exception*, n° 105.

288. *Responsabilité.* L'huissier est responsable des nullités qui *proviennent de son fait*, et il *peut* être condamné aux frais de l'exploit et de la procédure annulés, sans préjudice des dommages-intérêts de la partie, suivant les circonstances. C. pr. 71.

Si la nullité n'est pas de son fait, mais bien de celui du demandeur, qui, par exemple, aurait indiqué un faux domicile, l'huissier ne peut être inquiété.

L'effet de cette responsabilité est poursuivi contre l'huissier, soit par son client (C. pr. 71), soit par le défendeur lui-même, s'il a éprouvé un dommage quelconque par suite de cette nullité (C. civ. 1382). — Il peut également actionner le demandeur, d'après la règle *factum procuratoris, factum partis.* Carré, art. 71; Berriat, 81, note 58.—V. *Huissier, Responsabilité.*

Section VI. — *Enregistrement.*

289. Tout exploit doit être soumis, dans les quatre jours de sa date, à la formalité de l'*enregistrement.* — V. ce mot, n° 21 à 34, — à peine de nullité de l'acte et d'amende contre l'officier ministériel. — V. *ib.* n° 53 à 55, et *sup.* n° 11.

290. Le taux des droits d'enregistrement varie selon la nature des exploits.

Ainsi, sont passibles du droit fixe de 50 centimes,—1° ceux faits devant les prud'hommes. L. 28 avr. 1816, tit. 7, art. 41, n° 2 ; — 2° ceux signifiés d'avoué à avoué pour l'instruction des procédures devant les trib. de 1re inst. L. 22 frim. an 7, art. 41, n° 1.

Du droit de 1 franc : —1° Ceux relatifs aux procédures devant les juges de paix. L. 22 frim. an 7, art. 68, §1, n° 30 ; — 2° Ceux notifiés d'avoué à avoué pour l'instruction des procédures devant les Cours royales. L. 22 frim. an 7, art. 42 ; — 3° Ceux ayant pour objet le recouvrement des contributions directes et indirectes, et de toutes autres sommes dues à l'État, même des contributions locales et des sommes dues pour mois de nourrice; mais seulement lorsqu'il s'agit de cotes, droits et créances, excédant en total la somme de 100 fr. LL. 22 frim. an 7, art. 68; 16 juin 1824, art. 6. — Lorsque le total n'excède pas la somme de 100 fr., ces actes sont enregistrés *gratis.* L. 6 juin 1824, art. 6.

Du droit de 2 fr. — Tous ceux faits dans les procédures devant les trib. de 1re inst. ou de commerce. L. 28 avr. 1816, tit. 7, art. 43, n° 13.

Du droit de 3 fr. — 1° Ceux relatifs aux procédures devant les Cours royales, jusques et compris la signification des arrêts définitifs. *Ib.* art. 44, n° 7 ; — 2° Ceux signifiés d'avocat à avocat devant la C. de cass. *Ib.* art. 44, n° 11.

Du droit de 5 fr. : — 1° Ceux relatifs aux procédures en matière civile devant la C. de cass., jusques et compris la signification des arrêts définitifs. *Ib.* art. 45, n° 1 ; — 2° Les déclarations et significations d'appel des jugemens des juges de paix aux trib. de 1ʳᵉ inst. L. 22 frim. an 7, art. 68, § 4, n° 3.

Du droit de 10 fr. — Les déclarations et significations d'appel des jugemens des trib. de 1ʳᵉ inst., de commerce et d'arbitrage. L. 22 frim. an 7, art. 68, § 5.

291. Il est dû un droit pour chaque demandeur ou défendeur en quelque nombre qu'ils soient dans le même acte, excepté les copropriétaires et cohéritiers, les parens réunis, les cointéressés, les débiteurs ou créanciers, associés ou solidaires, les séquestres, les experts, les témoins, qui ne sont comptés que pour une seule et même personne, soit en demandant, soit en défendant dans le même original d'acte, lorsque leurs qualités y sont exprimées. — V. *Pluralité des droits.*

292. L'huissier est également obligé, sous peine d'amende, de faire enregistrer les pièces dont il signifie la copie avec l'exploit. — V. *Enregistrement.*

Section VII. — *Formules.*

FORMULE I.

Modèle d'exploit en général.

1. *Date des jours, mois et an.*	L'an mil huit cent trente neuf, le trois avril,
2. *Noms (prénoms) domicile et profession du requérant.*	A la requête du sieur Pierre Lebrun, peintre d'histoire, demeurant à Paris, rue de la Paix, n° 5.
2 bis. *Élection de domicile, constitution d'avoué et patente, s'il y a lieu.*	V. les formules de *Ajournement, Commandement, Emprisonnement, Saisies,* etc.
3. *Noms, demeure, immatricule de l'huissier.*	J'ai Claude Michelin, huissier près le tribunal de première instance de l'arrondissement de Corbeil, séant en ladite ville, exerçant dans le canton de Longjumeau, demeurant en ladite commune, Grande-Rue, n° 6.
4. *Noms, demeure de celui auquel on signifie, (profession, s'il est possible).*	Soussigné signifié (1) au sieur Louis Brunet, cultivateur, demeurant en la commune de Champlan, rue de l'Eglise, n° 4.

(1) Si c'est un ajournement, on ajoute : *donné assignation.*
Si c'est une signification d'un acte ou jugement, on ajoute : *laissé copie.*
Si c'est un commandement, on ajoute : *fait commandement.*

5. *Parlant à.*	Étant en son domicile et parlant à sa personne ainsi déclarée (*ou à son fils, ainsi déclaré. — ou à une servante à son service ainsi déclarée*).
6. *But de l'exploit.*	— V. les formules de *Ajournement, Commandement, Emprisonnement, Jugement, Saisies* (1).
7. *Pose de la copie.* *Indication de la personne à laquelle elle est laissée — Répétition du parlant à*	A ce que le susnommé n'en ignore, et je lui ai, en son domicile et parlant comme ci-dessus, laissé copie du présent,
Coût de l'exploit.	Dont le coût est de non compris copie de pièces.
Signature.	(*Signature de l'huissier*).

FORMULE II.

Modifications à la formule générale relative à la mention des noms, domicile et profession du requérant, pour certains cas particuliers.

1° *Mineur (ou interdit).* — L'an   à la requête du sieur G..., demeurant à   , agissant au nom et en qualité de tuteur de (*noms et prénoms*), ses enfans mineurs (ou enfans mineurs de   ) je

Nota. Si la tutrice est remariée, on donne le nom du second mari. Arg. C. civ. 596.

2° *Commune.* — L'an   à la requête des habitans de la commune de   , poursuite et diligences de M.   , maire de ladite commune, y demeurant, et ladite commune autorisée à la poursuite de ses droits et actions et à ester en justice, relativement au procès dont s'agit, par arrêté du conseil de préfecture du département de   , en date du *   (ou par ordonnance du Conseil d'État, en date du   ), etc.

3° *Syndics provisoires d'une faillite.* — L'an   , à la requête des sieurs   , demeurant à   , au nom et comme syndics provisoires de la faillite des sieurs   , nommés à ladite qualité par jugement du tribunal de commerce de   , en date du   .

4° *Syndics définitifs d'une union de créanciers.* — L'an   , à la requête des sieurs   , demeurant a   , au nom et comme syndics définitifs de l'union des créanciers du sieur   , par suite de sa faillite, nommés à ladite qualité, etc.

5° *Société en nom collectif.* — L'an   le   , à la requête 1° du sieur Théodore Martin, — 2° Joseph Martin, — 3° Adrien Martin, demeurant tous à Paris, rue des Prouvaires, n° 15; tous trois associés pour l'exploitation d'une maison de commerce de draperie, connue sous le nom social Martin frères, de laquelle société le siége est établi à Paris, susdite rue des Prouvaires, n° 15.

Même formule pour une société civile. — *Indiquer tous les noms des associés.* — V. sup. n° 51.

6° *Société en commandite.* — L'an   le   , à la requête de la société des Messageries générales de France, connues sous le nom de Messageries

---

(1) Si l'exploit est une signification, d'un acte ou jugement, on indique de qui il émane, sa date. son enregistrement.

Pour les actes authentiques, il suffit de dire *dûment enregistré*.

Pour les actes sous seing-privé, il faut rappeler la relation de *l'enregistrement.* — V. ce mot, n° 70.

Si l'on veut obtenir le remboursement des frais d'enregistrement (de certains actes) occasionnés par le procès, il faut après les mots *condamner aux dépens*, ajouter, *dans lesquels entreront le coût de l'enregistrement de tel acte, etc.* — V. *Dépens*, n° 11.

Lafitte et compagnie, dont le siége est établi à Paris, rue Saint-Honoré, n°
poursuite et diligences de 1° M. Lafitte, demeurant à ; 2° M.
; 3° tous trois administrateurs gérans de ladite Société.

7° *Société en participation.* — L'an , à la requête de 1° M. Hyppolite
Machelard, chimiste, demeurant à Paris, rue de Bussy, n° 20 ; — 2° M. François
Labrosse, propriétaire, demeurant à Paris, rue ; — 3° M. Charles
Quentin, aussi propriétaire, demeurant à Paris, même rue et même maison. —
Tous trois associés pour l'exploitation d'un procédé chimique pour l'épuration
des huiles, de laquelle société le siége est établi à Paris, susdite rue de Bussy,
n° 20.

8° *Société anonyme.* — L'an le , à la requête de la société
anonyme de la papeterie de , dont le siége est établi à
poursuite et diligence de M. , demeurant à , gérant de
ladite Société. — V. d'ailleurs *sup.* n°s 39, 51.

9° *Établissement public.* — L'an , à la requête de M.
conseiller d'état préfet du département de la Seine, agissant au nom et dans l'intérêt des hospices civils de la ville de Paris, poursuites et diligences de M.
receveur desdits hospices, délégué à cet effet, etc.

10° *Pour un bureau de bienfaisance.* — L'an , à la requête de
MM. les administrateurs du bureau de bienfaisance de la ville de
poursuite et diligences de M. , maire de ladite ville, et l'un desdits administrateurs, (*ou* de M. , agent comptable, délégué à cet effet).

11° *Fabrique.* — L'an , à la requête de MM. les administrateurs de
la fabrique de l'église de , poursuite et diligences de M. ,
demeurant à , trésorier de ladite fabrique, etc.

NOTA. Il faut de plus mentionner, pour les établissemens publics, l'autorisation
accordée, pour plaider ou poursuivre, dans tous les cas où elle est exigée. —
V. *sup.* n° 49 ; *Établissement public, Fabrique, Hospices,* etc.

12° ÉTAT (*Domaine de l'*). — L'an , à la requête de M. le préfet
du département de , agissant dans l'intérêt et au nom de l'État.

NOTA. *Quelquefois la demande est formée à la requête du ministre des
finances.* — V. ce mot.

Si la demande concerne l'administration de l'enregistrement, on met : à la
requête de la direction de l'enregistrement et des domaines, poursuite et diligences
de M. , directeur à .
— V. *Enregistrement, Contributions publiques.*

13° *Douanes.* — V. ce mot § 9.

14° *Femme mariée.* — L'an , à la requête de dame G..., épouse
du sieur B...., ladite dame demeurant avec son mari a , et dudit
sieur , pour la validité de la procédure, etc.
— V. *Femme mariée, Séparation de biens, Séparation de corps.*

FORMULE III.

Remise des exploits à diverses personnes.

1° *Cas où l'huissier ne trouve personne au domicile.*

Remise de l'exploit au voisin. — *Après l'indication du domicile, on ajoute :*
auquel domicile n'ayant trouvé ni ledit sieur, ni aucun de ses parens ou serviteurs,
je me suis adressé au sieur , voisin dudit sieur , lequel
s'est chargé de lui remettre la copie du présent exploit, et a signé le présent
original.

Remise au maire. — *Après les mots* en son domicile, *on ajoute :* où étant,
où n'ayant trouvé ni le défendeur, ni aucun de ses parens ou domestiques, non
plus qu'aucun voisin qui voulût se charger de la copie du présent exploit, je me
suis transporté auprès de M. , le maire de la commune de Champlan, demeurant en ladite commune, rue , (*ou* trouvé en la mairie), et auquel

j'ai laissé la copie du présent original, sur lequel il a apposé son visa. —V. d'ailleurs *sup.* n° 198 à 208, et 234, et *Ajournement*, formule 111.

Nota. Pour les cas où l'officier municipal doit apposer son visa. — V. *Ib.*

2° Pour *ceux qui n'ont ni domicile, ni résidence connus.* — J'ai, etc. signifié laissé copie au sieur (1)   , actuellement sans domicile ni résidence connus, au parquet de M. le procureur du Roi du tribunal de   , où étant et parlant à   , lequel a visé l'original du présent exploit, et j'ai à l'instant affiché semblable copie à la porte dudit tribunal.

Nota. Pour le visa. — V. *sup.* n° 226.

3° Pour *une femme mariée :* — J'ai, etc. signifié, etc., *(par copies séparées)* 1° à dame G..., épouse du sieur B..., demeurant avec ledit sieur son mari, à   , rue   , ou étant et parlant à   ; — 2° au sieur   , demeurant à   pour la validité de la procédure, etc.

Nota. S'il y a communauté, une seule copie suffit. — V. d'ailleurs, *sup.* n° 215.

4° Pour *des mineurs :* — signifié laissé copie à M.   , au nom et comme tuteur.   1°   2°   ; etc. — V. *sup.* n°s 151, 212, et formule 2.

5° Pour *une société en nom collectif :* — J'ai, etc.   , signifié à MM. Martin frères, marchands de draps, en leur maison sociale, établie rue des Prouvaires, n° 15, où étant et parlant à l'un d'eux ainsi déclaré.

Société en commandite : — J'ai, etc.   , signifié à la société des Messageries Lafitte et compagnie, en la personne, 1° de M.   , administrateur gérant de ladite société, demeurant à   , — 2°   3°   , etc..

Société en participation : — Il faut énoncer les noms de tous les associés..

Société anonyme. — J'ai, etc.   , signifié à la société anonyme de la papeterie de   , en la personne de M.   , directeur ou gérant de ladite société, demeurant à   .

6° Pour les syndics d'une *faillite.* — V. ce mot.

EXPROPRIATION *forcée.* Vente des immeubles d'un débiteur faite par autorité de justice, sur la poursuite d'un de ses créanciers. — V. *Saisie immobilière, Vente.*

EXPROPRIATION pour *utilité publique.* —V. ce mot.

EXPULSION *de lieux.* Voie de contrainte qui est employée, soit contre un locataire, soit contre le détenteur d'un immeuble. —V. *Lieux (expulsion de).*

EXTRAIT. Analyse ou copie de partie d'un acte. —V. *Dépôt, Interdiction, Purge, Saisie, Séparation de biens.*

EXTRA-JUDICIAIRE. —V. *Acte judiciaire.*

EXTRINSÈQUES. — V. *Formalités.*

---

(1) Si c'est un étranger, on met par exemple : demeurant à Madrid, en Espagne, sans domicile ni résidence connus en France, etc.

www.ingramcontent.com/pod-product-compliance
Lightning Source LLC
Chambersburg PA
CBHW031539210326
41599CB00015B/1951